公共财政预算收入：388.34亿元
公共财政预算支出：639.8亿元
社会消费品零售总额：1137.4亿元
出口总值：183.5亿元
进口总值：168.9亿元
实际利用外资：11.06亿美元
全市货物运输量：11522万吨
全市旅客运输量：1842万人
卫生机构床位：25682张
卫生技术人员：34431人

全社会用电量：286.71亿千瓦时
城市建成区绿化覆盖率：47.26%
城市道路面积：1161.3万平方米
人民币存款余额：6509.38亿元
人民币贷款余额：6754.24亿元
城镇居民人均可支配收入：43912元
农村居民人均可支配收入：18467元
城镇居民人均消费性支出：27937元
农村居民人均消费性支出：14293元

# 廊坊年鉴

## 2020

廊坊市地方志编纂委员会　编

方志出版社
Publishing House of Local Records

**图书在版编目（CIP）数据**

廊坊年鉴．2020／廊坊市地方志编纂委员会编．--
北京：方志出版社，2020.12
ISBN 978-7-5144-4630-2

Ⅰ．①廊… Ⅱ．①廊… Ⅲ．①廊坊—2020—年鉴 Ⅳ．①Z522.23

中国版本图书馆CIP数据核字（2020）第262243号

廊坊年鉴（2020）

编　　者：廊坊市地方志编纂委员会
责任编辑：刘方圆

出 版 者：方志出版社
地址　北京市朝阳区潘家园东里9号(国家方志馆4层)
邮编　100021
网址　http://www.zgfzcb.cn
发　　行：方志出版社图书经销中心
电话（010）67110500
经　　销：各地新华书店
印　　刷：廊坊市海玉印刷有限公司

开　　本：889×1194　　1／16
印　　张：30.5
字　　数：1039千字
版　　次：2020年12月第1版　　2020年12月第1次印刷
印　　数：001~800册

ISBN 978-7-5144-4630-2　　定价：398.00元

# 廊坊市地方志编纂委员会

# 《廊坊年鉴（2020）》编辑人员

主　　编：吕　瑱

编　　辑：王福民　张宏胜　李王娜　周铁民　杨宝军

　　　　　杨振亮　张　冲　王　军　王玉全　高士伟

　　　　　高景田　卢　涛　吕文杰　陈　娜　张雅娟

封面题字：袁鸿昌

摄　　影：刘建春　陈　童　刘　向　陈有柱　李　强

　　　　　陈品禄　曹江勇　王　晖　纪永庆　各撰稿单位

校　　对：霍民起

# 编辑说明

一、《廊坊年鉴（2020）》以马克思列宁主义、毛泽东思想、邓小平理论、“三个代表”重要思想、科学发展观、习近平新时代中国特色社会主义思想为指导，坚持辩证唯物主义和历史唯物主义的立场、观点、方法，坚持实事求是的原则，力求客观翔实记述。

二、《廊坊年鉴（2020）》记述廊坊市行政区域自然、政治、经济、文化、社会等各方面基本情况，反映2019年廊坊市社会经济发展的新变化、新成就，为社会各界人士了解和研究廊坊市提供信息，为编史修志积累资料。《廊坊年鉴（2020）》为第十六卷。

三、《廊坊年鉴（2020）》采用分类编辑法、条目式记事体，个别相关或相近部类合并立目。主体框架设类目、分目、条目三个层次，条目为年鉴内容的基本记述单元。

四、《廊坊年鉴（2020）》设特载、专题、专文、大事记、市情概览、中国共产党廊坊市委员会、廊坊市人民代表大会常务委员会、廊坊市人民政府、中国人民政治协商会议廊坊市委员会、民主党派、群众团体、法治军事、综合行政管理、生态环境保护、城乡建设、临空经济、交通邮政、农业林业水利、工业信息业、旅游业、商贸流通、民营经济、财政税务、金融业、教育、文化、科学、卫生体育、社会生活、县（市、区）、开发区建设、中央省直属驻廊坊单位、人物、附录34个类目。

五、《廊坊年鉴（2020）》文稿均由各撰稿单位专人撰写，并经单位领导严格审核。数据采用法定计量单位，以廊坊市统计局提供的数据为准。

# 京津协同发展示范区

廊坊西高速路口（连接首都环线高速、京台高速、新机场北线高速） 陈有柱 摄

廊坊综合保税区 刘向 摄

6月13日，全国大众创业万众创新活动周（河北分会场）在廊坊市启动 刘向 摄

廊坊丝绸之路国际文化交流中心 刘向 摄

北京八中固安分校

燕达国际健康城

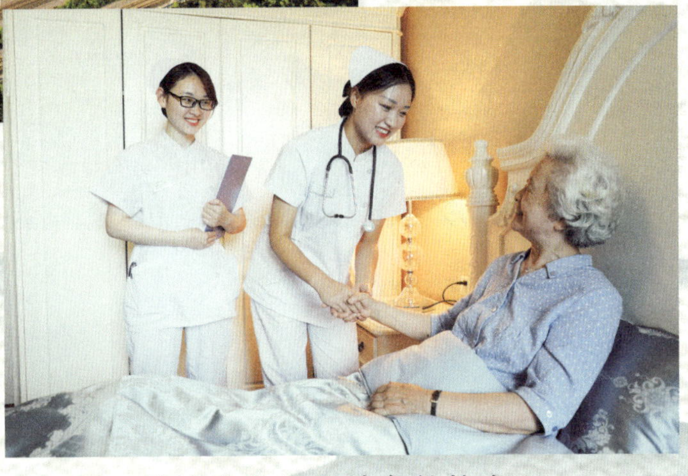

燕达金色年华健康养护中心

# 临空经济对外开放引领区

LANG FANG LIN KONG JING JI DUI WAI KAI FANG YIN LING QU

北京大兴国际机场

北京大兴国际机场廊坊临空经济区项目工作智慧管理平台

卡萨达智库揭牌仪式

廊坊临空经济区

建设中的临空经济区

临空服务中心效果图

廊坊年鉴

2020

# 科技创新

廊坊

成果转化先行区

科技创新

国家级科技企业孵化器兴远高科(三河)孵化器有限公司

新奥集团股份有限公司微型燃气轮机运行 刘向 摄

廊坊莱尼线束系统有限公司汽车线束项目 陈童 摄

燕郊高新技术产业开发区神威药物研究院

中国·文安木材工业技术研发中心 王晖 摄

霸州云谷电子科技有限公司可弯曲手机屏幕 刘向 摄

# 高端高新产业聚集区

京津冀大数据感知体验中心 陈有柱 摄

固安肽谷生物医药基地

维特根（中国）机械有限公司铣刨机项目

廊坊年鉴 2020

霸州经济开发区都市食品产业园

龙河高新区宏泰工业设计博物馆

维信诺（固安）显示科技有限公司

廊坊年鉴 2020

京津走廊

生态宜居城市

文安鲁能生态园

廊坊体育场 李强摄

艺术大道绿化景观　陈童 摄

赛马——文安鲁能马场 纪永庆 摄

固安城市光影秀 刘向 摄

霸州牤牛河 陈品禄 摄

廊坊市文化艺术中心梦幻湖 陈童 摄

# 目 录

## 特 载



## 专 题



## 专 文



## 大事记

## 市情概览



## 中国共产党廊坊市委员会

## 廊坊市人民代表大会常务委员会

## 廊坊市人民政府

## 中国人民政治协商会议廊坊市委员会

## 民主党派



## 群众团体

## 法治　军事

## 综合行政管理

## 生态环境保护

## 城乡建设

## 临空经济



## 交通　邮政

## 农业 林业 水利

## 工业　信息业

## 旅游业

## 商贸流通

## 民营经济



## 财政　税务



## 金融业

## 教　育



## 文　化

## 科　学

## 卫生　体育

## 社会生活

## 县（市、区）

## 开发区建设

## 中央、省直属驻廊坊单位



## 人　物



## 附　录

# 特载

## 中共廊坊市委常委会 2019 年工作报告
### ——在市委六届九次全体会议上

中共廊坊市委书记　冯韶慧

（2019 年 12 月 30 日）

2019 年以来，面对国际环境严峻复杂、经济下行压力持续加大、污染治理和维护稳定任务繁重的新形势，市委常委会坚持以习近平新时代中国特色社会主义思想为指导，认真学习贯彻党的十九大和十九届二中、三中、四中全会精神，深入落实省委、省政府各项部署要求，紧紧围绕迎接庆祝新中国成立 70 周年，扎实开展“不忘初心、牢记使命”主题教育，坚持稳中求进工作总基调，坚持以新发展理念引领高质量发展，坚持以供给侧结构性改革为主线，紧紧抓住京津冀协同发展深入推进的重大机遇，全力做好“北三县（市）”与通州区协同发展、临空经济区规划建设、服务支持雄安新区规划建设“三篇大文章”，加快产业转型升级，持续改善生态环境，不断提高民生保障水平，全力维护社会大局稳定，全市经济保持总体平稳、稳中有进、稳中向好的态势。前三季度，全市 GDP 同比增长 7%。1—11 月份，全部财政收入完成 620.3 亿元，一般公共预算收入完成 363.8 亿元，总量均居全省第 3 位；固定资产投资增长 7.4%，居全省第 4 位；限额以上消费品零售额增长 15.1%，居全省第 1 位。全市经济、政治、文化、社会、生态文明建设和党的建设取得新成绩，迈出了新时代加快建设经济强市、美丽廊坊的坚实步伐。

**一、坚定不移把政治建设放在首位，始终保持廊坊发展的正确航向**

市委常委会坚持旗帜鲜明讲政治，牢固树立“四个意识”，始终坚定“四个自信”，坚决做到“两个维护”，自觉同党的基本理论、基本路线、基本方略对标对表，同党中央决策部署对标对表，确保各项事业始终沿着正确的政治方向前进。

1. 着力深入学习贯彻习近平新时代中国特色社会主义思想。把深入学习贯彻习近平新时代中国特色社会主义思想作为首要政治任务，紧密结合主题教育，推动理论学习往深里走、往心里走、往实里走。市委常委班子坚持先学一步、深学一层，组织市委理论中心组学习会 18 次，就加强党的政治建设、防范化解重大风险、学习贯彻党的十九届四中全会精神等开展学习研讨，准确把握丰富内涵、核心要义和实践要求。坚持抓好领导干部这个“关键少数”，推动组织 36 场市级宣讲报告会，组织县处级干部进修班、优秀年轻干部培训班、领导干部“发扬斗争精神、增强斗争本领”研讨班、依法治国与法治政府建设专题培训班等各类培训班次 43 期，带动县乡村三级组织举办各类宣讲 2000 余场。坚持把理论学习向基层、高校和民主党派、党外知识分子延伸，市委常委带头到高校听思政课、讲思政课，引导广大青年坚定不移听党话、跟党走。

2. 着力推动党中央和省委决策部署在廊坊落地落实。对党中央和省委、省政府各项决策部署，第一时间组织传达贯彻，深入精准谋划举措，迅速推进落地落实。特别是对北京大兴国际机场及临空经济区建设、北三县与通州区协同发展等国家重大历史性工程，对 70 周年大庆安保、脱贫攻坚、污染防治、防范化解重大风险等重大任务，坚决服从大局、全力以赴，扎实推进、务求实效。先后召开市委六届七次、八次全会、全市经济工作推进会等重要会议，制定出台《关于扎实推进高质量发展、加快全面建成小康社会的实施意见》《深入贯彻〈中共中央关于坚持和完善中国特色社会主义制度、推进国家治理体系和治理能力现代化若干重大问题的决定〉的实施意见》，确保中央和省重大决策部署在廊坊不折不扣落实到位。

3. 着力巩固发展风清气正、干事创业良好政治生态。坚持党的全面领导，充分发挥市委总揽全局、协调各方作用。认真贯彻民主集中制，对“三重一大”问题坚持充分酝酿、深入讨论、集体议定，在事关廊坊发展的关键性问题上形成了一系列重要决策。认真落实新形势下党内政治生活若干准则，市委常委带头执行各项组织生活制度，不断增强党内政治生活的政治性、时代性、原则性、战斗性。定期听取市人大、市政府、市政协、市法院、市检察院党组工作汇报。积极支持市人大及其常委会依法行使职权，支持市政府放手开展工作，支持市政协强化政治协商、民主监督、参政议政职能。巩固发展爱国统一战线，加强同各民主党派、工商联和无党派人士合作共事，强化民族、宗教、港澳台和海外统战工作，注重发挥工会、共青团、妇联等群团组织的桥梁纽带作用，最广泛地凝聚智慧、汇聚力量。坚持党领导立法、保证执法、支持司法、带头守法，扎实推进依法治市，法治廊坊建设步伐加快。认真抓好国防动员和后备力量建设，军民深度融合发展取得新成效。

**二、坚定不移扎实开展主题教育，引导广大党员干部践行初心使命、强化责任担当**

市委常委会坚持把开展“不忘初心、牢记使命”主题教育作为重要政治任务，紧紧围绕“守初心、担使命，找差距、抓落实”总要求，精心部署安排，强力组织推动，实现了“理论学习有收获、思想政治受洗礼、干事创业敢担当、为民服务解难题、清正廉洁作表率”的目标，主题教育集聚起来的强大正能量正在转化为广大党员干部干事创业的精气神。

1. 坚持把学习教育贯穿始终。紧紧围绕学习贯彻习近平新时代中国特色社会主义思想这一根本任务，认真组织学习，充分研讨交流，在全市形成了浓厚学习氛围。市委常委会采取集中封闭学习、集中专题学习和个人自学相结合的方式，围绕“不忘初心、牢记使命”系列专题开展了学习研讨，认真通读《重要论述选编》《学习纲要》等书目，跟进学习习近平总书记最新重要指示，带动全市县处级单位深入开展学习研讨和集中学习。在全市开展“守正创新、服务人民”解放思想大讨论，党员干部特别是领导干部践行初心使命的积极性、主动性和创造性不断增强。

2. 坚持把调查研究贯穿始终。把调查研究作为践行群众路线、提高履职能力的有力抓手，市委常委带头深入一线开展调研，访民意、摸真情、出实招、办实事、解难题。先后召开6次座谈会听取各方面意见建议，聚焦当好河北首都政治“护城河”排头兵等重点工作，确定调研课题，有针对性地调查研究解决问题。市委常委班子通过调研发现问题192条，收集意见建议215条，解决实际问题162个，形成调研报告12篇，带动全市县处级以上领导干部完成1200多篇有情况分析、有解决问题举措、有较高质量的调研报告，在全市掀起了主题教育大调研热潮。

3. 坚持把检视问题贯穿始终。严格按照“四个对照”“四个找一找”要求，认真开展“三问三查三看”，紧扣党章党规和“18个是否”，逐条逐项进行对照检查，开门征求意见，共检视和征求到意见建议1524条，梳理汇总涉及政治、思想、作风、民生等8个方面168个主要问题，通过市委常委会审议，形成问题清单。高质量召开市委常委专题民主生活会，会前认真开展谈心谈话，会上严肃开展批评和自我批评，进一步深入检视问题、剖析原因，确保把问题找准找实。

4. 坚持把整改落实贯穿始终。把推进整改落实作为检验主题教育成效的重要标尺，上下联动集中力量抓好“10+1”专项整治，梳理发现问题1876个，确定整改措施2803项，已完成2621项。强力推进“三个一批”落实到位，确定的一批群众最急最忧最盼的民生实事全部按期完成，国家和省信访局交办我市的信访攻坚案件全部结案，排查出的各类安全生产隐患整改率达99.9%。市委常委班子检视梳理的23个问题已整改完成20项，其他县处级以上班子整改检视问题1289个，整改完成894个，其余短期不能完成的问题均建立长效机制持续推进。同时，以问题整改为契机，进一步抓好制度建设，完善制度机制，加强执行监督，切实提高制度的针对性、实效性。

**三、坚定不移做好“三篇大文章”，推动京津冀协同发展取得新突破**

市委常委会坚决贯彻落实习近平总书记关于京津冀协同发展重大战略思想，以完善规划体系为引领，以重点项目建设为抓手，以政策机制创新为关键，以基础设施和平台建设为支撑，强化服从服务、主动对接沟通，推进协同发展取得新进展新成效。

1. 加快推进“北三县（市）”与通州区协同发展。强化与北京市通州区协调对接，在已有的“北三县（市）”与通州区协同发展领导小组及工作专班的基础上，组建廊坊市“北三县（市）”协同发展办公室，建立日常沟通协调机制，推动对接沟通工作常态化。高标准编制规划体系，“1+5+12”规划体系编制完成，已上报待批；“北三县（市）”国土空间规划大纲初稿编制基本完成。加快推进交通互联互通，京唐铁路征地拆迁工作进展顺利；燕潮大桥正式通车，进一步缓解通州区与“北三县（市）”的通勤压力。积极推进公共服务一体化，推进“北三县（市）”在教育、医疗等方面与通州区开展全方位合作；引进北京热力集团等北京优质企业参与“北三县（市）”污水治理、垃圾处理、供热、供水等基础设施建设，将专业化的“北京服务”引入“北三县（市）”。打造运河文化产业带，投资近20亿元，启动实施北运河生态综合整治、水质提升、沿河绿化等系列工程，打造10余条精品旅游线路，成功举办大运河文化节等特色活动。

2. 加快推进临空经济区规划建设。把保大兴国际机场通航作为重大政治任务，全力推进征地拆迁、隔声降噪、临时供地、综合环境治理等工作，大兴国际机场9月25日正式通航。全力推进临空经济区建设，推动成立京冀联合领导小组，切实抓好规划编制、征地拆迁、投融资、招商引资和基础设施建设等各项工作。“1+3+13”规划体系已经编制完成，总体规划已经颁布实施，控详规和专项规划已报省政府待批。通过发行政府债券、实施PPP项目、引进大型央企等多种模式，累计筹资83亿元。组织开展十大全球推介招商活动，累计签约项目51个，总投资150亿元的首批6个重点项目正式开工，总投资213亿元的市政基础设施和公共服务设施建设全面启动。特别是中国（河北）自由贸易试验区大兴机场片区正式挂牌，制度和政策创新全面铺开，为廊坊进一步打开了对外开放的窗口、插上了跨越腾飞的翅膀。

3. 加快推进“南三县（市）”与雄安新区错位融合发展。制定关于贯彻落实《省委、省政府关于〈河北雄安新区总体规划〉的实施意见》和《关于加强雄安新区周边区域规划建设管控的暂行意见》的实施方案，扎实推进规划对接、交通互联、生态修复等基础性工作。配合编制完成《河北雄安新区周边区域管控区国土空间规划》。京雄城际加快建设，雄安新区至大兴国际机场快线线路方案已经确定，京德、荣乌新线先行用地清表工作已基本完成可进场施工，京雄高速正在加紧推进前期工作，白洋淀流域涉及我市162个“四乱”问题清理任务全部完成。在雄安新区周边地区造林23.09万亩。积极推进产业配套衔接，高端装备制造、新材料、节能环保等产业加速聚集。

## 四、坚定不移打好三大攻坚战，全面建成小康社会取得新成效

市委常委会坚持把打好防范化解重大风险、精准脱贫、污染防治三大攻坚战作为必须完成好的政治任务，用最大的决心、尽最大的努力、以最硬的举措奋力攻坚，确保打好打赢。

1. 坚决打好脱贫防贫攻坚战。聚焦“两不愁三保障”要求，强化精准扶贫、精准脱贫措施，在全省率先实现所有建档立卡贫困户高质量脱贫退出，提前一年完成减贫任务。认真落实领导分包制度，采取市委常委包县（市、区）工作机制，带头遍访脱贫攻坚任务重的乡镇。在全市范围内开展“两不愁三保障”突出问题大排查，对发现的问题建立台账、彻底整改。深化脱贫攻坚系列专项行动，在继续实施健康扶贫、教育扶贫、产业就业帮扶脱贫等六大攻坚行动的基础上，强力推进金融扶贫、科技扶贫、消费扶贫等专项行动，推动各项帮扶政策有效落地落实。健全防贫工作机制，织密贫困线上的防护网，推进已脱贫人口零返贫、边缘人口零入贫。同时，抓好对口帮扶张家口扶贫工作，落实帮扶资金1.8亿元，为受援县建设特色产业基地3个、产业合作项目5个，提供就业岗位8000余个。

2. 坚决打好污染防治攻坚战。坚持科学施治、全民共治、标本兼治，紧盯薄弱环节，突出靶向治理，持续打好治企、抑尘、清煤、控车、禁燃组合拳，空气质量持续改善。截至12月28日，PM2.5年累计浓度为46微克／立方米，同比下降8%；空气质量综合指数为5.25，同比下降6.08%，圆满完成省下达年度目标任务，空气质量在全省8个传输通道城市中正排第1位。实施流域综合治理，加速推动城市雨污分流专项规划制定，做好生态补水和引江水消纳，深化地下水超采综合治理。今年国省控重点河流7个断面6个消除劣Ⅴ类，超额完成国省“十三五”考核目标。持续大规模开展造林绿化，全市森林覆盖率达33.86%，荣获“国家森林城市”称号，廊坊市植树造林经验在全省生态文明建设会议上作典型发言。

3. 坚决打好防范化解重大风险攻坚战。落实中央和省防风险重大部署，制定出台关于打好防范化解重大风险攻坚战、切实当好河北首都政治“护城河”排头兵的实施意见，全面排查梳理政治、经济、科技、社会等领域风险隐患，对所有风险点严格实行清单管理，全市各领域重大风险可防可控。紧紧围绕稳地价、稳房价、稳预期的调控目标，提出“十不准”规范性要求，确保房地产市场平稳健康发展。积极化解金融风险，做好非法集资、违规担保等风险防范工作，存量风险化解有序推进。认真做好政府债务化解工作，全市政府债务风险总体可控。

## 五、坚定不移深入贯彻新发展理念，全面提升发展的质量效益

市委常委会牢牢把握高质量发展根本要求，全面贯彻新发展理念，千方百计保增长、全力以赴促转型，不断提升经济发展的质量和效益。

1. 大力推进去产能。坚持把去钢铁产能作为重要政治任务，创新模式、强力攻坚，域内最后一家钢铁企业文安新钢11月全面停产，职工安置和债务化解等后续工作扎实推进，实现域内全部钢铁产能平稳、安全、有序退出，提前一年实现省委、省政府要求的“无钢市”目标。同时，在积极推动钢铁下游关联企业转型发展的同时，积极协调天津、唐山等优质钢铁企业，满足域内用钢企业生产需求。

2. 大力发展新兴产业。出台《廊坊市主导产业发展实施意见》，明确了重点打造新一代信息技术、高端装备制造、生物医药健康产业和临空经济“3+1”主导产业格局，加快培育“7+6”县域特色产业集群。大力实施战略性新兴产业三年行动计划，26家企业纳入全省战略性新兴产业“双百强”企业名单，超额完成省下达任务。1—11月份，全市规模以上工业战略性新兴产业增加值占规模以上工业增加值的比重为23.7%。狠抓项目建设，全市列入省重点项目30项，当年计划投资55.3亿元，截至11月底完成投资61.4亿元，占年计划的111%，今年计划开工的11个项目全部开工建设。全市共实施产业项目222项、完成投资325.7亿元，中交建新能源汽车产业基地、华大基因生命健康科学城、南航华北培训基地等一批重大项目开工建设或签约落地。

3. 大力扶持民营企业。扎实开展服务民营企业高质量发展年活动，制定出台金融服务实体经济、大力支持工业和民营经济高质量发展、促进工业转型升级高质量发展“39+8”系列政策措施。积极开展政银企对接活动，解决企业实际问题597个，有力缓解了中小微企业融资难题。坚决落实减税降费政策，预计全年新增减税降费规模60亿元。全市民营经济实现税收505亿元，占全市税收收入的94.5%，民营经济整体规模位居全省第三位。我市连续七次进入全省民营经济考核前3名，荣获“民营经济发展先进市”称号。

4. 大力实施科技创新。加大科技投入力度，全年兑现科技创新政策补助资金1.71亿元。培育壮大创新主体，新增科技型中小企业1164家，总数达到7834家，通过国家级评价的科技型中小企业达到347家，总量居全省第2位。1—11月份，规上高新技术产业增加值占规上工业增加值的比重为34.8%，同比提高3个百分点。做大做强创新平台，新增市级以上孵化器和众创空间11家，孵化场地面积居全省第一位。新增省级以上研发机构33家，居全省第二位。积极引进创新人才，新获批河北省科技型中小企业创新英才39人、总数达128人，新增院士工作站6家、总数达到40家。“2019年全国大众创业万众创新活动周”河北分会场活动在我市举办。

5. 大力推动乡村振兴。认真贯彻落实党中央和省委“三农”工作部署，坚持农业农村优先发展，同步推进五大振兴。深化农业供给侧结构性改革，推进“一减四增”，超额完成调减非优势区高耗低质低效农作物面积任务。加快发展乡村旅游，大厂戏剧小镇、固安京南花卉产业园等一批乡村旅游精品项目全面开工建设。积极创建乡村振兴示范区，加快建设10个市级以上示范区，其中3个省级示范区，谋划重点项目80个，全省乡村振兴工作推进会议在我市召开。深入开展农村人居环境综合整治，打好厕所革命、生活垃圾、生活污水治理、村容村貌整治攻坚战，推进交通干道沿线环境集中整治，村容村貌得到明显改善，廊坊市在全省农村人居环境整治会议上作典型发言。

## 六、坚定不移深化改革扩大开放，不断增强发展的动力活力

市委常委会坚持以改革开放添动力增活力，发挥区位优势，抢抓协同机遇，立足京津冀、面向国内外，深化市场化改革、扩大高水平开放，不断拓展高质量发展新空间。

1. 推进重点改革取得突破。召开7次市委全面深化改革委员会会议，审议重点改革事项25项，推动省下达改革任务和廊坊市重点领域改革取得扎实成效。石保廊全面创新改革试验取得新进展。争列投资审计大数据融合式研究、国家城市医联体建设、证明事项告知承诺制等一批国家级试点，廊坊市财政管理经验做法受到国务院办公厅通报表彰。基层卫生服务能力提升经验做法在国家和省级会议上作典型发言，香河县融媒体中心建设经验得到中宣部肯定，三河市警辅队伍建设改革、大厂县自然资源智能监管平台建设等一批县级改革经验做法得到省委、省政府充分肯定。

2. 推进营商环境持续优化。瞄准营造市场化、法治化、国际化、便利化营商环境，扎实开展“三深化三提升”活动，加快“放管服”改革进程。制定出台优化营商环境打造行政审批效能高地32项措施，着力减环节、优程序、强监管、提效率。建立运行“廊坊市政务服务平台”，市本级421项政务服务事项全部开通在线申报。推出最多跑一次事项202项，压减各类审批环节98项，审批效率提高75%。企业开办手续2个工作日内办结，从明年起实现当日办结。退税时间缩短到1天以内。住房等不动产转移登记业务实现1小时领证。项目落地速度、商事审判质效等营商环境指标均实现大幅提升。1—11月份，全市实有企业13.47万户，同比增长18.5%。

3. 推进开放水平不断提升。坚持把推进高水平对外开放作为廊坊的鲜明标识，坚定不移扩大开放，不断拓展广度深度。“5•18”经洽会圆满成功，得到省委、省政府领导充分肯定、高度评价，一批优质项目签约落地，成为我省对外开放的重要平台。积极融入“一带一路”建设，新增对外投资企业7家、对外投资5.76亿美元，居全省第四位。积极组织域内企业参加中国数字博览会、中国进口博览会等国内外经贸活动21次，一批符合廊坊市产业发展定位的高端项目签约落地。推动提升开发区综合承载能力，大力建设国别特色产业园，龙河高新区台湾高新技术产业园、霸州经开区省际合作食品产业园分别被认定为全省首批国际和省际合作重点产业园。

## 七、坚定不移改善民生，切实提高人民群众获得感幸福感

市委常委会始终坚持把人民放在心中最高位置，把增进民生福祉作为发展的根本目的，下大力补齐民生短板，用心用情用力解决群众的操心事、烦心事、揪心事。

1. 切实办好民生实事。持续加大财政投入力度，1—11月份，全市民生支出467.3亿元，占一般公共预算支出的79%。23项民心工程全面完成年度目标任务，棚户区改造、危房改造、老旧小区改造、市政老旧管网改造、冬季清洁取暖工程、城乡生活垃圾处理设施建设等重点工程全部超进度要求。下大力解决群众出行停车难题，累计施划机动车停车位3.09万个，非机动车停车线8万延米，拓展停车场地17处。新改扩建居家养老服务中心工程全部完成建设。廊坊长途客运在省内首家实现“刷脸”式支付售票、实名制“刷脸”检票。启动实施交通秩序、社区环境、集贸市场整治等“七大攻坚行动”，裕华路马路市场、3532社区环境脏乱差

等一批群众反映强烈的难点问题得到根本解决。

2. 切实提升民生保障水平。坚持就业优先战略和积极就业政策，全年累计投入社会保障和就业资金61亿元，大学毕业生、退役军人、建档立卡贫困劳动力、退出产能职工等重点人群就业平稳，城镇登记失业率低于2.5%，保持全省最低。加大兜底保障力度，农村低保保障率提高到1.6%，超额完成省定目标任务。城乡低保标准提高到每人每月685元，城乡特困人员生活补助标准提高到每人每年13152元，低保特困市定标准、全市平均标准、县级最高标准均居全省第1位。有力推进偿还拖欠民营企业、中小企业账款工作，偿还资金6.7亿元，偿还比例居全省第三位。

3. 切实抓好社会事业发展。着力在补齐教育医疗等公共服务短板上发力，统筹抓好各项社会事业。强力推进主城区教育扩容提质三年攻坚行动计划，新一中建成投用，77个中小学、幼儿园新改扩建项目加快实施，义务教育大班额比例由16.97%降至9.08%，超大班额比例由4.1%降至2.12%，三河、大城等6县（市）基本消除大班额。大力引进京津优质教育资源，北京师范大学廊坊开发区学校、中国人民大学新校区大厂拓展区九年一贯制学校项目开工建设。提升医疗服务能力和质量，对全市62所基层卫生机构进行改扩建，彻底解决了800人以上的行政村无卫生室问题。推动医疗资源向基层下沉，建成医联体31个。积极推进电子健康卡建设，通过“健康廊坊”APP，支持全市所有医疗卫生机构线上预约挂号、诊间结算等医疗卫生便民服务，极大方便了群众就医。中国医学科学院肿瘤医院廊坊院区、国家癌症中心、质子治疗中心近日将开工建设。

## 八、坚定不移树牢底线意识，坚决维护社会大局和谐稳定

市委常委会坚持把维护社会稳定作为第一责任，以新中国成立70周年安保维稳为主线，坚决当好河北首都政治“护城河”的排头兵，切实以廊坊之稳拱卫首都安全。

1. 扎实推进社会治理创新。坚持把提高人民群众的安全感和满意度放在突出位置，着力加强和创新社会治理，确保人民安居乐业。扎实推进扫黑除恶专项斗争，突出“一案三查”“破网打伞”，累计打掉黑社会性质组织6个，恶势力犯罪集团27个，恶势力团伙68个，抓获犯罪嫌疑人856人。全力推进平安建设“五大智慧工程”，建成智慧平安社区167个，智慧警务站57个，智慧视频监控实现全域覆盖、全网共享，209公里环京边界线全部部署智能化防控系统，暑期铁路沿线全部建成高科技智慧警卫通道，得到省委、省政府充分肯定，我市在全省市域治理现代化推进会议上作典型发言。

2. 扎实抓好安全生产。强化安全生产党委政府主体责任、党政同责、一岗双责，完善安全生产巡查、考核、约谈等制度，健全部门监管责任，压实企业主体责任，统筹抓好安全生产和食品药品安全各项工作，全市安全生产形势持续平稳。

## 九、坚定不移弘扬主旋律和凝聚正能量，宣传思想文化工作开创新局面

市委常委会注重充分发挥宣传思想文化工作凝聚党心民心、引领社会发展的重要作用，坚持守正创新，扎实推进舆论引导、文明创建、文化发展各项工作，使主阵地更加巩固、主旋律更加高昂、正能量更加强劲。

1. 积极巩固意识形态工作主阵地。认真落实《中国共产党宣传工作条例》，定期研究部署意识形态领域工作，牢牢掌握意识形态工作领导权、管理权、话语权。压实各级党组织工作责任，严格落实“三清单四办法”，督促各级巩固意识形态主阵地。强化工作监督，将意识形态工作列为巡察和重点工作大督查的重要内容。认真落实主管主办和属地管理原则，全面摸排市、县两级新闻媒体意识形态领域风险隐患。注重走好网上群众路线，科学有效处置舆情，深入开展“扫黄打非”“净网”专项行动，营造了健康清朗的网络空间。

2. 积极践行社会主义核心价值观。坚持立德树人、成风化人，大力弘扬社会主义核心价值观，不断深化群众性精神文明创建活动。积极选树道德模范先进典型，评选出廊坊市道德模范20人，当选河北省道德模范1人，29人被评为“时代新人·河北好人”，5人荣登“中国好人榜”。组织开展“我和我的祖国”群众性系列文化活动，举办“廊坊—好故事之城”主题实践活动展演，推出“最美蓝天卫士”“最美军嫂”系列“最美”典型。深入开展文明城市、文明村镇、文明单位创建活动，扎实推进“星期六文明行动”，城市文明程度各项指标持续改善，在新一轮国家文明城市测评验收中取得好成绩。

3. 积极发挥先进文化引领作用。围绕“兴文化”的使命任务，着力提升公共文化服务水平。推动文化事业上档升级，积极探索版权工作体制机制创新，我市被授予“全国版权示范城市”称号。现代评剧《秋月》在央视播出、《焦裕禄》赴省汇报演出，《廊坊最网红》栏目推出的先进典型被央视和省新闻联播选播，电视纪录片《大运河传奇》等3部作品获省“五个一工程”奖。加快文化产业繁荣发展，市县文旅大会成功举办，在全省开启了县县举办文旅大会的先河。成功取得2020年世界漫画大会、中国青少年机器人竞赛主办权。谋划举办国际民间艺术节，得到文旅部和省委、省政府高度重视，正在有序推进。文化产业项目加快建设，初步形成以大厂影视小镇、中信国安新桥影视基地等为支撑的全产业链影视基地，以丝绸之路国际文化交流中心、“只有红楼梦”戏剧公园等为平台的高端演绎基地。推动全市群众体育事业向高质量迈进，成功举办首届冰雪运动会、华夏幸福足球中超赛事。

## 十、坚定不移履行主体责任，推进全面从严治党向纵深发展

市委常委会始终坚持把抓好党建作为最大政绩，坚决履行全面从严治党主体责任，认真落实党中央和省委关于党风廉政建设责任制各项要求，层层压实“两个责任”，扎实推进全面从严治党向纵深发展、向基层延伸。

1. 加强干部队伍建设。坚持新时期好干部标准，严把干部选任关特别是政治关和廉洁关，把对党忠诚、牢固树立“四个意识”、坚决做到“两个维护”作为首要标尺，切实把党和人民需要的好干部选出来用起来。不断调整优化领导班子结构，加强对领导班子和领导干部的综合分析研判，切实把合适的人放到合适岗位上，推动人尽其才、才尽其用。大力提拔使用年轻干部，进一步充实完善优秀年轻干部信息库，加大干部交流力度，让更多年轻干部在艰苦条件和急难险重任务中经风雨、见世面、长才干。着力提高干部“八方面本领”，用好各级党校阵地，多形式组织开展干部培训，不断提升各级干部政治能力和专业化水平。

2. 加强基层组织建设。认真落实各级党委书记抓基层党建工作责任制，大力开展“基层党建质量提升年”活动，在全市9个领域基层党组织中深入开展“创星争先”，实现不同基层党组织工作水平捆绑式共同进步。大力培树先进典型、整顿软弱涣散基层党组织，抓两头、促中间，努力把基层党组织建设成为坚强战斗堡垒。深入开展“万名基层党组织书记”大培训，在全国先进地区以及域内举办乡村振兴示范培训班、基层党建示范培训班、“不忘初心、牢记使命”主题教育培训班14期。召开市直机关党的建设工作会议，开展“践行三个表率”、建设模范机关系列活动。

3. 加强干部作风建设。强化“作风建设永远在路上”的警觉和韧劲，严格执行中央八项规定及实施细则精神和省实施办法，驰而不息纠“四风”转作风。深入开展纠正“四风”和作风纪律专项整治，聚焦“四风”新表现、新形式，紧盯“关键少数”和重点时间节点，抓实抓好廉政建设。扎实推进领导班子和领导干部不担当不作为问题专项整治，严厉问责缺乏担当、无所作为的干部，大力选树先进典型。全市共筛查和新发现违反中央八项规定精神及工作纪律等问题270件，给予党纪政务处分63人，诫勉谈话41人。

4. 加强党风廉政建设。压紧压实各级党组织全面从严治党主体责任，明确党组织书记第一责任人责任和班子成员“一岗双责”的具体任务。坚持有贪肃贪、有腐反腐，扎实开展京津冀协同发展政治监督、违建别墅清查整治、人防系统腐败问题整治，强力部署扶贫领域、民生领域、统计领域数字造假等专项整治工作，对重点工程、重点领域、关键岗位，持续加大监督执纪和审查调查力度。召开3次警示教育大会，通报曝光典型案例，让广大干部切实知敬畏、存戒惧、守底线。探索开展政治生态监测评估，深化市县政治巡察，把握运用好监督执纪“四种形态”特别是第一种形态，多措并举巩固发展反腐败斗争压倒性胜利。今年全市各级纪检监察机关共受理信访举报8944件，处置5749件，立案1918件，结案1861件，给予党纪政务处分1796人。

市委常委会高度重视自身建设。带头加强党的创新理论武装，一年来召开49次市委常委会和18次市委理论学习中心组学习会，以理论上的清醒保持政治上的坚定。带头严明政治纪律和政治规矩，自觉增强“四个意识”、坚定“四个自信”、做到“两个维护”，坚决同以习近平同志为核心的党中央保持高度一致，对党绝对忠诚。带头强化担当担责，对推动京津冀协同发展重大国家战略以及打好“三大攻坚战”、加快产业转型升级、持续改善生态环境、维护社会和谐稳定等重点任务，全力推进、攻坚克难，不折不扣推动党中央和省委、省政府各项决策部署落地落实。带头提高执政能力，健全完善赴基层调查研究、一级帮助一级解决问题等工作机制，大力弘扬求真务实、真抓实干之风。带头做到为民务实清廉，牢记初心使命，践行群众路线，公正用权、依法用权、为民用权、廉洁用权，加强家风家教建设，保持共产党人的政治本色。

在推动廊坊发展的实践中，市委常委会清醒认识到，工作中还存在一些问题和不足，主要是：抢抓京津冀协同发展机遇还不够，发展潜力还没有充分释放；推动转型升级效果还不够明显，新兴产业支撑力还不强；资源环境制约加剧，土地资源紧缺，大气、水、土壤等生态治理任务艰巨；民生领域短板还不少，与人民群众美好生活的需要还有一定距离；社会矛盾和潜在风险还很多，拱卫首都安全的压力还很大。尤其是面对新形势新任务新要求，一些干部的能力素质作风还不能很好地适应发展需要，与党中央和省委、省政府的更高要求还有不小差距，等等。对这些问题，我们必须高度重视，采取有力措施加以解决。

在今后工作中，我们要坚持以习近平新时代中国特色社会主义思想为指导，全面贯彻习近平总书记对河北工作重要指示批示和党中央决策部署，深入落实省委“三六八九”工作思路，全面抓好改革发展稳定和党的建设各项工作，忠诚担当、拼搏竞进，奋力谱写新时代加快建设经济强市、美丽廊坊新篇章。

请同志们对市委常委会的工作提出意见和建议。

# 廊坊市人民代表大会常务委员会工作报告
## ——在廊坊市第七届人民代表大会第五次会议上

廊坊市第七届人民代表大会常务委员会主任 蒋洪江

（2020 年 1 月 19 日）

### 一、2019 年主要工作

2019 年，在市委的坚强领导下，市人大常委会坚持以习近平新时代中国特色社会主义思想为指导，深入学习贯彻党的十九大和十九届二中、三中、四中全会精神，认真贯彻落实省、市委全会和省委人大工作会议精神，履职尽责，担当作为，圆满完成市七届人大四次会议确定的目标任务，各项工作取得新进展、新成效。

（一）旗帜鲜明讲政治，确保党对人大工作的全面领导

坚持正确政治方向，在实际工作中树牢“四个意识”、坚定“四个自信”、践行“两个维护”。

强化创新理论武装。认真学习习近平新时代中国特色社会主义思想，深入贯彻习近平总书记关于坚持和完善人民代表大会制度的重要思想，扎实开展“不忘初心、牢记使命”主题教育，不断增强用科学理论指导实践的思想自觉。坚持学以致用，积极探索民主功效、联动监督、协同立法、履职管理等领域的机制创新，下功夫把党的创新理论转化为履职实践和成效。

自觉接受党委领导。市委高度重视人大工作，把方向、定原则、交任务、提要求，多次研究人大工作，并就新时期进一步加强和做好人大工作提出具体意见，及时解决人大工作中的实际问题，极大增强了全市人大系统服务大局、奋发作为的信心。常委会党组严格执行请示报告制度，全年向市委请示报告 52 次，确保重要工作在市委统一领导下有序进行。

落实市委决策部署。全面贯彻习近平总书记“四个善于”的工作要求，深入开展“河北发展、人大尽责”主题实践活动，明确目标导向和具体抓手，及时将市委研究确定的重点工作纳入人大工作要点，围绕廊坊改革发展的难点问题开展监督，依法行使重大事项决定权，推动市委重大决策部署贯彻执行。全年选举任免国家机关工作人员 86 人次，均全票或绝对高票通过，为巩固发展我市良好政治生态作出积极贡献。

（二）注重立法质量，推进立法决策与改革决策有机结合

坚持急需先立、突出特色，推动立法工作与时代同步伐、与改革同频率、与实践同发展。

健全立法机制。坚持党委领导立法，围绕市委中心工作确定立法计划。修订《廊坊市制定地方性法规办法》，建立与政府互动立法对接机制。坚持科学立法、民主立法、依法立法，完善立法建议征集、立法协商、专家咨询和立法评估机制。建立立法协调机制，出台《市人大常委会关于支持大厂回族自治县进一步加强和改进立法工作的指导意见》，指导各县（市、区）依法作出决议、决定，不断增强地方立法工作整体合力。

提高立法效能。紧盯改革发展重点难点，加快重要领域立法步伐，推动问题解决和事业发展。颁布实施《廊坊市文明行为促进条例》，审议通过《廊坊市加强大气污染防治若干规定》，完成《廊坊市国土绿化条例（草案）》起草和《廊坊市院前医疗急救服务条例（草案）》的前期考察和论证工作。配合省人大常委会搞好《河北省机动车和非道路移动机械排放污染防治条例（草案）》等立法调研，提出廊坊立法需求；协助组办 2019 年京津冀人大立法工作会议，积累协同立法经验。

严格备案审查。立足“有件必备、有备必审、有错必纠”，制定出台《规范性文件备案审查工作规定》，完成《廊坊市烟花爆竹安全管理办法》等 4 部政府规章审查工作，对其中的 3 部提出修改意见。加强备案审查工作指导，督导市政府和各县（市、区）人大常委会切实做好规范性文件报备工作。

（三）提高监督实效，积极服务全市改革发展稳定大局

强化问题导向，实施有效监督，全年听取审议专项工作报告 35 项，开展调研、视察、执法检查 18 次，组织专题询问 1 次，配合省人大常委会开展监督活动 22 次。

聚焦经济建设发力。依法组织了“十三五”规划纲要实施情况中期评估调研和审议，完成了 2019 年上半年计划、预算执行情况审查。听取了全市债务管理情况的汇报；审议预算执行及财政收支审计和审计查出问题整改情况报告；审查国有资产管理情况；针

对《中小企业促进法》实施开展执法检查，就缓解下行压力，推进经济转型，提出意见、建议。同时，通过多轮培训督导形式，实现了预算联网监督各县（市、区）的全覆盖。

聚焦民生福祉发力。坚持以民为本，优先把代表和群众反映强烈的热点纳入监督计划，围绕脱贫攻坚，开展《河北省农村扶贫开发条例》执法检查和就业促进工作专题调研，提出做好防贫返贫、提升内生动力、产业就业扶持等改进性意见。同时，针对养老服务业“放管服”、医养结合、健康服务业和健康产业发展、学前教育和中小学优质学位供给等领域组织了系列监督活动，推动相关工作改进提升。

聚焦环境保护发力。贯彻中央和省、市委关于环境保护的决策部署，持续强化生态环境监督，围绕大气污染防治、水污染防治“一法一条例”开展执法检查，审议市政府2018年环境状况和环境保护目标完成情况以及对《河北省乡村环境保护和治理条例》审议意见整改落实情况的报告，并将监督检查结果作为环保领域立法依据，使之更具操作性。

聚焦三农工作发力。贯彻中央乡村振兴战略，针对全市农业农村工作的新趋势，组织代表赴四川考察现代都市农业，并向市委提交了专题报告。围绕推动农村面貌和农民生活方式改变，组织农村人居环境整治和农村土地承包确权情况专题调研。围绕水资源保护，开展《河北省地下水管理条例》执法检查，助推构建生态型现代化农村发展新格局。

聚焦社会治理发力。强化社会治理领域监督，对《宗教事务条例》、《公共图书馆法》、《红十字会法》和河北省实施办法、《律师法》和《河北省律师执业保障和规范条例》贯彻实施情况开展执法检查，对全市文物保护工作、全域旅游发展和扫黑除恶专项斗争工作进行专题调研，并依法作出《关于加强检察建议工作的决议》，推动打造共建共治共享的社会治理格局。

同时，常委会注重监督方式创新，强化跟踪问效，针对2018年度三项联动监督整改落实情况进行“回头看”，组织满意度测评；针对优化营商环境开展专题询问，直面回应各界关切；出台《关于实施民生实事项目市人大代表票决的决定》和实施办法，推动政府决策与群众需求精准对接，本次人代会正式启动。通过资源整合，机制创新，监督工作更加系统、更加协同、更加务实。

（四）强化主体作用，支持和保障代表依法履职

密切联系代表，充分依靠代表，服务保障代表，代表履职能力不断提升，履职实效明显增强。

加强代表履职服务。健全代表培训机制，制定《关于市人大代表培训计划的意见》，举办3期代表小组长和代表联络站站长专题培训班，组织代表赴外考察，开阔眼界、提升能力。拓展联系代表方式，认真落实常委会委员与代表、代表与群众“双联系”和代表列席常委会会议制度，邀请代表更广泛地参与常委会各项工作，认真听取代表的意见建议，把代表履职服务做实做细。

规范代表履职行为。建立市人大代表履职档案。制定《关于开展县乡两级人大代表述职评议活动的实施意见》，指导县乡人大开展向选民述职活动，探索对代表述职满意度测评，代表述职完成比例超过30%。规范代表联络站运行管理，组织观摩拉练，引导代表进站活动，发挥代表小组专业优势，收集民意、建言献策，助推文明城市创建、三大攻坚战和“三区一基地”建设。代表联络站已经成为服务代表履职、广泛听取民意的重要平台。

增强代表履职实效。积极探索代表履职新途径，不断拓展代表参与立法调研、监督检查、工作评议、重大事项决定等活动的深度和广度。认真办理代表建议，市七届人大四次会议期间所提101件建议已经全部办结。代表提出的高质量建议，成为确定监督项目、编制立法计划、推动改进工作的重要依据。随着民生实事项目票决制的正式启动，人民当家作主的制度优势将更加彰显。

（五）加强自身建设，提升履职能力和服务水平

坚持政治引领，突出能力建设，倡导务实作风，努力建设让党放心、让人民满意的模范机关。

强化政治建设。认真落实新时代党的建设总要求，全面加强人大党组织建设，健全完善常委会和机关党组织的领导体制和工作机制。严格落实民主生活会和“三会一课”制度，严格执行党风廉政建设“两个责任”和“一岗双责”，抓好巡察问题整改，不断提高管党治党水平。

强化能力建设。深化机构改革，设立社会建设委员会，完善相应工作机制。全面落实“三深化、三提升”要求，不断提高依法履职能力和水平。建设学习型机关，健全常委会、专委会组成人员学习制度，积极参加省、市组织的学习培训，认真开展对标学习、外出考察、知识考试、交流研讨、实践锻炼。充分发挥立法、专委等方面专家的作用，为常委会履职提供更好智力支撑。

强化作风建设。严格落实中央八项规定实施细则精神和省、市委相关要求，坚持不懈纠“四风”、改作风。领导干部以上率下察实情，深入调研求实效，年内形成调研成果30余篇。加强会风建设，改进组织方式，常委会审议质量进一步提升。坚持正确用人导向，强化能为意识，锻炼善为本领，激励机关干部新时代新担当新作为。

强化联动指导。围绕事关改革发展稳定大局的共性问题进行市、县（市、区）人大常委会联动监督，形成工作合力，推动问题解决。定期召开人大系统业

务会、研讨会，建立与基层人大的常态化联系机制，确保工作同频同向。深入推进县乡人大规范化建设，协调解决制约基层人大工作的难点问题。县乡人大工作机制更加健全，工作活力明显增强。

各位代表，常委会各项工作所取得的成绩，是市委坚强领导和省人大常委会有力指导的结果，是全体市人大代表、常委会组成人员、各专门委员会和常委会工作机构共同努力的结果，是市“一府一委两院”、各县（市、区）人大常委会支持配合的结果，是全市人民和社会各界大力支持的结果。在此，我代表市七届人大常委会向各位代表、各有关方面，表示崇高的敬意和衷心的感谢！

在总结工作的同时，我们也清醒地看到，常委会工作还存在一些薄弱环节，主要是：改革创新的步子迈得还不够大；地方立法的创制性还不够突出；人大监督的刚性还不够到位；代表工作的规范化还不够高。对此，常委会将高度重视，切实加以改进。

## 二、2020 年主要任务

今年是全面建成小康社会和“十三五”规划收官之年。市人大常委会要在市委坚强领导下，坚持以习近平新时代中国特色社会主义思想为指导，全面贯彻党的十九大和十九届二中、三中、四中全会精神，认真落实省委人大工作会议和市委六届八次、九次全会决策部署，高效履职、开拓进取，努力在推进法治建设上有新成效、在服务改革发展上有新提升、在汇聚民心民力上有新进展。

一是强化政治引领。巩固拓展主题教育成果，深入贯彻习近平新时代中国特色社会主义思想特别是习近平总书记关于坚持和完善人民代表大会制度的重要思想，在学思践悟中涵养政治信仰，在力学笃行中夯实政治根基，在奋发作为中提高政治能力，不断增强“四个意识”、坚定“四个自信”、做到“两个维护”、践行“四个善于”，推动人大工作站高望远、笃定前行。

二是服务中心大局。自觉在大局下定位，主动在大局中作为，紧扣贯彻落实中央和省、市委重大决策部署，紧扣回应人民群众重大关切，紧扣厉行法治、全面依法治市，聚焦市委六届九次全会提出的三大任务，找准切入点、做实结合点、寻求发力点，全面助力开展“三个建设年”，全面推动谱写“三篇大文章”，勇担人大使命、发挥人大职能、彰显人大作为。

三是依法有效履职。强化对标对表，把握新时代人大工作规律，把机制创新和工作落实贯穿始终，激发内生动力和活力；强化立法引领，突出抓好创制性立法，提高立法工作质量和效率；强化监督刚性，聚焦经济转型、民生福祉、环境保护、城乡建设、公平司法、社会治理等领域集中发力；强化民主功效，依法行使好重大事项决定权，推动民生实事项目票决制向基层延伸，规范代表履职管理，提升联络站功能，切实把人大制度优势转化为治理效能。

四是提升自身建设。适应新时代人大工作新任务新要求，不断增强人大系统的责任感和使命感，时刻把党的事业放在心上、把人大责任扛在肩上，以能力建设为基础，以制度建设为突破，以作风建设为抓手，以队伍建设为保障，巩固强项、补齐短板，拼搏奋进、苦干实干，为巩固和发展全市来之不易的大好形势，干出新业绩、汇聚正能量、做出新贡献。

各位代表，历史使命呼唤我们砥砺前行。让我们紧密团结在以习近平同志为核心的党中央周围，在中共廊坊市委的坚强领导下，高举中国特色社会主义伟大旗帜，不忘初心、牢记使命，凝心聚力、锐意进取，努力书写新时代人大工作的崭新篇章，为新时代加快建设经济强市、美丽廊坊做出新的更大贡献。

# 廊坊市人民政府工作报告
## ——在廊坊市第七届人民代表大会第五次会议上

廊坊市人民政府代市长　赵　革

（2020 年 1 月 18 日）

### 一、2019 年工作回顾

2019 年，是新中国成立 70 周年，也是全市上下团结拼搏、攻坚克难、稳步前行的一年。我们坚持以习近平新时代中国特色社会主义思想为指导，全面贯彻落实党中央、国务院和省委、省政府各项决策部署，在市委坚强领导下，推动经济社会发展取得新成绩，较好完成了市七届人大四次会议确定的年度目标任务。

——经济运行稳中有进。预计全市地区生产总值增长 7% 左右，一般公共预算收入增长 7.3%，固定资产投资增长 6.5% 左右，社会消费品零售总额增长 10% 左右，实际利用外资增长 5.4%。

——经济质量得到提升。预计三次产业结构由 6.3 ∶ 36.6 ∶ 57.1 调整为 6 ∶ 34 ∶ 60，第三产业对经济发展的贡献率达到 70%，全部财政收入占地区生产总值的比重达到 20%，税收收入占一般公共预算收入的 72.8%，余额存贷比 104.7%。

——生态环境持续改善。预计空气质量综合指数 5.27、同比下降 5.6%，PM2.5 年平均浓度 46 微克每立方米、同比下降 8%，两项指标实现历史最好，在"2+26"城市中均正排第二名；6 条国省控重点河流 7 个断面中，6 个消除劣Ⅴ类水体，超额完成国家和省"十三五"考核任务；森林覆盖率达到 33.86%，荣获"国家森林城市"称号。

——民生水平稳步提高。民生支出占一般公共预算支出的 79.3%；城乡居民人均可支配收入预计分别达到 43700 元和 18300 元、居全省第一 1 和第二位，分别增长 8% 和 8.9%；城乡低保、城乡特困人员生活补助水平保持全省最高；城镇登记失业率低于 2.5%。

一年来，面对经济下行、去产能、治污染、严管控等艰巨任务和困难挑战，我们坚持以新发展理念引领高质量发展，统筹推进稳增长、促改革、调结构、惠民生、防风险、保稳定各项工作，新时代加快建设经济强市、美丽廊坊迈出新步伐。

（一）坚决服从服务国家重大战略，协同发展取得新突破。服务保障三大历史性工程成效明显。圆满完成北京大兴国际机场保通航任务，认真落实北三县与通州区"四统一"要求，环雄安新区周边县（市）严格执行各项管控政策。临空经济区规划建设强势开局。"1+3+13"规划体系和实施意见编制完成；村庄征迁、投融资、全球招商、基础设施建设等工作全面展开，总投资 150 亿元的临空产业发展智库、南航华北培训基地等 6 个重点项目集中开工；河北自贸试验区大兴机场片区正式挂牌，大兴国际机场综合保税区进入待批阶段，"三区联动"格局加速形成。北三县与通州区协同发展步伐加快。"1+5+12"规划体系编制完成，签约一批北京转移项目，北运河综合治理、运河文化保护利用等工作成效显著。交通、产业、生态三大领域取得新进展。配合保障的京雄铁路等 9 条轨道交通项目以及津石高速等 6 条高速公路项目正在加快建设或开展前期工作，燕潮大桥正式通车，新机场北线高速主线主体工程完工；全年引进京津项目 210 个；与京津雄交界区域污染联防联控联治不断深化。

（二）积极推动产业结构转型升级，新旧动能转换迈出新步伐。"无钢市"目标圆满实现。累计退出钢铁产能 1974 万吨，妥善安置职工 2.02 万人。"3+1"市域主导产业规模持续壮大。配套出台 10 条政策措施，实施主导产业项目 222 项、完成投资 325.7 亿元，固安维信诺、新奥集团微型燃气轮机等一批高新项目正式投产，华为云计算、华大基因生命健康科学城等一批重大项目开工建设或正式签约。"7+6"县域特色产业加快发展。逐个产业制定转型升级规划，制定 16 项支持政策，13 个县域特色产业集群营业收入达到 986.2 亿元，其中超 50 亿元 7 个、超 100 亿元 3 个。重点项目建设扎实推进。开展"高质量项目建设年"活动，实施亿元以上项目 863 个，其中战略性新兴产业和现代服务业项目占比达到 40% 以上；列入省重点项目 31 个、市重点项目 100 个，完成投资分别占年计划的 119% 和 138.8%。科技创新能力不断提升。预计新增高新技术企业240家左右，新增科技型中小企业1241家；新增省级以上企业研发机构、进入全省县域科技创新A类县数量，以及全市技术合同交易额增速，均居全省第2位；新增国家级孵化器、科技创新三年行动计划中期评估指标完成数量，均居全省第1位。

（三）纵深推进改革开放，发展的动力活力得到新增强。“放管服”改革深入推进。开展“三深化三提升”活动，推出高频事项套餐服务，市、县两级政务服务事项网上可办率分别达到97.8%和96.2%；重大项目审批创造性实施“抢先指导、容缺办理”，临空经济区、自贸区项目审批实行“一会三函”机制，各类工程建设项目审批时间压缩至58个工作日以内，企业开办时间压缩至1个工作日以内、进入全国先进行列，市场主体总量增长13%。国资国企、投融资、财税金融、科技体制等领域改革稳步推进，财政管理经验做法得到国务院办公厅通报表彰。民营经济活力不断增强。开展“服务民营企业高质量发展年”活动，制定出台“39+8”系列政策措施，为企业减税降费60亿元；民营经济实现税收505亿元，占全市税收收入的比重达到94.5%；我市成为全省唯一连续7次获得“民营经济发展先进市”称号的设区市，新奥集团、华夏幸福、荣盛集团、汇福粮油4家企业入围中国民企500强。对外开放水平明显提升。成功举办重点展会84个，“5•18”经洽会办会水平、签约项目质量显著提升，中国（廊坊）农交会影响力不断增强；实施开发区综合承载能力升级行动，全市省级以上开发区主营业务收入预计增长10%；廊坊综合保税区顺利通过国家验收，正式封关运行。

（四）坚决打好污染防治攻坚战，生态环境质量实现新提升。持续深化蓝天、碧水、净土三大保卫战，着力建设京津走廊生态宜居城市。大气污染防治扎实推进。深入开展冬季清洁取暖、工业污染深度治理等六大攻坚行动，农村地区基本实现散煤清零，“散乱污”企业保持动态清零，全市所有在建施工工地实现视频监控和PM10在线监测全覆盖，非道路移动机械管控和新能源标准车推广均超额完成省定任务。全年优良天数达到235天，同比增加13天。水环境治理持续深化。加快污水处理厂建设，日新增污水处理能力27万吨，总处理能力较“十二五”时期实现翻番；全市重点河流、重要节点全部实现实时监测。生态修复成效明显。深入开展土壤污染防治，大力推进三河矿山治理，实施大规模植树造林，全年营造林51.2万亩。

（五）着力办好惠民实事，民生保障工作取得新进步。23项民心工程圆满收官。精准脱贫成效显著。聚焦解决“两不愁、三保障”突出问题，精准开展系列专项行动，1937户4841名建档立卡贫困人口全部脱贫。城乡建设水平稳步提升。开展“基础设施和公共服务设施建设年”活动，“断头路”打通三年行动计划基本完成，光明道上跨京沪高铁立交桥、艺术大道下穿桥等一批交通项目加快建设，主城区城市功能日臻完善。加快推进县城建设，三河市入围全国县域经济竞争力百强县，香河县、固安县入选全国投资潜力百强县，大厂县成功创建国家卫生县城。扎实推进乡村振兴战略，谋划实施重点项目80个，提前一年基本完成农村人居环境三年整治任务，香河县、三河市分别荣获全国、全省“四好农村路”示范县称号，全省乡村振兴工作推进会在固安县召开。社会事业不断进步。教育扩容提质三年攻坚行动圆满收官，实施学校建设项目150个，中小学超大班额基本消除；廊坊新一中正式投用。深化“四医联动”改革，启动实施基层卫生综合服务能力“双提升”工程，乡村卫生健康服务一体化管理取得新进展，廊坊市连续4年荣获全省深化医药卫生体制改革工作先进市称号。成功举办第13届全国美术作品展、中超足球联赛、全市首届冰雪运动会等文体活动。永清县荣获“中国核雕之乡”称号。社会大局保持和谐稳定。金融、房地产、政府债务等领域风险总体可控，安全生产形势保持平稳，“五大智慧工程”加快实施，扫黑除恶专项斗争取得阶段性成果，新中国成立70周年大庆等重大安保维稳任务圆满完成，以廊坊之稳拱卫了首都安全。

各位代表，过去的一年，我们深入开展“不忘初心、牢记使命”主题教育，凝聚了用实干担当践行初心使命的高度共识和强大动力。加快推进法治政府建设，自觉接受人大法律监督、政协民主监督，认真办理人大代表建议和政协委员提案。国防动员和双拥共建深入开展，民族宗教、外事侨务、人民防空、史志档案、气象地震、地理信息、援藏援疆、妇女儿童等各项工作都取得了新进步。

各位代表，过去的一年，我们在应对挑战中抢抓机遇，在攻坚克难中负重前行，取得的成绩来之不易，根本原因在于习近平新时代中国特色社会主义思想的科学指引，在于省委、省政府坚强领导、关心支持，市委统揽全局、科学决策，市人大、市政协有力监督、支持帮助，全市人民勠力同心、砥砺奋进。在此，我代表廊坊市人民政府，向全市人民，向人大代表、政协委员，向各民主党派、工商联、无党派人士和人民团体，向驻廊解放军、武警官兵、政法干警和中省直驻廊单位，向所有关心支持廊坊发展的同志们、朋友们，致以衷心的感谢和崇高的敬意！

各位代表，进取者的脚步永远不会停歇，前进道路注定不会平坦，仍有不少“问题清单”摆在我们面前，经济结构调整任务重，营商环境不够优，创新能力不够强，民生短板依然较多，一些政府部门和工作人员治理能力和工作作风亟须提高改进，形式主义、官僚主义不同程度存在，一些领域腐败问题时有发生。这些问题和困难，都需要我们勇于面对，强化问题导向、目标导向、结果导向，下大气力认真加以解决。

## 二、2020 年重点工作

2020 年是全面建成小康社会和“十三五”规划的收官之年，也是制定“十四五”规划、推动高质量协同发展的关键之年。宏观经济大背景下，稳增长的压力依然较大，廊坊市仍然处在结构调整、垒基筑台的关键时期，面临着多重目标、多重任务、多重压力；同时，我们也要深刻认识到，京津冀协同发展深入推进，北京城市副中心高质量建设，临空区、自贸区、综保区“三区联动”，雄安新区进入实质性建设阶段，为廊坊市带来难得的历史性机遇。机遇挑战并存，困难希望同在，我们要抓住机遇而不可丧失机遇，开拓进取而不可因循守旧，以大担当服务大战略，以大气魄推动大发展，努力创造更多经得起群众和历史检验的新业绩。

2020 年政府工作的总体要求是：坚持以习近平新时代中国特色社会主义思想为指导，深入贯彻党的十九大和十九届二中、三中、四中全会精神，坚决贯彻党的基本理论、基本路线、基本方略，全面落实习近平总书记对河北工作重要指示批示，认真落实中央经济工作会议和省委九届十次全会、省“两会”精神，按照市委六届九次全会的要求部署，增强“四个意识”、坚定“四个自信”、做到“两个维护”，坚持稳中求进工作总基调，坚持以新发展理念引领高质量发展，坚持以供给侧结构性改革为主线，坚持以改革开放为动力，深入落实省委“三六八九”工作思路，扎实开展“三创四建”活动，聚焦全面建成小康社会、“十三五”规划圆满收官、京津冀协同发展取得重大突破三大任务，深入实施“三个建设年”活动，强力推动“三篇大文章”升级加力，坚决打赢三大攻坚战，加快建设现代化经济体系，深入做好“六稳”工作，统筹推进稳增长、促改革、调结构、惠民生、防风险、保稳定，不断提高人民群众获得感、幸福感、安全感，保持经济持续健康发展和社会大局稳定，奋力谱写新时代加快建设经济强市、美丽廊坊新篇章。

2020 年经济社会发展的主要预期目标是：全市地区生产总值同比增长 6.5% 以上，一般公共预算收入增长 6.5%，固定资产投资增长 6.5% 左右，规模以上工业增加值增长 4% 以上，社会消费品零售总额增长 9%，实际利用外资增长 5%，城乡居民人均可支配收入分别增长 7.5% 左右和 8% 左右，城镇登记失业率控制在 4% 以内。

重点做好九方面工作：

（一）聚力做好“三篇大文章”，培育高质量协同发展的动力源。京津冀协同发展是廊坊最大最现实的发展机遇。我们要聚焦全面完成协同发展中期目标，推动“三篇大文章”升级加力，切实把重大战略机遇转化为高质量发展的现实成果。

一是加快推动“北三县（市）”与通州区协同发展迈出更大步伐。继续严格落实“四统一”要求，加快融入北京城市副中心建设。力促各项规划尽快实施。紧盯总规批复，及时完善规划体系，抓紧出台规划实施意见，为开发建设创造条件。持续深化与北京产业和公共服务对接。加大市场化对接力度，着力引进一批高端产业、基础设施和公共服务项目，力争向全市域延伸布局；与北京优质企业开展广泛合作，引入专业化的“北京服务”。着力夯实一体化发展基础。全力做好京唐铁路建设保障工作，积极推进平谷线、廊香城际以及 4 条跨界道路和跨潮白河、北运河桥梁项目前期工作；加快推进大运河文化带建设，突出抓好北运河香河段旅游通航；与通州区共同开展医保等多领域渐进融合政策研究，加快提升一体化水平。

二是举全市之力推动临空经济区建设实现更大突破。聚焦建设宜居宜业航空城，加快释放临空经济区引爆效应，全力打造全市乃至全省新的经济增长极。全面提速规划建设。深入落实“1+3+13”规划体系，按时序完成村庄征迁和农田流转，加快推进市政基础设施和公共服务设施建设，全面拉开城市框架；全力做好天津至北京大兴国际机场铁路、城际铁路联络线一期等重大交通项目地方保障工作，推动新机场北线高速全线通车。加快完善政策体系。充分借助前海研究机构、波士顿咨询公司等外脑，研究制定人才、金融、地产、税务、科技、财政等方面政策体系，强化政策集成与创新，全面提升区域竞争力。突出抓好项目招商。围绕“1+2+3”产业实施路径，继续深化全球招商、产业链精准招商，力促新一代信息技术、航空科技创新等领域 68 个意向性临空产业重点项目尽快签约落地，着力推进民航科教产业园、河北航空运营基地等一批项目开工建设。

三是扎实推动南部县（市）与雄安新区联动发展取得更大进展。全面落实雄安新区总体规划及雄安新区周边地区管控要求，严控城镇开发边界，全面提升新区周边生产、生活、生态空间配置水平。加快推进交通互联。扎实做好京雄铁路、雄安新区至大兴国际机场快线铁路等轨道交通项目和京雄、津石等高速公路项目建设地方保障工作，加快实现与雄安新区交通一张网。积极开展生态共建。确保白洋淀流域生态环境治理和保护取得实效，高标准建好绿博园廊坊园，加快实现与雄安新区生态一体化。持续推进产业配套。深入研究雄安新区产业体系建设，做实产业承接基础，努力实现与雄安新区产业一条链。

（二）坚决打赢三大攻坚战，加快补强高质量协同发展的短板弱项。打好三大攻坚战是全面建成小康社会必须跨越的关口。要进一步增强政治责任感、历史使命感，集中精力抓重点、补短板、强弱项，全力攻坚突破，务求取得实效。

一是持续巩固脱贫攻坚成果。对照国家和省考核反馈问题，围绕“两不愁三保障”各类问题整改“清零”，认真组织开展“回头看”，及时查漏补缺，确保上半年全部整改到位；健全完善防贫脱贫长效机制，对非建档立卡低收入户、非持续稳定脱贫户，实施复合式、多层次保障性防贫措施，有效防止返贫和产生新的贫困人口。

二是深入推进污染防治。大力开展建筑工地扬尘专项整治、重污染天气应急能力提升等10方面重点工作，实施“利剑斩污”等专项行动，保持散煤和“散乱污”企业动态清零，全面完成燃气锅炉低氮改造，加快推进重型柴油货车治理，落实应急减排差异化定量管控，多排多限、少排少限、不排不限，坚决防止“一刀切”，持续改善空气质量；严格落实河长制，加强饮用水水源安全保障，扎实推进流域综合治理，稳步提升6条国省控重点河流、13条市控河流水质；强化土壤环境联动监管，深化土壤污染综合防治领跑区建设；完成三河矿山修复治理，大力推进造林绿化，森林覆盖率达到35%以上，让绿色成为廊坊的“最美底色”。

三是切实防范化解重大风险。强化地方金融市场监管，稳妥有效做好金融风险点的处置化解工作，坚决守住不发生系统性、区域性金融风险的底线；加大政府债务和隐性债务化解力度，确保完成年度政府隐性债务化解任务；着力稳地价、稳房价、稳预期，保持房地产市场平稳健康发展；深入实施违法违规圈占土地、违规违建项目等6项重点领域清理规范，全面彻底排查，依法依规整治到位。

（三）力促经济平稳增长，夯实高质量协同发展的坚实基础。把稳增长作为经济工作的首要任务，打好配套组合拳，持续巩固平稳向好的发展态势。

一是积极扩大有效投资。开展“重点项目建设年”活动，申列省重点项目40个，安排市重点项目100个，谋划实施亿元以上项目800个，重点推进投资127亿元的京东云计算中心、投资30亿元的“只有红楼梦”戏剧幻城等项目加快建设，力促投资190亿元的中国航天科技集团研发生产基地、投资100亿元的中交建新能源汽车等项目落地开工；用好国家扩大地方专项债券规模政策，谋划实施一批城乡基础设施和公共服务设施项目，鼓励支持民间资本扩大投资。

二是促进消费扩容提质。培育壮大限上商贸企业，积极引进伊玛尔等大型商贸企业，新增限上商贸企业80家以上；创新消费模式，加快布局进口商品营销店，着力打造“夜经济”商圈和特色商业街区，大力支持齐天大圣、万地葡等电商企业发展，积极扶持淘宝镇、淘宝村建设；办好市、县两级文旅大会，加快创建国家文旅消费试点城市和省级全域旅游示范县；大力发展生活性服务业，全面助力消费提档升级。

三是全力扶持民营经济发展。民营经济是廊坊的优势所在、特色所在，是推动廊坊高质量发展的主力军。民营企业家是我们自己人，服务民营企业是我们分内事。要加大对民营经济的政策支持和服务保障力度，严格落实减税降费政策，进一步降低企业要素成本；为企业提供一揽子“政策服务包”，将惠企政策集成推送，打通政策落地“最后一公里”；进一步做实市县领导包联企业、政府企业面对面、政银企对接等常态化帮扶机制，对主营业务收入超千万元的企业建档立卡、“一对一”跟踪服务，支持民营企业通过上市、发债、资产证券化等方式拓展融资渠道，深入推进市场秩序整顿、诚信体系建设和拖欠民营企业账款清理等工作，帮助更多企业纳入环保治理正面清单，积极构建亲清政商关系，“亲”而有度，“清”而有为，让民营企业家放心投资、顺心办事、安心创业、舒心发展。

（四）加快推动转型升级，构建支撑高质量协同发展的产业格局。实现高质量发展的潜力在产业、动力在产业、希望在产业。必须把产业项目建设摆在更加突出的位置，以更大决心、更大力度，动员全社会力量抓招商、上项目，以产业项目大集聚，推动产业结构调整和新旧动能转换，引领高质量发展。

一是培育壮大高端高新产业。深入落实战略性新兴产业三年行动计划，聚焦“3+1”主导产业，瞄准5G、区块链、数字经济等前沿技术和新业态新模式，加强云计算中心、大数据平台、物联网基础设施的部署和应用，加快引进建设一批科技含量高、成长性好的高新技术产业化项目，带动产业链集聚延伸，促进新兴产业加快成长；大力支持廊坊开发区大数据产业示范基地、京南•固安新型显示示范基地、河北香河经济开发区机器人示范基地3个省级战略性新兴产业示范基地建设，着力增强高质量发展的支撑力。大力发展现代服务业，支持金融服务、现代商贸物流、文化创意、科技服务等行业加快发展，积极构建居家社区机构相协调、医养康养相结合的养老服务体系，支持社会力量发展普惠托育服务，现代服务业增加值占服务业比重达到67%左右。

二是加快传统产业提档升级。稳妥推进钢铁去产能后续工作，谋划建设霸州医养健康产业园、安次龙湾小镇创新园等项目；深入实施“千企转型”行动，围绕食品加工、家具制造、保温建材等产业，支持重点企业加快设备升级、加大技改投入，滚动实施重点技改项目300个以上，争列省千项技改项目80个以上；支持企业建立工业设计中心，组织办好工业设计周等活动，培育工业设计典型案例10个。

三是做大做强县域特色产业。着眼发展壮大县域经济，重点围绕“7+6”县域特色产业集群，切实加大招商引资和产业扶持力度，推动特色产业规模发展，力争主营业务收入超50亿元的产业集群达到8个；高质量推进永清云裳小镇、香河机器人小镇、大厂影视小镇等11个省级特色小镇规划建设；实施特色产业振兴“3151工程”，搭建大城绝热节能产业价格指数发布、文安人造板产业联盟、霸州特色定制家具工业设计3个平台，创建绿色数字化工厂10家，培育行业领军企业50家，争创“专精特新”企业100家。

（五）大力实施创新驱动战略，激发高质量协同发展的内生动力。创新是引领发展的第一动力。要进一步集聚创新资源、提升供给水平、畅通转化渠道，以创新推进结构调整、增强发展动力。

一是积极培育创新主体。精准培育高新技术企业，打造一批排头兵企业，支持中小企业创新发展，全年新增高新技术企业130家、科技型中小企业800家；建立健全以企业为主体、市场为导向、产学研深度融合的技术创新体系，培育一批新兴科技企业和细分市场“单项冠军”，以企业结构优化带动产业结构升级。

二是着力搭建创新平台。围绕重点产业领域的科技企业创新和成果中试转化需求，实施规上企业研发机构扶持计划，着力增强企业创新能力、孵化育成能力、成果转化能力，新增市级以上企业研发机构、孵化器众创空间星创天地、技术转移服务机构55家。

三是加快推进协同创新。以“北京研发、廊坊孵化转化产业化”为方向，深入推进石保廊全面创新改革示范区建设，依托京南国家科技成果转移转化示范区和环首都农业科技示范带，深入对接京津创新源头，扩大科技创新券与京津互认互通范围，推动27家市级协同创新基地和13家省级以上国际科技合作基地提质增效，力争引进转化京津科技成果100项，技术合同交易额超过80亿元。

四是持续优化创新环境。全面落实企业创新普惠性政策，健全科研人员收入分配、科技成果转化激励、科研项目经费使用等机制，促进科研成果加速转化；深入实施县域创新驱动发展跃升工程，力争70%以上的县（市、区）进入省考核B类以上；实施更具灵活性和吸引力的人才政策，引进一批科技领军人才、高技能人才和高层次科研团队；充分发挥40家院士工作站高端智力优势，为廊坊科技创新聚智聚才。

（六）全面深化改革开放，优化推动高质量协同发展的营商环境。营商环境是吸引力、创造力，优化营商环境就是解放生产力、提高竞争力。组织开展“一流营商环境建设年”活动，全力打造市场化、法治化、国际化营商环境。

一是持续提升政务服务效能。精简市场准入行政审批事项，全面推行“马上办、网上办、就近办、一次办”；完善“互联网+政务服务”平台功能，推进审批事项和热点应用向手机端延伸；深化工程建设项目审批制度改革，在省级以上开发区推行企业投资项目承诺制试点，建立健全项目审批绿色通道，全力保障重大项目落地。持续深化国资国企、投融资、财税金融、科技体制等领域改革。

二是推动高水平对外开放。深入推进开发区管理体制和薪酬制度改革，进一步明晰开发区产业定位，完善招商政策，提高招商水平，全市省级以上开发区营业收入增长10%。着力推进自贸区、综保区建设，积极落实省下发的 192项共性制度创新清单和25项个性制度创新清单，及时出台配套政策；加强自贸区自主制度创新，推动第二批制度创新清单落实，力争注册市场主体达到300家以上；加快推动综保区建设，力争年底前实现一期封关运行。推动外贸稳中提质，加强与“一带一路”沿线国家的经贸合作，积极参加“千企百展”“河北品牌全球行”系列活动，加快培育跨境电商、外贸综合服务等新业态新模式，支持霸州家具、固安新型显示、廊坊开发区汽车零部件3个省级以上出口基地建设，全年新增有进出口实绩企业80家。高标准办好“5•18”经洽会、中国（廊坊）农交会、全国青少年机器人大赛等重点活动，打造高水平开放合作平台。

三是着力提高营商便利度。实施优化营商环境“百日攻坚”行动，对标一流营商环境，聚焦评价指标体系，聘请第三方专业机构对全市营商环境便利度进行全面评估，精准解决突出问题，确保营商环境便利度指数大幅提升；认真落实国务院《优化营商环境条例》，结合实际制定具体实施意见，全力打造有利于企业发展的政策环境、市场环境、法治环境。

（七）深入实施乡村振兴战略，筑牢高质量协同发展的“压舱石”。乡村振兴战略是“三农”工作的总抓手。要坚持农业农村优先发展，推进全市10个省市级乡村振兴示范区创建工作，努力实现农业强、农村美、农民富。

一是大力发展现代都市型农业。深入落实农业供给侧结构性改革三年行动计划，扎实推进“一减四增”，调减非优势区高耗低质低效农作物面积28.1万亩，创建5个省市级特色农产品优势区；实施品牌农业培树行动，认证“两品一标”产品20个，力促永清蔬菜、大厂牛肉等区域农业品牌做强做优，支持恒都美业、占祥粮油等农业龙头企业发展壮大，积极创建国家级农产品质量安全示范市；依托市级以上休闲农业示范点和星级休闲农业企业，做强10条精品休闲农业旅游线路，打造北中南三大休闲农业聚集区。

二是继续推进农村人居环境整治。巩固提升农村人居环境综合整治成效，50%以上行政村达到县级以上文明村标准，“四好农村路”建设实现全域覆盖。推动固安、香河“廊坊美丽公路”精品片区建设。

三是全面深化农业农村改革。完善承包地确权登记颁证数据库，推进土地确权信息化建设，积极探索承包地确权登记成果应用试点工作；深化集体产权制度改革，10月底前全部完成集体产权制度改革任务；加强农村宅基地行业管理，推进农村宅基地制度改革；研究制定促进农民增收的若干措施，完善农民收入持续较快增长长效机制。

（八）着力提升城市建设水平，增强高质量协同发展的承载能力。立足打造京津冀世界级城市群重要节点城市，深入实施“城乡基础设施建设年”活动，不断增强区域综合承载力和竞争力。

一是加快推动国土空间规划编制。立足发展空间需求、土地集约节约利用和补齐城乡公共服务短板，注重与“十四五”规划相衔接，高标准编制市、县两级国土空间总体规划，同步推进23个部门专项规划，6月底前基本完成编制工作。

二是着力加强中心城区建设。不断完善城市功能，全力推进光明道上跨京沪高铁立交桥和礼贤连接线、105国道建设，实施“断头路”扫尾工程，优化城区路网结构；加快推进雨污分流工程、市殡仪馆迁建等项目建设，确保静脉产业基地城区卫生填埋场、餐厨垃圾粪便处置和医疗废物处置中心项目年内全部完工；着力推进廊坊北500千伏等5座变电站年内开工建设；认真解决“停车难”问题；用市场化手段改善公交运营状况，实现公交全覆盖。持续提升城市品质，力促广阳超级万象城、世茂国际广场等城市综合体落地建设，加快推进安次龙河中央公园建设，结合重要节点绿化美化，高标准、大规模种植补植市花月季，全力打造花园城市。全面加强城市管理，加快编制新型智慧城市顶层设计，开展绿色生活创建行动，积极推动公共机构生活垃圾分类。深入开展全国文明城市创建活动，强力实施交通秩序、市容环境、社区环境等“围点攻坚”行动；超前启动国家卫生城市创建，下好先手棋、打好主动仗。

三是逐步完善县城功能设施。“北三县（市）”立足与北京通州区协同发展，加快推进燕郊体育公园一期、香河潮白滨水公园、大厂城市科技广场等城市公园和综合体建设；固安、永清立足借势借力临空经济区建设，加快推进106国道绕城改线、永定河治理、永清污水处理厂等重点工程；“南三县（市）”立足雄安新区辐射带动，加快推进霸州殡仪馆、文安文化艺术中心、大城红木文化新区等项目建设，着力增强县城的承载力和吸引力。

（九）更好保障和改善民生，共享高质量协同发展的建设成果。坚持把改善民生作为高质量发展的不竭动力，带着感情和温度解决群众忧心、烦心、揪心的事情，继续实施23项民心工程，让发展成果更多惠及全市人民。

一是落实就业优先政策。推进就业促进工程，鼓励创业带动就业、强化援企稳岗措施，重点抓好高校毕业生、下岗失业人员、农民工、退役军人等群体就业，城镇新增就业5.73万人，开展各类培训2万人次以上，确保零就业家庭动态清零。

二是完善社会保障体系。深入推进全民参保计划，研究制定临空经济区被征地农民养老保障机制，持续推进跨省异地就医门诊直接结算；强化社会救助精细化服务，提高农村低保保障率，实现应保尽保、精准救助；着力解决群众住房难题，开工棚户区3550套，实施老旧小区改造41个，拓展租赁市场、规范物业管理、完善配套设施，让群众住有所居、住有宜居。

三是发展更优质的教育。创建普惠性幼儿园350所以上，启动实施45个中小学幼儿园新改扩建项目，全市普惠性幼儿园覆盖率达到80%，基本消除中小学“大班额”；推动普通高中教育优质化、特色化改革发展，促进职业教育产教融合、普职融通；加快人民大学新校区大厂拓展区建设，积极推动北京师范大学廊坊开发区学校建设，支持三河市引进国家级应急机构、谋划建设应急大学；加强新时代教师队伍建设，打造充足、稳定、高素质的教师队伍。

四是大力实施健康廊坊行动。围绕健康干预、健康维护、重大疾病防控实施15个专项行动，努力为群众提供全周期健康服务；深化医药卫生体制改革，扎实推进城市医联体、县域医共体、跨区域专科联盟建设；做实做细家庭医生签约服务，继续实施基层医疗综合服务能力“双提升”工程，全面推开乡村医疗机构一体化管理；在全市推广应用居民电子健康卡；优化城区公立医院资源配置，加快推进中国医学科学院肿瘤医院廊坊院区建设，逐步完善医疗服务体系。

五是扎实推进文体惠民工程。全力办好世界漫画大会、“一带一路”国际民间艺术节、首届全国民乐展演等具有国际国内重大影响的系列文化活动，开展“月来月有戏”精品演出和“七进”惠民演出千场以上，加快市非遗馆建设，确保市美术馆年内投入使用；大力实施足球场地、健身公园、滑冰馆、滑雪嬉雪场县级全覆盖工程，高频次举办大型群众性体育活动、群众性冰雪活动，高标准办好市第八届全民运动会。

六是推进平安廊坊建设。持续实施“五大智慧工程”，深入推进扫黑除恶专项斗争，依法打击各类违法犯罪；强力开展进一步深化安全生产集中整治等系列行动，严厉打击食品药品制假售假行为，保障人民群众生命财产安全；积极推进市域治理现代化试点建设，做好矛盾化解和安保维稳工作，不断完善社会治理体系；全力做好全国“两会”、暑期等重要节点安保工作，充分发挥首都政治“护城河”排头兵作用。

加强国防教育和国防后备力量建设，做好退役军人服务保障工作，巩固军政军民团结的良好局面；充分发挥工会、共青团、妇联等人民团体桥梁纽带作用；统筹做好民族宗教、外事侨务、人民防空、史志档案、气象地震、援藏援疆、妇女儿童、老龄、残疾人等工作，促进经济社会全面发展。

各位代表，今年是收官“十三五”、开启“十四五”的关键之年，我们将全力完成“十三五”规划的各项目标任务，以改革的精神、创新的理念、科学的方法，高起点、高标准编制符合廊坊实际、体现人民期盼、引领未来发展的“十四五”规划。

各位代表，置身“两个一百年”奋斗目标的历史交汇期，肩负决战决胜全面建成小康社会的历史使命，必须更加注重政府自身建设。我们要坚持加强政治建设，用习近平新时代中国特色社会主义思想武装头脑，增强“四个意识”，坚定“四个自信”，做到“两个维护”，坚决贯彻习近平总书记对河北工作的重要指示批示，坚决落实省委、省政府决策部署，坚决维护市委权威，努力建设更加清醒坚定的政府。坚持人民至上，牢固树立公仆意识，多深入群众、多深入困难群众、多深入弱势群众，问需于民、问政于民，时刻把群众的安危冷暖放在心上，多渠道倾听群众的声音，做到民有所呼、我有所应，努力建设更加贴近群众的政府。坚持求真务实，抓落实不折不扣，遇矛盾不闪不躲，敢于挑最重的担子、啃最硬的骨头，扑下身子、脚踏实地、少说多做、埋头苦干，努力建设更加务实担当的政府。坚持锤炼雷厉风行的过硬作风，以“等不起”的紧迫感、“慢不得”的危机感、“坐不住”的责任感，提高工作标准、加快工作节奏、提升工作效能，努力建设更加注重效率的政府。坚持依法行政，增强制度和规则意识，切实做到办事依法、遇事找法、解决问题用法、化解矛盾靠法，不断强化接受人大、政协和社会各界监督的思想自觉、行动自觉，努力建设更加尊崇法治的政府。坚持把纪律和规矩挺在前面，认真履行全面从严治党主体责任，严格遵守党章党规党纪，知敬畏、存戒惧、守底线，防微杜渐，警钟长鸣；树牢“过紧日子”的思想，厉行勤俭节约，努力建设更加清廉自守的政府。

各位代表！时代是出卷人，人民是阅卷人。答好每一张时代问卷，走好廊坊新时代长征路，是初心所系、使命所在。让我们更加紧密地团结在以习近平同志为核心的党中央周围，在省委、省政府和市委的坚强领导下，团结拼搏、开拓进取，不负时代、奋发有为，为决胜全面建成小康社会，为新时代加快建设经济强市、美丽廊坊而不懈奋斗！

# 中国人民政治协商会议廊坊市第七届委员会常务委员会工作报告

## ——在政协廊坊市第七届委员会第四次会议上

政协廊坊市第七届委员会主席　李　波

（2020年1月17日）

### 一、2019年工作回顾

2019年，是新中国和人民政协成立70周年，是政协事业发展进程中极不平凡的一年。市政协常委会在中共廊坊市委的坚强领导下，认真学习贯彻习近平新时代中国特色社会主义思想和中央、省市委政协工作会议精神，牢牢把握新时代人民政协的新方位新使命，团结带领全体政协委员和全市各级政协组织、政协各参加单位，围绕中心，勤勉履职，凝聚合力，助推发展，奋力开创政协工作新局面。

（一）强化党的领导，深化理论武装，政协党的建设得到新加强

坚持把党的领导作为政协事业"生命线"，把深化理论武装作为履职"压舱石"，把党的建设贯穿工作各方面和全过程，始终保持正确政治方向。把旗帜鲜明讲政治摆在首要位置。充分认识"政协组织是政治组织、政协机关是政治机关"，牢固树立"四个意识"，坚定"四个自信"，坚决做到"两个维护"。以理论学习为抓手，健全并坚持常委会、专委会和政协委员、机关干部学习制度，认真学习习近平新时代中国特色社会主义思想，跟进学习习近平总书记最新重要讲话精神，贯彻落实中央和省市委决策部署，深化习近平总书记关于加强和改进人民政协工作的重要思想学习研讨活动，切实把思想和行动统一到中央和省市委对政协工作的要求上来，确保在政治立场、政治方向、政治原则、政治道路上始终与党中央保持高度一致，与省市委同向同行。以中央和省市委政协工作会议精神为统揽。及时传达会议精神，召开学习交流会，在全市政协系统迅速掀起学习贯彻热潮。市政协组织深入调研，提出意见建议，市委充分吸纳并出台《关于新时代加强和改进人民政协工作的实施意见》，政协积极协助市委筹备召开政协工作会议，对政协工作进行安排部署。市政协细化为5个方面19项具体工作，明确责任部门和完成时限，确保把会议精神落到实处。增强接受党的领导的政治自觉。坚持在市委的领导下主动负责、协调一致开展工作。坚持向市委请示报告制度，重要事项及时报告，重要议题充分沟通，重要活动邀请市委政府领导参加。政协年度工作要点及专项协商监督计划主动报请市委同意后组织实施，确保履职方向不偏、中心不离。及时传达学习市委重要会议精神，把市委决策转化为全体委员、党派团体的思想共识和行动自觉，确保落地落实。驰而不息加强政协系统党的建设。深入贯彻中央和省市委加强新时代政协党的建设的意见，制定深入落实全面从严治党政治责任的实施意见，领导班子成员联系界别、指导县（市、区）政协党建工作和党员委员联系党外委员制度，保证了党的组织对党员委员全覆盖、党的工作对政协委员全覆盖。推动10个县（市、区）政协全部成立了机关党组，政协党的组织体系进一步完善。

（二）健全制度机制，丰富形式内容，政协协商工作达到新水平

立足人民政协作为社会主义协商民主重要渠道和专门协商机构这一新方位新使命，着力提升协商水平，政协协商工作更加规范有序、富有成效。制度机制更完善。深入学习贯彻中共十九届四中全会精神，加强协商民主制度化、规范化、程序化建设，推动政协协商制度更加成熟更加定型，进一步把政协制度优势转化为治理效能。把调研视察前组织委员学习培训、全社会广集提案线索等行之有效的经验做法上升为制度机制，固化为履行职能的必要程序，健全完善了规范协商、监督、调研、提案等工作的一系列制度机制。根据新任务新要求，出台年度协商计划的制定办法，形成了协商计划的提出、审定、实施、督导等一整套规范化流程，由市委办、政府办、政协办联合印发并实施。协商形式更多样。构建以全体会议为龙头，多层次、制度化协商为重点的协商议政格局，突出会议协商、对口协商、界别协商和提案办理协商。全年共组织专题议政性常委会议2次、专题协商会10次、协商座谈会25次。在面向社会征集提案线索、组织撰写高质量提案的基础上，以解决20件重点提案为抓手，邀请相关部门召开提案办理协商座谈会，强化部门与委员互动，提高办理落实效果。拓宽协商渠道，建设了视频会议系统，为远程协商议政提供硬件支撑。协商内容更丰富。积极发挥界别优势和委员主体作用，紧紧围绕市委工作思路和任务目标，立足推动廊坊发

展和增进人民福祉，聚焦重大问题和民生关切广泛开展协商活动，内容涉及协同发展、转型升级、现代农业、文化产业、生态环保、医疗卫生、社会治理等多领域、多方面，促进了相关工作开展。

（三）强化思想引领，汇集发展合力，广泛凝聚共识发挥新作用

坚持建言资政与凝聚共识双向发力，加强思想政治引领，把党的主张和市委决策转化为广大委员、民主党派和社会各界的共识，汇集推动廊坊发展的正能量。在协商履职中凝聚委员共识。注重把凝聚委员共识融入调研、视察、考察、协商、监督等各项履职活动，与建言成果、思想收获一体谋划、一体推动。注重发挥专委会“四梁八柱”作用，加强与委员的联系，邀请市委市政府和相关部门领导参加调研视察、列席协商会议、参加小组讨论，通报情况、听取意见、共商举措。在联系联合中凝聚党派共识。落实联系走访党派制度，注重联合党派团体共同组织履职活动，注重安排党派、团体在政协会议上发言。征编各党派历史资料，支持民主党派扎实开展“不忘合作初心，继续携手前进”主题教育。在扩大宣传中凝聚社会共识。宣传党的政策，宣传人民政协新理论，宣传政协工作新经验，宣传委员履职新典型，在市级以上媒体发稿900多篇次，利用廊坊政协网、《廊坊政协》内刊、宣传橱窗等阵地讲好政协故事，扩大社会影响，把市委部署转化为全市人民的自觉行动。编辑出版《廊坊历史文化村落撷英》一书，较好发挥了存史、资政、团结、育人作用。

（四）聚焦使命任务，服务中心大局，助推廊坊发展取得新成果

围绕全市中心工作，组织委员和参加单位为廊坊发展献智出力。为建设经济强市出实招。聚焦市委“四区一城”“七个加快”和“1333”工作思路，围绕推进康养产业、乡村旅游产业发展进行常委会议专题协商，针对发展外向型经济、现代服务业和农业规模化经营专题调研，许多意见建议被市委、市政府采纳。为建设美丽廊坊献良策。围绕农村人居环境整治、社区环境建设与管理、加强和创新社会治理，形成调研报告，许多意见建议转化为党政部门的具体措施。为推动决策落实强监督。聚焦市委、市政府重大决策落实，围绕乡村振兴、重点项目建设、进出口企业发展、文化基础设施建设、应用人脸识别技术加强社会治理、传统工业企业转型升级、智慧平安社区建设等开展监督视察，有效推动各项工作措施落地见效。为促进协同发展作贡献。围绕临空经济发展、“北三县（市）”与通州区一体化发展、借势雄安新区力促“南三县（市）”发展，通过委员提案、大会发言、小组讨论积极建言。市政协还与静海、沧州政协举办庆祝建国70周年书画联展，与通州、武清政协开展文化交流活动，共推大运河文化带建设，促进联谊联动。年内，市政协共组织重点调研视察活动26次，报送建议案、协商情况报告、调研报告10篇，交办提案277件，征集大会发言138篇。市委、市政府领导给予高度重视，逐一作出批示。

（五）强化履职为民，促进民生改善，增进人民福祉展现新作为

践行人民政协为人民，紧扣民生领域实际问题履职尽责。着力为民建言，市政协全年编报社情民意信息25期，就提升城市管理水平、改善市容环境、老旧小区改造、农村环境治理、学前教育、全民健身设施完善等开展调研视察，提出26条意见建议，其中在办理解决市区停车难提案中，召开专题协商座谈会，委员们提出意见建议，政府部门积极采纳，研究措施，迅速行动，得到有效缓解。尽力为民解困，全市政协系统深入推进“发挥政协优势，助力脱贫攻坚”行动，市县两级政协委员直接提供就业岗位2200多个，引导政协委员投身“千企帮千村”活动，推动各民主党派开展脱贫攻坚民主监督。努力为民出力，市政协领导班子成员扎实做好包联工作，实地走访，现场办公，协调解决实际困难，包联的20户贫困户全部脱贫。市政协机关驻大厂县太平庄、沙岗子村工作组，持续加大扶贫力度，帮扶对象生活状况大为改善。市政协领导班子成员和机关干部深入社区指导、开展“星期六志愿服务”，联合相关部门和党派开展“义诊进校园”活动等，积极参与文明城市创建。

（六）夯实履职基础，提高履职水平，政协自身建设呈现新气象

适应新时代新要求，强化自身建设，求真务实，提质增效。委员队伍建设明显加强。制定了委员履职规则，实行了常委提交年度工作报告、委员填报履职情况统计表等制度，加强了委员服务管理。市政协通过在重庆大学举办“政协委员履职能力提高班”，组织召开形势通报会、理论宣讲、参观新中国成立70周年展览、编印学习资料、建立委员微信群等形式，强化素质培养，使委员政治站位得到新提升，履职能力得到新增强，精神风貌呈现新状态。“两个薄弱”问题明显改善。在市委和各县（市、区）委重视支持下，以机构改革为契机，市政协增设人口资源环境和民族宗教港澳台侨2个专门委员会，增加编制8名，县级政协普遍增加到“一办四委”或“一办五委”，人员力量明显加强，此项建设成果得到了省政协的充分肯定。机关作风明显优化。扎实开展“不忘初心、牢记使命”主题教育，把学习教育、调查研究、检视问题、整改落实贯穿始终，并与做好当前工作紧密结合，加强作风纪律专项整治，营造了奋发有为、风清气正的机关环境。整体效能明显提升。主动接受上级政协指导，协调配合省政协来廊调研视察活动，并及时反馈宣传展示廊坊。做好嘉兴、菏泽、泰州、唐山、保定等地政协来廊考察协调工作，交流工作、广交朋友。组织住廊省政协委员参观市博物馆，围绕“提升开发区能级水平，培育特色园区和产业集群”赴沧州考察，推荐参加省政协脱贫攻坚实绩评选，录制人民政协成立70周年祝福视频，推动联合履职。强化对县级政

协的指导，建立领导班子成员联系县（市、区）政协和调研走访制度，形成上下贯通、左右联动、更为紧密的工作格局。

2019年12月18日，市委书记冯韶慧同志在对政协工作情况报告中批示指出：“今年以来，市政协组织委员开展了一系列调研，围绕市委、市政府重点工作建言献策，成效明显，应予充分肯定。向各位政协委员致以崇高敬意！”书记的批示是市委对过来一年政协工作的肯定，对委员们履职成果的褒奖，更是对我们工作的鞭策。

各位委员，各位同志，成绩的取得，是坚持以习近平新时代中国特色社会主义思想为指导的结果，是市委正确领导的结果，是市人大、市政府和社会各界大力支持，政协组织、政协各参加单位和广大政协委员共同努力的结果。我代表市政协常委会，向大家表示衷心的感谢！

同时，我们也清醒地认识到，工作中还存在一些薄弱环节和不足之处，主要是：对新时代人民政协新方位新使命的认识和把握还需要进一步深化，理论与实践的结合还不够紧密；专门协商机构作用还需要进一步发挥，协商议政效果还不够显著；思想政治引领还需要进一步加强，凝聚共识的制度机制还不够完善；委员服务管理水平还需要进一步提升，委员主体作用体现还不够充分等。对于这些问题，市政协常委会将认真研究，切实加以改进。

## 二、2020年工作安排

2020年，市政协及其常委会工作的总体要求是：以习近平新时代中国特色社会主义思想为指导，深入学习贯彻中央和省市委政协工作会议精神，全面落实市委决策部署，聚焦主轴主线主题，围绕主责主业，坚持发扬民主和增进团结相互贯通、建言资政和凝聚共识双向发力，加强党的建设，深化理论学习，服务全市大局，推进协商民主，凝聚发展合力，完善制度机制，强化素质提升，担负起把党中央决策部署和省市委要求落实下去，把各方面智慧力量凝聚起来的政治责任，为新时代加快建设经济强市、美丽廊坊作出新贡献。

（一）坚定正确政治方向，进一步加强创新理论武装。坚持以习近平新时代中国特色社会主义思想为指导，深入学习习近平总书记关于加强和改进人民政协工作的重要思想，学习中央和省市委全会精神，制定学习计划，落实学习制度，引导委员和机关干部在融会贯通上下功夫，在学思践悟上下功夫。全面贯彻落实中央和省市委政协工作会议精神，制定具体分工方案，加强具体指导，抓好细化落实。巩固“不忘初心、牢记使命”主题教育成果，推动思想认识不断深化、政治站位不断提升。

（二）坚持根本政治原则，进一步加强党的全面领导。自觉坚持党的领导，增强“四个意识”，坚定“四个自信”，做到“两个维护”。充分发挥政协党组的领导作用，把方向、管大局，把党对政协工作的部署要求落实下去。积极探索新思路、制定新举措，推动政协党的建设达到新水平。加强党风廉政建设，严肃纪律要求，持续打造懂政协、会协商、善议政，守纪律、讲规矩、重品行的委员队伍和知敬畏、存戒惧、守底线，想干事、能干事、干成事的机关干部队伍，营造风清气正、务实重干的良好政治生态。

（三）把握履职中心环节，进一步加强思想政治引领。立足新时代新要求，加强思想政治引领，广泛凝聚共识，着力打造“重要阵地、重要平台、重要渠道”，努力找到最大公约数，画出最大同心圆。坚持在党建中引领、学习中引领、履职中引领，通过学习座谈、谈心谈话、走访看望、联合协商调研等，引导委员和各党派团体、各族各界人士听党话、跟党走，把党的主张转化为社会各界的共识，把政协制度优势转化为治理效能。

（四）突出建言资政实效，进一步加强协商主责主业。全面推进协商工作制度化、协商格局多层化、协商活动精细化，确保专门协商机构作用有效发挥。紧扣市委确定的“三大任务”“三篇大文章”“三个建设年”“三大攻坚战”“三创四建”及“六稳”工作和加快建设现代化经济体系开展协商，围绕改善民生、增进人民福祉建言，为廊坊当好河北首都政治“护城河”的排头兵、争做河北高质量发展的生力军发挥政协作用、贡献政协力量。

（五）完善工作保障基础，进一步加强制度机制建设。推进政协工作制度在坚持中发展、在巩固中完善，不断提高政协工作制度化规范化水平。抓好现有制度落实，进一步建立健全党的建设、政协履职、委员工作、联系指导等制度体系，探索建立委员联系界别群众、党派参加政协议政、联合调研、多层次联络服务委员等制度机制，发挥人民政协在国家治理体系中的重要作用。

（六）着眼全面提质增效，进一步加强政协自身建设。引导委员强化责任意识，旗帜鲜明讲政治，关键时刻靠得住、站得出、跟得上。加强委员学习培训，提升委员政治素质和履职能力。积极组织委员参加政协各项履职活动，强化委员服务管理，落实委员履职工作规则和考评激励机制。市县政协建立和完善人民政协理论研究会，加强人民政协理论研究和宣传。探索在乡镇街道设立委员活动（联络）组，建立驻园区政协委员联系联络和管理服务工作机制。推进成立农业和农村委员会，拓展委员履职平台。加强政协机关建设，为委员发挥主体作用、更好履职尽责提供保障。

各位委员，各位同志，廊坊发展前景广阔，人民政协使命光荣。让我们更加紧密地团结在以习近平同志为核心的中共中央周围，高举习近平新时代中国特色社会主义思想伟大旗帜，在中共廊坊市委的坚强领导下，全面落实新时代对政协工作的新部署新要求，不忘初心、牢记使命，勤勉履职、团结奋进，为新时代加快建设经济强市、美丽廊坊做出新的更大贡献！

# 关于廊坊市 2019 年国民经济和社会发展计划执行情况与 2020 年国民经济和社会发展计划草案的报告（书面）

## ——在廊坊市第七届人民代表大会第五次会议上

廊坊市发展和改革委员会主任 朱建强

（2020 年 1 月 18 日）

### 一、2019 年计划执行情况

2019 年，全市上下认真践行新发展理念和高质量发展根本要求，深入开展“不忘初心、牢记使命”主题教育，全面落实市委六届六次、七次、八次、九次全会决策部署，统筹推进市七届人大四次会议确定的各项重点任务，全市经济社会发展取得新成绩，预计绝大多数指标能够完成或超额完成计划目标。

经济运行稳中有进。全市生产总值预计增长 7% 左右，超过年度计划目标 0.5 个百分点；固定资产投资预计增长 6.5% 左右，达到年度计划目标；社会消费品零售总额预计增长 10% 左右，达到年度计划目标。

产业结构优化升级。服务业增加值预计增长 10% 左右，达到年度计划目标；旅游业总收入预计增长 20% 以上，达到年度计划目标；高新技术企业预计新增 240 家左右，超过年度计划目标 140 家。

质量效益稳步提升。一般公共预算收入完成 388.3 亿元，增长 7.3%，超过年度计划目标 1.3 个百分点；技术交易额完成 146.6 亿元，超过年度计划目标 86.6 亿元；研发经费支出占 GDP 比重预计达到 1.65%，达到年度计划目标；每万人发明专利拥有量预计达到 5.17 件，达到年度计划目标；农业产业化经营率预计达到 68%，达到年度计划目标。

对外开放步伐加快。实际利用外资完成 11.06 亿美元，增长 5.4%，超过年度计划目标 0.4 个百分点；出口总值预计完成 185 亿元左右，增长 5%，超过年度计划目标 5 个百分点；开发区主营业务收入预计增长 10%，达到年度计划目标。

生态环境明显好转。PM2.5 浓度达到 46 微克 / 立方米，同比下降 8%，超额完成省定年度计划目标；每万元生产总值能耗预计下降 3% 以上，超额完成年度计划目标；森林覆盖率达到 33.86%，超过年度计划目标 0.86 个百分点。每万元生产总值二氧化碳排放量、每万元工业增加值用水量，以及化学需氧量、二氧化硫、氨氮和氮氧化物排放量，预计均可完成或超额完成年度计划目标。

民生事业持续改善。稳定脱贫 1031 人，提前一年完成减贫任务；城镇居民人均可支配收入预计完成 43700 元，增长 8%，超过年度计划目标 0.5 个百分点；农村居民人均可支配收入预计完成 18300 元，增长 8.9%，超过年度计划目标 0.9 个百分点；常住人口城镇化率预计 61% 以上，达到年度计划目标；城镇新增就业 6.34 万人，超过年度计划目标 0.61 万人；城镇登记失业率控制在 2.5% 以内，好于年度计划目标 1.5 个百分点；城镇保障性安居工程开工 4900 套，完成省下达年度目标任务；居民消费价格指数 102.5，好于年度计划目标 0.5 个百分点。

从计划执行总体情况看，35 项年度计划指标中，31 项指标可以完成或超额完成年度计划目标，4 项指标与年度计划目标还有一定差距。其中，受规划管控、环境约束和钢铁去产能等制约因素影响，全市四成以上入统工业企业出现减停产，导致全市工业经济低位运行，预计规模以上工业增加值增长 1% 左右、低于年度计划目标 2 个百分点，规模以上装备制造业增加值下降 3% 左右、低于年度计划目标 6 个百分点，规模以上高新技术产业增加值下降 2% 左右、低于年度计划目标 10 个百分点；受固安云谷 2018 年一次性设备进口数额较大影响，导致全市进口大幅下降，预计进出口总值下降 23%、低于年度计划目标 23 个百分点。

### 二、2020 年主要发展目标

2020 年是全面建成小康社会和“十三五”规划收官之年，也是为“十四五”良好开局打下更好基础的关键之年，做好全年经济社会发展工作意义重大。

（一）总体要求

做好2020年经济社会发展工作的总体要求是：坚持以习近平新时代中国特色社会主义思想为指导，深入贯彻党的十九大和十九届二中、三中、四中全会精神，坚决贯彻党的基本理论、基本路线、基本方略，全面落实习近平总书记对河北工作重要指示批示，认真落实中央经济工作会议和省委九届十次全会、省“两会”精神，按照市委六届九次全会的要求部署，增强“四个意识”、坚定“四个自信”、做到“两个维护”，坚持稳中求进工作总基调，坚持以新发展理念引领高质量发展，坚持以供给侧结构性改革为主线，坚持以改革开放为动力，深入落实省委“三六八九”工作思路，扎实开展“三创四建”活动，聚焦全面建成小康社会、“十三五”规划圆满收官、京津冀协同发展取得重大突破三大任务，深入实施“三个建设年”活动，强力推动“三篇大文章”升级加力，坚决打赢三大攻坚战，加快建设现代化经济体系，深入做好“六稳”工作，统筹推进稳增长、促改革、调结构、惠民生、防风险、保稳定，不断提高人民群众获得感、幸福感、安全感，保持经济持续健康发展和社会大局稳定，奋力谱写新时代加快建设经济强市、美丽廊坊新篇章。

（二）主要目标

2020年计划指标体系共设置六大类30项指标，按指标属性划分，预期性指标22项、约束性指标8项。

——综合实力。生产总值增长6.5%以上；固定资产投资增长6.5%左右；社会消费品零售总额增长9%；一般公共预算收入增长6.5%。

——产业结构。规模以上工业增加值增长4%以上，其中规模以上工业高新技术产业增加值增长10%左右；服务业增加值增长9%左右；旅游业总收入增长20%左右。

——创新驱动。技术合同交易额完成80亿元；研发经费支出占GDP比重提高到1.75%；新增国家级高新技术企业130家。

——对外开放。进出口总值增长5%，其中出口总值增长3%；实际利用外资增长5%；开发区营业收入增长10%。

——生态环保。每万元生产总值用水量下降5.8%；每万元生产总值能耗降低率、每万元生产总值二氧化碳排放量降低率、细颗粒物（PM2.5）平均浓度，以及化学需氧量、二氧化硫、氨氮、氮氧化物排放量削减幅度均完成省下达任务。

——民生福祉。全体居民人均可支配收入增长7.5%，其中城镇和农村居民人均可支配收入分别增长7.5%左右和8%左右；常住人口城镇化率达到62%以上；城镇新增就业5.73万人，城镇登记失业率控制在4%以内；居民消费价格指数控制在103.5左右。

完成2020年经济社会发展目标任务，需全面正确把握发展形势，坚定不移贯彻新发展理念，着重处理好以下三个方面关系：一是处理好“稳”与“进”的关系。要主动适应经济发展新常态，把稳放在更加突出的位置，全力以赴稳就业、稳金融、稳外贸、稳外资、稳投资、稳预期。要以提高质量效益为中心，促进经济发展稳中有进、稳中有新、稳中有为，力争全市经济在稳的基础上又好又快发展，不断推动高质量发展迈上新台阶。二是处理好“破”与“立”的关系。要加快传统产业转型升级步伐，深入推进供给侧结构性改革。要沿着创新链、产业链、价值链持续攀升，大力引进培育新产业、新技术、新模式，加快推进重大产业项目建设，坚持做大做强高端实体经济，实现新旧动能有序接替。三是处理好“近”与“远”的关系。要牢牢抓住影响经济即期运行的投资、消费、出口、工业等重要支撑，完善政策措施，加强企业帮扶，有效破除发展瓶颈和困难问题，保持一定合理增速，促进稳运行调结构防风险。要科学把握未来发展大势，积极谋划重大战略、重大布局、重大改革、重大项目、重大事项，下大力解决结构性、体制性矛盾，筑牢经济长期稳定发展基础。

## 三、发展重点和主要措施

实现2020年经济社会发展目标，重点抓好九个方面工作。

（一）强力推进京津冀协同发展，确保国家战略落地见效

加快“北三县（市）”与通州区协同发展。一是落实好协同发展规划体系，进一步充实完善“5+12”规划体系，确保实现与《北京市通州区与河北省三河、大厂、香河三县市协同发展规划》无缝对接，同步完成规划实施意见，确保规划落地落实。二是积极承接北京产业转移，按照“322”产业定位，深度对接国家有关部委、相关行业协会，以及在京央企、大型民企，加大招商引资力度，每月组织一次专题招商对接活动，力争引进一批符合产业定位的高质量项目。三是促进基本公共服务共建共享，加快推进首都医科大学附属北京潞河医院香河医康医院、人民大学附属中学大厂校区等重点工程建设，加强与北京市、通州区对接，通过医联体、教联体等方式，引进一批北京优质医疗、教育等公共服务资源。

加快大兴国际机场临空经济区建设。一是加快推进开发建设进度，抓好总投资119亿元的116项市政基础设施和配套公共服务设施项目建设，确保临空服

务中心、域内路网、绿地景观、起步区回迁以及污水处理厂、学校、卫生院等重点工程顺利实施。二是高质量发展临空产业，按照“1+2+3”产业定位，结合波士顿咨询公司产业路径分析和340个意向企业名单，突出小团组、瞄准重点客户，积极拜访对接，实施点对点精准招商，加快推进南航华北培训基地、新奥中央研究院科创基地等项目建设，加快中国民航科教产业园、菜鸟网络华北航空智慧物流中心等第一批优质项目尽快落地，加快培育新一代信息技术、高端智能装备、生命健康、航空科技创新、航空物流、高端服务等产业。三是创新园区发展机制，加强项目准入和退出、集约节约用地、土地供应、片区招商、金融支持、行政审批等方面的政策机制创新，用好自由贸易试验区、综合保税区等平台，抓好制度创新清单及省权限下放清单落地实施，确保临空经济区实现高质量开局。

全力服务支持雄安新区建设。一是加强规划全面对接，配合启动《河北雄安新区周边区域协调区协同发展规划》编制工作，尽快完成固安县、永清县、霸州市、文安县等试点村街的村庄规划编制，严格落实好雄安新区总体规划及周边地区管控要求。二是积极开展生态共建，加强雄安新区周边地区主要河流生态管控工作，确保白洋淀流域生态环境治理和保护取得实效。巩固“散乱污”企业整治成果，继续深化工业源VOCs治理，持续改善雄安新区周边地区空气质量。三是加快重点工程建设，高标准完成霸州市殡仪馆改造提升工程、河北雄安绿博园廊坊园建设。

（二）大力抓投资促消费，不断提高内需拉动能力

实施项目带动战略。一是实施“重点项目建设年”，抓好“418”工程，即实施省重点项目40项、市重点项目100项、谋划实施亿元以上项目800项。紧盯省市重点项目建设，进一步完善包联、督导、晾晒、通报、考核等一系列有效的项目建设推进机制，每季度组织1次项目集中开工活动，全年组织开展2次项目拉练观摩，推动重点项目建设顺利实施。二是实施“城乡基础设施建设年”，补齐基础设施和民生领域欠账短板，加大管廊、轨道交通、城市路网、能源设施、供水供电等基础设施建设力度，重点抓好总投资477亿元的320个项目建设；加大学校、医院、公园、文体设施等公共服务设施建设力度，重点抓好总投资228亿元的99个项目建设。

加大要素保障力度。一是加大资金保障力度，完善金融支持实体经济发展的体制机制，建立重点支持企业名录，积极向银行推荐优质企业和项目。加强政银企对接，围绕重点产业、重点行业、重点企业和重大项目组织推介会、对接会等活动，搭建企业与金融机构面对面合作平台。继续组织开展金融机构走访企业活动，帮助企业量身定制融资计划，降低融资成本、解决融资难题。发展政府性融资担保机构，针对小微企业和“三农”主体融资需求提供担保服务。二是加大土地保障力度，积极争取使用新增用地计划指标，用足用好增减挂钩指标和工矿废弃地复垦利用指标。大力推进耕地后备资源整治，多渠道、多举措落实耕地占补平衡，助推重大项目落地。积极盘活存量用地，大力开展批而未供和闲置土地清理，稳步推进城镇低效建设用地再开发。

着力提振市场消费。一是不断扩大实物消费规模，实施消费升级扩容行动，支持电动汽车销售、餐饮等企业“限下转限上”，培育限上商贸企业主体，对京东、中石油、中石化、明珠等重点企业进行专班帮扶，做好消费额入统工作，年内新增限上商贸企业80家。扩大节假日消费，培育“夜经济”特色商业街区和夜市，推动建设特色体验门店，深挖消费潜力。二是推动服务消费升级，加强5G基站等新一代信息基础设施建设，推动发展5G+新媒体、5G+智慧教育等新兴行业应用，大力发展信息消费。严格落实放宽服务消费领域市场准入要求，推进服务规范标准建设，支持社会力量增加医疗、养老、家政、教育、文化、体育等服务供给。三是振兴农村消费市场，改造提升农村流通基础设施，抓好农村电商发展，开展农村电商资源对接、农超对接、农产品销售对接活动，畅通农产品进城和工业品下乡流通渠道。深挖乡村自然生态、民族民俗、农耕文化等资源，培育发展特色农村休闲、旅游、观光、体验等消费市场。四是营造良好消费环境，继续改扩建一批便民市场，推动社区商业“便捷支付商圈”建设。加强产品质量和消费市场秩序监管，营造安全放心消费环境。

（三）持续推动产业转型升级，加快新旧动能转换步伐

扎实推进产业布局优化。一是加快培育“3+1”主导产业，重点抓好总投资3270亿元的222个项目建设，推动投资120亿元的固安维信诺二期、投资300亿元的阿里巴巴京津冀数据总部、投资200亿元的廊坊国际康乐旅游港等一批重点项目加快建设，不断壮大新一代信息技术、高端装备制造、生物医药健康和临空经济产业规模。二是推进“7+6”县域特色产业集群发展，搭建大城绝热节能产业价格指数发布平台、文安人造板产业联盟平台、霸州特色定制家具工业设计平台，创建10家绿色数字化工厂，培育50家行业领军企业，争创100家“专精特新”企业，不

断提升产业集群竞争力，推进产业基础高级化、产业链现代化。

加快发展高端高新产业。一是加快发展战略性新兴产业，加强廊坊开发区大数据、固安高新区新型显示、香河经开区机器人3个省级战略性新兴产业示范基地建设，培育建设一批省、市级“双创”示范基地。落实好战略性新兴产业发展三年行动计划，巩固扩大已提前完成目标的5项任务成果，对规上高新技术企业发展、引进战略性新兴产业项目、培育省级战略性新兴产业示范基地、发展省级高新技术产业化项目等4项任务，逐项拉出工作清单、层层压实责任，确保完成省定三年目标。二是加快壮大现代服务业，加快建设华为廊坊云数据中心、河北临空经济产业发展智库（卡萨达智库）等项目，确保京东华北云计算数据中心、苏宁廊坊智慧电商产业园及大数据中心、韵达北方区域总部物流等项目如期开工，力促中国北方家居建材总部基地集群、熠跃汽车零配件供应链中心、菜鸟中国智能骨干网等项目尽快落地。加强对规上服务业企业、服务业增加值等指标调度分析，持续开展服务业企业帮扶，通过资金扶持、政策引导、问题协调等措施，培育更多规模以上服务业企业，确保全年服务业增加值增长9%左右。三是加快发展新兴业态，研究数字经济、生物经济、智能经济和绿色经济等新兴业态发展路径，对应急产业、康复器具、冰雪装备等产业摸清企业分布、技术支持、平台保障等基础数据，沿产业链、技术链明确企业培育和项目谋划重点。

加快改造提升传统产业。一是实施千企转型升级，扭住工业设计、技术改造、科技创新、工业互联网等关键抓手，以生产管理数字化、生产过程智能化、节能减排绿色化、产品质量高端化、终端业态服务化为方向，实施产业基础再造，争创省级以上新型工业化示范基地2家，创建省级以上“工业诊所”5家，培育工业设计典型案例10个。二是强化项目引领，推动传统工业企业抓技改上项目，力争滚动实施重点技改项目300项以上，争列省千项技改项目80项以上，重点支持市级技改项目20项以上。加快推进重大技术装备研制和推广应用，力争培育国内、省内首台（套）重大技术装备产品5个以上，培育省级以上智能制造示范项目8个，推动1000家企业“上云”。三是实施企业精准帮扶，用足用好技改专项资金和续贷周转资金，加大对企业新上环保设备等技改项目支持力度，帮助企业稳定生产经营。继续实施企业家进高校工程，帮助企业提高生产和管理素质。积极组织企业参加“一带一路”合作、工博会、数博会等域内外活动，支持和帮助企业开拓市场。用好“政企直通服务平台”，畅通政企沟通渠道，随时受理企业诉求。

提升科技创新支撑能力。一是壮大创新主体规模，支持企业加强知识产权、成果应用、科研投入、企业管理等创新能力建设，新增高新技术企业130家，新增科技型中小企业800家。二是加强创新平台建设，新增市级以上企业研发机构20家、孵化器众创空间星创天地30家、技术转移服务机构5家，全年技术合同交易额超过80亿元。三是提升科技创新环境，落实《深化“放管服”改革优化科研管理若干政策措施》等政策，推进科研计划管理、投融资体系、人才引进使用等改革，发挥市场配置资源的决定性作用，激发创新创造活力、营造良好创新生态。

（四）加强基础设施建设，增强高质量发展保障能力

加快重点路网建设。一是铁路方面，积极配合做好京雄城际铁路开通运营前各项准备，推进京唐铁路、城际铁路联络线一期加快建设，力促天津至北京大兴国际机场铁路、北京至雄安至商丘铁路、雄安新区至北京大兴国际机场快线尽快实质开工，做好平谷线、廊涿城际、廊香城际等项目前期工作。二是高速公路和干线公路方面，做好高速公路地方保障工作，确保津石、京雄、京德、荣乌新线等项目顺利实施。加强北三县与通州路网对接，抓好密涿京沪联络线、102国道北移等项目前期研究。加强大兴国际机场临空经济区路网建设，加快推进新机场北线高速和京台高速礼贤连接线、105国道等项目。构建与雄安新区连接快速通道，重点抓好327省道、601省道等项目前期工作。三是农村公路方面，全年新改建农村公路300千米。

强化资源能源保障支撑。一是加快水利基建工程建设，做好永定河蓄滞洪区调整项目竣工移交工作，发挥工程效益；加快永定河泛区治理工程安次安全区项目、北运河节制闸重建等工程实施进度。二是加快重大能源项目建设，加快推进中俄东线管道、蒙西煤制气管道、唐山LNG外输管线等项目建设，推动国电廊坊热电厂二期、华电香河能源站等项目加快跑办，确保三河、安次220千伏输变电工程以及国电投大城100兆瓦风电等新能源项目年内建成。三是确保天然气稳定供应，加强与中石油、中石化、中海油等沟通协调，增加冬季天然气供应渠道，完善“压非保居”措施，确保民生用气。

加快新型基础设施建设。合理布局5G、绿色数据中心、工业互联网、物联网、IPv6等新型基础设施，同步推进区块链、大数据、人工智能、物联网等技术创新和融合应用。围绕市政设施和交通基础设施智能

化，充分利用新一代信息技术，推动传统基础设施向新型基础设施方向发展。

（五）抓好生态环境保护，助力美丽廊坊建设

扎实推进节能削煤。一是加强重点用能单位管理，继续推动重点用能单位加强节能管理，落实各项节能措施，开展目标责任考核，促进用能单位能效持续提升。设立市级节能专项引导资金，支持节能项目加快建设，完成省下达能节能、降碳目标任务。二是持续优化煤炭消费结构，深化政策限煤、工程减煤、提效节煤、清洁代煤，巩固农村地区双代清洁取暖成果，严格涉煤项目审批，对新增耗煤项目在确保完成省下达减煤任务前提下，严格实行用煤量减（等）量替代。三是保障合理用能需求，抓住省重新核定各市能耗基数的有利时机，积极争取省级政策倾斜，努力为经济发展和项目建设争取更大用能空间。

坚决打好污染防治攻坚战。一是打好蓝天保卫战，继续开展机动车污染防治、扬尘面源综合治理、工业污染深度治理等系列行动，严格落实高污染燃料禁燃区和高污染燃料范围，抓好移动源、臭氧、扬尘以及挥发性有机物防控，推动空气质量持续改善，达标天数比例达到省定目标。妥善应对重污染天气，完善正面清单制度，坚决防止环保“一刀切”。二是打好碧水保卫战，抓好6条国省控重点河流、13条市控河流污染治理，加强永定河、北运河、潮白河、大清河、小白河、白沟河等重点河流综合治理，主要水污染物排放量大幅减少，地表水劣Ⅴ类水体控制比例在28.6%以内，力争稳定达到14.3%以内。加强饮用水水源地保护，开展乡镇、农村饮用水水源地保护区划定。进一步增加长江水消纳量，持续开展黄河水引调工作，有效涵养地下水源、改善水生态环境。三是打好净土保卫战，重点抓好生态红线勘界定标、农用地分类管控等重点工作，受污染耕地安全利用率和污染地块安全利用率分别达到92%和90%以上。四是继续加大植树造林力度，巩固深化国家森林城市创建成果，完成30万亩营造林任务，全市森林覆盖率达到35%以上。

着力推动绿色低碳循环发展。一是促进产业绿色转型，落实绿色生产和消费的法律法规和政策要求，推行源头减量、清洁生产、资源循环、末端治理的生产方式，倒逼高耗能高污染企业转型升级。继续实施园区循环化改造，推动形成资源节约、环境友好、生态安全的产业体系。二是加快培育绿色产业，落实《绿色产业指导目录》，大力发展包括战略性新兴产业、节能环保产业在内的绿色产业，用足用好国家和省支持绿色产业发展的税收、金融和技术创新等政策，为绿色产业发展创造良好环境。三是推动形成绿色生活方式，开展绿色生活创建活动，实施节约型机关、绿色家庭、绿色学校、绿色出行等专项行动，宣传推广绿色低碳、简约适度、文明健康的生活理念和生活方式。有序禁止、限制部分塑料制品生产、销售和使用，积极推广可循环易回收可降解绿色替代产品，规范塑料废弃物回收利用，有效治理塑料污染。

（六）完善空间发展格局，力促城乡平衡协调发展

大力实施乡村振兴战略。一是加强农村基础设施建设，持续加大投入力度，不断健全农村农田水利、电网、道路等生产条件，完善文娱活动场所、学校、卫生室等公共服务设施，持续开展垃圾污水治理、改厕后续监管服务、村容村貌整治等农村人居环境整治，不断改善农村生产生活条件和生态质量。二是夯实农业生产基础，以农业供给侧结构性改革为主线，加快落实“一减四增”任务，压减非优势区高耗低质低效农作物面积28.1万亩，积极发展花卉、苗木、果木等高效经济作物。加强现代农业园区建设，培育壮大农业龙头企业，大力推进一、二、三产融合，加快推进益海嘉里高端食品、稻香村香河食品生产基地、新苑阳光环京津安全农产品产业园等项目建设，积极发展现代都市型农业。三是深化城乡融合发展，扎实开展农业农村体制机制改革，健全多元化投入保障机制，促进城乡基础设施互联互通，推动人才、土地、资金等要素在城乡间自由流动，推动公共服务向农村延伸、社会事业向农村覆盖，加快农业转移人口市民化。

提升城市规划建设水平。一是健全国土空间规划体系，加快推进市、县国土空间规划总体规划编制工作，全面启动乡镇国土空间规划、村庄规划和本级村庄整合、耕地保护与国土综合整治等专项规划编制工作，形成国土空间规划“一张图”。二是加快主城区基础设施建设，抓好总投资120.2亿元的路网畅通、雨污水管网及排水防涝能力提升、园林绿化、静脉产业基地、老旧管网改造等领域77项重点工程建设，不断完善城市功能。加快聚集高端要素和优质资源，大力发展总部经济、楼宇经济等新业态，提高中心城市辐射带动能力。三是提升县城建设管理水平，对标京津及雄安新区，谋划实施一批道路交通、污水垃圾处理等补短板项目和教育、医疗等公共服务项目，着力提升县城内在品质和对外形象，打造功能完备、生态宜居的环首都卫星城。

加强特色小镇建设。一是提高规划水平，对列入全省名单的11个特色小镇，根据规划布局方案和规划设计编制导则要求，进一步明确小镇功能定位、产

业特色、空间布局和建筑风貌，体现产业“特而强”、功能“聚而合”、形态“小而美”要求。二是加快建设进度，加紧制定永清云裳、香河机器人等7个创建类小镇年度建设计划，加速要素集合、产业聚合、产城人文融合；抓紧完善安次印创、永清智能家居等4个培育类小镇相关手续，落实资金来源，尽早开工建设。三是实施动态管理，突出特色培育和产业立镇，严控房地产化倾向，严防政府债务风险，对违反有关规定或难以继续实施的予以淘汰。

（七）不断深化改革开放，增添发展动力活力

深化重点领域改革。一是深入推进石保廊创新改革，落实即将出台的《推进石保廊全面创新改革试验工作的实施意见》，进一步巩固已取得成果，全面推广国家36项改革经验落地落实，深化与京津高校和科研院所合作，推动高新技术企业资质互认，加大生物医药领域体制机制改革力度，探索金融创新改革，加快北京创新成果落地转化。二是扎实推进投资体制改革，落实好“一会三函”审批改革政策，精简审批事项和办事环节，推动项目加快落地实施；落实企业投资项目承诺制改革试点指导意见，在省级以上园区全面落实企业投资项目承诺制。三是深化要素市场化改革，全面推进供水、电力、天然气等重点领域价格改革，落实国家和省资源商品价格市场化改革政策，引导和优化资源科学合理配置；严格实行差别化价格政策，全面落实阶梯价格制度，完善促进清洁能源发展和环境治理的绿色价格政策。

深入实施一流营商环境建设年。一是全面落实国务院《优化营商环境条例》，对市级层面施行的政策文件全面梳理，加快“立改废释”工作，打造良好政策环境和法治环境。二是实施优化营商环境“百日攻坚”行动，聚焦开办企业、建设施工许可、获得电力、办理破产等领域差距，对标先进标杆城市，借鉴成功做法和典型经验，进一步加强整改提升，下大力解决好突出问题。参照全国营商环境评价指标体系，聘请第三方机构开展试评价，倒逼全市营商环境优化提升。三是持续提升审批服务效能，建立“一窗受理、多方联动、套餐服务、集成审批”一体化审批服务平台，着力解决企业“多头跑、重复跑”问题。深化“互联网+政务服务”平台建设，通过PC端、移动端等手段，提升政府服务“一网通办”“指尖办”水平，并推动网上政务服务向基层延伸。

提高对外开放水平。一是积极开展招商引资，深入落实《外商投资法》，严格执行外商投资准入负面清单，提高外商投资便利化水平。实施“3+1”主导产业精准招商，加强与国内外专业招商团队、知名商协会、龙头企业合作，组织举办临空经济•自贸试验区全球招商系列活动，充分利用“5•18”经洽会、博鳌亚洲论坛、达沃斯论坛、“央企河北行”“百家科研院所河北行”等平台，加速引进高质量资金和项目。推动14个省级以上园区深化体制机制改革，营业收入增长10%。加快自贸试验区大兴机场片区廊坊区域、综合保税区建设，打造更高层次对外开放载体。二是努力扩大对外贸易，支持重点外贸综服企业和跨境电商市场主体发展，推动一批外贸转型升级基地和海外仓建设。加强外贸企业帮扶，鼓励企业积极利用国家政策性出口信用保险工具，抢抓市场订单，降低出口风险。组织企业参加广交会、高交会、上海进博会等境内外展会，积极扩大先进技术装备、大宗商品和日用消费品进口。三是加强与“一带一路”沿线国家合作，支持华元机电泰国装备制造等已有海外项目建设，有序推进境外经贸合作园区建设。

（八）切实办好民生实事，满足人民美好生活需要

大力办好民生实事。一是滚动实施23项民心工程，围绕老旧小区改造、城乡生活垃圾处理、公共交通、新生儿遗传代谢病筛查、城市厕所改造等领域，建设一批高质量民生项目。二是积极发展社会事业，加快建设中国医学科学院肿瘤医院分院（廊坊院区）、香河大爱医院等医疗机构建设，创建普惠性幼儿园350所以上、新建扩建城镇义务教育学校校舍1.7万平方米，推进3个健身公园体育设施、10块足球场地、24个冰雪场馆（含戏雪场所）建设，不断扩大优质医疗、教育、体育等供给。三是完善公共文化服务体系，全面提升文旅大会质量水平，推动公共文化设施和旅游服务设施建设，大力促进文化和旅游消费。做好大运河文化保护传承利用，落实省关于北运河香河段旅游通航的工作要求，力促实现与北京、天津大运河的互联互通。推进大运河国家文化公园建设保护工程，加快河道治理、疏浚清淤、自然生态恢复、沿河景观改造、金门闸公园等一批工程建设。

着力促进就业创业。一是稳定重点群体就业，统筹做好高校毕业生、就业困难人员、农村转移劳动力、农民工等各类群体就业创业工作，切实做好去产能职工等人员安置等工作，城镇新增就业5.73万人，城镇登记失业率控制在4%以内，零就业家庭保持动态清零。二是加强职业技能培训，面向城乡各类劳动者，开展各类职业技能培训2万人次以上，培养新型学徒1000人以上，全面提升劳动者素质。三是构建和谐劳动关系，完善企业工资集体协商制度，开展和谐劳动关系创建活动。落实治欠保支三年行动计划，全面治

理拖欠农民工工资问题，到年底基本实现无拖欠。

不断提升社会保障能力。一是巩固脱贫攻坚成果，全面开展脱贫攻坚“回头看”，认真梳理问题及时查漏补缺。建立健全脱贫防贫长效机制，对存在返贫和致贫风险的重点群体，实施保障性防贫措施，防止形成新的贫困人口。二是实施全民参保计划，完善养老、医疗、工伤、失业等社会保险扩面续保任务，积极稳妥推进被征地农民参加基本养老保险工作。三是持续提升困难群体兜底保障水平，切实发挥社会救助兜底脱贫、前沿防贫作用，将符合条件的困难群众全部纳入城乡低保、特困供养和临时救助范围，不断提升社会救助水平，努力做到应保尽保、应救尽救。四是加快建设现代养老服务体系，鼓励社会力量兴办养老机构。

做好粮食储备和重点农产品保供稳价工作。一是加强粮食安全保障，认真落实粮食安全市县政府行政首长责任制，扎实推进粮食收储制度改革，实施优质粮食工程，切实加强粮食储备和物资储备安全管理，确保数量落实、质量良好、储存安全。二是加强重要民生商品价格监测，落实“菜篮子”市长负责制，密切关注粮油、肉、蛋、菜、奶等生活必需品价格变化，重点关注猪肉及牛羊肉、禽肉等副食品市场供应和价格走势，做好冻猪肉储备工作并适时组织投放，确保春节、“两会”、国庆等重点时段市场供应和价格稳定。三是落实社会救助和保障标准与物价上涨挂钩联动机制，紧盯CPI指数及食品价格变化，超过标准及时足额发放价格临时补贴，有效降低价格上涨对困难群体生活的影响。

全力维护社会安全稳定。抓好安全生产、食品和药品安全，深入开展扫黑除恶专项斗争，加强国防动员力量建设，全面排查化解金融风险，有效防控政府债务风险，妥善解决好军队退役人员安置、问题楼盘、拖欠农民工工资等问题，营造安全稳定社会环境。

（九）高质量编制“十四五”规划，全面开启经济强市、美丽廊坊建设新征程

深入谋划发展目标定位，结合“十三五”和全面建成小康社会基础，围绕“四区一城”功能定位，深入研究“十四五”发展目标定位，科学测算具体目标指标，既要尽力而为、体现激励，又要量力而行、确保稳妥。深入谋划重大任务举措，围绕京津冀协同发展、创新驱动发展、构建现代产业体系、区域城乡协调发展、生态文明建设、深化改革开放、社会治理体系和治理能力现代化等主要任务，谋划更有操作性、更具突破性、更有开创性的任务举措。深入谋划重大改革事项，在优化营商环境、建设高标准市场体系、深化“放管服”改革、健全激励导向的绩效考核机制等方面，谋划一批基础性、创新性重大改革举措，进一步激发市场活力、社会活力、基层活力。深入谋划重大政策举措，建立健全规划和政策之间衔接协调机制，围绕“十四五”规划重大战略、重大工程和重大改革举措，谋划财政性资金、银行信贷、社会资本等配套支持政策，推动土地、能耗等指标向规划重大工程项目倾斜，保障规划顺利实施。深入谋划重大工程项目，围绕补短板、强弱项、提质量，加快谋划一批新时代重大标志性工程和民生项目。统筹做好专项规划和空间规划编制，做好“十四五”规划与各专项规划和全市空间规划的衔接，加强与全省及京津两地规划对接，积极争取我市重大诉求列入上级规划。

各位代表！2020年全市经济社会发展任务艰巨、责任重大。我们将更加紧密地团结在以习近平同志为核心的党中央周围，坚持以习近平新时代中国特色社会主义思想和党的十九大精神为指导，在市委的正确领导下，自觉接受市人大的指导和监督，虚心听取市政协的意见和建议，全力推动廊坊经济社会持续健康发展，奋力谱写新时代加快建设经济强市、美丽廊坊新篇章！

# 关于廊坊市2019年市本级预算及全市总预算执行情况和2020年市本级预算及全市总预算草案的报告（书面）

## ——在廊坊市第七届人民代表大会第五次会议上

廊坊市财政局局长　姚振辉

（2020年1月18日）

### 一、关于2019年市本级预算和全市总预算执行情况

2019年，在市委的坚强领导和市人大及其常委会的监督支持下，各级政府和财税部门坚持以习近平新时代中国特色社会主义思想为统领，深入学习贯彻党的十九大和十九届二中、三中、四中全会精神，全面落实中央和省、市决策部署，统筹推进稳增长、促改革、调结构、惠民生、防风险、保稳定各项工作，完成了市七届人大四次会议批准的财政收支预算。

（一）市本级预算和全市总预算执行情况

1．一般公共预算收支完成情况

2019年1月，市七届人大四次会议批准通过的当年全市一般公共预算收入预算为3838000万元，当年安排的支出预算为5554877万元；批准通过的市本级一般公共预算收入预算为558400万元，当年安排的支出预算为1020000万元；批准通过的廊坊开发区一般公共预算收入预算为291300万元，当年安排的支出预算为153700万元；支出方面由于受上级下达转移支付、地方政府债券转贷资金等因素影响，全市支出预算调整为6553722万元，市本级支出预算调整为993848万元，廊坊开发区支出预算调整为170590万元。

据快报统计，2019年全市一般公共预算收入完成3883388万元，占预算的101.2%，增长7.3%，总量居全省第3位；一般公共预算支出6391735万元，占调整预算的97.5%，增长3.1%。市本级一般公共预算收入完成622456万元，增长20.4%；一般公共预算支出937392万元，占调整预算的95.1%。廊坊开发区一般公共预算收入完成301636万元，占预算的103.5%，增长13.9%；一般公共预算支出165323万元，占调整预算的96.9%。

按照上述收入情况和当年财政体制计算，2019年全市财政可用资金为7534950万元，减去财政支出6391735万元，减去安排预算稳定调节基金、债券还本等支出1045528万元，减去结转下年的专款支出等97687万元，实现了收支平衡。市本级可用资金为1323481万元，减去财政支出937392万元，减去安排预算稳定调节基金、债券还本等支出367950万元，减去结转下年的专款支出等18139万元，实现了收支平衡。廊坊开发区可用资金为191815万元，减去财政支出165323万元，减去安排预算稳定调节基金支出26492万元，实现了收支平衡。

2．政府性基金预算收支完成情况

全市政府性基金收入完成4148866万元，全市政府性基金支出3787704万元。市本级政府性基金收入完成868673万元，市本级政府性基金支出817860万元。廊坊开发区政府性基金收入完成412273万元，廊坊开发区政府性基金支出399930万元。

3．国有资本经营预算收支完成情况

市级国有资本经营收入完成3619.5万元，市级国有资本经营支出2585万元，调入一般公共预算统筹使用1034.5万元。

4．社会保险基金预算收支完成情况

社会保险基金收入完成1856563万元，社会保险基金支出1709187万元，结余147376万元。

上述预算收支情况为快报统计数，最终执行结果待决算完成后，再向市人大常委会报告。

（二）落实市人大预算决议情况及2019年预算执行效果

按照市七届人大四次会议及其常委会有关决议，全市各级财政部门顽强拼搏、攻坚克难，进一步增收节支保平衡，集中财力保重点，推动了全市经济平稳发展和社会全面进步。

1．发挥财政调控职能，助推经济高质量发展。落实积极的财政政策，打好财政政策和资金组合拳，助推全市经济平稳较快发展。一是支持产业转型。全

市投入资金45128万元，围绕培育和打造“3+1”市域主导产业，重点支持做好战略性新兴产业、新型显示产业发展、工业企业转型升级等工作，加速实施新一轮技术改造推进行动，实施技改项目393项，列入省千项计划85项，进一步激发传统产业活力，全面完成文安新钢产能退出，实现全省“无钢市”目标。加快县域特色产业集群发展，以改造提升“7+6”县域特色产业集群为重点，支持香河家具、文安人造板、大厂影视文创、永清服装创新设计等特色产业发展，积极培育优质财源，促进县域经济健康发展。深入开展“三深化三提升”活动，支持企业发展，设立专项资金14910万元，对392家企业进行奖补，进一步促进企业增产增效、转型升级。二是支持科技创新。全市科学技术支出73716万元，支持创新驱动战略实施，助推科技企业创新发展，及时兑现科技奖励政策资金，保障了“1+4+N”科技创新、科技型中小企业创新发展八条措施等政策落实，全市研发经费投入连续3年保持20%以上的增速，积极开创大众创业、万众创新的工作新局面。三是创新投入方式。推进政府投资基金运作，发挥政府投资基金杠杆作用，累计投入财政资金210000万元，撬动社会资本899000万元，财政资金乘数效应进一步放大，有的放矢支持经济社会重点产业和关键领域发展。四是优化营商环境。深入推进“放管服”改革，全市投入招商引资资金4374万元，充分保障“5•18”经洽会、自贸区招商引资等工作的资金需求，进一步增强经济发展后劲。全面落实国家各项减税降费政策，切实减轻企业负担，进一步营造良好财税环境，激活市场主体活力，夯实经济发展基础。五是积极打造新的增长极。通过财政投入、政府债券、企业筹资等方式，多渠道筹措资金支持北京大兴国际机场和临空经济区建设，科学用好政府和社会资本合作（PPP）模式，进一步加快廊坊临空经济区建设步伐，全力打造廊坊发展新的增长极。

2．加强生态环境建设，打造绿色宜居环境。着力加大治理环境污染力度，切实增强全市可持续发展能力。一是支持大气污染防治。全市投入资金274534万元，深入开展散煤整治和清洁替代、传统产业改造提升等六大攻坚行动，保障冬季清洁取暖资金需求，加强大气污染监测监控能力建设，支持工业污染、挥发性有机物和“散乱污”企业整治等重点项目治理，全市空气质量进一步改善。二是支持开展水污染防治。全市投入资金58708万元，支持水质自动监测站和污水处理厂建设，实现重点河流及市区环城水系重要节点实时监控，落实“河长制”日常管控措施，推进龙河、沟河等重点流域水环境综合整治，全市地表水劣五类断面比例和饮用水水源地水质均达到考核要求。三是支持生态修复。全市投入资金97333万元，全年营造林51.2万亩，统筹推进退耕还林工程，支持重点铁路、高速路沿线两侧绿化，深入开展土壤污染防治，大力推进三河矿山治理，有效改善了全市生态环境。

3．全力保障和改善民生，提高公共服务水平。坚持让人民共享发展成果，着力保基本、兜底线、补短板、提水平，不断增进百姓福祉，全市民生支出5065864万元，占一般公共预算支出的79.3%。一是支持教育事业。全市教育支出1239425万元，重点支持新改扩建中小学校和幼儿园，进一步增强师资力量，落实义务教育“两免一补”、家庭经济困难学生国家资助等政策，减轻困难学生及家庭负担。二是支持社保就业。全市社会保障和就业支出636594万元，进一步提高城乡低保补助标准，城乡低保标准居全省首位，积极推进就业创业，城镇登记失业率保持全省最低。支持优抚双拥工作，切实做好退役士兵安置，全面落实相关补助和优抚政策，保障退役人员合法权益。三是支持医疗卫生。全市卫生健康支出483944万元，大力推进医药卫生体制改革，加强全科医生队伍建设，开展中医药合作“8•10”工程，落实八项免费筛查政策，提高基本医疗保障和服务水平，进一步改善人民群众就医条件。四是支持脱贫攻坚。投入专项扶贫资金24983.9万元，聚焦解决“两不愁、三保障”突出问题，进一步提高财政扶贫资金使用绩效，重点支持发展特色产业，探索资产收益扶贫，开展就业扶贫专项行动，1937户4841名建档立卡贫困人口全部脱贫，助力实现脱贫攻坚目标。五是支持文体惠民。全市文化体育与传媒支出105713万元，重点支持群众性体育活动和文化惠民活动，实施公共场馆免费开放，全市27个图书馆、文化馆、博物馆、体育馆和108个乡镇综合文化站、社区文化中心全部免费开放，让广大群众享受公共文化发展成果。六是支持住房保障。全市住房保障支出123589万元，支持实施72个老旧小区改造工程，加快推进棚户区改造，全年开工4853套，基本建成1745套，发放公共租赁住房补贴839.9万元，有效解决了3979户低收入群众的住房难题。

4．落实强农惠农政策，加快推动“三农”发展。大力推进乡村振兴战略，全市农林水事务支出621732万元，全面落实强农惠农富农政策，扎实推进农业现代化和新农村建设，为实现全市农业强、农村美、农民富贡献力量。一是支持美丽宜居乡村建设。全市投入资金143740万元，按照“全域覆盖、连片示范、提升水平、打造精品”的总目标，支持打造乡村振兴示范区，积极推进农村人居环境整治和现代农业园区等项目建设，创建市级以上乡村振兴示范区10个，农村村容村貌得到显著提升。全市投入14642万元，推动村级一事一议财政奖补、扶持壮大村级集体经济等工作，有效改善了农村生产生活环境。二是支持现代农业发展。全市投入资金10848万元，支持建设集中连片、旱涝保收、稳产高产、生态友好的高标准农田8.4万亩，有效改善全市农业基础生产条件，为农业发展打牢基础。三是提高农民收入水平。投入资金3155万元，重点支持经济效益好、带动作用强、绿色环保的市级以上农业产业化龙头企业加快发展，带动农民增收致富。全市投入资金39520万元，全面落实农业支持保护补贴、农机购置补贴、水库移民后期扶持等一系列强农惠农政策，农民生产积极性显著提高。

5．深化财税体制改革，规范和加强财政管理。紧紧围绕中央和省、市部署，坚持以改革破难题，通过改革提升工作水平，不断增强财政保障能力。一是扎实推进财政改革。全面实施预算绩效管理，大力开展绩效宣传培训，构建完善“1+1+N”制度体系，严格绩效目标申报审核，创新开展整体绩效评估、信息化专项评估、医疗设备简易评估等财政事前评估工作，挤出更多资金用于民生保障，推动预算编制更科学、任务保障更精准，让财政资金花的更明白、更高效。推进预算单位差旅电子凭证网上报销改革，市直注册单位达到187家，注册总人数5834人，差旅费网上报销业务2554笔。积极推进政府和社会资本合作(PPP)模式，全市共14个项目纳入财政部PPP综合信息平台管理库，计划总投资额达到272.72亿元，依法依规推进新机场北线高速公路廊坊段等PPP项目规范实施，进一步加快城市建设步伐。凭借扎实的改革推进工作，受到国务院办公厅督查通报表彰，并获得3500万元奖励资金。二是稳妥推进税制改革。做好深化增值税改革工作，落实小型微利企业普惠性所得税减免政策，实施新个人所得税法，加强政策落实动态监控，确保各项优惠措施全部落实到位。三是加强政府债务管理。2019年，省政府批准下达我市新增一般债务限额166500万元、新增专项债务限额227300万元，市本级新增一般债务限额15150万元、新增专项债务限额78400万元。截至2019年底，全市一般债务余额1585313.8万元、专项债务余额1423008.7万元，市本级一般债务余额925042.9万元，专项债务余额878455.7万元。认真开展政府隐性债务统计监测工作，积极稳妥化解政府隐性债务，牢牢守住不发生债务风险的底线，债务风险总体可控。

在总结2019年成绩的同时，我们也清醒地看到，当前财政面临的困难和挑战依然较多。财政收入增速趋缓与财政支出刚性增长矛盾突出，财政收支平衡压力不断加大；产业结构调整尚未完全到位，新旧动能转换步伐还需加快，战略性新兴产业支撑作用还不明显，财源建设仍需进一步加强；民生政策落实与人民群众期待还有一定差距，资金使用效益还需要进一步提高；财政资金全过程监管还存在薄弱环节；等等。这些问题既是社会各界关注的热点，也是财政工作的难点，我们将高度重视，进一步增强忧患意识，直面问题迎难而上，努力通过深化财政改革，进一步提升管理水平，认真加以解决。同时，恳请各位代表、委员一如既往地加强对财政工作的监督并提出宝贵意见和建议。

## 二、关于2020年市本级和全市财政预算安排草案

2020年是全面建成小康社会和“十三五”规划收官之年，也是制定“十四五”规划、推动高质量发展的关键一年，编制执行好2020年预算，做好各项财政工作，对推动全市高质量发展，建设新时代经济强市、美丽廊坊意义重大。综合分析2020年收支形势，收入方面，市本级一般公共预算可用资金1120000万元；支出方面，由于科技创新、经济建设、社保、教育等领域资金需求增加，以及支持临空经济区建设和政府债务还本付息等因素，刚性增支压力较大，预算平衡难度远超以往。财政部门牢固树立过“紧日子”思想，大力压减一般性支出，严控“三公”经费预算；同时，通过实施绩效管理、强化存量盘活、统筹基金预算、争取上级资金等方式，多措并举、千方百计扩大可用资金规模，并借助政府和社会资本合作（PPP）模式、政府投资基金等方式，充分发挥财政资金撬动作用，引导社会资本投向，全力以赴拓宽资金来源渠道，量力而为合理合规保障支出，努力实现了财政预算收支平衡。

2020年预算编制的指导思想是：坚持以习近平新时代中国特色社会主义思想为指导，全面贯彻党的十九大和十九届二中、三中、四中全会、中央经济工作会议精神，深入落实省委九届十次全会和市委六届九次全会决策部署，坚持稳中求进工作总基调，坚持以新发展理念引领高质量发展，坚持以供给侧结构性改革为主线，坚持以改革开放为动力，深入落实省委“三六八九”工作思路，扎实开展“三创四建”活动，紧扣全面建成小康社会、“十三五”规划圆满收官、京津冀协同发展取得重大突破三大任务，紧紧围绕全市“四区一城”功能定位和“三篇大文章”升级加力，全面落实预算绩效管理要求，大力推动积极财政政策提质增效，不断优化财政支出结构、深化财政体制改革，坚决压减一般性支出，全力支持保工资、保运转、保基本民生，着力保障打赢三大攻坚战、落实“三个建设年”、转型升级、民生保障、城乡融合等重点工作，不断提高人民群众获得感、幸福感、安全感，为加快建设新时代经济强市、美丽廊坊提供坚实的财力支撑。

按照上述指导思想，预算编制遵循以下原则：

一是厉行勤俭节约。牢固树立过“紧日子”的思想，进一步压减部门专项公用资金规模10%以上，从严控制“三公”、培训、信息化、编外用工等经费管理，将财政资金更多投向供需共同受益、具有乘数效应的先进制造、民生建设、基础设施短板等领域。

二是坚持绩效为先。全面实施预算绩效管理，不

断树牢绩效理念，更加注重结果导向，突出强调成本效益，切实硬化责任约束，稳步推进预算和绩效管理一体化，加快建立全方位、全过程、全覆盖的预算绩效管理体系。

三是持续深化改革。坚持以改革为动力，不断破除资金分配管理面临的体制机制障碍，出台系列制度标准，实现绩效关口前移，推动预算编制重塑，深化预算管理改革，推进财政体制改革，加快完善标准科学、规范透明、约束有力的预算制度。

四是严格收支平衡。预算编制坚持量入为出、收支平衡，既考虑重大减收因素，又考虑刚性支出需求；统筹各类财政资金，有效盘活存量资金，科学合理确定支出标准，更加注重结构调整，增强财政可持续性。

（一）一般公共预算草案

按照财政收入与经济增长相适应原则，充分考虑全市经济发展形势，综合分析各种收支增减因素，2020年全市一般公共预算收入安排4136000万元，增长6.5%；按现行财政体制计算，2020年全市可用资金5679928万元，支出预算安排5679928万元；上级提前下达2020年转移支付资金791209万元，支出预算安排791209万元。民生投入力度继续加大，全市安排民生支出5312819万元，占一般公共预算支出的82.1%。

市本级一般公共预算收入安排637500万元，增长2.4%。全年可用资金1120000万元，支出预算安排1120000万元；上级提前下达2020年转移支付资金92401万元，支出预算安排92401万元。

廊坊开发区一般公共预算收入安排324300万元，增长7.5%。全年可用资金206000万元，支出预算安排206000万元；上级提前下达2020年转移支付资金6590万元，支出预算安排6590万元。

（二）政府性基金预算草案

2020年全市政府性基金收入预算安排5859949万元，支出预算安排5859949万元；上级提前下达2020年转移支付资金64919万元，支出预算安排64919万元。市本级政府性基金收入预算安排1280177万元，支出预算安排1280177万元；上级提前下达2020年转移支付资金57452万元，支出预算安排57452万元。廊坊开发区政府性基金收入预算安排780000万元，支出预算安排780000万元。

（三）国有资本经营预算草案

2020年市级国有资本经营预算收入安排3201.4万元。市级国有资本经营预算支出安排2544万元，用于国有企业资本金注入；落实国务院关于国有资本经营预算调入一般公共预算资金不低于19%的要求，按照20.5%调入一般公共预算统筹使用657.4万元。

（四）社会保险基金预算草案

2020年社会保险基金6项基金预算收入1334570万元，其中：企业职工基本养老保险基金收入549058万元，机关事业单位基本养老保险基金收入75731万元，城镇职工基本医疗保险基金收入372326万元，城乡居民基本医疗保险基金收入286597万元，工伤保险基金收入31249万元，失业保险基金收入19609万元。

2019年社会保险基金6项基金预算支出1300028万元，其中：企业职工基本养老保险基金支出530100万元，机关事业单位基本养老保险基金支出75731万元，城镇职工基本医疗保险基金支出322272万元，城乡居民基本医疗保险基金支出333110万元，工伤保险基金支出29288万元，失业保险基金支出9527万元。

上述收支相抵，社会保险基金预算当年收支结余34542万元，其中：企业职工基本养老保险基金结余18958万元，机关事业单位基本养老保险基金收支平衡，城镇职工基本医疗保险基金结余50054万元，城乡居民基本医疗保险基金结余-46513万元，工伤保险基金结余1961万元，失业保险基金结余10082万元。

（五）2020年市本级支出预算草案安排的重点

2020年市本级预算安排，紧紧围绕中央和省、市决策部署，在保障人员和基本运转支出的基础上，重点支持高质量发展，积极助推协同发展，持续改善生态环境，统筹城乡发展，保障和改善民生，推动经济社会平稳有序发展。

1. 支持经济发展。一是推动产业升级。安排资金74410万元，重点支持战略性新兴产业发展、工业转型升级、中小企业发展、新型显示产业补助等事项，助力企业提质增效，增加廊坊市财信投资基金有限公司和廊坊市投资控股集团有限公司注册资本金，发挥财政资金撬动作用，加快优化产业结构，进一步提升经济发展质量。二是支持科技创新。安排资金15333万元，保障实施创新驱动发展战略，重点支持落实科技奖补、院士工作站建设、人才扶持等事项，大力培育创新主体，引进科技创新人才和团队，进一步强化科技对经济发展的引领作用。三是支持优化营商环境。安排资金8160万元，保障重点展会举办及会展业发展资金需求，打造高水准成果展示平台，提高全市精准招商引资水平，推动优质项目顺利落地，进一步优化营商环境。

2. 助推协同发展。一是支持做好工作推进。安排资金39260万元，重点支持通州区与北三县协同发展系列规划编制、北京大兴国际机场临空经济区廊坊片区系列规划编制等事项，通过科学规划深度融入京津冀协同发展大局之中。同时，进一步增加廊坊临空经济区开发建设有限公司注册资本金，强化公司平台融资能力，保障临空经济区开发建设资金需求。二是支持雄安新区建设。安排资金3590万元，支持雄安新区河北省绿博园建设，用实际行动加快雄安新区建设步伐。三是支持北京大兴国际机场建设。安排资金25821万元，支持新机场北线高速公路廊坊段运营期可行性补助等事项，进一步完善机场基础设施，发挥机场辐射带动能力。四是支持推进与京津一体化发展。安排资金855万元，重点支持京廊中医药协同发展、推动与首都儿研所和通州妇幼合作项目等事项，引入京津优质资源，助推廊坊与京津深度对接。

3.推进生态环境建设。一是支持打赢蓝天保卫战。安排资金4468万元，重点支持机动车尾气检测卡口及检测监控网络运行维护、环境监控能力建设等事项，推进清洁生产和污染减排，做好重污染天气应急工作，进一步提高全市空气质量。二是支持做好生态修复。安排资金3465万元，重点支持监测预警与评估分析、水环境监测、市级水质自动站运行维护、土壤污染地块第三方咨询评估等事项，推进重点河流治理，提升污水处理能力，加快生态修复，进一步改善全市生态环境。三是支持环境执法能力建设。安排资金3605万元，重点支持生态环保督查、环境视频监控等事项，切实做好重点区域环境监测，提升环境监察执法能力，维护好廊坊生态环境。

4. 统筹城乡发展。一是支持城市承载力建设。安排资金78466万元，重点支持外环路西南环线运营维护、生活垃圾焚烧发电厂垃圾处理、城区新增厕所运行维护、市区公交运营补贴等事项，积极参股河北省城际铁路发展基金，进一步优化城市交通，完善城市基础设施，改善卫生环境，拓展城市发展空间。二是支持编制发展规划。安排资金2873万元，重点支持“十四五”系列规划、国土空间总体规划（2020—2035年）、中心城区控制性详细规划等事项，高质量做好规划编制工作，推动生产、生活、生态空间有机融合，为全市发展确定总路径。三是支持提升城市品质。安排资金3825万元，重点支持文明城市及食品安全示范城市创建、质量强市建设等事项，不断增强城市发展软实力。安排资金4198万元，冠名“廊坊号”旅游列车，做好城市景观宣传，开展“廊坊—好故事之城”主题实践活动，扩大城市知名度。四是支持“三农”发展。安排资金22076万元，重点支持“四好农村路”、村级公益事业财政奖补、农业产业化创新引导、高标准农田建设等事项，加快农村基础设施建设和社会事业发展，提升农业现代化水平。五是支持深化农村改革。安排资金3897万元，重点支持农村综合改革示范试点补助、政策性农业保险保费补贴，进一步深化农村改革，扶持农村股份合作制经济组织发展，激活农村产权要素，积极助力乡村振兴。

5.保障和改善民生。一是支持教育事业优先发展。安排资金39434万元，落实城乡义务教育保障机制和校舍维修改造保障机制，加快市一中迁建等工程，持续改善教育基础设施，推动学前教育发展，完善职业教育体系，均衡配置教育资源，提高全市教育水平。二是支持提高社会保障水平。安排资金38056万元，全面落实城乡社保补助政策，健全统筹城乡可持续的社会保障制度，支持创业就业，扎实做好优抚双拥工作，进一步提升社会保障水平。三是支持健康廊坊战略实施。安排资金9748万元，深入推动医药卫生体制改革，加大基层卫生投入，实施基层医疗“双提升”工程，做好全民健康信息化管理，推进基本公共卫生服务均等化，进一步改善人民群众就医条件。四是支持打赢脱贫攻坚战。安排资金3863万元，重点支持困难群众救助工作，做好市级对口帮扶工作，全力保障2020年脱贫攻坚任务全面完成，为全面建成小康社会收官奠定坚实基础。五是支持文体事业发展。安排资金17996万元，支持新闻媒体发展，壮大文化产业，做好文化和旅游市场宣传，举办体育赛事，满足人民文体生活需求。六是办好民生实事。安排资金95971万元，做好北昌回迁安置工作，加快老旧小区改造，推进保障性住房建设，保障群众安居需求，推进调峰储气设施建设，确保群众温暖过冬。安排资金1310万元，做好食品抽检、食用农产品和主要农业生产资料追溯体系建设，确保食品安全，科学规划市区停车设施，加快解决市区停车难、停车乱的问题。七是支持平安建设。安排资金18323万元，保障开展扫黑除恶专项斗争，加快公共安全信息化项目建设，加强智慧平安社区管理，科学购置消防装备，织牢社会治安全方位防控网，切实保护群众生命财产安全。

6. 提升政府治理能力。一是支持服务型政府建设。安排资金9885万元，做好市民中心入驻管理工作，提高“互联网+政务服务”水平，加强全市重点工作大督查，提高政府工作效率，保障重大决策落实到位。安排资金18908万元，保障执法执纪机关工作开展和基层组织运转，落实全面从严治党要求，进一步改进工作作风。二是严控一般性支出。安排资金65289万元，从紧安排公用经费，保持部门日常公用经费定额标准零增长，限额控制专项公用经费，专项公用经费较2019年预算压减10.2%，进一步降低行政运行成本。三是保障重要公务活动开展。安排资金1179万元，对人大政协“两会”工作等给予资金保障，确保重要公务活动的正常开展。四是加强政府债务管理。安排债务偿还资金147877万元，其中，一般债务偿还资金53640万元，专项债务支出94237万元，严格防控政府债务风险。

## 三、关于完成2020年预算任务的措施

2020年，我们将在市委的正确领导下，认真执行市七届人大五次会议及其常委会关于财政工作的决议，主动接受人大监督，及时办理好人大代表建议和政协委员提案，虚心听取各方面的意见和建议，坚持

以习近平新时代中国特色社会主义思想为指导，全面贯彻党的十九大和十九届二中、三中、四中全会精神，坚持稳中求进工作总基调，坚持以新发展理念引领高质量发展，坚持以供给侧结构性改革为主线，坚持以改革开放为动力，进一步提升财政管理水平，加快建设现代化经济体系，以优良的作风和过硬的措施，努力完成各项目标任务。

（一）加快推动转型升级，提高全市经济发展质量。围绕全市发展定位，聚焦打好产业基础高级化、产业链现代化攻坚战，巩固经济发展稳中趋优、稳中向好的态势。一是积极推进项目建设。支持开展“高质量项目建设年”活动，围绕信息智能、生物医药健康、高端装备制造、现代商贸物流、文体旅游、金融服务等领域，结合“3+1”主导产业和“7+6”县域特色产业集群，细化激励县域财源建设工作措施，完善项目建设推进机制，全力加快重点项目建设进度，进一步培育壮大优质财源。二是优化升级产业结构。深入推进战略性新兴产业三年行动计划，围绕新一代信息技术、高端装备制造、新材料等领域，聚焦5G、区块链、数字经济等前沿技术和新业态新模式，不断提高战略性新兴产业发展、工业转型升级等专项资金效益，充分发挥政府投资基金引导作用，大力发展战略性新兴产业和现代服务业，推动传统产业改造升级，壮大“专精特新”企业，加快新旧动能转换。同时，进一步加大对民营企业和实体经济的支持力度，强化“一对一”跟踪服务，深入落实支持民营企业发展的政策措施，开展政银企保信等对接活动，积极帮助企业解决融资难、融资贵等实际困难，精准服务实体经济，进一步培育壮大市场主体，助力实体经济做大做强。三是持续改善营商环境。支持“一流营商环境建设年”活动，全面落实减税降费政策，减轻企业发展负担，保障“5•18”经洽会、全国青少年机器人大赛等活动，大力发展会展经济，激发市场主体活力，为企业发展营造更好的发展环境。四是大力支持创新发展。深入实施创新驱动发展战略，健全科研人员收入分配、科技成果转化激励、科研项目经费使用等机制，落实科技创新三年行动计划，加大科技创新投入力度，完善科技投融资体系，助推“双创”示范基地建设，培育壮大孵化器和众创空间，积极引进和培育高端科技人才，促进高新技术企业和科技型中小企业发展，构建以企业为主体、市场为导向、产学研深度融合的技术创新体系。

（二）服从服务协同发展，融入京津冀发展大格局。聚焦全面完成京津冀协同发展中期目标，充分发挥廊坊区位优势，积极稳妥有序承接北京非首都功能疏解，推动“三篇大文章”升级加力，坚决当好全省推进协同发展的“桥头堡”。一是支持重点规划对接。坚持讲政治、顾大局，立足“四区一城”功能定位，严格落实“四统一”要求，加大规划资金投入，全面对接、深度融合北京城市副中心规划，高质量高标准编制北三县与通州区协同发展系列规划，确保与国家重大战略规划协调一致、紧密衔接。二是支持临空经济区建设。全力做好投融资工作，不断加大财政资金投入，积极争取政府专项债券资金，稳妥用好政府和社会资本合作（PPP）模式，进一步拓宽资金渠道，加快“1+3+13”规划体系落地实施，落实项目准入、评估、退出机制，加速推动廊坊临空经济区建设。三是支持交通互联互通。支持重大交通项目建设，着力做好北京大兴国际机场北线高速公路廊坊段建设相关工作，扎实做好京雄铁路、京德高速地方保障工作，进一步完善更加高效便利的交通网络，通过交通一体化带动实现人流、物流、信息流等要素市场一体化。四是推动发展成果共享。积极助推京津教育、医疗等优质资源向廊坊转移，深化“通武廊”“静廊沧”等区域战略合作，支持扩大异地就医直接结算和跨区域养老服务范围，让更多人民群众共享协同发展带来的成果。落实产业对接配套政策，进一步优化承接环境，提升区域整体产业发展水平和辐射带动能力，推进与京津实现市场共享、产业共进、合作共赢。

（三）聚力聚焦污染防治，推动生态环境建设。科学处理经济高质量发展和生态环境建设的关系，支持打好污染防治攻坚战，加大对环境保护和生态修复重点项目的投入力度，进一步改善和提升全市生态环境质量。一是支持持续提升空气质量。全面分析大气治理面临的新形势和新问题，严格落实应急减排相关措施，着力改善能源结构、产业结构和科技支撑，努力提高全市空气质量。二是支持持续改善水环境质量。强化河湖管理范围复核、划定及水域岸线保护利用工作，持续开展地下水超采综合治理，大力推进水污染防治基础建设，提高污水处理能力，加强重点河流及市区环城水系重要节点实时监控，完善水污染防治奖惩考核机制，不断提升河流生态功能。三是支持持续推进生态修复。深化土壤污染综合防治先行区建设，扎实推进土壤修复，坚决打击非法转移、处置和倾倒危险废物，不断提升土壤环境承载力。四是支持植树造林。保障重点绿化工程资金需求，持续巩固和深化国家森林城市创建既有成果，力争年底前全市森林覆盖率达到35%以上。

（四）协调推进城乡统筹发展，优化全市发展布局。坚持合理分工、优化发展的理念，科学规划国土空间，加快城市基础设施建设，提高城市公共服务水平，深入实施乡村振兴战略，改进农村生产生活条件，不断改善城乡发展面貌。一是提升城市发展质量。进一步加大资金投入，加强电梯、管网、消防、水电、停车场、冷链物流等配套建设，解决好城市停车难、市政基础设施老化等问题。支持“城乡基础设施建设年”活动，保障重点路网工程资金需求，推进工程建设进度，持续优化城区路网结构，提高城市交通互联互通水平。优化地下排水管网布局，增建城市排水泵站，努力解决汛期道路积水问题，稳妥推进供水老旧管网和燃气老旧管网改造，实施老旧小区改造工程，加快棚户区改造，进一步改善城市环境。支持创建全国文明城市、国家卫生城市，保障活动资金需求，综合展示廊坊城市形象。二是实施乡村振兴战略。深化农业供给侧结构性改革，加快发展现代都市型农业，大力培育新型农业经营主体，落实各项惠农补贴政策，充分调动和保护农民生产积极性，全面提升农业质量效益和竞争力，促进农业增效、农民增收。加快“四好农村路”建设，进一步改善农村人居环境，大力建设产业兴旺、生态宜居、乡风文明、合理有效、生活富裕的新农村。三是改善城乡生活环境。构建“户分类、村收集、乡转运、县处理”城乡垃圾治理一体化模式，加快建设生活垃圾焚烧处理设施和餐厨垃圾处理设施，增加垃圾转运站和转运车，完善农村垃圾治理监管机制，打造全市整洁宜居的生活环境 。

（五）坚持保障和改善民生，提升人民群众获得感。坚持以人民为中心的发展思想，始终把人民对美好生活的向往作为奋斗目标，保障实施全市重点民心工程，用心用情用力办好民生实事。一是坚决打赢打好脱贫攻坚战。进一步加大资金投入力度，创新财政扶贫资金使用方式，提高扶贫资金绩效，健全脱贫巩固提升和防贫机制，持续巩固脱贫攻坚成果，确保贫困人口稳定脱贫，切实防止形成新的贫困人口。二是大力促进就业创业。建立经济发展与扩大就业联动机制，统筹做好高校毕业生、中职毕业生、新增农村劳动力、就业困难人员等群体就业工作，保持就业局势总体稳定，城镇零就业家庭保持动态清零。三是支持提升民生保障水平。进一步加大对困难群众的救助力度，全面落实各项社保扩面任务，实施全民参保计划，完善失业、工伤保险制度，深化人事工资制度改革，扎实做好退役军人工作，切实织牢民生“保障网”。四是支持教育事业发展。启动实施一批中小学建设项目，新改扩建农村幼儿园18所，公办幼儿园占比达到50%以上，提高普惠性幼儿园覆盖率，着力破解“大班额”“入园难”问题，落实城乡免费义务教育政策，加快完善职业教育资助体系，努力办好人民满意的教育。五是支持卫生健康事业发展。大力实施健康廊坊行动，加快医联体医共体建设，实施基层医疗综合服务能力“双提升”工程，推动优质医疗资源下沉，加强中医药服务机构建设，扎实推进基本公共卫生服务均等化，改善人民群众就医条件。六是支持文化体育事业发展。加快全市文化旅游产业融合高质量发展，积极创建省级全域旅游示范区，提高文旅大会水平，全力办好世界漫画大会、丝绸之路国际民间艺术节、首届全国民乐展演等重大文化活动，不断推出文旅新项目、新业态、新产品，继续创建全国文化消费示范城市。组织举办廊坊市第八届全民运动会，保障市级体育场馆维修和市滑冰馆建设资金需求，广泛开展群众性体育健身活动，积极满足人民群众需求。

（六）深化财政重点改革，促进财政工作提质提效。积极争当财政改革“试验田”和“排头兵”，勇于创新突破，落实改革要求，进一步加快现代财政制度建设，形成稳定的政府事权、支出责任和财力相适应的制度。一是巩固预算绩效管理改革试点成果。围绕建立全方位、全过程、全覆盖预算绩效管理体系，加快实现预算和绩效管理一体化，确保预算项目早谋划、细谋划，对预算资金进行全程跟踪问效。同时，扩大财政事前绩效评估、部门整体评价、竞争性分配等预算绩效管理试点范围，切实推动财政资金聚力增效、财政资源优化配置，进一步提升公共服务质量，将更多资金用于支持经济社会高质量发展、提升民生福祉。二是推进财税体制改革。严格落实减税降费政策要求，依法依规推进财税改革，实施新一轮市以下激励性财政体制，科学匹配财政事权与支出责任，进一步优化地区财力分布格局，制定支持财源建设的具体举措，提高县级财政保障能力，助力全市经济高质量发展。三是切实做好支出管理工作。强化预算执行刚性，严控预算追加调整，进一步加快预算支出进度，不断提升预算资金使用效益。加快推进差旅电子凭证网上报销系统应用，实现差旅电子凭证网上报销预算单位全覆盖。四是严格防控债务风险。进一步规范举债融资行为，健全政府债务风险监控机制，坚决遏制隐性债务增量，积极化解隐性债务存量，规范用好政府债券资金支持重点项目建设，在政府债务管理工作中做到既严格防控风险又科学用好债券资金。五是提高财政管理水平。进一步加大综合治税力度，充分发挥综合治税信息共享平台作用，完善部门协调联动机制，细化征管举措，确保依法征收、应收尽收。提高政府投资基金管理水平，规范推进政府和社会资本合作（PPP）模式，充分发挥财政资金撬动作用，拓宽城市建设资金来源渠道。

各位代表，2020年全市财政工作艰巨而繁重。我们将在市委的正确领导和市人大的监督支持下，以习近平新时代中国特色社会主义思想为指导，牢固树立“四个意识”，坚定“四个自信”，切实做到“两个维护”，不忘初心、牢记使命，努力完成全年财政预算和各项工作任务，促进全市经济社会持续健康发展，为决胜全面建成小康社会，为新时代加快建设经济强市、美丽廊坊而不懈奋斗！

# 专　题

## 京津冀协同发展

**【概况】** 2019年，廊坊市围绕雄安新区、北京城市副中心和北京大兴国际机场及临空经济区规划建设“三篇大文章”，承接北京非首都功能疏解，推进重点领域持续突破，推动京津冀协同发展向纵深和长远发展。

全力服务雄安新区规划建设。落实省委、省政府《关于〈河北雄安新区总体规划〉的实施意见》，印发实施关于贯彻落实《省委、省政府关于〈河北雄安新区总体规划〉的实施意见》的实施方案、贯彻落实《关于加强雄安新区周边区域规划建设管控的暂行意见》的实施方案，开展规划对接、交通互联、生态修复、房地产管控等基础性工作，全力服务支持雄安新区建设。

主动融入北京城市副中心建设。对标北京城市副中心规划，确立廊坊市“北三县（市）”（三河市、大厂县、香河县）与北京市通州区协同发展“1+5+12”规划体系。至年底，由廊坊市负责的5个控制性详细规划和12个专项规划全部形成正式规划成果，具备向省委、省政府主要领导汇报的条件。会同省协同办研究制定《关于支持北三县服从服务北京城市副中心建设推进与通州区协同发展的实施意见》，提交省政府领导审定。“5+12”专项规划实施意见制定完成，待各项规划批复后半个月内正式出台实施。配合省协同办起草《关于支持廊坊市“北三县（市）”与北京市通州区协同发展的若干政策措施（河北建议稿）》，上报中央协同办。强化协同发展体制机制，成立市委、市政府主要领导任组长的廊坊市“北三县（市）”与北京市通州区协同发展领导小组，组建廊坊市“北三县（市）”协同发展办公室，作为领导小组的办事机构，协调督导落实廊坊市“北三县（市）”与北京市通州区协同发展各项工作。强化工作落实，研究制定廊坊市“北三县（市）”与北京市通州区协同发展2019年工作要点，确定6个方面17项重点任务，逐一明确牵头领导、责任单位、完成时限，实行台账管理，确保各项工作有效落实。

全力保障北京大兴国际机场通航，推进临空经济区建设。加快推进规划编制实施。邀请中规院、民航大学和雄安新区规划设计团队，对标对表雄安新区，对接北京市大兴区，编制完成临空经济区“1+3+13”（临空经济区总体规划和3个控制性详细规划、13个专项规划）规划体系，并按省委、省政府要求完善提升。聘请波士顿咨询公司和临空权威专家约翰•卡萨达，对照上述规划开展产业发展规划及实施路径研究，精准确定产业项目和用地布局。邀请崔愷、庄惟敏、毛其智等专家，对照规划体系开展启动区城市设计和地标性单体建筑设计，加快推动规划落地实施。抓紧政策落实。用好自贸区、综保区等平台，逐项研究落实省自贸区228条制度创新清单和471项省管权限下放清单，扩大对外开放水平。创新行政审批机制，深化“放管服”改革，比照雄安新区，研究制定支持廊坊临空经济区发展28条政策措施，全面释放政策红利。健全管理体制机制。成立由市委书记、市长任组长，常务副市长任第一副组长，分管副市长任常务副组长的领导小组。从全市遴选以业务骨干、选调生等为主体的年轻优秀干部，成立由20名处级、80名科级干部组成，下设7个部室的扁平化、大部制工作推进办公室，全面履行临空经济区党工委、管委会工作职责。创新招商思路，吸收卡萨达团队、深圳前海研究院和华夏、宏泰等招商力量，组成专业化招商队伍开展全球招商、精准选商。年内重点跟踪有明确投资意向的客商61家，涉及产业类项目186个，覆盖航企产业、航空物流、生物制药等11个产业板块；与华润集团等85家企业达成合作意向；与首都机场集团、南方航空等36家企业签订战略合作框架协议。加快市政和公共服务设施建设，梳理出212项、总投资213亿元的水电路讯网等项目清单，引入中交、中建、中铁投等大型企业，启动8条市政道路路网工程和再生水厂、四干渠河道开挖工程，以及临空服务中心（市民中心）、航空小镇等配套项目。加快产业项目建设，总投资50亿元的南航华北培训中心、新奥中央研究院、卡萨达智库等产业项目全面开工。10月26日，廊坊临空经济区举行集中开工，项目建设进入实质性阶段。完成保通航任务。重点实施域内18个村街3133户12925人征迁，主导完成永兴河（原名天堂河）改移、临时用电施工、白家务水源地管线迁建、永定河蓄滞洪区调整等11项配套迁改项目建设，配合完成机场雷达站、加油站、风廓线等7个机场红线内属地主体项目建设，协调北京和省有关部门落实机场分税、交通联动、进京检查

3 月 29 日，横跨潮白河的燕潮大桥正式通车

站设置等 26 项机场运营跨区域管理事权，完成隔声降噪、临时供地、综合环境治理、机场净空保护等工作，为确保机场 9 月 25 日通航作出贡献。

**【一体化综合交通网络格局】** 2019 年，京雄城际、京唐铁路、城际铁路联络线一期工程开工建设，京港台高铁丰雄段、天津至北京大兴国际机场联络线、廊香城际、平谷线等轨道交通项目稳步推进，津雄城际、雄安新区至北京新机场快线加紧谋划。公路路网加速对接。燕潮大桥正式通车，密涿高速三河南连接线主体工程完工，新机场北线高速全线土地征迁工作基本完毕，进入桥梁和路基路面施工阶段，密涿高速梁家务互通连接线基本完工，全面做好京雄、荣乌新线、京德、津石等高速地方工作，完成项目现场地勘，有序开展征地拆迁。

**【区域生态环境建设】** 2019 年，廊坊市持续实施大气污染防治精准治理。制定实施《廊坊市 2019 年大气污染综合治理工作方案》等管控方案，做好钢铁去产能、散煤整治和清洁替代、机动车污染防治、扬尘面源污染综合治理、工业污染深度治理和重污染天气应对六大攻坚战。持续实施大气污染防治精准防控。依托 PM2.5 专家组精准分析，超前预报、协同调度，落实市域大气污染防治联防联控；精准防控臭氧污染，科学分析臭氧高值污染成因，有效降低臭氧污染；精准制定重污染天气应急减排清单，有效应对重污染天气，实现“削峰降速”的减排效果。完善大气污染防治精细管理。制定出台《廊坊市非重点行业重污染天气差异化管理应急减排措施指导意见（试行）》，对部、省重点行业外的 19 个行业 3716 家企业明确差异化管理应急减排措施，最大化实施差异化管理，促进企业健康绿色发展。抓好水污染防治。实施龙河、凤河及全市河渠攻坚。完成凤河综合整治，龙河清淤及龙河沿岸农村污水处理设施建设工作。实施白洋淀流域治理攻坚。按照《白洋淀生态环境治理和保护专项工作实施方案》要求，做好白洋淀流域各项治理任务。

**【推进产业转型升级】** 2019 年，廊坊市承接京津产业转移，严格执行京冀交界地区新增产业禁止和限制目录，坚决禁止高耗能、高污染的一般制造业和低端服务业项目，做大做强产业转移承接平台，加强与京津产业对接，扩大合作领域，实现发展共赢。2 月 26 日，在大厂县举办“北京市与廊坊‘北三县’项目推介洽谈会”，签订合作协议 2 个，签约合作项目 50 个、计划总投资 337 亿元。其中包括总投资 28 亿元的中冶总部基地、总投资 10 亿元的国家京剧院文旅融合产业化基地、总投资 50 亿元的智慧电谷创新基地等产业类项目 37 个，首都医科大学附属北京潞河医院香河医康院区、清华大学第一附属医院联合体医院、大爱学校等公共服务类项目 13 个。截至年底，上述项目中 2 个合作协议进入推进相关工作落实阶段；50 个签约合作项目中，45 个项目取得实质性进展，其中已开工建设、开展合作 31 项，完成投资 18.1 亿元，3 个项目年内计划开工，11 个项目进入办理前期手续阶段。韵达快递电商（华北）基地项目实现 2019 年签约、开工建设并投产。10 月 25 日，廊坊市参加第 22 届中国北京国际科技产业博览会京津冀协同发展项目对接推介会，会上“北三县（市）”与北京企事业单位签约合作事项、合作项目计 17 项（合作事项 6 项，合作项目 11 项），总投资约 25 亿元。

推进协同创新。推进重点区域协同创新，会同北京市通州区、天津市武清区组织召开“通武廊”协同创新工作联席会，加强三地科技协同发展体制机制建设，健全科技项目建设动态分享机制，丰富三地科技政策汇编、科技专家库、科技项目库，加速科技资源共享共用。举办“通武廊”科技创新成果对接活动，廊坊市北华航天工业学院和北京中关村智酷双创人才服务股份有限公司签署《关于共建“廊坊中关村智酷双创平台”的框架协议》。

**【承接北京非首都功能】** 2019 年，廊坊市推进与北京市医疗卫生协作，在首都儿研所附属儿童医院合作共建的廊坊市儿童医院新生儿门诊顺利开诊，首都儿研所派专家定期坐诊。中医药服务方面，“健康京畿·中医药先行 8·10 工程”取得新突破，京廊协同重点专科、名老中医学术经验工作室、健康乡村领军团队、中医药适宜技术人才培养项目的“10+10”合作全部实现对接，7个京廊医联体挂牌。公共卫生服务方面，加强与中国初级卫生保健基金会合作，实施乡镇卫生院服务能力综合扶持项目，大厂县和大城县先期接受项目资助。

推进京津冀教育协同深度融合，与京津召开各类对接会议11次，开展各类交流互访、教师联合培训、科技文艺展演、比赛竞技活动等活动40余次。北京五中分校大厂分校基础教育项目、北大附属益田同文学校项目投入使用；首都师范大学附属香河实验学校项目进入合作阶段；中国人民大学新校区大厂拓展区项目建设工程顺利推进；北京师范大学廊坊经济技术开发区学校进入地上物拆迁阶段。

推动京津冀养老服务协同发展，与北京市通州区协调对接，委托北京第三方培训机构，对廊坊市“北三县（市）”养老机构护理人员开展全员培训。与天津市武清区协调对接，共同推动廊坊市福源老年公寓在天津市武清区大王古庄经济区建设天津市武清区福源养老院，实现跨区域连锁化经营发展。至年底，天津市武清区福源养老院入住20余人。

（刘　凯）

## 全面深化改革

**【概况】** 2019年，廊坊市坚持政治站位、加强统筹协调，推动全面深化改革持续加力提速。全面对标对表中央和省委改革部署，结合廊坊实际，制定《中共廊坊市委全面深化改革委员会2019年改革工作要点》，明确各领域改革的路线图和时间表。市委全面深化改革委员会召开会议7次，审议重点改革事项25项，听取重点改革情况汇报28项。省对市考核的77项改革任务全部完成，市委部署的167项改革任务基本完成。改进督察考核机制，拓展督察深度和广度，全年开展改革督察38次，督察结果及时通报全市。是年，廊坊市财政管理经验做法受到国务院办公厅通报表彰；基层卫生服务能力提升经验做法在全国乡镇卫生院管理经验交流会议上作典型发言；香河县融媒体中心建设经验得到中宣部肯定；文安县破解农村集体产权制度改革“四大问题”、大厂县自然资源智能监管平台建设等一系列经验做法在全省推广。全市改革工作呈现全面发力、多点突破、纵深推进的良好态势。

**【“放管服”改革】** 2019年，廊坊市推进营商环境持续优化。瞄准营造市场化、法治化、国际化、便利化营商环境，开展“三深化三提升”活动，加快“放管服”改革进程。制定出台优化营商环境打造行政审批效能高地32项措施，着力减环节、优程序、强监管、提效率。建立运行“廊坊市政务服务平台”，市本级421项政务服务事项全部开通在线申报。推出最多跑一次事项202项，压减各类审批环节98项，审批效率提高75%。企业开办手续2个工作日内办结。退税时间缩短到1天以内。住房等不动产转移登记业务实现1小时领证。项目落地速度、商事审判质效等营商环境指标均实现大幅提升。

**【纪检监察体制改革】** 2019年，廊坊市纪律检查委员会坚持党对纪检监察工作全覆盖、全方位、全过程领导，落实“两个为主”（查办腐败案件以上级纪委领导为主，各级纪委书记、副书记的提名和考察以上级纪委会同组织部门为主）要求，向省纪委监委和市委报告报批报备有关事项，会同组织部门提名考察县（市、区）纪委书记2名。深化国家监察体制改革，制定出台《监督检查审查调查措施使用规定》《立案相关工作程序规定》等制度，主动对接以审批为中心的刑事诉讼制度改革，推动执纪执法贯通、有效衔接司法。分类推进派驻机构改革，制定《廊坊市纪委监委派驻机构纪检监察措施使用管理办法》《廊坊市纪委监委派驻机构工作程序暂行规定》，将市级30家派驻机构更名为派驻纪检监察组，依法赋予监察权。推动监察体制改革向乡镇、园区延伸，全市14个开发区（园区）纪检监察机构编制及人员全部落实到位，90个乡镇全部建立监察办公室。指导县级纪委监委派驻机构改革，新建派驻纪检监察组51个，实现党和国家机关派驻监督全覆盖。优化市纪委监委机关内设机构和运行机制，为科学履职提供组织保障。

**【国有企业改革】** 2019年，廊坊市城建集团、保安公司等10家企业以市场化改革为方向完成公司制改革，建立完善现代企业制度。至年底，市政府国资委监管企业公司制改革面达到100%，高于全国地方国有企业公司制改革平均水平10个百分点。年内，廊坊市出台《市政府国资委关于以混合所有制改革为突破口深化监管企业改革工作的推进方案》《市政府国资委监管企业开展混合所有制改革工作指引》两个配套文件，监管企业按照“四个一批”改革思路和“一企一案”原则制定、完善混合所有制改革方案，逐企明确时间表、施工图，公交集团与新能源企业青岛特来电公司合资成立的廊坊市公交特来电公司实现稳定经营；物产集团下属亚通公司通过混合所有制改革成立新公司，彻底解决环保问题，实现公司持续发展。

**【医疗卫生改革】** 2019年，廊坊市省级现代医院管理制度试点扩大到所有县（市、区），总数达到15个（全市26家，开展试点达到58%）。开展省、市现代医院管理制度样板化管理区争创工作，香河县人民医院被省医改办命名为“2019年省级现代医院管理制度建设样板”，跻身省内5家样板之一；廊坊市第四人民医院被确定为“2019年度市级现代医院管理制度建设样板”。推进“四医联动”改革。全市27家参与测算的县级公立医院通过调整四大类1737项收费项目价格，所调整的项目符合临床实际情况，调整的幅度能够体现医务人员技术、劳动价值的调价结果，达到通过价格调整，补偿因取消加成造成的收入减少90%的要求。

**【教育改革】** 2019年，廊坊市1106所中小学校全部实现标准化，义务教育大班额比例降至9.08%，超大班额比例降至2.12%。全市共补充教师4658名，以文安县为试点，推进教师“县管校聘”改革并取得阶段成果。年内，先后出台《关于全面深化新时代教师队伍建设改革的实施意见》《廊坊市关于深化教育体制机制改革的实施意见》《关于以习近平新时代中国特色社会主义思想统领廊坊教育工作的意见》《加快推进廊坊教育现代化实施方案（2019—2022）》《廊坊教育现代化2035》《学前教育深化改革规范发展的实施意见》等一系列政策文件，起草《廊坊市职业教育改革发展实施方案（初稿）》《廊坊市中心城区教育设施布局专项规划（2019—2035年）（初稿）》和《教育设施规划建设管理条例（初稿）》，为加快推进新时代教育发展提供政策保障。

**【科技体制改革】** 2019年，廊坊市加大科技投入力度，全年兑现科技创新政策补助资金1.71亿元。培育壮大创新主体，新增科技型中小企业1164家，总数达到7834家，通过国家级评价的科技型中小企业达到347家，总量居全省第二位。印发《关于深化开发区改革开放的实施意见》《全市省级以上开发区综合承载能力升级专项行动工作方案》《高新技术产业开发区综合发展水平考核指标体系》，为加速高新区高质量发展，发挥高新区的示范带动作用提供支撑。

（市地方志编纂中心）

## 精神文明建设

**【概况】** 2019年，廊坊市精神文明建设工作以庆祝新中国成立70周年为主线，培育践行社会主义核心价值观，广泛开展理想信念教育，实施公民道德建设工程，持续深化群众性精神文明创建活动，提升人民思想觉悟、道德水准、文明素养和全社会文明程度，增强人民群众获得感、幸福感。推进新时代文明实践中心试点工作，确定文安县、大厂县为市级新时代文明实践中心试点，全市建成县级新时代文明实践中心10个，乡镇级新时代文明实践所75个，村级新时代文明实践站201个，开展各类实践活动2000余场，受益群众达到3.2万余人次。开展第七届廊坊市道德模范推荐认定，认定第七届廊坊市道德模范20名、提名奖30名；社区志愿者马贺年当选第七届河北省道德模范，4人获河北省道德模范提名奖；5人荣登“中国好人榜”，28人当选“时代新人·河北好人”，发布“时代新人·廊坊好人”59名。举办“德润燕赵·美丽廊坊”先进典型基层巡讲活动，新奥集团帮扶救助基金帮扶生活困难道德建设先进典型20名，给予救助金帮扶共计52.5万元，在医疗救治、子女入学等方面提供帮扶；走访慰问道德模范马贺年、最美廊坊人吴秀娟等先进典型，全市慰问道德建设先进典型80余人。

创建文明单位、文明村镇、文明校园，修订《廊坊市文明单位管理暂行办法》《廊坊市文明单位奖发放办法》，开展2019年度市级文明单位推荐认定，认定2019年度市级文明单位680个。加强文明单位动态管理，组织200余家文明单位通过“河北省文明单位动态管理系统”开展日常创建，年度复检省级文明单位144家。承办河北省文明单位现场观摩交流活动，全省各地百余名文明单位创建工作负责人通过实地观摩、经验交流等形式，学习交流文明单位创建经验。全市55%以上的行政村达到县级及以上文明村标准，乡镇全部达到县级及上文明乡镇标准。建成县级新时代文明实践中心10个，乡镇级实践所75个，村级实践站201个，开展实践活动2000余场。培育廊坊师范学院等50所学校为廊坊市文明校园示范校，管道局中学第一附属小学等69所学校为廊坊市文明校园。组织文明校园帮扶共建，

2019年9月4日，8月“时代新人·河北好人”发布暨道德模范与身边好人现场交流活动在廊坊市香河县举行

确定113个市级文明校园与107个受助学校结成帮扶对子89个。开展“建设美丽家园——我参与，我奉献”中小学生进社区集中志愿服务活动。全市中小学校组织开展参与文明社区、文明交通等志愿服务活动1500余场次，参与中小学生8万余人。

2019年廊坊市第三届“最美廊坊人”一览表

表1

| 序号 | 姓名 | 单位及职务 |
|---|---|---|
| 1 | 许新河 | 霸州市王庄子乡靳家堡村农民 |
| 2 | 吴秀娟 | 安次区永华街道馨语社区职工 |
| 3 | 金天凤 | 霸州市十五中学生 |
| 4 | 张　锋 | 管道局管道科学研究院产业中心主任 |
| 5 | 王香芝 | 大城县留各庄镇龙华侨村农民 |
| 6 | 王国奎 | 大城留各庄镇王张吉村王国奎卫生室主治医师 |
| 7 | 常胜云 | 廊坊市环境卫生管理局清运管理处中转站站管员 |
| 8 | 张元鹏 | 河北厚天律师事务所律师、北华航天工业学院教师 |
| 9 | 廊坊市智慧环境生态产业研究院大气污染防治研发团队 | 廊坊市智慧环境生态产业研究院 |
| 10 | 马　利、王贤光、张国军、赵俊军爱心助残团队 | 廊坊市兴运出租汽车服务有限公司 |
| 11 | 崔靖祥 | 廊坊市安次区杨税务乡村民 |

**【创建全国（省级）文明城市】** 廊坊市在2018年全国文明城市年度测评中位居全国地级市第二十四位。2019年，廊坊市启动实施交通秩序、社区环境、集贸市场、村镇环境、难点部位、服务质量、负面问题“七大攻坚行动”，对36类687个实地点位和2500个随机点位不间断督导检查，解决裕华路马路市场、3532社区环境脏乱差等一批反映强烈的难点问题，各项创建指标逐步提升。出台《廊坊市创建全国（省级）文明城市目标管理考核办法》《廊坊市创建全国（省级）文明城市工作问责暂行办法》，推进创建文明城市常态长效开展。是年，廊坊市2019年度省级文明城市测评成绩位列全省各地级市第1名；建制县排名中，文安县第1名，大厂县第2名，永清县第4名，香河县第5名，固安县第7名，大城县第38名；县级市排名中，三河市第2名，霸州市第10名；市辖区排名中，广阳区第8名，安次区第15名，全市文明城市（县城、城区）整体创建水平位居全省前列。

**【志愿服务】** 2019年，廊坊市推广“燕赵志愿云”信息系统，全市在“燕赵志愿云”信息系统实名注册志愿者29万余名，各类志愿服务组织1000多个，在救助帮扶困难群体、“5•18”经贸洽谈会、创建“文明城市”等重大活动、重要工作中发挥积极作用。“3•5”学雷锋纪念日期间，在全市开展“弘扬雷锋精神 争做最美廊坊人”志愿服务活动，重点为空巢老人、留守儿童、农民工、残疾人、困难户提供服务，开展社区家政、心理疏导、医疗保健和法律援助等系列活动，推动学雷锋志愿服务活动常态化。全市参与活动的志愿者达40万人次，志愿服务累计约50万小时。继续推进“星期六文明行动”志愿服务活动，组织市直、中省直驻廊各机关、企事业单位90多支志愿服务队、2000多名志愿者，每周六到90个社区开展多种形式的志愿服务活动，开展各类宣传活动500多场次，发放各类宣传资料40多万份，帮扶、救助孤寡老人、残疾人等弱势群体1000多人次，清除垃圾40吨。廊坊市26名志愿者、7个志愿服务组织、7个志愿服务项目、8个社区被评为省级志愿服务先进典型。广阳区吉兴社区入选全国“四个100”，被评为全国最美志愿服务社区。

**【“我们的节日”主题活动】** 2019年，廊坊市以“七十华诞颂国泰”为主题，在清明、端午、七夕、中秋、重阳举办全市大型主题文化活动5场，在廊坊电视台录制播出。

2019年8月7日，廊坊电视台录制“我们的节日·七夕”系列节目

2019 年 5 月 11 日，2019 年首批廊坊市“新时代好少年”先进事迹现场发布会暨文明校园创建成果展示活动在廊坊市举行

全市开展各类“我们的节日”主题文化活动 800 余场，展现传统节日文化内涵和时代特色，使群众在参与中体验节日习俗，增进文化自信。

**【未成年人思想道德建设】** 2018 年度全国文明城市未成年人思想道德建设测评中，廊坊市在全国 113 个地级提名城市中位于第九位。2019 年，廊坊市深化未成年人社会主义核心价值观和中国梦教育，开展全市“新时代好少年”学习宣传活动。举办 2019 年廊坊市“传承红色基因”系列教育活动——“清明祭英烈 传承民族魂”主题教育活动。举办 2019 年廊坊市“新时代好少年”先进事迹现场发布会，发布 20 名廊坊市“新时代好少年”先进事迹，评选出廊坊市“新时代好少年”60 名，其中 2 名获河北省“新时代好少年”荣誉。开展廊坊市“心语护航 阳光成长”心理健康进校园、面询“一对一”等系列公益活动 70 余场次，受益未成年人 3 万余人次。年内，完成 2019 年全国、省级文明城市未成年人思想道德建设测评材料申报工作。

**【推进农村移风易俗】** 2019 年，廊坊市利用各级各类媒体加大农村移风易俗宣传力度，利用村街宣传栏、农村综合文化活动中心、村街文化墙、村广播等阵地对农村群众开展宣传教育，全市共绘制移风易俗文化墙 8100 平方米、建立村街宣传栏 2000 余处。推进婚丧嫁娶革新行动，全市 95% 的行政村建立完善“一约两会”（村规民约、红白理事会、道德评议会），在遏制婚丧嫁娶铺张浪费、破除封建迷信和陈规陋习方面取得明显成效。

**【网上精神文明建设】** 2019 年，廊坊市发挥廊坊文明网、文明廊坊微信公众号、文明廊坊微博网络精神文明建设主阵地作用，开设“网上祭英烈”“新时代好少年事迹展播”“最美廊坊人直播”“远山行爱心助学联盟网络公益活动”“身边好人点赞评议”“道德模范投票”等网络专题，开展线上线下互动活动，发布精神文明创建活动信息 5000 余条，引导网友参与全市精神文明建设活动。

（胥青江）

# 农业经济稳步增长 存在问题不容忽视

## ——2019年廊坊农业经济运行分析

### 一、经济总量稳定增长

2019年，全市实现农林牧渔业总产值329.1亿元，同比增长0.9%；全市农林牧渔业增加值217.3亿元，同比增长1.1%。其中，蔬菜、畜牧、果品三大支柱产业发展较快，共实现产值261.9亿元，占农林牧渔业总产值的79.6%，比上年同期提高1个百分点。

分行业看，五大行业“三增两降”。其中，农业、牧业、服务业分别实现产值226.6亿元、78.7亿元和11亿元，同比分别增长1.1%、2.7%和1.9%；林业、渔业分别实现产值9亿元、3.8亿元，同比分别下降13.8%、8.9%。

农业、牧业合计占农林牧渔业总产值92.8%，拉动全市农林牧渔业总产值增长1.3个百分点。

分区域看，10个县（市、区）和廊坊经济技术开发区“六正五负”。2019年，大厂县、文安县、永清县、香河县、固安县、三河市6个县（市、区）农林牧渔业总产值实现正增长。其中，永清县、文安县、大厂县增长较快，同比分别增长3.6%、5.1%和14.7%，分别拉动全市农林牧渔业总产值增长0.9个、0.3个和0.3个百分点。廊坊经济技术开发区和霸州市、广阳区、大城县、安次区4县（市、区）农林牧渔业总产值呈下降走势。其中，霸州、廊坊开发区、大城同比分别下降12.9%、49.9%和1%，分别影响全市农林牧渔业总产值下降0.9个、0.2个和0.1个百分点。

### 二、农业生产基本平稳

#### （一）粮食生产能力不断提升

2019年，全市粮食生产呈播种面积减少、单产增加、总产略增局面。全市粮食播种面积420万亩（28万公顷），同比减少15.2万亩（1.01万公顷），下降3.5%；亩产351.8公斤，同比增加13.1公斤，增长3.9%；总产量147.8万吨，同比增加3308吨，增长0.2%。其中，主要品种冬小麦播种面积85.4万亩（5.7万公顷），同比下降7.8%，亩产384.4公斤，同比增长3.6%，产量32.8万吨，同比下降4.5%；玉米播种面积303万亩（20.2万公顷），同比下降3.4%，亩产353.2公斤，同比增长5%，产量107万吨，同比增长1.4%。

#### （二）经济作物结构持续调整

1. 蔬菜生产基本平稳。2019年，全市蔬菜及食用菌播种面积120.3万亩（8.02万公顷），同比减少4.4万亩（0.3万公顷），下降3.6%；产量502.3万吨，同比减少3.3万吨，下降0.7%。其中，高产量、高收益蔬菜品种黄瓜、西红柿产量分别为105万吨、76.2万吨，同比分别增长6.7%、6.2%，二者占蔬菜总产量比重比上年提高2.4个百分点。

2. 棉油生产继续下降。近几年来，全市棉油生产持续下滑，特别是棉花生产，自2013年以来持续呈两位数下降。2019年，全市棉花播种面积4.7万亩（0.31万公顷），同比减少0.7万亩（0.05万公顷），下降12.9%；产量3264吨，同比减少377吨，下降10.4%。全市油料播种面积15.5万亩（1.03万公顷），同比减少0.6万亩（0.04万公顷），下降3.9%；产量2.9万吨，与上年持平。

3. 林果生产下降较快。2019年，受临空经济发展、高速路修建及绿化占地影响，全市园林水果面积减少较快。年末果园面积38.2万亩（2.55万公顷），同比减少4.5万亩（0.3万公顷），下降10.6%，降幅较上年扩大9.3个百分点。全年园林水果产量42.8万吨，同比减少2.2万吨，下降4.8%，降幅较上年扩大3.9个百分点。

#### （三）畜禽养殖“三降一升”

2019年廊坊市农林牧渔业产值分行业影响程度情况表

表2

| 行业 | 产值（亿元） | 增速（%） | 占比（%） | 影响程度（%） |
|---|---|---|---|---|
| 农林牧渔业 | 329.1 | 0.9 | 100.0 | 0.9 |
| 农业 | 226.6 | 1.1 | 68.9 | 0.7 |
| 林业 | 9.0 | -13.8 | 2.7 | -0.4 |
| 牧业 | 78.7 | 2.7 | 23.9 | 0.6 |
| 渔业 | 3.8 | -8.9 | 1.2 | -0.1 |
| 农林牧渔服务业 | 11.0 | 1.9 | 3.3 | 0.1 |

1. 生猪生产大幅下降。2019年受环保治理力度加大，非洲猪瘟、蓝耳病疫情等因素综合影响，生猪养殖规模大幅缩减，产能下降较快。2019年，全市生猪存栏41.9万头，同比减少19.8万头，下降32.1%；生猪出栏117.8万头，同比减少31.3万头，下降21%。

2. 牛羊养殖持续下降。受限养、禁养政策影响，一些牛羊规模养殖场外迁或缩减规模，中小养殖户逐步退出市场，牛羊养殖规模不断缩减。2019年，全市牛出栏17.5万头，同比减少0.7万头，下降3.9%；羊出栏131.2万只，同比减少22.8万只，下降14.8%。

3. 家禽生产增长迅猛。受禽蛋价格上涨，肉鸭、林下养鹅等特色养殖增多等因素共同影响，全市家禽养殖大幅增长。2019年，全市肉禽出栏2716.6万只，同比增加657.9万只，增长32.0%；鸡蛋产量10.9万吨，同比增加0.9万吨，增长9.2%。

### （四）新产业新业态快速发展

2019年，全市设施蔬菜、大棚草莓、特色养殖等新产业呈较快发展态势，成为廊坊市农业发展新的增长点。2019年，全市设施蔬菜产量156.8万吨，同比增长2.9%，设施占比较上年提高1.1个百分点；全市草莓播种面积1768亩（117.87公顷），产量3760吨，同比分别增长4倍和3.9倍；全市其他家禽出栏898.6万只，同比增长1.2倍。

## 三、存在问题及建议

### （一）传统农业发展空间受限

受特殊区位影响，廊坊农业发展面临资源和政策双重挤压。资源方面，随着京津冀一体化深入发展，北京大兴国际机场、市政基础设施项目建设加快，全市耕地面积不断减少，直接影响全市粮食、蔬菜、水果等种植面积逐年下降；廊坊地区水资源严重短缺、长期超采问题成为制约农业发展的重要因素。政策方面，地下水限采、畜牧限养、禁养等政策很大程度上限制了全市农业生产发展规模。

建议：在保障粮食安全和主要农产品供给的前提下，继续深化农业供给侧结构性改革，加快推进传统农业转型升级，大力发展现代都市型农业。优化产业产品结构，推广设施蔬菜、中草药、食用菌、特种养殖等经济效益较高的新产业新产品，培育农业经济新的增长点。加快推进产业融合发展，摆脱传统农业种植养殖的局限思维，打造从育种育苗、养殖种植，到生产加工、销售服务，再到观光采摘、旅游服务为一体的融合式产业发展平台，提高农业的综合生产服务能力，打造具备高附加值的产业链。发展“互联网+”现代农业，围绕全市现代农业发展需要，促进互联网技术在农业生产、管理、营销和服务等环节的广泛应用，全面构建农业大数据，提升农业辅助决策、信息为农服务、智能装备应用和行业监管水平。

### （二）优势产业后劲不足

蔬菜产业是廊坊农业经济支柱产业，2019年，蔬菜产业增加值占全市农林牧渔业增加值比重51.1%。受北京大兴国际机场占地、种植结构调整、农民种植习惯等因素影响，全市蔬菜生产播面下降、产品结构固化、生产技术水平不高等问题突出。全年蔬菜播种面积同比减少4.4万亩（0.3万公顷），下降3.6%，降幅比上年扩大5.7个百分点。从品种看，大多为常规品种种植，新特品种、高端优质产品较少，市场竞争力较弱。全市黄瓜、西红柿、胡萝卜、大白菜四大传统菜占蔬菜总产量比重达60.1%，比上年同期提高1.9个百分点。从生产技术看，全市设施蔬菜生产能力虽然不断提高，但规模化程度低，中小拱棚、塑料大棚较多，日光温室、智能温室、蔬菜标准园区较少，现代化生产水平不高。

建议：提升蔬菜产业质量和品牌，推进蔬菜产业上档升级。加强新技术、新品种引进推广，优化蔬菜种植结构，提高现代生产技术水平，加快蔬菜生产优势区建设。加快现代产业园区建设，依托现有农业园区，发展一批集绿色蔬菜种植、标准化分装加工、品牌化电商销售、全冷链储运配送和休闲观光旅游于一体的蔬菜产业项目，推进产业化经营，助力一、二、三产融合发展。加强品牌化建设，依托现有蔬菜龙头企业、生产基地和专业合作社，精心选择一批具有资源优势、技术优势和鲜明特色的蔬菜产品，进行标识认证、商标注册、宣传推介，培育壮大本地产品品牌。

### （三）生猪生产形势严峻

受非洲猪瘟疫情有效控制和猪肉价格大幅上涨刺激，部分生猪养殖户补栏积极性有所上升。但受环保治理、限养禁养政策“大环境”和生猪养殖周期较长等因素综合影响，全市生猪养殖仍呈不断萎缩态势。2019年年末，全市生猪存栏41.9万头，同比减少19.8万头，下降32.1%，降幅比上年扩大19.3个百分点。其中，能繁母猪存栏3.4万头，同比减少1.7万头，下降33.9%，降幅比较上年扩大15.4个百分点。全年生猪产值占畜牧业产值比重34.7%，产能持续下降必将影响全市畜牧业可持续发展。

建议：加快推进生猪产业转型升级。在全力做好非洲猪瘟等疫病防控工作基础上，发展现代生猪产业，助推产业转型升级。通过政策引导、市场调节加快推动中小规模养殖场（户）、散户逐步弃养、退养；对有潜力的规模养殖户，通过政策、资金扶持，助其渡过难关，促进全市生猪产业可持续发展。转变生产方式，建立现代生猪生产经营体系，有序提升规模化、生态化、标准化养殖水平。鼓励企业在扩大传统产品生产的基础上，发展深加工，进一步推广冷鲜肉生产、冷链运输及连锁经营，最终形成生产、加工、销售相衔接的产业链条。

（市统计局　史月英）

# 2019年廊坊市规模以上工业生产运行情况简析

2019年，面对错综复杂的国内外宏观经济环境，廊坊市坚持“稳中求进”工作总基调，推动工业企业转型升级 ，提高工业经济发展质量。受规划管控、环境约束、政策性钢铁去产能，以及中美制约等因素影响，全市工业企业重点行业回落明显、减停产企业较多、新动能拉动不足、县域发展不平衡等问题较为突出，工业“稳增长”压力持续加大。

## 一、基本情况

2019年，全市1079家规模以上工业企业实现增加值同比增长0.6%，比上年同期回落2.9个百分点；比全省低5个百分点，居全省第十位；低于全年目标任务（3.0%）2.4个百分点。从全年走势看，全市增速低位徘徊，始终低于全国、全省水平，并呈现“冲高回调”态势，高低增速相差5.6个百分点。

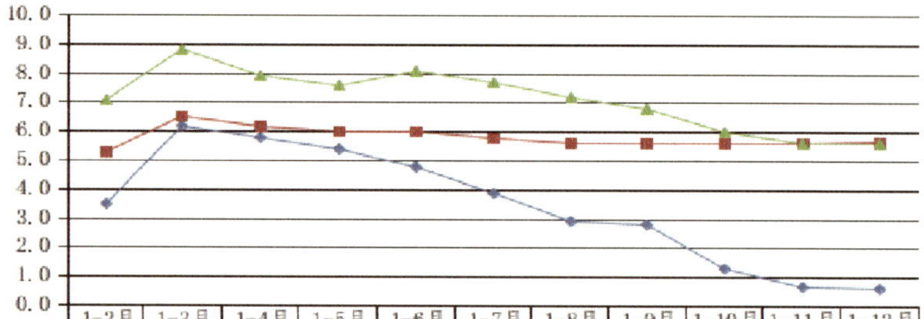


| | 1-2月 | 1-3月 | 1-4月 | 1-5月 | 1-6月 | 1-7月 | 1-8月 | 1-9月 | 1-10月 | 1-11月 | 1-12月 |
|---|---|---|---|---|---|---|---|---|---|---|---|
| 廊坊市 | 3.5 | 6.2 | 5.8 | 5.4 | 4.8 | 3.9 | 2.9 | 2.8 | 1.3 | 0.7 | 0.6 |
| 全国 | 5.3 | 6.5 | 6.2 | 6.0 | 6.0 | 5.8 | 5.6 | 5.6 | 5.6 | 5.6 | 5.7 |
| 河北省 | 7.1 | 8.8 | 7.9 | 7.6 | 8.1 | 7.7 | 7.2 | 6.8 | 6.0 | 5.6 | 5.6 |

图1 2019年全国、全省、全市规模以上工业增加值同比增速走势图

### 1. 近六成行业保持增长

2019年，全市31个行业大类中，18个行业增加值同比增长，占58.1%。其中，燃气生产供应业、食品制造业、酒饮料茶制造业等3个行业影响明显，实现增加值占全部规模以上工业的14.9%，同比增长17.5%，拉动全市规模以上工业增加值2.2个百分点；增加值总量排前十的重点行业中，5个行业实现增加值同比增长，5个行业下降，10个行业共实现增加值占全部规模以上工业的67.7%，同比增长1.8%，拉动全市规模以上工业增加值1.2个百分点。

### 2. 新兴工业品需求增强

2019年，全市规模以上工业企业生产液晶显示屏3170.8万片，高性能化学纤维308.7吨，光学仪器9.5万台，电子元件2亿只，产能继续保持全省领先；传统产品平稳增长，平板玻璃、鲜冷藏肉、饮料、人造板等产量同比分别增长38.8%、9.9%、8.4%、5.8%；受政策性钢铁去产能影响，生铁、粗钢产量同比分别下降27.2%和61.4%（仅文安新钢生产）。

### 3. 股份制企业支撑作用明显

2019年，全市规模以上股份制企业实现增加值占全部规模以上工业的67.6%，同比提高1.6个百分点；实现增加值同比增长3.7%，高于全市平均水平3.1个百分点；拉动全市规模以上工业增长1.6个百分点。

### 4. 工业用电量降幅收窄

2019年，全市工业用电量为164亿千瓦时，同比下降2.97%，降幅比前三季度收窄1.93个百分点，较上半年收窄2.13个百分点，较第一季度收窄4.33个百分点。是年，全市工业用电量累计增速持续负增长，但降幅呈现逐月收窄趋势。12月，全市工业用电量为17.6亿千瓦时，同比增长14.2%。

**2019年廊坊市与河北省各设区市规模以上工业增加值对比情况表**

表3

| 地区名称 | 同比增幅（±%） | 增速排位 |
|---|---|---|
| 全　省 | 5.6 | — |
| 廊坊市 | 0.6 | 10 |
| 石家庄市 | 0.6 | 10 |
| 承德市 | 1.4 | 9 |
| 张家口市 | 7.8 | 2 |
| 秦皇岛市 | 7.6 | 3 |
| 唐山市 | 8.7 | 1 |
| 保定市 | 2.6 | 8 |
| 沧州市 | 7.0 | 5 |
| 衡水市 | 4.1 | 7 |
| 邢台市 | 6.8 | 6 |
| 邯郸市 | 7.1 | 4 |

说明：分市增加值数据为不含直管县数据

## 二、存在问题

### 1. 重点行业回落明显

2019年，全市规模以上工业31个行业大类中，金属制品业、黑色金属冶炼压延加工业、计算机通信其他电子设备制造业3个行业下降明显，合计下拉全市规模以上工业增加值4.8个百分点。其中，金属制品业实现增加值占全部规模以上工业增加值的比重为2.9%，同比下降46.7%，影响全市回落2.6个百分点；黑色金属冶炼压延加工业实现增加值占全部规模以上工业增加值的比重为6.4%，同比下降18.2%，影响全市回落1.5个百分点；计算机通信其他电子设备制造业实现增加值占全部规模以上工业增加值的比重为8.1%，同比下降8%，影响全市回落0.7个百分点。

### 2. 四成以上企业减停产

2019年，全市1079家规模以上工业企业中，减停产企业481家，占全部规模以上工业的44.6%；同比净减产值470.8亿元，影响全部规模以上工业产值回落19.8个百分点。其中，减产企业450家，同比净减产值254.7亿元，富智康精密电子有限公司、霸州市天利制管有限公司、霸州市三强金属制品有限公司、文安县新钢钢铁有限公司、河北胜宝制管有限公司、卢卡斯伟利达廊重制动器有限公司、中安信科技有限公司、三河市宏远彩涂板有限公司、维特根（中国）机械有限公司等9家企业减产超5亿元，合计净减产值111.1亿元，对全市影响最大，下拉全市规模以上工业产值增速4.7个百分点；停产企业31家，同比净减产值216.1亿元，下拉全市规模以上工业产值增速9.1个百分点。

### 3. 新投产企业拉动力不足

至年底，全市新增新投产入统企业11家，其中霸州市5家，廊坊开发区2家，固安县2家，大城县2家。全市10个县（市、区）和廊坊经济技术开发区中，仅4个县（市、区）有新投产企业入统，其余7县（市、区）均为空白；11家新投产企业中仅霸州市三钢科技有限公司、云谷（固安）科技有限公司2家企业年产值超5亿元，另外有3家企业年产值仅4000万元左右；11家新投产企业全年实现产值20.4亿元，拉动全市规模以上工业产值增长0.9个百分点。新投产企业中大规模企业偏少，拉动力不足。

### 4. 县域发展不平衡

2019年，全市10个县（市、区）及廊坊经济技术开发区中，仅安次区、广阳区规模以上工业增加值增速低于全市水平，另外8县（市、区）均高于全市水平。其中，同比增速最高的是三河市，同比增长7.8%，主要受三河汇福粮油集团饲料蛋白有限公司、三河世原汽车科技有限公司2家企业影响；同比增速最低的是安次区，同比下降17.1%，主要受廊坊市圣驰金属制品有限公司、廊坊市洸远金属制品有限公司、富智康精密电子有限公司3家企业影响；广阳区也为负增长，同比下降2.6%，主要受国网冀北电力有限公司廊坊供电公司、河北东方富达机械有限公司2家企业影响。从各县（市、区）情况看，发展不平衡且分化明显，高低相差24.9个百分点。

## 三、对策建议

### 1. 加强工业经济运行监测，遏制回落势头

密切关注经济走势，及时掌握国际国内宏观经济情况，了解行业动态和市场行情变化，加强与相关企业信息资源共享，指导企业调整生产经营，规避运行风险。落实各项政策方针，把握发展优势和机遇，优化生产经营环境，加大财政支持力度，夯实工业企稳回升的基础。加强月度经济运行情况的分析和调度，尤其抓好重点县（市、区）、重点行业、重点企业的分析调研。加大对生产增速偏低的县（市、区）及企业的跟踪监测和指导力度，做好困难行业企业的帮扶，力促大企业提质提速，遏制生产增速回落势头。

### 2. 加强项目建设力度，培育新兴产业

狠抓项目引进和落地，在京津冀协同发展前提下，增强对京津产业转移的承接能力，多引进高端、高附加值、低耗能的新兴产业项目。相关部门成立新兴产业项目推进服务组，加强项目监测与跟进，协调解决安评、环评、消防、土地、资金等问题，确保新兴产业项目早开工、早投产、早达效，早入统，促其尽快形成新的经济增长点，为全市工业经济发展贡献力量。

### 3. 加强包联扶持力度，提振企业发展信心

结合主题教育活动，强化领导班子包联工作机制，重点帮扶大户企业、优势产业，实行点对点服务，对减停产企业进行针对性帮扶，保证企业满负荷生产。贯彻落实市委、市政府出台的“39+8”2个政策，组织宣讲和送政策、送经验入企活动，发挥奖补资金激励和典型示范引领作用，提振企业发展信心，调动企业增产增效的积极性。

（市统计局　王　勇）

**2019年廊坊市分县（市、区）规模以上工业增加值情况表**

表4

| 地区名称 | 同比（±%） |
|---|---|
| 廊坊市 | 0.6 |
| 安次区 | -17.1 |
| 广阳区 | -2.6 |
| 三河市 | 7.8 |
| 大厂县 | 4.8 |
| 香河县 | 6.0 |
| 固安县 | 7.5 |
| 永清县 | 4.5 |
| 霸州市 | 3.1 |
| 文安县 | 4.5 |
| 大城县 | 7.7 |
| 廊坊经济技术开发区 | 3.3 |

# 2019年廊坊市经济金融运行分析报告

2019年，廊坊市经济总体保持平稳可期增长态势，各项指标趋于平稳，结构调整效果显著，新旧动能转换步伐加快，增长质量小幅提升。同时，部分指标持续探底，转型升级和经济发展动能不足的压力依然严峻。展望2020年，经济企稳向好基调不会改变，国家政策、区位优势等利好会愈加凸显，经济增长将呈现“小步快走”趋势。

## 一、经济增长情况

### （一）经济增长总体向好，主要指标平稳运行

年末，全市生产总值3196.0亿元，同比增长6.7%，增速较上年同期提高0.2个百分点，总量、增速分别位列全省第六位、第七位；全年社会消费品零售额、固定资产投资、限额以上消费品零售额、规上服务业营收等主要经济指标均实现平稳较快增长，增幅超过预期目标和全省水平，名次位列全省前列。

### （二）生产端态势平稳，服务业快速增长

2019年，农林牧渔业实现总产值329.1亿元，同比增长0.9%。其中，农业实现产值226.6亿元，增长1.1%，农林牧渔服务业实现产值11亿元，增长1.6%；工业持续增长，全年规上工业增加值同比增长0.6%，全市31个行业大类中，燃气生产供应业、食品制造业、酒饮料精制茶制造业等18个行业增加值同比增长，合计上拉规上工业增加值增速7.9个百分点；服务业贡献突出，全年第三产业实现增加值1931.6亿元，增长10.6%，比2018年提高0.4个百分点，分别高于第一产业9.5个百分点，高于第二产业9.2个百分点。

### （三）需求方面供需两旺，消费拉动力强

2019年，固定资产投资同比增长7.3%，比2018年提高0.4个百分点。其中基础设施投资增长52.6%。民间投资增长9.3%，拉动全市投资增长6.9个百分点，总量占全市投资的74.9%。亿元以上项目407个，十亿元以上项目86个，投资额分别增长17.5%、21.1%；消费势头迅猛，全年社会消费品零售总额完成1137.4亿元，同比增长9.1%，比2018年提高0.1个百分点。限上消费品零售额完成412.2亿元，增长14%，同比提高10.4个百分点。出口增势平稳，全年出口183.5亿元，增长4%，居全省第五位。全市实有出口企业892家，同比增加81家。物价温和波动，全市居民消费价格指数102.5，同比回落0.1个百分点；商品零售价格总指数101.3，与上年持平；工业生产者出厂价格指数98.6，同比回落5.3个百分点。

### （四）经济质量不断提升，多项指标稳中有进

2019年，廊坊市实际利用完成110554万美元，同比增长5.4%，超额完成年度目标（110500万美元）。新注册外商投资项目39个，同比增长69.5%；合同外资额75077万美元，同比增长289.7%。财政质量不断提高，全部财政收入完成646.6亿元，增长0.2%，增速比2018年提高4.3个百分点。税收占一般公共预算收入比重为72.8%，高于全省2.5个百分点；一般公共预算收入占全部财政收入比重为60.1%，居全省首位。企业效益转好，全市规上工业企业营业收入利润87亿元，同比增长0.5%，高于全省8.5个百分点，营业收入利润率为3.8%，同比提高0.2个百分点。居民增收提速，全年城乡居民人均可支配收入预计分别增长8%和8.9%，均超过目标任务。

## 二、金融运行情况

### （一）存款增长好于同期，地区增量趋于平衡

年末，全市存款余额6539.9亿元，同比增长366亿元，增速5.9%，增量较上年同期提高365.2亿元；存款余额、增速分别位列全省第四位、第十位。分类别看，存款增长集中在住户存款项下，同比增加467.2亿元，其中住户活期增加44.3亿元，住户定期增加422.9亿元；非金融企业存款、广义政府存款、非银行业金融机构存款分别同比减少15.5亿元、2.4亿元、87.6亿元；从机构看，全市28家金融机构中仅8家机构存款同比减少，其中工商银行、沧州银行存款减少最多，分别同比减少16.8亿元、10.2亿元；农合机构、农业银行、张家口银行存款增加最多，同比分别增加127.4亿元、64.3亿元、52.5亿元；分地区看，全市各区、县存款均有不同程度增长，其中霸州、固安、市辖区存款增加最多，分别同比增加91.9亿元、62.3亿元、51.2亿元；存款增长在区域上趋于平衡。环京四县和南四县存款增长的差距缩小，南北存款增量差从2017年的320.2亿元收窄至2019年年末的82.2亿元。

### （二）贷款增长稳中有进，对公贷款拉动力强

年末，全市贷款余额6794.6亿元，同比增加490.2亿元，同比多增78.6亿元，贷款增速7.8%；贷款余额、增速分别位列全省第二位、第十位。从类型看，住户贷款同比增长140.2亿元，其中短期增加28.3亿元，中长期增加111.9亿元；非金融企业及机关团体贷款增加346亿元，其中短期和中长期分别增加152.6亿元、199.8亿元。分机构看，28家机构中，仅5家机构贷款同比减少；其余各机构贷款均有不同程度增长，其中廊坊银行、农合机构贷款增加最多，分别环比增加148.4亿元、99.5亿元。分地区看，市辖区、永清县贷款增加最多，分别同比增加231.8亿元、57.3亿元；南北区域间贷款增幅差距不大，其中环京四县贷款增加119.3亿元，南四县贷款增加139.2亿元。

### （三）各机构资产负债平稳增长，经营利润、风险抵补能力有所回落

年末，银行业金融机构资产负债总量平衡、增速平稳，资产、负债总额均位居全省第四位，增速分别为5%、4.6%。银行业金融机构实现利润87.1亿元，同比下降14.7%。法人金融机构流动性比例、拨备覆盖率分别较年初回落6.9个百分点、15.7个百分点。廊坊银行、村镇银行流动性比率分别为77.4%、64.4%，较年初下降24.5个百分点、6.2个百分点；廊坊银行、农合机构拨备覆盖率较年初下降14.6个、12.8个百分点。

### （四）多项指标反映金融活力增强，实体经济在复苏

2019年，征信查询总量同比增加，其中企业征信查询量增长11.6%。新开单位账户增速上升。单位结算账户新开户数同比增长23.4%，同比提高11.3个百分点。小微企业贷款量升价减。小微企业贷款余额同比增长3.5%，同比反转提升6.4个百分点，贷款需求指数攀升至近5年最高点。小微企业贷款利率比年初下降59个基点，融资成本显著下降。对公存款降幅收窄。年内，对公存款降幅仅为上年同期1/18，反映出实体企业营收回暖，资金压力有所缓解。吸引外资形势优化。外商直接投资同比增长7.1倍，新增外资企业23家，外资流入新兴技术产业占比达到65%，利用外资领域扩大，结构优化。跨境人民币结算额稳步提升，跨境人民币收支总额同比增长19.8%，涉外企业人民币结算意愿不断增强。

### （五）不良贷款"双升"，但不良率依然保持全省较低水平

年末，全市金融机构不良贷款余额131.6亿元，较年初增加34亿元，增幅34.8%；不良贷款率1.94%，较年初上升0.38个百分点，低于全省0.27个百分点，不良率位居全省第八位，继续保持全省较低水平。分机构看，廊坊银行、工商银行、农业银行、农合机构不良贷款较年初反弹较多，分别增加9.7亿元、7.2亿元、5.1亿元、4.4亿元；各县不良贷款普遍增加，仅文安县不良贷款较年初减少1.4亿元，市区、三河、霸州不良贷款增加最多，分别较年初增加23.9亿元、4.8亿元、3亿元，主要受霸州胜芳地区担保圈不良暴露影响较大。

## 三、当前存在的问题

### （一）经济景气度低位徘徊，经济驱动仍显乏力

2019年，工业经济持续低迷。全年规上工业增加值仅增长0.6%，年内持续下降，四季度末工业企业家信心指数也探底至2008年以来的最低点，全市制造业用电量下降3.91%，年内持续负增长。从工业占比看，近3年工业增加值占GDP比重从2017年的37.6%，快速回落至2019年的24.2%。建设项目大幅回落；全市亿元以上建设项目同比减少58个；十亿元以上项目同比减少16个。减停产面达到年内新高；全市规上减停产企业484家，占到总数44.9%，规上高新产业企业减停产面达到48.7%。外贸进出口额下降；货物贸易进出口总额352.4亿元，同比下降23.6。

### （二）企业承载力依然偏弱，有效信贷需求不足

2019年，全市企业、项目对信贷资金的承载力依然偏弱，有效信贷需求不足问题突出：实体经济、中小企业有效信贷需求孱弱；据对有税无贷企业的调查显示，仅6.35%的企业有融资需求。大企业对银行信贷需求不旺；大企业通过债券票据等获取资金较多，年内大型企业贷款增量不及上年同期一半；对公贷款项下短期贷款、票据融资同比分别少增38亿元、24亿元。

### （三）公共预算收支双降，重点行业减多增少

年末，全市公共预算收入、公共预算支出分别同比下降3.1%、8%。税收占比前十的重点行业中，仅制造业、房地产、信息技术三个行业增收；租赁服务业、金融业、建筑业、科研和技术服务业、居民服务业税收减收均在10%以上。贸易战、产业结构调整、环保治理等因素对辖内材料加工、金属等传统制造业企业影响较大，税收任务提速与税源增收乏力矛盾日益突出。

### （四）房地产信贷占比依然偏高，区域投放十分集中

2019年，房地产信贷余额集中度依然偏高。年末，虽然全市房地产贷款余额占贷款总额的比重同比降低了3个百分点，但比重仍在50%以上，房地产贷款增量占比依然超过20%。房地产贷款投放区域集中；投向环京四县（市）的房地产贷款余额占全市房地产贷款总额的60.9%，其中三河市房地产贷款余额占全市总量的32.8%，区域集中度风险应引起高度重视。

### （五）不良贷款大幅增长，重点领域问题突出

年末，全市不良贷款余额131.6亿元，增幅超过30%；不良贷款率1.94%，较年初上升0.38个百分点。其中霸州、市区不良贷款分别为50.6亿元、46.2亿元，两地不良占全市总量的73.6%，区域风险有集中趋势：霸州胜芳区域担保圈不良贷款突出，涉及担保圈63个，问题企业80家，不良贷款余额48.9亿元。辖内个人购房贷款不良快速增长，全市个人住房按揭不良贷款13.9亿元，同比增长112.2%。

### （六）政策扶持体系尚待完善，各项机制有待强化

担保机制不健全；国有背景担保公司在辖内尚未实现全覆盖，民营担保机构资金实力弱、担保能力有限、担保费用偏高。应急转贷机制不健全；小微企业融资难、融资贵问题依然突出，企业资金周转依然紧张。信贷风险补偿机制有待进一步发挥作用。

## 四、政策建议

### （一）加强信贷投放引导

贯彻落实好稳健的货币政策和

宏观审慎双支柱调控要求，坚持年底中央经济工作会议提出“稳中求进”工作总基调，以供给侧改革为主线，加强逆周期调节，做好“六稳”工作，促进信贷投放总量不减、节奏均衡、结构优化。引导金融机构围绕全市“四区一城”发展定位和做好“三篇大文章”发展方向，着力打造“3+1”主导产业和“7+6”县域特色产业集群，加强金融服务支撑，加大对金融创新支持实体经济考核，促进经济新动能培育。

（二）加大重点领域支持

深化廊坊市重大项目金融咨询工作机制作用，围绕京津冀协同发展和经济转型升级，加大对战略性新兴产业、重大项目、重点领域金融支持；加强政银企深度对接交流，为银企对接搭建政策平台，组织多种形式的政银企对接活动，将精准推介作为落实各级政策要求的重要抓手，促进银企实时、精准、有效对接，实现民营小微信贷“增量、扩面、降成本”；加大对现代服务业、乡村振兴、小微企业等社会经济薄弱环节信贷支持，落实有扶有控的差异化信贷政策，合理安排企业贷款期限和还款方式，根据科创企业、高技术制造业轻资产特征，创新金融产品，提升服务能力。

（三）优化金融生态环境

健全完善企业应急转贷、融资担保、信贷风险补偿、信贷考核激励等工作机制，为企业扫清融资障碍、金融机构坚定信心、加大信贷投入、防范信贷风险营造宽松政策环境：完善融资担保机制；加大财政资金投入，实现国有控股融担机构在各县（市、区）全覆盖；构建政银担合作机制，市、县两级财政各负其责；建立创业贷款担保基金持续补充机制，助力“双创”工作开展；加强对工业发展基金、科技产业扶持资金等各类资金的整合应用，发挥合力效应，放大财政资金杠杆作用。构建覆盖全市的企业应急转贷工作机制，明确资金的单户使用限额、期限、成本等要素，加强统筹协调，规范业务流程；加强企业筛选，重点支持符合产业政策要求，经营正常、市场前景好、信誉度较高的民营、小微企业。健全完善贷款风险补偿机制，明确补偿资金对贷款实际损失的分担比例、启用时点、条件及年度最低补充额度，使资金规模逐年扩大，提高风险补偿能力，提高政策实效。着力构建“广覆盖、多元化、分层次”普惠金融财税政策扶持体系，落实小微企业贷款利息收入免征增值税、贴息、奖补等优惠政策，开辟呆账核销绿色通道；对受到中美贸易纠纷影响严重企业，联合相关部门给予出口退税、出口补贴等政策扶持。

（四）防范化解金融风险

坚持“房住不炒”定位，保持房地产政策连续性稳定性，确保个人住房贷款合理适度增长；对房地产不良贷款加强监测和管理，支持开展房地产领域信贷风险会诊，评估风险程度并向金融机构提示，做到早预警、早处置。坚持“政府主导、银行推动、企业配合”思路，“几家抬”共同化解担保圈风险；设立纾困基金，对符合条件企业给予担保、转贷支持，促进“拆圈解链”。对金融债权维护给予司法援助、保护和支持，加大非法集资打击力度，有效防范各类金融风险。落实支持民营和小微企业发展一揽子政策，使问题和风险在发展中得到有效化解。

（人行廊坊中心支行　唐　旭）

## 2019年廊坊市进出口贸易情况分析

据最新海关统计，2019年廊坊市外贸进出口总值352.4亿元，比上年同期（下同）下降23.6%（同期全省增长12.6%），占同期全省外贸总值的8.8%。其中，出口183.5亿元人民币，同比增长4%（同期全省增长5.7%），占全省出口总值的7.7%；进口168.9亿元人民币，同比下降40.7%（同期全省增长24.4%），占全省进口总值的10.4%。

12月，廊坊市外贸进出口总值36.5亿元人民币，同比增长33.1%，其中出口17.1亿元人民币，同比下降13.2%；进口19.4亿元人民币，同比增长151.4%。

### 一、廊坊市进出口贸易居全省第六位

2019年，廊坊市进出口金额合计352.4亿元，位列石家庄（1178.8亿元）、唐山（733.8亿元）、保定（375.9亿元）、沧州（371亿元）、秦皇岛（358.7亿元）之后，超过衡水（233.9亿元），位列全省第六位。

### 二、一般贸易进出口下滑，对外承包工程出口增长明显

2019年，廊坊市主要贸易方式中，一般贸易进出口总值300.3亿元人民币，同比下降27%，其中出口144.7亿元，同比增长3%，进口155.6亿元，同比下降42.5%；

2019年廊坊市与河北省外贸进出口总值对比情况表

表5

| 时间段 | 地区 | 进出口 | | 出口 | | 进口 | |
|---|---|---|---|---|---|---|---|
| | | 总值（亿元） | 同期对比（±%） | 总值（亿元） | 同期对比（±%） | 总值（亿元） | 同期对比（±%） |
| 1—12月 | 全省 | 4001.6 | 12.6 | 2370.3 | 5.7 | 1631.3 | 24.4 |
| | 廊坊市 | 352.4 | -23.6 | 183.5 | 4 | 168.9 | -40.7 |
| 12月 | 全省 | 356.7 | 11.2 | 221.9 | -1.3 | 134.8 | 40.5 |
| | 廊坊市 | 36.5 | 33.1 | 17.1 | -13.2 | 19.4 | 151.4 |

**2019 年廊坊市与河北省各地市进出口总值对比情况表**

表 6

| 时间段 | 各地市 | 进出口 | | 出口 | | 进口 | |
|---|---|---|---|---|---|---|---|
| | | 总值（亿元） | 同比（±%） | 总值（亿元） | 同比（±%） | 总值（亿元） | 同比（±%） |
| 1—12 月 | 总值 | 4001.60 | 12.62 | 2370.32 | 5.71 | 1631.28 | 24.43 |
| | 石家庄市 | 1178.75 | 28.38 | 655.13 | 14.63 | 523.62 | 51.05 |
| | 唐山市 | 733.83 | 22.07 | 293.96 | -8.07 | 439.87 | 56.33 |
| | 保定市 | 375.97 | 13.60 | 328.89 | 18.22 | 47.07 | -10.74 |
| | 沧州市 | 371.05 | 17.60 | 183.55 | -7.23 | 187.49 | 59.40 |
| | 秦皇岛市 | 358.72 | 1.68 | 227.68 | -3.89 | 131.03 | 13.09 |
| | 廊坊市 | 352.36 | -23.61 | 183.45 | 4.03 | 168.90 | -40.73 |
| | 衡水市 | 233.91 | 8.65 | 208.66 | 5.95 | 25.25 | 37.56 |
| | 邯郸市 | 187.62 | 29.50 | 121.44 | 23.13 | 66.18 | 43.09 |
| | 邢台市 | 154.77 | 5.33 | 127.97 | 3.47 | 26.80 | 15.24 |
| | 张家口市 | 32.02 | -28.61 | 20.85 | -4.14 | 11.17 | -51.64 |

**2019 年廊坊市进出口商品贸易方式总值情况表**

表 7

| 时间段 | 贸易方式 | 进出口 | | 出口 | | 进口 | |
|---|---|---|---|---|---|---|---|
| | | 总值（亿元） | 同期对比（±%） | 总值（亿元） | 同期对比（±%） | 总值（亿元） | 同期对比（±%） |
| 1-12 月 | 总值 | 352.4 | -23.6 | 183.5 | 4 | 168.9 | -40.7 |
| | 一般贸易 | 300.3 | -27 | 144.7 | 3 | 155.6 | -42.5 |
| | 加工贸易 | 45.7 | 1.2 | 33.3 | 3.6 | 12.4 | -4.7 |
| | 保税物流 | 0.13 | -83.9 | 0.03 | -22.2 | 0.1 | -86.8 |
| | 对外承包工程出口货物 | 5.2 | 44.3 | 5.2 | 44.3 | — | — |

**2019 年廊坊市主要进出口商品情况表**

表 8

| 进口 | | | | 出口 | | | |
|---|---|---|---|---|---|---|---|
| 商品 | 金额（亿元） | 同比（±%） | 比重（%） | 商品 | 金额（亿元） | 同比（±%） | 比重（%） |
| 农产品 | 85.8 | -13.3 | 50.8% | 机电产品（包括本目录已具体列名的机电产品） | 85.4 | -5.9 | 46.5 |
| 机电产品（包括本目录已具体列名的机电产品） | 58.2 | -62.3 | 34.5% | 家具及其零件 | 47.3 | 14.8 | 25.8 |
| 高新技术产品 | 23.2 | -78.3 | 13.7% | 高新技术产品 | 31.4 | -5 | 17.1 |
| 初级形状的塑料 | 3.8 | -16.2 | 2.2% | 钢材 | 12.3 | 12.8 | 6.7 |
| — | — | — | — | *农产品 | 4.6 | -10 | 2.5 |

加工贸易进出口总值 45.7 亿元人民币，同比增长 1.2%，其中出口 33.3 亿元，同比增长 3.6%，进口 12.4 亿元，同比下降 4.7%；对外承包工程出口货物 5.2 亿元，同比增长 44.3%；保税物流进出口 1386.8 万元，同比下降 83.9%。

## 二、民营企业进出口占据主导地位

2019 年，廊坊市民营企业进出口总值 236.1 亿元，下降 34.9%，居各类企业首位，占全市进出口总值 67%，其中出口 121.3 亿元，同比增长 11.8%；进口 114.8 亿元，同比下降 47.6%。外商投资企业进出口 109 亿元，同比下降 14.1%，其中出口 55.1 亿元，同比下降 11.1%；进口 53.9 亿元，同比下降 16.9%。国有企业进出口 5.5 亿元，同比增长 7.3%，其中出口 7.1 亿元，同比增长 19.7%；进口 0.2 亿元，同比下降 73.9%。

## 三、出口优势项目较稳定，主要进口项目下降

2019 年，廊坊市出口方面，机电产品、家具及其零件、高新技术产品位居前三位，总值分别为 85.4 亿元、47.3 亿元和 31.4 亿元，其中机电产品出口下降 5.9%，家具及其零件增长 14.8%，高新技术产品下降 5%。钢材出口价值 12.3 亿元，同比增长 12.8%。农产品实现出口总值 4.6 亿元。

进口方面，农产品、机电产品、高新技术产品位居前三位。农产品主要为大豆，实现进口总值 85.8 亿元，同比下降 13.3%，进口总量 303 万吨，同比下降 4.8%；机电产品进口 58.2 亿元，同比下降 62.3%。高新技术产品进口 23.2 亿元，下降 78.3%；初级形状塑料进口 3.8 亿元，同比下降 16.2%。

2019 年，廊坊市进出口贸易呈下降态势，出口同比微增，进口同比 2018 年降幅较大。云谷（固安）科技有限公司因建设 AMOLED 项目于 2018 年大量进口生产线设备，进口总值约为 106 亿元。2019 年此

项目建成投产，设备需求大幅减少，现主要进口生产性原材料及备品备件等。随着中美接近达成第一阶段贸易协议以及谈判的深入，未来外部贸易环境将逐步向好，为此建议：2020 年要寻找新的经济增长点，利用廊坊的区位优势和京津冀协同发展历史机遇，加大政策扶持和招商引资力度，推动外贸经济高质量、可持续发展。

（廊坊海关　龚　彬）

## 2019 年廊坊市重要商品和服务价格情况报告

2019 年，廊坊市重要商品和服务价格总体运行平稳。从监测的四大类商品和服务价格走势看：食品类价格涨跌互现；工业生产资料价格以涨为主；城镇居民服务价格保持稳定；涉农产品和涉农收费价格基本稳定。具体情况如下：

### 一、食品类

#### 1. 成品粮价格小幅波动

粳米全年平均价格为每公斤 5.88 元，同比下跌 2%。面粉、玉米粉全年平均价格分别为每公斤 3.5 元、4.1 元，同比分别上涨 4.79%、2.50%。

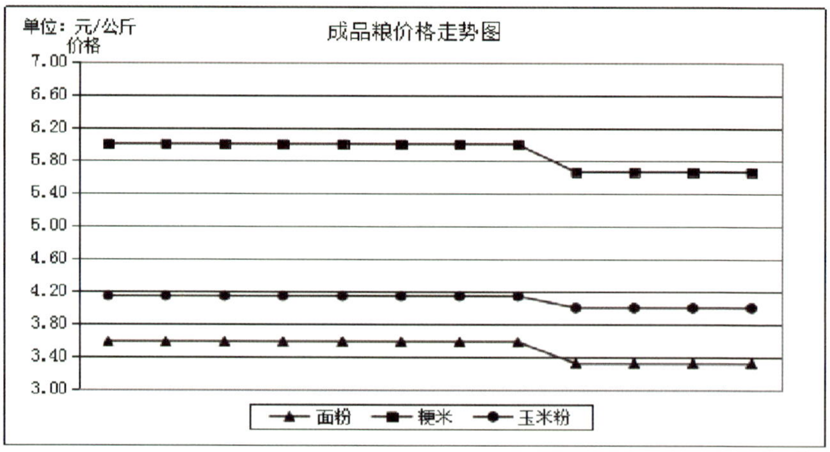


图 2 2019 年廊坊市成品粮价格走势图

#### 2. 食用油价格基本稳定

从监测的三种食用油价格走势看，花生油基本平稳运行，在二季度初出现小幅下跌后价格保持平稳。花生油全年平均价格为每桶 133.89 元，同比上涨 2.99%。大豆调和油、大豆油全年运行较为平稳，大豆调和油全年平均价格为每桶 53.17 元，同比上涨 0.95%。大豆油全年平均价格为每桶 32.89 元，同比上涨 2.78%。

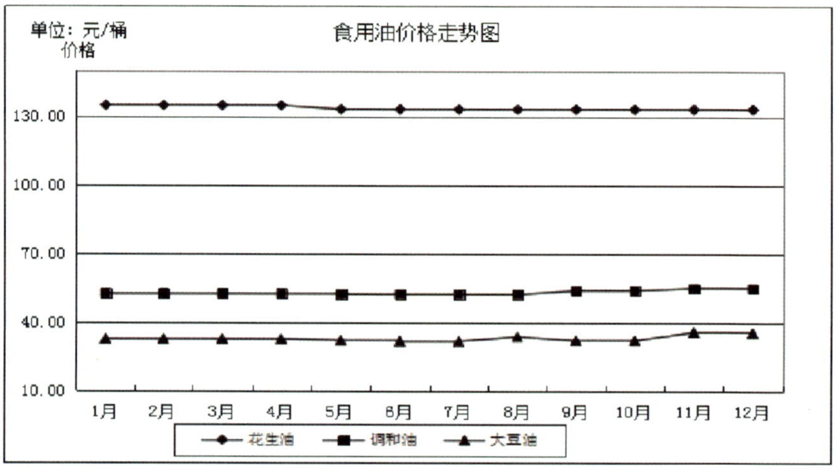


图 3 2019 年廊坊市食用油价格走势图

#### 3. 受供求关系影响，肉、蛋、蔬菜类价格涨跌互现

鲜猪肉价格全年呈上涨走势，10 月到达全年最高点。从 3 月开始，鲜猪肉价格逐月走高，生猪产能持续下降支撑猪肉价格上行，进入 8 月“立秋”节气后，需求季节性增加，生猪及猪肉价格加速上行，10 月达到 2019 年最高点价格为每公斤 61.34 元，11—12 月价格开始小幅回落。鲜猪肉全年平均价格为每公斤 37.7 元，同比上涨 45.56%。鲜猪肉价格上涨原因：由于非洲猪瘟疫情的发生，致使 2019 年以来全国各地生猪存栏量和出栏量普遍下降，使得市场生猪供应量减少，供小于求，鲜猪肉价格出现上涨。

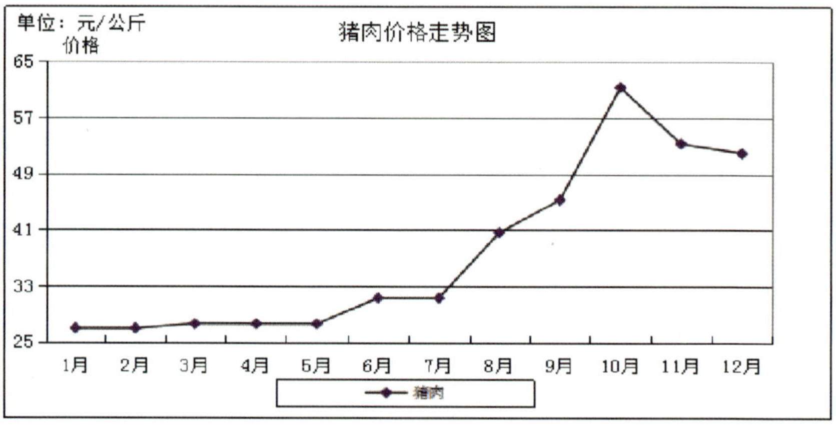


图 4 2019 年廊坊市猪肉价格走势图

鲜牛肉、鲜羊肉价格上涨。鲜

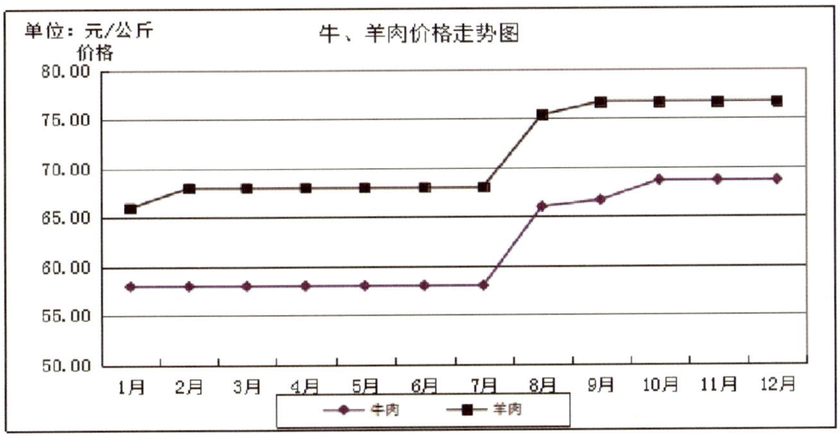


图 5 2019 年廊坊市牛、羊肉价格走势图

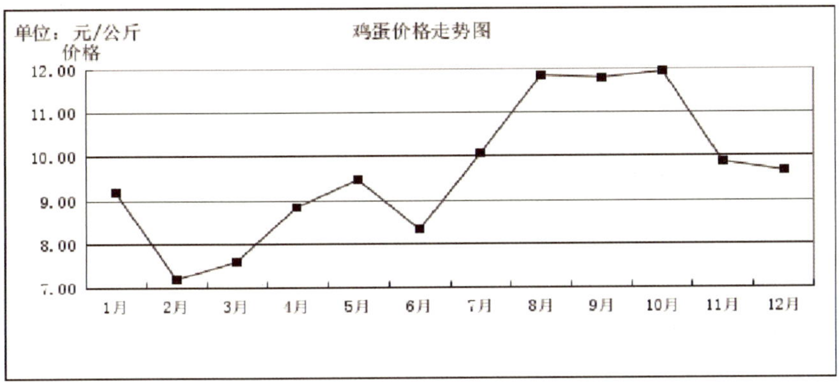


图 6 2019 年廊坊市鸡蛋价格走势图

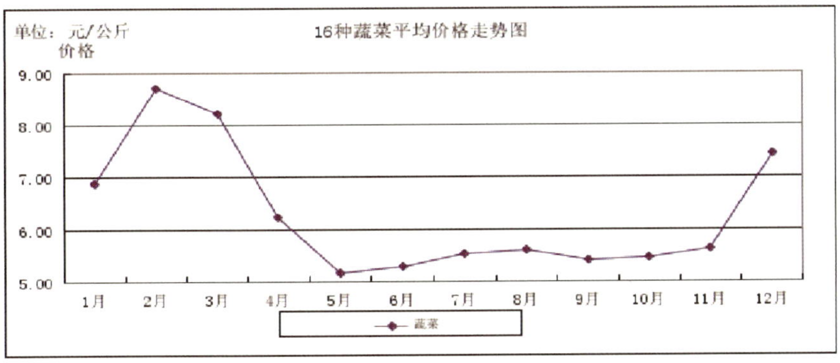


图 7 2019 年廊坊市 16 种蔬菜平均价格走势图

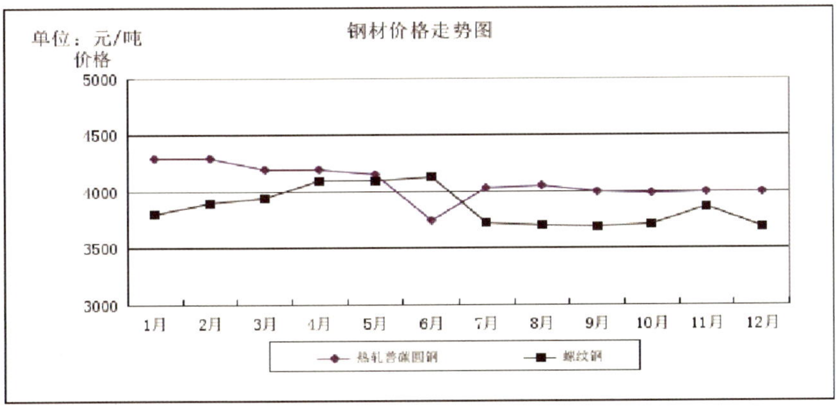


图 8 2019 年廊坊市钢材价格走势图

牛肉、鲜羊肉价格一至二季度平稳运行，三季度出现上涨。鲜牛肉、鲜羊肉全年平均价格分别为每公斤 62.06 元、71.34 元，同比分别上涨 11.38%、14.03%。牛羊肉价格上涨的原因：猪肉价格较高，牛羊肉作为替代品需求量上升，导致价格上涨。

鸡蛋价格震荡运行。鸡蛋价格从 2019 年 1 月的每公斤 9.20 元逐月震荡走低，4 月份受猪肉价格上涨的影响，作为替代品的鸡蛋市场需求量加大，鸡蛋价格上涨至每公斤 8.86 元，5—10 月随着鲜猪肉价格的持续高位运行，鸡蛋价格也逐月走高，11 月价格回落至每公斤 9.86 元。鸡蛋全年平均价格为每公斤 9.66 元，同比上涨 6.15%。

蔬菜价格季节性波动明显。所监测的 16 种蔬菜全年蔬菜平均价格为每公斤 6.30 元，同比上涨 9%，高于 2018 年同期水平。春节前及春节期间蔬菜价格相对价格较高，1—3 月平均价格在每公斤 6.88 元至 8.7 元。4—6 月天气转暖，蔬菜生长加快，本地蔬菜上市量增加，大部分蔬菜价格季节性回落，平均价格最低为每公斤 5.18 元。8—9 月天气逐渐炎热不利于蔬菜的储存和运输，价格小幅上涨。此后随着天气转冷，外调蔬菜逐渐增多，人工成本、运输成本上升，蔬菜价格季节性上涨。10—12 月价格震荡上行。

## 二、工业生产资料

钢材价格小幅下跌。受房地产行业收紧引发的连锁效应影响，房企资金压力逐步显现，钢材供给相对宽松，价格持续小幅下降，四季度受环保政策影响，基建开工率降低，需求减少，钢材价格弱势运行。以螺纹钢为例，由 1 月的每吨 3800 元开始震荡上行，6 月到达每吨 4130 元，7 月价格略有回落，12 月到达全年最低价格每吨 3690 元，全年平均价格为每吨 3863.33 元，同比下跌 6.04%。监测数据显示：螺纹钢、普碳线材、普碳热轧中厚

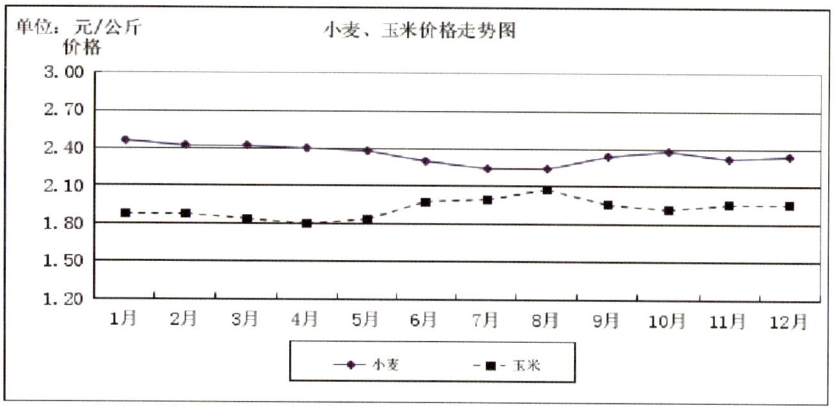


图 9 2019 年廊坊市小麦、玉米价格走势图

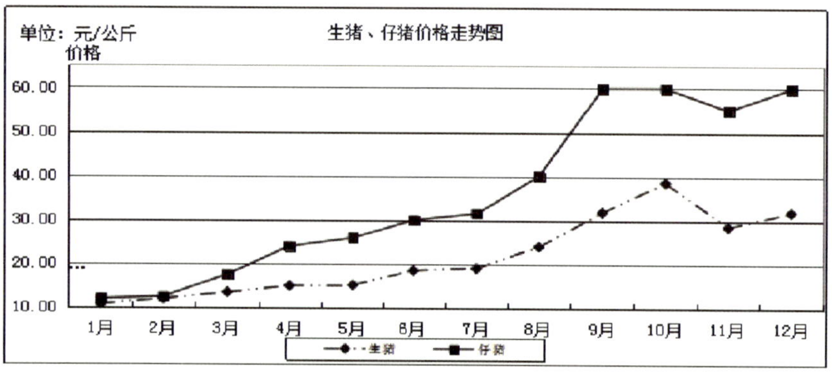


图 10 2019 年廊坊市生猪、仔猪价格走势图

板、普碳冷轧卷板、圆钢、角钢全年平均价格分别为每吨 3863.33 元、3957.5 元、3913.33 元、4585 元、4080 元和 3685.83 元，同比跌幅均在 16% 以内。

水泥全年平均价格为每吨 468.33 元，同比上涨 1.99%。浮法平板玻璃全年平均价格为每平方米 29.83 元，同比上涨 0.54%。

## 三、城镇居民服务

廊坊市医疗、教育、通信、公交等收费，均严格按国家规定的收费项目和收费标准收取，价格保持稳定。

## 四、涉农产品和涉农收费价格

### 1. 农产品收购价格涨跌互现

小麦全年平均收购价格为每公斤 2.36 元，同比下跌 4.84%。2019 年，廊坊市小麦价格波动不明显，全年最高价为 2.46 元（1—4 月），最低为 2.24 元（7 月）。

玉米全年平均收购价格每公斤为 1.92 元，同比上涨 4.35%。其中，2019 年最高价为 8 月的 2.08 元，最低为 4 月的 1.8 元，价格波动区间不大。

### 2. 生猪、仔猪价格明显高于上年同期水平

受非洲猪瘟影响，生猪和能繁母猪的产能持续下降，市场供给偏紧的效应集中显现，生猪全年平均价格为每公斤 21.56 元，同比上涨 80.57%。仔猪全年平均价格为每公斤 35.7 元，同比上涨 101.01%，远远高于 2018 年同期水平。

### 3. 化肥价格略有下跌

化肥主要品种价格基本稳定，农业生产用肥高峰期化肥价格也没有出现大的变化。受国际市场行情、供求关系等因素影响，廊坊市化肥价格呈现不同幅度的下跌。尿素、磷酸二铵全年平均价格分别为每公斤 1.95 元、2.93 元，同比分别下跌 3.47%、3.33%。

### 4. 农膜价格小幅下跌

高压聚乙烯棚膜、地膜全年平均价格分别为每公斤 12.23 元、11.35 元，同比分别下跌 2.16%、7.35%。

### 5. 农用柴油价格下跌

受国际原油价格影响，农用柴油价格下跌，全年平均价格每公斤 6.44 元，同比下跌 6.12%。

### 6. 涉农收费稳定

据监测，廊坊市农村居民用电、农村居民生活用水以及注射费和住院费价格保持稳定，未发现明显价格波动。

（市发改委　郑　蔚）

# 大事记

## 1月

**2日**

市长陈平带领有关负责人先后到九干渠桐柏段、老六干渠肖家务桥、万庄老六干渠后河市场、艺术大道下穿桥、新机场北线高速、光明道上跨桥等地实地调研。

**3日**

中共廊坊市委书记冯韶慧主持召开全市经济工作调度会议，听取各县（市、区）、廊坊开发区和市直相关部门工作情况汇报，研究并细化部署2019年重点经济工作。

**11日**

廊坊市举行“险资”入冀融资项目对接会。北京大兴国际机场临空经济区开发建设有限公司、河北行有恒医药有限公司等进行推介。

**12—13日**

第六届全国木质功能材料与制品新技术论坛在文安县举办。

**19日**

廊坊市召开重点工作调度会议，调度部署信访、安全生产、首季“开门红”、巡视整改、“大棚房”清理整治、民生保障等重点工作。

**21日**

政协廊坊市第七届委员会第三次会议召开。市政协副主席布泽文主持会议，市政协主席李波向大会作政协廊坊市第七届委员会常务委员会工作报告。

**22日**

廊坊市第七届人民代表大会第四次会议召开。大会主席团常务主席、执行主席蒋洪江主持会议。市长陈平代表市政府向大会作《政府工作报告》。

廊坊市首套身份证自助办理综合系统（固安县公安局身份证自助办理综合系统）开通。

**23日**

政协廊坊市第七届委员会第三次会议闭幕。会议审议通过中国人民政治协商会议廊坊市第七届委员会第三次会议关于政协廊坊市第七届委员会常务委员会工作报告的决议、中国人民政治协商会议廊坊市第七届委员会第三次会议关于政协廊坊市第七届委员会常务委员会提案工作情况报告的决议、中国人民政治协商会议廊坊市第七届委员会第三次会议政治决议、中国人民政治协商会议廊坊市第七届委员会提案委员会关于七届三次会议提案审查情况的报告。

**24日**

廊坊市第七届人民代表大会第四次会议闭幕。张矛当选廊坊市人大常委会副主任，王媛媛、任红霞、刘玫当选廊坊市人大常委会委员。

省人大常委会党组副书记、副主任，省总工会主席王晓东带队到廊坊市开展送温暖慰问活动，走访慰问霸州市部分企业、困难劳模和困难职工，并送上慰问品和慰问金。

中共廊坊市委书记冯韶慧、市长陈平等市领导分赴各县（市、区）、廊坊开发区，慰问生活困难党员、老党员、优秀基层干部或遗属、军队离退休干部、退役人员、重点优抚对象、低保户、特困户、农民工、劳模工匠、去产能困难职工、农村贫困家庭、道德建设先进典型代表、困难教师及光荣院、敬老院、爱心家园的老人和孩子。

**28日**

中国共产党廊坊市第六届纪律检查委员会第四次全体会议召开。中共廊坊市委书记冯韶慧出席会议并讲话强调：要学习贯彻十九届中央纪委三次全会和省纪委九届四次全会精神，巩固发展反腐败斗争压倒性胜利，为加快建设经济强市、美丽廊坊提供坚强纪律保障。会议审议通过市委常委、纪委书记、市监委主任魏国东代表市纪委常委会所作的《树牢“四个意识”、践行“两个维护”，全力推动新时代我市纪检监察工作高质量发展》工作报告。

**29—30日**

中共廊坊市委书记冯韶慧、市长陈平等市领导分别带领市商务、应急管理、市场监督管理等部门主要负责人，检查指导部分县（市、区）商场超市和安全生产重点单位。

**31日**

廊坊市启动2019年第一次生态水引调工作。

**是月**

由中共河北省委宣传部和河北省消防总队主办的2018年河北省“十大最美消防救援卫士”“十大优秀消防救援卫士”评选揭晓，市消防救援支队防火监督处工程验收科科长王竟萱当选“十大最美消防救援卫士”，燕郊中队中队长助理兼装备技师蔡玉才获评“十大优秀消防救援卫士”。

廊坊市广阳区与北京市“大家医联”合作建立远程心电分级诊疗平台，与北京阜外心血管病医院、北医三院等三甲医院的知名专家实施在线实时会诊。推行家庭医生签约服务，全市组建签约服务团队684个，其中24个团队先后被省、市授予“优秀家庭医生团队”称号。

## 2月

**2日**

中国医学科学院肿瘤医院廊坊院区签约仪式在廊坊市举行。市长陈平与肿瘤医院院长赫捷代表双方签约。

11日

廊坊市召开科技创新大会，中共廊坊市委书记冯韶慧出席会议并讲话。他强调，要明确目标任务，努力在创新发展关键环节取得新突破。

20日

廊坊市召开县域经济暨新型城镇化工作会议后，安排部署推进县域经济高质量发展和新型城镇化建设工作。

22日

北京市教委副巡视员张永凯一行9人到廊坊市“北三县（市）”调研京津冀教育协同发展工作情况。实地走访考察三河市燕郊镇美林湾小区和三河市第八小学，了解“北三县（市）”教育基本现状。

26日

北京市发展和改革委员会（北京市委市政府京津冀协同办）、河北省发展和改革委员会（河北省京津冀协同办）、廊坊市人民政府、通州区人民政府共同主办的北京市与廊坊“北三县（市）”项目推介洽谈会在大厂回族自治县举办。会上签约合作项目52个，项目投资额超过300亿元，50余家企业达成投资意向。

27日

廊坊市广阳区司法局解放道司法所和永清县司法局韩村司法所分别获“全国模范司法所”称号；霸州市司法局信安司法所所长王红梅（女）和文安县司法局大柳河司法所所长毛金辉获“全国模范司法所所长”称号。

是月

三河市职教中心通过国家中等职业教育改革发展示范学校建设计划第三批项目学校验收，确定为“国家中等职业教育改革发展示范学校”。

## 3月

4日

中共廊坊市委书记冯韶慧赴三河市、大厂回族自治县和香河县，实地调研检查社会治安综合治理和农村人居环境综合整治工作，看望慰问一线公安民警和乡镇基层干部。

8日

廊坊市举办2019年首场政银企对接会，中共廊坊市委书记冯韶慧出席会议并讲话指出，2018年市委、市政府累计组织200余次银企对接活动，有效解决企业融资难、融资贵问题，推动实体经济和金融业发展实现双赢。

11日

中共河北省高院党组副书记、副院长朱良酷为组长的省扫黑除恶专项斗争第一调研组到廊坊市开展专题调研，听取全市扫黑除恶专项斗争总体开展情况汇报及市法院、市检察院、市公安局扫黑除恶专项斗争工作汇报，并与相关部门负责人和一线办案人员座谈交流。

12日

廊坊市召开文明城市创建工作动员会。中共廊坊市委书记、市文明委主任冯韶慧出席会议并讲话强调，要把思想和行动统一到国家和省、市关于创城工作的新部署新要求上，坚持问题导向，勇于正视困难问题，加强争先创优意识，迅速抓好整改提升，以严、细、实的作风决胜文明城市创建之役。

14日

永清县通过“中国核雕之乡”考评组考评，获“中国核雕之乡”称号。

18日

中共廊坊市委书记冯韶慧到广阳区北旺乡调研大气污染防治工作，慰问工作在基层一线的乡镇干部和工作人员，并组织召开市主城区周边乡镇党委书记汇报座谈会，就做好大气污染防治秋冬防攻坚月工作听取意见建议、提出明确要求。

21日

河北省大气污染防治工作领导小组印发《关于2018年度全省大气污染综合治理考核结果的通报》。廊坊三河市、广阳区（廊坊开发区的考核含在广阳区之内）、香河县、安次区、永清县、大城县、大厂回族自治县、文安县、固安县、霸州市10个县（市、区）考核均为优秀，同时被省大气污染防治工作领导小组授予2018年大气污染综合治理先进县、市、区称号。

23日

中共廊坊市委书记冯韶慧、市长陈平等市四套班子领导带头参加在永清县举行的纪念植树节40周年暨2019年全市义务植树活动。

27日

中共廊坊市委书记、市委全面深化改革委员会主任冯韶慧主持召开市委全面深化改革委员会第一次会议。会议审议通过《中共廊坊市委全面深化改革委员会工作规则》《中共廊坊市委全面深化改革委员会专项小组工作规则》《中共廊坊市委全面深化改革委员会办公室工作细则》《中共廊坊市委全面深化改革委员会2019年工作要点》《关于提高技术工人待遇的实施意见》。

29日

横跨潮白河的燕潮大桥正式通车。

30日

中超2019赛季华夏幸福足球俱乐部首场主场比赛在廊坊市体育场举办。

是月

香河县融媒体中心官方微信平台“香河融媒发布”正式加入央视新闻移动网“全国百家县级融媒体中心智慧平台”，成为全市首家融入央视融媒体矩阵的县级融媒体。

## 4月

2—4日

由省委督查室副主任李朝永任组长的省中央环境保护督察反馈问题整改工作集中督察第三督察组一行到廊坊市督导检查。

6日

中共廊坊市委书记冯韶慧赴三河市实地调研检查防灾减灾救灾工作。

10日

中共河北省委书记、省人大常

委会主任王东峰到霸州市古韵叠翠造林项目现场，永清县规划展览馆，北京大兴国际机场北线高速廊坊段施工现场，固安县维信诺科技有限公司、河北航天振邦精密机械有限公司、京东方（河北）移动显示技术有限公司调研检查，了解廊坊市临空经济区规划建设、生态文明建设、先进制造业发展等情况，并对做好下一步工作提出明确要求。

**13 日**

市长陈平会见中国铁建投资集团有限公司董事长、党委书记张沛然一行，交流会谈合作事宜。

**16 日**

中共河北省高院党组副书记、副院长朱良酷为组长的省扫黑除恶专项斗争第一调研组到廊坊市专题督导扫黑除恶专项斗争开展情况和中央扫黑除恶督导“回头看”整改工作。

**20—22 日**

第 11 届河北省青少年机器人竞赛在廊坊开发区京津冀大数据创新应用中心举行。廊坊市代表队 11 支队伍获一等奖，8 支队伍获二等奖，14 支队伍获三等奖。廊坊市第十三中学获团体一等奖。廊坊市代表队获机器人综合技能比赛初中组冠军和创意比赛小学组冠军，将代表河北省参加 7 月举行的中国青少年机器人竞赛。

**26 日**

廊坊市启动环京津移动支付便民公交项目建设，廊坊市将逐步实现环京津金融标准移动支付全覆盖。

**28 日**

河北省国防教育基地正规化建设观摩活动在香河国华影视基地举行。香河国华影视基地正式命名为“河北省国防教育基地”，省军区副司令员朱世海为国华影视基地授牌。

**29 日**

廊坊市金融局、廊坊市人民银行和中共三河市委、市政府联合举办 2019 年三河市政银企对接洽谈会。省内外的 70 余家金融机构、150 余家企业参会。会上中国人民银行三河市支行、三河农商银行及廊坊银行燕郊支行等 13 家优秀金融机构获 300 万元奖励，银企双方现场签约授信 25.75 亿元，协议授信 100.3 亿元，银企双方对接总金额 126.05 亿元。

**是月**

生态环境部印发《关于公布 2018 年优秀生态环境宣传产品评选结果的通知》，廊坊市大气污染治理工作领导小组办公室、廊坊市生态环境局（原廊坊市环境保护局）、廊坊日报社、廊坊市智慧环境生态产业研究院共同编著、制作的连环漫画《如果“霾”会说话》获评 2018 年优秀生态环境宣传产品。

廊坊市人民医院中医科主任陈玉获 2019 年“全国五一劳动奖章”，京东方（河北）移动显示技术有限公司组装 B 组获 2019 年“全国工人先锋号”，新奥集团股份有限公司获 2019 年“全国五一劳动奖状”。

廊坊市许玉静当选 4 月“中国好人榜”敬业奉献好人。刘琦、任克华、侯振林等 3 人当选 4 月“时代新人 · 河北好人”。

## 5 月

**1 日**

是日起，廊坊市执行在用机动车环保检测新标准——《柴油车污染物排放限值及测量方法（自由加速法及加载减速法）》《汽油车污染物排放限值及测量方法（双怠速法及简易工况法）》。

廊坊市发布《关于划定禁止使用高排放非道路移动机械区域的通告》，廊坊市部分区域禁止使用高排放非道路移动机械。

**7 日**

廊坊市召开北京新机场北线高速公路（廊坊段）项目调度会，集中调度、协调、解决相关问题。

**13 日**

廊坊经济技术开发区管委会、中国医学科学院肿瘤医院、中国冶金科工股份有限公司在北京签订中国医学科学院肿瘤医院廊坊院区项目三方合作框架协议。

**14 日**

金漆非遗博物馆群在大厂回族自治县落成。

**16 日**

中共河北省人大常委会党组副书记、副主任王晓东一行到廊坊市调研协调京东华北（廊坊）云数据中心基地项目面临的问题，并召开座谈会，听取相关情况汇报。

**17 日**

中共河北省委书记、省人大常委会主任王东峰，中共河北省委副书记、省长许勤在廊坊市会见出席 2019 年中国 · 廊坊国际经济贸易洽谈会的中外嘉宾。

**18 日**

2019 年中国 · 廊坊国际经济贸易洽谈会在廊坊市开幕。集中签约重点合作项目 32 个。

全国首个“高凤林工匠班”在北华航空工业学院成立。

**19 日**

中国技术交易所（固安）科创服务中心在“京南科创谷”揭牌成立，并与维信诺科技股份有限公司、固安航天兴邦机械制造有限公司等 4 家企业签订战略合作协议。

**21 日**

中共廊坊市委书记冯韶慧主持召开中共廊坊市委外事工作委员会第一次会议，学习贯彻落实习近平外交思想和中央外事工作会议、省委外事工作委员会第一次会议精神，审议市委外事工作委员会相关文件和制度规定，研究部署全市对外工作。

中共廊坊市委书记冯韶慧主持召开中共廊坊市委财经委员会第一次会议，传达学习省委财经委员会第一次会议精神，审议《中共廊坊市委财经委员会议事规则》《中共廊坊市委财经委员会办公室工作规则》，安排部署下一阶段重点工作任务。

**25 日**

京雄城际铁路（廊坊段）固安特大桥跨廊涿高速公路 72 米+128 米

+72 米墩顶不平衡转体连续梁成功完成转体。

### 25—26 日

市长陈平率队赴深圳市中国医学科学院肿瘤医院、深圳医院和华为技术有限公司考察交流推进中国医学科学院肿瘤医院廊坊院区项目、华为廊坊云数据中心建设、智慧城市建设事宜。

### 30 日

首届中国·大厂景泰蓝设计创新大赛在大厂回族自治县启动。

### 31 日

廊坊市七届人大常委会举行第十五次会议。会议审议并表决通过《廊坊市文明行为促进条例》；听取并审议市人民政府关于《廊坊市国民经济和社会发展第十三个五年规划纲要》实施情况的中期评估报告及市人大财政经济委员会对中期评估报告的初审报告。会议任命李清涛为廊坊市人民政府秘书长；任命汪俊岭为廊坊市地方金融监督管理局局长。

### 是月

原大城县供电分公司经理刘琦当选 5 月“中国好人榜”敬业奉献好人。

龙河中央公园建成开放。

## 6 月

### 2 日

廊坊市启动 2019 年“6·5”环境日宣传暨第三届“大美廊坊·最美蓝天卫士”颁奖活动，评选出第三届“大美廊坊·蓝天卫士”50 人、“大美廊坊·最美蓝天卫士”40 人。

### 4—5 日

廊坊市召开全市项目拉练观摩暨推进高质量发展全面建成小康社会工作会议。市委书记冯韶慧出席会议并讲话强调，要全面落实省委推进高质量发展全面建成小康社会专题研讨班精神，践行新发展理念发挥国土空间规划引领作用，优化产业布局、推进项目建设、确保经济平稳运行，加快创新发展、绿色发展、高质量发展步伐，开创新时代加快建设经济强市、美丽廊坊新局面。

### 8—9 日

河北省省长许勤到廊坊市调研检查服务保障北京大兴国际机场建设及服务支持北京城市副中心建设工作。

### 13—19 日

2019 年全国大众创业万众创新活动周河北分会场活动在廊坊市举办。

### 17 日

廊坊市举办澳大利亚“魏基成天籁列车”公益慈善项目捐赠活动，捐赠总价值 1890 万元的蓝牙助听器和教学设备，帮助听力残疾儿童和成年人 900 名。

### 18 日

廊坊综合保税区通过以石家庄海关副关长周军为组长的联合验收组验收。

河北省副省长李谦到霸州市调研造林绿化工作。

### 19 日

中共廊坊市委书记冯韶慧与中国对外文化集团有限公司党委书记、董事长李金生举行工作座谈。

### 21 日

河北省三河市、兴隆县，以及北京市平谷区、天津市蓟州区等 4 个县（区、市）气象局在平蓟三兴应急联动洽谈会上联合签订《气象战略合作框架协议书》。规定在数据信息合作、建立四地气象信息共享与气象灾害防御平台、开展气象保障服务与天气联防等方面开展合作。

### 27 日

人社部部长张纪南到廊坊市调研稳定就业、降低社保费率、职业技能提升、人社扶贫等工作。

### 28 日

廊坊百花蜂产品有限公司投产启用。项目投资 2 亿多元，占地 4 万平方米，总建筑面积 4.5 万平方米，其中 GMP 洁净车间面积 4500 平方米，设有蜂蜜加工流水线 4 条，年产蜂蜜 2 万吨。

### 是月

廊坊市确定廊坊市环境监测站、廊坊经济技术开发区供水中心（污水处理厂）、河北桑德万忠环保科技有限公司（永清县）等 3 家单位为环保设施向公众开放单位。

廊坊市 2019 年公共住房轮候家庭实物配租选房工作完毕。814 户轮候家庭成功选房，46 户轮候家庭放弃选房，68 户轮候家庭未参加选房。

## 7 月

### 1 日

是日起，廊坊市调整 2019 年度（2019 年 7 月 1 日至 2020 年 6 月 30 日）住房公积金交存基数和比例。

是日起，廊坊市降低普通护照、往来港澳通行证收费标准。因私普通护照收费由每本 160 元降为每本 120 元，往来港澳通行证收费由每证 80 元降为每证 60 元。

是日起，廊坊市实施跟进落实国家组织药品集中采购和使用试点工作，中选药品价格平均降低 52%，最高降低 96%。参加集中采购的药品共 25 种。其中，精神类疾病药物 4 种；高血压用药、高胆固醇等心血管病用药 10 种；癫痫类 1 种；抗菌药 1 种；肝炎药物 2 种；抗肿瘤药物 3 种；镇痛药物 2 种；哮喘药 1 种；腹泻药 1 种。

### 3 日

中共廊坊市委书记冯韶慧、市长陈平，会见中国医学科学院肿瘤医院院长赫捷一行，双方研究探讨加快中国医学科学院肿瘤医院廊坊院区项目建设等事宜，并举行座谈会。

### 7 日

廊坊市举行第十九次防空警报试鸣。

### 8 日

艺术大道下穿京沪铁路、京沪高铁“四孔八座”分体式对顶框构桥精准顶进就位，艺术大道西延重要节点工程完工。

### 11 日

市长陈平出席廊坊市成品油市

场综合整治工作动员会议，动员部署全市成品油市场综合整治工作并讲话。

新奥集团获“全国模范劳动关系和谐企业”奖。

16日

河北省政协副主席葛会波一行到廊坊市调研包联重点企业工作。

22日

廊坊市取消企业银行账户许可，简化企业开户流程。

29—30日

最高人民法院副院长姜伟一行到固安县人民法院、京南·固安高新区工业园法庭、牛驼法庭、柳泉法庭调研人民法院与基层社会治理、诉讼服务工作的成效及建议等工作。

30日

廊坊市七届人大常委会举行第十六次会议。会议表决通过《廊坊市人大常委会关于批准2019年市本级预算第二次调整方案（草案）的决定》；决定接受陈平辞去廊坊市人民政府市长职务的请求，报廊坊市人民代表大会下一次会议备案；审议决定提请在市人民代表大会会议上由市人大代表票决确定年度政府民生实事项目。

是月

屈家营音乐会入选廊坊市十大优秀非遗项目。

## 8月

1日

是日起，廊坊市辖区内孕妇(含户籍人口和流动人口）每孕期可免费享受一次产前基因筛查（或血清学筛查）。

7日

市市场监督管理局、市发改委、市公安局、市财政局、市生态环境局、市自然资源和规划局、市交通运输局、市行政审批局8个职能部门联合举办的散煤管控“百日会战”启动。

10日

中国共产党廊坊市第六届委员会第七次全体会议召开。全会审议通过《中共廊坊市委、廊坊市人民政府关于扎实推进高质量发展加快全面建成小康社会的实施意见》《中共廊坊市委、廊坊市人民政府关于确保圆满完成全年目标任务的意见》《中国共产党廊坊市第六届委员会第七次全体会议决议》。

21日

华大基因董事长特别顾问、华大生命科学研究院名誉顾问邓勇一行到廊坊市对接洽谈合作项目落地落实情况。中共廊坊市委书记冯韶慧，中共廊坊市委常委、常务副市长贾永清参加座谈。

23日

中共廊坊市委书记冯韶慧率廊坊市党政代表团到北京城市副中心学习考察。

28日

在张家口市举行的“崇礼菜单”2019年中国烹饪大师邀请赛上，廊坊市饭店餐饮（团餐）烹饪行业协会赵广林大师工作室选送的通久熏乳鸽、固安炉糕、宫廷窝头河虾仁、红花汁酿牛尾、一品烧饼、廊坊一品大雁、沁香肉饼、九鼎烩山珍等八道菜成功入围2022年冬奥会“崇礼菜单”。

31日

中国（河北）自由贸易试验区大兴机场片区挂牌仪式在廊坊科技谷举行。

是月

廊坊市绿园农业开发有限公司、瑞海农业技术有限公司、永清县新露牧业有限公司、三河市兴农科技服务有限公司、六骥生物技术开发有限公司5家农业企业入选首批省级创新驿站建设项目，涉及产业为小麦、水果（甜瓜、桃、苹果）和畜牧养殖。

总投资规模达78亿元的润泽国际信息港数据中心A区二期工程建设开工。

## 9月

1日

廊坊市住房公积金管理中心综合服务平台上线运行。

廊坊市第一中学正式搬入新校区。廊坊一中新址占地300亩（20公顷），建筑面积约10.9万平方米，办学规模30轨，教学班90个，可容纳学生4950名，学校实行全封闭、全寄宿管理新模式。

2—3日

廊坊爱康医院院长李志信作为廊坊市唯一代表赴京参加中国红十字会第十一次全国会员代表大会，并受到习近平总书记等党和国家领导人亲切接见。

3日

省长许勤到廊坊市临空经济区指挥部调研检查、现场办公，听取临空经济区廊坊片区、河北自贸区大兴机场片区建设有关情况汇报。

4日

8月“时代新人·河北好人”发布暨道德模范与身边好人现场交流活动在香河县举行。评选出敬业奉献、孝老爱亲、诚实守信、见义勇为、助人为乐身边好人（含群体）共30位，廊坊市李娜、付祖武、彭开全、姜文云4人登上榜单。

9日

中共廊坊市委、市政府在廊坊开发区举行全市2019年第二次重点项目集中开工现场会，全市集中开工重点项目84个，总投资284.6亿元。其中，战略性新兴产业和现代服务业项目38项，占比45.2%；承接京津产业转移项目17项，占全部产业项目总数的20%以上。

15日

廊坊市交通中心（市区光明道上跨京沪高铁、京沪铁路立交桥）工程首桩（19#）开工。

27日

廊坊市七届人大常委会举行第十七次会议。会议审议通过《廊坊市制定地方性法规办法（修订）》；听取并审议市财政局局长姚振辉受市人民政府委托所作的《关于廊坊市2018年市本级决算和全市总决算情况的报告》和市审计局局长曹希恩受市人民政府委托所作的《关于廊坊市2018年度市本级预算执行及其他财政收支情况的审计工作报告》，同意《关于廊坊市2018年市本级决算和全市总决算情况的报告》，决定批准2018年市本级决算。

28日

在深圳市举行的北京大兴国际机场廊坊临空经济区全球招商发布会上，廊坊临空经济区产业规划及综合保税区、国际金融中心、智能制造产业园、生物医药科学园、国际商务中心和航空物流总部等首批6个重点招商合作项目向海内外客商发布。

30日

中共廊坊市委书记冯韶慧等市领导到廊坊烈士陵园，与社会各界群众代表一起向革命烈士敬献花篮。

是月

廊坊市制定出台《廊坊市2019年工业聚集区空气质量排名考核办法》，推动工业聚集区与乡（镇）空气质量同步改善，实现全市域空气质量排名考核全覆盖。

## 10月

1日

廊坊市举行升国旗仪式，庆祝中华人民共和国成立70周年。

是日起，《廊坊市制定地方性法规办法（修订）》正式实施。

7日

中共廊坊市委书记冯韶慧到香河县、大厂回族自治县、三河市，调研检查开展“不忘初心、牢记使命”主题教育、贯彻落实习近平总书记重要指示精神、推动“北三县（市）”与通州区协同发展等工作。

10日

在石家庄市举行北京大兴国际机场廊坊临空经济区·中国（河北）自由贸易试验区大兴机场片区廊坊区域全球系列招商发布会上，超级万象城综合体、修正华北区域总部、廊坊临空港新区综合能源服务、中信海直融资租赁4个合作项目签约，项目总投资370亿元。

11日

中共河北省委省政府第二生态环境保护督察组进驻廊坊市开展生态环境保护督察工作。

12日

在河北省燕赵老字号（廊坊市）牌匾与证书颁发仪式上，文安苏桥狄家糕点、大厂静远堂景泰蓝、廊坊李氏正骨、香河盛隆景泰蓝、霸州胜芳御芳斋糕点、霸州胜芳兰香斋糕点、固安王记风车、三河全顺斋锦匣铺、霸州胜芳润记照相馆、大厂老天利景泰蓝、霸州三义斋戏靴、廊坊安次谷氏香、固安宏泽坊把子道具、固安薛记豆腐干、固安李臣酱肉、固安南黄垡老李香油、霸州胜芳卢记松花蛋、香河大张肉饼、文安苏桥靳家熏鱼、霸州胜芳祥德斋糕点、霸州老霍家肉糕、霸州胜芳东记藕粉、固安恒聚斋相子、正昌茶叶、燕南春酒25家企业和产品获“河北省燕赵老字号”称号，并被列入燕赵老字号保护名录。

18日

廊坊市召开“全国版权示范城市”授牌仪式暨河北省版权示范创建工作座谈会，廊坊获“全国版权示范城市”称号。

26日

廊坊临空经济区首批6大项目集中开工。

28日

中石油北京天然气管道有限公司建设的密云—马坊—香河联络线管道工程廊坊段实现贯通。

29日

北京财贸职业学院廊坊校区在廊坊燕京职业技术学院挂牌成立，北京市教委、廊坊市人民政府关于“北三县（市）”地区教育合作试点构建两地职业教育共同体正式落地。

31日

第二十三届中国（廊坊）农产品交易会在廊坊国际饭店开幕。大会历时3天，签约农业项目27个，合作金额206.1亿元。

是月

廊坊市民族宗教事务局被国务院授予“全国民族团结进步模范集体”称号；廊坊开发区南营村党支部书记、村委会主任马希军，大厂回族自治县邵府镇党委副书记、镇长、高新区管委会副主任杨海莲被国务院授予“全国民族团结进步模范个人”称号。

廊坊市文物部门在市区中孟村改造项目范围发现元代居住建筑遗址。

中国建筑科学研究院有限公司建筑机械化研究分院王振丰、廊坊市自然资源和规划局林业种苗管理站李宁、久智光电子科技有限公司秦卫光等7名专家获“河北省政府特殊津贴专家”称号。

## 11月

1日

是日起，廊坊市执行河北省新的最低工资标准，市区月工资最低标准上涨至1900元，小时工资最低标准上涨至19元。

是日起，廊坊市公交乘车在40分钟内换乘其他车辆，第一次换乘可享受免费乘车优惠；一卡多人同时使用时，仅限一人享受换乘优惠。

7日

香河县入选“四好农村路”全国示范县名单。

13日

由廊坊市政府部门主导在城区公共场所统筹配置的25个智能救护站（AED）正式启用。

15日

中国共产党廊坊市第六届委员会召开第八次全体会议。全会审议通过《中共廊坊市委深入贯彻〈中共中央关于坚持和完善中国特色社会主义制度、推进国家治理体系和治理能力现代化若干重大问题的决定〉的实施意见》和《中国共产党廊坊市第六届委员会第八次全体会议决议》。

廊坊在河南信阳召开的2019年森林城市建设座谈会上，被正式授予“国家森林城市”称号，成为全省首个平原区国家森林城市。

18日

由中国通信建设集团党委书记、董事长、总经理钮海明率领的，由中国通信建设集团、中车集团、中铁北京工程局集团、中商国资城建有限公司有关负责人组成的考察团到廊坊市开展考察对接。中共廊坊市委书记冯韶慧与考察团一行举行工作会谈，深入交流轨道交通项目建设、智慧城市建设、临空经济区基础设施投融资开发和数字智能化建设等事宜。

25日

河北省利用外资专项督导会议在廊坊市召开。

26日

廊坊市3个接种单位开通九价人乳头瘤病毒（HPV）在线预约，首批共有1500人份，市民可通过“知苗易约”微信小程序在线预约。

28日

河北省推动“四好农村路”高质量发展现场会在香河县召开。副省长张古江出席会议并讲话。

28—29日

河北省“三深化、三提升”创业就业成果展示交流活动在廊坊市举办。廊坊市三河创客天下“人机协作机器人”、大厂云之云境智能床垫、大城县烙画葫芦等10个项目参展。

是月

河北省科学技术厅发布《关于2019年新建省级技术创新中心的通知》，确定新奥集团申建的“河北省深层地热技术创新中心”通过专家立项评审，公示期满，被纳入河北省省级科技研发平台建设计划。

## 12月

2日

中共河北省人民检察院党组书记、检察长丁顺生到廊坊市，召开座谈会，征求驻廊省人大代表、政协委员意见建议，调研指导市检察院主题教育。

4—6日

在北京雁栖湖国际会展中心举行的第十二届中国会议产业大会（CMIC 2019）上，廊坊市获“2019中国最具魅力会奖目的地”称号。

6日

廊坊市第五次归侨侨眷代表大会开幕。

11日

由中国民用航空局人事科教司、河北省发展和改革委员会、廊坊市人民政府联合主办的民航科教产业园区对接活动在廊坊市举行。北京大兴国际机场临空经济区（廊坊）管理委员会与中国民用航空局人事科教司签订推进民航科教产业园区建设和发展战略合作备忘录。

13日

中共廊坊市委书记冯韶慧与中国公路车辆机械有限公司党委书记、执行董事潘卫康举行工作座谈，对接沟通“中交·霸州”新能源汽车产业基地及公交购车合作事宜。

18日

农行廊坊临空支行举行揭牌仪式，成为临空经济区廊坊片区首家入驻金融机构。

19日

北京大兴国际机场廊坊临空经济区·中国（河北）自由贸易试验区大兴机场片区廊坊区域全球招商发布会在北京举行。会上，轨交沿线TOD、天府集团高性能纤维预编制、医渡云—新宜创新医药大数据枢纽物流中心、凯雷—敦豪区域运营总部及机场速度货运中心、国家新能源汽车大数据监控平台及车载智能终端、英国圣比斯公学中国·双校区等7个合作项目签约，项目总投资790亿元。

市文广旅局在北京钓鱼台国宾馆组织举办廊坊非遗精品展及春节主题旅游精品推介活动，集中展示廊坊市国家级非遗项目秸秆扎刻、景泰蓝制作技艺、花丝镶嵌制作技艺，省级非遗项目錾刻、百宝嵌、脱胎漆器髹饰技艺、雕漆、宫廷红木雕刻技艺，市级非遗项目金银细工等9个项目15件精美作品。

21日

中共廊坊市委书记冯韶慧先后赴艺术大道、艺术大道下穿京沪铁路桥，北京大兴国际机场北线高速廊坊端口站、龙河特大桥、王场互通立交桥，临空经济区服务中心和航企生活保障基地等施工现场调研检查。

27日

廊坊市七届人大常委会举行第十九次会议。会议审议并通过廊坊市第七届人民代表大会常务委员会代表资格审查委员会关于个别代表变动审查报告；补选河北省第十三届人民代表大会代表；表决通过个别省十三届人大代表辞去职务请求、个别市七届人大专委会委员辞去职务请求；表决通过人事任免职事项；表决通过《廊坊市人民代表大会常务委员会关于赵革为廊坊市人民政府代理市长的决定》。蒋洪江向新任命的市政府副市长、代理市长赵革，副市长张海川颁发任命书。

29日

廊坊市消防救援支队举行挂牌仪式。

30日

中国共产党廊坊市第六届委员会第九次全体会议在廊坊召开。全会审议通过《中国共产党廊坊市第六届委员会第九次全体会议决议》。

是月

廊坊市大厂回族自治县小厂村被国家民委命名为第七批“全国民族团结进步示范区（单位）”。

三河市皇庄镇毛坟村、齐心庄镇大罗庄村、黄土庄镇骆庄村、泃阳镇陈各庄村、段甲岭镇小赵庄村；香河县蒋辛屯镇三百户村、蒋辛屯镇仓头村、渠口镇小高坨村、安头屯镇小青庄务村、五百户镇九百户村；大厂回族自治县夏垫镇南王庄村、大厂镇西彭府村；广阳区南尖塔镇前王庄村、九州镇南汉村；永清县刘街乡土楼胜利村、别古庄镇修家场村、别古庄镇小缑庄村、刘街乡王街村、后奕镇白雁口村；固安县柳泉镇北房上村；文安县德归镇北德归村；霸州市南孟镇东头村、东坨村、西坨村、田各庄村；大城县权村镇大高庄子村、里坦镇李大木桥村、臧屯镇刘演马村、大尚屯镇南席阜村、臧屯镇王纪庄村；安次区码头镇东李庄村、杨税务乡孟村、东沽港镇牛角村、葛渔城镇唐坟村等34个乡村获“河北省森林乡村”称号。

# 市情概览

## 地理位置

【概况】　廊坊市位于华北平原中东部，河北省中部。地处北纬38°28′～40°15′、东经116°7′～117°14′之间。廊坊境域北起燕山南麓丘陵地区，南抵黑龙港流域。北部与北京市为邻；西部与保定市的涿州、雄县、高碑店接壤；南部与沧州市的任丘、河间、青县相连；东部与天津市的武清、宝坻、蓟州交界。由于1974年的行政区划变动，北京市与天津市地域相交，使廊坊市形成北部3个县（市）与境域主体不相连接的版图。廊坊市城区拱卫于北京市东南，与北京、天津两大城市成一条直线位于中间。廊坊市距北京市、天津市各60千米，距省会石家庄280千米，距首都机场和天津机场各70千米，距天津港100千米，距京唐港、黄骅港各200千米。全市总面积6429平方千米。

（市地方志编纂中心）

## 地形地貌

【概况】　廊坊市大部处于凹陷地区，随着地壳下沉，地面逐渐被第四纪沉积物填平，致使新生界地层沉降厚度较大，全市地貌比较平缓单调，以平原为主，一般高程在2.5~30米之间，平均海拔13米。由于洪积、冲积作用和河流多次决口改道淤积，沉积物交错分布，加上风力及人为活动的影响，境内地貌差异性较大，缓岗、洼地、沙丘、小型冲积堆等遍布，全市地貌呈现大平小不平状态。

北部地区地势较高，北高南低，地貌类型较多，三河市东北隅有小面积低山丘陵，为燕山南侧余脉，面积76平方千米，一般山高海拔200~300米，大岭后山海拔高度521米，为全市最高山峰；其次是龙门山，海拔459米；在山地丘陵西部和南部，沿燕山南麓，呈东西带状分布着山麓平原，面积773平方千米，地势由北向南倾斜，高程在海拔10~30米之间，平均海拔18米；往南沿香河县中部和南部为冲积平原区，地势从西北向东南倾斜，坡度1/3000，海拔5~16米，平均海拔11米。

廊坊市中、南部地区全部为冲积平原区，地貌类型平缓单一，总面积5179平方千米，占全市总面积的80%以上。高程在海拔2.5~25米之间，坡度为1/2500~1/10000。大清河以北地势由西北向东南低平，大清河以南地势由西向东北低平。文安洼和东淀分别处在大清河南北，洼淀总面积7.9万公顷，占全市总面积的12.3%。其中文安洼面积5.9万公顷，平均海拔不到4米，马武营村北一带海拔2米，为全市最低点；东淀面积2万公顷，平均海拔5米，最低处2.5米。

（李　强）

## 历史沿革

【概况】　廊坊历史悠久。“黄帝制天下以立万国始经安墟（今安次常道村附近），合符釜山，遂隶涿鹿之阿，安次即古安墟地。”商代盘庚迁都殷后，境域位于殷正北，燕京戎（今太原附近）之东陲。西周时是北戎燕地。春秋时是北燕都蓟的近畿。

战国时期，属燕国，广阳郡、渔阳郡、巨鹿郡分辖。

秦，北部（今三河市，大厂、香河县）属渔阳郡，中部（今安次区、广阳区、霸州市、永清县、固安县）属广阳郡，南部（今文安县、大城县）属巨鹿郡。

西汉高帝年间，属幽州刺史部。始置安次县、文安县（治今大柳河镇东）、东平舒县（今大城县，为区别于并州刺史部代郡的平舒县，加东字），属幽州渤海郡；置方成县（今固安县）属燕国。高帝六年（前201年），置益昌县（治今霸州市策城村），属涿郡地；置潞县（辖今三河市）、雍奴县（辖今天津市武清区、香河县），属渔阳郡。元凤元年（前80年），方成县改属广阳郡，本始元年（前73年），改属广阳国。初元五年（前44年），封广阳王子云为临乡侯、容为西乡侯（侯景嗣免）、发为阳乡侯；永光三年（前41年），封广阳王子婴为益昌侯，各侯国均属幽州刺史部涿郡。

王莽改制后，复古十二州，州郡交错，疆域紊乱。

东汉建武二年（26年），方成县改为方城县，属幽州广阳国，建武十三年（37年），改属上谷郡。永元二年（90年），文安县、东平舒县改属冀州刺史部河间国。建安末年，改属章武郡。永元八年（96年），废阳乡侯国、临乡侯国、新昌侯国（燕刺王子封地，今高碑店境内），入方城县（辖今固安县、永清县、霸州市）属幽州刺史部涿郡；废益昌侯国（原益昌县）入安次县，安次县由渤海郡改属幽州刺史部广阳郡；潞县（辖今三河市、大厂回族自治县）、雍奴县（辖今天津市武清区、香河县），属幽州刺史部渔阳郡。

三国，属魏国。文安县、东平舒县属冀州河间郡；方城县属幽州范阳郡；安次县属幽州燕国；潞县、雍奴县属幽州渔阳郡。

西晋泰始元年（265年），置章武国，为国治东平舒，文安县、东平舒县属之。置长乡县（辖今固安一部），方城县、长乡县属幽州范阳国；安次县、潞县、雍奴县属幽州燕国。

东晋十六国，属后赵、前燕、前秦、后燕辖地。

南北朝北魏时，属幽州。改长乡县为苌乡县。方城县、苌乡县属幽州范阳郡地；东平舒县改为平舒县。文安县、平舒县属瀛洲章武郡地；潞县、雍奴县属渔阳郡地。北齐天保七年（556年），方城县、苌乡县入涿县。安次县属燕郡地，其余不变。

隋开皇三年（583年），废渔阳郡、燕郡、章武郡。安次县、雍奴县、潞县属幽州；文安县、平舒县属瀛州。开皇九年（589年），析涿县，废方城县置固安县（县治今固安镇）属幽州。大业三年（607年），安次县、雍奴县、潞县、固安县属涿郡；文安县、平舒县属河间郡。大业七年（611年），析安次、固安2个县地置通泽县，属涿郡。同年，析文安、平舒2个县地，置丰利县（县治今文安镇），属河间郡。

唐，属河北道蓟、幽、莫、瀛四州。武德元年（618年），安次县、固安县、雍奴县、潞县属幽州。武德二年（619年），析潞县置临沟县（县治今三河市城区），属玄州。武德四年（621年），固安县属北义州，平舒县属景州。贞观元年（627年），废玄州并入幽州，撤临沟复入潞县，属幽州；省丰利县入文安县，属瀛洲；废北义州，固安县改属幽州；废景州，平舒县改属瀛洲。如意元年（692年），析安次、固安2个县地，置武隆县（辖今永清县、霸州市）。景云元年（710年），改名会昌县。景云二年（711年），文安属鄚州。开元四年（716年），析幽州潞县东部置三河县，属幽州。开元十八年（730年），改属蓟州。天宝元年（742年），罢州改郡。取“边境永清”之意，将会昌县更名永清县（辖今永清县、霸州市），雍奴县改名为武清县。永清县、固安县、安次县、武清县改属范阳郡；三河县属渔阳郡；大城县属河间郡；文安县属文安郡。至德二年（757年），罢郡复改州，三河县属蓟州；安次县、武清县、永清县、固安县属幽州；平舒县属瀛洲；文安县复属鄚州。大历四年（769年），固安县改属涿州。

五代十国，三河县属蓟州；武清县、安次县、永清县属幽州；固安县属涿州；文安县属鄚州；平舒县改名大城县，属瀛洲。后晋天福元年（936年），石敬瑭割燕云十六州赂契丹，境域入契丹，属辽。后周显德六年（959年），周世宗收复益津关（今霸州市）、瓦桥关（今雄县）、淤口寨（今霸州信安镇），于原永清县益津关另置永清县（今霸州市，县治在今霸州镇）。置霸州，领大城县、文安县、永清县。自是，两永清县南北并立，南属宋，北属辽，辽、宋分治。此时以拒马河为界，北仍属辽。

辽，境域北部属南京道析津府。会同元年（938年），置香河县（治武清孙村，即今淑阳镇。辖今香河县和天津市宝坻区、宁河县）。三河县、香河县、安次县、固安县、永清县属南京道幽都府。开泰元年（1012年），改幽都府为析津府。

北宋，境域南部属河北东路，霸州、信安军、保定军属之。霸州领文安、大城、永清等3个县。太平兴国六年（981年），淤口寨改破虏军（军制与州同），割霸州之永清、文安、大城等3个县317户属之；于涿州新镇（今文安县新镇）建平戎军，析霸州之文安县、大城县500户属之。景德元年（1004年），改破虏军为信安军；次年，改平戎军为保定军。景祐二年（1035年），废永清县入文安县，徙文安县治于永清城（今霸州镇）。皇祐元年（1049年），迁回原治（今文安县文安镇）。政和三年（1113年），赐霸州名永清郡，领文安、大城等2个县。宣和五年（1123年），收复香河县，赐名清化县。宣和七年（1125年），降保定军为保定县；清化县复入金。

金天会三年（1125年），清化县复名香河县。境域属燕京路析津府。天会七年（1129年），改属河北东路析津府。天德三年（1151年），三河属通州（原潞县）。贞元元年（1153年），境域改属中都路大兴府。大定二十七年（1187年），降信安军为信安县。大定二十九年（1189年），于益津关置益津县（县治今霸州镇），属霸州。此时，中都路领通州（辖通州、三河）、大兴府（辖香河、安次、永清、武清等县）、涿州（辖固安等县）、霸州（辖信安、益津、文安、大城县）、平州、蓟州、顺州、易州、遂州、安肃州、保州、安州、雄州、滦州。元光元年（1222年），信安县升级为镇安府。

元初，废镇安府为信安镇，入霸州。成吉思汗十年（1215年），境域属燕京路总管大兴府。中统四年（1263年），升安次县为东安州、固安县为固安州，隶属不变。至元元年（1264年），属大都大兴府。至元二十一年（1284年），属中书省大都路总管府。

明洪武元年（1368年），降东安州为东安县、固安州为固安县，省益津县入霸州。三河县（属通州）、香河县（属漷州）、东安县、永清县、固安县、霸州（辖文安、大城、保定等3个县），属北平府。洪武二年（1369年），改属北平行省北平府。洪武九年（1376年），属北平承宣布政使司北平府。洪武十年（1377年），省香河县入漷州。洪武十三年（1380年），香河县复置，属北平府。永乐元年（1403年），三河县、香河县（属通州）、东安县、永清县、固安县、霸州（辖文安县、大城县、保定县）属北平行省顺天府。永乐十九年（1421年），改属京师（北直隶）顺天府，治宛平。

清，境域属京师顺天府，治宛平。康熙二十七年（1688年），设四路同知，三河县、香河县属西路厅；霸州（辖文安县、大城县）、固安县、永清县、东安县属南路厅。雍正六年（1728年），霸州由直隶州降为散州（县级），属顺天府。时境域属直隶省顺天府，治宛平，三河、香河、安次、永清、固安、霸州、文安、大城等县均属之。

民国2年（1913年），改霸州为霸县。民国3年（1914年），东安县改为安次县。民国4年（1915年），保定县改称新镇县，境域属直隶省京兆特别区（治宛平，辖三河、香河、安次、永清、霸县、固安、大兴、宛平、武清等20个县）及直隶省津海道（驻天津，辖文安、大城、新镇等32个县）。

民国17年（1928年），直隶省改为河北省，境域直属河北省。

民国25年（1936年），日本侵略军强占热河察北，华北危急，河北省实行行政督察专员区。次年，廊坊多数县属河北省冀中第五、第六行政督察署。“七七”事变爆发后，廊坊境域被日本侵略军占领，中国共产党在敌后开展游击战争。民国27年（1938年）后，中共冀中区委员会成立，时境域各县相继建立了敌后抗日民主政权。此后，境域各县隶属不一，且多变。中共抗日民主政权、日伪政权、国民党政权并立，相互交错，变化频繁。

境域各县中共领导的民主政权隶属建置变化。民国28年（1939年），文安县、新镇县合并，组成文新县，属冀中第五分区。民国30年（1941年），大城县属冀中第九分区；文新县、第一联合县、第二联合县、第三联合县四县属第十一分区。民国31年（1942年），改属冀中第十分区。蓟（县）宝（坻）三（河）、平（谷）三（河）密（云）联合县及香（河）武（清）宝（坻）和通（县）三（河）香（河）联合县隶属晋察冀边区第十三行政督察署，次年底，属冀热辽区行署第一专署；民国34年（1945年）1月，属冀热辽区行署第十四专署；民国35年（1946年）1月，属冀东区行署第十四专署，9月属河北省通县专署。民国34年，大城县、文安县、新镇县、胜芳市属冀中第九专区，固安县、永清县、安次县、霸县等属冀中第十专区。民国35年（1946年），大城县、文安县、新镇县、胜芳市、青县、任邱县等15个县（市）属冀中区第八专区；霸县、固安、永清、安次、大兴、宛平等12个县属冀中区第十专区；三河、香河等2个县隶属未更。民国36年（1947年），文安县、新镇县合并为文新县，胜芳市和霸县合并为胜霸县，新城县与固安县合并为新固县，隶属不变。民国37年（1948年）11月，新固县分开，恢复新城、固安二县建制。12月，胜霸县分开，恢复胜芳市和霸县建制。时冀中行政公署属华北人民政府，下设四个专区。1949年3月，新雄县归并文新县，复名文安县，仍属冀中区第八专区。安次县、永清县、固安县、霸县、武清县、容城县、雄县、大兴县、新城县、胜芳市属冀中第十专区。

1949年8月7日，河北省天津区行政督察专员公署建立，辖安次县、永清县、霸县、文安县、大城县、武清县、宁河县、宝坻县、静海县、天津县及胜芳镇、汉沽镇、杨柳青镇。专署机关驻杨柳青镇。三河、香河等2个县属河北省通县专区；固安县属河北省保定专区。

1950年11月，河北省天津区行政督察专员公署改名为河北省人民政府天津区专员公署。

1951年1月，内务部批准，胜芳镇划归霸县。6月，河北省人民政府决定胜芳与霸县分设，由天津专署直接领导。

1952年，天津专署辖11个县3个镇，分别为宁河县、宝坻县、武清县、静海县、安次县、永清县、霸县、文安县、大城县、青县、任邱县及胜芳镇、杨柳青镇、汉沽镇。

1953年11月，政务院批准，将胜芳镇划归霸县，为县辖镇。1954年5月6日，胜芳镇正式对外公布归属霸县。时天津专署机关地址设在静海县杨柳青镇，辖1个市11个县，分别为汉沽市、宁河县、宝坻县、武清县、静海县、安次县、永清县、霸县、文安县、大城县、青县、任邱县。

1954年4月，政务院批准，将保定专区的固安县划归通县专区。

1955年3月，国务院全体会议第六次会议批准，设立大厂回族自治县（12月2日成立），属通县专区。4月5日，河北省人民政府天津区专员公署改为河北省天津专区专员公署，隶属未更。各县人民政府改称县人民委员会。

1958年4月28日，国务院决定，将三河县、大厂回族自治县、香河县由通县专区划归唐山专区；固安县由通县专区划归天津专区。6月，天津专区与沧县专区合并，称天津专区，机关驻沧镇，时辖静海、河间、任邱、沧县、献县、交河、阜城、景县、宁津、盐山、黄骅、东光、南皮、吴桥、故城、肃宁、武强、庆云、饶阳、孟村、青县、大城、文安、霸县、永清、安次、武清、固安、沧镇、泊头市等30个县（镇、市）。12月20日，国务院第八十三次会议通过，撤销庆云县和孟村回族自治县，划归盐山县；撤销青县，划归静海县；撤销大城、文安等2个县，划归任邱县；撤销安次县，划归武清县；撤销固安、永清等2个县，划归霸县；撤销肃宁县，划归河间县；撤销泊头市和阜城县，划归交河县；撤销东光县、南皮县，划归交河县；撤销武强、饶阳等2个县，划归献县；撤销景县、故城县，划归吴桥县；撤销沧州市，划归沧县。12月22日，国务院批准，撤销天津专区，划归天津市，天津专区所辖各县改属天津市，机关驻天津市。天津市辖和平区、红桥区、河东区、河西区、河北区、南开区、塘沽区、汉沽区及沧县、河间县、献县、交河县、吴桥县、盐山县、黄骅县、霸县、任邱县、静海县、武清县、宁津县。三河县、大厂回族自治县并入蓟县，香河县并入宝坻县，属唐山专区。

1960年4月21日，河北省人民委员会批准，将唐山市所属蓟县（包括三河县、大厂县）、宝坻县（包括香河县）划归天津市。天津市辖7个区14个县。

1961年，国务院批准，恢复天津专区建制，受天津市、河北省双重领导，机关驻天津市区。7月9日，国务院第111次全体会议决定，恢复安次、永清（含固安）、文安（含大城）等3个县建制，时辖蓟县、宝坻、武清、安次、永清、霸县、文安、静海及胜芳镇。

1962年3月27日，国务院第115次全体会议决定，恢复固安县、大城县建制；6月1日，国务院第116次全体会议决定，恢复三河县、大厂回族自治县、香河县建制，隶属天津专区。

1963年，胜芳镇降为县辖镇，归属霸县。天津专区辖三河县、大厂回族自治县、香河县、安次县、武清县、宝坻县、蓟县、静海县、宁河县、永清县、固安县、霸县、文安县、大城县，以及芦台农场、汉沽农场。

1967年11月，天津专区更名为天津地区，河北省天津地区革命委员会建立，隶属河北省革命委员会，机关驻天津市区。此后至1968年，地区所辖各县陆续建立革命委员会。

1969年3月，天津地区机关驻地由天津市迁至安次县廊坊镇。隶属、辖区未变。

1973年7月，国务院批准，将天津地区的蓟县、宝坻县、武清县、宁河县、静海县划归天津市。12月，国务院批准，天津地区更名为廊坊地区，驻地仍在廊坊镇。

1974年1月，正式启用廊坊地区名称。河北省天津地区革命委员会改为河北省廊坊地区革命委员会。时辖三河县、大厂回族自治县、香河县、安次县、永清县、固安县、霸县、文安县、大城县，以及芦台农场、汉沽农场。

1978年，河北省廊坊地区行政公署建立，隶属河北省人民政府。河北省廊坊地区革命委员会同时撤销，辖县未变。所辖各县革命委员会同时撤销，恢复各县人民政府建制。

1979年3月，芦台农场、汉沽农场划归唐山市。廊坊地区辖三河县、大厂回族自治县、香河县、安次县、固安县、永清县、霸县、文安县、大城县。

1981年12月7日，国务院批准，撤销廊坊镇，设立廊坊市（县级），以安次县的廊坊镇及南尖塔、桐柏、北旺等3个公社为廊坊市的行政区域，隶属廊坊地区行政公署。

1982年3月1日，廊坊市（县级）正式建立。廊坊地区辖廊坊市、三河县、大厂回族自治县、香河县、安次县、永清县、固安县、霸县、文安县、大城县。

1983年3月，国务院批准，撤销安次县，并入廊坊市（县级）。廊坊地区辖廊坊市（县级）、三河县、大厂回族自治县、香河县、永清县、固安县、霸县、文安县、大城县。

1988年9月13日，国务院批准，撤销廊坊地区和廊坊市（县级），廊坊地区更名为廊坊市（地级）。廊坊市（县级）更名为安次区。

1989年4月1日，廊坊市正式建立，党政机关驻地廊坊，辖安次区、三河县、大厂回族自治县、香河县、永清县、固安县、霸县、文安县、大城县。

1990年2月20日，撤销霸县建制，建霸州市（县级），辖域不变。廊坊市辖安次区、霸州市、三河县、大厂回族自治县、香河县、永清县、固安县、文安县、大城县。

1993年4月28日，撤销三河县建制，建三河市（县级），辖域不变。时廊坊市辖安次区、三河市、霸州市、大厂回族自治县、香河县、永清县、固安县、文安县、大城县。

2000年3月7日，国务院批准设立广阳区。是年10月，从安次区划出南尖塔镇、万庄镇、旧州乡、北旺乡、白家务办事处及小廊坊、北大街、北门外、新开路等4个街道和北史家务乡的7个村街，建立广阳区。廊坊市辖安次区、广阳区、三河市、霸州市、大厂回族自治县、香河县、永清县、固安县、文安县、大城县。至2019年年底无变化。

（市地方志编纂中心）

## 气　候

**【概况】** 2019年，廊坊市平均降水量为434.9毫米，比常年（519毫米）偏少16.2%，属于历史上降水偏少年份。全市平均气温为13.2℃，较常年（12.2℃）偏高1℃，属于历史同期气温显著偏高年份。平均日照时数为2421.7小时，比常年（2483.8小时）偏少62.1小时，属于历史上日照正常年份。2019年，廊坊市气象灾害发生的频率和损失程度低于20世纪90年代以来的平均水平，属于“一般”年份。气候年景属于“一般”年份。

**【降水】** 2019年，全市平均降水量为434.9毫米，比常年（519.0毫米）偏少16.2%，属于历史上降水偏少年份。从各月全市平均降水量与同期气候平均值比较来看，4月、5月、7月、11月和12月降水较常年同期偏多4.9%~143.1%不等，其中7月降水量为全年最高值。全市月平均降水量为167.4毫米，比常年（159.6毫米）偏多4.9%，属于历史同期降水正常时段。其余月份偏少21.7%~100%不等，其中1月全市无降水天气出现。

在空间分布上，各县（市）降水量存在较大差异，各地降水分布不

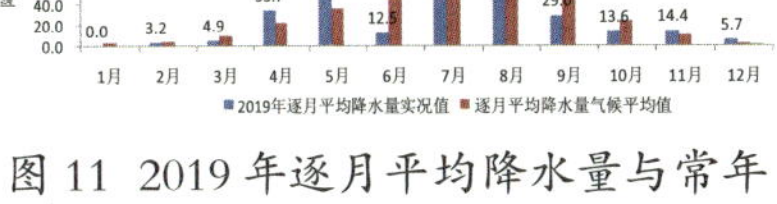


图11 2019年逐月平均降水量与常年平均值对比图（单位：毫米）

2019 年廊坊市各县（市）降水量合计值和距平百分率情况表

表 9　　　　单位：毫米、%

| | 三河 | 大厂 | 香河 | 市区 | 固安 | 永清 | 霸州 | 文安 | 大城 | 平均 |
|---|---|---|---|---|---|---|---|---|---|---|
| 降水量 | 481.3 | 417.1 | 429.1 | 500.6 | 415.8 | 283.6 | 376.4 | 573.0 | 436.9 | 434.9 |
| 气候值 | 580.0 | 555.4 | 545.9 | 513.5 | 508.3 | 487.7 | 482.1 | 506.8 | 491.7 | 519.0 |
| 距平百分率 | -17.0 | -24.9 | -21.4 | -2.5 | -18.2 | -41.8 | -21.9 | 13.1 | -11.1 | -16.2 |

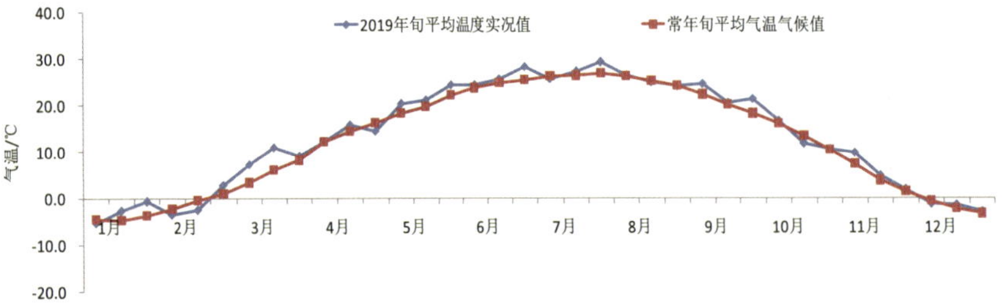


图 12　2019 年廊坊市逐旬平均气温值与气候平均值对比图（单位：℃）

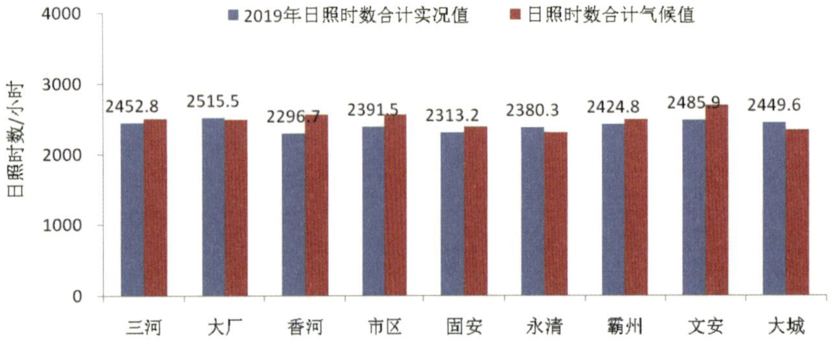


图 13　2019 年廊坊市各县（市）日照时数与气候平均值的对比图（单位：小时）

均，除文安偏多 13.1% 外，其他地区偏少 2.5%~41.8%，其中文安县最多为 573.0 毫米，永清县最少为 283.6 毫米，廊坊市区 500.6 毫米，偏少 2.5%。

**【气温】**　2019 年，全市平均气温为 13.2℃，较常年（12.2℃）偏高 1.0℃，属于历史同期气温显著偏高年份。各县（市）偏高 0.3~1.8℃不等，其中三河市、廊坊市区、永清县和大城县偏高 1.0℃以上，属气温显著偏高时段，大厂县、香河县和固安县偏高 0.6~0.9℃，属于气温偏高时段，其余县（市）属气温正常时段；全市年极端最高气温为 40.0℃，5 月 23 日出现在大城县，年极端最低气温为 -17.7℃，12 月 31 日出现在霸州市，市区年极端最高气温为 38.7℃，出现在 7 月 4 日，年极端最低气温为 -12.9℃，出现在 12 月 31 日。

从旬平均气温的变化看，1 月上旬、2 月上中旬、4 月下旬、7 月上旬、8 月中下旬、10 月中旬、12 月上旬气温较常年同期偏低 0.1~2.1℃，其中 2 月中旬偏低最多，年内其余时段气温均高于常年同期，偏高幅度在 0.1~4.9℃，其中 3 月中旬平均气温达到 11.0℃，为全年平均气温偏高最多时段。

**【日照】**　2019 年，全市平均日照时数为 2421.7 小时，比常年(2483.8 小时）偏少 62.1 小时，属于历史上日照正常年份。大厂县、永清县、大城县日照时数偏多 25~100 小时，其中大城偏多 100.4 小时，为全市之最，永清次之为 74.4 小时。其余各县（市）偏少 54~209 小时，其中文安偏少最多，为 208.5 小时，为显著偏少时段。图 3 为 2019 年全市各观测站年日照时数与气候平均值的对比情况。

**【主要天气气候事件及其影响】**　2019 年，廊坊市遭受暴雨、雷电、冰雹、大风、沙尘、高温、干旱、雾等多种灾害性天气，给人们生产生活和身体健康造成不同程度的影响。

1. 春末局地强对流天气。5 月，

2019 年廊坊市各县（市）平均气温和极端气温一览表

表 10　　　　单位：℃

| | 三河 | 大厂 | 香河 | 市区 | 固安 | 永清 | 霸州 | 文安 | 大城 |
|---|---|---|---|---|---|---|---|---|---|
| 2019 年实况值 | 13.1 | 12.7 | 12.7 | 14.1 | 13.0 | 13.6 | 13.1 | 13.1 | 14.0 |
| 气候平均值 | 11.8 | 11.9 | 12.1 | 12.3 | 12.1 | 12.0 | 12.7 | 12.8 | 12.5 |
| 距平 | 1.3 | 0.8 | 0.6 | 1.8 | 0.9 | 1.6 | 0.4 | 0.3 | 1.5 |
| 年极端最高 | 38.7 | 38.4 | 38.6 | 38.7 | 38.3 | 38.8 | 39.0 | 39.1 | 40.0 |
| 出现日期 | 4 月 7 日 | 4 月 7 日 | 4 月 7 日 | 4 月 7 日 | 4 月 7 日 | 5 月 23 日 | 5 月 23 日 | 5 月 23 日 | 5 月 23 日 |
| 年极端最低 | -13.5 | -15.0 | -15.2 | -12.9 | -15.9 | -16.4 | -17.7 | -15.7 | -15.4 |
| 出现日期 | 9 月 1 日 | 12 月 31 日 | 12 月 31 日 | 12 月 31 日 | 12 月 31 日 | 1 月 24 日 | 1 月 24 日 | 12 月 31 日 | 12 月 31 日 |

**2019年廊坊市各县（市）雾日情况表**

表11　　　　　　　　　　　　　　　　　　　　　　　　　　　　单位：天

| 天气现象 | 三河 | 大厂 | 香河 | 廊坊 | 固安 | 永清 | 霸州 | 文安 | 大城 | 平均 |
|---|---|---|---|---|---|---|---|---|---|---|
| 雾 | 9 | 18 | 54 | 14 | 25 | 25 | 28 | 46 | 18 | 26.3 |

廊坊市出现2次强对流天气过程。5月17日傍晚至18日凌晨，全市自北向南陆续出现短时强降雨，局地伴有雷暴大风、冰雹等天气。降雨区平均雨量为31.6毫米，其中市区中北部、固安中北部，以及香河和永清部分乡镇达到50~80毫米，最大雨量102.8毫米出现在市区西环路。降雨过程中市区出现17.1米/秒的短时大风，“北三县（市）”、市区、固安县局部地区出现冰雹天气。5月26日，廊坊市再次出现强对流天气，上午至傍晚前后全市自西向东陆续出现雷阵雨天气，共10个乡镇雨量站超过50毫米，19个雨量站雨强超过30毫米/小时。雷雨时伴有短时强降雨、短时大风，其中市区出现15.7米/秒的短时大风。强降雨天气导致城区低洼地带出现不同程度积水，对交通和市民出行产生较大影响，部分农田出现渍涝。冰雹、大风对果蔬种植和设施农业等有一定不利影响。

2. 夏季雨量时空分布不均，出现阶段性干旱。2019年夏季降水总体偏少，月变化明显，主要降水过程集中在7—8月。6月，全市月平均降水量为12.5毫米，比常年（72.6毫米）偏少82.7%，属于降水异常偏少时段。7月，全市月平均降水量为167.4毫米，比常年（159.6毫米）偏多4.9%，属于降水正常时段。8月，全市月平均降水量为99.1毫米，比常年（126.5毫米）偏少21.7%，属于降水正常时段。

在空间分布上，6月全市降水量普遍偏少，其中固安县、永清县、霸州市和“北三县（市）”降水均较常年同期偏少80%以上，属于降水异常偏少时段。6月下旬至7月初，廊坊市干旱持续发展，根据国家气候中心监测，6月26日至7月5日全市大部分地区出现中度干旱，局地重旱，7月5日—7日全市出现明显区域性降雨，受其影响旱情基本解除。之后全市再次出现轻度到中度干旱，7月22—23日、7月28—29日降雨过后，旱情再次解除。

3. 区域性高温。2019年廊坊市春、夏季气温总体偏高，5月至7月，全市月平均气温较常年同期偏高1.8℃、1.4℃、0.9℃，且多阶段性高温天气。高温过程集中在5月22—23日、5月25日、6月22—25日、7月1—4日、7月23—28日，其中5月23日范围最广，强度最大，除三河外全市均出现高温天气（气温≥35℃），大城最高为40.0℃。频繁出现的高温天气一定程度上增大用水、用电负荷，加之部分时段日照强、湿度大，体感闷热，舒适度较差。

4. 秋冬雨雪。11月至12月，廊坊出现2次明显雨雪天气过程，其中11月29日夜间出现2019年秋冬首场降雪，平均降雪量为1.5毫米，“北三县（市）”2～3毫米，文安县和大城县0.2毫米以下，其他地区普遍为1～2毫米，其中大厂县最大，为2.8毫米，市区1.4毫米，同时霸州及以北地区出现1～3厘米积雪。12月15日夜间至16日上午，廊坊市陆续出现雨雪天气，霸州市及以北地区为大雪，其余为雨夹雪，降水量普遍为4～8毫米，平均为5.6毫米，其中大厂县最大为7.8毫米，市区5毫米。由于文安县、大城县相态为雨夹雪，并无积雪，其他地区积雪深度普遍不足5厘米，市区2厘米。上述2次明显雨雪过程有利于抑制土壤水分蒸发及保墒蓄墒，为冬小麦生长提供较好水分条件，利于冬小麦安全越冬，但雨雪过后道路湿滑，造成多起交通事故。

5. 10月中旬后寒潮大风。受秋冬影响，廊坊市的冷空气活动频繁，且势力较强。10月12—14日、11月12—14日、11月17—19日、11月23—25日和12月29—31日廊坊市先后出现5次区域性寒潮大风天气过程，在降温最强的11月23日至25日天气过程中，48小时内最低气温降幅普遍达到11～16℃。大城县降幅最大，为16.2℃，霸州气温最低，为-9.9℃。10月28日、11月17日和11月24日、12月30日，廊坊市出现区域性大风天气，其中11月17日夜间三河市、大厂县、香河县、市区和固安县等5个县（市）极大风力达到8级或以上，局地出现扬沙，最大极大风速出现在香河，为25.3米/秒（10级风）。

6. 秋冬季雾。2019年，廊坊全市的平均雾日为26.3天，其中香河县、文安县雾日分别为54天、46天，位居前二，其余县（市）小于30天，其中三河市最少仅9天，市区14天。1月12—13日、2月20—22日、10月18—20日、12月8—10日、12月16—17日，廊坊市出现连续区域性大雾天气，大部分县（市）能见度小于200米，局地能见度不足50米。大雾天气不仅给交通出行带来诸多不便，同时使得气温持续偏低，日照偏少，对设施农业也产生一定不利影响。

（王清川）

## 自然资源

**【水资源】** 廊坊市地处海河流域中下游，素有“九河下梢”之称。境内河道、洼淀较多。主要水系有潮白蓟运河水系、北运河水系、永定河水系、大清河水系、子牙河水系。海河流域主要行洪河道除南运河不流经廊坊市外，其他河流均流经廊坊市。全市主要有泃河、引泃入潮、北运河、潮白河、青龙湾减河、永定河、白沟河、大清河、子牙河、子牙新河等10条行洪河道，还有鲍丘河、龙河、凤河、牤牛河、中亭河、赵王河、永兴河、雄固霸新河、任文干、任河大、排干三、港河西支等排沥河道。另外，廊坊市境内还有文安洼、东淀、永定河泛区、贾口洼等4个国家防总直接调度的蓄滞洪区。由于廊坊市地处海河流域下游地区，每到汛期，上游暴雨容易形成洪涝灾害。

廊坊市地处海河流域，属温带大陆性季风气候，四季分明。具有春季干旱多风，夏季炎热多雨，秋季晴朗凉爽，冬季严寒少雪特征。多年平均降水量为554.2毫米，降水年内分配不均，一般降水主要集中在汛期（6月—9月）。

2019年，廊坊市平均降水量410毫米，比2018年偏少22%，比多年平均值偏少26.1%，属枯水年份。

2019年，廊坊市地表水资源量为0.1996亿立方米，地下水资源量3.728亿立方米，水资源总量3.502亿立方米。水资源总量比2018年偏少42.5%，比多年平均值偏少56.5%。

2019年，廊坊市河道径流总量15.27亿立方米，河道入境水量15.76亿立方米，河道出境水量13.85亿立方米，全市河道出入境水量之比为0.88。

2019年，廊坊市供水量9.513亿立方米，其中地表水工程供水量2.951亿立方米，地下水开采量5.247亿立方米，其他水源供水量1.315亿立方米。全市用水量9.513亿立方米。其中，农田灌溉用水量4.170亿立方米，林牧渔畜用水量1.096亿立方米，工业用水量1.080亿立方米，城镇公共用水量0.3928亿立方米，居民生活用水量2.092亿立方米，生态与环境补水量0.6824亿立方米。

（李　琦　李文波）

**【矿产资源】** 廊坊市位于燕山山脉的南侧，有着较为丰富的矿产资源，主要有石油、天然气、煤、熔剂白云岩、水泥用灰岩、紫砂陶瓷用黏土、海泡石，以及地下热水、矿泉水等矿产资源。煤炭主要分布在北部三河市康家湾到段甲岭一带和南部大城县境内。其中，三河市煤田煤系厚度497米，含煤13层，煤层厚度13.63米，以无烟煤为主，无烟煤占三河市煤田储量的93%；大城县境内煤炭储量190.1亿吨，总含煤面积1040平方千米。石油和天然气主要分布在安次区、永清县、固安县、霸州市和文安县，已探明石油储量2亿吨，天然气储量186亿立方米。熔剂白云岩分布在三河市段甲岭、尚庄子等地，水泥石灰岩分布在三河市孤山。地下热水分布广泛，主要在三河西部、安次区、永清县、固安县、霸州市、文安县和大城县，分布面积3916.49平方千米，出水口最高温度93℃，极具开发价值。

（李　强）

**【植物资源】** 廊坊市南北狭长，地形复杂，植被种类繁多。全市植物资源有127科400余属920种。栽培植物有粮食作物、豆类、薯类、油料、棉麻、烟草、药材、蔬菜、瓜类、林果、牧草等11个大类共 100多种。

丘陵地区以旱生灌丛草本植物为主，树少且多为人工栽培。阴坡植被茂密而阳坡植被稀疏。野生植被有酸枣、荆条、胡枝子、白草、阿尔泰紫菀等。栽培植被有枣树、核桃树、柿子树等。在谷地、山间盆地种植玉米、谷子、小麦等栽培作物。

山麓平原上部坎沟多为酸枣、毛地黄等野生耐旱植被。平原农田中一般为禾本科杂草，栽培作物为谷子、玉米等。

冲积平原野生植被主要生长在田际隙地、路边，田间稀少。主要有节节草、画眉草、芦苇草、三菱草、马齿苋、沙蓬、茅草、虎尾草、狗尾草、茶棵子、车前草、马绊草、枸杞等；栽培作物有小麦、玉米、大豆、谷子、水稻、棉花、花生、向日葵等，树木有桃树、梨树、苹果树、杏树、杨树、柳树等。

（市地方志编纂中心）

## 人　口

据户籍统计，2019年年末廊坊市总户数1517776户，比上年增加25109户；全市户籍总人口4833791人，比上年末增加39105人。在全市户籍总人口中，三河市总户数271803户，总人口731252人；大厂回族自治县总户数55431户，总人口132483人；香河县总户数126976户，总人口3743349人；廊坊经济技术开发区总户数14438户，总人口68774人；广阳区总户数124229户，总人口430675人；安次区总户数12089户，总人口379333人；永清县总户数117073户，总人口413864人；固安县总户数172322户，总人口527370人；霸州市总户数182438户，总人口658439人；文安县总户数174345户，总人口558806人；大城县总户数150437户，总人口538823人。

在全市户籍人口中，男性人口2429950人，占总人口的50.27%；女性人口2403841人，占总人口的49.73%；男女性别比为101.08。出生人口53778人，出生率1.11%，其中男性28179人，女性25599人。死亡人口18750人，死亡率0.38%，其中男性11254人，女性7496人。人口自然增长率0.73%。迁入人口42909人，迁出人口38832人。

在全市户籍人口中，农村户籍人口2418945人，占总人口50.04%；城镇户籍人口2414846人，占总人口49.96%。在人口年龄结构中，0～17岁人口1157642人，占总人口23.95%；18～34岁人口1159551人，

**2019 年廊坊市行政区划一览表**

表 12

| 县（市、区） | 镇 | 乡 | 街道 |
|---|---|---|---|
| 安次区 | 东沽港镇、葛渔城镇、码头镇、落垡镇 | 杨税务乡、调河头乡、北史家务乡、仇庄乡 | 光明西道街道、银河南路街道、永华道街道 |
| 广阳区 | 万庄镇、南尖塔镇、九州镇 | 北旺乡 | 新开路街道、解放道街道、爱民东道街道、银河北路街道、新源道街道、云鹏道街道、耀华街道 |
| 三河市 | 泃阳镇、燕郊镇、高楼镇、皇庄镇、新集镇、段甲岭镇、李旗庄镇、杨庄镇、齐心庄镇、黄土庄镇 | — | 鼎盛东大街街道、泃阳西大街街道、行宫东大街街道、迎宾北路街道、燕顺路街道、康城街道 |
| 大厂县 | 大厂镇、夏垫镇、祁各庄镇、陈府镇、邵府镇 | — | 北辰街道 |
| 香河县 | 淑阳镇、五百户镇、渠口镇、安平镇、刘宋镇、蒋辛屯镇、安头屯镇、钳屯镇、钱旺镇 | — | — |
| 固安县 | 固安镇、牛驼镇、马庄镇、柳泉镇、宫村镇 | 彭村乡、礼让店乡、东湾乡、渠沟乡 | — |
| 永清县 | 永清镇、别古庄镇、后奕镇、韩村镇、里澜城镇 | 龙虎庄乡、三圣口乡、曹家务乡、刘街乡、管家务回族乡 | — |
| 霸州市 | 霸州镇、南孟镇、信安镇、胜芳镇、堂二里镇、煎茶铺镇、扬芬港镇、王庄子镇、康仙庄镇 | 岔河集乡、东杨庄乡、东段乡 | 裕华街道 |
| 文安县 | 文安镇、左各庄镇、孙氏镇、苏桥镇、新镇镇、大留镇镇、兴隆宫镇、滩里镇、史各庄镇、德归镇、大柳河镇、赵各庄镇 | 大围河回族满族乡 | — |
| 大城县 | 平舒镇、南赵扶镇、权村镇、里坦镇、大尚屯镇、旺村镇、留各庄镇、广安镇、北魏镇、臧屯镇 | — | — |

占总人口 23.99%；60 岁及以上人口 848846 人，占总人口 17.56%。

（田谨铖）

## 行政区划

廊坊市下辖市辖区 2 个：安次区、广阳区；县级市 2 个：三河市、霸州市；县 6 个：香河县、永清县、固安县、文安县、大城县、大厂回族自治县。辖建制镇 72 个，乡 18 个，街道 18 个。2018 年 12 月，经河北省人民政府批准，河北省民政厅批复，同意撤销霸州市康仙庄乡、王庄子乡，设立康仙庄镇、王庄子镇；撤销大城县臧屯乡、北魏乡，设立臧屯镇、北魏镇。2019 年 6 月，经河北省人民政府批准，河北省民政厅批复，同意撤销三河市科技路街道，设立燕顺路街道、康城街道。

（孙素胜）

## 民族宗教

**【民族】** 2019 年，廊坊市有 51 个少数民族 18.7 万人，占全市人口的 3.9%。人口数最多的前 3 个民族分别是回族（77418 人）、满族（74925 人）、蒙古族（17589 人）。全市有民族自治县 1 个：大厂回族自治县；民族乡 2 个：永清县管家务回族乡、文安县大围河回族满族乡；民族村 86 个：广阳 5 个，安次 1 个，三河 18 个，大厂 23 个，香河 4 个，永清 6 个，固安 4 个，霸州 8 个，文安 13 个，大城 2 个，廊坊开发区 2 个。全市有民族学校 27 所。

**【宗教】** 廊坊市有佛教、道教、伊斯兰教、天主教、基督教五大宗教，主要分布在全市 10 个县（市、区）和廊坊开发区的 44 个乡镇 267 个村街。全市有宗教活动场所 162 处（寺观教堂 85 处、固定处所 77 处），其中天主教 38 处（教堂 24 处、固定处所 14 处）、基督教 17 处（教堂 4 处、固定处所 13 处）、佛教 43 处（寺院 9 处、固定处所 34 处）、道教 18 处（寺观教堂 2 处、固定处所 10 处）、伊斯兰教 46 处（清真寺）。宗教教职人员 220 人，其中天主教 11 人、基督教 17 人、佛教 70 人、道教 46 人、伊斯兰教 76 人。有 4 个全市性宗教团体，即市天主教爱国会、市佛教协会、市道教协会、市伊斯兰教协会。

（侯明明）

## 经济和社会发展

**【概况】** 2019 年，全市生产总值完成 3196 亿元，比上年增加 162.9 亿元，同比增长 6.7%。其中，第一产业完成 212.4 亿元，增长 1.1%；第二产业完成 1052 亿元，增长 1.4%；第三产业完成 1931.6 亿元，增长 10.6%。全市人均生产总值为 65511 元，同比增长 4.7%。

居民消费价格指数比上年上涨 2.5%，同比回落 0.1 个百分点。其中，食品烟酒上涨 6.6%，衣着上涨 1.4%，居住上涨 1.4%，生活用品及服务上涨 0.7%，交通和通信下降 2.7%，教育文化和娱乐上涨 1%，医疗保健上涨 2%。商品零售价格上涨 1.3%，与上年持平；农业生产资料价格上涨 4.9%，同比提高 0.6 个百分点；工业生产者出厂价格下降 1.4%，同比回落 5.3 个百分点。

**【农业】** 全年粮食播种面积 420.0 万亩（28 万公顷），同比下降 3.5%；粮食总产量 147.8 万吨，增长 0.2%。其中，小麦播种面积 85.5 万亩（5.7 万公顷），下降 7.8%，产量 32.8 万吨，下降 4.5%；玉米播种面积 303.1 万亩（20.21 万公顷），下降 3.4%，产量 107 万吨，增长 1.4%。

蔬菜及食用菌播种面积 120.3 万亩（8.02 万公顷），下降 3.6%；产量 502.3 万吨，下降 0.7%。棉花播种面积 4.7 万亩（0.31 万公顷），下降 12.9%；产量 0.3 万吨，下降 10.4%。油料播种面积 15.5 万亩（1.03 万公顷），下降 3.9%；产量 2.9 万吨，与上年持平。水产品总产量 2.1 万吨，下降 7.2%。

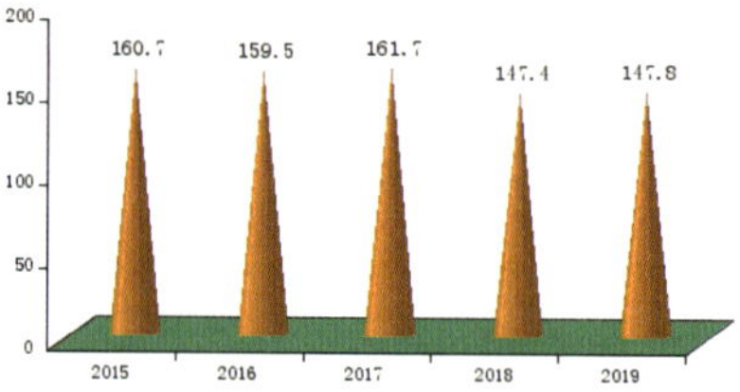

图 14 2015—2019 年廊坊市粮食总产量对比图（单位：万吨）

**【工业 建筑业】** 全年工业增加值同比增长 0.5%。其中，规模以上工业增加值增长 0.6%；规模以下工业增加值增长 0.4%。规模以上工业企业实现利润 87.0 亿元，增长 0.5%。

分经济类型看，规模以上工业中国有及国有控股企业增加值增长 25.3%，集体企业下降 3.7%，股份制企业增长 3.7%，外商及港澳台企业下降 5.5%；分轻重工业看，轻工业下降 2.8%，重工业增长 1.7%。

分行业情况看，31 个规模以上工业行业大类中，18 个行业增加值同比增长。其中，燃气生产和供应业，食品制造业，酒、饮料和精制茶制造业 3 个行业支撑作用明显，分别增长 15.5%、13.9%、32.5%，合计拉动规模以上工业增加值增长 2.2 个百分点。

全年建筑业实现增加值 281.4 亿元，同比增长 4.1%。房屋施工面积下降 15.4%，其中，住宅下降 17.8%；房屋竣工面积下降 50.5%，其中，住宅下降 58.0%。

**2019 年廊坊市规模以上工业主要产品产量情况表**

表 13

| 产品名称 | 全年产量 | 同比增速（%） |
|---|---|---|
| 液晶显示屏（万片） | 3170.8 | 23.1 |
| 液晶显示模组（万套） | 301.0 | -20.8 |
| 光学仪器［万台（个）］ | 9.5 | 69.6 |
| 印制电路板（万平方米） | 6.3 | 61.5 |
| 电子元件（万只） | 20000.0 | -42.9 |
| 纤维板（万立方米） | 101.8 | 9.1 |
| 表面活性剂（吨） | 36203.0 | 6.1 |
| 气体分离及液化设备（台） | 112.0 | -43.1 |
| 包装专用设备（台） | 94.0 | 1.1 |
| 金属切削工具（万件） | 111.7 | 3.6 |
| 多色印刷品（万对开色令） | 52.8 | -6.4 |
| 平板玻璃（万重量箱） | 1782.2 | 38.8 |
| 电力电缆（万千米） | 10.3 | 2.0 |
| 涂料（万吨） | 54.4 | 2.4 |
| 人造板（万立方米） | 302.3 | 5.8 |
| 钢材（万吨） | 1122.2 | -7.5 |
| 家具（万件） | 1473.2 | -4.9 |
| 精制食用植物油（万吨） | 25.8 | -9.8 |
| 乳制品（万吨） | 13.3 | 0.8 |
| 饮料酒（万千升） | 58.5 | 43.4 |
| 卫生陶瓷制品（万件） | 27.5 | -16.7 |

**【投资】** 全年全社会固定资产投资完成同比增长 6.8%，三次产业投资比为 2.7 ∶ 30.1 ∶ 67.2。第一产业投资增长 113.2%；第二产业投资下降 3.4%。其中，制造业投资下降 2.1%，电力、热力、燃气及水生产和供应业投资下降 21.4%；第三产业投资增长 10.6%。其中，交通运输、仓储和邮政业投资增长 30.3%，租赁和商务服务业投资增长 7.3%。基础设施投资增长 52.6%，占投资比重为 38.8%；房地产投资下降 16.4%，占投资比重为 29.7%。

亿元以上建设项目投资增长 17.5%，占固定资产投资的 58%，拉动全市投资增长 9.3 个百分点；十亿元以上项目投资增长 21.1%，占固定资产投资的 30.6%，拉动全市投资增长 5.7 个百分点。

**【贸易】** 全年社会消费品零售总额完成 1137.4 亿元，同比增长 9.1%。其中，限额以上企业（单位）消费品零售额完成 412.2 亿元，增长 14.0%。分城乡看，城镇市场发展快于乡村市场，城镇市场实现零售额 614 亿元，增长 9.7%；乡村市场实现零售额 523.4 亿元，增长 8.2%，城镇市场高于乡村市场 1.5 个百分点。

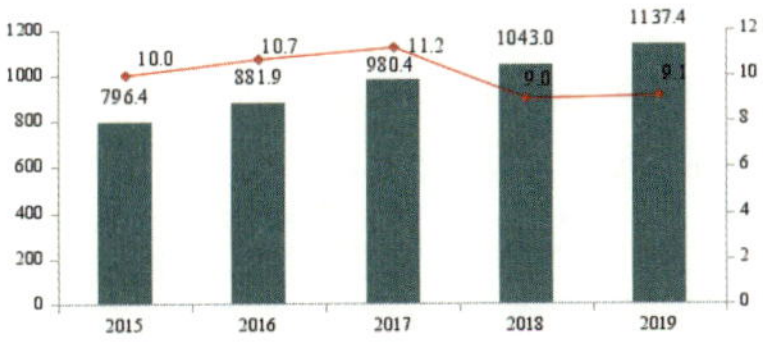


图 15 2015—2019 年廊坊市社会消费品零售总额及增速对比图（单位：亿元、%）

限额以上批发和零售业商品零售额 405.2 亿元，增长 14.4%。其中，体育、娱乐用品类，文化办公用品类，通信器材类快速增长，分别增长 5.2 倍、2.4 倍、1.8 倍。

**【对外经济】** 全年实际利用外资 110554 万美元，同比增长 5.4%。其中，外商直接投资 55150 万美元，下降 15.5%。全年入统项目 116 个，超千万美元的大项目 19 个，合计到位外资 91899 万美元，占实际利用外资的 83.1%。超亿美元的大项目 2 个，合计到位外资 37311 万美元，占全市实际利用外资的 33.7%。

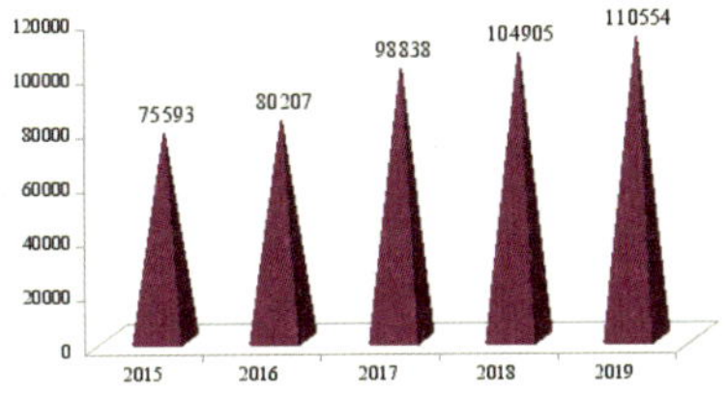


图 16 2015—2019 年廊坊市实际利用外资对比图（单位：万美元）

外贸进出口完成 352.4 亿元，同比下降 23.6%。其中，出口完成 183.5 亿元，增长 4%；进口 168.7 亿元，下降 40.7%。

**【财政　金融】** 全年一般公共预算收入完成 388.3 亿元，同比增长 7.3%。一般公共预算支出 639.2 亿元，增长 3.1%。税收占一般公共预算收入比重为 72.8%。

年末金融机构各项存款余额 6539.9 亿元，比年初增加 366 亿元。其中，住户存款余额 3894.6 亿元，比年初增加 467.2 亿元，增长 13.6%。金融机构各项贷款余额 6794.6 亿元，比年初增加 490.2 亿元，增长 7.8%。其中，中长期贷款余额 4944.5 亿元，比年初增加 311.7 亿元，增长 6.7%。

**【交通　邮电　旅游】** 全年公路货物运输总量 11521.71 万吨，同比增长 0.1%；货物运输周转量 287.2 亿吨公里，同比增长 1%。公路旅客运输总量 1842.5 万人，同比下降 8.1%；旅客周转量 7 亿人公里，同比下降 1%。全市公路里程 11477.3 公里，公路大中修工程完成 5 项，完成里程 62 公里，投资 8070 万元。城市公共汽车营运线路长度 899 公里。

全年邮政企业和快递服务企业业务总量完成 65.58 亿元，同比增长 54.4%；业务收入（不包括邮政储蓄银行直接营业收入）完成 40.2 亿元，增长 36.3%。其中，快递服务企业业务量 27219.7 万件，增长 11.2%；业务收入累计完成 34 亿元，增长 35.1%。年末固定电话用户 48.1 万户，移动电话用户 629.7 万户，互联网宽带接入用户数 169.6 万户。

全年共接待国内游客 4529.6 万人次，同比增长 15.6%，实现国内游客旅游收入 538.5 亿元，增长 20.4%。其中，过夜游游客 2403.9 万人次，增长 13.3%；一日游游客 2122.7 万人次，增长 18.3%。

**【教育　科技】** 全市各类中等职业教育学校 32 所，招生 1.1 万人，在校生 2.9 万人；普通高中 38 所，招生 2.7 万人，在校生 7.6 万人，高中阶段毛入学率 94.7%；初中 157 所，招生 6.5 万人，在校生 18.5 万人；小学 765 所，招生 9.2 万人，在校生 51.3 万人；各类幼儿园 1008 所，在园幼儿 16.0 万人；特殊教育学校 10 所，在校生 1217 人；小学附设学前班 447 所，在校生 2.8 万人。

全市共登记科技成果 91 项。其中，达到国际先进水平 32 项，国内领先水平 35 项，国内先进水平 22 项。全年申请专利 11089 项、授权 5937 项。全市签订技术合同 2244 项，技术交易额达到 137 亿元，增长 51%。

**【文化　卫生　体育】** 全市共有公有制艺术表演团体 9 个，艺术表演场所（公有制）13 个，群众艺术馆 2 个，文化馆 9 个，公共图书馆 11 个，博物馆 4 个。有线广播电视传输干线长度 1500 公里，广播、电视综合人口覆盖率达到 100%。

全市共有医疗卫生机构 6175 个。其中，医院 190 个，乡镇卫生院 90 个，社区卫生服务中心（站）66 个，疾病预防控制中心 11 个，妇幼保健院（所、站）10 个。医疗卫生机构共有床位 25682 张。其中，医院拥有 20252 张，乡镇卫生院拥有 4394 张。全市拥有卫生技术人员 34431 人。其中，执业医师及执业助理医师 16171 人，注册护士 12279 人。

农村和城市社区健身设施覆盖率均达到 100%。市、县两级共举办各类全民健身活动 220 余次。举办社会体育指导员培训班 10 余期，培训 1000 余人。组队参加了全国第二届青年运动会 4 项比赛和省级青少年 18 项年度比赛，取得全国二青会 4 金 5 铜、省级比赛 86 金 65 银 94 铜的优异成绩。举办全市首届冰雪运动会及冰雪嘉年华系列活动，参加了省冰运动会 5 项比赛，取得 3 块金牌、6 块奖牌，圆满完成参赛任务。

**【人民生活　社会保障】** 全年财政民生支出 490.7 亿元，占一般公共预算支出的 76.8%。城镇居民人均可支配收入 43912 元，同比增长 8.6%；农村居民人均可支配收入 18467 元，同比增长 9.5%。城镇居民人均消费性支出 27937 元，增长7.2%；农村居民人均消费性支出14293元，增长8.4%。

全市共有城乡低保对象46620人，比上年增加9711人。其中，城镇低保对象3741人，比上年减少265人；农村低保对象42879人，比上年增加9996人。进一步提高社会保障水平，城乡低保平均保障标准达到每人每月783元，为全省最高。城乡居民基础养老金最低标准151元，较上年提高33元。

机关企事业单位养老保险参保人数107.8万人。机关事业单位基本养老保险社会统筹人数19.5万人。其中，在岗职工13.4万人；离退休人数6万人。企业参加基本养老保险参保人数88.3万人。其中，在岗职工人数78.2万人；离退休人数10.1万人。企业和机关事业单位养老保险金社会发放率和足额发放率均达到100%。职工失业保险参保人数36.7万人。

**【环境保护】** 全年市区空气质量综合指数5.27，同比下降5.6%。全年空气质量二级以上天数235天。其中，一级天数34天。城市空气质量达标率为64.4%，比上年提高2.2个百分点。全市共划定4个县级自然保护区，总面积达244.8平方公里，自然保护区覆盖率达3.8%。地表水达标率为85.7%。

说明：

1.2019年部分指标为快报数据。

2.2018年全市生产总值及三次产业增加值为第四次全国经济普查调整数据。

3.全市生产总值、各产业增加值绝对值按现行价格计算，增长速度按不变价计算。

4.规模以上工业企业指年主营业务收入2000万元以上的工业法人企业。

5.限额以上贸易业企业指年主营业务收入2000万元以上批发业企业、年主营业务收入500万元以上零售业企业、年主营业务收入200万元以上住宿业企业以及年主营业务收入200万元以上餐饮业企业。

6.户籍人口、财政、金融、进出口、旅游、物价、交通、邮电、教育、科技、文化、卫生、体育、社保及环保等指标均为相关部门提供数据。

7.由于单位换算、四舍五入等原因产生的计算误差，均未作机械调整。

8.部分指标因口径变化，与上年数据不衔接。

# 党政机关、直属事业单位、党派团体和部分中省直属单位负责人名单

## 中国共产党廊坊市委员会

书　　记　冯韶慧
副 书 记　赵　革（12 月任）
　　　　　陈　平（任至 7 月）
　　　　　李　龙
　　　　　胡晓军（挂职）
常　　委　奚献军（任至 4 月）
　　　　　魏国东
　　　　　贾永清
　　　　　韩占山（任至 4 月）
　　　　　王金忠
　　　　　陈少军（9 月任）
　　　　　张金波
　　　　　王亚军（11 月任）
　　　　　吕双平（任至 5 月）
　　　　　詹晓阳（4 月任）
　　　　　白文建（5 月任）
秘 书 长　张金波
副秘书长　温九州
　　　　　许　伯
　　　　　石铁柱
　　　　　马志永
　　　　　邢劭祥（任至 8 月）
　　　　　王建民（8 月任）
　　　　　曹明月（任至 5 月）
　　　　　李海坡
　　　　　贾体兵（任至 5 月）
　　　　　周永刚
　　　　　洪　江
　　　　　王　伟（5 月任）

### 市委办公室

主　　任　温九州
副 主 任　马志永
　　　　　曹明月（任至 5 月）
　　　　　李海坡
　　　　　贾体兵（任至 5 月）
　　　　　周永刚
　　　　　洪　江（5 月任）

### 市纪律检查委员会

书　　记　魏国东
常务副书记　刘文洪（任至 6 月）
　　　　　李晓鹏（8 月任）
副 书 记　刘子儒
　　　　　李雪强（8 月任）
常　　委　马云友
　　　　　邱　峰
　　　　　刘海军（8 月任）
　　　　　张连军
　　　　　杨明铭

### 市监察委员会

主　　任　魏国东
副 主 任　刘文洪（任至 9 月）
　　　　　李晓鹏
　　　　　刘子儒
　　　　　李雪强（9 月任）
委　　员　马云友
　　　　　邱　峰（9 月任）
　　　　　张连军
　　　　　李向海（7 月任）
　　　　　连　宇（7 月任）

### 市委组织部

部　　长　李　龙（任至 11 月）
　　　　　王亚军（11 月任）
常务副部长　李　澎
副 部 长　赵振海
　　　　　李万鹏
　　　　　蔡永盾
　　　　　雷　剑
　　　　　刘　燕

### 市委宣传部

部　　长　王金忠（12 月任）
　　　　　奚献军（任至 4 月）
常务副部长　梁雪梅
副 部 长　高慧聪
　　　　　尚秋霞

### 市精神文明建设委员会办公室

主　　任　梁雪梅
专职副主任　谷永超

### 市委网信办

主　　任　汪国会

副　主　任　张殿峰
　　　　　　马　壮

### 市委政法委
书　　　记　张金波（任至4月）
　　　　　　詹晓阳（4月任至9月）
　　　　　　陈少军（9月任）
副　书　记　岳林山
　　　　　　樊亚峰
　　　　　　詹洪超
　　　　　　宋品升
　　　　　　刘洪涛（援疆）

### 市委统战部
部　　　长　奚献军（任至4月）
　　　　　　王金忠（12月任）
常务副部长　李新洪
副　部　长　段振中
　　　　　　杨　毅
　　　　　　王书华
　　　　　　王安民
　　　　　　马建辉

### 市台办
主　　　任　段振中
副　主　任　王继寅

### 市委研究室
主　　　任　陶春来
副　主　任　郝渭东
　　　　　　许运良（任至5月）
　　　　　　张晓东
　　　　　　吕晓将（5月任）

### 市信访局
局　　　长　邢劭祥（任至8月）
　　　　　　王建民（8月任）
副　局　长　马瑞生
　　　　　　张克让
　　　　　　马胜利

### 市直机关工委
书　　　记　万福森
副　书　记　刘小平
　　　　　　朱宪涛

### 市委老干部局
局　　　长　李万鹏
副　局　长　张炳智
　　　　　　李明军
　　　　　　柴书君

### 市委讲师团（市社科联）
主　　　任　张明贤
副　主　任　刘玉梅
　　　　　　李海桐

### 市委党校
校　　　长　李　龙
副　校　长　王殿龙
　　　　　　付云良
　　　　　　杨东升
　　　　　　杨万民
　　　　　　金红娟

### 市委党史研究室
主　　　任　韩志宽
副　主　任　李凤友
　　　　　　李恩来
　　　　　　任礼厂

### 市委全面深化改革委员会办公室
主　　　任　陶春来

### 市委机构编制委员会办公室
主　　　任　蔡永盾
副　主　任　魏斌远
　　　　　　李连兴
　　　　　　郭　亮（5月任）

### 中共廊坊市档案馆
馆　　　长　辛　瑾
副　馆　长　张志娟
　　　　　　张超君

## 廊坊市人民代表大会常务委员会
主　　　任　蒋洪江
副　主　任　王俊臣
　　　　　　王相仁
　　　　　　陈洪波
　　　　　　王永威
　　　　　　邵二玲
　　　　　　张　矛（1月任）
秘　书　长　毕忠庆
副 秘 书 长　高福源

单克锋
刘青芳
郭淑凤（任至 5 月）

**办公室**
主　　任　高福源

**选举代表人事工作委员会**
主　　任　梁洪涛
副 主 任　王澜际

**法制工作委员会**
主　　任　尹绍旺（任至 5 月）
　　　　　陈立民（5 月任）
副 主 任　刘淑旺

**财政经济工作委员会**
主　　任　吴德明
副 主 任　关景波（任至 5 月）

**教育科学文化卫生工作委员会**
主　　任　冯俊国
副 主 任　吕树山

**城乡建设环境保护工作委员会**
主　　任　罗　进（任至 5 月）
　　　　　李　楠（5 月任）
副 主 任　李　楠（任至 5 月）

**农村经济工作委员会**
主　　任　董春田
副 主 任　娄小田

## 廊坊市人民政府

市　　长　赵　革（12 月任）
　　　　　陈　平（任至 7 月）
副 市 长　胡晓军（挂职）
　　　　　贾永清（分工政府常务工作）
　　　　　张春燕
　　　　　王凯军
　　　　　张秉舜
　　　　　赵晋进
　　　　　张海川（12 月任）
　　　　　张　矛（1 月任）
秘 书 长　张　矛（任至 1 月）
　　　　　李清涛（5 月任）
副秘书长　苏秉武

汪俊岭（任至 5 月）
任建国
李宏疆
李　春（任至 12 月）
马立东
于彦彬（5 月任）

## 市政府工作部门、省垂直管理部门、直属机构

**市发展和改革委员会**
主　　任　朱建强
副 主 任　张春明
　　　　　苏志胜
　　　　　田克慧
　　　　　隋志文
　　　　　谭福华
　　　　　黄伯华
　　　　　张永凯
　　　　　李　嘉
　　　　　王大进
　　　　　王子辉

**市粮食与物资储备局**
局　　长　朱建强

**市教育局**
局　　长　薛树林
副 局 长　綦艳波
　　　　　孙仲才
　　　　　李克文
　　　　　杨东生

**市科技局**
局　　长　杨中秋（任至 1 月）
　　　　　贺曙光（1 月任）
副 局 长　赵敏学
　　　　　徐　刚（1 月任）
　　　　　董立峰
　　　　　荣华磊
　　　　　纪永奎
　　　　　韩学东（任至 12 月）
　　　　　张留起（任至 1 月）
　　　　　宋中东（任至 1 月）
　　　　　赵万宝（任至 1 月）

**市民族宗教事务局**
局　　长　杨　毅
副 局 长　凌　晨

刘忠社
张永军

**市民政局**

局　　长　薛　宏
副 局 长　李延庆
杨建光
李明旺（任至 5 月）
韩会庭
王东红（1 月任）

**市财政局**

局　　长　左德江（任至 1 月）
姚振辉（1 月任）
副 局 长　孙广喜
姚振辉（任至 1 月）
王永来
万国民
丁　勇
程广翔（5 月任）

**原市非税收入管理局局长**

程广翔（任至 5 月）

**市人力资源和社会保障局**

局　　长　张维真
副 局 长　李振华
张志忠
孙桂文（任至 1 月）
王建国
就业服务局局长
王东升
公务员局局长
李振华（任至 1 月）
外专局局长
徐　刚（任至 1 月）

**市行政审批局**

局　　长　田景红
副 局 长　李　健
赵　强
王进忠
徐国清
孙联华
魏　建
马宝宗
张万安

**市自然资源和规划局**

局　　长　马江水
副 局 长　林培如
褚宝松
李永成
康天佑
常树元
杨振武
谈伟平
肖景生
刘　刚
常宝立

**市住房和城乡建设局**

局　　长　赵　普
副 局 长　谷建海
刘广营
李金龙
邓克永
张志良
郝克耕
张志文
园林局局长　李德春

**市城市管理综合行政执法局**

局　　长　张志超
副 局 长　周铁训
杨国民
高中利
李德学

**市住房公积金管理中心**

主　　任　姜建辉
副 主 任　李连生
贾健拢
刘举义

**市交通运输局**

局　　长　王辉云
副 局 长　郝栓柱
孙明军
郝艳军
孟广文（任至 2 月）

**市工业和信息化局**

局　　长　彭建辉（任至 1 月）
冯学军（1 月任）

副　局　长　刘金梁
曹焕义
刘怀涛
于宝军
王国兴

**市邮政管理局**

局　　　长　李向鸿（9 月任）
副　局　长　（空　缺）

**市水利局**

局　　　长　王秀富
副　局　长　昝思胜
张英勃
陈金良
宗万明

**市农业农村局**

局　　　长　刘桂龙
副　局　长　胡　晨（1 月任）
史玉星（任至 5 月）
李双进
张光山
夏俊松
刘恩义（任至 8 月）
张爱国
苑铁华
邱海增
刘　润
王龙江

**市商务局**

局　　　长　李克俭
副　局　长　胡兆伟（任至 5 月）
赵文奎
张占更
闫　杰
刘国胜

**市文化广电和旅游局**

局　　　长　李艳霞
副　局　长　田克智（任至 8 月）
孙丰年
秦　冬
李永生
董成军
赵　新

**市卫生健康委员会**

主　　　任　杨庆华
副　主　任　王　茂
李庚申
张留栓
王玉虎
董继彬
刘建民
程洪柱（任至 1 月）
陈学武
陈利民（1 月任）

**市审计局**

局　　　长　曹希恩
副　局　长　薛　冬
万茂才
赵志生

**市政府国有资产监督管理委员会**

主　　　任　范增英
副　主　任　赵建文
张宝明
刘景鸿
肖志才
郝艳芬
李文阁

**国家税务总局廊坊市税务局**

局　　　长　刘海燕
副　局　长　徐国民
路　坦
王万卿（任至 11 月）
江　燕
李柏林
张振江
周永利
陈玉维
王长凌

**市市场监督管理局**

局　　　长　宁鸣飞
副　局　长　马晓林
解其胜
舒国卿
李暗柳
张继良（任至 6 月）
晏　斌

苗振国
刘旭杰
张存良
段再友

**市生态环境局**

局　　长　彭建辉
副 局 长　孟　实
李春元
赵尔仓
王洪黍
巨振海

**市体育局**

局　　长　王洪生
副 局 长　赵庆春（任至 1 月）
王彦庆

**市统计局**

局　　长　张志刚
副 局 长　王振宽
潘　辉
张四喜
姜　艳

**市气象局**

局　　长　展　芳
副 局 长　杜海涛
贾贵陆

**市退役军人事务局**

局　　长　许秀芬
副 局 长　张华维
郭国彪
于永刚

**市医疗保障局**

局　　长　张宝东
副 局 长　孙桂文
李　涛

**市应急管理局**

局　　长　张显强
副 局 长　韩克学
张振来
张留起
韩悦红
周志海

宋中东
赵万宝

**市地方金融监督管理局**

局　　长　汪俊岭（5 月任）
李清涛（任至 5 月）
副 局 长　纪连永（任至 5 月）
崔　浩（5 月任）

**市供销合作联合社**

主　　任　胡志福
副 主 任　闫贵贤
陈中喜

**市外事办公室**

主　　任　马海程（任至 2018 年 12 月）
苏秉武（2018 年 12 月任）
副 主 任　都进清（任至 2018 年 12 月）
王安民（任至 2018 年 12 月）

**市政府研究室**

主　　任　许建军
副 主 任　张贺伟
倪海之

**原市法制办公室**

主　　任　万惠兰（任至 1 月）

**廊坊临空经济区管委会**

党工委书记　张海川（12 月任）
管委会主任　张海川（12 月任）

**市烟草专卖局**

局　　长　马宝平
副 局 长　卢久锋

**廊坊无线电管理局**

局　　长　张忠凯
副 局 长　施明德

## 中国人民政治协商会议廊坊市委员会

主　　席　李　波
副 主 席　布泽文
王世强
王学求（不驻会）
张纬东

周廷生
高树民
李玉宝
李艳军
耿建明（不驻会）
秘　书　长　徐长茂
副 秘 书 长　刘中立（任至 6 月）
冉伟标
张　颖
王爱芳

### 办公室
主　　　任　刘中立（兼，任至 6 月）
冉伟标（兼，6 月任）

### 研究室
主　　　任　黄建伟（任至 6 月）

### 行政事务管理处
处　　　长　王宝良

### 提案委员会
主　　　任　王振生
副　主　任　牛　海

### 文化文史和学习委员会
主　　　任　张俊生
副　主　任　王金艳
倪和平

### 文史资料征编室
主　　　任　曹继峰

### 财政经济委员会
主　　　任　刘中立
副　主　任　李立红（任至 6 月）
齐　华

### 教科卫体委员会
主　　　任　刘连侠
副　主　任　张加得

### 社会法制委员会
主　　　任　王凌云
副　主　任　马惠坤

### 人口资源环境委员会
主　　　任　李立红（6 月任）

### 民族宗教港澳台侨委员会
主　　　任　王秀凤（6 月任）

## 民主党派

### 中国国民党革命委员会廊坊市委员会
主 任 委 员　李艳军
副主任委员　陈新海
于士温
李艳红

### 中国民主同盟廊坊市委员会
主 任 委 员　张纬东
副主任委员　郭淑凤
王景硕
周旭光
李景玉

### 中国民主建国会廊坊市委员会
主 任 委 员　邵二玲
副主任委员　侯海东
纪志金
董铁刚
王爱芳

### 中国民主促进会廊坊市委员会
主 任 委 员　王世强
副主任委员　李海波
刘秋娥
张玉华
董　玮

### 中国农工民主党廊坊市委员会
主 任 委 员　王伟刚
副主任委员　刘善忠
滕宇航（专职）
李素红
马晓衡

### 九三学社廊坊市委员会
主 任 委 员　王学求
副主任委员　李　志
李志芳
李雪竹
张领山

## 群众团体

### 廊坊市总工会

主　　席　陈洪波（兼）
常务副主席　任红霞
副 主 席　田惠兰
　　　　　王忠亮

### 共青团廊坊市委员会

书　　记　庞大鹏（任至 2018 年 12 月）
　　　　　王媛媛（2018 年 12 月任）
副 书 记　郑　健
　　　　　刘　娜（5 月任）

### 廊坊市妇女联合会

主　　席　刘　玫
副 主 席　吴学红
　　　　　爱新觉罗·闾娜

### 廊坊市科学技术协会

主　　席　李冬梅
副 主 席　时晨光
　　　　　王　光
　　　　　王银山

### 廊坊市工商业联合会

主　　席　耿建明
常务副主席　王国友
副 主 席　陈　燕
　　　　　王成文
　　　　　周春辉
　　　　　金　昕

### 廊坊市文学艺术界联合会

主　　席　董春霖
副 主 席　李秋生
　　　　　柳成林（12 月任）

### 廊坊市归国华侨联合会

主　　席　王　华
副 主 席　杜　文（兼）
　　　　　张克锋（兼，12 月任）
　　　　　吴丽娟（兼，12 月任）
　　　　　王德红（兼，12 月任）
　　　　　蒋文珠（兼，任至 12 月）
　　　　　徐会霞（兼，任至 12 月）

### 廊坊市残疾人联合会

理 事 长　马百队
副理事长　王法会
　　　　　杨建波

### 中国国际贸易促进委员会廊坊市委员会

会　　长　李庆水
副 会 长　刘　忠
　　　　　董贺成
　　　　　张建明

### 廊坊市红十字会

会　　长　寇德松
副 会 长　王玉虎

## 法制　军事

### 市公安局

局　　长　赵晋进
常务副局长　侯树青
副 局 长　许保东（任至 6 月）
　　　　　张学军
　　　　　穆保民

### 市中级人民法院

院　　长　苑三国
副 院 长　王振合
　　　　　封合年
　　　　　赵桂忠
　　　　　崔学光

### 市人民检察院

检 察 长　王胜喜
副检察长　赵凤山
　　　　　武建新
　　　　　汪文娟
　　　　　孙志义（5 月任）

### 市司法局

局　　长　宋书英（任至 1 月）
　　　　　万惠兰（1 月任）
副 局 长　李银增（任至 7 月）
　　　　　韩景路
　　　　　崔铁强
　　　　　段福强

### 市消防救援支队
支　队　长　王　伟（任至 3 月）
　　　　　　张宪斌（3 月任）
政治委员　赵兴荣

### 市人防办
主　　任　李　春
副 主 任　祖广友

## 企事业单位

### 廊坊日报社
社　　长　孟繁彪
总 编 辑　杨启荣
副总编辑　王长青
　　　　　时启贵
　　　　　任淑静
副 社 长　康连存

### 廊坊市广播电视台
台　　长　王建久
总 编 辑　周洪涛
副 台 长　韩洪恩
　　　　　纪洪强
　　　　　张荣启
　　　　　程建民
副总编辑　李欣凤

### 廊坊市农林科学院
院　　长　高继祥
副 院 长　梅仕能
　　　　　杜德玉
　　　　　朱自平
　　　　　石彩华

### 廊坊市人民医院
院　　长　（暂缺）
副 院 长　高登鹏
　　　　　陈　光
　　　　　安巨会
　　　　　胡建忠

### 廊坊市中医医院
院　　长　王建国
副 院 长　杨淑莲
　　　　　王国明
　　　　　王更书
　　　　　邢颖涛

### 河北中石油中心医院
院　　长　马德库
副 院 长　郭文有
　　　　　刘奋学
　　　　　张亭耀
　　　　　袁世民
　　　　　孟令权
　　　　　王增立
　　　　　梁戈清（11 月任）
　　　　　韩　旭（11 月任）

### 廊坊市第一中学
校　　长　徐永辉
副 校 长　刘文俊
　　　　　何绍青
　　　　　王金钟
　　　　　许长虹
　　　　　李永金

### 廊坊市第二中学
校　　长　刘广进
副 校 长　衡　侃
　　　　　商霄燕

### 廊坊市第七中学
校　　长　董立明
副 校 长　王学军
　　　　　张彦清
　　　　　徐凤杰（任至 4 月）

### 廊坊市第八高级中学
校　　长　王中波
副 校 长　葛志强
　　　　　臧乃东
　　　　　苗淑贤

### 中国石油天然气管道局中学
校　　长　孙英杰
副 校 长　陈功利
　　　　　李晓娣
　　　　　郭炳章

### 廊坊卫生职业学院
院　　长　刘更新
副 院 长　彭丽红
　　　　　孙爱国
　　　　　金贵婷

**廊坊市高级技工学校**

校　　长　张建华
副 校 长　黄贵新
　　　　　王学军
　　　　　邢玉珍
　　　　　何丽辉

**廊坊市食品工程学校**

校　　长　刘振海
副 校 长　孙新花
　　　　　龚瑞桥
　　　　　夏　宇

**廊坊市电子信息工程学校**

校　　长　韩　启
副 校 长　周世平
　　　　　宁久长（任至8月）
　　　　　陈显龙
　　　　　于　涛
　　　　　艾全江

**廊坊市体育运动学校**

校　　长　马常永（任至2018年12月）
　　　　　赵庆春（1月任）
副 校 长　程国辉
　　　　　薛宗军
　　　　　董大明（任至2018年8月）
　　　　　苑志欣（5月任）

**廊坊市广播电视大学**

校　　长　李河均
副 校 长　李　琥
　　　　　姚东升
　　　　　徐海龙（任至2018年12月）

**廊坊职业技术学院**

院　　长　王建强（任至11月）
副 院 长　金桂兰
　　　　　周春祥
　　　　　李彦明

**国网廊坊供电公司**

总 经 理　刘晓辉
副总经理　崔锁成
　　　　　曹轶洋（4月任）
　　　　　李　钢
　　　　　许霄曈（任至8月）
　　　　　刘　蔚（9月任）
　　　　　郭金智（任至8月）
　　　　　李艳杰（任至4月）
　　　　　刘立新（任至8月）

**廊坊新奥燃气有限公司**

总 经 理　卢雪松（任至1月）
　　　　　程　路（1月任）
副总经理　马德华

**廊坊市铭顺石油天然气销售有限公司**

总 经 理　方秋满（任至3月）
　　　　　周树峰（4月任）

**中国电信集团有限公司廊坊分公司**

总 经 理　王继军
副总经理　梁博文
　　　　　杨文涛
　　　　　韩家驷
　　　　　于　波

**中国移动通信集团河北有限公司廊坊分公司**

总 经 理　韩晓雷（任至1月）
　　　　　郭　强（1月任）
副总经理　石泰岩
　　　　　王　刚（任至11月）
　　　　　薛建勋（11月任）
　　　　　葛淑洁
　　　　　席振国（任至11月）
　　　　　王若钊（11月任）

**中国联合网络通信有限公司廊坊市分公司**

总 经 理　常连清
副总经理　张　浦
　　　　　徐伟栋
　　　　　商　义（任至3月）
　　　　　张　涛
　　　　　王　杰
　　　　　杨咏梅（3月任）

## 金融业

**中国银行保险监督管理委员会廊坊监管分局**

局　　长　白同顺（9月任）
　　　　　王东升（任至7月）
副 局 长　白同顺（6月至9月，主持工作）
　　　　　孙洪磊（任至6月）
　　　　　王宝华（7月任）
　　　　　田雪飞（7月任）

张体剑（11 月任）

### 中国人民银行廊坊市中心支行

行　　　长　曹建强
副　行　长　卜燕华
　　　　　　沈桂民
　　　　　　郭　宁
　　　　　　孙军红（9 月任，任至 12 月）

### 中国农业发展银行廊坊分行

行　　　长　张春生
副　行　长　李庆熙（12 月任）
　　　　　　王宝印
　　　　　　窦红涛（2018 年 12 月任）
　　　　　　李天栋（任至 2018 年 12 月）

### 中国农业银行股份有限公司廊坊分行

行　　　长　吴春风
副　行　长　赵英敏（8 月任）
　　　　　　刘文明
　　　　　　张绍纯
　　　　　　王　智
　　　　　　马　健（任至 2018 年 12 月）
　　　　　　张根全（任至 9 月）

### 中国工商银行股份有限公司廊坊分行

行　　　长　杨力民
副　行　长　张思圆
　　　　　　段自平
　　　　　　刘金路
　　　　　　陈　静
　　　　　　孙宝森（任至 5 月）
　　　　　　曹爱民（5 月任）
　　　　　　穆建景

### 中国建设银行股份有限公司廊坊分行

行　　　长　郭鹏军
　　　　　　王　泉
副　行　长　赵　鹏
　　　　　　张国柱
　　　　　　陈宝军
　　　　　　苏朝海
　　　　　　陈　华
　　　　　　刘中喜
　　　　　　刘少飞

### 中国银行股份有限公司廊坊分行

行　　　长　沈　光
副　行　长　张秀伟
　　　　　　刘　扬
　　　　　　李明桥

### 廊坊银行股份有限公司

董　事　长　邵丽萍
行　　　长　曹继红（9 月任）
　　　　　　年　栗（任至 9 月）
监　事　长　李德华
副　行　长　陈树军
　　　　　　史建峰
　　　　　　陈　斌（任至 3 月）

### 河北省农村信用社联合社廊坊审计中心

主　　　任　兰成民
副　主　任　姜义全
　　　　　　李文涛

## 中央、省直属驻廊坊单位

### 中国石油管道局工程有限公司

总　经　理　孙全军
常务副总经理　陈庆勋
副 总 经 理　史振祥
　　　　　　王卫国（任至 11 月）
　　　　　　高建国
　　　　　　张志宏
　　　　　　薛　枫
　　　　　　闵云鹤

### 中国石油天然气股份有限公司管道分公司

总　经　理　姜昌亮
副 总 经 理　崔　涛
　　　　　　潘殿军（任至 9 月）
　　　　　　张欣佳
　　　　　　王振声
　　　　　　张忠东
　　　　　　迟红新
　　　　　　徐　强
　　　　　　刘志刚

### 中国地质科学院勘探技术研究所

所　　　长　张金昌（任至 4 月）
　　　　　　叶建良（5 月任）
副　所　长　丰成友（4 月任）
　　　　　　高　鹏（任至 4 月）
　　　　　　冉恒谦
　　　　　　江云华（6 月任）

李建国（9 月任）
谢文卫（12 月任）

**中国地质科学院地球物理地球化学勘查研究所**

所　　长　张作衡（12 月任）
彭轩明（任至 12 月）
副 所 长　彭轩明（12 月任）
甘行平（任至 6 月）
高　鹏（6 月任）
史长义
刘开江
伍光英
郝国杰

**中国建筑科学研究院有限公司建筑机械化研究分院**

院　　长　李守林
副 院 长　宫剑飞
王东红
刘子金（任至 12 月）

**河北省区域地质调查院**

院　　长　赵永平
副 院 长　宋朝辉
彭朝晖（6 月任）
王彦光（6 月任）
魏文通（6 月任）
张计东（任至 5 月）

**河北省地质测绘院**

院　　长　郭有平（任至 5 月）
李亚东（5 月任）
副 院 长　高自强（任至 5 月）
刘亚涛（5 月任）
贾乃娟
黄静新
张玉领（任至 5 月）

**河北省地球物理勘查院**

院　　长　李卫东
副 院 长　楚福录
孙卫东
侯云廷
徐　康（任至 6 月）

**国家统计局廊坊调查队**

队　　长　崔振敏（任至 5 月）
副 队 长　胡建波（主持工作）
刘伯谦

**河北广电网络集团公司廊坊分公司**

总 经 理　邵荣旺
副总经理　李红宇
龚志峰
许东营
马新建
赵　磊（12 月任）

**北华航天工业学院**

校　　长　韩文仲
副 校 长　李国洪
陈　刚
郭立稳（任至 5 月）
李海涛（5 月任）
王晓光（5 月任）

**河北工业大学廊坊分校**

校　　长　路景山
副 校 长　郝志功（任至 9 月）
董国利（9 月任）
张继县（任至 9 月）
盖世洲（12 月任）
刘国丽（任至 9 月）
李建伟（12 月任）

**廊坊师范学院**

校　　长　李士杰（任至 4 月）
杨学新（4 月任）
副 校 长　赵学良
李继林（4 月任）
陈忠杰（4 月任）
孙　政（4 月任）
刘向东（任至 4 月）
郭洪博（任至 4 月）

**廊坊海关**

关　　长　张志军
副 关 长　李德山
魏建华
陈　勇
刘长宏
李朝阳

**中国石化销售有限公司河北廊坊石油分公司**

经　　理　郭忠强

**中国石油天然气股份有限公司河北廊坊销售分公司**

经　　理　常卫东（8 月任）

张喜君（任至 8 月）
副 经 理 杨宗芳
杨 军
毕丽辉（2018 年 9 月任）

## 县（市、区）机构

### 安次区

#### 中共安次区委员会

书 记 张 平
副 书 记 薛振泽
李 军（任至 5 月）
高 波（5 月任）

#### 安次区人大常委会

主 任 赵建富
副 主 任 蒙永红
宛亚利
臧爱林
邢云魁

#### 安次区人民政府

区 长 薛振泽
副 区 长 王振宇
赵 玉
黄运然（任至 7 月）
汤学军
吕 伟
马洪涛
武华强（挂职，5 月任）

#### 政协安次区委员会

主 席 马崇浩
副 主 席 王泽芬
张志荣
张冬青

### 广阳区

#### 中共广阳区委员会

书 记 周春生（任至 12 月）
徐静华（12 月任）
副 书 记 徐静华（任至 12 月）
曹永生

#### 广阳区人大常委会

主 任 王春明
副 主 任 毛志刚
孙廷华
王洪舫
于振刚（任至 1 月）
贾春立（1 月任）

#### 广阳区人民政府

区 长 徐静华（任至 12 月）
副 区 长 娄玉新
王 亢
周冠华
于健全
韩金虎
刘永华
赵德中
刘一泓（挂职）

#### 政协广阳区委员会

主 席 张宝兴
副 主 席 李雪竹
常东风
孟庆发
王玉清

### 三河市

#### 中共三河市委员会

书 记 韩占山（任至 4 月）
詹晓阳（8 月任）
副 书 记 刘连杰
王凤海（任至 8 月）
崔浩泉（12 月任）

#### 三河市人大常委会

主 任 孟建政
副 主 任 卢金力（任至 1 月）
李德奎
李振江
胡立文
李维宁（1 月任）

#### 三河市人民政府

市 长 刘连杰
副 市 长 崔邦文（任至 12 月）
刘力军（任至 12 月）
李海滨
王林辉
张凤伶（任至 1 月）
马美宇
黄学军（12 月任）

### 政协三河市委员会

主　　席　张晓明
副 主 席　刘　炜（任至1月）
　　　　　夏凤英
　　　　　李常辅
　　　　　张凤伶（1月任）
　　　　　张中华（1月任）

## 大厂回族自治县

### 中共大厂回族自治县委员会

书　　记　谷正海
副 书 记　刘宝旺
　　　　　张洪涛

### 大厂回族自治县人大常委会

主　　任　杨振新
副 主 任　丁　然
　　　　　张春秋（1月任）
　　　　　铁　金（1月任）
　　　　　张少杰（任至1月）
　　　　　关松发（任至1月）
　　　　　祁宝利（任至1月）

### 大厂回族自治县人民政府

县　　长　刘宝旺
副 县 长　王彦伟
　　　　　崔东虎
　　　　　杨华勇
　　　　　吴成杰
　　　　　徐　兵
　　　　　邳树家

### 政协大厂回族自治县委员会

主　　席　冯　幸
副 主 席　孟宪明
　　　　　陈朝军
　　　　　何培启（1月任）
　　　　　陈贵峰（1月任）
　　　　　张春秋（任至1月）
　　　　　李建军（2017年10月任至2019年1月）

## 香河县

### 中共香河县委员会

书　　记　李桂强
副 书 记　王文强（任至11月）
　　　　　齐泽旭（12月任）
　　　　　张玉林

### 香河县人大常委会

主　　任　闫再兴
副 主 任　宋品仲
　　　　　张浩波
　　　　　周志广
　　　　　张云华

### 香河县人民政府

县　　长　王文强（任至12月）
常务副县长　齐建光
副 县 长　齐泽旭（代县长， 12月任）
　　　　　郭建永（任至2月）
　　　　　吴海斌
　　　　　刘凤顺
　　　　　刘雪艳
　　　　　闫明杰
　　　　　曾智豪（挂职，4月任）
　　　　　张锦山（6月任）
　　　　　齐建光

### 政协香河县委员会

主　　席　马文龙
副 主 席　盛泽良
　　　　　李一超
　　　　　苏　宽
　　　　　刘奖波

## 永清县

### 中共永清县委员会

书　　记　邢华金（任至11月）
　　　　　彭敬捷（12月任）
副 书 记　张　兵
　　　　　周　浩（任至5月）
　　　　　刘　清（5月任）

### 永清县人大常委会

主　　任　胡国永
副 主 任　王成刚
　　　　　李柱良
　　　　　孙凤武
　　　　　杜清茂

### 永清县人民政府

县　　长　张　兵
副 县 长　田　军
　　　　　谷海晨（任至12月）
　　　　　王春风
　　　　　褚　铮

李　倩
茹进军
白学文（12 月任）

### 政协永清县委员会

主　　席　王玉柱
副 主 席　黄继亮
　　　　　王东海
　　　　　王景增
　　　　　赵玉华

## 固安县

### 中共固安县委员会

书　　记　王　海
副 书 记　李庆辉（9 月任）
　　　　　张振东（4 月任，援藏）
　　　　　孙丽娜

### 固安县人大常委会

主　　任　肖建忠
副 主 任　袁恩水
　　　　　白金雁
　　　　　牛国强
　　　　　王兴瑞

### 固安县人民政府

县　　长　孙丽娜
常务副县长　李庆辉（1 月任，任至 5 月）
　　　　　冯　斌（5 月任）
副 县 长　李庆辉（任至 1 月）
　　　　　牛海建
　　　　　李建春
　　　　　吴洪涛
　　　　　刘兴元（任至 9 月）
　　　　　张秉娟

### 政协固安县委员会

主　　席　刘　军
副 主 席　安书良
　　　　　李印增
　　　　　曹文芳
　　　　　郭志刚

## 霸州市

### 中共霸州市委员会

书　　记　房　欣
副 书 记　刘志亮（任至 9 月）
　　　　　王　斌（12 月任）
　　　　　苏振东（6 月任）
　　　　　牛双秋（任至 5 月）

### 霸州市人大常委会

主　　任　郭德清
副 主 任　王立华
　　　　　于六乐
　　　　　靳志强（任至 6 月）
　　　　　高建华

### 霸州市人民政府

市　　长　刘志亮（任至 9 月）
　　　　　王　斌（代，12 月任）
副 市 长　苏振东（任至 6 月）
　　　　　吴全通（6 月任）
　　　　　刘旭峰（12 月任）
　　　　　韩清华
　　　　　郑永强（任至 12 月）
　　　　　柴立新
　　　　　樊　冬（任至 6 月）
　　　　　靳志强（6 月任）
　　　　　李向伟
　　　　　李祥章（任至 12 月）

### 政协霸州市委员会

主　　席　牛岳峰（任至 1 月）
　　　　　牛双秋（1 月任）
副 主 席　程　亮
　　　　　王文淼
　　　　　杜海涛
　　　　　刘德生（1 月任）
　　　　　杜卫东（任至 1 月）

## 文安县

### 中共文安县委员会

书　　记　陈玉亮
副 书 记　王建民（任至 2 月）
　　　　　焦文序（2 月任）

### 文安县人大常委会

主　　任　杨文奎
副 主 任　高柏成（任至 9 月）
　　　　　王焕民（9 月任）
　　　　　李景霞（任至 4 月）
　　　　　王俊生
　　　　　王广华
　　　　　石万增（4 月任）

### 文安县人民政府

县　　长　姚运涛（任至 8 月）
　　　　　任华山（8 月任）
副 县 长　焦文序（任至 2 月）
　　　　　田海宽（2 月任）
　　　　　柳成林（任至 12 月）
　　　　　王润库
　　　　　赵振华
　　　　　李建国
　　　　　张国霞
　　　　　杨瑞通（12 月任）
　　　　　杨建波

### 政协文安县委员会

主　　席　张国校
副 主 席　王慧芬
　　　　　井山岭（任至 8 月）
　　　　　安淑苓
　　　　　杨振彪

## 大城县

### 中共大城县委员会

书　　记　齐德旺
副 书 记　庞大鹏
　　　　　刘国旺（5 月任）

### 大城县人大常委会

主　　任　张万所
副 主 任　戴占柱
　　　　　戴秀云
　　　　　张建忠
　　　　　刘增怀

### 大城县人民政府

县　　长　庞大鹏
副 县 长　陈中华
　　　　　郑金明
　　　　　隋中岳
　　　　　肖建军（任至 6 月）
　　　　　陈桂杰
　　　　　马双杰
　　　　　李文凯（6 月任）

### 政协大城县委员会

主　　席　张宝华
副 主 席　李锡铭
　　　　　杜增敏
　　　　　班玉琼

# 中国共产党廊坊市委员会

## 综 述

**【概况】** 2019年，中共廊坊市委员会常委会深入落实省委、省政府各项部署要求，围绕迎接庆祝新中国成立70周年，开展“不忘初心、牢记使命”主题教育，坚持稳中求进工作总基调，坚持以新发展理念引领高质量发展，坚持以供给侧结构性改革为主线，抓住京津冀协同发展深入推进的重大机遇，全力做好“北三县（市）”与通州区协同发展、临空经济区规划建设、服务支持雄安新区规划建设“三篇大文章”，加快产业转型升级，持续改善生态环境，不断提高民生保障水平，全力维护社会大局稳定，全市经济保持总体平稳、稳中有进、稳中向好的态势。

**【加强思想宣传教育】** 把深入学习贯彻习近平新时代中国特色社会主义思想作为首要政治任务，紧密结合“不忘初心、牢记使命”主题教育，推动理论学习往深里走、往心里走、往实里走。在全市开展“守正创新、服务人民”解放思想大讨论，进一步增强党员干部特别是领导干部践行初心使命的积极性、主动性和创造性。全年组织市级宣讲报告会36场，组织县处级干部进修班、优秀年轻干部培训班、领导干部“发扬斗争精神、增强斗争本领”研讨班、依法治国与法治政府建设专题培训班等各类培训班次43期，带动县乡村三级组织举办各类宣讲2000余场。在各级党委（党组）推广使用“学习强国”平台，注册党员干部20.8万名，参与率达89.5%。以“壮丽70年·奋斗新时代”为主题举办新闻发布会120余场次，在中省主流新闻媒体刊发新闻稿件5200余篇。

**【推进京津冀协同发展】** 加强与北京市通州区协调对接，组建廊坊市“北三县（市）”协同发展办公室，推动对接沟通工作常态化。高标准编制规划体系，“1+5+12”规划体系编制完成；“北三县（市）”国土空间规划大纲初稿基本编制完毕。加快推进临空经济区规划建设。把保大兴国际机场通航作为重大政治任务，全力推进征地拆迁、隔声降噪、临时供地、综合环境治理等工作。通过发行政府债券、实施PPP项目、引进大型央企等多种模式，累计筹资83亿元。组织开展十大全球推介招商活动，累计签约项目51个，总投资150亿元的首批6个重点项目正式开工，总投资213亿元的市政基础设施和公共服务设施建设全面启动。推进“南三县（市）”与雄安新区错位融合发展。制定关于贯彻落实《省委、省政府关于〈河北雄安新区总体规划〉的实施意见》和《关于加强雄安新区周边区域规划建设管控的暂行意见》的实施方案，推进规划对接、交通互联、生态修复等基础性工作。

**【推动经济平稳健康发展】** 坚持把去钢铁产能作为重要政治任务，创新模式、强力攻坚，文安新钢于11月全面停产，实现廊坊域内全部钢铁产能平稳、安全、有序退出，提前一年实现省委、省政府要求的“无钢市”目标。出台《廊坊市主导产业发展实施意见》，明确重点打造新一代信息技术、高端装备制造、生物医药健康产业和临空经济“3+1”主导产业格局，加快培育“7+6”县域特色产业集群，举办新一代信息技术产业对接会，中国电子信息行业联合会、阿里云、企商在线等6个项目成功签约。扶持民营企业发展，开展服务民营企业高质量发展年活动，制定出台金融服务实体经济、大力支持工业和民营经济高质量发展、促进工业转型升级高质量发展“39+8”系列政策措施，在支持企业融资发展、减轻企业税费负担、降低企业要素成本等7大方面采取39项具体措施支持工业和民营经济转型升级高质量发展。加大科技投入力度，全年兑现科技创新政策补助资金1.71亿元。数字经济蓬勃发展。大数据产业基础设施承载能力提升，在线运行服务器规模超过70万台，润泽信息港26万平方米数据中心和总投资400亿元的华为云廊坊数据中心开工建设。

**【坚持全面深化改革，扩大开放】** “石保廊”（石家庄、保定、廊坊）全面创新改革试验取得新进展。年内争列投资审计大数据融合式研究、国家城市医联体建设、证明事项告知承诺制等一批国家级试点。廊坊市财政管理经验做法受到国务院办公厅通报表彰；基层卫生服务能力提升经验做法在国家和省级会议上作典型发言；三河市警辅队伍建设改革、大厂县自然资源智能监管平台建设等一批县级改革经验做法得到省委、省政府肯定。坚持扩大开放，中国·廊坊国际经济贸易洽谈会成为河北省对外开放的重要平台。融入“一带一路”建设，新增对外投资企业7家、对外投资5.76亿美元，居全省第4位。组织域内企业参加中国数字博览会、中国进口博览会等国内外经贸活动21次，签约一批符合廊坊市产业发展定位的高端项目。推动提升开发区综合承载能力，龙河高新区台湾高新技术产业园、霸州经开区省际合作食品产业园分别被认定为全省首批国际和省际合作重点产业园。

**【推进生态治理】** 打好污染防治攻坚战，坚持科学施治、全民共治、标本兼治。PM2.5年累计浓度为46微克/立方米，同比下降8%；空气质量综合指数5.25，同比下降6.08%，空气质量在全省8个传输通道城市中正排第一位。实施流域综合治理，加速推动城市雨污分流专项规划制定，做好生态补水和引江水消纳，深化地下水超采综合治理。持续大规模开展造林绿化，全市森林覆盖率达33.86%，廊坊市获"国家森林城市"称号。

**【推进民生保障】** 加大财政投入力度，民生支出占一般公共预算支出的79.3%。城乡居民人均可支配收入预计分别达到43700元和18300元，居全省第一位和第二位，分别增长8%和8.9%。城乡低保、城乡特困人员生活补助水平保持全省最高。城镇登记失业率低于2.5%。城乡低保标准提高到每人每月685元，城乡特困人员生活补助标准提高到每人每年13152元，低保特困市定标准、全市平均标准、县级最高标准均居全省第一位。棚户区改造、危房改造、老旧小区改造、市政老旧管网改造、冬季清洁取暖工程、城乡生活垃圾处理设施建设等23项民心工程全面完成年度目标任务。全年施划机动车停车位3.09万个，非机动车停车线8万延米，拓展停车场地17处。新改扩建居家养老服务中心工程全部完成建设。启动实施交通秩序、社区环境、集贸市场整治等"七大攻坚行动"，裕华路马路市场、3532社区环境脏乱差等一批群众反映强烈的难点问题得到根本解决。医疗教育方面，推进主城区教育扩容提质三年攻坚行动计划，廊坊市第一中学新校区建成投用，77个中小学、幼儿园新改扩建项目加快实施，义务教育大班额比例由16.97%降至9.08%，超大班额比例由4.1%降至2.12%；改扩建基层卫生机构62所，"健康廊坊"APP支持全市所有医疗卫生机构线上预约挂号、诊间结算等医疗卫生便民服务，方便群众就医。推进平安建设"五大智慧工程"，建成智慧平安社区167个，智慧警务站57个，智慧视频监控实现全域覆盖、全网共享。

（市地方志编纂中心）

## 决策部署

**【概况】** 2019年，中共廊坊市委研究出台《关于全市开展"三深化三提升"活动的通知》《关于开展政治生态建设状况监测评估工作的实施意见》《关于在全市开展"不忘初心、牢记使命"主题教育的实施意见》《印发〈关于进一步加强新时代全市机关党的建设的若干措施〉的通知》《深入贯彻〈中共中央关于坚持和完善中国特色社会主义制度、推进国家治理体系和治理能力现代化若干重大问题的决定〉的实施意见》等政治、经济、文化、社会方面的指导意见和实施办法，采取组织发动、分解任务、明确责任、督导检查措施，推动党中央和省委决策部署在廊坊市落地落实。

**【"三深化三提升"工作会议】** 2月11日，中共廊坊市委、市政府在集中收听收看全省开展"三深化三提升"活动工作会议后，召开会议动员部署全市相关工作。会议强调要坚持以习近平新时代中国特色社会主义思想为指导，落实党中央和省委、省政府重大决策部署，推动"三深化三提升"活动在廊坊市强势开局，迈出新时代加快建设经济强市、美丽廊坊新步伐，以经济社会发展的优异成绩庆祝中华人民共和国成立70周年。中共廊坊市委书记冯韶慧出席会议并讲话。中共廊坊市委副书记、市长陈平主持会议。

**【民营经济】** 2月11日，中共廊坊市委、市政府召开全市服务民营企业高质量发展年活动动员部署大会。会议要求深入贯彻落实习近平总书记关于民营经济发展的重要指示精神，落实省委、省政府关于全面提升民营经济发展质量和水平的部署，开创全市民营经济高质量发展新局面。中共廊坊市委书记冯韶慧出席会议。中共廊坊市委副书记、市长陈平主持会议。中共廊坊市委常委、宣传部部长、统战部部长奚献军宣读《廊坊市民营经济领导小组关于2018年度廊坊市纳税贡献十强民营企业的通报》。中共廊坊市委常委、常务副市长贾永清通报2018年度全市主要经济指标完成情况、银行业金融机构考核评价情况，解读《廊坊市服务民营企业高质量发展年活动方案》。

**【"三农"工作部署】** 2月20日，中共廊坊市委召开全市农村工作会议暨扶贫开发工作会议。会议强调要坚持以习近平新时代中国特色社会主义思想为指导，全面贯彻落实中央和省委、省政府各项决策部署，坚持农业农村优先发展，全力实施乡村振兴战略，着力抓重点、补短板、强弱项，奋力开创新时代廊坊"三农"和扶贫开发工作新局面。中共廊坊市委书记冯韶慧出席会议并讲话。中共廊坊市委副书记、市长陈平主持会议。

**【"不忘初心、牢记使命"主题教育】** 9月10日下午，廊坊市召开"不忘初心、牢记使命"主题教育动员部署会议。中共廊坊市委书记冯韶慧在作动员讲话时强调，要坚持以习近平新时代中国特色社会主义思想为指导，深入学习贯彻习近平总书记重要讲话精神和党中央、省委决策部署，高标准高质量开展“不忘初心、牢记使命”主题教育，确保主题教育强势开局、扎实推进、取得实效，以改革发展稳定和党的建设优异成绩庆祝新中国成立70周年。省委第五巡回指导组组长李剑方出席会议并讲话。中共廊坊市委副书记、组织部部长李龙传达中央和省委“不忘初心、牢记使命”主题教育第一批总结暨第二批部署会议精神。

**【全面从严治党】** 11月28日，中共廊坊市委召开全市领导干部政治性警示教育大会。会议强调要深入学习贯彻习近平总书记关于全面从严治党重要论述和中共十九届四中全会精神，落实全省领导干部政治性警示教育大会部署要求，结合开展“不忘初心、牢记使命”主题教育，以案为鉴汲取深刻教训，高度警醒坚守初心使命，推动全面从严治党向纵深发展，以实际行动当好河北首都政治“护城河”的排头兵。中共廊坊市委书记冯韶慧出席会议并讲话。省第六督查组组长和春军应邀出席会议。会上中共廊坊市委常委、市纪委书记、市监委主任魏国东宣读《中共廊坊市纪委、廊坊市监察委员会关于2019年以来查处的典型案件的通报》。市委常委、常务副市长贾永清主持会议，并就贯彻落实此次会议精神讲具体意见。与会人员集中观看警示教育专题片。

（王　浩）

## 市委全会及常委会会议

**【六届市委全体委员会议】** 8月10日，中共廊坊市委召开中国共产党廊坊市第六届委员会第七次全体会议。全会坚持以习近平新时代中国特色社会主义思想为指导，落实中央政治局会议、全省经济工作推进会等有关会议精神，回顾总结2019年工作，安排部署加快推动高质量发展、圆满完成全年目标任务等工作，动员全市各级党组织和广大党员干部群众，保持定力、坚定信心，抢抓机遇、加快发展，以更大的担当作为奋力开创廊坊高质量发展新局面，以优异成绩庆祝新中国成立70周年。市委委员41人、市委候补委员10人出席全会。全会由市委常委会主持。中共廊坊市委书记冯韶慧讲话。中共廊坊市委常委、常务副市长贾永清对《中共廊坊市委、廊坊市人民政府关于扎实推进高质量发展加快全面建成小康社会的实施意见（讨论稿）》作说明。全会审议通过《中共廊坊市委、廊坊市人民政府关于扎实推进高质量发展加快全面建成小康社会的实施意见》《中共廊坊市委、廊坊市人民政府关于确保圆满完成全年目标任务的意见》《中国共产党廊坊市第六届委员会第七次全体会议决议》。

11月15日，中共廊坊市委召开中国共产党廊坊市第六届委员会第八次全体会议。全会坚持以习近平新时代中国特色社会主义思想为指导，深入学习贯彻中共十九届四中全会和省委九届九次全会精神，围绕落实坚持和完善中国特色社会主义制度、推进国家治理体系和治理能力现代化各项要求，研究部署下一步工作，动员全市上下不忘初心、牢记使命，改革创新、拼搏竞进，把制度优势转化为治理效能，奋力开创新时代加快建设经济强市、美丽廊坊新局面。市委委员37人、候补市委委员6人出席全会。省第六督查组负责人员、市纪委常委和有关方面负责人、廊坊市中共十九大代表和省第九次党代会、市第六次党代会代表中的部分基层工作人员和专家学者列席会议。全会由市委常委会主持。中共廊坊市委书记冯韶慧讲话。全会审议通过《中共廊坊市委深入贯彻〈中共中央关于坚持和完善中国特色社会主义制度、推进国家治理体系和治理能力现代化若干重大问题的决定〉的实施意见》和《中国共产党廊坊市第六届委员会第八次全体会议决议》。冯韶慧对《实施意见（讨论稿）》向全会作说明，就深入学习贯彻习近平总书记重要讲话和中共十九届四中全会精神，学习贯彻省委九届九次全会精神，做好现阶段及下一个时期的工作作出部署。

12月30日，中共廊坊市委召开中国共产党廊坊市第六届委员会第九次全体会议。全会坚持以习近平新时代中国特色社会主义思想为指导，深入学习贯彻中共十九大和十九届二中、三中、四中全会、中央经济工作会议精神以及省委九届十次全会精神，围绕贯彻习近平总书记对河北工作重要指示批示、落实中央和省委做好2020年工作的各项要求，研究部署廊坊市2020年经济工作，进一步组织动员全市上下不忘初心、牢记使命，攻坚克难、拼搏竞进，全力推进高质量发展，坚决完成全面建成小康社会目标任务，确保“十三五”规划圆满收官，奋力开创新时代加快建设经济强市、美丽廊坊新局面。市委委员39人，候补市委委员7人出席全会。市纪委常委和有关方面负责人、廊坊市中共十九大代表和省第九次党代会、市第六次党代会代表中的部分基层人员和专家学者列席会议。全会由市委常委会主持。中共廊坊市委书记冯韶慧代表市委常委会讲话并作工作部署。中共廊坊市委副书记、代市长赵革等出席会议。全会传达中央经济工作会议精神和省委九届十次全会精神，全面总结2019年全市经济工作，分析经济工作面临的形势，部署2020年全市经济工作任务，听取和讨论市委常委会工作报告，审议通过《中国共产党廊坊市第六届委员会第九次全体会议决议》。

**【六届市委常委会会议】** 1月9日，中共廊坊市委召开2019年第2次常委会会议，学习习近平总书记在十九届中央政治局会议第十一次集体学习时的重要讲话精神，传达学习胡春华在廊坊调研时的重要指示精神和王东峰在廊坊调研时的讲话精神，研究廊坊市贯彻落实意见；学习省委、省政府《关于〈河北雄安新区总体规划〉的实施意见》《关于〈白洋淀生态环境治理和保护规划〉的实施意见》，研究廊坊市贯彻落实举措；听取2018年度大气污染防治工作情况汇报。

1月11日，中共廊坊市委召开2019年第3次常委会会议，传达学习全省雄安新区建设发展工作会议、扫黑除恶专项斗争电视电话会议和全省教育大会精神；传达学习河北省总工会第十三次代表大会、河北省妇女第十四次代表大会精神，研究廊坊市贯彻落实意见。

1月20日，中共廊坊市委召开2019年第4次常委会会议，学习习近平总书记在京津冀考察和主持召开京津冀协同发展座谈会时的重要讲话精神；传达学习1月19日省委常委会议精神及省委书记王东峰在大厂回族自治县主持召开专题会议时重要讲话精神；传达学习省“两会”精神，研究廊坊市贯彻落实意见；听取市人大常委会、市政府、市政协、市法院、市检察院党组2018年度工作汇报。

1月25日，中共廊坊市委召开2019年第5次常委会会议，学习习近平总书记在中共中央政治局民主生活会上的重要讲话精神和省委书记王东峰在省委常委班子民主生活会结束时的讲话精神，研究廊坊市贯彻落实意见；传达学习十九届中央纪委三次全会和九届省纪委四次全会精神，听取市纪委2018年度工作汇报，研究部署2019年工作任务；审议通过《中共廊坊市委关于省委巡视组反馈意见整改进展情况的报告》。

1月31日，中共廊坊市委召开2019年第6次常委会会议，学习习近平总书记在中共中央政治局第十二次集体学习时的重要讲话精神，研究廊坊市贯彻落实意见；传达学习全国、全省有关会议精神，研究部署2019年宣传、网信、统战、政法、组织、农业农村和扶贫开发等工作任务。

2月19日，中共廊坊市委召开2019年第7次常委会会议，学习习近平总书记在省部级主要领导干部坚持底线思维着力防范化解重大风险专题研讨班开班式上的重要讲话精神和省有关会议精神，学习1月26日全省领导干部大会精神和全省开展“三深化、三提升”活动会议精神，学习省领导在全省、全市“两个责任”专项检查有关会议上的讲话和文件精神，研究廊坊市贯彻落实意见；传达学习省委办公厅、省政府办公厅《关于印发〈河北省防范和惩治统计造假、弄虚作假督察工作的实施办法〉的通知》《关于潮河上游违法建设破坏生态环境问题的通报》精神，研究廊坊市贯彻落实意见。

3月17日，中共廊坊市委召开2019年第8次常委会，传达学习全国“两会”精神及全省领导干部会议精神，深入学习习近平总书记在中共中央政治局第十三次集体学习、在中央全面依法治国委员会第二次会议和在中央党校（国家行政学院）中青年干部培训班开班式上的重要讲话精神，研究廊坊市贯彻落实意见；审议通过《中共廊坊市委2019年工作要点》《关于新时代进一步深化改革扩大开放的实施意见》等重要文件。

3月29日，中共廊坊市委召开2019年第9次常委会议，传达学习省委《关于贯彻落实〈中国共产党重大事项请示报告条例〉的实施意见》精神，传达学习省委干部考核领导小组《关于印发2019年度绩效管理考评目标和做好绩效管理考评工作的通知》精神，研究廊坊市贯彻落实意见；审议并通过廊坊市《关于全面深入持久开展民族团结进步创建工作铸牢中华民族共同体意识的实施方案》。

4月4日，中共廊坊市委召开2019年第10次常委会会议，传达学习习近平总书记关于森林防火工作的重要批示指示精神和省委、省政府《关于深入贯彻落实习近平总书记重要批示指示精神切实做好森林草原防火和安全稳定工作的紧急通知》精神；传达学习习近平总书记关于民政工作的重要指示精神，研究廊坊市民政和扶贫工作落实意见；听取市纪委关于2018年度落实全面从严治党主体责任和党风廉政建设责任制专项检查情况的汇报。

4月13日，中共廊坊市委召开2019年第11次常委会会议，传达学习习近平总书记在学校思想政治理论课教师座谈会上的重要讲话精神；传达学习省委书记王东峰在廊坊调研检查时的重要讲话精神；通报廊坊商务代表团赴香港参加系列招商引资活动有关情况；传达学习其他中央和省委有关文件和会议精神，研究廊坊市贯彻落实意见。

4月26日，中共廊坊市委召开2019年第13次常委会会议，传达贯彻4月19日中共中央政治局会议精神和习近平总书记在中央财经委员会第四次会议上的重要讲话精神、在解决“两不愁三保障”突出问题座谈会上的重要讲话精神；传达近期全省重要会议精神和重大工作部署要求；学习修订后的《中国共产党党组工作条例》，研究廊坊市贯彻落实意见。

5月23日，中共廊坊市委召开2019年第15次常委会会议，学习中央政治局关于在全党开展“不忘初心、牢记使命”主题教育有关会议精神；传达学习习近平总书记在第二届“一带一路”国际合作高峰论坛圆桌峰会上的重要讲话、在2019年中国北京世界园艺博览会开幕式上的重要讲话、在亚洲文明对话大会开幕式上的主旨演讲、在全国公安工作会议上的重要讲话精神及省委书记王东峰在廊坊调研公安工作时的讲话精神，研究廊坊市贯彻落实意见；传达学习近期全省有关会议精神和《关于在全省开展向河钢集团塞尔维亚公司管理团队学习活动的决定》精神；审议《关于2018年度各县（市、区）脱贫攻坚成效考核情况的报告》《关于推动高质量发展的实施意见》；通报《关于深化科技改革创新推动高质量发展的实施意见》；研究部署依法治市、脱贫攻坚、科技创新、推动高质量发展等工作任务。

5月23日，中共廊坊市委召开2019年第16次常委会会议，深入学习近期中央、省关于扫黑除恶专项斗争有关会议精神及领导指示批示精神，传达学习省扫黑除恶专项斗争领导小组第十六次会议精神，听取全市扫黑除恶专项斗争整改落实工作情况汇报，研究部署当前和今后一个时期重点工作。

6月1日，中共廊坊市委召开2019年第17次常委会会议，传达学习全省推进高质量发展全面建成小康社会专题研讨班精神；传达学习5月20日省委常委会会议关于巩固中国·廊坊国际经济贸易洽谈会成果有关要求、全省公安工作会议精神、全省整治群众身边的腐败和作风问题视频会议精神，研究廊坊市贯彻落实意见。

6月14日，中共廊坊市委召开2019年第18次常委会会议，学习全国市县巡察工作推进会议、中共中央国务院《关于建立国土空间规划体系并监督实施的若干意见》精神，研究廊坊市贯彻落实意见；传达学习省长许勤在廊坊市调研检查时的讲话、河北省第十四次民政会议、省委办公厅《印发〈关于深化改革加强食品安全工作的若干措施〉的通知》精神；审议市委《关于追授刘琦同志“全市优秀共产党员”称号的决定》《关于在全市广泛开展向刘琦同志学习活动的决定》。

7月1日，中共廊坊市委召开2019年第20次常委会会议，传达学习中央、省委关于深入落实中央八项规定要求、坚决反对形式主义官僚主义有关文件和会议精神，研究廊坊市贯彻落实意见；审议市委市政府《关于大力推进县域经济高质量发展的实施意见》《廊坊市教育现代化2035》和《加快推进廊坊教育现代化实施方案（2019—2022年）》；传达学习省旅游工作领导小组2019年第一次工作会议精神；审议廊坊市《中央扫黑除恶督导“回头看”反馈意见整改工作方案》和《关于开展扫黑除恶问题整改“回头看”的工作方案》。

7月11日，中共廊坊市委召开2019年第22次常委会会议，学习习近平总书记在中央和国家机关党的建设工作会议、在深化党和国家机构改革总结会议上的重要讲话精神以及省委相关会议精神，传达学习2019年全省第一期县（市、区）党委书记脱贫攻坚“擂台赛”精神和省委领导同志关于扶贫工作批示精神、在廊坊调研检查防汛工作讲话精神，研究廊坊市贯彻落实意见；听取全市机关党建、乡村振兴示范区创建、安全生产、全面依法治市和整治群众身边腐败问题工作情况汇报，安排部署下一步重点工作。

8月5日，中共廊坊市委召开2019年第24次常委会会议，传达学习7月30日中共中央政治局会议、习近平总书记对地方人大及其常委会工作作出的重要指示精神，传达贯彻全省经济工作推进会暨新型城镇化建设工作会议、全省生态文明建设暨乡村治理工作会议及省委《关于贯彻落实〈党中央领导经济工作规定〉的意见》精神，研究廊坊市贯彻落实意见；审议通过廊坊市《关于切实做好防灾减灾救灾工作的实施意见》《廊坊市人民政府2019年立法工作计划》及新修订的《廊坊市鼓励改革创新干事创业容错纠错办法（试行）》等文件。

8月8日，中共廊坊市委召开2019年第26次常委会会议，审议并原则通过《廊坊市主导产业发展实施意见》《关于完善和落实高质量发展统计指标体系的实施意见》《关于建立国土空间规划体系并监督实施的实施方案》等文件。

8月22日，中共廊坊市委召开2019年第27次常委会会议，听取市生态环境局党组关于中央生态环境保护专项督察反馈问题整改、生态环境部强化督察问题整改和2019年大气污染综合治理进展情况的汇报；传达学习省安委办《关于国务院安委会对省级政府2018年度安全生产和消防工作考核巡查情况的通报》精神，研究廊坊市贯彻落实意见；审议《廊坊市创建全国（省级）文明城市工作问责暂行办法》《廊坊市创建全国（省级）文明城市工作目标管理考核办法》《关于在“不忘初心、牢记使命”主题教育中开展专项整治的实施意见》《十个专项整治工作方案》等文件。

9月5日，中共廊坊市委召开2019年第30次常委会会议，传达学习全省脱贫防贫暨“千企帮千村”工作推进会议精神，研究廊坊市贯彻落实意见，听取市直重点部门扶贫工作汇报，审议通过《廊坊市关于解决“两不愁三保障”突出问题的工作方案》。

是日，中共廊坊市委召开2019年第31次常委会会议，传达学习习近平总书记在中央党校（国家行政学院）中青年干部培训班开班仪式上的重要讲话精神，传达学习习近平总书记在中央财经委员会第五次会议上的重要讲话和《国家发展和改革委员会关于上半年经济形势和做好下半年经济工作的建议》精神，传达学习习近平总书记关于“中国自由贸易试验区”的重要论述和相关文件及会议精神，学习贯彻许勤在廊坊调研时的讲话精神；审议通过廊坊市《关于学前教育深化改革规范发展的实施意见》。

9月10日，中共廊坊市委召开2019年第32次常委会会议，传达学习中央和省委“不忘初心、牢记使命”主题教育第一批总结暨第二批部署会议精神，传达学习全省第二批开展主题教育单位和巡回指导组培训工作会议精神，研究廊坊市贯彻落实意见；审议通过《关于在全市开展“不忘初心、牢记使命”主题教育的实施意见》《关于进一步加快全市文化旅游产业融合高质量发展的实施意见》《关于加快推进廊坊中医药产业发展的实施方案》。

9月27日，中共廊坊市委召开2019年第33次常委会会议，学习贯彻习近平总书记在参观“伟大历程 辉煌成就——庆祝中华人民共和国成立70周年大型成就展”时的重要讲话精神和在出席北京大兴国际机场投运仪式时的重要指示精神；传达学习中央纪委和省委有关文件精神，研究廊坊市贯彻落实意见，就做好当前重点工作进行安排部署。

10月12日，中共廊坊市委召开2019年第35次常委会会议，深入学习中央政协工作会议暨庆祝中国人民政治协商会议成立70周年大会精神、省委政协工作会议精神，传达学习全省2019年度扶贫对象动态管理工作动员部署会议精神、全省党史工作会议精神和《河北省党政干部政治素质考察实施办法（试行）》精神，研究廊坊市贯彻落实意见；听取全市“不忘初心、牢记使命”主题教育进展情况汇报，安排部署下一步重点工作。

10月25日，中共廊坊市委召开2019年第37次常委会会议，学习贯彻中央第八巡回指导组组长杨雄在廊坊市“不忘初心、牢记使命”主题教育座谈会上的讲话精神、全省第二批主题教育推进会议和全省第二批主题教育专项整治工作调度会议精神，以及袁桐利在廊坊市主题教育调研座谈会上的讲话精神，研究廊坊市贯彻落实意见；传达学习全国、全省扫黑除恶专项斗争第二次推进会议精神和全省乡村振兴工作推进会议精神，听取全市未成年人思想道德建设情况汇报；审议《关于推进生活垃圾分类工作的实施意见》《关于进一步加强新时代全市机关党的建设的若干措施》，安排部署下一步重点工作。

11月4日，中共廊坊市委召开2019年第38次常委会会议，学习党的十九届四中全会精神，传达学习习近平总书记在上海考察时的重要讲话精神，研究廊坊市贯彻落实意见；传达学习全省贯彻落实《中国共产党政法工作条例》暨推进基层社会治理现代化工作会议精神、全省“不忘初心、牢记使命”主题教育专题会议精神，对当前重点工作进行安排部署。

11月8日，中共廊坊市委召开2019年第39次常委会（扩大）会议，学习中国共产党河北省第九届委员会第九次全体会议精神，研究廊坊市贯彻落实意见；传达学习京津冀及周边地区大气污染防治领导小组电视电话会议精神，安排部署全市2019年秋冬季大气污染防治工作。

11月13日，中共廊坊市委召开2019年第40次常委会会议，听取市委常委会和市人大常委会党组、市政府党组、市政协党组和市委常委“不忘初心、牢记使命”主题教育检视问题及整改落实情况汇报，听取全市11项重点民生实事进展情况的汇报，安排部署重点工作。

11月20日，中共廊坊市委召开2019年第41次常委会会议，传达学习全省领导干部政治性警示教育大会精神，审议通过《廊坊市学习宣传贯彻党的十九届四中全会精神集中宣讲工作方案》。

11月29日，中共廊坊市委召开2019年第42次常委会会议，学习全国、全省安全生产工作会议精神，听取全市化工行业安全生产整治攻坚行动开展情况汇报；传达学习《河北省贯彻落实〈中国共产党农村工作条例〉实施办法》精神，传达学习全省“不忘初心、牢记使命”主题教育整改整治工作汇报会议精神和省委领导在固安县调研指导主题教育时的讲话精神，研究廊坊市贯彻落实意见，安排部署重点工作。

12月6日，中共廊坊市委召开2019年第43次常委会会议，传达学习全省2019年第三期县（市、区）委书记脱贫攻坚“擂台赛”精神和全省脱贫攻坚成效考核整改工作视频会议精神，研究部署省、市考核反馈问题整改等工作，确保坚决打赢精准脱贫攻坚战。

12月18日，中共廊坊市委召开2019年第45次常委会会议，传达学习中央经济工作会议和省委九届十次全体会议精神，研究廊坊市贯彻落实意见；传达贯彻中央纪委办公厅《关于加强统计领域数字造假问题监督执纪问责工作通知》精神、全省高校党的建设和思想政治工作座谈会精神；审议通过廊坊市《关于加快推进数字经济发展的实施意见》《廊坊市关于加强金融服务民营企业支持实体经济发展的若干政策措施》；听取关于对各县（市、区）党委落实全面从严治党主体责任及推进政治生态建设情况的督导检查情况报告，研究整改落实建议。

（王　浩）

## 市委办公室

**【概况】** 2019年，中共廊坊市委办公室（以下简称市委办公室）坚持以习近平新时代中国特色社会主义思想为指导，深入学习贯彻党的十九大、十九届二中、三中、四中全会精神和省委、市委全会精神，认真落实习近平总书记关于党委办公厅（室）工作的重要指示批示精神，以开展“不忘初心、牢记使命”主题教育为契机，围绕市委中心工作，着眼服务全市大局，聚焦推进高质量发展、开展“三深化三提升”活动等重点任务，发挥参谋助手作用，确保党中央和省、市委决策部署落地生根、开花结果。《中办通讯》《秘书工作》订阅、学用工作被中央办公厅秘书局评为先进通联分部并获三等奖。各类信息上报中央办公厅信息数量、质量、采用率继续保持全省领先。整治形式主义突出问题为基层减负工作经验做法被《河北日报》报道推广。

**【参谋服务】** 2019年，市委办公室强化以文辅政意识，组建“京津冀协同发展研究小组”，围绕重点领域、重点任务集中发力、集体攻关。建立健全重要文稿起草的部门协调配合、广泛征求意见等工作机制，高质量起草各类综合文稿720余篇。加强调查研究，形成有情况、有分析、有措施的调研成果16篇，为市委科学决策提供重要参考。畅通信息渠道，报送各类信息5000余篇，在中省各类刊物刊发500余篇，《县域义务教育需优化教育资源建强教师队伍》得到孙春兰副总理肯定性批示。编发各类信息内刊近600期，市领导批示240余次，直接服务市委决策。

**【统筹协调】** 2019年，市委办公室牵头承办全市性重要会议40个、指导保障全市性会议58个，优质高效完成省委全会、“5•18”经洽会、市委全会等重要会议活动服务组织工作。高标准服务组织市委常委会会议49次，组织服务领导调研、慰问、会见、外出考察等各类公务活动580余次。“拉网式”检查重要敏感时期应急值守工作，妥善处置突发事件225件、重大事项152起，按规定时限上报42起，未发生漏报、谎报、瞒报问题，受到省委办公厅肯定。做好市四大班子领导干部包联的统筹协调工作，推动形成齐抓共促工作格局。建立健全工作规范和协调机制，协助市委落实国家安全责任制，有效防范化解各类风险隐患。

**【督促检查】** 2019年，市委办公室针对市委常委会会议议定的226件跟踪督办事项，分8批次开展分批督办和阶段性“回头看”。对深化医疗改革、扶贫脱贫攻坚等阶段性重点工作开展专项督查28次，持续盯办落实生态环境治理、项目建设等长期推进工作。办理市委主要领导批办事项667件，先后2次集中实地复查回访、现场督办。市委主要领导先后4次在督查情况报告上作出肯定性批示。推进整治形式主义突出问题为基层减负工作，2019年市本级发文3093件、同比减少50.2%，召开会议230次、同比减少44.6%，开展督查检查考核事项66项、同比减少52.9%，全部实现中央、省要求的精简目标。

**【运转服务】** 2019年，市委办公室接收办理中央、省委文件及下级请示报告2438件，流转公文8056件，拿准拟办意见，加速文件运转，规范操作程序，杜绝失误纰漏。严把党内规范性文件的出口关，前置审核公文185件、核发公文647件、向省委备案党内规范性文件56件。开展市委规范性文件第二次集中清理，依法依规对963件文件逐一研究，决定废止182件、宣布失效195件、修改8件，有效维护党内法规和党的政策的统一性权威性。完成市委、市政府机房改造升级和省市县间网络升级扩容任务；在省内率先启用政务内网，全部公文实现高效安全网上传输；高质量完成市县两级视频分会场改造提升任务；建成市委应急指挥综合调度系统并投入使用。落实老干部政治、生活待遇，及时送学慰问。

**【后勤保障】** 2019年，市委办公室建立公务用车台账，实行“一车一卡一档案”管理制度，公车管控更加科学有效。结合机构改革整合机关办公用房，确保节俭高效、物尽其用。严格执行规定标准和程序，全年服务保障重要会议20余次，接待来廊参观交流的外省、市团组120余个。年内，在保障及时到位、充足有力基础上，“三公”经费支出同比下降11%。

（王　浩）

## 纪检监察

**【概况】** 2019年，廊坊市纪检监察系统深入学习贯彻习近平新时代中国特色社会主义思想，持续增强“四个意识”，坚定“四个自信”，做到“两个维护”，忠实履行党章和宪法赋予的职责，坚持依规依纪依法，纪检监察工作坚定稳定，为新时代加快建设经济强市、美丽廊坊提供坚强保障。全年处置问题线索5749件，同比增长56.1%；立案1918件，同比增长26.3%；结案1861件，同比增长25.3%；处分人数1796人，同比增长23.9%。严肃查处廊坊日报社原社长张宝富、市工经联原常务副会长刘鸿儒、安次区委原副书记李军、市人防办原副主任李群等严重违纪违法案件，不敢腐的震慑得到强化。深化以案为鉴、以案促改，发挥纪检监察建议书作用，向有关地方和单位下发纪律检查建议书和监察建议书29份，督促发案单位加强教育、深化改革、健全制度，堵塞漏洞。深化以案示警、以案促教，坚持用身边事教育身边人，召开全市领导干部政治性警示教育大会2次、全市违反中央八项规定精神警示教育大会1次。年内，市纪委监察委选取70个典型案例编印警示录，拍摄《镜鉴就在身边》《打伞破网警钟长鸣》警示教育宣传片，公开通报曝光典型案例48件。

**【中共廊坊市第六届纪律检查委员会第四次全体会议】** 1月28日，廊坊市召开中国共产党廊坊市第六届纪律检查委员会第四次全体会议。学习贯彻十九届中央纪委三次全会和省纪委九届四次全会精神，研究部署2019年全市纪检监察工作任务。中共廊坊市委书记冯韶慧出席会议并作重要讲话。全会审议通过魏国东代表市纪委常委会所作的《树牢“四个意识”、践行“两个维护”，全力推动新时代我市纪检监察工作高质量发展》

的工作报告。

**【推进政治监督具体化常态化】** 2019年，廊坊市聚焦“北三县（市）”协同发展、临空经济区规划建设、服务支持雄安新区规划建设“三篇大文章”，组建京津冀协同发展政治监督领导小组，推动规划编制、项目对接、生态治理、交通建设、功能承接等方面决策部署落地见效。开展上级纪委监委部署的环境保护、人防系统、违建大棚房、违建别墅等专项整治，通过严肃查处背后的违纪违法违规问题，督促市级、县级党委政府抓好整改。强化精准有力问责，坚持失责必问、问责必严，针对落实工作不力，失职失责、不担当、不作为等问题，追究问责党员领导干部34人、其他党员干部258人；落实“三个区分开来”，对4起不实举报问题及时给予澄清正名。

**【政治生态建设状况“四位一体”监督监测评估】** 2019年，廊坊市制定印发《关于开展政治生态建设状况监测评估工作的实施意见（试行）》《关于对全市政治生态建设状况实施“四位一体”监督监测评估工作的通知》，建立纪律监督、监察监督、派驻监督、巡察监督“四位一体”监督联席会议制度，选取5个县（市、区）和11个市直部门开展先行先试，通过党员干部忠诚度、政治生活规范度、选人用人公信度、党员干部廉洁度、人民群众满意度5个维度动态掌握县（市、区）、部门、单位政治生态建设状况，推动管党治党政治责任落实落细。

**【纠治“四风”】** 2019年，廊坊市纪律检查委员会坚持日常监督和专项监督相结合，持续整治违规收送礼品礼金、违规吃喝、违规发放津补贴等突出问题，坚决防止“四风”反弹回潮。全年筛查和新发现违反中央八项规定精神及工作纪律等问题270件，党纪政务处分63人，诫勉谈话41人，运用“第一种形态”处理172人，通报违反中央八项规定精神问题典型案例35件，查处形式主义、官僚主义案件51件，党纪政务处分61人，组织处理8人，及时通报典型案件4起。

**【政治巡察和巡视巡察整改】** 2019年，廊坊市开展市委常规巡察2轮，共巡察市直单位43个，完成全覆盖任务的82.4%。加强与专项重点工作的协调联动，机动巡察全市人防系统腐败问题，实施民生领域巡察“回头看”。着眼破解基层熟人社会监督难题，在各县（市、区）组织开展循环式提级交叉互巡，巡察县直重点单位和乡镇20个。创新组织模式，推进巡察工作向村（社区）延伸，覆盖村（社区）1500余个。压实巡视巡察整改主体责任和监督责任，组织开展专项督导，加大中央和省委巡视移交廊坊市问题线索查办力度。至年底，中央第十五巡视组移交的69件问题线索全部办结，九届省委前五轮巡视移交问题线索办结837件，办结率98.8%。

**【整治群众身边腐败和作风问题】** 2019年，廊坊市全面整治群众反映强烈突出问题，开展群众身边腐败和作风问题线索集中清理处置工作，坚持每周一调度、每月一通报，对线索存量动态“清仓见底”，对线索增量快速处置，全市各级纪检监察机关查处群众身边腐败和作风问题2875件，收缴违纪资金1160万元，返还群众1735万余元。深化扶贫领域专项治理，紧盯扶贫项目和扶贫资金管理风险隐患，坚决查处贪污侵占、虚报冒领、截留挪用、优亲厚友等问题。全市各级纪检监察机关共查处扶贫领域腐败和作风问题36件，党纪政务处分27人，“第一种形态”处理34人。深挖彻查涉黑涉恶腐败和“保护伞”。坚持把扫黑除恶同基层“拍蝇”相结合，强化与政法机关协作配合，实行联县包案、提级办理、异地管辖机制，深化“一案三查”，坚决“打伞破网”，共立案审查调查涉黑涉恶腐败和保护伞183人，党纪政务处分151人，“第一种形态”处理140人，采取留置措施6人，涉嫌犯罪移送司法23人。

**【机关建设】** 2019年，廊坊市纪委常委会开展“不忘初心、牢记使命”主题教育，引导广大纪检监察干部树牢“四个意识”、坚定“四个自信”，弘扬对党忠诚、勇于担当、谦虚谨慎、三严三实的作风。坚持德才兼备、五湖四海、公道正派选人用人，通过公开遴选、定向选调等方式补充优秀年轻干部60名。落实全员培训，组织8批108人到中国纪检监察学院集中培训，组织48名县处级纪检监察干部赴井冈山接受红色教育，举办党性教育培训班23期，组织“干部素质提升大讲堂”11期，培训干部1.4万余人次。主动接受人大及其常委会的监督，依法公开监察工作信息。自觉接受民主监督、社会监督和舆论监督，聘请特约监察员10名。强化自我监督，受理纪检监察干部问题线索82件，初核38件，处理30人。

（安胜强）

## 组　织

**【概况】** 2019年，廊坊市设立中国共产党各级基层组织10284个，其中党委402个，党总支464个，党支部9418个。全市有中共党员237966名，其中公有制单位人员71306名，农牧渔民100373名，学生2268名，离退休人员33460名，非公企业人员15224名，社会组织人员1630名，其他13705名。全市有省管干部43人、市管干部1237人。是年，全市提拔调整处级干部213人，其中提拔80人，平职调整88人，免职26人，提前退休10人，退出领导岗位9人，军转安置4人。

**【“不忘初心、牢记使命”主题教育】** 2019年，中共廊坊市委加强组织领导，推进“不忘初心、牢记使命”主题教育。坚持“书记抓、抓书记”，抓住“关键少数”，发挥示范带头作用。从严从实督促指导，成立15个巡回指导组，对被指导单位领导班子和领导干部政治表现进行评价。引导党员领导干部通读《重要论述选编》《习近平新时代中国特色社会主义学习纲要》，跟进学习习近平总书记最新重要指示，全市县处级以上领导班子共组织理论中心组学习820次，9000多名基层党组织书记全部讲授专题党课，开展专题学习研讨949场次，开展专题读书班365场次，专家辅导讲座146次；全市共发放《学习纲要》17.9万余册、《重要论述选编》0.96万册、《论述摘编》21.7万册，为基层党员印制发放主题教育“口袋书”19.6万册。围绕全面建成小康社会、当好河北首都政治“护城河”排头兵、推动创新发展绿色发展高质量发展、打赢脱贫攻坚战等重点工作确定调研课题，全市县处级以上领导干部共确定调研课题1173个，深入一线实地调研2973次、在机关单位开展调研1685次、采取“请进门”方式开展调研1084次，征求意见建议9144条；发现各类问题3819个，提出对策措施5761条，立行立改解决问题2358个，形成调研报告1173篇。开展“三问三查三看”（“初心之问”，查摆思想实际，看是否存在信仰信念信心缺失，“四个意识”不强、“四个自信”不足、“两个维护”不坚决等问题；“求实之问”，查摆作风实际，看是否存在形式主义、官僚主义突出问题；“履职之问”，查摆工作实际，看是否存在领导方法不当、担当作为精神欠缺、抓工作不落地、抓落实不较真等突出问题），深刻检视反思，市级党委班子征求意见建议1524条，县处级以上领导班子共征求意见建议9180条。制定《关于开展“四公开一满意”活动推动整改工作落地见效的通知》，接受党员干部监督。推进10个专项整治落地落实，实行清单式管理、项目化推进，梳理发现问题1921个，确定整改措施3221项。推进检视问题立行立改，坚持边学边查边改，全市县处级以上领导班子共立行立改解决问题1494个，领导干部立行立改解决问题5700个。经梳理剖析建立问题台账，市级党委班子梳理出问题23个、领导干部梳理出问题142个，县处级以上领导班子共梳理问题2010个。

**【重点工作大督查】** 2019年，市委常委会学习中省有关会议精神6次，召开全市工作调度会、推进会6次，与省第六督查组共同组织召开重点工作大督查联席会议3次，安排部署大督查工作。市大督办编发《督查快报》20期，被省大督办采用2篇。专项督查重点工作20多项，推动中央和省、市重点工作在廊坊落地落实。各驻县督查组通过明察暗访、一线核查等方式发现问题1050个，受理群众信访、举报126件，督促当地完成整改或解决问题1067个。驻县督查组向当地党委政府提出建议约谈96人，提出建议推动问责34人。配合省级大督查工作，起草《省督查组交办重要事项报告》255份，收集各类资料1680余份，按要求保障河北省第六督查组公开督查270余次。是年，省第六督查组交办廊坊市33批次203个方面问题，全部整改到位。

**【农村基层组织建设】** 2019年，廊坊市落实市委常委会抓基层党建八项措施，建立县、乡、村三级书记抓基层党建责任体系。实行乡镇党委书记抓基层党建重点工作考核，制发《2019年乡镇党委书记抓基层党建重点工作责任清单》，推行乡镇党委书记基层党建重点工作直接考核办法，强化乡镇党委书记主业主责意识。实行村党组织书记任期承诺和年度目标管理，开展基层党组织创星争先活动，科学评星定级，落实差别待遇，分类管理。开展“万名基层党组织书记”大培训，市财政列支600万元专门用于基层党组织书记培训，安排4个市级培训专题，培训班14期，培训村党组织书记1700余人次。实施村级集体经济“提质增量”工程，推动全市村级集体经济实现“三个突破”（在将中省40个扶持村打造成标杆样板上实现突破，在打造市级集体经济示范区、示范点上实现突破，在消灭集体经济5万元以下薄弱村上实现突破）。打造“环北京党建示范带”，在全市70个环北京村持续深化环北京村“抓党建强基础，筑牢‘护城河’前沿阵地”工程，形成政治功能突出、基层基础扎实、党建特色明显的环北京党建示范带。开展基层党建阵地提升工程。对村级组织活动场所进行全面排查、全面整建、全面提升。推进基层党建示范区建设，每个县（市、区）在现有基础上再打造示范区2个，每个示范区要再吸纳周边至少3个以上基层党组织，推动基层党组织先进典型成片连线。开展软弱涣散后进党组织整顿，排查确定后进村党组织268个，开展整顿工作。

**【城市社区党建】** 2019年，廊坊市印发《关于深化全市城市基层党建工作的若干措施》，建立城市基层党建联席会议制度，探索推行“大工委”“大党委”工作机制，在安次区开展试点，吸纳辖区内影响较大的单位党组织负责人兼任街道党工委委员或社区党组织成员，发挥兼职委员及其所在单位共建作用。引导在职党员到居住地报到，发挥在职党员在社区建设、管理、服务中的先锋模范作用。配强党组织书记，壮大城市基层骨干力量，在组织全市76名街道、社区党组织书记参加省级“万人示范培训”的基础上，市本级举办“街乡吹哨、部门报到”专题培训班，对全市街道党工委书记进行全覆盖式培训。加大财政投入，提高社区经费保障水平，2019年新增500平方米以上社区64个。

**【非公企业和社会组织党建】** 2019年，市委组织部研究制定《关于加强非公有制企业和社会组织党建工作的意见》任务分解清单，以华夏幸福、新奥集团、荣盛发展、富智康等为龙头，在全市范围内累计培树60个非公企业和社会组织党建示范点，发挥先进典型的辐射带动作用。开展党组织组建“百日攻坚”行动，重点推进商务楼宇、商圈市场、互联网企业、众创空间等领域“两个覆盖”（党的组织和工作覆盖），在全省率先成立市互联网行业党委，统一推进行业管理和党建工作。

**【党员教育管理】** 2019年，廊坊市坚持把好发展党员质量关，印发《关于做好发展党员工作有关事项的通知》，严格规范发展党员程序要求，全年发展党员4280名。建立健全农村发展党员预警机制，指导香河县开展发展党员违规违纪问题排查试点工作。严格党内组织生活，印发《关于严格党内组织生活制度的实施办法》，制作“三会一课”动漫视频，建立党员领导干部参加组织生活报备制度，促进组织生活规范化、常态化、制度化。严格党员管理，建立健全“党员信教排查预警管理机制”“党员涉嫌违纪违法信息协查机制”和定期排查通报制度，累计处理违纪违法党员1003名，组织处置不合格党员141名。开展党员亮牌示岗、认责承诺、党员志愿服务等活动，4万余户农村党员家庭悬挂标牌、800多个窗口单位设立党员示范岗，8万余名在职党员向社区报到，引导党员发挥先锋模范作用。完善党员关心关爱机制，建立健全配套制度和帮扶机制，全年累计走访慰问老党员及生活困难党员4587人次，发放慰问金和慰问品合计513.7万元。做好党员电教和远程教育，印发《全市“精品远教站点”创建工作实施方案》，推动市县两级教学服务平台和终端站点基础设施建设上档升级。市、县两级共制作85部党员电教专题片和课件，其中，《幸福的锦囊》《仁义街的仁义事》《温暖社区》等20部精品电教片被中组部共产党员网展播，6部作品在中国电视艺术家协会获得奖项。加强远教队伍建设，先后举办远程教育终端站点管理员集中轮训11期、培训3300余人。

**【干部培训】** 2019年，廊坊市举办各类培训班43期（含市委党校主体班18期），培训干部人才4720余人次，完成中央党校、全国组干学院、省委党校等院校51个班次219人次的调训任务；发挥网络培训优势，广泛开展网络学习，河北干部网络学院人均达到92.3学时，全省排名第一位。全面落实联络员跟班制度，签署《严格遵守干部教育培训纪律承诺书》，确保培训效果。举办全市县处级领导干部学习贯彻习近平新时代中国特色社会主义思想专题轮训班5期，集中轮训全市1300余名县处级领导干部。举办全市党政主要领导干部“坚持底线思维着力防范化解重大风险”专题研讨班，依托市委党校和党性教育基地，举办16期理论教育党性修养培训班，培训干部1700余人次；依托浙江大学、复旦大学、中山大学、深圳市委党校等知名高校党校，重点举办农村人居环境整治、网络安全、企业高质量发展、党建能力提升、依法治国与法治政府建设等13期务实管用的专题培训班，培训干部人才650人次。出台《2019—2022年全市干部教育培训规划》，明确部署对5年内全市干部教育培训工作。

**【干部考核】** 2019年，廊坊市出台《廊坊市主要经济指标和重点项目建设精细精准考核办法》，构建《廊坊市2019年主要经济指标和重点项目建设精细精准考核指标体系》，实施精细精准考核。建立考核指标“审批备案制度”，梳理全市“一票否决”和签订责任状事项共155项，保留68项，取消87项，有效解决多头考核、重复考核、“一票否决”泛化等问题，减轻基层负担。会同市商务局、市科技局共同撰写《关于全市开发区主要经济指标全省排位及建设发展情况的分析报告》，分析原因，提出对策。编制《廊坊市2019年度绩效管理考评指标体系及责任分工表》，确定相关指标的分管市领导、工作推进单位和数据提供单位，明确分工，压实责任。组织实施市管领导班子和领导干部2018年度绩效管理考评和综合考核，在2018年度考核中，固安县、香河县、霸州市等3个县（市）党政领导班子被市委考核为2018年度优秀领导班子，占2018年10个县（市、区）党政领导班子总数30%；市委办公室、市委组织部、市纪委监委、市委宣传部、市政府办公室、市委统战部、市直工委、市委政法委、市编办、市信访局、市发改委、市工信局、市财政局、市交通运输局、市统计局、市林业局、市商务局、市科技局、市产业办、市人民检察院、市公安局、市审计局、市综合执法局、市安监局、市质监局、市食药监局、市建设局、市卫生计生委、市人社局、市民政局、市文广新局、廊坊日报社、廊坊广播电视台、廊坊市第一中学、市职技学院、管道局中学等36个市直单位领导班子被市委考核为2018年度优秀领导班子，占2018年市直单位领导班子总数的37%；廊坊开发区、京南·固安高新技术产业开发区、霸州经济开发区、燕郊高新技术产业开发区4个省级以上开发区领导班子被市委考核为2018年度优秀领导班子，占2018年省级以上开发区领导班子总数的28%；325名市委管理干部被市委考核为2018年度优秀档次，占2018年全市市委管理干部总数的25%。

**【干部选拔任免】** 2019年，廊坊市印发《关于认真贯彻落实〈党政干部选拔任用工作条例〉的实施办法》《加强领导干部日常管理的暂行规定》《关于做好市直部门科级干部任免工作的通知》《关于进一步做好机关事业单位干部调配工作的通知》《关于市直党群系统事业单位人事综合管理有关事项的通知》等文件，建立完善年轻干部和女少非干部信息库、选调生信息库、市直单位编制和实有人员数据库，有效实行分类动态管理。全市范围内组织开展公开选调科级优秀年轻干部工作，确定39名录用人选（挂职乡镇党委副书记10人，任职乡镇党政班子副职29人）。举办全市优秀年轻干部培训班2期，培训优秀年轻干部150余名。是年，全市提拔调整市委管理干部213人次，其中提拔80人，平职调整88人，免职26人，提前退休10人，退出领导岗位9人。

**【公务员队伍管理】** 2019年，廊坊市推行公务员职务与职级并行制度，审核审批各地各单位行政编制、职数配备以及工作方案、职级设置方案并及时备案，对纳入实施范围的应套人员，全部进行套转，四级主任科员以上职级累计套转8658名。印发《关于规范乡科级以下公务员职级晋升审批程序的通知》《关于规范全市乡科级以下公务员职级晋升工作程序的通知》，规范公务员职级晋升程序和审批程序。审核批复42个市直单位职级晋升预审报告，占市直单位总数的60%。完成省市县乡四级联考招录工作，全市共招录公务员163人。做好公务员登记、调任工作，共登记540人，调任22人。印发《关于进一步规范工资福利审批工作的通知》和《关于规范市直机关事业单位工作人员退休及退休待遇核定工作流程的通知》，完善工资审批流程。做好2019年公务员工资试调查工作和2018年度处级以下公务员及参公人员考核奖励审批工作。开展2019年度“争做人民满意的公务员”和“争创人民满意的公务员集体”“双十佳”选树活动。

**【人才队伍建设】** 2019年，廊坊市出台党委联系服务专家十项措施制度，健全党管人才领导体制和工作机制，明确市县委书记为人才工作领导小组组长，推动全市党委联系服务专家工作制度化、科学化、常态化。出台《廊坊市高端人才柔性引进办法（试行）》，坚持需求导向，精准引进紧缺人才，为柔性引进国家高层次专家人才65人提供市财政650万元支持，柔性引进其他专家人才600余名。出台《关于深化人才发展体制机制改革引领廊坊高质量发展的实施意见》，激发人才创新创造创业活力。细化拓展《廊坊市燕赵英才服务卡制度暂行办法》，重点就申领范围、服务内容等进行拓展。全市共审核通过持卡人282人，为持卡人提供政治待遇、创新创业支持、服务保障共三类14项服务。印发《廊坊市青年拔尖人才支持计划实施办法》，组织廊坊市第一批青年拔尖人才选拔工作，最终评审出50名廊坊市第一批青年拔尖人才（自然科学领域38名、哲学社会科学和文化艺术领域12名）。印发《关于鼓励引导人才向基层一线流动的十项措施》，包含推动产业与人才融合发展、统筹强化项目资源支持力度、强化人才创新创业政策扶持等十项措施，引导人才向基层一线流动。批准立项2019年度重点人才项目19个，廊坊市高端人才柔性引进等3个重点人才项目获省30万元资助。推进区域人才与产业融合发展，通武廊三地人力社保部门签署《通武廊人力资源服务协同发展合作框架协议》，“通武廊人力资源服务业协同发展示范区”正式揭牌，三地协同建设覆盖通武廊区域、辐射京津冀周边的京津冀（通武廊）人力资源服务产业园区，召开通武廊与重点高校“3+N”合作座谈会，推动院校与地方合作共赢。

（刘亚杰）

## 宣　传

**【概况】** 2019年，廊坊市宣传思想战线学习宣传贯彻习近平新时代中国特色社会主义思想，贯彻中共十九届四中全会和省、市委全会精神，推动宣传思想工作取得新成效。围绕学习贯彻中共十九届四中全会等内容集中学习18次，举办市级宣讲报告会36场，带动县乡村三级组织举办各类宣讲2000余场。在各级党委（党组）推广使用“学习强国”平台，注册党员干部20.8万名，参与率达89.5%。全面宣传中国成立70年来的伟大成就，开展“壮丽70年·奋斗新时代”主题宣传，开设《脱贫攻坚——廊坊在行动》等专栏50余个。以“壮丽70年·奋斗新时代”为主题举办新闻发布会120余场次，在中省主流新闻媒体刊发新闻稿件5200余篇。举办“进入新时代 改革开新篇”青少年演讲讲故事比赛，获省第七届“阅·知·行”青少年读书活动优秀组织奖。“两节”期间，举办“唱响新时代”文艺专场演出等6个板块群众文化活动。鼓励文艺精品创作。组织开展“礼赞新中国 讴歌新时代”主题文艺创作活动，大厂评剧团编创的现代评剧《秋月》在中央电视台播出，现代评剧《焦裕禄》赴省汇报演出，电视纪录片《大运河传奇》等3部作品获省“五个一工程”奖。促进文化产业发展。组织申办代表团赴日本韩国开展第十九届世界漫画大会申办工作，赴日本参加第十八届世界漫画大会，取得2020年第十九届世界漫画大会主办权。加快推进

9月22日，我和我的祖国快闪活动在河北省廊坊市丝绸之路国际文化中心举行

24个重点文化产业项目建设，初步形成大厂影视小镇等五大高端演绎基地。深化文化体制改革。开展“十三五”时期文化改革发展规划纲要实施情况中期评估，推进市文化体制改革专项小组承担文化领域15项改革任务顺利开展。

【社会基层宣传教育】 2019年，廊坊市坚持热在基层、热在群众，营造昂扬向上社会氛围。举办“廊坊——好故事之城”主题实践活动展演暨“廊坊楷模·时代新人”典型发布活动，认定“廊坊楷模·时代新人”等先进典型10名，开展楷模先进事迹基层宣讲50余场，举办第三届“最美廊坊人”颁奖盛典，认定“最美廊坊人”11名和提名奖30名。加强爱国主义教育。开展“我和我的祖国”群众性主题宣传教育活动，组织“美丽中国”“不忘初心”“家国一心”群众性快闪活动3场，中央电视台《新闻联播》《朝闻天下》等栏目予以报道。举办庆祝新中国成立70周年国防建设成就展40余场次，数十万人接受教育，承办全省首次国防教育基地正规化建设观摩活动暨河北省国防教育基地授牌仪式，廊坊省级国防教育基地达到6个。

【群众性精神文明创建】 2019年，廊坊市坚持立德树人、成风化人，拓展社会主义核心价值观建设和群众性精神文明创建活动。出台创建全国（省级）文明城市工作《问责暂行办法》《目标管理暂行办法》，推动创建工作责任制落实。启动实施“七大攻坚行动”，督导检查36类687个实地点位和2500个随机点位，解决一批反映强烈的难点问题。推进公民道德建设，组织开展第七届廊坊市道德模范、廊坊好人评选认定，5人获“中国好人”称号，28人被评为“时代新人·河北好人”；以“七十华诞颂国泰”为主题，开展文化活动800余场；评选出2019年度市级文明单位680个；“星期六文明行动”常态化开展，动员29万余名志愿者开展各类志愿服务500多场次。推进未成年人思想道德建设，开展“新时代好少年”学习宣传等3项中小学生进社区集中志愿服务活动，评选60名廊坊市“新时代好少年”，3人获评河北省“新时代好少年”。

2019年12月25日，“春的期冀”2020廊坊新年交响音乐会在廊坊丝绸之路国际文化交流中心音乐厅举行

【廊坊市获“全国版权示范城市”称号】 10月18日，“全国版权示范城市”授牌仪式暨河北省版权示范创建工作座谈会在廊坊市召开。中央宣传部版权管理局局长于慈珂代表国家版权局向廊坊市授牌，廊坊经国家版权局验收，获“全国版权示范城市”称号，并在全国版权示范城市联盟广州年会上作典型发言。

截至2019年，廊坊市登记版权作品7483件，占全省登记总量的43%。2019年，廊坊市安排310万元用于创建全国版权示范城市的宣传、教育、培训、版权作品登记、奖励及软件正版化等项工作。是年，廊坊市委、市政府将包括版权产业在内的文化产业列为六大千亿级产业集群之一，为版权产业发展提供强大动力；依托梦廊坊国际康乐旅游港、戏剧幻城“只有红楼梦”等重点项目，推动以影视产业为龙头的文化创意产业集群发展；引导全市400余家包装印刷企业登记版权、利用版权，促进企业转型升级；以大厂微软游戏创新中心、茗卡通等为引领，发展漫画动画游戏原创，带动文创衍生品生产，促进互联网+、动漫游戏、文化科技融合为一体的高新技术企业发展。

**【廊坊市获第十九届世界漫画大会主办权】** 2019年，全市规模以上文化企业182个，产业园区8个，建成项目62个，在建项目76个，新谋划项目36个，其中谋划实施投资亿元以上文化产业重点建设项目40个，总投资1100多亿元。廊坊漫画领域涌现出陈昆仑、胡嘉梁、高世迎等一批传统漫画作家，以及付强、王晓娜等新生代漫画作家，形成在全国闻名的“创作群体”。12月1日，在日本北九州市举办的第十八届世界漫画大会闭幕式上，廊坊代表团参会并接受世界漫画大会会旗，廊坊市凭借优越的区位优势、良好发展环境以及丰厚的文化底蕴，取得2020年第十九届世界漫画大会主办权，标志着世界漫画大会正式进入“廊坊时间”。

**【“扫黄打非”工作】** 2019年，廊坊市保持“扫黄打非”高压态势，坚决查堵、查封、查缴各类非法出版物和有害信息，全面扫除淫秽色情等文化垃圾，发挥首都“政治护城河排头兵”作用。依靠“护城河工程”合作机制，在市场监管、重大案事件协调、信息交互共享、业务培训交流等方面与北京通州、大兴和天津武清等地建立协作关系，组织、参加京津冀区域联合执法和业务培训及相关案件的查处，形成京津冀地区实战联动。通过日常巡查、暗访等方式，加大出版物市场监管力度，先后4次组织文广旅、市场监督管理等部门，拉网式检查印刷复制企业、出版物集中销售场所、校园周边、宗教场所等部位，全力排查隐患，确保出版物市场的安全稳定；联合文广旅、公安、市场监督管理等部门开展全国“两会”期间“扫黄打非”集中整治、中秋国庆节前后“扫黄打非”集中整治等系列专项行动。2019年，全市共出动执法人员1000余人次，检查印刷发行企业2000余家次，收缴各类非法出版物20余万册，查处各类“扫黄打非”案件40起，其中行政案件33件，刑事案件7件，有力地打击侵权盗版等违法违规经营行为，净化社会文化环境。是年，在第三十三次全国“扫黄打非”工作电视电话会议上，廊坊市“扫黄打非”领导小组办公室获评为全国“扫黄打非”先进集体。

（胥青江）

## 统一战线　侨务

**【概况】** 2019年，中共廊坊市委统战部坚持以习近平新时代中国特色社会主义思想为指导，坚决贯彻落实党中央和省、市委重大决策部署，团结带领全市各级统战干部，务实而为、创新而为，为新时代加快建设经济强市、美丽廊坊作贡献。把学习宣传习近平新时代中国特色社会主义思想作为首要政治任务，全年举办民主党派及无党派人士培训班、宗教界代表人士培训班、年轻一代民营企业家理想信念教育培训班等6个主体班次，推动新思想在统战对象中的学习和传播。年内，组织民主党派、无党派人士，宗教教职人员、场所负责人，党外知识分子、新的社会阶层人士等近300人到北京展览馆参观“伟大历程•辉煌成就——庆祝中华人民共和国成立70周年大型成就展”，凝聚各界人士思想共识；组织党派成员、非公有制经济人士代表等100余人赴瑞金、中央革命根据地历史博物馆等地参观，坚定跟党走的信心；组织党外干部50余人到正定、石家庄、李家庄等地实地参观学习，感受习近平总书记在河北的足迹，增进对人民领袖认同感。在民主党派成员中开展“不忘合作初心、继续携手前进”、在民族宗教界人士中开展“双创四进”、在非公有制经济人士中开展理想信念教育、在党外知识分子中开展“弘扬爱国奋斗精神、建功立业新时代”、在新的社会阶层人士中开展“凝聚新力量，筑梦新时代”等主题教育实践活动，将学习贯彻习近平新时代中国特色社会主义思想引向深入，巩固共同思想政治基础。是年，中共廊坊市委统战部撰写的《建立系统完善的党外干部发现培养机制有关问题研究》获全省统战理论政策研究创新成果一等奖，《落实“三深化三提升”，创新服务手段载体，开展“结对子、办实事、服务台胞台商”主题实践活动》获全省统战工作实践创新成果奖。

**【召开全市统战部长会议】** 1月31日，廊坊市统战部长会议召开。中共廊坊市委书记冯韶慧对全市统战工作作出批示。中共廊坊市委常委、宣传部部长、统战部部长奚献军出席会议并讲话。冯韶慧在批示中要求，全市各级统战部门要继续以中共十九大精神为引领，学习贯彻习近平总书记关于加强和改进统一战线工作的重要思想，研究新情况、解决新问题，保持昂扬的斗志，推动党中央和省、市委关于统一战线工作的各项决策部署落地见效，在巩固共同思想政治基础、维护社会和谐稳定、协调照顾各方利益、服务经济社会发展等方面继续发挥积极作用，在全市全力做好“北三县（市）”与北京市通州区一体化发展、临空经济区规划建设、服务支持雄安新区规划建设 “三篇大文章”，迈出新时代加快建设经济强市、美丽廊坊新步伐的伟大实践中展现新的更大作为。奚献军要求，要从思想上真正认识到新时代统一战线不可或缺的作用，把统一战线发展好、把统战工作开展好。围绕解决统一战线各项领域的突出问题，创新工作载体，拓展工作领域，体现工作价值。以政治建设为统领、以能力建设为核心、以作风建设为抓手、以机制建设为保障，切实抓好统战部门和统战干部自身建设。

**【支持民主党派履职尽责】** 2019年，中共廊坊市委统战部协助市委办公室制发《中共廊坊市委2019年政党协商计划》，组织召开各类情况通报会、征求意见座谈会4次，就政治经济生活中的重大问题向各民主党派通报情况，听取意见建议。围绕全市中心工作，确定“民革廊坊市委加强冀中音乐会保护传承创新发展进一步打造廊坊区域文化特色和优势”“民盟廊坊市委新时代下廊坊非物质文化遗产保护和发展研究”“民建廊坊市委关于加快推动医养结合型养老服务体系建设的建议”“民进廊坊市委关于推进产业融合发展促进城市文化消费的建议”“农工党廊坊市委加速提升基层医疗服务能力助力健康廊坊建设”“九三学社廊坊市委聚焦服务业为做好‘三篇大文章’提供强力支撑”6项调研课题，组织民主党派开展专项调研，将调研报告提交市委常委会研究，及时推动意见征询，促进成果转化。支持各民主党派按照常规社会服务规范化、亮点社会服务品牌化思路，开展脱贫攻坚民主监督和重点领域社会服务工作，调研走访对口联系点，到对口联系村街开展科普宣传、健康讲座、义诊咨询等各类社会服务活动12次。

**【维护民族宗教领域团结】** 2019年，协助市委办公室、市政府办公室印发《关于全面深入持久开展民族团结进步创建工作铸牢中华民族共同体意识的实施方案的通知》，结合文明城市创建等工作，向市民发放民族团结进步宣传资料1000余份，解答市民咨询300余次。

**【助推非公有制经济发展】** 2019年，中共廊坊市委统战部搭建融资服务平台，举办金企对接会3次，开展互联网银企对接会，组织商协会进银行，解决融资信息不对称和中小企业融资难、融资贵的问题。召开全市中小企业政银企对接会，部分银行机构、企业家和各商协会代表50余人参加。继续做好“千企帮千村”活动，动员全市民营企业参与扶贫脱贫工作，共有149家企业参与帮扶，实施扶贫项目214个，投入总金额1亿元以上。开展“泛海助学行动”，按照应帮尽帮、公开透明的原则，确定推荐受助新生126人，解决贫困考生入学难的问题。

**【党外代表人士队伍建设】** 2019年，中共廊坊市委统战部围绕党外代表人士队伍建设开展专题调研，结合各领域、各阶层党外代表人士队伍建设需要，从全市优秀党外干部中选拔出72名处级党外干部、782名科级党外干部、2315名全日制大学学历以上党外公务员和事业单位工作人员作为重点培养对象。采取选派挂职锻炼、举办培训班、召开座谈交流会、开展外出参观学习等形式加强对党外代表人士的教育培训力度，共组织民主党派、党外干部、工商联代表人士培训班3期，召开党外人士座谈会2次，组织党外干部、党外知识分子外出学习交流活动2次，选派1名党外处级干部赴大兴区科协挂职。落实联席会议制度，配合市委组织部做好党外干部推荐选拔工作，为市人大常委会配备党外副秘书长1名。

**【党外知识分子和新的社会阶层人士统战工作】** 2019年，廊坊市发挥新奥集团、润泽科技和荣盛集团新的社会阶层人士科研创新基地、培养实践基地和教育培训基地典型带动作用，组织新联会领导班子成员和各县（市、区）分管工作负责人分别到新奥研究院、润泽科技和安次区壹佰剧院观摩学习，引导全市大中型企业根据自身特点和实际，开展新的社会阶层人士工作。组织农业专家调研全市农产品质量安全体系，形成《乡村振兴战略背景下加强我市绿色农产品质量安全追溯体系建设的建议》。组织打造廊坊高质量发展问卷调查，查摆出7个大项15个小项32条影响全市高质量发展的问题，并提出解决办法。支持市党外知识分子联谊会牵头策划组织“2019中国·永清核雕艺术节暨第三届核雕技艺大赛”和“2019年中国·大厂景泰蓝设计创新大赛”，共计10余个省市66名核雕技艺大事参赛。支持市新的社会阶层人士联合会举办“国内临空经济发展之现状”主题论坛，围绕临空经济发展、新《中华人民共和国土地管理法》解读等专题举办3期“廊坊博雅讲堂”。

**【对台交流合作】** 2019年，廊坊市开展“台湾媒体口播河北”“魅力东方——走进廊坊”等系列宣传报道，邀请台中广播公司、台湾中天电视台、《台湾导报》等媒体制片人及记者，对廊坊市香河天下第一城、文化艺术中心等地标建筑，燕南春酒文化博览园、中国红木城等产业中心，文安里东庄音乐老会等文化活动场所宣传拍摄，相关内容在台湾中天电视台、凤凰网手机终端等多种媒体滚动播出，提升廊坊在岛内的知名度和美誉度。开展一个中国、“九二共识”和《反分裂国家法》集中宣传活动，利用报纸、网站等加强对台政策宣传、讲好廊坊故事，增强台胞认同感和归属感。先后接待10个经贸参访团到廊坊考察，举办北京大兴台商座谈会暨廊坊市投资合作推介会，对外推介廊坊投资环境。组织廊坊市台资企业与首钢京唐公司等对接交流，为企业转型升级、加快发展提供助力。承办台湾宜兰县蓝营乡镇和河北重点乡镇双向交流活动，台湾地区21名乡里长到霸州、固安、安次等特色乡镇、社区参观访问；台湾“中国统一联盟”33人就现代农业、文化建设等课题到廊坊市参访；开展“青春梦·廊台情”——台湾青年走进廊坊交流活动，邀请28名台湾青年到廊坊参观交流。组织农业农村、医疗防治等3个团组和经贸、科技等16个非公团组赴台交流，持续深化廊台双向交流。开展“温暖台企”和“结对子、办实事、服务台胞台商”主题实践活动，走访台资企业26家，为在廊坊企业提供政策咨询32次，帮助台胞台企办好事实事20多件，实际解答并推动解决用工、用地难等问题7件。

**【优化对侨服务】** 2019年，中共廊坊市委统战部利用侨情调查成果建立“海外科技人才库”，会同市侨联等9家单位到浙江杭州实施精准招商，分别与浙江侨资企业联合会及地方政府对接洽谈6次。参加廊坊（杭州）投资洽谈和“5•18”经贸洽谈会，与4家高端侨企达成投资意向。在大厂县召开“发挥城市副主中心承载和辐射带动作用，促进京津冀协同发展”研讨会，33名专家对“北三县（市）”城市规划、承接“高精尖新”产业献计献策。加大宣传贯彻《中华人民共和国归侨侨眷权益保护法》及其实施办法，征求归侨侨眷和基层侨办干部对侨办政策、侨务法律法规的合理化建议。开展对侨资企业现状、经营情况、发展规划等内容的调研，帮助侨商解决在生产、经营、生活中遇到的困难和问题。组织实施“关爱工程”活动，解决困难归侨侨眷的社会保障问题，为“三侨考生”参加高考和“四侨考生”参加中考出具加分证明6份。编发侨法宣传提纲，侨务法规政策汇编、侨务工作手册，推进全社会形成依法护侨的氛围。在管道局第九生活区老干部活动中心设立市“侨法宣传角”，开展多项活动，促进侨法在廊坊市的宣传贯彻和落实。保护归侨侨眷和侨资企业的合法权益，协调处理涉侨信访案件。

（杨丽娜）

## 政策研究

**【概况】** 2019年，中共廊坊市委研究室（以下简称市委研究室）、市委全面深化改革委员会围绕市委、市政府中心工作，发挥参谋助手作用，完成承担的各项工作任务。聚焦为市委决策服务核心，协助市委梳理完善经济、政治、文化、社会、生态文明和党的建设各方面的工作思路、目标要求，为指导推动全市工作发挥作用。全年承担市委全会重要文稿起草任务3次，起草经济工作会、领导干部会、重点工作推进会等各类会议文稿400余篇。其中，8月起草的市委六届七次全会讲话，对践行新发展理念、高质量完成全年目标任务，作出全面安排部署；11月起草的市委六届八次全会讲话，对全面落实党的十九届四中全会和省委九届九次全会精神，推动治理体系和治理能力现代化作出安排部署；12月起草的市委六届九次全会讲话，聚焦全面建成小康社会、“十三五”规划圆满收官、京津冀协同发展取得重大突破三大任务，作出具体工作谋划。

**【调查研究】** 2019年，市委研究室围绕践行新发展理念、推进高质量发展、京津冀协同发展、乡村振兴等全市中心工作，组织各县（市、区）和市直相关部门开展联合调研，及时发现总结基层经验做法并予以交流推广，及时发现问题短板并提出意见建议。全年采编撰写调查研究15期，其中1期得到市委主要领导批示肯定，2期被《河北发展》转发。

（张　越）

## 党校教育

**【概况】** 2019年，中共廊坊市委党校（以下简称市委党校）服务市委市政府中心工作，加强与组织部门沟通协作，优化课程设置，安排优质师资，严肃培训纪律，加强学员管理，推动党校干部教育改革创新。探索新形势下多单位联合办班模式，针对各级领导干部培训需求，设置廊坊市县处级领导干部学习贯彻习近平新时代中国特色社会主义思想轮训班、廊坊市精准脱贫专题培训班、习近平总书记关于民族宗教工作重要讲话精神研讨班、加强保障和改善民生专题选学班等班次。全年举办主体班18期，选学班次4期，其他班次3期，培训各级学员3000多人次。组织党校教师到基层宣讲中共十九大精神和习近平新时代中国特色社会主义思想50余场，完成干部培训轮训各

9月9日，市委党校举办2019年秋季主体培训班

项任务。2019年，市委党校有教职工78人，其中专任教师40人。完成2019年度在职研究生招生工作，有在校研究生84人。是年，市委党校被市委组织部、市扶贫办评为2018年度结对帮扶工作考核优秀单位；被市直工委评为“五星级机关”；获“2019年度市级文明单位”称号。

**【党校科研资政服务】** 2019年，市委党校坚持教学、科研、决策咨询“三位一体”方针，把党委、政府工作“关注点”作为党校科研工作“切入点”，提升科研管理和服务水平。组织教研人员围绕中共十九大精神和习近平新时代中国特色社会主义思想、加快建设创新驱动经济强市、京津冀协同发展、临空经济区建设、农村垃圾污染防治、新时期乡村振兴战略、突发事件网络舆情分析及其政府应对能力等主题展开调研，完成课题研究30余项，撰写理论文章数十篇，并获省、市社科成果奖励。年内编辑发行《廊坊党校论坛》4期，供市委市政府决策参考。

（李　虹）

## 理论宣讲

**【概况】** 2019年，中共廊坊市委讲师团（以下简称市委讲师团）坚持市、县、乡、村四级宣讲工作网络联动，全年先后三轮调研督导全市16个省、市级基层理论宣讲站，为宣讲站配送、赠送理论学习用书万余册，涉及《图解两会》《习近平新时代中国特色社会主义思想论述摘编》《新中国发展面对面》《党的十九届四中全会〈决定〉学习辅导百问》等20余种图书。编印《2019年政府工作报告这些实惠你得几个》《总书记的河北情怀这些金句鼓舞人心》《习近平两会讲话“干货”全掌握》等学习宣传材料，向受众人群发放2万余份。在廊坊大讲堂网站上传前沿宣讲视频和专家解读文章、宣讲活动等各类稿件10721条，讲座视频270条，网站点击率15万余次。11月6—8日，按照中宣部通知要求，市委讲师团作为“全国基层理论宣讲先进集体”代表，被邀请参加在北京举办的“学习贯彻党的十九届四中全会精神研讨班”。

**【政策理论宣讲】** 2019年，市委讲师团组织开展专题巡回宣讲5轮次，全年宣讲200余场，受众2万余人次。4—5月，围绕习近平新时代中国特色社会主义思想、全国“两会”精神、中央1号文件精神、社会主义核心价值观等内容，深入到廊坊市10个市级宣讲站、6个省级宣讲站点开展新时代理论进基层大讲堂活动。抽调12名理论社科专家组建宣讲队伍，采取集中宣讲与座谈交流、调研走访相结合的形式，共宣讲20余场次，受众3000余人次。

9—10月，市委讲师团组建“不忘初心、牢记使命”宣讲团，到各县（市、区）深入宣讲习近平新时代中国特色社会主义思想，帮助基层党员干部把握好守初心、担使命，找差距、抓落实的总要求，开展宣讲20余场，受众党员干部5000余人次。

9月上旬至11月上旬，市委讲师团在全市范围内开展“礼赞新中国、奋进新时代”集中联合宣讲活动。组织举办省市县三级联合宣讲专场报告会，及各县（市、区）巡回宣讲。从驻廊高校抽调10名理论社科专家组建宣讲团，围绕宣讲主题深入到各县（市、区）开展送理论下基层活动，并向基层赠送《习近平新时代中国特色主义思想学习纲要》《新中国发展面对面》等理论学习资料。

11月下旬至12月上旬，市委讲师团开展党的十九届四中全会“走基层”宣讲活动，组织宣讲骨干第一时间深入到各县（市、区）企业、农村、学校、机关、社区，开展集中宣讲和面对面、互动式宣讲。

12月，市委讲师团选调社科理论专家深入各基层宣讲工作站（点），分专题开展中共十九届四中全会精神分众化、互动化宣讲。同时安排部署各县（市、区）讲师团，组建有地方特色的宣讲团，并结合“大喇叭”“小马扎”等本地特色宣讲活动，开展进农村、进社区、进街道胡同、进家庭小院、进田间

**2019年中共廊坊市委党校市级以上课题一览表**

表14

| 序号 | 课题名称 | 课题负责人 | 机构 |
|---|---|---|---|
| 1 | 新媒体背景下基层党员干部理想信念教育路径研究—以霸州市为例 | 赵雪芬 | 省委党校 |
| 2 | 营商环境问题和对策研究 | 陈海涛 | 省委党校 |
| 3 | 借势北京副中心建设　加快廊坊北三县协同发展 | 李　虹 | 省党校（行政学院） |
| 4 | 加强马克思主义基本理论学习　做勇于担当作为的新时代党员干部 | 刘　菲 | 省党校（行政学院） |
| 5 | 公共文化服务供给侧改革调查研究——以廊坊市为例 | 李立群 | 省党校（行政学院） |
| 6 | 以现代都市圈发展带动廊坊产业转型升级 | 刘翠芹 | 省党校（行政学院） |
| 7 | 乡村振兴背景下农村非物质文化遗产的挖掘与开发 | 贾祥桐 | 省党校（行政学院） |
| 8 | 关于基层党校教学与科研一体化机制建设的分析思考 | 秦　盛 | 省党校（行政学院） |
| 9 | 农村党员干部理想信念教育研究——以霸州为例 | 赵雪芬 | 省党校（行政学院） |
| 10 | 京津冀协同发展背景下河北省金融生态环境优化研究 | 杨福林 | 省党校（行政学院） |
| 11 | 京津冀协同发展背景下廊坊休闲农业和乡村旅游发展路径与对策研究 | 李雪莲 | 市科技局 |
| 12 | 关于党校党建工作服务于教学工作的探索研究 | 刘丰恺 | 市委宣传部 |

地头"面对面""零距离"基层宣讲。每县（市、区）组建不少于2个有特色的宣讲团，宣讲不少于20场次。全市持续开展宣讲活动数百场。

**【基层理论骨干及宣讲员培训】** 3月，市委讲师团以学习全国"两会"精神为主要内容，组织召开全市社科理论研究工作会，培训全市理论社科工作者100余名。8月，组织理论专家40余人赴京参观"伟大历程、辉煌成就——庆祝中华人民共和国成立70周年大型成就展"；组织全市理论社科骨干多次参加省委宣传部和省委讲师团组织的理论骨干培训班。

（耿明明）

## 信　访

**【概况】** 2019年，廊坊市提升信访工作专业化、法治化、信息化水平，维护人民群众合法权益。全市承办的省级领导和省直部门主要负责人14件包联督访信访事项，国家信访局、省信访局交办的69件信访积案，省信访局交办的331件重复信访事项，全部按期办结。全市信访部门受理人民群众信访事项39096件，同比下降9%。

**【聚焦涉房问题】** 2019年，廊坊市成立处置涉房领域突出问题工作

10月25日，市委讲师团宣讲团在三河市宣讲

领导小组，严格落实"督查情况每日沟通、工作进展每周通报、预警信息随时反馈和通报追责问责"四项工作机制；廊坊市信访工作联席会议办公室将涉房信访问题列入大督查工作重点，与省委第六督查组、市委大督办、市委督查室联合开展涉房信访问题专项督查。

**【完善制度链条】** 2019年，市联席会议结合信访形势和工作实际，制定出台《廊坊市信访工作联席会议召集人、成员单位工作职责》和《廊坊市信访工作联席会议工作规则》（廊联字〔2019〕2号）、《进一步规范县级领导干部"信访接待日"制度的办法（试行）》（廊联通字〔2019〕50号）等制度，为推进信访重点工作提供坚实制度保障，推动信访工作长效机制全覆盖。

2019年3月，廊坊市信访局"智慧信访服务平台"上线运行

**【提升工作质效】** 2019年，廊坊市信访局上线运行集"12343"信访诉求呼叫中心、廊坊为人民服务网、信访手机APP、微博、微信等八位一体的"智慧信访服务平台"，实现"让数据多跑路、让群众少跑腿"的目标。开展"人民满意窗口"创建活动，推进"环境舒适、办事规范、廉洁高效、服务一流、群众满意"的信访服务窗口建设，引入心理咨询师、律师等第三方社会力量，多元化调解矛盾纠纷。信访机构纳入群众满意度评价信访事项28060件，其中信访事项及时受理率100%、按期答复率100%、群众满意率98.5%，信访事项"三率"工作指标继续保持全省先进位次。

（陈泽华）

## 市直机关工委

**【概况】** 2019年，中共廊坊市委市直机关工作委员会（以下简称市委市直工委）以争当"三个表率"、建设"模范机关"为主线，引导和推动市直机关开展"不忘初心、牢记使命"主题教育。以机构改革为契机夯实基层党建基础，优化党务干部队伍结构，做好市直机关党务干部业务培训。组织开展市级机关作风评议，促进市级机关转作风、提效能，改善营商环境，优化发展环境。突出抓好中心组学习制度、

集中学习日制度和学习交流制度落实，提高市直机关党员干部职工的思想素质和业务水平，强化机关作风建设，推进学习型党组织建设。

**【思想建设】** 2019年，廊坊市以“万名党员大培训”为载体强化学习教育，集中培训市直党员2万余名，开展特色培训1000多班次，编印发放各类知应会手册8万多册。邀请中央党校李晓兵、董亚炜等专家教授专题培训主题教育和中共十九届四中全会精神，指导市直单位党组织学习，抓好针对性教育，提高党员干部学习积极性。组织举办“让初心照耀梦想前行——廊坊市共产党人的初心和使命”主题诵读会，展示廊坊市各行各业优秀共产党员的感人事迹。以“智慧党建”为依托推动主题教育全员参与。在“廊坊机关党建”智慧管理平台上开辟专栏，每日发布主题教育应知应会内容，每月交流1次市直机关开展情况。通过线上线下相结合的方式，把机关党员和流动党员全部纳入主题教育范围，推动实现主题教育不留“盲区”、不留空白。落实“两个责任”，通过书记讲廉政党课、专题廉政培训、观看廉政影片等方式，增强党员干部的纪律意识和规矩意识，筑牢思想防线。

**【组织建设】** 2019年，市委市直工委开展“基层党建提升年”活动，针对涉及机构改革的部门单位，逐单位跟踪督导建立健全机关党组织，同步健全机关党建工作机构，推进党支部规范化标准化建设。年内，各单位党务干部基本调整到位，业务素质水平和履职能力明显提升，市直基层党组织换届实现“动态清零”。以督促党员领导干部过双重组织生活为重点严格党内政治生活。在完善市直机关党内组织生活电子管理台帐的基础上，坚持每月检查督导、每季汇总通报，保证市直机关党内组织生活规范化、经常化。加强党费管理，协调市财政局、人民银行、建设银行等部门为市直单位逐一建立党费账户，组织开展党费使用管理培训，确保做到“收”符合标准，“管”符合要求，“用”符合政策。

**【作风和纪律建设】** 2019年，廊坊市开展市直机关纠正“四风”和作风纪律专项整治，把问题导向贯穿全过程，解决广大群众和市场主体反映强烈的突出问题。专门制发文件明确9个坚持15条举措，确保各个环节抓深抓细。紧盯市直机关末端落实情况，对各单位在“五深查五深改”中核查出来的问题列出“四个清单”，分类指导，实施动态管理。跟踪问效各单位公开承诺事项的完成情况，在廊坊电视台新闻频道《机关党建》专栏录播专题报道72期。结合春节、“两会”、中秋节等重要节点，开展明察暗访，对发现的问题及时处理。组织实施市级机关作风评议，促进参评单位横比提高、纵比争先。完善作风评议网站，充实评议主体数量，确保评议结果真正代表人民心声，为市直单位搭建比拼工作和展示形象平台。分批次调度重点单位，加大对“四零服务”制度落实情况的督导检查，每季度审核并公示作风建设共性指标完成情况，用作风评议工作推动市级机关各项工作提质增效。指导市直单位稳步开展目标绩效管理，把绩效考核结果与面子、票子、位子、板子直接挂钩，使目标绩效管理成为市直机关解决作风顽疾、激发内生动力的有效抓手。坚持把纪律和规矩挺在前面，实践监督执纪“四种形态”，特别是在运用第一种形态上多下功夫，强化对市直机关科级以下党员干部廉政警示教育，筑牢拒腐防变的思想防线。全年执纪审理19起，共处理违纪党员26人，使“不敢腐”的震慑作用得到发挥。

**【精神文明建设】** 2019年，市委市直工委完成2019年度文明单位创建考核工作，以弘扬社会主义核心价值观为统揽，围绕文明城市创建目标，履行好社会治安和窗口创建工作部有关工作职责，高质量完成文明城市创建任务。组织、指导市直机关开展“星期六文明行动”等党员志愿者服务活动，在廊坊市法治宣教中心举办“不忘初心 牢记使命”庆祝建党98周年暨庆祝中华人民共和国成立70周年书画摄影展，坚定文化自信，弘扬中华民族优秀传统文化。着眼于提高市直机关的团队意识和进取精神，举办第四届市直机关体育运动会，吸引市直机关干部群众广泛参与，增强市直机关的凝聚力和向心力。

**【民兵武装建设】** 2019年，廊坊市保质保量完成年度征兵任务。开展国防教育，市委市直工委联合市国防办、管道局武装部开展《中华

12月2日，“让初心照耀梦想前行”——廊坊市“共产党人的初心和使命”主题诵读会在京津冀大数据创新应用中心举行

人民共和国国防教育法》宣传教育活动。按时完成民兵整组工作，重新成立廊坊民兵综合应急一连，整改市直民兵专业分队，规范民兵指挥管理体制。组织市直民兵开展为期12天的脱产军事训练，共进行条令学习、军事讲座、队列训练、体能锻炼、防暴训练、救护教学、灭火演练、行军拉练等11个科目训练，提高市直民兵遂行各种抢险救灾任务和处置突发事件的能力。年内，廊坊市获省、市两级“国防教育先进单位”称号。

**【星级机关和星级窗口创建】** 2019年，廊坊市直参加星级机关参创单位86个，其中授五星单位49个、四星单位26个、三星单位11个；参加星级窗口创建单位55个，其中授五星单位32个、四星单位17个、三星单位6个。

（潘跃腾）

## 为离退休干部服务

**【概况】** 2019年，廊坊市规范离退休干部春节慰问、老年节慰问和生日祝贺、住院探望工作，慰问覆盖面和慰问金标准位居全省前列。组织引导离退休干部开展主题教育，印发《关于在全市离退休干部党员中开展“不忘初心、牢记使命”主题教育的通知》（廊老干通字〔2019〕26号），结合离退休干部党员实际开展主题教育，引导老干部始终不忘初心使命，发挥自身优势，各项事业发展出谋献策。以督导调研走访等形式指导工作评选先进。年内，市政府原副市长、市关工委主任张树藩被中央组织部授予“全国离退休干部先进个人”称号；解树庄、李学芳2名老干部被河北省委老干部局授予“最美夕阳”称号；市文化广电旅游局离退休干部党支部、市检察院离退休干部党支部、市医院离退休干部党支部和霸州市委老干部局等4个离退休干部党支部被省委老干部局评为“五星级党支部”；三河市邢文柱、大厂县张荣、大城县于俊宽、市政协于连江等4名离退休干部被省委老干部局评为“五星级党员”。市委老干部局获河北省中老年“健康之星”评选活动优秀组织奖获2019年度河北省老干部、老年人台球比赛团体优胜奖，获总分第一名。“燕赵红枫·河北省离退休干部服务管理系统”建设运行全省领先。

**【落实离退休干部政治生活待遇】** 2019年春节期间，廊坊市分级分层慰问离退休干部34409名，做到慰问工作全覆盖。9月，市委老干部局与市委组织部联合印发《关于进一步规范老干部慰问工作的实施意见》，规范老干部春节和老年节的慰问工作。按政策要求提高老干部生活待遇，制定印发《关于健全和完善厅级离退休干部生日祝贺、住院看望制度的通知》，11月，制定《关于特困离退休干部帮扶工作办法（试行）》，按照帮扶对象范围及规定条件，在提出申请的特困离退休干部中确定52名帮扶对象，发放帮扶资金20万元。12月，协调市医疗保障局出台《关于放宽异地安置离休干部定点医疗机构范围的通知》，易地安置在外的离休干部就医，由原4家定点公立医院扩大至当地所有二级以上公立医保定点医疗机构。4月，组织12名市级老领导到江西井冈山参观考察。6月，组织13名市级老领导到文安县参观考察。5—6月，慰问易地安置离休干部13名。8月，组织召开市直老干部情况通报会，中共廊坊市委书记冯韶慧通报全市经济社会发展情况并讲话。9月25日，组织召开全市“我看新中国成立70周年”暨庆祝老年节座谈会，20余名老干部代表倾诉爱党爱国情怀。

**【离退休干部基层党组织建设】** 2019年，廊坊市加强离退休干部基层党组织建设，与8个市直联系示范点之间沟通联系，指导联系点的特色支部活动，总结宣传其工作经验。指导各县（市、区）结合实际，对23个联系示范点实行动态化管理。与市财政局联合印发《关于为市直单位离退休干部党组织书记发放工作补贴的通知》（廊老干通字〔2019〕11号），要求按每位老干部党组织书记每月200元标准发放，从2019年1月起执行，同时要求各县（市、区）自行确定发放标准和经费开支渠道。举办2019年全市离退休干部党支部书记培训班和老干部党校培训2期，采取理论教学与体验式教学相结合的方式，组织老干部党员实地参观和集体学习，加强离退休干部党组织建设，提高离退休干部党支部书记综合素质。7月，组织开展全市“大督导大调研大走访活动”暨“最美夕阳”评选活动，全面督导检查和调研全市老干部党建工作和政治生活待遇落实情况，召开座谈会78场次，走访老干部406人次，形成调研报告3篇。

**【市老年大学】** 2019年，廊坊市老年大学学员1680名。年内，举办老年大学学员书法绘画展览3期，展出书画作品200余幅；举办迎国庆文艺演出，《廊坊日报》和廊坊电视台给予报道，收到良好效果。为全体师生缴纳每人保费50元意外伤害保险。统计老年大学中的党员人数，为在老年大学成立基层党组织提供基础。

**【市老干部活动中心】** 2019年，廊坊市老干部活动中心举办迎“七一”和重阳节老年健身文体交流赛等多项活动。开展“壮丽70年，奋进新时代”庆祝新中国成立70周年大型文艺调演，上报参选节目42个，筛选出获奖节目24个。评选出最佳组织奖8个，优秀组织奖8个，以及最佳节目和优秀节目。是年，廊坊市老干部活动中心获河北省第六届中老年健康之星优秀组织奖，王秀玲获“健康之星”称号；

在2019年河北省老干部、老年人台球团体赛获优胜奖。

**【市关工委】** 2019年，全市关工委以基层“五老”（老干部、老战士、老专家、老教师、老模范）青少年服务中心创建为平台，开展“国学进校园”“书法进校园”活动。全年新建“五老”服务中心50个。截至年底，全市建成各类五老服务中心240个。印制《纪念新中国成立70周年为了民族复兴革命英雄谱》和《关心下一代工作30年工作论文集》，根据学校活动需求配送图书、书画教学用品、文体活动用品，受益学生5万多人。发挥“五老”队伍作用，基层“五老”青少年服务中心的创建工作作为全市文明城市的创建品牌得到《河北日报》等媒体宣传推介。是年，市关工委被评为“全省关心下一代工作先进集体”；安次区关工委常务副主任李学芳、大厂县祁各庄镇关工委常务副主任刘进禄获廊坊市第三届“最美廊坊人”提名奖；广阳区国际花园社区关工委副主任马贺年获“廊坊市第七届道德模范”称号。

（尚　涛）

## 党史研究

**【概况】** 2019年，廊坊市委党史研究室把握“党史姓党”根本原则，推进党史研究、党史资料征编、党史宣传教育、党史纪念活动等各项工作开展。全年编辑出版《中共廊坊年鉴（2019）》，印发《天天读史》周刊48期。《中国共产党廊坊历史日志（1926—2017）》初稿编辑完毕，共计2800余条。每月编印《中共廊坊市委大事记（征求意见稿）》送市委、市人大常委会、市政府、市政协及相关部门领导征求意见。将历时3年拍摄制作的党史动画片《尽忠尽孝魏大光》《廊坊星火》《林子里战斗》整合编辑为《廊坊党史故事》。在《廊坊日报》《廊坊都市报》分别开设《壮丽70年　奋斗新时代》《红色寻踪　廊坊记忆》专栏，集中讲述和宣扬廊坊近代以来的革命先辈、战役战斗、劳动模范等事迹和精神，共刊载40余篇。推进县级党史二卷本编写出版工作，三河市、大城县党史二卷本由中共党史出版社正式出版，永清县通过市委党史研究室审定并报送中央党史出版社审定，其余县（市、区）完成初稿。启动党史教育基地第一次评审工作，三河市烈士陵园、大厂景仰园、霸州张家大院、固安县林子里烈士陵园，被中共廊坊市委命名为“廊坊市中共党史教育基地”。

**【编印《廊坊巨变》画册】** 《廊坊巨变（1949—2019）》图片征集自2017年年初开始，面向全市老一代摄影家和广大摄影爱好者广泛征集历史照片，邀请摄影专家协助甄选2000多张历史老照片，采用航拍等新型技术拍摄廊坊现景，对新、旧廊坊实际对比。2019年，市委党史研究室聘请专家归纳分类遴选出的照片，在尊重历史原貌的基础上进行美学设计，标注文字说明，使画册更具视觉冲击力和说服力。《廊坊巨变（1949—2019）》分为“领导关怀”“农业生产”“工业企业”“商业贸易”“城乡建设”“生活变迁”等12个篇章，真实反映70年来廊坊经济、社会、文化等方面变化，是廊坊市委党史研究室在党史研究成果转化、为现实社会服务的一次创新。画册通过选用富有生活气息和艺术感染力的照片，让读者穿越历史时空，直观地观察历史演变过程，勾起对过去岁月的回忆，体味70年来廊坊的巨大发展，珍惜现在的幸福生活，激励全市干部群众不忘初心、牢记使命，为实现中华民族伟大复兴的中国梦作出新的更大贡献。

**【编印《廊坊党史人物》】** 《廊坊党史人物》是廊坊党史研究室为庆祝中华人民共和国成立70周年谋划编辑的人物集，2019年年底编印成册。《廊坊党史人物》上限时间段为1926年廊坊现辖区第一个中国共产党组织成立，下限至1978年改革开放始，内容为新民主主义革命时期和社会主义建设时期的革命前辈、英雄先烈、先进模范人物的事迹。收录人物以廊坊籍人士为主，以及在廊坊土地上战斗、工作过，身负重任、贡献卓著的部分革命前辈、英雄模范、人民敬佩怀念的廊坊籍以外人士。全书共100篇105人，英模人物事迹在人民群众中广为流传。廊坊市委党史研究室重新把英雄模范群体中的典型人物遴选出，把分散的资料整理辑印成册，意在系统地再现英模人物的风采和精神世界，讴歌时代英雄，弘扬革命精神，让群众通过阅读受到革命传统教育和爱国主义教育，让后人从历史中领悟“不忘初心，牢记使命”的重大意义，为实现中华民族伟大复兴的中国梦，为建设经济强市、美丽廊坊而不懈奋斗。

（董玉娥）

# 廊坊市人民代表大会常务委员会

## 综　述

**【概况】**　2019年，廊坊市七届人民代表大会常务委员会坚持以习近平新时代中国特色社会主义思想为指导，履职尽责，担当作为，完成市七届人大四次会议确定的目标任务，各项工作取得新进展、新成效。全面加强党的创新理论武装，深入落实习近平总书记关于坚持和完善人民代表大会制度的重要思想，树牢“四个意识”，坚定“四个自信”，做到“两个维护”。常委会党组成员带头讲党课、做辅导，深入基层宣讲中共十九届四中全会精神，推动党的政治理论走深走实。自觉落实重大事项请示报告制度，及时将党委的主张通过法定程序转化为全市人民的共同意志和自觉行动。严格依法实行任免，做好任前审查、任职表态发言、颁发任命书、宪法宣誓等各个环节，增强被任命人员的宪法意识、自觉接受人大监督意识。坚持开门立法、科学立法，以良法促发展保善治。科学安排立法计划，围绕市委中心工作谋划确定地方立法项目。公布实施《廊坊市文明行为促进条例》，审结《廊坊市加强大气污染防治若干规定》，完成《廊坊市国土绿化条例（草案）》起草和《廊坊市院前医疗急救服务条例（草案）》的前期考察和论证工作，突出立法的创制性，推进改革决策与立法决策的有序衔接。制定出台《规范性文件备案审查工作规定》，为推进备案审查工作提供制度保障。坚持依法监督、有效监督，突出民有所呼我有所应。密集组织开展专项视察和调研，紧扣市委的重大决策部署，先后就京津冀大运河文化保护传承利用、扫黑除恶专项斗争、全域旅游发展、农村人居环境整治、农村土地承包确权以及《中华人民共和国中小企业促进法》《宗教事务条例》等法律法规贯彻落实情况深入开展专题调研，提出意见和建议，全年先后组织视察、调研30余次。开展专项审议和专题询问，围绕深化放管服改革、持续提升营商环境课题，深入市场主体开展走访调研，组织专题询问，就营商环境中的社会热点问题回答委员和代表的问题。深入组织联动监督和执法检查，针对2018年在扶贫脱贫攻坚、大气污染防治、优化营商环境三大领域联动监督中发现的问题持续跟踪问效，巩固联动监督成果。针对法律法规实施的薄弱环节，加大执法检查力度，先后就水污染防治“一法一条例”、律师法、图书馆法、红十字会法、河北省地下水管理条例、律师执业保障和规范条例、乡村环境和保护治理条例等10余部法律法规的贯彻实施情况组织开展检查，促进法律法规正确实施。启动民生实事项目人大代表票决制工作，出台《关于实施民生实事项目市人大代表票决的决定》及实施办法，实现政府决策与群众需求的精准对接。坚持主动作为、担当作为，锻造高素质干部队伍。抓实党建责任，强化政治素质，开展“不忘初心、牢记使命”主题教育，抓学习、讲党课、搞调研、找问题、促整改，学思践悟，立行立改，促进常委会和机关各项工作改进提升。顺应新形势对人大工作的新要求，深入贯彻省委人大工作会议精神，以提高人大干部队伍履职能力为着力点，强化对标意识，赴先进地区组织多批次学习考察，加强对县乡人大工作的工作指导，推动全市人大工作不断开拓创新。

是年，廊坊市七届人民代表大会设社会建设委员会、监察和司法委员会，环境与资源保护委员会更名为城乡建设和环境资源委员会，民族宗教侨务外事旅游委员会更名为民族侨务外事委员会，农业农村委员会更名为农业和农村委员会；廊坊市七届人民代表大会常务委员会机关设办公室、选举代表人事工作委员会、法制工作委员会、财政经济工作委员会、教育科学文化卫生工作委员会、城乡建设环境保护工作委员会、农村经济工作委员会等7个办事机构。机构编制85人，在职人员77人。

（甄志强）

## 重要会议

**【概况】**　2019年，廊坊市第七届人民代表大会常务委员会召开常委会会议7次。廊坊市第七届人民代表大会第四次会议于1月22日召开。廊坊市第七届人民代表大会常务委员会分别于1月11日、3月28日、5月31日、7月30日、9月27日、11月27日、12月27日召开第十三次、第十四次、第十五次、第十六次、第十七次、第十八次、第十九次常委会会议。

**【廊坊市第七届人民代表大会第四次会议】**　于1月22日至24日召开。会议听取和审议陈平市长所作的市政府工作报告，蒋洪江主任所作的市人大常委会工作报告、苑三国院长所作的市中级人民法院工作报告、王胜喜检察长所作的市人民检察院工作报告，书面听取和审查廊坊市2018年国民经济和社会发展计划执行情况与2019年国民经济和社会发展计划草案的报告、廊坊市2018年市本级预算及全市总预算执行情况和2019年市本级预算及全市总预算草案的报告，书面审查市七届人大各专门委员会工作报告，并做出相关决议。表决设立社会建设委员会、监察和司法委员会，环境与资源保护委员会更名为城乡建设和环境资源委员会，民族宗教侨务外事旅游委员会更名为民族侨务外事委员会，农业农村委员会更名为农业和农村委员会；通过社会建设委员会、监察和司法委员会主任委员、副主任委员、委员名单，法制委员会、城乡建设和环境资源委员会委员名单，民族侨务外事委员会主任委员、副主任委员名单。选举张矛为市人大常委会副主任，王媛媛、任红霞、刘玫为市人大常委会委员。

**【廊坊市第七届人大常委会第十三次会议】** 于1月11日召开。会议审议通过《廊坊市第七届人民代表大会常务委员会代表资格审查委员会关于代表变动的审查报告》、市人大常委会主任会议《关于市七届人大四次会议有关文件（草案）的报告》和《关于提请市七届人大常委会第十三次会议授权市人大常委会主任会议审议决定市七届人大四次会议有关文件（草案）的议案》《廊坊市人民代表大会常务委员会工作报告（审议稿）》、市第七届人大各专门委员会工作报告（审议稿）；表决通过《廊坊市人民代表大会常务委员会关于召开廊坊市第七届人民代表大会第四次会议的决定》、市人大常委会主任会议《关于提请市七届人大常委会第十三次会议授权市人大常委会主任会议审议决定市七届人大四次会议有关文件（草案）的决定》；表决通过人事任免职事项。

**【廊坊市第七届人大常委会第十四次会议】** 于3月28日召开。会议传达学习全国"两会"和全省领导干部会议精神及廊坊市贯彻落实意见；原则通过《廊坊市人大常委会2019年工作要点》和《廊坊市人大常委会2019年监督工作安排》；表决通过《廊坊市人大常委会关于批准2019年市本级预算调整方案（草案）的决定》；表决通过《廊坊市人民代表大会常务委员会关于加强检察建议工作情况的决议》；表决通过人事任免职事项。

**【廊坊市第七届人大常委会第十五次会议】** 于5月31日召开。会议传达学习全省人大系统"河北发展、人大尽责"主题实践活动现场经验交流会精神；听取市人大法制委员会关于《廊坊市文明行为促进条例（草案）》审查结果的报告和修改意见的报告，审议并表决通过《廊坊市文明行为促进条例》；听取并审议市人民政府关于《廊坊市国民经济和社会发展第十三个五年规划纲要》实施情况的中期评估报告及市人大财政经济委员会对中期评估报告的初审报告；听取并审议市人民政府2018年环境状况和环境保护目标完成情况的报告；听取市人民政府关于对《市人大常委会关于开展〈河北省乡村环境保护和治理条例〉执法检查报告的审议意见》整改落实情况的报告；听取市人大常委会学习考察组关于赴四川、浙赣和云南学习考察情况的报告；表决通过人事任免职事项；表决通过许可对个别市七届人大代表采取强制措施的决定。

**【廊坊市第七届人大常委会第十六次会议】** 于7月30日召开。会议传达学习习近平总书记关于地方人大及其常委会工作的重要指示和纪念地方人大设立常委会40周年座谈会精神；表决通过市人大常委会《关于实施民生实事项目市人大代表票决的决定》，审议通过市人大常委会《关于实施民生实事项目市人大代表票决制工作的办法》；听取并审议市人民政府关于廊坊市2019年上半年国民经济和社会发展计划执行情况、市本级及全市总预算执行情况的报告，提请审议2019年市本级预算第二次调整方案（草案）的议案；书面审议市七届人大农业和农村委员会关于全市农村人居环境整治工作开展情况的调研报告、市七届人大民侨外委员会关于全市贯彻实施国务院《宗教事务条例》情况的调查报告、市人大常委会执法检查组关于检查水污染防治"一法一条例"实施情况的报告；书面听取市人大常委会学习考察组关于立法、水污染防治、大气污染防治立法、院前医疗急救立法相关工作学习考察的报告；表决通过《廊坊市人大常委会关于批准2019年市本级预算第二次调整方案（草案）的决定》；表决通过人事任免职事项。

**【廊坊市第七届人大常委会第十七次会议】** 于9月27日召开。会议听取并审议《廊坊市制定地方性法规办法（修订草案）》；听取并审议市人民政府关于廊坊市2018年市本级决算和全市总决算情况、廊坊市2018年度市本级预算执行及其他财政收支情况的审计工作、廊坊市2018年企业国有资产管理情况、廊坊市2018年国有资产管理情况的报告，提请审议2019年市本级预算第三次调整方案（草案）的议案；书面审议市七届人大农业和农村委员会关于全市农村土地确权工作开展情况的调查报告、市七届人大社会建设委员会关于全市就业促进工作开展情况的调研报告、市七届人大教育科学文化卫生委员会关于全市医养结合工作开展情况的调研报告、市人大常委会执法检查组分别关于律师"一法一条例"、《河北省农业扶贫开发条例》、大气污染防治"一法一条例"、《河北省优化营商环境条例》实施情况的报告；听取并审议市人民政府关于《河北省农业扶贫开发条例》、大气污染防治“一法一条例”、《河北省优化营商环境条例》贯彻实施情况的报告，同时就3项工作开展满意度测评；审议并通过市人大常委会代表资格审查委员会关于个别代表变动的审查报告；表决通过《廊坊市制定地方性法规办法（修订稿）》《廊坊市人大常委会关于批准2018年市本级决算的决议》《廊坊市人大常委会关于批准2019年市本级预算第三次调整方案（草案）的决定》；表决通过人事任免职事项。

**【廊坊市第七届人大常委会第十八次会议】** 于11月27日召开。会议听取并审议市人民政府《关于提请审议〈廊坊市加强大气污染防治若干规定（草案）〉的议案》、市七届人大法制委员会《关于〈廊坊市加强大气污染防治若干规定（草案）〉审议结果的报告》，表决通过《廊坊市加强大气污染防治若干规定》；书面审议市人大常委会法工委关于备案审查工作情况的报告；听取并审议市人民政府关于2018年度市本级预算执行及其他财政收支审计查出问题整改情况的报告，进行满意度测评；听取并审议市人民政府、市中级人民法院关于市七届人大四次会议以来代表建议、批评和意见办理工作的报告；书面审议市人大常委会选代人工委关于市七届人大四次会议以来代表建议、批评和意见办理情况的调查报告、市七届人大教育科学文化卫生委员会关于全市文物保护工作开展情况的调研报告、市人大常委会执法检查组关于检查《河北省地下水管理条例》贯彻实施情况的报告；表决通过人事免职事项。

**【廊坊市第七届人大常委会第十九次会议】** 于12月27日召开。会议审议并通过廊坊市第七届人民代表大会常务委员会代表资格审查委员会关于个别代表变动的审查报告；补选河北省第十三届人民代表大会代表；表决通过个别省十三届人大代表辞去职务的请求、个别市七届人大专委会委员辞去职务的请求；表决通过人事任免职事项；表决通过《廊坊市人民代表大会常务委员会关于赵革为廊坊市人民政府代理市长的决定》。

（甄志强）

## 立　法

**【概况】** 2019年，廊坊市坚持科学立法、民主立法、依法立法，坚持急需先立、突出特色，推动立法工作与时代同步伐、与改革同频率、与实践同发展。年内，《廊坊市文明行为促进条例》颁布实施，《廊坊市加强大气污染防治若干规定》审结，《廊坊市国土绿化条例（草案）》起草基本完成。

**【确保地方立法正确方向】** 2019年，廊坊市健全立法事项请示报告制度。立法计划的制定、立法过程中的重大问题及时报市人大常委会党组，经党组同意后报中共廊坊市委。科学编制2019年立法计划，报请市委同意后实施。建立完善立法工作机制。按照市领导批示精神，起草《廊坊市人大常委会关于支持大厂回族自治县进一步加强和改进立法工作的指导意见》，以市委文件形式转发，推动自治县立法工作的开展。贯彻市委决策部署。围绕市委中心工作谋划确定地方立法项目，调研论证关系廊坊经济社会发展全局和人民群众根本利益的立法建议和要求，使立法适应全市经济社会发展需要。

**【提高立法质量和效率】** 2019年，廊坊市增强法规的地方特色，处理好创新与规范、合法与管用的关系。做好地方性法规统一审议准备，坚持立法解决问题，开展立法调研座谈，立法质量和效率不断提高。《廊坊市文明行为促进条例》公布施行。5月31日，市第七届人大常委会第十五次会议审议通过《廊坊市文明行为促进条例》。及时做好向市委的报告和条例的公告及报备，7月25日省第十三届人大常委会第十一次会议批准条例。《廊坊市加强大气污染防治若干规定》审结。11月27日，市七届人大常委会第十八次会议审议通过《廊坊市加强大气污染防治若干规定》。审议情况报告中共廊坊市委，待市委同意后，及时向省人大常委会报请批准。《廊坊市国土绿化条例（草案）》起草基本完成。按照《廊坊市人大常委会关于印发〈廊坊市人大常委会2019年立法计划〉的通知》明确的

2019年1月4日，《廊坊市文明行为促进条例（草案征求意见稿）》征求意见座谈会召开

时间节点，组织召开《廊坊市国土绿化条例（草案）》立法工作推进会、立法协调会，督促条例起草进程，起草工作基本完毕。提前介入《廊坊市院前医疗急救服务条例》起草工作。为提高法规草案质量，组织专门力量提前介入《廊坊市院前医疗急救服务条例》起草，安排工作人员到市司法局参与该条例草案的修改论证工作。编纂《廊坊市市容和环境卫生条例立法工作文件汇编》作为廊坊市立法工作工具书，为立法工作提供参考。

【相关工作】 2019年，市人大常委会扎实推进规范性文件备案审查工作。起草《廊坊市人民代表大会常务委员会规范性文件备案审查工作规定》。印发《廊坊市人大常委会办公室关于做好规范性文件备案审查工作的通知》，要求相关单位做好规范性文件向市人大常委会的报备工作。在市七届人大常委会第十八次会议上提交关于备案审查工作情况的报告，向本级人大常委会报告备案审查工作。在廊坊设立分会场组织人员参加省人大常委会法工委备案审查工作培训视频会议。按照省人大常委会要求，组织备案审查工作座谈会，推进备案审查工作。配合省人大常委会做好立法协同工作。年内，多次配合省人大常委会做好《河北省机动车和非道路移动机械排气污染防治条例（草案）》等在廊坊开展的立法调研座谈工作。协助配合省人大常委会法工委在廊坊主办2019年京津冀三地人大立法工作机构工作会议，为区域协同立法积累先行经验。完成市委办、市委深改办、市民主法制领域改革专项小组等交办的工作任务。

（甄志强）

## 监　督

【概况】 2019年，廊坊市强化问题导向，实施有效监督，全年听取审议专项工作报告35项，开展调研、视察、执法检查18次，组织专题询问1次，配合省人大常委会开展监督活动22次。

【经济发展监督】 2019年，市人大常委会密切关注全市经济运行态势，完成上半年计划、预算执行以及审计、整改情况审议，依法组织“十三五”规划纲要实施情况中期评估调研和审查，就优化工作布局、提升发展质效等方面提出审议意见，确保经济社会平稳健康发展。听取全市债务管理情况的汇报，就防范和化解政府债务风险提出要求。审查国有资产管理情况，针对国有资产管理体系建设、摸清四类资产“家底”、履行主体责任意识、统计口径和量化指标等方面提出改进建议。开展《中华人民共和国中小企业促进法》执法检查，就缓解下行压力，推进经济转型，提出工作建议。年内通过多轮培训督导形式，实现预算联网监督各县（市、区）的全覆盖。

【社会民生监督】 2019年，市人大常委会把满足人民群众对美好生活的需要作为履职的出发点和落脚点，聚焦群众关注的热点难点事项实施持续监督，及时回应社会关切，推动相关工作改进提升。专题开展《河北省农村扶贫开发条例》实施情况执法检查，确保2020年全市贫困人口高质量实现脱贫。提出做好防贫返贫工作、提升脱贫内生动力、加大产业就业扶贫力度等审议意见。优化就业创业环境，专题调研全市就业促进工作开展情况。组织开展养老服务业“放管服”、医养结合、健康服务业和健康产业工作调研，就更好满足城乡居民养老、健康需求提出意见建议。

【生态环境监督】 2019年，廊坊市紧扣中央和省、市委关于环境保护的决策部署，继续加大生态环境监督力度，用法治力量保护生态。开展大气污染防治“一法一条例”执法检查，紧盯薄弱环节和突出问题，提出加强精细化管理、严格规范执法、加大区域联防联控联治等建议。依法治理水污染、保护水环境，开展水污染防治“一法一条例”贯彻实施情况执法检查，提出加大资金投入、加强政府监管、补齐设施短板等建议。审议市政府对《河北省乡村环境保护和治理条例》审议意见整改落实情况的报告，要求市政府在整改落实上加大工作力度。审议市政府2018年环境状况和环境保护目标完成情况的报告，督促建立健全生态环境保护长效机制。

【服务“三农”监督】 2019年，廊坊市贯彻落实实施乡村振兴战略的决策部署，围绕构建生态型现代化高质量的发展新格局实施多层次监督。深化农村改革，发展现代都市型农业，探索农村新型经营主体建设，组织专委会委员和市、县有关部门负责人员到四川成都等地学习考察。围绕推动改变农村面貌和农民生活方式，开展农村人居环境整治专题调研，从促进提升农村生产力水平，坚持农村产业支撑，打好污水处理、垃圾治理、“厕所革命”攻坚战方面提出建议。组织开展农村土地承包确权情况专题调研，促进农村土地承包关系调整完善、农村土地适度规模经营。组织开展《河北省地下水管理条例》执法检查，提出压减农业用水、引足用好外调水、防治地下水污染等建议。

【社会治理监督】 2019年，廊坊市提高社会治理法治化、专业化水平，强化社会治理领域监督，推动打造共建共治共享的社会治理格局。依法作出《关于加强检察建议工作的决议》，要求规范管理检察建议，增强检察建议刚性，发挥检察建议在法律监督中的重要作用。开展《中华人民共和国律师法》和

《河北省律师执业保障和规范条例》执法检查，推动营造良好从业环境，支持律师队伍依法执业。调研全市贯彻实施国务院《宗教事务条例》情况，从体制机制建设、宗教事务管理、宗教队伍建设等方面了解情况、提出建议。组织开展全市文物保护工作专题调研，提升全市文物保护管理水平。针对扫黑除恶专项斗争、全域旅游、《中华人民共和国公共图书馆法》和《中华人民共和国红十字会法》等方面进行系列调研、检查。

**【提升监督实效】** 2019年，市人大常委会健全监督体制机制，拓宽监督形式内容，提升人大监督功效。建立联动监督跟踪问效制度，按照2018年三项联动监督列出的问题清单，整合四级人大代表，开展集中的“回头看”，常委会会议专门听取整改情况报告，并进行满意度测评，紧盯整改促落实。实施专题询问制度，组织常委会委员和代表围绕优化营商环境开展专题询问，通过面对面回应社会各方面关切，提高改进提升的工作的自觉和主动。建立民生实事项目人大代表票决制度，依法出台《关于实施民生实事项目市人大代表票决的决定》及相关实施办法，并指导推动各县（市、区）的全覆盖，实现政府决策与群众需求的精准对接、高度融合。

（甄志强）

## 调　研

**【概况】** 2019年，市人大常委会针对关系民生、就业及全市经济社会发展等重大问题，开展农村人居环境整治、农村土地确权，以及全市就业促进工作、医养结合工作、文物保护工作等多项专题调研。

**【农村人居环境整治情况调研】** 2019年6月，市人大常委会副主任王俊臣带领调研组深入安次区、永清县、霸州市开展全市农村人居环境整治工作调研，共调研乡镇6个村庄11个，并开展座谈交流。调研组认为：全市各级各部门围绕“全域覆盖、连片示范、提升水平、打造精品”的思路，全力推进农村人居环境整治工作，取得显著成果。调研组建议：坚持打基础、立长远、可持续的指导思想，推动农村人居环境整治工作健康发展，政府应发挥引导作用，做好规划编制、政策支持、试点示范等，建立项目信息公开制度，引导村民积极参与项目建设和管理，动员广大村民自我管理、自我教育、自我服务；坚持深化农村改革，促进提升农村生产力水平，探索以农民专业合作社、各类家庭农场为载体，走土地集约化，经营规模化的路子，整合农村的生产要素，实现生产方式的转变，推动农村各项产业与乡村建设的融合发展；坚持产业支撑，增强农村人居环境整治的后劲，把产业兴旺贯穿农村人居环境整治全过程，引导有条件的地区将农村环境整治与建设特色产业、休闲农业、乡村旅游、美丽乡村、森林乡村等有机结合；坚持打好污水处理、垃圾治理、“厕所革命”攻坚战，推进垃圾综合治理，实施村庄清洁行动，建立完善“户分类、村收集、乡转运、县处理”的垃圾收运处置体系，分期分批实现城乡污水治理管控的全覆盖，推进传统旱厕改造，增加有效投入和专项资金补贴，严格考核奖补，提高广大村民改厕积极性。

**【农村土地确权调研】** 2019年8月，市人大常委会副主任王俊臣带领调研组开展全市农村土地确权工作调研，深入村庄、农户，与农村的基层干部和广大农民座谈交流，征求意见建议。调研组认为：全市各级各部门夯实基础、严格操作、严格标准、强化督导，加快推进确权工作进程，取得积极成效。调研组建议：依法化解矛盾，坚持依法规范与尊重民意相结合，因地制宜，分类处理做好土地承包经营纠纷信访和政策咨询工作，加强农村承包地调解仲裁组织建设，妥善化解因承包地确权、流转等产生的矛盾纠纷；做好基层基础工作，对未完成的县（市、区）加强督导检查，加强对权属调查、实地测绘、资料归档等方面的质量管控，规范收集和整理土地确权档案，对各地存在的无地农户、土地权属争议等历史遗留问题开展实地调研和摸底调查；加强确权遗留问题整改，有针对性选择试点较早、进度过快、问题较多等地进行自查自纠，做好情况核实和问题整改工作，严防因确权工作引发新的矛盾；做好确权成果运用，与土地经营权流转、农业适度规模经营相结合，与农村集体产权制度改革、农村土地经营权抵押担保等配套推进。

**【就业促进工作调研】** 2019年8月至9月，市人大常委会副主任陈洪波带领调研组，采取听取汇报、召开座谈、实地查看、查阅资料等方式，围绕全市就业促进工作开展调研。调研组认为：市政府把就业促进工作作为重大的政治任务，作为保障改善民生、维护社会稳定的有效举措，努力抢抓京津冀协同发展机遇、加快产业转型升级等各项工作，深化结合、统筹推进、创新思路办法、狠抓工作落实，确保实现更加充分就业和更高质量就业。调研组建议：加强政府统筹责任，市政府要统筹推进就业促进法律法规的实施，发挥好领导小组的作用，加大政策和资金供给、落实力度，建立健全产业、财政、金融、科技等政策与就业政策的联动机制；以经济高质量发展稳就业，坚持产业与就业协同，促进产业转移、项目建设与岗位对接，扩大就业容量，优化营商环境，吸引更多大项目、大工程落户廊坊，加大对新业态扶持力度，畅通融资渠道，加强创业孵化载体建设，发挥好创业带动就业倍增效应；做好重点群体的就业，实施高校毕业生就业创业促进计划、青年见习计划，实现新型职业农民劳动力就地就近就业，提高退役军人安置质量，强化对下岗转岗职工再就业的培训；加强职业教育培训，创新办学机制和培训方式，构建“招生—培养—就业”联动机制，推进应用型高校建设和高职扩招工作，优化培训项目设置和授课方式；营造良好就业环境，加大法律法规宣传力度，做好解读培训工作，加大对法律法规实施情况的有效监督。

**【医养结合调研】** 2019年7月至8月，市人大常委会副主任邵二玲带领调研组，专题调研全市医养结合工作开展情况。调研组认为：廊坊市探索医养结合模式，发挥毗邻京津的独特区位优势，鼓励社会资本投资健康养老产业，推动医养结合工作的快速发展，初步形成以居家为基础、社区为依托、机构为支撑，政府与企业共建，公办与民营互补，覆盖城乡的医养结合服务体系。调研组建议：完善政策措施，发挥政府的主导作用及各部门职能作用，强化协调联动，对医养结合养老机构实施卫生准入、民政扶持、医保定点、绿色审批、土地优供、税收优惠、资金支持等扶持政策；强化制度建设、管理模式、服务规范等方面的学习研究，探索符合廊坊市经济社会发展实际的工作模式，成立由发改、卫健、民政、财政、医保、人社等部门组成医养融合服务工作组，制订发展规划，规范管理和服务行为，加强监督管理，着力建设和完善打基础、管根本、立长远的长效机制；促进医养融合，按照“政府主导、政策扶持、市场运作、产业化经营”的发展思路，统筹养老机构和医疗机构发展设置规划，探索建立基本医疗保险支持政策，科学界定服务对象和服务需求，整合和利用现有养老和医疗卫生资源；开通绿色审批通道，加大财政资金的投入力度，制定人才培养计划，搭建智能化信息服务平台，强化评估工作，研究制定医保纳入、土地供应、税收优惠等政策措施。

**【文物保护调研】** 2019年9月至10月，市人大常委会副主任邵二玲带领调研组，深入部分县（市、区）专题调研全市文物保护工作开展情况。调研组实地考察部分文物保护单位和场所，同当地人大常委会、政府及相关部门负责人员座谈交流。调研组认为：各级政府坚持“保护为主、抢救第一、合理利用、加强管理”的方针，正确处理经济社会发展与文物保护的关系，多措并举加大文物保护工作力度，开展文物研究、普查、征集、发掘、保护、管理、宣传、利用等各项工作，文物保护事业健康有序发展。调研组建议：把文物保护列入重要议事日程，成立文物保护领导小组，健全完善文物保护工作的相关政策和措施，加强法制宣传教育和文物知识普及，发挥文物在传承中华民族优秀传统文化、爱国主义和革命传统教育方面的独特引领作用；把文物保护工作列入考核内容，依法加大经费投入，建立文物保护利用与现代科技融合发展机制，健全文物资源资产管理机制，完善文物保护长效机制，提高文物保护单位的安全防护水平；实施专业人才招聘、引进计划，采取“请进来、走出去”的方式加强从业者学习培训，逐步提高保护员的报酬待遇，推进文博机构与科研机构、高等院校的合作，招募文物保护志愿者，动员全社会力量参与文物保护工作；全面落实文物保护工作“四有”“五纳入”要求，在城乡建设和旅游发展中，采取有效措施，保护历史文化风貌，确保文物安全，文广旅、自然资源规划、住建、公安等部门要加强协调配合，持续推进文物联合执法工作，促进文物保护事业健康发展。

（甄志强）

## 代表工作

**【概况】** 2019年，市人大常委会健全代表培训机制，制定《关于市人大代表培训计划的意见》，举办3期代表小组长和代表联络站站长专题培训班，组织代表赴外考察，开阔眼界、提升能力。拓展联系代表方式，落实常委会委员与代表、代表与群众“双联系”和代表列席常委会会议制度，邀请代表更广泛地参与常委会各项工作，听取代表的意见建议，把代表履职服务做实做细。

**【规范代表履职行为】** 2019年，市人大常委会建立市人大代表履职档案。制定《关于开展县乡两级人大代表述职评议活动的实施意见》，指导县乡人大开展向选民述职活动，探索对代表述职满意度测评，代表述职完成比例超过30%。规范代表联络站运行管理，组织观摩拉练，引导代表进站活动，发挥代表小组专业优势，收集民意、建言献策，助推文明城市创建、三大攻坚战和“三区一基地”建设。代表联络站已经成为服务代表履职、广泛听取民意的重要平台。

**【增强代表履职实效】** 2019年，市人大常委会探索代表履职新途径，拓展代表参与立法调研、监督检查、工作评议、重大事项决定等活动的深度和广度。认真办理代表建议，市七届人大四次会议期间所提101件建议全部办结。代表提出的高质量建议，成为确定监督项目、编制立法计划、推动改进工作的重要依据。随着民生实事项目票决制的正式启动，人民当家作主的制度优势将更加彰显。

**【驻廊坊全国、河北省人大代表】** 2019年，驻廊坊全国人大代表：方金华（女）、何金英（女）、张丽侠（女、回族）、徐建华。驻廊坊河北省人大代表：丁春苓（女）、马英（女）、王曦（满族）、王世强、王亚军、王志军、王学求、王恭伯、王晓东、尹静（女、蒙古族）、冯韶慧、任雪飞（女、回族）、刘志刚、刘彦民、刘善忠、许生奎、李佑标、李胜果（女、回族）、杨静（女、回族）、吴智艳（女）、张长华（女）、张文伟（女）、张永红、张永铁、张妹芝（女）、陈平、陈玉芹（女）、陈永山、邵二玲（女）、者红彬（回族）、范国生、赵革、侯贵松、袁桐利、柴东升（女、满族）、高建国、

**2019 年廊坊市人大代表一览表**

表 15

| 单位 | 人数（名） | 姓名 |
| --- | --- | --- |
| 三河代表团 | 40 | 万惠兰（女）、马东红（女）、马志军、王志先、王胜喜、包艳春（女）、冯韶慧、任树国、刘文洪、刘连杰、刘海永、刘增禄、齐福高、李　发、李　瑶（女）、李　澎、李桂红（女）、李振江、杨立志、宋宏波（女、满族）、张井波、张凤伶（女）、张国庆（女、满族）、张唤民、陈　华（女）、陈斯冰、林春雨、孟晓春（女）、孟建政、赵晋进、赵晓明（满族）、段上禾、崔洪毅、徐克刚、郭华伟（女）、郭连军、郭洪博、郭珍琴（女）、曹建强、韩丽萍（女） |
| 大厂代表团 | 17 | 丁　然（女、回族）、王晓娜（女）、刘宝旺（回族）、刘宝勋（回族）、刘显荣（女）、李红梅（女、回族）杨中秋、杨振新、谷正海、张春方、张秉舜、陈国通、陈继锋、庞连海、郑广富、孟献侠（女、回族）、董春田 |
| 香河代表团 | 30 | 王玉来（回族）、王世强、王宇立（女）、王丽芝（女）、王宏民、王海双（女）、王婧暄（女、满族）、牛颖元（女）、尹绍旺、艾福成、卢学英（女）、田丽萍（女）、冯江峰、刘　宇、刘顺生、闫再兴、孙少成、孙全军、孙兴忠、孙凌云（女）、李凤霞（女）、李和祥、李春山、李桂强、张春燕（女）、张显强、郑　艳（女、回族）、顾　娟（女）、徐凤荣（女）、程合林 |
| 广阳代表团 | 40 | 于士温、马希军（回族）、王建强、王凯军、王春明、王俊臣、王景硕、毛志刚、尹学信、田　颖（女、回族）、朱百全、刘卫峰、刘自军、刘更新、孙　利、孙妍凤（女）、孙嘉敏（女）、苏伯东、李　雁（女）、李文健、李建忠、吴国华、吴德明、吴冀川、张卫华、张献良、陈嘉茹（女）、金庆姬（女、朝鲜族）、郝玉龙、徐静华（女）、常东风、梁洪涛、缑树学、谢永贵、蔡　林、穆志刚 |
| 安次代表团 | 36 | 马英亮（回族）、王广东、王立才、王永威、王旭东、王金忠、王建军、王新永、尹　静（女、蒙古族）、邓苗苗、任雪飞（女、回族）、刘桂龙、李　萍（女、满族）、李春露（回族）、李增祥、杨春平（女）、张　平、张万波、张宝俊（女）、张明珠（女）、张海川、张继斌、陈国洲、陈秀梅（女）、邵　坤、范森林、罗　静（女）、赵兴华、赵建富、侯万贵、唐福贵、蒋洪江、韩同银、訾玉江、薛振泽、魏文双（女） |
| 永清代表团 | 34 | 王东水、王志军、王相仁、王媛媛（女）、田　军、史常年、司志军、闫　博、齐丽亚（女）、纪俊泉、刘永安、刘金棉（女）、李　龙、李　伟、李会敏（女）、李延庆、李俊侠（女）、李鸿志、肖景阁（回族）、宋贺菊（女）、张　兵、张学军（回族）、张金波、张金玲（女）、金连生、周　浩、周　俊、郑书芳（女、满族）、胡国永、茹进军、贾炳娟（女）、徐国民、徐晶晶（女）、康亚丽（女、回族） |
| 固安代表团 | 36 | 丁建军、王　权、王　海（满族）、王彦青（女）、巨　良、白永光（回族）、冯　斌、朱凤岚（女）、任红霞（女）、任洪学、任雪艳（女）、刘　玫（女）、刘欣颖（女、满族）、刘景芬（女）、刘智广、刘海燕、孙广谱、孙丽娜（女）、李　可、李志芳（女）、杨　静（女）、杨春华（女）、肖建忠、吴素忠、谷鹏羽（女）、张　平、张海桥、陈书静（女）、陈宏伟、苑三国、林　俐（女）、林明安、姚志万、奚献军（满族）、郭　倩（女）、唐景龙 |
| 霸州代表团 | 45 | 马元生、马西波、王　娜（女、回族）、王一平、王爱军（女）、王德峰、牛双秋、邓会从（女、满族）、邢二台、邢文台、邢哲香（女）、向　辉（女）、刘立涛、刘秋娥（女）、刘继红（女）、刘德生、闫宝光、安　珊（女）、许士峰、许生奎、孙慧芝（女）、杜　培（女）、宋力争、张　矛、张　红（女）、张双震、张兵彦、张海河、张铁安、陈继文、房　欣、罗　进、郝洪淼、柏　婧（女、满族）、侯振国、贺曙光（女）、贾俊清（女）、郭　爽（女）、郭德清、唐福全、黄庆友、崔大乐、靳志强、蔡志生、薛志生 |
| 文安代表团 | 39 | 马　芳（女、回族）、王百忠（满族）、王凤玫（女）、王建民、王海英、王根乐、王铁军、王喜军（女）、卢和民、田海宽、冯俊国、吕建康、刘则英（女）、刘宝国、刘忠仁、刘增军、纪志金（女）、李国平、李洪友、杨文华、杨文奎、杨克琴（女、回族）、杨智慧、宋志强、张文平、张书良（回族）、张松岩、陈玉亮、陈洪波、邵二玲（女）、郑　铭（女）、柴宝义（女）、高克勤（女）、高福源、郭玉达、温九州、鲍爱芬（女）、潘建忠、魏国东 |
| 大城代表团 | 39 | 于雅杰（女）、马　玲（女）、马亚震、王建强、王鹤森、叶建民、田相林、朱建强、毕忠庆、刘志峰、刘岗林、刘建峰、刘善忠、齐建良、齐德旺、许　伯、杜素玲（女）、李　波、李长荣、李会娟（女）、吴炳英（女）、张　勇、张　颖（女）、张万所、张建青（女）、张跃桐、张维真、庞大鹏、赵学梅（女、满族）、赵海源、赵福安、贾永清、徐　杰（女、满族）、高铁中、高继峰、崔留标、商向恩（女）、魏付船、戴秀云（女） |
| 解放军武警代表团 | 6 | 王凤山、石万东、白文建、张　明、张立勋、常彦明 |

高铁中、高善芳（女）、郭玉红（女）、龚晓峰、常东风、蒋洪江、韩颖（女）、魏四海、魏国东。

（甄志强）

## 代表建议与办理

**【概况】** 2019年，市人大代表围绕全市经济社会发展大局和人民群众关心的热点难点问题，依法履行职责、积极建言献策，共提出各类建议112件，根据人大代表建议的规定，其中3件涉及个人利益无法作为代表建议，8件转为领导传阅件，最终共交办代表建议101件。其中，市人大常委会办公室1件，市人民政府系统91件，市中级人民法院4件，市党群系统5件。按照《中华人民共和国全国人民代表大会和地方各级人民代表大会代表法》有关规定，所有建议均在规定时间内答复完毕，办复率100%、满意率99%。从办理结果看，代表建议所提问题得到解决的55件，占54.4%；问题列入规划、计划，进入逐步解决阶段的40件，占39.7%；所提问题因条件限制无法解决，据实作出解释说明的6件，占5.9%。

**【关于加强食品卫生安全管理的建议】** 建议由廊坊市七届人大代表刘立涛提出。建议主要内容：一是严格市场准入制度，推进食品质量安全市场准入工作，巩固食品质量安全基础工作。对无营业执照、无卫生许可证的食品生产加工企业坚决予以取缔。二是加大监管整治力度。执法部门要严格检查从业人员健康证，实现持证经营和持证上岗保证食品卫生达标。发挥新闻媒体的舆论监督作用，对销售问题食品的单位和个人实行“黑名单”制度，公开予以曝光形成强大的社会舆论氛围促使食品生产和经营单位自觉地规范行为、守法经营。三是开展全民食品卫生安全教育。加强食品安全知识宣传通过各种宣传工具和宣传形式有针对性、分期分批地对不同人群进行食品卫生知识的健康教育以及对假冒伪劣食品的鉴别增强广大人民群众的自我保护能力。

办理结果：一是落实“四个最严”要求。在食品生产加工环节，严格市场准入制度，对食品生产加工企业按照高、中、低三档实施分级分类风险管理，加强日常检查和抽检监测；在食品流通环节，组织开展无证销售“清零”行动，开展拉网式检查，对四类无证销售食品行为进行从严从重查处；在餐饮消费环节，加大食品抽检力度，强化餐饮服务单位食品安全量化分级管理工作。二是提升食品安全水平。组织开展食品从业单位主体普查活动，严格依照“五不放过”和“六个一律”原则，应罚则罚、应关则关、应移交坚决移交，对辖区食品从业单位定期评定风险等级，提高企业失信成本。三是构建食品安全社会共治格局，强化制度建设、组织科普宣传、建立媒体沟通机制、扩大宣传覆盖面，形成“人人关注，人人参与”食品安全监管的良好氛围。

**【关于倡导垃圾分类的建议】** 建议由廊坊市七届人大代表马志军提出。建议主要内容：随着人民生活的改善，城乡居民日常吃穿住行产生的垃圾越来越多，对于环境的破坏是十分巨大的。垃圾分类的意义就在于可以避免垃圾混杂，降低垃圾处理的难度。推行垃圾分类对于城市环境建设和文明建设意义非常重大，应大力推行。

办理结果：一是2019年廊坊市环卫局初步拟定2个物业小区作为试点，与小区物业部门协调沟通垃圾分类试点工作。待试点实施资金到位后，计划投放分类果皮箱、印制垃圾分类宣传品，开展宣传引导，让小区居民参与其中，树立观念、培养习惯。二是明确垃圾分类投放明细，拟将生活垃圾分为干垃圾、湿垃圾、可回收物、有害垃圾四类。三是计划本年度拟购置建筑垃圾封闭车辆10台、大型垃圾运输车辆10台、大件垃圾分解设备1套，分类处理建筑垃圾、生活垃圾、可回收物和大件垃圾，达到生活垃圾分类标准。四是做好垃圾分类终端处理设施建设，在安次区东沽港镇得胜口开展廊坊静脉产业园项目建设工作，通过静脉产业把传统的“资源—产品—废弃物”的线性经济模式，改造为“资源—产品—再生资源”闭环经济模式，实现生活垃圾变废为宝、循环利用。年内，廊坊市与凯创集团采用BOT方式建设垃圾焚烧发电厂正式投入试运行，设计日处理能力1000吨，配套建设的3座垃圾压缩转运站每天向其输送生活垃圾600余吨。五是推广试点工作，计划选取大型社区作为市级垃圾分类管理工作示范点，利用“互联网+”等现代大数据技术，以点带面，在取得明显效益后逐步向其他地区推广。六是加强垃圾分类的宣传教育。联合宣传部、文明办等部门开展形式多样的主题宣传活动，倡导绿色健康的生活方式，促进垃圾源头减量和回收利用，从根本上减少将未分类垃圾随意倾倒的行为。

**【关于进一步改善营商环境的建议】** 建议由廊坊市七届人大代表陈国洲、任雪飞、尹静、邓苗苗联名提出。建议主要内容：为改善营商环境，廊坊市各县（市、区）行政审批局均根据审批工作实际，出台“并联审批、容缺受理”相关办法，在一定程度提高审批效率，为群众办事提供便利。但仍存在以下问题：一是各县市区的审批标准不一致；二是与原业务系统要求的环节、程序、材料相违背；三是与专用系统平台相冲突。建议深入推进落实并联审批、容缺审批等制度，进一步改善营商环境。

办理结果：2019年，廊坊市行政审批局先后出台企业登记便利化26条措施等一系列改革创新举措，为企业和群众提供流程最优、时限最短、成本最低、服务最好的“四最”行政审批服务。一是降低市场准入准出门槛，推动“证照分离”改革等一系列举措，降低企业制度交易性成本，为企业松绑减负，激发市场活力。二是改革创新审批模式，“容缺受理+并联审批”，大幅提升审批服务质量和水平。三是拓宽服务平台提高服务能力，开发行政审批系统、电子证照系统、证照联办系统、审管互动平台，基本实现行政审批事项在网上的统一申报、统一查询、统一反馈、统一咨询投诉。至年底，有183项行政许可事项在河北省政务服务网正式运行，2252家企业和群众通过全程电子化“一网通办”完成登记注册。

**【关于加强对社区居民慢病健康教育的建议】** 建议由廊坊市七届人大代表王彦青提出。建议主要内容：随着京津冀协同发展，城区人口和外来流动人口迅速增长，人口老龄化的加剧，高血压、糖尿病在社区居民中发病率和就诊率比较高。开展以防治高血压、糖尿病为主题健康宣传教育十分必要，从而实现“无病早防、有病早治、大病防残、慢病防变”的目的，从健康出发，提高廊坊地区居民的生活质量。

办理结果：实施医改以来，廊坊市把开展慢性病防治作为推进基本公共卫生服务均等化的重要内容，于2018年出台《廊坊市防治慢性病中长期规划（2018—2025）》，高血压、糖尿病等防治列入医改的主要任务目标之一。一是建立机制，构建覆盖城乡的慢性病防控体系。建立健全市、县、乡、村四级防治网络，并形成由疾控机构、基层医疗卫生机构、医院和专业防治机构共同构筑的慢性病防治工作网络。二是完善建立慢性病的监测和信息管理系统。开展死因监测、心血管事件报告、恶性肿瘤随访登记、心血管患病率早期筛查与综合干预、慢性病及危险因素监测等项目工作，其中死因监测及心血管事件报告工作作为常规工作通过网络直报系统，覆盖全市各级医疗机构。三是夯实服务，发展民间力量。召开年度全市健康生活方式指导员培训会议，开展健康生活方式指导员技能竞赛活动，举行“三减三健·全民健康”公益宣传暨健康生活方式指导员推广活动。四是面向全人群，创建健康支持性环境。争取财政经费，免费向部分机关单位社区等投放24健康自测小屋；号召各县（市、区）开展“健康步道”“健康单位”“健康社区”等9类健康支持性环境创建工作。五是广泛宣传，营造健康氛围。致力于走进社区、走进单位，面向家庭，面向居民，开展各类如慢病防控知识宣传及“三减三健”全民健康促进活动。

**【关于加强养老机构健康稳定发展的建议】** 建议由市七届人大代表吴冀川提出。建议主要内容：随着高龄化、空巢化、失能半失能老人数量的剧增，各类养老机构的需求在不断增加，而社会兴办养老机构的投资者存在投入过高、资金不足、房屋用途变更、消防审批等手续困难烦琐、无相关优惠政策等问题，制约养老产业发展。建议：一是明确自购土地、房屋、利用配套用房改造兴建养老机构的相关手续和具体实施细则；二是加大政府资金投入、政策支持力度；三是明确养老机构税收优惠政策；四是推进养老机构科学化、规范化和专业化建设。

办理结果：一是完善土地支持政策。2015年廊坊市出台《廊坊市人民政府关于加快发展养老服务业的实施意见》，2018年廊坊市出台《廊坊市人民政府办公室关于贯彻落实〈河北省人民政府办公厅关于全面放开养老服务市场提升养老服务质量的实施意见〉的通知》，在养老用地方面明确土地支持政策，提出要统筹利用闲置资源发展养老服务。二是完善财政投入政策。出台《廊坊市财政局 廊坊市民政局关于转发〈河北省财政厅 河北省民政厅关于深化财政支持养老服务体系建设改革的实施意见〉的通知》，严格执行省规定的补贴范围、条件和标准，高于省定标准的，可按原标准执行。三是完善税收优惠政策。明确提出落实支持养老服务业发展的税收优惠政策，对养老机构提供的养护服务免征营业税；对非营利性养老机构自用房产、土地免征房产税、城镇土地使用税；对符合条件的非营利性养老机构按规定免征企业所得税。对企事业单位、社会团体和个人向非营利性养老机构的捐赠，符合相关规定的，准予在计算其应纳税所得额时按税法规定比例扣除。同时，为切实加强对养老服务机构的监管，提升养老服务质量，自2017年开始，在全市范围内开展养老院服务质量建设专项行动，2018年开始开展养老机构星级评定工作，并结合工作实际开展养老机构消防安全大检查、食堂食品安全专项检查、文化娱乐设施提升改造工程专项检查、民政服务机构服务质量排查整治、养老机构服务管理培训、标杆养老院培树等工作，不断推进养老院服务质量大转变，实现养老服务质量年年有提升。

（甄志强）

## 国家机关工作人员任免

**【概况】** 2019年，廊坊市第七届人民代表大会及其常务委员会坚持党管干部和人大依法任免有机统一，规范选举任免工作程序和流程，严格执行资格初审、拟任职表态发言、颁发任命书、宪法宣誓等程序，增强任免工作的规范性和严肃性，年内选举或者任免国家机关工作人员86人次，通过法定程序使党组织推荐的人选成为国家机关工作人员。

**【廊坊市第七届人大常委会第十三次会议任免人员】** 1月11日，廊坊市七届人大常委会第十三次会议表决通过，决定任命贺曙光为廊坊市科学技术局局长；冯学军为廊坊市工业和信息化局局长；万惠兰为廊坊市司法局局长；姚振辉为廊坊市财政局局长；马江水为廊坊市自然资源和规划局局长；彭建辉为廊坊市生态环境局局长；赵普为廊坊市住房和城乡建设局局长；张志超为廊坊市城市管理综合行政执法局局长；王秀富为廊坊市水利局局长；刘桂龙为廊坊市农业农村局局长；李艳霞为廊坊市文化广电和旅游局局长；杨庆华为廊坊市卫生健康委员会主任；许秀芬为廊坊市退役军人事务局局长；张显强为廊坊市应急管理局局长；宁鸣飞为廊坊市市场监督管理局局长；王洪生为廊坊市体育局局长；许建军为廊坊市政府研究室主任；李春为廊坊市人民防空办公室主任；李清涛为廊坊市地方金融监督管理局局长；张宝东为廊坊市医疗保障局局长。决定免去彭建辉廊坊市工业和信息化局局长职务；杨中秋廊坊市科学技术局局长职务；赵定国廊坊市人民防空办公室主任职务；宋书英廊坊市司法局局长职务；左德江廊坊市财政局局长职务。

**【廊坊市第七届人大常委会第十四次会议任免人员】** 3月28日，廊坊市七届人大常委会第十四次会议表决通过，批准任命刘崇波为永清县人民检察院检察长；王欣为固安县人民检察院检察长。决定免去张矛廊坊市人民政府秘书长职务。免去崔邦庆廊坊市中级人民法院审判监督庭庭长、审判委员会委员、审判员职务；吕忠磊廊坊市中级人民法院执行局执行实施庭副庭长、审判员职务。

**【廊坊市第七届人大常委会第十五次会议任免人员】** 5月31日，市七届人大常委会第十五次会议表决通过，任命陈立民为市人大常委会法制工作委员会主任；李楠为市人大常委会城建环保工作委员会主任。决定任命李清涛为市人民政府秘书长；汪俊岭为市地方金融监督管理局局长。免去罗进市人大常委会城建环保工作委员会主任职务；尹绍旺市人大常委会法制工作委员会主任职务；郭淑凤市人大常委会副秘书长职务；关景波市人大常委会财政经济工作委员会副主任职务；李楠市人大常委会城建环保工作委员会副主任职务。决定免去李清涛市地方金融监督管理局局长职务。

**【廊坊市第七届人大常委会第十六次会议任免人员】** 7月30日，市七届人大常委会第十六次会议表决通过，决定接受陈平辞去廊坊市人民政府市长职务的请求。任命李向海为廊坊市监察委员会委员；连宇为廊坊市监察委员会委员。任命刘润涛为廊坊市中级人民法院审判监督庭庭长；王志强为廊坊市中级人民法院申诉审查庭庭长；李德军为廊坊市中级人民法院执行实施庭副庭长；盖秀红为廊坊市中级人民法院民事审判第一庭副庭长；马艳侠为廊坊市中级人民法院审判监督庭副庭长；刘建刚为廊坊市中级人民法院民事审判第二庭副庭长；柴秋芬为廊坊市中级人民法院民事审判第二庭副庭长；刘永强为廊坊市中级人民法院未成年人案件综合审判庭副庭长；梁志斌为廊坊市中级人民法院民事审判第三庭副庭长；汪铁刚为廊坊市中级人民法院民事审判第四庭副庭长；丁德松为廊坊市中级人民法院民事审判第四庭副庭长；王海英为廊坊市中级人民法院申诉审查庭副庭长；赵洪亮为廊坊市中级人民法院调解庭副庭长；王建军为廊坊市中级人民法院未成年人案件综合审判庭副庭长。任命孙志义为廊坊市人民检察院副检察长、检察委员会委员；刘印奇为廊坊市人民检察院检察员。免去张海潮的廊坊市中级人民法院审判监督庭副庭长职务；刘润涛的廊坊市中级人民法院审判监督庭副庭长职务；王志强的廊坊市中级人民法院申诉审查庭副庭长职务；盖秀红的廊坊市中级人民法院民事审判第三庭副庭长职务。

**【廊坊市第七届人大常委会第十七次会议任免人员】** 9月27日，市七届人大常委会第十七次会议表决通过，任命李雪强为廊坊市监察委员会副主任；邱峰为廊坊市监察委员会委员。免去刘文洪的廊坊市监察委员会副主任职务；李雪强的廊坊市监察委员会委员职务。

**【廊坊市第七届人大常委会第十八次会议任免人员】** 11月27日，市七届人大常委会第十八次会议表决通过，免去李向海的廊坊市人民检察院检察员职务；黄江海的廊坊市人民检察院检察员职务；杨泰的廊坊市人民检察院检察员职务；徐素萍的廊坊市人民检察院检察员职务；段学军的廊坊市人民检察院检察员职务；王俊杰的廊坊市人民检察院检察员职务；刘全春的廊坊市人民检察院检察员职务；张宝剑的廊坊市人民检察院检察员职务；吕昊天的廊坊市人民检察院检察员职务；胡建春的廊坊市人民检察院检察员职务；蔡天鹏的廊坊市人民检察院检察员职务；隋永高的廊坊市人民检察院检察员职务；张彦勇的廊坊市人民检察院检察员职务。

**【廊坊市第七届人大常委会第十九次会议任免人员】** 12月27日，市七届人大常委会第十九次会议表决通过，决定任命赵革为廊坊市人民政府副市长，代理市长；张海川为廊坊市人民政府副市长。

（甄志强）

# 廊坊市人民政府

## 综　述

**【概况】** 2019年，廊坊市坚持以习近平新时代中国特色社会主义思想为指导，全面贯彻落实党中央、国务院和省委、省政府各项决策部署，坚持稳中求进工作总基调，坚持新发展理念和推动高质量发展，坚持以供给侧结构性改革为主线，统筹兼顾、协调推进经济社会各领域发展，有效应对错综复杂外部环境和明显上升风险挑战，经济运行总体平稳，社会发展稳步提升，为全面建成小康社会奠定坚实基础。全市生产总值完成3196.0亿元，比上年增加162.9亿元，同比增长6.7%。全市人均生产总值为65511元，同比增长4.7%。一般公共预算收入完成388.3亿元，同比增长7.3%。全社会固定资产投资完成同比增长6.8%。社会消费品零售总额完成1137.4亿元，同比增长9.1%。外贸进出口完成352.4亿元，同比下降23.6%。实际利用外资110554万美元，同比增长5.4%。城镇居民人均可支配收入43912元，同比增长8.6%；农村居民人均可支配收入18467元，同比增长9.5%。

**【服从服务国家重大战略】** 完成北京大兴国际机场保通航任务，落实“北三县（市）”与北京市通州区“四统一”要求，环雄安新区周边县（市）严格执行各项管控政策。临空经济区“1+3+13”规划体系和实施意见编制完成；村庄征迁、投融资、全球招商、基础设施建设等工作全面展开，6个重点项目集中开工；河北自贸试验区大兴机场片区正式挂牌，大兴国际机场综合保税区进入待批阶段。“北三县（市）”与通州区协同发展“1+5+12”规划体系编制完成，签约一批北京转移项目，北运河综合治理、运河文化保护利用等工作成效显著。交通、产业、生态三大领域取得新进展。9条轨道交通项目、6条高速公路项目加快建设或进入前期准备工作阶段，燕潮大桥正式通车，新机场北线高速主线主体工程完工；全年引进京津项目210个；与京津雄交界区域污染联防联控联治不断深化。

**【推动产业结构转型升级】** 累计退出钢铁产能1974万吨，妥善安置职工2.02万人，实现“无钢市”目标。“3+1”市域主导产业规模持续壮大，配套出台10条政策措施，实施主导产业项目222项，一批高新项目正式投产，一批重大项目开工建设或正式签约。“7+6”县域特色产业加快发展。逐个产业制定转型升级规划，制定16项支持政策，13个县域特色产业集群营业收入达到986.2亿元。推进重点项目建设。开展“高质量项目建设年”活动，实施亿元以上项目863个；列入省重点项目31个、市重点项目100个。提升科技创新能力，新增高新技术企业212家，新增科技型中小企业1241家，新增市级企业研发机构36家、省级33家。新增省级以上企业研发机构、进入全省县域科技创新A类县数量，以及全市技术合同交易额增速，均居全省第二位；新增国家级孵化器、科技创新三年行动计划中期评估指标完成数量，均居全省第一位。

**【推进改革开放】** 深入推进“放管服”改革，开展“三深化三提升”活动，推出高频事项套餐服务；重大项目审批创造性实施“抢先指导、容缺办理”，临空经济区、自贸区项目审批实行“一会三函”机制，各类工程建设项目审批时间压缩至58个工作日以内，企业开办时间压缩至1个工作日以内，市场主体总量增长13%。国资国企、投融资、财税金融、科技体制等领域改革稳步推进，财政管理经验做法得到国务院办公厅通报表彰。民营经济活力不断增强。开展“服务民营企业高质量发展年”活动，制定出台“39+8”系列政策措施，为企业减税降费60亿元；民营经济实现税收505亿元，占全市税收收入的比重达到94.5%。对外开放水平明显提升。成功举办重点展会84个，中国·廊坊国际经济贸易洽谈会办会水平、签约项目质量显著提升，中国（廊坊）农交会影响力不断增强；实施开发区综合承载能力升级行动，全市省级以上开发区主营业务收入预计增长10%；廊坊综合保税区顺利通过国家验收，正式封关运行。

**【提升生态环境质量】** 推进大气污染防治，全年优良天数达到235天，同比增加13天。空气质量综合指数达到5.27，同比降幅5.6%。水环境治理持续深化。加快污水处理厂建设，总处理能力较“十二五”时期实现翻番；全市重点河流、重要节点全部实现实时监测。生态修复成效明显。深入开展土壤污染防治，实施大规模植树造林，营林造林51.2万亩（3.41万公顷）。

**【推进民生保障】** 完成23项民心工程，精准脱贫成效显著。1937户4841名建档立卡贫困人口全部脱贫。提升城乡建设水平，开展“基础设施和公共服务设施建设年”活动，“断头路”打通三年行动计划基本完毕，光明道上跨京沪高铁立交桥、艺术大道下穿桥等一批交通项目加快建设，主城区城市功能日臻完善。推进县城建设，三河市入围全国县域经济竞争力百强县，香河县、固安县入选全国投资潜力百强县，大厂县成功创建国家卫生县城。推进乡村振兴战略，谋划实施重点项目80个，提前一年基本完成农村人居环境三年整治任务。推进社会事业发展，教育扩容提质三年攻坚行动圆满收官，实施学校建设项目150个，中小学超大班额基本消除。深化“四医联动”改革，启动实施基层卫生综合服务能力“双提升”工程，乡村卫生健康服务一体化管理取得新进展。社会大局保持和谐稳定。金融、房地产、政府债务等领域风险总体可控，安全生产形势保持平稳，“五大智慧工程”加快实施，扫黑除恶专项斗争取得阶段性成果，新中国成立70周年大庆等重大安保维稳任务圆满完成。

（市地方志编纂中心）

## 会　议

**【第七届市政府第三十四次常务会议】** 1月19日，市长陈平主持召开七届市政府第三十四次常务会议，会议审议并原则通过《政府工作报告》《关于廊坊市2018年国民经济和社会发展计划执行情况与2019年国民经济和社会发展计划（草案）的报告》《关于廊坊市2018年市本级预算及全市总预算执行情况和2019年市本级预算及全市总预算草案的报告》《关于2019年市本级财政预算编制情况的报告》。

**【第七届市政府第三十五次常务会议】** 2月1日，市长陈平主持召开七届市政府第三十五次常务会议，传达学习《习近平扶贫论述摘编》精彩篇章，研究廊坊市下一阶段工作重点；审议并原则通过《廊坊市人民政府 中国医学科学院肿瘤医院合作框架协议》。

**【第七届市政府第三十六次常务会议】** 3月1日，市长陈平主持召开七届市政府第三十六次常务会议，会议审议并原则通过《关于贯彻落实打赢脱贫攻坚战实现稳定脱贫可持续发展的实施意见》。

**【第七届市政府第三十八次常务会议】** 3月18日，市长陈平主持召开七届市政府第三十八次常务会议，研究部署全市各项重点工作，就首季“开门红”主要经济指标运行、省市重点项目建设、校园安全、环保秋冬季防治、中央环保督察“回头看”反馈问题整改、散煤管控、自然保护区周边违建清理、春季植树造林、清理拖欠民营企业账款、行政事业性收费清零和“大棚房”清理整治等重点工作进行重点调度和安排部署。

**【第七届市政府第三十九次常务会议】** 3月27日，市长陈平主持召开七届市政府第三十九次常务会议，会议审议并原则通过《关于将北京大兴国际机场临空经济区廊坊片区授权廊坊开发区开发建设管理的实施意见》。

**【第七届市政府第四十次常务会议】** 4月2日，市长陈平主持召开七届市政府第四十次常务会议，会议审议并原则通过《关于直接委托中规院进行北三县和通州区协同发展、北京大兴国际机场临空经济区系列规划编制的请示》；传达学习全省森林草原防火和安全稳定电视电话会议精神，安排部署全市森林草原防火和安全稳定工作。

**【第七届市政府第四十一次常务会议】** 4月23日，市长陈平主持召开七届市政府第四十一次常务会议，会议传达学习全省党政领导干部打赢脱贫攻坚战专题研讨班精神，研究廊坊市贯彻落实意见；会议听取市公安局关于廊坊市近期扫黑除恶工作进展情况的汇报；审议《关于推动高质量发展的实施意见》《关于进一步降低成本减轻负担促进实体经济企业发展的实施意见》；审议并原则通过《关于深化科技改革创新推动高质量发展的实施意见》《关于深化项目评审、人才评价、机构评估改革的实施方案》《关于加强科研诚信建设的实施方案》《关于防范化解全市各级政府隐性债务风险的实施意见》等政策文件。

**【第七届市政府第四十二次常务会议】** 5月23日，市长陈平主持召开七届市政府第四十二次常务会议，会议听取和审议市发改委提交的《关于2019年“5•18”经洽会市政府签署战略合作协议情况的说明》。

**【第七届市政府第四十三次常务会议】** 5月24日，市长陈平主持召开七届市政府第四十三次常务会议，会议听取市公安局关于扫黑除恶专项斗争整改落实情况及近期扫黑除恶专项斗争开展情况的汇报。

**【第七届市政府第四十四次常务会议】** 6月10日，市长陈平主持召开七届市政府第四十四次常务会议，会议传达学习省长许勤到廊坊调研讲话精神，研究廊坊市贯彻落实意见。

**【第七届市政府第四十五次常务会议】** 6月19日，市长陈平主持召开七届市政府第四十五次常务会议，传达学习习近平总书记在解决“两不愁三保障”突出问题座谈会上的讲话、省委领导扶贫工作批示、省脱贫攻坚成效考核整改工作电视电话会议等3个会议精神，研究廊坊市下一阶段重点工作。

**【第七届市政府第四十六次常务会议】** 6月19日，市长陈平主持召开七届市政府第四十六次常务会议，会议学习解读中央办公厅、国务院办公厅《地方党政领导干部食品安全责任制规定》精神；传达学习全国违建别墅问题清查整治专项行动电视电话会议、全省违法违规用地建设采矿采砂和破坏生态环境问题专项整治动员部署视频会议精神，研究廊坊市贯彻落实意见；审议并原则通过《廊坊市教育现代化2035》《加快推进廊坊教育现代化实施方案（2019—2022年）》《关于全面实施预算绩效管理的实施意见》《白洋淀生态环境治理和保护2019年工作要点》《关于大力推进县域经济高质量发展的实施意见》《关于贯彻落实企业职工基本养老保险基金中央调剂制度的暂行办法》等政策文件；听取市税务局《关于国家减税降费政策落实情况的汇报》；听取市应急管理局关于固安县“6•16”建筑施工事故情况的报告，研究廊坊市下阶段工作安排。

**【第七届市政府四十七次常务会议】** 6月28日，市长陈平主持召开七届市政府第四十七次常务会议，会议审议并原则通过《廊坊市城区餐厨垃圾和粪便处置工程政府与社会资本合作（PPP）项目实施方案》《北京大兴国际机场临空经济区总体规划》等政策文件。

**【第七届市政府第四十八次常务会议】** 6月30日，市长陈平主持召开七届市政府第四十八次常务会议，会议审议并原则通过《关于2018—2019年秋冬季大气污染综合治理工作存在问题的整改方案》等政策文件。

**【第七届市政府第四十九次常务会议】** 7月8日，市长陈平主持召开七届市政府第四十九次常务会议，会议审议并原则通过《关于对固安县人民政府申请新型显示产业专项补助资金的意见》。

**【第七届市政府第五十次常务会议】** 7月22日，市委常委、常务副市长贾永清主持召开七届市政府第五十次常务会议，会议审议并原则通过《关于进一步加强和改进统计工作的实施意见》《廊坊市2019年法治政府建设工作要点》《关于切实做好防灾减灾救灾工作的实施意见》《关于建立健全基本公共服务标准体系的实施意见》《廊坊市推进国有资本投资、运营公司改革试点的实施方案》《廊坊市违建别墅问题清查整治专项行动实施方案》《廊坊市人民政府2019年立法工作计划》《关于加强国有企业资产负债约束的实施意见》《关于深化交通运输综合行政执法改革的实施方案》等政策文件。

**【第七届市政府第五十一次常务会议】** 8月7日，市委常委、常务副市长贾永清主持召开七届市政府第五十一次常务会议，会议审议并原则通过了市发改委提交的《关于扎实推进高质量发展加快全面建成小康社会的实施意见》《廊坊市主导产业发展实施意见》《关于完善和落实高质量发展统计指标体系的实施意见》《大力支持工业和民营经济高质量发展的若干政策措施》《关于建立国土空间规划体系并监督实施的实施方案》《市级国有金融资本集中统一管理实施方案》《关于促进工业转型升级高质量发展的八项强化措施》等政策文件。

**【第七届市政府第五十三次常务会议】** 9月4日，市委常委、常务副市长贾永清主持召开七届市政府第五十三次常务会议，会议学习解读《生产安全事故应急条例》；会议审议并原则通过《关于进一步加快全市文化旅游产业融合高质量发展的实施意见》《关于加快推进廊坊市中医药产业发展的实施方案》《关于完善廊坊市区公共汽车票制票价结构的请示》《关于组织全体参保干部职工健康体检的报告》《关于廊坊临空经济区开发建设有限公司申请增加公司实缴注册资本的意见》《关于临空经济区综合保税区和起步区村街搬迁资金保障的意见》《关于广阳区政府申请迎接省政府教育督导评估资金和提升教育水平资金支持的意见》《关于市残联残疾人康复教育综合服务中心大楼有关问题的报告》等政策文件。

**【第七届市政府第五十五次常务会议】** 9月23日，市委常委、常务副市长贾永清主持召开七届市政府第五十五次常务会议，会议学习解读《禁止垄断协议暂行规定》《禁止滥用市场支配地位行为暂行规定》《制止滥用行政权力排除、限制竞争行为暂行规定》；传达学习京津冀及周边地区秋冬季大气污染防治座谈会会议精神，以及全省大气污染防治工作领导小组会议精神，研究廊坊市贯彻落实意见；审议并原则通过《廊坊市加强大气污染防治若干规定（草案）》《关于公布市政府规章规范性文件清理结果的通知》《廊坊市院前医疗急救服务条例（草案）》《关于加快推进廊坊市奶业振兴的实施意见》《廊坊市人口发展规划（2019—2035）》《关于工业用水实行差别水价和工商企业、服务业等用水实行超额累进加价的实施意见（修订稿）》《关于调整廊坊市区公共租赁房屋租金标准的请示》《关于申报“北京大兴国际机场临空经济区（廊坊）开发建设项目（一期）”专项债券的请示》《关于市自然资源和规划局申请雄安新区河北省绿博园建设资金的意见》《关于固安县人民政府申请乡村振兴项目所需资金支持的意见》《关于三河市人民政府申请东部矿区矿山地质环境治理项目所需资金支持的意见》《关于拨付彻底解决原淀粉厂改制遗留问题所需资金的意见》《关于廊坊控股申请解决商业中心区（二期）

项目过渡费难题的意见》《关于市住建局申请新机场北线高速（廊坊段）廊道绿化建设项目资金的意见》等政策文件。

**【第七届市政府第五十七次常务会议】** 10月21日，市委常委、常务副市长贾永清主持召开七届市政府第五十七次常务会议，会议传达学习全省经济运行调度会议精神、中共河北省委外事工作委员会《关于进一步加强外事（港澳）活动归口管理规范工作程序的若干规定》、省政府办公厅《关于沧州市献县和唐山市迁西县、滦州市统计违纪违法案件的通报》，研究部署廊坊市贯彻落实意见；会议听取市文明办关于全市未成年人思想道德建设工作情况汇报，研究部署廊坊市下阶段工作；审议并原则通过《廊坊市2019—2020年秋冬季大气污染综合治理攻坚行动实施方案》《关于推进生活垃圾分类工作的实施意见》《廊坊市冰雪产业发展规划（2019—2025年）》《廊坊市物业管理办法修正案（草案）》《关于进一步健全市级储备制度的实施意见》《关于全市农村地区清洁取暖运行补助政策有关事项的通知》《廊坊市重点燃气企业奖补办法》等政策文件；听取文安县政府所作的《文安县新钢公司去产能工作情况汇报》，并安排部署下阶段工作。

**【第七届市政府第五十九次常务会议】** 11月12日，市委常委、常务副市长贾永清主持召开七届市政府第五十九次常务会议，会议学习解读《河北省租赁房屋治安管理条例》；传达学习中共河北省委、河北省人民政府环境保护督察工作领导小组办公室关于印发《河北省冬季清洁取暖散煤复燃责任追究实施意见》的通知，研究部署廊坊市贯彻落实意见；审议并原则通过《廊坊市重点河流水质达标方案（修编）》《廊坊市鼓励企业利用多层次资本市场发展的若干意见》《关于落实河北省医疗保障基金监管办法的实施意见》《关于2019年中央大气污染防治资金（用于北方地区冬季清洁取暖试点城市补助）分配方案的意见》等政策文件。

**【第七届市政府第六十一次常务会议】** 12月16日，市委常委、常务副市长贾永清主持召开七届市政府第六十一次常务会议，会议传达学习并解读《河北省行政执法公示办法》《河北省行政执法全过程记录办法》《河北省重大行政执法决定法制审核办法》，研究部署廊坊市加强贯彻落实意见；会议听取并原则同意市应急管理局所作的《关于全国和全省安全生产工作会议精神及我市贯彻落实情况的报告》、市应急管理局所作的《关于全市化工行业安全生产整治攻坚行动开展情况的报告》；会议审议并原则通过《关于加快推进数字经济发展的实施意见》《关于加快推进5G发展的实施意见》《廊坊市关于加强金融服务民营企业支持实体经济发展的若干政策措施》《北京大兴国际机场临空经济区廊坊片区征迁安置实施办法》《关于划定高污染燃料禁燃区的通告》《廊坊市养殖水域规划（2019—2030年）》《关于修改〈廊坊市烟花爆竹安全管理办法〉等2件政府规章的决定（草案）》《廊坊市支持霸州钢铁去产能专项资金筹集管理使用办法》《关于市国资委申请解决公交集团以前年度亏损补助的意见》《关于调整廊坊市外环路西南环线工程PPP项目第一个运营年度服务费资金来源的意见》等政策文件。

**【第七届市政府第六十二次常务会议】** 12月27日，市委副书记、市政府代市长赵革主持召开七届市政府第六十二次常务会议，会议传达学习并解读《优化营商环境条例》，安排部署廊坊市加强贯彻落实意见；审议并原则通过《2019年全市国民经济和社会发展计划完成情况及2020年计划安排建议》；安排部署经济运行、项目建设、协同发展、生态环境治理、民生、安全稳定等重点工作。

（市地方志编纂中心）

## 市政府办公室

**【督导检查】** 2019年，廊坊市人民政府督查室建立健全全市政府系统重要事项联动督查工作机制，完善重大决策督查、重大事项专报、领导批交办事项督办、督查情况报送、督查人员配置、督查工作考核等多项工作制度，建立各类督办事项工作台账，督办落实各项重大决策部署、领导批交办事项。将省市政府工作报告及经济工作会议等部署的重点工作任务量化分解，挂账督办，季度通报；对国务院“互联网＋督查”平台交办问题，明确专人负责，专项交办，挂账督办，限时反馈；对市政府党组会、市政府常务会、市长办公会等重要会议议定事项跟踪盯办，推动政府重大决策、重要工作部署和重大事项全面落地落实。

开展政府中心工作督查。按照“年初建账、定期要账、随时查账、及时交账、年底销账”的“五账”工作原则，督查督办国务院、省、市政府工作报告、经济工作会议等政府中心工作，明确牵头单位、责任单位以及分管市领导，细化工作目标，列明工作举措，定期督导要账。分解印发市《政府工作报告》确定的8个方面163项具体工作任务，每月对表对账，对进展成效不明显的事项，逐项分析原因，提出意见建议，确保各项中心工作优质高效开展。

开展重点任务督查。全面自查国务院第六次大督查涉及的减税降费、稳定和扩大就业、深化“放管服”改革、优化营商环境、推进创新驱动发展和合理扩大有效投资等六大方面重点内容，推动相关工作开展；强力督导省委省政府系列三年行动计划等重大专项工作的贯彻落实，组织发改、工信、科技、人社、住建、商务等13个部门，对重点行业去产能、战略性新兴产业发展、科技创新、工业转型升级等26项工作，逐项逐年制定落实方案，全部明确工作思路、工作目标、重点工作及保障措施，推动各项工作的全面落实；结合国家、省、市重点工作任务，精准督导“农村人居环境整治”“河长制落实情况”“重点行业去产能”等多项任务较重、难度较大的工作，开展自查整改“回头看”，促进重点工作任务的落实。

开展热点难点督查。针对中小学幼儿园建设、打通市区断头路、食品药品安全提升等50余项涉及群众切身利益的社会热点问题，开展系列攻坚督查活动，摸清情况，找准问题，加强指导督促并协调解决；对于“违法用地专项整治”“京唐铁路和城际联络线征拆”“义务教育大班额整治”等部分涉及面广、业务性强的重大事项，积极“借势”“借力”，与市委督查室、市直重点部门、纪检监察部门开展联合督查，全力促进决策落实。

是年，廊坊市人民政府督查室开展各类专项督查活动113件（次）；下发督办卡44件、督办通知单217件；编辑《督查专报》《督查通报》17期，形成各类督查调研报告、会议盯办落实、领导批办事项等工作情况报告180余篇。

（苏新华）

**【政务信息】** 2019年，发挥信息以文辅政和参谋助手作用，完善工作制度和改进工作方法，为政府科学决策提供优质信息参考。畅通政务信息反馈渠道，为各级政府领导提供调研报告和问题建议类信息；围绕国家、省、市领导关注热点和社会焦点问题，与市政府有关部门共同选题，收集、捕捉一手材料；密切与河北省人民政府办公厅信息处和国务院办公厅联络，及时获取国务院及河北省人民政府工作中心动态和上级领导信息需求，推介廊坊市人民政府工作情况和成果。全年市本级共出刊各类信息刊物360期，其中调研类文章69篇，被市领导批示128期；上报省政府办公厅和国务院办公厅各类信息520篇，被省政府办公厅采用122篇，被省领导批示3篇，被国务院办公厅采用6篇；承办省政府办公厅交办的人民网省长留言338条，办理人民网市长留言339条。是年，廊坊市人民政府办公室被河北省人民政府办公厅评为2019年度全省信息上报工作先进单位、2019年全省人民网网民办理工作先进单位，被“人民网”评为2019年度全国网民留言办理活力奋进单位。

（刘伟伟）

**【建议提案办理】** 2019年，廊坊市承办全国、省人大代表建议政协提案共27件。其中，全国人大代表建议1件，全国政协提案2件；省人大代表建议12件（5件主办、7件会办），省政协提案12件（3件主办，9件会办）。年内，市政府办公室组织相关部门对每件代表建议政协提案开展调查研究，并召开专题协调会，客观负责完成会办意见和答复意见。至年底，承办的全国、省代表建议政协提案均在规定时限内按要求完成答复和走访工作。

2019年，全市政府系统办理代表建议政协提案342件。其中，市人大代表建议91件，市政协提案251件。所有建议提案中，涉及工业和经济建设方面的88件，占26%；涉及社会发展方面的173件，占51%；涉及城乡建设方面的51件，占15%；涉及农林水利方面的25件，占7%；涉及政治法律廉政建设类及其他方面的5件，占1%。至年底，所有建议提案均在规定时限内办复，按时办复率达到100%，答复函规范化率达到100%，其中所提问题解决和基本解决214件，占总数的62.6%；列入规划逐步解决116件，占总数的34%；因法律、政策或客观条件限制，近期内无法解决而向代表委员作出解释说明的12件，占总数的3.4%。建议提案共涉及承办单位48个，包含市政府部门37个、10个县（市、区）政府和廊坊开发区管委会。建议提案反馈满意率达到99%。

（常　宇）

**【政府服务热线】** 2019年，廊坊市人民政府市长专线以提高来电办结率、提高群众满意度为目标，严格执行统一受理、属地管理、分级负责、归口办理的工作机制，发挥倾听公众呼声、答复公众询问、服务社会公众、服务科学决策的职能。“961890”群众服务热线和“12345”市长专线全年接听、受理群众来电23.7万件，同比增长12.8%；通话总时长1万余小时，同比增长22.6%。来电内容涉及城乡建设、生活资源、房地产和物业管理、环境污染、交通运输、人力资源和社会保障等11类。其中，经贸财税类、自然资源类、房地产和物业管理类增速较明显，均超过40%；生活资源类投诉有所缓解，出现下降趋势。

全年转交各承办单位办理6.18万件，办结率97.54%，针对热点、难点、疑点问题，发出专项督办通知10余次，保证群众诉求得到快速有效解决。定期汇总和分析群众来电情况，通过周报、月报、季报、年报等多种形式，供市委、市政府领导参阅，编发工作简报64期。年内增设回访座席10个，强化来电办理结果回访，共回访2万余人次，满意度高达90%以上，较2018年提高5个百分点；收到市民表扬和感谢来电370余个，同比增长32.14%；收到群众赠送锦旗4面。

（王春花）

## 社会信用体系建设

**【概况】** 2019年，廊坊市推进政务诚信建设，健全守信联合激励

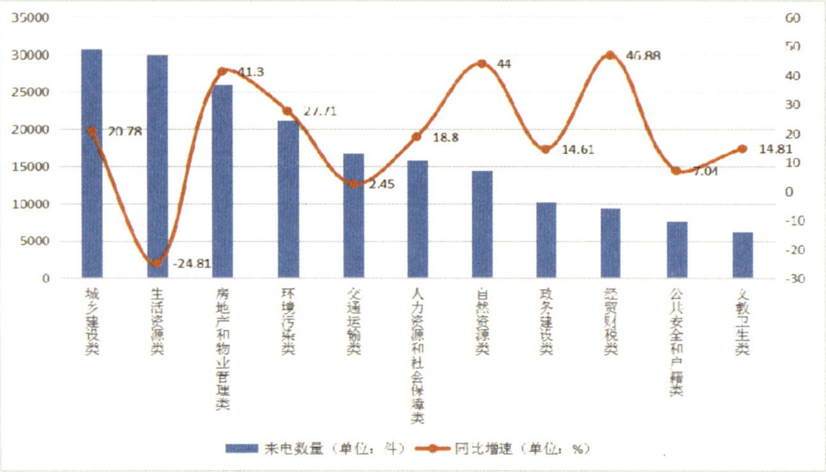


图 17 2019 年廊坊市各类投诉来电数量及同比增长情况图

和失信联合惩戒机制，推动诚信宣传教育，为全市经济和社会环境的持续优化提供有力支撑。“信用中国（河北廊坊）”网站和公共信用服务大厅面向社会提供综合信用查询服务，免费出具信用查询报告，全年为A级纳税人认定、各类评选创建活动提供信用查询2577件次，出具信用查询报告400余份。实行信用修复“一网通办”，全年为190家失信主体主动完成信用修复。11月16日，“2019中国城市商业信用环境指数”（简称CEI）发布，廊坊市在252个地级市中列第四十六位。

**【信用联合奖惩】** 2019年，廊坊市出台《廊坊市人民政府关于建立完善守信联合激励和失信联合惩戒制度加快推进社会诚信建设的实施方案》等文件，加快构建信用联合奖惩机制。搭建联合奖惩网络平台，廊坊市公共信用信息共享平台“联合奖惩系统”与市县两级行政审批局“互联网＋政务服务”系统、市公共资源交易中心系统、市中级人民法院执行联动系统实现对接，司法、税务、工商等重点领域失信主体在申请相关行政审批事项或参与公共资源交易时，将被系统拦截，从源头对失信企业加以制裁，全年实现查询监控54682次，全市范围内4321家黑名单主体纳入数据库。加大红黑名单公示力度，在税款缴纳、安全生产、环境保护、食药安全、劳动保障等重点领域出台红黑名单管理办法，年内通过“信用中国（河北廊坊）”网站公示职能部门报送的各类红名单信息6639条、黑名单信息502条。加强各领域黑名单管理，市发改委印发《关于严格执行不得向列入“黑名单”项目单位安排中央和省预算内投资的通知》，通过查询各级信用平台，排查中央和省预算内投资项目，避免向列入“黑名单”的项目安排投资；市交通运输局开展交通运输失信问题专项整治，按照《道路运输企业质量信誉考核办法》开展质量信誉考核工作，实施分级管理。

**【政务诚信建设】** 2019年，廊坊市开展“新官不理旧账”排查整治。配合“不忘初心牢记使命”主题教育专项整治工作，开展排查3轮，建立专项治理台账，实行挂账管理、逐项核销，年内政府机构失信被执行案件清零。市政府信用办定期对政府机构失信案件开展排查和督办，政府机构被列入法院失信被执行人或其他“黑名单”的，监督其及时修复信用，动态归零。加大政务失信记录公示力度，利用廊坊市公共信用信息共享平台将各级政府和公务员在履职过程中，因违法违规、失信违约被司法判决、行政处罚、纪律处分等信息纳入失信记录，并通过“信用中国（河北廊坊）”网站依法依规向社会公开。全市公布政府机构失信信息56条，公务员失信记录133条。汇总梳理各部门作出的对外承诺，并在“信用中国（河北廊坊）”网站公示，方便企业和市民了解和监督。

（杨国利）

## 政务公开

**【概况】** 2019年，廊坊市围绕党委和政府中心工作，针对群众关切领域，主动全面发布权威政府信息、重要活动及部署、经济运行和社会发展重要动态、重大突发事件及其应对处置情况等方面的信息，增进群众对政府工作的了解和理解，提升政府公信力，保障人民群众知情权、参与权和监督权。年内，全市各级各部门主动通过政府信息公开专栏和其他渠道发布政府信息122540条，比上年增长42.7%；编制和发布《廊坊市人民政府公报》4期；政务微博、政务微信等政务新媒体发布政务信息67733条。全市各级各部门受理政府信息公开申请1234件，均按《中华人民共和国政府信息公开条例》等有关规定予以答复和处理。因政府信息公开发生的行政复议25件，较上年减少44.4%；行政诉讼14起，相较上年减少63.1%。主动公开建议提案办理结果复文信息179件。在政府信息公开专栏上设立《政策解读》专栏，发布各类政策解读材料90条。

**【重点领域信息公开】** 2019年，廊坊市通过电话督导、会议督导、实地督导等方式，推动围绕“三大攻坚战”，持续加强对大气污染防治工作的推进力度；推进财政预决算公开、做好减税降费信息公开，全年市本级发布政府采购项目招标公告1626个，中标公告1513个，投诉处理决定公告5个，达到政府采购信息公开的广泛性、及时性、准确性和便利性标准；推进公共资源配置、重大建设项目、社会公益事业、文化惠民工程等重点领域信息公开，“12320”卫生咨询服务热线受理投诉举报713件次，全部妥善解决，受到群众好评；推进扶贫和社会救助信息公开，按照“两不愁三保障”（农村贫困人口不愁吃、不愁穿；保障义务教育、基本医疗和住房安全）要求，在开展六大攻坚行动基础上，增加金融、科技、消费等扶贫专项行动，全年度脱贫586户1036人；推进土地征收信息公开等重点领域政府信息公开，通过政府网站主动公开各类国土资源政务信息4049条，通过市政府信息公开平台主动公开信息71条，通过河北省征地信息公开平台公开市本级征地信息25条，通过政务微博主动公开各类信息259条，通过微信公开各类信息96条。

**【政务新媒体建设和监管】** 2019年，廊坊市按照《河北省人民政府办公厅关于推进政务新媒体健康有序发展的实施意见》（冀政办字〔2019〕39号）等文件要求，印发《廊坊市人民政府办公室关于推进政务新媒体健康有序发展的贯彻落实意见》（廊政办字〔2019〕29号），推进政务新媒体健康有序发展。年内，开展政务新媒体专项整治，兜底排查和整治提升全市政府系统281家政务新媒体，对有问题新媒体实行集中整改，促进政务新媒体健康有序发展。

**【政务公开考核评估】** 2019年，廊坊市针对10个县（市、区）人民政府、廊坊开发区管委会、39个市政府有关部门和单位开展2019年度全市政务公开效果评估考核工作，考核项目根据《廊坊市2019年政务公开工作考核指标》工作重点确定，主要包括“五公开（决策、执行、管理、服务、结果）”、重点领域信息公开、政策解读、主动公开、依申请公开、公开平台建设、组织保障等内容。考核评估以各被考核单位的实际工作表现为基础，以实际掌握的信息、数据为依据，以上报的佐证材料为参考，通过核实网站公开情况、查阅资料和实地抽查等形式，经综合各方面情况，最终形成考核评估结果。经考核评估，确定霸州市人民政府、文安县人民政府、市财政局、市自然资源规划局、人行廊坊中心支行、市统计局等21个单位为优秀单位。是年，在2019年度河北省政务公开办公室对各地市政务公开工作评估中，廊坊市被评为“政务公开优秀单位”。

（梁雨宁）

## 地方志编纂

**【概况】** 2019年，根据市委编办《关于对廊坊市人民政府办公室所属部分事业单位清理规范意见的通知》（廊编办〔2019〕52号）批复，原市地方志办公室更名为廊坊市地方志编纂中心，机构规格正科级，事业编制6名，主任1名（正科级），副主任1名（副科级）。主要职责为负责制定全市地方志事业发展规划，编修《廊坊市志》《廊坊年鉴》，指导全市修志编鉴工作。年内，廊坊市地方志编纂中心完成《廊坊年鉴（2019）》编纂出版。为《河北年鉴》市本级供稿8000字、各县（市、区）供稿5000字。为《河北省志·方志志（廊坊部分）》供稿10万字。参与廊坊临空经济区近400条道路的命名，为挖掘文化内涵、搜集整理史料、彰显地方文化特色作出贡献。文安县《大叩皂村志》公开出版。香河县启动《安平镇志》《庆功台村志》编写。是年，大城县方志办吕文杰《增进创新意识，年鉴常编常新》论文入选第五届冀皖方志论坛；大城县缴世忠的论文《发掘规范创新打造精品志书》、香河县方志办马军的论文《依法治国与依法治志的辩证关系》参加第二节方志文化国际研讨会暨第九届中国地方志学术年会；马军的论文《年鉴转型升级新探》参加2019年全国年鉴分会年度会议（第三届全国年鉴论坛）。

**【《廊坊年鉴（2019）》出版】** 《廊坊年鉴（2019）》是全面、系统记述2018年廊坊市行政区域自然、政治、经济、文化、社会等方面基本情况的年度资料性文献，采用分类编辑法、条目式记事体。全书136万字，设特载、专题等类目33个，设分目243个、条目1283个、图表228张，九州出版社出版。该书首次在附录中收录“廊坊市现存旧志书目”（列出书名、卷数、作者、版本、作者生平、编纂缘起、著述意旨、藏书处所）及“廊坊市历代地方志书一览表”“廊坊市旧志域内藏书”“廊坊市旧志佚失书目”“廊坊市首部市志编修”“廊坊市首轮县（市）志书编修”“廊坊市二轮县（市、区）志书编修”“廊坊市市级综合年鉴编纂出版一览表”“廊坊市县（市、区）综合年鉴编纂出版一览表”，作为历史资料，供研究廊坊域内志鉴人士参考。

**【参评第六届全国地方志优秀成果（年鉴类）评审】** 7月23日，第六届全国地方志优秀成果（年鉴类）评审系列会议、中国年鉴精品工程2019年卷申报年鉴篇目研讨会、第四期全国年鉴主编培训班在吉林省吉林市举行。廊坊市推荐《廊坊年鉴（2018）》及部分县级年鉴参加评审。经过评选，《廊坊年鉴（2018）》获第六届全国地方志优秀成果（年鉴类）地市级综合年鉴二等奖；《香河年鉴（2018）》获第六届全国地方志优秀成果（年鉴类）县区级综合年鉴一等奖，创历史最好成绩。

（市地方志编纂中心）

## 政务服务

**【概况】** 2019年，廊坊市运用"互联网+政务服务"模式，审批终端覆盖39个市直部门，所有政务服务事项全部纳入"互联网+政务服务"平台，市级政务服务事项网上可办率97%，各县（市、区）政务服务事项网上可办率96.19%。规范政务服务事项标准，编制包含120项要素的办事指南，以及《廊坊市政务服务事项目录清单》和《廊坊市政务服务事项实施清单》，涉及市直部门39个、政务服务事项874项，其中行政许可419项、行政确认109项、行政给付18项、行政奖励39项、行政裁决13项、公共服务208项、其他权利68项。实行事项办理结果"电子化"，将政务服务事项办理完成后产生的批文、批复、证照等结果样本，录入市级平台电子证照管理系统。至年底，市平台存储各类电子证照模板90项，其中与国家电子证照目录对应66项，并按照国家电子证照数据标准，上传历史电子证照数据30余万条。

**【线上线下深度融合】** 2019年，廊坊市实行统一用户认证体系。完成智能大厅取号系统与省级平台对接，将市、县两级政务大厅取号数据实时推送至省级平台，将大厅办事群众纳入到全省统一用户体系进行管理，实现线上线下功能互补、无缝衔接。统一网上申报入口。按照省级平台统一身份认证要求，开发数据接口，调用省级统一身份认证功能，实现市、县两级一体化政务服务平台与河北省政务服务入口统一，改变"进多站、跑多网"现象。统一事项数据源。改造各级政府部门网站，统一调用河北政务服务网的展示页面和服务功能，市、县两级运行的事项目录和办事指南与"三级四同"事项完全一致，实现线上线下统一管理、同源发布。统一线上线下资源。推进全市各级综合性政务服务实体大厅与网上政务服务平台线上线下一体化建设，市本级审批大厅，以及香河县、大城县、大厂县等8个政务服务中心开辟"自助服务区""互联网+政务服务"体验区。通过配置自助终端一体机、触摸查询机等设备，为群众提供自助申报、自助查询、表格自助打印、"一点通"二维码等服务。引导公众通过互联网和自助区办事，推动网上平台与实体大厅同步运转、功能互补。

**【四级网上政务服务平台全覆盖】** 2019年，全市所辖118个乡镇、3268个村（社区）全部完成河北政务服务网中独立页面的建设。各县（市、区）按照全市统一标准，编制完成本行政区域内乡镇、村街便民服务事项清单和办事指南，录入河北政务服务网，统一对外发布，并开通在线申报，实现市、县、乡、村四级网上服务平台全覆盖。

**【便民服务】** 2019年，廊坊市推出多项便民服务措施。群众办事不出村。运用移动审批模式，将政务服务终端延伸至村级。在固安县、霸州市开展试点应用，基层群众在申请高龄补贴时，由村级代办人员提供上门服务，通过手机端申报，乡镇工作人员网上审核，县级审批人员在线审批，审批结果实时反馈，全过程网上操作，避免办事群众多次往返。移动审批实时办理。通过在手机端安装审批软件，将审批功能向手机端延伸，使工作人员在何时何地都能够查看待办的审批事项，核查申报材料，填写审批意见，完成电脑端的全部审批工作，方便工作人员随时随地开展审批工作，提高办事效率。拓展短信提示服务。与联通公司合作，在"互联网+政务服务"平台中嵌入短信发送模块，提供短信通知服务，实现政务服务事项办理过程从材料网上提交、预审通过到办结出证等各环节的短信提醒功能，使办事企业和群众更加方便及时了解申报事项的进度。

**【联审联验网上办理】** 2019年，廊坊市行政审批局开展房地产公共服务配套设施联审联验全程网上办理。实行材料集中上传、网上分发、限时办结、网上反馈、网上查询，全程共享，实时调用。避免企业到各部门申报材料，实现"一窗统一受理、材料一次提交"。年内，元辰房地产和平商务大厦、惠佳房地产创领小区、荣诚房地产永和花园、星龙房地产红星国际东苑等13个项目通过线上完成联审联验，从项目申报材料集中上传到办结用时最长18天，提高联审联验工作效率，减少企业跑办次数，得到企业一致好评。

**【热点政务服务接入"冀时办"】** "冀时办"APP是由河北省政务服务管理办公室开发的全省统一移动应用掌上政务服务平台，为企业和群众提供生活相关的各种服务性、提示性信息，包含政策发布、出行提示、医疗信息提示、教育信息、就业信息等内容。2019年，廊坊市行政审批局将公积金、社保、医疗保险、婚姻登记、旅游观光、机构场所、便民缴费等11个版块共76项与企业和群众生产生活密切相关的服务事项，接入"冀时办"。企业和群众通过手机可在线办理公积金查询、离退休提取、职业资格资质查询、交通罚款、电费、固话费、宽带费、手机费缴费等业务，并可以在线申领电子社保卡和电子结婚证，便于查询个人相关信息。

**【助力北京新机场建设项目联合验收】** 2019年，廊坊市行政审批局主动对接北京大兴国际机场临空经济区廊坊片区建设项目单位，借鉴北京市建设工程竣工联合验收经验，起草印发《北京新机场建设项目联合验收工作方案》，成立北京新机场建设项目联合验收工作专班。通过"一次性告知""一窗式受理”“一站式服务”等举措，由工作人员全程领办到应急管理局、国家安全局等窗口进行材料的申报和补齐补正，并协调各相关部门加快出具验收意见。召开联合验收预备会，通过面对面交流、零距离服务，了解北京新机场建设项目的情况，指导、审核验收提交的资料，并提出整改意见和要求，减少项目单位跑办次数，提高工作效率。建立新机场建设项目联合验收进展台账，跟踪服务北京新机场（廊坊属地）5个联合验收项目，汇总各项目验收进展情况，形成专报。9月23日，中国东方航空集团有限公司为廊坊市行政审批局赠送“恪尽职守树公仆典范，严谨高效助东航腾飞”锦旗和感谢信。

（冯莹惠）

## 外事及港澳事务

**【概况】** 2019年，廊坊市外事办公室（以下简称市外办）贯彻落实中央对外方针政策，树立“廊坊大发展，外事作贡献”工作理念，把服务国家总体外交和廊坊市经济社会发展作为统筹外事工作的落脚点，正确认识和把握当前国际国内形势，探索外事服务地方经济的切入点，由被动管理向主动服务转变。参与大型经贸活动，在“5•18”经洽会、中国廊坊农产品交易会期间，制定工作细则、落实工作责任，完成客户邀请、外宾接待和大会翻译等项工作任务；配合省外办举办国际友好省州（城市）展、巴西主宾国活动；按照“低调、迅速、稳妥”原则，协助宣传、公安等部门做好外国记者到廊坊采访的相关接待管理工作和对外宣传工作，为全市对外开放营造良好的国际舆论环境和宣传途径。

是年，按照廊坊市党政机关机构改革工作要求，原廊坊市政府外事办公室合并到廊坊市人民政府办公室，内设市委外委会办公室秘书科和外事科，承担市委外委会办公室和市政府外事办公室工作职责。

**【市委外事工作委员会第一次会议】** 2019年5月21日，市委外事工作委员会第一次会议召开，传达学习省委外事工作委员会第一次会议精神，审议通过《中共廊坊市委外事工作委员会关于落实中央新时代加强统筹地方外事工作部署的实施意见》《中共廊坊市委外事工作委员会2019年工作要点》《中共廊坊市委外事工作委员会工作规则》《中共廊坊市委外事工作委员会办公室工作细则》，研究部署全年外事工作，明确全市外事工作的指导思想和总体目标，提出10个主要领域的统筹事项和工作任务，并对各县（市、区）党委外事工作委员会、市直各部门单位提出具体的工作要求。

**【因公临时出国管理】** 2019年，廊坊市严格执行各项外事管理规定，加强外事部门统筹协调和归口管理因公临时出国等涉外事务的职能，按照“因事定人、人事相符”的原则，严格制订出访计划，合理安排出国团组，在从严审批的同时加强服务，做好因公护照的发放及收缴管理，严格执行关于因公临时出国经费管理的各项规定，加强因公临时出国管理工作。全年审核审批各类因公临时出国团组38批92人次。通过简化流程、编印指南、组织培训、上门指导等举措，提高因公出访审核审批效率，促成各类团组带着项目“走出去”，推动廊坊市与被访国家和地区在经济、文化、科技、教育等领域的交流合作。是年，廊坊市出访成效显著，广阳区中俄航空产业园项目、韩国都林机器人公司香河总部二期项目、人工智能科技产业园股权投资合作项目取得新进展；廊坊临空经济区开发建设有限公司与奥地利HB通用飞机设计制造公司、荷兰福克飞机集团签署战略合作备忘录。

**【涉外安全管理】** 2019年，市外事办修订完善《廊坊市涉外突发事件应急预案》，学习贯彻外交部领事司编制的《涉外案件处理法律法规须知》《涉外案（事）件处置涉领事业务指导手册》《中国领事保护和协助指南》，以及省外办编制的《涉外案（事）件70问》等文件，结合实际情况，妥善处置外国人伤亡、驻华使馆人员、难民子女入学等各类涉外事（案）件9起，为廊坊市的对外开放提供保障。

**【港澳事务管理】** 2019年，廊坊市加强对港澳活动的谋划、实施、管理和监督。4月9日至12日，按照省政府关于做好赴港澳开展系列招商活动的工作要求，廊坊商务代表团一行5人赴中国香港开展为期4天的系列招商活动。其间，商务代表团考察华润置地总部，见证中国宏泰发展与华润置地签订战略合作协议；考察香港霸菱亚洲投资公司，会商推进该公司在冀港重点项目签约仪式上与安次高新技术产业园签署的石墨烯科技融创园区项目；考察香港万数投资有限公司，会商推进该公司在冀港重点项目签约仪式上与中国宏泰发展签署的智能科技与云联服务项目；考察澳大利亚麦格理集团香港总部，推动该公司与廊坊临空经济区开发建设有限公司合作建设国际航空智慧物流产业园项目；考察香港华平投资集团，会商推动该公司与中国宏泰发展在市镇产业开发方面深度战略合作；先后应约会见平安集团董事长马明哲、香港世贸集团董事局主席许荣茂和华大基因董事长汪建，就上述公司与廊坊开展实质性合作深入对接沟通；举办廊坊市驻香港招商联络处成立仪式暨香港知名企业座谈会，深化与港澳地区的交流合作。

**【审核邀请外国人】** 2019年，市外事办根据外交部《外国人来华签证邀请函管理办法（试行）》和省外办《河北省外国人来华签字邀请函管理实施细则》有关要求并结合实际情况，制定《邀请外国人来廊申办须知（试行）》，并升级改造原有网上申报系统，实现网上完成用户注册、材料申报、审核、签发核实单、上报外交部的全过程，提高服务质量和工作效率。是年，廊坊市办理邀请外国人到廊坊审核审批 53 批 117 人次。

**【外事接待】** 2019 年，廊坊市对外接待团组 9 批 138 人，包括马来西亚旅游艺术及文化部长、白俄罗斯内务局长等 6 名国外政要和捷克、罗马尼亚等 10 个国家驻华使节，拓展廊坊市对外合作交流渠道，提高廊坊的国际影响力及对外交流合作水平。

**【APEC 商旅卡推广】** 2019 年，市外事办为廊坊市企业申办 APEC 商务旅行卡 11 本。年内，在省外办的支持指导下，廊坊市按要求为部分信誉度好的企业提供 APEC 商务旅行卡申办直报服务，近 400 家廊坊企业纳入名单目录，企业可自主选择直接到省外办报送申报材料，也可以选择就近在市外办申报办理，提高 APEC 商务旅行卡审核办理效率，受到企业广泛好评。

**【友城工作】** 2019 年，廊坊市有 2 个国际友城市，分别是日本松本市和美国达文波特市。年内，与韩国论山市缔结友好城市关系通过省政府批准，进入按程序向全国友协报批阶段；与荷兰阿尔芬市缔结友好城市关系，获全国友协批准。2019 年是“中日青少年交流促进年”，7 月 28 日至 30 日，应廊坊市邀请，日本松本市乒乓球协会副会长小原秀元率领松本市体育代表团一行 8 人访问廊坊市，参加廊坊市与松本市友好城市青少年乒乓球友谊赛。其间，代表团参观廊坊市文博馆、廊坊市群艺馆，认识了解廊坊市历史进程、传统文化，取得预期的访问效果。

（李晓婷）

# 中国人民政治协商会议廊坊市委员会

## 综　述

**【概况】**　2019年，政协廊坊市第七届委员会在中共廊坊市委领导下，学习贯彻习近平新时代中国特色社会主义思想和中央、省市委政协工作会议精神，把握新时代人民政协的新方位新使命，团结带领全体政协委员和全市各级政协组织、政协各参加单位，围绕中心，勤勉履职，凝聚合力，助推发展，开创政协工作新局面。

政协廊坊市第七届委员会设专门委员会7个：提案委员会、文化文史和学习委员会、财政经济委员会、教科卫体委员会、社会法制委员会、人口资源环境委员会、民族宗教港澳台侨委员会。2019年4月，学习文史委员会更名为文化文史和学习委员会，教科文卫体委员会更名为教科卫体委员会，社会法制民族宗教委员会更名为社会法制委员会。

**【强化党的领导】**　政协廊坊市第七届委员会把旗帜鲜明讲政治摆在首要位置，牢固树立“四个意识”，坚定“四个自信”，做到“两个维护”。健全并坚持常委会、专委会和政协委员、机关干部学习制度，学习习近平新时代中国特色社会主义思想，跟进学习习近平总书记最新重要讲话精神，落实中央和省市委决策部署，深化习近平总书记关于加强和改进人民政协工作的重要思想学习研讨活动，把思想和行动统一到中央和省市委对政协工作的要求上，确保在政治立场、政治方向、政治原则、政治道路上始终与党中央保持高度一致，与省市委同向同行。以中央和省市委政协工作会议精神为统揽，及时传达会议精神，召开学习交流会。协助市委筹备召开政协工作会议，通过组织深入调研，提出意见建议。将市委出台的《关于新时代加强和改进人民政协工作的实施意见》细化为5个方面19项具体工作，确保把会议精神落到实处。增强接受党的领导的政治自觉。坚持在市委的领导下主动负责、协调一致开展工作。贯彻中央和省市委加强新时代政协党的建设的意见，出台深入落实全面从严治党政治责任的实施意见，制定领导班子成员联系界别、指导县（市、区）政协党建工作和党员委员联系党外委员制度，保证党的组织对党员委员全覆盖、党的工作对政协委员全覆盖。推动10个县（市、区）政协全部成立机关党组，完善政协党的组织体系。

**【健全制度机制】**　加强协商民主制度化、规范化、程序化建设，推动政协协商制度成熟定型，把政协制度优势转化为治理效能。把调研视察前组织委员学习培训、向全社会广泛征集提案线索等行之有效的经验做法上升为制度机制，固化为履行职能的必要程序，完善规范协商、监督、调研、提案等工作的制度机制。根据新任务新要求，出台年度协商计划制定办法，形成协商计划的提出、审定、实施、督导等一整套规范化流程，由市委办、政府办、政协办联合印发实施。拓展协商形式。构建以全体会议为龙头，多层次、制度化协商为重点的协商议政格局。突出会议协商、对口协商、界别协商和提案办理协商，全年组织专题议政性常委会议2次、专题协商会10次、协商座谈会25次；在面向社会征集提案线索、组织撰写高质量提案的基础上，以解决20件重点提案为抓手，邀请相关部门召开提案办理协商座谈会，强化部门与委员互动，提高办理落实效果。发挥界别优势和委员主体作用，围绕市委工作思路和任务目标，立足推动廊坊发展和增进人民福祉，聚焦重大问题和民生关切广泛开展协商活动，内容涉及协同发展、转型升级、现代农业、文化产业、生态环保、医疗卫生、社会治理等多领域、多方面，促进相关工作开展。

**【强化思想引领】**　坚持建言资政与凝聚共识双向发力，加强思想政治引领，把党的主张和市委决策转化为广大委员、民主党派和社会各界的共识，汇集推动廊坊发展的正能量。注重把凝聚委员共识融入调研、视察、考察、协商、监督等各项履职活动，与建言成果、思想收获一体谋划、一体推动。注重发挥专委会“四梁八柱”作用，加强与委员的联系，邀请市委、市政府和相关部门领导参加调研视察、列席协商会议、参加小组讨论，通报情况、听取意见、共商举措。在联系联合中凝聚党派共识。落实联系走访党派制度，注重联合党派团体共同组织履职活动，注重安排党派、团体在政协会议上发言。征编各党派历史资料，支持民主党派扎实开展“不忘合作初心，继续携手前进”主题教育。在扩大宣传中凝聚社会共识。宣传党的政策、人民政协新理论、政协工作新经验、委员履职新典型，在市级以上媒体发稿900多篇次，利用廊坊政协网、《廊坊政协》内刊、宣传橱窗等阵地讲好政协故事，扩大社会影响，把市委部署转化为全市人民的自觉行动。

编辑出版《廊坊历史文化村落撷英》，较好发挥了存史、资政、团结、育人作用。

**【聚焦使命任务】** 围绕全市中心工作，组织委员和参加单位为廊坊发展献智出力。建设经济强市方面，围绕推进康养产业、乡村旅游产业发展开展常委会议专题协商，针对发展外向型经济、现代服务业和农业规模化经营专题调研，许多意见建议被市委、市政府采纳。建设美丽廊坊方面，围绕农村人居环境整治、社区环境建设与管理、加强和创新社会治理，形成调研报告，许多意见建议转化为党政部门的具体措施。推动决策落实强监督方面，聚焦市委、市政府重大决策落实，围绕乡村振兴、重点项目建设、进出口企业发展、文化基础设施建设、应用人脸识别技术加强社会治理、传统工业企业转型升级、智慧平安社区建设等开展监督视察，推动各项工作措施落地见效。促进协同发展方面，围绕临空经济发展、“北三县（市）”与通州区一体化发展、借势雄安新区力促“南三县（市）”发展，通过委员提案、大会发言、小组讨论积极建言；市政协与静海、沧州政协举办庆祝中华人民共和国成立70周年书画联展，与通州、武清政协开展文化交流活动，共推大运河文化带建设，促进联谊联动。

**【促进民生改善】** 践行人民政协为人民，紧扣民生领域实际问题履职尽责。全年编报社情民意信息25期，就提升城市管理水平、改善市容环境、老旧小区改造、农村环境治理、学前教育、全民健身设施完善等开展调研视察，提出26条意见建议。在办理解决市区停车难提案中，召开专题协商座谈会，委员们提出意见建议，政府部门采纳，研究措施，有效缓解停车难问题。全市政协系统推进“发挥政协优势，助力脱贫攻坚”行动，市级、县级政协委员直接提供就业岗位2200多个，引导政协委员投身“千企帮千村”活动，推动各民主党派开展脱贫攻坚民主监督。市政协领导班子成员做好包联工作，实地走访，现场办公，协调解决实际困难，包联的20户贫困户全部脱贫。市政协机关驻大厂县太平庄、沙岗子村工作组，持续加大扶贫力度，帮扶对象生活状况大为改善。市政协领导班子成员和机关干部深入社区指导、开展“星期六志愿服务”，联合相关部门和党派开展“义诊进校园”活动等，积极参与文明城市创建。

（刘　薇　唐　巍）

## 重要会议

**【政协廊坊市第七届委员会第三次会议】** 于1月21日至23日召开。会议应出席委员367人，实到344人。市党政领导列席开幕和闭幕会议，分别参加专题会议，听取大会发言。会议期间，收到提案314件，经审查立案279件。与会委员围绕廊坊市改革发展稳定的重大问题和人民群众普遍关心的问题，开展协商议政。会议学习和讨论中共廊坊市委书记冯韶慧在开幕会上的讲话，听取并讨论市长陈平所作的政府工作报告及其他报告，讨论廊坊市中级人民法院工作报告、廊坊市人民检察院工作报告，听取并审议通过市政协主席李波代表政协廊坊市第七届委员会常务委员会所作的工作报告和市政协副主席布泽文代表政协廊坊市第七届委员会常务委员会所作的提案工作情况的报告。会议拥护冯韶慧代表中共廊坊市委在开幕会上所作的重要讲话，赞同陈平所作的政府工作报告，同意李波所作的市政协第七届委员会常务委员会工作报告和布泽文所作的提案工作情况的报告。会议审议通过市政协七届三次会议决议。

**【政协廊坊市第七届委员会第八次常委会议】** 于1月9日召开。会议应出席常委69人，实到54人。会议审议通过关于召开政协廊坊市七届三次会议的决定（草案）；审议通过市政协第七届委员会常务委员会工作报告（草案），并推举报告人；审议通过市政协第七届委员会常务委员会提案工作情况的报告（草案），并推举报告人；审议通过政协廊坊市七届三次会议议程、日程、秘书长、副秘书长名单、编组办法、各组召集人名单、编组名单、列席单位名单（草案）；审议通过市政协各专委会2018年度工作总结（书面）。

2019年1月21日，中国人民政治协商会议廊坊市第七届委员会第三次会议开幕

**【政协廊坊市第七届委员会第九次常委会议】** 于1月22日在廊坊七届三次全会期间召开。会议应出席常委69人，实到64人。会议听取各组召集人对中共廊坊市委书记冯韶慧在市政协七届三次会议开幕式上的讲话、市政协常委会工作报告和提案工作报告讨论情况的汇报；讨论常委会工作报告决议（讨论稿）、提案工作报告决议（讨论稿）、大会政治决议（讨论稿）；讨论提案委员会关于市政协七届三次会议提案审查情况的报告（讨论稿）。

**【政协廊坊市第七届委员会第十次常委会议】** 于4月19日召开。会议应出席常委69人，实到54人。会议传达习近平总书记在全国“两会”联组会议上的重要讲话、全国“两会”和省政协十二届第八次常委会议精神；审议通过市政协机构变动及人事事项；通报中共政协廊坊市委员会党组2019年工作要点；审议通过市政协2019年协商工作计划（草案）、民主监督工作计划（草案）、视察考察工作计划（草案）、调研工作计划（草案）。

**【政协廊坊市第七届委员会第十一次常委会议】** 于6月28日召开。会议应出席常委69人，实到49人。会议传达学习全国地方政协工作经验交流会和全省政协系统工作经验交流会精神；听取市发改委《关于全市康养产业发展情况的通报》；围绕“加快推进康养产业发展”协商议政、建言献策；审议通过人事事项。

**【政协廊坊市第七届委员会第十二次常委会议】** 于10月14日召开。会议应出席常委69人，实到51人。会议传达学习中央和省委政协工作会议暨庆祝中国人民政治协商会议成立70周年大会精神；听取市政府领导通报提案办理情况；审议通过《关于市政协七届三次会议以来提案工作的说明》（书面）；听取市文化广电和旅游局通报全市乡村旅游产业发展的情况；围绕“推进乡村旅游产业发展”进行专题协商；审议通过《关于进一步提高协商议政质量的意见（试行）》（草案）及《政协廊坊市委员会提案工作条例（草案）》《政协廊坊市委员会常务委员会关于授权主席会议对违纪违法政协委员及时作出处理的决定（草案）》及人事事项，协商决定政协廊坊市第七届委员会常委、委员调整增补名单。

（邢云鹏）

## 调研　视察

**【概况】** 2019年，政协廊坊市第七届委员会组织省、市、县政协委员围绕提升企业创新能力、打造良好金融环境、推进科技创新、永定河生态文化建设、化解金融风险支持实体经济发展、水资源保护利用、提升企业技术创新能力、职业教育发展、构建多层次养老体系、智慧社区建设等开展调研视察活动26次，报送建议案、协商情况报告、调研报告10篇，交办提案277件，征集大会发言138篇。

**【调研】** 2019年，政协廊坊市第七届委员会开展康养产业调研，将“加快推进我市康养产业发展”列为常委会议协商议题，组织委员赴三河市、香河县和固安县等市（县）展开调研，并召开相关部门座谈会，形成常务委员会建议案呈报市委。开展乡村旅游调研，组织委员深入乡村，了解乡村旅游资源开发、运营情况，分别与经营者、游客等不同方面人员交流，上下协调联动，动员各县（市、区）政协开展本区域调研，召开市政协常委会议专题协商，形成常委会建议案，呈报市委、市政府。开展农业规模化经营调研，组织委员实地调研农业产业园区、农民合作社、专业大户、家庭农场等多种类型农业，并召开座谈会，综合各方意见建议，形成《关于加快推进我市农业规模化经营的调研报告》。开展社区环境建设与管理调研，组织市政协委员到华秋里、荣盛华府等8个社区调研，实地察看小区环境建设、老旧小区改造情况，听取相关负责人情况介绍，并召开座谈会了解情况、协商交流，提出意见建议，形成《关于我市社区环境建设与管理的调研报告》，报送市委。开展提升农村环境助力乡村振兴调研，组织委员到香河县、固安县的6个村街调研人居环境、田园综合体和乡村旅游民宿等项目，并召开座谈会，围绕提升农村环境、发展农村产业提出建议。开展现代服务业调研，组织部分委员和相关部门通过实地调查、座谈、搜阅材料等方式，摸清全市服务业基本情况，找准问题差距，厘清发展思路，明确重点举措，形成调研报告。开展分级诊疗制度建设调研，通过走访相关市直部门、到医疗卫生机构实地考察、召开专题座谈会等形式，广泛征求意见，形成《关于加快推进我市分级诊疗制度建设调研情况的报告》，提出加强组织领导，稳步推进分级诊疗制度建设；多措并举补短板，提升基层服务能力；深化医联体建设，引导优质医疗资源下沉；完善保障机制，确保分级诊疗制度落地生效；加强宣传引导，扩大全社会支持参与程度的对策建议。开展民办幼儿园发展调研，通过收集文件资料、走访市直主管部门、实地考察民办幼儿园、召开专题协商会议研讨论证等形式，深入调研全市民办幼儿园发展情况，起草《关于推动民办幼儿园健康发展调研情况的报告》，研究分析廊坊民办幼儿园的基本情况和存在问题，提出高度重视民办幼儿园的健康发展、加大普惠性资源供给力度等18条对策和建议。开展外向型经济调研，组织委员到廊坊开发区、廊坊综保区、固安县开展调研，组织市商务局、市统计局等有关部门召开专题座谈会，分析外向型经济发展过程中存在的突出问题，探讨解决措施，形成《关于我市外向型经济发展调研情况的报告》。开展加强和创新社会治理调研，利用6个月时间围绕加强和创新社会治理课题搜集整理全国各地加强和创新社会治理方面的成功经验，组织市直有关部门召开专题座谈会，摸清全市加强和创新社会治理工作现状，分析存在问题，探讨解决措施，形成《关于我市加强和创新社会治理调研情况的报告》，呈报市委供决策参考。

**【视察】** 2019年，政协廊坊市第七届委员会开展乡村振兴视察，组织委员到固安县视察，听取情况介绍，委员们充分肯定全市实施乡村振兴战略所取得的成绩，并提出对推进乡村振兴具体建议。开展重点项目建设视察，组织政协常委、委员到文安县视察省、市重点项目建设情况，委员们深入施工现场，详细询问项目规划、建设进度等情况，有针对性地提出意见建议。开展应用人脸识别技术加强社会治理视察，组织委员到三河市燕郊镇东贸国际小区、燕郊巡特警大队智慧社区管理指挥中心、廊坊开发区“智慧护城河”乃自房村监控点位和开发区公安分局指挥中心，实地察看人脸识别系统建设及应用情况，听取公安部门和运营企业负责人的情况介绍。委员们围绕加快人脸识别技术的推广使用进行交流探讨，形成《关于视察应用人脸识别技术加强社会治理情况的报告》。开展农村环境治理视察，组织部分常委、委员到文安县、固安县视察农村人居环境整治情况，委员们对农村人居环境整治工作取得的成效给予肯定，并从做好整治规划、因村制宜推进、健全投入机制等方面提意见建议。开展传统工业企业转型升级视察，组织委员到文安县左各庄镇燃煤锅炉集中存放点、文安大地木业有限公司等企业，听取相关部门介绍，委员们对推进传统产业改造提升所取得的突出成效给予肯定，同时结合视察中发现的问题，提出意见建议。开展学前教育发展情况视察，视察组分别到市直第二幼儿园瑞河兰乔分园、安次区第二幼儿园详细了解幼儿园园舍和消防安全状况、师资和安保人员配备等情况，听取市教育局负责人关于全市学前教育发展情况的介绍，并围绕如何做好学前教育工作建言献策，提出中肯的意见和建议。开展分级诊疗制度建设视察，组织委员到市人民医院、新华路花园楼社区卫生服务中心开展视察，听取市卫建委负责人情况介绍，详细了解分级诊疗制度建设的推进情况，围绕如何改善就医环境、提高服务质量、提高人民群众对分级诊疗制度的获得感提出意见建议。开展民办幼儿园发展情况视察，组织委员到广阳区北师大附属诺博幼儿园、童程幼儿园等开展视察，听取各园负责人情况介绍，针对幼儿园在发展中提升教师素质、提高保教质量、打造办园特色、强化安全管理等方面提出意见建议。开展全民健身活动视察，组织委员到人民公园、市体育场、丹凤公园和御泉湾小区了解全民健身设施、公共健身站点、笼式足球和篮球场地、社区健身设施配备及使用情况，针对全民健身活动开展不平衡、活动场地较少、市民参与健身活动意识不强等问题提出意见。开展进出口企业发展情况视察，组织市政协委员到廊坊综合保税区、京东跨境电商保税区北方中心、固安云谷AMOLED项目、京东方（河北）移动显示技术有限公司等地了解企业生产经营、产品研发、外贸进出口等方面情况以及面临的实际困难和问题，并结合视察情况和自身工作实际提出发展建议。开展智慧平安社区建设视察，组织政协委员到安次区馨语星苑小区、畜牧局宿舍小区等了解人像识别系统、车辆识别系统、智能门禁系统等智慧平安社区软硬件设施建设和运行情况，委员们对智慧平安社区建设取得的成绩给予肯定，并针对智慧平安社区建设中的人防、物防、技防等方面建设和管理工作提出意见建议。

（赵秀清　温晨光　庞　骏　李志伟　王翔宇　邢云鹏　杨家驹）

## 政协委员提案办理及建议选载

**【概况】** 2019年，政协廊坊市第七届委员会围绕中共廊坊市委、廊坊市人民政府中心工作和涉及群众切身利益的实际问题，运用提案履行职能，组织委员围绕京津冀协同发展、产业结构调整、现代农业园区建设、优化企业创新环境、生态环境及美丽乡村建设、大气污染与治理、社会治安与综合治理、教育、医疗卫生、社会民生保障、城市文化以及民主法治建设等方面提出意见和建议。参与提案的政协委员283人次。提案主办和会办单位涉及37个市政府工作部门、10个县（市、区）政府及廊坊开发区管委会和14个党群系统单位。全年收到政协委员提案314件，经审查立案交有关单位办理277件，其中经济发展方面提案64件，“三农”方面提案21件，城市建设与管理提案36件，民生改善和社会事业发展提案148件，其他方面提案8件。未予立案作为意见建议处理的提案37件。经承办部门办理，提案所提问题办结和部分办结的137件，占49.5%；正在解决或列入规划逐步解决的128件，占46.2%；因政策、体制和条件暂时难以解决的12件，占4.3%。

**【关于推动廊坊开发区企业转型升级的建议】** 建议由市政协委员孙艳利提出，主要内容：2019年，受环保压力增大因素影响，廊坊开发区部分企业出现外迁倾向。部分企业准备停产并将产能转移到国内其他兄弟公司；部分企业上级集团总部准备调整产业部署；部分企业涉及的切割焊接、喷涂、油性漆等工序准备采用异地生产方式进行。上述企业主要考虑是廊坊开发区临近京津，环保压力大，生产成本增加。如何应对这一新形势新情况，留住现有企业，避免“产业空心化”，需要打造环境，强化服务，推动廊坊开发区企业转型升级。建议：严格禁止环保“一刀切”，坚决避免以生态环境为借口紧急停工停业停产等简单粗暴行为。对于具有合法手续且符合生态环保要求的企业，不得采取集中停产整治措施；对于具有合法手续，但没有达到生态环保要求的企业，应根据具体问题采取针对性措施；对于没有合法手续，且达不到生态环保要求的企业，依法依规查处。实行“机器换人”，推动企业生产自动化、智能化，转变劳动力结构，提升生产效率，降低人员流失率，提升企业发展潜力。廊坊市应制定出台系列政策，支持企业“机器换人”，发展机器人智能装备产业。创新融资租赁扶持政策，设立专项资金，用于中小企业设备融资租赁贴息补助及设置融资风险池，鼓励企业不断通过设备更新及技术升级，提升设备的智能化与自动化水平，在产品制造方面实现自动化、智能化。进一步优化营商投资环境，以激发开发区发展的动力和活力为目标，持续推进开发区体制机制改革，贯彻河北省委双创双服工作要求，做好企业创新、服务发展，实施领导一对一帮扶，政府与企业面对面座谈等活动，切实解决企业在发展、转型中存的困难。

建议办理结果：市生态环境局会同市工信局和市发改委负责办理，答复如下：严格禁止环保“一刀切”。为进一步贯彻落实生态环境部《关于生态环境领域进一步深化“放管服”改革，推动经济高质量发展的指导意见》和省委、省政府《关于全面加强生态环境保护坚决打好污染防治攻坚战的实施意见》及省大气办《河北省严格禁止生态环境保护领域“一刀切”的指导意见》，市生态环境局按照市委、市政府工作部署和市领导指示要求，及时跟进服务保障措施，2018年10月17日，研究制定全市深入推进科学治理、精准治理、依法治理、全民共治、源头防治，严禁生态环境保护领域“一刀切”14项具体服务保障措施，助力全市实现经济发展、社会民生与生态环境保护和谐统一。推进工业产业转型升级。市委市政府高度重视制造强市工作，发展先进制造业，并将智能制造作为产业升级的主攻方向。2019年，廊坊市的制造业处于转型升级的攻坚期，加快推进智能化、自动化市廊坊工业产业转型升级的内在需求，更是实现制造业高质量发展的重要举措。进一步优化营商环境。2018年以来，廊坊市全力贯彻省委、省政府的指示精神，开展“双创双服—优化营商环境”活动，成立市级优化营商环境工作组，制定《廊坊市2018年优化营商环境工作方案》，针对全市营商环境的突出短缺，重点实施政策完善创新、降低企业经营成本、提快项目落地速度、优化开发区发展环境、提升窗口服务、加强诚信建设等六项专项行动。

**【关于助推民营企业转型升级的建议】** 建议由市政协委员李虹提出，主要内容：政府是企业转型升级的助推器，可通过产业引导、市场开拓、融资便利、降低成本、重点聚焦、政府服务等相关措施，增强民营企业转型升级的信心和能力。建议：帮助企业正确认识转型升级；帮助企业走出转型升级就是转向新兴产业的误区；帮助企业明确转型的核心是经济增长类型的转变；帮助企业明确只有拓展需求才能推动转型升级；帮助企业顺势而为坚定信心；建立制定长远规划和切实推进措施。

建议办理结果：近年来，随着京津冀协同发展的深入推进，以及大气污染防治、产业禁限政策不断深化，推进产业结构调整、加速工业企业转型升级已成为当前廊坊市迫在眉睫的首要任务。廊坊市委、市政府高度重视民营经济发展，特别是在调结构、促转型方面不断加大工作力度，抓住京津冀协同发展和雄安新区建设发展的重大机遇，深入实施“中国制造2025”，持续推动产业结构调整，全面推进传统产业转型升级。一是完善政策体系。先后制定出台《廊坊市人民政府关于加快推进工业企业技术改造工作的实施意见》《廊坊市加快培育和发展战略性新兴产业的实施意见》《廊坊市人民政府关于加快全市工业发展的指导意见》《廊坊市人民政府关于加快推进中国制造2025的实施意见》《廊坊市“千企转型”行动实施方案》《廊坊市人民政府办公室关于进一步促进实体企业发展的措施》等一系列政策文件，为全市推动中小企业转型升级指出方向、目标和路径，为助推中小企业转型升级提供政策保障。二是开展专班培训。为全面提升企业家的综合素质，廊坊市组织系列培训活动，先后采取专家学者授课、知名企业家现身说法和企业现场观摩会等多种形式，组织开展创新创业、企业对标、名牌创建、精益管理等各类培训活动，共培训企业4000余家，培训人员2万余人次。三是推动技术改造。廊坊市将技术改造作为传统产业转型升级的重要抓手，通过政策引导、资金扶持、帮扶对接等多种措施，引导企业实施技术改造，推进企业加快转型。四是推进科技创新。市委、市政府先后出台《关于鼓励支持科技型中小企业创新发展八条措施》《关于推进科技创新十大工程实施意见的通知》等18项科技创新政策、30多项支持政策。五是强化金融支持。2018年，为有效推动实体企业创新发展，廊坊市人民政府办公室印发《关于进一步促进实体企业发展的措施》，明确从“增产增效、转型升级、做大做强”三个方面奖励为廊坊市经济发展作出突出贡献的实体企业，市财政专门拿出2亿元专项资金，市工信局、发改委、商务局、税务局通力合作，最终确定10个奖项，奖励资金10804万元，奖励企业475家，奖励资金基本拨付到位。六是实施“千企转型”。先后完成干部企业包联、企业档案建立、工作台账组建等工作，并依托中科院、清华发展研究院、工信部电子发展研究院等科研院所组建企业转型升级智库，将通过“问诊把脉”“对症施治”等方式帮助企业制定转型升级方案、实施转型计划，为企业转型升级提供全面的智力支持。

**【关于利用金融新技术解决小微企业融资难、融资贵的建议】** 建议由民进廊坊市委提出，主要内容：随着互联网的发展，金融业的技术革命势不可挡，廊坊市的金融企业如果现在不大力推广新技术，地域庇护将会迅速消失，部分地方性银行或小额贷款公司就有可能被市场所淘汰，形成区域性金融风险。建议：制定激励政策，加快金融企业技术升级。一是建议市政府出台文件号召廊坊市地方性银行、小额贷款公司等金融企业引入新技术，用以降低成本、缩短办理时间、推动网上办理贷款等，为小微企业及民营经济提供更多、更方便的贷款和其他服务；二是建立奖励机制，建议市政府按照各银行新增小额贷款的一定比例对银行进行奖励；三是建议出台廊坊市小微企业信用贷款增长规划，倒逼银行利用新技术转变不敢贷、不愿贷的倾向；四是建议建立竞争机制，大幅提高小微企业金融服务在银行高管考核中的权重，倒逼银行高管重视技术革新；五是建议市政府设立金融创新奖，并完善金融创新激励政策，将廊坊市金融企业的技术创新纳入科技创新范围，给予税收减免、基金扶持等方式的激励；六是要求市内地方性银行制订金融技术发展规划，推动新技术应用。搭建技术引入平台。一是由市金融办牵头，联系技术领先的金融科技公司，以新技术商洽会、金融论坛等模式向金融企业展示各种新技术；二是在金融办网站设立新技术推广栏目，随时发布新技术及全市新技术推广情况；三是建议市县两级金融办设立新技术推广部门，实现专人管理，负责新技术推广、服务创新以及管理协调等工作；四是组织金融企业高管到南方的新金融企业或金融科技公司考察交流、开阔眼界。采取多种渠道引入新技术。一是采用联合运营方式，即金融企业联合金融科技公司利用新技术营销、管理小客户等（该模式能在较短时间内见到利润，但是需要有效的风险控制）；二是联合开发方式，即金融企业委托金融科技公司开发新技术并培养科研人才，逐步形成自己的科研团队开发新技术（该种方式长期效果较好）；三是购买新技术替代现有落后的金融技术（该种方式适用于缺少科研实力的小银行或小额贷款公司，投入少、见效快）；四是金融企业派员到京津或南方发达地区银行交流任职，获取先进经验；五是建议金融企业以优厚的待遇引入技术人才等。鼓励金融科技公司在廊坊市发展，建议市政府出台招商引资政策，依托廊坊市大数据中心的优势吸引金融科技公司在全市设立机构，鼓励金融科技公司转让新技术。市政府相关部门要为科技公司提供合作交流、政策指导、市场推广等方面的服务，降低他们的创业风险及成本，提高企业成功率，努力为廊坊市引入更多的金融技术和人才，提高廊坊市整体金融技术水平。

建议办理结果：银行与科技是新时代背景下的新型共同体，科技驱动增长，成为银行业转型的突破口。人民银行廊坊市中心支行协同监管部门组织各金融机构认真落实中央经济工作会议及国务院常务会议精神，加大金融新技术应用，多措并举加大对民营、小微企业支持力度，引导金融机构大力推广应用互联网信贷产品，力促民营和小微企业贷款扩面、增量、降费，缓解融资难、融资贵难题。一是利用金融新技术，征信查询惠企便民。二是搭建对接服务平台，高效促进银企对接。三是加大金融创新力度，引导金融机构大力推广互联网信贷产品。四是加强利率引导，促进企业融资成本下行。五是强化考核激励，督导政策落实。下一步，人民银行廊坊市中心支行将进一步协同监管部门持续引导全市金融机构贯彻落实稳健货币政策和宏观调控政策要求，加大金融科技创新和推广应用力度，有效提升金融服务民营小微企业能力和水平，努力破解企业融资难、融资贵问题。

**【关于加强廊坊市永定河流域综合治理的建议】** 建议由市政协委员张俊生提出，主要内容：加强永定河综合治理、生态修复、文化挖掘和开发利用是一项系统工程，可以综合治理为手段，生态修复为目标，文化挖掘和开发利用及时跟进，焕发永定河生机和活力，连通历史与未来，成为串联京津廊的一条生态长廊，重现水清岸绿、渠淀相连、鱼虾肥美、水鸟栖息的河道生态景观。恢复历史文化节点，增添现代文体设施，拓展市民休闲旅游新空间，提升廊坊城市综合承载力。一是规划先行，尽快编制实施方案。由市政府抓紧组织相关部门并邀请专业机构充分调研论证，编制实施方案。对国家项目确定的廊坊市内容与永定河流域投资有限公司进行对接安排，配合实施。确定廊坊市自选工程项目，同期施工。划定沿线生态保护红线，严格管控。二是以人为本，全面营造永定河沿线生态景观。借鉴上游北京地区的成功做法并与之相协调，以生态修复为重点，建设“一线多点”生态景观。三是突出节水，搞好水资源综合调配。根本解决打造一条流动的永定河的水资源问题，长远看主要依靠引黄河水补充，当前最现实的是做好节水文章，把周边现有的水资源调配好，第一要统一调配龙河水，近年来龙河自东张务闸以上河段蓄水较多，但水质差，需采取必要措施加强综合治理，改善水质，进而补充到永定河下游；第二要利用好再生水资源，廊坊市市区及开发区5个污水处理厂每天会产生16万吨中水，可通过规划渠道补充到永定河；第三要争取北京大兴国际机场营运后的再生水资源，据测算，北京大兴国际机场产生的再生水资源除维持机场生态用水之外，每天尚有大约1万吨中水可通过天堂河汇入永定河；第四要在确保防汛安全的前提下，雨季适度蓄水。四是丰富内涵，打造河岸文化。永定河作为一条古老的河流，联系着京津冀共同的水脉、人脉和文脉，具有广阔的开发价值。由市直主管部门牵头，统一对廊坊市永定河流域4个县(区)的永定河文化资源进行普查，在此基础上对古迹遗存进行保护和恢复。在适当的节点建设永定河塔、楼等标志性建筑，筹建永定河文化博物馆，收集展示永定河相关文物，开展永定河文化的专题研究，创作专题文学作品。建设永定河文化带，把永定河流域的非物质文化遗产、文物古迹、特色村镇、历史名人等串联起来，同时根据各段历史信息，在堤顶建设点景艺术小品，并新建一批现代的文化体育设施，全线达到自行车骑行和马拉松比赛条件，毗邻北京河面宽阔地带建设汽车拉力赛、野外拓展训练等体育项目场地，通过开展和培育有地域特色的大型文化体育活动，把永定河建设成为百里文化体育长廊。

建议办理结果：随着京津冀一体化进程的加快，廊坊与京津联系越来越多，永定河在京津冀均有重要地位。近年来，北京提出的建设西山永定河文化带与廊坊密切相关，并在永定河文化研究、环境治理、水系建设等方面取得初步成果。一是规划先行，尽快编制实施方案。2019年，经与永定河流域投资有限公司对接沟通，永定河固安段、永清段综合整治工程已列入“永定河综合治理与生态修复总体方案三年滚动项目清单（2018—2020年）”。永定河流域投资有限公司已委托设计单位编制完成《河北省廊坊市永定河综合整治工程可行性研究报告》，水利部海河水利委员会对可研报告进行审查，待根据专家审查意见进行修改完善并批复后即可实施。二是以人为本，全面营造永定河沿线生态景观。2019年，廊坊市以环京津雄边界、环城市、环村镇、沿高速、高铁、国省干道，沿河、渠、堤、坝等“三环”“两沿”绿化为重点，高度重视永定河流域广阳、安次、永清、固安4个县（区）的造林绿化工作，春季安排造林绿化任务6.8万亩（0.45万公顷），至年末完成7.52万亩（0.5万公顷），其中沿河达到0.29万亩（0.02万公顷），森林覆盖率大幅提高，生态环境明显改善。建设永定河郊野公园，形成绿色林网生态景观，下一步，将加大造林绿化力度，提升营林水平，使永定河流域水系焕发勃勃生机，展示廊坊形象。三是突出节水，搞好水资源综合调配。根据《北京新机场水资源论证报告书》和水利部《准予水行政许可决定书》（水许可资源决字〔2014〕3号）批复，北京新机场运营期污水主要为生活污水、机务维修废水、初期雨水等，区域污水经场内各单元预处理，达到污水处理厂设计进水水质指标后排入场内污水处理厂进行深度处理。2019年，廊坊市市区及开发区5个污水处理厂每天产生的中水，通过合理规划渠道将来可补充到永定河。合理利用雨洪资源相机蓄水，也可通过引调域外生态水进行补水，建设水生态景观。四是丰富内涵，打造河岸文化。2018年10月25日至28日，第十三届中国北京国际文化创意产业博览会在北京中国国际展览中心（老馆）举办，其中由京津冀晋蒙五省区市地方志工作机构共同主办、各有关地方政府和博物馆共同协办的京津冀晋蒙永定河文化展同期开展。永定河文化展以自然风貌、生态环境、人文历史、生态恢复与治理为主线，分为永定河的水脉、人脉、文脉和生态4个部分，全方位展示永定河全流域的历史和现状，以期社会各界能够更加深刻认识永定河文化带建设的重要意义，共同推进永定河的保护利用。年内，永定河流域投资有限公司进一步完善公司法人治理结构，下辖6家分公司组建完毕，《永定河生态用水保障合作协议》成功签署，河北省张家口市列入冬奥会配套项目的清水河治理项目正式开工建设，山西省浑源县永定河生态环境综合治理PPP项目、河北省固安县永定河综合治理与生态修复项目正在积极推动前期工作。下一步工作安排：按照永定河沿线京、津、冀、晋4省市政府及中国交通建设集团有限公司有关协议，明确由永定河流域投资有限公司具体负责项目的总体实施和投融资运作，统一管理运营永定河流域内相关工程和资产，负责统筹实施永定河河道综合整治、水量配置与用水保障等项目，并按照有关项目建设程序予以实施。廊坊市将加大协调力度，争取群策群力、协同合作，加强与投资公司的沟通，及时反映廊坊市有关河道治理、生态修复等有关建议，全力配合永定河流域投资有限公司与有关项目县（区）完成各项前期工作，尽快在规划编制、综合治理、生态景观、生态修复、水资源综合调配、河岸文化挖掘建设、体育设施配建等方面形成可行方案。力促永定河流域综合治理与生态修复工程尽早在廊坊区域投资建设，把永定河建设成“以水带绿、量水治河、和谐共生、自然美丽”的母亲河。

**【多措并举消除中小学大班额现象】**

建议由民进廊坊市委提出，主要内容：廊坊市有中小学1003所，在校生70.21万人，不同程度地存在着大班额现象。市委、市政府高度重视，实施369个新建、改扩建学校项目，完工156个项目，建筑面积32.43万平方米，有效增加学位供给。2018年，市政府通过开会推进、集体约谈、通报推进等措施，紧紧抓住起始年级招生入学关键节点，加强招生和学籍管理。市教育局成立消除大班额专项工作领导小组，处级领导分包区县，深入基层学校检查督导，廊坊市消除大班额工作取得明显成效。全市中小学起始年级都消除超大班额，安次区、广阳区和廊坊市直的部分学校，虽经多方努力，但仍存在大班额的现象，特别是安次区、广阳区中小学起始年级大班额问题仍然较为严重。究其原因一是现有学校不足，且建设迟缓。二是外来生源增多。三是教师补充不到位。四是择校现象严重。具体建议：一是提高政治站位，加强组织领导。消除大班额对当前廊坊市基础教育工作来说，具有非常紧迫性和十分必要性，必须把它摆在优先解决的战略地位，列入各县（市、区）政府重要工作内容，切实摆上工作日程。二是切实加大教育投入，积极推进学校建设。进一步增加学位供给，争取到2020年廊坊市区在现有基础上至少新增标准化小学20所、标准化初中4~5所。抓住“北三县（市）”，降低疏解北京非首都功能带来的入学压力。建议积极引进北京市知名中小学校到“北三县（市）”建设公办性质的分校，由“北三县（市）”政府落实土地和资金，北京市提供师资和管理队伍，按照北京市教学要求组织教学；鼓励北京市知名中小学校与“北三县（市）”现有优质学校建立一对一帮扶关系，输入先进学校管理和教学理念，快速提升“北三县（市）”办学水平；推进中国人民大学与廊坊大厂县合作的“三区一基地”项目尽快落地。其附属的幼儿园、小学、初中、高中将为大厂教育快速发展提供捷径。建议为此项目提供更多政策支持和倾斜，加快学区建设土地指标批复进度。再次积极协调，简化审批程序。建议由各县（市、区）政府组织精干人员，积极协调有关部门，开辟“绿色通道”，简化程序，集中审批，市级各有关部门积极协助，主动协调，确保按时启动规划中的学校建设。三是建立教师补充、调整常态化机制。建议由编制、教育、人社、财政等部门每年年初研究一次补充教师工作，明确补充数量和途径，按照程序及时组织招聘，并在暑假前补充到位。借鉴北京市统一的教师编制政策，对各学校教师编制依据学生增长情况进行动态调整，保障教师编制与学生增长相匹配。单独核定幼儿园教师编制，不挤占小学编制。四是建立四项管控机制。建立规划管控机制、建立配建管控机制、建立外来人口入学管控机制、建立严禁“择校”的管控机制。五是积极支持民办教育发展，有效补充教育资源不足。建议各县市区政府按照《廊坊市人民政府关于鼓励社会力量兴办教育促进民办教育健康发展的实施意见》要求，完善制度政策，在政府补贴、政府购买服务、基金奖励、捐资激励、土地划拨、税费减免等方面对非营利性民办学校给予扶持。加强与北京民办教育方面的交流合作，积极创新体制机制，提升开放办学的活力、动力和吸引力。加大上层协调力度，引进更多外地具有实力的民办教育机构到廊坊办学。

建议办理结果：在市委、市政府的领导下，经过各县（市、区）和各学校的共同努力，全市消除大班额工作取得阶段性成果。截至2019年6月底，全市义务教育阶段大班额班级比例由2018年初的26.93%降至16.97%，大班额班级减少634个；超大班额比例由14.83%降至4.10%，超大班额班级减少了916个。但是，全市义务教育学校大班额数还有2434个。据省教育厅公布的数据，全省大班额比例较大的市有廊坊、衡水、秦皇岛、沧州、承德等，其中廊坊市大班额问题仍很严重。各县（市、区）为消除大班额采取的主要措施是：一是多方扩充校舍资源。二是引导生源合理流动。三是努力补充教师缺口。按照教育部和省教育厅的要求，确定全市的工作目标是：2019年秋季开学后，各县（市、区）义务教育起始年级（一年级、七年级）不再出现56人及以上大班额。截至年底，全市基本消除66人及以上超大班额（超大班额比例控制在2%以内），大班额比例控制在10%以内。其中，永清、文安、大城3个县实现基本消除大班额。三河市、廊坊开发区大班额比例控制在15%以内；安次区、广阳区大班额比例控制在20%以内。

（赵秀清）

# 民主党派

## 中国国民党革命委员会廊坊市委员会

**【概况】** 2019年，中国国民党革命委员会廊坊市委员会（以下简称民革廊坊市委）有民革党员101人，其中经济界23人，科技界5人，文化教育界25人，医药卫生界2人，社会科学界11人，党政机关界14人，法律界7人，人大政协机关界3人，其他11人。省、市人大代表及政协委员11人，其中省政协委员4人，常委1人；市人大代表1人，常委1人；市政协委员10人，其中常委3人，副主席1人。民革廊坊市委有主任委员和副主任委员4人，市委委员14人，下设5个基层组织（第一支部、第二支部、第三支部、第四支部、廊坊师范学院支部），6个专门委员会（经济委员会、社会发展委员会、法制委员会、人口与资源环境委员会、祖国和平统一促进委员会、宣传工作委员会）。

2019年，民革廊坊市委被民革河北省委评为“河北省参政议政工作先进集体”“河北省社会服务工作先进集体”“河北省博爱牵手工作先进集体”；获“民革河北省委庆祝中华人民共和国成立70周年演讲比赛”优秀组织奖；获2019年度《团结报》发行征订工作先进集体（地市）优秀奖；11名党员获民革河北省委13项表彰。

**【思想建设】** 2019年，民革廊坊市委将中共中央、省、市委和民革中央、省委重要会议精神集印成册发放到党员手中，为全体党员购置书籍、学习资料，订阅《团结报》等相关报刊。开展“不忘合作初心，继续携手前进”主题教育活动，召开动员会及“庆祝中华人民共和国成立70周年，人民政协成立70周年诗歌朗诵会”，先后组织赴上海市、浙江省嘉兴市、广州市、哈尔滨市、北京市参观爱国主义教育基地和民革故居，切实将主题教育各项学习工作部署落到实处。

**【组织建设】** 2019年，民革廊坊市委发展民革党员9人，5个基层支部全部落实固定活动场所，实现民革党员“线上有群、线下有家”，活动内容不断丰富，凝聚力和活力持续增强。民革廊坊市第四支部被民革省委评为民革河北省先进支部，第二支部被民革省委评为民革河北省党员之家建设先进集体。12月，第四支部被民革中央评为“民革示范支部”，第一支部民革党员之家被民革中央评为“优秀民革党员之家”。

**【参政议政】** 2019年，民革廊坊市委在省政协十二届二次会议上，李艳军主委代表民革省委作《关于中小学生“减负”建议》大会发言，《关于进一步搭建综合金融服务平台，更好地服务民营企业和中小微企业发展的建议 》被采用为大会书面发言，并有4篇提案被大会采用；《加强社会诚信体系建设，促进民营经济高质量发展》被省政协十二届九次常委会采用为大会口头发言。《关于〈自然人破产法〉立法的思考与建议》社情民意信息被民革中央综合采用。市政协七届三次会议，作《关于金融机构服务民营经济和小微企业，切实解决融资难问题的建议》大会发言，被采用大会书面发言3篇、提案15篇。市政协七届十二次常委会上，《关于我市发展乡村旅游产业的建议》被采用为大会书面发言。《加强冀中音乐会保护传承创新发展，进一步打造廊坊区域特色和优势》经市委统战部报中共廊坊市委。

**【社会服务】** 2019年，民革廊坊市委开办廊坊民革大讲堂，组织家庭财产安全法律知识、校园安全法律知识和3D打印技术应用、专业摄影技术、优秀茶文化、健康心理咨询等6次知识讲座。对口文安县开展脱贫攻坚民主监督，包联慰问贫困户，为丰宁县北头营乡贫困村筹办“爱心超市”捐款1万元，党员赴永清县北钊村开展义诊，近50人参加义诊。

（王悦怡）

## 中国民主同盟廊坊市委员会

**【概况】** 2019年，中国民主同盟廊坊市委员会（以下简称民盟廊坊市委）有盟员643人，在职盟员505人，大学以上文化程度占96.88%，高级职称208人，占32.55%。其中，高等教育界169人，基础教育界107人，科技界30人，医药卫生界68人，文艺界24人，出版传媒界7人，公有经济界33人，新社会阶层82人，政府机关界72人，人大政协机关7人，司法机关2人，社会团体界1人，党派机关界3人，其他界1人。盟员中有省政协常委1人，市政协副主席1人，市人大常委会委员1人，市政协常委1人，市政协委员18人，市人大代表4人，县（市、区）人大代表、政协委员42人。民盟廊坊市委有主任委员和副主任委员5人，市委委员17人，下设8个委员会，25个支部和1个小组。是年，发展新盟员44人，平均年龄38.25岁。

2019年，民盟廊坊市委开展“不忘合作初心、继续携手前进”主题教育活动。成立主题教育活动领导小组和工作机构，制定工作方案，召开主题教育活动动员部署会议，民盟河北省委专职副主委张朝军到会指导。领导班子成员带头读原著、学原文、悟原理。3月，组织基层组织负责人和部分骨干盟员赴民盟中央传统教育基地涉县一二九师司令部旧址参观学习。10月，组织部分骨干盟员赴四川省、重庆市等地开展“追寻先贤足迹，赓续优良传统”学习教育活动。6—11月，集中动员各基层组织赴西柏坡、李家庄、狼牙山、李大钊纪念馆、邯郸涉县一二九师司令部等传统教育基地开展专题教育活动，8个基层委员会、25个支部均参加活动，参与盟员约300人。

**【参政议政】** 2019年，民盟廊坊市委向省政协常委会提交大会发言1篇，题为《以科技创新引领我省民营经济优化升级的建议》。民盟河北省委专职副主委张纬东提交《京津冀协同发展视角下的区域高校重构》被省政协常委会评为2018年度好提案。廊坊市“两会”期间，提交政协全会口头发言1件，书面发言2件，集体提案12件，委员个人提案30余件。向市政协常委会提交2篇关于养老产业的调研报告。年内，完成民盟省委重点调研课题一篇，就“科技与金融深度融合，纾解企业融资难题”为题开展调研。为民盟河北省委教育论坛提交调研文章2篇，其中1篇被评为优秀论文。参与市委统战部“我为廊坊发展献一策”活动，提交社情民意16件。

**【社会服务】** 2019年，民盟廊坊市委开展烛光行动，捐赠北京四中在线教学平台和北京四中优质教育资源、学习用品等，价值71万元。响应民盟中央倡议，引导盟员践行消费扶贫，金额近5000元。“春联送福进万家”，为群众书写春联700余件。举办科普文化讲座，民盟河北省委副主委、民盟廊坊市委主委张纬东在河北省图书馆主讲冀图讲坛第426期《小词大雅》，出席“廊坊市书法进校园”活动，为廊坊一中同学们上一堂书法普及课。盟员胡嘉梁为廊坊二中学生教授《国画浅说》。盟员牛力华作《正念冥想与压力管理》讲座。尹立红、魏亚萍、刘桂英等3位盟员教授，传播农业知识，培养新型职业农民。

**【自身建设】** 2019年，廊坊民盟美术院换届。承办民盟河北省2019年工作会议及盟务工作经验交流会议。新建立“盟员之家”1个。民盟廊坊市委微信公众号加入民主党派微信公众号团结指数排名，每月排名在全国民盟组靠前，年内累计发布各类信息100余条。是年，民盟廊坊市委获“民盟思想政治建设和宣传工作先进集体”“民盟中央群言杂志社发行工作突出单位”2项中央称号。

**【庆祝新中国成立70周年】** 9月，“庆祝新中国成立70周年——中国民主同盟华北五省市区书画联展”（河北站）在廊坊市开幕，民盟廊坊市委“墨韵同心”书画展同时举办，展出近200幅盟员书画作品，并出版“墨韵同心”廊坊民盟美术院庆祝新中国成立70周年作品集。民盟中央副主席程红及民盟北京市委、民盟天津市委、民盟河北省委、民盟内蒙古自治区委、民盟山西省委主委、副主委观看演出，中共廊坊市委书记冯韶慧等领导出席开幕式。是日，民盟廊坊市委“壮丽70年　奋进新时代”文艺演出在壹佰剧院举行。

（王晓峰）

## 中国民主建国会廊坊市委员会

**【概况】** 2019年，中国民主建国会廊坊市委员会（以下简称民建廊坊市委）有会员404人。其中，男性239人，女性165人，平均年龄50.1岁；主要由经济界人士组成，经济界占全部会员的75.5%；大学以上学历291人，有212人取得中高级职称。省、市人大代表、政协委员29人。民建廊坊市委有主委1人，副主委4人，市委委员17人，下设1个办公室、4个部、7个专委会及8个总支。民建廊坊市委获民建中央授予脱贫攻坚先进集体称号。获民建河北省委参政议政先进集体、宣传报道先进集体称号。34名会员获民建中央、民建省委表彰。

**【组织建设】** 2019年，民建廊坊市委增设卫生健康委员会、第三总支第五支部；做好干部选拔、配备工作，为6个专委会分别配备组宣委员和社参委员；在河北省社会主义学院举办骨干会员培训班，全年有120余人次参加民建中央、民建省委、市委统战部、民建市委举办的各种培训班。民建西城区委、民建西青区委、民建通州区工委、民建葫芦岛市委、民建承德市委、民建张家口市委6个地区开展参观考察、座谈交流等共建活动。

**【参政议政】** 2019年，民建廊坊市委向省、市两级人大、政协提交提案（意见）43件，全部予以立案，均得到有关部门答复。其中，向省人大提交意见1件，向省政协提交提案4件，向市政协提交集体提案4件，个人提案31件，向市人大提交意见3件。其中，刘世胜向河北省政协十二届二次会议提交《关于严格管控突出风险点　防范化解金融风险的建议》被省政协评为优秀提案。在2019年市政协七届三次会议上，王爱芳副主委代表民建市委作题为《关于凝聚民企力量，助力产业就业脱贫的建议》大会发言，引起与会中共廊坊市委、市政府领导高度重视。在市政协七届十二次常委会上，民建市委提交《关于挖掘村落文化打造乡村旅游的建议》得到市政协领导一致好评。

**【社会服务】** 2019年，民建廊坊市委响应《民建中央关于进一步推进精准扶贫精准脱贫提案》号召，开展点对点扶贫专项活动30余次，参与人员数超过200人，累计捐款捐物60余万元。年内，民建廊坊市委走访企业27家，帮助企业走出困境，真正做到民建服务民营企业。组织召开“问计于企”座谈会，部署民营企业调研交流工作；民建廊坊市委与廊坊市科技局、市地方金融监督管理局联合举办“助力廊坊市科技型企业上市”培训交流活动，培训会内外企业140余家；走进廊坊职业技术学院，组织开展“开拓产教融合新思路”主题活动，帮助企业解决数字化改造、智能化提升中的技术问题。民建廊坊市委连续4年开展地球日活动，围绕“珍爱美丽地球，守护自然资源”这一主题，普及地球及中国自然资源现状，助力“污染防治攻坚战”；定期开展送温暖活动，资助贫困大学生，慰问交警、环卫工人、困难会员，为特教学校捐款4万余元，看望孤寡老人等30余次。

**【民建中央画院廊坊分院成立】** 9月21日，由民建中央画院、民建北京市西城区委、民建廊坊市委、廊坊群众艺术馆联合主办庆祝中华人民共和国成立70周年文化交流活动暨民建中央画院廊坊分院成立仪式在市群众艺术馆举行。民建中央画院院长周鸣秋，民建廊坊市委主委邵二玲为民建中央画院廊坊分院揭牌，并颁发相关证书。画展展出书画及摄影作品109幅，其中43幅由民建中央画院提供。

（赵　越）

## 中国民主促进会廊坊市委员会

**【概况】** 2019年，中国民主促进会廊坊市委员会（简称民进廊坊市委）有会员285人，其中教育界163人，文艺界26人，科技界7人，出版传媒2人，其他界别87人。民进会员中具有中高级职称201人，占全市会员总数70.5%。省、市人大代表、政协委员23人，其中省人大常委会委员1人、省人大代表1人、省政协委员1人、市政协副主席1人、市人大常委会委员1人、市政协常委2人、市人大代表2人、市政协委员14人。县（市、区）人大常委会副主任1人、人大代表2人、政协委员 10人。民进廊坊市委有主任委员和副主任委员5人、市委委员15人、下设10个基层支部、3个专门委员会。

2019年，民进廊坊市委以开展“不忘合作初心，继续携手前进”主题教育活动为主线。3月，组织新会员40人到民进会史展览馆参观学习。5月，组织市委委员、支部主任、骨干会员20人赴重庆民主党派历史陈列馆和爱国主义教育基地，接受爱国主义和优良传统教育。11月，组织市委委员、机关干部11人赴江苏省无锡市、上海市、福州市等地民进会史教育基地和爱国主义教育基地，开展“沿着先辈足迹”会史学习教育活动。年内，民进廊坊市委获民进河北省组织建设优秀奖，廊坊市统战信息工作一等奖，统战宣传工作先进单位称号；民进廊坊市直属大厂支部获民进全国先进基层组织称号；直属大厂支部、文化支部获民进河北省组织建设先进基层单位。

**【组织建设】** 2019年，民进廊坊市委发展会员17人，其中男性7人，女性10人，平均年龄35.4岁。民进廊坊市委围绕“强组织、增活力、有作为”主要目标，推进“五好支部”建设，开展横向组织学习交流活动。3月，组织各基层支部主任到唐山学习观摩。6月，组织支部主任参加省委基层组织建设工作（保定）片区交流会。9月，教育一支部与秦皇岛市北戴河新区支部开展组织交流。搭建会员活动平台，在广阳区南汉村廊坊市非遗展览馆，开辟首个民进会员之家。开展专题学习教育，各支部相继开展李大钊故居重温入会誓词，“高校知识分子统战工作创新途径”专题调研、“工业旅游”专题调研等活动。

**【参政议政】** 2019年，民进廊坊市委在市“两会”上，提交大会发言4件，集体提案6件，委员提案30件，其中《多措并举　全力做好消除大班额工作》入选口头发言并被确定为领导督办件。省政协全体会议及常委会议采用大会发言6篇，集体提案8件。其中参与调研《构建我省“一路一河”全域旅游新格局》被确定为省政协领导督办提案，并获评35件省政协成立以来有影响力重要提案之一。开展“我为廊坊高质量发展”献一计活动。组织会员赴云南省祥云县开展医疗共同体建设调研；赴沧州市、衡水市、邢台市等地区开展乡村旅游专项调研；赴山东高校开展高校知识分子统战工作调研；赴浙江省、宁波市开展产业融合发展促进城市文化消费专项调研。《关于产业融合发展促进城市文化消费的建议》等多篇调研完毕，其中2篇调研入选市政协七届委员会第十二次常委会大会发言，2篇被民进省委采用推荐民进中央或省委统战部，2篇调研用作民进省委2020年“两会”大会发言，1篇用作集体提案，1篇调研上报市委统战部。

**【社会服务】** 2019年，民进廊坊市委开展支教送教、文化惠民、送医送药、非遗传承等社会服务工作。开展“春联万家”文化惠民活动，书写春联会员送教下乡，受益教师2000余人；联合4家单位，开展“健康加油站”进校园活动，举办6次健康知识讲座；廊坊民进非遗志愿者团队和部分非遗传承人会员走进社会福利院，举办非遗免费传习班，全年完成50次教学课程，组织20期“守艺廊坊”非遗大讲堂专题公益讲座。是年，非遗志愿者团队入选博鳌国际旅游奖年度非遗传承传播榜单全国十强。

**【美术书法作品展】** 9月21日，由民进廊坊市委主办、廊坊开明画院承办“大道同行”——庆祝中华人民共和国成立70周年、人民政协成立70周年、廊坊民进成立30周年大会暨美术书法作品展在壹佰美术馆举办。廊坊市政协副主席、民进河北省委副主委、廊坊市委主委王世强，市委统战部常务副部长李新洪，河北开明书画院院长解观安等近百人参加活动。展览展出作品70件，其中绘画作品66件，书法作品4件，会员作品61件，嘉宾作品9件。

（赵 阳）

## 中国农工民主党廊坊市委员会

**【概况】** 2019年，中国农工民主党廊坊市委员会（以下简称农工党廊坊市委）有农工党员286人，其中高级职称170人，占全市农工党员的59%，医卫界203人，环境保护1人，主体界别占全市农工党员的71%。担任省、市、县（区）人大代表、政协委员16人，其中省人大代表1人，市人大常委会委员1人，市政协常委2人。县（市、区）人大常委会委员1人、政协常委2人。农工党廊坊市委有主委1人，副主委3人，市委委员17人，下设总支委员会2个，支部委员会11个。年内，召开市委会4次，主委会6次，发展党员12人，全部为医卫界，平均年龄35岁。

2019年，农工党廊坊市委开展“不忘合作初心，继续携手前进”主题教育活动。开展习近平总书记在庆祝改革开放40周年大会上重要讲话精神解读培训。赴贵州省大方县、安顺市，以及唐山市开展学习交流活动，与安顺市委会缔结友好市级组织。举行“不忘合作初心继续携手前进”主题活动动员大会暨风雨同舟70年同心故事会庆祝建国70周年。组织党员赴李大钊纪念馆、城南庄、西柏坡、南昌等地学习革命先烈英雄精神。全年撰写理论文章10余篇。《新时代提升民主党派参政履职能力对策性研究》一文获首届农工党青年提案及征文比赛优秀奖。注重宣传，在微信公众号发布各类宣传、体会文章49篇，增加健康知识版块。

**【参政议政】** 2019年，农工党廊坊市委在市政协七届三次会议上，提交集体提案4篇，个人提案20件。全年撰写调研报告8篇，社情民意20余篇，较上年翻一番。《加速提升我市基层医疗服务能力 助力健康廊坊建设》一文呈报中共廊坊市委常委会。《打通中医药服务的最后一公里》被农工党省委作为省级优秀提案推荐到农工党中央，并有2篇调研被社科联确定为指令性课题。农工党廊坊市委主要领导参加中共廊坊市委及有关部门召开的协商会、座谈会、情况通报会8次并提出意见建议。

**【社会服务】** 2019年，农工党廊坊市委赴承德东南沟门村开展爱心义诊助学活动；接诊患者200余人次、发放药品2000元。联合远山行公益组织资助10个贫困学生，每人发放1200元助学金及学习用品。为西藏纽巴乡困难家庭捐助各类物资150余件。健康加油站系列活动。在市图书馆举行4次健康知识讲座。联合市政协、民进廊坊市委、市卫健委到廊坊市各中小学开展2次健康科普讲座及义诊活动。市人民医院总支到永清县于村开展科普讲座义诊活动。接待村民咨询100余人，发放药物2000余元。

**【成立党员文化之家】** 2019年2月，农工党廊坊市委创办的“党员文化之家”在方圆艺术学校揭牌成立，开设四门课程，分别为党史国学班、摄影班和国画班、书法班。“党员文化之家”的成立调动党员参与党务活动热情，扩大党员间的横向交流。在新中国成立70周年之际，摄影班制作电子摄影集为中华人民共和国成立70周年献礼。

2019年，廊坊市农工党员“文化之家”在方圆艺术学校揭牌成立

**【扶贫攻坚民主监督活动】** 3月，农工党廊坊市委对口安次区开展扶贫攻坚民主监督活动。年内，按照中共廊坊市委统战部要求，利用农工党的界别优势，开展健康讲座、义诊和帮扶卫生院活动，在卫生健康领域为老百姓做好事、做实事，为响应廊坊市委提出的“三深化、三提升”活动找准着力点。农工党管道局医院支委会肿瘤科主任郭茜在杨税务乡孟村就“常见肿瘤知识的普及与防治”进行讲解。支持农工党市医院总支委员会与仇庄卫生院建立对口帮扶关系。为方便群众就医，提高农村医疗水平，农工党廊坊市委利用医药卫生界的人才优势把仇庄卫生院定为2019年度帮扶点。

（冯　丽）

## 九三学社廊坊市委员会

**【概况】** 2019年，九三学社廊坊市委员会（以下简称社廊坊市委）下辖3个基层委员会，15个支社，2个直属小组；有社员408人，平均年龄52.3岁。科学技术、医药卫生、高等教育的主界别社员305人；高级以上职称228人，其中正高级职称51人；研究生学历97人。社员中有省人大代表1人；省政协委员1人；市政协委员18人，其中市政协副主席1人、市政协常委2人；市人大代表2人，其中市人大常委会委员1人。社廊坊市委有市委委员17人，其中主委1人，副主委4人。是年，社廊坊市委被九三学社中央授予“2019年度九三学社组织工作先进集体”称号；医卫基层委员会、农林支社、师范学院支社、中油管道支社被九三学社河北省委授予“先进基层组织”称号；12人被九三学社河北省委授予“优秀社员”称号；20人被九三学社河北省委授予“参政议政先进个人”或“社情民意信息先进个人”称号。全年新发展社员28人，平均年龄38.5岁。主界别社员21人；高级以上职称7人，其中正高级职称1人；研究生学历7人。

9月28日，九三学社廊坊市委员会举行中华人民共和国成立70周年暨中国新型政党制度确立70周年庆祝活动

**【自身建设】** 2019年，社廊坊市委全面贯彻中共十九大和十九届三中、四中全会精神及九三学社十一大、十四届二中全会精神，学习中共中央总书记习近平重要讲话精神，增强“四个意识”（政治意识、大局意识、核心意识、看齐意识）、坚定“四个自信”（道路自信、理论自信、制度自信、文化自信）、做到“两个维护”（坚决维护习近平总书记党中央的核心、全党的核心地位，坚决维护党中央权威和集中统一领导）。联合廊坊市图书馆举办以“铭记历史 不忘初心——纪念‘五四运动’100周年”为主题的诗歌朗诵会，社员及各界群众100余人参加此次活动。组织社员参加九三学社河北省委“五四”文艺会演、象棋比赛活动。开展“弘扬爱国奋斗精神、建功立业新时代”学习教育活动，基层组织负责人、骨干社员赴九三学社全国传统教育基地参观学习。加大与省、市新闻媒体联系，宣传报道社廊坊市委工作和社员先进事迹。社廊坊市委微信公众号全年推送文章126篇，其中主题教育心得体会21篇、社内优秀人物事迹报道16篇。

**【履职尽责】** 2019年，社廊坊市委获九三学社河北省委参政议政先进集体三等奖。向九三学社河北省委提交并被省政协采用集体提案1件，社员个人提案《传承乡村民俗文化 助力乡村振兴》被《河北日报》全文刊发。在廊坊市政协七届三次会议上，提交口头发言1件、书面发言2件，集体提案6件；社内市政协委员提交个人提案23件。围绕改善营商环境、高质量做好“三篇大文章”、推进乡村振兴战略等课题，成立专题调研组赴省内外开展调研。全年报送调研报告14件，其中主委王学求提交有关绿色产业发展的3篇调研报告，分别得到市政协、永清县委和固安县委肯定。社廊坊市委主要领导参加市政府工作报告征求意见会，针对农业绿色发展等问题提出意见建议；开展脱贫攻坚民主监督工作，赴固安县建档立卡贫困户家中走访调研，了解脱贫工作进展及政策落实情况。社员们撰写社情民意信息，其中3篇得到九三学社河北省委采纳、13篇得到市政协采纳，中共廊坊市委书记冯韶慧、副市长张春燕等市委、市政府领导对九三学社提交的社情民意给予批示和肯定。

**【社会服务】** 2019年，社廊坊市委在全国地球日举办“科普大讲堂”，主委王学求等亲自主讲科普报告；举办“青年讲堂”进校园活动，为北华航天工业学院、廊坊师范学院师生送去医药卫生专题科普讲座。开展义诊法律下乡进社区活动和“民族团结进步月”义诊活动，为低收入群体、少数民族群众和消防官兵送医、送药、送温暖。全国安全月、“爱眼日”和暑期开学之际，社内管道安全、医疗卫生专家走进生产企业、科研单位、中小学校园等，举办主题科普宣传报告。全年举办义诊活动5场、科普讲座14场，累计捐赠常用药品、宣传资料价值5000余元，受益群众2000余人。

**【社员荣誉】** 2019年，社廊坊市委获得国家级荣誉的社员有：社廊坊市委主委王学求、青工委主任张辉获中共中央、国务院、中央军委颁发的“庆祝中华人民共和国成立70周年纪念章”；陈玉被全国总工会授予“全国五一劳动奖章”；刘君获准享受国务院政府特殊津贴。

**【“不忘合作初心，继续携手前进”主题教育活动】** 2019年，社廊坊市委开展“不忘合作初心，继续携手前进”主题教育活动，集中学习与自学相结合，线上学习和线下活动相促进，举办优良传统教育、主题交流座谈、收听收看重大庆祝活动实况报道、庆祝中华人民共和国成立70 周年暨中国新型政党制度确立70周年专题培训及文艺会演等活动。组织社员参加九三学社中央、九三学社河北省委和河北省政协举办的书画摄影活动，礼赞新中国取得的成就。

（王春雨）

# 群众团体

## 廊坊市总工会

**【概况】** 2019年，廊坊市总工会（以下简称市总工会）发挥工会自身职能作用，加强职工思想政治引领，切实履行维权服务职责，持续深化工会改革创新。全市有46人评为省级劳动模范，20人评为先进工作者，12个单位评为先进集体。其中，焦影明和刘占军获评为省特等劳动模范。廊坊市人民医院陈玉获全国五一劳动奖章，新奥集团获全国五一劳动奖状，京东方（河北）有限公司组装B组获全国“工人先锋号”称号。开展女职工五一推选活动，其中霸州津恺食品有限公司灌装班组等3家单位获省五一巾帼标兵岗，大城县第一中学教师王学娟等4人获“省五一巾帼标兵”称号，润泽科技发展有限公司（廊坊）董事长周超男获全国“五一巾帼标兵”称号。

**【劳动技能竞赛】** 2019年，市总工会与中交二航局京雄铁路建设项目部合作开展京雄城际铁路廊坊段劳动竞赛。确定“大干180天、确保主体完工”竞赛目标，开展以“比质量、创优质精品工程，比安全、创平安精品工程，比进度、创高效精品工程”等为内容“八比八创”竞赛活动。市总工会先后与市气象局、市邮政管理局、市文广旅局、市茶行业协会联合组织开展天气预报工程技术人员、快递员、快件处理员、星级饭店服务、茶艺职业技能等项目技能比赛。推荐优秀选手参加“中国技能大赛——河北省职工职业技能大赛”，廊坊代表队获天气预报工程技术人员技能赛团体第三名、农产品食品检验员技能赛团体第四名。

**【服务京津冀协同发展】** 2019年，召开“通武廊”三地工会工作联席会，促进三地全面对接、深化交流，努力在京津冀一体化发展进程中合作共赢。开展“劳模走进京津冀”系列活动，组织100余名各级劳模分两批赴北京通州和天津武清参观学习。接待安排北京通州劳模代表团、天津武清劳模团参观廊坊新奥集团，体验中心生态板块和生活板块；走进润泽科技发展公司参观大数据感知体验中心，听取工惠驿家情况介绍；参观丝绸之路国际文化交流中心、廊坊市博物馆，感受廊坊发展历程。与中华全国总工会海员建设工会、北京市总工会、大兴区总工会共同举办“北京大兴国际机场的士职工之家授牌暨争做新国门最美的士司机”活动启动仪式，建立“的士职工之家”，为京冀两地“的哥”送去关爱和服务。

**【创业就业】** 2019年，市总工会与人社局、扶贫办等部门联合开展“春风行动”“民营企业招聘周”等职工招聘活动，提供就业岗位6万个，达成就业意向2万人。继续推进创业就业扶持专项行动，扶持4名职工开展小型航空发动机产业化基地、红木家具经销等创业项目，发放小额贷款贴息资金13万元。

**【基层组织】** 2019年，市总工会重点开展百人以上非公企业、货车司机等新群体新领域建会入会专项行动，市、县两级督导和指导百人以上非公企业、货车司机等群体、新型农业合作组织、劳动关系领域社会组织51家单位建立工会组织，发展会员9000余人。依托行业协会、商会党组织、行业行政管理部门和行业内龙头企业深入开展组建行业工会联合会工作，成立市邮政快递行业工会联合会、市茶行业工会、大厂县文化产业（非物质文化遗产）工会联合会。

**【职工医疗救助】** 2019年，市总工会秉承“公开、公平、公正”原则，提升“职工互助一日捐”活动服务质量、公信度和参与率。2019年，全市“职工互助一日捐”活动有156877人参加，募集资金782.19万元，全年救助包括职工父母、配偶、未成年子女在内患病职工及家属830人，支出救助金436.14万元。

**【承办河北省非公企业工会推进会】** 2019年，中华全国总工会基层工作部部长金善文，省人大常委会党组副书记、副主任、省总工会主席王晓东，中共廊坊市委书记冯韶慧等领导出席会议并讲话，廊坊市就如何开展好非公企业工会工作作典型发言。会上观摩新奥集团、富士康科技园区、廊坊润泽科技有限公司3家非公企业工会工作，中华全国总工会、河北省总工会领导对全市非公企业工会工作给予肯定。

（崔　钰）

## 共青团廊坊市委员会

**【概况】** 2019年，共青团廊坊市委员会（以下简称团市委）贯彻中共十九大和十九届二中、三中、四中全会精神，以“不忘初心、牢记使命”主题教育为抓手，成立廊坊青年讲师团、青联讲师团，开展基层宣讲20场，近5000人参加；聘请专业讲师团队进驻青少年宫道德讲堂和公益讲堂，实现全程网络直播，全年50场次影响近5万人；通过举办培训班、开展主题团日等引导团员青年听党话、跟党走。着眼于增强基层团组织活力，通过出台党建带团建等制度性文件、实施专兼挂干部队伍建设、举办团干部培训班、全团基层督导调研、智慧团建、回家工程、青年大学习等工作，不断加强团基层基础建设。坚持以青年需求为导向，实施青年就业创业工程，持续开展创新创业大赛、创客训练营、电商培训、返家乡社会实践等活动，提升青年创业就业能力；实施青少年权益维护工程，联合专业力量，开展普法教育、模拟法庭、“双零社区”创建、未成年人社会支持体系框架协议签订等工作，营造有利于青少年成长社会环境；实施青年志愿者工程，建立“1+2+5”工作体系，推广志愿汇平台，打造“大型赛会志愿服务”和“寸草心爱老敬老行动”2个品牌，在构建组织体系、推广文化产品、专业技能培训、社会福利回馈、建立正负评估机制上做出探索，推动志愿服务体制化。截至年底，全市有基层团委319个、基层团工委2个、团总支84个，团支部5512个，团员155241名，基层团干部15190名。

**【少先队组织建设】** 2019年，团市委以县（市、区）少工委换届、学校少工委成立为抓手，加强少先队基层组织建设。截至年底，全市有392所小学成立少工委，57所中学成立少工委，各县（市、区）少工委换届完毕；开展廊坊市“优秀少先队辅导员”“星星火炬奖章”“优秀少先队”评选表彰活动；联合市教育局、市少工委举办“红领巾心向党 争做新时代好队员”主题队日活动暨全市学校少代会示范观摩活动，促进廊坊市全面推进学校少工委建设；联合市教育局、市少工委举办2019年廊坊市少先队辅导员培训暨少先队辅导员技能大赛，培养并发掘一批少先队辅导员新生力量；制定廊坊市学生联合会例会相关制度，通过召开学联例会指导各学生会开展重点工作，加强市学联对各大中专院校工作指导。

**【青年创新创业行动】** 2019年，团市委举办第三届廊坊青年创新创业大赛，143个项目近600名青年参赛，组织46个复赛项目团队走进北京中关村进行创新创业研习，12个项目晋级决赛；团市委承办“双创”活动周河北分会场活动，开展“双创双服·青年文明号与新时代共奋进”、青年安全生产示范岗创建等活动，引导广大职业青年群体在职业风尚引领、营商环境优化、直接服务群众上先行先为；组织开展“创业梦想 创新启航——廊坊青年创客训练营”，市域内高校青年学生、有创业意愿的廊坊青年创客80余人参加培训；开展农村青年电商培训，全年开展电商培训10期，培训全市各类返乡创业青年、大学毕业生等300余人；联合工信、科技等部门开展“见习助就业·牵手毕业生”活动，评定23个青年就业创业见习基地，为应届毕业生、暑期大学生提供见习岗位；联合人社、财政等部门开展就业见习三年计划，为未就业高校毕业生提供见习岗位，提升青年就业能力。

**【乡村振兴·团青建功行动】** 2019年，团市委面向贫困中小学生开展“微心愿”征集暨走访慰问帮助255个青少年实现新年“微心愿”；开展“青力扶贫·联创梦想”青联委员走基层服务月，并赴张家口市康保县、阳原县等3个对口帮扶贫困村开展医疗、就业、助学、落实政策等帮扶工作；动员各大中专院校团组织为新疆籍学生开展学习指导等“亲情关爱一家人”帮扶活动，帮助在廊坊市新疆籍学生尤其是家庭困难学生完成学业；发动各县（市、区）团委开展“手拉手”活动，组织当地青少年与西藏地区青少年结对，在思想、学习、生活等各方面开展交流。

**【青年对外交流活动】** 2019年，团市委汇聚京津冀三地优质资源，加强合作交流、协作对接，先后赴北京东城团委开展“京津冀团聚力”学习交流、赴通州团委开展“青年发展规划纲要”合作交流、赴天津武清团委开展专题调研，促进区域青年工作领域创新和资源共享；开展“汇聚通武廊·名校学子行”“青创联盟”等活动，集聚人才助推协同发展；举办“协同发展·青春建功”通武廊三地青联委员交流活动，完善三地互访平台，有效加强京津冀委员横向沟通联络；承办蒙古国青年交流、宁夏青年企业家协会考察交流等活动，为青年对外交流合作搭建平台。

**【志愿者品牌创建活动】** 2019年，团市委打造青年志愿者“大型赛会志愿服务”和“寸草心爱老敬老行动”2个活动品牌。组织优秀青年志愿者参与“5•18”经洽会、第23届农交会等大型赛会志愿服务工作，累计招募选拔各类志愿者570余名，为大会提供贵宾接待、会务服务、讲解咨询、证卡发放、新闻宣传、外事翻译等服务，累计服务人员近1800人次、服务时长1.5万小时，服务与会客商、来宾近10万人次，实现大型赛会志愿服务制度化运作、科学化管理；通过开展全市集中行动、创建常态化志愿服务站点、组建专业化敬老志愿服务队伍等方式，打造“寸草心爱老敬老行动”志愿服务品牌。全年开展大规模集中行动6次，创建市、县、乡志愿服务站点30家，累计参与志愿服务人员6000余人次，服务时长4万余小时。

**【纪念“五四”运动100周年系列活动】** 2019年，团市委组织召开

4月30日，在纪念“五四”运动100周年表彰大会暨“青春心向党·建功新时代”主题团日活动上，与会领导人为2018年度优秀团组织颁奖

纪念“五四”运动100周年表彰大会暨“青春心向党·建功新时代”主题团日活动，各团县（市、区）委、高校团委、市直属团组织负责人，各界团员青年代表700余人收看大会直播，并表彰2018年度“廊坊市五四红旗团委、团支部”单位代表和2018年度优秀团干部、新长征突击手、优秀共青团员代表等；组织召开学习中共中央总书记习近平纪念“五四”运动100周年大会讲话精神座谈交流会，围绕中共中央总书记习近平对青年提出的“新时代中国青年要树立远大理想、要热爱伟大祖国、要担当时代责任、要勇于砥砺奋斗、要练就过硬本领、要锤炼品德修为”六点期望，交流学习感想；联合市直属单位团组织共同举办主题为“展青春活力 献青春力量”2019年市直青年文化节，此次文化节活动主要包括趣味运动会、爱心帮扶、演讲比赛等活动；联合市学生联合会、廊坊师范学院举办“五四精神永铭记·追梦青春正当时”廊坊市大中专院校纪念“五四”运动100周年文艺会演，来自廊坊市各高校300余名师生共同纪念“五四”运动100周年。

**【庆祝新中国成立70周年系列活动】** 2019年，团市委、全市各级团组织、少先队组织开展“我与祖国共奋进”主题团队日活动；以“不忘初心、牢记使命”主题教育活动为契机，组织廊坊青年讲师团、市青联委员讲师团开展“不忘初心跟党走·牢记使命建新功”集中宣讲活动，引导全市广大团员青年明确职责使命，投身发展实践，争创时代业绩；拍摄制作《青春梦想 时代担当—廊坊青年祝福祖国》《我和我的祖国》等微视频，在“廊坊共青团”微信公众号上线《初心故事》专栏，讲述榜样故事，在团属微博上线“2019我与国旗合个影”微博话题，阅读量17.1万人次。

**【成立协同发展“青创”联盟】** 2019年，团市委联合11个京津团组织、京津及省内10余所高校团委成立协同发展“青创”联盟，旨在为双创青年提供培训、咨询、辅导等公益服务，在创业项目孵化落地、双创成果转化等方面提供支持。截至2019年年底，协同发展“青创”联盟吸引34家创业孵化基地、83名创业导师加入，组织赛事、创客训练营、实地研习等双创培训4期，覆盖青年1000余人。

（梁彤宇）

## 廊坊市妇女联合会

**【概况】** 2019年，廊坊市妇女联合会（以下简称市妇联）运用“两微一网”开启“互联网+妇联工作”工作模式，着力推动妇联组织、妇女工作与互联网深度融合。截至年底，市妇联官方微信公众平台微信推送消息654条，最高点击量为3300次，粉丝互动1836条。开设“凝聚巾帼奉献之力 绽放志愿服务之花”等10余个专题栏目，开展“人间最美四月天”等主题活动，20余篇活动消息推送到环京津新闻网、网上廊坊、今日头条、网易新闻等国家、省、市级媒体平台；开设官方抖音账号，发布“主题教育体验式学习活动”等20余条短视频。是年，市妇联开展“巾帼心向党 礼赞新中国”群众性宣传教育活动，累计开展活动158场，参与群众2.9万人次；到社区、妇女讲习所开展“十九大巾帼大宣讲”活动175场，参与群众2.3万人次；组织千所妇女之家联动活动，以群众喜爱、接地气等形式，唱祖国颂歌、抒家国情怀、讲中国故事；组织收看“初心不忘70载 巾帼建功新时代”网络直播活动，交流学习体会，分享学习心得；举办各类培训180班次。2019年，市妇联获河北省“巾帼建功先进集体”称号。

**【“三八”国际劳动妇女节系列活动】** 2019年，市妇联从全市各行各业中评选出220名杰出女性代表，授予“三八”红旗手等称号；市妇联组织召开纪念“三八”国际劳动妇女节大会。会上宣读《廊坊市妇女联合会关于表彰2018年度廊坊市妇女工作先进单位和先进个人的决定》，为获2018年度廊坊市“三八”红旗手标兵和“三八”红旗集体代表22人颁发证书和奖牌。自3月，市妇联连续举办“木兰有约”法治宣讲观摩会、“平安家庭创建进社区”等活动，号召全市妇女不忘初心，勇担使命，为建设经济强市、

2019 年，廊坊市妇联举办“我爱我家 善美廊坊”最美家风故事传递暨 2019 最美家庭颁奖仪式

美丽廊坊贡献力量。各县（市、区）妇联主席和相关负责人以及女企业家、女教育工作者、女医护工作者、巾帼创业能手、巾帼志愿者、最美家庭代表等各界妇女代表 100 人参加会议。在新媒体开设“榜样力量”专栏，宣传各类妇女典型事迹 13 期。

**【美丽庭院创建】** 2019 年，市妇联坚持市、县、乡、村四级妇联组织协调联动，全市共创建美丽庭院 29.33 万户。将此项工作列入妇联系统年度重点工作考核目标，召开全市美丽庭院创建工作推进会，组织观摩交流活动 89 场，定期开展督导，推进连片创建；开展“十佳百优”美丽庭院寻找评选工作，选出一批有特色、有内涵、有创意示范典型，推荐出省级十佳庭院 1 户、百优庭院 7 户，评选出市级十佳庭院 10 户、百优庭院 100 户；加强讲习所讲师队伍建设，有注册志愿讲师 210 名，开展课程 1519 讲，参与群众约 6.5 万人次，授课内容涵盖种植、养殖、法律、环保、心理、家教等；线下围绕“创庭院”“赏庭院”“晒庭院”“品庭院”开展系列群众喜闻乐见文娱活动，线上运用“一网两微”新媒体，开设美丽庭院专栏，分享创建经验，展示创建成果。

**【脱贫攻坚行动】** 2019 年，培育河北省巾帼家政示范基地 1 个，河北省巾帼家政实训基地 1 个，培训家政从业人员近千人。年内，永清县贾晶晶、同济家政闫金荣 2 人分别获评为“河北福嫂”，全市 14 个巾帼脱贫示范基地亮相“精准扶贫 巾帼在行动”专题片，通过正面宣传和指导，让更多农村妇女坚定脱贫致富信心和决心。召开廊坊市“关爱女性健康 助力精准脱贫”工作推进会，制定措施，结对帮扶；落实精准扶贫，坚持每月入户走访，及时协调解决脱贫过程中遇到的困难，激发脱贫内驱力，确保不让一个贫困妇女掉队。

**【发挥志愿服务力量】** 2019 年，市妇联组织巾帼志愿者入村、入企、入社区，以“节点服务 + 常态服务”工作模式，开展各类志愿服务活动 1683 次，参加志愿活动人数 2.3 万人次。获省级最美巾帼志愿服务组织 4 个，最美巾帼志愿者 7 名，最美巾帼志愿服务项目 4 个，最美巾帼志愿家庭 6 户。参与开展“星期六文明行动”志愿服务活动，累计 32 次。

**【“最美家庭”活动】** 2019 年，市妇联评选出市、县、乡、村四级“最美家庭”3090 户，举办 2019 年最美家庭揭晓会，评出市级“最美家庭”170 户，通过网络媒体、《廊坊日报》进行“最美家庭”系列报道，弘扬最美家风，传承中华传统美德；常态化组织开展好婆婆、好儿媳、好妯娌及好丈夫、好公公等家庭典型表彰宣传活动，评选出五好家庭 910 户；宣传绿色环保理念，养成简约适度、绿色低碳生活方式，评选表彰市级“绿色家庭”12 户。

**【维护妇女儿童合法权益】** 2019 年，在全市范围启动 “十百千工程”，即举办 10 场“木兰有约”专题讲座、在 100 个社区开设婚调专题培训、培训婚调员 1000 名。开展“木兰有约”法治宣讲 58 场，受众群众 5000 人以上。廊坊市“木兰有约”普法宣传工作典型经验在全省妇联工作会上推广，中共廊坊市委书记冯韶慧等市领导对“木兰有约”工作给予肯定并作出重要批示。整合专业人员指导婚调工作，选聘婚姻家庭纠纷调解员 1.07 万余人，创建市、县、乡、村四级婚调组织 3549 个，为婚姻家庭纠纷就地化解提供保障。实施农村“两癌”贫困妇女救助项目，为 26 名农村“两癌”贫困患病妇女申报“贫困母亲两癌救助”项目，走访慰问 10 名农村“两癌”贫困妇女。开展危难困境儿童救急活动，15 名大病救助儿童获省妇联救急资金 5.8 万元，“佑未来，护成长”系列公益活动中，5 名贫困白血病患儿得到资助 5 万元。

**【妇联基层组织建设】** 2019 年，市妇联将县级妇联换届作为重点工作之一，截至 2019 年 11 月，除永清县特殊情况外，其他 9 个县（市、区）妇联换届工作完毕，选举出挂职副主席 2 人，兼职副主席 19 人，执委 231 人，常委 71 人。建强基层工作阵地，全年成功申报 5 个省级示范妇女之家，在香河县打造 1 个市级“示范妇女之家”精品片区。成功举办全市基层妇联组织建设推进会，2019 年廊坊市乡镇妇联组织区域化建设示范点“擂台赛”。探索在村民小组、社区网格等生产生活最小单元建立“妇女微家”604个，推进在新领域、新业态、新阶层、新群体中建立妇联组织230个。

（罗　燕）

## 廊坊市工商业联合会

**【概况】**　2019年，廊坊市工商业联合会（以下简称市工商联）完成七届三次政协大会发言和提交政协提案2件，完成主办提案回复4件、会办提案2件，组织工商联界别人大代表、政协委员提交建议和提案，发挥参政议政职能。组织直属商（协）会和企业家考察辽宁东港市和参观雄安新区规划，开展对接交流活动。全年举办6次金企对接活动，为民营企业化解融资难题。指导成立美容美发商会、廊坊市湖南商会，完成汽车服务业商会、廊坊市福建商会、廊坊市江苏商会换届工作，发挥商（协）会功能，开展经济活动。与新奥大学合作举办“iCome大讲堂”4期，举办企业家高校培训班2期，培训1000余人次。组织全市民营企业家参加全省“千企帮千村”工作，通过产业扶贫、项目扶贫、定向帮扶、消费扶贫等形式，给予帮扶。荣盛集团、华夏幸福基业、新奥集团获全国工商联“万企帮万村”先进单位称号。

**【参政议政】**　2019年，市工商联结合主题教育领导班子成员围绕促进民营经济高质量发展、加强工商联商会建设、促进青年企业家健康成长、促进小微企业健康发展、改善廊坊市营商环境等内容，确定调研课题，完成《促进我市民营经济实现高质量发展调研报告》《进一步改善我市营商环境为题建议》《围绕“两个健康”主题、促进商会改革发展调研报告》《进一步解决民营企业融资难建议》《促进我市小微企业健康发展调研报告》《关于促进青年企业家健康成长几点思考》等6篇调研报告。调研起草政协七届三次大会发言和2件集体提案，内容涉及关于促进民营经济高质量发展建议、关于小微企业向园区聚集建议、关于解决市区停车难建议等。完成4件主办，2件协办提案回复。

**【经济联络】**　2019年，市工商联组织直属商（协）会考察团赴辽宁丹东东港考察，加强两地交流与合作。组织部分企业家赴雄安新区实地参观学习，听取雄安新区规划讲解。邀请唐山市工商联考察团到新奥集团总部参观新奥能源、新绎生活展厅，并到荣盛发展就企业党建工作进行交流，荣盛发展党委负责人向考察团介绍党组织发展历程和新时期党建工作，并就企业发展、精准扶贫等进行沟通。

**【会员服务】**　2019年，市工商联举办6次金企对接活动，为民营企业化解融资难题。先后组织有资金需求会员企业，参加与建行廊坊分行共同举办“商银互动、助力民企”政银企对接活动，了解中国建设银行普惠金融政策，重点推介中国建设银行融资利器“云税贷”和“抵押快贷”，旨在让更多小微企业彻底摆脱融资难、融资贵困境。主办银企精准对接座谈会，市工商联各直属商（协）会会长、副会长、秘书长及各金融机构负责人270余人参加座谈会。

**【商会建设】**　2019年，市工商联指导成立美容美发商会、廊坊市湖南商会，完成汽车服务业商会、廊坊市福建商会、廊坊市江苏商会换届工作，把政治素质高、企业实力强、勇于担当作为企业家选进商会领导班子，扩大商会组织覆盖面。根据工商联工作实际，调整商协会党委主要领导，经常性到商会调研组织建设和党建工作，指导商会不断扩大党组织覆盖面，组织部分商协会党支部书记赴厦门参加市委组织部组织培训班，学习先进党支部经验。

**【宣传培训】**　2019年，市工商联70余名企业家赴云南大学培训，学习传统文化与国学智慧、大国崛起与国家安全、“一带一路”与企业发展等，并赴国内一流企业云南白药等实地学习考察；与新奥大学合作推出“iCome大讲堂”，发挥新奥大学在人才培养中先进经验与资源优势，面向廊坊市民营企业家、企业中层管理干部进行素质提升。是年，市工商联以支撑商业模式创新产品思维与能力、中国当前经济形势发展趋势以及给企业带来的机遇与挑战等不同课题举办4期大讲堂。举办贵州遵义党员革命传统教育培训班，利用自有媒体加大对民营企业发展、民营企业家成长的典型事迹宣传，弘扬优秀企业家精神，引导民营企业家做合格中国特色社会主义建设者。在工商联微信平台发布消息200余条，出版《商会》内刊6期。

**【光彩事业】**　2019年，市工商联组织全市民营企业家参加全省“千企帮千村”工作，荣盛集团、华夏幸福基业、新奥集团获全国工商联“万企帮万村”先进单位。引导民营企业利用自身优势，参与当地扶贫行动，主动与建档立卡户结成帮扶对子。引导企业家扶危济困，回馈社会，荣盛集团与市民政局签署捐赠协议，自2018年开始将连续5年为廊坊市捐赠教育扶贫资金，每年捐赠1000万元。温州商会开展贫困帮扶行动，秉承扶危济困、乐善好施中华传统美德，向大城县北魏镇魏胡村捐助20万元基础设施建设资金。

（张义刚）

## 廊坊市科学技术协会

**【概况】**　2019年，廊坊市科学技术协会（以下简称市科协）按照“22345”年度目标（围绕科协组织“四服务”职责定位和市委“四区一城”城市定位这两个定位，突出推进深化改革和完成换届工作两个重点，把握“全国科技工作者日”“全国科普日”和承办2019年河北省青少年机器人竞赛三个节点，推进党建、基础、创新、服务四项工程，实现学习力、执行力、创新力、凝聚力和影响力五个提升），统筹把握全市科协工作，多项工作取得明显成效：召集各县（市、区）科协、市级学会（协会）、高校（企业）科协和科技工作者之家等科协组织代表，召开全市科协工作交流会，安排部署重点工作；以“汇聚双创活力，澎湃发展动力”为主题举办“2019中国（廊坊）人工智能应用创新高端论坛”；组织廊坊市第三届小学生反邪教绘画比赛，评出一等奖61名，二等奖103名，三等奖200名；优秀指导教师62名，优秀组织者20名，优秀组织单位49家；开展具有廊坊特色的全国科普日系列活动，被中、省科协分别评为“2019年全国科普日活动优秀组织单位”；经基层申报、县级推荐、市级专家评审，评出基层科普行动计划先进单位和个人7个（名），给予60万元资金扶持；组织参加第34届河北省青少年科技创新大赛，市科协获评优秀组织奖。在联合主办2019年廊坊市青少年机器人竞赛基础上，联合承办第11届河北省青少年机器人竞赛；组织参加全国青少年科技创新大赛，4个项目获奖。依托廊坊区位优势和综合实力，在省科协指导帮助和中共廊坊市委、市政府全力支持下，成功申办第20届中国青少年机器人竞赛暨2020世界青少年机器人邀请赛；加大科技工作者之家建设力度，设立“廊坊科技工作者之家大联盟”公众号和科技工作者之家群，举行“2019年科技工作者之家集体授牌仪式”，开展科技扶贫、义诊宣传等活动；开展“全国科技工作者日”系列活动；新成立高校科协3家，新建企业科协13家，新申报院士专家服务中心1个、科技专家企业工作站2个；推荐8名候选人参加第七届河北省科普事业贡献奖评选，3人获奖；推荐4人参加第十四届河北省青年科技奖评选，1人获河北省青年科技奖称号；开展第二批“不忘初心、牢记使命”主题教育活动。

**【2019中国（廊坊）人工智能应用创新高端论坛】** 6月13日，全国“双创”活动周系列活动之一“2019中国（廊坊）人工智能应用创新高端论坛”在廊坊润泽大数据中心举行。论坛由河北省科学技术协会、河北省发展和改革委员会主办，河北省电工技术学会、北华航天工业学院、廊坊市科协等单位承办。此次论坛邀请中国工程院院士、大学校长、智能制造领域专家和企业家，围绕人工智能应用创新问题，就如何把握人工智能、智能制造和智能系统发展方向、如何促进河北人工智能应用创新和产业升级等问题进行研讨。论坛上，河北工业大学副校长李铁军、中国工程院院士顾国彪、北华航天工业学院人工智能研究院机器人方向学术带头人周万勇、河北博柯莱智能装备科技有限公司总经理杜仁杰，分别围绕《人工智能与机器人发展与思考》《人工智能及其在电气领域的应用》《机器人技术在飞机装配中的应用》《人工智能在工业领域的应用与机遇》等主题演讲。河北工业大学（含廊坊分校）、北华航天工业学院等高校师生和中石油天然气管道科学研究院、中石油香河机器人产业港等创新型企业、众创空间、孵化器代表等200余人参加论坛。

**【“5·30”全国科技工作者日庆祝活动】** 2019年，市科协围绕“礼赞共和国、追梦新时代”主题，组织开展“六个一”活动。赴一线走访慰问科技工作者代表，现场征求对科协工作意见建议；联合多家媒体开展最美科技工作者选树宣传活动，获全国99万余人次投票，评出市级最美科技工作者9名，最受关注科技工作者5名，其中1人获省级最美科技工作者称号，2人获最受关注科技创新人物称号；组织开展一场专题科普报告会，提高群众爱科学、用科学、崇尚科学意识；根据职业特点，组织服务团队为一线科技工作者送上义诊等服务，获科技工作者肯定与支持；围绕活动主题组织有奖科普竞答，近万人参与答题，200多人获奖。赴大城县开展“三下乡”主题科普宣传活动，发放科普图书5000余册，食物相克与相宜宣传挂图1000余份，并现场解答群众提出的种植、养殖、日常疾病预防等问题。

**【青少年机器人竞赛】** 3月9日，市科协联合市教育局、市科技局、共青团市委共同主办2019年廊坊市青少年机器人竞赛，全市123支代表队326名选手参加。4月20至22日，联合省青少年科技中心、市教育局、共青团市委和廊坊市优加教育培训学校承办第11届河北省青少年机器人竞赛，428支队伍1256名选手参加。廊坊市33支队伍82名选手参加，11支队伍获一等奖，8支队伍获二等奖，14支队伍获三等奖，市科协获评优秀组织单位。在此基础上，在省科协指导帮助和市委、市政府领导争取下，8月16日，从重庆市接过中国青少年机器人竞赛会旗，第20届中国青少年机器人竞赛暨2020世界青少年机器人邀请赛落户廊坊市，这在全省科协系统尚属首次，是全国地市级城市承办赛事的第三家。

**【青少年科技创新大赛】** 2019年，市科协组织参加以“创新、体验、成长”为主题第34届河北省青少年科技创新大赛，获省级奖137项，获奖率97%，其中一等奖23项，二等奖49项，三等奖58项，市科协等4个单位获优秀组织奖。经省级选送，获国家级奖项4项，其中二等奖1项，三等奖2项。

**【推进基层科协组织力建设】** 2019年，市科协探索基层科协组织力

3月9日，2019年廊坊市青少年机器人竞赛开赛

“家”家携手·共奔小康——2019年科技扶贫暨塞罕坝精神主题教育活动现场

“3+1”试点工作，推动开放型、枢纽型、平台型科协组织建设，不断增强乡镇（街道）科协组织创造力、凝聚力和战斗力。6月18日，召开全市提升基层科协组织力“3+1”工作现场交流会，推广试点典型模式，全面推进基层科协组织力建设工作。建成乡镇（街道）科协组织78个，“三长”（学校校长、医院院长、农技站站长）普遍进入基层科协组织，形成纵向到底、横向到边基层科协组织网。

**【科技工作者之家活动】** 2019年，市科协以实际行动发挥引领作用，带领科技工作者之家开展党建共建、“不忘初心、牢记使命”主题教育等活动，增强责任感和服务意识。服务企业和科技人才；为企企合作、政企融合、成果转化搭好桥，组织科技界代表以研讨交流、供需对接等形式增强互联互通。开展“健康中国·微笑廊坊”系列科普活动。注重科技与人文融合；启用著名书法家王厚祥题字的“科技工作者之家”牌匾。服务全民科学素质提升；组建大健康、生态环保科技工作者之家志愿服务队，到社区、企业、学校广泛开展义诊、宣传活动。助力脱贫攻坚主战场；7月16日至19日，组织各类别科技工作者之家联合医疗团队和科技工作者代表，赴张家口南刘家窑村开展“‘家’家携手·共奔小康——2019年科技扶贫暨塞罕坝精神主题教育活动”，发挥科技工作者中的政治引领作用，调动激发科技工作者在精准扶贫的主动性和创造性，受到当地村民和省科协高度赞扬。加强跨行业融合；设立“廊坊科技工作者之家大联盟”公众号和科技工作者之家群，涉及大数据、能源、生态环保、

**第34届全国青少年科技创新大赛廊坊市获奖一览表**

表16

| 奖项类别 | 作品名称 | 单位　作者 | 奖项 |
|---|---|---|---|
| 青少年科技创新成果竞赛项目 | 小球通关游戏机 | 大城县里坦镇第二初级中学张云飞　李向毅　高晓蕊 | 三等奖 |
| 少年儿童科学幻想绘画比赛 | 未来海底城市 | 三河市诸葛店小学　宁一 | 二等奖 |
| 少年儿童科学幻想绘画比赛 | 家庭健康检测仪 | 香河县城内第四小学　李紫萱 | 三等奖 |
| 基层赛事优秀组织单位 | — | 广阳区教育局 | 全国基层赛事优秀组织单位 |

农业、人工智能等数十个行业。

**【“全国科普日”廊坊系列活动】** 2019年，市科协围绕“礼赞共和国，智慧新生活”主题开展系列活动。组织“2019年全国科普日廊坊科普知识有奖竞赛”，全国各地近3万名群众参与此次竞赛。9月10日，组织大健康科技工作者之家志愿者，在廊坊师范学院开展“全国科普日”主题义诊活动，为百余名师生送上常规查体和心肺复苏培训。9月19日，“全国科普日”主场活动在文安县亿民综合市场举行。活动期间，动员科技专家、科技工作者1100人次；开办各类科普报告、科普讲座、科普培训、技术指导150多场（次）；接受科技咨询服务群众5万人次；发放科普图书、宣传画、宣传资料30万份，展出挂图展板500余块；受益群众30万人次。

**【青少年科普教育】** 2019年，市科协组织大城县第一中学、香河县第一中学和廊坊市第十五中学30名高中生参加高校科学营活动，27名学生获评优秀营员，2名教师获评优秀带队教师。青少年科学调查体验活动大范围开展，7所学校获评全国青少年科学调查体验活动先行实施学校。建立青少年科技人才库，选拔推荐96人为优秀青少年科技后备人才。11月20日至12月5日，在域内5个县（市、区）组织开展20场科普报告进校园活动，3700余名中小学生参加。

（张雪楠）

## 廊坊市文学艺术界联合会

**【概况】** 2019年，廊坊市文学艺术界联合会（以下简称市文联）以“四出”（出人才、出成果、出品牌、出效益）为工作目标，团结带领全市文艺工作者，催生精品，培育人才。截至年底，廊坊市有地域特色文化艺术场馆9个：廊坊书法艺术馆、廊坊文联美术馆、浩然文学纪念馆、刘凌沧郭慕熙艺术馆、李少春纪念馆、李兰亭纪念馆、贾广健艺术馆、廊坊非遗作品陈列馆、王厚祥书法艺术馆。市文联坚持以主题创作带动一般创作，相继推出廊坊文艺成果出版工程、庆祝新中国成立70周年书法、摄影、美术展览、“歌唱祖国，礼赞英雄”、大运河永定河文化调研等主题创作和展览展示，打造10个服务百姓艺术馆。是年，市文联围绕纪念建党98周年、建国70周年、改革开放40周年等重大题材，组织举办“盛世同怀”全国百位书画名家作品邀请展、“我和祖国一起成长”征文比赛、“祖国您好”小戏小品创作、“到人民中去”文艺志愿下基层活动等一系列主题创作活动。

**【文艺团体】** 2019年，市文联下属文艺家协会（学会）15个。其中，直属文艺家协会10个，分别为市作家协会、市美术家协会、市书法家协会、市摄影家协会、市音乐家协会、市民间文艺家协会、市戏剧家协会、市曲艺家协会、市影视家协会、市舞蹈家协会。非直属文艺家协会5个，分别为市诗词协会、市楹联学会、市艺术家协会、儒学学会、检察官文联。

**【全国百位书画名家作品邀请展】** 9月6日，由市文联与荣宝斋书法院联合主办“盛世同怀全国百位书画名家作品邀请展”在廊坊壹佰美术馆举办。此次活动以庆祝新中国成立70周年为契机，邀请全国书画名家集中创作一批表现祖国壮美河山、人民追求美好生活情怀作品，提升廊坊作为“中国书法城”品牌影响力。应邀参加此次展览书画家102人。全国著名书画家旭宇、吴悦石、张荣庆、刘金凯、苗重安、张旭光、祁海峰等均有作品参展。市文联通过廊坊电视台、《廊坊日报》、“廊坊文联”微信公众号发布预展通知及展览盛况。近万人观看展览，全国有30多家媒体报道盛况。

**【市文联与京津艺术机构建立长期合作关系】** 9月，市文联与北京荣宝斋书法院签订业务项目合作协议，包括共同举办重大艺术活动、文化产业开发、“廊坊书法现象”品牌推广、“廊坊书法现象”研讨、廊坊书法人才选送深造等实质性合作项目，对于提升廊坊作为“中国书法城”品牌影响力具有重大意义；在廊坊民俗调研、大运河摄影联盟等方面与北京高校和北京文联、天津文联等达成三项合作意向。

**【为中华人民共和国成立70周年献礼】** 2019年，市文联举办“随梦起舞·华彩廊坊”第四届全市舞蹈大赛。此次大赛1.8万名选手进行角逐，近400个舞蹈作品入围，编辑出版全国首例舞蹈视频图书；举办“我与祖国一起成长”征文，征集各类文学作品500余篇，评出优秀作品53篇，并以《廊坊文学》庆祝新中国成立70周年专刊形式出版发行；举办“祖国您好”第七届小戏小品选拔赛，评出优秀剧本27个。组织举办“祖国好·翰墨缘”三省三市书画作品联展，河北省廊坊市、黑龙江省大庆市、江苏省镇江市联合举办“三省三市纪念新中国70华诞书画作品联展”在壹佰剧院美术馆举行首展，此次书画联展展出书法（毛笔、硬笔）、绘画作品180余件；举办“翰墨熔气象 丹青绘廊坊”廊坊市美术作品展，120余名参展作品作者、各级美协会员及美术爱好者参加。

（韩宇婷）

## 廊坊市归国华侨联合会

**【概况】** 2019年，廊坊市有归侨118人，侨眷23026人，海外侨胞16708人（其中：华侨8706人，外籍华人8002人），一般眷属6997人，新移民265人，新移民眷属3039人，侨务工作对象5.2万人。国外工作对象分布于28个国家和地区。年内，廊坊市归国华侨联合会（简称市侨联）将服务廊坊经济社会发展大局与服务海外侨胞和归侨侨眷相结合，全市各级侨界人大代表、政协委员发挥参政议政职能，围绕廊坊改革发展、社会管理、民生保障等撰写提案、议案9件。市侨联接待来信来访6起。走访慰问归侨侨眷120人次，发放慰问金和慰问品5.3万元。

**【服务经济建设】** 2019年，市侨联举办廊坊（杭州）投资合作洽谈会，廊坊市9个省级开发区招商负责人，120余名浙江企业客商参会，会上有4个项目达成合作意向并签约。市侨联承办“2019中华文化走进韩国暨中韩企业家联谊活动”，推荐、组织廊坊市102名侨商赴韩国，就烹饪、书法、旗袍等进行现场交流，促成京津冀传媒集团与韩国TBC电视台签订框架合作协议。2019“5•18”中国·廊坊国际经洽会期间，邀请韩国客商33人参会，韩国庆尚北道经济观光局与市文化广播旅游局达成合作共识并现场签署框架性合作协议。

**【海内外联谊】** 2019年，市侨联邀请美国大洛矶华人华侨论坛主席温桂芃一行3人，与廊坊市相关部门就教育合作进行磋商、交流。国庆前夕，邀请部分海外侨胞到廊坊云谷AMOLED项目、京东方（河北）移动显示技术有限公司、润泽信息港、廊坊综合保税区参观考察，宣传展示新中国成立70周年来廊坊发生的巨大变化。与廊坊市残联共同举办“魏基成天籁列车”捐赠助听器活动，向廊坊市听障人士捐赠935台助听器和蓝牙语音教学机等价值1890万元物品。12月6日，召开廊坊市第五次归侨侨眷代表大会，会议通过市侨联四届委员会工作报告，选举出新一届市侨联领导班子，聘请市侨联五届委员会顾问及法律顾问委员会委员。

**【廊坊市（杭州）投资合作洽谈会】** 3月18日至19日，廊坊市侨联和市发改委、市商务局等部门承办的廊坊市（杭州）投资合作洽谈会在杭州瑞丽江河汇酒店举行。浙江省侨联副主席张维仁，河北省侨联副主席季加宇，廊坊市委常委、宣传部部长、统战部部长奚献军出席此次会议。洽谈会上，中电新源电力科技有限公司同廊坊开发区科技谷注册中电新源（廊坊）电力科技有限公司就投资合作设立研发设计中心项目、中电新源电力科技有限公司同廊坊高新技术产业开发区就投资建立生产基地项目、廊坊华融公司与颐高集团同廊坊广阳区就投资建立新经济产业园项目、富春集团同大城经济技术开发区就合作建立网营物联智能供应链运营中心项目分别达成投资合作意向，并举行4个重点项目投资合作签约仪式。

**【廊坊市第五次归侨侨眷代表大会】** 12月6日，廊坊市第五次归侨侨眷代表大会在国际饭店召开。中国侨联兼职副主席、河北省侨联党组书记、主席包东，中共廊坊市委书记冯韶慧出席。廊坊市归侨侨眷代表180余人到会。会议通过市侨联四届委员会工作报告，选举出新一届市侨联领导班子，委员29名，常委11名。王华任主席，杜文、张克锋、吴丽娟、王德红任副主席，赵兴任秘书长。

（苏　亮）

## 廊坊市残疾人联合会

**【概况】** 2019年，廊坊市新增持证残疾人6922人，累计持证残疾人92363人（其中肢体残疾54310人、智力残疾9589人、精神残疾6777人、听力残疾5927人、言语残疾1344人、视力残疾8138人、多重残疾6278人）。是年，廊坊市残疾人联合会（以下简称市残联）推动爱心助残工作；联合廊坊市爱德堡医院、北京骨卫士医生集团、北京嘉思特医疗器械有限公司开展骨关节置换爱心救助专项活动，为骨关节患者减免医疗费120万元；联系魏基成天籁列车助听器捐赠项目，免费为廊坊市听力残疾人提供900多台、价值1800多万元数码蓝牙充电式助听器；联系广州魅尚电子科技有限公司向廊坊市捐赠700台净水器和350台智能遥控光伏灯，全部及时发放。组织开展第二十九次全国助残日系列活动；联合市工商联、廊坊市黑龙江商会举办公益捐助活动，为廊坊市残疾儿童康复机构捐赠价值3万元的生活用品。做好结对帮扶工作，为3户帮扶户争取2.1万元款物帮扶；对帮扶户按每年3000元标准开展种兔养殖帮扶，并提供技术培训、技术指导、入户回收等配套服务。加大残疾人事业宣传力度，向中国残联、省残联信息系统报送信息463条，在廊坊电视台、《廊坊日报》、中国网、市残联微信公众号等各类媒体刊登残疾人工作信息224条。

**【残疾人服务工程】** 2019年，市残联“残疾人服务工程”列入“双创双服”活动内容，纳入廊坊市政府2019年度民心工程，市残联对“残疾人服务工程”实行“五个一”管理模式。全年为8363名有需求残疾人提供基本康复服务，为5874名有需求残疾人免费适配基本型辅助器具，为1389名符合条件的精神、智力和重度肢体残疾人接受托养服务提供补贴，为1853名有需求残疾人开展农村实用技术培训，为270名有需求残疾人提供康复体育进家庭服务，为354户有需求残疾人家庭实施无障碍改造。对17名考上普通高校的贫困残疾大学生及残疾人子女大学生按照《关于2019年中央、省级和市级残疾人教育就业扶贫社会保障托养项目资金使用管理的指导意见》（廊残联〔2019〕51 号）文件中涉及的对考入高等院校的贫困残疾人学生和贫困残疾人家庭子女每人资助 5000 元的标准予以资助。在 2019 年 11 月市残联向市委、市政府呈报的《关于实施助残脱贫帮扶行动的报告》上，中共廊坊市委书记冯韶慧作出“残联工作很有成效，应予以充分肯定。望继续努力，做好工作，走在全省前列”的批示；在 2019 年全省残疾人服务工程工作考核中，廊坊市名列优秀位次。

**【实施农村残疾人精准帮扶项目】** 2019 年，市级财政年度预算安排专项资金 265 万元，扶持 1340 户农村残疾人家庭养鹅、养兔和种植皇菊。通过采取“政府保障 + 企业服务 + 残疾人生产”模式帮扶，变“输血”为“造血”，有效增加残疾人成就感和获得感。

**【残疾人康复服务】** 2019 年，市残联持续开展残疾人家庭医生签约服务，与市卫健委联合印发《关于做好 2019 年残疾人家庭医生签约服务工作的通知》（廊卫发〔2019〕54 号），规范家庭医生服务流程和个性化服务内容，全年帮助 6573 名有家庭医生签约服务需求的残疾人签订服务协议。严格落实残疾儿童康复救助制度，全年累计为 345 名残疾儿童实施康复救助，为 11 名自费植入人工耳蜗聋儿发放补贴 110 万元，推荐 20 名聋儿申请人工耳蜗国家救助项目。

**【开展残疾人就业培训服务】** 2019 年，廊坊市通过举办种植、养殖等农村实用技术培训残疾人 1853 人，通过举办互联网创业、汽车美容、家电维修、保健按摩、电子商务、美甲、西式面点等 20 多个职业技能培训项目培训残疾人 1172 人。开展残疾人就业工作；全年安置 354 名残疾人就业，帮助 170 名残疾妇女从事家庭手工业，扶持 100 名残疾人个体创业，组织残疾人就业专场招聘会 7 场。

**【切实维护残疾人合法权益】** 2019 年，廊坊市协调推进残疾人免费乘坐市内公交车、残疾人驾驶专用车辆通行不受尾号限制等工作。残疾人免费乘坐市内公交政策于 2019 年 7 月 8 日起实行；残疾人专用车辆通行不受尾号限制政策于 2019 年 7 月起实行，进一步有效维护廊坊市残疾人权益。全年收到“12385”热线转交信访件 12 件，均在省残联要求期限内妥善处理，结案率为 100%；接待残疾人来电来访 5 件，经过耐心讲解，均息诉罢访；全年未发生进京、赴省非正常访、大规模集体访，也未发生极端恶性事件和重大群体事件。

**【残疾人组织建设】** 2019 年，市残联组织聋人协会、盲人协会、肢残人协会、智力残疾人及亲友协会活动，4 次 200 余人参加。全市为 243 户符合应急救助条件贫困残疾人发放救助款 139.04 万元，有效解决贫困残疾人家庭因病因灾造成临时性困难。

**【丰富残疾人文体生活】** 2019 年，市残联组织开展残疾人冰雪季活动，组织各类相关主题活动 26 批次，累计参与残疾人、残疾人运动员、残疾人冰雪运动指导员、志愿服务人员 5000 多人次，地区覆盖率 100%；组织 11 支小运动员队伍和 10 支啦啦队开展快乐足球活动，让残疾儿童更多地体验足球魅力；举办主题是“感谢祖国”残疾人演讲比赛，10 名选手参加此次比赛，来自盲人协会的李焕获特等奖，王福苓和焦建平获一等奖。5 月 30 日，由市残疾人联合会主办，市群众艺术馆、市文化志愿者工作办公室承办的“自强脱贫 助残共享”文艺会演在廊坊市群艺馆举行，该活动是第 29 次全国助残日系列活动之一，展示廊坊市残疾人身残志坚、积极向上精神风貌，唤起全社会对残疾人及残疾人事业的持续关注。

（孙裳雨）

2019 年，在复聪学校残疾人工作者和残疾儿童参加活动

## 中国国际贸易促进委员会廊坊市委员会

**【概况】** 中国国际贸易促进委员会廊坊市委员会（以下简称市贸促会）是中共廊坊市委、廊坊市人民政府领导的全市性对外经济贸易促进机构，由政府有关部门代表、经贸界由代表人士、企业、团体组成的群众团体组织。同时挂中国国际商会廊坊商会（简称廊坊国际商会）牌子。2019年，市贸促会举办重点展会84个，展览面积105.53万平方米。其中，1万平方米以上展会50个。在2019年河北省会展业发展大会上，廊坊国际展览集团有限公司、廊坊国际管道会展有限公司、河北速腾文化传媒有限公司等3家廊坊市会展企业获2018年度河北省优秀会展企业称号，占全省会展企业总数的30%。在第十六届中国会展行业高峰论坛（CCESF）暨合作交流大会上，廊坊市获2019年度“新中国70周年·中国优秀会展城市”奖。在庆祝新中国成立七十周年中国会展之星颁奖盛典上，廊坊市与上海市、杭州市、三亚市等15个会展城市获评为2019年度最具影响力会展城市。年内，市贸促会获2019年“5•18”经洽会承办工作先进集体称号。

**【会展业管理服务】** 2019年，市贸促会邀请中国贸促会研究院国际投资部主任刘英奎、河北会展业发展办公室秘书长薛现进、原河北省委政策研究室处长韩继洪、中展集团海外公司业务部副经理刘舰等专家学者，赴廊坊市会展中心、廊坊国际管道会展有限公司、香河县御娇龙家具有限公司开展调研活动。“5•18”经贸洽谈会期间，市贸促会接待来自澳大利亚、南非、韩国、日本等18个国家106名外商代表。河北省特色农产品采购对接会组织筹备工作完毕，组织廊坊益嘉粮油食品供应链管理有限公司、廊坊市绿嘉华农业科技有限公司等4家相关企业到会对接洽谈。廊坊市2个会展项目北京种子大会、中国（廊坊）国际体育用品展览会在会上签约。9月26日，市贸促会参加2019年河北国际绿色农业周活动，组织廊坊市80余家农业企业到会并交流洽谈，完成2019年会展统计、会展补贴、会展宣传和展会行业消防等管理工作，推出廊坊会展业宣传片，加强全市展览行业消防安全管理，定期和不定期安排工作人员对会展现场安全进行检查，确保在会展期间不出现任何安全问题。

2019年，市贸促会起草《关于促进新时代会展业发展的意见》，围绕“四区一城”城市发展定位和重点做好“三篇大文章”及“3+1”产业发展布局，就着力构建规范会展市场体系、合理空间布局体系、优质会展服务体系和完善政策保障体系，加快会展业转型升级，细化完善措施，提出具体实施意见。为鼓励全市域引展办展，修改完善《会展专项资金管理办法》，突出对展会信息化和品牌化引导和激励。

**【外联招商】** 2019年，市贸促会融入“一带一路”建设，鼓励企业“走出去”参加国内外重点展会对接会。全年组织廊坊市42家企业参加国内外经贸活动20次，外商团组来廊坊市考察1次。其中，组织廊坊市河北尚宇机械设备有限公司、河北鹏冠科技股份有限公司、廊坊市智恒科技机器人有限公司、游踪桌影、河北燕达医院、新奥集团新绎健康有限公司等企业分展分次参加“第27届中国西部制博会”“2019哈尔滨国际经济贸易洽谈会”“第二届国际动漫游戏产业博览会”“2019第十届广州国际天然有机食品展览会”“欧盟中小企业河北行”“2019年国际生物医药产业合作对接会活动”等国内知名展会和经贸活动16次。组织文安县凯泽建材有限公司、河北东方富达机械有限公司、廊坊会议展览有限公司、廊坊凯博建设机械科技有限公司、文安县福利工业公司分别参加“2019菲律宾达沃国际综合建筑材料展”“2019德国国际电梯展览会”“2019年中东迪拜五大行业展”等国际知名展会，结识意向客户13家并达成初步合作意向。组织河北格洛斯节能设备科技股份有限公司随河北经贸代表团出访巴拿马、墨西哥、美国3个国家，并参加“第十三届中国拉美企业家高峰会”“美中（河北）生物技术经贸合作论坛”“中国（河北）美国经贸投资合作论坛和中国—墨西哥经贸论坛”等多项会议活动，借助活动平台重点宣传推介廊坊市区位优势、投资环境及优势产业，与当地相关企业及商协会进行对口洽谈13次，与先河环保科技股份有限公司、格林福德国际物流等7家企业达成初步合作意向。

**【涉外法律服务】** 2019年，市贸促会推进原产地证明书电子化发展，宣传和推广“两证合一”，核准原产地证书自主打印企业80余家，签发代办各类证明文件7526份，同比增长3.8%。其中，一般原产地证书出证量5156份，区域优惠证1484份，涉及12个自贸区，ATA单证册7份，同比增长133%。新增注册企业56家，注册企业总数达601家。编印《贸促信息》4期，加强实时预警提醒，转发《国际贸易风险预警专刊》12期，国际商事预警短讯160期。推出廊坊市会展业宣传片，印制《国际商事法律服务指南》800册，通过培训、展会、志愿服务等方式向企业发放。举办商事法律服务培训班1期，开展涉外法律服务行业和应对贸易摩擦确保外贸稳增长包联帮扶活动，到生产车间等企业一线直接为企业提供外经贸和法律援助，帮助企业解决涉外经贸难题和纠纷。

**【自办展会】** 2019年，市贸促会自办展会4个。2019中国（廊坊）国际有机食品展览会，展览面积1.6

万平方米，国内外参展企业500家，特装展位超过40%。其中，中国有机食品龙头企业30余家，中国绿色无公害食品知名企业40余家，国际绿色有机食品企业50余家；具有认证标识有机食品展区展览面积6000平方米，国际展区2000平方米；参观人数近4万人次，现场接待专业观众1280人，意向合作与实际成交总额近2.3亿元。2019河北·廊坊国际绿色产业博览会，展览面积1.2万平方米，节能环保企业100余家，参观观众1万余人次，现场贸易成交1000多万元；其间举办《京津冀环境污染第三方治理改革与实施》《绿色产业承载未来》专题讲座及首届河北环保产业科技创新领跑者、企业家峰会等高端活动。2019年“一带一路”暨金砖国家技能发展与技术创新大赛，来自俄罗斯、印度、罗马尼亚、印度尼西亚、伊朗等国家109个参赛队564位技术与技能高手同台竞技。2019年河北·廊坊装备制造业展览会12月5日至7日在廊坊国际会展中心举办，展览面积1.55万平方米，参展企业202家，瑞士ABB、日本发那科、安川机器人等企业参展，参观观众1.27万余人次，现场交易额1820万元，意向交易额3000万元。

（张　叶　樊兢娜）

2019年，廊坊市无偿献血“三免”政策启动暨公交“献血荣誉卡”首发仪式

## 廊坊市红十字会

**【概况】** 2019年，廊坊市红十字会（以下简称市红十字会）宣传“一法一办法”（《中华人民共和国红十字会法》、河北省实施《中华人民共和国红十字会法》办法），加强公信力建设，依法履行职责，推进“三救”（救灾、救助、救护）“三献”（捐献造血干细胞、遗体捐献、器官捐献）工作开展。2019年9月，市政府印发《廊坊市红十字会改革方案》，全市10个县（市、区）全部理顺管理体制，落实“四有一独立”标准（有编制、有人员、有独立账号及项目经费、有办公场所，能独立开展工作）工作。是月，在固安县组织召开全市红十字系统基层组织建设现场经验交流会，在全市建立红十字基层组织135个，发展团体会员单位30个、个人会员3918个、志愿者1650人，社区、医院、企业基层专业志愿服务队11支。按照京津冀协同发展战略部署和廊坊市委、市政府工作安排，加强与京津红十字会沟通对接，市红十字会分别于7月和8月，与北京市大兴区、通州区洽谈对接，签署协同发展工作方案，实现工作对接、协同发展。11月，市红十字会联合市卫健委在全市建立25个智能救护站并安放AED（自动体外除颤仪），组织应急志愿服务专业培训35场，弥补专业急救人员到场前“空窗期”，在省内是首例。年内，市红十字会接受中国宏泰产业市镇发展有限公司捐赠25台AED（自动体外除颤仪）和1辆造血干细胞服务专用车，新奥集团捐赠救护车5辆，捐赠价值415万元。

2019年，中国宏泰发展慈善捐赠仪式

**【“博爱燕赵·火热青春”活动】** 2019年，市红十字会以“博爱燕赵·火热青春”活动为载体，普及大学生应急救培训，培训师资200人，救护员1000人。组织廊坊卫生职业学院志愿者开展“走进开发区敬老院”活动，华北科技学院计算机学院阳光志愿团开展“‘拥抱你’

主题防艾LOGO制作大赛预热宣传活动”等。全年，红十字志愿服务活动40场，1000余人次参与，服务对象超过200人。

**【人道救助】** 2019年，白血病小天使救助项目救助患儿26人，救助款79万元；先心病天使阳光项目10人符合手术条件，赴定点医院实施手术；救助特困群众28人，发放救助金12.3307万元；便民救助17人，发放救助资金2.2万元；定向（廊坊特教学校、廊坊康复中心）捐款2.5万元；开展“红十字博爱送万家”活动，慰问因患大病或突发事件致贫15户家庭，慰问金1.28万元；持续救助建档立卡贫困户9户，发放慰问品、慰问金折合人民币5万余元；举行“献爱心·送温暖”活动，为太行山革命老区捐衣物、被子1000余件，捐款1.23万元。

**【无偿献血】** 2019年，市红十字会联合市卫健委等九部门下发《关于贯彻落实〈河北省实施中华人民共和国红十字会法办法〉“三免”待遇相关条款的通知》（廊卫发〔2019〕7号），并率先在全省落实“三免”（免费游览政府投资主办的公园、旅游景区、风景区等，到公立医疗机构就诊免交门诊诊查费，免费乘坐城市公共交通工具）政策。全市符合荣誉卡申办条件献血者有1100名，其中191名献血者、13名造血干细胞捐献者成功获领河北省无偿献血荣誉卡和廊坊公交献血荣誉卡。

**【“三献”工作】** 2019年，造血干细胞采样登记256人，完成省分库下达采集血样任务。成功捐献造血干细胞1例，成为廊坊市第17例、全省第417例造血干细胞捐献者；造血干细胞捐献志愿者王涛被河北省红十字会授予“优秀志愿者”称号。年内，有3例志愿者捐献遗体。

（杨　兰）

# 法治 军事

## 综 述

**【概况】** 2019年，全市政法战线以新中国成立70周年安保为核心任务，主动防范应对各类重大风险挑战，推进基层社会治理现代化，推进政法领域全面深化改革，推进政法队伍革命化、正规化、专业化、职业化建设，围绕维护国家政治安全、确保社会大局稳定、促进社会公平正义、保障人民安居乐业"四大任务"，忠诚履职、奋发作为，政法各项工作都取得显著成效，为全市改革发展创造稳定社会环境。是年，在河北省政法工作年度综合排名中廊坊市位列第三位。

2019年，廊坊市法院系统受理各类案件11.58万件，审（执）结10.16万件，结案率87.74%。其中，刑事收案5247件，审结5013件，结案率95.54%；民商事收案75308件，审结65221件，结案率86.61%；行政收案4806件，审结4790件，结案率99.67%；执行收案47551件，执结41965件，结案率88.25%。全市检察机关批准逮捕各类刑事犯罪2995件3725人，提起公诉4257件5710人。公益诉讼立案539件，通过诉前程序办结506件。全市公安机关共立各类刑事案件14642起，抓获犯罪嫌疑人6617名。其中，立案8类严重暴力案件872起，抓获犯罪嫌疑人1028人；破获"盗抢骗"案件1433起，抓获盗抢骗犯罪嫌疑人1292名；破获电信诈骗案件258起；破获毒品刑事案件62起，抓获毒品犯罪嫌疑人86人，缴获冰毒17.59公斤；抓获各类网上逃犯1872名。全市司法行政系统共办理法律援助案件1701件，解答法律咨询1.9万余人次；接收社区矫正对象12958人，解除矫正9898人，在册社区服刑人员3060人；全市14家执业司法鉴定机构共出具司法鉴定意见书5414份，鉴定意见采信率达到98%；全年调解纠纷10993件，调解成功率达98%以上。法院系统"道交一体化"改革经验向全国推广，得到最高人民法院院长周强批示肯定；"无诉讼乡（镇）村（街）"创建工作效果明显，全市3204个村（街）中达到无诉讼、无涉诉信访、未发生治安案件等标准的村（街）有644个，占比20.1%，得到最高人民法院高度认可；拍摄的微电影《法官日记》获"第六届亚洲微电影艺术节金海棠奖"。检察系统推广公益诉讼，与天津市检察机关共同推动龙北新河及八干渠生态环境治理工作，得到高检院高度肯定；三河市某科技有限公司未对入网食品经营者审查许可证案等多起公益诉讼案件，分别入选"全省市场监管十大典型案例""全省食品、保健食品欺诈和虚假宣传典型案例"。公安机关全面加强社会治安防控体系建设，在全国社会治安防控体系建设推进会上，廊坊市作为唯一地市级单位作经验交流；永清县公安局曹家务派出所被公安部命名为首批"枫桥式公安派出所"。司法行政系统完成证明事项告知承诺国家级改革试点工作任务，得到司法部和省司法厅高度评价；廊坊市作为全省唯一连续8年司法鉴定工作"有效投诉为零"的地级市，得到省司法厅通报表扬；全省社区矫正工作会议在三河市召开，观摩推介廊坊市社区矫正工作经验。

**【维护国家政治安全和社会稳定】** 组织开展打击邪教违法犯罪"利刃镇邪""攻坚月"专项行动，严厉打击邪教组织的非法活动。开展涉恐基础信息排查和重点目标防范检查，消除隐患，严防暴恐事件发生。完成"两节"、全国"两会"、"一带一路"国际合作高峰论坛、新中国成立70周年、十九届四中全会等重点时期和重大活动安全保卫。扫黑除恶专项斗争取得阶段性成果，打掉一批涉黑涉恶组织和团伙，查获一批背后腐败问题和"保护伞"，净化治安环境和政治生态，其中杨玉忠涉黑案、王东涉黑案的办理，得到上级高度认可。推动开展重大决策社会稳定风险评估，并纳入年度依法行政工作考核内容。

**【社会治安综合治理】** 深入学习贯彻中共十九届四中全会精神和省委九届九次全会及市委六届八次、九次全会精神，谋划推进社会治理现代化各项工作。注重创新发展新时代"枫桥经验"，总结推广广阳区馨境界社区"五治融合"推进基层社会治理、永清县"六位一体"道路交通事故纠纷调处中心建设等一批社会治理的典型经验做法，打造"枫桥经验"廊坊版。解决突出治安问题，加强重点方面治安管理，完善严重精神障碍患者等特殊人员的救助管理机制。聚焦传统"盗抢骗"、电信网络新型违法犯罪、传销、"非法集资"、黄赌毒等群众反映强烈的突出违法犯罪，开展"亮剑2019""云剑行动""利刃2019"等专项打击行动，保持对各类刑事犯罪活动的高压态势。提升社会治理智能化水平，坚持以科技增人力、以智能增效能的工作思路，深化智慧平安社区、智慧视频监控、智慧警务站、智慧边界、智慧警卫通道等“五大智慧工程”建设，收到显著成效。12月26日，在全省社会治理暨市域社会治理现代化工作会议上，中共廊坊市委书记冯韶慧作典型发言。

**【推进法治建设】** 组织开展学习宣传贯彻习近平总书记全面依法治国新思想新理念新战略专项活动，组织召开市委全面依法治市委员会系列工作会议，完善依法治市制度体系，推动依法治市工作有序开展。组织开展食品药品监管执法司法自查、法治政府创建核查和营造法治化营商环境保护民营企业发展专项督察等工作。坚持以公开促公正，全年公开案件信息121783件，各类法律文书88535件，直播庭审6600件，网上公开拍卖涉及案件物品283件，累计在政务网站、微博、微信发布各类图文信息3.6万余条，召开新闻发布会6场。出台廊坊市《关于政法领域全面深化改革的若干措施》，明确8个方面85项改革事项，逐项明确牵头单位和责任单位。其中，市法院完善权力运行机制，制定出台《廊坊市中级人民法院关于院庭长履行审判监督管理职责的规定（试行）》《廊坊市中级人民法院审判委员会工作机制实施细则》，推动改革向纵深推进；市检察院在推动大部制改革等改革任务中走在全省的前列；市公安局深化权力运行机制改革，完善受立案工作规范，推行刑事案件两统一，规范警务辅助人员管理，各项改革任务稳步推进；市司法局深化社区矫正刑罚执行一体化建设，结合地域实际开展“片区式”管理模式，提高警力工作效率，发挥监狱（戒毒）警察的执法作用，制定完善廊坊市社区矫正派驻干警管理制度，推动刑罚执行一体化改革。

**【服务经济社会发展】** 全市政法战线主动服务“三大攻坚战”，排查重点行业风险，做好预警预防，运用法律手段调解经济社会关系，化解经济领域风险。在审判工作，检查监督、律师、法律援助、安置帮教等方面加强与京津的互访交流和工作对接，主动服务京津冀协同发展。加强环境、食药安全等重点领域执法司法力度，推进“昆仑”“食药打假”“利剑斩污”等专项行动，全年查处食品药品犯罪团伙11个，捣毁制假黑窝点32个，破获案件48起，涉案金额3270余万元；破获环境类刑事案件87起，抓获犯罪嫌疑人156人，维护食药、环境等领域安全。优化营商环境，严格依法规范查封、扣押、冻结财产等各种强制措施，最大限度减少对企业正常生产经营的负面影响。制定《关于政法机关服务和保障民营企业发展的实施意见》，依法平等保护民营企业合法权益。拓展便民利民渠道，利用互联网平台整改政法各部门聚焦群众反映强烈的办事难、办事慢等现状，为市场主体和人民群众提供更加便捷更加高效的服务。

（李镇沓）

## 政法委与综治

**【概况】** 中共廊坊市委政法委员会（以下简称市委政法委）是中共廊坊市委领导和管理全市政法工作的职能部门。市委政法委机关内设职能科室11个、代管机构1个，分别为办公室、研究室（法治科）、政治安全科、维稳指导科、综治督导科（专项行动办公室）、基层社会治理科（护路护线联防科）、反邪教协调科、执法监督科（涉法涉诉信访科）、政治部宣传教育培训科（见义勇为工作协调指导科）、政治部组织干部科（党建办公室）、信息化指导科、市法学会（代管机构）。机关有行政编制40个，政法专项编制1个，实有在编在职工作人员46名，退休干部12名。

2019年，市委政法委建立维护国家政治安全工作协调机制，综合研判廊坊市政法领域维护国家政治安全工作形势，部署重要工作，研究解决重大问题；完善防范措施，严防暴恐事件发生，涉恐关注人员出行轨迹核查反馈率始终保持100%；严厉打击邪教组织的非法活动，先后与北京通州区、大兴区、顺义区、平谷区建立区域反邪教工作协作机制，闭合环京区域防控防线；开展重大行政决策、重点建设项目合法性审查和社会稳定风险评估，全年合法审查重大行政决策4件，评估省挂账重点项目21个，市本级重点建设项目56个，从源头上保证决策科学化、合理化，严防引发重大矛盾。平安建设方面，创新发展新时代“枫桥经验”，推进调解组织建设，实现调解组织在基本面上、系统线上、关键节点上的全覆盖；从县（市、区）、乡镇（街道）、村（社区）3个层面选择干事创业激情高，软硬件基础好的地区，探索以政治、法治、德治、自治、智治“五治”为特色的基层社会治理模式；加强严重精神障碍患者服务管理，落实“以奖代补”资金按季度发放工作；围绕社会治安重点地区和重点领域，开展重点时期集中排查4次，全市发动1.96万人次，排查行政村3222个，社区198个，重点单位5000多个，涉及23类共计7000多处重点部位、涉及21类1.4万余名重点人员；会同有关部门做好公共交通、寄递物流、危爆物品、高层建筑消防、大型活动等安全管理工作，督促落实党政主要领导第一责任人责任、部门监管责任和企业主体责任，严防发生重特大事故和群死群伤事件；全市县、乡、村三级综治中心建成率达到100%。服务经济社会发展方面，围绕“四区一城”（与京津协同发展示范区、发展临空经济对外开放引领区、科技创新成果转化先行区、高端高新产业聚集区、京津走廊生态宜居城市）功能定位，在助力做好“北三县（市）”与通州区协同发展、北京新机场临空经济区建设、雄安新区建设等方面加强研究、谋划举措，落实全方位、无缝隙、零缺陷的司法对接服务和司法保障；主动服务“三大攻坚战”，排查重点行业风险，做好预警预防，运用法律手段调解经济社会关系，让经济领域风险化解在萌芽；严厉打击脱贫攻坚领域职务犯罪，确保扶贫政策落实到位；加强环境、食药安全等重点领域执法司法力度，推进“食药打假”“利剑斩污”等专项行动，维护食药、环境等领域安全；严格依法规范查封、扣押、冻结财产等各种强制措施，最大限度减少对企业正常生产经营的负面影响；严厉打击侵犯知识产权、合同诈骗、制假售假、商业贿赂等犯罪，净化市场环境；建立解决执行难长效机制，完善“立审执”协调配合机制和执行联动机制；拓展便民利民渠道，聚焦群众反映强烈的办事难、办事慢等突出问题，创新工作举措，利用互联网平台，实现“马上办、就近办、一次办、网上办、自助办”的目标。政法队伍建设方面，成立学习宣传贯彻《中国共产党政法工作条例》领导小组和工作专班，组织全市政法部门开展集中学习和交流研讨；组织政法系统开展项目拉练、庭审观摩、案例剖析、业务培训，引导政法干警从法律视角和社会视角考虑问题，防止简单执法、机械办案，提升法律政策运用能力；完善岗位练兵、实战演练、现场教学等机制，培养政法干警发现潜在风险、洞察重大隐患能力；制定《廊坊市因公牺牲伤残特困干警资助资金管理办法》；开展全市政法系统2019年度省、市级牺牲伤残特困干警资助审核、申报工作，全年为51人申报省、市两级牺牲伤残特困干警资助，申请发放资助资金57万元；组织召开全市政法系统政治性警示教育大会，通报违纪违法典型案例，教育警示全市政法系统党员领导干部和政法干警，严明纪律，改进作风，推动政法系统全面从严治党管警向纵深发展。

**【“五大智慧工程”建设】** 2019年，中共廊坊市委、市政府坚持科技增人力、以智能增效能工作思路，推进现代科技与社会治理深度融合，破解传统社会治理模式投入大、效率低、漏洞多等问题。年内，将“五大智慧工程”（智慧平安社区、智慧警务站、智慧视频监控、智慧边界、智慧警卫通道）纳入经济社会发展和智慧城市建设总体规划，印发《关于筑牢首都政治护城河全力推进“五大智慧工程”建设的意见》《全市进京小路口治安卡点规范化建设标准》等指导性文件，选择三河市、固安县等地开展试点建设，并逐步在全市铺开。截至2019年年底，全市累计投入工程建设专项经费近20亿元，建成智慧边界、智慧警卫通道、智慧视频监控等3项工程，智慧平安社区建成167个，智慧警务站建成57个。年内，三河市“东贸国际”“夏威夷南岸”、安次区“馨语”社区等智慧平安社区连续10个月实现零刑事发案、零人员上访、零灾害事故；全市视频监控智能应用系统破获各类案件2453起，抓获违法犯罪嫌疑人433名；全市“盗抢骗”案件同比下降18.3%，群众安全感、满意度普遍提升。“五大智慧工程”建设提升社会治理智能化水平，廊坊市初步形成具有廊坊特色的治理模式。8月13日，廊坊作为唯一的地级市，在公安部召开的全国社会治安防控体系建设推进会上作典型发言。拱卫首都安全能力明显提升，在2019年“一带一路”高峰论坛、新中国成立70周年大庆等重大安保中，全市检查车辆同比上升182%，核查人员同比上升124%，抓获在逃人数同比上升306%，查获吸毒、涉毒人数同比上升335%；一级以上警卫任务117次，确保警卫目标的绝对安全。服务群众能力明显提升，智慧平安社区通过对老年人、残疾人等绘制关系图谱，辅助有关部门及时开展帮扶救助；智慧边界无感知、快速通行系统提升群众通关能力，检查站平均每小时通关车辆达到1225辆，检查车辆达到140辆，较改建前提升30%以上；智慧警务站工程引入“一站式”智能化服务，实现“就近办、网上办、一次办、自助办”，方便市场主体和广大群众。

**【扫黑除恶专项行动】** 2019年，廊坊市各级各有关部门以涉黑涉恶重大案件，黑恶势力经济基础及其背后“关系网”“保护伞”为抓手，重点解决“对黄赌毒和黑恶势力听之任之、失职失责，甚至包庇纵容充当‘保护伞’”问题。组建工作专班，开展专项整治工作。市扫黑除恶专项斗争领导小组召开全市扫黑除恶专项斗争工作推进会议2次，组织开展对涉黑涉恶线索核查工作“回头看”，核查线索1231条，异地复核问题线索45条。是年，全市打掉涉黑组织4个，涉恶团伙28个，抓获297人，破案249件。提起公诉75件299人，一审、二审共审结涉黑涉恶案件73件302人，查封、扣押、冻结涉黑涉恶财产4.28亿元，判处财产刑1669余万元。查处涉黑涉恶腐败和“保护伞”以及失职失责人员276人，给予党纪政务处分137人。县（市、区）平均打掉涉恶团伙数量廊坊市全省排名第一位，三河、霸州、固安、文安4个县（市）打掉涉恶团伙数进入全省前十名。中央高度关注的杨玉忠涉黑案，一审、二审顺利完成；王某涉黑案侦查终结，主要犯罪嫌疑人全部落网，得到上级认可。

**【推进政法领域改革】** 2019年，廊坊市印发《关于政法领域全面深化改革的若干措施》，明确8个方面85项改革事项，逐项明确牵头单位和责任单位。市委政法委会同市委督查室、市委改革办加大对政法领域改革工作的督导推动力度，坚持台账管理，政法部门建立专门工作台账，逐项明确工作目标、标准和时限，倒排工期、挂图作战、统一推进；坚持定期调度，每月调度改革进展情况，汇总完成情况，报市委领导审阅，及时督导重要工作；坚持考核推动，对各有关部门政法领域全面深化改革年度工作任务推进情况开展考核认定，细化分值、严格标准，确保各项工作保质保量完成。

**【打造“枫桥经验”廊坊版】** 2019年，市委政法委学习领会习近平总书记对“枫桥经验”重要指示精神，打造县级有人牵、乡镇有人管、村居有人做的“枫桥经验”廊坊版。制定《关于坚持发展新时代“枫桥经验”进一步加强和创新基层社会治理的实施意见》，明确各项工作任务，确定牵头单位和责任单位。组织召开全市政法机关学习贯彻《中国共产党政法工作条例》暨创新发展新时代“枫桥经验”推进基层社会治理现代化工作会议，总结推广广阳区馨境界社区“五治融合”推进基层社会治理、安次区馨语星苑智慧社区建设、永清县“六位一体”道路交通事故纠纷调处中心建设、永清县人民法院诉讼服务中心模式等经验做法，以点带面推动形成问题联治、工作联动、平安联创的局面，推进社会治理体系和治理能力现代化。

**【培树金牌调解员和精品调委会】** 2019年，市委政法委注重发挥金牌调解员、精品调委会重要作用，先后培树张静等个人（品牌）调解室67个，建成钰海、蓝波湾等精品调委会268个。培树帮大哥式调解员94名，在全市13658名人民调解员中，评定出金牌、银牌、铜牌人民调解员261名。其中，6名获全国模范人民调解员称号，6名获得全国人民调解工作先进个人称号。陈俊杰、王艳敏、刘瑞明等调解员的先进事迹被《法制日报》、河北电视台、《河北法制报》《廊坊日报》等媒体宣传报道。安次区调解员许玉静于2018年1月获全国新时代最美法律服务人，入选2019年4月“中国好人榜”，成为“全国新时代司法为民好榜样”候选人。

**【“三无三百”平安村（社区）创建】** 2019年，市委政法委在全市范围内开展“三无三百”（无刑事案件、无赴省进京访、无安全生产事故，重大矛盾纠纷排查率、突出治安隐患整治率、高风险人群管控率三个100%）平安村（社区）创建活动。各县（市、区）依据《廊坊市深入开展“三无三百”平安村（社区）创建活动实施方案》要求，严厉打击严重影响人民群众生命财产安全的违法犯罪活动，全面梳理解决各类信访问题，严格落实重点行业和领域安全生产防范措施，对排查出的各类矛盾纠纷实行分级防控、多元化解，将容易造成现实危害的重点人员全部纳入视野，研究制定稳控措施。全市刑事案件、赴省进京上访和生产安全事故的多发、普发、频发势头得到有效遏制，矛盾纠纷、治安隐患、个人极端行为的恶化升级得到有效防范，社会秩序和安全稳定得到有效维护，全市基层平安创建整体水平得到显著提升。12月，市委政法委会同市信访局、市公安局、市应急管理局等单位，验收审核各县（市、区）“三无三百”平安村（社区）创建工作，全市1660个村（社区）达到创建标准。

**【“无诉讼乡（镇）村（街）”创建】** 2019年，市委政法委在市法院“一乡（镇）一法庭”建设基础上，开展“无诉讼乡（镇）村（街）”创建活动，确立“四项原则、八项机制、一个办法”。依托审判职能，加强协调指导，动员社会各方力量，多元化解矛盾纠纷，引导当事人选择非诉讼方式解决纠纷，做到小事不出村（街）、大事不出乡（镇），达到乡（镇）、村（街）辖区内无诉讼案件或诉讼案件明显减少的效果。截至年底，全市3204个村（街）中达到无诉讼、无涉诉信访、未发生治安案件等标准的村（街）有644个，占比20.1%，较2018年增加117个。

（李镇沓）

## 法　院

**【概况】** 2019年，廊坊市与毗邻30余家京津法院建立常态化司法协作机制，服务京津冀协同发展。围绕“四区一城”功能定位，主动服务“三篇大文章”，为重大项目建设提供优质司法保障和服务。依法处理违法建设拆除工作，参与“蓝天碧水净土保卫战”。出台《廊坊市中级人民法院关于加强生态环境保护意见》，审结涉生态环境案件95件，依法追究163人刑事责任。服务供给侧结构性改革，优化法治营商环境。出台《廊坊市中级人民法院关于服务和保障民营企业发展的实施意见》等13个文件，依法保护民营企业权益，建立知识产权民事、刑事、行政“三合一”审判机制，引入技术调查官制度。建立处理破产案件府院联动机制，设立破产案件专项基金。引入破产程序解决“问题楼盘”，妥善处理4个房地产遗留问题。深入辖区困难企业指导破解债务僵局，助推企业发展。妥善处理胜芳民营企业互联互保涉诉问题，有效化解区域金融风险。全市法院受理各类案件11.58万件，审执结10.16万件，收结案数同比分别上升1.91%和3.96%，法官人均结案258件，全省排名第一位。廊坊市中级人民法院（以下简称市法院）本级受理各类案件1.13万件，审执结1.08万件，收结案数同比分别下降7.82%和7.55%，法官人均结案169件，全省排名第二位。是年，扫黑除恶、服务重大战略、创建无诉讼乡（镇）村（街）、道交一体化改革、智慧法院建设等工作成效显著，得到最高法院和省、市领导肯定。全年12个集体33名个人受到省部级以上表彰。

**【扫黑除恶专项行动】** 2019年，廊坊市继续推进扫黑除恶专项斗争，打击整治涉“软暴力”“套路贷”等易伴生黑恶犯罪。坚持深挖根治，落实“一案三查”。全年审结涉黑恶案件114件513人，结案率100%。运用追缴、没收、判处财产刑多种手段“打财断血”，判处罚金1129万元、追缴违法所得1.42亿元。审结杨玉忠案，没收违法所得2484万元及非法财产，有力震慑黑恶犯罪。依法严厉打击传销、环境污染、网络诈骗、侵犯妇女儿童权益、食药安全、抢劫、杀人、绑架等严重刑事犯罪，坚决维护人民群众生命财产安全，全市法院受理刑事案件4879件，审结4676件。严惩贪污贿赂犯罪，审结刘某某受贿贪污案、吴某受贿案。首次适用认罪认罚从宽制度，取得良好社会效果法律效果。开展以审判为中心的刑事诉讼制度改革，刑事审判第一庭被最高法院评为全国刑事审判工作先进集体。办理特赦案件44件，为营造国庆70周年和谐稳定的社会环境贡献力量。

**【维护群众合法权益】** 2019年，市法院依法保护人民群众合法权益，维护市场经济秩序，审结民商事案件6.52万件。妥善审理人身损害、赡养抚养、民间借贷等案件，有效化解民商事矛盾纠纷。注重保护弱势群众利益，审结拖欠农民工工资案件21件，为52名农民工追回欠薪240万元，办理救助案件162件，发放司法救助金678万元，依法减免缓交诉讼费915万元。加强行政审判工作，落实行政首长出庭应诉制度，健全完善行政机关败诉案件线索向同级纪委监委移送机制，保障“放管服”“一次办好”改革措施落地，促进依法行政，助推依法治市。全年审结行政案件4806件。出台规范执行款物管理、案件工作流程管控等文件，健全解决执行难长效机制。落实“京津冀以及通武廊”执行联动机制，开展“腾房行动”“涉民生案件”“控制在案财产集中处置”专项行动，集中力量解决执行积案、难案，执结案件2.48万件，执行到位金额46.88亿元。严厉打击拒执行为，助力社会诚信体系建设，判处6人拒执罪，拘留339人，曝光失信被执行人1.5万人次，限制高消费1.8万人次，限制出入境79人次，向切实解决执行难稳步迈进。

**【司法体制改革】** 2019年，市法院推进两个“一站式”（一站式多元解纷机制、一站式诉讼服务中心）现代诉讼服务体系建设，科学设定“登”字号立案流程，与诉前化解、案件繁简分流、调解速裁有机结合，“分调裁审”机制有效运行。构建新型审判权力运行机制，员额法官遴选常态化，新型审判团队权责明晰，工作顺畅高效。以“一乡（镇）一法庭”建设为基础，开展“无诉讼乡（镇）村（街）”创建，利用行政、司法、行业、人民调解合力解决群众纠纷，形成党委领导、政府负责、民主协商、社会协同、公众参与、法治保障、科技支撑的基层社会治理新模式，从源头化解矛盾纠纷。基层法庭参与社会综合治理1408次，调解、撤诉案件1万余件、司法确认197件。2个乡（镇）678个村（街）实现无诉讼、无信访、无治安案件目标。建立道交纠纷“网上数据一体化处理”平台，纠纷理赔流程化、标准化、公开化，实现道交纠纷快速处理，成功调解纠纷1065件，达成赔偿金额3561万元，道交诉讼案件数量呈现下降的良好趋势。永清县的做法和经验得到最高法院院长周强的充分肯定，批示在全国推广该项改革做法和经验。

**【智慧法院建设】** 2019年，市法院技术改造办案系统，优化升级“数据整合、智能扩展、智慧云端”系统，处理案件便捷高效。应用语音转写、“四类案件”监督、审判质量管理系统，有效提高审判执行质效。推广网上缴费、远程庭审、跨域立案、移动微法院系统的应用，方便群众诉讼。率先建设法律文书“易送达”平台系统，文书送达信息准确、顺序规范、周期可控、成本降低，全年送达法律文书近4万份。“易送达”平台被誉为智慧送达“河北模式”，在第二届数字中国建设成果展览会上展示。研发网络信息安全业务管控系统，建成数据整合、管控、分析、应用综合性新型网络安全管控模式，为全国法院网络安全系统建设提供有益实践。探索应用专网审理重大经济案件，使用全国企业破产重整信息网召开破产案件债权人会议，保障重特大案件众多债权人行使表决权，提高审判效率。

（王伟海　马聪文）

## 检　察

**【概况】** 2019年，廊坊市检察机关适应新时代新要求，忠实履行宪法和法律赋予的职责，统筹推进刑事、民事、行政、公益诉讼“四大检察”全面协调充分发展，为新时代加快建设经济强市、美丽廊坊做出积极贡献。全年批捕各类刑事犯罪2995件3725人，起诉4257件5710人。

**【服务大局】** 2019年，廊坊市检察院防范化解金融风险，严厉打击非法吸收公众存款、集资诈骗、传销等涉众型经济犯罪，批捕68人，起诉61人。开发区人民检察院针对贷款人逾期不履行还款义务情形，依法支持银行起诉14件。加强与环保、水务、国土、法院、公安等部门协作配合，批捕破坏环境资源犯罪64人，起诉99人。环保公益诉讼立案285件，通过诉前程序办结277件。将司法救助纳入脱贫攻坚，解决“因案致贫”群众实际困难，帮扶贫困户25户。服务北京城市副中心建设，三河、大厂、香河等县（市）人民检察院主动配合“北三县（市）”生态控制线贴边区违法建设整治专项行动。围绕服务大兴国际机场项目建设，先后9次实地到被征迁村街开展法律宣传服务，依法妥善办理刑事案件10件。持续推进“白洋淀流域生态环境保护行政执法专项检察行动”，公益诉讼立案189件，督促环保部门对63家违法企业行政处罚400余万元。制定《关于充分发挥检察职能依法服务和保障民营经济健康发展的实施意见》，细化15条具体措施。依法严惩假冒注册商标等侵犯知识产权犯罪，批捕46人，起诉53人。安次区人民检察院办理的孟某某等3人非法制造注册商标标识案，被最高检评为“检察机关保护知识产权典型案例”。依法审慎办理涉民营企业家案件，能不捕的坚决不捕，能不诉的坚决不诉。霸州市人民检察院对2起非法占用农用地案，广阳区人民检察院、固安县人民检察院分别对一起虚开发票案作出不起诉决定，维护民营企业正常生产经营秩序。开展送法进企活动，编印《服务非公企业法律知识手册》系列丛书，免费赠阅，受到企业欢迎。

**【平安建设】** 2019年，廊坊市检察机关全力维护国家安全和人民生命财产安全。开展反分裂反恐怖反邪教斗争，起诉邪教组织犯罪6人。严厉打击故意杀人、抢劫、强奸等严重暴力犯罪和盗窃、诈骗、敲诈勒索等易发多发犯罪，起诉1469人。加大对“黄赌毒”犯罪打击力度，起诉毒品犯罪77人，特大贩毒案被告人张某某等4人被依法严惩。

推进扫黑除恶专项斗争。围绕“深挖根治”目标，推动扫黑除恶专项斗争向纵深开展。批捕涉黑恶犯罪案件68件117人，起诉75件299人。市级、县级院领导带头办理涉黑恶案件23件涉及70人。强化诉讼监督，在审查批捕、起诉环节改变涉黑恶案件定性21件。加强协调联动，提前介入公安侦查59件，提出建议300余条。通过引导侦查，公安机关追缴、没收涉黑恶财产近2亿元。社会高度关注的杨玉忠组织、领导、参加黑社会性质组织案成功公诉，该案被最高检评为全国检察机关扫黑除恶首批典型案例。

依法保护特殊群体合法权益。落实最高检“一号检察建议”，全市检察机关54名兼职法治副校长走进中小学校讲授“开学第一课”，用法治力量呵护未成年人健康成长。推动“木兰有约”向基层延伸，普法宣讲59场次，直接受众9000余人。开展农民工讨薪问题专项监督活动，坚决惩治恶意欠薪，起诉12件14人。

推进检察环节社会治理创新。开展清理信访积案专项活动，接待来信来访1787件，办结信访积案130件，化解率居全省第二位。做好“群众来信件件有回复”工作，做到7日内程序回复、3个月内办理过程或结果答复。廊坊法治宣教中心全年接待各界参观12万余人，被省委宣传部命名为“2019年度河北省基层理论宣讲先进集体”。

**【法律监督】** 2019年，廊坊市检察机关做优刑事检察工作，加强刑事诉讼活动监督。监督公安机关立案10件、监督撤案15件，纠正漏捕26人、漏罪144人，提出书面纠正违法意见119件。支持抗诉17件，检察长列席同级法院审判委员会22人次。参与反腐败斗争，受理监察委移送案件23件30人，提前介入19件，起诉23件30人，提前介入率位居全省第一位。在全市辖区9个看守所开展巡回检察，针对发现的问题发出纠正违法通知书19份。开展审前未羁押、判实刑未交付执行专项检察活动，核查并清理纠正71人。开展财产刑执行检察活动，核查并监督执行1100余万元。

做强民事检察工作。受理各类民事诉讼监督案件359件，对认为确有错误的民事生效裁判向法院提出、提请抗诉17件，提出再审检察建议6件，法院再审改判5件。对审判活动违法提出监督意见29件，法院采纳17件。对民事执行活动提出监督意见43件，法院采纳38件。

做实行政检察工作。全市办理行政监督案件84件，向法院发出检察建议41件，法院采纳29件。年内，永清县人民检察院重点监督14件国土领域行政非诉执行案件，推动行政机关依法行政，使有效保护国家耕地、基本农田。

做好公益诉讼检察工作。全年公益诉讼立案539件，通过诉前程序办结506件。开展“保障千家万户舌尖上的安全”专项行动，三河市人民检察院办理的天津某公司廊坊分公司未对入网食品经营者审查许可证案，入选“全省市场监管十大典型案例”。市检察院针对廊坊市某单位怠于履行军粮管理职责的行为立案调查，启动诉前程序，督促其整改落实，为国家挽回重大经济损失，得到最高检肯定。

**【改革创新】** 2019年，廊坊市推进检察机关内设机构改革。形成“四大检察”“十大业务”并行发展法律监督新格局。推进刑事诉讼制度改革。全面实行“捕诉一体”办案新机制，实行一个案件由一个检察官全程办理，办案质效明显提升，人均办案数较改革前提升15%以上。推行量刑建议制度，与廊坊市中级人民法院会签《关于常见犯罪的量刑指导意见》，促进量刑建议精准化。全面推行刑事案件认罪认罚从宽制度，确定型量刑建议采纳率达83.1%。推进配套机制创新。推行“三位一体”检察建议工作新模式，制发检察建议220件，回复采纳率97%，有效发挥检察建议在参与社会治理，维护司法公正，促进依法行政等方面的监督作用。成立专家咨询委员会，聘请30名省内外法律、金融、环保、土地、网络等领域知名专家为首届专家咨询委员，为检察机关实现精准监督、公正司法提供重要支撑。

**【队伍建设】** 2019年，廊坊市检察院按照“守初心、担使命、找差距、抓落实”总要求，开展“不忘初心、牢记使命”主题教育，引导检察干警筑牢为民初心、践行检察使命。强化文化育检功能，打造“检察文化长廊”、创办《晨风》期刊，市检察官文联获AAA级社会组织。提升专业素能，优化人才结构。结合内设机构改革，提拔一批年轻干警进入中层领导岗位，向社会招录一批紧缺的检察专业人才。坚持素质兴检，与厦门大学、西南政法大学等知名院校开办检校合作培训班，举办首届刑事检察业务论辩赛，组织各类培训100余场。推进从严治检。压紧压实“两个责任”，严厉整治形式主义、官僚主义等“四风”问题。发挥巡察“利剑”作用，以“四个落实”为主要内容，对霸州、大厂2个基层院集中开展系统内政治巡察。用好“四种形态”加强警示教育，不断锤炼检察干警忠诚干净担当的政治品格。树立监督者更要接受监督的理念，自觉接受党的监督、人大监督、政协民主监督和新闻舆论监督。履行重大事项向党委请示报告制度，积极办理代表委员意见、建议。深化检务公开，举办“携手关爱、共护明天”等多场检察开放日活动。广泛运用“两微一端”等新媒体，是年，市检察院微信公众号获评“全国检察微信二十强”。

（蔡建玺　周扬帆）

## 公　安

**【概况】** 2019年，廊坊市公安机关以中华人民共和国成立70周年大庆安保为主线，防范化解各类重大风险，做好防风险、保安全、护稳定等各项工作，全市社会治安形势持续向好。推进“五大智慧工程”（智慧边界、智慧暑期通道、智慧视频监控、智慧平安社区、智慧警务站），智慧边界、智慧暑期通道、智慧视频监控三项工程全部完成，建成智慧社区167个、智慧警务站57个。开展“利刃2019”“亮剑2019”“云剑”等专项整治行动，以专业能力对抗职业犯罪，严打“盗抢骗”、电信网络新型违法犯罪，全市共接有效警情40.3万起。组织开展命案积案攻坚，全年社会治安呈现“五降三升”态势，其中治安类警情下降1.3%，刑事类警情下降23.8%，八类严重暴力案件下降16.71%，“盗抢骗”案件下降21.68%，新型网络诈骗下降8.44%；刑事破案率上升10.41%，抓获犯罪嫌疑人数量上升8.65%，抓获网上逃犯数量上升21.4%。现行命案破案率连续7年保持100%。

**【公共安全管理】** 2019年，廊坊市加强交通安全管理，开展主城区道路交通秩序集中整治行动，查处各类交通违法行为387万余起，交通事故四项指数（交通事故的发生起数、死亡人数、受伤人数、直接财产损失）全面下降。加强危险爆炸物品安全管理。以民爆物品、易制爆化学品、烟花爆竹等为重点，全力打击枪爆物品违法犯罪，开展烟花爆竹隐患排查、易制爆危险化学品专项整治行动，确保不流失、不炸响。加强监所安全管理。统筹推进监所安全管理、规范执法、深挖犯罪、基础设施建设、智能化改造等重点工作，2019年全市公安监管场所安全稳定，实现“双零一降”工作目标。加强新兴业态安全管理。探索网约车、网络直播、快贷、区块链等新业态新技术新领域安全管理新举措，强化事中、事后监管，严防出现管理盲区。针对北京大兴国际机场试航运营，做好净空区无人机、空飘物、风筝、烟花爆竹等影响新机场航运安全隐患排查整治工作，严防发生影响航运安全的案（事）件。完善大型活动安全监管机制。针对中超联赛等大型活动，完善细化指挥体系建设、比赛风险研判、监管方案设计、突发事件处置、民警执勤保障等关键环节，建立高效、可行的常态化监管机制。

**【扫黑除恶专项行动】** 2019年，全市公安机关发挥主力军作用，突出线索深挖、线索核查，突出大案攻坚、打财断血，突出一案三查、破网打伞，突出重点区域、重点行业整治，持续向黑恶违法犯罪发起攻势。全市打掉黑社会性质组织4个，抓获犯罪嫌疑人104名，破获案件48起；恶势力犯罪集团9个，抓获犯罪嫌疑人97名，破获案件58起；恶势力团伙24个，抓获犯罪嫌疑人126名，破获案件118起；新增缴获扣押冻结资产4.29亿余元。是年，廊坊市、县打掉涉恶团伙数排名全省第一位。

**【刑事违法犯罪】** 2019年，全市各类刑事案件立案14642起，破案5165起，抓获犯罪嫌疑人6617名，批捕嫌疑人3661名，移送起诉嫌疑人6339名。其中，八类严重暴力（故意杀人、故意伤害致人重伤或者死亡、强奸、抢劫、贩卖毒品、放火、爆炸、投放危险物质）案件立案872起，抓获犯罪嫌疑人1028人；破获“盗抢骗”案件1433起，抓获盗抢骗犯罪嫌疑人1292名；破获电信诈骗案件258起，同比上升108%；破获毒品刑事案件62起，抓获毒品犯罪嫌疑人86人，缴获冰毒17.59公斤；抓获各类公安机关在互联网上通缉的逃犯1872名。

**【经济违法犯罪】** 2019年，全市受理各类经济犯罪案件613起，立案488起，破案172起，刑事拘留犯罪嫌疑人238名，批准逮捕184名，移送起诉308名。集中开展“网络传销违法犯罪活动联合整治”“清零”等系列专项行动，全市传销警情同比下降63.6%，廊坊成功退出全国传销重点整治城市行列。开展“猎狐2019”专项行动，全市共抓获逃往境外的犯罪嫌疑人3名。其中，3月3日抓获逃往越南的犯罪嫌疑人李某，副省长、省公安厅厅长刘凯作出肯定性批示；9月23日，抓获逃往越南的犯罪嫌疑人宋某某；9月25日，抓获逃往柬埔寨的犯罪嫌疑人刘某某。2019年8月9日，公安部发布公政治〔2019〕163号通报对“猎狐2018”专项行动成绩突出集体和个人进行表扬，市公安局经侦支队及广阳分局经侦大队大队长郭鲲分别获成绩突出集体及成绩突出个人称号。严厉打击非法集资犯罪，全市共立非法集资类案件40起，同比增长73.91%，破案24起，同比增长75%，涉案金额17.6亿元，同比增长651%。侦办“国达泽诚”非法吸收公众存款案，抓获犯罪嫌疑人2名。开展食药打假和“利剑斩污2019”专项行动。开展“昆仑”行动、“利剑斩污2019”专项行动。2019年，打掉食品药品犯罪团伙11个，捣毁制假黑窝点32个，破获案件48起，抓获犯罪嫌疑人56名，涉案金额3270余万元；侦破环境犯罪刑事案件87起，抓获犯罪嫌疑人156名。

**【推进“放管服”改革】** 2019年，廊坊市公安局在户籍管理方面深化便民利民服务，配备居民身份证自助办理机，全年办理居民身份证33.8万余张。车辆和驾驶人管理方面，在全省率先建成24小时车管自助服务网点，车管业务大厅及各二手车市场交易环节开展互联网选号，全市二手车交易市场全部实现登记审核业务“一窗式”，完善优化“网办中心”服务功能建设，确保“放管服”便民利民措施落实落地。出入境管理方面，市区4个警务站投放4台港澳台自助签注机，实现24小时办理自助签注业务，将“不打烊”的出国境业务落到实处；推广出入境E助手微信小程序，提供网上预约、证件办理、进度查询、临住登记等服务功能。

**【智慧警务建设】** 2019年，廊坊市、县视频专网带宽提升到1000M，350M PDT（无线数字集群系统）终端建设完成，为日常和重大安保指挥调度提供安全、保密、高效的科技手段；全警移动警务终端配发率达100%，研发人员、车辆核查和人像识别、视频回传等APP39个，实现核查与录入、比对同时进行；加强视图库建设，构建基础库、专题库、索引库，服务于公安机关实战应用。接入人脸、车辆卡口识别线路，视图库人像结构化数据日增34万余条，卡口车辆结构化数据约450万余条；推进“天网”工程建设，全市共建成2万余路视频监控前端，初步完成市级视频监控智能化应用平台建设和全市域人像、车辆卡口联网，实现统一布控、联动应用。全市建成并开展联网应用的高清视频摄像机2000余台，建成并开展联网应用的高清智能卡口系统700余个，基本实现路面全程监控、全面监管。基础数据汇聚方面，大数据平台汇聚接入公安类、社会资源类共124.5亿余条数据，将小路口、人脸、电子围栏等数据全部汇聚到大数据平台，进行数据清洗、分类、治理。在基础数据应用方面，以警务大数据联合实验室为核心，创新公安大数据应用体系，加强预测预警、精准打击、动态管控、安全防范能力。研发大货车违章、涉黑恶警情分析、疑似失足女挖掘等近50个数据分析模型，运行比对得出战果数据近5万条；接入全市街边警力、警车、视频监控等资源，依托PGIS地图全部可视化展示，实现人、车图上指挥，指令精准推送的工作目标；依托市、县两级公安机关一体化指挥调度系统，全方位管控重要通道、重点区域，形成全域人员、车辆的实时安全感知；利用海量数据资源，以服务实战为核心，为全市公安机关共提供3700余万条数据服务。

**【公安队伍建设】** 2019年，廊坊市公安系统开展“不忘初心、牢记使命”主题教育和“践行新使命、忠诚保大庆”实践活动，全面加强忠诚教育、革命传统教育、爱国主义教育。组织开展 “警务实战春训秋考”“警容风纪训练月”等岗位练兵活动，提升警务实战技战法水平。加强奖罚机制建设。注重发掘一线单位突出事例及典型个人，及时实施表彰奖励。全市公安系统有54个单位、351人受到表彰奖励。其中，永清县公安局曹家务派出所被公安部命名为首批“枫桥式公安派出所”，安次区天桥西派出所被省公安厅命名为省级“枫桥式公安派出所”，固安县公安局辛立村检查站被公安部荣记集体一等功。是年，廊坊市公安局严格落实各级党委主体责任、纪检监察监督责任、党委书记第一责任人责任，严格落实各项条规禁令，加强纪律规矩经常性教育，强化监督执纪问责，推动公安机关党风廉政和反腐败工作取得成效。

（张　静）

## 法治政府建设

**【概况】** 2019年，廊坊市完善依法治市制度体系，制定《中共廊坊市委全面依法治市委员会工作规则》《中共廊坊市委全面依法治市委员会协调小组工作规则》《中共廊坊市委全面依法治市委员会办公室工作细则》《中共廊坊市委全面依法治市委员会2019年工作要点》《中共廊坊市委全面依法治市委员会协调小组2019年工作方案》等文件，全力推动依法治市工作有序开展。廊坊市司法局立足工作职能，按照市委全面依法治市委员会工作部署，组织召开市委全面依法治市委员会第一次会议、市委依法治市办公室全体（扩大）会议、依法治市委员会执法协调小组2019年第一次会议。开展深入学习宣传贯彻习近平总书记全面依法治国新思想新理念新战略。组织开展食品药品监管执法司法自查、法治政府创建核查和营造法治化营商环境保护民营企业发展专项督察等工作。是年，廊坊市法治政府创建工作成为全省三个综合性考核项目之一予以保留。

**【立法工作】** 2019年，廊坊市围绕全市经济社会发展和深化改革需要，科学编制《廊坊市人民政府2019年立法工作计划》，积极推进《廊坊市加强大气污染防治若干规定》《廊坊市院前医疗急救条例》《廊坊市养犬管理办法》《廊坊市城市二次供水管理办法》等立法项目，指导起草部门召开立法听证会，广泛征求社会各界意见和建议，提高立法公众参与度。

**【合法性审核】** 2019年，廊坊市制定《廊坊市人民政府办公室关于全面推行行政规范性文件合法性审核机制的实施意见》，主动服务大局，助推重点工作，为北京大兴国际机场廊坊临空经济区、中国（河北）自由贸易试验区大兴机场片区廊坊区域、“5•18”国际经济贸易洽谈会、政府与社会资本合作（PPP）项目等提供法治保障。全年出具合法性审核意见231件，其中规范性文件88件，非规范性文件112件，会议纪要15件，协议16件。

**【行政执法协调监督】** 2019年，廊坊市全面深化行政执法三项制度，制定《廊坊市全面推行行政执法公示制度执法全过程记录制度重大执法决定法制审核制度实施方案》《关于做好全面推行行政执法三项制度信息报送工作的通知》，督导各地各部门有序开展行政执法三项制度各项工作。深化行政执法公示制度改革，联合市委改革办开展各县（市、区）行政执法公示网络巡查，督促完善行政执法公示信息。严格执法主体资格管理，规范行政执法人员管理，参加清理行政执法人员，1865名新增行政执法人员参加9期公共法律知识培训，会同市财政局开展罚没许可证年检工作，确认市直和中省直驻廊单位罚没主体42个，并通过新闻媒体和网络予以公告。制定《廊坊市证明事项告知承诺制试点工作方案》，推动试点工作有序开展。

**【行政复议与应诉】** 2019年，廊坊市履行行政应诉职责，依法办理行政复议案件。接待复议申请当事人360余次，行政复议申请立案61件，行政应复案件3件，作出行政复议补正52件，作出行政复议决定58件，其中维持32件，驳回8件，撤销5件，责令履行4件，终止9件。行政应诉案件54件，原行政行为机关和复议机关共同应诉36件，一审程序案件30件，二审程序案件24件。

（张　健）

## 司法行政

**【概况】** 2019年，廊坊市司法局组织排查矛盾纠纷2363次，预防纠纷1871件，调解案件10993件，调解成功10960件。全市累计接收社区矫正对象12958人，累计解除社区矫正人员9898人，在册社区服刑人员3060人。全市办理法律援助案件1701件，其中刑事案件511件，民事案件1187件，行政案件3件，解答法律咨询1.9万余人次。律师进驻市群众工作中心值班接待上访群众咨询1189人次。做好年度国家统一法律职业资格考试工作，被司法部评为表现突出单位。12月，全省社区矫正工作会议在廊坊市召开。与北京通州、天津武清联合举办“通武廊”公共法律服务建设论坛，签订《“通武廊”公共法律服务协同发展框架协议》，与大兴区司法局签署《法律援助协作协议》。

**【法治宣传教育】** 2019年，廊坊市推进“七五”普法深入实施。突出学习宣传宪法，市、县两级全部制定印发《关于深入学习宣传贯彻〈中华人民共和国宪法〉的实施意见》，将宪法学习宣传工作纳入经济社会发展总体规划，细化分解重点工作，落实部门责任。坚持以考促学，组织全市各级干部3万余人参加全省第11次宪法法律知识考试。全年组织市政府常务会会前学法4次，法制讲座2次，与相关部门联合举办法治教育专题培训班2期，举办法治讲座、法治报告会、研讨班28期。落实《青少年法治教育大纲》，把宪法法律教育纳入国民教育体系，着重培养和增强青少年的国家观念和公民意识；将法律学习宣传融入“开学第一课”、升旗仪式等活动中，普遍开展普法宣讲团、青年普法志愿者“法律进校园”活动，举办法治报告会1500余场；围绕“三深化三提升”、扫黑除恶专项斗争、“精准扶贫”、防范化解重大风险等内容，组织各级各部门加强相关法律法规学习宣传，提高运用法治思维和法治方式化解风险的能力，印制发放宪法单行本、扫黑除恶知识读本、宣传手册等资料3万余册。组织开展全市国庆70周年国家安全教育、环境保护、食品药品安全、打击非法集资等主题宣传活动；完善全市民主法治示范村（社区）评价标准，开展全国民主法治示范村（社区）复核，涉及前7批命名的21个全国民主法治示范村（社区），并形成建议报告。组织开展省级民主发示范村（社区）申报，自组织全市自查自评基础上，筛选出23个村（社区）申报省级民主法治示范村（社区），推动全市乡村法治建设深入开展，提升基层依法治理水平。

**【基层人民调解组织建设】** 2019年，廊坊市开展大排查、大化解、大宣传，维稳攻坚专项行动和矛盾纠纷排查化解集中攻坚行动。与保险行业协会、市妇联、市住建等单位联合推进人民调解组织建设，建成聚集区调解组织15个、道交纠纷调解组织11个、婚姻家庭纠纷调解组织12个、保险行业调解组织8个。调解员许玉静入选4月“中国好人榜”，市司法局被中华全国人民调解员协会评为“人民调解宣传工作先进单位”。推进市医调委专家库建设，市医调委被推荐为2018—2019年度“全国创建平安医院活动表现突出集体”。

**【社区矫正和安置帮教】** 2019年，廊坊市加强社区矫正安全管控。强化日常监管，抓好安全研判，加强重要时段、重点人员的排查管控。建成廊坊矫正信息管理系统，构筑“电子围墙”，实现对社区矫正对象实时监控。全市社区矫正对象3060人，无脱管、漏管或失控现象。推进社区矫正社会化，推动社区矫正专业化社工组织建设和社工队伍的培育，与廊坊师范学院社会发展学院签订司法社工实习基地联建协议，组织全市社区矫正岗位劳务派遣人员开展业务培训，组织200余人参加全国社会工作师资格考试。做好特赦工作，组织精干力量排查全市在矫的3000余名社区矫正对象，经审核，最终市中级人民法院对44人裁定特赦，率先在全省完成特赦任务。

**【强制隔离戒毒管理】** 2019年，廊坊市强制隔离戒毒所在册戒毒人员67人，所内强制隔离戒毒成功率100%。年内，市强制戒毒所推进“365”戒毒模式，落实戒毒人员一日生活制度，实行戒毒人员早操、就餐、学习、队列、习艺、康复等各环节24小时标准化管理，其场所实现无毒品流入、无脱逃、无非正常死亡、无所内案件、无生产安全事故、无重大疫情“六无”目标。

**【公共法律服务】** 年内，廊坊市律师行业党校成立，律师行业党建工作实现全覆盖全规范全统领。组织律师服务民营企业发展，全市律师深入956家重点民营企业开展“法治体检”，为159家民营企业出具法治体检报告书。组织律师积极参与扫黑除恶专项斗争，举办律师“扫黑除恶”辩护代理工作专项培训，加强对律师代理涉黑恶案件的指导。推进律师调解工作， 成立律师事务所调解工作室18家，调解案件140余件。推动公证主动作为，服务经济社会发展大局，为新机场建设、回迁安置、市政建设、服务民营企业、乡村振兴等经济社会热点和重大民生项目提供优质高效公证服务。开展公证参与司法辅助试点工作，在不动产交易大厅、人民法院设立服务咨询窗口，办理咨询、调解等事项。简化法律援助审批程序，开展刑事案件律师辩护全覆盖试点工作，与市中级人民法院联合出台工作意见，在市本级和7个县级单位开展试点工作。与市、县检察院探索尝试律师服务认罪认罚从宽制度，值班律师见证具结悔过110余份。市法律援助中心连续8年在市“双星”建设中被评为五星级窗口单位。严格司法鉴定管理，全市14家执业司法鉴定机构共出具司法鉴定意见书5414份，业务量同比增长8%，鉴定意见采信率达到98%。廊坊市司法鉴定工作实现连续8年“有效投诉为零”目标。在全省率先成立国家统一法律职业资格考试基地，协调职业学院、公安、保密机要、无线电等部门，全力做好组织实施和考生服务工作。

（张 健）

## 廊坊军分区

**【概况】** 2019年，廊坊军分区党委坚决贯彻上级党委决策部署，各项建设保持平稳发展。坚持把学习贯彻习近平新时代中国特色社会主义思想和习近平强军思想摆在首位，制定下发《2019年党委理论学习中心组（带机关）学习计划》，常态落实周四党委中心组带机关理论学习和周五党日学习制度。开展“不忘初心、牢记使命”主题教育，严格落实“四个贯穿全程”“四个到位”要求，举办主题教育理论读书班， 开展对照党章党规找差距，遴选6名身边典型举办事迹报告会，通过用创新理论透视、用党章党规扫描、用先进典型对照，激发全体党员敬业尽责担当、矢志强军兴军的政治自觉。突出问题导向，实行向内检视问题，做好整改，着力解决官兵最急最忧最盼的问题，以看得见的变化回应官兵期盼，年内河北省军区主题教育领导小组对廊坊军分区有关做法进行转发。发挥思想政治工作服务保证作用，在军事训练、兵役征集、民兵比武等大项工作任务中，及时下发政治工作指示、建强组织、督导落实，为各项工作的圆满完成提供坚强的政治保证、思想保证和组织保证。

**【军事训练】** 2019年，廊坊军分区坚持战备训练中心地位不动摇，加大治弱补短力度，每周二上午、周四下午组织军事理论和军事技能学习，每天下午五点组织体能训练，各级干部军事素质进步明显。提升基干民兵和专武干部军事素质，开展基地化轮训和集中培训，参加上级竞赛比武活动。年内，在省军区组织的专武干部培训中，廊坊市参训人员结业考核获得全省第一名；在全省民兵群众性比武竞赛活动中廊坊市民兵获得总评第三名，并被授予唯一精神文明奖。

**【国防动员】** 2019年，廊坊军分区开展兵役登记，坚持每周排名通报兵役登记率和应征报名情况，每月专题讲评。4月，全市18周岁适龄青年兵役登记率达到100%。高标准做好兵员征集工作，严把体格检查、政治考核、役前训练和审批定兵各个关口，全面取消初中生征集，兵员质量明显提升。市、县两级联动，组织全市专武干部资格认证和封闭式集训，以省军区赋予基层武装部试点建设任务为抓手，统一规范基层武装部进行，持续夯实基层武装工作基础。

**【综合保障】** 2019年，廊坊军分区修订《廊坊军分区财务管理暂行规定》，及时规范民兵训练费使用和机关伙食补助，推进审计发现问题后续整改工作，严肃追究相关责任人责任，财经秩序更加正规。开展不合理住房清理清查，成立住房核查清理整治工作领导小组和工作专班，建立日汇总、周汇报、月总结制度，适时通报房清进度。推进营院综合整治，先后防水维修、综合整修机关办公楼、综合楼，公寓房等，彻底整治长期空余房屋、院落环境，建立空余房地产巡更制度，设置安装智能电子巡更点，实现空余营房管理全覆盖，营房管理持续规范。

**【安全发展】** 2019年，廊坊军分区提高“四个秩序”规范化建设。落实首长帮建制度，军分区分别挂钩帮建团级单位，配合多项工作深入一线指导，并结合主题教育广泛开展大谈心活动。开展暖心工程，宣扬职工、专武干部、基干民兵先进典型，激发自主抓建动力。开展安全大检查，对照安全检查细则查纠整改，促进全区部队安全稳定。坚决抓好重点时期安全工作，配合省军区在辖区内高速路和国道开设纠察站点，检查登记过境军人军车，受到省军区首长表扬。组织“百日安全”活动，严格落实请销假、车辆派遣、进出营门登记和移动存储介质使用管理等规章制度，确保军分区部队高度集中统一和安全稳定。

**【双拥共建】** 2019年，廊坊军分区发挥桥梁纽带作用，承办河北省国防教育基地正规化建设现场观摩活动，香河县国华影视基地被命名为“河北省国防教育基地”。开展赞皇县黄北坪村和承德市8个贫困村跨区帮扶工作，累计投入180余万元完成太阳能路灯安装、修缮红色旧址、修建文化广场、建设国防书屋、搭建蔬菜暖棚等12个帮扶项目。持续提升双拥工作层次水平，开辟“双拥”专栏，开办“廊坊双拥”微信公众号，年内《中国国防报》头版头条采访报道廊坊市双拥情况，军地反映良好。

（袁　伟）

## 武警廊坊市支队

**【概况】** 中国人民武装警察部队河北省总队廊坊支队（以下简称武警廊坊支队），主要担负司法部燕城监狱看押、廊坊市9个县（市）看守所看守、航天科工集团目标守卫、中纪委办案点留置陪护、时期环京公安检查站警戒设卡、武装巡逻及处突、反恐、抢险救援等任务。2018年1月，由团级支队调整为旅级支队。

2019年，武警廊坊支队按照“巩固、深化、落实、提升”要求，坚持“四抓四强”工作思路，各项任务圆满完成。支队党委深入贯彻武警党委1号文件精神，建立健全抓建责任制，利用蹲点帮建、季度考评、“三帮一带”等载体，严格“双争”评比，兑现“15件实事”。抓好党委中心组带机关理论学习，推广普及“五微”教育方法，落实“四课”督教评教措施，推进理论服务走基层暨“双百”微课和“法律服务下基层”活动。组织“传承红色基因、担当强军重任”主题教育，武警廊坊支队周峰取得河北总队优秀“四会”政治教员比武第一名，“燕赵武警十佳卫士”“最美官兵”“十佳优秀军嫂”和“五好文明家庭”均榜上有名。是年，武警廊坊支队连续10年被评为“基层建设先进支队”，连续17年被评为正规化执勤优秀单位；支队长刘辉被武警部队表彰为“优秀指挥员”，王二飞被武警部队表彰为“优秀分队指挥员”，王一铭、张家豪、秦琦获武警部队“百名优秀参谋”称号，刘东庆被表彰为优秀教练员。

**【安保工作】** 2019年，武警廊坊支队牢记习近平主席“干好维稳这件大事”政治嘱托，紧贴“两个维护”新使命，硬件软件一起抓。完成国

2019年，武警廊坊支队组织开展“读习主席的书、听习主席的话、做习主席的好战士”活动

庆 70 周年等重大安保任务，执勤连续 24 年实现安全无事故，支队被河北总队评为正规化执勤优秀单位，7 个中队被评为正规化执勤标兵（先进）中队。严密组织新大纲和教练员集训、勤训轮换、特战分队驻训、魔鬼周极限训练、应急班轮训和首长机关集训。“四会”（会讲、会做、会教、会做思想政治工作）教练员达标率 100%，训练场地达标率 95%。

**【基层建设】** 2019 年，武警廊坊支队把握新编制体制下基层建设特点规律，选准配强育好基层干部，开展“深知兵、真爱兵，建功立业当标兵”大练基本功活动，魏榕霆荣获二等奖。廊坊中队被武警部队评为“基层建设先进中队”，连续 18 年被总队评为“基层建设标兵中队”、荣立集体三等功；2 个大队被总队评为基层建设先进大队，6 个中队被评为“基层建设先进中队”。开展“条令年”“四月”和“四个一”活动，支队被武警部队表彰为“暑期百日安全竞赛活动优胜单位”。廊坊中队的精细抓建经验在总队基层建设会议上作交流发言，支队《积极适应新体制新挑战，打造新时代精准抓建“升级版”》经验做法在武警部队基层建设会议上转发。

**【后装保障】** 2019 年，武警廊坊支队树立“前勤”理念，狠抓“一组五队”和“一专多能、一兵多用、人装结合”实战化训练。推进“清仓归零”、专项整治和财务大清查活动，完成机关车库、住房维修、营区绿化、路面硬化、双线路电源改造和安装自动喷灌系统等建设工程；指导基层完成大厂车库建设、固安外墙粉刷、永清中队和廊坊中队改造，推进三河中队、执勤六、九中队营房改造，协调廊坊市委市政府加快推动机动大队和教导队建设。支队被武警部队评为装备管理“三化”达标先进单位，3 人被总队表彰为“红旗车驾驶员”。

（郭一杭）

2019 年，武警廊坊支队严密组织“魔鬼周”极限训练

## 消　防

**【概况】** 2019 年，廊坊市消防救援支队履行应急救援职责，提升专业水平，在处置各类灾害事故中当先锋、打头阵。全年接警出动 9377 起，出动车辆 2.3 万余辆次，抢救疏散被困人员 204 人，完成全国“两会”、暑期安保、北京大兴国际机场通航、中华人民共和国成立 70 周年纪念活动、中共十九届四中全会等 18 个重大安保活动。“廊坊消防政能量”官方抖音累计推送作品 308 件，关注人数超 113 万人，阅读量 3 亿余次，在全国支队级消防账号影响力排名前十。深化“放管服”改革，做好建设工程消防设计审查验收职责移交承接工作，实现零空档、零过渡。推行“双随机一公开”新机制，提高监督执法效率，全市消防安全形势持续稳定向好。

**【火灾防控】** 2019 年，廊坊市落实消防安全责任制，市政府召开 10 余次会议分析研判火灾形势、部署消防工作及消防专项治理，先后组织消防安全专项检查 2 次，市级、县级党政领导深入一线督导工作落实 90 余次，实行“四不两直”（不发通知、不打招呼、不听汇报、不用陪同接待、直奔基层、直插现场）检查消防安全，现场办公解决消防安全瓶颈性问题。开展冬春火灾防控、仓储物流、易燃易爆、双百日攻坚会战等 8 个专项行动，针对仓储物流、商业综合体、医疗养老机构等单位逐个摸排、建立台账。全年检查单位 2.1 万家，发现整改火灾隐患 4.8 万处，临时查封 190 家，责令“三停”（停产、停业、停止施工）116 家，21 家重大火灾隐患单位全部整改销案。全年火灾起数较 2018 年同比下降 17.6%，伤人数下降 20%，亡人数下降 20%。

**【消防基础建设】** 2019 年，廊坊市建成城市消防站 2 座、小型站 2 座，全市城市消防站达 38 座、小型消防站达 11 座。新征召政府专职消防员 212 名，新建市政消火栓 191 座、消防水鹤 6 座。加快“现代化”装备建设步伐，优化升级车辆装备器材结构体系，购置消防车 22 部，采购排烟机器人 1 台、灭火机器人 1 台、进口威霸液压破拆工具 1 套、TFT 锥形阀水枪 50 支，金刚石机动链锯 2 台，实现器材装备的优化升级。开展车辆器材装备统标统型、统装统配、统训统考、统

4月26日，“蓝朋友”志愿者服务队成立暨授旗仪式在市消防救援支队举行

调统指、统编统保“十统”工作，开展装备巡检125次，检查车辆300余辆、装备器材4000余件（套），检测空气呼吸器269具，维修保养空气呼吸器110具，填充气瓶322个，推动综合救援战勤保障能力持续提升。

**【消防队伍建设】** 2019年，廊坊市消防救援支队结合廊坊灾害事故特点，科学制订全员岗位大练兵工作方案，各级领导干部带头参训，体能达标率整体提升40%、优秀率提升近50%。针对地震、山岳、水域、车辆事故等类型灾害事故特点，修订完善各类预案，组织开展支队级实战拉动5次，实战演练10次，制作修订数字化预案和熟悉卡510份。加强业务培训，举办战训大讲堂、战例研讨会18期次，34名消防员取得舟艇、吊车、叉车操作及潜水资质，1名业务骨干赴法国参加中法山岳及冰雪救援技术合作项目训练。是年，廊坊市消防救援支队先后被评为“新中国成立70周年消防安保工作先进集体”“全省安全生产月先进单位”；应急通信保障分队在2019年全省应急通信比武竞赛中获团体第二名。队伍内涌现出全国“巾帼建功标兵”王竟萱、“廊坊五四红旗团支部”永清中队、“廊坊新长征突击手”买海潮、“廊坊优秀共青团员”张宇和“廊坊好青年”朱宇等一批先进典型。

**【廊坊市消防救援支队挂牌成立】** 12月29日，廊坊市消防救援支队举行挂牌仪式。中共廊坊市委常委、常务副市长贾永清出席仪式，代表市委、市政府作讲话，要求全体指战员始终牢记总书记训词，永远做党和人民的忠诚卫士；始终坚持纪律部队建设标准，打造刀山敢上火海敢闯的钢铁队伍；始终把人民放在心中最高位置，为维护人民群众生命财产安全英勇奋斗。出席仪式的领导共同为“廊坊市消防救援支队”揭牌。市消防救援支队所属大队、消防救援站同时挂牌。

（李　杲）

## 人民防空

**【概况】** 2019年，廊坊市人民防空办公室（以下简称市人防办）落实人防工程建设管理政策规定，开展《省城市地下综合管廊落实人民防空要求设计导则》等6个地方标准集中宣贯和督导落实。完成全市新建人防工程项目注册登记、竣工备案及现场验收监督工作，强化人防工程维护管理。做好直属人防工程防火防汛、排污设施的维护维修工作及人防工程设备设施的维护除锈刷漆工作，确保工程使用安全。参与编制“北三县（市）”综合防灾规划，组织编制临空经济区地下空间专项规划及人防工程建设规划，为城市地下空间开发利用和人防工程建设发展提供建设依据和可靠保障。启动文化艺术公园人防工程项目建设准备工作，文化艺术公园人防工程项目建设正在申请资金，重新立项。按照《2019年全省

消防指战员开展水域救援训练

2019 年 12 月 29 日，廊坊市消防救援支队举行挂牌仪式

人民防空工作要点》要求，推进重要经济目标防护研究实践，开辟重要经济目标防护新领域，制定《2019年度重要经济目标防护建设工作方案》，召开专家论证会，明确研究实践领域重点工作，为预防和减少战时空袭造成的损失，保护人民生命财产安全做好充分准备，提升廊坊市人防履行“战时防空、平时服务、应急支援”使命任务的能力。

**【人防信息指挥岗位训练】** 2019年，市人防办推动京津冀无线通信协同训练。依照“通武廊”人防框架协议，制订廊坊市京津冀人防无线通信协同训练计划，加强短波通播、改频、转报和卫星通信点对点音视频通信训练；与北京市通州区人防办、天津市武清区人防办共同探讨通信协同训练的结合点，并于 4 月举行为期 3 天的机动指挥通信跨区互联互通训练。全年开展京津冀无线通信协同训练 8 次。制定《2019 年指挥通信训练计划》，开展市县两级卫星通信、短波通信、空情自动化接收系统、指挥信息专网、卫星电话、北斗通信系统等训练 44 次，开展省、市训练 43 次，各类岗位训练 17 次。落实《人防训练与考核大纲》，根据河北省人民防空办公室《练兵活动方案》要求，参加京津冀人防大练兵活动，分南、北片区 2 次组织参与区域性综合训练，完成省办组织的全省人防一对一应急通信支援演练任务。年内，组织廊坊市南片区区域性综合训练，拉动应急保障分队赴北京密云山区复杂地形地区训练；组织信息岗位训练、机关科室岗位训共同科目训练，聘请国防大学和防化学院教师讲授人防系统公共课程。加强指挥人才队伍建设，分 2 批次参加人防防化业务培训及指挥系统应用培训，参加 4 月省人防办组织的人防指挥业务培训和京津冀地区人民防空协同室内推演业务培训，提高人防指挥能力。是年，廊坊市按河北省人民防空办公室专业队整组训练要求，与廊坊市国动委协调，调整专业队编组，增加新型专业队力量。结合机构改革明确负责部门和负责人员，按照营、连、排、班落实专业队人员，并开展重点强化培训。

**【行政执法】** 2019 年，市人防办全面推进“放管结合”监督工作落实，事中事后监管逐步规范化、法治化。制定廊坊市人民防空办公室《2019年随机抽查工作计划》，建立“双随机、一公开”监管工作月报告制度、联络制度和情况通报制度。推进“互联网 + 政务服务”工作，对接行政执法监督网络平台，建立行政执法日常监督工作机制。梳理编制认领市人防办“互联网 + 监管”系统监管事项目录清单和检查实施清单 12 项，认领梳理政务服务事项清单 3 项，报送市政务办政务服事项中行政奖励 1 项，其他行政权力清单 31 项。制定出台《廊坊市人民防空办公室关于加强结合民用建筑修建防空地下室执法监管实施办法》，从执法监管的原则和责任、执法监管重点、执法监管方式等方面，强化和规范执法监管工作。

**【人防宣教】** 2019 年，廊坊市持续推进人防宣传教育进机关、进学校、进社区、进企业、进网络工作，以学校和社区为重点，规范完善已建示范社区和学校。新建城市旺点小区、新城林湾小区为人防宣传示范社区，在廊坊市区丹凤公园建设人防宣传场所。结合“星期六文明行动”及“5•12”防灾减灾日、“7•7”警报试鸣日，组织多次防灾减灾集中宣传，发放《人民防空知识手册》《防空防灾知识手册》各 1000 册、防空防灾资料 1000 份、环保袋 3000 个，受教育群众 10 余万人，提高群众国防观念、人防意识及应急避险自救能力。年内，集中培训大学生志愿者队伍 2 支共 200 人，组织“激扬青春，心系人防”为主题的人防大学生志愿者知识竞赛，推进人防大学生志愿者队伍建设。

（卢光远）

# 综合行政管理

## 综　述

**【概况】**　2019年，廊坊市聚焦服务企业、服务民生，围绕商事制度改革、工程建设项目审批制度改革、政务服务“一网通办”、公共资源交易全流程电子化等重点领域企业和群众办事的难点，推出一系列改革创新举措。廊坊政务服务网183项行政许可事项全部开通网上申报、网上办理。将政务服务向“一微两端”（微信公众号、手机客户端“冀时办”、自助服务终端）延伸，实现“指尖办”“移动办”；将政务服务脉络向基层延伸，推行市、县（市、区）、乡镇（街道）、村（社区）四级全覆盖，实现“就近办”“马上办”；建设智慧大厅，线上线下无缝衔接，实现“灵活办”“自选办”。

2019年，廊坊市实现“无钢市”目标，累计退出钢铁产能1974万吨。壮大新一代信息技术、高端装备制造、生物医药健康和临空经济“3+1”市域主导产业规模，配套出台10条政策措施，实施主导产业项目222项、完成投资325.7亿元。固安维信诺、新奥集团微型燃气轮机等一批高新项目投产，华为云计算、华大基因生命健康科学城等一批重大项目开工建设或正式签约。推进重点项目建设，实施亿元以上项目863个，其中战略性新兴产业和现代服务业项目占比达到40%以上；列入省重点项目31个、市重点项目100个，完成投资分别占年计划的119%和138.8%。

（市地方志编纂中心）

## 行政审批管理

**【概况】**　2019年，廊坊市行政审批局加快“放管服”改革进程，推出“马上办、加速办、网上办、省心办”四办服务承诺，推进行政审批制度改革各项工作，打造优质高效市场营商环境。对照《中国营商环境评价实施方案（试行）》，制定出台《廊坊市优化营商环境打造行政审批效能高地32项措施》。抓实六项攻坚行动、13个方面改革创新举措，激发市场活力。截至2019年12月底，全市实有企业13.93万户，同比增长19.28%，比2018年年底净增22515户，是全年净增目标的187.92%。

**【企业开办再提速及“证照分离”改革】**　2019年，廊坊市行政审批局推进企业开办加挡提速。企业开办时间压减至2个工作日以内，完成省要求“5个工作日”的目标要求。建立企业开办服务专区，协调公安、税务、人社等部门，在全市各级政务服务大厅开设企业开办服务专区。实行企业登记、公章刻制、初次申领发票等环节一条龙服务。将申请人依次向各部门提交材料的传统办事流程，改造为一次提交、同步办理、信息共享、限时办结的“一窗受理、并行办理”模式。企业不再需要跑多门、重复提交材料，节约大量时间成本和办事成本。开办事项“应上尽上、全程在线”。依托政务服务平台，提升拓展“一站式”功能，实行企业开办电子化，全程实现“指尖办”。企业登记即来即办。实行企业名称自主申报、容缺受理、“审核合一、一人通办”等创新举措，实现企业注册登记即来即办，营业执照立等可取。

推进“证照分离”改革。印发《关于推开“证照分离”改革的通知》，按照国务院明确的106项涉企行政许可事项，通过采取直接取消审批、审批改为备案等4种方式，破解“准入不准营”难题，实现持照即可经营。同时，按照最新通知要求，逐步将“证照分离”改革向所有审批事项推广。

**【工程建设项目审批】**　2019年，廊坊市将工程建设项目细分为五大类，协调19个职能部门，制定实施《廊坊市全面深化工程建设项目审批制度改革实施方案》，按照立项用地规划许可、工程建设许可、施工许可、竣工验收4个阶段，实施全流程、全覆盖改革、全链条管理，实现工程建设项目从立项到竣工验收审批时间由220个工作日压减至58个工作日以内，超出河北省确定的“85个工作日”的目标时限。开展“一个专区”综合服务。协调发改、规划、住建、人防等职能部门，统筹各县（市、区），在全市各级审批服务大厅设立工程建设项目审批服务专区。按照工程建设项目阶段划分为立项用地规划许可阶段窗口、工程建设许可阶段窗口、施工许可阶段窗口、竣工验收阶段窗口，实行“一个窗口”提供综合服务，并为申请人提供咨询、指导、协调和代办等服务，提高申报通过率。实行“一个系统”一网通办。8月1日，廊坊市工程建设审批管理系统上线运行，通过网上申报、在线审批、统计分析、监督管理等留点留痕功能，实时掌握每个审批环节进展情况，实现统一受理、并联审批、实时流转、跟踪监督。至年底，北宸府、泰和花园等33个项目在系统上正式运行。规范运行“一套机制”。定制25套网上并联审批流程，先后制定出台《廊坊市人民政府办公室关于健全完善公共服务配套设施联审联验工作机制的工作方案》《廊坊市建设项目规划条件管理暂行规定》《廊坊市告知承诺制办理建设工程规划预许可管理办法（试行）》《廊坊市建设工程规划设计方案联合审查实施细则（试行）》等一揽子制度规范，确保各阶段、各环节无缝衔接，各项改革举措落地落实。实行“一张表单”一次告知。梳理整合工程建设项目审批事项所需材料，统一制定并对外公布《廊坊市工程建设项目主要审批、备案及服务事项清单》，包括办事指南、材料清单、申请表单、办理时限、流程图等相关内容，均一次性告知4个阶段和5种不同类型工程的所需材料清单和承诺办理时限。

**【“互联网＋政务服务”功能拓展】** 2019年，廊坊市123项行政许可事项实现“最多跑一次”；市级政务服务事项网上可办理率97%，县级可办率96%。年内，廊坊市行政审批局利用信息技术，通过“四化”，拓展“互联网＋政务服务”广度和深度，整合各类资源，实现“一网通办”。通过“五统一”，实现互联网与行政审批深度融合，形成线上线下功能互补、相辅相成的行政审批服务新模式。将EMS服务接口嵌入“互联网＋政务服务”平台，申请人可通过邮政速递将审批材料送达审批窗口，完成审批后，将证照在规定时限内送达申请人，实现“最多跑一次”“一次不用跑”。

**【公共资源交易全程电子化】** 2019年，廊坊市公共资源交易实现全流程电子化。进场项目全部实行网上交易受理，“线下无交易、网上全公开”。交易项目一律实行“网上受理登记”，招标采购文件一律采用“网上招标模板”，进场环节一律“零收费”，交易过程一律“全程留痕”，围标串标一律“零容忍”。年内，不见面开标大厅全面运行，投标人、招标人实行投标文件在线解密、在线质疑、在线回复等操作；见证人和监管人员全程见证、监管开标活动。开标场景全程可视化呈现，投标人可实时浏览包括所有投标人名称、价格、项目工期等在内的“开标情况一览表”，避免投标人与招标人、评委的“线下”接触，降低围标串标的概率。截至年底，廊坊市有12项政府采购项目运用不见面开标大厅开标。电子档案系统全部建设完毕。根据省电子档案规范新开发的电子档案管理系统，将项目进场交易受理、招标、中标公告、交易发起文件、交易响应文件、评审过程文件、评审全程录音录像、验收证明、质疑答复等与交易活动有关的所有活动记录，整合在电子档案中，永久保存，进场交易项目全部使用电子档案管理系统保存电子档案。开发建设“廊坊公共资源”手机APP移动办公平台。APP分管理端和会员端，手机信息和电脑交易系统实时保持互通，工作人员实行“远程办公”，企业实现“移动申办”。全面推开远程异地评标。建成远程异地评标系统，实现廊坊市电子交易系统远程异地评标功能全覆盖，评标工作由“人工跑”变“网络跑”。

**【提升政务服务能力】** 2019年，廊坊市推出行政审批套餐服务，将开药店、建宾馆、办学校等15类49种行政许可事项梳理成套餐，由代办员定制“套餐服务”，制定审批事项申报材料清单并指导填写各类表单，在办理过程中提供全程追踪服务，并系统整理服务中涉及的审批项的办结时限、办理顺序、可并联审批项，满足企业、群众的办事需求。实行“互联网＋套餐服务”。融合“套餐服务”、政务服务平台、手机APP，开通“一点通”套餐服务专栏。通过数据分析整理出全局高频审批事项54项，拆分出120个子事项，建立行政审批事项电子身份“二维码”，将事项名称、办理条件、审批依据、申请材料、工作流程及办结时限等标准化电子模板数据信息全部整合集成。依托廊坊政务服务微信平台新板块，企业和群众可通过手机、平板电脑等移动电子设备扫描二维码查询审批事项的办理流程及要件，获取材料提交目录及表格填写规范。推行市、县两级服务联动。制定《市、县（市、区）两级联动“套餐”服务事项清单》，依托政务服务网同步建立审批服务“套餐”板块，建立“各级受理、统一申报、逐级帮办、市级统筹”的综合审批联动机制。实行全程“管家式”服务。重大项目开通“绿色通道”，提供24小时“管家式”服务。延伸及拓展服务内容，开展“一对一”VIP、“私人订制”、“全程代办”业务，逐步建设成横向全覆盖、事项全口径、内容全方位、服务全渠道的“管家式”服务体系，助推投资项目早落地、早投产、早创收。

服务临空经济区和自贸区项目建设。开设临空区自贸区项目服务专区，开辟绿色通道，实行“一会三函”机制，在全省率先梳理上报审批事项、厘清审批权限，得到省领导肯定。研究制定自贸区“证照分离”的具体举措，集中开展临空区自贸区审批人员的跟班学习培训，提高业务能力，全方位助力临空区自贸区建设。

推进标准化建设。邀请标准化研究团队成立工作专班，运用标准化原理、方法和技术全面规范144项审批事项。优化完善审批服务办事指南、操作规程、办理流程图，构建“全事项、全过程、各环节”相互配套协调的标准体系。细化量化审批服务标准，压减自由裁量权，完善适用规则，推进同一事项无差别受理、同标准办理。对接省“三级四同”的政务服务事项目录清单和“能同尽同”实施清单，运用信息化手段，推进政务服务标准化、规范化建设。

优化提升审批服务能力。实行错时延时服务、网上预约服务、拓展自助服务和延伸在线服务“四项服务”；实施窗口受理无否决、温情服务无距离、征询民意无盲区、投诉受理无障碍，强化办事作风；实行审批监督信息化、关键环节痕迹化、审批回访制度化、明察暗访常态化、绩效管理指标化的“五化监管”，加强服务监管。年内，开展全市行政审批系统集中培训2次，业务技能专项培训10次、能力素质专题讲座10次，提升全市行政审批队伍综合素质和业务技能，为优化营商环境、打造审批和政务服务新高地提供有力的人才和智力支撑。

（相　伟）

## 机构编制

**【概况】** 2019年，廊坊市按照中央和省、市委决策部署，遵循中共河北省委、省政府批准的《廊坊市机构改革方案》要求，完成市、县机构改革工作。市本级设置党政机构47个，其中党委机构14个，政府机构33个。三河市、霸州市设置党政机构37个；大厂回族自治县设置党政机构33个；其他7个县（区）分别设置党政机构35个。机构改革后，市级减少各类副处级以上党政机关及事业单位机构20个，精简比例18.18%，其中党政机构11个，精简比例18.97%。统筹使用各类编制资源，加大部门间编制统筹调配力度，整合组建部门的综合处室原则上按照30%精简、职能相近的内设机构适度精简，改革后精简行政编制43名。新组建部门、重点领域，适度增加行政编制101名、政法专项编制19名。是年，廊坊市10个县（市、区）改革前党政机构总数366个，改革后352个，减少各类机构14个，精简比例3.83%；行政编制总量由9453名减少至9443名，减少10名，精简比例0.11%。

**【承担行政职能事业单位改革】** 2019年，廊坊市结合党政机构改革工作，同步推进市级承担行政职能事业单位改革，并指导县级做好相关改革工作。改革后，除行政执法事业单位外，不再保留承担行政职能事业单位，事业单位不得再有“委、办、局、处”名称。同时按照“政事分开、事企分开、理顺关系”原则，严格审核市直部门提出的事业单位职责及名称调整方案，对部门所属事业单位逐一清理和规范。

**【经济发达镇行政管理体制改革】** 2019年，廊坊市在胜芳镇开展经济发达镇行政管理体制改革试点工作。霸州市印发《胜芳镇机构改革方案》，在胜芳镇设置8个内设机构和6个事业机构，机构数量由原来的45个减少至14个。推进事权下放，以省制定的《指导目录》为依据，将86项行政权力，19项公共服务事项纳入《放权事项目录》，赋予镇部分县级管理权限，逐步建立完善“互联网+”系统和行政许可标准化流程图及服务指南。开展行政管理体制改革，在胜芳镇打造综合性政务服务“一平台”、实行“一支队伍”管执法、构建“一套网格化管理体系”、建立政务服务“一张网”、设立日常管理“一中心”。

**【事业单位机构编制调整】** 2019年，廊坊市将事业单位改革、行业体制改革及编制清理规范中精简收回的事业编制资源，优先用于补充中小学基础教育等重点公益服务领域和民生领域。10个县（市、区）设立融媒体中心，成立廊坊市民兵训练服务中心，增设廊坊市红十字会监事会秘书处，调整市委讲师团（市社科联）工作职责，批复安次区设立第十七中学、第二十八小学、第三幼儿园等机构编制调整事项，规范廊坊市事业单位设置，提升公益化服务水平。

**【调整优化部分群团组织机构编制】** 2019年，廊坊市落实中央、省委关于深化群团组织改革的各项要求，对廊坊市各群团组织在机构设置、职能运转中存在的突出问题以及群众反映强烈的热点难点问题开展专项调研，针对部分群团组织干部队伍老龄化、编制配备不足等突出问题，经市委编委研究同意，集中对市侨联、市工经联等群团组织编制配备进行平衡优化，适当增加编制，提升群团组织履职能力。

**【设立北京大兴国际机场廊坊临空经济区管理机构】** 2019年，廊坊市加强对北京大兴国际机场廊坊临空经济区的开发、建设和管理，按照书记王东峰、省长许勤指示精神和4月10日书记王东峰到廊坊调研检查时的重要讲话精神及袁桐利常务副省长4月22日专题会议精神，借鉴雄安新区经验和北京大兴区机场办做法，结合廊坊实际，研究提出组建北京大兴国际机场廊坊临空经济区管理机构建议方案。9月，经省委编委批复同意，设立中共北京大兴国际机场廊坊临空经济区工作委员会和北京大兴国际机场廊坊临空经济区管理委员会，为中共廊坊市委、市政府的派出机构，负责组织领导、统筹协调北京大兴国际机场廊坊临空经济区开发建设管理工作。

**【设立“北三县（市）”与通州协同发展管理机构】** 2019年，廊坊市加快推进“北三县（市）”与北京市通州区协同发展，研究分析“北三县（市）”管理体制问题，总结近年统筹“北三县（市）”协调发展经验，在结合“北三县（市）”实际基础上，研究提出组建廊坊市“北三县（市）”协同发展办公室的建议方案。经省委编办批准，设立廊坊市“北三县（市）”协同发展办公室，为廊坊市“北三县（市）”与通州区协同发展领导小组的具体办事机构，在河北省推进京津冀协同发展工作领导小组办公室和廊坊市委、市政府领导下，负责统筹、协调、落实“北三县（市）”协同发展工作。

**【提升市直部门履职能力】** 2019年，廊坊市构建系统完备、科学规范、工作有力、运行高效的机构职能体系，巩固和发展机构改革成果。利用市级空余行政编制，平衡使用行政编制的市直单位编制配置，提升编制使用效率和改革后部门履职能力。通过对照省级“两个比例”（省级部门编制占省直编制总额比例、省级部门行政编制占省直行政编制总额比例），计算出市直部门编制缺口，结合部门工作实际，重点强化机构改革后新组建的部门、业务职能增幅较大的部门和承担市委议事协调机构办事机构的部门。经由市委编委批准，逐步向30个市直单位下达增编计划。为保障市人大常委会依法履职，促进各专门委员会工作开展，根据《中共中央关于印发〈关于地方各级人大机构改革的意见〉的通知》（中发〔1995〕7号）要求，为市人大常委会部分专门委员会增设3个科级办事机构，解决廊坊市人大常委会下设工作委员会数量相对较少的问题。参照省纪委监委派驻纪检监察组职能设置，调整市纪委监委派驻纪检监察组主要职责，细化权责范围，厘清与所驻部门间的职责分工，推进纪检监察机关转职能、转方式、转作风，为纪检监察机关履行监督责任创造有利条件。

（苏虹宇）

## 宏观经济管理

**【概况】** 2019年，廊坊市地区生产总值3196亿元，同比增长6.7%。三次产业结构优化发展到6.7∶32.9∶60.4，人均生产总值65511元，同比增长4.7%。全部财政收入646.6亿元，其中一般公共预算收入388.3亿元。固定资产投资同比增长7.3%。规模以上工业增加值同比增长0.6%。社会消费品零售总额1137.4亿元，同比增长9.1%，增速居全省第一位。实际利用外资110554万美元，同比增长5.4%。外贸进出口352.4亿元，其中出口完成183.5亿元，同比增长4%。城镇居民人均可支配收入43912元，同比增长8.6%；农村居民人均可支配收入18467元，同比增长9.5%。是年，廊坊市面对产业转型、污染防治、政策管控等压力，积极谋划对策措施，出台《2019年重点经济工作九项推进落实机制》《关于做好当前经济工作确保实现首季良好开局的32项措施》《关于确保实现上半年“双过半”的紧急通知》《关于贯彻落实中央和省文件精神做好后两个月经济工作的若干措施》等工作举措。加大运行分析调度，定期通报各县（市、区）和廊坊开发区主要经济指标完成情况，配合市委组织部实施精细精准考核，全力确保经济健康平稳运行。

**【项目建设】** 2019年，廊坊市组织开展“高质量项目建设年”活动，全年列入省重点项目31项，实施市级重点项目100项，亿元以上投资项目800项。全年组织开展全市项目拉练观摩活动4次、项目集中开工2次。实行领导干部包联省、市重点项目责任制，强化“六个一”协调推进机制，根据项目建设需求，逐个量身定制“服务包”，提供“管家式”服务，力促项目早开工、快建设。31项省重点项目完成投资68.3亿元，占年计划的119%，计划开工项目11项全部开工；100项市重点项目完成投资106.8亿元，占年计划的138.8%。全市基础设施和公共服务设施续建、计划开工和推进前期项目共442项，总投资1116亿元，2019年完成投资124.1亿元。

**【产业转型升级】** 2019年10月29日，廊坊市最后一家钢铁企业文安新钢钢铁公司所有生产工序的设备设施全面停产。廊坊市提前实现河北省委、省政府要求的“无钢市”目标，累计整体退出4家钢铁企业炼铁产能900万吨、炼钢产能1074万吨。年内，廊坊市委、市政府印发《廊坊市主导产业发展实施意见》，明确重点打造新一代信息技术、高端装备制造、生物医药健康产业和临空经济“3+1”主导产业格局；确定“北中南”三大产业发展板块空间布局。围绕发展“3+1”主导产业，制定10条配套支持政策，引进主导产业项目222项、完成投资325.7亿元。

**【现代服务业发展】** 2019年，廊坊市制定《关于加快推进现代服务业创新发展的实施方案》《关于完善促进消费体制机制进一步激发居民消费潜力的落实意见》《关于完善促进消费体制机制实施方案》等政策措施。争取省、市财政资金2050万元，扶持行有恒（京津冀）互联网电子医药协同产业园、京东“亚洲一号”廊坊经开区物流园等项目发展。密切关注全市404家重点服务业企业发展需求，开展精准帮扶工作。组织服务业企业60余家参加全市“政银企”对接洽谈会，发布服务业融资项目43项。

**【价格机制改革】** 2019年，廊坊市在全省率先完成天然气配气价格改革，平稳实现居民用气门站价格并轨后的价格疏导，初步建立天然气上下游价格联动机制，并在冬春两季分别实行天然气上下游气价联动，有效缓解需求旺季气源供需价格矛盾。平稳完成南水北调地表水供水价格3年梯度调整任务，理顺水价形成机制。实施公交票制票价改革，扩大优惠范围和惠民力度，鼓励市民绿色出行。

**【对外开放合作】** 2019年，廊坊市发改委谋划对外发布重点招商合作项目100项，借助各类展会平台积极推介合作项目。冀港招商活动，签约项目4项，总投资53亿美元，协议利用外资13.9亿美元，居全省第一位。“5•18”经洽会省、市集中签约活动，签约实体项目36项、合作协议9项，签约项目数量、合作金额均居全省第一位。其中，外资项目14项、总投资21.95亿美元、协议引进外资17.64亿美元；内资项目22项、总投资400.8亿元。支持传统优势企业走出去，深度参与“一带一路”建设，年内共有6个项目完成国家投资备案，投资额5.78亿美元。华夏幸福基业印尼卡拉旺产业园、唐格朗产业园等境外产业园区建设进展顺利。

**【节能降耗】** 2019年，廊坊市发改委实施重点用能单位“百千万”行动，核实确定“百千万”企业名单，下达能耗总量控制和节能目标任务，强化目标考核和节能监察。加大节能项目扶持力度，通过争取国家和省专项资金、设立市级专项引导基金等方式，累计为全市8个重点节能项目争取资金支持5512万元。精准测算各县（市、区）煤炭消耗情况，分解下达煤炭消减任务，严控煤炭消费增量。

**【开展“双创双服”活动】** 2019年，廊坊市研究制定关于开展“三深化三提升”活动系列方案和《关于2019年在全市深化开展“双创双服”活动的实施意见》。加强“双创”示范基地建设，推动3家单位成功入选第二批省级“双创”示范基地，入选数量居全省第一位。推进创新平台建设，新奥集团企业技术中心（国家级）在国家发改委评价中居全国第十位，新增省级企业技术中心8家、市级企业技术中心10家，3家企业列入2019年省级工程研究中心筹备建设计划。承办2019年大众创业万众创新活动周河北分会场活动，召开启动仪式1场、创新创业成果专题展6场、论坛4场、特色活动8场。构建线上线下“双线”服务模式，依托省政企服务直通信息化平台开展线上服务，受理企业问题1245件，解决1238个，解决率达到99.44%；开展企业线下调研走访，累计搜集线下问题1021个，解决889个，解决率达到87.07%。年内市场主体净增36766户，超额完成全年目标。

**【推进营商环境优化改善】** 2019年，廊坊市成立营商环境工作专班，加强统筹谋划，研究制定《廊坊市持续深入优化营商环境工作实施方案》，督导推进全市总方案和26个子方案的工作落实。梳理汇总参评资料，参与2019年度全国城市营商环境评价。对标先进典型，牵头组织市直有关部门分赴衢州、银川、北京、天津等地市开展营商环境考察，学习先进经验，谋划提升思路。深挖企业用电“降成本”空间，通过组织用电企业开展电力直接交易，降低一般工商业电价、电网输配电价标准等举措，全年预计为企业节约用电成本约5.1亿元。加强涉企收费监管，开展铁路货运收费等领域清理规范工作，严格落实国家、省“降收费”政策措施，确保经营性服务收费项目“只减不增”、收费标准“只降不升”。

**【能源保障】** 2019年，廊坊市发改委协调燃气供应企业落实采暖季天然气采购合同19.27亿立方米，基本满足全市用气需求。开展电力设施安全大排查，完成隐患整改303处，全社会用电286.7亿千瓦时，其中工业用电164亿千瓦时，生产生活用电全部得到有效保障。

**【社会民生】** 2019年，廊坊市聚焦民生短板，谋划实施民心工程23项，提前1个月全部完成年度工作任务，其中棚户区改造、市政老旧管网改造、农村人居环境整治、公共交通建设、乡村小规模学校和乡镇寄宿制学校标准化建设、职业技能培训、就业促进、社区和居家养老、贫困残疾人服务、公共文化服务、城乡公共体育设施建设、城市厕所改造等12项超额完成年度任务。主动争取上级财政支持，全年共争取中央投资4810万元支持教育、卫生项目建设。稳定市场物价，严格执行各项监测报告制度，及时启动价格补贴联动机制，组织对全市享受抚恤补助的优抚对象、城乡低保对象、城乡特困人员、领取失业保险金人员全年累计发放临时价格补贴1445万元，惠及困难群众26.8万人次。全面落实粮食收购政策，全市共收购粮食13亿公斤。加强粮食运行监测，对市域2个国家原粮监测点和29个省级粮食监测点开展价格监测，有效掌握粮食运行情况。开展粮食库存清查，清查政策性粮食存储企业19个，共清查粮食数量75万多吨，检测粮食样品181个，保障存粮安全。

（刘岳峰）

## 重点项目建设

**【概况】** 2019年，廊坊市列入省重点项目31项，计划投资55.3亿元，完成投资68.3亿元，占年计划的119%。计划开工项目12项，全年计划投资33.7亿元，完成投资36.7亿元，占年计划的108.9%。续建项目5项，全年计划投资15亿元，完成投资19.1亿元，占年计划的127.3%。保投产项目5项，全年计划投资8.6亿元，完成投资12.5亿元，占年计划的145.3%，其中霸州北京稻香村公司食品项目完成部分试生产，广阳金润电气公司轨道机车系统部件项目竣工，固安康比特体育科技公司运动营养食品项目进入试生产阶段。前期项目9项，其中博泰（香河）功能肽科技研发及产业化项目完成备案，其他项目加快推进前期工作。

2019年，廊坊市安排市重点项目100项，全年计划投资76.9亿元，完成投资106.8亿元，占年计划的138.8%。计划开工项目30项，全年计划投资37.4亿元，完成投资39.2亿元，占年计划的104.8%。续建项目16项，全年计划投资22.1亿元，完成投资33.1亿元，占年计划的149.8%。保投产项目10项，全年计划投资17.4亿元，完成投资26亿元，占年计划的149.4%。前期谋划项目44项，其中香河县提前启动3项，完成投资7.9亿元，香河创恒众智机器人自动装箱码垛设备、香河轩酷机器人视觉识别设备竣工，香河县河北凯乐奇环保型智能供暖设备进入生产车间主体工程建设阶段；文安县润典京南国际·高科文创园项目完成项目立项、环评，泰华远大装配式建筑生产项目项目中心装修完工，完成投资0.01亿元，国网冀北电力有限公司廊坊供电公司输变电工程完成投资0.5亿元，广阳区前进钢铁前进医养项目完成项目备案立项和市卫健委准入审批，永清县廊坊圆盛通物流有限公司圆通华北管理区及金融区域总部和京津冀行有恒互联网医药有限公司行有恒（京津冀）互联网电子医药协同产业基地项目完成备案手续，其他项目加快推进前期工作。

**【重点项目强化措施】** 强化协调推进。2019年，廊坊市健全项目建设协调推进机制，促进省市重点项目加快建设。通过建立项目调度微信群，实时协调，部门联动，及时解决项目存在的困难和问题。注重发挥考核对项目工作的指挥和引领导向作用，及时调整完善项目考核办法，将全市各级各部门的精力集中到抓投资上、项目上，形成推动项目建设的强大合力。

强化跟踪问效。围绕130项省市重点项目和116项集中开工项目，完善督导、晾晒、约谈、问责等项目建设挂账督办机制，重点项目全程跟踪、逐项督办。利用重点项目监管调度平台，实时视频监测项目建设进展情况，对各县（市、区）重点项目建设精准调度、精准督查。对省市重点计划开工项目的规划、用地、环评等前期手续实施全过程协调调度，挂图作战、上墙督办，确保早开工、快建设；对在建的省市重点项目，坚持问题导向，加大调度力度，制定时间表、路线图，高效推进，确保完成更多实物工程量。

强化精准管控。坚决落实各项污染防治措施的同时，严禁生态环境保护领域“一刀切”，制定《廊坊市保障重点工程和重点产业项目建设的若干措施》《廊坊市严格禁止生态环境保护领域“一刀切”的实施方案》，对符合“六个百分之百”（施工工地百分百围挡，物料堆放百分百覆盖，出入车辆百分百冲洗，施工场地路面百分百硬化，拆迁工地百分百湿法作业，渣土车辆百分百密闭）和“两个全覆盖”（视频监控、PM10在线监测设备安装并联网）要求的省市重点项目，纳入正面清单，免于秋冬季错峰生产，免于一般性执法检查，在重污染天气应急响应期间，依据相关法律法规，仅对部分建设工序予以启动应急响应，不作全面停工停产。重污染天气应急响应期间，通过增加检查频次、增大检查覆盖面等方式，严格要求施工现场落实“六个百分之百”要求和“两个全覆盖”措施，最大限度减少施工对环境的影响。对重点工程项目涉及的材料设备调运、渣土外运等必要的车辆运输保障，通过交警、综合执法等部门协调联动，统一开辟绿色通道。

强化谋划储备。围绕廊坊市新一代信息技术、高端装备制造、生物医药健康和临空经济“3+1”主导产业定位，出台实施精准招商行动计划，谋划引进一批补链延链强链项目。承接北京非首都功能疏解和产业转移，举办“北京市与廊坊‘北三县（市）’项目推介洽谈会”，签约合作项目50个、计划总投资337亿元。持续加大临空经济区招商引资力度，聚焦航空科技创新、航空服务保障、临空高端服务、航空物流四大产业集群，实施精准招商。以中国（河北）自贸试验区大兴机场片区挂牌为契机，与菜鸟网络、北控集团等9家企业签署合作备忘录。利用“5·18”经洽会平台开展招商引资，签约实体项目36项。加快推进华为廊坊云计算中心、云谷第六代AMOLED面板生产线二期、中交（霸州）新能源汽车产业基地、深圳华大基因京津冀廊坊华大产业集群等投资或产值超百亿的重大产业项目建设。

强化服务环境。开展“服务民营企业高质量发展年”活动，实施政府企业面对面、政银企对接等专项行动，为企业排忧解难、为项目建设保驾护航。持续推进行政审批制度改革，优化提升政务服务效能，202项审批服务事项实现“最多跑一次”，企业开办时间由20个工作日压减至2.5个，至年底，社会投资类工程建设项目审批时间由230个工作日压减至52个工作日以内。年内，参与开展全国城市营商环境评价，严格落实廊坊市商事制度改革、工程建设项目审批等五大方面、32项改革措施，全面打造服务项目建设和企业发展的良好营商环境。

强化要素保障。在用地保障方面，盘活存量用地，提高土地集约节约利用水平，优先保障主导产业项目及省市重点项目用地需求。按照县域自求平衡、市域统筹调节、省级适当调剂及国家适度统筹的原则，全力保障省市重点项目耕地占补平衡，对市域内无法统筹解决补充耕地指标的项目，协助项目所在地政府向省申请调剂补充耕地指标。省市重点备选项目的用地选址开展提前审核，避免重点项目不符合土地利用总体规划无法落地，有效缩短重点项目落地周期。在资金保障方面，常态化开展政银企对接，组织大型政银企对接活动2次，融资对接项目175个，意向融资额达203亿元。争取中央和资金支持，发挥各类政府引导基金作用，支持更多优质项目建设。

**【高端食品生产加工基地项目】** 项目位于霸州经济开发区高新技术产业园，由益海嘉里集团的母公司新加坡丰益国际集团（Wilmar International Group）投资建设。总投资20亿元，其中固定资产投资15.8亿元，铺底流动资金4.2亿元，资金筹措方式为企业自筹。项目占地205.9亩（13.73公顷），一期建筑面积18.2万平方米，主要建设日处理小麦750吨生产线和400吨焙烤粉专用生产线、物流配送中心、综合办公区及附属设施；二期拟建中央厨房、鲜酵母等项目，延伸和完善一期项目产业链。项目于2019年3月启动，建设年限为2019年3月至2021年12月。至年底，完成投资8.8亿元，建设完工13万平方米厂房和36个筒仓主体，办公楼主体封顶，部分设备到位。

高端食品生产加工基地项目依托生产规模，丰富产品线格局，建成后可成为河北省粮油加工行业产品品种最多、单体规模投资最大、高端粉种数量最多、产业链条最为完善的综合型粮油加工企业之一。项目达产后，年产“金龙鱼”“香满园”系列产品77万吨，将实现销售收入50亿元，年产值超过40亿元，实现利税超过3亿元，可带动就业1000人，并可拉动物流运输、餐饮服务等相关产业的发展。

**【先进稀土材料产业公共技术服务平台项目】** 项目位于三河市燕郊高新区，由隶属于有研科技集团有限公司的国科稀土新材料有限公司投资建设。总投资5亿元，全部由企业自筹。项目占地138.5亩(9.23公顷)，总建筑面积6.7万平方米，主要建设合金、精细化工、金属、荧光粉中试车间、高级实验室、综合楼、综合辅助车间等，新购设备136台（套）。项目于2016年启动，建设年限为2016年4月至2020年5月。至年底，完成投资5亿元，合金、精细化工、金属、荧光粉中试4个车间及库房、综合楼和综合辅助车间均完工并投入运营。

先进稀土材料产业公共技术服务平台项目围绕稀土行业可持续发展及国家战略需求，利用有研科技集团有限公司和有研稀土新材料股份有限公司雄厚的研发开发基础及丰富的产业化转化经验，通过先进设备、检测及应用技术、装备的创新开发和条件完善，建设具有国际先进水平的国家级先进稀土材料产业公共技术平台。该平台包括稀土基础材料（化合物、金属和合金）制备与高纯化、先进稀土磁性材料、高端稀土发光材料、新型稀土能源与环境材料等4个研究开发中试基地项目，以及稀土综合性能测试、应用性能表征及应用技术评价平台。项目建成后，年可生产广泛应用于卫星通信、雷达探测、电子对抗、宇航开发、永磁电机、光电材料、节能照明等行业和领域的稀土磁性材料、稀土发光材料、稀土催化材料、高纯稀土金属膜靶材料等稀土产品6706吨，预计年营业收入可达10.5亿元，利润1亿元，上缴税金0.8亿元，可吸纳就业400人。

**【第6代有源矩阵有机发光显示器件AMOLED模组生产线项目】** 项目位于霸州经济开发区高新技术产业园，由霸州市云谷电子科技有限公司投资建设。总投资24亿元，全部由企业自筹。项目占地150亩（10公顷），总建筑面积10万平方米，主要建设国际先进的显示模组生产线6条、模组生产厂房、综合动力站、办公楼及附属设施等。项目2016年启动，建设年限为2016年6月至2020年12月。至年底，完成投资20亿元，建成生产线6条，其中3条柔性线，3条硬屏线。

第6代有源矩阵有机发光显示器件AMOLED模组生产线项目是在维信诺/国显光电5.5代柔性屏产线的技术基础之上，面向第6代AMOIED技术，具有完全自主知识产权，是中国首条支持全柔性显示技术的AMOLED模组生产线。项目建成后，将建成生产线7条，年产具有自主知识产权的AMOLED显示模组4000万片，可带动就业2000余人。

**【河北天环现代商贸智慧物流广场项目】** 项目位于河北省廊坊市文安县大柳河镇，北侧为现代家具制

第6代有源矩阵有机发光显示器件AMOLED模组生产线

河北天环现代商贸智慧物流广场项目施工现场

造产业园高速引线，东侧为现代家具制造产业园。由河北天环冷链物流有限公司投资建设。总投资26亿元，全部由企业自筹。项目总用地面积364139平方米（折合546.21亩），分两期建设。一期用地面积135335平方米（折合203亩），主要建设1#物流配送中心，3栋辅助用房、3栋冷库，总建筑面积319499.4平方米；二期用地面积228804平方米（折合343.21亩），主要建设办公综合楼、中央厨房加工车间、5栋冷库、2#物流配送中心，总建筑面积501945 平方米。项目总建筑面积821444.4平方米，并配套建设供电系统、消防卫生系统、给排水系统、通信系统等辅助工程。项目2019年5月启动，建设年限为2019年5月至2023年4月。至年底，完成投资6亿元，物流配送中心及3栋附属楼封顶，1#、2#冷库建设到第六层，3#冷库进入打桩施工阶段。

河北天环现代商贸智慧物流广场项目通过建设冷库和仓储中心将京津冀周边乃至华北地区的冷冻产品向廊坊市积聚，成为廊坊地区的冷冻产品采购中心、冷链物流配送中心、运营中心、结算中心和数据中心；通过冷冻食品交易广场和电子商务平台实现商贸会展、物流配送、信息发布、资金结算等经济功能，同时打造互联网+，成为智慧冷链物流的现代服务业企业；通过中央厨房和缤纷市场的建设，将现代冷链商贸物流广场存储、交易的各种肉类和水产品作为中央厨房原材料，将其加工成半成品销往各大超市、门店等销售终端，以满足现代社会快节奏的生活对食品安全和质量统一、标准化生产的需求。项目投产后商贸广场将形成年交易各种冷链食品130万吨、冷库储存量90万吨，智慧物流年智能配送各类冷链食品30万吨，中央厨房将形成年加工各类食品1.5万吨的生产能力。可为当地提供5500人的就业机会。

（李富勇）

## 统　计

**【概况】** 2019年，廊坊市统计局发挥数库智库优势，及时向市委、市政府提供主要指标完成进度。每月通过市经济形势分析联席会议向全市通报经济运行走势和主要指标完成情况。每月同市广播电视台在廊坊新闻联合发布“月度经济简况”，对外提供统计相关数据信息，提升信息发布效率和广度。做好全市全面建成小康社会、战略性新兴产业、特色小镇规划建设、妇女儿童发展规划、农业产业化等各项统计监测与投入产出调查表编制、人口变动抽样调查、社会发展水平综合评价，生态文明建设评价等各项统计调查、评价工作。推进深化统计管理体制改革，建立GDP会商制度，实行GDP核算数据月度监测预警机制，统一核算各县（市、区）经济普查年度GDP，实现市、县GDP总量和行业结构的数据衔接，推动GDP统一核算改革有序开展。做好“四上”（规模以上工业企业，资质等级建筑业企业，限额以上批发、零售、住宿、餐饮业企业，规模以上服务业企业）调查单位入统工作，确保应统尽统。完成统计年报、定报工作，推进各项普查调查，形成《廊坊贯彻新发展理念决胜全面小康路径研究》《廊坊市区域经济发展不平衡不充分问题探究》等课题研究成果。研发“新发展理念”进程评价系统，解决从量化角度对区域贯彻“新发展理念”进程做出科学评估问题。做好名录库、企业一套表联网直报平台、统计用区划代码和城乡划分代码库维护更新，夯实各项统计工作基础。利用年报会、视频会和举办全市限额以上贸易业企业、服务业企业、新增规模以上工业企业及全市投资领域统计业务培训班与统计执法培训班，乡镇（街道、管区）、园区统计人员培训班等形式，培训基层统计人员3000余人次，提升基层统计人员素质，提高源头数据质量。年内，开展新奥集团研发投入，全市铁路运输实际，体育产业发展，农村人居环境整治，工业、服务业企业运营，上半年出生人口等情况调研，开展经普数据质量、新开工项目核查调研与全市经济运行及法治工作情况督导调研，客观反映经济趋势，形成多篇调研报告，为市委、市政府科学决策提供重要的决策参考。

年内，市统计局出版《2019廊坊经济统计年鉴》，改版《廊坊国民经济月报》，印制《领导手册》，发布《廊坊市2018年国民经济和社会发展统计公报》，开展庆祝新中国成立70周年活动，辑印《砥砺奋进中的伟大飞跃》，与市政府研究室联合刊发“《廊坊发展》纪念专刊”，与市政府新闻办联合召开季度国民经济形势新闻发布会，做好统计宣传与统计数据解读，满足社会各界对统计数据的需求。是年，廊坊市统计局撰写专报、统计分析和信息669篇（条），34篇（条）得到市领导肯定性批示，300篇（条）被各类媒体刊发，为党委、政府科学决策提供可靠的数据支撑与参考依据。

**【统计法治建设】** 2019年，廊坊市统计局制发《2019年全市统计法治建设要点》，推进依法治统。组织开展“9•20”统计开放日“坚守统计初心，践行时代使命”主题活动、“12•4”国家宪法日“宪法进万家”志愿服务活动、“12•8”统计法颁布纪念日“弘扬法治精神，全面依法治统”主题活动，在时代广场和社区向广大市民开展统计普法宣传，发放宣传资料3000余份。印制统计法律法规汇编8000册，宣传彩页8000张，向社会各界发放，同时创新宣传形式，制作“依法统计利国利民”和“依法治统真实统计”宣传视频，利用视频广泛宣传。廊坊市统计局主要负责人在政府信息公开平台发表署名文章，面向广大公众，宣传统计法律法规。推进落实统计相关法律法规进党校工作部署，将中央和省、市统计管理体制改革有关文件精神及《中华人民共和国统计法》《中华人民共和国统计法实施条例》列入党员干部培训内容和市县两级党校教育培训计划。开展全员统计法律法规知识培训，利用年报会、视频会和各类统计业务培训班开展统计法律法规培训，实现“统计普法全覆盖”，邀请国家统计局执法监督局领导为统计系统干部授课，从法治角度指导市、县统计机构及统计人员如何做好统计工作。举办全市统计执法培训班，聘请市统计局法律顾问，重点讲解统计执法的方法、技巧和统计法律文书的制作、应用等内容，提高全市统计执法水平。按照全市统计执法检查计划，严格纪律要求，规范执法检查程序，开展统计“双随机”（在监管过程中随机抽取检查对象，随机选派执法检查人员）执法检查，提升统计数据质量，营造良好统计法治环境。与全市政府统计系统各专业统计人员及企事业单位和其他组织等统计调查对象从事统计工作的人员，签订统计诚信承诺书，实现统计诚信承诺常态化。健全和完善企业和统计人员信用档案，加强与相关部门协调沟通，对严重失信企业和失信个人实行联合惩戒。

**【第四次全国经济普查】** 2019年，廊坊市开展第四次全国经济普查，普查的标准时点为2018年12月31日，普查时期为2018年度。普查对象是全市境内从事第二产业和第三产业活动的全部法人单位、产业活动单位和个体经营户。普查主要内容是单位基本情况、组织结构、人员工资、财务状况、能源生产与消费情况、生产能力、生产经营和服务活动、固定资产投资、研发活动、信息化和电子商务交易情况等。普查目的是全面调查第二产业和第三产业的发展规模、布局和效益，了解产业组织、产业结构、产业技术、产业形态的现状以及各生产要素的构成，摸清全部法人单位资产负债状况和新兴产业发展情况，查实各类单位的基本情况和主要产品产量、服务活动，全面反映供给侧结构性改革、新动能培育壮大、经济结构优化升级等方面的新进展。经济普查采用统一方法，由普查员对全市境内从事第二产业和第三产业的法人单位、产业活动单位和抽取的个体经营户逐一入户完成数据采集。全市第四次全国经济普查登记法人单位98319家、产业活动单位108134家、个体经营户222677个（不含道路运输业个体经营户）。年内，廊坊市统计局整理廊坊市第四次全国经济普查资料，起草《廊坊市第四次全国经济普查主要数据公报》，编辑《廊坊市第四次经济普查资料汇编》。是年，廊坊市第四次全国经济普查领导小组办公室获经济普查工作“国家级先进集体”称号。

（车丽娜）

## 审　计

**【概况】** 2019年，廊坊市审计163个单位，查出主要问题金额1147949万元，其中违规金额418万元、损失浪费金额18万元、管理不规范金额1147512万元；审计发现非金额计量问题277个；损益（收支）不实金额4229万元；出具审计报告和专项审计调查报告194篇，被批示、采用11篇次。审计处理处罚金额429万元，其中应减少财政拨款或补贴1万元，应归还原渠道资金417万元、应调账处理金额10万元；移送处理金额3753万元。审计促进整改落实有关问题资金10万元，核减投资额301万元；移送处理落实事项40件。审计提出建议335条，被采纳278条。

**【重大政策措施落实跟踪审计】** 2019年，廊坊市审计局持续跟踪重大政策措施贯彻落实情况，重点围绕清理拖欠民营企业中小企业账款、政府债务及隐性债务、“气代煤和电代煤”工程、就业创业等方面内容开展审计。及时揭露和反映上有政策、下有对策，有令不行、有禁不止，不作为、慢作为、假作为等问题，促进提高执行力，排除政策落实“梗阻”，确保重大决策部署上下贯通、落地生根。

**【财政审计】** 2019年，廊坊市审计局组织实施市财政局、原市建设局等14个单位预算执行审计项目，及时揭示和反映个别部门和单位预算编制不够科学、准确，部门决算编制不够准确，超预算、无预算支出等问题，给出相应审计建议，推动盘活沉淀资金、统筹整合专项资金，促进提高财政资金使用绩效。

**【经济责任审计】** 2019年，廊坊市审计局制定《2019年度市直预算部门主要领导干部经济责任审计工作方案》，按照市委组织部委托，开展12名市直机关领导干部经济责任审计。审计工作中紧扣经济责任，关注权力运行和责任落实，揭示和反映违纪违规问题，督促领导干部规范用权，注重保护好领导干部干事创业积极性，依法做出责任界定。贯彻落实中共中央办公厅、国务院办公厅新修订的《党政主要领导干部和国有企事业单位主要领导人员经济责任审计规定》，以中共廊坊市委审计委员会名义向全市印发学习通知，提高全市领导干部特别是党政主要领导干部自觉接受审计监督的意识。

**【固定资产投资审计】** 2019年，廊坊市审计局开展大香线潮白河大桥东侧绿化工程审计，及时揭示该投资项目建设各环节中存在的突出问题，从制度设计、工作机制、管理办法等方面分析问题形成原因，依法提出处理意见。按照河北省审计厅统一部署，廊坊市审计局组织实施人防工程项目审计及人防资金资产管理使用情况专项审计，揭示人防及相关部门在直属人防工程建设管理、“结建”项目审批、人防资金资产管理使用情况等方面存在的问题，推动开展人防系统腐败问题专项治理工作。接续开展“廊坊市文化艺术中心主题园区建设”“北京新机场白家务水源地迁建项目廊坊市（固安）水源地工程”“廊坊市外环路西南环线工程PPP项目”等3个项目跟踪审计，采取定期、定点、驻场等模式，实现事前预防、事中控制与事后监督有机结合，合法履行建设程序，维护国有资产安全，保障政府建设资金有效使用。

**【民生审计】** 2019年，廊坊市审计局实施美丽乡村建设专项资金、扶贫资金、惠农补贴“一卡通”管理使用情况、养老服务体系建设专项资金等民生领域审计。其中，美丽乡村建设专项资金审计涉及8个县（市、区），全面摸清资金使用和结余情况；扶贫资金审计重点核实省财政厅提供的全省2013—2019年财政扶贫资金来源、投向、支出绩效以及扶贫资金所形成的扶贫资产等情况，重点审计调查2018年、2019年财政扶贫资金的安排使用情况；惠农补贴“一卡通”管理使用情况专项审计中，根据河北省审计厅授权，统筹市、县审计人员组成审计组赴沧州河间市，对河间市2017年、2018年各级财政安排的扶贫脱贫类、农村社会保障和救助救济类、农村危房改造或新居建设类等8项到户惠农补贴资金监督检查；全市养老服务体系建设专项资金审计中，延伸审计养老机构38个，居家养老服务中心26个，农村互助幸福院66个，延伸调查老年人131名，及时揭示和反映廊坊市养老服务体系建设中推进体系建设、专项资金安排使用、养老服务机构设施使用率、养老补贴等方面存在问题，并提出针对性的改进建议，为规范和完善廊坊市养老服务体系建设提供参考。

**【资源环境审计】** 2019年，廊坊市审计局统筹全市审计机关，成立11个审计组，重点围绕世界银行贷款河北大气污染防治项目中新能源汽车推广应用补贴情况进行审计，涉及金额2743万元。通过审计，摸清各县（市、区）资金使用结余情况，反映廊坊市大气污染治理基本成效。

**【撤并机构审计检查】** 2019年，廊坊市审计局组织开展廊坊市22家撤并机构审计检查。以撤并机构资产划转及财务移交情况的真实性为基础，审查财政财务收支的合规性，加强债权债务的检查。及时揭露撤并机构财政财务收支活动中不合法、不合规、不规范的问题，有效防止国有资产的流失和损失浪费。

（孟　楷）

## 人力资源管理

**【概况】** 2019年，廊坊市主动适应经济和社会事业高质量发展需求，出台《关于进一步深化人才发展体制机制改革引领廊坊高质量发展的实施意见》《关于提高技术工人待遇的实施意见》《贯彻落实终身职业培训制度加强技能人才队伍建设的实施意见》等人才新政。人才队伍规模持续壮大，全市有技能人才41.37万人，其中高技能人才12.03万人。有各类专家级人才413人，省级以上专家70人，享受国务院政府特殊津贴专家20人，省突出贡献中青年专家7人，享受省政府特殊津贴专家11人。廊坊市选拔的各类市级专家在管理期内的343人。全国技术能手、国家技能人才培养突出贡献个人各1人，河北省突出贡献技师13人。是年，廊坊市建成博士后科研工作站7家，博士后创新实践基地13家，国家级博士后成果转化基地1家，留学人员创业园3家，高层次人才创新创业园1家，专家服务基层基地1家。建成国家级高技能人才培训基地1个，省级高技能人才培训基地5个，省级技能大师工作室8个。

**【事业单位人事管理】** 2019年，廊坊市事业单位全部开展岗位设置管理工作，98%的事业单位实行聘用制度。年内，印发《廊坊市市直政府系统事业单位科级领导人员聘任工作规范（试行）》，调整正科级干部93人次，副科级128人次。事业单位公开招聘工作人员527人。举办专业技术人员高级研修班、综合素质提升培训班，覆盖专技人员6万余人。稳慎推进县以下事业单位管理岗位职员等级晋升工作，797名符合条件人员等级晋升。高级职称评审通过率达94.9%。下放中级职称评审权限，组织指导廊坊市职业技术学院等6家自主评审单位完成年度评审任务，燕达医院获批全省首家民营医院自主评审单位。

**【“通武廊”三地人力资源服务协同发展】** 4月2日，京津冀人才一体化发展部际协调小组第四次会议在北京会议中心召开。北京市通州区、天津市武清区、河北省廊坊市三地人社部门签订《人力资源服务协同发展合作框架协议》（以下简称《协议》），合作共建“通武廊”人力资源服务业协同发展示范区。《协议》围绕京津冀一体化发展大局，以“服务大局，着眼长远；优势互补，谋求共赢；注重落实，强化保障”为合作原则，基于“通武廊”三地人力资源类型和禀赋差异，探索合作渠道，在人力资源服务信息一体化、人力资源服务政策一体化、人力资源服务提供一体化、人力资源服务升级一体化等方面开展合作，以区域资源优势流动促进三地共同发展。

**【人才助力产业发展三年行动计划】** 4月，廊坊市人力资源和社会保障局（以下简称市人社局）印发《廊坊市人才助力产业发展三年行动计划（2018—2020年）主要任务和责任分工》。主要内容包括：加快传统产业人才素质提升，开展多层次、多形式培训，实施专业技术人才知识更新工程，通过举办专业技术人才高级研修班、举办学术论坛、专题讲座和河北省专业技术人员继续教育网络平台在线学习等形式，至2020年培训各类传统产业人才13.5万人次；加强战略性新兴产业人才引进，发挥廊坊市区位优势，注重从京津引进战略性新兴产业人才和项目，推广产学研用相结合的人才培养模式，推进校企合作，大力培养民营企业经营管理领军人才，至2020年全市计划柔性引进战略性新兴产业人才4.2万人次；开展乡村人才振兴，围绕种业发展、农机装备、绿色高效、市场信息、农产品质量安全等，打造一批国内领先的农业科研领军人才和创新团队，围绕脱贫攻坚、休闲农业、乡村旅游、特色产业、文化传承、家庭服务等，培养一批乡土人才和能工巧匠；加快产业人才平台建设，建设博士后科研工作站、高层次人才创新创业园、博士后成果转化基地等人才发展载体，培育壮大中国（河北）博士后成果转化基地，吸引进驻优秀博士后企业和项目，发挥“河北博士创业股权投资基金”作用，推动一批优质博士后成果项目转化，截至2019年年底，累计引进博士后成果转化项目126个，投资额达346亿元。

**【高层次、高技能和急需紧缺人才、技术项目征集】** 高层次、高技能和急需紧缺人才需求信息征集工作，是开展人才引进工作的前提基础，是廊坊市经济建设提供人才智力支撑的重要举措。2019年3月4日至20日，市人社局组织开展“2019年廊坊市高层次、高技能和急需紧缺人才、技术项目需求”征集工作。征集工作对象涵盖全市科研院所、高校、医院、国有企业、高新技术企业、重点项目企业等企事业单位，涉及生产、经营、管理、研发中急需紧缺的各类人才，尤其是高层次、高技能人才。全市共计征集需求单位54家，需求人数738人，技术项目需求9个。需求结果为编制《2019年河北省高层次和急需紧缺人才信息》提供依据，并与北京、天津面向全球发布。

**【河北省博士后创业基金发布活动】** 5月20日，河北省博士后创业基金发布会在固安县京南科创中心举行。活动由全国博士后管委会办公室、中国博士后科学基金会、河北省人力资源和社会保障厅主办，廊坊市人力资源和社会保障局、固安县人民政府、中国（河北）博士后成果转化基地、华夏幸福基业股份有限公司维信诺科技股份有限公司承办。旨在发挥全国首个国家级博士后成果转化基地的试点优势，助力优质科研成果在固安与金融资本对接，加快科研成果孵化转化及产业化步伐，把固安建设成为培育创新人才、引领技术商业化的示范高地。科研院所、专家学者、品牌企业、博士后等260余人参加创业基金发布活动。发布会后，固安县政府解读人才引进及科创政策，并举行学术论坛，中国科学院院士欧阳钟灿、维信诺创新研究院AMOLED技术研发负责人邢汝博等4名专家就显示技术发展、OLED创新研发方面进行主旨演讲。中科院、清华、北科大博士后进行项目路演，与会博士后参观博士后成果转化基地，以及固安规划馆，翌光科技、清华大学中试孵化基地、维信诺等科技创新企业。博士后成果转化基金首期启动资金由省市县三级政府和社会资本共同出资，基金首期规模1亿元，采用市场化运作方式运营。创业基金以高端装备制造产业、生物医药产业、新一代信息技术产业、新能源产业、新材料产业、节能环保产业等为投资方向，拓宽成果转化项目融资渠道，解决成果转化基地和省内其他地区优秀博士后研究人员和博士后合作导师创办企业、创业孵化和科技成果转化初期融资难问题。

**【“三支一扶”志愿者招募】** 7月，廊坊市鼓励高校毕业生面向基层就业，发挥基层项目引领作用，面向

2018届、2019届未就业普通高校毕业生，依照发布公告、组织报名、资格审查、笔试、面试、体检、公示、确定人选、岗前培训等组织程序，招募“三支一扶”（大学生在毕业后到农村基层从事支农、支教、支医和扶贫工作）志愿者86名。其中，支农21人，支教2人，支医2人，扶贫61人。服务部门主要是乡镇中小学校、农业技术推广服务机构、医疗卫生机构、扶贫机构、农村文化服务机构、乡镇（流域）水利站（所）、人力资源和社会保障基层服务平台，以及新型农业经营主体等，服务期限2年。

**【出台职业技能提升行动实施方案】** 9月，廊坊市印发《廊坊市职业技能提升行动实施方案（2019—2021年）》，计划2019年至2021年开展各类补贴性职业技能培训9.45万人次以上，其中2019年培训3.19万人次以上；至2021年底技能劳动者占就业人员总量的比例达到25%以上，高技能人才占技能劳动者的比例达到30%以上。

**【参加第二届“通武廊”职业技能大赛】** 10月17日，第二届“通武廊”职业技能大赛总决赛在北京电子信息技师学院举行。比赛设中式烹调师、育婴师和电工3个职业（工种）竞赛项目，参赛选手841人，经过初赛复赛选拔，共有45名选手入围决赛，3个项目分别决出一、二、三等奖。其中，廊坊市选手韩国静获育婴师一等奖，王楠、张辉分别获电工、中式烹调师二等奖，陈陆、于洪娟、田亮分别获电工、育婴师、中式烹调师三等奖。

**【人力资源市场秩序整顿】** 4月，廊坊市各级人社部门联合市场监督管理部门共同开展人力资源市场专项清理整顿行动，出动检查人员74人次，检查各类职业介绍机构和用人单位38户，发放宣传资料5000余份。8月，人社部办公厅、国家市场监管总局办公厅，省人社厅、省市场监管局先后下发表彰通报，表彰在2019年全国及河北省清理整顿人力资源市场秩序专项行动工作中取得突出成绩的单位。其中，廊坊市劳动监察支队被评定为“2019年全省清理整顿人力资源市场秩序专项执法行动取得优秀成绩单位”。

（邢　为）

## 国有资产监督管理

**【概况】** 2019年，廊坊市人民政府国有资产监督管理委员会（简称市国资委）实施“抓发展、促改革、强监管、严党建、防风险、转作风”六大系统工程，推动国资国企各项工作取得新成效、新业绩。监管企业销售收入15.89亿元，超目标值19.5%；实现利润8434万元，超目标值160.79%；上缴税金3896万元，监管企业总资产45.97亿元，所有者权益21.42亿元，国有资本保值增值率达到103.5%，主要经济指标保持量稳质优的良好态势。

是年，市国资委监管企业落实创新驱动发展战略，全年谋划推进各类投资项目30个，投资额2.8亿元，其中总投资5700万元的公交集团龙河公交场站及调度指挥大楼即将竣工投产使用；廊运集团深度融入京津冀交通一体化，先后开通市区至大兴国际机场专线、5条直达北京地铁站定制班线；瑞立美联公司累计开发新产品137个，新增销售收入近1亿元；布雷博惠联公司投资1500万元新建的2条自动化生产线及铸造理化实验室投产达效，逐步实现自动化全价值链生产；爱尔医疗科技整体搬迁完毕，获评“河北省高新技术企业”；科森公司先后获“河北省省级技术创新中心”“河北省工业互联网创新发展重点项目”“河北省科技中小企业”等称号；卢卡斯公司加快推进零部件采购国产化工作，减少对进口依赖，降低生产成本，提升市场竞争力；国兴担保公司发挥国有融资担保功能作用，累计为62家企业提供融资担保1.9亿元，支持中小微民营企业、科创企业发展。

**【国有资产监督管理制度建设】** 2019年，廊坊市持续健全国资国企改革制度体系，推进“1+N”国企改革政策体系落实落地。印发实施《廊坊市国有企业退休人员社会化管理工作实施办法》《廊坊市推进国有资本投资运营公司改革试点的实施方案》，初步建立全市深化国资国企改革的“1+28”政策机制，逐步建立完善国企改革的总体思路、路径方法和政策支撑体系。全年围绕促发展、抓改革、强监管、严党建等方面，累计出台规范性文件16个，并全面梳理国资国企制度文件，辑印《市国资委制度文件汇编（上、下册）》，增强依法监管的系统性、有效性。

**【国资监管服务】** 2019年，市国资委制定出台《廊坊市全面推进市级经营性国有资产集中统一监管改革实施方案》，明确25家纳入集中统一监管范围企业的监管方式，分类改革落实监管责任，全市市级经营性国有资产集中统一监管改革的总体进度和范围均位居全省前列。修改完善国资监管责任清单，累计取消、下放和授权企业管理事项18项，国资监管事项全部实现清单管理。重新修订《市国资委监管企业工资总额管理办法》《监管企业负责人经营业绩考核办法》《监管企业负责人薪酬管理办法》，健全完善国有企业薪酬分配制度。制定《廊坊市关于加强国有企业资产负债约束的实施意见》《关于打好防范化解重大风险攻坚战的工作方案》，对部分资产负债率偏高企业严格实行监测预警和约谈督导，确保企业资金链安全。制定出台《市国资委监管企业合规管理工作指引》，督促企业加强对投资规划、改制重组、安全环保等重点领域和经营决策、生产运营等重点环节，以及财务、采购等重要岗位人员的合规管理，监管企业2019年成本费用总额同比降低15.6%，累计降本增效达5000万元以上，企业总体资产负债率降低至53.6%，经营风险水平稳步降低。

**【“三供一业”分离移交】** 2019年，市国资委持续加强“三供一业”（供电、供水、供暖、物业）督导调度，召开分离移交项目维修改造调度会、推进会、对接会15次，赴各县（市、区）专题督导4次，协调解决维修改造资金到位慢、开工手续办理难、小区阻工等具体问题59个。至年底，全市启动维修改造施工的“三供一业”项目累计20.11万户次，占总任务量的100%；维修改造完成的“三供一业”项目累计19.23万户次，占任务总量的95.63%；华兴综合服务处廊坊矿区、霸州矿区分别与广阳区政府、霸州市政府签订市政、社区管理职能分离移交正式协议，并签订《市政、社区业务资产无偿划转协议》和《人力资源支持协议》，廊坊市剥离国有企业办社会职能工作位居全省前列。

**【国有企业党建】** 2019年，市国资委建立完善主体责任工作体系，制发《市国资委党委2019年政治生态评价指标体系任务落实安排表》，细化分解全系统各级党组织落实主体责任推动全面从严治党工作，明确3个方面30项党委班子、党委书记、班子成员履行主体责任职责和55项政治生态评价指标体系任务，确保从严治党政治责任落到实处。以提升组织力为重点，抓基层、补短板、夯基础，对46家归口管理的企业党组织开展全面彻底的党建大督查大起底活动，先后对32家企业党组织进行换届，调整系统百人党支部8家、接收党组织3家，撤销党组织8家，新建6个党支部，统一管理党员186名，同时严格党内政治生活、健全“三会一课”（定期召开支部党员大会、支部委员会、党小组会，按时上好党课）、主题党日、民主生活会、组织生活会制度等，发挥国有企业党支部的战斗堡垒作用和党员干部先锋模范作用。出台《市属国有企业领导人员管理办法》，明确选人标准和用人导向。优化企业领导人员结构，根据新形势干部年轻化和企业发展需要调整企业领导人员，至年底，监管企业领导人员共99名，平均年龄47.5岁，领导人员正职平均年龄49岁，89名企业领导人员达到大专及以上学历，占比达到89.9%。结合国企党建工作和基层党支部标准化建设要求，物产集团、廊运集团、城建集团、公交集团、国资公司5家企业完成党员活动中心、党员电教中心和党校“三位一体”的教育阵地建设，各企业均按照“六有”标准（有场所、有设施、有标志、有党旗、有书报、有制度）建设标准化党员活动室，并结合企业实际创新开展“党建+转型发展、党建+服务提升、党建+文明创建”等创建活动。

**【工会组织建设】** 2019年，市国资委以工会组织建设为抓手持续推进企业民主管理，指导城建集团、机械研究所、瑞立美联等3家企业新建工会组织，卢卡斯公司、国资公司、天都大酒店等企业完成工会组织换届，确保工会组织作用有效发挥。开展“职工之家”建设，布雷博惠联（廊坊）制动系统有限公司铸造分厂工会被全国总工会授予“全国模范职工小家”称号；廊坊市公共交通运输集团有限公司工会委员会、廊坊市交通运输集团有限公司工会委员会被廊坊市总工会授予廊坊市“模范职工之家”称号；廊坊市公共交通运输集团有限公司三公司工会小组、廊

**2019年廊坊市国资委列统监管企业基本情况统计表**

表17　　单位：万元

| 企业名称 \ 项目 | 资产总额 | 负债总额 | 主营业务收入 |
|---|---|---|---|
| 廊坊市物产企业集团有限公司 | 22241 | 35390 | 16618 |
| 廊坊市公共交通运输集团有限公司 | 19425 | 21988 | 8696 |
| 廊坊市国有资产经营有限公司 | 220747 | 20202 | 2617 |
| 廊坊市城市建设工程集团公司 | 121273 | 108887 | 79069 |
| 廊坊交通运输集团有限公司 | 44996 | 35287 | 8696 |
| 廊坊市联华超市 | 2577 | 2432 | 9589 |
| 廊坊市保安服务公司 | 2048 | 1039 | 4288 |
| 廊坊市天都大酒店 | 17873 | 17048 | 2398 |
| 廊坊市林美商厦 | 1615 | 1163 | 989 |
| 廊坊市化工经销公司 | 557 | 324 | 367 |
| 明珠商业企业集团有限公司 | 152959 | 98976 | 193064 |
| 卢卡斯伟利达廊重制动器有限公司 | 115340 | 23332 | 97464 |
| 瑞立美联制动技术有限公司 | 57332 | 42210 | 45880 |
| 廊坊科森电器有限公司 | 45838 | 11114 | 32435 |
| 亚新科美联制动系统有限公司 | 68287 | 27931 | 57911 |

坊市顺程交通运输有限公司工会小组被廊坊市总工会授予“模范职工小家”称号。

**【安全生产管理】** 2019年，市国资委严格实行领导班子成员包联企业制度，坚持每季度不少于一次带队开展安全生产、环境保护督导检查，全年组织开展危化行业、交通运输车辆、建筑房屋等重点领域的专项检查整治行动12次，全系统保持安全生产“零伤亡、零事故”，受到2019年中共河北省委、省政府安全生产第五巡查组肯定，被河北省安委办评为2019年河北省“安全生产月”活动先进单位，在市安委办组织的年度考核中位列二类单位第一名。完成市亚通报废汽车有限公司环保问题整改销号工作，经河北省委、省政府第二轮环保督查组现场严格督察检查，全面达到整改要求。

**【信访工作】** 2019年，市国资委妥善接待处理职工群众来信来访来电，全年接待处理来信来访来电147批294人次，网上处理上级转交办信访事件33件（其中国家信访局转送件7件，省信访局转送件14件，市信访局转送件12件），办结市长热线件4件，及时受理率和按时办结率均达到100%。

**【国资企业选介】** 廊坊市物产企业集团有限公司（以下简称廊坊市物产集团）坐落于廊坊市光明东道3号，是1995年9月由原市物资局整体转制的市属重点骨干企业，由市国资委出资监管，注册资本为3834.7万元。集团主营业务有商业零售、古玩市场、五金机电市场、钢材仓储运输、废旧汽车回收（拆解）、房屋租赁、自持物业管理等。廊坊市物产集团总部设有10个职能部室，旗下有保龙仓超市、天和商贸、钢材市场、亚通报废汽车回收（拆解）、欧歌国际、物业公司等18家子企业，全集团共有在岗职工400余人。廊坊市物产集团按照“一年打基础，三年上台阶，五年快发展”的战略路径安排，打造“实力物产、创新物产、安全物产、文化物产、和谐物产”，面对历史遗留问题凸显、外部制约因素增多，以及改革发展任务繁重的不利局面，公司加强党的建设、破解历史遗留问题、维护安全稳定，集团经营收入稳定增长，管理水平明显提升，整体保持稳中向好的良好态势。先后获得“市委先进基层党组织”“安全生产目标管理优秀企业”等荣誉称号。其中，物产集团旗下保龙仓超市作为廊坊地区标志性商贸企业，始终坚持“低价引领消费潮流，优质服务大众百姓，扩大市场空间，稳步实施品牌战略”的发展理念，扩大经营规模，深受市民信赖；物产集团开发的钢材市场是经廊坊市政府批准工商部门核准注册成立的廊坊市唯一一家品种齐全、服务完善的钢材专业交易市场。市场占地200余亩，入驻商户200余家，市场从业人员3600人，是华北地区影响力、辐射力较强的钢材集散地。

廊坊市国兴融资担保有限公司（以下简称国兴担保公司）成立于2013年7月23日，由市国资公司出资设立，为市国资委监管的全资二级子公司，注册资金3.5亿元，是廊坊市唯一一家市级国有独资融资担保机构。经营范围包括贷款担保等融资担保业务、工程担保及诉讼保全担保等非融资担保业务，推荐企业到多层次资本市场挂牌保荐服务，财务顾问与咨询以及自有资金投资等业务。国兴担保公司作为石交所在廊坊区域最大的保荐机构，以服务实体经济发展为目标，建立同政府、银行、企业良好的沟通和互动机制，形成以融资担保为主体，工程担保、挂牌上市、应急转贷等系列服务共同推动的业务格局，坚持担保“一费制”，全力打造中小企业一站式金融服务平台，解决廊坊市中小企业面临的融资难问题。

（张建涛　陈　强）

廊坊市物产集团

## 市场监督管理

**【概况】** 2019年，廊坊市市场监督管理局（以下简称市市场监管局）维护市场秩序和安全，防范市场风险，服务经济高质量发展。年内，市市场监管局被人社部、国家市场监管总局评为“全国市场监管系统先进集体”；全市食品安全工作得到省长许勤、副省长夏延军批示表扬；完成“5·18”经洽会、中华人民共和国成立70周年“国庆”期间食品药品、特种设备安全保障。

**【质量强市】** 2019年，廊坊市全面实施质量强市战略，组织召开推进质量强市和标准化战略会议，开展推动质量强市、强县、强园（区）、强企四级联动，打造“品质廊坊”名片。启动第六届市政府质量奖评审，18家组织、9名个人获奖，并兑现第五届市政府质量奖励152万元。加强区域合作交流，启动“通武廊”品牌故事宣讲暨知名品牌巡礼活动；组织40 余家优秀制造企业赴北京开展先进质量管理经验对标学习交流；与北京市通州区、天津市武清区联合召开基本公共服务标准化试点协调会2次，拟开展“通武廊”医疗卫生协调联动基本公共服务标准化试点项目；举办京津冀（“通武廊”）质量基础建设交流暨2019年廊坊市质量月启动活动，三地签署质量强市（区）和标准化战略框架协议。推进标准化工作，向河北省政府申请获批廊坊市地方标准制定权，从农业标准制定权扩展到所有地方标准的制修订权。全年市级地方标准立项35项，其中14项通过审定并公告。廊坊市新苑阳光承担的“国家级蔬菜全产业链综合标准化示范区”项目通过国家考核组考核验收。是年，廊坊市企业主持制定国际标准3项，主持和参与制修订国家标准17项，团体标准制定10项；开展企业标准“领跑者”申报，获得国家级领跑者1项，省级3项；5家服务业企业完成省级示范创建；在国家标准委标准平台上公开声明的企业1204家，声明标准4911项，标准声明数量约占全省9.3%，全市新增企业326家，新增标准公示1070项；完成采标12项、采标标志12项。

**【坚守安全底线】** 2019年，廊坊市聚焦问题隐患排查，坚守安全底线。推动食品安全党政同责，提请市委、市政府办公室印发《关于深入学习宣传贯彻〈地方党政领导干部食品安全责任制规定〉的通知》，在市委第11次常委会、市委理论学习中心组学习会、市政府四十六次常务会、食品安全委员会全体会议上传达学习，纳入干部培训学习内容。推进食品药品安全提升工程，印发《廊坊市2019年食品安全重点工作安排》，部署全市食品安全工作和隐患清查行动、对发现问题进行警示通报。委托第三方机构对各县（市、区）专项整治工作开展情况暗查暗访，随机暗访企业180家，发现问题隐患541项，在全市召开食品安全警示大会通报，同时联合市农业、卫健委、公安等部门，开展各县（市、区）问题整改大督查，发现问题173项，提出整改意见173条，限期整改到位，中共廊坊市委书记冯韶慧批示肯定。全市完成103家获证食品生产企业的HACCP体系认证工作，其中40家规模企业全部通过认证并有效运行，提前一年在全省率先超额完成“十三五”规划、“食药安全 诚信河北”三年行动计划任务。加强食品安全整治，开展农村食品、餐饮食品、校园及其周边食品、“山寨”食品、“3•15”曝光食品、保健食品整治以及食用农产品、乳制品和餐饮企业非法添加、餐饮具清洗消毒专项整治行动，检查食品生产、经营主体44908户次，检查餐饮单位7617户次，排查问题隐患7483个，查扣不合格食品321公斤，查处案件2010件，罚没款1328万元。提升校园食品安全质量，全市10家学校食堂达到省级食品安全标准食堂。检查学校幼儿园食堂2883家次，学生校外托幼机构1984家次，提出整改意见856条，责令限期整改562家。完成国抽、省抽、市县食用农产品及市本级计划抽检20153批次。

药品安全方面，集中开展药品生产流通、医疗器械隐患排查，开展化妆品、非法渠道购销药品、中药饮片经营专项整治。药品生产企业检查实现全覆盖，检查药品经营企业8675户次，排查梳理问题2792件，全部整改；抽检285批次，撤销药品经营质量管理规范认证证书29个，注销药品零售企业营业执照86家。检查医疗器械经营、使用单位3199户次，限期整改483家，抽检43个批次；检查化妆品生产经营企业2812家次，抽检243批次；收集药品不良反应报告2096份；查处药械案件686件，罚没款323万元。

特种设备安全方面，检查使用单位1.2万户次，设备3.7万台，发现一般隐患550余处。查处特种设备违法案件165起，罚没金额342万元，在全省率先完成液化石油气瓶信息化监管系统全覆盖，52家充装单位全部纳入监管系统。安检排查“5•18”、中华人民共和国成立70周年国庆等重要时期特种设备安全情况，未发生安全事故。按时保质保量完成新机场试飞前特种设备安全监察工作，北京新机场建设指挥部、北京新机场管理中心专程感谢廊坊市市场监管工作。

**【优化营商环境】** 2019年，廊坊市全面优化营商环境，服务经济发展。持续深化改革服务企业，外资企业名称实现外网自主申报。2月，企业登记时间压缩至2天；6月，外资企业登记时间压缩至1个工作日。廊坊开发区行政审批中心设置外资企业登记注册窗口，得到中共廊坊市委、开发区党工委领导肯定。至年底，廊坊市5个县（市、区）市场监管局具备外商投资企业登记管理权。开展工业产品生产许可证准入改革，按照河北省市场监督管理局委托权限，办理发证、延续、增项企业30家。培育壮大市场主体，截至12月底，全市实有外资企业1079户，全省排名第三位，同比增长16%；实有个体工商户26.22万户，同比增长11%。全市专利申请量8828件，专利授权量4762件，有效发明专利2538件，万人发明专利拥有量5.25件，超额完成全年目标任务，在全省位居前列；全市新增注册商标11458件，总量达52212件，被总局认定驰名商标1件，驰名商标总量达29件；新增地理标志商标3件，累计达8件。

**【市场秩序整顿】** 2019年，廊坊市规范市场秩序，加强市场监管。强化事中事后监管，全面推行"双随机、一公开"监管，印发联合抽查实施细则，开展专项督导检查。随机抽查事项清单调整为383项，市场主体名录库增至40.8万户，执法检查人员名录库增至6385名。市级、县级开展跨部门联合抽查37次，超额完成省定目标任务，得到省督导组肯定。部门内部随机抽查1164次，完成率和公示率达100%，2018年度市场主体年报公示率达94.82%。强化竞争执法，打造公平竞争市场环境，全年查处案件47件，罚没款133万元。加强价格监管，检查市场主体3042家，整改97家，罚没款69.7万元。集中开展认证乱象专项整治，强制性产品认证获证组织541家、证书3213张；完成省级强制性产品认证、质量管理体系认证和有机产品认证监督检查19家，检查获证企业105家，检查各类经销企业469家、产品1.8万件。监督检查检验检测机构"全覆盖"，检查检验检测机构99家，责令整改25家，责令改正67家，缩减能力2家，注销5家，立案处罚11家。廊坊市作为"中国电子质量监督强制检定工作计量器具业务管理系统"省内试点单位，在全省率先完成辖区法定计量机构与国家强检系统对接，实现互联互通；组织开展计量监督抽查商品268个批次，合格率达100%。加大知识产权保护力度，立案查处商标侵权案件79件，罚没款274万元；查处专利侵权案件1件，专利假冒案件6件，罚没5.5万元。严厉打击虚假违法广告，查处广告违法案件93件，罚没款204万元，同比增长56.9%。其中，互联网广告案件36件，罚没款106.7万元。整合"12315"投诉举报热线，共受理消费者咨询、投诉、举报信息2.8万件，廊坊市消保委被省消保委推荐为全国消费组织先进集体。对破坏市场秩序、损害群众健康、危及公共安全等严重违法行为，坚决出重拳，狠抓大要案查处，全系统查办各类案件3730件，罚没款3103万元。

**【大气污染防治】** 2019年，廊坊市组织开展散煤治理"万人大督查"，全市抽调1.5万人，进村入户开展督导排查。拦截运煤车辆992辆，查处违规运煤车辆22辆，劝返运煤车辆250辆，劝返运输散煤3078吨。查处违法销售散煤案件17起，查扣、没收散煤350余吨，抽检洁净型煤66批次，合格率100%。排查村街1.8万个次、居户248万个次，发现存有散煤户数12853户，收缴散煤8449吨。全市抽检油品3570批次，出具报告3207批次，其中汽油1614批次，合格率100%，柴油1593批次，合格率99%，抽检车用尿素359个批次，合格率100%。

**【整治传销】** 2019年，廊坊市持续开展"护民生、促和谐"传销整治，共捣毁取缔传销窝点161个，教育遣返传销人员593余人，解救7人，刑拘7人，查处案件9起，罚没款45万元。全市"12315"传销举报和"110"传销警情数据比2018年同期下降65.7%，传统传销在廊坊市被有效遏制。是年，廊坊市成功退出"全国传销重点整治城市"。

**【文明城市创建】** 2019年，廊坊市制定完善《创建全国（省级）文明城市工作目标管理考核办法》和《创建全国（省级）文明城市工作问责办法》，开展市区超市、农贸市场、食品加工、餐饮摊点重点检查治理，举办全市"百家市场主体同创文明城"和"百名机关干部下市场驻点创建"活动，为争创文明城市奠定基础。

（李　威）

## 物价管理

**【概况】** 2019年，廊坊市清理规范政府定价的经营服务性收费事项，编制《政府定价的经营服务性收费目录清单》和《政府定价的涉企经营服务性收费目录清单》。规范政府定价经营服务性收费管理，落实收费项目"只减不增"、标准"只降不升"。调整2019年未对政府定价的经营服务性收费标准。开展铁路货物运输收费清理规范相关工作，征求铁路货物运输货主的对市区铁路货物运输收费意见建议。关注市场价格变化，严格执行各项监测报告制度，累计采集汇总全市监测数据7万条次，加强价格走势分析研判，完成应急和节日监测报告63期。启动价格补贴联动机制，对全市享受抚恤补助的优抚对象、城乡低保对象、城乡特困人员、领取失业保险金人员全年累计发放临时价格补贴1445万元，惠及困难群众26.8万人次。

**【供水价格改革】** 2019年，廊坊市完善工业用水差别水价和工商企业、服务业等用水超额累进加价政策。12月5日，廊坊市印发修订后的《关于工业用水实行差别水价和工商企业、服务业等用水实行超额累进加价的实施意见的通知》，并于2020年1月1日起执行。推进农业水价综合改革。组织廊坊市农业水价综合工作领导小组成员单位开展2018年全市农业水价综合改革绩效考评工作，梳理各县（市、区）自评，开展实地评价、综合评分、确定等次，印发年度农业水价综合改革工作评价情况的通报。组织成员单位召开工作会议，研究推进农业水价综合改革工作措施。落实河北省南水北调地表水价格政策，印发《关于落实〈河北省人民政府办公厅关于用足用好南水北调引江水的意见〉的通知》，平稳完成南水北调地表水供水价格3年梯度调整任务，水价形成机制进一步理顺。

**【天然气价格改革】** 2019年，廊坊市在河北省率先完成天然气配气价格改革，平稳实现居民用气门站价格

2019 年廊坊市区天然气价格现执行标准一览表

表 18

| 分类 | 现行标准 | 执行日期 | 文件编号 |
|---|---|---|---|
| 居民生活灶热用气 | 第一阶梯 300 立方米以内：2.47 元 / 立方米<br>第二阶梯 301~600 立方米：2.69 元 / 立方米<br>第三阶梯 600 立方米以上：3.14 元 / 立方米 | 2018 年 10 月 12 日 | 廊发改价格〔2018〕373 号<br>廊价管〔2017〕118 号 |
| 居民生活采暖用气 | 第一阶梯 900 立方米以内：2.47 元 / 立方米<br>第二阶梯 901~2800 立方米：2.69 元 / 立方米<br>第三阶梯 2800 立方米以上：3.14 元 / 立方米 | | |
| 非居民用气 | — | 2019 年 6 月 19 日 | 廊发改价格〔2019〕264 号 |

并轨后的价格疏导，初步建立天然气上下游价格联动机制，并在冬春两季分别实行天然气上下游气价联动，有效缓解需求旺季气源供需价格矛盾。

**【电价改革】** 2019 年，廊坊市落实国家和河北省电网电价再降 10% 目标，2019 年 4 月 1 日和 7 月 1 日，河北省 2 次出台政策降低一般工商业电价标准，廊坊市一般工商业用电价格在 2018 年降价基础上再次降低 5.13 分 / 千瓦时。落实河北省电力市场交易价格机制，降低电网输配电价 5.13 分 / 千瓦时，促进廊坊市企业通过电力市场交易降低用能成本。完善降低成本的用电价格政策，促进大智移云为中心的信息技术产业发展，全年共计为企业减少用能成本约 4.3 亿元。完善光伏发电上网电价机制，上网标杆电价改为指导价，新增光伏电站上网电价鼓励通过市场竞争方式确定。利用电价杠杆推动节能降耗，严格落实河北省关于对“两高一剩”行业实施差别化电价的有关政策，对逾期未完成河北省定超低排放改造的生产企业用电，一律实行差别化电价。

（郑　蔚）

## 国土资源管理

**【概况】** 廊坊市主要地类面积（2018 年年末）：耕地 353446.45 公顷（530.1697 万亩）；园地 23340.6 公顷（35.0109 万亩）；林地 41045.67 公顷（61.5685 万亩）；草地 9284.94 公顷（13.9274 万亩）；城镇村及工矿用地 136357.04 公顷（204.5356 万亩）；交通运输用地 29572.22 公顷（44.3583 万亩），其中含农村道路 16432.01 公顷（24.648 万亩）；水域及水利设施用地 39471.1 公顷（59.2067 万亩）；其他土地 9419.55 公顷（14.1293 万亩）。

与 2017 年年末廊坊市土地利用现状变更调查汇总成果相比，耕地净减少 502.54 公顷，林地净减少 306.57 公顷，城镇村及工矿用地净增加 1049.06 公顷；与 2016 年年末廊坊市土地利用现状变更调查汇总成果相比，耕地净减少 1746.02 公顷，林地净减少 606.31 公顷，城镇村及工矿用地净增加 2432.57 公顷；与 2015 年年末廊坊市土地利用现状变更调查汇总成果相比，耕地净减少 2567.17 公顷，林地净减少 940.89 公顷，城镇村及工矿用地净增加 5062.55 公顷。

**【城市建设土地储备及使用】** 2019 年，廊坊市市级储备土地 82.715 公顷（1240.7232 亩），其中新增土地 13.504 公顷（202.56 亩）、旧城及城中村改造用地 69.2109 公顷（1038.1631 亩）。发布公告 17 个，通过招拍挂出让宗地 63 宗，面积 4740.554 亩（316.0369 公顷），成交金额 163.4580 亿元。其中市本级 25 宗，面积 1417.625 亩（94.5083 公顷），成交金额 70.867 亿元；广阳区 3 宗，面积 364.891 亩（24.2361 公顷），成交金额 1.9435 亿元。

**【建设用地报批】** 2019 年，廊坊市（包括扩权县）上报河北省自然资源厅建设用地卷宗 155 个（批次、项目），总面积 3108.7627 公顷（46631.4 亩）。其中，农用地面积 2615.4796 公顷（耕地 1939.3487 公顷）、建设用地面积 359.6087 公顷、未利用地面积 133.6744 公顷。截至 12 月 31 日，经省批准 150 个（批次、项目），总面积 2788.1902 公顷（41822.9 亩）。其中，农用地面积 2080.5175 公顷（耕地 1501.966 公顷）、建设用地面积 504.4258 公顷、未利用地面积 203.2469 公顷。

**【耕地保护与耕地质量等别启用】** 2019 年，河北省人民政府下达廊坊市人民政府 2019 年度耕地保有量不少于 30.6 万公顷（459 万亩）、基本农田保护面积不少于 24.99 万公顷（374.8 万亩）的指标，廊坊市将上述指标分解落实到各县（市、区），并与各县（市、区）政府签订《耕地保护目标责任书》，要求各县（市、区）与各乡（镇）逐级签订责任书，将共性目标和职能目标量化、细化，确保耕地及基本农田数量不减少，质量不降低，用途不改变。截至 2019 年年末，廊坊市耕地面积 35.34 万公顷（530 万亩），永久基本农田保护面积

25.03万公顷（375.41万亩），高于河北省人民政府下达的基本农田保护面积指标。是年，自然资源部验收通过河北省2018年度耕地质量等别更新评价成果，自2020年1月1日起，全部启用2018年度耕地质量等别更新评价成果。与上轮相比，廊坊市本轮耕地质量自然等、利用等、经济等平均等别基本持平，但有微小幅度提升。国家自然等平均等别由8.89等提升至8.85等，国家利用等平均等别由10.57等提升至10.55等，国家经济等平均等别由11.30等提升至11.29等，与上轮相比，廊坊市耕地面积虽有所减少，但耕地质量平均等别有微小幅度提升。

**【矿政管理】** 2019年，廊坊市发布《中共廊坊市委、廊坊市人民政府关于改革和完善矿产资源管理制度加强矿山环境综合治理的实施意见》。按照省厅地热整改统一部署及《河北省自然资源厅关于开展地热水资源保护与开发利用规划编制工作的通知》（冀自然资发〔2019〕9号）要求，组织编制《廊坊市地热水资源保护与开发利用规划（2018—2020年）》。发布《廊坊市2019年地质灾害防治方案》。组织专业技术人员对全市22个地灾隐患点逐一实地核查。组织市域范围内探矿权1个，采矿权68个的矿业权人勘查开采信息公示工作。

**【露天矿山深度整治】** 2019年，依据《廊坊市2019年责任主体灭失修复专项行动方案》要求，全市开展责任主体灭失矿山修复绿化工作。廊坊市2019年度的工作任务：2019年年底前完成10个责任主体灭失矿山的修复绿化工作，面积501.71亩（33.45公顷）。年内，廊坊市自然资源和规划局采取清理危岩、石方开挖、平整场地、石方回填、客土覆土等土石方工程治理手段，完成石方开挖145万方，填方119万立方米，挡墙砌筑4599方、覆土61万立方米。治理完成后原有废渣废土清除，地质灾害消除，抑制扬尘，改善生态环境，矿山生态治理环境恢复治理成效显著，矿山地质环境得到根本性改变。

**【测绘及地理信息】** 2019年，廊坊市有测绘资质持证单位70家，其中甲级7家，乙级15家，丙级35家，丁级13家。按照省地理信息局工作部署，完成64家丙、丁级测绘单位资质年度报告工作。全年受理测绘资质审核7宗、测绘资质信息变更11宗、数据补充17宗、质量管理考核6宗。年内，组织实施国家2000控制网建设。该系统建设是廊坊市市本级自然资源管理的空间基准，也是全市各类经济建设空间基准。开展县级数据融合工作，丰富地理信息公共服务平台数据内容，全尺度、全方位强化地理信息服务。全市县级地理空间框架建设完毕，地理信息公共服务平台融合市、县两级地理信息数据，构建全市政务服务“一张图”，为全市经济社会发展提供测绘地理信息服务保障。

**【土地整治】** 2019年，廊坊市实施高标准农田建设项目4个，建设总规模16.82万亩（1.12万公顷），建成高标准农田面积13.46万亩（0.9万公顷），新增耕地1060余亩（70.67公顷）。年内，各县（市、区）深入挖潜宜耕后备资源，全市实施完成土地整治占补平衡项目34个，新增耕地面积7100余亩（473.33公顷），全部通过省级验收核实，超额完成省级补充耕地任务。是年，廊坊市立项土地整治占补平衡项目13个，均进入施工阶段，项目完成后预计新增耕地2000余亩（133.33公顷）。

**【土地执法监察】** 2019年，廊坊市开展2018年度卫片执法工作，全市新增违法用地图斑4566个，面积15192.26亩（1012.82公顷），其中耕地面积8111.82亩（540.788公顷），违法占用耕地初始比例为56.86%。截至12月31日，整改到位3468宗，9957.59亩（663.84公顷），其中耕地面积5547.19亩（369.81公顷）；依政策扣除农村住宅、民生工程及基础设施、道路，扣除受规划管控影响后，综合未整改到位率降至7%。5月，开展违法违规用地建设采矿采砂和破坏生态环境暨违建别墅清查整治专项行动。违建别墅问题方面。全市排查别墅类项目240个8273栋35241套，建筑面积1031.33万平方米。其中，违法类别墅项目34个374栋737套建筑面积26.03万平方米（纳入国家整治范围违建别墅项目7个94栋102套，建筑面积4.42万平方米）。截至年底，纳入国家清查整治范围内7个全部整改到位，纳入省级清查整治台账27个全部拆除完毕。违法违规用地问题方面。全市排查违法违规用地2246宗，面积8296.22亩（553.08公顷），截至年底，整改到位1976宗6246.15亩（416.41公顷），扣除受规划管控影响203宗1778.50亩(118.57公顷)后，宗数、面积整改到位率分别为97.02%、96.73%，按照省要求完成整改任务。违法违规建设问题方面。全市查处违法违规建设问题47个，面积118.51万平方米。整改46个，面积117.57万平方米，剩余广阳区1个，面积0.94万平方米。其他违法违规采矿采砂和破坏生态环境问题，全部按要求整改到位。

**【不动产统一登记】** 2019年，廊坊市不动产登记中心受理登记业务5.5万余件，办结5.45万余件，办结率99.28%。其中，颁发不动产权证书3.85万余本，颁发不动产登记证明2.19万余本；平均每日处理业务量242宗，日接待办事、咨询群众 1200多人次。年内收取不动产登记费用约1300万元。

（李　强）

## 安全生产监督管理

【概况】 2019年，廊坊市应急管理局突出危险化学品、冶金、烟花爆竹、涉氨涉氯等重点行业安全攻坚，加强安全生产综合监管力度，组织开展安全生产大排查大整治行动2轮，检查企业22673家、9万余家次，排查率100%；发现一般隐患12.7万余项，并全部整改；发现重大隐患37项，全部整改到位；关闭取缔825家、停产整顿1009家，处罚罚款8444.56万元；追究刑事责任160人，约谈7297人次，通报4067个、下达整改令1.5万个。是年，全市共发生生产安全事故203起，同比减少30起；死亡43人，同比增加3人。其中，工矿商贸领域发生生产安全事故3起，同比增加1起，死亡5人，同比增加4人；生产经营性道路运输事故发生69起，同比减少15起，死亡38人，同比持平；生产经营性火灾事故发生131起，同比减少16起；无人员伤亡，同比减少1人。

【安全生产执法】 2019年，廊坊市完善安全生产监管监察制度体系，严格落实行政执法公示制度、执法全过程记录制度、重大执法决定法制审核制度，全市应急管理系统执法检查企业9967家、19430家次，发现隐患问题23368条，立案3287起，同比增加43.8%，实施经济处罚3987.13万元（同比增加27.6%）。全市采取除经济处罚以外的其他行政处罚及实施查封扣押强制措施813家（起），其中责令停产停业整顿579家，吊销许可证3家，暂扣证照1家，实施查封、扣押强制措施230起。年内，市应急管理局增加编制13个、增加事业编制15个，19个市直行业主管部门设立安全生产管理科在机构改革后予以保留，配备工作人员66人。各县（市、区）参照市级做法，为应急管理部门增编增人增预算。全市148个乡镇（街道）、园区全部建立安监站，配有安全监管人员476名。全市配备企业安全巡查员1729名、村街协管员3450名，保障农村“煤替代”工程安全。

【安全生产领域改革】 2019年，廊坊市严格落实《河北省党政领导干部安全生产责任制实施细则》《廊坊市党政领导干部安全生产责任制实施细则》，由各级党委书记任安委会第一主任、承担9项具体工作职责；各级政府主要负责人任安委会主任、承担10项具体工作职责。明确规定各级党委常委会其他成员要支持保障安全生产工作，各级政府由担任党委常委的政府领导分管安全生产工作。明确各级政府负有安全生产监管职责部门的领导干部4项工作职责，部门分管安全生产工作负责人由党组副书记或排名第一的副职担任。年内，组织开展安全生产风险管控与隐患治理机制建设，推进安全生产关口前移，按照时间进度安排，全市计划应开展“双控”机制建设的企业5548家，完成3871家，完成率69.72%；全市纳入“双控”工作台账的企业5053家，成立领导小组及工作推进团队的企业4614家，制定风险分布图的企业3871家，建立风险管控信息台账的企业4041家，建立事故隐患排查清单的企业4004家，编制隐患治理查信息台账的企业3981家。全市开展2号令专项执法检查企业2032家、实施经济处罚182.5万元。

【安全生产督查巡查和隐患曝光】 2019年，按照《安全生产巡查工作制度》，廊坊市安委办抽调人员44名，组成巡查组11个，针对各县（市、区）开展全覆盖巡查，发现问题隐患364项，均督促整改落实到位。针对省、市督导和执法检查发现的隐患问题和受理的安全生产举报，发布监察建议卡26期、监察建议书33期、内部通报209期，督促整改问题隐患1.1万余项；媒体曝光11次，曝光各类隐患1200余项。加强安全生产督导检查和重点时期安全监管，针对全国“两会”、暑期安保、新中国成立70周年等重大活动，以及春节、清明、端午等节日，逐一制订工作方案，组织市、县两级安委会成员单位集中开展暗察暗访、安全巡查、专项检查，确保重要时间节点安全生产不出问题。新中国成立70周年纪念活动期间，廊坊市县两级组成各类安全生产检查组1384个、执法组1613个，检查企事业单位1.67万家次、暗查暗访5391家次，排查整改各类隐患问题3.6万项，确保活动期间安全生产“零事故”。

【安全生产宣传培训】 2019年，廊坊市广泛开展安全生产公益宣传，利用户外电子屏、电梯广告屏等持续播放安全生产公益广告、标语口号、“12350”有奖举报电话；利用120余个社区（乡村）宣传栏、1200余个广播站进行公益宣传，全年播放安全生产宣传片70余万条（次）。开展安全生产标语口号宣传，全市137个重点乡镇（街道、园区）刷制永久性标语，市、县两级共刷制标语18579条、悬挂条幅34046幅、设置宣传牌6317块。6月16日，集中开展“安全生产月”咨询日系列活动，现场设置400余块安全生产事故警示展板、36个咨询展台，提供安全咨询上千次，发放各类安全知识宣传册和纪念品12余万份。组织多层次安全生产培训，全年培训各级安全生产主管负责人和乡镇安监站站长550余人次、企业负责人7000余人，“三项岗位”（生产经营单位主要负责人、安全管理人员和特种作业人员）人员实现100%持证上岗。

（孙晓鹏）

## 应急管理

【概况】 2019年，廊坊市应急管理局持续强化应急救援队伍建设，提高应急救援能力。全年组织开展市级应急救援技能竞赛活动2次、全市抗洪抢险应急救援演练活动1次。指导廊坊市社会应急救援队伍参加国家级应急救援技能竞赛区域分类选拔赛1次。年内与北京市大兴区、天津市静海区及武清区3个区市应急管理局签订应急联动协议，完善京津冀协同应对事故灾难工作机制。

**【应急救援演练】** 2019年，廊坊市开展较大规模应急救援演练304次，动用各类装备器材17865台（套），参演人次累计10963人次。7月20日，廊坊市2019年抗洪抢险应急救援演练在霸州市胜芳湿地公园举行。廊坊市、霸州市两级应急管理部门，水利、公安、消防救援、生态环境、卫健、公安交警、供电、气象等部门，以及廊坊军分区、霸州市武装部，廊坊蓝天救援队、廊坊"9958"救援队、赤狐救援队等社会救援队伍参加演练，参演人数超过300人，观摩人员超过200人。演练模拟场景设置为大清河系南支大范围普降暴雨，上游水位超过警戒水位，枣林庄枢纽向赵王新河泄洪流量达到700立方米/秒，廊坊市防汛抗旱指挥部和霸州市防汛抗旱指挥部按照预案要求，启动防汛抗旱应急Ⅱ级响应，8小时内爆破任庄子口门，启用东淀蓄滞洪区。演练分为预警发布、先期处置；应急响应、展开抢险；应急终止、新闻发布3个阶段，预设蓄滞洪区群众转移、户对户安置、口门爆破、堤防加固、管涌抢护、排水减灾、冲锋舟施救、绳索救援、无人机搜寻、直升机营救被困人员等10项内容的实战演练，从多方面检验应急机制、提高应急水平、锻炼应急队伍、增强应急能力。

**【跨地区应急联动合作】** 7月25日，北京市应急管理局与河北省应急管理厅，以及大兴区应急管理局与廊坊市应急管理局举行大兴国际机场地区安全应急保障工作联动协议签字仪式。京冀省市两级四方建立有关北京大兴国际机场地区安全应急保障联动机制，助力北京大兴国际机场顺利通航、平稳运行。年内，廊坊市应急管理局分别与天津市静海区应急管理局签订应急联动工作机制框架协议，与天津市武清区应急管理局签订应急救援协作框架协议。

**【应急救援竞技培训】** 年内，指导廊坊市蓝天救援队参加在正定县国家陆地搜寻与救援（河北）基地举办的全国首届社会应急力量技能竞赛区域分类选拔赛，参与破拆、绳索、水域技能等体能测试项目及培训选拔，提高应急救援技能。组织全市危化企业应急管理负责人8人、危化专兼职救援队伍技术骨干16人、社会救援力量骨干人员7人先后参加河北省安全生产应急救援训练中心举办的6期培训班，提升廊坊市救援队伍专业技能和救援水平。5月26日，举办廊坊市安全生产应急救援体能竞赛；9月20日，举办全市无线电应急通信技能竞赛，通过指导救援队伍开展和参加各项活动，营造全社会学应急知识、练应急本领、强应急技能的浓厚氛围。

（杜继晗）

## 退役军人事务管理

**【概况】** 2019年，廊坊市出台《市委办公室、市政府办公室关于印发〈廊坊市退役军人事务局职能配置内设机构和人员编制规定〉的通知》《中共廊坊市委、廊坊市人民政府、廊坊军分区关于进一步加强新时代退役军人工作的贯彻落实意见》《廊坊市关于全面加强退役军人服务保障体系建设的实施意见》，推进全市退役军人事务工作。廊坊市退役军人事务局围绕"让军人成为全社会尊崇的职业"目标要求，边组建机构，边推进工作，市、县两级退役军人事务管理机构全部组建运行。

廊坊市退役军人事务局下设综合科室3个：办公室、规划财务科、机关党委（人事科）；业务科室6个：优抚科、双拥科、移交安置科、军休服务管理科、思想政治和权益维护科、就业创业科；事业单位3个：退役军人服务中心、军队离退休干部第一休养所（军休一所）、军队离退休干部第二休养所（军休二所）。核定行政编制35名，事业编制56人，社会化用工编制12人。

**【中共廊坊市委退役军人事务工作领导小组成立】** 2019年，廊坊市成立市委主要领导任组长的退役军人事务工作领导小组，形成"四级书记"[市、县、乡（镇）、村四级党委书记]一起抓的工作格局。5月22日，中共廊坊市委书记、市委退役军人事务工作领导小组组长冯韶慧主持召开市委退役军人事务工作领导小组第一次全体会议，学习贯彻省委退役军人事务工作领导小组第一次会议精神，审议通过《中共廊坊市委退役军人事务工作领导小组办公室工作细则》《中共廊坊市委退役军人事务工作领导小组2019年工作要点》，安排部署廊坊市2019年退役军人工作。

**【全国双拥模范城（县）创建】** 6月21日，廊坊市召开全市双拥领导小组扩大会议暨创建全国双拥模范城动员大会。中共廊坊市委书记冯韶慧出席会议并讲话，省委第六督导组组长和春军应邀出席会议，市委副书记、组织部部长李龙主持会议。会上市政府副市长张秉舜分解说明全市创建全国双拥模范城"七连冠"目标任务。7月16日，市退役军人事务局专题调研大厂县、三河市双拥工作开展情况，分别走访两地的烈士陵园和光荣院，并围绕双拥模范城（县）国家考评内容组织座谈。10月9日，市双拥办组织召开驻廊坊部队双拥创建工作调度会议，驻廊部队双拥工作负责人员及市双拥迎检专班全

5 月 22 日，廊坊市委退役军人事务工作领导小组第一次会议召开

体工作人员参加会议。11 月 1 日，全国双拥工作领导小组副组长、中央军委政治部主任助理汪利平，全国双拥工作领导小组成员兼办公室副主任、中央军委政治工作部群众工作局局长肖安水一行到廊坊市调研考察全国双拥模范城创建工作，肯定廊坊市的双拥工作“站位高，工作实，亮点多，效果好”。

**【组建部分退役士兵社会保险接续工作专班】** 3 月 29 日，廊坊市部分退役士兵社会保险接续工作专班成立（以下简称“工作专班”），由市委副书记李龙任组长，市政府副市长张秉舜任副组长。专班下设办公室及 7 个工作小组。制定印发《关于解决部分退役士兵社会保险问题的实施方案》。5 月 16 日，“工作专班”召开全市部分退役士兵社会保险接续工作会议，对工作开展全面动员和相关业务培训。10 月 21 日和 11 月 12 日，分别召开部分退役士兵社会保险接续工作推进会议。至年底，全市部分退役士兵社会保险补缴受理系统录入完毕，全部经退役军人事务、人力资源和社会保障、医疗保障、民政等部门审核通过，审核率 100%；全部完成缴费，补缴资金 6000 余万元，完成率 100%。

**【退役军人服务中心（站）】** 2019 年，廊坊市有四级退役军人服务中心（站）3632 个，其中行政区划内 3623 个，包括市级中心 1 个，县级中心 10 个，乡（镇）街道级服务站 106 个，村级服务站 3507 个；非行政区划（开发区）8 个，包括县级中心 1 个，乡（镇）级服务站 7 个，市、县、乡、村退役军人“两站两中心”四级服务体系建立完成。共核定编制 498 个，工作人员实际到位 9312 人，落实人员和工作经费共计 1377.858 万元，独立办公场所 55295.78 平方米，保障办公车辆 86 台。5 月 31 日，全市退役军人服务中心（站）按照“六有”（有机构、有编制、有人员、有经费、有保障）要求和全覆盖要求落实到位，形成横向到边、纵向到底、覆盖全员的管理服务网络。开展“星级退役军人服务站”评选，表彰评比全市退役军人服务站，评选出 5 星退役军人服务站 10 家，4 星退役军人服务站 10 家，作为典型在全市进行推广。11 月，退役军人事务部副部长朱天舒视察三河市燕郊镇迎宾北路街道办事处退役军人服务站，肯定廊坊市通过服务中心（站）平台组织志愿者服务队、利用微信群等自媒体开展丰富多彩活动的做法。

**【退役军人关爱基金成立】** 9 月 25 日，廊坊市召开关爱退役军人基金会第一届理事会第一次会议。会议通报基金会的筹备情况，公布第一届理事会、监事会组成人员名单，审议通过《河北省廊坊市关爱退役军人基金会章程（草案）》，选举产生基金会第一届理事会领导班子。2019 年，廊坊市在全省率先完成设立市、县两级退役军人关爱基金工作，并全部建立基金会党建组织，对落实普惠政策后仍然存在困难的及时给予临时性、应急性帮扶援助，对生活有特殊困难的开展一对一帮扶。

**【退役军人就业创业促进会成立】** 12 月 27 日，廊坊市召开“廊坊市退役军人就业创业促进会”成立大会。成立就业创业促进会，旨在宣传党的路线、方针、政策，贯彻国家有关退役军人就业创业扶持政策；对退役军人就业创业情况进行调查研究，为政府有关部门决策提供参考；组织开展就业创业相关专题调研、理论研究和学术交流；组织开展退役军人就业创业培训、政策法律咨询、就业指导服务，促进退役军人就业创业健康发展；为会员搭建交流平台，研究制定适合退役军人就业的岗位目录，提升退役军人就业创业成功率。

**【优抚慰问】** 2019 年，廊坊市常态化发放优待证、光荣牌、送立功喜报。截至 2019 年年底，廊坊市发放优待证 15 万余本，为烈军属、退役军人和现役军人家庭悬挂光荣牌 2551 块，为立功现役军人送喜报 400 余次，发放荣誉奖励金 57.9 万元。全市 2000 余个公共服务场所设立“军人、退役军人优先”标识，并在人员较集中的窗口单位通过引导员佩戴绶带、电子滚动屏展示等形式宣传优待政策。在公园、博物馆、纪念馆等场所对退役军人免费的基础上，廊坊市广阳区金丰农科园、廊坊市大厂县紫图生态庄园、廊坊市永清县林栖谷森林温泉度假区、廊坊市固安县自行车运动公园等 4 家民营景区对退役军人免费开放。开展为重点优抚对象送药送医活动，共为重点优抚对象送医送药66.4万元，为重点优抚对象和涉核人员健康体检，支出体检费471.2万元。组织重点优抚对象参加短期疗养，发放义务兵家庭优待金4800余万元。为重点优抚对象发放门诊补助510余万元，减免、补助、救助优抚对象医疗费用150余万元，发放生活补助金62.64万元。完成退役军人和其他优抚对象信息采集工作，采集全市退役军人及优抚对象信息工作进度排名全省第一位。春节和“八一”前夕，市级、县级四套班子领导走访慰问驻地部队，为部队送去慰问品。春节、“八一”期间，廊坊市退役军人事务局走访慰问市级、县级优抚对象和军队退役人员27.6万人次，发放慰问品及慰问金1270余万元，发放《慰问信》等慰问资料28.68万件。9月，市双拥办和固安县双拥办分别赴福建霞浦县空军驻训慰问，赠送慰问金16万元。

**【褒扬纪念】** 2019年，廊坊市组织开展清明节、“9•30”烈士公祭日、对越自卫反击战纪念烈士祭扫活动，宣传“传承•2019清明祭英烈”网上教育活动专栏，在《廊坊都市报》开辟《红色寻踪廊坊记忆》专栏，刊登英烈光辉事迹19期。完成全市烈士英名录信息系统录入工作、摸底核对、补充完善全市所有烈士基本信息，截至12月底，共录入8525名烈士。开展加强和改进全市烈士纪念设施保护管理工作专项行动，完善基础设施，优化陵园环境，规范服务管理，提升管理水平，发挥爱国主义教育作用。

**【“双拥”工作】** 2019年，廊坊市调整成立市委书记任组长、市长等其他市领导任副组长的双拥工作领导小组。实行“季度督查+半年测评+年终考核”机制，确保完成拥军爱军各项目标任务。投入经费建立现代化民兵训练基地，解决市民兵应急营和安次区、广阳区，以及廊坊开发区的民兵正规化训练问题。开展“全国模范退役军人”“2019年度最美退役军人”“最美双拥人物”“最美军嫂”等评选活动，推出双拥典型80余个。其中，三河市王万友被评为省级“最美双拥人物”，大厂县张顺利被《中国双拥》评选为2018年度人物。开展廊坊市“最美双拥人物”评选，广阳区爱民东道街道办事处建华里社区党支部书记赵会江、武警河北总队廊坊支队士官高岐、大厂回族自治县北辰街道办事处工作人员海明君等10人获廊坊市2019年度“最美双拥人物”称号。开设“廊坊双拥”网页，在“两台一报”（廊坊电视台、廊坊广播电台、《廊坊日报》）、“两微一端”（微博、微信、新闻客户端）等平台开设双拥专栏，形成舆论宣传声势，弘扬正能量。建设命名省级国防教育基地6个、市级国防教育基地15个，国防教育主题公园、街道和国防教育角20余个，巩固提升教育阵地。

**【阳光安置】** 2019年，廊坊市推行“阳光安置”政策（将退役军人服役期间的表现作为安排工作的主要依据），通过张榜公示、网站公告等形式，向社会公开安置工作过程，并由纪检部门全程监督。安置工作实行一人一档、一环节一公示、一节点一签字的办法，每名安置对象都全程参与、全程核准、全程签字，公开选岗和填报志愿实行全程录像照相，并刻制视频资料与文字档案一起存档。9月28日，廊坊市2019年军队转业干部考试在廊坊市高级技工学校开考。11月27日，廊坊市2019年市本级符合政府安排工作条件退役士兵公开选岗大会在天都大酒店举行。参加选岗的退役士兵全部成功选岗，并按时按政策妥善安置到位。退役士兵和军转干部全部报到上岗工作，各项人事关系手续办理完毕，接转工资关系、组织关系、办理户口全面落实，上岗率和满意率均为100%。

**【退役军人就业创业】** 2019年，廊坊市为1358名退役军人制定“个人需求、单位岗位、经济发展”3类需求台账，就业创业率93.82%。分别于8月27日、10月15日、10月29日、11月28日组织2019年度接收计划分配军转干部、符合政府安排工作条件退役士官、自主择业军转干部开展就业创业（适应性）培训，培训率100%（其中复学、工作视同已参加培训）。全市共建设有教育培训基地21家，其中市本级5家，县级16家；实习实训基地16家，其中市本级5家，县级11家；就业基地35家，其中市本级20家，县级15家；退役军人创业孵化基地1家；返乡创业家园9家。大厂县微软产业园被列为

7月31日，2019年度廊坊市“最美双拥人物”发布仪式在市广播电视台举办

省级就业基地和返乡创业园。8月13日，《人民日报》以《就业培训为退役军人赋能》为题，专题报道大厂县就业创业工作。10月10日，在廊坊市科技企业孵化器有限公司举行全市首批退役军人教育培训基地、实习实训基地、就业基地、创业孵化基地等“四类基地”集中授牌仪式。5月25日和11月30日，根据退役军人需求，分别组织“5•25”“11•30”2场“廊坊市退役军人专场招聘会”，组织150余家优质企业，涉及各类招聘岗位2000余个；各县（市、区）也分别组织2场以上退役军人专场招聘会，提供大量优质岗位。

**【军休服务管理】** 2019年，廊坊市承担无军籍职工的服务工作，开展军休数据调查摸底工作4次，修改补充相关数据信息1900余条，军休服务管理机构数据200余条。开展《全国军休安置服务管理信息系统》9个版块的数据采集整合录入，录入数据信息1294条。完成2016式离休退休干部证件换发信息核查工作，共换发622个。落实军休干部的政治待遇，创新党支部建设，设立报刊室，创建荣誉室，组织开展庆祝中华人民共和国成立70周年联欢会、书画展、摄影展等活动，增强军休干部荣誉感。落实军休干部的生活待遇，创新医养结合，健全军休干部医疗保障制度，协调市医保、市卫健委创建军休干部诊疗制度，让军休干部能优先巡诊、优先取药。引导当地符合资质的医院在军休机构设立门诊分部，定期巡诊常态化，为军休干部的健康保驾护航。7月10日，邀请中国中医科大学、中国中医药大学教授、国医堂明佳中医主任医师陈有明，为军队离退休老干部开展健康义诊活动。

（黄　铧）

## 无线电管理

**【概况】** 廊坊无线电管理局是河北省工业和信息化厅驻廊坊市的派出机构，是廊坊市主管无线电管理工作的职能部门，负责廊坊辖区无线电业务的推广、无线电台站的审批、频率的指配和协调、电波秩序的管理以及监测技术服务等。2019年，廊坊无线电管理局受理审批行政许可事项6件，指配频率11个，按照审批权限批准设置固定台13部，移动台72部；收回频率25个，批准撤销台站240座（其中固定台32座）；为7个单位核发、换发执照165本，完成22个单位424本执照的年检工作。日常监管辖区内150兆赫频段固定台站、400兆赫频段固定台站、广播电视台站、4G蜂窝基站、高频段微波台站等无线电台站104部（座），涉及设台单位30家。通过对廊坊区域内230兆赫频段无线电数据传输系统频率使用情况进行梳理，制定全市223~235兆赫频率调整方案，逐步换频，保证正常通信使用。

**【无线电监测执法】** 2019年，廊坊无线电管理局监测设备工作38620小时，保存监测月报数据29.3GB。全年查处“黑广播”案件13起，拆除非法设备13套。查处干扰案件6次。全年12个固定站巡检2次、防雷检测2次。完成专网闭路监测工作，检测专网设备43台，出具检测报告43份。加强民航、铁路专用频率保护和重大任务无线电安全保障，服务重大项目建设，防范和打击利用无线电设备进行考试作弊行为，为高考、河北省公务员考试、卫生专业资格考试、廊坊市直事业单位招聘考试等提供考试保障12次，累计监测121.2小时，出动人员74人次，设备44套次。

**【重大活动无线电安全保障】** 2019年，在国庆70周年重大活动无线电安全保障期间，廊坊无线电管理局组建4个区域保障组，分别进驻廊坊市区、固安县、永清县、香河县，利用监测车的路测能力和机动性，现场保障大兴国际机场外围、首都国际机场外围廊坊区域无线电安全。启用固定监测站12座，出动保障人员10人次、监测车3辆，会同河北省工信厅保障团队12人、检测车3辆，使用便携监测设备11套，完成保护性监测和专项监测2800余小时，排查干扰3起，分析不明信号20个，行程1.1万千米。

2019年，廊坊市组织计划分配军转干部适应性培训

9月27日，查处大兴国际机场民航GPS导航系统大面积受干扰事件，民航华北空管局对此次保障工作向河北省政府致感谢信。

**【“世界无线电日”宣传活动】** 2月13日是第八个“世界无线电日”，无线电管理局通过公众号文章推送，向市民及无线电爱好者介绍无线电应用创新；利用运营商短信平台向群众发送无线电宣传短信；通过电子屏幕滚动播放标语及发放无线电宣传资料向设台用户和市民开展无线电法制宣传。

**【无线电应急通信技能竞赛】** 9月20日，廊坊无线电管理局与廊坊市安委会联合主办廊坊市无线电应急通信技能竞赛。廊坊市公安、消防、供电、燃气、交通等部门应急抢险队，以及蓝天、“9558”民间公益性质的共13支专业救援队参加竞赛。廊坊市红十字救援队获“应急通信营地设立”第一名，廊坊“9958”救援队获“对讲机通信”第一名，廊坊市住建局救援队获“短波机上抓抄信号”第一名，廊坊“9958”救援队获总成绩第一名。

（李婉宁）

工作人员定位拆除“黑广播”设备

# 生态环境保护

## 综　述

**【概况】** 2019年，廊坊市贯彻落实中央、省关于生态文明建设及生态环境保护的决策部署，坚持“科学治理、源头治理、综合治理”防污治污道路，把生态优先、绿色发展摆在突出位置，抓住中央和省督察反馈问题整改重要契机，主动应对减排空间收窄现实问题，履行生态环境保护牵头抓总职能，全市生态环境质量持续稳定向好。

针对大气污染问题精准施治、靶向施策，先后出台《廊坊市加强大气污染防治若干规定》《廊坊市2019年大气污染综合治理工作方案》《廊坊市大气污染集中整治夏季会战方案》《廊坊市2018—2019年秋冬季大气污染综合治理攻坚行动方案》《廊坊市成品油市场综合整治工作实施方案》《进一步加强散煤管控工作实施方案》《廊坊市房屋建筑和市政基础设施施工扬尘治理规范细化标准》等政策文件和专项方案，制发配套措施200余条，组织开展大气污染防治攻坚行动、蓝天行动等系列攻坚行动。落实一岗双责，扎牢市、县、乡（街道、园区）污染防治责任网格，修订完善《廊坊市2019年县（市、区）、乡（镇）及市主城区街道办空气质量排名考核奖惩办法（试行）》《廊坊市2019年工业聚集区空气质量排名考核办法》。年内，开展全市域涉气企业大排查大帮扶大起底专项行动，挂图作战推动重点工作，实施精细化差异化应急管控措施，完善重污染天气应急响应机制，重新修订廊坊重污染天气应急预案，把减排措施细化到企业每一条生产线，助推企业绿色发展。

调整廊坊市水污染防治工作领导小组，由市委书记任组长，设立专项工作组7个，细化工作职责，修订《廊坊市水污染防治工作实施方案》《重点河流水质达标方案》，全面开展2019年水污染防治工作。全市建成水质自动监测站32座，实时监控重点河流及重要节点。加强与国家级专业科研机构合作，实施和推动“十三五”水专项重点项目。是年，廊坊市6条重点河流中涉及的7个国考断面，在2018年超额完成国省下达劣V类断面控制比例目标任务基础上，劣V类消除断面由上年的4个增加到6个，劣V类断面比例由上年的42.8%降至14.3%，提前超额完成国省“十三五”劣V类断面控制比例考核目标。

配合省生态环境厅技术单位完成农用地土壤状况详查，并办理详查数据共享手续。完成重点行业企业用地土壤污染状况调查，廊坊市域信息采集填报工作全部完毕，涉及地块任务775个，其中704个开展调查的地块通过省级专家审核。印发实施《廊坊市土壤污染防治评估考核办法》，建立职责清单，明确任务目标，压实属地责任。组织开展涉重金属行业企业排查整治专项行动，完成年度重金属减排目标。组织开展全市生态环境大排查大整治“回头看”行动，全面检查核查重点对违规建设项目、自然保护区、饮用水水源保护区和生态保护红线内违规问题。落实“环境有价、损害担责”环保理念，年内2起生态环境损害案件依法执行赔偿。

建立健全生态环境治理体系，提升治理能力。坚持生态环保工作挂图作战和周调度，生态环境治理重点工作纳入市委大督查办公室督查督办，全市上下形成“党政同责、一岗双责、齐抓共管”的工作格局。承担市生态委办、大气办、水办、土办、督察办5个市级污染防治办公室统筹谋划、分线作战、条块结合的工作职责，形成县（市、区）和市直各部门密切协作、协调联动的工作机制，有效发挥生态环境部门在全市污染防治工作中的牵头抓总作用。修订完善《廊坊市2019年县（市、区）、乡（镇）及市主城区街道办空气质量排名考核奖惩办法（试行）》《廊坊市2019年省级以上开发区（工业园）环境空气质量排名考核办法》《廊坊市城市地表水环境质量达标情况通报排名和奖惩问责办法》《廊坊市土壤污染防治评估考核办法（试行）》等多项制度，把乡镇、主城区街道、工业园区全部纳入考核奖惩范畴。通过第二次污染源普查、涉气企业大排查大起底、水环境和土壤污染状况详查等工作，彻底核实摸清全市污染源底数，掌握打好攻坚战的主动权。

建成智慧生态环境大数据监管指挥平台（以下简称“平台”），形成一套从发现问题到交办问题再到解决问题的全过程闭环管理模式。“平台”将空气质量监测、水环境监测、视频天眼监控、VOCs在线监测、重点污染源实时监管、工地扬尘监测、污染源监测、油气回收监测、环境督察信访、环境统计数据等10个生态环境业务子平台全部纳入管理，数据统一汇总到系统设置的生态环境信息资源中心，在一张图上显示，通过对比分析方式，可迅速发现生态环境问题比较集中的区域，实行综合分析。“平台”提供长期子平台建设接口，可将土壤监测等其他生态环境业务系统接入，最终将分散的、独立的生态环境业务系统全部纳入一个平台管理。2019年，廊坊市依托“平台”，形成一套“统筹监管、集中指挥、协调联动、高效精准”的环境监管指挥系统和一套“从发现问题到交办问题、整改问题、督办通报、汇总分析再应用”的全过程闭环管治模式，加快全市生态环境保护工作制度化、规范化进程。

建设形成市、县、乡三级联网，气、水、执法监控全覆盖的生态环境监测监控网络体系，提升环境监测监控水平。2019年，廊坊市推进空气监测体系建设，建成国控站4个，省控站20个，乡（镇）站90个，省级工业园区站30个，实现市、县、乡（园区、街道）三级空气质量监测点位全覆盖。累计投资近4000万元建设水质自动站24座并全部投入使用。在全省率先建成生态环境执法监控工程，共设立高清视频监控点位457个，实行全市涉农区域全覆盖监控，实时发现、交办、查处环境问题，有效处置工地扬尘、散煤复烧、“散乱污”企业反弹、露天焚烧、交通拥堵等环境污染问题。

形成局队合一、网络执法的生态环境执法监管新格局，提升市县两级执法监管能力。2019年，廊坊市深化生态环境系统综合执法改革，全市10个县（市、区）生态环境分局统一挂牌成立生态环境综合执法大队，形成全员执法、人人有责的执法工作新格局。推进中央和省环保督察交办问题整改。至年底，中央环保督察及“回头看”交办的30个问题基本完成整改，省环保督察及“回头看”交办的86个问题整改82个，进入整改阶段的问题4个，进度均达到序时要求。加大执法力度，全市生态环境系统立案处罚结案数1948件，同比增长62.4%。处罚到位金额8137万元，同比增长38.7%。

树立执法与服务并重工作理念，提升生态环境系统服务经济发展能力。2019年，廊坊市实施“万名环保干部进万企，助力提升环境治理水平”主题实践活动。统筹市级、县级生态环境系统执法骨干组成114个排查帮扶组，出动帮扶人员3600余人次，排查帮扶全市域涉气企业7000余家，帮助企业查找问题，规范生产，整改问题2.6万余个。推进传统产业的改造提升。印发实施《廊坊市加快推进传统行业整治升级改造集中行动方案》，督导推进廊坊市钢木家具、人造板、玻璃棉岩棉、印刷等传统产业改造提升。优化建设项目环境准入审批流程，简化办事程序，至年底，全市通过建设项目环评审批940个，审批效率提升50%以上。

2018年，全市生态环境系统全面完成监测监察执法垂改任务，人员上收上划，实现全市生态环境治理一张网。2019年，廊坊市推进生态环境综合行政执法改革，市生态环境综合执法支队增加事业编制85名，其中为相关县生态环境综合执法大队增加事业编制14名，加强市、县两级生态环境执法力量。廊坊市生态环境局有领导成员11人（驻局纪检组组长1人），下设18个行政科室和12个事业单位。全市生态环境系统主要任务是贯彻落实中央、省委和市委关于生态环境保护工作的方针政策和决策部署，坚持和加强党对生态环境保护工作的集中统一领导。共15项主要职责，分别为负责建立健全市生态环境基本制度；负责全市重大生态环境问题的统筹协调和监督管理；负责监督管理全市减排目标的落实；负责提出生态环境领域固定资产投资规模和方向、市级财政性资金安排的意见，按市政府规定权限审批、核准市规划内和年度计划规模内固定资产投资项目，配合有关部门做好组织实施和监督工作，参与指导推动全市循环经济和生态环保产业发展；负责全市环境污染防治的监督管理；指导协调和监督全市生态保护修复工作；负责全市核与辐射安全的监督管理；负责全市生态环境准入的监督管理；负责全市生态环境监测工作；负责全市应对气候变化工作；贯彻执行生态环境保护督察制度，配合开展生态环境保护督察工作，根据授权对各有关部门和县（市、区）贯彻落实中央、省委省政府和市委市政府生态环境保护决策部署情况进行督察问责；统一负责全市生态环境监督执法；组织指导和协调全市生态环境宣传教育工作，制定并组织实施市生态环境保护宣传纲要，推动社会组织和公众参与生态环境保护；开展生态环境对外合作交流，研究提出国际、省际、市际生态环境合作中有关问题的建议，组织协调有关生态环境国际条约的市内履约工作，参与处理涉外生态环境事务；完成市委、市政府交办的其他任务。

（李治国）

## 大气污染治理

**【概况】** 2019年，廊坊市空气质量综合指数为5.27，同比下降5.6%，空气质量综合排名在河北省8个传输通道城市中排名第一位，在全国168个重点城市倒排第五十三位，实现大气环境质量历史最好。PM2.5年均浓度达到46微克/立方米，同比降幅8%，在全省8个传输通道城市排名第一位。PM10、PM2.5、$SO_2$、$NO_2$、CO、$O_3$六项污染物浓度除$O_3$不降反升外，均同比下降。其中，PM10年均浓度值为85微克/立方米，PM2.5年均浓度值为46微克/立方米，$SO_2$年均浓度值为8微克/立方米，$NO_2$年均浓度值为39微克/立方米，CO日平均值的第95百分位浓度为1.7微克/立方米，$O_3$日最大8小时滑动平均值的第90百分位浓度为196微克/立方米。PM10、PM2.5、$SO_2$、$NO_2$、CO浓度与上年相比分别下降8.6%、8%、20%、9.3%、5.56%，

**2019 年廊坊市各县（市）环境综合质量指数排名表**

表 19　　单位：微克／立方米、毫克／立方米

| 排名（全省） | 区县 | 综合指数 | $SO_2$ 浓度值 | $NO_2$ 浓度值 | CO 浓度值 | $O_3$ 浓度值 | PM10 浓度值 | PM2.5 浓度值 |
|---|---|---|---|---|---|---|---|---|
| 30 | 大厂县 | 5.18 | 7 | 37 | 2.0 | 193 | 84 | 43 |
| 31 | 三河市 | 5.20 | 7 | 39 | 1.8 | 196 | 88 | 41 |
| 33 | 香河县 | 5.23 | 8 | 39 | 2.0 | 190 | 82 | 44 |
| 52 | 文安县 | 5.69 | 11 | 37 | 1.9 | 209 | 92 | 52 |
| 54 | 固安县 | 5.71 | 8 | 44 | 1.7 | 202 | 96 | 50 |
| 56 | 永清县 | 5.81 | 9 | 37 | 2.1 | 222 | 96 | 51 |
| 61 | 大城县 | 5.91 | 15 | 38 | 2.0 | 202 | 102 | 52 |
| 73 | 霸州市 | 6.10 | 10 | 42 | 2.1 | 217 | 102 | 54 |

**2019 年廊坊市各县（市）空气质量污染天数统计表**

表 20

| 县（市） | 总天数（天数） | 有效天数（天数） | 一级优（天数） | 二级良（天数） | 轻度污染（天数） | 中度污染（天数） | 重度污染（天数） | 严重污染（天数） | 优良（天数） | 优良天数比例（%） | 重度污染以上天数 | 重度污染以上天数比例（%） |
|---|---|---|---|---|---|---|---|---|---|---|---|---|
| 三河市 | 365 | 365 | 69 | 174 | 86 | 27 | 9 | 0 | 243 | 67 | 9 | 3 |
| 香河县 | 365 | 365 | 71 | 175 | 82 | 30 | 6 | 1 | 246 | 67 | 7 | 2 |
| 大厂县 | 365 | 365 | 65 | 181 | 87 | 23 | 8 | 1 | 246 | 67 | 9 | 3 |
| 固安县 | 365 | 365 | 45 | 173 | 94 | 39 | 11 | 3 | 218 | 60 | 14 | 4 |
| 永清县 | 365 | 365 | 35 | 167 | 91 | 50 | 21 | 1 | 202 | 55 | 22 | 6 |
| 文安县 | 365 | 365 | 30 | 174 | 93 | 44 | 23 | 1 | 204 | 56 | 24 | 7 |
| 大城县 | 365 | 365 | 22 | 181 | 109 | 27 | 26 | 0 | 203 | 56 | 26 | 7 |
| 霸州市 | 365 | 365 | 31 | 169 | 90 | 48 | 24 | 3 | 200 | 55 | 27 | 7 |

$O_3$ 浓度与上年相比上升 9.5%。$SO_2$、CO、$NO_2$ 浓度达到《环境空气质量标准》（GB3095-2012）二级标准，PM10、PM2.5 和 $O_3$ 浓度均超标，分别超标 0.21 倍、0.31 倍和 0.23 倍。达标天数 235 天，（其中一级天数 52 天，二级天数 183 天），达标率 64.4%，同比减少 9 天，达标率下降 2.5 个百分点；重污染天数为 10 天，与上年（11 天）相比减少 1 天，完成省定目标。

2019 年，廊坊各县（市）环境空气质量 $SO_2$、CO 浓度均达到《环境空气质量标准》（GB3095—2012）二级标准。$NO_2$ 浓度：大厂县、三河市、香河县、文安县、永清县、大城县达到二级标准，固安县、霸州市超标；PM10、PM2.5 和 $O_3$ 浓度均超标。三河市达标天数 243 天，重污染天数 9 天；香河县达标天数 246 天，重污染天数 7 天；大厂县达标天数 246 天，重污染天数 9 天；固安县达标天数 218 天，重污染天数 14 天；永清县达标天数 202 天，重污染天数 22 天；文安县达标天数 204 天，重污染天数 24 天；大城县达标天数 203 天，重污染天数 26 天；霸州市达标天数 200 天，重污染天数 27 天。

**【遏制涉气企业违规】** 2019 年，廊坊市针对部省督查执法检查交办的涉气企业违规居高不下的案件，部署开展全市域涉气企业大排查大帮扶大整改大起底专项行动，结合排污许可证登记和二污普数据，逐县、逐乡、逐村、逐企排查涉气企业 7000 余家，发现并整改涉气违规 2.6 万余起，有效扭转企业违法违规居高不下的现象。开展全市域工业、农业用电户深度摸排行动，彻底摸清辖区内各类企业存在状态，关停整治“散乱污”企业 2301 户，实现全市域无环保手续涉气企业大起底、大清理、大提升，“散乱污”企业整治实现动态清零。

**【大气污染重点治理】** 2019 年，廊坊市紧盯去产能、燃煤、扬尘、机动车、烟气和工业污染等重点考核任务，明确责任单位，挂图作战、限时办结、重点督导，中共河北省委省政府考核廊坊市的 17 项工作

企业重污染天气应急响应落实情况检查

任务全部如期完成。年内，廊坊市最后一家钢铁企业文安新钢322万吨钢铁产能全部退出，提前实现“无钢市”目标。严控散煤复烧，严肃查处违法销售散煤行为，4台燃煤电厂深度治理任务全部完成。35蒸吨以下燃煤锅炉全部淘汰实现“清零”。1358台4198蒸吨燃气锅炉低氮改造任务超额完成省定目标。路检路查柴油车42692辆次、入户抽查燃油车28033辆次，检查数量是省定目标的2.5倍。按期完成3650台非道路移动机械管控任务，提前完成省政府下达的3963.5辆标准车新能源汽车推广任务。全市18家销售汽油量大于5000吨加油站油气回收自动监控设备安装任务全部完毕，车用油品抽检率达省定要求。全市496家在建施工工地，视频监控和PM10在线监测系统安装率100%。全市90个乡镇空气自动站6因子升级改造任务完工。市主城区道路和县城建成区道路机械化清扫率超过省定目标。市区和各县（市）建成区生活垃圾无害化处理率分别达97.2%和92.6%以上。制定出台全市传统行业整治提升标准和实施方案，推进香河家具、霸州钢木家具、大城保温材料、安次包装印刷等传统产业改造提升。

**【空气监测体系建设】** 2019年，廊坊市累计投资1.5亿元，在全市建成国控站4个，省控站20个，乡（镇）站90个，省级工业园区站30个，实现市、县、乡（园区、街道）三级空气质量监测点位全覆盖，为科学分析研判空气质量变化，指导全市开展大气污染治理工作提供数据支撑。年内，投资2180万元，建成投运机动车固定遥感监测设备和移动遥感监测车12套。

**【建立生态环境监管正面清单】** 年内，廊坊市实施精细化差异化应急管控措施，与发改、工信、商务、统计等部门沟通对接，将全市286家重点工程项目、新兴产业、重点出口企业列入省生态环境动态监管正面清单，对列入正面清单的企业，免于一般性执法检查，在重污染天气应急响应期间不限产、不错峰、不检查、不打扰，助推企业绿色发展。

（李治国）

## 水污染治理

**【概况】** 2019年，廊坊市境内常规监测国、省控河流为沟河（出境三河东大桥断面）、潮白河（入境吴村断面、出境大套桥断面）、北运河（出境土门楼断面）、龙河（出境大王务断面）、大清河（出境台头断面）、子牙河（出境小河闸断面）等6条河流7个断面的地表水环境质量情况。市域沟河出境三河东大桥断面水质类别符合《地表水环境质量标准》（GB3838—2002）Ⅴ类；潮白河入境吴村断面水质类别符合Ⅴ类，出境大套桥断面水质类别符合Ⅴ类；北运河出境土门楼断面水质类别符合Ⅳ类；龙河出境大王务断面水质类别符合Ⅳ类；大清河出境台头断面水质类别劣于Ⅴ类；子牙河出境小河闸断面水质类别符合Ⅳ类。廊坊市超标河流主要污染物为BOD5（生化需氧量）、氟化物，重金属类指标全部达到《地表水环境质量标准》Ⅲ类标准。

**【水质监测全覆盖】** 2019年，廊坊市加密水质自动监测站布点，全市建成水质自动监测站32座，实现重点河流、重要节点实时监控，全面掌握水质变化情况，为科学治水提供数据支撑。投资2300万元建成投运集卫星遥感、无人机航拍等为一体的水环境监测预警平台，对全市重点河流、饮用水水源地实时监控。

**【水污染治理考核】** 2019年，廊坊市6个饮用水水源地水质均稳定达到或按照《地下水质量标准》Ⅲ类标准，达到考核要求。全市地下水考核监测点位2个，分别位于大城县里坦村和永清县刘其营乡菜园村，上述考核点全部达到地下水水质级别保持稳定的考核要求。全市有规模化畜禽养殖场（小区）648个，至年底全部完成配套治理设施建设，完成率100%。农村环境综合整治任务数为90个，至年底完成90个，完成率100%。

**【水污染防治基础建设】** 2019年，廊坊市持续推进污水处理厂建

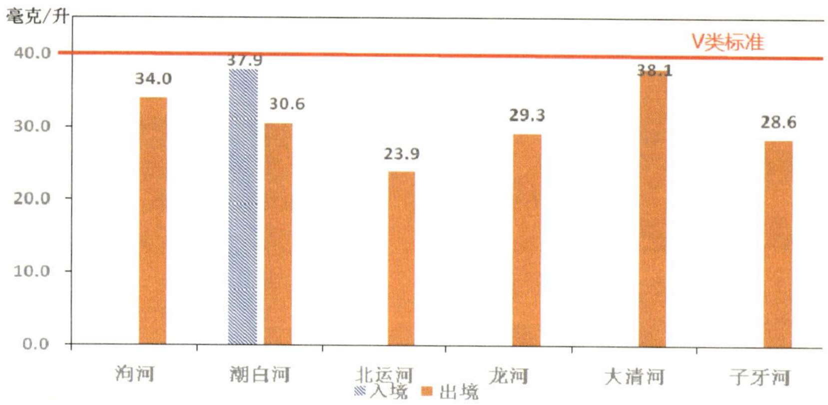


图 18 2019 年廊坊市域内国（省）控河流断面化学需氧量浓度对比图

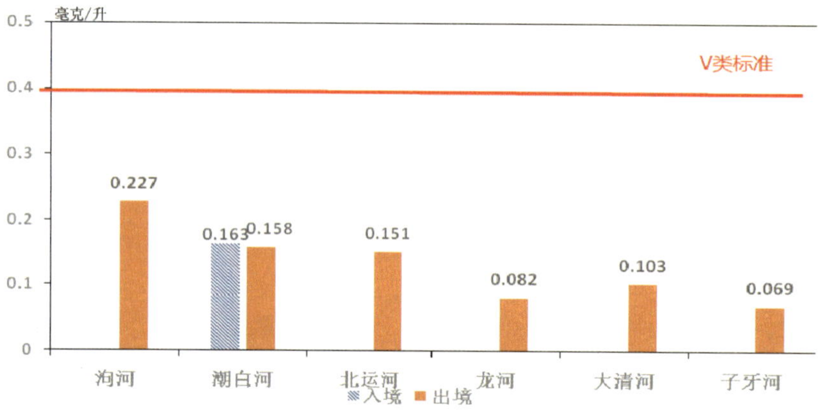


图 19 2019 年廊坊市域内国（省）控河流断面总磷浓度对比图

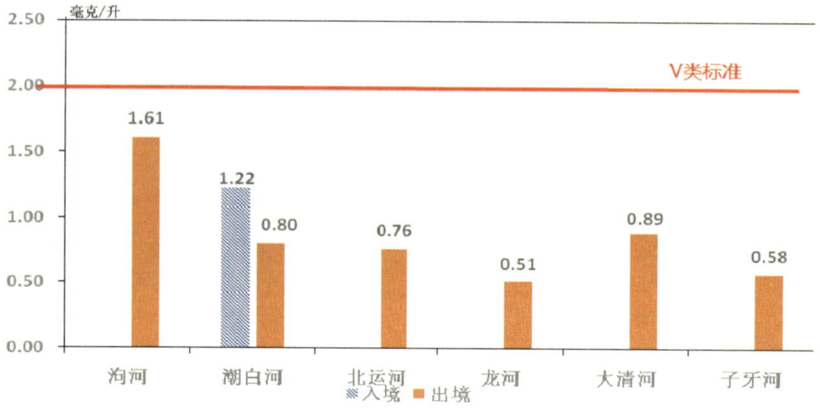


图 20 2019 年廊坊市域内国（省）控河流断面氨氮浓度对比图

设，污水处理厂处理能力 27 万吨 / 日。2016 年—2019 年，全市累计投资近 40 亿元，新改扩建生活污水处理厂 12 座，14 个省级以上工业集聚区全部建设集中污水处理设施，并联网监测，配套新建雨污管网 92 千米，全市生活污水总处理能力达到 123.87 万吨 / 日。对接京津冀一体化，全面提升污水处理标准，环京各县（市、区）新建污水处理厂全部执行北京市污水排放 B 类标准，出水水质达到类Ⅳ类水体，大幅提升全市污水处理水平。

**【恢复河流生态功能】** 2019 年，廊坊市投资 3 亿元，完成龙河及市区水系清淤、湿地建设、农村污水治理等综合治理工程，龙河水质得到明显提升，水质稳定达到地表水Ⅴ类水体标准。2016 年起，累计投资 14.7 亿元，开展北运河一期、潮白河流域百家湾和田贾庄排干渠、泃河全线清淤及红娘港一支、大清河流域十马干渠、龙河及市区水系清淤和综合整治工程。投资 6 亿元，实施大清河、泃河、龙河、潮白河、北运河流域 7 个生态扩容工程，新增人工湿地处理能力 38.5 万吨 / 日，位居全省湿地工程建设前列。

（李治国）

## 土壤污染治理

**【概况】** 2019 年，廊坊市按照《河北省净土保卫战三年行动计划（2018—2020 年）》和《2019 年河北省土壤污染防治工作要点》等文件部署安排，先后制定《廊坊市净土保卫战三年行动实施方案（2018—2020 年）》《2019 年廊坊市土壤污染防治工作要点》《廊坊市土壤污染防治评估考核办法（试行）》等文件，组织指导全市土壤污染防治工作。年内，完成农用地土壤污染状况详查工作和重点行业企业用地土壤污染状况调查信息采集填报。全市在加快推进农用地环境质量类别划分、严格实施建设用地污染风险管控、推进农业面源污染防治、加强涉重金属行业污染防控、强化固废全过程监管等方面取得重要进展。

**【建立健全土壤污染防治机制】** 2019 年，廊坊市建立环保牵头、部门联动、齐抓共管的土壤污染防治工作体系。市土壤办发挥统筹协调牵总作用，做好关于净土保卫战三年行动计划各项工作梳理、总结、汇报、督办等工作，各县（市、区）政府、廊坊开发区管委会、市直有关部门全力配合，梳理全面落实《廊坊市土壤污染防治工作方案》《廊坊市净土保卫战三年行动实施方案》《2019 年廊坊市土壤污染防治工作要点》各项目标任务。市级、县级上下联动，各部门统筹协调，构建土壤环境管理体系，形成全市土壤污染防治工作合力。年内，市生态环境局、市自然资源和规划局、市住房和城乡建设局、市工业和信息化局、市行政审批局联合制发《廊坊市污染地块土壤环境联动监管流程》，明确相关部门职责、监管程序等，实现污染地块信息共享，健全土壤环境联动监管机制。

**【土壤环境详查】** 农用地土壤污染状况详查方面，廊坊市配合河北省生态环境厅技术单位开展农用地土壤状况详查，确定全市农用地详查数据并实现详查数据共享。重点行业企业用地土壤污染状况调查方面，廊坊市完成域信息采集填报工作，全市共有地块任务775个，其中开展调查地块任务701个，核实不查地块任务74个。截至12月底，上述701个开展调查的地块均通过省级专家审核，进入等待生态环境部抽检阶段，同时开展风险筛查与纠偏工作；74个核实不查地块任务完成确认工作。

**【农用地分类管理】** 2019年，廊坊市推进农用地分类管理。开展环境质量类别划分，三河市、香河县、固安县、霸州市、文安县、大城县6个产粮大县搜集耕地土壤环境质量类别划分相关图件资料提交省农业农村厅。开展中、轻度污染地块修复试点工作，按照省农业农村厅提供的中、轻度污染地块信息，委托河北省地球物理勘察院廊坊物探实验室取样复测，修复试点项目通过招投标方式由第三方公司实施。年内，申请财政资金80万元，项目进入招标准备工作阶段。开展农产品、产地协同监测，制定《廊坊市2019年农产品产地重点区域协同监测工作方案》，对点位布设依据、布设方法、样品采集、检测方法及环境质量评价等做出要求，申请财政资金20万元，布设点位154个。截至12月底，协同监测取样工作完成，进入土壤和农产品检测工作阶段。

龙河清淤

**【建设用地安全利用管理】** 2019年，廊坊市组织开展疑似污染地块排查，对从事过有色金属冶炼、石油加工、化工、电镀、制革、制药、铅蓄电池等行业企业和生活垃圾填埋场、危险废物利用处置企业用地，以及用途变更为住宅、公共管理与公共服务设施的建设用地，督促土地使用权人开展土壤环境调查评估。建立和完善疑似污染地块名单，并及时上传全国污染地块土壤环境管理信息系统。截至12月底，列入名单中的41个地块均督促相关县（市、区）书面通知土地使用权人在六个月内完成土壤环境初步调查，编制调查报告，及时上传信息系统并将调查报告主要内容向社会公开。加强污染地块再开发利用准入管理，建立污染地块管理名录。年内，对列入名录的三河冀东水泥有限责任公司地块开展详细调查，结果表明上述地块存在土壤和地下水超标的情况，依据相关法律法规和导则要求，对该地块土壤和地下水开展风险评估，评估结果通过省厅组织的风险评估报告评审。加强土地征收、收回、收购等环节监管。在供地环节对未经治理与修复或者治理与修复后不能满足新的用地要求的地块，不得为其办理相应的供地审批手续。

**【整治农业面源污染】** 2019年，廊坊市全面整治农业面源污染。推进化肥减量增效，制定《2019年廊坊市化肥农药减量工作方案》，指导各县（市、区）在精准施肥、有机肥替代、转变施肥方式、新型经营主体带动等4个方面下功夫，加快化肥减量增效技术推广和服务机制创新。推进农药减量工作开展，制定《2019年廊坊市化肥农药减量工作方案》《2019年农作物病虫害绿色防控指导意见》《2019年专业化统防统治和植保工程项目工作指导意见》，指导高效低毒低残留农药使用、减量控害和农作物病虫害可持续治理。至年底，廊坊市连续4年农药使用总量在逐年递减。2018年，全市绿色防控覆盖率29.32%，2019年达到33.66%；2018年主要农作物统防统治覆盖率为42.67%，2019年达到43.16%。

**【重点监管企业自行监测】** 2019年，廊坊市更新重点监管单位名录，制定《关于公布廊坊市2019年度土壤环境重点监管企业名单的通知》，各县（市、区）、廊坊开发区均督促监管单位按要求开展土壤环境自行监测；动态更新全市土壤环境重点监管企业名单（共45家），督促土壤环境重点监管企业按要求开展土壤污染隐患排查并于年内开展土壤环境自行监测，依法领取排污许可证，在排污许可证中载明企业应尽义务，建立和落实土壤污染隐患排查制度。落实企业主体责任。组织各县（市、区）人民政府和廊坊开发区管委会与土壤重点监管企业签订目标责任书，督促土壤重点监管企业落实土壤污染防治责任，开展土壤环境状况调查，做好土壤自行监测和信息公开工作，采取措施防止新增土壤污染。至年底，全市45家土壤环境重点企业全部完成土壤环境自行监测。

**2019年廊坊市各县（市、区）环境违法行政处罚金额与上年对比表**

表21 单位：万元

| 序号 | 区县 | 2018年 | 2019年 | 同比（%） |
|---|---|---|---|---|
| 1 | 三河市 | 405.43 | 480.73 | 18.57 |
| 2 | 大厂县 | 464.73 | 654.94 | 40.93 |
| 3 | 香河县 | 232.95 | 717.69 | 208.09 |
| 4 | 廊坊开发区 | 138.14 | 261.7 | 89.44 |
| 5 | 广阳区 | 109.35 | 283.81 | 159.54 |
| 6 | 安次区 | 474.92 | 313.73 | -33.94 |
| 7 | 永清县 | 280 | 560.94 | 100.34 |
| 8 | 固安县 | 1165.18 | 1528.65 | 31.19 |
| 9 | 霸州市 | 985.84 | 1154.23 | 17.08 |
| 10 | 文安县 | 807.48 | 854.69 | 5.85 |
| 11 | 大城县 | 801.41 | 1326.39 | 65.51 |
| 合计 | | 5865.42 | 8137.50 | 38.74 |

**【涉重金属污染企业整治】** 年内，廊坊市开展全市涉重金属企业的排查，向河北省生态环境厅上报《关于我市重点重金属控制目标完成情况的报告》。在全市范围内开展涉重金属行业企业排查整治工作，全年排查4次，范围涉及10个县（市、区）、廊坊开发区，30个行政村，共排查重点企业29家，其中在产企业22家，停产企业7家，建立重点企业污染源排查清单并按季度上报省生态环境厅。经排查核实，除1家疑似超标排污企业需进一步核查外，其他企业未发现需整治情况。

**【工业固体废物污染管控】** 2019年，廊坊市开展严厉打击非法倾倒危险废物违法犯罪活动。市生态环境局联合相关部门继续督导各县（市、区）政府和廊坊开发区管委会强化涉酸企业环境监督管理，完成涉酸企业问题整改及验收工作，严厉打击涉酸违法倾倒犯罪行为。全市共排查工业酸生产企业2家，工业酸销售企业30家，工业酸使用企业237家，废酸产生单位73家，废酸处置利用单位2家。其中，停产整改重点涉酸企业93家，拆除酸洗线或改为水洗36家，整改完成验收复产50家，长期停产或产业退出7家。整改后积存废酸得到有效处置，智能监控体系基本建成，涉酸违法犯罪行为得到有效遏制。

提升危险废物信息化管理水平。推进危险废物智能监控体系建设，新增产危废100吨以上、自行处置利用单位、危险废物收集单位、经营单位和年度产废50吨以上的涉酸、化工等重点企业14家。督导推进上述企业12月底前全部完成安装联网，组织管理部门和重点行业企业固体废物管理人员开展培训，对重点企业进行固废平台申报管理培训和危险废物管理培训，提高廊坊市危险废物环境管理水平。

推进危险废物处置能力建设。2019年，市生态环境局调查摸底区域内危险废物处置能力，产生种类、数量等信息，合理评估辖区内危险废物处置要求，形成危险废物利用处置能力建设调查报告。按照“增负荷、清库存、提水平”工作要求提高危险废物经营单位处置负荷率，减少危废库存量，淘汰单一、落后危废处置设备，鼓励提升先进危废处置装备水平。

**【土壤污染综合防治“领跑区”建设】** 2019年，廊坊市统筹推进土壤污染综合防治“领跑区”建设工作，改善土壤环境质量。选取大城县作为市级土壤污染综合防治“领跑区”建设试点，从土壤污染源头预防、耕地土壤环境保护及分类管控、受污染土壤风险管控、土壤污染治理与修复、政策和监管能力建设等方面探索，截至12月底前，大城县领跑区建设方案制定完毕并稳步推进，为全市土壤污染防治工作发挥示范引领作用。

（李治国）

## 环境执法监管

**【概况】** 2019年，廊坊市出动执法人员130748人次，检查企业48098家，检查发现各类环境违法问题4843个。环境违法问题立案处罚结案数1948件，较上年同比增长62.47%；处罚到位金额8137.5万元，较上年同比增长38.74%。严格落实环保法“四个配套”办法(《环境保护主管部门实施按日连续处罚办法》《环境保护主管部门实施查封、扣押办法》《环境保护主管部门限制生产、停产整治办法》《企业事业单位环境信息公开办法》),全年查处适用“四个配套”办法案件共261件,其中查封、扣押122件,行政拘留案件136件,涉嫌环境污染犯罪移送3件。

**【环境污染执法】** 2019年,廊坊市配合部、省督查做好各项环境执法专项行动,统筹安排开展各项市级专项执法行动。组织各县(市、区)环保部门采取混编分组、交叉执法的形式,协同开展大气环境执法专项行动11次、水环境执法专项行动2次。每轮执法行动成立市级机动巡查组3个、市级交叉执法组10个、各县(市、区)自查组11个,不定期重点巡查暗访廊坊市各县(市、区)执法开展情况,交叉执法组进行异地交叉执法检查,各地区11个自查组在辖区内执法检查。年内,派出11个批次62名执法骨干到外市开展交叉执法,严格按照工作组要求开展环境督查执法工作。

**【水污染防治执法】** 2019年,廊坊市加大对涉水企业及水污染重点区域执法检查力度,廊坊市生态环境执法支队组织各县(市、区)生态环境分局执法人员全面排查中央环保督查交办群众举报问题和媒体曝光等涉水环境问题,全部整改完毕汇总上报省厅。5—6月,廊坊市开展涉水工业企业大排查大整治专项行动,市级交叉执法组共出动1612人次,检查企业(点位)1540家,发现问题61个。9月,结合“碧水2019”专项执法检查,开展全市重点涉水企业专项检查行动,出动1440人次,检查企业(点位)1144家,发现问题48个。

**【“散乱污”企业全面排查整治】** 年内,廊坊市印发《关于开展“散乱污”企业强化排查整治行动的紧急通知》(廊气办字〔2019〕34号)。3月,开展“散乱污”企业整治攻坚月行动,初步排查2019年新增“散乱污”企业,发现新增“散乱污”企业100个,全部完成相关整治工作。建立“散乱污”企业排查整治分包责任制,明确分包责任清单。4月25日,印发《关于印发〈进一步强化散乱污企业整治和管控的八项措施〉的通知》(廊气办字〔2019〕92号)和《关于进一步强化关停取缔类“散乱污”企业整治工作的通知》(廊环办〔2019〕201号),截至11月,新发现关停取缔类“散乱污”企业1743个,全部取缔。11月11日,印发《关于进一步强化“散乱污”企业管控的通知》,要求各县(市、区)生态环境分局、廊坊开发区环保局对“散乱污”整治清单内关停取缔类企业开展“回访回查”,加强动态排查整治,对新发现的“散乱污”企业,坚决发现一起、查处一起、取缔一起,同时建立动态整治清单。

**【落实“双随机、一公开”抽查制度】** 2019年,廊坊市按照河北省要求比例将全市5548家企业纳入“双随机”抽查主体名录库,按照随机原则制定抽查计划。截至年底,廊坊市共对4716家排污单位进行“双随机”抽查,其中市本级216家(一般排污单位101家,重点排污单位102家,特殊监管对象13家);县(市、区)级4500家(一般排污单位4211家,重点排污单位277家,特殊监管对象12家),发现环境违法行为的,责令改正,提出整改要求,按程序报告并作出处理。检查结果在廊坊市生态环境局网站公示。

**【环境检查】** 2019年,廊坊市收到省级交办环境检查问题614个,至年底完成整改612个,整改中问题2个。其中,立案51个,完成处罚26个,处罚金额75.4974万元,进入处罚程序的25个,拟处罚金额44.718万元。全年受理查处各类环境信访投诉举报案件3300余件,均查处办结。

**【推行工业企业分表计电】** 2019年,廊坊市针对解决执法人员不足与监管对象众多的矛盾,以及企业污染防治设施不正常运行很难及时发现的难题,在借鉴电力管理部门及其他行政执法部门管理经验的基础上,研究实施工业企业分表计电系统。3月,廊坊市印发《关于加快推进工业企业分表记电工作的通知》,要求各县(市、区)人民政府、廊坊开发区管理委员会加紧谋划,推进分表记电工作。同时,为统一县级管控系统建设标准,制定《廊坊市工业企业分表计电管控系统建设标准(试行)》。截至12月底,各县(市、区)均完成分表计电平台建设及企业电表安装联网工作。省、市、县三级平台完成联网。

**【“万名环保干部进万企 助力提升环境治理水平”主题实践活动】** 2019年,廊坊市开展“送法律、送政策、送科技、送方案、送服务”进园区、进企业系列活动。通过对口精准帮扶,帮助企业查找不足,找准生态环境和保护工作的短板,聚焦环境污染方面的突出问题,制定解决方案,明确治理时限,动员各方力量,提升治理水平,全面推动企业绿色发展和产业转型升级,促进企业生产发展、污染治理同步改善,实现环境效益、经济效益、社会效益共赢。至年底,“万名环保干部进万企助力提升环境治理水平”主题实践共包联帮扶企业883家,期间组织市县两级执法骨干组成114个排查帮扶组开展涉气企业大排查大帮扶活动,对域内涉气企业逐企开展拉网式大排查,活动帮助域内7159余家企业解决问题26583个。8月19日,开展涉气企业大排查整治和帮扶工作中发现问题的企业回头看,截至11月14日,出动5357人次,整改企业6888余家，整改问题 26185 个。

**【加强移动执法系统应用】** 2019 年，廊坊市按照生态环境部要求，持续加强移动执法系统的应用，做到实时传输现场执法数据，提升上传数据的质量，加强执法数据的分析，提高执法效能。加强对行政处罚及移动执法数据梳理分析，及时掌握辖区内各县区执法动态。至年底，移动执法系统上传数据显示，全市共出动执法人员 130748 人次，检查企业数量 48098 家次。日均检查企业 131 家，是 2018 年同期上传数据日均执法检查企业家次的 7.71 倍。

**【环境监管执法平台建设】** 2019 年，市生态环境局利用铁塔视频监控系统，全面监控市域范围内各类火点，并拓展功能，实现工业企业料堆扬尘，冒烟监控等监控能力。据生态环境视频监控系统火点数量统计，全年发现疑似火点 5430 个，反馈数 5430 个，反馈率 100%，其中行政处罚和训诫处罚火点 62 个。

**【市、县联动交叉执法常态化体系】** 2019 年，廊坊市建立健全市、县联动交叉执法常态化体系，先后组织开展 2018—2019 年秋冬季大气环境执法行动、廊坊市大气集中执法专项行动、2019 年二季度大气环境强化执法专项行动、“散乱污”企业违规生产、违法排污问题交叉执法、扬尘污染专项执法攻坚月、涉水工业企业大排查大整治、全市重点涉水企业专项检查行动、蓝天保卫月大气环境执法专项行动、2019—2020 年秋冬季第一轮（蓝天保卫月第二轮）大气环境执法专项行动等 11 次市、县联动交叉执法行动，针对涉 VOCs 企业、重点涉气行业的大中型企业以及群众反映集中的重点涉气环境违法问题、重污染企业集中区域、工业园区、错峰生产执行情况、重污染天气应急减排措施落实情况、涉气企业违法排污行为和露天焚烧秸秆、垃圾、工业废料等影响环境质量的突出问题进行检查，出动执法人员 47485 人次，检查企业 30300 家，发现环境问题 4843 个，立案 536 件，有力打击环境违法行为。

（李治国）

# 城乡建设

## 综　述

**【概况】** 2019年，廊坊市按照"补齐短板欠量、提升城市品质、满足市民需求"的工作思路，瞄准"四区一城"的功能定位，探索新型城镇化和城乡融合发展路径，提升城乡建设水平。

**【房地产管控】** 坚持"房住不炒"定位，落实好房地产管控政策。加强市场调研和分析研究，与北京市通州区建立长效对接协同机制，组织调研5次，座谈交流3次，协调联动做好"北三县（市）"房地产市场管控工作。培育发展住房租赁市场，起草《廊坊市关于培育和发展住房租赁市场的实施意见》。净化房地产市场环境，全市共检查房地产经纪机构910家，对133家机构存在的问题限期责令改正，严肃约谈35家企业负责人，行政处罚3家，立案31家，移交公安机关14家，撤销房地产经纪备案手续2家，清退严重扰乱市场秩序的房地产经纪公司或组织43家，并在媒体公开曝光，禁止在廊坊市从事房地产经纪活动。

**【推进重点工程项目建设】** 2019年，廊坊市主城区实施重点园林绿化工程15项，完成市花月季增植、永兴路南延、艺术大道等道路绿化工程，在"5•18"经洽会、"9•26"农交会等重要时间节点，摆放时令花卉200万盆，烘托节日氛围。实施路网畅通工程21项，新建道路10条，艺术大道东西贯通工程、龙光路（古县路—光明道）道路工程等主要干道全线贯通，主城区路网结构进一步完善。永兴路南延、龙河园区5项泵站工程全部完工，南龙道污水管网工程具备通水条件，有效解决汛期南城内涝问题。生活垃圾焚烧发电厂二期项目全部完成，处理能力达到1500吨／日，覆盖主城三区全部农村。

**【实施民心工程建设】** 2019年，廊坊全市改造老旧小区72个，新开工棚户区改造工程4853套，基本建成1745套，改造老旧供水管网37.49千米，改造老旧供热管网124.9千米，改造老旧燃气管网29.43千米，改造老旧排水管网64.9千米。

（张　宇）

## 城乡规划

**【概况】** 2019年，廊坊市坚决贯彻新发展理念，调优全市城乡发展空间布局，高标准高质量高水平开展规划编制工作。临空区"1+3+13"和协同发展"1+5+12"规划体系35个规划项目按时完成编制，国土空间规划编制稳步实施。开展"多规合一"，完成市、县两级"双评估、双评价"与专题研究工作。抓住土地利用总体规划中期调整完善有利契机，全力保障重点项目、基础设施和民生工程，确保重点项目用地需求。

**【全市国土空间规划体系建设】** 2019年，廊坊市自然资源和规划局起草《关于建立国土空间规划体系并监督实施的实施方案》和《廊坊市国土空间规划编制工作方案》。建立市级规划编制工作专班，市、县两级国土空间总体规划编制及专题研究工作建立周报制度和周调度制度。8月10日，廊坊市召开全市国土空间规划编制动员大会，邀请自然资源部空间规划局副局长孙雪东专题讲授新时代国土空间规划与空间治理知识。截至2019年年底，全市生态红线评估工作、双评估双评价工作完毕，规划大纲完成初稿，并按照省部署推进村庄规划试点工作。督导县级规划编制工作全面展开，各县（市、区）成立领导小组和工作专班，开展双评价和现状评估工作。各相关部门开展专题研究工作。

**【"北三县（市）"和临空区规划体系编制】** 2019年，廊坊市对标雄安新区和北京城市副中心规划体系，确立规划体系。3月，报请河北省委、省政府同意后确定"北三县（市）"与通州区协同发展规划体系为"1+5+12"（"1"是北京市通州区与河北省三河、大厂、香河三县市协同发展规划；"5"是中央协同办明确的5个重点区域控制性详细规划，包括交界地区生态绿带控制性详细规划和燕郊组团、祁各庄镇、蒋辛屯镇、安平镇控制性详细规划；"12"是12个专项规划，包括综合交通、产业发展与科技创新、生态建设、公共服务设施、综合水战略、综合能源、智慧城市、海绵城市、市政基础设施、警务基础设施、绿色空间、综合防灾等专项规划）。确定北京大兴国际机场临空经济区廊坊片区规划体系为"1+3+13"（"1"是北京大兴国际机场临空经济区总体规划；"3"是3个控制性详细规划，包括临空区廊坊片区控制性详细规划、临空区廊坊片区起步区控制性详细规划、临空区综合保税区控制性详细规划；“13”是13个专项规划，包括产业发展与科技创新、综合交通、生态建设、综合水战略、公共服务设施、市政基础设施及综合管廊、海绵城市、综合能源、智慧城市、总体城市设计、绿色空间、地下空间、综合防灾等内容）。截至2019年年底，2个规划体系全部编制完毕，其中北京大兴国际机场临空经济区总体规划由京冀两地按照“一本规划，分别批复”的要求，于9月5日同步批复印发，于10月25日对外发布；《北京市通州区与河北省三河、大厂、香河三县市协同发展规划》报国务院办公厅待批。其他8个控制性详细规划和25个专项规划成果按照省领导指示深化完善，准备汇报审批。

**【建设项目规划条件审批】** 2019年，按照《廊坊市全面深化工程建设项目审批制度改革实施方案》(廊政办字〔2019〕35号）有关规定，廊坊市制定完成《廊坊市建设项目规划条件管理暂行办法》，经过征求市直部门、区政府、廊坊开发区管委会意见并报请市政府同意后，由廊坊市工程建设项目审批制度改革领导小组办公室印发实施。截至2019年年底，出具规划设计条件38个，其中21个按照规划条件管理暂行办法出具，其他17个在审批改革之前出具。

**【中心城区控制性详细规划编制】** 2019年，廊坊市依据《廊坊市城市总体规划(2016—2030年)》，重点开展广阳经济开发区、万庄组团（铁路以南）区域、九州组团控制性详细规划编制工作，全力推进中心城区范围内规划建设用地控制性详细规划全覆盖。广阳经济技术开发区控制性详细规划经市政府批复并报请省政府和市人大常委会备案。万庄组团（铁路以南）区域、九州组团控制性详细规划编制完成，待临空经济区“3+13”规划体系编制完成审批后，将组织编制单位与临空经济区廊坊片区系列规划重点在产业、交通、生态、设施等方面对接，确保万庄组团（铁路以南）区域、九州组团控制性详细规划科学合理。年内，按照《河北省城市建设用地性质和容积率调整管理规定》，依据广阳区、安次区、廊坊开发区申请，开展六大片区的控制性详细规划修改工作，其中大长亭棚户区改造、麦洼片区棚户区改造、六小周边棚户区改造、尖塔片区棚户区改造、大剧院等民生项目涉及的控规修改工作基本完成，后续廊坊开发区13个地块控制性详细规划于12月中旬修改完毕。

**【建设工程规划审批】** 2019年廊坊市开展各类城市建设项目规划审批和管理工作。通过组织进行现场踏勘和申报材料核验，加快报建项目审批进度，压缩审批时限，提高审批效率，推进项目顺利实施。全年建设工程规划许可审批61项，总建筑面积约377万平方米，其中包括碾子营城中村改造项目、薛家营城中村改造项目等多个城中村改造项目，以及廊坊市第六中学、廊坊市第二十中学等多个学校新建及改扩建工程。共计收缴城市基础设施配套费金额约7.2亿元，对含有教育设施、养老设施、保障性住房、城中村改造回迁安置的项目按照《廊坊市人民政府办公室关于做好廊坊市城市基础设施配套费征收管理工作的通知》（廊政办〔2017〕33号）等相关文件规定实行配套费相应减免。

（李　强）

## 市政建设

**【概况】** 2019年，廊坊市新建道路10条，新增路网里程10.37千米。至年底，廊坊市区道路总长200千米，建成区路网密度5.53千米/平方千米；桥涵34座；道路照明设施保有量2.6万盏，108栋建筑物、21余处节点安装景观照明设施；排水管涵总长364千米，扬水泵站31座。市政设施完好率95%，排水泵站运行设备完好率100%，路灯亮灯率99%。

**【艺术大道东西贯通工程（含下穿桥）】** 道路全长4300米，道路红线宽度为60米，两侧各25米宽绿线。正常路段双向八车道，下穿铁路段主路采用双向六车道布置。车行道面积12.99万平方米，人行便道面积1.56万平方米，采用透水步道砖，雨水主管道全长8.75千米，污水主管道全长3.1千米，1座中桥和1座铁路下穿桥。配套建设排水、箱涵、路灯、交通设施等。该工程2019年9月4日完工（2019年12月28日下穿桥通车）。施工

艺术大道（大皮营引渠—西环路）路段

龙光路（古县路—光明道）道路工程

辛庄道东西贯通工程

永华道东西贯通工程

单位是荣盛建设工程有限公司、中铁六局集团北京铁路建设有限公司，监理单位是霸州市恒信工程建设监理有限公司、北京铁建工程监理有限公司，设计单位是天津城建设计院有限公司、中铁第五勘察设计院集团有限公司。

**【龙光路（古县路—光明道）道路工程】** 道路全长约1912.416米；规划红线为40米，实施内容包括道路、污水、雨水、照明及附属设施等。车行道面积6.72万平方米，人行便道面积1.22万平方米，雨水主管道全长1.864千米，污水主管道全长1.904千米。该工程2019年9月30日完工。施工单位是河北建设集团股份有限公司，监理单位是北京中城建建设监理有限公司，设计单位是安徽省交通规划设计研究总院股份有限公司。

**【新源道（永兴路—西昌路）工程】** 工程西起西昌路，东至永兴路，全长788.698米，红线宽40米，采用两块板断面形式，中间设4米宽中央绿化带分隔带，两侧各12米宽车行道，各3米宽绿化带，各3米宽透水人行便道。实施内容包括道路、污水、雨水、照明及附属设施等。车行道面积2.16万平方米，人行便道面积0.5028万平方米，雨水主管道全长0.76千米，污水主管道全长0.662千米。该工程2019年9月28日完工。施工单位是河北建设集团股份有限公司，监理单位是廊坊市华盛土木工程监理有限公司，设计单位是廊坊市奥通市政工程设计有限公司。

**【辛庄道东西贯通工程】** 工程西起西昌路，东至规划二路，道路全长2427米，红线为40米，实施内容包括道路、污水、雨水、照明及附属设施等。车行道面积3.226万平方米，人行便道面积0.615万平方米，雨水主管道全长0.8729千米，污水主管道全长0.9275千米。该工程可实施路段 2019 年 9 月 15 日完工。施工单位是廊坊北方机械工程集团限公司，监理单位是廊坊市华盛土木工程监理有限公司，设计单位是廊坊市奥通市政工程设计有限公司。

**【永华道东西贯通工程】** 永华道工程，其中永兴路至西昌路段全长约 1348.915 米，银河路至建设路段全长 1989.445 米，实施内容包括道路、污水、雨水、照明及附属设施等。车行道面积 1.066 万平方米，人行便道面积 0.101 万平方米，雨水主管道全长 1.629 千米，污水主管道全长 0.4132 千米。该工程可实施路段 2019 年 5 月 25 日完工。施工单位是中国建筑第八工程局有限公司，监理单位是北京中城建建设监理有限公司，设计单位是廊坊市奥通市政工程设计有限公司。

**【金光道（西昌路—龙光路）工程】** 道路全长 1049.92 米，红线宽 40 米，实施内容包括道路、桥梁、路灯、排水、交通设施等。车行道面积 1.024 万平方米，人行便道面积 0.139 万平方米，雨水主管道全长 0.6092 千米，污水主管道全长 0.344 千米。该工程可实施路段 2019 年 5 月 18 日完工。施工单位是中交第一公路工程局有限公司，监理单位是建研凯勃建设工程咨询有限公司，设计单位是沧州市盛通市政工程设计有限公司。

**【荣开路（爱民西道—光明西道）工程】** 道路长度 1051.019 米，红线宽度 40 米；实施内容包括道路、桥梁、路灯、排水、交通设施等。车行道面积 1.2251 万平方米，人行便道面积 0.196 万平方米，雨水主管道全长 1.2887 千米，污水主管道全长 0.9065 千米。车行道面积 1.2251 万平方米，人行便道面积 0.196 万平方米，雨水主管道全长 1.2887 千米，污水主管道全长 0.9065 千米。该工程可实施路段 2019 年 5 月 18 日完工。施工单位是中交第一公路工程局有限公司，监理单位是北京东方华太建设监理有限公司，设计单位是中交远洲交通科技集团有限公司。

**【古县路（隆福路—西环路）工程】** 工程自隆福路向西延至西环路，全长约 2199 米，红线宽 50 米，采用三块板断面形式，中间 23 米宽机动车道，两侧各 3 米机非绿化分隔带，3.5 米宽非机动车道，4 米宽绿化带，3 米宽人行便道。实施内容包括道路、污水、雨水、照明及附属设施等。车行道面积 7.07 万平方米，辅路及人行便道未建，雨水主管道全长 5.3419 千米，污水主管道全长 3.3824 千米。该工程 2019 年 11 月 23 日完工。施工单位是廊坊北方机械工程集团有限公司，监理单位是河北大地建设科技有限公司，设计单位是山东天昊工程项目管理有限公司。

新星里改造前后对比照片

荣开路（爱明西道—光明西道）工程

**【2018 年小街巷改造结转工程】** 2018 年小街巷改造结转工程共涉及街巷建 26 条。其中，设路广安胡同 1 条、建设路胡同 1 条、

博源巷1条、育英路1条、新开路办事处后平房胡同4条、广阳道舒朗酒店1条、玉泉路1条、棉油胡同1条、陵园胡同1条、长安里胡同1条、盛世居安小区及南苑里小区门前3条、永华道街道办事处楼后胡同1条、永华明珠南街改造1条、永明胡同1条、相士屯3条、北吉里2条、北新里1条、新星里1条。工程包括硬化铺装、人行道翻修、新建水泥混凝土路面、新建沥青混凝土路面、新建管道、井室高度调整、路灯等工作。工程2019年7月19日完工。施工单位是廊坊市旺宇市政工程有限公司，监理单位是廊坊市泰信达工程项目管理有限公司，设计单位是廊坊市奥通市政工程设计有限公司。

**【建设路（北凤道—光明东道）拓宽改造工程】** 路段全长约2250米，其中建设路（康庄道—永丰道）800米只维修便道及路缘石，建设路（永丰道—光明东道）约1450米路段进行拓宽改造施工，为双向四车道，中间19.5米宽车行道，两侧各宽2米人行便道，各1.5米宽绿化带。工程拆除现况车行道16344平方米、便道及便道外3万平方米、绿化带5037平方米、单箅雨水口75个，新建路缘石9092米、便道砖铺设13620平方米、便道外通体步道砖铺设1194平方米，新建偏沟式双箅雨水口92座，公交站亭8个，水稳摊铺34258平方米，路面沥青摊铺32980平方米，路灯安装84根。该工程2019年7月15日完工。施工单位是北京市政路桥股份有限公司，监理单位是廊坊市置恒工程项目管理有限公司，设计单位是石家庄市政设计研究院有限责任公司。

**【金光道（西昌路—东安路）提升工程】** 工程涉及金光道（新华路—和平路）共1560米道路整修。道路横断面由原三幅路形式改造为一幅路形式，车行道宽30米，机动车道数为“三上三下+非机动车道”组织交通，两侧绿化带和人行道共宽5米。工程挖除旧路结构材料44607平方米，摊铺水泥稳定级配碎石69163平方米，沥青混凝土面层摊铺52502平方米，拆除并新建人行道砖4775平方米，更换树池41个，更换路缘石885米，检查井加固178座，新建雨水口78座、雨水支管1187米。该工程2019年10月16日。施工单位是北京市政路桥管理养护集团有限公司，监理单位是北京东方华太建设监理有限公司。设计单位是北京市政专业设计院股份公司。

金光道提升工程

**【龙河高新技术产业区1#、2#雨水泵站工程】** 龙河高新技术产业区1#、2#雨水泵站工程项目位于龙河高新技术产业区内，总投资24450万元。龙河1#雨水泵站占地面积11832.1平方米，规划流量32立方米/秒，本期流量16立方米/秒，配套双幅雨水管道及方涵总长度为5442米；龙河2#雨水泵站占地面积5676.3平方米，流量16.3立方米/秒。1#、2#雨水泵站主要服务京沪铁路以南、常甫路两侧、南龙道以北区域及龙河高新技术产业区。该工程2019年8月25日完工。项目管理单位是中咨海外咨询有限公司，设计单位是中国市政华北设计研究总院有限公司，施工单位是荣盛建设工程有限公司，勘察单位是廊坊市城市建设勘察院，监理单位是河北鸿泰融新工程项目咨询股份有限公司。

**【永兴路南延配套泵站工程】** 永兴路南延配套泵站工程项目总投资21100.07万元，位于安次区永兴路南延。龙河北侧雨水泵站，占地面积为12558.39平方米，规划流量为30立方米/秒，本期排水流量15立方米/秒；龙河南侧雨水泵站占地面积为4907.21平方米，排水流量14.8立方米/秒；安大道雨污合建站占地面积为11800.26平方米，安大道雨水泵站排水流量14.8立方米/秒；污水泵站流量0.19立方米/秒。雨水泵站主要服务范围是铁路以北、新华路以西、步行街以南大官庄片区，铁路以南、永兴路两侧，污水泵站用于提升龙河以南、永定河大堤以北，西至安健路东至银河南路片区污水。该工程2019年5月25日完工。项目管理单位是中咨海外咨询有限公司，设计单位是中土大地国际建筑设计有限公司，施工单位是河北建工集团有限责任公司，勘察单位是廊坊市城市建设勘察院，监理单位是科兴华盛河北工程项目管理咨询有限公司。

**【银河南路路灯工程】** 银河南路（市区界—南外环）路灯工程在道路中间绿化隔离带中安装12米双臂路灯63基，有效解决市民出行不便的问题。该工程2019年9月完工。设计单位是廊坊市奥通市政工程设计有限公司，监理单位是廊坊市泰信达工程项目管理有限公司，施工单位是扬州市光宇照明有限公司。

**【艺术大道（西昌路—兴盛路）工程】** 道路全长544米，红线宽100米，道路断面形式为四幅路，车行道面积2.14万平方米，非机动车道面积0.26万平方米，绿化带面积6.5万平方米，包含景观道路面积0.38万平方米，采用塑胶跑道+烧结砖铺装（路口广场为石材铺装），雨水主管道全长700米，污水主管道全长1400米。配套建设绿化、排水、照明、交通设施等。该工程2019年5月完工。施工单位是廊坊华夏新城建设发展有限公司，监理单位是廊坊市博科工程项目管理有限公司，设计单位是廊坊市奥通市政工程设计有限公司。

**【艺术大道（西昌路—大皮营引渠）工程】** 道路全长695米，红线宽100米，道路断面形式为四幅路，车行道面积2.42万平方米，非机动车道面积0.7万平方米，绿化带面积6.6万平方米，包含景观道路面积0.6万平方米，采用塑胶跑道+烧结砖铺装（路口广场为石材铺装），雨水主管道全长1354米，污水主管道全长1557米。配套建设绿化、排水、照明、交通设施等。该工程2019年6月完工。施工单位是河北建设集团股份有限公司，监理单位是河北方舟工程项目管理有限公司，设计单位是廊坊市奥通市政工程设计有限公司。

**【北凤道（西昌路—大皮营引渠）工程】** 道路全长280米，红线宽50米，道路断面形式为三幅路，车行道面积0.64万平方米，非机动车道面积0.18万平方米，人行便道面积0.17万平方米，采用烧结砖结构，雨水主管道全长404米，污水主管道全长464米。配套建设绿化、排水、照明、交通设施等。该工程2019年11月完工。施工单位是廊坊北方机械工程集团有限公司，监理单位是廊坊市博科工程项目管理有限公司设计单位是廊坊市奥通市政工程设计有限公司。

（张　宇）

## 城市公用事业

**【概况】** 2019年，廊坊城区供水水质自检项目17686项次，河北住建厅督查106项，3个水厂各检1次，累计检测596项次。建投水务公司水质督查106项，每年4次，累计577项次。廊坊市卫计委抽检1次。廊坊城区供水水质综合合格率100%。数字城管供水终端接收并处理维修案件313件，市长专线“12345”接收并处理维修案件98件，处置率均为100%。消纳南水北调江水3778.27万立方米，其中开发区消纳378万立方米。

**【廊坊市地表水厂（一期二阶段）工程】** 廊坊市地表水厂（一期二阶段）工程于2018年8月开工，建设规模为日供水量15万立方米，投资概算为53864万元。建设内容包括混合絮凝池、平流沉淀池、超滤膜净水间、清水池、综合楼，机修间及仓库、热泵机房及浴室，传达室及配水干管22千米。年内，综合楼、热泵机房、食堂、浴室及配水干管工程完工。

**【北京新机场白家务水源地迁建项目廊坊市（固安）水源地工程】** 北京新机场白家务水源地迁建项目廊坊市（固安）水源地工程于2017年4月开工，设计规模为5万立方米/天，总投资62741.16万元。内容包括水源井32眼，井间联络管线约37千米，水源管理站1座。加压泵站至廊坊市新源水厂输水管线为DN800球管2根合槽铺设，管线总长92千米。截至年底，管理站、加压站建设完工，电力外线竣工，26眼水源井完工。

**【供热】** 2019年冬季，廊坊市总供热能力约12882万平方米，集中供热入网面积约12560万平方米，实际供热面积为7915.07万平方米。市主城区总供热能力4683万平方米，集中供热入网面积4392.95余万平方米，实际供热面积约为2876.97万平方米。其中，热电联产供热面积1103.42万平方米，占实际供热面积的38%；燃气供热面积806.48万平方米，占实际供热面积的28%；燃煤供热面积967.07万平方米，占实际供热面积的34%。市区4家燃煤供热企业用煤约21万吨，市区基本实现集中供热和清洁能源供热全覆盖。三河市、大厂县、香河县、固安（开发区）、霸州市、大城县6个县（市）实际集中供热面积共约5038.1万平方米，永清县、文安县及固安（县城区）建成区全部采用分散式清洁供暖，各县、市城区基本实现集中供热和清洁能源供热全覆盖。

**【燃气老旧管网改造工程】** 2019年，廊坊市推进老旧管网改造工程，在推进“冬病夏治”各项工作的基础上，全市燃气老旧管网改造29.43千米，供热老旧管网改造124.9千米（一次网27.4千米；二次网97.5千米），完成市主城区2006—2010年间建成的25公里供热老旧管网修缮工作。

【冬季供暖应急处置工作】 2019年11月4日，廊坊市提前组建冬季供暖应急处置工作专班，实体化集中办公，制定工作方案、明确职能分工，及时交办反馈信息，确保高效运转。制定完善廊坊市供暖问题台账、廊坊市供暖投诉受理登记台账，分类登记造册、逐一督办整改、逐一复查销账。公布投诉举报电话，建立工作微信群，坚持24小时应急值守，整合信息、传导压力、落实责任。

（张 宇）

## 城市园林绿化

【概况】 2019年，廊坊市启动实施园林绿化工程15项，其中2019年新建项目11项，2018年结转项目4项，年底前完工8项。全年种植树木53万株，是年考核指标的176.7%；新增城市绿地89.18公顷，是年考核指标的178.4%。预估2019年绿化覆盖率47.33%，同比增长0.08个百分点；绿地率44.1%，同比增长0.13个百分点；人均公园绿地面积14.6平方米，同比增长0.04平方米。

【举办第三届郁金香展】 2019年4月，廊坊市以“林涧花溪 丝路花海”为主题，在文化公园梦幻湖南侧举办第三届郁金香展，展期一个月。总占地1万平方米，种植荷兰进口郁金香种球43个品种53万株。郁金香展分成2个展区，北侧为“林涧花溪”，堆叠地型，铺设甬路，流线型大色块种植，呈现“翠林映花海”的旖旎风光。南侧展区为“丝路花雨”，展现廊坊市“和平合作、开放包容、互学互鉴、互利共赢”的发展理念。在品种搭配上选用“水晶星”“范伊克”“塔克马山”“王子”“世界的喜爱”“浪漫法兰西”等43个经典品种及新品种。

【市花月季种植】 年内，廊坊市在市区建设月季主题公园、游园，大型公园中增设月季园中园；在城市迎宾线路及新扩建道路加入月季元素；沿街单位增加立体花墙，打造“满墙花影、漫城花香”的绚丽景观。市区总种植量达500万余株。组建市花（月季）管理中心，加强现有22万平方米月季专业管护。“5•18”经洽会期间，在廊涿引线、龙河中桥等迎宾线和重要节点种植摆放时令花卉200万盆；在和平路等重要道路节点布置大型绿雕27组，小型绿雕10组，融入京津冀协同发展理念、廊坊传统文化等地方元素。

“绿色生活 美丽家园”绿雕景观

【道路绿化建设】 艺术大道西段（铁路下穿桥—大皮营引渠段）绿化建设工程，建设面积8.5万平方米，共种植乔木3000余株，花灌木3000余株，绿篱134万株，地被花卉43.5万株。工程融入廊坊千年的文化古韵，选用银杏、国槐、栾树为主题树种，合理搭配市花月季，运用集水模块、智能灌溉等科技生态元素，重点打造廊坊城市景观大道。

永兴路南延绿化工程，共种植大乔木1500余棵，花灌木500余棵，地被100万株。工程以“春华秋实、锦绣书卷”为主题，按照“一轴三段七点”的空间布局，辅以市花月季铺设的锦绣底色，结合乔灌木及常绿树，彰显整齐大气的城市道路景观。主次干道共补植乔木3900株，灌木13970株，绿篱104万株，地被及花卉71.7万株。

是年，廊坊市提升改造廊涿引线全线路段，对一些部位加密加高，提升遮挡美化效果；修复和平路带状绿地，增加彩叶树、绿篱、月季花球、黄杨球等，提升道路景观。

【朝阳公园建设】 朝阳森林公园位于北旺乡林带内，爱民道以南，九千渠以西，光明东道以北，汽车修理厂以东，占地1930亩（128.67公顷），计划分三期建设。2019年，朝阳森林公园各项工作有序开展，主要工作分为朝阳公园一期工程施工和朝阳公园的园内的日常管理。一期工程施工占地130亩（8.67公顷），主要施工内容包括园林景观（道路建设、土方工程、绿化种植）、照明（电力电信）、智能化（电力电信、监控系统）、电气（电力电信）等。截至年底，消防园路3900米、铁艺围栏247米全部完工；地形土方堆筑约105555立方米；强电施工全部完成，共计安装路灯186个，弱电工程穿线工程完工；廊架钢结构，景墙，坐凳砌筑，花池砌筑全部完成；绿化种植施工，大乔木、常绿树基本种植完毕；给排水浇灌管网、广场铺装硬化、管理用房框架及装修工程全部完工。新建10米×10米×5米蓄水池1座，桥涵4座，砖砌检查井、雨水检查井共计50座。

**【河北省第三届园博会廊坊展园】** 8月28日，以“太行名郡·园林生活”为主题的河北省第三届园林博览会在邢台市开幕。廊坊市园林局承办的廊坊展园代表廊坊市参展。廊坊展园位于湿地水系附近，紧邻园区一级主环路，背靠园区制高点，占尽背山面水的区位优势，展园面积8500平方米。展园设计旨在回归园林本质，以“绿色、科技、活力”为理念，打造代表行业先进水平的科普体验式花园。展园以“晴空园”为主题，结合廊坊市“把森林引入城市，在森林中建设城市”的目标，展现廊坊市对天空、噪声、绿化、土壤、水体治理和修复的成果及奋力建设天蓝、地绿、水清的美丽人居环境的追求与努力。园区以水之净花园为主景，结合廊坊市的自然环境，布置天之净、声之净、绿之净、土之净、水之净5个不同主题的花园。通过树木围合、塑造地形、设计中心下凹花海的手法突出“仰望晴空，俯瞰花海”的氛围，并与水系联通，在强化空间的同时践行海绵理念。园区内服务机器人是展会的一大亮点，不仅可以感知游人的位置、动作，而且可以语言互动交流，同时也是信息中心和管理中心，可以自动给园区的植物浇水施肥，也可以掌握游人各种数据，引导游览，方便管理。

（张　宇）

河北省第三届园博会廊坊展园

## 城市环境卫生

**【概况】** 2019年，廊坊市环卫局拥有环卫作业车辆294辆，负责市区227座公厕、49座垃圾中转站、231个垃圾大箱、19个生活垃圾定时收集点、3座大型垃圾转运站及高铁站南广场的日常管理。全年收运生活垃圾25.8万吨，清淘粪便（含吸污）4.95万吨，处理渗滤液约1万吨。生活垃圾焚烧发电厂年内处置生活垃圾50.48万吨，无害化处理率达到100%。是年，按照环保督导组工作要求，提前10个月完成大王务填埋场场内积存垃圾筛分处理工作。

**【环境督导考核】** 2019年，市容环境卫生考核领导小组严格落实《廊坊市主城区环境卫生考评办法》，采取“日巡查、月考评、年总评”和“环境卫生示范路”挂牌评比的方式方法，加强广阳区、安次区、廊坊开发区道路清扫保洁作业质量督导考核。是年，广阳区机械化清扫率达到93.1%、安次区机械化清扫率达到92%、廊坊开发区机械化清扫率达到93%；各区城中村、铁路沿线、小街巷、城乡接合部的环境卫生突出问题得到有效解决。

**【“厕所革命”扫尾工作】** 2019年，按“厕所革命”三年行动计划，完成新建25座公厕的建设任务。推行107座公厕的市场化运营管理方式，通过招标委托给社会单位进行管理。完善公厕人性化服务设施，安装新式指示牌，并在每个公厕指示牌上提供智能公厕二维码，可扫码进入“廊坊智慧公厕”小程序，为市民获取市区公厕电子地图提供便利；为140座公厕安装皂液器和免费智能取纸机，为市民如厕提供更加贴心的服务；在公厕门口摆放专用垃圾桶，引导如厕市民单独投放烟蒂、纸屑，打造无烟公厕的同时最大限度消除火灾隐患。

**【垃圾直运扩展】** 2019年，廊坊市为方便市民倾倒生活垃圾，有效减少垃圾二次污染，在城区范围内继续推行生活垃圾直运工作模式。年内，主城区直运服务单位增至285个，摆放垃圾桶6000余个，直运模式每日清运生活垃圾约220吨。

**【静脉产业基地项目】** 2019年，廊坊推进以卫生填埋场为主的功能齐全的静脉产业园区建设。其中，城区卫生填埋场项目占地约241亩（16.07公顷），总库容124万立方米，用于固化飞灰和生活垃圾应急填埋，使用年限32年，投资估算2.86亿元，年内项目前期工作完毕；餐厨垃圾和粪便处理工程项目占地约69亩（4.6公顷），处置能力为餐厨垃圾200吨/日、废弃油脂20吨/日、粪便300吨/日，经营期26年，投资估算2.5亿元，年内基本完成项目前期工作；医疗废物处理工程特许经营项目，占地约23.6亩（1.57公顷），日处理医疗废物30吨，投资估算0.98亿元，年内项目申请报告和环评报告编制工作完毕，待批复。

【“智慧环卫平台”二期建设】 2019年，廊坊市推进“智慧环卫平台”二期建设，在原有智慧环卫监控管理平台上搭建“智慧公厕”模块，模块中包含公厕信息、人流量统计、异味监测、窨井监测、用水用电监测、实时视频监管、录像回放等功能，利用“互联网+”和大数据分析实现对公厕的智慧化管理，提升廊坊市公厕管理水平。年内，主城区279座公厕中有242多座完成设备安装，其余37余座暂不具备安装条件。

【生活垃圾焚烧发电厂二期项目】 2019年7月，生活垃圾焚烧发电厂二期项目全部完工，新增的日处理500吨生活垃圾焚烧处理系统投入使用，主要污染物排放控制标准达到最新国标，部分关键指标达到欧盟2000标准，全厂垃圾处理能力提升到1500吨/日，处理能力覆盖市区及广阳区、安次区、廊坊开发区全部农村。

（张　宇）

## 建筑业

【概况】 2019年，廊坊市房屋建筑工程项目共359个，单位工程2098个，建筑面积1544.57万平方米。其中，新建工程项目2088个，改建工程项目8个，扩建工程项目2个；上年结转工程924项，工程单体5488个，面积4793.49万平方米。市政基础设施工程项目17个，单位工程22个，其中新建18个，改建4个。廊坊新建城镇居住建筑全面严格执行75%节能设计标准，竣工面积882.19万平方米，其中绿色建筑面积840.7万平方米，占竣工面积的95.3%，超额完成省下达绿建占比65%指标。共组织申报河北省建筑业科技示范工程3项、新技术应用示范工程11项。年内，全市检查在建工程项目9632项次，发现扬尘问题876个，共立案97项，处罚金额192万元；市建筑市场管理部门重点排查深基坑、塔吊、高空坠落等关键部位，市主城区分为3个督导组监督检查房屋建筑在建工程。是年，廊坊市城区建筑工地安全生产形势平稳。

【建设工程招投标】 2019年，廊坊市区应招标83项，中标价约29.88亿元。应公开招标工程公开招标率为100%。其中，房建工程施工招标11项，中标价约16.05亿元；市政工程施工招标12项，中标价约8.74亿元；监理招标25项，中标价3425.091万元；勘察设计招标10项，中标价689.12万元；园林绿化施工招标7项，中标价1.5198亿元；专业工程施工18项，中标价3.1562亿元。

【建筑市场管理】 2019年，廊坊市开展在建工程项目和建筑企业资质“双随机一公开”监督检查工作，抽查市区在建工程项目19个，合格1个，不合格项目18个，下达《责令（限期）整改通知书》18份，提出整改意见61条。年内，对老年大学综合教学楼工程和水质监测水表鉴定客服综合楼项目合同履约行为实施重点监管；抽查建筑业企业9家，合格2家，不合格7家，下达《责令（限期）整改通知书》7份，提出整改意见20条。6—12月集中开展全市建筑市场秩序专项整治行动，印发《廊坊市建筑市场秩序专项整治行动实施方案》，全面排查全市在建房屋建筑和市政基础设施项目是否有围标串标和标后不履约，违法发包、转包、违法分包及挂靠，未落实建设领域农民工工资支付相关制定等五个方面突出问题，全市累计排查项目286个，发现有违法违规问题工程218个，问题合计255项，其中15个违法项目均已立案，涉及违法行为为17项：违法发包行为5项，违法分包行为5项，未取得施工许可证擅自施工行为为4项，转包行为为1项，岗前无安全培训行为为2项。同时，对发现的标后不履约问题149项，建筑工人实名制及农民工工资专用账户和农民工工资保证金制度落实不到位89项违规行为，有效净化建筑市场环境。

【推行工程总承包】 2019年，廊坊市依据国家、住建部、省住建厅新修订的关于工程总承包方面的法律法规，结合廊坊市实际监管情况，修订原《廊坊市EPC工程总承包招标工作指导规则（试行）》，制定《廊坊市EPC工程总承包招标工作指导规则》，为招标人、投标人开展EPC工程总承包招标相关工作提供参考。

【城建档案管理】 2019年，廊坊市城建档案馆与工程建设单位签订《城建档案移交责任书》76份，涉及76个标段381个单项工程。建设工程档案预验收37个标段146个单项工程，复验预验收整改后的工程档案180余次，全年档案验收合格项目56个标段206个单项工程。整编、入库工程档案40个项目（175个单项工程）5000余卷。至年底，廊坊市城建档案馆馆藏工程档案达到9.5万卷。全年接待档案查询1000余次，涉及档案8000余卷，图纸2.8万张。其中复印相关资料1000余份、阅览328份、拍照300份、复制拷贝8200份，为业主办理公积金贷款出具竣工年限证明53份。在企业资质延续、房屋维修、产权办理、公积金办理、解决司法纠纷、房屋拆迁、地名信息采集和热网改造等方面，为机关、企业和个人提供翔实的资料。

**【工程质量检测】** 2019年，廊坊市阳光检测公司共出具检测报告86599份，其中不合格检测报告6549份。先后签订检测合同265份。6月，公司被河北省建设工程质量研究会评为“先进检测单位”；12月，公司被中共廊坊市委、廊坊市人民政府评为“2019年度文明单位”，被河北省科学技术厅、河北省财政厅、国家税务总局河北省税务局评为“高新技术企业”。

（张　宇）

## 城市管理

**【概况】** 2019年，廊坊市以改善市容环境秩序、增强城市软实力、促进经济发展为目标，推进城市管理精细化、正规化、规范化、智能化建设。全年行政处罚案件3421件，处罚金额1963.51万元。年内，廊坊市城市管理综合行政执法局（以下简称市城管行政执法局）推进“门前三包”责任制，开展市容环境整治、文明城市创建、违法建设治理、停车秩序整治、大气污染防治等行动，提高城市管理精细化水平，提高城市管理精细化水平。推进“政务服务+互联网”工作模式，将搭建临时性建构筑物、堆放物料、占道施工审批权限下放到广阳、安次分局。开展“强转树”专题培训，提升执法人员的综合素质和业务水平。优化干部队伍结构，通过竞争上岗和民主推荐的方式选拔任用优秀年轻干部。推进执法监督制度改革，采取“日常监督+错时监督”“夜间督查+专项督查”的“双监督双督查”模式，全年通报市容管理问题2817个。

**【“门前三包”精细管理】** 2019年，廊坊市破解密切关系市民群众生产生活的沿街市容环境秩序问题，构建现代化城市管理体系。推进“门前三包”责任制。年内，市城管行政执法局完成37项基础信息、2.2万余条责任主体信息的采集入库工作，划分监督网格243个，明确41类列入“三包”范围的执法职责及处置标准。通过走访入户、发放资料、举办宣讲、评选标兵等方式，累计入户走访宣传9386户，提升制度知晓率和工作支持率。通过发放便民服务卡、引导物业管理公司将“门前三包”规定纳入租赁协议以及建立执法部门、街道社区与沿街单位人员专属微信群等举措，收集各界意见建议，推动构建多元参与、共管共治的城市管理新格局。全年“三包”类案件总数7.01万件，其中自处置案件1.51万件，自处置比例稳步增长。全年清理垃圾堆物9200处，处罚乱倒垃圾污水及污水外流污染路面行为288起，收缴罚款10.97万元。

**【市容环境整治】** 2019年，廊坊市组织实施“5•18”城市环境综合治理和“喜迎国庆、百日整治”、户外广告设施综合整治等专项行动，整治主次干道、重点区域、市场周边环境秩序。彻底取缔裕华路占道劳务市场，解决城市顽疾。严查违规广告设置，全市拆除违规广告设施26661处。严格审批程序，审批广告牌匾申请1449件。清理橱窗广告25208处、小广告44629处，查处沿街散发广告行为1298起，清理违规宣传3784处，暂扣灯箱3347处、宣传广告页7万余张。清理取缔流动商贩摊点24904处、店外摆放及占道经营18009处、沿街晾晒9793起，规范便民服务岛、“三修”车170处。整治施工围挡，至年底，市区内新建工程项目基本完成实体墙徽派风格围挡，建设长度1.4万延长米，督导完成破旧、老化施工围挡整改62处，整改面积26300平方米，施工围挡公益广告设置比例超过50%。加大校园、医院、车站、市场等重点区域周边环境治理力度，合理调配执法力量，提前布控，高峰时段专人值守，保障良好公共环境秩序。

**【停车管理】** 2019年，市城管行政执法局整治停车秩序、加快停车设施建设、拓展停车资源，编制停车规划、完善法规政策、制定标准制度、理顺体制机制，提升停车设施管理水平，缓解“停车难”“停车乱”问题。重点治理市区主次干道、商场超市、公园市场等人员密集场所周边违法占用便道盲道停车行为，累计张贴罚单9.07万张、温馨提示卡2.56万张，清理规范机动车1.21万辆、非机动车4.3万辆，暂扣机动车963辆、非机动车8184辆、运营三轮车908辆，清理私设路障8725处，清理规范私设停车场32处，设置便道护栏1400延米。全市累计施划机动车停车位3.09万个、非机动车停车线8万延长米，拓展停车场地17处，基本完成主要区域规模性场地的施划工作。年内，会同住建、人防等部门细致摸排市区居住区停车设施数量、人防配建停车设施以及停车集中区域，准确摸清行业底数，为科学管理打好坚实基础。制定《廊坊市城市公共停车设施建设及停车秩序整治提升工作推进方案》《廊坊市城市停车秩序整治提升工作推进方案》，明确工作步骤、把握时间节点；初步完成《廊坊市停车管理办法》起草工作，为廊坊市停车管理工作推进提供有效法律保障。

**【大气污染防治】** 2019年，市城管行政执法局结合全市大气污染综合治理工作部署，源头管控，惩防结合，助推城市绿色发展。加强渣土运输管控，严格渣土车备案制度，严防无资质企业承运；压缩备案登记时限，降低企业运营成本；强化企业内部管理，增强自管自治能力；调整执法管控网格，实行全时段监管。综合施策，有效控制渣土运输车辆带泥上路、沿路遗撒、应急响应期间上路运输等违法违规行为发生，全年查处违规渣土运输案件318起，罚款金额118.39万元。加强露天烧烤管控，严格夜间备勤，全方位管控，组织露天烧烤集中治理专项行动50余次，印发禁止露天烧烤、露天餐饮宣传资料3万余份，清理取缔流动露天餐饮摊点268处，规范固定烧烤门店451家，暂扣桌椅671件。加强露天焚烧管控，开展祭祀用品禁卖禁烧专项执法，累计清理取缔售卖祭祀用品流动商贩241处、经营门店26处，清理祭祀点位48处，有效控制露天焚烧行为。加强应急响应期间施工管控，及时通知渣土运输企业停运要求，督导落实管控措施，降低施工扬尘污染。

**【违法建设治理】** 2019年，廊坊市开展“一区三边”、“5+1”、铁路沿线和中心城区加油站（点）等违法建设专项整治行动，确保违法建设“零增长”，坚持应拆尽拆，消灭存量违法建设，全年拆除违法建筑面积18.88万平方米。严格联审联验，首末两端管控，提前介入项目，掌握工程资料，细化管控内容，实现精细管理。全年立案查处违规建设项目21个，完成查处20个，收缴罚没款项1829.66万元。

**【智慧城管平台】** 2019年，市城管行政执法局提升数字化城管系统运行效率。完成修订行政边界、更新基础数据、补测管理部件等工作。健全完善“门前三包”子系统。整合资源、拓展功能、优化流程，构建“发现即处置、处置即考评”工作机制，提升平台信息化程度和运行效能。加快智慧城管系统平台建设课题研究，从系统整体框架、软硬件升级、智能化系统拓展、城市公共服务以及项目实施步骤等方面综合分析，制定《关于建设廊坊智慧城管系统平台的实施意见》。是年，数字城管系统立案43.54万件，结案42.9万件，平均结案率99.19%，全年刊发各类数字城管通报100期、完成全市各部门月度绩效考核11次。

**【服务机场建设】** 2019年，市城管行政执法局配合北京新机场建设运营，对接北京大兴城管部门，提前谋划协同执法，服务京津冀协同发展。参与征迁区内拆违行动，为城际铁路联络线广阳段建设提供执法保障。严格处置管控区内违建行为，保障生活区内环境秩序，持续整治流动商贩、遗弃垃圾、车辆违停、渣土车辆违规运输等问题。全年查处违建行为28起，清理流动商贩132处，规范倾倒垃圾行为52起。

（马　莉　吕　岩）

## 房地产市场管理

**【概况】** 2019年，廊坊市有房地产开发企业989家。按照企业资质等级划分，其中一级资质企业14家，二级资质企业60家，三级资质企业116家，四级和暂定资质企业799家；按照地域分布，其中“北三县（市）”234家（三河市79家，大厂县53家，香河县102家），环临空经济区525家（廊坊市区337家，永清县87家，固安县101家），环雄安新区230家（霸州138家，文安县54家，大城县38家）。全年房地产开发累计完成投资410.6亿元，其中住宅完成投资309.96亿元，同比分别下降10.18%和8.47%。商品房施工面积2455.59万平方米，其中住宅施工面积1847.85万平方米，同比分别下降29.99%和31.82%；新开工533.71万平方米，同比增长39.73%，住宅新开工341.93万平方米，与2018年持平。全市新建商品房成交面积506.45万平方米，其中住宅成交面积376.26万平方米，同比分别增长32.78%和35.81%；全市新建商品住宅网签均价每平方米12247元，同比增长22.13%。全市二手房成交面积303.61万平方米，同比增长31.8%；二手住房成交均价每平方米12600元，同比下降4.59%。

**【房地产市场监管】** 2019年，廊坊市落实国家、省有关房地产市场调控政策规定，调查研究房地产市场运行状况，撰写《房地产市场信息专报》12期。印发《关于进一步加强房地产市场监管工作的通知》，出台《关于强化长效监管机制进一步规范房地产市场营销行为的指导意见》，提出房地产市场营销行为“十不准”规范性要求，加强市场监管，规范市场秩序。强化业务管理制度

2019年廊坊市新建商品住房价格统计表

表22　　单位：元/平方米

| 时间节点 | 全市 | 廊坊市区 | 三河 | 大厂 | 香河 | 永清 | 固安 | 霸州 | 文安 | 大城 |
|---|---|---|---|---|---|---|---|---|---|---|
| 一季度 | 12100 | 13807 | 21563 | 12734 | 11296 | 9668 | 13364 | 9077 | 7762 | 6091 |
| 二季度 | 12910 | 13639 | 21558 | 13380 | 11967 | 9284 | 14115 | 9758 | 8025 | 6917 |
| 三季度 | 12412 | 13289 | 18969 | 13876 | 12162 | 9779 | 14035 | 9255 | 7744 | 6206 |
| 四季度 | 11436 | 14046 | 18987 | 13697 | 11597 | 9971 | 13573 | 8668 | 7501 | 5977 |
| 全年 | 12247 | 13668 | 20762 | 13638 | 11749 | 9676 | 13862 | 9139 | 7748 | 6135 |

建设，落实首问责任制和责任追究制度，实行“谁审查、谁签章、谁负责”的管理机制，开展行政许可卷宗资料内部交叉审核与随机抽查，促进各项审批业务合法性和规范化。全年办理商品房预售许可证78件次。严格预售资金监管，加强风险防范，结合预售审批业务，对市区商品房预售项目全部纳入资金监管，共计对市区73家企业100个预售项目开展预售资金监管，监管预售资金305亿元、拨付281亿元。

（张　宇）

## 步行街管理

**【概况】** 廊坊市广阳区新世纪步行街服务中心（以下简称步行街服务中心）是广阳区政府办公室所属事业单位，负责开展调查研究，向区政府提出步行街发展意见，为领导决策服务；推动商业业态调整，促进商业结构提档升级；负责协助步行街社会治安、市容环境、道路交通、市政设施、市场监督管理等行政执法服务工作；负责协调税务、自然资源、生态环境、文化、新闻出版、物业等服务工作；承担区委、区政府交办其他事项。2019年，步行街服务中心下设办公室、市场服务股、运行服务股、综合服务股等4个股室。有事业编制14名，现有工作人员12名。

**【开展街区调查】** 2019年，步行街服务中心对步行街第五大街200余家商户开展全国第四次经济普查抽样样本单位核查工作，按照创建廊坊节水型城市标准要求，走访排查步行街第一大街水暖店、卫浴门店，走访16家商户工作并建立台账。开展街区市场调查工作。联合辖区派出所入户统计街区700余家商户，分类汇总，建立商户信息台账。

**【大气污染防治】** 2019年，步行街服务中心联合区大气办、生态环境局等部门组成执法检查组，采取突击检查和日常巡查常态化管控方式，重点对餐饮油烟净化设备等方面排查、检查1006余次。按照“不治则以、治则到位”原则，监管街区70家营业餐饮商户。按照散煤管控工作安排部署，排查步行街第一大街至第五大街1442家商户散煤管控工作，未发现使用和销售散煤情况。

**【城市创建】** 2019年，步行街第二大街、第三大街、第四大街是创建文明城市验收的商业点位，步行街服务中心按照2019年创建全国文明城市工作任务清单，专题研究探讨垃圾乱扔、杂物乱放、违章停车等问题，并组织相关部门开展创城工作。将街区划分责任区，采取分包街区制，明确分包责任人。服务中心与综合执法局步行街分队、街区物业公司联合形成检查组，出动20余人，分编成4组，针对街区乱扔杂物、垃圾堆放、违章停放机动车、非机动车随意停放、乱贴小广告等不文明行为，增加巡查频次，用时1个月，检查整改300余处问题。

**【严控安全生产】** 2019年，步行街服务中心开展安全生产大检查隐患排查活动和安全生产集中执法攻坚专项行动。步行街服务中心汇同国家电网、天祥物业对步行街第一大街至第四大街的用电安全拉网式排查，第一大街内街建材城北侧变电箱封闭在建材城内，周边杂物堆积，存在严重安全隐患要求立即整改。一周后，复查检查，拆除整改完毕。10月1日，步行街服务中心与派出所、物业公司联合开展国庆期间安全生产巡查工作。排查街区内所有商户，逐一分析存在安全隐患问题。此次行动检查商户1000余家，其中餐饮、宾馆行业有30家灭火器不达标，均按时整改完毕。

**【民心工程】** 2019年，步行街服务中心完成第一大街北外街道路贯通工程。此工程由区政府主导，服务中心牵头协调华北油田第四采油厂、修路施工单位，将一大街北外街长60米、宽8米的道路实现贯通，修缮周边附属设施，并完成第一大街东延修路工程规划方案。

（马亚丽）

## 农村人居环境整治

**【概况】** 2019年，廊坊市投资24.5亿元，实施10个专项行动，打好厕所革命、垃圾和污水治理、村容村貌整治三大战役，推进3条高铁、8条高速和1条重要普通铁路沿线环境集中整治。廊坊市提前一年在河北省率先基本完成全域农村人居环境三年整治任务。在河北省率先建立覆盖全市农村的垃圾治理PPP模式。是年，国务院副总理胡春华到廊坊市大厂县调研，对“大棚房”整治工作给予肯定；在邯郸市峰峰矿区召开的河北省农村人居环境整治会议上，廊坊市作典型发言；廊坊市在国务院农村人居环境整治大检查中受到肯定。

**【农村“厕所革命”】** 2019年，廊坊市完成改建、改造厕所20.9万座任务，做到退街、进院、入室，夏防蝇、冬保温。针对历年改造的村街厕所开展查漏补缺、改造升级，鼓励硬化厕房地面、粉刷墙体，实现方便使用，干净美观。

**【农村生活垃圾治理】** 2019年，廊坊市彻底清除历史积存垃圾，从根本上解决垃圾“围村”和“脏乱差”问题。在全域实现垃圾治理PPP模式的基础上，推进监管常态化、制度化。按每县（市、区）建设一座垃圾焚烧发电厂的目标，构建以垃圾焚烧发电为主、垃圾填埋为辅的生活垃圾处理体系。鼓励开展农村垃圾分类试点，推进垃圾源头减量化、收集分类化和处理资源化。截至年底，全市清理农村生活垃圾

251万立方米，超额完成目标任务。

**【村容村貌提升】** 2019年，廊坊市全面开展“五清三建一改”活动，彻底解决私搭乱建、侵街占道顽疾，所有村庄实现主街、小街小巷全部硬化，综合考虑天然气、用电、供水、通信等设施建设，提高道路两侧的路肩铺装美化水平。同时结合国家森林城市创建，在绿化达标的基础上，多样树种搭配，营造村庄绿美景观。完成绿化3.4万亩（0.23万公顷），新装更换维修路灯2.65万盏，建设美丽庭院29.3万个。

**【农村生活污水治理】** 2019年，廊坊市建设污水集中收集或分散式处理设施的村庄464个。围绕基本实现农村生活污水治理管控全覆盖目标，因地制宜，分类实施，计划对环城、环开发区的村庄就近纳入城镇管网集中统一处理，有条件的村庄建设污水集中收集或分散式处理设施。特别是有农产品深加工、屠宰、养殖、熟食加工、工贸企业的城边村，确保全部纳入污水管网。

**【高铁高速沿线环境整治】** 2019年，廊坊市以京沪、京雄、保津等3条高铁，大广、京沪、京秦、京哈、保津、首都环线、京台、廊沧8条高速和京秦铁路沿线420个村庄为重点，开展环境集中整治。沿线村庄在全面完成垃圾治理、污水治理、厕所改造、村容村貌提升各项任务的同时，以城边、路边、河边为重点区域，以清、拆、建为整治内容，重点实施“六三一”工程，即六集中、三建设、一提升。截至9月底，全市高铁高速沿线集中清拆残垣断壁937处、整治危旧房屋570间，集中清理生活建筑垃圾30万立方米，集中整治生产收购场地133处，集中规整坑塘355处、规整河道19248米，集中平整、修整耕地37处，集中拆除广告牌及标语牌1244个、清理村庄墙体立面小广告5980处，平均任务完成率为100%；“三建设”任务完成建设景观林带30815米，绿化村内空闲隙地277.8亩（18.52公顷），建设农田林网23854米，平均任务完成率为100%；“一提升”任务完成改造屋顶、檐口、立面、院墙等1009处，绘制文化墙12.6万平方米，平均完成率为100%。

（许宁宁）

## 县（市、区）城镇建设

**【安次区城镇建设】** 2019年，廊坊新一中迁建、市垃圾焚烧发电厂二期、龙河污水处理厂二期等工程竣工。安全区围堤工程主体完工，拓展主城区发展空间近26平方千米。实施11条路网建设工程，龙光路、古县路全线贯通，辛庄道、荣开路部分路段通车。瑞丰泵站、永兴路泵站等6座泵站及配套管网建设完工，解决城市内涝问题。龙河以南污水管网建成投用，周边小区生活污水实现无害化处理。民兵训练基地教学及生活区实现当年开工、当年竣工。城市环境不断改善，统筹推进15个城中村和9个旧改项目，中孟等3个项目启动回迁楼建设，中所等6个项目进入办理土地出让手续阶段。全面拆除城区私搭乱建，推进老旧小区改造，数字城管结案率99.79%，首创环卫人机协同作业模式，主城三区年度环卫工作评比排名居第一位。

（张　冲）

**【广阳区城镇建设】** 2019年，广阳区支持开发企业加快推进棚改项目，市区15个重点棚改项目改造工作启动实施，村址拆迁面积8537.435亩（569.16公顷），年内基本完成房屋征收及地上物拆迁、垃圾清运等工作，10个棚改项目完成部分土地出让，共计1457.8932亩（97.19公顷），5个棚改项目启动回迁房建设。棚户区改造涉及的3715套安置房开工任务完成率100%。推进新建城际铁路联络线一期工程（广阳段）国有土地上房屋征收和王寨小区国有土地上房屋征收工作。推进供热老旧管网、“三供一业”（企业的供水、供电、供暖和物业管理）改造工作。万庄华兴矿区20千米老旧供热管网改造修缮完工，新城小区、同乐小区、三小宿舍等3个老旧小区并入供热大网。将138条小街巷、306个无物业管理小区的环境卫生纳入统一管理。落实“以克论净”环卫标准，广阳区降尘量控制在9吨/月·平方千米。承接新世纪步行街管理服务职能下放，打通一大街北外街封堵20年的“中阻路”。整治占道经营0.67万件，各类流动摊点1.1万件；开展科技、卫生、法律、医疗等志愿服务活动2000余场，参与人数超5万人次。吉兴社区获评“全国最美志愿服务社区”。提升村容村貌，投入5352万元，引入社会力量统一管理88个区管村街环境卫生，全域环卫实现“一体化”；农村污水治理和管控任务完成，全部行政村完成生活污水原位消纳；改造5466座农村厕所、建成6516户美丽庭院、1111户精品庭院。光明道上跨立交桥项目开工，艺术大道下穿桥工程完工，金光道、建设路等城市主干道拓宽改造工程完工。投资2300万元，12.8千米采留线大中修工程完工。硬化16.8千米农村路面。264条道路纳入农村公路“路长制”（全称“路长责任制”）管理。建设润宝农民专业合作社、庄络亲子乐园2个休闲农业园；新建7座旅游公厕并录入全国管理系统；举办首届旅游产业发展大会，金丰农科园、“廊坊印巷”、南汉宫廷“忆述”小镇等6个项目串连起“农业休闲＋城区文旅＋非遗文化”线路。制定《廊坊市广阳区2018—2019采暖季“气代煤”工程居民用户气价补贴发放实施细则》，按程序组织廊坊新奥燃气有限公司与各乡镇（办事处）、各街道办事处组织用气补贴发放工作；

组成督导组累计开展明察暗访30余次，走访入户360户，排查隐患问题300余处。年内，监督在建工程25个标段，总建筑面积197.16万平方米，涉及建设单位16家、施工单位20家、监理单位13家。办理质量监督备案、竣工验收备案等8类事项共计125项。

（姜　寒）

**【三河市城镇建设】** 2019年，三河市坚持以市带镇、以镇带村，拆除违法占地、违法建设230万平方米，腾退土地565.67公顷。京唐城际铁路、煤矿路拓宽等重要基础设施，月池公园等公共服务设施建设顺利推进。东市区南、北环路41.93公顷违法占地，定福庄、李枣林25.33公顷违建片区，高楼38公顷二手建材市场，赵河沟1.4万平方米小商品市场等全部拆除。廊坊市农村人居环境整治和拆违工作现场会在三河市召开，河北省委办公厅内刊和《农民日报》《河北日报》刊发三河市全域人居环境整治经验。全市“一事一议”筹资村街70%以上，撬动本级和上级资金6900万元。自发组织捐款村街77%，村民参与率85%，捐款额2710万元。新改建村街道路67条31万平方米，12个村街铺设污水集中处理管网3.2万延米，77个村生活污水处理设施投入使用，308个村坑塘得到整治利用。76个村景观绿化完工，建成“小游园、小菜园、小果园”1200余个，5万农户自主创建绿美庭院，形成精品庭院2580户。实施4万座农村厕所、5000户农村节能门窗改造、为3万户农民安装太阳能热水器。

（张文华）

**【大厂回族自治县城镇建设】** 2019年，大厂回族自治县完成精品观摩线路和市级农村人居环境整治精品片区（30个村）建设；抓好示范区重点项目建设，小厂村特色村寨商业街、小镇客厅、旅游厕所等12个工程完工；推进农村股份合作制示范组织建设，东杨辛庄金盛苑果蔬、兰庄户小磨香油合作社成立运行；农村承包地确权登记颁证通过河北省级验收，65个村确权登记完毕；影视小镇投资13.78亿元，累计招商签约客户114家，影视文创产业集群初步形成；投资0.5亿元，全面改造提升永安小区、汇群里等62个老旧小区；创建美丽庭院7000个，其中精品庭院1000个；开展农村生活垃圾治理，率先在廊坊市建成餐厨垃圾处理厂、粪便无害化处理厂；开展道路交通、环境卫生、乱停乱放等专项整治，查处违章建筑、占道经营等行为，为大安街亮化实施节能增效改造。

（刘　俊）

**【香河县城镇建设】** 2019年，香河县城乡面貌同步改观，基础设施不断完善。城区污水处理厂扩容提标、五一路景观亮化等工程竣工投用，20个老旧小区26千米老旧管网改造完工，县委广场改造、渠口污水处理厂、矬口方沟雨污分流改造等项目加快实施。京唐城铁香河段重要节点全部进场施工，香务线拓宽改造、新华大街西段维修等工程竣工通车，全年累计新改建公路120千米，智慧城市建设，数字城管、智慧公交等15个系统接入完毕，“三中心一平台”高效运行，城市管理智慧化、信息化水平不断提升。开展城区环境秩序整治，省级文明县城创建成效显著，测评成绩在全省100个建制县中位居第五位。实施农村人居环境整治，全年硬化穿村公路28千米，改厕1.5万座，新建镇级垃圾中转站11个，15个村街垃圾分类试点和30个村街污水治理工作完毕，累计清理垃圾33.9万立方米，打造精品庭院7400余户、美丽庭院2.4万户。推进镇区街路改造、绿化美化等工程，淑阳镇、安平镇、五百户镇、钳屯镇4个镇再次入选“全国千强镇”。

（王树春）

**【永清县城镇建设】** 2019年，永清县制定出台《永清县国土空间规划编制工作方案》和《永清县关于建立国土空间规划体系并监督实施的实施方案》。至年底，永清县国土空间总体规划编制工作完成规划大纲初步成果、双评价初步成果和现评估初步成果。裕华街、宏业路、南环路三条道路的罩面维护工作完工，维护面积2.7万平方米；百盛商城第四大街道路及排水设施改造完工。改造雨污管道450米，道路面积3300平方米。金雀街、会昌街、经济适用房、城区污水管道建设工程完工，铺设污水主管道4600米，分流改造老旧雨污合流连接井，改造连接管道5000米，至年底，城区主要街道大部分完成雨污管网覆盖。全县推进城市公园绿地建设，增加城市绿量，提升绿地品质，完成绿化面积19.19公顷，植树5.7万株。县城内金地经典小区和金雀花园小区进行省级园林式小区复查，幸福大道进行省级园林式道路的创建，全部通过检查。新建公厕7座，改造公厕1座；延长清扫保洁时间不低于16小时，新增公益广告170余处，新建高标准学雷锋服务站2个，摆放分类式垃圾箱350余个，清除卫生死角67个，清除积存垃圾3606立方米。推进农村人居环境整治工作，全县累计清理房前屋后乱堆乱放5.85万处，清理闲置宅基及残垣断壁1190处，清理沟渠坑塘黑水污水381处，清理畜禽粪便乱堆乱倒1012处，清理违法建筑违章建设9678余处；建设小游园、小菜园、小果园1298处，创建美丽庭院2.86万个，精品庭院600个；改厕3.6万座，绿化156.8公顷，安装、维修、更换路灯近3860盏。

（刘淑珍）

**【固安县城镇建设】** 2019年，固安县推进京德、京雄、荣乌高速公路征迁工作，做好廊涿城际、丰雄、津兴高铁和R1快线前期工作。实施固安东站站前交通枢纽、连接线等配套工程建设。启动临空经济区村街搬迁和辛务回迁区征地工作，机场噪声影响区隔声降噪工程完工。投资4.08亿元，固雄公路拓宽及市政化改造和绿道花廊建设完工，固雄公路获省级“美丽农村精品示范路”称号。投资2.4亿元，实施迎宾西街、永兴路等15项城区道路工程，城区路网密度处于全市最高水平。投资2.8亿元，农村道路硬化480千米完工，农村公路通车里程1280千米。投资12亿元，城区水厂管道改造等5项供水工程完工，推进环城水系西支建设等11项水利工程。投资4.2亿元，推进农网改造升级，完善电力设施配套，新建改造城乡电网94.2千米。投资3亿元，建成大清河LNG储气站和天然气调压站，城区7条老旧管网和4个热源厂改造提升任务全部完工。固安县统筹规划56个行政村，占地约200平方千米乡村振兴示范区，确定“一环两轴四组团多节点”发展格局。投资5.5亿元，重点打造15个行政村及8个农业园区项目，以“联村并建、园村结对、村企融合、产村共进”为模式乡村振兴“固安样板”初步形成。全面统筹推进垃圾处理一体化，加大实施“厕所革命”，梯次推进农村生活污水治理，着力提升村容村貌，实现燃气管网、饮水工程、垃圾治理、道路硬化、村街治理等16个全覆盖。

（高士伟）

**【霸州市城镇建设】** 2019年，霸州市实施市中心绿化提升改造、益津路西侧游园改造、112线景观提升改造、北环路绿化、兴华南路绿化改造、益津路便道维修提升等18项工程完工。供热老旧管网改造4.3千米，于5月底全部完工；燃气老旧管网10.7千米改造完工。是年，牤牛河综合治理一期工程完工。北起北外环路，南至太平桥，河道长8.4千米，堤顶路全部贯通，种植乔灌木32757株，种植草花地被721116平方米，水生植物有65232平方米。7月底河道蓄水，4D水舞秀投入使用，打造出新“益津八景”。8月8日，举行万人万米健步走活动，牤牛河历史文化公园正式对外开放。8月27日至28日，霸州市文化旅游产业发展大会在牤牛河历史文化公园召开。

（贾国玲）

**【文安县城镇建设】** 2019年，文安县获2019年度文明城市创建国检和省级测评验收全省建制县第一名，文安县连续3年获全省第一名。投资5.83亿元，城区地下综合排水管网改造等35项工程全部实现预期目标，13项工程完工。突出便民利民，新建菜市场2座，整治背街小巷20条，拆除违建6000平方米。完成农村集体产权制度改革国家级试点任务，国家评估验收组给予高度评价；全县383个村街基本达到农村人居环境整治“五清”（清理房屋周围违规的围墙，以及牲畜的棚窝等；清理农民日常生活所产生的垃圾；清理公路两边的杂物或杂草等；清理堰塘、和沟里的淤泥，以及漂浮物；清理建筑遗留的废弃物）要求，49个村街试点推行垃圾分类，农村垃圾治理工作居全市第一位。投资2亿元的保静线、廊泊线等重点道路工程全部竣工通车，新增农村硬化道路76.8千米。新造林8.1万亩（5400公顷），连续3年居全市第一位。拆除违法占地116宗、266.8亩（17.79公顷），赵王新河沿岸128处违建彻底拆除。投资2018万元津石高速孙氏连接线配套工程：2019年，征迁工作全部完工；京德高速文安段全长32.75千米，途经文安县5个乡镇44个村街，占地2677.76亩（178.52公顷），年内房屋、厂房等建筑物签订协议29户，迁移29户，涉及坟墓迁移66处。投资1.1亿元的世纪大道、G336天木线大修工程完工；投资4700万元的106国道史各庄大桥左桥大修和廊泊线安里屯桥改造工程完工。

（刘洪江）

**【大城县城镇建设】** 2019年，大城县不断完善基础设施，津石高速主线及2条连接线征迁、主线桥涵建设全部完工，为全线贯通提供大城支持。实施养护改造29条农村公路，总里程60.9千米。大城首个500千伏输变电新建工程启动建设，留各庄3号主变增容等一批电力工程竣工投运。红木文化新区开发稳步推进，和平公园建设进展顺利。大城国际、商贸嘉城等旧城改造项目加快实施，西排干渠污水管网、工会街改造等8项市政工程完工。投资5420万元的廊沧高速县城连接线绿化提升工作完毕，景观效果凸显。围绕拆违拆临“打硬仗”，集中攻坚完成中源路县城口、廊沧高速县城口和臧屯口拆违治乱，拆除违建临建6万多平方米，同步跟进3处景观节点公园建设。中源路两侧50米基本实现绿化闭合，整段亮化工程完工。

（吕文杰）

# 临空经济

## 综　述

**【概况】** 北京大兴国际机场是首都重大标志性工程，是国家发展新的动力源。9月25日，习近平总书记宣布北京大兴国际机场正式投入运营。按照国家发改委对大兴国际机场临空经济区的战略定位要求，大兴国际机场临空经济区作为国际交往中心功能承载区、国家航空科技创新引领区、京津冀协同发展示范区，是优化提升首都核心功能和疏解北京非首都功能的承接平台和京津冀先行先试平台。2019年，廊坊临空经济区从规划设计转入全面启动实施阶段，廊坊市按照“总体管控、集约发展，优势互补、协同合作，扩大开放、培育优势，改革创新、先行先试”的基本原则，优化产业与功能布局，提升临空经济区一体化、现代化、国际化水平，推动临空经济区成为新时代引领经济高质量发展的重要引擎。

2019年，廊坊市抢抓北京大兴国际机场投运重大机遇，加快推进廊坊临空经济区规划建设，围绕机场规划、建设、校飞、试飞、竣工、通航等关键节点，完成历时8年、投资192亿元、包括51项重点工作的保通航任务。对标雄安、高点定位、优化深化规划体系。按照许勤省长9月3日在廊坊调研时的指示要求，委托中规院联合国内多家优秀设计咨询团队，成立深化规划体系工作专班，做好廊坊临空经济区“1+3+13”（北京大兴国际机场临空经济区总体规划、3个控制性详细规划、13个专项规划）规划体系编制工作。3个控详规和13个专项规划实施意见待规划批复后一并实施。

**【推进征迁工作】** 年内，廊坊市借鉴2015年机场红线区征迁经验和雄安新区“四统四分”（统一领导、统一政策、统一程序、统一文本，分类施策、分步实施、分村包联、分户到人）的工作模式，出台包括征迁安置、土地经营权流转、被征地群众民生保障的“1+3+3”征迁工作方案。在征地拆迁工作中，为保证被征地农民利益，在充分尊重群众意愿的基础之上，坚决做到“八个讲清楚”（政策法规依据、区域发展前景、土地征收补偿、房屋拆迁补偿、征迁补助奖励、回迁安置政策、土地流转政策、相关法律责任）和“五个联动”（干群一体联动、政策统一联动、民生保障联动、部门上下联动、责任纪律联动），并针对教育保障、医疗保障、养老保障、促进就业、就业培训、扶贫救助等6个方面内容，制定落实16项具体民生保障措施，确保重点项目用地。截至年底，利用棚改政策，先期15个村庄征迁完毕。剩余11个村街采用政府与社会资本合作的市场化棚改模式，征迁工作进入推进阶段。

**【市政基础设施和配套公服设施建设】** 2019年，廊坊市全面梳理临空区内市政基础设施和公共服务设施，形成市政道路4个大类共245条道路和公服设施12个大类共609项。依托深化后的3个控详规和13个专项规划，梳理2021年年底前廊坊临空经济区内的基础设施及公服设施项目，共梳理出212项（道路交通设施62项、市政基础设施83项，公共服务设施40项，水利工程4项，智慧城市21项，其他2项），总投资213亿元。至年底，市政基础设施和公共服务设施部分由工程谋划阶段转为建设实施阶段。

**【机构及其职责】** 2019年11月，中共北京大兴国际机场临空经济区（廊坊）工作委员会、北京大兴国际机场临空经济区（廊坊）管理委员会［中国（河北）自由贸易实验区大兴机场片区（廊坊）管理委员会］成立。在河北省北京新机场工作领导小组和中共廊坊市委、廊坊市政府领导下开展工作，同时接受北京大兴国际机场临空经济区京冀联合工作领导小组指导。负责组织实施、统筹协调区域内的开发、建设、管理等全面工作；根据中共廊坊市委、廊坊市政府的授权，对区域内乡镇、村街实行托管。核定人员控制数60人，2019年有干部职工17人，其中党员15人。

中共北京大兴国际机场临空经济区（廊坊）工作委员会主要职责：贯彻落实党的理论、路线、方针、政策和国家法律法规，贯彻执行党中央、国务院和习近平总书记关于北京大兴国际机场的重要指示，贯彻执行上级的决策部署；按照临空经济区规划建设的总体要求和功能定位，统筹推进区域建设各项工作。研究临空经济区经济社会发展问题，全面负责临空经济区发展改革工作。会同有关部门拟订临空经济区党的建设规划和政策措施，对区域内的党建工作、思想政治工作等重大问题进行调查研究，向市委、市政府提出建议。负责临空经济区党的组织建设、党员教育和管理工作。按照授权和干部管理权限负责辖区内干部管理。负责辖区内从严治党责任，加强党风廉政建设工作。

负责意识形态相关工作的统筹协调，负责新闻宣传、对外宣传和社会舆论引导，负责文化事业产业发展工作，负责区内精神文明建设工作。做好统战工作，负责区域内的群团工作；做好区域内的群众工作。负责区域内的政法、社会治安综合治理和维护稳定工作，协调处理涉及社会治安和维护稳定方面的重大案件和事件。研究区域内安全生产重大问题，统筹协调临空经济区内安全生产工作。完成中共廊坊市委交办的其他工作。

北京大兴国际机场临空经济区（廊坊）管理委员会［中国（河北）自由贸易试验区大兴机场片区（廊坊）管理委员会］主要职责：根据临空经济区功能定位，负责编制区域内总体规划、控制性详细规划和其他领域专项规划，按程序报批后组织实施。负责临空经济区支持政策体系的落实；审批或审核辖区固定资产投资项目；负责辖区基础设施和公用设施的建设和管理。负责辖区财政管理，实施辖区内财政预算、决算、国有资产管理和财政监督工作。负责招商引资、进出口贸易和国内外经济技术合作工作。负责辖区安全生产、市场监管、综合执法和机场的安全保障等工作。负责辖区人力资源和社会保障工作。负责协调配合临空经济总体管控区相关工作。负责与大兴临空经济区［自贸试验区大兴机场片区（北京大兴）］管理机构的对接、沟通、协调工作；与机场集团、各航空公司进行工作对接，协调推进临空经济区相关工作；对项目完成情况进行督查和考核。负责与临空经济区外围总体管控区规划建设及管控的协调。根据自贸试验区功能定位，负责开展制度创新、对外贸易、开放合作等相关工作。完成临空经济区京冀联合工作领导小组和廊坊市政府、省北京新机场办公室及中国（河北）自由贸易试验区工作办公室交办的其他工作。

（陈天枢）

廊坊临空服务中心效果图

## 项目建设

**【概况】** 2019年，廊坊临空经济区产业发展聚焦“三区四集群”（航空物流区、科技创新区、服务保障区，以及航空物流产业集群、科技创新创业集群、服务保障产业集群、高端服务业产业集群）。其中，廊坊市广阳片区规划建设航空物流区，永清、固安片区规划建设科技创新区。10月26日，南航华北培训基地、航企生活保障基地等6个重点项目集中开工，总投资150亿元、总投资213亿元的市政基础和公共服务设施建设全面启动。为全面提高入区项目的“含金量”，廊坊市明确起步阶段项目投资强度、亩均税收、容积率等指标，并建立起严格的产业准入和项目退出机制。加快建立与北京“共建共享共管”原则相协调的一揽子体制机制，构建临空经济区、自由贸易试验片区、综合保税区“三区联动”新格局。截至年底，项目库中面向全球的招商企业达340家，覆盖先进装备制造业、航空物流、生物制药、电子信息等11个产业板块，其中世界500强企业90家，占比达到26.5%。重点跟踪项目68个，洽谈项目269个。

**【临空服务中心项目】** 廊坊临空服务中心位于物流区核心区域，项目总投资9.2亿元，总占地9.03万平方米（约135亩），其中公园绿地1.26万平方米。建筑面积23万平方米，其中地上面积16万平方米，地下7万平方米。包括市民服务中心、城市规划展馆、会议中心、金融大厦、科创大厦、商务酒店、航空大厦。截至年底，中国银行、招商银行等20家银行、基金、保险等金融机构，南航、东航等12家航司企业及30余家中关村科创小微企业、希尔顿酒店等企业确定入驻。

**【新奥研究总院项目】** 新奥研究总院项目总投资21.6亿元，占地3.27万平方米（约49亩），总建筑面积18.6万平方米，其中地上12.1万平方米，地下6.5万平方米。建设成为新奥集团科研中心及总部基地门户，打造科研创新、数字办公、技术转化、总部经济等融为一体的高端CBD，打造清洁能源及生命健康产业的科研创新、技术转化平台，产值30亿元，税收3亿元。

**【南航华北培训基地项目】** 南航华北培训基地项目总投资25亿元，占地面积8.53万平方米（约128亩），建筑面积18万平方米，建设国家航空科技馆、飞行训练中心、科技研发中心、软件开发中心等。产值5.3亿元，年税收7000万元。

**【航空小镇项目】** 航空小镇项目占地约34.2万平方米（约513亩），规划总建筑面积约97万平方米，地上总建筑面积约62万平方米，地下总建筑面积约35万平方米。住宅建筑面积约48万平方米，商业建筑面积约7.5万平方米，办公建筑面积约3.5万平方米。项目分为商业悦享区、高层住宅区、低密品质区三大组团。

**【起步区市政路网项目】** 起步区市政路网项目总投资约14.18亿元，其中廊坊临空经济区起步区（启动区）市政基础设施建设共计8条道路，包含城市主干路5条，城市次干路3条，总长13.43千米。相应配套设施包括：道路、交通、桥梁、排水、绿化、照明、管廊及其他专业管线工程等。

（陈天枢）

## 招商引资

**【概况】** 2019年，廊坊市创新招商模式，力促产业项目落地。优化产业路径，聘请波士顿咨询公司打造“1+2+3”的产业体系（1个先导产业——新一代信息技术；2个培育产业——高端智能装备和生命健康；3个支撑产业——航空科技创新、航空物流、高端服务业）。按照“三区四集群”产业要求，确保可持续发展。细化完善政策体系，协调中央、省级主流媒体和海外媒体，对临空经济区招商引资、规划建设进行全方位宣传，提升知名度和影响力。广泛宣传推介。年内赴深圳、石家庄、上海、重庆、北京等地区和阿联酋、德国、法国等国家举办廊坊临空经济区·自贸试验片区全球系列招商活动，行程超3万千米，对接国内外企业600余家，客商逾千人。涉及包括自贸试验片区挂揭牌仪式在内的11场全球系列招商活动，共签约项目30个，总投资1565.5亿元。其中，自贸试验片区挂揭牌仪式签约项目7个，总投资328亿元；石家庄全球招商发布会签约项目4个，总投资330亿元；重点项目签约仪式签约项目6个，总投资92亿元；上海招商政策推介会签约项目4个，总投资102亿元；德国全球招商发布会签约项目2个；北京全球招商发布会签约项目7个，总投资713.5亿元。

**【廊坊临空经济区·自贸试验片区廊坊区域北京全球招商发布会】** 12月19日，北京大兴国际机场廊坊临空经济区·中国（河北）自由贸易试验区大兴机场片区廊坊区域全球招商发布会在北京举行。发布会由中共廊坊市委、市政府主办，主题为“新动力、新机遇、新典范”。河北省人民政府副省长夏延军、中国民航局副局长董志毅、中共廊坊市委书记冯韶慧、中铁建股份有限公司副总裁王立新、中国民航局人事科教司副司长刘志宏、商务部投资促进事务局现代服务业部副主任黄玫玫等出席会议，法国巴黎大区投资促进局、澳大利亚麦格理乐歌集团、美国凯雷投资集团、英国范堡罗国际有限公司、新宜中国、安博（中国）管理有限公司、中铁投资集团有限公司、永定河流域投资有限公司、中国农业银行总行、中铁建工集团有限公司、中国民航机场建设集团，以及南航、东航、国航、首都机场集团、河北航空、菜鸟网络科技有限公司等80余家知名企业参会。发布会上，美国北卡罗来纳大学教授、“临空经济之父”约翰·卡萨达围绕临空经济发展作专题演讲，美国波士顿咨询公司介绍廊坊临空经济区产业布局和招商路径，廊坊临空经济区相关负责人发布产业招商政策和重点合作需求。河北临空经济产业发展智库正式成立；轨交沿线TOD、天府集团高性能纤维预编制、医渡云—新宜创新医药大数据枢纽物流中心、凯雷—敦豪区域运营总部及机场速度货运中心、国家新能源汽车大数据监控平台及车载智能终端、英国圣比斯公学中国·双校区等 7个合作项目签约，项目总投资713.5亿元。

（陈天枢）

新奥研究总院项目效果图

## 服务机场建设

**【概况】** 北京大兴国际机场于2019年6月30日竣工验收，9月25日投入运营，10月27日完成第一个冬春航季转场，整体运行态势良好，各项既定目标任务圆满完成。2019年，

北京招商发布会现场

廊坊市落实属地主体责任，围绕保障大兴机场校飞、试飞、竣工、通航、转场等各关键节点目标，采取强力有效措施，推进大兴机场保通航各项任务落地落实。年内，廊坊市支持机场租用土地建设临时设施，完成机场外围配套迁改项目建设；完成大兴机场噪声影响区治理任务，实施机场周边环境整治；配合机场开展综合演练，并保障机场用工需求。

**【机场净空保护】** 北京大兴国际机场1月22日至2月24日完成校飞，5月13日完成第一阶段试飞。按照飞行安全要求，廊坊市组织清理机场跑道中线两侧375米、跑道端外1600米范围内的净空超高障碍物，至3月底，拆降超高通信铁塔21处、35千伏旧白线电力铁塔3座，砍伐超高树木13660棵。5月10日，廊坊市发布《关于划设北京大兴国际机场及南苑新机场净空保护区的通告》，率先完成机场净空保护区划设。9月16日，印发《北京大兴国际机场净空保护区联席会议制度实施方案》，建立净空管理长效机制，做到管控高效到位，保障大兴机场通航、转场。

**【推动属地工程按时竣工验收】** 北京大兴国际机场涉及廊坊市红线内属地主体项目共7项。2019年，廊坊市落实属地监管责任，统筹安排市级职能部门选派专职工作人员30余名驻场办公，全面依法依规履行职能，全力做好机场项目建设监管和服务保障工作。年内出台《北京新机场建设项目联合验收工作方案》，统筹组织各职能部门与机场各建设业主主动对接、靠前服务，分别先行开展专项预验收，指导项目业主做好问题整改，主动帮助解决实际困难，确保廊坊市属地监管6月30日前按期竣工验收。

**【落实机场运营跨区域管理】** 2019年，国务院批准明确机场运营跨区域管理事权26项。廊坊市落实河北省政府办公厅印发《北京大兴国际机场跨地域运营管理工作方案》要求，成立廊坊市北京大兴国际机场运营地方监管服务专班，推进落实机场跨地域运营管理任务。年内，建立综合协调、应急管理、城市管理、交通管理、税收征管5个保障组，配合省直部门，专项与民航、北京方面对接建立相应工作机制。至年底，除省直部门牵头落实的大兴机场分税、进京检查站设置、交通联动3项事权外，其余涉及廊坊市落实的23项事权中，16项应交由北京一方管理的事权完成事权移交，充分满足机场运营需求。

**【推进机场项目供地和确权发证】** 8月25日，经国务院批准，自然资源部批复大兴机场河北区域用地手续。廊坊市就供地事宜提前与机场方面开展对接，用地手续于9月4日批转廊坊市。廊坊市成立北京大兴国际机场项目供地工作领导小组和建立工作专班，召开专题调度会议，提供手续办理清单，研究具体问题解决路径，第一时间协调首都机场集团提供用地资料，主动与北京市规自委进行对接，确保高效高质量推动机场供地工作，至年末，大兴机场外围配套空管、军事阵地、水源地等项目完成确权发证，机场红线内项目进入相关手续提交阶段。

（陈天枢）

## 投融资

**【概况】** 2019年，廊坊市创新模式、优化路径，做好投融资工作。经过专业咨询机构匡算，廊坊临空经济区开发建设总体资金需求规模为1150亿元。廊坊市采取“政府债撬动+PPP综合开发+市场化棚改+临空公司融资”的方式，最大限度发挥各融资渠道的融资能力，做到资金快速供给、风险可控。年内，廊坊市发挥政府和市场的合力作用，引领撬动社会资本跟进，加强政银企合作，推动市场化棚改，开展政府和社会资本合作，发挥政府资金的杠杆作用，放大市场化融资规模，满足不断增大的资金投入需求。以临空公司作为市场融资主体，建立完善回报机制和成熟运营机制，通过股债结合的融资方式，撬动金融市场的要素资源，以完全市场化融资方式筹措廊坊临空经济区开发建设资金。是年，廊坊市以政府专项债券资金启动实施村街拆迁和大田流转工作，实现廊坊临空经济区开发建设破盘开局。

**【明确四条融资路径】** 2019年，廊坊市以市场化融资为主、政府筹措资金为辅，拓宽融资途径，结合征迁和项目推进时序，实现资金梯次分段供给和动态平衡，保障资金需求。经过研究，明确四条融资路径：争取使用周期长、成本低200亿元政府专项债券资金，列入明年省政府第一季度发债盘子，主要用于村街拆迁和农田流转，经与河北省财政厅沟通，预计于2020年1月发放100亿元，剩余尾款6月底前发放到位；按照临空区控详规和专项规划（报审稿），依法合规加快推进临空区基础设施和公共服务综合PPP项目，计划融资600亿元，用于市政基础设施和公服设施建设，至年底，项目清单、可研编制、“一案两评”报告编制完毕，待履行各级审批程序后，立即启动社会资本招采，全面实施项目建设；用好棚改政策“窗口期”，引入大型央企合作，计划融资200亿元，在运用棚改政策完成前期15个村征迁的基础之上，推进剩余起步区内11个村街棚改项目；按照市场化投融资方式，做大做强临空经济区平台公司，通过域内土地出让和域外配置资源、充实经营性资产，提高平台公司融资能力。截至年底，廊坊市累计统筹各类资金83亿元（政府资金53亿元，社会资金30亿元），用于征迁、大田流转及基础设施建设等工作。

（陈天枢）

# 交通　邮政

## 综　述

**【概况】** 2019年，廊坊市交通运输事业呈现出稳中有进、稳中向好的良好态势。新机场北线高速主体工程完工。通州区与“北三县（市）”协同发展综合交通专项规划及其实施意见、北京大兴国际机场临空经济区（廊坊片区）综合交通专项规划及其实施意见编制完毕。327省道、601省道等5条干线项目纳入国家、省级层面相关指导意见范畴，后期可同雄安新区项目享受同等支持政策。“四好农村路”新改建里程突破500千米，香河跻身全国“四好农村路”示范县行列，全省推动“四好农村路”高质量发展现场会在廊坊市召开，“香河经验”在全省推广；三河市荣获全省“四好农村路”示范县称号，全市有50%县（市、区）达到省级示范县标准。津石高速征迁在全省率先完成；京雄、荣乌新线、京德高速土地勘界清点和市级、县级土地组卷报审进度全省领先，荣乌霸州段、京德固安段控制性工程进场施工。深化收费公路制度改革，完成取消高速公路省界收费站工作，京台高速廊坊段京冀界、冀津界主线收费站全省率先拆除到位，业主高速34套ETC门架系统、82条ETC车道改造和25处入口不停车称重检测设备全部按时完工，并实现全国联网，新增ETC用户52万余户。完成新机场保通航任务，签订《北京大兴国际机场陆侧交通保障合作框架协议》和《联动应急服务保障协议》，市区机场巴士开通运营，市区巡游出租车进入机场服务，执法骨干入驻与北京方面进行联合执法，共同维护机场运营秩序。TOCC（交通运输运行协调和应急指挥平台）项目一期通过验收，全市交通运输行业大数据中心建设完成，系统数据资源实现全面整合。

2019年，廊坊市交通基础设施投资41.6亿元，同比增加187%。其中，高速公路建设投资17.9亿元，干线公路建设投资3.8亿元，102国道、104国道、112国道等大中修和桥梁维修加固工程完工，密涿高速万庄、三河南连接线完工、梁家务连接线建设加快推进；农村公路建设投资8.8亿元。是年，全市新改建公路400余千米，改造危桥6座。

（姚志华）

2019年11月28日，河北省推动“四好农村路”高质量发展现场会在廊坊市召开，香河获全国“四好农村路”称号

## 公　路

**【概况】** 2019年，廊坊市与北京市、天津市对接的干线公路有17条，接口28个。其中，廊坊市与北京对接的干线公路有12条，接口14个，包括高速公路6条（京哈高速公路、京沪高速公路、京台高速公路、大广高速公路、首都地区环线、京秦高速公路）、国道6条（102国道、103国道、104国道、106国道、230国道、509国道）；廊坊市与天津对接的干线公路有12条，接口14个，包括高速公路5条（京哈高速公路、京沪高速公路、荣乌高速公路、京秦高速公路、京沪京台联络线）、国道6条（102国道、103国道、104国道、112国道、336国道、509国道）、省道1条（廊沧高速龙街连接线）。

**【高速公路】** 2019年，廊坊市境内通车高速公路8条，分别是京秦高速公路廊坊段、京哈高速公路廊坊段、京沪高速公路廊坊段、京台高速公路廊坊段、荣乌高速公路廊坊段、大广高速公路廊坊段、首都地区环线廊坊段、京沪京台联络线高速公路廊坊段，总里程392千米。其中，京沪京台联络线廊坊段和京台高速公路廊坊段为市管高速路。在建高速公路5条，分别是新机场北线高速公路廊坊段、津石高速公路廊坊段、京雄高速公路廊坊段、荣乌高速公路新线京台高速公路至京港澳高速公路段、京德高速公路廊坊段。

京秦高速公路。编号G0121。京秦高速公路廊坊段起点是三河市燕郊镇诸葛店村北京冀界，西接京秦高速公路北京段及北京东六环高速公路，终于三河市段甲岭镇冀津界，东接京秦高速公路天津段，全长37.8千米。京秦高速公路廊坊段全线位于三河市境内。京秦高速公路廊坊段是廊坊市“北三县（市）”进京出关的重要通道。

京哈高速公路（原京沈高速公路）。编号G1。京哈高速公路廊坊段起于香河县安头屯镇凌家吴村冀京界，西接北京市通州区，终于香河县渠口镇谭家务村冀津界，东接天津市宝坻区，长21.3千米，双向六车道。京哈高速公路廊坊段位于香河县境内，是廊坊市“北三县（市）”中部地区一条横贯东西的交通通道。

京沪高速路公路（原京津塘高速公路）。编号G2。京沪高速路公路廊坊段起于廊坊经济技术开发区上庄头村冀京界，北接北京市大兴区，终于廊坊市南营村冀津界，南接天津市武清区，长6.8千米，双向四车道。京沪高速路公路廊坊段位于廊坊经济技术开发区，是廊坊经济技术开发区进京的主要交通通道。

京台高速公路。编号G3。京台高速公路廊坊段由原京台高速公路京冀界至永清县别古庄互通段和原廊沧高速公路组成，起于廊坊市广阳区火头营京冀界，终于廊坊市大城县里坦镇大木桥村廊沧界，长122.5千米，双向八（六）车道。京台高速公路廊坊段南北纵穿广阳、永清、霸州、文安、大城5个县（市、区），是廊坊市中南部地区的大通道。

荣乌高速公路（原保津高速公路）。编号G18。荣乌高速公路廊坊段起于安次区东沽港二村冀津界，东接天津市武清区，终于霸州市岔河集乡西下村廊（坊）雄（安）界，西接雄安新区雄县，长49.2千米，双向四车道。荣乌高速公路廊坊段位于安次区和霸州市境内，是廊坊中部地区横贯东西的一条交通通道。

大广高速公路。编号G45。大广高速公路廊坊段起于固安县与北京市交界处西玉村，于霸州市摆渡口村进入雄安新区雄县，于文安县小龙华村西北再次进入廊坊市境内，于小龙华村正西进入沧州任丘市。大广高速公路廊坊段长46千米，双向六车道。大广高速公路廊坊段位于固安县、霸州市、文安县境内，是廊坊市西部进京的重要通道。

首都地区环线。编号G95。首都地区环线廊坊段由原密涿高速公路和廊涿高速公路组成，北起三河市掘山头村西京冀界，经三河市东、大厂县东、香河县西进入北京市通州区西集镇，于北京市大兴区采育北进入廊坊市，经广阳区、固安县，终于固安县东湾乡杨屯村廊涿界，全长83.5千米，双向六（四）车道。首都环线高速公路是京冀交通一体化的重要通道。

京沪京台联络线。编号S3600。京沪京台联络线高速公路西起永清县与京台高速公路相接，东至安次区与天津市交界，全长25.1千米，双向六车道。京沪京台联络线高速公路全部位于永清县、安次区境内，是廊坊市中部连接天津市的重要通道。

新机场北线高速公路廊坊段（在建）。新机场北线高速公路廊坊段起自广阳区艾各庄村西南西外环，与规划的艺术大道西延顺接，向西至北京界，与新机场北线高速北京段顺接。全长9.97千米，采用双向八车道高速公路标准建设，路基宽42米，另设置连接线一条空港新区连接线（G105），全长6.2千米，采用双向四车道一级公路标准建设。12月26日，新机场北线高速主体工程完工。

津石高速公路（在建）。编号G0211，全长171千米。津石高速公路廊坊段起自大城县与天津市静海区交界处的子牙河，向西经大城县北、文安县南，西接沧州市任丘，长28.94千米（大城县16.26千米，文安县12.68千米）。津石高速公路廊坊段工程项目设计标准是，速度120千米/时，路基宽33.5米，双向六车道。工程项目于2017年12月12日开工。

京德高速公路（在建）。编号S65，全长86.5千米。京德高速公路廊坊段起自固安县知子营京冀界永定河，向南经固安县东、永清县西、霸州市东、文安县西接沧州市任丘，廊坊段全长79.2千米（固安县9.32千米，永清县20.15千米，霸州市17.02千米，文安县30.75千米）。京德高速公路廊坊段工程项目设计标准是，速度120千米/时，路基宽33.5米，双向六车道。2019年8月18日，先行用地段先期开工建设。

京雄高速公路（在建）。全长75.032千米。京雄高速公路廊坊段起于廊坊市固安县新兴园区大岗头村，终于廊坊市固安县东湾乡与保定市高碑店市新桥镇交界，廊坊段全长16.5千米，途经廊坊市固安县。京雄高速公路廊坊段工程项目设计标准是，速度120千米/时，路基宽度42米，双向八车道。工程项目于2019年10月开工建设。

荣乌高速公路新线（在建）。编号G18，全长72.814千米。荣乌高速公路新线京台高速公路至京港澳高速公路段起自廊坊市永清县，向西经霸州市、固安县、高碑店市、白沟新城，西接保定市定兴县，廊坊段全长35.362千米（永清县17.662千米，固安县11.5千米，霸州市6.2千米）。荣乌高速公路新线京台高速公路至京港澳高速公路段工程项目设计标准是，速度120千米/时，路基宽42米，

G3 京台高速公路（原廊沧高速公路廊坊段）标志标牌改造工程施工现场

双向八车道。工程项目于 2019 年 9 月 26 日（先行用地）正式开工。

**【普通国省干线公路】** 2019 年，廊坊境内普通国省干线公路 26 条 760 千米，二级以上公路 25 条，养管公路总里程达到 100%。其中，国道 10 条 468.9 千米，包括 G102 国道 36.1 千米，G103 国道 3.9 千米，G104 国道 26 千米，G105 国道 134.1 千米，G106 国道 76.9 千米，G112 国道 55.5 千米，G230 国道（通化—武汉）46.5 千米，G336 国道（天津—神木）42.1 千米，G337 国道（黄骅—榆林）21.1 千米，G509 国道（京唐港—通州）26.7 千米；省道 5 条 187.1 千米，包括廊环线 32.5 千米，廊霸线 48.5 千米，平香线 27 千米，廊涿线 47.5 千米，津保南线 31.6 千米；连接线 11 条 104 千米，包括廊涿高速九州连接线 0.9 千米，廊涿高速永清连接线 10.5 千米，廊涿高速东湾连接线 13.9 千米，大广高速固安连接线 2.9 千米，大广高速牛驼连接线 5 千米，大广高速霸州连接线 7.9 千米，廊沧高速后奕连接线 26.1 千米，廊沧高速龙街连接线 23.7 千米，廊沧高速大柳河连接线 1.1 千米，密涿支线高速大厂连接线 4.7 千米，京台高速东安庄连接线 7.3 千米。

**【农村公路路网】** 2019 年，廊坊市农村公路 10324.9 千米。其中，县道 25 条 780.8 千米，乡道 260 条 1778.5 千米，专用公路 108 条 285.9 千米，村道 5668 条 7479.6 千米。

**【普通干线公路养护】** 2019 年，廊坊市普通干线公路公路路面状况指数为 89.66，全省领先。全市路面挖补 24 万平方米，路面裂缝灌封 58.51 万延米。年内，继续推进普通干线公路服务区运营建设，完工并逐步开放柳泉、段甲岭、渠口、南辛庄、康仙庄 5 个服务区；做好国家公路网标志调整工作，更换版面 167 块，新增标志 75 块，拆除 7 块，更换里程碑 401 块、百米桩 3679 根。

**【交通基础设施工程建设】** 2019 年，全市普通干线公路建设项目 4 个，分别为密涿高速公路廊坊至“北三县（市）”段三河南互通连接线、梁家务互通连接线、万庄互通连接线，省道 S222 廊坊至大城公路（原廊泊公路）堂二里至胜芳绕城段改建工程，项目实际投资 3.81 亿元，建设里程 50.989 千米。普通干线公路养护大中修工程投资 6247 万元，共计 9 项，总里程 101 千米。其中，2019 年实施大修工程 1 项，国道 G336 天木线文安县城西至 106 国道段大修工程 8.65 千米；实施中修工程 3 项 19.98 千米，分别是国道 G336 天木线文安与天津交界至三岔路口段中修工程 12.28 千米、京广线固安镇出口至固安县城南铁路桥段中修工程 1.35 千米、国道 G336 天木线 106 线道口至文安与雄县界段中修工程 6.35 千米；实施预养工程 1 项，国道 112 京广线霸州与安次交界至太平桥段预养工程 33.2 千米。2018 年，资金结转项目 4 项 39.32 千米，分别是国道 102 线电厂桥东至蓟县界段中修工程 21.38 千米、国道 104 线廊坊市区公路界至天津界段中修工程 5.81 千米、省道廊泊线（S272）保津高速公路出口至胜芳桥北段中修工程 7.83 千米、国道 112 线太平桥西至顾庄桥东段路面预养工程 4.3 千米。

（姚志华）

2019 年 7 月，省道 S222 廊坊至大城公路（原廊泊公路）堂二里至胜芳绕城段改建工程施工现场

## 交通运输管理

**【概况】** 2019年，廊坊市交通运输局优化交通运输服务，全市公路旅客运输1842万人次，同比下降8%，货运量11521万吨，同比增长1%，全年未发生旅客滞留现象和安全生产责任事故。加快城乡客运一体化改造，全市县城20千米范围内公交化运行率达65%。做好春运、“5•18”经洽会、“9•26”农交会、国庆节和中华人民共和国成立70周年等重大节日、重点时段运输保障任务。加强出租车执法力度，全年出动执法人员6000人次，检查规范巡游车2500余辆次，查处非法营运车辆17部，有效治理出租车拒载、拼客等行为，出租车投诉数量明显下降。提升城市公交管理水平，廊坊市区公交车驾驶员安全防护隔离设施全部改造完毕，优化公交线路3条。落实惠民政策，加强公交从业人员安全知识、文明礼仪、应急处置等方面的培训，成功举办公交应急演练，提升公交从业人员应对突发恶性事件的处置能力。

**【物流】** 2019年，廊坊市备案在册物流场站企业419家，其中直属站18家，三河市30家，大厂回族自治县13家，香河县19家，广阳区7家，安次区15家，开发区43家，永清县5家，固安县40家，霸州市191家，文安县30家，大城县8家。

**【货运】** 2019年，全市有普通货物运输车辆39206辆，其中牵引车7111辆，挂车7018辆，载货汽车24510辆，燃料为天然气的车辆1750辆；全市有危险货物运输企业84家，危货运输车辆3072部，其中牵引车1131部，挂车1649部，单机载货292部，危货运输从业人员3100余人。全市新增道路危险货物运输企业4家，新增和更新危险货物运输车辆235辆，燃气和成品油运输占全市危货运输种类的80%。

**【客运】** 2019年，全市有客运企业16家，其中专业包车客运企业12家。客运班线403条，客运班车1225部（省际班线112条，在运客车201部；市际班线123条，在运客车186部；县际班线168条，在运客车328部；县内班线118条，在运客车591部），客运包车510部。省际班线通达京、津、鲁、皖等14个省、市，市际班线覆盖省内所有地市，县际班线通达辖区所有县（市）。全市对接北京公交日平均发车约673部，约3901车次，日运送旅客约42.6万人次。全市县城20千米范围内的农村客运班线公交化运行率达到55%，辖区50%以上乡镇基本完成农村客运班线公交化改造。

**【场站】** 2019年，全市一、二级客运站共9个，其中一级站1个（廊坊长途汽车站），二级站8个（霸州汽车站、大城汽车站、固安汽车站、三河汽车站、胜芳汽车站、文安汽车站、永清汽车站、香河汽车站）。城乡客运站为连接霸州、固安、安次、广阳三县两区的换乘站，日客流量2000人次。

廊坊长途客运站。属一级车站，位于廊坊市广阳区解放道63号，占地面积18131平方米，于1991年开工建设，1992年开始投入运营。2019年，廊坊长途客运站日发班车470次，线路104条，客运量1751270人次。

霸州汽车站。属二级车站，位于霸州市益津南路553号，占地面积1041.3平方米，于1977年开工建设，1978年开始投入运营。2019年，霸州汽车站日发班车180次，线路21条，客运量152205人次。

大城汽车站。属二级车站，位于大城县平舒镇，占地面积12787平方米，于2001年开工建设，2002年开始投入运营。2019年，大城汽车站日发班车89次，线路14条，客运量273750人次。

固安汽车站。属二级车站，位于固安县固安镇，占地面积877.4平方米，于1996年开工建设，1997年开始投入运营。2019年，固安汽车站日发班车77次，线路15条，客运量266815人次。

三河汽车站。属二级车站，位于三河市京哈路北，占地面积11690平方米，于1974年开工建设，1975年开始投入运营。2019年，三河汽车站日发班车76次，线路32条，客运量154030人次。

胜芳汽车站。属二级车站，位于胜芳镇武平路，占地面积7257.34平方米，于1982年开工建设，1983年开始投入运营。2019年，胜芳汽车站日发班车167次，线路16条，客运量279225人次。

文安汽车站。属二级车站，位于文安县文安镇东关，占地面积11322平方米，于2001年开工建设，2002年开始投入运营。2019年，文安汽车站日发班车58次，线路12条，客运量985507人次。

永清汽车站。属二级车站，位于永清县金雀大街北侧，占地面积13200平方米，于2001年开工建设，2002年开始投入运营。2019年，永清汽车站日发班车134次，线路19条，客运量78475人次。

香河汽车站。属二级车站，位于河北省廊坊市香河县家具大道109号，占地面积18580.10平方米，于2013年开工建设，2015年建成，2018年6月投入使用。2019年，香河汽车站日发班车52次，线路15条，客运量71905人次。

**【公交管理】** 2019年，廊坊市有公交车2062部。其中，市区739部，三河538部，大厂152部，香河100部，霸州258部，文安75部，大城200部。市区739部公交车全部为新能源和清洁能源公交车辆。市区开通公交线路39条，公交站点513个，首末站25个，运营线路总里程899千米，日发班次近6000个，日均客运量达到16.4万人次左右，建成区主要干道和城

## 2019 年廊坊市长途汽车站主要班车时刻表

表 23

| 线路 | 班次 | 发车时间 | 主要途经地 |
|---|---|---|---|
| 廊坊—北京六里桥 | 5:15—18:45 每 20 分 1 班 | | 北京六里桥 |
| 廊坊—北京木樨园 | 5:20—17:15 每 20 分 1 班 | | 北京木樨园 |
| 廊坊—北京四惠桥 | 5:45—17:00 每 20 分 1 班 | | 北京四惠桥 |
| 廊坊—首都机场 | 579 | 6：30 | 直达 |
| | 581 | 8：00 | |
| | 582 | 10：00 | |
| | 589 | 12：00 | |
| | 595 | 13：30 | |
| | 592 | 15：00 | |
| | 593 | 16：30 | |
| | 596 | 18：00 | |
| 廊坊—天津 | 5:00—19:00 每 10 分 1 班 | | 东马圈、杨村 |
| 廊坊—张家口 | 107 | 7：00 | 昌平、怀来、宣化 |
| | 117 | 9：20 | |
| 廊坊—石家庄 | 152 | 5：30 | 霸州、石家庄 |
| | 154 | 6：20 | |
| | 765 | 7：10 | |
| | 171 | 8：00 | |
| | 166 | 8：30 | |
| | 7698 | 9：00 | |
| | 176 | 10：00 | |
| | 232 | 11：00 | |
| | 210 | 12：00 | |
| | 182 | 13：10 | |
| | 189 | 14：00 | |
| | 195 | 14：45 | |
| | 689 | 15：30 | |
| | 198 | 16：15 | |
| | 203 | 17：00 | |
| | 670 | 17：50 | |
| 廊坊—保定 | 603 | 6：15（低速） | 保定、*低速过白沟、徐水* |
| | 606 | 6：55 | |
| | 612 | 7：40（低速） | |
| | 614 | 8：10 | |
| | 617 | 8：55 | |
| | 662 | 9：55 | |
| | 625 | 10：50 | |
| | 630 | 11：30 | |
| | 635 | 12：20（低速） | |
| | 640 | 13：20 | |
| | 184 | 14：00 | |
| | 190 | 14：40 | |
| | 194 | 15：20 | |
| | 697 | 15：50 | |
| | 261 | 17：10 | |

续表 23

| 线路 | 班次 | 发车时间 | 主要途经地 |
|---|---|---|---|
| 廊坊—秦皇岛 | 518 | 7：50 | 高速直达 |
| | 209 | 9：00 | |
| | 239 | 15：00 | |
| 廊坊—沧州 | 163 | 7：10 | 里坦、官厅 |
| | 164 | 8：25 | |
| | 876 | 10：30 | |
| | 222 | 14：05 | |
| | 216 | 15：00 | |
| 廊坊—衡水 | 661 | 6：05 | 崔尔庄、淮镇、大陈庄 |
| | 610 | 7：10 | 莫州、献县、武强 |
| | 615 | 8：15 | 莫州、河间、饶阳 |
| | 622 | 9：40 | 河间、献县、富镇、武邑 |
| | 572 | 13：30 | 辰时、护池 |
| | 643 | 14：00 | 莫州、献县、武强 |
| | 660 | 15：05 | 河间、献县、富镇、武邑 |
| 廊坊—承德 | 501 | 5：10 | 密云、巴克什 |
| | 522 | 9：00 | |
| | 389 | 14：00 | |
| 廊坊—唐山 | 509 | 7：00（低速） | 玉田、唐山 |
| | 560 | 8：30 | 高速直达 |
| | 562 | 10：00 | |
| 廊坊—邯郸 | 148 | 5：10 | 霸州、曲周、香城固 |
| | 218 | 8：00 | 永年、邯郸 |
| | 288 | 15：00 | |
| 廊坊—邢台 | 679 | 6：50 | 南宫高速口、平乡高速口、南和高速口 |
| | 207 | 8：40 | 南宫、平乡、广宗 |
| | 151 | 9：55 | 南宫、巨鹿 |
| | 680 | 14：10 | 南宫高速口、平乡高速口、南和高速口 |

郊乡镇实现公交全覆盖。在市区6条主干道设置公交专用道23千米。除大城县以外，其他9个县（市、区）均开通北京公交车，共20条班线，运营车辆673部，日发车3900班次，日均运送旅客超42.6万人次。廊坊市区、三河市、霸州市、文安县、大城县开通北京机场客运班线，日发车97班次，日均运送旅客约1040人次。

2019年，廊坊市不断优化公交路网，延伸25路公交线路延伸至廊南第一集；28路公交线路取消开发区农行、新奥集团和鸿润道口3站，增加汇源道东口、化营和开发区移动公司3站；15路公交取消南龙道（银河路）站，增加瑞丰道

2019年5月14日，廊坊市举行无偿献血“三免”政策启动暨公交“献血荣誉卡”首发仪式

银河路口和常青路南龙道口2站。持续提升服务质量，廊坊市区公交实行国家无偿献血荣誉获得者和残疾人免费乘坐市内公交政策。实行换乘优惠，乘客刷卡乘车后，在40分钟内换乘其他公交车，第一次换乘可享受免费乘车优惠；一卡多人同时使用时，仅限一人享受换乘优惠政策。新增2种公交面值卡，500元可乘车350次，1000元可乘车750次。清明节期间，为方便广大群众出行，廊坊市区开通廊坊站—万桐墓园、廊坊北站东广场—万桐墓园和大家新城小区—万桐墓园3条扫墓专线。年内，廊坊市举办“第三届市区公共交通驾驶员安全服务技能大比武”活动，设置定点停车、进出港湾、单边桥、窄路掉头和100米加减档共5个比赛科目，评选出一等奖一名，二等奖二名，三等奖三名，提高广大驾驶员的业务水平。

是年，廊坊市区公交服务热线号码“400-0316-111”变更为“96551”，原“400-0316-111”于2019年10月1日停用。

2019年6月18日，路政处执法人员在巡查中发现廊泊线调河头过村段因砍树半幅路断交，路政执法人员紧急疏导交通

**【出租车管理】** 2019年，全市有巡游出租车公司32家，巡游出租车8560辆。廊坊市中心城区有巡游出租车公司7家，其中经营性公司6家，服务性公司1家，共有出租汽车2237辆，其中个体模式1099辆，实体模式600辆，合作模式538辆，全部以天然气为主要燃料。从业人员4100人。各县（市）有出租车公司25家，出租车6323辆。其中，香河县有出租车公司6家，出租车631辆；三河市有出租车公司10家，出租车2557辆；大厂回族自治县有出租车公司2家，出租车365辆；固安县有出租车公司2家，出租车294辆；霸州市有出租车公司2家，出租车1706辆；大城县有出租车公司1家，出租车277辆；文安县有出租车公司2家，出租车493辆。绝大多数出租车是双燃料车型。全年市区共受理车辆更新申请220辆，受理经营权变更109辆。

**【桥涵管理】** 2019年，廊坊市投入资金3874.5万元，实施普通干线公路桥梁维修加固工程6项，分别是106国道五里铺左桥维修加固工程、G106国道史各庄右桥维修加固工程、G106国道超洪南桥维修加固工程、G106国道超洪北桥维修加固工程、省道廊泊线新河村桥维修加固工程、省道廊泊线安里屯桥维修加固工程，保证桥梁安全。至年底，廊坊市有公路桥涵桥梁2030座204079延米。

**【路政管理】** 2019年，廊坊市积极推进科技治超、联合治超行动，双超现象得到有效遏制。全年检测货运车辆1685336辆次，查处超限超载车辆1875辆，卸载货物32178.54吨，对驾驶员实施扣分7298分，明察暗访72次。参加京津冀（通武廊）联合治超专项行动2次，联合治超行动共出动执法车54辆，执法人员200余人，拦检货车41293辆，查处超限超载车辆39辆，所有车辆全部消除违法状态。货运车辆超限超载率稳定控制在2%以下。推进科技治超，全面强化科技治超水平，全市符合建设条件的5个联合治超站完成电子警察抓拍系统安装。

年内，廊坊市以G104、G106、S273等26条国道、省道为重点集中开展拆除公路用地内私搭乱建和治理公路集贸市场占路、治理公路边沟随意倾倒垃圾、治理公路用地范围内摆摊设点等行为。全市累计拆除私搭乱建50处约786.3平方米，拆除单柱式小型非标7块，清理公路用地内违法摆放的小型非标2121块，清理公路用地及边沟内垃圾约942平方米，清除路阻路障6处，清理公路用地内摆摊设点4080处，路域环境得到有效改善，确保暑期及建国70周年大庆活动期间干线公路安全畅通。

是年，廊坊市将大气污染防治工作与路域环境治理紧密结合、共同推进。出台《廊坊市路政管理处环境治理专项考核实施方案》，加强对各基层执法部门的监督、指导，每周督导不少于2次，并进行严格考核，全面做好辖区干线公路环境污染防治工作。全年苫盖、清理路边裸露沙堆19处，扑灭公路界内焚烧垃圾1处、倾倒垃圾47处，清理堆积秸秆2处，处置施工污染路面5处，清理路面污染约42平

**2019 年廊坊市邮政业发展对比表**

表 24

| 指标名称 | 单位 | 2019 年 | | 比上年同期增长（%） | |
|---|---|---|---|---|---|
| | | 全年累计 | 12 月 | 全年累计 | 12 月 |
| 一、邮政行业业务收入 | 亿元 | 40.19 | 4.38 | 36.32 | 40.85 |
| 1. 邮政寄递服务 | 亿元 | 1.62 | 0.19 | 35.59 | 41.33 |
| 2. 快递业务 | 亿元 | 34.04 | 3.43 | 35.06 | 35.24 |
| 二、邮政行业业务总量 | 亿元 | 65.58 | 7.43 | 54.37 | 50.49 |
| 1. 邮政寄递服务 | 万件 | 9710.36 | 1083.11 | 9.38 | 43.48 |
| 其中：函件 | 万件 | 669.51 | 64.59 | -54.96 | -39.28 |
| 包裹 | 万件 | 14.21 | 1.74 | 0.71 | 35.94 |
| 订销报纸累计数 | 万份 | 5384.71 | 403.64 | -2.76 | 0.18 |
| 订销杂志累计数 | 万份 | 186.53 | 14.76 | -7.24 | -18.32 |
| 汇兑 | 万笔 | 0.73 | 0.05 | -56.02 | -37.5 |
| 2. 快递业务 | 万件 | 27219.71 | 2666.21 | 11.18 | 0.41 |
| 其中：同城 | 万件 | 2965.69 | 312.32 | -28.96 | -18.95 |
| 异地 | 万件 | 24223.02 | 2348.99 | 19.36 | 3.56 |
| 国际／港澳台 | 万件 | 31.01 | 4.89 | 120.97 | 193.16 |

说明：1. 2019 年邮政行业业务总量计算使用 2010 年不变单价

2. 邮政行业业务收入中未包括邮政储蓄银行直接营业收入

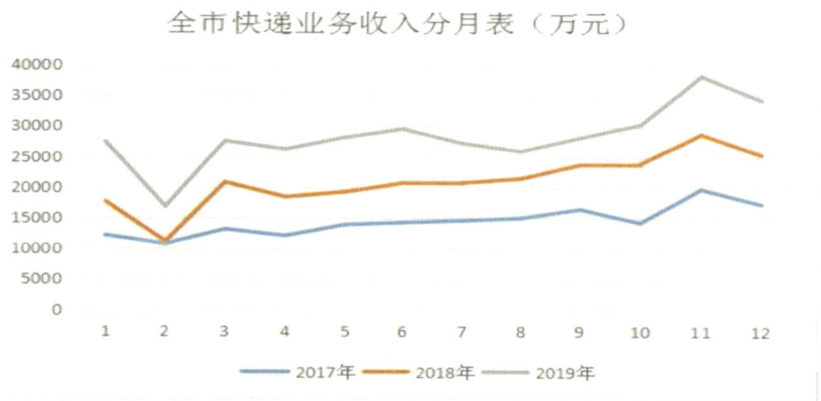


图 21 2017—2019 年廊坊市快递业务收入分月数据对比图

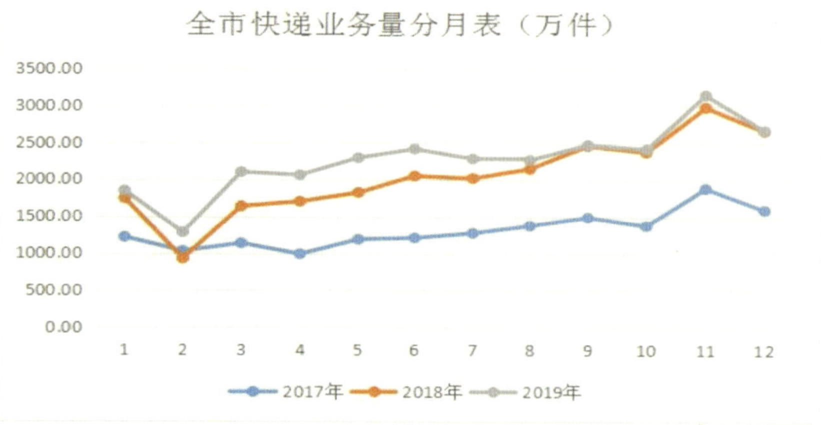


图 22 2017—2019 年廊坊市快递业务量分月数据对比图

方米，说服教育轻微洒落装载车辆 9 辆。

（姚志华）

## 邮 政

**【概况】** 2019 年，廊坊市邮政行业业务总量 65.58 亿元，同比增长 54.37%；行业业务收入（不包含邮政储蓄银行直接营业收入）40.19 亿元，同比增长 36.32%。其中，全市快递服务企业业务量累计完成 27219.71 万件，同比增长 11.18%；业务收入累计完成 34.04 亿元，同比增长 35.06%。全市快递业务量和业务收入居全省前三名、全国前五十强，业务量位居全国第四十五名，业务收入位列第四十一名，量收均比上年同期进位三名。快递业务量和业务收入自 2013 年起实现连续 6 年高速增长。全市有邮政普遍服务网点 136 处，机要通信网点 10 处，快递品牌 27 个，许可企业 32 家，分支机构 230 家，备案末端营业网点 1328 处，智能快件箱累计达 1204 组，形成 126909 格口的服务能力，日均使用率达 82% 以上。

廊坊市邮政管理局有内设机构 3 个，分别为办公室、普遍服务（机要通信）科和市场监管科，行政编制 11 人。是年，廊坊市邮政管理局加强行业安全监管，组织开展营业网点达标检查、机要通信“回头看”、专用邮箱测试、重大题材邮票销售等专项检查，保障人民群众用邮权益；组织开展治理涉枪涉爆、跨区域经营、末端服务违规收费等专项行动，保障寄递渠道安全有序运行；周密筹划部署，严格落实举措，完成全国“两会”、廊坊“5•18”经洽会、“国庆 70 周年”、“双十一”旺季等重点时期和重要活动寄递渠道安全保障任务，全市邮政快递业安全生产零事故。

**【推动快递园区和局省合作项目建设】** 2019 年，韵达快递（华北）基地、百世华北物流园等 6 家总部或区域总部入驻廊坊市。国家邮政局与河北省政府签订的《河北快递产业集聚发展战略合作协议》中涉及廊坊市的重点项目稳步推进，其中中国邮政速递物流华北（廊坊）陆路邮件处理中心一期项目投入运营。

**【完善末端配送体系建设】** 2019 年，廊坊市邮政管理局指导快递企业间开展“快快合作”，实现联合派送，建成“联合建站”模式末端配送站点 150 余个。开展“电邮合作”“交邮合作”，利用乡村运输线路搭载快件、与电信连厅经营方式，破解快递下乡“最后一公里”难题。推动智能快递箱柜建设，提升智能快件设施服务能力，全市智能快件箱柜箱递率居全省前列。采集全市 3029 个建制村投递监测系统信息，建制村投递日均监测打卡率超过 97%，居全省前列。

**【邮政行业绿色发展】** 2019 年，廊坊市印发《关于建立健全寄递企业内部生态环保组织机构的通知》《关于在快递营业网点设置包装回收设施的通知》等系列文件，建立政府引导、企业落实、社会参与的行业绿色生态环保建设体制机制，推动生产各环节节能减排。完善邮政业绿色发展机制，推广新能源车辆使用，加速淘汰老旧邮政快递运输车辆。宣传快递封装用品国家标准和邮政业封装用胶带等行业标准；鼓励用户参与包装回收及绿色包装使用，引导企业探索快递包装回收和循环利用先进模式。是年，全行业超额完成省邮政管理局“9581”工程目标任务，主要快递品牌电子面单使用率达 99%；96% 以上电商快件不再二次包装；循环中转袋使用率达 85%，分支机构快递包装用品回收设施设置率实现 100%；全行业快递新能源车保有量达 519 台，名列全省第一位。

**【行业精神文明建设】** 2019 年，廊坊市邮政管理局组织开展“最美快递员（邮递员）”推选展示活动，表彰奖励 10 名“大美廊坊·最美快递员（邮递员）”。开展“冀青之星”推选，市邮政公司、申通、中通、京东、德邦等企业共 12 名邮递员、29 名快递员获得团省委授予的“冀青之星”称号。

**【邮政快递行业工会联合会成立】** 2019 年，廊坊市邮政管理局落实邮政业更贴近民生七件实事，引导全市邮政、快递企业加强快递员权益保护工作。年内，市局联合总工会、团市委组织全市邮政快递业职业技能大赛，并以多种形式开展慰问一线邮政快递员工等活动。6 月，组织成立全市邮政快递行业工会联合会，致力于实现快递从业人员和快递企业互利共赢，调动员工积极性，维护保障从业者的合法权益，并帮助企业建立科学合理的内部管理机制，加深各邮政、快递企业之间相互联系，从而助推邮政业高质量发展。

**【突发事件应对和应急保障】** 2019 年，廊坊市邮政管理局将应急保障纳入常态化管理，全市邮政、快递企业均按要求建立安全生产、防火防盗、防雨雪天气等应急管理制度。会同省、市邮政业安全中心、市消防、公安、国安、快递行业协会等部门，组织开展邮政业危化品、疑似爆炸物等突发事件应急演练活动。

**【行业标准化治理】** 2019 年，廊坊市邮政管理局加强普遍服务监管，建立普遍服务达标常态化检查机制，加大营业网点达标、专用邮箱测试、邮件时限监测等检查力度，有效促进普遍服务新标准落实。创新市场监管方式，通过标准升级、强力推进、加强督导、强化检查、严格验评等方式，推动“三化”（营业场所标准化、分拨中心规范化、作业流程制度化）建设目标升级。辖区营业网点 254 家，建成标准网点 243 家，标准化率达 95.6%，建成示范网点 5 家；辖区快递分拨中心 39 家，规范化快递分拨中心达标 37 家，分拨中心规范化率达 94.9%；品牌快递企业实现作业流程制度化比例达 100%。

（赵　培）

2019 年，廊坊市邮政管理局在顺丰速运有限公司廊坊分拨中心举行全市邮政业突发事件应急演练，全市邮政快递企业 100 余名员工现场观摩

# 农业　林业　水利

## 综　述

**【概况】**　2019年，廊坊市推进乡村振兴战略，研究制定《〈廊坊市乡村振兴战略规划（2018—2022年）及5个工作方案〉主要任务分工方案》《关于坚持农业农村优先发展扎实推进乡村振兴战略实施的意见》《关于创建乡村振兴示范区的实施方案》等政策性文件，为实施乡村振兴战略打下坚实工作基础。

**【优化农业种养结构】**　先后出台《廊坊市农业供给侧结构性改革三年行动计划的实施意见》《关于加快推进农业绿色发展的实施意见》《关于加快推进现代都市型农业发展的实施意见》《廊坊市农业结构调整行动方案（2019—2022）》等指导性文件，明确目标任务，细化工作举措，稳步推进各项工作。市财政列支2500万元，支持农业供给侧结构性改革和都市现代农业发展，全面提升农业质量效益和竞争力。组织实施8.4万亩（5600公顷）高标准农田建设项目，总投资10999万元，年可新增和改善灌溉面积8.13万亩（5420公顷），新增粮食生产能力708万公斤，新增其他农产品2039.51万公斤，直接受益农户16050户，直接受益人口65395人。调减非优势区高耗低质低效农作物面积28.1万亩（1.87万公顷）。“安次甜瓜”“固安番茄”被认定为第二批省级“特色农产品优势区”，认定8个市级“特色农产品优势区”。发展优质果品基地和果品观光采摘园，推进果树产业带建设。

**【建设生态宜居乡村】**　投资24.5亿元，实施10个专项行动，打好厕所革命、垃圾和污水治理、村容村貌整治4大战役，推进3条高铁、8条高速和1条重要普通铁路沿线环境集中整治。推进“空心村”治理，实施“三区同建”示范项目建设，全市整治村庄2892个。新改建农村公路建设里程637千米，完成投资13.3亿元，香河县、三河市分别被评为国家级和省级“四好农村路”示范县。推动全市剩余584户1031名贫困人口全部实现脱贫退出，提前完成减贫任务，在全省范围内率先消除绝对贫困。

**【推进农村集体产权制度改革】**　文安县率先完成改革任务，并通过国家级验收，霸州、香河、大城、广阳4个省级试点县和非试点县（市、区）207个重点村均已按时按质完成改革目标任务。全市承包地确权面积454.17万亩（30.278万公顷），占应确权面积的99.87%。全市颁发经营权证书588553本，发证率95.45%。全市农村土地经营权流转面积102.69万亩（6.846万公顷）。新增股份合作制经济组织达1827家，其中省级示范组织32家。注册农民合作社6140家，创建市级以上示范社122家，注册家庭农场1319家，创建市级以上示范家庭农场146家。

（许宁宁）

## 农村工作

**【概况】**　2019年，廊坊市坚持农业农村优先发展，实施乡村振兴战略，对标全面建成小康社会“三农”工作必须完成的任务，抓重点、补短板、强基础，发展都市现代农业，聚力打赢脱贫攻坚战，改善农村人居环境，加快补齐农村基础设施和公共服务短板，全面深化农村改革，加强农村基层基础，有效促进农民持续增收，确保农村社会和谐稳定，乡村振兴取得阶段性成果。农村居民人均可支配收入达到18467元，

固安县乡村振兴示范区

位居河北省第二位，同比增长9.5%。是年，廊坊市农业农村局被农业农村部表彰为“全国农业农村系统先进集体”。

**【乡村振兴示范区】** 2019年，廊坊市按照“全域整治、连片打造、三区同建、四村联创”要求，每个县（市、区）都重点打造1个市级乡村振兴示范区，其中大厂县、固安县、香河县分别创建省级示范区。10个示范区共涉及村庄406个，总面积700平方千米，人口60万人。示范区共谋划现代农业园区、农村人居环境整治等重点项目80余个，总投资115亿元。至年底，实际投资58.3亿元，是投资总量的50.7%；建成农村新型社区23个、现代农业园区68个、生态功能区50个，培育固安林城村、永清胜利村等一批典型，破解“人往哪里去、地从哪里来、钱从哪里出、产业怎么发展”等瓶颈制约。10月，中共河北省委、省政府在固安县召开全省乡村振兴工作推进会议，中共河北省委副书记赵一德对廊坊市乡村振兴及示范区创建工作给予“四个高”（重视程度高、规划起点高、创建标准高、规范水平高）的评价和肯定。

**【农村基础设施建设】** 2019年，廊坊市投资13.3亿元，新改建农村公路建设里程637千米，香河县、三河市分别被评为国家级和省级“四好农村路”示范县；中央投资5091万元，改造提升农村供水站输水管网和站内设施，全市农村自来水普及率达到100%，农村集中供水率达到100%，供水保证率达95%以上；全市所有行政村实现光纤、4G信号全覆盖；稳妥推进农村地区剩余省定八种特殊情况例外户清洁取暖改造，基本实现廊坊市农村地区散煤清零。

**【“空心村”治理】** 2019年，廊坊市制定印发《廊坊市“空心村”治理工作总体方案》，实施“三区同建”示范项目建设，全市整治村庄2892个。累计投资12627万元，清理废弃宅基地6056处，建小果园、小菜园、小游园、小广场等5454个，旅游民宿、农村电商、民宅出租3067户。列入省重点的西八里沟村、东八里沟村、西公乐村3个村均按照要求稳步推进治理工作。

**【脱贫攻坚】** 2019年，廊坊市推动全市剩余584户1031名贫困人口全部实现脱贫退出，提前完成减贫任务，在河北省范围内率先消除绝对贫困。健康扶贫方面，建档立卡贫困人口住院合规费用报销比例95.81%，门诊特殊疾病购药合规费用报销比例为92.97%，全市家庭医生签约履约率均达到100%，1775名符合条件的贫困人口全部领取门诊特殊疾病证并正常享受慢病医疗待遇。教育扶贫方面，2018—2019学年建档立卡家庭经济困难学生1058人、2019—2020学年建档立卡家庭经济困难学生1008人全部享受相应学段资助政策，廊坊市建档立卡家庭义务教育阶段学生无辍学。住房安全方面，在建档立卡贫困户全部实现住房安全的基础上，开展全市“4类重点对象”逐户房屋安全鉴定，积极推进整改。推进政策落实方面，全市建成产业扶贫项目47个，产业扶贫项目实现建档立卡户100%全覆盖；符合“16—65周岁、有劳动能力和就业愿望”的贫困劳动力1419人全部实现就业；为100户贫困户发放扶贫小额贷款114.35万元，实现应贷尽贷。社保兜底方面，兜底保障建档立卡贫困人口1649户3600人，占比达85.13%，低保最低标准达到每人每年8220元，高于2019年度省定脱贫退出3600元/年的标准，位列全省前列；将符合低保保障标准的贫困边缘人口纳入兜底保障范围，农村低保保障率由1.17%增加到1.57%，稳定超过省定1.5%指导标准线；建立风险调节机制，对有致贫风险的群众启动实施精准防贫保险，共投入2209.04万元，262户455人得到救助，救助金额184万元。

**【农村集体产权制度改革】** 2019年，廊坊市制定印发《关于做好全市农村集体资产清产核资汇总数据联合审计的通知》《关于农村集体经济组织成立和登记赋码工作的指导意见》等指导性文件，召开调度会6次，专项督查5次，市、县举办培训班60余期，参训人员达2000余人次。文安县作为国家级试点县率先完成改革任务，并通过国家级验收。霸州市、香河县、大城县、广阳区等4个省级试点县，以及其余非试点县（市、区）的207个重点村均按时按质完成改革目标任务。全市清查账面资产总额161.74亿元，其中经营性资产总额27.30亿元；核实资产总额230.1亿元，其中经营性资产总额73.65亿元。完成成员界定3230个，股权量化3226个，选举建立“三会”（理事会、监事会、成员代表大会）3223个，集体经济组织登记3215个。年内，文安县《破解农村集体产权制度改革“四大问题”的探索实践》典型经验得到中共河北省委副书记赵一德肯定性批示，省委改革委印发简报向全省推广。是年，全省农村集体产权制度改革现场观摩研讨会在文安县召开。

**【农村土地制度改革】** 2019年，廊坊市农村承包地确权面积454.17万亩（30.278万公顷），占应确权面积的99.87%。颁发经营权证书588553本，发证率95.45%。10个县（市、区）确权数据库成果全部通过农业农村部人工初检。农村土地经营权流转面积102.69万亩（6.846万公顷），占家庭承包经营耕地面积的21.95%。50亩以上规模经营的面积57.18万亩（3.812万公顷），占土地流转总面积的55.68%。签订土地流转合同107389份，流转合同涉及的土地面积 71.73 万亩（4.782 万公顷）。

**【农村股份合作制经济】** 2019 年，廊坊市新增股份合作制经济组织 349 家，总数 1827 家，其中省级示范组织 32 家。重点培树规模较大、效益较好、带动力较强的股份合作制经济组织 30 家，评定为市级股份合作制经济示范组织。市本级投入 200 万元对市级股份合作制经济示范组织予以重点扶持，发挥示范引领作用。

**【农垦改革】** 2019 年，廊坊市强化农垦改革县级主体责任，开展针对性督查督导，组织相关人员对标先进单位，学习借鉴外地的成功经验和做法。年内，市农业农村局研究起草《廊坊市组建农垦集团公司方案》，拟先行注册“廊坊市农垦集团有限公司”，各农场分别注册子公司，有序推进垦区集团化、农场企业化改革，完善法人治理结构，建立产权清晰、权责明确、政企分开、管理科学、以农为主的现代企业制度。

**【农村基层组织和乡村治理体系】** 2019 廊坊市加强农村基层组织和乡村治理体系建设。实施村党组织带头人优化提升。逐步改善村党组织书记、村委会主任队伍结构，将村党组织书记“一人兼”比例提升到 76.9%，年龄 50 岁以下达到 50.4%，高中以上学历达到 77.9%，农村致富带头人达到 81%。实施“万名基层党组织书记”大培训工程，培训全市三分之一基层党组织书记，其他由县级兜底培训，提升农村党组织组织力、带动力和保障力。强化村级组织运转保障。全面实施基层党组织经费提标工程，村级组织运转经费村均达 33.87 万元，全省处于领先水平。实施村级集体经济“提质增量”工程，全市在 40 个中、省扶持村和 56 个村中，建立市级集体经济示范区 11 个，推进集体经济年收入 5 万元以下村实现“脱贫”。开展基层社会治理工作。大城县臧屯镇王纪庄村列入“全国乡村治理示范村”，固安县、永清县、香河县列入“省级乡村治理体系建设试点县”。持续开展平安乡村创建。产生无诉讼乡镇 2 个，无诉讼村（街）644 个，占全市 3204 个村（街）的 20.1%，全市达标平安村（社区）达到 1700 余个。

（许宁宁）

游客在休闲渔业基地体验坐船打鱼

## 农业管理

**【概况】** 2019 年，廊坊市继续推进农业供给侧结构性改革，坚持都市现代农业发展定位，加快发展科技农业、绿色农业、品牌农业、质量农业，构建设施蔬菜、健康畜牧、林果花木、优质粮油四大优势特色产业集群，推进农业产业结构不断优化。实施“品牌农业培树行动”，加快发展壮大农业产业化龙头企业。加快农业区域品牌建设，打造 5 万亩以上的胡萝卜示范区和桃、葡萄万亩果品示范区，打造“固安番茄”“安次甜瓜”“香河韭菜”等万亩以上的地域品牌优质示范区。

**【农产品质量安全】** 2019 年，固安县、大厂县、香河县、永清县、三河市、广阳区被命名为河北省农产品质量安全县，廊坊市农产品质量安全县创建规模达到 60%。年内，印发《国家级农产品质量安全市创建工作实施方案》，开展“两超一非”（超范围、超限量使用食品添加剂，非法添加非食用物质）专项整治“百日行动”，出动人员 3329 人次，检查农资生产经营单位 1145 个次。全市粮油标准化生产覆盖率 64.32%、蔬菜种植 66%。各类农产品抽检合格率常年保持在 98% 以上。

**【乡村新产业新业态】** 2019 年，廊坊市依托 15 个省级、53 个市级现代农业园区，打造现代农业园区新名片，创建省级精品园区 2 个，认定市级园区 10 个；依托 14 个国家级、28 个省级休闲农业企业及 1 个国家级、7 个省级休闲农业示范点，打造“京津第一农业休闲空间”，新认定市级休闲农业示范点 7 个。年内，廊坊市代表河北省参加农业农村部在安徽黟县举办的 2019 中国美丽乡村休闲旅游行（春季）推介活动，用地方传统曲艺京东大鼓演绎“廊坊市春季踏青观花生态养生游”精品旅游线路，取得良好效果。

**【新型农业经营主体培育】** 2019 年，廊坊市起草《关于促进小农户和现代农业发展有机衔接的实施意

**2019 年廊坊市新型职业农民培育工程培训基地一览表**

表 25

| 县（市、区） | 培训基地全称 | 地　　址 | 隶属部门 |
|---|---|---|---|
| 廊坊市本级 | 廊坊市农业广播电视学校 | 廊坊市广阳区金光道 43 号 | 廊坊市农业农村局 |
| 永清县 | 河北省农业广播电视学校永清县分校 | 永清县益昌中路 235 号 | 永清县农业局 |
| 文安县 | 河北省农业广播电视学校文安县分校 | 文安县兴文道 314 号 | 文安县农业局 |
| 大城县 | 河北省农业广播电视学校大城县分校 | 大城县新华东街 44 号 | 大城县农业农村局 |
| 香河县 | 河北省农业广播电视学校香河县分校 | 香河县淑阳大街 8 号 | 香河县农业局 |

**2019 年廊坊市农民教育培训实习实训基地一览表**

表 26

| 县（市、区） | 实习实训基地名称 | 类型 | 单位地址 |
|---|---|---|---|
| 永清县 | 河北慈心环保科技有限公司 | 农业企业 | 龙虎庄乡后店村 |
| | 廊坊远村农业开发有限公司 | 农业企业 | 刘街乡土楼胜利村 |
| | 河北恒都美业农业开发有限公司 | 农业企业 | 龙虎庄乡前刘官营村 |
| | 永清县顺农佳瑞果蔬农民专业合作社 | 合作社 | 永清县永清镇三村 |
| | 廊坊天圆山庄生态旅游有限公司 | 农业企业 | 永清县曹家务乡 |
| 文安县 | 文安县益农农业种植专业合作社 | 合作社 | 文安县兴隆宫镇夏村 |
| | 文安县穆联农业开发有限公司 | 农业企业 | 大围河乡大围河村 |
| | 文安县农丰特色农产品种植专业合作社 | 合作社 | 文安县兴隆宫夏村 |
| | 文安县慧林家庭农场 | 家庭农场 | 兴隆宫镇大龙华村 |
| 大城县 | 大城县任庄子丰源开心农庄采摘园 | 农业企业 | 大城县臧屯镇任庄子村 |
| | 廊坊赛奥福农业开发有限公司 | 农业企业 | 大城县臧屯镇九间房村 |
| | 大城县长荣家庭农场 | 家庭农场 | 大城县里坦镇长芦疃村 |
| | 大城县胜凯粮食种植农民专业合作社 | 合作社 | 大城县权村镇蓦门村 |
| 香河县 | 香河县乐农美联蔬菜产销专业合作社 | 合作社 | 安头屯镇大青庄务村南 |
| | 香河东泰缘种植专业合作社 | 合作社 | 香河县渠口镇金庄村 |

见》，培育农业社会化服务组织提升小农户发展能力。在进一步改造提升香河庆功台、安次第什里、固安枫林庄园、永清艳阳等农宅合作社的基础上，继续扶持发展一批农宅合作社。发展壮大农民合作社、家庭农场等新型农业经营主体，注册农民合作社 6140 家，创建市级以上示范社 122 家，注册家庭农场 1319 家，创建市级以上示范家庭农场 146 家，向下带动 20 多万户农户，向上连接 100 余家重点龙头企业，“农户 + 基地 + 合作社 + 龙头企业”利益联结机制初步建成。

**【高素质农民培育】** 2019 年，廊坊市结合乡村振兴人才需求，在永清县、文安县、香河县、大城县组织实施农民教育培训工程。全年申报省级培训基地 5 个、实训基地 15 个承担培育任务。建立培训师资库教材库，录入全国新型职业农民培育师资库 227 人、教材库 165 本。

（许宁宁）

## 种植业

**【概况】** 2019 年，廊坊市发展都市现代农业，稳定粮食综合生产能力。粮食播面 395.4 万亩（26.36 万公顷），总产 154.62 万吨。瓜菜播面 116.25 万亩（7.75 万公顷），总产 468.45 万吨，产值 65 亿元；油料播面 15.5 万亩（1.03 万公顷），中草药种植面积 6289 亩（419.27 公顷）；肉、蛋、奶产量分别为 17.76 万吨、9.41 万吨、15.15 万吨，

10月，廊坊市与广州市签署粤港澳大湾区“菜篮子”建设合作框架协议

水产品产量1.86万吨。“安次甜瓜”“固安番茄”被认定为第二批省级“特色农产品优势区”，省级特优区总数达到3个，认定第一批市级“特色农产品优势区”8个。投资10999万元组织实施8.4万亩（0.56万公顷）高标准农田建设。市本级投入2500万元，支持农业供给侧结构性改革和都市现代农业发展，调减非优势区高耗低质低效农作物18.8万亩（1.25万公顷）。

**【农业科技支撑】** 2019年，廊坊市统筹推进农业科技园区和创新平台建设，全市科技园区总数达37家，建设京廊农业科技协同创新平台和成果转化基地达17个，新选派科技特派员67人，新转化农业科技成果72项，新备案省级“星创天地”10家，新培育备案农业科技小巨人企业18家。推广绿色高效优质新品种、成熟适用技术，全市主导品种、主推技术到位率稳定在98%、95%。小麦综合机械化率接近100%，玉米综合机械化率达到98.7%，农作物秸秆机械化利用率96%以上，保持综合机械化率始终高于全省平均水平。举办设施蔬菜、果树、大田作物等各类农业科技实用技术培训班20期，培训农民1800人次，完成100人青年农场主和800人农民培育任务。推进信息进村入户工程，完成益农信息社选点任务2469个，覆盖80%以上行政村。开展农业转基因科普宣传活动，廊坊市获2019年河北省“全国科普日特色活动单位”称号；永清县、大城县、固安县3个县被农业农村部办公厅授予“全国第四批率先基本实现主要农作物生产全程机械化示范县”称号。

**【品牌农业培树行动】** 2019年，廊坊市以提升农业发展质量效益为核心，打造优势特色农产品品牌，提高产品核心竞争力。实施“品牌农业培树行动”，多角度多层次加大品牌宣传推介，认证“三品一标”（无公害农产品、绿色食品、有机农产品和农产品地理标志）产品299个，其中无公害农产品92个、绿色食品199个、有机农产品6个，地理标志农产品2个；建成中国驰名商标11个、中华老字号1个、农业知名品牌84个。

**【绿色发展】** 2019年，廊坊市开展地下水压采工作，季节性休耕项目13.1万亩（0.78万公顷）、推广冬小麦节水稳产配套技术9.2万亩（0.61万公顷），总节约用水3516.6万立方米。印发《2019年廊坊市化肥农药减量工作方案》，推广测土配方施肥、化肥减量增效技术，主要农作物专业化统防统治覆盖率达到40%以上，绿色防控技术覆盖率达到30%以上，完成年农药施用量减少2%的目标任务。推广测土配方施肥400万亩次（26.67万公顷次），减少化肥施用折纯量2000吨以上。秸秆综合利用率保持在95%以上，农膜回收率达到75%以上。加强秸秆禁烧管控，行政处罚和训诫起火点62处。开展农用地土壤污染防治行动，涉重金属污染企业整治，排查重点企业29家。

三河市璞然农民合作社休闲渔业基地

**【小麦新品种新技术观摩活动】** 6月5日，市农业农村局组织邀请中国农科院、北京市农业技术推广站、天津市种植业技术推广服务部、河北省农业技术推广站、河北省旱作所、河北农业大学、保定市农科院等单位的专家、博士，各县（市、区）农业农村局技术站站长、种子管理站站长及部分企业负责人，到廊坊市固安县渠沟乡北黄垡东村廊坊小麦节水高效综合试验站所在地和河北科伟引育种中心，开展2019年小麦新品种新技术观摩，促进廊坊市小麦产业提质增效。观摩团一行先后对“科伟”系列小麦品种观摩、推介，并对小麦绿色高产高效、水肥一体化、抗旱、抗寒、抗倒伏等技术展开交流，专家对廊坊市研发培育的小麦新品种科伟20、科伟18等给予肯定。科伟11、科伟18、科伟20等小麦品种的审定，填补廊坊市冬小麦没有自主知识产权的历史空白，为河北中北部、天津增添新的小麦种源。

（许宁宁）

## 林 业

**【概况】** 2019年，廊坊市打造京津保生态平原过渡带核心区，创建国家森林城市，以环京津雄边界、环城镇、环村庄，沿高速、高铁、国省干道，沿河、渠、堤、坝等“三环”“两沿”绿化为重点，发展名特优新珍果树、苗木、花卉、景观生态林，开展大规模国土绿化行动。全年营林造林51.2万亩（3.41万公顷），是省下达廊坊市任务38万亩（2.53万公顷）的134.7%，其中造林31.58万亩（2.11万公顷），占省任务的112.78%，营林19.62万亩（1.308万公顷），占省任务的196.2%。是年，廊坊市各类经济林总面积36.69万亩（24460公顷），其中水果面积34.22万亩（22816公顷），干果面积1.92万亩（1285公顷），森林食品1995亩（133公顷），木本油料面积3390亩（226公顷），林业总产值280.1亿元。

**【创建国家森林城市】** 2019年，廊坊市把创建国家森林城市作为廊坊拱卫首都生态安全的重大责任，坚持高水平规划。全面对标北京、天津、雄安新区以及国家最高标准开展森林城市建设，做到“与京津雄生态规划一张图、生态建设一盘棋、生态保护一张网”。编制《廊坊市国家森林城市建设总体规划》，明确“三带、三区、三林、三网、十城、多廊多园”城乡一体、生态产业文化一体的森林建设总体布局。廊坊市以廊道绿化、环城镇绿化、环京津边界绿化、名优特新林果苗基地建设、城区绿化、村屯绿化、公园建设等为重点，连续开展“两年攻坚战，造林一百万”“两年大提升，创建森林城”“营造百万林，决胜森林城”系列造林绿化活动，扩大森林资源，提高绿化水平。全市基本形成以河渠路堤绿化为框架，以农田林网为脉络，以林果苗基地为主体，以城镇、村庄绿化为节点的多林种、多树种、多层次、多色彩的多功能综合防护林体系。

11月15日，在河南信阳举行的2019年森林城市建设座谈会上，全国绿化委员会、国家林业和草原局正式授予廊坊市“国家森林城市”称号。中共廊坊市委副书记、副市长胡晓军代表廊坊市参加座谈会及授牌仪式。

**【森林病虫害防治】** 2019年，全市累计防治森林病虫害面积166万亩次（11.07万公顷次）。其中，飞机防治103.7万亩次（6.91万公顷次），地面防治62.3万亩次（4.15万公顷次）；释放美国白蛾天敌周氏啮小蜂3亿头。完成林业有害生物“四率”防控指标（有害生物成灾率0、无公害防治率87%、测报准确率92%、种苗产地检疫率100%），通过在全市范围内开展大规模防控，林业有害生物“四率”管理目标全部达到省下达防治指标，防控范围内未出现严重危害情况，有效保护绿化美化成果，为生态文明建设和全市创建森林城市作出贡献。

**【惩治涉林违法犯罪】** 2019年，廊坊市组织开展“金剑”“金盾”“金钺”“禁种铲毒”“春雷”“昆仑”等依法打击破坏野生动物资源违法犯罪专项行动，全年林业行政案件立案45起，查结案件42起。其中，查结滥伐林木案40起，违法使用林地5起，补种树木11030株，收缴罚款304227元，恢复林地0.4701公顷。办理刑事案件10起，移送起诉6起，刑拘5人，逮捕5人，监视居住3人，取保候审2人，上网追逃3人（抓获2人）。核查河北省森林公安局交办的涉及廊坊市珍贵野生动物制品专案线索21条。是年，河北省森林公安局给予廊坊市森林公安局“集体三等功”荣誉。

**【林木采伐管理】** 2019年，廊坊市自然资源和规划局指导监督各县（市、区）加强林木采伐管理，严格执行森林采伐限额制度，实行林木采伐许可证制度和木材凭证运输制度，合理分配采伐限额，强化林木采伐的源头管理，坚决不超限额批采，控制森林资源过量消耗，保证不突破省下达廊坊市的森林资源总消耗量，确保森林资源不断增长。2019年，廊坊市林木发证采伐量共计111077.0886立方米。

**【森林防火】** 2019年，廊坊市要求各县（市、区）严格落实防火工作要求，做好中秋、国庆期间和秋冬季森林防火工作，排除火灾隐患，确保森林防火安全；中秋、国庆“两节”期间执行火情“零报告”制度，每日报告当日情况，有火报火，无火报平安。中秋、国庆期间无森林火灾发生。9月29日，召开全市森林草原防火调度会，传达国家、省林草局森林防火会议精神，安排部署秋冬季森林防火工作。组织开展秋冬季森林草原防灭火工作专项检查暨打击森林草原火灾违法行为专项行动和“2019•2号”金钺行动，严厉打击野外违法用火，消除火灾隐患，严防森林火灾的发生。配合铁塔公司建设森林草原防火视频监控系统，要求各县（市、区）主动与铁塔公司对接，重点抓好环首都、环临空经济区、环雄安新区区域的防火视频监控系统建设。制定下发《秋冬季森林防火和造林绿化工作督导方案》，成立5个督导组，分别由一名副局长带队，分包各县开展实地督导，重点督导责任落实、宣传发动、应急值守等情况，推动森林防火工作落到实处。

**【林业科技推广】** 2019年，廊坊市自然资源和规划局根据生产实际需要编印技术宣传资料，编制《梨省力高效现代栽培模式与技术》和《设施油桃促早栽培技术》等宣传册，通过技术培训发放到县乡技术人员和种植户手中，手把手现场指导技术实施，确保技术措施落实到位，促进新技术的推广和应用。根据林果农的需要现场培训和指导。深入到全市10多个重点乡镇村街进行现场技术咨询指导，解决林果农的技术难题。年内先后组织3批林农、果农到栽培示范点观摩和进行技术讲座。聘请专家讲座及现场指导，组织重点县技术人员和林业大户3次外出参观。是年，“苹果园现代栽培模式与新技术集成”和“廊坊地区湿地优势植物筛选及对湿地水环境净化效果研究”2个项目获第十届河北省林业科学技术一等奖。

**【三北防护林工程项目建设】** 2019年，廊坊市三北防护林工程2018—2019年中央预算内投资项目的施工建设完工，河北省自然资源和规划局厅下达廊坊市营林建设任务5万亩（0.33万公顷），工程实施过程中，市自然资源和规划局加强与各县联系沟通，每周深入项目县现场指导，调查了解项目实施情况，协助解决工程实施过程中的难题，截至6月底，工程项目全部建设完工。三北防护林工程2019—2020年中央预算内投资项目，河北省自然资源和规划局厅下达廊坊市任务2万亩（0.13万公顷）。截至年底，落实小班地块，完成整地与工程苗木的准备工作，预计在2020年上半年完成全部建设任务。

**【防沙治沙工程建设】** 2019年，河北省自然资源和规划局厅下达廊坊市2019年度防沙治沙造林任务0.12万亩（80公顷）全部完工，造林成活率90%以上。是年，国家林业和草原局联合国家发改委、自然资源部、生态环境部、水利部、农业农村部组成的督查组开展“十三五”防沙治沙目标责任中期督促检查工作，对廊坊市安次区的防沙治沙工作展开核查。通过听取工作汇报，查阅档案资料，现场进行勘察，督查组对廊坊市的防沙治沙工作给予充分肯定，廊坊市顺利通过核查验收。

**【河北雄安绿博园——廊坊园建设】** 11月22日，雄安新区公共资源交易服务平台发布《河北雄安绿博园总体规划设计项目招标公告》，河北雄安绿博园总体规划设计启动。河北雄安绿博园北起南拒马河生态堤，南至容易线，西起贾光村，东至京雄高速，总规模2.68万亩（1787公顷），包含河北省内各设区市及定州市、辛集市、雄安新区等14个特色核心城市展园及城市林。涉及廊坊市城市林面积1000亩（66.67公顷），城市展园面积约3000平方米。是年，廊坊市落实建设资金7600万元，多次召集有关部门研究部署，成立筹建领导小组，市委书记、市长任组长，常务副市长、分管副市长任副组长，相关部门主要领导为成员，编制廊坊园的规划设计方案。

（李　强）

## 农业开发

**【概况】** 2019年，廊坊市农业综合开发项目总投资1.965亿元，其中财政资金1.554亿元，自筹资金4111.6万元。建设农业综合开发项目23个。其中，建设土地治理项目11个，土地治理面积9.426万亩（6284.31公顷）；建设产业化发展项目12个，贷款贴息项目2个。项目资金指标县均数保持全省领先位置。

**【土地治理项目】** 2019年，廊坊市高标准农田建设项目总投资1.1985亿元，全部为财政资金。建设高标准农田项目11个，土地治理面积9.426万亩（6284.31公顷）。全市高标准农田建设项目修建桥涵192座，作业通道1132座，埋设地下防渗管道355.227千米，修复配套机井249眼，安装变压器120台，新建硬化路78.536千米，栽种苗木3.82万株。通过治理，项目区新增和改善灌溉面积7.31万亩（4892.2公顷），新增和改善除涝面积5.23万亩（3588.31公顷），新增节水灌溉面积5.67万亩（3781.3公顷），年节约水量308.4万立方米，增加农田林网防护面积5.23万亩（3486.84公顷），年新增粮食生产能力895.47万公斤。项目区直接受益农户12693户，项目区年直接受益农业人口43156人，项目区直接受益农民年纯收入增加1639.94万元。

**【产业化发展项目】** 2019年，廊坊市扶持产业化经营项目14个，其中产业化发展补助项目12个（种植基地项目7个、养殖基地项目4个、加工项目1个）、贷款贴息项目2个。补助项目总投资7667.6

万元，其中财政投资3556万元，自筹资金4111.6万元。贴息贷款贴息额364万元。补助项目新增总产值13566.57万元，带动项目区农民年增收1385.7万元，年直接受益农户6047户，新增就业人数206人。

（许宁宁）

## 农业产业化

**【概况】** 2019年，廊坊市借助京津冀协同发展重大机遇，围绕“科技农业、绿色农业、品牌农业、质量农业”建设，加快农产品加工业发展，推进一、二、三产业融合发展，构建具有廊坊特色的现代农业产业体系、生产体系、经营体系。建成国家级农业产业化重点龙头企业6家，省级重点龙头企业50家，市级重点龙头企业260家。建成农业知名品牌84个。其中，中国驰名商标10个、中华老字号1个。建成省级农业产业化示范联合体9家，市级联合体20家。重点打造产业关联度高、功能互补性强的农产品加工产业集群3个。创建农村创业创新园区（基地）15个，其中列入国家农村创业创新园区（基地）目录的13个，国家农村创新创业孵化实训基地1个。

**【农业产业化龙头企业】** 2019年，廊坊市实施重点龙头企业产值倍增计划，建成国家级农业产业化重点龙头企业6家，省级重点龙头企业50家，市级重点龙头企业260家，实现销售收入420亿元。其中，年销售收入超百亿元的2家（汇福粮油、梅花味精），超50亿元的1家（好丽友），超10亿元的5家。主板上市企业2家，新三板上市企业1家，天津和石家庄的股权交易所挂牌企业6家。列入“河北省农业供给侧结构性改革创新型农业企业培育计划” 企业4家。进入全国“农业产业化龙头企业500强排行榜”

**2019年廊坊市农业产业化省级重点龙头企业一览表**

表27

| 企业名称 | 地址 |
|---|---|
| 三河汇福粮油集团有限公司（国家级） | 三河市燕郊开发区汇福路8号 |
| 河北福成五丰食品股份有限公司（国家级） | 三河市燕郊经济技术开发区 |
| 梅花生物科技集团股份有限公司（国家级） | 廊坊经济技术开发区华祥路66号 |
| 河北康达畜禽养殖有限公司（国家级） | 廊坊市安次区东沽港镇磨汊港村 |
| 廊坊占祥粮油食品有限公司（国家级） | 文安县黄甫农场 |
| 固安县参花面粉有限公司（国家级） | 固安县新兴产业示范区锦绣大道南侧 |
| 三河市香丰肥业有限公司 | 三河市京哈路159号 |
| 三河市鑫兴肉类有限公司 | 三河市新集镇桥头村 |
| 三河顺发奶牛养殖有限公司 | 三河市皇庄镇韶道庵村南 |
| 三河市富祥奶牛养殖有限公司 | 三河市皇庄镇葛中马坊村 |
| 河北明慧养猪集团有限公司 | 三河市杨庄镇大曹庄村 |
| 大厂回族自治县福华肉类有限公司 | 大厂县城西环路 |
| 阿果安娜水果（大厂）有限公司 | 大厂县潮白河工业区工业三路 |
| 河北华香清真肉类加工有限责任公司 | 香河县安平镇一街村 |
| 廊坊市京南食品有限公司 | 廊坊市广阳区桐万路 |
| 廊坊市润绿园艺集团有限公司 | 廊坊市广阳区北凤道29号3层 |
| 廊坊市安杰奶牛养殖有限公司 | 廊坊市广阳区万庄镇伊指挥营村 |
| 廊坊市天鹏牧业股份有限公司 | 廊坊市安次区东沽港镇磨汊港村 |
| 廊坊北方农贸批发市场有限公司 | 廊坊市安次区南外环东头路南 |
| 廊坊美好畜牧养殖股份有限公司 | 廊坊市安次区落垡镇荣营村 |
| 廊坊市宏成商贸有限公司 | 廊坊市安次区仇庄乡潘场村 |
| 廊坊市熊氏牧业股份有限公司 | 廊坊市安次区仇庄乡熊营村 |
| 廊坊市亚绿湾种植有限公司 | 廊坊市安次区仇庄乡建设村 |
| 永清县胜利养殖有限公司 | 永清县刘街乡土楼胜利村 |
| 廊坊旭源农产品有限公司 | 永清县大辛阁乡大辛阁村柳马路南 |
| 永清县兰星牧业奶牛基地 | 永清县里澜城镇里澜城村 |
| 河北恒都美业农业开发有限公司 | 永清县龙虎庄乡前刘官营村东侧 |
| 新苑阳光农业有限公司 | 永清县刘其营乡张迁务村 |
| 廊坊绿园农业开发有限公司 | 固安县城区固马路东侧100米路北 |
| 霸州市津恺食品有限公司 | 霸州市煎茶铺镇东台山工业区68号 |
| 河北争荣生物科技股份有限公司 | 霸州市南孟镇106国道东侧 |
| 河北达利食品有限公司 | 霸州市西环路西 |
| 廊坊市奥昆食品有限公司 | 霸州市经济技术开发区 |
| 霸州市华丰粮油工贸有限公司 | 霸州市阿尔卡迪亚35#S-F |
| 廊坊洪宽木业有限公司 | 文安县滩里镇安左路 |
| 廊坊五棵松木业有限公司 | 文安县滩里镇廊大公路西侧 |
| 河北德源农业科技有限公司 | 文安县工业园区 |
| 文安县北方田园农牧发展有限公司 | 文安县黄甫农场 |
| 廊坊利珠粮油食品有限公司 | 文安县吉村路口 |
| 河北森川园林绿化工程有限公司 | 文安县大围河乡安里村 |

续表 27

| 企业名称 | 地址 |
|---|---|
| 文安县瑞丰家禽育种有限公司 | 文安县史各庄镇二合庄村东 |
| 廊坊宏信饲料科技有限公司 | 文安县德归镇新桥农场北 |
| 廊坊兴山木业有限公司 | 文安县滩里镇安左路 |
| 廊坊福豆粮油有限公司 | 文安县工业园区 |
| 廊坊正张食用油有限公司 | 大城经济开发区浦东路 9 号 |
| 河北阔尔畅园林绿化工程有限公司 | 大城县前北曹村 |
| 大城县美萨佳士达食品有限公司 | 大城县富民路 |
| 好丽友食品有限公司 | 廊坊经济技术开发区全兴路 11 号 |
| 廊坊伊利乳品有限公司 | 廊坊经济技术开发区全兴路 |
| 廊坊瑞康饲料有限公司 | 廊坊经济开发区广阳东道 50 号 |

企业 4 家。

**【农业产业化重点项目】** 年内，廊坊市推进项目建设，以产业化项目结构优化升级，实现农业产业结构优化升级。以农产品加工和拓展农业新业态为重点，全市确定农业产业化重点项目 50 个。其中，益海嘉里年初加工 100 万吨小麦制粉、霸州禹德有机菊苣培育加工中心、百花蜂产品加工等 5 个投资亿元以上的重大项目，列入省农业产业化重点项目计划。推进农业精准招商，发挥企业作为招商主体的作用，鼓励支持骨干企业与国内外大集团、大企业的战略性合作，实现强强联合、合作共赢，全市“以企招商”落地项目 5 个。

**【农业产业化集群化】** 2019 年，廊坊市以产业链、利益链为纽带，创新经营方式，推进龙头“联合”发展，打造产业联合体。全市建成省级农业产业化示范联合体 9 家，市级联合体 20 家，销售收入超 10 亿元的农业产业化联合体 6 个。初步建成牛羊肉制品加工、都市休闲食品加工、杂粮加工三大农产品加工产业集群，实现主营业务总收入 37 亿元。都市休闲食品加工产业集群依托霸州农产品加工产业园区，引进世界 500 强“益海嘉里”，行业知名龙头企业“达利食品”“加州原野”“六必居”等入驻园区，培育“争荣”“奥昆”“颐海”等省内著名品牌企业，形成以产促城、产城融合、基础设施和公共服务设施共建共享的集群优势。

**【农村创业创新】** 2019 年，廊坊市促进农村一、二、三产业融合发展、培育农村发展新动能，推进农村创业创新工作。全市培育创建农村创业创新园区（基地）15 个。其中，列入国家农村创业创新园区（基地）目录的 13 个，国家农村创新创业孵化实训基地 1 个。全市获得全国农村创新创业优秀带头人荣誉的 2 人，“特色作物菊芋新品种选育及产业链开发”和“土壤污染的克星——土壤农残降解复合有机型菌剂的应用”项目分别获全省农村创业创新项目创意大赛二、三等奖。

**【“一村一品”建设】** 2019 年，廊坊市把发展“一村一品”与农业供给侧结构性调整相结合，推动“一村一品”专业化、品牌化、特色化发展。全市建成主导产业突出、特色优势明显的“全国一村一品示范村镇”8 个，“一乡一业”专业乡镇 6 个，专业村 132 个，经营总收入 117 亿元。其中，农产品种植专业村 59 个，养殖专业村 21 个，农产品加工运销专业村 29 个，休闲旅游专业村 23 个。全市获无公害农产品认证专业村 36 个，绿色有机认证专业村 18 个。探索“电商平台＋农户＋合作社”的“一村一品”发展新模式，全市 12 个专业村开展电子商务营销。是年，廊坊市大城县臧屯镇九间房村荣获“全国一村一品示范村镇”称号。

（许宁宁）

## 农林科研

**【概况】** 2019 年，廊坊市农林科学院从国家科研院所、高等院校筛选并引进蔬菜、作物、果品、花卉等新品种 103 个，新技术 3 项。其中，筛选引进西红柿、茄子、韭菜等蔬菜新品种 29 个，油桃、榛子、葡萄、甜瓜等新品种 17 个，玉米、花生、甘薯、大豆等作物新品种 39 个，切花菊、玫瑰等花卉新品种 18 个。年内开展番茄、韭菜、甘薯、油桃等 10 余个新品种的示范和推广，发挥示范引领作用。

**【科技服务】** 2019 年，廊坊市农林科学院多媒体科技服务中心远程视频服务 650 次，在廊坊电视台举办《农博士话农事》和《食在好源头》栏目各 32 期。农业科技服务热线接受农民咨询 5112 人次，广播电台《农业百事通》技术服务 32 期。专业技术人员一对一、面对面农业技术服务 1236 次。组建由具有正高级涉农专业技术职称的首席专家科技服务团队 13 个，团队人员挂牌上岗，全年组织开展赶科技大集挂牌服务活动 24 次，发放《廊坊市农林科学院“四有”科技服务科技下乡技术资料》7300 余册，现场为农民解答农技问题 300 余个。

**【科研创新】** 2019 年，廊坊市农林科学院重点实施“日光温室桃无需冷栽培模式提质增效关键技术研究与示范项目”“玉米新品种‘春淼 399’中试与示范”“京津冀鲜食甘薯新品种选育及栽培技术研究”“优质专用大豆新品种培育与高效生产技术应用”“番茄属茄子抗病砧木种质资源创新”“河北省现代农业产业技术体系薯类产业创新团队建设项目”“河北省现代农业产业技术体系大豆产业创新团队建设项目”等18项在研课题，加强有一定技术基础的蔬菜、甘薯、油桃等新品种选育和设施农业栽培技术的研究，所有科研课题执行良好、稳步推进。完成“饲用小黑麦新品种冀饲1号、冀饲2号中试与示范”“薄皮甜瓜新品种选育与配套栽培技术中试与示范”“设施番茄免耕栽培技术研究”等6项课题验收。在省以上期刊发表学术论文21篇。申报并立项省级科技计划项目1项、市科技成果转化资金项目2项、市科技支撑计划项目2项。立项河北省农业地方标准1项，审定廊坊市农业地方标准8项，实现项目可持续发展。

**2019年廊坊市农林科学院在研项目一览表**

表28

| 序号 | 项目名称 | 来源 | 备注 |
|---|---|---|---|
| 1 | 榛子优良新品种引进、筛选与配套栽培技术研究 | 省科技支撑 | 在研 |
| 2 | 甘薯优质特异种质资源创制与利用 | 省科技支撑 | 在研 |
| 3 | 棚室韭菜种质资源创新 | 省科技支撑 | 在研 |
| 4 | 早熟耐密型大豆种质资源创新 | 省科技支撑 | 在研 |
| 5 | 番茄属茄子抗病砧木种质资源创新 | 省科技支撑 | 在研 |
| 6 | “高产、优质、抗病甘薯新品种廊烟薯6”后补助 | 省后补助项目 | 在研 |
| 7 | 优质专用大豆新品种培育与高效生产技术应用 | 省科技支撑 | 在研 |
| 8 | 优质、高产花生种质资源创新与利用 | 市自筹项目 | 在研 |
| 9 | 京津冀鲜食甘薯新品种选育及栽培技术研究 | 市自筹项目 | 在研 |
| 10 | 切花菊日光温室促成栽培技术示范与应用 | 市成果转化项目 | 在研 |
| 11 | 设施油桃促早熟标准化栽培技术体系的应用与示范 | 市成果转化项目 | 在研 |
| 12 | 日光温室桃无需冷栽培模式提质增效关键技术研究与示范 | 省科技支撑项目 | 在研 |
| 13 | 玉米新品种“春淼399”中试与示范 | 市成果转化项目 | 在研 |
| 14 | 国审辽榛9号规模化繁育与示范 | 市成果转化项目 | 在研 |
| 15 | 林下大豆栽培技术研究 | 市自筹资金 | 在研 |
| 16 | 抗盐碱玫瑰新品种引种与高效利用研究 | 市自筹资金 | 在研 |
| 17 | 河北省现代农业产业技术体系薯类产业创新团队建设项目 | 农业农村厅 | 在研 |
| 18 | 河北省现代农业产业技术体系大豆产业创新团队建设项目 | 农业农村厅 | 在研 |

**2019年廊坊市农林科学院科研项目验收情况一览表**

表29

| 序号 | 项目名称 | 来源 | 备注 |
|---|---|---|---|
| 1 | 薄皮甜瓜新品种选育与配套栽培技术中试与示范 | 市成果转化项目 | 验收 |
| 2 | 饲用小黑麦新品种冀饲1号、冀饲2号中试与示范 | 市成果转化项目 | 验收 |
| 3 | 水生蔬菜生产决策支持系统研究与示范 | 省科技支撑 | 验收 |
| 4 | 设施番茄免耕栽培技术研究 | 市自筹经费项目 | 验收 |
| 5 | 鲜食玉米周年生产模式研究 | 省自筹项目 | 验收 |
| 6 | 高产优质花生新品种“冀农花1号”中试与示范 | 市成果转化项目 | 验收 |

**【科研平台建设】** 2019年，廊坊市农林科学院加强“一中心两基地”建设。科学规划中心实验室，按照创建省级实验室标准，邀请中国农业大学、中国农科院、河北农业大学、河北省农科院专家教授评审通过《廊坊市农林科学院特色作物遗传改良与高效栽培重点实验室建设方案》，并严格按照方案开展工作；科研试验基地开展榛子种植试验、树木引种、葡萄栽培试验、番茄抗性砧木选育、韭菜新品种选育、棉花区域试验、柴鸡育雏技术规程、鹅育雏技术规程、小菊品种引种试验、鲜切菊种植试验、甘薯育种、花生育种、小杂粮育种、玉米生产试验、设施油桃种植试验、大豆育种等农业种植养殖技术试验工作，培育农业科研新增长极，打造全市现代农业发展高端试验平台；科技成果示范基地主要围绕“城郊—都市”型农业搞示范、围绕“生态—集约”型农业搞创新的科研框架，展示示范新品种、新技术13类，包括棚室葡萄、日光温室黄油桃、无花果、榛子、甜瓜、鲜食大豆、鲜食玉米、露地蔬菜等优良品种的展示示范，筛选出优质新品种10个，培训技术人员1200余人次，培养技术骨干20名，实现示范推广与高端研发有机结合，发挥科研成果的示范引领和辐射带动作用，为全市都市现代农业发展和农民增收致富添油助力。

**【薄皮甜瓜新品种选育与配套栽培技术中试与示范】** 薄皮甜瓜新品种选育与配套栽培技术中试与示范由廊坊市农林科学院王俊山负责。该项目是为甜瓜新品种金宝、花宝等设施内栽培技术在农村推广而进行的中试示范。项目完成育苗基质配比关键技术问题，并建立新品种示范推广基地，制定薄皮甜瓜设施栽培技术规程，完成新品种推广、培训农村科技骨干和提高薄皮甜瓜标准化种植水平的目标，创新点研究成果达到国内先进水平，在薄皮甜瓜育种和栽培技术领域处于领先地位。编制完成《薄皮甜瓜设施栽培技术规程》，为农业标准化栽培提供技术支持，为新品种金宝、花宝、绿宝的推广起到推动作用。在示范培训的影响下，新品种被人们广泛认识和认可，在廊坊周边、山东聊城和菏泽、北京顺义和河南滑县等地大批量种植。

**【饲用小黑麦新品种冀饲1号、冀饲2号中试与示范】** 饲用小黑麦新品种冀饲1号、冀饲2号中试与示范由廊坊市农林科学院周健东负责。项目在充分考察、筛选的基础上，确定将饲用小黑麦新品种冀饲1号和冀饲2号原原种、原种以及良种繁育基地设在廊坊市广阳区万庄原种场。其中，原原种繁育田1个，面积2亩（0.13公顷），原种繁育田1个，面积6亩（0.4公顷），良种繁育田1个，面积40亩（2.67公顷）。饲用小黑麦新品种冀饲1号、冀饲2号栽培示范项目组在廊坊市安次区杨税务乡和平村和廊坊市广阳区万庄原种场开展饲用小黑麦新品种冀饲1号、冀饲2号栽培示范工作，示范面积1120余亩（74.67余公顷）。饲用小黑麦栽培技术的研究自2016年10月开始，项目组围绕基肥施用、播种期、播种量等几项关键技术开展研究工作，同时制定廊坊市农业地方标准《林下栽培饲用小黑麦技术规程》。

**【水生蔬菜生产决策支持系统研究与示范】** 水生蔬菜生产决策支持系统研究与示范由廊坊市农林科学院李清清负责。该项目在廊坊市安次区科技示范园、大厂回族自治县现代农业科技示范园区、石家庄栾城县神农福地种植专业合作社、永清县韩村莲韵苑水体生态景观农业养殖场基地建立4个示范点，示范总面积183亩（12.2公顷）。建立设施及水生蔬菜生境信息、生长信息数据库，构建作物生长模型、预警预报模型，开发智能化决策预警系统，集成高效设施及水生作物生产可视化测控与智能决策系统服务平台。通过智能测控有效地提高效益，降低生产管理成本，大幅度降低农业生产用水量，提高灌溉水利用率。

永清县渔民们打鱼

**【设施番茄免耕栽培技术研究】** 设施番茄免耕栽培技术研究由廊坊市农林科学院孙超负责。该项目主要研究在免耕（广义）耕作模式下，设施番茄的栽培配套技术。项目分为2部分完成，2月底至7月初进行暖棚试验；7月中下旬至11月初开展冷棚试验。2部分试验通过深沟施肥、健身栽培、适当增加划锄和叶面喷施微肥的次数、适时除草、合理防病、防虫等技术措施，达到与预期一致的试验效果，并总结出一套免耕的设施番茄的栽培技术，实践免耕技术在设施番茄栽培上的应用，通过田间观察和田间取样的实验室实验检测数据比对，效果显著。

**【鲜食玉米周年生产模式研究】** 鲜食玉米周年生产模式研究由廊坊市农林科学院周健东负责。该项目筛选出适合廊坊市周年生产的鲜食玉米品种“红甜糯”，并确定最适种植密度为6万株/公顷以及首次播种期可选择在每年的1月10日左右，在廊坊市利用温室大棚实现鲜食玉米一年内供应三次。该模式有效避免种植时间和上市时间集中造成的鲜食玉米供应时间短和货丰价廉的现象。

**【高产优质花生新品种“冀农花1号”中试与示范】** 高产优质花生新品种“冀农花1号”中试与示范由廊坊市农林科学院庞国新负责。通过该项目的实施，组装集成花生新品种冀农花1号“花生良种生产技术规程”和“花生滴灌节水高产栽培技术规程”技术体系一套，建立花生原种、良种繁育基地2个，面积63亩（4.2公顷），建立示范点7个，示范基地3个，示范总面积525亩（35公顷）。田间测产单位面积产量达到386公斤，比当地主栽品种增产19.5%以上。繁种户、示范户每亩增收300多元，取得显著经济效益，辐射带动周边农村经济的发展。

（张　丹）

## 畜牧水产业

**【概况】** 2019年，廊坊市肉、蛋和生鲜乳产量分别达到17.76万吨、9.41万吨、15.15万吨，水产品产量1.86万吨。规模养殖场粪污处理设施装备配套率达到100%以上，资源化利用率达75%以上。河北省永清县远村畜业养殖基地被确定为农业农村部畜禽养殖标准化示范场。年内，廊坊市出台《关于加快推进廊坊市奶业振兴的实施意见》，发展现代奶业；推进“粮改饲”工作，促进种植业结构调整，落实稳定生猪生产相关政策，12月猪肉产量环比上升10.62%，下降趋势止跌回升。

**【畜禽粪污资源化利用】** 2019年，廊坊市按照《河北省畜禽养殖废弃物资源化利用工作领导小组关于开展2018年度畜禽粪污资源化利用工作绩效评价的通知》（冀畜领办〔2019〕3号）要求，对各县（市、区）2018年度畜禽粪污资源化利用工作开展绩效评价。廊坊市规模养殖场粪污处理设施配建率达到100%，综合利用率达75%以上。是年，在河北省2018年度畜禽养殖废弃物资源化利用绩效评估中，廊坊市获优秀等次。

**【“粮改饲”项目】** 2019年，廊坊市推进实施大城县高产优质苜蓿示范基地项目，申报“粮改饲”相关项目。坚持以养定种、以种促养，加快种植业结构调整，因地制宜推行种养结合的产业发展模式，鼓励各类草食畜养殖场，以及大型养殖场、家庭农（牧）场建设自有饲草料基地，总结推广降低饲草料成本、就地就近保障供应的奶牛养殖种养结合典型模式。合理确定产业布局，发挥财政补贴资金的引导作用，饲用全株玉米和苜蓿种植面积达6万亩（0.4万公顷）。

**【奶业振兴】** 2019年，廊坊市出台《廊坊市人民政府关于加快推进廊坊市奶业振兴的实施意见》，明确2019—2025年奶业发展目标、任务、举措和政策，稳定奶业发展投资和预期，改善奶业发展环境。发展适度规模养殖。以实现奶业振兴、密切奶牛产业链各环节利益联结为目标，优化奶业生产布局，争取国家和省级政策资金支持，培育适度规模奶牛养殖主体，加快确立奶牛标准化规模养殖的基础性地位，培育奶农合作组织，完善乳品企业与奶农合作组织利益联结机制，推动产加销一体化。

**【智能奶牛场建设】** 2019年，廊坊市争取省级智能奶牛场建设项目，推进规模养殖向智能化管理转型，奶牛场配备挤奶自动计量、奶牛发情自动提示、TMR自动监控、环境自动监测终端设备，推进奶牛信息服务平台建设，运用信息化技术，降低生产成本，提升养殖效益。全年建设智能牧场9个，智能化奶牛场比例达到55%，通过加强基础工作和智能奶牛场建设，提高奶牛利用胎次、提升准胎率、提升泌乳牛比例和奶牛栏位利用率。

**【奶牛良繁体系】** 2019年，廊坊市建设育繁推一体的良种繁育体系，扩大高产奶牛核心群，推广生产性能测定技术。完成11个奶牛场、7000头奶牛生产性能测定。加强科技支撑，发挥河北省现代农业技术体系廊坊奶牛（肉牛）综合试验推广站作用，围绕产业提质增效重点需求，引进先进生物技术，结合廊坊市实际，与相关企业联合引入国内外专家和技术人才，开展胚胎移植，快速扩大廊坊市优秀牛群数量，推进奶业振兴。

**【稳定生猪生产】** 2019年，廊坊市加强稳定生猪生产发展的政策支持，支持大型养殖企业在同一区域内实行全产业链发展，推行育、繁、养、宰、销一体化融合发展的新格局。永清县和固安县在现有规模基础上转型升级，提高生猪生产效率；安次区、霸州市、文安县和大城县重点发展生猪规模养殖，科学规划布局，保障规模养殖发展的土地供应，统筹利用生猪调出大县奖励等政策资金，重点支持种猪场和规模猪场尽快恢复生产。大城县等非限制区域，加大引资力度，吸引大型企业投资建设生猪规模养殖场；提升标准化规模养殖水平，鼓励养殖场户改变基础设施装备条件，合理布局，建设出猪台、洗消间、生物隔离带、高温加压消毒设备等，提升养殖场户生物安全水平。落实粪污资源化利用政策，利用粪污资源化机具购置的补贴，支持规模养殖场建设完善环保设施装备；优化生猪生产布局，以安次区、霸州市、文安县、大城县为重点，在适养区积极承接廊坊市北部区域的退出产能，优化调整农业结构，推行生态化适度规模养殖，在限养区对原有畜禽规模养殖在不新增产能的基础上实行标准化改造，提高畜牧业综合生产能力和市场竞争力；增加替代品生产。鼓励肉鸡、肉鸭和蛋鸡生产，增加肉牛、肉羊、水产品养殖规模。10月，肉鸡出栏同比增加25%，肉鸭出栏同比增加6.8%，有效填补生猪产能下降的空白。

**【良种繁育体系】** 2019年，廊坊市推进良种升级换代，实行母猪换种和淘汰生产性能低下的劣质母猪，扩大家畜良种覆盖面，猪人工授精技术广泛应用，永清、三河等地猪人工授精覆盖率达到95%以上。截至年底，廊坊市种畜禽场15个，改良站点44个。逐步建立健全猪、牛、羊品种改良网络，使人工授精技术得到进一步推广，配种改良技术人员均持证上岗，在生产中应用大量先进技术，提高猪、牛的生产水平。猪的良种覆盖率达到99%，奶牛的良种覆盖率达到99%。推进种畜禽场标准化、规模化建设。提高生产性能测定数量，组织各奶牛场送检样品，技术人员定期入场指导，提高生产性能测定数据应用效果。是年，廊坊市农业农村局获河北省良种奶牛培育先进单位。

（许宁宁）

## 水 利

2019 年 9 月，北京新机场防洪工程通过专项验收投入使用

**【概况】** 2019 年，廊坊市全面推行落实河长制，逐步健全完善市、县、乡、村四级河长体系，各级河长加强履职尽责能力，加大巡河力度。推动重点流域综合治理，提升生态环境协同治理水平，重点实施永定河、北运河、潮白河等域内河流综合治理与生态修复。建设基层防汛预报预警体系，组建水旱灾害防御专家库，提高防汛抗旱指挥调度能力和水平。北京大兴国际机场涉水工程天堂河（廊坊段）改道和北京新机场防洪工程完工。全年累计引蓄各类生态水 1.2 亿立方米，优化改善水生态环境。实施地下水超采综合治理，完成 129 眼城镇自备井关停任务，开展农村饮水水源置换项目，有效解决高氟区饮水安全问题。

**【落实河长制】** 2019 年，廊坊市全面推行落实河长制，全市设立各级河长 3016 人，其中市级 8 人、县级 160 人、乡级 878 人、村级 1970 人。5 月 25 日、6 月 7 日，中共廊坊市委书记、市级总河长冯韶慧先后到市区大皮营引渠、八干渠以及沟河开展巡河，部署调度水生态治理工作。3 月，市长、市级总河长陈平带领相关部门负责人到龙河、凤河进行踏勘巡河。市、县、乡、村四级河长累计巡河 5.9 万人次。2019 年 4 月、7 月、8 月，市河长制工作督导组先后多次对小白河、中亭河、鲍丘河、潮白河等河道整治情况现场督查；完成省“一河一策”遗留问题永清县鞭炮库整理整治任务，拆除地上建筑物面积 1.4 万平方米，安全转移安置鞭炮 10 万件。通过人工踏勘、无人机航拍等方式，对廊坊市纳入河长制管理的 180 条河渠开展河长制巡查、定期评估、年度评估考核等工作，提升全市河道环境，为河长巡河提供更为精准数据支撑。举办河长制专题培训，培训县级河长、市河长责任部门分管负责人员 99 人。

**【北京新机场防洪工程】** 北京新机场防洪工程是北京大兴国际机场建设工程的附属配套项目，工程总投资 2.48 亿元，涉及北京市大兴区和廊坊市广阳区、安次区，主要建设项目包括永定河泛区北小埝 7.5 千米长的堤防加高加固（防洪标准由之前 20 年一遇提高至 100 年一遇）和东张务调蓄工程建设。工程实施可在有力保障北京大兴国际机场防洪安全的同时，有效拓展廊坊城市西南部 6.5 平方千米的安全发展新空间，政治、发展意义重大。2019 年 9 月 3 日至 4 日，水利部海河水利委员会在廊坊市组织召开北京新机场项目消除或减轻洪水影响相关工程专项验收会。专家组听取参建各方工作汇报，查看工程资料和工程现场，认定北京大兴国际机场涉水工程按上级批复要求完成全部建设内容，予以通过专项验收。

**【水旱灾害防御】** 2019 年 3 月，廊坊市开展水工程防灾专项检查，组建检查组 10 个，抽查各县（市、区）水工程防灾自查情况，实地检

2019 年 6 月，廊坊市开展龙河抢险救援演练

查重点工作，全市排查各类安全隐患358处，汛前全部整改落实。完善修订防洪预案，市级、县级联合对全市防洪工程设施现场踏勘，编制《廊坊市市级河道洪水调度方案》《廊坊市县级河道沥水调度方案》《分洪口门运用方案》等各类预案。组建“廊坊市水旱灾害防御专家库”，由具有副高级以上职称的专业技术人员（26人）构成。专家库设组长1名，下设防洪调度、工程抢险、水情预测报、水工程安全检测等4个专项工作组，为领导科学合理调度水利工程提供必要技术支撑。组织各相关县（市、区）开展蓄滞洪区居民财产调查摸底和登记工作，修订完善蓄滞洪区运用预案，做好蓄滞洪区运用各项准备工作。实施水毁工程建设。2019年5月底，投资30万元的文安县口上引水闸维修工程完工。做好2019年安全度汛保障项目申报，申请河道堤防修复项目1项、水闸维修项目5项，总投资386.84万元。9月，涉及霸州、文安、大城三县（市），总投资1390.05万元（其中霸州市378.12万元、文安县591.44万元、大城县420.49万元）的2019年农村基层防汛预报预警体系建设项目完工。

**【重点河流治理】** 流经廊坊市的永定河、潮白河、北运河、大清河是海河流域“六河五湖”中的重要河流，是京津冀区域重要的生态廊道和防洪安全屏障。2019年，廊坊市落实京津冀协同发展要求，推进重点河流综合治理。永定河综合治理与生态修复项目由永定河流域投资有限公司负责总体实施和投融资运作。启动永定河固安段综合整治与生态修复工程，项目估算总投资58669.65万元，分二期实施，其中一期兴安湖建设工程完工；二期除湖区外的河道、堤防等建设工程进入实施阶段。北运河香河段生态综合整治PPP项目，工程总投资38.84亿元，占地约26平方千米，计划分三期实施。其中，一期工程于2017年1月开工建设，完成投资5.71亿元，主要包括岸坡防护、带状公园生态驳岸景观工程等；二期工程（水利部分）计划于2020年4月底开工建设，总投资5.25亿元，主要包括河槽开挖、堤防改建、岸坡防护等。潮白河综合治理与生态修复项目，主要涉及水安全、水资源、水生态、水环境等内容，年内廊坊市配合水利部海委顺利完成现场踏勘、资料提供等前期准备工作。文安县小白河治理工程涉及小白河治理河道6.5千米，新建过水涵洞1座，项目总投资1558万元，其中中央资金935万元、省级资金374万元、县级配套249万元，工程于2019年6月开工，2019年12月全部完工。

**【生态水引调】** 2019年，廊坊市累计引蓄生态水1.2亿立方米，优化改善廊坊市水生态环境。其中，2018年年底至2019年年初，通过献县枢纽对大城县子牙河和文安洼、贾口洼内各渠系实施生态补水4000万立方米；2019年1月，通过枣林庄枢纽对文安县赵王新河和文安洼内各渠系实施生态补水6682万立方米；2019年3月，白沟河固安段引水561万立方米；2019年4月，由廊涿干渠龙河分水口门向廊坊市龙河引蓄生态水1836.21万立方米；2019年11月，引调黄河水量1000万立方米。

**【广阳水库项目】** 广阳水库是承接廊涿干渠来水、为廊坊市区供水的重要调蓄工程，主要建筑物包括围堤、进水检查闸、分水闸、供水泵站和退水闸等。2019年4月，廊坊市机场办复函明确广阳水库距离机场较远符合机场近远期规划，对机场运行无重大安全隐患，建议采取必要的驱鸟措施。9月，广阳水库拟建范围内征迁核查工作完毕。12月，廊坊市召开专家座谈会，对项目规模和弃土场选择达成一致意见，项目可研报告（初稿）按照专家组意见修改完善，待审核通过后报省发改委审批立项。

**【地下水超采综合治理】** 2019年，廊坊市成立市级地下水超采综合治理工作领导小组，市政府主要负责人任组长。出台《廊坊市水资源统筹利用保护实施方案》《廊坊市地下水超采综合治理考核办法》《廊坊市地下水超采综合治理实施方案》《廊坊市地下水超采综合治理2019年度实施计划》等文件，强化政策制度保障。年内，为有效解决高氟区饮水安全问题，申报永清县、安次区农村饮水水源置换项目。其中，安次区项目投资1.49亿元，涉及261个村街24.17万人的饮水安全问题；永清县项目投资1.64亿元，供水范围覆盖县城周边316个村街28.01万人。是年，廊坊市涉及城镇自备井关停任务129眼，于6月30日全部关停。

**【引江水消纳工作】** 2019年，廊坊市年均规划分配水量为25843万立方米，2019年度（2018年11月至2019年10月）城镇生活和工业最低江水消纳水量为规划水量的50%，即12921.50万立方米。截至10月底，全市累计引江水利用量9219.63万立方米（含生态补水1836.21万立方米）。

（王新民 马兆双）

# 工业 信息业

## 综 述

**【概况】** 2019年，廊坊市规模以上工业增加值同比增长0.6%，增速居全省第十位。工业固定资产投资同比降低4.7%，增速居全省第十位。工业技改投资同比降低3.2%，增速居全省第九位。新增规模以上工业企业156家。廊坊市工业经济总体呈现"低位运行、深度调整"的发展态势。

**【产业政策制定实施】** 2019年，中共廊坊市委、廊坊市人民政府印发《大力支持工业和民营经济高质量发展的若干政策措施》，在支持企业融资发展、减轻企业税费负担、降低企业要素成本、支持企业科技创新、支持企业转型升级、优化营商环境、强化政策执行等7个方面，采取39项具体措施支持工业和民营经济转型升级高质量发展。廊坊市人民政府办公室印发《关于促进工业转型升级高质量发展的八项强化措施》，支持工业企业技改转型、技术创新、增产增效。

**【工业运行监测调度】** 2019年，廊坊市工业和信息化局（以下简称市工信局）实行领导班子成员包县制，每位班子成员分包1~2个县，对所分包县的工业经济指标、重点工作任务开展针对性指导和帮扶。实行工业指标督导通报机制，将工业经济主要指标、重点行业走势、大户企业运行等情况进行差异化精准分析，一县一策提供给各县（市、区），力促企稳回升。实行工业指标会商机制，对工业经济运行情况及时监测分析，找准波动原因，提出科学建议，为市委、市政府决策提供参考。

**【工业提质增效】** 年内实施技术改造项目413项，纳入河北省千项技改计划85项。培育制造业企业研发机构53家，规模以上制造业企业研发机构建设比例达到28%。审定填补国内空白新产品9项，认定市级"专精特新"中小企业50家，累计达到100家，其中省级"专精特新"中小企业达到91家。认定和重点培育市级小微企业创业创新基地6家，累计达到13家。培育廊坊鸿禹乔防水材料有限公司成为国家绿色工厂。固安新兴产业示范区、廊坊开发区分别获国家新型工业化产业示范基地四星级和三星级评价。

**【工业创新发展】** 4月，举办"2019年通武廊工业设计高峰论坛"，为企业搭建平台、对接资源。11月，举办第二届廊坊工业设计周和工业设计大奖赛，组织工业设计大讲堂、省"双百"计划企业经验交流、设计机构对接企业、设计创新团队企业行、高校＋设计＋企业实践日、工业设计大奖赛和成果展览展示等6项活动，促进政府、企业、高校深入对接。全年新增市级工业设计中心10家，其中省级2家。培育工业设计典型案例10项，有10家企业、10项产品入选河北省工业设计"双百"计划。设立专项扶持资金，廊坊市发放奖补资金1378万元，支持工业设计项目36个。

**【工业融合发展】** 廊坊德基机械有限公司成为国家两化融合贯标评定企业，"工惠驿家"项目入选全国大数据优秀案例，河北智旦网络技术有限公司、河北乐聪网络科技股份有限公司入选京津冀大数据综合试验区优秀案例。培育省级数字化车间、新一代信息技术项目、智能制造试点、"制造业＋互联网"试点、上云补贴项目等64个。组织349家企业参加两化融合发展水平评估。

2019年4月，"通武廊"工业高峰论坛会场

**【工业品质提升】** 推进消费品工业增品种、提品质、创品牌“三品”专项行动，新增中小企业名牌产品18项，累计达到50项。7月，在“时尚深圳展”期间，云裳小镇获“最喜爱的展位奖”和“最喜爱的秀场发布奖”，成为获奖最多的参展单位。10月，在河北省“十大服装品牌”和“十佳设计师”评选活动中，永清盈珂服装服饰有限公司、永清朗臣服饰有限公司被评为河北省最具潜力服装品牌，6人被评为河北省十佳服装设计师和新锐设计师。

**【工业绿色发展】** 2019年，河北省下达廊坊市新能源汽车推广任务1800辆标准车。年内，廊坊市实际推广新能源汽车1673辆，折合标准车3963.5辆，完成率220%，居全省第四位。完成“散乱污”企业整治2301家，改造达标工业企业料堆场145个。做好钢铁企业退出后续工作，以“零容忍”高压态势开展“地条钢”排查清理。对现有水泥、玻璃企业进行现场核查，防止死灰复燃。

（褚继东）

## 工 业

**【概况】** 2019年，受诸多不利因素叠加影响，廊坊市工业企业重点行业回落明显，减停产企业较多、新动能拉动不足、县域发展不平衡等问题较为突出，工业“稳增长”压力持续加大。面对错综复杂的国内外宏观经济环境，廊坊市应对各种困难挑战，坚持“稳中求进”工作总基调，提高工业经济发展质量，努力推动工业企业转型升级。

**【重点行业回落明显】** 2019年，全市规上工业31个行业大类中，金属制品业、黑色金属冶炼压延加工业、计算机通信其他电子设备制造业3个行业下降明显。其中，金属制品业实现增加值占全部规上工业增加值的比重为2.9%，同比下降46.7%；黑色金属冶炼压延加工业实现增加值占全部规上工业增加值的比重为6.4%，同比下降18.2%；计算机通信其他电子设备制造业实现增加值占全部规上工业增加值的比重为8.1%，同比下降8%。

**【超四成企业减停产】** 2019年，全市1079家规上工业企业中，减停产企业481家，占全部规上工业的44.6%；同比共净减产值470.8亿元，影响全部规上工业产值回落19.8个百分点。其中，减产企业450家，同比净减产值254.7亿元；停产企业31家，同比净减产值216.1亿元，下拉全市规上工业产值增速9.1个百分点。

**【县域发展不平衡】** 2019年，全市10个县（市、区）及廊坊开发区，仅安次区、广阳区规上工业增加值增速低于全市水平，其他9个县（市）均高于全市水平。其中，同比增速最高的是三河市，同比增长7.8%；同比增速最低的是安次区，同比下降17.1%；广阳区同比下降2.6%。

**【装备制造业】** 2019年，廊坊市装备制造业主要包括金属制品业、通用设备制造业、专用设备制造业、汽车制造业、铁路船舶航空航天及其他运输设备制造业、电气机械及器材制造业、计算机通信及其他电子设备制造业、仪器仪表制造业。重点企业有华升富士达电梯有限公司、卢卡斯伟利达廊重制动器有限公司、三河世原汽车科技有限公司、廊坊精雕数控机床有限公司、固安华电天仁控制设备有限公司、河北航天振邦精密机械有限公司等。全市规模以上装备制造业实现营业收入687.4亿元，同比降低5.2%。

**【金属冶炼及压延业】** 2019年，廊坊市金属冶炼及压延业包括黑色金属冶炼及压延加工业和有色金属冶炼及压延加工业。年内规模以上金属冶炼及压延业实现营业收入469.6亿元，同比降低19.2%。重点企业有霸州市京华金属制品有限公司。主要产品有金属板材、金属管材等。

**【家具制造及木材加工业】** 2019年，廊坊市家具制造及木材加工业包括木材加工和木、竹、藤、棕、草制品业，以及家具制造业。廊坊市家具制造及木材加工业主要产品有金属玻璃家具、软体家具、皮革家具、红木家具等，产品类别涵盖办公、民用、酒店工程、医疗家具等家具以及板材、皮革、五金、塑料制品、无纺布等原辅材料，形成家具制造与材料相配套、生产与流通相衔接，制造、研发、展售、原辅料加工等比较完整的产业链条。家具制造行业有“华日”“富沃德”“三强”“八达”“华彪”等一批本地国家驰名商标和省级名牌产品；引进喜临门、双叶家具、王朝木门、日上门业等国内知名家具企业。家具制造及木材加工产业在廊坊呈现出“遍地开花”的发展势头，初步形成以霸州金属玻璃家具产业、香河家具产销基地、文安人造板生产基地、大城红木家具生产基地等各具特色的产业集群。是年，廊坊市规模以上家具制造及木材加工业实现营业收入129.4亿元，同比增长4.1%。

**【食品加工业】** 2019年，廊坊市食品加工业包括农副食品加工业、食品制造业、酒、饮料和精制茶制造业，涉及粮油加工、调味品、肉类屠宰及深加工、奶制品生产加工、休闲食品、酒类、软饮料制造、农副产品加工。廊坊市食品加工业重点企业主要分布在三河、大厂、霸州和廊坊开发区。三河市“汇福”“福成”品牌被评为中国驰名商标，市场知名度和占有率在全国同行业领先，汇福粮油有限公司多年来主要经济指标稳居全省轻工和行业首位，是河北省轻工业排头兵企业、河北省轻工业50强企业。霸州形成以路易达孚、六必居、达利食品为代表的食品产业龙头；廊坊开发区聚集好丽友、承德露露、伊利乳业等一批食品生产知名企业；文安县占祥粮油食品有限公司获批“第五批国家农业产业化重点龙头企业”，是中粮集团杂粮分装加工基地、中国北方最大芝麻系列油品的专业化生产基地和全国最大的豆沙、豆馅类产品生产加工基地。是年，廊坊市规模以上食品加工业实现营业收入309.8亿元，同比增长18.8%。

（李　鑫）

## 电力供应

**【概况】**　国网冀北电力有限公司廊坊供电公司（以下简称国网廊坊供电公司）是国网冀北电力有限公司直属直管单位，担负着整个廊坊地区的电网规划、建设、运营和供电服务任务。2019年，国网廊坊供电公司供电面积6429平方千米，供电营业户数177.95万户，供电业务人口474.1万人。设有职能部室13个、业务机构17个、县（市）供电分公司8个，在册职工5134人。全年固定资产投资6.56亿元。其中，电网基建投资4.2亿元；售电量264.02亿千瓦时，同比增长0.14%；线损率5.45%；最大供电负荷546万千瓦，同比增长1.3%。大用户直接交易电量46.47亿千瓦时。年内推进第四批增量配电网项目试点工作。是年，国网廊坊供电公司获“全国文明单位”称号，被评为“国家电网有限公司庆祝新中国成立70周年保电先进集体”等；刘琦获“中国好人”“中央企业优秀共产党员”“国家电网有限公司优秀共产党员”“国网楷模”等称号，被追授为“廊坊市优秀共产党员”。

**【安全生产】**　2019年，国网廊坊供电公司制定《安全工作奖惩细化实施方案》，修订安全责任清单，开展电力设备隐患大排查大整治、集体企业安全年建设、县供电企业安全性评价等活动，整改突出问题613项。构建安全稽查三级网络，创新实践“就地+远方”安全监督形式。开展春秋季检修预试2592项，消除设备缺陷4874处。发布六级及以上风险预警187项，治理通道内施工隐患573处，清理110千伏及以上树障23万余棵。投运110千伏车载移动变电站2座。完成新中国成立70周年庆祝活动、第二届“一带一路”高峰论坛等重大保电任务。

**【电网建设】**　2019年，国网廊坊供电公司围绕京津冀协同发展战略，修订完善电网发展规划，建成投产220千伏工程1项、投产110千伏工程4项。截至年底，廊坊电网1000千伏变电站1座，容量600万千伏安；1000千伏线路2条，长度11.70千米；正负800千伏线路2条，长度111.5千米。500千伏变电站3座，容量780万千伏安；500千伏线路21条，长度808.38千米。220千伏变电站28座，容量1072万千伏安；220千伏线路72条，长度1517.56千米。110千伏变电站101座，容量1044.95万千伏安；110千伏线路181条，长度2013.82千米。

**【经营管理】**　2019年，国网廊坊供电公司实施电能替代项目326个，替代电量17.07亿千瓦时。投运充电站（点）37个、充电桩273个。业扩（供电业务扩展）接电容量195.04万千伏安。加强电费风险防控，电费回收率100%。推动窃电及违约用电行为纳入征信体系，累计追缴电费3629.13万元。完善同期线损系统建设，治理异常台区574个，合格台区占比达到98.55%。完成“电代煤”工程投资效益分析。实现民营企业账款及农民工工资无分歧账款“零拖欠”。

**【电网服务】**　2019年，国网廊坊供电公司严格落实“5+服务”（线下体验+线上办理，减少环节+精简资料，压降成本+金融增值，缩短用时+主动对接，电力专家+能源管家）和“办事一次成”服务要求，高压、低压客户办电流程分别压减为3个和2个环节，办电申请资料均减少至1种，实现大中型企业客户办电等5项复杂业务“最多跑一次”，小微企业办电等16项简单业务“一次都不跑”，平均接电时长压减至45个工作日以内。开展投诉压降治理工作，投诉总量同比减少79.9%。

（马文祚）

## 信息产业

**【概况】**　2019年，廊坊市落实《河北省关于加快发展“大智移云”的指导意见》《河北省大数据产业发展三年行动计划（2016—2018）》《河北省新型显示三年行动计划（2016—2018）》等文件精神，推进产业发展壮大。全市电子信息产业入统企业共计109家，实现主营业务收入424.24亿元，同比增长7.7%；实现利税33.7亿元，同比增长1.1%。其中，利润23亿元，同比上升25.7%；税金10.7亿元，同比下降28.7%。电子信息产业规模持续增长，居河北省第一位。产业创新能力不断提升，年内5个项目被评为省级新一代信息技术和大数据应用试点示范项目，数量居全省第二位。

**【电子信息制造业】**　2019年，廊坊市电子信息制造行业有入统企业70家，全年实现主营业务收入181.9亿元，同比增长1.7%；实现利税12.8亿元，同比下降13%。企业主要集中在廊坊开发区、固安县、三河市，占入统企业总数的67.1%。廊坊开发区、固安县、三河市企业分别占全市入统企业总数的25.7%、21.4%和20%，完成主营业务收入分别占全市电子信息制造业总量的20.1%、34%、16.7%。

**【软件与信息服务业】** 2019年，廊坊市软件与信息服务行业有入统企业39家，全年实现主营业务收入242.3亿元，同比增长12.8%；实现利税20.9亿元，同比上升12.4%。企业主要分布在广阳区、廊坊开发区和三河市，分别占入统企业总数的41%、35.8%和20.5%。广阳区主营业务收入占全市软件与信息服务业的5.7%，廊坊开发区占90.4%，三河市占3.7%。

**【产业对外交流】** 2019年，廊坊市参加中国国际数字经济博览会，举办廊坊数字经济专题展，25家数字经济优秀代表企业和6个产业园区参展，取得显著成效。与中国电子信息行业联合会、北京软件协会、赛迪研究院等北京行业机构密切联系，在数博会期间与中电联共同承办"新一代信息技术产业对接会"，与中国电子信息行业联合会、阿里云计算有限公司、广州海格通信有限公司、中电互联网有限公司、迈格纳磁动力有限公司、企商在线（北京）有限公司6家单位达成合作意向，壮大廊坊市电子信息产业，助添新动能。

**【电子信息制造及服务企业选介】** 华为技术服务有限公司。2007年7月在廊坊经济开发区登记成立，注册资本15000万元。经营范围包括通信产品及其配套产品安装及销售、工程服务等。2016年，华为技术主营业务收入增速保持10%以上的快速增长，利税指标增长迅速；2017年，主营业务收入增速下降为7.99%，2018年企业利润和税金增速首次出现下降。2019年，华为技术主营业务收入占全市软件与信息业主营业务收入的81.7%，占全省行业主营业务收入的46.6%。主营业务收入增速12.8%，利润增速19.2%，税金下降29.0%。

京东方（河北）移动显示技术有限公司。2006年4月成立，位于固安工业园区北区，为河北省"高新技术企业"，隶属于京东方科技集团股份有限公司。作为集团公司发展移动显示产品的重要业务单元，公司专注于移动显示产品业务，主营业务为手机用显示模组的研发，制造和销售。主营业务为生产移动显示系统用平板显示技术产品，销售本公司自产产品并提供相关服务；开发、销售移动终端用液晶显示产品；提供咨询服务；房屋、生产设备、车辆出租；自营和代理设备、原材料、产成品和技术进出口业务；电子工业设备的研发与销售；软件的研发与销售及售后服务（依法须经批准的项目，经相关部门批准后方可开展经营活动）。企业客户群涵盖三星电子、华为、联想、小米、Motorola、OPPO、VIVO等国内外知名手机厂商。公司自主开发新产品百余款，累计申请技术专利百余项。由于京东方全国布局，2017年企业生产核算采用代加工方式，即收入为加工费用，不是产品销售费用，造成全年主营业务收入大幅下降，2018年情况好转。2019年，公司主营业务收入较上年增加33.9%，利润增加1153.6%，税金减少81.2%。

富智康精密电子（廊坊）有限公司。2007年2月登记成立，项目总投资65亿元，占地1095亩（73公顷），总建筑面积为132万平方米，2008年5月投产。经营范围包括开发、生产、加工新型电子元器件，以及移动通信系统等。2019年，受市场环境影响，富智康主营业务收入下降21.8%，税金减少56.0%。

（邱小曼　贾智捷）

## 通信网络公司

**【概况】** 2019年，廊坊市有以移动、联通、电信为首的各类通信网络公司20余家，业务范围包括语音、流量、视频等通信业务。全年固定电话用户48.1万户，移动电话用户629.7万户，互联网宽带接入用户数169.6万户。

**【中国移动通信集团河北有限公司廊坊分公司】** 2019年，中国移动通信集团河北有限公司廊坊分公司主要经营语音、流量、视频等通信业务，推出智慧家庭解决方案、各行业信息化需求解决方案，拥有著名的"和"服务品牌。公司设立综合部、财务部、市场经营部、网络部、政企客户部、工程建设部、党委办公室、人力资源部、纪检监察室、基本建设办公室10个职能部门，下辖霸州市、大厂县、大城县、固安县、三河市、文安县、香河县、永清县、燕郊等9个分公司及市区营销、郊区2个经营单位。公司有员工1447人，拥有4G用户264万户，手机用户346万户，智能固话4.3万户，互联网宽带接入52万余户，家庭宽带覆盖191万户。互联网出口宽带1200G，光缆5.3万皮长千米，新建4G基站1719个，总数达到10910个。集团专线10934条，物联网连接数1236867户。年内，公司实施全区TDD+FDD（TDD指时分双工；FDD指频分双工）融合组网建设，NB-IoT（基于蜂窝网络的窄带物联网）网络站点达到910个，覆盖城区、县城，为物联网产业发展提供环境基础，在燕郊开通3D-MIMO Pre 5G技术试点，开展5G试商用。

是年，公司建设立体服务营销渠道网，在全市97个乡镇设立自办或合作营业厅，1532个行政村建立中国移动通信服务站。公司与市内多家金融机构实现合作收费，短信营业厅、微信营业厅、掌上营业厅等自助终端为客户提供24小时便捷服务。推进廊坊信息化建设，推广云视讯、云企信、医疗云、政务云、党建云、教育云等重点行业信息化产品；固安县96家县直机关和500余个美丽乡村政务外网，共计完成596条专线接入；为法院系统提供21个点位云视讯产品，协助解决便民法律援助服务“最后一公里”问题；为公安局警务通项目提供5000余户套餐服务，助力警务办公；为电表、燃气表抄表设备提供物联网卡115万余张。

（郈丽媛）

**【中国联合网络通信有限公司廊坊市分公司】** 2019年，中国联合网络通信有限公司廊坊市分公司有员工1205人，资产总额18亿元。公司下辖人力部、办公室、财务部、销售部、政企客户事业部等15个部门（中心），以及大城、大厂、固安、霸州、文安、永清、三河、香河、廊坊开发区、胜芳、燕郊11个分公司，自有营业服务厅90个，固定电话用户40万户、手机用户145万户、宽带网用户63万户，联通电视48万户。主营业务收入14.3亿元，预算完成率99.1%；利润2.02亿元，预算完成率100.34%。

2019年，公司率先开通廊坊市首个5G实验站，完成15个旗舰营业厅的5G部署，以及壹佰剧院、电视台等行业场景覆盖。4G基站规模总数3662个，室分新增4G覆盖楼宇2109栋，室分4G覆盖楼宇达到5276栋，扩容小区1873个，开通123个NB站址；落实宽带千兆示范小区的建设，市区覆盖约43个小区，环京县区覆盖约10个小区。全区行政村宽带100%覆盖，其中FTTH接入的区域覆盖达99.97%，移动网覆盖率达到99%，行政村4G覆盖率达到98%。

2019年，公司助力智慧廊坊建设，打造廊坊市智慧信访云服务平台、退役军人云视频、文安广播电视台融媒体、永清人民医院云灾备、开发区公用管理局水务防汛监测平台；聚焦智慧政务、智慧消防、智慧信访、热力监管等项目，以5G为创新业务抓手，开展“5G+智慧城市”服务，民生服务、城市治理、产业经济、生态环境等应用服务，助力智慧城市建设。

（顾海华）

**【中国电信集团有限公司廊坊分公司】** 2019年，中国电信集团有限公司廊坊分公司有合同制员工337人，外服员工1374人，固定资产原值23.9亿元。公司下设市场拓展部、渠道运营中心、政企客户部、客户运营部、网络发展部、移动网络建设优化中心、网络运营部、客户服务部、物流中心等17个职能部门，以及广阳区、安次区、廊坊开发区3个营销中心和三河、燕郊、大厂、香河、永清、固安、霸州、胜芳、文安、大城10个县级分公司。是年，公司拥有营业服务厅54个，固定电话用户数量1.6万户、手机用户数量128.6万户、宽带网用户总数54.5万户，主营业务收入8.6亿元，比上年增长2.1%。公司在综合满意度、手机上网满意度、宽带业务满意度三项业务指标中单项满意度连续9年列同城行业第一名。公司被中共廊坊市委、市政府评为“5•18经洽会承办工作先进集体”“2019年度廊坊市文明单位”，获中国电信股份有限公司河北分公司颁发的“2019年度教育行业突破先锋奖”“2019年度校园现场营销先锋奖”。

年内，公司加快在各领域推进“互联网+”、落实移动网络提速降费，开展城市千兆宽带入户行动，推动移动网络基站扩容升级，公司面向电子政务市场推行多元化、个性化、高安全性等产品，提供基础网络组建、私有云、混合云、平台搭建、软件开发、数字化城建、移动办公、视频监控、视频会议、网络信息安全等业务。全年建设4G室外站234套、室内分布系统229套；4G网络覆盖率达到99.01%，使城乡广大用户畅享高速4G网络服务。全年新增FTTH（即光纤到户）布线16.9万户、累计覆盖达到240万户，市区和县域部分小区具备千兆宽带入户能力。开通直连北京、天津的链路，提高IDC业务接入能力，IDC（基于INTERNET网络，为集中式收集、存储、处理和发送数据的设备提供运行维护的设施基地并提供相关的服务）出口由2400G扩容至4000G，京津区域访问延时由16毫秒缩短至10毫秒。公司物联网连接数到达194万户，超过人联网用户数，成为河北省第一个实现“物超人”的地市分公司。2019年，公司大力实施“智慧家庭”项目建设，全屋Wi-Fi、小翼管家、智能门锁、天翼看家、有价家庭云系列产品存量渗透率11.8%，引领千家万户走进智慧家庭时代。

（牛文欣）

2019年，廊坊联通与市委网信办签订5G战略合作协议

**【河北广电网络廊坊分公司】** 2019年，河北广电信息网络集团股份有限公司廊坊分公司（以下简称河北广电网络廊坊分公司）新建村级业务代办点151个，全市乡镇以上营业厅总数达到22个。电视网络覆盖用户44.16万户，宽带网络用户8.62万户。有线数字电视网内传输155套标清电视节目、60套高清电视节目、21套数据广播，为用户提供电影点播、电视剧点播、阳光政务、生活资讯、智慧社区等精彩影视节目和综合性的便民信息服务。

2019年，围绕“智慧城市”“智慧园区”“美丽乡村”建设，承接各级政府部门的智慧产业建设项目、各类信息化工程共57项。其中，配合廊坊市公安局在馨语星苑社区开展智慧平安社区建设试点，建成以视频监控、周界报警、人脸识别、智能门禁、车辆道闸、电子围栏等技术为支撑的智能社区警务感知系统，项目2019年5月建成试点并投入运行，先后得到中共河北省委书记、省人大常委会主任王东峰，公安部副部长林瑞，中共廊坊市委书记冯韶慧等省（部）市领导关注。年内，河北广电网络廊坊分公司拓展延伸馨语星苑智慧平安社区平台系统项目，结合乡村地区居住环境的客观实际条件，启动实施西太平庄村智慧乡村项目建设，助力廊坊市智慧城市建设的城乡统筹发展，广泛赢得各级党委政府和全社会支持。

2019年，河北广电网络廊坊分公司把安全播出与传输工作作为工作重点，保障建国70周年庆典安全播出和传输任务。年内，先后完成全市领导干部政治性警示教育电视电话会议、全市信访安全生产工作会议、全市“不忘初心、牢记使命”主题教育动员部署会议等30余次重要会议的信号传输安全保障工作，做到主阵地紧抓不放、重大节点万无一失、重要活动圆满完成。

（刘　宇）

**2019年廊坊市有线数字电视营业网点一览表**

表30

| 名 称 | 地址 | 电话 |
|---|---|---|
| 新华路营业厅 | 新华路209号甲财政局南侧 | 0316-2180157 |
| 永丰道营业厅 | 永丰道8号廊坊广播电视台西侧 | 0316-2059473 |
| 步行街营业厅 | 步行街第二大街北内街C座78号 | 0316-5219331 |
| 解放道营业厅 | 解放道135号管道局新六区北门东侧 | 0316-5219332 |
| 光明西道营业厅 | 光明西道114号臻丽家园门市 | 0316-5219338 |

# 旅游业

## 综 述

**【概况】** 2019年，廊坊市挖掘旅游自然文化资源，深化区域合作，加强对外交流，加大基础设施建设投入、培育旅游新业态，推动全域旅游发展。全年接待游客4553.67万人次，同比增长15.55%；旅游收入545.84亿元，同比增长20.34%；过夜游客2414.95万人次，同比增长13.28%；一日游游客2139.18万人次，同比增长18.26%。截至年底，全市有A级景区45家，其中AAAA级景区5家，AAA级景区21家，AA级景区19家。旅游星级饭店17家。旅行社92家。

**【节假日旅游】** 2019年，春节假日期间廊坊市接待游客91.6万人次，实现旅游收入50828.44万元，分别同比增长37.94%和36.09%。春节期间廊坊市优质文化旅游产品供给丰富，庙会灯会、书画楹联过大年、非遗展演、高跷会展演等活动丰富多彩。“五一”节假期，廊坊市累计接待游客84.59万人次，同比增长14.76%，旅游总收入5.90亿元，同比增长18.97%。其中住宿设施接待游客45.68万人次。中信国安第一城隆重推出“第五届国际旅游季”系列活动；三河梦东方·未来世界举办“欢乐五一 逐梦航天”2019航天文化节，航天文化图书展、“放飞梦想 绘向太空”儿童创意画展、中国航天科技知识展、BIBO&BOBI欢乐多、小丑滑稽秀、载人航天工程长征二号F运载火箭回收实物专展等主题活动；永清林栖谷森林度假区举办“奔跑吧，猴孩儿”大型亲子活动；香河县举办第八届香河家居文化节；大城举办红木文化旅游节；安次区首届青少年艺术节等竞相开幕。2019年国庆节假日期间，廊坊市接待游客228.3万人次，实现旅游收入89428.8万元，分别同比增长19.22%和17.13%。

（李 慧）

## 旅游基础设施项目建设

**【概况】** 2019年，廊坊市旅游公共服务体系更加完善。河北省对廊坊市旅游咨询服务中心考核指标为1座，廊坊市完成3座，分别是大城县游客咨询服务中心、固安新城游客服务中心、香河县旅游集散中心。是年，香河县京东房车营地（水岸星空房车露营地）建成，举办第二届京津冀（廊坊）自驾游与房车露营大会。在106国道、大广高速牛驼出口和域内国省干道、通景公路设置旅游交通标识牌11块。年内，廊坊市AAA级旅游景区景观石明示牌设立及变更迁移2块。香河县水岸潮白房车营地、永清天圆山庄、固安县阿派朗创作力乐园共建设3座“自驾游驿站”。

**【“智慧旅游厕所革命”】** 2019年，廊坊市厕所革命引入“互联网+旅游厕所”理念，率先实现“智慧旅游厕所”模式。开发“廊坊旅游找厕所”微信小程序，实现余位显示、星级评价、驻留人数显示、一键报修、在线导航等功能，在手机导航地图（百度、高德等热点地图）中输入“廊坊旅游厕所、廊坊农家乐旅游厕所”等关键字，可直接搜索出目的地，还可以通过地图中周边服务设施功能查到周边所有旅游厕所，真正实现智慧如厕、方便如厕。此项目获2018年度河北省十大智慧旅游项目。开展“旅游厕所革命”新3年行动计划。年内，廊坊市在全国旅游厕所管理系统中录入旅游厕所258座，其中三河市旅游厕所13座，大厂回族自治县旅游厕所73

大厂回族自治县智慧旅游厕所

座，香河县旅游厕所21座，广阳区旅游厕所27座，安次区旅游厕所19座，永清县旅游厕所31座，固安县旅游厕所21座，霸州市旅游厕所14座，文安县旅游厕所18座，大城县旅游厕所21座。年内，厕所建设任务90座，10月底全部完工。

**【第二届京津冀（廊坊）自驾游与房车露营大会】** 2019年8月26日，第二届京津冀（廊坊）自驾游与房车露营大会在香河县举行，活动由廊坊市文化广电和旅游局、香河县人民政府主办。主题是“携手京津冀·自驾游廊坊”。廊坊市被中国旅游车船协会自驾车与露营房车分会授予“《自驾车目的地等级划分》行业标准试点验证城市”。新建房车营地2座，自驾游驿站6处，发布京津冀自驾游线路14条，并对自驾游目的地等级划分、休闲露营地建设与服务规范、京津冀“自驾驿站”建设和服务标准试点单位等内容举行授牌。

（张媛媛）

## 旅游市场营销

**【概况】** 2019年，廊坊市坚持省内外、国内外市场并重原则，创新旅游营销机制、完善营销体系、深化区域合作、加强对外交流。年内，在“2019河北旅游发布”活动中，廊坊市获评奖项14个：《乐道廊坊》系列丛书在2018年河北省旅游宣传品大赛中获“纸质类宣传品”二等奖；《京津乐道 绿色廊坊》旅游宣传片在2018年河北省旅游宣传品大赛中获评“电子类宣传品”三等奖；廊坊市获评“2018河北市级旅发大会优秀获奖单位”称号；香河县获评“2018河北优秀全域旅游创建单位”称号；廊坊水岸潮白田园综合体获评“河北旅发大会优秀新业态项目”；廊坊新绎七修酒店管理有限公司总经理张丽娜获“2018河北最美旅游人”称号；荣盛康旅捷克南摩拉维亚州中药水疗康复中心项目获评“2018河北十大对外交流优秀案例”；“廊坊旅游”“畅游永清”获评“2018河北十大文旅微信公众号”；廊坊旅游智慧公厕管理系统项目、廊坊旅游管理智慧综合系统项目获评“2018河北十大智慧旅游项目”；永定河自行车运动公园获评“不得不约的网红打卡地”；廊坊博物馆获“不得不访的精品博物馆”称号；乐聪互联网众创空间获“2018河北十大文化产业优秀创业平台”称号。是年，廊坊市在“第二十四届中国北方旅游交易会”上获展台最佳创意奖，在“第十二届中国会议产业大会”上获“中国最具魅力会奖目的地”称号。

第二届京津冀（廊坊）自驾游与房车露营大会

**【“2019廊坊文化旅游季”系列活动】** 廊坊市于2019年4月—9月，在全市范围内举办“2019廊坊文化旅游季”系列活动，主题是“文化为民、旅游惠民”。此次活动包括三类十大文旅活动，分别是2019廊坊市十大文旅主题活动：第十三届全国美术作品展览实验艺术展，第五届中国廊坊·第什里风筝节，第二届京津冀（廊坊）自驾游与房车露营大会，“美丽中国行·乐道廊坊”大型文旅采风活动，首届香河大运河文化节暨2019荷花节，中国首届核雕艺术节，2019永清县、固安县梨花文化节，大城县红木文化旅游节，壹佰剧院国际亲子艺术节，安次区葛渔城镇林海桃源采摘季；2019廊坊市十大文旅赛事评选活动：全国风筝锦标赛（北方赛区），中国定向公开赛、PWT国际定向精英巡回赛暨京津冀国际定向巡回赛，第三届廊坊市乡村旅游创客大赛，第三届廊坊市最美民宿大赛，“廊坊十大优秀非遗传承人、十大优秀非遗传承项目”评选，“廊坊十大文旅惠民团队”评选，庆祝中华人民共和国成立70周年、建市30周年廊坊市美术作品展评选，“梦想如歌·多彩廊坊”廊坊市第七届合唱艺术节比赛，“最炫民族风”廊坊市第七届广场舞比赛，香河县京津冀中幡文化交流大赛；2019廊坊市十大文旅惠民活动：庆祝中华人民共和国成立70周年、建市30周年“彩色周末”广场文化活动，第七届廊坊特色文化博览会，“武耀梨园”纪念廊坊文化名人武生宗师李兰亭诞辰系列活动，“月来月有戏”精品演出年系列活动，“穿越不夜城”国安第一城第五届国际旅游季系列活动，“筑航天梦，圆

4月12日，2019廊坊文化旅游季暨“醉美固安 悦赏梨花”固安县第四届梨花文化旅游节开幕式在固安县农博园举行

太空行”第四届航天科普月活动，“一书一画一世界”系列主题展览，壹佰剧院演出年系列活动，文化体验大讲堂，2019年夏季图书荐购团购活动。“2019廊坊文化旅游季”期间，全市7家A级以上景区、乡村旅游示范村、工（农）业旅游示范点，8家温泉酒店及2家文化企业，推出26项打折优惠举措，并将全面落实对军人、退役军人、消防队员及老年人、残疾人等特殊群体门票优惠政策。“2019廊坊文化旅游季”系列活动涵盖全市30余家文化和旅游部门、相关单位和企业，衍生文旅活动百余个。

**【“美丽中国行·乐道廊坊”大型文旅采风活动】** 10月14日，由中国旅游报社、廊坊市文化广电和旅游局主办，中国旅游新闻网支持的“2019美丽中国行·乐道廊坊”大型文旅采风活动启动。此次采风活动持续5天，采风团由全国主流媒体记者和旅游达人等组成，踏足廊坊市大城县、文安县、霸州市、永清县、固安县等地。采风团先后参观文安县“京津冀·鲁能领秀园”、大柳河镇吴石槽村，霸州市华夏民间收藏馆、李少春纪念馆、牤牛河历史文化公园、永清县后奕镇东义和村艳阳农舍、燕南春酒文化博览园以及核雕小镇后刘武营村、永定河畔的兴安湖生态运动公园等地。中国旅游报社通过全媒体宣传此次活动，中国旅游新闻APP为此次活动搭建直播平台，并将持续关注廊坊文旅发展。中央人民广播电台、《经济日报》、《人民日报》海外版、《光明日报》、《人民画报》、《华夏时报》、《中国交通报》、《中国旅游报》、《中国文化报》、《中国经济导报》、海外网、中国报道网、中国网、国际在线、中国文化和旅游部官网、搜狐网、新浪、今日头条、《文化月刊》、中国旅游新闻网、廊坊电视台、《廊坊日报》等25家媒体均利用各自媒体优势深度宣传霸州市、大城县、文安县、永清县、固安县等廊坊市主要特色文旅产品。采风团媒体发稿50余篇，百度搜索关键字相关结果约93300个，活动结束编辑出版《美丽中国行——乐道廊坊篇》。

**【廊坊旅游成果发布活动】** 10月8日，作为2019文旅大会首场活动，廊坊文化旅游发布会在固安县京南科创中心举办。会上播放廊坊旅游宣传推介片，发布2019廊坊市文旅发展蓝皮书，全方位系统梳理总结和展示融合后的文旅工作，通过五个章节具体介绍文旅融合以来廊坊文旅发展主要成就。此次文旅大会先后发布评出2019十大优秀“非遗”传承人、2019十大优秀“非遗”传承项目、2019十大惠民团队、2019十大最美民宿、2019十大优秀创客项目、2019最佳文创旅游商品、文旅大会最佳组织单位、文旅大会最佳示范项目、文旅大会最佳文旅活动、文旅大会最美志愿者、文旅大会最佳宣传片、文旅大会最

2019年，“美丽中国行·乐道廊坊”大型文旅采风活动在大城县中国红木城举办

佳文旅展演等12项成果。

**【抖动京津冀 畅游“通武廊”】** 3月22日，“抖动京津冀 畅游‘通武廊’”2019年“通武廊”精品旅游线路启动仪式在廊坊市永清县燕南春酒文化博览园举行。活动旨在推介“通武廊”三地旅游资源，打造“通武廊”文化旅游融合发展之路。通州区文化和旅游局、武清区文化和旅游局、武清区旅游管理服务中心、廊坊市文化广电和旅游局等部门和单位相关领导，以及15位京津冀旅游达人及网红参加活动。活动期间举行“抖动京津冀 畅游‘通武廊’”官方抖音账号启动仪式。此次活动将旅游元素与最火创意短视频结合，借助抖音短视频宣传营销平台，邀请旅游达人、网红代表共同推介“通武廊”主题旅游线路、旅游景区。重点推介“情系运河，赏花踏青”之旅、“穿越古今，探索未来”之旅、“中西合璧，购物天堂”之旅三条精品旅游线路，主要包含燕南春酒文化博览园、林栖谷森林温泉度假区、中信国安第一城、大厂影视小镇、梦东方·未来世界航天主题乐园、南湖绿博园、佛罗伦萨小镇、大运河森林公园、通州三庙一塔等旅游景区景点。

**【“通武廊”春季旅游摄影展】** 4月5日，2019“‘通武廊’春季旅游摄影展暨北运河休闲旅游驿站开园仪式”启动。此次活动旨在集中展示“通武廊”三地旅游协同2年多来发展成果，激发“通武廊”春季旅游市场活力，由天津市武清区文化和旅游局、天津市武清区旅游管理服务中心、北京市通州区文化和旅游局、廊坊市文化广电和旅游局共同主办。此次摄影展分别展出通州区作品30幅、武清县作品54幅、廊坊市作品30幅等，分为“通”之形（展示通州绝美“形态”，分别展现大运河森林公园、宋庄艺术区、漕运码头等旅游文化目的地，在不同时段中的风光）、“武”之

**2019年廊坊市评选十大优秀成果一览表**

表31

| 项目 | 优秀成果 | 级别 |
|---|---|---|
| 十大优秀“非遗”传承人 | 崔继昌　三河市京东大鼓 | 国家级 |
| | 徐艳丰　永清县秸秆札刻 | 国家级 |
| | 任文柱　文安县八卦掌 | 国家级 |
| | 黄友民　大厂回族自治县景泰蓝制作技艺 | 省　级 |
| | 卢克明　安次区黄漕飞叉 | 省　级 |
| | 李术清　安次区东张务音乐会 | 省　级 |
| | 赵艳强　安次区第什里风筝 | 省　级 |
| | 郭振亚　固安县八卦掌 | 省　级 |
| | 牛俊启　霸州市胜芳花灯 | 省　级 |
| | 王志计　霸州市火神信仰习俗 | 省　级 |
| 十大优秀“非遗”传承项目 | 大厂回族自治县花丝镶嵌制作技艺 | 国家级 |
| | 大厂回族自治县景泰蓝制作技艺（京东珐琅厂） | 国家级 |
| | 永清县秸秆扎刻 | 国家级 |
| | 固安县屈家营音乐会 | 国家级 |
| | 文安县八卦掌 | 国家级 |
| | 香河县五行通臂拳 | 省　级 |
| | 安次区第什里风筝 | 省　级 |
| | 安次区黄漕飞叉 | 省　级 |
| | 永清县核雕 | 省　级 |
| | 霸州市火神信仰习俗 | 省　级 |
| 十大惠民团队 | 廊坊市广场舞协会 | — |
| | 廊坊市老年艺术团 | — |
| | 廊坊市龙凤演艺有限公司 | — |
| | 廊坊市天曲民乐团 | — |
| | 廊坊市什里文化传媒有限公司 | — |
| | 三河市评剧歌舞团演艺有限责任公司 | — |
| | 大厂评剧歌舞团演艺有限责任公司 | — |
| | 永清县老槐树演艺有限公司 | — |
| | 文安县燕声梆子剧团 | — |
| | 大城县良香梆子剧团 | — |
| 十大最美民宿 | 香河县李家大院 | — |
| | 永清县醒园静舍 | — |
| | 固安县创美乡居 | — |
| | 大厂回族自治县地玖四季园 | — |
| | 霸州市驿璟玫瑰温泉木屋民宿 | — |
| | 固安县来康郡民宿 | — |
| | 香河县别处酣客 | — |
| | 永清县燕南久居 | — |
| | 永清县森灏苑 | — |
| | 永清县义和趣舍 | — |

续表 31

| 项目 | 优秀成果 | 级别 |
|---|---|---|
| 十大优秀创客项目 | 永清县《燕南宋辽酒文化街》 | — |
| | 永清县《核雕小镇——核雕文化与生态农业旅游综合体》 | — |
| | 香河县《水岸潮白田园综合体》 | — |
| | 固安县《固安柳编》 | — |
| | 香河县《国家级中幡艺术团》 | — |
| | 固安县《枫林庄园研学教育基地》 | — |
| | 霸州市《胜芳镇北桥旗袍》 | — |
| | 固安县《风火轮儿童滑步车培训及赛事》 | — |
| | 永清县《艳芬农场富硒葡萄采摘园》 | — |
| | 永清县《神农文化园》 | — |

韵（展现武清独特“韵味”，展示武清佛罗伦萨小镇、创意米兰等地的异国风情，津溪桃源、南湖景区、北运河休闲旅游驿站自然风光）、“廊”之声（展出廊坊魅力“声音”，展览出蒋福山晨雾、三河灵山寺、大厂影视小镇、北运河等地风光）三大版块展出。

（刘　欣）

## 旅游管理

**【概况】** 2019 年，廊坊市文化广电和旅游局组织召开 2 次旅游市场专题工作会议。组织开展文化广电和旅游市场整治行动。全市文广旅系统出动执法人员 4000 人次，检查经营单位 2000 家次，行政处罚 3 家，警告 46 家次，停业整顿 6 家，消除安全隐患 162 处。年内，制定并印发《廊坊市文化广电和旅游系统“放管服”改革五年行动计划暨优化营商环境工作 2019 年实施方案》，安排部署全市文广旅系统 2019 年度“放管服”改革工作，确保各项改革任务落地生根。廊坊市文化广电和旅游局编制完成局权责清单、《政务服务事项清单》《双随机抽查事项清单》《行政执法事项清单》，完成“互联网 + 监管”系统监管事项目录清单 59 项和检查实施清单 63 项。

5 月 23 日，廊坊市文化广电和旅游局在时代广场开展诚信经营进景区宣传活动

**【依法处理旅游投诉】** 2019 年，廊坊市文化广电和旅游局接待来电、来访等旅游投诉及咨询 60 余人次，受理有效投诉 19 起，案件处结 19 起，处结率 100%，满意率 100%，为游客挽回经济损失 142580 元。

**【提升旅游行业质量】** 2019 年，廊坊市制定《廊坊旅游质量提升行动方案（2018—2020 年）2019 年落实方案》，并组织企业参与知名品牌巡礼活动及市政府质量奖申报，廊坊阿尔卡迪亚国际酒店获首批“省级旅游服务质量标杆单位”称号。廊坊市文化广电和旅游局聘请第三方机构复核盛世福地现代农业园、观音禅寺、林栖谷森林温泉度假区、燕南春酒文化产业园、自然公园和第什里风筝小镇等 6 家景区。取消三河市璞然生态园国家 AAA 级景区等级资格。

**【文明旅游工作】** 2019 年，廊坊市文化广电和旅游局以“文明旅游为中国加分——出行有礼”为主题，开展文明旅游宣传教育工作。指导在线旅游平台和经营出境游的旅行社践行企业社会责任，加强面向游客、特别是出境游散客的文明旅游提示提醒。引导企业通过网站、微博微信、手机客户端等自有平台开展文明旅游宣传，设计制作文明旅游主题宣传海报、挂图、挂旗、水牌等各类宣传品，向旅行社、星级饭店、景区、网吧等发放 6000 余份。在清明、“五一”、端午假日期间，联合《廊坊日报》《廊坊都市报》及廊坊电视台等新闻媒体作出文明旅游提示 15 次。

（李　慧）

## 旅游景区景点

香河县中信国安第一城全景图

**【概况】** 2019年，廊坊市按照京津冀休闲目的地定位，以提升旅游供给质量为抓手，培育新业态新产品，推进A级旅游景区创建工作，打造旅游特色品牌。截至年底，全市有A级景区45家，其中AAAA级景区5家，AAA级景区21家，AA级景区19家。

**【固安来康郡康乐景区】** 固安来康郡康乐景区位于固安牛驼温泉休闲园内，离北京南五环60千米，大广高速牛驼出口西行500米。景区处于雄安新区和北京大兴国际机场正中心，距离开工的“京雄城际”霸州北站8千米。固安来康郡康乐景区是由新奥集团新绎控股旗下新绎文化、健康、旅游、置业和农业五大板块共同开发的康乐旅游目的地。由三部分组成：会员长者社区、精致文创区、健康养生医疗区。会员长者社区由七修公寓、七修书院、食修坊、来康俱乐部、旅游超市等配套设施组成；精致文创区由大湖湿地、来康农场、儿童主题乐园等设施组成；健康养生医疗区包括来康医院、来康温泉和来康逸墅。2019年9月，固安来康郡康乐景区通过国家AAA级景区评审，并承接2019年廊坊市旅游发展大会观摩活动。

**【香河水岸潮白景区】** 香河水岸潮白景区位于香河县蒋辛屯镇北李庄村，占地500亩（33.33公顷），2019年5月试营业，9月获批国家AAA级旅游景区。景区分为共享农庄、文创火车商业街、李家大院（景泰蓝展厅、村史馆、旅游接待中心）、别处潮白民宿群、房车营地、农事体验区、林下杭白菊、林下散养区、儿童研学区、花海、景泰蓝DIY工坊。利用北李庄村景泰蓝制作的非物质文化遗产资源优势，发展休闲农业、手工艺体验，特色民宿，景区采用公司运作+合作社+村民的商业模式，在不改变土地性质前提下，统一通过流转闲置农宅，设计、改造成独具匠心、不同风格主题民宿27套。截至2019年年底，累计接待游客15万余人次。

**【霸州益津书院】** 霸州市益津书院位于霸州市益津中路东侧，总面积19740平方米，是国家AA级景区。由开放式文化广场、书画院和展厅三部分组成。文化广场占地9600平方米，设有牌楼、影壁、套方庭、游廊等；书画院主体建筑占地面积1694平方米，为典型的北方四合院联合结构，内设20多个书画创作室。展厅内部空间面积1269平方米，布展面积2500平方米。

固安县来康郡康乐景区

**【中信国安第一城】** 中信国安第一城是中信国安集团公司投资兴建的一座融文化旅游、会议展览、休闲度假、娱乐健身、美食购物、影视拍摄、文化演艺等多种功能于一体的大型综合性文化旅游综合体。坐落于香河经济开发区，距北京市中心52千米，天津市中心70千米，总占地面积266万平方米，建设面积233万平方米（其中建筑面积62万平方米），是国家AAAA级旅游景区。整体设计外仿明清时期北京都城的城垣风貌，采用“缩地不缩景”方式，复原老北京“内九外七”的城垣格局。城内建有大型现代化国际会展中心、4座星级酒店、金色艺术大厅、佛教艺术博物院、百鸟园、乐高乐园。中信国安第一城建有客房2000余间（套），风味餐厅18个，会议厅（室）60余个。住宿容量3000余人，餐饮接待能力1.1万多人，会议容纳1万多人，具备举办展览活动的室内面积3.7万平方米。

**【金丰农科园】** 金丰农科园位于廊坊市广阳区和平路北端（桐万路）高新技术园区，是国家AAAA级旅游景区、全国青少年农业科普基地、国家农业科技创新与集成示范基地、四星级全国农业与乡村旅游示范园区。拥有无土栽培、空中结薯等现代农业展示区；农业与文化相结合的农耕文化观赏区；品尝名优绿色有机农产品的生态餐厅及休闲观光区和阳光、沙滩、椰树、芒果飘香的热带风情主题区。园区由农业科技园、种植基地、养殖基地组成，集农业科研、牧业养殖、农业高新技术展示、高效农业典型示范、现代农业观光旅游和农业生产经营为一体。园区有名特优新品种400余种，四季常新、常绿、常花、常果。

**【华夏民间收藏馆】** 华夏民间收藏馆位于106国道与霸州市区迎宾东道交汇处，是国家AAA级旅游景区，建筑面积38887平方米，是全国最大县级博物馆。华夏民间收藏馆主要由霸州博物馆、霸州科技馆及青少年活动中心、霸州民俗风情馆、陶瓷收藏陈列馆、中国自行车博物馆、书画收藏馆六大体系组成。其中，中国自行车博物馆于2009年6月4日被国务院正式批准为中国自行车博物馆，是世界自行车展馆中藏品最多、种类最全、规模最大自行车博物馆，此馆收藏20个不同国家、不同年代自行车500余辆，展品包括英国的“白金人”等国内外精品收藏。

安次区第什里风筝小镇

广阳区金丰农科园景区

**【第什里风筝小镇】** 第什里风筝小镇是国家AAA级旅游景区，位于廊坊市安次区调河头乡中部，以第什里村为中心，辖石桥村、南郭庄村、南马庄村，规划面积11平方千米。小镇紧临廊坊高新区，北侧设有京台高速出口，距北京市区60千米，距天津城区45千米，获中国风筝小镇、中国美丽休闲乡村、河北非遗小镇等荣誉，是河北省首批特色小镇。成功举办四届第什里风筝节、国际热气球节、中国农民丰收节，承办全国风筝锦标赛、第九届国际半程马拉松赛等赛事活动。

**【大厂影视小镇】** 大厂影视小镇由华夏幸福集团着力打造，位于潮白河畔大厂产业新城北部，距离北京城市副中心8千米，地处京津冀经济圈和环渤海经济区的中心地带，交通便捷。大厂影视小镇定位为“中国专业化影视第一镇”，是国家AAA级旅游景区，获“2016中国最具文化价值特色小镇”称号。2017年，大厂影视小镇获国家发改委中国城市和小城镇改革发展中心等单位颁发的“中国特色小镇优秀解决方案”奖，被河北省文化厅评

中国红木城——古玩街

定为“河北省文化产业示范园区”，被河北省科技厅评定为“河北省众创空间”，被网信办下属中国网络文化协会评定为“中国文化创意产业示范单位”。大厂影视小镇以创意产业园为核心，打造国家文化产业示范基地。规划建设人才孵化、创新工场、高科技制作、后期特效、数字化体验、数字化舞美、研发办公及主题体验等八大功能区。2019年，影视创意产业园建成并投入运营，包括教学实践区，成果转化区，展示交易区。配套建设游客服务中心、旅游导引标识、旅游厕所等设施。大厂影视小镇吸引超过百余家国内外优秀文创企业和机构入驻。浙江卫视、东方卫视等多家卫视王牌节目和一线视频平台综艺节目在此拍摄录制。

**【中国红木城】** 坐落于大城县的中国红木城2015年竣工，占地730亩（48.67公顷），总投资43亿元，被称为红木盛世紫禁城，由古玩街、红木博览园、旅游度假村、中国国际红木交易基地、中国红木第一大集组成，是集红木家具交易、精品家具博览、红木产品研发、质量检测、仓储物流、旅游休闲为一体中国北方最大红木文化一站式体验基地。2019年，A、B、C、D馆投入运营，入住商户1000多家，周二大集时摊位4000多家。每周二中国红木第一大集吸引来自京津冀、山东、河南、东北地区等全国各地客商购物游玩，年游客量300多万人。2019年，有生产企业1000多家、各种红木加工作坊3000多家，从业人员4万多人，年产大、中、小各类红木古典家具产品170万件（套），产品包括椅凳、桌案、床榻、柜架、杂项等7大类80余种，主要销往北京市、上海市、广州市等国内各大城市和港澳台地区，出口美国、德国、新加坡、澳大利亚等国家，年产值近80亿元，享有“中国京作古典家具之乡”“京作地域标志商标”称号，与广东中山、福建仙游并称为中国红木家具三大生产基地。2019年中国红木城获评为国家AAAA级景区。

**【梦东方未来世界——航天主题乐园】** 梦东方未来世界——航天主题乐园位于北京东燕郊高新区，是中国首家航天主题乐园，场馆总占地面积3.3万平方米，总投资6亿元，是国家AAAA级旅游景区。内部设置30余项高科技互动体验项目，集航天科技展览展示、课外科普教育、科技娱乐于一体，让游客在参观游览、互动体验过程中了解与学习航天科技知识，感受航天科技魅力。梦东方未来世界获文化部2015年中国文化产业重点项目、国家旅游局优选旅游项目、北京市中小学生社会大课堂资源单位、河北省首批科普基地、河北省十大文化产业项目、河北省素质教育基地、廊坊市最佳研学景区等称号。截至2019年年底，景区累计接待国内外游客100余万人次，游客满意度97%以上。

**【刘凌沧郭慕熙艺术馆】** 刘凌沧郭慕熙艺术馆位于固安县新中东街159号，是国家AAA级旅游景区，是一家集名家书画展览、文创用品开发经营、艺术品收藏研究、艺术家联谊等多功能于一身综合性艺术馆。馆藏刘凌沧作品近200件，郭慕熙作品100余件，中国近现代名家作品1000余件。

**【燕南春酒文化产业园】** 燕南春酒文化产业园位于永清县工业园区，由河北燕南春酒业有限公司投资建设，一期总投资3.9亿元，占地面积200余亩（13.33公顷），是集白酒酿造和旅游为一体的新型工业旅游产业园。园区设有酒博物馆、酒文化名人园、白酒酿造车间、白酒灌装车间、白酒DIY体验馆、3万平方米窖池群、百年酒海等特色展区。二期总投资6000余万元，建设永清旅游服务中心、永清地方特产展销中心、白酒封藏馆、宋辽酒文化街、酒燕山、泳春洞、燕南湖等项目投入使用。燕南春酒文化博览园现为省级工业旅游示范景区、国家AAA级景区、廊坊最佳文明景区、河北省旅游特色品牌企业。

（张　雷）

## 2019年廊坊市星级饭店一览表

表32

| 序号 | 饭店名称 | 星级 | 地　址 | 电　话 |
| --- | --- | --- | --- | --- |
| 1 | 廊坊开发区荣盛房地开发有限公司阿尔卡迪亚国际酒店 | 五星 | 廊坊市开发区祥云道83号 | 2509898<br>2508989 |
| 2 | 福成国际大酒店 | 五星 | 三河市燕郊102国道北侧 | 3386666 |
| 3 | 来康酒店 | 五星 | 廊坊市开发区金源道 | 2596666<br>2596791 |
| 4 | 廊坊市天都大酒店 | 四星 | 廊坊市广阳道188号 | 2339998 |
| 5 | 汇福大酒店 | 四星 | 三河市燕郊镇汇福路8号 | 3329999-6810 |
| 6 | 霸州梅地亚温泉酒店 | 四星 | 霸州市兴华北路广电中心 | 7286011 |
| 7 | 霸州金都大酒店 | 四星 | 霸州市兴华北路西侧88号 | 400-633-8586转<br>622090 |
| 8 | 京东第一温泉度假村 | 四星 | 大厂工业园区 | 8865667 |
| 9 | 和平饭店 | 四星 | 廊坊市和平路99号 | 2055555 |
| 10 | 廊坊宾馆 | 三星 | 廊坊市解放道118号 | 2311669<br>2311670 |
| 11 | 京津花园 | 三星 | 廊坊开发区创业路29号 | 6089702 |
| 12 | 行宫宾馆 | 三星 | 三河市燕郊开发区行宫西大街2号 | 5996688 |
| 13 | 奇丽国际大厦 | 三星 | 三河市燕郊开发区迎宾路2号 | 3320298 |
| 14 | 碧海宾馆 | 三星 | 廊坊市广阳道156号 | 2335888<br>2336622办 |
| 15 | 航天人才培训中心 | 三星 | 廊坊市永丰道128号 | 2361001<br>2361005 |
| 16 | 新月会议中心 | 三星 | 燕郊行宫西大街6号 | 3310988 |
| 17 | 如意快捷商务酒店 | 二星 | 廊坊开发区华祥路16号 | 2504444 |

## 2019年廊坊市AAA级以上旅游景区一览表

表33

| 序号 | 名称 | 级别 | 电话 | 地址 |
| --- | --- | --- | --- | --- |
| 1 | 中信国安第一城 | AAAA | 8588888 | 香河县安平经济技术开发区 |
| 2 | 金丰农科园 | AAAA | 6075444 | 广阳区和平路最北端 |
| 3 | 金钥匙家居 | AAAA | 8338805 | 香河县淑阳大街18号 |
| 4 | 梦东方未来世界 | AAAA | 010-58412285 | 三河市燕郊高新区迎宾路 |
| 5 | 河北·大城·中国红木城 | AAAA | 3269644 | 大城县津保路中国红木城营销中心 |
| 6 | 文化公园 | AAA | 6085002 | 广阳区文化艺术中心管理处 |
| 7 | 自然公园 | AAA | 2263586 | 安次区广阳桥南侧 |

续表 33

| 序号 | 名称 | 级别 | 电话 | 地址 |
|---|---|---|---|---|
| 8 | 李少春纪念馆 | AAA | 7215018 | 霸州市益津中路 |
| 9 | 华夏民间收藏馆 | AAA | 7850986 | 霸州市迎宾东道 193 号 |
| 10 | 胜芳古镇 | AAA | 7627997 | 霸州市胜芳镇中山街博物馆 |
| 11 | 刘凌沧郭慕熙艺术馆 | AAA | 6164076 | 固安县新中东街 141 号 |
| 12 | 天圆生态农业观光园 | AAA | 2777111 | 永清县曹家务乡南戈奕村南 |
| 13 | 盛世福地现代农业园 | AAA | 6550666/888 | 永清县三圣口乡赵家场二村 |
| 14 | 燕南春酒文化产业园 | AAA | 13393065000 | 永清县工业园区内 |
| 15 | 林栖谷森林温泉度假区 | AAA | 5555004 | 永清县韩村镇 |
| 16 | 第什里风筝小镇 | AAA | 8669100 | 安次区调和头乡中部 |
| 17 | 紫图生态庄园 | AAA | 8980808 | 大厂县陈府镇旅游环线东侧、东杨辛庄西侧 |
| 18 | 明福山庄 | AAA | 3510666 | 三河市黄土庄镇栲山盆地南侧 |
| 19 | 大厂民族宫 | AAA | 8362328 | 大厂回族自治县蒋谭路 200 号 |
| 20 | 大厂影视小镇 | AAA | 5275405 | 大厂回族自治县祁各庄镇中轴路与厂通路交汇处 |
| 21 | 自行车运动公园 | AAA | 6178816 | 固安永定河自行车运动公园检查站 106 国道西侧 |
| 22 | 富祥温泉生态农庄 | AAA | 5385858 | 文安县左各庄镇南二环路王宫线南行 1.3 公里 |
| 23 | 固安滨河文化健身体验园 | AAA | 15100664745 | 固安市民活动中心 |
| 24 | 枫林庄园 | AAA | 18632641000 | 固安县北房上村 106 国道东侧 |
| 25 | 固安来康郡康乐景区 | AAA | 15831615522 | 固安县大广高速牛驼出口西行 500 米路南 |
| 26 | 香河水岸潮白景区 | AAA | 5186090 | 香河县蒋辛屯镇李庄村 |

## 2019 年廊坊市旅行社一览表

表 34

| 序号 | 旅行社中文名称 | 地址 |
|---|---|---|
| 1 | 廊坊市百事通国际旅行社有限公司 | 廊坊市新世纪步行街第五大街精品廊 2-C5 号 |
| 2 | 廊坊市环宇国际旅行社有限公司 | 广阳区华苑小区 39-1 号底商 |
| 3 | 廊坊市金旅国际旅行社有限公司 | 广阳区天利得益商务中心一期 1-1-711 |
| 4 | 廊坊市春光国际旅行社有限公司 | 广阳区康庄小区 15#-2 门市部 204 室 |
| 5 | 河北虹宇国际旅行社有限公司 | 廊坊市新世纪步行街第三大街 A 座 192 号 |
| 6 | 廊坊市五洲国际旅行社有限公司 | 广阳区华夏幸福城雅园第 21 幢 1 单元 5 层 505 号房 |
| 7 | 廊坊伟才旅行社有限公司 | 廊坊开发区祥云道荣盛发展大厦 1 幢 1 单元 1716 室 |
| 8 | 河北特瑞旅行社有限公司 | 安次区光明西道 37 号建设集团公司 3 号楼 1 单元 102 |
| 9 | 三河市乐行旅行社有限公司 | 三河市区京哈公路北侧物资总公司商贸楼西 6 号 |

续表 34

| 序号 | 旅行社中文名称 | 地址 |
|---|---|---|
| 10 | 廊坊市捷途旅行社有限公司 | 广阳区孔雀汇景轩 26-1-1117 |
| 11 | 廊坊市雄越旅行社有限公司 | 广阳区和平路 59 号梅花大厦 11 层 1102 号 |
| 12 | 固安县宏成旅行社有限公司 | 固安县新中东街北侧、广苑公寓 5#4 号 |
| 13 | 廊坊市尚品荟旅行社有限公司 | 安次区富康道 10 号君庭小区 18 商业公寓 -1-802 |
| 14 | 廊坊市海纳旅行社有限公司 | 广阳区孔雀汇景轩第 10-1、10-2 号楼 1 单元 612 号 |
| 15 | 廊坊市风景旅行社有限公司 | 安次区狮子城银河湾北 3 号楼 1 单元 2 层 211 号房 |
| 16 | 廊坊市云瑞旅行社有限公司 | 广阳区富苑小区 2-1-16 号门市 |
| 17 | 廊坊市德亨仁厚旅行社有限公司 | 广阳区吉祥小区大门南侧南起 6 号门市二层 |
| 18 | 廊坊致和旅行社有限公司 | 三河市燕郊开发区火车站底商东 18 号 |
| 19 | 廊坊乐游国际旅行社有限公司 | 固安县固安镇新中街南侧、机关幼儿园东侧 |
| 20 | 廊坊蓝图旅行社有限公司 | 大城县津保路南侧物资局宿舍 |
| 21 | 廊坊青旅旅行社有限公司 | 大城县新华东街 122 号物贸综合楼门市 114 号 |
| 22 | 三河市怡然天方旅行社 | 三河市区贤人路南侧 |
| 23 | 三河市欢乐假期旅行社有限公司 | 三河市区光辉北院供电局住宅楼厢房楼 1 单元 111 号 |
| 24 | 三河市环宇旅行社有限公司 | 三河市行宫宾馆写字间 |
| 25 | 三河市东星旅行社有限公司 | 三河市燕郊海油大街小张各庄 12-3 号 |
| 26 | 三河市昆仑旅行社 | 三河市贤人街金都商务中心西 7 号 |
| 27 | 三河市中海旅行社有限公司 | 三河市建设路 33 号 |
| 28 | 三河四方旅行社有限责任公司 | 三河市迎宾南路 45 号 |
| 29 | 霸州市天缘旅行社有限公司 | 霸州市胜芳镇北二环新园小区 4 号楼 2 单元 103 |
| 30 | 三河市山水旅行社 | 三河市京哈路北侧，世纪广场东侧门店楼 8 号 |
| 31 | 霸州市康泰旅行社有限公司 | 霸州市创富金街 B2-6 二层 |
| 32 | 霸州市银河假日旅行社有限公司 | 霸州市天祥北路隆泰小区 |
| 33 | 霸州市环球旅行社 | 霸州市隆泰花园南门西 50 米 |
| 34 | 霸州市丽华旅行社有限公司 | 霸州市胜芳镇星和路 64 号 |
| 35 | 霸州市神舟旅行社有限公司 | 霸州市天祥路隆泰西门南 300 米 |
| 36 | 河北环网旅行社有限公司 | 广阳区永丰道 8 号广播电视大厦二楼 |
| 37 | 廊坊市纵横旅行社 | 安次区南门外大街 18 号汽修厂门市部北头第一间 |
| 38 | 三河市美景假期旅行社 | 三河市区西环路西建设路南 |
| 39 | 廊坊市路友国际旅行社有限公司 | 广阳区爱民东道 235 号绿龙无公害蔬菜配送有限公司办公楼 B 区 1-501 |
| 40 | 廊坊市中体旅行社有限公司 | 广阳区儿童乐园北门西侧 |
| 41 | 廊坊市行天下旅行社有限公司 | 广阳区第八大街西区 B 区商业 2-3-207 |

续表 34

| 序号 | 旅行社中文名称 | 地址 |
|---|---|---|
| 42 | 廊坊市众信旅行社有限公司 | 广阳区爱民道浙商广场 1-2-815 |
| 43 | 廊坊市畅途旅行社有限公司 | 广阳区金光道 43 号院内 1 号底商 4 号 |
| 44 | 廊坊市春晖旅行社有限公司 | 广阳区馨境界小区西区 14-1-5 号门市 |
| 45 | 固安县北青旅行社有限公司 | 固安县京开公路西侧二号路北侧京御祥园 |
| 46 | 永清县清丰旅行社 | 永清县文苑路北段东 1 号 |
| 47 | 廊坊市康旅旅行社有限公司 | 广阳区天利得益商务中心一期 1-1-1205 |
| 48 | 永清县环游旅行社有限公司 | 永清县府东街路南 4# 楼 |
| 49 | 廊坊市绎达国际旅行社有限公司 | 廊坊市新世纪步行街第五大街精品廊 2#C3 号 |
| 50 | 廊坊市澳可旅行社有限公司 | 广阳区尚都金茂中心 B-1-704 室 |
| 51 | 固安县天顺旅行社有限公司 | 固安县京开公路西侧（水上公园） |
| 52 | 永清县老索旅行社有限公司 | 永清县府东街 64 号 |
| 53 | 廊坊市全景假日旅行社有限公司 | 广阳区曙光道 18-2 号 |
| 54 | 香河通达假日旅行社有限公司 | 香河县新开街康宁园大门口东侧 |
| 55 | 廊坊市鑫海慈缘旅行社有限公司 | 安次区丽舍小区第 5 幢 1 单元 1 层 107 号 |
| 56 | 廊坊市乐途旅行社有限公司 | 广阳区尚都金茂中心 B 座 404 |
| 57 | 永清县春晓旅行社有限公司 | 永清县府东街南 9 号楼 |
| 58 | 永清县畅游旅行社有限公司 | 永清县府东街路北（2# 楼） |
| 59 | 廊坊市春秋旅行社有限公司 | 广阳区广阳道 144 号（原北外环 46 号） |
| 60 | 大城县康信旅行社有限责任公司 | 大城县新华东街 |
| 61 | 永清风光旅行社有限公司 | 永清县城内府东街 110 号 |
| 62 | 廊坊市华海旅行社有限公司 | 广阳区华北石油万庄基地万春园小区门市 1-6 |
| 63 | 固安县永丰旅行社有限公司 | 固安县新昌街南侧 |
| 64 | 廊坊市中青旅行社有限公司 | 广阳区新华路 45 号明珠影剧院内 |
| 65 | 大厂回族自治县宏辉旅行社有限公司 | 大厂回族自治县大安街南侧热力段 |
| 66 | 廊坊开发区汇源旅行社有限公司 | 廊坊开发区四海路乙 088c |
| 67 | 廊坊市恒信国际旅行社有限公司 | 广阳区万庄石油矿区商业街 19 号 |
| 68 | 文安县鸣翔旅行社有限公司 | 文安县城西关商业街 |
| 69 | 廊坊市华远旅行社有限公司 | 广阳区阿尔卡迪亚小区华景园 1-1-109 |
| 70 | 廊坊市朋达旅行社有限公司 | 广阳区银河北路 44 号（三小旁） |
| 71 | 香河春秋旅行社有限公司 | 香河新开街西段 |
| 72 | 大厂回族自治县康汇旅行社有限公司 | 大厂县城荣昌北街 51 号 |
| 73 | 廊坊市凯悦旅行社有限公司 | 广阳区光明东道许青路 2 号 |

续表 34

| 序号 | 旅行社中文名称 | 地址 |
|---|---|---|
| 74 | 廊坊市海洋旅行社有限公司 | 廊坊市新世纪步行街第四大街 A 座 53 号 |
| 75 | 廊坊市金龙假日国际旅行社股份有限公司 | 广阳区凯创大厦第 1 幢 1 单元 1-410 室 |
| 76 | 廊坊市馨苑旅行社有限公司 | 广阳区廊京路商贸一条街 1 号楼 5-7 轴 |
| 77 | 廊坊市祥旅假日旅行社有限公司 | 广阳区幸福城雅园 21 栋 1 单元 407 号 |
| 78 | 廊坊市金辉旅行社有限公司 | 广阳区康庄道金海公寓底商东 1 号 |
| 79 | 廊坊市和平旅行社有限公司 | 广阳区曙光道 18 号综合楼 14 号 |
| 80 | 廊坊市金马旅行社有限公司 | 廊坊市新世纪步行街第四大街 B 座 90 号 |
| 81 | 廊坊市康辉旅行社有限公司 | 廊坊市新世纪步行街第五大街精品廊 C2 号 |
| 82 | 廊坊政通旅行社有限公司 | 文安县政通道 226 号 |
| 83 | 文安县宏远旅行社有限公司 | 文安县二中对面 |
| 84 | 廊坊市中旅国际旅行社有限公司 | 广阳区新华路 80 号 |
| 85 | 廊坊市新世纪旅行社有限公司 | 廊坊市新世纪步行街第三大街 B 座 53 号 |
| 86 | 廊坊市途游旅行社有限公司 | 广阳区第六大街小区 3-1-518 |
| 87 | 廊坊市新华旅行社有限公司 | 香河县新开街南侧县社办公楼西侧 23 号 |
| 88 | 廊坊市金世纪旅游有限公司 | 廊坊市新世纪步行街和平路八干渠 44 号 A-40 |
| 89 | 廊坊市东华旅行社有限公司 | 广阳区新华路 122 号 |
| 90 | 廊坊石油管道方舟旅行社有限责任公司 | 广阳区解放道东段 |
| 91 | 文安县春秋旅行社 | 文安县北环路 18 号 |
| 92 | 廊坊市天都旅行社 | 广阳区广阳道 188 号 |

# 商贸流通

## 综　述

**【概况】**　2019 年，廊坊市限额以上法人单位 400 家，其中餐饮业 40 家、零售业 240 家、批发业 97 家、住宿业 28 家。廊坊市实现社会消费品零售总额 1137.4 亿元，同比增长 9.1%，增速居全省第一位，高于全省平均增速 0.7 个百分点。其中，零售业 809.6 亿元，占零售总额的 71.2%，批发业 155.2 亿元，占零售总额的 13.6%，餐饮业 149.8 亿元，占零售总额的 13.2%，住宿业 22.8 亿元，占零售总额的 2%。限额以上单位实现零售额 412.2 亿元，同比增长 14%，增速居全省第一位，高于全省平均增速 11.9 个百分点。其中，分市场看，城镇市场 369.3 亿元、同比增长 12.2%，乡村市场 42.9 亿元、同比增长 32.1%；分行业看，21 个小类行业中，通信器材、文化办公用品等 15 类零售额呈增长态势，汽车、家用电器音像器材等 6 类零售额呈下滑态势。年内，全市外贸进出口总额 352.4 亿元，同比下降 23.6%。其中，出口金额 183.5 亿元，同比增长 4%；进口金额 168.9 亿元，同比下降 40.7%。

2019 年，廊坊市出台实施《廊坊市精准招商行动计划》，按照新一代信息技术、高端装备制造、生物医药健康和临空经济“3+1”主导产业发展要求，突出围绕临空经济区和自贸区建设，明确区域、定位目标、精准发力，实施专题招商、会展招商、小团组招商和委托招商等组合式招商。年内，全市实际利用外资 110554 万美元，同比增长 5.4%，总量居全省第五位，合同外资 75077 万美元，总量居全省第三位，同比增长 289.7%，排名居全省第一位。发挥“5•18”经洽会招商引资主导作用，加强对接洽谈，推动项目签约落地。2019 年“5•18”经洽会上，廊坊市签约外资项目 14 项、总投资 21.95 亿美元、协议引进外资 17.64 亿美元。在美国费城、荷兰阿姆斯特丹、以色列特拉维夫和中国香港等地设立招商联络处，加强招商宣传、客户邀请、项目对接等功能，搭建招商引资新平台。先后在中国香港、上海市等地举办招商活动，在廊坊市接待考察客商 100 余批次，与国内外 30 多个知名企业和机构对接，推动项目洽谈签约。重点围绕北京大兴国际机场临空经济区和中国（河北）自由贸易试验区大兴机场片区建设，在深圳市、石家庄市、上海市、重庆市、北京市以及迪拜、法国、德国等国家和地区举办 10 次全球招商发布会，促成签约内外资意向项目 30 个，总投资 1565.5 亿元。

（苗　洁）

## 国内贸易

**【概况】**　2019 年，廊坊市有 57 家综合超市，22 家百货店超市，4658 家超市便利店，199 家批发市场、农贸市场、菜市场。年内，廊坊市加快民心工程建设，推动实施“便民市场建设工程”，总投资 1177.2 万元，完成 11 个便民市场提升改造，建设面积约 1.38 万平方米。

**【电子商务市场】**　2019 年，廊坊市各类电子商务主体蓬勃发展，村点乐、邮乐购等农村电商发展迅速，其中村点乐在霸州市各乡镇村街设立直营加盟店 350 余个；新苑阳光、万地葡等社区电商合理布局，其中万地葡在全市设立 18 家社区自提店，2 家无人售货超市进入试运营阶段；佳佳供应链管理（廊坊）有限公司等跨境电商不断壮大，全市多层次、多模式、宽领域服务平台发展格局基本形成。11 月 1 日，廊坊市启动 2019 年“河北省电商月”廊坊站活动，先后举办廊坊市电子商务标杆企业产品成果展、廊坊市“互联网＋电子商务”主题峰会、电子商务民生展、京津冀电子商务企业走进中关村对接会、“河北省电商月”廊坊站市区赛区“互联网＋产业集群”大赛初赛、廊坊站系列活动颁奖及闭幕仪式等多项活动，推动廊坊企业电商应用与发展。年内，廊坊市淘宝镇数量 29 个，居全国第九位、全省第一位，全年电子商务交易额 3510 亿元，居全省第四位，网络零售额 323 亿元，居全省第一位。全市电子商务工商注册企业 1500 多家，平台及网店 5.2 万家，形成志诚信息、冀贸通、和易生活等一批知名电商交易平台。

**【二手汽车交易市场】**　2019 年，廊坊市符合二手车流通管理网点布局规划的二手车交易市场 9 个：廊坊市瑞丰机动车交易市场、廊坊天成旧机动车交易市场、廊坊市东方瑞丰机动车交易市场、廊坊市杰成旧机动车交易市场、霸州中鑫旧机动车交易市场、廊坊燕三太旧机动车交易市场有限公司、霸州市力博机动车交易市场有限公司、固安齐庆二手车有限公司、永清县汇达二手车交易服务有限公司。年内，二手车交易 81685 辆。

**【废旧汽车报废市场】**　2019 年，廊坊市报废汽车拆解企业 4 家：廊坊市天成再生利用有限公司、廊坊市亚通报废汽车回收有限公司、中国物资再生利用燕郊有限公司、霸州复成报废汽车有限公司。全年回收报废汽车 11852 辆。

**【拍卖市场】** 2019 年，廊坊市登记注册拍卖企业 16 家，其中市区 12 家，三河市 2 家，霸州市 2 家。廊坊聚得利、河北澜辉拍卖等 5 家拍卖企业具有省级拍卖资格，河北龙泽、河北恒贞拍卖等 6 家拍卖企业具有市级拍卖资格。业内从业人员 120 人，拍卖师 33 人。全年举办各类拍卖会 158 场次，拍卖成交总额 170006.696 万元。

**【成品油市场】** 2019 年，廊坊市有加油站（点）575 家，其中加油站 537 家，农村加油网点 38 家。成品油批发、仓储企业 6 家。年内，全市批发企业销售汽油 32.6 万吨，柴油 25.63 万吨；零售企业销售汽油 49.9 万吨，柴油 21.55 万吨。

（苗　洁）

**【中石油廊坊销售分公司】** 中国石油天然气股份有限公司河北廊坊销售分公司（简称中石油廊坊销售分公司）坐落于廊坊市广阳区光明东道 55 号，主要负责中国石油在廊坊境内的成品油、昆仑润滑油、便利店商品销售及汽车租赁业务开展。2019 年，中石油廊坊销售分公司有员工 539 人，管理片区 4 个，加油站 74 座。成品油销售总量 22 万吨，同比增加 1 万吨，收入 16.87 亿元，非油收入 0.6 亿元，全年实现利润 5000 余万元。年内，中石油廊坊销售分公司所属加油站乙醇汽油置换任务完毕；依托“好客出行”“好客租车”汽车租赁品牌，保障“5•18”国际经贸洽谈会服务用车。联合印发《廊坊市农业农村局中国石油廊坊销售分公司联合开展支农惠农活动方案》，保障农业生产用油；与廊坊市交警支队开展“零违法‘油’奖励”文明交通自律挑战赛，倡导广大驾驶员文明出行，安全驾驶。保障廊坊辖区内成品油供应，将所属加油站打造成廊坊特色“人•车•生活”生态圈，依托加油站和好客优品商城，通过与银行、保险、电信、航空、邮政、汽车服务、零售等龙头企业跨界合作，为广大顾客提供增值服务，提高顾客消费舒适度、满意度，将精益服务转化为提质增效有效手段，为廊坊市经济发展做出应有贡献。

（刘立宪）

**【中石化廊坊石油公司】** 中国石化销售股份有限公司河北廊坊石油分公司坐落于廊坊市银河北路 116 号，主要经营汽油、柴油、润滑油、燃气、汽服商品和日用百货等，下辖 10 个县（市、区）公司，建有中心油库 1 座，总储量 4.8 万立方米。2019 年，公司拥有加油站 121 座，员工 909 人；资产总额 14.2 亿元；销售各类成品油 46 万吨；拥有便利店 119 座，非油品营业额 1.3 亿元，是廊坊最大成品油零售商。

（赵　虹）

**【廊坊新奥燃气有限公司】** 2019 年，廊坊新奥燃气有限公司在廊坊市区燃气管线总长度 3000 余千米，管网覆盖率、天然气气化率均在 95% 以上。公司建成加气母站 2 座、CNG 加气站 4 座，CNG、LNG 合建站 1 座，CNG 加油加气站 1 座，LNG 加油加气站 1 座。公司下辖营业厅 8 个、抢修队 1 个、运营网格 5 个和场站 3 个。公司拥有居民用户 40 万户、工商业用户 3800 余户、车用燃气用户 3.2 万余户，日最高供气量 265 万立方米。全年天然气销售量 3.9 亿立方米。建设 1 万立方米 LNG 储气站，为廊坊市提供 600 万立方米调峰储气资源，改造永唐秦输气站将供气能力由 120 万立方米 / 日提升至 200 万立方米 / 日；市区内部和平桥与西环桥穿越铁路的管网联通建设完毕，保障区域内管网压力平衡，加强供气保障，确保辖区内用户用气安全。廊坊新奥燃气秉承新奥能源“客户为尊、创造满意”服务理念，建立健全客户服务体系和服务监督体系。公司先后引进 SCADA（遥测遥讯）系统、GIS（地理信息）系统、智慧运营平台、ERP（企业资源计划）系统、HSE（健康、安全、环境）管理体系等。为支撑数字化管理，公司新上线综合能源销售平台、工程可视化管理系统、物联网云平台、供热运营平台以及数据 e 精灵等平台推动企业智慧化运营。公司设有全国统一客户服务热线“95158”，维修、抢修人员 24 小时值守。

（李馥宇）

**【廊坊市铭顺石油天然气销售有限公司】** 廊坊市铭顺石油天然气销售有限公司（以下简称铭顺燃气公司）成立于 2008 年 4 月，注册资本 2 亿元，位于廊坊市安次区廊霸路 103 号，主要承接石油、天然气营销业务，总资产 40 亿元，员工 400 余人。铭顺燃气公司在霸州市、永清县、文安县、大城县、张家口市等地区设立子公司，拥有加油加气站 6 座、燃气门站 7 座、万吨大型批发成品油库 1 座和日供气量达 390 万立方米储气调峰站 1 座。下辖营业厅 10 个、抢修中心 1 个、调度中心 1 个，参股投资 CNG、LNG、油气合建站 10 座，投资 2500 万元建立高标准气瓶检验检测中心和车辆改装厂。截至 2019 年年底，铭顺燃气公司铺设各种规格的天然气管网 2600 千米，拥有城市居民用户约 13 万户、农村“气代煤”用户近 25 万户、工商业用户 1500 余户，日输气能力 360 万立方米。

（杜　轩）

**【烟草专卖】** 2019 年，廊坊市烟草专卖局（公司）实现税利 11.83 亿元，同比增长 4.87%。是年，廊坊市烟草专卖局查处涉烟案件 1097 起，其中 5 万元以上案件 22 起，查获各类违规卷烟 1668.36 万支，刑拘10人，批捕14人，判刑8人；完成3起国家局标准四级网络案件，1起三级网络案件，超额完成省烟草专卖局下达的国标网络任务；不断加强依法行政、文明执法建设，规范烟草专卖零售许可证办理流程，落实“放管服”改革工作和“互联网+政务服务”工作。

（张　欣）

## 对外贸易

**【概况】** 2019年，廊坊市商务局向各县（市、区）、廊坊开发区下达2019年外贸目标任务，逐月开展外贸进出口运行分析，逐季制定外贸指标“一县一策清单”，开展外贸百日攻坚行动，挖掘外贸进出口潜力，力促外贸目标任务完成。开展外贸企业精准帮扶行动，按照省、市“双创双服”活动安排，为全市300家外贸企业分级开展包联帮扶，帮助企业解决外贸发展中难点、热点问题。利用展会平台开拓市场，组织210家（次）企业参加华交会、广交会、高交会、马来西亚国际家具展、中国（波兰）贸易博览会、卡塔尔五大行业展等13个境内外展会，帮助企业抓客户拓市场。抓好外贸转型升级基地建设，霸州家具出口基地获评国家级外贸转型升级基地，填补廊坊市没有国家级出口基地的空白；新获批固安县新型显示、廊坊经开区汽车零部件、香河县机器人3个外贸转型基地（出口聚集区），廊坊市外贸转型基地和聚集区总数量达到6家。培育外贸新业态，佳佳供应链管理（廊坊）有限公司获评省级外贸综服试点企业，霸州诺伊尔展架有限公司和河北驰野玻璃珠有限责任公司获评省级外贸品牌优势企业，佳佳供应链管理（廊坊）有限公司在德国科隆、英国伯明翰的2个海外仓获评为省级公共海外仓。落实出口企业环境监管正面清单制度，分2批次推动廊坊市190家重点出口企业纳入河北省生产保障正面清单，出口企业在订单执行期间免于停限产，保障企业扩大出口。开展政策业务大培训活动，围绕应对贸易摩擦、跨境电商、开拓国际市场等主题组织6场外贸政策业务培训活动，培训人数1000余人次。提高外贸服务水平，加强外贸政策宣传，指导、帮助企业用足用好各项外贸扶持政策。在对外贸易经营者备案登记、进出口许可证发放等方面简化办事流程、提高效率，为企业提供高效优质服务。截至2019年年底，廊坊市对外贸易经营者备案登记企业2935家。

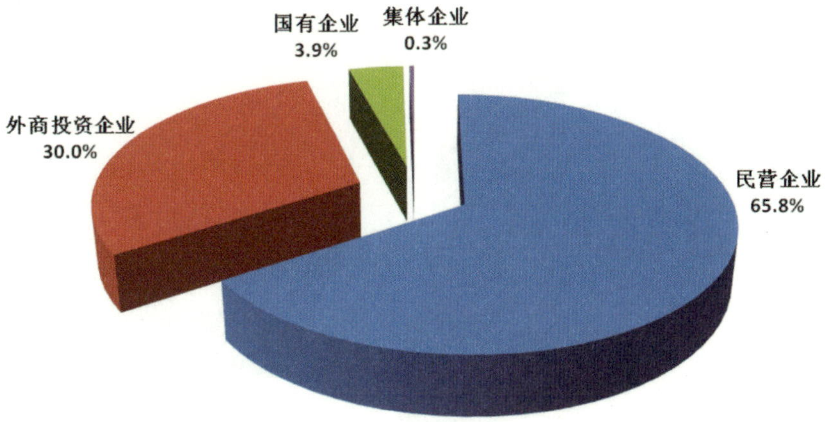


图23　2019年廊坊市各类企业出口额占比图

2019年，全市有出口实绩企业892家。其中，民营企业748家，出口金额120.7亿元；外商投资企业128家，出口金额55.1亿元；国有企业13家，出口金额7.1亿元；集体企业3家，出口金额0.6亿元。出口前五位企业分别为佳佳供应链管理（廊坊）有限公司、福克·埃尔莫（廊坊）电气有限公司、京东方（河北）移动显示技术有限公司、埃意（廊坊）电子工程有限公司、河北耀邦科技有限公司，出口金额分别为14.1亿元、10.1亿元、9.7亿元、4.5亿元、3.4亿元。有进口实绩企业420家，其中民营企业284家，进口金额114.3亿元；外商投资企业127家，进口金额53.9亿元；国有企业7家，进口金额0.2亿元；集体企业2家，进口金额0.5亿元。进口前五位企业分别为三河汇福粮油集团饲料蛋白有限公司、维特根机械（廊坊）有限公司、云谷（固安）科技有限公司、福克·埃

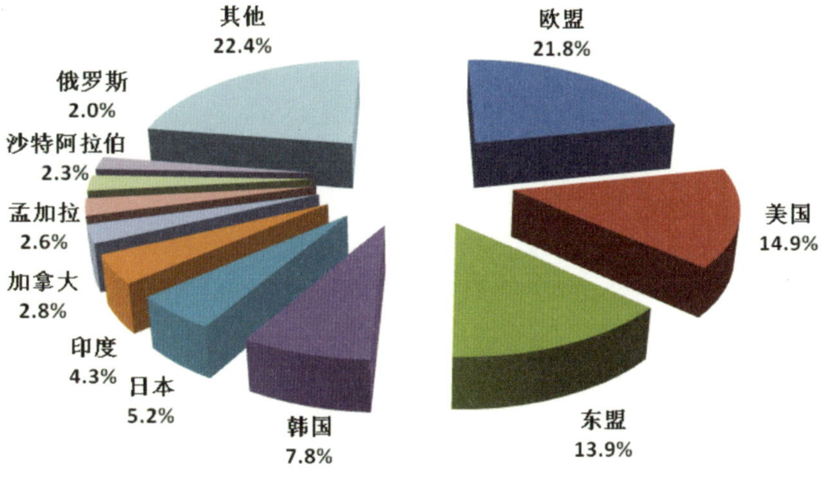


图24　2019年廊坊市出口市场分布图

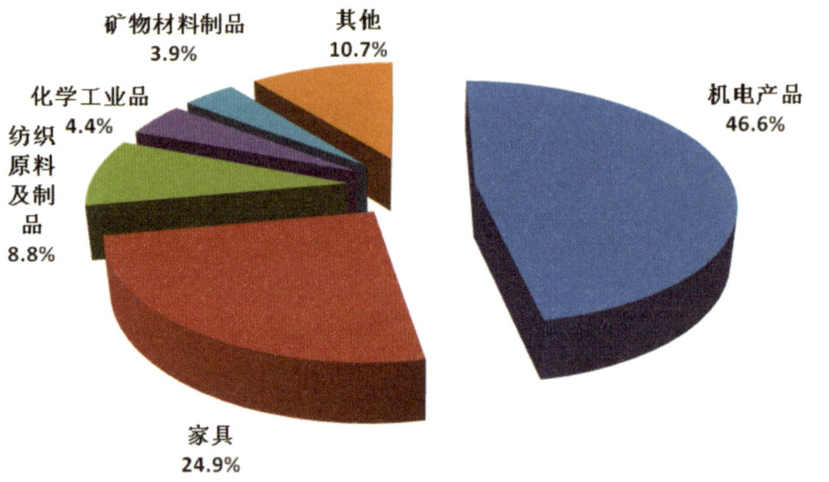


图 25 2019 年廊坊市出口商品占比图

尔莫（廊坊）电气有限公司、京东方（河北）移动显示技术有限公司，进口金额分别为 80.2 亿元、10.4 亿元、9.9 亿元、8.4 亿元、6 亿元。

**【商品进出口市场】** 2019 年，廊坊市出口市场遍及六大洲 183 个国家和地区。十大出口市场分别为欧盟、美国、东盟、韩国、日本、印度、加拿大、孟加拉、沙特阿拉伯、俄罗斯，出口金额分别为 40 亿元、27.3 亿元、25.5 亿元、14.3 亿元、9.6 亿元、7.9 亿元、5.1 亿元、4.8 亿元、4.3 亿元、3.6 亿元。从 84 个国家和地区进口商品，九大进口市场分别为巴西、欧盟、韩国、美国、日本、东盟、阿根廷、墨西哥、印度，进口金额分别为 70.7 亿元、36.5 亿元、20.3 亿元、13.4 亿元、6.1 亿元、4.3 亿元、3.3 亿元、1.6 亿元、1.4 亿元。

**【进出口贸易】** 2019 年，廊坊市一般贸易出口金额 144.6 亿元，加工贸易出口金额 32.2 亿元，其他贸易出口金额 6.7 亿元；一般贸易进口金额 155.6 亿元，加工贸易进口金额 12 亿元，其他贸易进口金额 1.3 亿元。年内，廊坊开发区、三河市、大厂县、香河县、广阳区、安次区、永清县、固安县、霸州市、文安县、大城县、市直等出口金额分别为 62 亿元、8 亿元、4.7 亿元、7.7 亿元、7.9 亿元、5.2 亿元、4.9 亿元、14.6 亿元、47.3 亿元、4.4 亿元、4.2 亿元、12.8 亿元；进口金额分别为 42.2 亿元、92.2 亿元、1.3 亿元、0.6 亿元、1.9 亿元、1.8 亿元、0.5 亿元、17.5 亿元、5.2 亿元、0.5 亿元、2.4 亿元、2.9 亿元。

2019 年，廊坊市出口 21 个大类商品，其中机电产品、家具、纺织原料及制品、化学工业品、矿物材料制品 5 个大类商品出口金额分别为 85.6 亿元、45.9 亿元、16.4 亿元、8.2 亿元、7.3 亿元。进口 20 个大类商品，其中大豆、机电产品、塑料及制品、化学工业品、食品 5 个大类商品进口金额分别为 80.2 亿元、58.3 亿元、10 亿元、5.9 亿元、1.9 亿元。

（苗　洁）

## 对外经济技术合作

**【概况】** 2019 年，廊坊市境外投资领域涵盖商务服务业、批发和零售业、农牧业、制造业、建筑业、采矿业等 12 个国民经济行业。从投资额看，商务服务业占 48%，在 12 个国民经济行业中位居首位；制造业占 20%，位居第二位。对外承包工程涉及石油、天然气管道、房屋建筑、道路桥梁、勘察设计等行业。“一带一路”倡议提出后，廊坊市贯彻落实中央决策部署，立足本地产能优势，主动服务和参与“一带一路”建设，加大推动市内企业“搭船出海”，以扩大贸易、勘察设计、投资建设、装备供应、运营维护技术服务等“走出去”方式为重点，加快国际产能合作持续有序健康发展。截至 2019 年年底，全市“一带一路”沿线国家累计备案投资企业 22 家，中方投资额 14.78 亿美元，占全市中方投资额 32.1%。从区域看，分布在沿线 13 个国家，其中东南亚地区合计占投资额的 87.3%。从行业看，制造业企业 12 家、建筑业企业 4 家，其中制造业中方投资 7.57 亿美元，占比为 51.2%，建筑业中方投资 5.57 亿美元。

**【企业对外承包工程】** 2019 年，廊坊市新签对外承包工程合同额 22.54 亿美元，完成营业额 11.46 亿美元，工程项下外派劳务工人 1341 名。中国石油管道局工程有限公司、中国石油天然气管道通信电力工程总公司、中国地质科学院勘探技术研究所、地质矿产廊坊聚力岩土科技开发公司、廊坊华元机电工程有限公司等 5 家企业开展对外承包工程业务。对外承包工程主要分布伊拉克、泰国、沙特阿拉伯、阿曼、尼日尔、尼日利亚等亚洲、非洲地区和国家，涉及石油、天然气管道及附属配套工程的咨询、勘察、设计、施工和监理、电力仪表工程、输配电工程、通信工程建设等基础设施建设项目。

**【企业境外投资】** 2019 年，廊坊市企业取得境外投资资格 8 家。华夏幸福基业股份有限公司在印度尼西亚设立华夏幸福印度尼西亚唐格朗投资公司、河北鲲运塑料包装科技有限公司在西班牙设立中欧华鲲国际投资有限公司、廊坊新赛浦特种装备有限公司在美国设立恒泰艾普天然气技术服务有限公司、廊坊市荣浩纸品有限公司在

2019年，首批入驻自贸试验区的7个高端高新产业和高端服务业项目签约

泰国设立荣浩国际（泰国）有限公司、华夏幸福基业股份有限公司在越南设立越南产业新城基建发展有限公司、沃森测控技术（河北）有限公司在英国设立沃森有限公司、廊坊泛达管件有限公司在泰国设立泛达管件（泰国）有限公司、地质矿产廊坊聚力岩土工程科技开发公司在美国设立聚力地质工程有限责任公司。廊坊市中方企业对外投资5.76亿美元，总量居全省第四位。企业境外投资在印度尼西亚、西班牙、美国、泰国、英国、越南6个国家。重点企业有华夏幸福基业股份有限公司在印度尼西亚设立华夏幸福印度尼西亚唐格朗投资公司，投资总额22480万美元，从事产业园设施建设、投资管理及服务；华夏幸福基业股份有限公司在越南设立越南产业新城基建发展有限公司，投资总额9435万美元，从事产业园设施建设、投资管理及服务；河北鲲运塑料包装科技有限公司在西班牙设立中欧华鲲国际投资有限公司，投资总额1248.17万美元，从事研发、制造、销售塑料食品包装制品、塑料件、塑料原包料，进出口贸易；廊坊市荣浩纸品有限公司在泰国设立荣浩国际（泰国）有限公司，投资总额728万美元，从事加工、销售纸类产品、各类断路器及纸质、木质、塑料包装类产品，进出口贸易、货运站经营。

（苗　洁）

## 服务业

**【概况】** 2019年，市商务局以建设省级服务外包城市为契机，夯实产业基础，增进企业交流，推广餐饮国家标准，建立家政诚信体系，树立洗染行业典型，推动商贸服务行业高质量发展。市商务局全年组织河北乐聪网络科技股份有限公司、三河多音计算机技术有限公司等18家企业申请中央、省、市服务外包专项资金408.2万元，获批专项资金总额同比增长65.9%。加大培育市场主体，重点支持润泽科技、海宏环保等单体较大企业发展，组织廊坊开发区、燕郊高新区以及华宇科技等企业参加中国（上海）国际技术进出口交易会、中国国际服务贸易交易会等展会。是年，全市服务外包合同执行额2.36亿美元，同比增长42.6%。年内，市商务局组织洗染企业参加“迎冬奥”洗染和布草服务商备选评选，三河市泰悦洗涤有限公司以总分第二的成绩入围。

**【中介服务业】** 2019年，市商务局协调相关部门搜集整理4.25万家商贸服务企业情况，分行业、分县域集印成册并下发县级商务部门，为加强分级管理提供依据。推动家政服务业信用体系建设，加大宣传力度，组织龙头企业率先建立家政服务员信用记录和信用档案，617名家政服务人员建档。

**【住宿餐饮业】** 2019年，市商务局以服务“2022冬奥会和冬残奥会”为契机，深入推广餐饮（饭店）国家标准，组织鸿顺楼餐饮有限公司等11家餐饮企业通过国家级绿色餐饮（饭店）企业和国家级钻级酒家评审，并着力打造餐饮品牌，2022冬奥会“崇礼菜单”研发任务完毕，廊坊市14道菜品、4道小吃、4道面点入围中国烹饪大师邀请赛。

（苗　洁）

## 会　展

**【概况】** 2019年，廊坊市举办重点展会84个，展览面积105.53万平方米。其中，1万平方米以上展会50个。中国·廊坊国际经济贸易洽谈会、中国（廊坊）农产品交易会、中国国际管道大会、中国（廊坊）国际体育产业博览会、中国（廊坊）国际有机食品展览会5个展会获2018年度“河北省优秀品牌展会”称号，占全省优秀展会总数的1/4。在“第十六届中国会展行业年会暨中国会展业合作交流大会”颁奖典礼上，2018中国国际管道大会获“改革开放40年中国知名品牌展会”奖。在第九届中国会展产业发展大会上，中国（廊坊）国际有机食品展览会获“2018—2019年中国最具特色专业展会”称号。

**【第36届中国·廊坊国际经济贸易洽谈会】** 2019年5月18日—21日，第36届中国·廊坊国际经济贸易洽谈会（以下简称第36届“5•18”经洽会）在廊坊市举办，由商务部、河北省人民政府共同主办。第36届“5•18”经洽会主题是“新战略、新机遇、新动能”，聚焦国际合作、区域协同、创新发展、特色产业、临空经济等板块，举办4项论坛峰会、13项专题对接会、6项贸易展览以及巴西主宾国活动、项目签约仪式等26项主要活动，参会嘉宾涉及43个国家和地区共2223人，其中外宾595人，签署协议163个，协议利用省外资金1253.7亿元，协议利用外资 30.21 亿美元。临空经济区航空物流与航空科技产业项目合作并召开对接会，廊坊临空建设与修正发展、中国交建、中能建地热、维龙投资等企业签署全面战略合作备忘录，涉及 21 个项目，包含科技创新合作、基础设施建设、新型能源、航空智能物流、现代服务业等领域。第 36 届“5•18”经洽会上，华为、润泽国际信息港、维信诺 AMOLED 生产线等一大批重大产业项目相继落户廊坊市，全市战略性新兴产业和现代服务业蓬勃发展，“大智移云”产业首位度不断提升，新型显示、新材料新能源、高端制造、电子商务、大数据、文化创意等六大千亿级产业集群加速聚集；借助“5•18”经洽会，廊坊市搭建起重大产业项目承载平台，在不到全市 3% 土地上，14 个省级以上开发区创造全市三分之二以上 GDP 和财政收入。第 36 届“5•18”经洽会廊坊市重点合作项目签约，5 个政府类合作协议、32 个内外资重点合作项目。此次签约 32 个重点合作项目，以新一代信息技术、高端装备制造、生物医药健康和临空经济产业项目为主，其中外商投资项目 12 个，总投资 19.6 亿美元；国内合作项目 20 个，总投资 378 亿元。

**【“一带一路”暨金砖国家技能发展与技术创新大赛】** 2019 年 9 月 5 日至 12 日，“一带一路”暨金砖国家技能发展与技术创新大赛在廊坊市固安县开幕。“一带一路”暨金砖国家技能发展与技术创新大赛由金砖国家工商理事会中方理事会、金砖国家技能发展与技术创新大赛组委会、“一带一路”暨金砖国家技能发展国际联盟、廊坊市国际商会举办。由金砖国家工商理事会技能发展工作组组长、“一带一路”暨金砖国家技术发展国际联盟理事长刘振英博士等领导、专家学者及社会各界人士近 800 人出席此次大会。大会包括第七届焊接技能国际大赛、第三届焊接技术国际大赛、首届管道自动焊接技术国际大赛及机电一体化、物联网、工业互联网、虚拟现实（VR/AR）、逆向工程和电梯安装等 7 个赛项内容。汇聚 109 支参赛队 564 位参赛选手，其中境外参赛队 10 支参赛代表 108 名，来自俄罗斯、印度等金砖国家，罗马尼亚、印度尼西亚、伊朗、保加利亚、塞尔维亚、越南、喀麦隆等“一带一路”国家，以及来自中国香港等 16 家中央企业、22 所高中等职业院校、4 家相关企业和社会组织的内地 456 名参赛代表。

**【2019 河北·廊坊国际绿色产业博览会】** 2019 年 10 月 18 日—20 日，2019 河北•廊坊国际绿色产业博览会（以下简称绿博会）在廊坊润泽国际信息港举办。此届绿博会由廊坊市国际商会主办，廊坊市环境保护产业协会、河北速腾文化传媒有限公司、京畿（北京）国际展览有限公司联合承办，廊坊市汽车服务业商会、廊坊市装饰装修协会协办。此届绿博会主题是“持续发展，绿色崛起”，宗旨是“突出服务供需双方，提升环境综合治理水平”。展览面积达 1.2 万平方米，分设室内展区和室外展区。安徽蓝鼎环保科技有限公司、广州市怡文环境科技股份有限公司、江苏星晨环保设备有限公司、航天在线环境监测（北京）股份有限公司、天津联昌环保设备有限公司、廊坊新奥龙河环保科技有限公司、固安百滤得机械制造有限公司、漆先森（三河）环保科技有限公司等 106 家行业领先的节能环保企业到会参展，涉及北京市、天津市、河北省、安徽省、广州市、江苏省、浙江省等 10 多个省、市。参观观众 1 万多人次，其中专业观众洽谈 4000 多人次，现场贸易成交 1000 多万元。其间，举办“京津冀环境污染第三方治理改革与实施”、“绿色产业 承载未来”专题讲座、“首届河北环保产业科技创新领跑者”及企业家峰会等活动。

**【2019 中国（廊坊）国际有机食品展览会】** 2019 年 10 月 11 日至 13 日，2019 中国（廊坊）国际有机食品展览会（以下简称有机展）在廊坊国际会展中心举行。2019 有机展由廊坊市国际商会主办、廊坊国际展览集团有限公司执行承办。主题是“有机、自然、安全”，展览面积 1.6 万平方米，国内外参展企业 500 家，特装展位超过 40%。其中，中国有机食品龙头企业 30 余家，中国绿色无公害食品知名企业 40 余家，国际绿色有机食品企业 50 余家。具有认证标识有机食品展区展览面积 6000 平方米，国际展区 2000 平方米。参观人数近 4 万人次，接待专业观众 1280 人，意向合作与实际成交总额 2.3 亿元。来自黑龙江省、辽宁省、吉林省、内蒙古自治区、新疆维吾尔自治区、北京市、天津市、贵州省、云南省、江西省、山西省等 10 多个省、市有机绿色食品企业，俄罗斯、韩国、蒙古等多个国家和地区的国际展团 50 余家参加此次展会。2019 有机展期间，主办方举办“中国食品工业高质量发展高层论坛”“有机食品创新模式创新产品推介会”“首届全国特色农产品发展大会”以及商务考察等活动。

**【第二十三届中国（廊坊）农产品交易会】** 2019 年 11 月 1 日至 3 日，第二十三届中国（廊坊）农产品交易会在廊坊国际会展中心举行。由廊坊市人民政府、河北省农业产业化龙头企业协会主办，主题是“科技、绿色、品牌、质量”。此届农产品交易会突出品牌农业、贸易洽谈和招商引资三项重点，设置贸易展览、高端论坛、会中活动等三大板块，15 个专题展、4 个发展论坛和 6 项活动。农业供给侧结构性改革综合展、河北省品牌农业展、河北省“四个农业”展、特优农产品电商平台展、京津冀果品争霸赛暨获奖产品展、河北省对口帮扶地区特色农产品展、农业机械化转型升级展等 15 项贸易展览；中国国际农业遥感应用技术高峰论坛、环渤海奶业发展论坛、首届国际（廊坊）食用菌产业发展战略高峰论坛等4个论坛；河北省品牌农产品产销对接活动、农业项目签约、河北省品牌农业发展大会、农交会电商平台启动活动、河北国际绿色农业周、各市和省有关部门的自办活动等6项会中活动集中参展。来自海内外1000多家企业、1500余名客商参会参展。第二十三届中国（廊坊）农产品交易会有27个省农业项目签约，合作金额206.1亿元。其中，廊坊市签约项目5个，总投资60.12亿元，签约项目个数及投资额均居全省首位。

**【廊坊市首届冰雪运动会】** 2019年廊坊市首届冰雪运动会，于11月9日至30日在廊坊市举行。廊坊市首届冰雪运动会由廊坊市人民政府主办，市体育局、市教育局、各县（市、区）人民政府、廊坊开发区管委会承办，各县（市、区）教体局、各大中专院校协办，旨在扩大廊坊市冰雪运动人口，培养冰雪后备人才，实现“到2021年廊坊全市参与冰雪运动群众达到76万人”目标。此届冰雪运动会有2000多名运动员、裁判员及工作人员参加，廊坊开发区及10个县（市、区）举办冰雪运动会，参与冰雪运动人数40万人。11月16日，廊坊市首届冰雪运动会滑冰比赛在新朝阳世纪星滑冰馆举行；来自各县（市、区）11支代表队135名运动员参加比赛；固安县代表队获团体总分第一名，香河县代表队和三河市代表队位列第二名和第三名。在此届冰雪届运动会中文安县、安次区、香河县、霸州市、固安县和三河市获青少年组团体总分前六名；文安县、开发区、香河县、大城县、三河市获社会组优胜奖；广阳区、霸州市、固安县、安次区、永清县、大厂县获社会组优秀奖。

**【2019河北·廊坊装备制造业博览会】** 2019年12月5日至7日，2019河北·廊坊装备制造业博览会（以下简称装备展）在廊坊国际会展中心举办。2019装备展由廊坊市国际商会主办，欧美工商会、中国机床工具工业协会、北京机械工程协会、天津机械工程协会、河北省机械行业协会等支持并协办，廊坊会议展览有限公司承办。2019装备展主题是“智能引领 协同发展”，展览会面积1.55万平方米，接待参会、参观专业人士1.27万余人次，参观人数9570人，实现交易额逾1820万元，意向交易约3000万元。此次装备展以京津冀地区智能机器人、工业机器人、工业自动化装备、3D打印技术装备、平面显示技术与设备、电子信息技术与设备等企业为主。瑞士ABB、日本发那科、安川机器人、德国库卡机器人、德国维特根、广东隆邦、厦门东亚、大连机床、贯通智维等诸多行业高精尖企业均首次参展，来自北京市、天津市、上海市、深圳市等地区200余家企业参展，参展范围涵盖机床、激光、智能制造、大数据、智慧物联、机器人以及人工智能设备等。此次装备展参展的展品有国内的七轴机器人、CCD激光定位感应系统等先进技术，突出行业新技术引领。其间，主办方举办京津冀智能制造产业论坛、中国—欧美对接合作洽谈会，中国国际贸易促进委员会廊坊市委员会廊坊市国际商会、欧美工商会、廊坊市装备工业协会、伏尔加—第聂伯航空公司、河北工业大学、北华航天工业学院、北京瑞友科技股份有限公司、富川工程师学院等领导、业内专家、产需负责人以及国内外参会贵宾34人出席会议，论坛主要内容以行业政策解读、廊坊市行业发展现状分析以及制造企业对接洽谈组成，现场参会人员约200人。

**【京津冀大数据创新应用中心】** 京津冀大数据创新应用中心为京津冀大数据综合试验区重点工程，项目总投资15亿元人民币，由润泽科技发展有限公司投资建设，于2016年10月22日开始动工建设，2017年5月18日正式投入运营。项目包含研发、双创、办公、展览、会议、酒店、公寓等几大功能分区。京津冀大数据创新应用中心地处廊坊市东北部，紧邻凤河与京津塘高速，距离津唐高速出口5000米。总建筑面积328490平方米（其中地上260189平方米，地下68301平方米）。展览中心集展览、会议、商务、餐饮、娱乐等多功能于一体，2017年5月18日投入使用，截至2019年，举办中国·廊坊国际经济贸易洽谈会、中国（廊坊）农产品交易会、河北省青少年机器人竞赛、河北省第二届“双创双服”创业就业服务成果展等重点展会。

**【丝绸之路国际文化交流中心】** 丝绸之路国际文化交流中心（以下简称“丝路中心”）占地面积10万平方米、建筑面积25万平方米，包含4大特色剧场、1个音乐厅、14个艺术展厅及多功能艺术空间。14个展厅分布在文化中心东西侧，展厅总面积约1.2万平方米，配备9600平方米的艺术品库区和艺术品银行，展厅作为艺术馆将整合国内外著名策展人与艺术机构资源，定期举办以摄影、书法、设计、雕塑、美术、非遗为主要内容的专业展览，结合其他业务需求，配合推出艺术品拍卖、学术交流、工作坊、艺术教育、主题沙龙等主题活动。

（张　叶　樊兢娜）

## 2019年廊坊市举办展会一览表

表35

| 序号 | 展会名称 | 主办单位 | 举办时间 | 举办地点 | 面积（平方米） |
|---|---|---|---|---|---|
| 1 | 漫画廊坊画展 | 廊坊市委宣传部、廊坊日报社 | 1月2日—22日 | 廊坊会展中心A馆方块区 | 3000 |
| 2 | 2019首届中国（廊坊）开年惠民消费季 | 廊坊国际展览集团有限公司 | 1月11日—15日 | 廊坊会展中心A馆长条区 | 6000 |
| 3 | 2019年廊坊新年购物节大惠战 | 锦州市亚泰展览有限公司 | 1月19日—28日 | 廊坊会展中心B馆 | 12000 |
| 4 | CLCAF9.5-廊坊新春动漫游戏嘉年华动漫冬日祭 | 廊坊市文化和旅游局 | 1月27日 | A馆长条区 | 6000 |
| 5 | 全国大健康产业论坛 | 海南一龄医疗产业发展有限公司 | 2月13日—21日 | 香河第一城 | 8000 |
| 6 | 2019中国（廊坊）春季渔具展销订货会 | 廊坊国际展览集团有限公司 | 2月16日—18日 | A馆 | 10000 |
| 7 | 第七届中国·廊坊（春季）宠物生活博览会 | 北京中爱联合犬业俱乐部有限公司、廊坊市宠物行业协会 | 3月1日—3日 | 廊坊会展中心A馆 | 10000 |
| 8 | 2019首届廊坊春季放心购车季 | 团圆网络科技（北京）有限公司 | 3月2日—4日 | 廊坊会展中心B馆 | 12000 |
| 9 | 2019京津冀现代农业科技展览会 | 廊坊友谊百众展览服务有限公司 | 3月4日—6日 | 廊坊会展中心B馆 | 7000 |
| 10 | 2019年苏杭丝绸暨南北特产直销展 | 台州市丰源展览展销有限公司 | 3月7日—19日 | A馆长条区 | 6000 |
| 11 | 河北省霸州市首届文化珠宝艺术节暨网购商品博览会 | 雄县泽越商贸有限公司 | 3月8日—20日 | 霸州棕榈影城广场（市中心） | 3000 |
| 12 | 2019年廊坊广告五新展 | 河北广告协会 | 3月10日—12日 | 廊坊会展中心B馆 | 5000 |
| 13 | 廊坊市2019年春季家居建材博览会 | 廊坊市装饰装修协会 | 3月10日—12日 | 丽都鑫潮家居广场 | 7000 |
| 14 | 2019春季廊坊商品交易会 | 廊坊市盛世鑫华展览服务有限公司 | 3月17日—31日 | 廊坊会展中心D馆 | 8000 |
| 15 | 2019年春季服装展览会 | 廊坊市中乾文化传媒有限公司 | 3月17日—4月12日 | 廊坊市体育馆 | 6000 |
| 16 | 2019中国国际管道高峰论坛 | 廊坊国际管道会展有限公司 | 3月19日—20日 | 新绎七修酒店 | 310人 |
| 17 | 第十三届中国节能炉具博览会暨2019节能环保炉具（锅炉）行业发展论坛 | 中国农村能源行业协会、节能炉具专业委员会 | 3月21日—23日 | 廊坊会展中心B馆、A馆方块 | 20000 |
| 18 | 2019春季家博会 | 廊坊国际展览集团有限公司 | 3月29日—4月1日 | 廊坊会展中心B馆 | 12000 |
| 19 | 2019年第九届中国廊坊国际秀鸽展示暨幼鸽交流会 | 中国信鸽协会、河北省信鸽协会、廊坊市体育局、廊坊市体育总会 | 3月30日—31日 | 廊坊会展中心A馆 | 15000 |

续表 35

| 序号 | 展会名称 | 主办单位 | 举办时间 | 举办地点 | 面积（平方米） |
|---|---|---|---|---|---|
| 20 | 2019 大厂渔具展（第一季） | 大厂渔具城管委会 | 3月31日—4月2日 | 大厂渔具城 | 20000 |
| 21 | CLCAF10- 廊坊动漫电竞春日庆典 | 廊坊市旅发委 | 4月6日—7日 | 廊坊会展中心 A 馆 | 10000 |
| 22 | 第 21 届中国（胜芳）特色家具国际博览会暨第 8 届胜芳国际家具原辅材料展 | 胜芳家具行业协会 | 4月8日—10日 | 胜芳国际家具博览城 | 50000 |
| 23 | 2019 中国（香河）原辅材料、木工机械、软体机械展览会 | 中国家具协会、河北省家具协会、香河家具城管委会 | 4月10日—20日 | 香河亚太城 | 20000 |
| 24 | 2019 中国（香河）办公、酒店家具博览会 | 中国家具协会、河北省家具协会、香河家具城管委会 | 4月10日—20日 | 香河贵都家具城 | 20000 |
| 25 | 第五届“母婴钜惠”春季母婴展 & 第二届“爱 · LOVE”婚博会 | 廊坊国展集团 | 4月12日—14日 | 廊坊会展中心 A 馆 | 10000 |
| 26 | 2019 年河北省青少年机器人竞赛 | 河北省科协、河北省教育厅 | 4月20日—21日 | 京津冀大数据创新应用中心 | 5000 |
| 27 | 廊坊国际电梯展览会 | 中国电梯协会 | 4月23日—26日 | 廊坊国际会展中心 | 35000 |
| 28 | 2019 世界电梯大会 | 中国电梯协会 | 4月24日—25日 | 新绎七修酒店 | 422 人 |
| 29 | 中国（香河）智慧家居博览会 | 河北省香河县家具城管理委员会 | 4月28日—5月5日 | 香河家具城 | 50000 |
| 30 | 第四届中国（廊坊）五一休闲玩乐汇 | 廊坊国际展览集团有限公司 | 4月29日—5月1日 | 廊坊会展中心 A 馆 | 8000 |
| 31 | 京津冀 2019 体育旅游文化节 | 廊坊市体育局 | 4月29日—5月1日 | 香河第一城 | 15000 |
| 32 | 2019 中国廊坊汽车展览会 | 廊坊市汽车服务业商会 | 4月30日—5月3日 | 廊坊会展中心室外广场 | 15000 |
| 33 | 大码儿音乐秀场 | 星盟鼎君文化发展（北京）有限公司 | 5月3日—5日 | 廊坊会展中心 B 馆 | 12000 |
| 34 | 2019 中国（廊坊）文身艺术节 | 中国文身艺术联合会、廊坊国际展览集团 | 5月4日—6日 | 廊坊会展中心 A、C 馆 | 18000 |
| 35 | 第五届中国廊坊 · 第什里风筝节 | 中国风筝协会、河北省体育局 | 5月11日—13日 | 安次区第什里风筝小镇 | 10000 |
| 36 | 2019 大厂渔具展（第二季） | 大厂渔具城管委会 | 5月13日—15日 | 大厂渔具城 | 15000 |
| 37 | 2019 廊坊国际无人机发展论坛 | 深圳无人机协会、廊坊国际展览集团有限公司 | 5月17日—18日 | 廊坊阿尔卡迪亚国际酒店 | 305 人 |
| 38 | 2019 中国 · 廊坊经济贸易洽谈会 | 商务部、河北省人民政府 | 5月18日—21日 | 廊坊会展中心 A、B、C 馆 | 50000 |
| 39 | 2019 年全国大众创新万众创业活动周（河北省分会场） | 河北省发展和改革委员会、河北省科学技术协会、廊坊市人民政府 | 6月13—19日 | 京津冀大数据创新应用中心 | 5000 |

续表 35

| 序号 | 展会名称 | 主办单位 | 举办时间 | 举办地点 | 面积（平方米） |
|---|---|---|---|---|---|
| 40 | 2019 第 9 届廊坊春季茶产业博览会 | 廊坊国际展览集团有限公司 | 6 月 14 日—17 日 | 廊坊会展中心 A 馆 | 10000 |
| 41 | 通武廊文化旅游创意产品展暨第七届廊坊特色文化博览会 | 京津冀公共文化服务示范走廊发展联盟、廊坊市文化广电新闻出版局 | 6 月 14 日—17 日 | 廊坊会展中心 B 馆、南广场 | 12000 |
| 42 | 首届香河大运河文化节暨 2019 荷花节 | 廊坊市旅发委、香河县政府 | 6 月 18 日—26 日 | 香河第一城 | 30000 |
| 43 | 廊坊开发区 2019 年春季大型人才招聘会 | 开发区人力资源和社会保障局 | 6 月 22 日—23 日 | 京津冀大数据创新应用中心 | 5000 |
| 44 | 团车廊坊首届夏季购车嘉年华 | 团圆网络科技（北京）有限公司 | 6 月 22 日—23 日 | 廊坊会展中心 A 馆及室外 | 12000 |
| 45 | 2019 中国·永清核雕艺术节暨第三届核雕技艺大赛 | 中国工艺美术协会、廊坊市旅发委、永清县政府 | 6 月 26 日—28 日 | 永清县核雕展馆 | 3000 |
| 46 | 中国（廊坊）国际佛事用品展 | 中国国际展览中心集团公司、北京阳光鑫隆集团公司、廊坊国际展览集团有限公司 | 6 月 27 日—30 日 | 廊坊会展中心 B 馆 | 12000 |
| 47 | 芭迪儿童“夏日嘉年华” | 廊坊市广阳区建国道芭迪儿童店 | 6 月 28 日—30 日 | 廊坊会展中心 A 馆 | 10000 |
| 48 | 中国（廊坊）2019 年夏季渔具展销订货会 | 廊坊国际展览集团有限公司 | 7 月 6 日—8 日 | 廊坊会展中心 A 馆 | 10000 |
| 49 | 全国高等学校民航服务技能大赛暨 2020 年产教融合发展论坛 | 北京高等教育学会产教融合研究分会 | 7 月 9 日—21 日 | 香河第一城 | 5000 |
| 50 | “魅力中国娃”第十六届全国少年儿童艺术风采研学实践展示活动 | 北京东方新秀文化发展有限公司 | 7 月 29 日—8 月 4 日 | 香河第一城 | 6000 |
| 51 | 2019 廊坊夏日动漫电竞展暨夏季孕婴童博览会 | 廊坊市旅发委、廊坊国际展览集团有限公司 | 8 月 3 日—5 日 | 廊坊会展中心 A 馆 | 11000 |
| 52 | 2019 大厂渔具展（第三季） | 大厂渔具城管委会 | 8 月 4 日—日 6 | 大厂渔具城 | 20000 |
| 53 | 2019 中国廊坊仿真植物花卉暨配套用品交易会 | 北京市工艺美术行业协会、天津市工艺美术行业协会、河北省工艺美术协会、山东省工艺美术协会 | 8 月 5 日—7 日 | 廊坊会展中心 B 馆 | 12000 |
| 54 | 全国青少年演讲与朗诵艺术展示活动 | 中国语文报刊协会演讲与口才分会、北京演讲与口才学会、演讲与口才杂志社 | 8 月 5 日—8 日 | 香河第一城 | 8000 |
| 55 | 第三届国际扬琴音乐交流会 | 北京德西玛公司 | 8 月 11 日—16 日 | 香河第一城 | — |
| 56 | 中国（廊坊）国际体育用品博览会 | 河北省体育产业协会、廊坊市体育局 | 8 月 13 日—5 日 | 廊坊会展中心 B、C 馆及室外 | 30000 |
| 57 | 首届香河县文化和旅游产业发展大会 | 香河县委、县政府 | 8 月 12 日—13 日 | 香河第一城 | 800 人 |
| 58 | 第二届京津冀（廊坊）自驾游与房车露营大会 | 廊坊市旅发委、香河县政府 | 8 月 26 日—28 日 | 香河第一城 | 25000 |

续表 35

| 序号 | 展会名称 | 主办单位 | 举办时间 | 举办地点 | 面积（平方米） |
|---|---|---|---|---|---|
| 59 | 一带一路暨金砖国家技能发展与技术创新大赛 | 金砖国家工商理事会、一带一路暨金砖国家技能发展国际联盟、金砖国家技能发展与技术创新大赛组委会、中国发明协会 | 9 月 5 日—10 日 | 固安县 | 共举办 7 个赛项 |
| 60 | 第 22 届中国（胜芳）特色家具国际博览会 | 胜芳家具行业协会 | 9 月 16 日—18 日 | 胜芳国际家具博览城 | 53000 |
| 61 | 廊坊好故事之城 | 廊坊市委宣传部 | 9 月 27 日 | 廊坊会展中心 A 馆方块 | 3000 |
| 62 | 第五届中国（国际）农业遥感应用技术高峰论坛暨第四届华航农业遥感高新技术装备展 | 中国科学院遥感与数学地球研究所、河北省农业厅、廊坊市人民政府、北华航天工业学院 | 11 月 2 日—3 日 | 北华航天工业学院 | 220 人 |
| 63 | 霸州市奇石玉器暨精品陶瓷博览会 | 廊坊市领翔文化传媒有限公司 | 10 月 10 日—21 日 | 霸州市火车站前广场 | 3000 |
| 64 | 第十三届全国美术作品展实验艺术展 | 中国美术协会、新绎文化发展有限公司 | 10 月 10 日—20 日 | 丝绸之路国际文化交流中心 | 10000 |
| 65 | 2019 中国（廊坊）国际有机食品展览会 | 廊坊市国际商会 | 10 月 11 日—13 日 | 廊坊会展中心A馆方块区、B 馆 | 15000 |
| 66 | 亚非青年论坛 | 中国国际青年交流中心 | 10 月 16 日—18 日 | 香河第一城 | 5000 |
| 67 | 第二十七届北京种子大会 | 北京市丰台区种子协会 | 10 月 18 日—20 日 | 廊坊会展中心 A、B、C 馆 | 30000 |
| 68 | 第六届中国 • 廊坊宠物用品博览会暨 CKU 本部展 | 廊坊市宠物行业协会、北京中爱联合犬业俱乐部有限公司 | 10 月 18 日—20 日 | 廊坊会展中心 D 馆 | 12000 |
| 69 | 2019 年河北 • 廊坊绿色产业博览会 | 廊坊市国际商会 | 10 月 18 日—20 日 | 京津冀大数据创新应用中心 | 12300 |
| 70 | 中国（廊坊）农产品交易会 | 河北省政府 | 11 月 1 日—3 日 | 廊坊国际会展中心 | 35000 |
| 71 | 2019 羊绒皮草暨南北特产直销展 | 台州市丰源展览展销有限公司 | 11 月 6 日—18 日 | 廊坊会展中心 A 馆 | 10000 |
| 72 | 中国（廊坊）国际蜂业博览会暨京津冀蜜蜂文化节 | 中国蜂产品协会 | 11 月 8 日—10 日 | 廊坊会展中心 B 馆 | 12000 |
| 73 | 京津冀第三届高校学生健美操、啦啦操锦标赛暨 2019 年第九届河北省青少年健康活力大赛 | 京津冀体育健身休闲发展协同创新中心、河北省大学体育协会、河北省中学生体育协会 | 11 月 7 日—11 日 | 廊坊会展中心 A 馆 | 8000 |
| 74 | 廊坊市首届冰雪运动会 | 廊坊市政府 | 11 月 9 日—30 日 | 廊坊市体育馆 | 3000 |
| 75 | 廊坊开发区 2019 年秋季大型人才招聘会 | 开发区人力资源和社会保障局 | 11 月 16 日 | 京津冀大数据创新应用中心 | 5000 |
| 76 | 2019 年廊坊广告印刷展 | 河北省广告协会 | 11 月 16 日—18 日 | 廊坊会展中心 B 馆 | 3000 |

续表 35

| 序号 | 展会名称 | 主办单位 | 举办时间 | 举办地点 | 面积（平方米） |
|---|---|---|---|---|---|
| 77 | 第十九届中国廊坊（国际）名鸽展示会 | 中国信鸽协会、河北省信鸽协会、廊坊市体育局、廊坊市体育总会 | 11 月 23 日—24 日 | 廊坊会展中心 A 馆 B 馆室外 | 21000 |
| 78 | 河北省“三深化、三提升”创业就业成果展示交流会 | 河北省人力资源和社会保障局 | 11 月 28 日—29 日 | 京津冀大数据创新应用中心 | 5000 |
| 79 | 2019 中国廊坊汽车展览会 | 廊坊市日报社、廊坊国际展览集团有限公司 | 11 月 29 日—12 月 1 日 | 廊坊会展中心 B 馆 | 12000 |
| 80 | 2019 第 10 届廊坊（秋季）茶产业博览会 | 廊坊国际展览集团有限公司 | 11 月 29 日—12 月 2 日 | 廊坊会展中心 A 馆 | 10000 |
| 81 | 2019 大厂渔具展（第四季） | 大厂渔具城管委会 | 12 月 1 日—3 日 | 大厂渔具城 | 15000 |
| 82 | 2019 河北·廊坊装备制造业博览会 | 廊坊市国际商会 | 12 月 5 日—7 日 | 廊坊会展中心 A 馆方块 B 馆 | 15000 |
| 83 | 第十三届 DI 创新思维中国区总决赛 | DI 中国区组委会 | 12 月 6 日—9 日 | 香河第一城 | 8000 |
| 84 | CKU 全犬种冠军展（廊坊） | 宠爱王国（北京）网络科技有限公司 | 12 月 12 日—15 日 | 廊坊会展中心 B 馆 | 5000 |

## 廊坊海关

**【概况】** 2019 年，廊坊海关接受进出口报关单申报 10012 份，进出口金额 71405.27 万美元，征收税款 5.15 亿元。全年受理企业备案 2 起，备案金额 140 万美元，审批出具征免税证明 617 份，审批货值 9148 万美元，减免关税 4005 万元，减免税增值税 1713 万元。年内，累计完成手册备案 145 本，备案金额 18107 万美元，核销结案手册 253 本；新企业注册 451 家，办理报关企业行政许可事项 8 次，累计开展稽查作业 51 家，其中常规稽查 16 家，专项稽查 35 家，专项稽查作业率 69%；核查作业 31 起；行政立案 15 起（其中 1 起转刑事），案值 984.467 万元，涉税 43.59 万元；刑事立案 2 起，案值 128.09 万元，涉税 17.23 万元，有效维护辖区正常进出口经济秩序。现场查验货物 2000 余批，完成危险品包装性能和使用鉴定 310 批。

**【防范化解重大风险】** 2019 年，廊坊海关坚持“防化并举，预防为先；标本兼治，源头治理”工作理念，修订完善应急预案体系，细化工作方案，制定《工作清单》开展风险隐患大排查，累计归纳梳理出 8 个方面 51 项具体风险点，确保防范化解重大风险工作落到实处。

**【通关便捷服务】** 2019 年，廊坊海关鼓励企业提高进口货物“提前申报”比例，推进关税保证保险改革，推广原产地证书自助打印新模式，采取“专人盯单”和“每日上报”举措，与口岸海关建立协同合作机制，形成压缩整体通关时间合力。年内，廊坊海关进口整体通关时间 23.52 小时，较 2017 年年底按国务院有关要求部署相关工作以来压缩 74.38%，出口整体通关时间 4.12 小时，较 2017 年年底按国务院有关要求部署相关工作以来压缩 84.26%。

**【支持地方外向型经济发展】** 2019 年，廊坊海关顺应“京津冀一体化”协同发展趋势，支持出口加工区顺利转型升级为综合保税区。6 月 18 日，廊坊综保区通过验收，成为河北省首家通过整合升级设立的综保区。为支持综保区发展，廊坊海关主动协调石家庄海关完善综保区区域代码调整、授权调整，为封关运行后更好服务企业打好基础；综合保税区京东跨境电商北方中心实施便捷进出区管理模式；在确保企业日常业务正常运营基础上，逐步指导 6 家区内企业完成海关注册变更、账册变更及业务转换工作，并督促 2 家退区企业尽快完成海关备案注销手续。派员参加地方自贸区工作专班，先期介入，助力地方政府用好用足海关优惠政策。

**【惩治走私违法犯罪】** 2019 年，廊坊海关开展“蓝天 2019”专项行动和“国门利剑 2019”联合专项行动，立足辖区实际，实施精准打击：严厉打击象牙等濒危物种及其制品走私，查获象牙制品 116 件，重量为 2185.97 克；核查下发线索 20 条，查扣疑似象牙制品件总重 3879.45 克；推进涉枪涉毒走私查处工作，核查涉枪线索 29 条，查扣疑似枪支

10 支，行政立案 1 起；围绕打击洋垃圾、冻品、濒危物种等走私，形成与公安、环保、食药监、工商等单位统筹协调、优势互补工作模式，提高多部门履职合力。年内，廊坊海关累计行政立案 15 起（其中 1 起已转刑事），案值 984.467 万元，涉税 43.59 万元；刑事立案 2 起，案值 128.09 万元，涉税 17.23 万元。

**【严格现场查验】** 2019 年，廊坊海关严格执行“双随机”作业要求，实现查验决策与执行制约监督，加强重点监管进出境商品，年内现场查验货物 2000 余批，完成危险品包装性能和使用鉴定 310 批，检出进出口不合格货物 35 批；切实开展国门生物安全监测工作，设置 15 个地点，33 个悬挂点监测工作，在整个监测期内实行 114 次监测调查，累计出动 200 多人次。

（龚　彬）

## 粮油业

**【概况】** 2019 年，廊坊市各类涉粮企业完成粮食购销量 130 万吨，其中国有粮食购销企业完成 48 万吨。全市粮食应急供应、加工、配送、储运网点 115 个，粮食市场价格监测点 29 个。落实地方储备粮轮换计划 2.25 万吨，其中省级储备粮 1.58 万吨，县级储备粮 1.74 吨。开展粮库智能化升级改造项目，涉及 16 个储备粮承储企业和市级监测中心建设，总投资 642 万元。做好全市粮食系统安全督导检查工作，排查粮食企业 33 家，全年未发生粮食安全生产事故。做好驻廊坊部队军粮供应工作。年内，全市 10 家“河北军粮”加盟店完成放心粮油销售 2400 万元。

**【粮食监督检查】** 2019 年，廊坊市开展政策性粮食库存数量和质量大清查工作，全面清查全市政策性库存粮食数量和质量，共清查 19 个政策性粮食存储企业，其中中央储备粮直属企业及租赁库点 3 个，地方政策性存粮企业 16 个，清查货位 205 个，检测库存粮食样品 181 个。从库存清查结果看，廊坊市纳入清查范围的粮食库存账、账实相符，存粮安全、规范，质量检测达标，清查结果真实有效。开展新收获粮食质量安全监测，共监测新收获小麦、玉米样品 26 份，全部合格。落实夏秋粮收购政策，监督检查粮食流通情况，检查 171 次，累计出动检查人员 540 余人次，检查企业 248 个次。

（田　信　王淑敏）

## 供销合作

**【概况】** 2019 年，廊坊市供销合作联合社领办农民合作社 1964 家，改造升级乡镇级供销社 15 家、村级服务社 2 家。开展土地全托管服务面积 25756.93 公顷、半托管服务面积 11189.2 公顷。10 个县（市、区）农村产权交易中心与省农村产权交易中心签订农村产权交易信息化平台合作共建协议，实现交易平台、信息发布、交易规则、收费标准、交易鉴证、档案管理“六统一”交易管理模式。协调河北省供销商贸公司与霸州市政府签署农村社区综合服务中心体系建设合作协议，开展农村社区综合服务中心选址工作。是年，廊坊市供销社系统商品购进 84.96 亿元，销售 90.87 亿元。

**【农资供应】** 2019 年，廊坊市供销合作联合社依托农资公司和农资批发零售网点，保障春耕化肥等重点农资供应，随时调拨急需农资品种，稳定农资市场价格。按照生态友好型农业发展要求引导农户科学合理施肥用药，推广高效肥和低残留农药及高标准农膜使用。贯彻落实全国“农资打假”电视电话会议精神，配合相关部门对农资市场质量检查，督促全廊坊市供销社系统农资销售网点自查自纠，为农业生产保驾护航。是年，廊坊市供销社储备化肥 4200 吨、农药 90 吨、农膜 259 吨，保障廊坊市春耕备播的农资供应。

**【新型农民合作社】** 2019 年，廊坊市供销社系统领办农民合作社 1964 家，培养固安天绿食、大城惠农枣业等国家级示范合作社典型，打造出绿玉田歌、枣馥等著名商标。市供销社指导各农民合作社开展土地全托管服务，为托管土地统一实施农资供应、智能配肥、生产加工、储藏销售、质量检测、信息化管理，降低种植生产成本，实现农作物增产量、农户增收入、农业增效益。是年，市供销社由“全国供销社综合改革专项经费”项目资金中列支 34 万元为香河县、固安县、霸州市、永清县、文安县、大城县等 15 家乡镇级供销社和 2 家村级服务社改造升级给予补贴，拓展基层供销社为农服务功能。

（丁海龙）

固安天绿食农民专业合作社组织收获托管土地农作物

# 民营经济

## 综　述

**【概况】** 2019年，廊坊市民营经济总体保持平稳健康发展态势。全市民营经济实现营业收入10421.3亿元，同比增速20.2%。实现增加值2291亿元，同比增长6.4%，上缴税金444.5亿元，同比增长0.03%。全市民营经济单位27.9万个，其中民营企业5.1万家。新增入统规上工业企业156家，新建入统11家，超额完成省下达的75家任务目标。

2019年，在河北省民营经济发展考核中，廊坊居全省第三位，获“全省民营经济发展先进市”称号，成为唯一连续7次获此殊荣的设区市，受到中共河北省委、河北省人民政府表彰奖励。文安县居全省民营经济发展先进县（市）考评第九位。霸州市、三河市、香河县进入前20强，分列第十八、十八、二十位；大城县、固安县、大厂县、永清县进入前50强，分列第二十三、三十二、四十二、四十七位。

**【工业贡献上升】** 2019年，全市三次产业纳税结构比例为0.1：29.1：70.8，二产占比由2018年的28.1%上升到的29.1%，二产纳税贡献上升一个百分点；三产占比由2018年的71.7%下降到70.8%，下降0.9个百分点。是年，全市19个行业中，房地产业和制造业税收贡献分别占税收总量的36.1%和21%，共计57.1%，占据“半壁江山”。

**【电子信息产业规模全省领先】** 2019年，全市电子信息产业入统企业109家，实现主营业务收入424.2亿元，同比增长7.7%，规模在全省第一。其中软件服务业主营业务收入242.3亿元，同比增长12.8%，总量居全省首位，增速居全省第六位。云谷AMOLED项目正式投产，成为电子信息产业的重要拉动点。

**【县域经济蓬勃发展】** 廊坊市印发《廊坊市县域特色产业振兴工作方案》，确立“7+6”县域特色产业集群发展格局，即优化提升三河高端装备制造、香河家具、霸州都市休闲食品、霸州特色定制家具、文安人造板、大城绝热节能材料、大城红木七大传统特色县域产业集群，重点培育三河电子信息、三河生物医药和大健康、大厂影视文创、固安电子信息（新型显示）、固安航空航天零部件、永清服装创新设计六大新兴特色县域产业集群，确立了工业设计、品牌营销、链条延伸、智能制造、绿色转型、标准引领等12条具体实施路径，制定了13

**2019年廊坊市个体工商户、私营企业行业分布统计表**

表36

| 行业分类 | | 个体工商户（户） | 私营企业（家） |
|---|---|---|---|
| A | 农、林、牧、渔业 | 5417 | 2701 |
| 05 | 农、林、牧、渔服务业 | 168 | 192 |
| B | 采矿业 | 3 | 15 |
| 11 | 开采辅助活动 | 1 | 6 |
| C | 制造业 | 41198 | 28200 |
| 43 | 金属制品、机械和设备修理业 | 139 | 46 |
| D | 电力、热力、燃气及水生产和供应业 | 264 | 213 |
| E | 建筑业 | 1810 | 16175 |
| F | 批发和零售业 | 142476 | 32733 |
| G | 交通运输、仓储和邮政业 | 6930 | 2408 |
| H | 住宿和餐饮业 | 31619 | 2486 |
| I | 信息传输、软件和信息技术服务业 | 943 | 4279 |
| J | 金融业 | 33 | 604 |
| K | 房地产业 | 8 | 7982 |
| L | 租赁和商务服务业 | 4056 | 14965 |
| M | 科学研究和技术服务业 | 448 | 10379 |
| N | 水利、环境和公共设施管理业 | 41 | 498 |
| O | 居民服务、修理和其他服务业 | 25264 | 3815 |
| P | 教育 | 59 | 576 |
| Q | 卫生和社会工作 | 395 | 305 |
| R | 文化、体育和娱乐业 | 1172 | 2732 |
| | 其他 | 19 | 20 |
| 合计 | | 262155 | 131086 |

个主导产业转型升级发展规划和强链延链补链措施。

**【民营税收呈板块化增长】** 全市11个县（市、区）民营经济上缴税金同比正增长的县市区有5个县（市、区），分别是：固安（17.28%）、文安（6.11%）、大厂（5.15%）、大城（2.32%）、安次（0.11%），税收同比下降的有6个县（市、区），分别是：香河（-4.4%）、霸州（-6.87%）、广阳（-10.68%）、三河（-13.74%）、永清（-16.72%）、开发区（-28.61%）。从变化趋势看，北部板块税收规模减小，增速趋缓，中部县（区）税金规模地位明显上升，在增速上，固安借势机场通航优势继续领跑全市。南部板块因雄安新区拉升房地产因素影响，增速跃入全市发展前列。

（陈玺同）

2019年廊坊市外资企业行业分布统计表

表37 单位：家

| 行业分类 | | 2019年末实有数 |
|---|---|---|
| A | 农、林、牧、渔业 | 8 |
| 5 | 农、林、牧、渔服务业 | 0 |
| B | 采矿业 | 0 |
| 11 | 开采辅助活动 | 0 |
| C | 制造业 | 310 |
| 43 | 金属制品、机械和设备修理业 | 0 |
| D | 电力、热力、燃气及水生产和供应业 | 23 |
| E | 建筑业 | 5 |
| F | 批发和零售业 | 248 |
| G | 交通运输、仓储和邮政业 | 28 |
| H | 住宿和餐饮业 | 134 |
| I | 信息传输、软件和信息技术服务业 | 173 |
| J | 金融业 | 27 |
| K | 房地产业 | 36 |
| L | 租赁和商务服务业 | 32 |
| M | 科学研究和技术服务业 | 27 |
| N | 水利、环境和公共设施管理业 | 1 |
| O | 居民服务、修理和其他服务业 | 16 |
| P | 教育 | 3 |
| Q | 卫生和社会工作 | 0 |
| R | 文化、体育和娱乐业 | 8 |
| | 其他 | 0 |
| 合计 | | 1079 |

## 个体私营经济发展

**【概况】** 2019年，廊坊市实有私营企业131086户，注册资本（金）69709859.34万元，户均注册资本（金）531.79万元；新增私营企业34008户，同比增长31.3%，注册资本（金）9689835.04万元，同比增长8.65%。全市实有个体工商户262155户，资金金额288.21亿元，户均资金数额10.99万元；新增个体工商户55925户，同比增长41.16%，资金数额增加53.71亿元，同比增长-6.48%。

（李　威）

## 外商投资企业

**【概况】** 2019年，廊坊市实有外资企业1079户，同比增长16.65%。外资企业投资总额164.31亿美元，注册资本77.05亿美元，外方认缴67.06亿美元，分别同比增长13.14%、8.86%、9.99%，户均投资总额0.15亿美元，注册资本0.07亿美元。年内，全市新登记外商投资企业77户，同比增长18.46%；投资总额13.97亿美元，同比增长295.28%；注册资本5.28亿美元，同比增长236.30%。

（李　威）

## 民营经济管理

**【概况】** 2019年，廊坊市民营经济发展面对京津冀协同发展、雄安新区规划建设、临空经济发展等重大战略机遇，以积累式、创新性的改革举措，促进民营经济实现高质量发展。开展服务民营企业高质量发展年活动，制定出台金融服务实体经济、支持工业和民营经济高质量发展、促进工业转型升级高质量发展“39+8”系列政策措施。民营经济整体规模位居全省第三位。廊坊市连续七次进入全省民营经济考核前三名，获“民营经济发展先进市”称号。是年，新奥集团股份有限公司再度蝉联河北榜首，华夏幸福基业股份有限公司、荣盛控股股份有限公司、三河汇福粮油集团有限公司荣登“2019中国民营企业500强”名单。

**【企业帮扶工作】** 2019年，廊坊市创新推出领导干部包联企业、政府与企业面对面、政银企对接、政企直通网络服务四大帮扶机制，全力为民营企业纾困解难。市县四大班子领导包联全市1069家规上工业企业，带领市直部门“管家”上门服务，既解决企业融资、用地、用工等当前要素制约问题，又解决企业创新、转型升级、对标定位等长远发展问题。先后举办对话廊坊市两会企业家座谈交流会、高新技术企业问题对接协调会，帮助30

家企业解决各类问题24个，发出惠企政策汇编2.1万册，协调融资51.2亿元；组织政银企对接活动146次，融资对接项目907个，意向投资额达181亿元，帮助企业缓解融资难题；开展企业家进高校、专家学者企业行活动14期，帮助企业拓宽思路，更新观念，培训企业家1729人次，解答问题623个；开展企业上市辅导，邀请上海股交中心金融资本专家深入13家有挂牌和上市意愿种子企业实地指导，逐家问诊把脉，帮助规范财务和业务流程。年内，在全省第一个开通市级政企直通网络服务平台，累计发布政策1200余条，举办财税、法律专场培训28场，受理和办结企业反映的各类诉求732件，回访满意率100%，累计为7200家入驻企业提供服务2.1万次。6月，廊坊市政企直通网络服务平台被省工信厅评为全省中小企业公共服务平台网络优秀窗口第一名。

帮助企业协调资金。廊坊市开展“服务民营企业高质量发展年”活动，拿出1.1亿元支持企业转型升级。设立1.5亿元“工业企业续贷周转资金”，解决企业“过桥”难题。与北京中小企业信用再担保有限公司签署合作协议，为北京疏解入廊的企业发放融资贷款4070万元。清理出拖欠企业账款10.7亿元，累计偿还10.4亿元，完成国家、省清偿目标，清偿进度居全省设区市第一位。

帮助企业享受政策。开展惠企政策宣传，将每年4月10日定为全市“惠企政策宣传日”，市、县、乡三级同时启动惠企政策集中宣传解读，帮助企业了解政策、用足用好政策。开展中小企业认定，570家企业通过认定，享受政府采购、市场开拓、财税扶持等优惠政策。

**【优化民营经济营商环境】** 2019年，廊坊市立足于打造“流程最优、时限最短、成本最低、服务最好”的营商环境，以推进“放管服”改革为抓手，持续优化提升审批服务效能，推出马上办、加速办、网上办、省心办“四办”服务承诺，202项审批服务事项实现“最多跑一次”，审批效率平均提高75%，在线行政审批上线率达到100%。将社会投资类工程建设项目审批时间由230个工作日压减至52个以内。实施企业开办再提速行动，企业开办时间由20个工作日压减至2.5个；企业登记实现全程电子化“一网通办”，从申请到取得电子证照最快仅需1小时。

**【推动工业和民营经济转型升级】** 2019年，廊坊市在《大力发展民营经济的23条意见》《进一步促进实体企业发展措施》等现有系列政策的基础上，制定出台《大力支持工业和民营经济高质量发展的若干政策措施》《关于促进工业转型升级高质量发展的八项强化措施》2个文件，建立“39+8”政策体系，推动工业和民营经济转型升级高质量发展。

《大力支持工业和民营经济高质量发展的若干政策措施》由7部分组成，共39项具体措施：第一部分为支持企业融资发展，从鼓励企业上市融资、支持企业发债融资、加大对民营企业信贷支持、落实小微普惠计划、落实再贷款再贴现政策、完善融资担保体系、设立纾困发展基金和规范银行信贷行为等8方面提出具体政策措施；第二部分为减轻企业税费负担，包括落实增值税政策、落实所得税政策、落实其他税收政策和清理规范涉企收费等4项措施；第三部分为降低企业要素成本，包括降低用地成本、用人成本、用能成本、物流成本等；第四部分为支持企业科技创新，从培育壮大创新主体、加快创新平台建设、支持创新载体建设、支持企业研发投入、促进发明专利提升、鼓励开发新产品和落实人才引进政策等7个方面，分别提出具体支持政策；第五部分为支持企业转型升级，具体细化鼓励企业做大做强、支持企业技术改造、发展智能制造、质量品牌建设和工业用地“二次开发”等政策；第六部分为大力优化营商环境，包括压缩审批时间、改革审批制度、规范执法行为、提供高效服务、维护公平竞争、清理涉企欠款、保护合法权益和营造舆论氛围等；第七部分为强化政策执行，从组织推动、政策落实、资金保障等方面提出具体要求。政策措施涉及财政奖补资金的有12项、细化措施32条，其中延续性政策措施26条，创新性政策措施6条。

《关于促进工业转型升级高质量发展的八项强化措施》重点实施“五个支持、两个鼓励、一个严格”。“五个支持”：支持工业企业技改转型，对依规备案并纳入国家投资联网直报平台的工业技改项目，按企业该项目实际完成设备投资（以发票为准）20%给予一次性奖补，最高不超过500万元；对入选2019年度省千项技改项目，且形成实际投资的工业企业，给予一次性5万元奖补。支持工业企业技术创新，对新认定为国内、省内首台（套）重大技术装备产品，分别给予一次性50万元、30万元奖补；对新认定的市级“互联网+”制造业试点示范项目，按照项目实际投资额20%给予一次性补助，最高不超过50万元；对新认定的省级、市级上云示范企业，按照企业上云当年履行有效合同服务费的20%给予一次性补助，最高不超过5万元；对新认定的省级、市级智能制造示范试点项目（数字化车间、智能标杆企业／智能工厂），分别给予一次性50万元、30万元奖补。支持工业企业做大做强，对新建入统工业企业，给予每家企业一次性10万元奖补，其中主营业务收入超过5亿元的，每增加1亿元加奖10万元，最高加奖30万元；对规下转规上的工业企业，给予每家企业一次性5万元奖补。支持工业企业增产增效，对2019年度实际完成总产值前50名且全年增速15%以上的规上工业企业，授予“2019年度工业发展贡献奖”，给予每家企业一次性20万元奖励；对2019年度纳税前10名规上工业企业分别给予奖励，对1~3名授予“2019年度工业贡献特别奖”，给予每家企业一次性500万元奖励；4~10名授予“2019年度工业贡献突出奖”，给予每家企业一次性100万元奖励。支持工业企业续贷周转，市级初期安排续贷周转资金1.5亿元，为全市符合条件的规上工业企业和重点培育成长性强的规下工业企业提供续贷周转服务。“两个鼓励”：鼓励工业发展进位争先，要求各县（市、区）、廊坊开发区每月至少召开一次常务会议，研究和解决工业经济发展中存在的困难和问题；鼓励工业企业绿色发展，对全市2018年度产值亿元以上且排放达标的规上工业企业开展绩效评价，按照“少排少限、不排不限”原则，调整重污染天气应急响应、错峰生产预案，采取针对性帮扶措施，服务企业正常生产和经营，为工业企业发展树样板、增信心。“一个严格”是指严格规范落实奖补措施，实行生态环保、安全生产、诚信体系建设等重大责任事故（案件）一票否决制。

（陈玺同　市地方志编纂中心）

# 财政 税务

## 综 述

【概况】 2019年，廊坊市坚持稳中求进工作总基调，落实财政政策和资金，统筹推进稳增长、调结构、促改革、惠民生、防风险等各项工作，保障全市中心工作和重点项目落地实施，推进全市经济高质量发展。年内，全市全部财政收入646.6亿元，一般公共预算收入388.3亿元，占年初计划的101.2%，总量居全省第三位；同比增长7.3%，高于全省平均水平0.8个百分点；税收收入282.9亿元，总量居全省第三位；税收收入占一般公共预算收入的比重为72.8%，高于设区市平均水平2.5个百分点，收入质量居全省第二位。全市一般公共预算支出累计639.8亿元，同比增长3.1%，占调整预算的97.5%，支出进度居全省第六位。其中，科学技术、教育、卫生健康、社会保障与就业分别比上年同期增长34.4%、15.1%、10.4%、9.2%。

（孙　雷）

## 财 政

【概况】 2019年，廊坊市财政局促进科技创新，全市科学技术支出资金7.4亿元，支持创新驱动战略实施，保障“1+4+N”科技创新政策、支持科技型中小企业创新发展八条措施等系列科技创新政策落实，推进创新主体、创新平台、创新载体加快发展，促进科技型中小企业发展和重大科技成果转化。是年，奖励新认定高新技术企业168家、科技小巨人企业161家、科技型中小企业2078家、众创空间10家、国家级、省级、市级科技企业孵化器17家、研发平台74家等。支持产业转型，设立专项资金1.5亿元，奖补企业392家。支持钢铁去产能，完成文安新钢产能退出，提前实现全省“无钢市”目标。实施技改项目393项，列入省千项计划85项。市本级投入资金4374万元，全力保障“5•18”经洽会、自贸区招商引资等资金需求。全市省立涉企收费项目全部“清零”。全面落实各项减税降费政策，全市累计新增减税降费61.5亿元，有效释放税收政策红利，减轻企业负担，激活全市经济发展动力，促进全市经济持续平稳运行。通过财政投入、政府债券、企业筹资等方式，多渠道筹措资金支持北京大兴国际机场和临空经济区建设，科学用好政府和社会资本合作模式，加快北京大兴国际机场临空经济区廊坊片区建设。

2019年，全市民生支出资金506.6亿元，占一般公共预算支出的79.3%。全市教育支出资金123.9亿元，支持教育优先发展，落实城乡义务教育“两免一补”政策、经济困难学生国家资助等政策，支持农村地区义务教育学校维修改造和新改扩建幼儿园，推进主城区教育扩容提质三年攻坚行动，促进教育均衡发展，保障教育公平。全市卫生健康支出资金48.4亿元，支持医疗卫生事业发展，加大推进医药卫生体制改革，推进医联体医共体建设，加强全科医生队伍建设，开展中医药合作“8•10”工程，落实各项免费筛查政策，提高基本医疗保障和服务水平；落实京津廊医疗卫生合作框架协议，推进与首都儿研所和通州妇幼合作项目，改善人民群众就医条件。全市社会保障和就业支出资金63.7亿元，支持社会保障和就业，城镇登记失业率低于2%，保持全省最低；支持优抚双拥工作，切实做好退役士兵安置，落实相关补助和优待政策，保障退役人员合法权益。全市公共安全支出资金38.4亿元，支持“平安廊坊”建设，重点支持“扫黑除恶”专项斗争和“雪亮工程”实施，提升公共安全能力，维护社会安全稳定。全市住房保障支出资金12.4亿元，发放公共租赁住房补贴，实施72个老旧小区改造工程，全年开工4853套，基本建成1745套，解决低收入群众住房难题。投入专项扶贫资金2.5亿元，支持脱贫攻坚，聚焦解决“两不愁三保障”（“两不愁”即不愁吃、不愁穿，“三保障”即义务教育、基本医疗、住房安全有保障）突出问题，重点支持发展特色产业，探索资产收益扶贫，开展就业扶贫专项行动，1937户4841名建档立卡贫困人口全部脱贫。全市投入节能环保资金43.7亿元，支持环境污染防治，重点支持冬季清洁取暖、大气污染监测监控能力建设、重点流域水环境综合整治等，全年营造林3.41万公顷，PM2.5年均浓度和空气质量综合指数实现“双下降”。全市农林水事务支出资金62.2亿元，支持乡村振兴，全面落实强农惠农富农政策，推进农业现代化和新农村建设。全市投入资金14.4亿元，支持美丽宜居乡村建设，推进农村人居环境整治和现代农业园区等项目建设，创建市级以上乡村振兴示范区10个。全市投入资金1.5亿元，推动村级一事一议财政奖补、扶持壮大村级集体经济等工作。全市投入资金1.1亿元，支持建设集中连片、

**2019 年廊坊市财政收入统计表**

表 38

| 县别 | 全部财政收入（万元） | 占任务比（%） | 同比增减（%） | 一般公共预算收入（万元） | 占任务比（%） | 同比增减（%） |
|---|---|---|---|---|---|---|
| 合　计 | 6466398 | 95.8 | 0.2 | 3883388 | 101.2 | 7.3 |
| 市本级 | 410414 | 121.6 | 39.5 | 622456 | 111.5 | 20.4 |
| 三河市 | 900249 | 85 | -8.1 | 612588 | 94.4 | 2 |
| 大厂县 | 486386 | 106.5 | 7.4 | 306015 | 102 | 10.2 |
| 香河县 | 641552 | 87.9 | -1.4 | 383728 | 96.7 | 4.4 |
| 永清县 | 303103 | 92.1 | 1.7 | 179711 | 100.2 | 10.2 |
| 固安县 | 962323 | 117.9 | 11.5 | 498675 | 101.2 | 9.3 |
| 霸州市 | 459183 | 82.9 | -7.1 | 284053 | 92.4 | 3.6 |
| 文安县 | 221729 | 92.5 | 9.5 | 131393 | 102.6 | 14.9 |
| 大城县 | 181084 | 95.1 | 7.7 | 120997 | 107.9 | 20.9 |
| 安次区 | 452905 | 110.5 | -8.4 | 200020 | 101.3 | -28.4 |
| 广阳区 | 686528 | 85.8 | -9 | 242116 | 107.3 | 18 |
| 开发区 | 760942 | 92 | -5.2 | 301636 | 103.5 | 13.9 |

旱涝保收、稳产高产、生态友好的高标准农田 5600 公顷。投入资金 3155 万元，重点支持经济效益好、带动作用强、绿色环保的市级以上农业产业化龙头企业加快发展，带动农民增收致富。全市投入资金 4 亿元，全面落实农业支持保护补贴、农机购置补贴、水库移民后期扶持等一系列强农惠农政策。

**【财税改革】** 2019 年，廊坊市财政局研究出台《关于全面实施预算绩效管理的实施意见》，制定绩效目标、事前绩效评估、部门整体绩效评价、政策和项目绩效评价、绩效运行监控、绩效工作考核等管理办法，形成“1+1+N”绩效管理制度体系，打造高水平预算绩效管理“廊坊模式”。推进预算单位差旅电子凭证网上报销改革，市直注册单位 187 家，注册总人数 5834 人，差旅费网上报销业务 2554 笔。推进政府和社会资本合作（PPP）模式，全市 14 个项目纳入财政部 PPP 综合信息平台管理库，计划总投资额 272.72 亿元，依法依规推进北京大兴国际机场北线高速公路廊坊段等 PPP 项目规范实施。凭借改革推进工作，受到国务院办公厅督查通报表彰，并获 3500 万元奖励资金。做好增值税改革工作，落实小型微利企业普惠性所得税减免政策，实施新个人所得税法，加强政策落实动态监控，确保各项优惠措施落实到位。

**【推进其他重点改革】** 2019 年，廊坊市财政局推进市级国有金融资本集中统一管理改革，印发实施《市级国有金融资本集中统一管理实施方案》，明确国有金融资本管理范围，推动市级国有金融机构划转工作规范有序开展。成功申报全国首批支持深化民营和小微企业金融服务综合改革试点城市，获中央财政奖励资金 4000 万元。做好党政机关、企事业单位公车改革各项收官收尾工作，推进企事业单位车辆“三化”管理，巩固改革成果，廊坊市公车改革工作获省车改办通报表彰。

**【财政监督管理】** 2019 年，廊坊市财政局开展惠民惠农财政补贴资金“一卡通”专项治理工作，通过全面自查和重点检查，未发现违规违纪问题，各项惠民惠农政策有效落实。推进全市会计评估监督检查，共检查单位 63 家，加强会计管理工作，提升会计信息质量。组织实施财政扶贫资金专项检查，规范扶贫资金使用管理，提高扶贫资金效益。开展 2018 年预决算公开核查工作，坚持边查边改、全面整改，查改问题 741 个，预决算公开工作更加规范，公开质量不断提升。

**【防范化解重大风险】** 2019 年，廊坊市财政局有效防范政府债务风险，健全政府债务风险监控机制，加强对全市各级政府债务的动态监控和风险预警，依法依规安排使用新增债券资金。开展全口径债务清查统计，摸清隐性债务底数，妥善化解存量，坚决遏制增量，严禁以政府投资基金、PPP、政府购买服务等名义变相举债。是年，省政府批准下达廊坊市新增一般债务限额 166500 万元、新增专项债务限额 227300 万元，市本级新增一般债务限额 15150 万元、新增专项债务限额 78400 万元。截至 2019 年年底，全市一般债务余额 1585313.8 万元、专项债务余额 1423008.7 万元，市本级一般债务余额 925042.9 万元，专项债务余额878455.7万元。

（孙　雷）

## 税　务

**【概况】** 国家税务总局廊坊市税务局（以下简称市税务局）是国家税务总局、国家税务总局河北省税务局垂直管理机构。市税务局机关内设19个职能科（室），6个派出机构，3个事业单位，下辖10个县（市、区）税务局及廊坊经济技术开发区税务局，69个税务分局。2019年，廊坊市纳税人22.4万户。全年组织收入720.2亿元，其中政府口径税收收入541.2亿元，社保费收入150.8亿元，非税收入11.2亿元，完成河北省税务局调配廊坊市的收入目标；一般公共预算收入284亿元，同比增收5.7亿元，同比增长2.1%，实现全市一般公共预算平稳增长。年内，市税务局落实"双随机一公开"监管机制，持续开展打击虚开骗税违法犯罪专项行动，全面开展扫黑除恶专项斗争，实行税收违法"黑名单"和联合惩戒，完善涉税专业服务机构监管，推动行业管理规范化。全年立案检查各类企业707户，查补入库税款2.13亿元，滞纳金4077万元，罚款93万元。

**【减税降费】** 2019年，市税务局成立减税降费领导小组及办公室，制定时间表，明确路线图，协调推进72项186条重点工作任务落实。开展"十百千万"党员干部落实减税降费活动，实现纳税人全覆盖。实行"机制+专班"工作模式，将明察暗访、"回头看"和社会监督一体并行，以督导检查促落实。采取验证数据、生成报表、联合会审等方法，分"七步走"进行核算，打造减税降费"铁账本"。年内，全市累计新增减税降费61.5亿元，其中减税53.3亿元，降费8.2亿元；为127户纳税人办理增值税留抵退

**2019年廊坊市政府口径税收统计表**

表39　　　　单位：万元

| 项目各县 | 累计完成 | 同比增长量 | 增幅% |
|---|---|---|---|
| 全市合计 | 5411659 | -207953 | -3.7 |
| 三河市 | 761806 | -148836 | -16.3 |
| 大厂县 | 442496 | 21410 | 5.1 |
| 香河县 | 528239 | 7740 | 1.5 |
| 永清县 | 212510 | -42613 | -16.7 |
| 固安县 | 831738 | 125635 | 17.8 |
| 霸州市 | 383755 | -29087 | -7 |
| 文安县 | 173322 | 12057 | 7.5 |
| 大城县 | 127502 | 3666 | 3 |
| 开发区 | 696244 | -77974 | -10.1 |
| 安次区 | 471308 | -6779 | -1.4 |
| 广阳区 | 782739 | -73172 | -8.5 |

**2019年廊坊市分税种税收统计表**

表40　　　　单位：万元

| 收入项目 | 累计收入 | | |
|---|---|---|---|
| | 收入额 | 同比增长量 | 增幅% |
| 一、税收合计 | 5581732 | -253502 | -4.3 |
| 1. 增值税 | 1846499 | 6506 | 0.4 |
| 2. 消费税 | 149727 | 50679 | 51.2 |
| 3. 营业税 | 0 | 0 | 0.00 |
| 4. 企业所得税 | 1192741 | -264026 | -18.1 |
| 5. 个人所得税 | 369119 | -142184 | -27.8 |
| 6. 资源税 | 10139 | -71 | -0.7 |
| 7. 城镇土地使用税 | 107811 | 11020 | 11.4 |
| 8. 城市维护建设税 | 121337 | -9302 | -7.1 |
| 9. 印花税 | 43203 | -467 | -1.1 |
| 10. 土地增值税 | 1009217 | 46271 | 4.8 |
| 11. 房产税 | 94257 | 8828 | 10.3 |
| 12. 车船税 | 37703 | -1507 | -3.8 |
| 13. 车辆购置税 | 143256 | -32897 | -18.7 |
| 14. 耕地占用税 | 41337 | 17494 | 73.4 |
| 15. 契税 | 404975 | 63441 | 18.6 |
| 16. 环境保护税 | 6024 | 354 | 6.24 |
| 17. 其他税收 | 4387 | -7641 | -63.5 |
| 二、出口退税 | -232477 | 50667 | -17.9 |
| 其中，免抵调库 | 68977 | -42009 | -37.9 |
| 三、社会保险费收入 | 1508343 | 198285 | 15.1 |
| 四、非税收入 | 111983 | -7913 | -6.6 |
| 五、其他收入合计 | 14021 | 834 | 6.3 |
| 附列资料：调库资源 | 63332 | 9265 | 17.1 |

税 5.9 亿元。

**【依法治税】** 2019 年，市税务局全面落实行政执法公示制度、执法全过程记录制度和重大执法决定法制审核制度。以税务执法公示信息采集审核平台为依托，及时做好执法信息采集、审核、审批、发布工作，实时对执法活动进行音像记录，按照规定法制审核适用一般程序的税务行政处罚决定、税收保全措施、税收强制执行、税款数额较大的税务行政征收决定。以大厂回族自治县、安次区、固安县为试点，推行行政处罚决定书全文公开工作。组织重案审理委员会成员单位审理案件 22 件，重点审查纠错案件办理程序、证据取得、法律依据适用、执法文书等方面，提升重大税务案件办案质量。

**【税费管理】** 2019 年，市税务局做好增值税改革，上线推行增值税发票管理系统 2.0 版，做好异地协作平台监控，全面落实个税新政，加强个税疑点数据清理，做好个税汇交前各项准备工作。落实新出台耕地占用税法、车辆购置税法，推进水资源税、环保税改革。实现社会保险费全险种顺利征收，征收社会保险费 150.83 亿元，开展城乡居民养老保险和城乡居民医疗保险集中征收，升级改造“廊坊医保”微信平台，融合税务交费支付平台，增加查询及交费提示功能。城乡居民养老保险费征收 124.1 万人（次），费款入库 31477 万元；城乡居民医疗保险费征收 322.2 万人（次），费款入库 80428 万元。

**【征收管理】** 2019 年，市税务局做好欠税清理工作，为符合欠税公告条件的纳税人，定期通过税源管理平台下发欠税清理专项任务，下发欠税清理任务 16 批 1653 条次，涉及纳税人 4146 户次，全市清理欠税 6.55 亿元。推进医疗和教育行业专项治理工作，获取两行业相关备案信息 8000 余条，全市医疗、教育行业入库税款（除工资薪金所得）1.15 亿元。创新开展税种联动管理工作，建立覆盖各税种联动指标模型，制定 5 类税种联动指标 71 项，查询统计类指标 30 项，实现对各类数据综合分析和应用，年内税种联动管理平台正式上线应用并平稳运行，检索出各类疑点数据 147516 条。

**【风险防控】** 2019 年，市税务局共计统筹下发风险管理类、快速反应类、实时风险类、跨省协作类等任务 85 批 18998 户次，涉及各类税收风险 20 余万条，其中统筹下发国家税务总局任务 27 户次，国家税务总局河北省税务局任务 13519 户次，自行分析制发任务 3659 户次。共计实现税收收入（增加）26.82 亿元，其中补缴税款 23.26 亿元，加收滞纳金 3.02 万元。调减增值税抵减留底及企业所得税应纳税额 4907 万元，调整企业所得税亏损弥补 4.2 亿元。

**【纳税服务】** 2019 年，市税务局加强对办税服务厅工作制度和各项工作措施落实情况的督导检查力度。在全市推广“纳税服务微平台”，提供预约服务、推送政策、解疑释难等线上服务。建立并严格执行纳税人诉求快速响应及回复机制。按时完成纳税人投诉事项办理共计 46 件，规范化管理进驻办税服务厅第三方服务单位的工作行为。开展纳税人满意度攻坚月活动，针对存在问题制定五大类 11 项措施，分解任务限时整改。做好纳税服务热线管理，年内，全年受理 12366 热线转办事项 1321 件。

**【优化营商环境】** 2019 年，市税务局完成全国营商环境评价调查问卷纳税指标填报工作。开展“便民办税春风行动”，落实“最多跑一次”清单，实现车购税申报、缴税、上牌全流程电子化办理，出口退税审批频次增加一倍，小微普惠性税收减免政策退税时间压缩三分之二，不动产转移登记办理在全省率先实现 1 小时领证。引导纳税人通过电子税务局、手机 APP 等渠道办理涉税业务。完成纳税信用等级评价，推进“银税互动”，切实帮助小微企业解决“融资难”“融资贵”问题，全市金融机构发放信用贷款约 50 亿元。

2019 年 11 月 25 日，北京市平谷区、天津市蓟州区、河北省廊坊市税务部门举办京津冀三地税务局青年干部廉政论坛

**【绩效管理】** 2019年，市税务局组织绩效管理优化升级至7.0版本突出差异化考评效果，绩效指标围绕税收主业等重点工作任务大幅优化调整，指标考点在非必要资料报送等方面全部删减，减轻基层负担。全面推行税务数字人事，全员纳入数字人事管理体系，在个人绩效考核、业务能力和领导力提升、个人岗位和职业发展规划、个人素质综合评价等方面实现全方位立体式数字化管理，全年累计撰写个人工作纪实32万余条，完成工作事项推送任务近1.5万条，在干部职级晋升、评先评优等方面累计运用个人年度考核成绩100余次，完成2019年干部个人绩效各节点、各分项考核事项。

**【税收宣传】** 2019年，市税务局开展重要节点宣传活动，主题是“落实减税降费 助力经济高质量发展”，组织税企座谈会、万人大讲堂和“书香诗意品税情 减税降费促发展”诗词大会活动。在庆祝建国70周年暨机构合并一周年节点，组织参与“新税务 新服务 追梦路上 奋斗者说”讲述活动。在新华社、《人民日报》、中央人民政府网、中国网等国家级媒体刊发32篇条；在《河北日报》、《河北经济日报》、河北新闻网、长城网等省级媒体刊发104篇条；在《廊坊日报》、《廊坊都市报》、廊坊电视台、环京津新闻网等市级媒体刊发211篇条。组织系统各单位拍摄税收公益广告、微电影、动漫作品等6部。

（张　晶　熊德翔）

# 金融业

## 综　述

**【概况】** 2019年，廊坊市金融系统推进服务实体经济、防控金融风险、深化金融改革三项任务，坚守金融服务实体经济导向，发展直接融资，优化金融供给，防范金融风险，为全市实体经济发展提供金融要素保障。年内，全市贷款余额6794.55亿元，居全省第二位。全市存款余额6539.87亿元，居全省第四位。余额存贷比103.89%，居全省第一位。其中，小微企业贷款余额961.09亿元，占全部企业贷款的35.14%，比年初增加42.38亿元。全市银行业金融机构实现利润87.14亿元，居全省第三位。金融业累计贡献税收37.8亿元，占全市全部税收比重为7%，纳税总额位列全市前四大纳税行业。

2019年，廊坊市银行业金融机构46家，其中25家市级银行业金融机构，9家农合机构，11家村镇银行，1家企业财务公司；机构网点816个；50家保险机构；16家证券机构；55家小额贷款公司；18家融资担保公司；34家典当法人企业；1家融资租赁公司（外资）。

**【金融服务】** 2019年，廊坊市针对企业融资难、融资贵问题，建设政银企对接长效机制。市地方金融监管局牵头制定《关于优化营商环境获得信贷指标的实施方案》，四项指标均达到全省同期最好水平。在市级每季度组织1次银企对接活动、县级每月至少开展2次政银企对接活动基础上，转变银企对接模式，把原来大规模企业对接活动化整为零，向小规模、精准化对接转变。市（县）两级、市直部门和金融机构组织银企对接活动283次，融资对接项目5511个，意向融资额414亿元。中小企业贷款网上对接平台累计银企成功对接18318笔，对接成功率93%，累计发放贷款2950亿元。推动银行业金融机构持续加大民营企业信贷投放，霸州市级财政出资1亿元设立金融债务纾困基金，撬动社会资本4亿元，累计使用纾困基金39笔金额11.6亿元。引导银行业通过减免客户承诺费、手续费、管理费等方式，持续降低企业负担，着力降低重大项目、社会公益、困难企业、小微、“三农”等领域贷款利率水平。农村信用社改制全省领先。廊坊辖区内9家联社改制启动，成为全省首家县级机构完成农商银行开业（筹建）工作的设区市，其中开业农商银行7家，获批筹建2家。

**【企业上市】** 2019年，廊坊市组织推动域内企业到境内外多层次资本市场挂牌上市融资，提高直接融资比重，降低实体经济融资成本。健全组织机构，建立组织协调工作机制，实行专人联系制度，组织协调各有关部门，赴永清县、霸州市、三河市等地，开展“一对一”帮扶企业，及时帮助企业解决上市过程中存在的问题。制定出台《廊坊市鼓励企业利用多层次资本市场发展的若干意见》，加强对企业改制、上市挂牌、并购重组及直接融资全过程协调服务。培育上市梯队，分层次、分梯队更新上市挂牌后备企业资源库，确保境内外主板、中小板、创业板和科创板上市后备资源库企业不低于20家，发展后备资源库不低于10家，基础后备资源库不低于100家。开展常态化精准培训，组织部分企业专程赴上海证券交易所针对科创板进行对接，成为上海证券交易所接待考察科创板上市工作唯一一个地级市。全市域内上市挂牌企业90家，其中香港交易所上市7家，国内主板中小板上市4家，新三板18家，区域股权交易所挂牌61家。挂牌上市后备资源企业100余家。全年新增直接融资总数298.12亿元。

**【地方金融监管】** 2019年，廊坊市完善地方金融监管政策体系，制定并以市政府办公室文件出台《关于加强地方金融监管体系建设有效防范重大金融风险的若干意见》，从金融市场准入、金融从业人员管理、金融资本管理、规范发展金融业务、金融风险监管和处置等方面提出明确要求，为从源头和制度上筑牢防范重大金融风险“防火墙”，促进全市金融安全稳健运行和经济高质量发展提供政策保障。厘清地方金融监管职责。谋划建立廊坊市地方金融组织监管协调会商机制，协调会商机制明确各有关部门工作职责、规范工作流程，确定协调会商程序，为从源头上遏制非法金融活动增量风险，推动全市金融业健康有序发展提供机制保障。启动金融行政执法队伍建设。行政执法人员和行政监督人员培训考试工作完毕，制定廊坊市地方金融监督管理局行政权力清单和责任清单，规范权力公开透明运行，加强权力行使监管制约，为全市金融行政执法工作开展提供人员保障和制度支撑。

**【金融领域改革】** 2019年，廊坊市谋划支持自贸区建设政策措施，按照省自贸办印发《各片区共性制度创新清单和个性制度创新清单》要求，研究廊坊区域涉及192项共性制度创新和25项个性制度创新，并组织中国人民银行廊坊市中心支行、廊坊银保监部门逐条、逐项分析其中涉及金融领域41项制度创新，研究细化具体贯彻落实措施。推进金融领域“证照分离”改革。对照省政府印发《关于在自由贸易试验区开展“证照分离”改革全覆盖试点工作的实施方案》涉及540项清单中，研究涉及金融领域55项清单内容，按照优化提升要求主动与河北省地方金融监督管理局对接，在深入学习基础上分类推进落实。推动相关金融机构先行先试，选择在自贸区方面具有丰富经验的浦发银行作为试点，依托上海浦东发展银行在推进上海自贸区金融创新建设方面成功经验，由上海浦东发展银行廊坊分行牵头，为自贸区制定专属金融服务方案和政策建议书，为自贸区建设提供包括跨境金融、航运金融、离岸金融、融资租赁等在内一揽子特色金融服务。

**【金融风险防控】** 2019年，以中共廊坊市委、市政府名义印发《全市打好防范和化解重大金融风险攻坚战的实施方案》。依托廊坊市地方金融风险监测预警微信平台，监测发现的线索问题及时推送相关部门，及时化解风险。建立沟通协作机制，定期通报处置进展情况，推进案件处置。非法集资案件处置依法有序推进。黄金佳案件先后启动3次清退工作，清退总人数为36235人，占全部集资参与人数的98.94%，清退比例84%，清退总金额为45.05亿元。协调指导广阳区等涉案县（市、区）做好金吉通、巴里克、国达泽诚等案件处置工作。协助案件主办案地做好“卓达”“e租宝”“昆明泛亚”等域外非法集资案件处置工作。年内，廊坊市立案非法集资案件131起，涉及金额100.4亿元，直接参与人数7.7万人。廊坊市有陈案积案54起，结案13起，占24%，化解非法集资案件存量风险。黄金佳、金吉通、巴里克、渤海担保等重点非法集资案件依法加快处置，保持全市经济社会大局稳定。制定《廊坊市2019年防范非法集资宣传活动工作方案》，在全市范围内开展“携手筑网·同防共治”宣传月活动。全年廊坊市组织3次大型集中宣传活动，着力培育广大群众理性投资、盈亏自负、风险自担理念。

（杨　昭）

## 银行业

**【概况】** 2019年，廊坊银保监分局以深化整治市场乱象为抓手，坚决守住系统性区域性风险底线，以改革创新为内生动力，引领银行业把握协同发展机遇，有序推动供给侧结构性改革，支持地方经济又好又快发展。廊坊市银行业坚持改革创新，逐步呈现“体系健全、增速向前、结构优化、风险可控、回归本源、动能增强”良好态势。廊坊市银行业机构46家（政策性银行1家、国有商业银行6家、邮储银行1家、股份制银行9家、城市商业

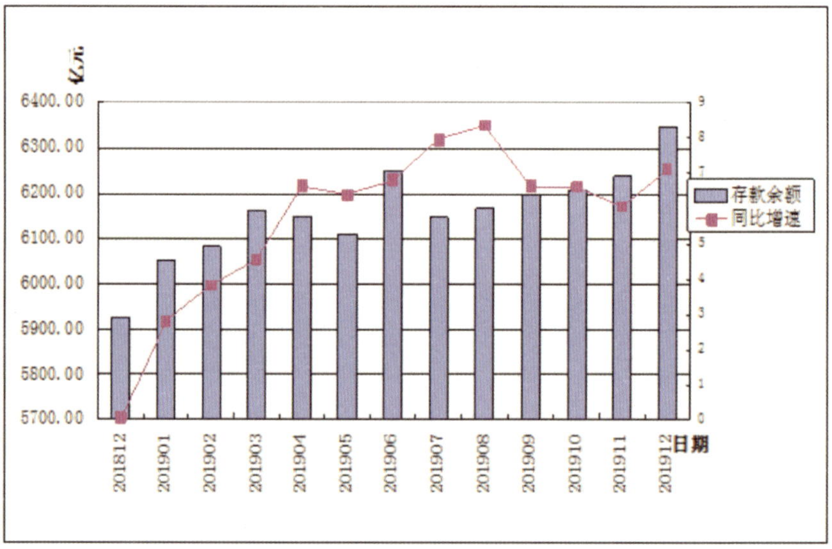


图26　2019年廊坊市存款余额及增速变化图

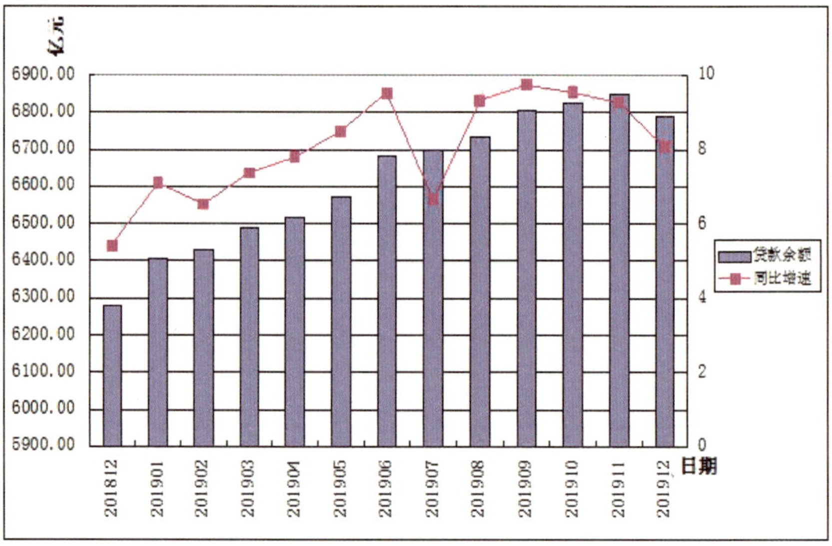


图27　2019年廊坊市贷款余额及增速变化图

银行8家、农合机构9家、村镇银行11家、财务公司1家），网点数量821个。截至2019年年底，全市银行业资产总额8838.49亿元，负债总额8429.99亿元，分别居全省第四位。各项存款6346.22亿元，各项贷款6788.48亿元，不良贷款131.62亿元，不良贷款率1.94%，不良贷款率居全省第八位。廊坊银保监分局在信贷投放、监管引领、产品创新、利率压降等方面提出“一揽子”监管意见，引导银行业机构借力“银担合作”平台，创新推出“续贷保”业务，此业务着眼阶段性担保，仅收取1‰～5‰担保费，可为企业在办理常规续贷过程中节省数万元过桥费。

**【发展举措】** 2019年，廊坊市制定印发《廊坊银保监分局支持中国（河北）自由贸易试验区大兴机场片区（廊坊）深化金融领域开放创新若干措施》《银行业支持京津冀协同发展的意见》《银行业支持供给侧结构性改革的意见》等一揽子意见，全市银行业对装备制造业等八大重点领域支持991.86亿元，支持全市打造现代产业体系。抢抓京津冀协同发展、北京副中心建设、雄安新区建设三大历史机遇，全市银行业对京津冀协同发展项目支持778.35亿元。促进京津冀交通一体化，按照新机场临空经济区规划布局，支持跨省市铁路、高速公路和国省干线公路建设，为京台高速、廊沧高速、固安县城区外环路工程项目、北京大兴国际机场北线高速公路项目表内外信贷投放贷款余额126.53亿元。

**【普惠金融建设】** 2019年，廊坊银保监分局有序推进普惠金融建设。全市银行业金融机构普惠型小微企业贷款余额575.37亿元，较年初增长57.73亿元，增幅10.51%。全市银行业户均贷款余额28万元，比年初下降28.49万元，实现客户贷款增量扩面。全市保险业为民营、小微企业提供信用保证保险风险保障金额1442.01万元，解决企业抵质押品短缺、增信不足难题，促进企业经营发展。全市保险业为农业发展累计提供风险保障71.7亿元，累计赔款1.29亿元，保险覆盖面扩大到种植、养殖、森林以及农房、农机具、制种等方面，保险服务保障功能增强。全市银行业信贷支持建档立卡贫困户61户，累计发放扶贫小额信贷114.35万元，有效降低贫困户贷款压力。

**【稳妥处置重点领域风险】** 2019年，廊坊银保监分局稳步化解胜芳区域担保圈风险。制定印发《关于切实支持胜芳区域实体经济发展的指导意见》，为胜芳区域单独制定信贷投放计划，明确胜芳区域表内外授信余额只能增不能减授信“底线”，严禁各银行将胜芳区域划为“禁入区”。协调推动成立纾困基金、工业企业续贷资金，建立重大事项风险提示机制，有序维护区域金融稳定。关注房地产领域风险，发挥廊坊市房地产监测分析部门联系工作机制，加强环首都、环雄安新区房地产市场监测，及时研判房地产市场风险，严防信贷资金违规流入房市。督促廊坊银行将逾期90天以上的贷款分步记入不良，坚决做实资产质量。督促逾贷比超100%及不良贷款处置进展缓慢的农合机构坚守经营定位，制定压降计划和目标，严格落实不良贷款“双控”。开展金融知识宣传、“护航2019”反保险欺诈工作，督促全辖机构开展非法集资风险排查和员工行为管控。

**【加强法人机构监管】** 2019年，廊坊银保监分局持续加强法人城商行“贴身式”监管。将廊坊银行业务交易对手、投资产品、大额授信等项目列入名单监测，实现对廊坊银行重点业务持续性、全方位监测跟踪。开展制度有效性专项治理，抽取廊坊银行主要制度116项，通过监管压力传导督促廊坊银行加强合规文化建设。持续督促城郊、大城联社做好农商行改制工作，确保监管指标持续达标，改制要求严格落实。治理各村镇银行董事长由主发起行人员兼任问题，持续引导村镇银行坚持“支农支小”市场定位，在全辖设立分支机构30个，在全省率先实现区、县全覆盖。

（周雅晶）

**【中国人民银行廊坊市中心支行】** 中国人民银行廊坊市中心支行作为中国人民银行的分支机构，主要职责是执行货币政策、维护金融稳定、提供金融服务。2019年，下辖县（市）支行8家、内设机构17个，有员工364人。截至年底，全市本外币各项存款余额6539.9亿元，比年初增加366亿元。人均住户存款8.05万元。各项贷款余额6794.6亿元，比年初增加490.2亿元，同比多增78.6亿元。期末存贷比103.89%。

2019年，中国人民银行廊坊市中心支行推进贷款市场报价利率（LPR）政策应用，在河北省改革完善LPR形成机制工作会议上作典型发言。2019年年末，全市小微企业贷款平均利率6.41%，较年初下降0.59个百分点。在2018年河北省营商环境十项评价指标中，廊坊市“获得信贷”指标全省排名居第二位，其中“办理成本”指标居全省最低。5次降准释放长期资金85.7亿元，再贷款再贴现累放量是2018年的2.2倍，2019年全市新增贷款490亿元，增量居全省第四位，其中地方法人机构贷款增量占比超过50%。加强窗口指导、预期引导，不断提升“有扶有控、有保有压”信贷政策针对性，全年实体经济贷款增量占比72.6%，年末房地产贷款余额占比较年初下降3个百分点。依托金融综合系统，累计推介企业4.46万家，有1597家提出融资需求，为749家发放贷款33.6亿元，贷款金额占全市小微企业贷款增量的54.5%，做法在全省深化民营小微企业金融服务会议上作现场交流。全年有8篇专题报告得到市主要领导批示肯定，政务信息在中共廊坊市委、市政府考核中分别居第一位、第五位。房地产市场研究成果连续第四年获全省重点调研课题一等奖。跨国公司跨境资金集中运营额度、全口径跨境融资总量同比分别增长3.2倍、6.6倍，帮扶贸易新业态综服企业——佳佳供应链出口收汇实现跨越式增长，出口收汇超2亿美元，居全省第一位。帮助中国石油天然气管道局境外承包项目滞留工程款回流，协调华夏幸福、荣盛发展2集团发债资金6亿美元调回境内使用。全面做好河北自贸试验区北京大兴国际机场片区金融创新工作。外汇非现场检查应用竞赛获全省第三名。研发外汇检查双随机抽查系统和创新开展个人外汇业务监管做法在全省专业会议上现场推广。外商投资企业控制信息表问题数据批量纠错方法、外汇政策辅导专员制度得到省分局肯定并全省推广。“我与宪法的故事”微视频获省分局法治微视频作品一等奖。

2019年，中国人民银行廊坊市中心支行持续推进金融风险监测分析系统研发，受到石家庄中心支行金融稳定处肯定。建立房地产信贷风险会诊机制并针对燕郊区域首次实施，工作信息被中国人民银行采用。应对包商银行事件，辖内涉及同业债权和对公债权债务均得到妥善处置。做好3家银行业机构因舆情等引发的异常情况，将风险遏制在萌芽状态。全年组织开展22次专项执法检查和4次综合执法检查，18家被检查单位罚款共113.3万元。

2019年，中国人民银行廊坊市中心支行金融法治和金融消费权益保护工作创新开展。研发金融消费权益保护非现场评估系统，得到石家庄中心支行法律事务处肯定并在全省推广。提升全员法律素养，联合廊坊市中级人民法院举办全市银行业机构主要负责人及相关人员参加的“企业破产重整法律知识讲座”，邀请海淀区人民法院法官、山西金融纠纷调解中心专家来中国人民银行廊坊市中心支行授课。推进取消企业银行账户许可工作，在全省加强银行账户管理工作会议上作现场交流。推进会计核算“零差错”活动开展，ACS系统业务作废率居全省最低。年内，企业标准“领跑者”活动完成率居全省第一位。大厂新华村镇银行成为省内首家通过国家服务标准化资质认证的村镇银行。清单系统、OA系统成为全省协同办公平台试点行。依托自主研发的现金统计报表系统，实现全省现金统计报表数据廊坊汇、廊坊核并直报中国人民银行。货币发行业务行为分析系统受到石家庄中心支行肯定并向中国人民银行货币金银局推介。承办全省国际财税编译培训班，编写《国际财税编译操作实务》受到中国人民银行国库局肯定。金融宣传工作成效明显，“最美金融消保人”评选、“明珠走廊纾困行”及大城县讲诚信故事征信宣传、人民币跨境使用十周年及微视频宣传评选、反假货币知识与技能大赛等取得良好社会反响。

（邵思云）

**【中国农业发展银行廊坊分行】** 中国农业发展银行廊坊分行（以下简称农发行廊坊分行）是廊坊市唯一一家农业政策性银行，下设10个分支机构，全辖有员工183人。2019年，农发行廊坊分行累放各项贷款39.14亿元，同比增长13.82亿元，累收金额12.53亿元，各项贷款余额88.48亿元，比年初增加26.61亿元，增量居全省系统第三位。信贷资产质量优良，全辖无不良贷款。

2019年，农发行廊坊分行累放粮棉油购销储贷款12.34亿元，比上年投放增加6.28亿元，粮棉油贷款余额26.05亿元，较年初增加6.09亿元。农发行廊坊分行抢抓京津冀协同发展、北京大兴国际机场建设和雄安新区核心毗邻区三大优势，结合廊坊市经济工作会议、农村工作会议和“十三五”发展规划，支持水利、路网、新型城镇化、污水处理、农业生态、产业园区建设，有效发挥补短板金融调节作用。全年实现立项项目21个，立项金额101.19亿元，获中国农业发展银行河北省分行批复项目16个，获批贷款金额62.13亿元，累计投放信贷资金25.15亿元。围绕大河治理和水生态保护，审批中长期贷款34.66亿元，投放资金18.26亿元，重点支持北运河香河段生态综合整治项目、霸州市牤牛河综合治理项目、文安县十马干渠水体达标治理项目和河北省廊坊市大清河水质净化工程。围绕惠民生、补短板，提高人民生活品质，审批中长期贷款9.9亿元，投放资金7.98亿元，支持廊坊市地表水厂一期项目、霸州市生活垃圾焚烧发电厂建设项目、香河环保产业园污水管网工程。对接雄安新区建设和临空经济区发展，审批中长期贷款14.3亿元，投放资金3.75亿元，支持永清县海泽田冷链物流中心项目、文安南京天环智慧物流项目和固安华夏电子物流项目。审批中长期贷款13.6亿元，投放资金9.65亿元，支持新奥“梦廊坊”大剧场建设项目和永清益田北大实验学校项目。审批中长期贷款13.74亿元，投放资金8.44亿元，支持文安县鲁能农业生态基地（绿源农场一期）项目、大厂万亩银杏林项目和香河潮白河国家湿地公园项目和大城县植物园项目。审批中长期贷款23.92亿元，投放资金19.48亿元，支持安次区龙河高新区13村街农村土地整治、廊坊市生态文化艺术新区路网工程项目、三河市城乡环卫一体化项目、永清台湾新城市政路网项目、香河潮白河大桥改扩建项目。

2019年，农发行廊坊分行发挥政策性银行战略支撑作用，加强对投入的5.78亿元中国农发重点建设基金监督管理。支持项目有：河北省廊坊市永清县韩村镇韩村村棚户区改造项目、廊坊市地表水厂工程、霸州经济技术开发区第一污水处理厂工程、霸州市金属玻璃家具产业园区污水处理厂（一期）工程、霸州市生活垃圾焚烧发电厂项目、廊坊海泽田农业开发有限公司冷链物流中心项目、霸州市污水处理厂配套管网提升改造工程。是年，农发行廊坊分行授信17.73亿元，投放贷款10.94亿元，重点支持三河汇福粮油集团、华日家具有限公司、固安参花面粉有限公司。全年办理国际业务495笔，涉及金额2.99亿美元，结算量、收入均居全省系统首位。

2019年，农发行廊坊分行完成新核心系统、印章管理系统、内控监督管理信息平台上线工作，提升现代化服务和监督管理水平。建立季度全面风险管理分析报告制度，落实业务部门、风险管理职能部门和审计部门三道防线工作职责，使全面风险管理责任进入管理层、机制融入机构、措施嵌入流程、绩效纳入考核，实现对全行机构、人员、条线、产品全覆盖。开展库存、资金使用、担保、客户经营等多维度检查和监测，确保风险信号早识别、早处置。跟进中信国安集团有限公司资产重组重大事项，制定风险处置预案，确保农行廊坊分行信贷资金安全。对2015年来内外部检查问题进行“回头看”开展问题“大起底”“大排查”，确保问题整改落实到位。提高客户身份识别能力，加大大额和可疑交易筛查和甄别排查力度，全年未发生洗钱风险事件。

（陈农田）

**【中国农业银行股份有限公司廊坊分行】** 中国农业银行股份有限公司廊坊分行（以下简称农行廊坊分行）隶属于中国农业银行股份有限公司，成立于1979年，位于廊坊市新华路158号，全辖15个支行，辖属94个营业网点（含支行营业室），在岗员工1668人。2019年度，农行廊坊分行被中共廊坊市委、市政府评为“2019年度全市文明单位”“创建全国（省级）文明城市工作先进单位”。截至2019年12月末，各项存款总量831.27亿元；各项贷款总量664.66亿元，为企业累计投放贷款95.26亿元，信贷支持法人客户1402户，较上年增加1210户，增速630%；实现中间业务收入4.45亿元，拨备后利润10.58亿元；全年未发生声誉风险事件。

2019年，农行廊坊分行以京津冀协同发展为主要着力点，按照北京大兴国际机场临空经济区总体规划布局，累计为京台高速、廊沧高速、固安县城区外环路、新机场北线高速公路廊坊段等项目投放贷款17.09亿元，其中2019年为新机场北线高速公路廊坊段新增授信34亿元。支持临空经济区建设，对接临空经济开发区建设有限公司及入驻企业，制定《廊坊临空经济区金融服务方案》，农总行对廊坊临空经济区实施差异化信贷政策，加大对临空经济区信贷扶持力度。12月18日，农行廊坊临空支行在广阳区万庄镇华北石油基地商业街揭牌运营，标志着临空经济区廊坊片区首家金融机构正式入驻。支持棚户区改造贷款7.69亿元，支持人民大学大厂社区一期项目房地产开发贷款1.94亿元，2项合计占全部法人贷款比例为7.88%。做实“一行一方案”，促进县域经济发展，截至12月末，县域贷款余额401.3亿元，存款余额579.1亿元，县域余额贷存比69.3%，涉农贷款余额270.6亿元。加大现代农业、新型城镇化、县域幸福产业等重点领域支持力度，加强“金穗惠农通”工程建设，加强互联网金融服务“三农”，加大惠农便捷贷、农户身份网捷贷等“惠农e贷”产品营销推广力度。降低融资成本，为企业帮难解困，不断充实产品线，为优质民营企业发放信用贷款，先后上线微捷贷、数据网贷、税e贷、纳税e贷等线上新产品，农行廊坊分行全年累计办理纳税e贷2150笔，金额7.68亿元。截至2019年年底，监管口径普惠型小微企业法人贷款客户1346户，较上年增加1224户，增速为1003%；监管口径普惠型小微企业法人贷款余额8.57亿元，较年初增加6.96亿元，完成计划的325.28%。支持“请进来”和“走出去”企业，让企业享受外汇政策红利，加大拓展具有“担保条件宽松、融资期限灵活、融资手续简便、融资比例较高、贷款规模宽松”等特点的国际贸易融资业务。截至12月底，农行廊坊分行为国企、大中民营企业授信额度198.91亿元，较年初增加27.19亿元；贷款余额122.25亿元，累计发放贷款95.26亿元，其中新增信用投放46.58亿元。围绕区域经济特征，与京津共建产业园区、科技园区、科技成果孵化转化基地，在全市范围内组织开展为期2年的“扫园区”综合营销活动，全面对接北京城市副中心、临空经济区、雄安新区3个国家战略重点区域，全年对接全市重点项目20余个，新增重点项目投放7.08亿元，累计参加由廊坊市政府、工商联、地方金融监督管理局、外汇局等牵头组织的银企对接会10次，自行组织银企对接会3次，累计对接洽谈企业228户，达成意向融资客户30余户，向20户融资意向客户发放贷款1200余万元。

（王海林）

**【中国工商银行股份有限公司廊坊分行】** 中国工商银行股份有限公司廊坊分行（以下简称工行廊坊分行）隶属于中国工商银行股份有限公司，成立于1984年12月1日，位于廊坊市广阳区和平路78号。下辖60个营业网点，其中市区网点24家，县域网点36家，从业人员1374人。2019年，各项贷款余额1169.27亿元，同业占比

35.02%，居全市同行业首位。投放人民币各项贷款201.16亿元。其中，投放法人贷款97.96亿元；投放个人贷款103.2亿元，居全市同行业首位，全省系统首位。年末，人民币各项存款余额776.02亿元，居全市同行业第二位。其中，储蓄存款余额490.27亿元，居全市同行业第二位。较年初增加42.38亿元，同业占比30.05%，同比提升2.94个百分点。公存款余额285.82亿元，同业占比30.92%，居全市同行业首位。全行实现拨备前利润30.8亿元，排名居全省工商银行第二位，全市同行业首位。

2019年，工行廊坊分行对接重大项目建设，创新融资服务渠道，当好支持京津冀协同发展、雄安新区建设、北京大兴国际机场建设"三篇大文章"主力银行。是年，工行廊坊分行先后为联东集团发放项目贷款1.6亿元；为京安城际铁路联络线一期项目投放融资0.47亿元；为北京大兴国际机场北线高速公路廊坊段项目审批贷款16亿元，并成功发放5100万元，加快推进域内基础设施建设。为新奥办理理财直投5亿元，通过支持当地龙头企业发展，为美丽乡村建设贡献力量。加大对幸福产业、先进制造业、物联互联新兴产业支持力度，为固安县幸福医院项目发放贷款5.45亿元，同时为汇福粮油办理国际贸易融资1.24亿美元、开立进口信用证1.59亿美元。全年累计向域内重点民营企业投放贷款69.55亿元。

2019年，工行廊坊分行开展"工银普惠行"主题活动，搭建"小微金融服务平台"，探索"互联网+小微企业"创新服务模式，推出"e快贷、网贷通、线上供应链融资"等产品体系，实现对小微企业的综合化金融服务支持。截至2019年年底，银监普惠口径贷款余额达到11.65亿元，人行降准口径贷款余额16.98亿元。新增产业扶贫贷款1020万元。涉农贷款占全部贷款比重超过16%。实行信贷结构向民生方向倾斜，为域内众诚益达公司发放住房开发贷款3.4亿元，重点支持棚户区改造建设。加大个人住房按揭贷款投放力度，支持普通商品住房及保障性住房项目，全年累计投放个人住房贷款12311笔，合计87.52亿元。

2019年，工行廊坊分行推进智慧银行建设，以线上+线下、人工+智能、推送+互动的立体服务体系，服务政务、惠及民生。投产廊坊市公共资源交易中心项目，提高资金归集工作效率。在市场监督管理局官网嵌入对公预约开户接口，实现企业在线预约开立账户。服务河北省深化收费公路制度改革和ETC安装普及工作，为社会公众提供ETC线上线下办理渠道。是年，累计办理ETC14.33万个。推广"交通联合标识"的"燕赵工•行"联名卡，投产无感停车、扫码乘公交场景，为居民交通出行提供便利。发挥工行手机银行、网上银行便捷、快速服务功能，利用个人理财、实物贵金属、大额存单等产品，为客户提供增值服务，增强客户财富积累。

2019年，工行廊坊分行以个人消费信贷、分期、银行卡等业务为抓手，为客户定制幸福分期、工银e分期、爱家分期业务，多渠道支持居民家庭购车、购车位、家装等消费需求。实现分期付款交易额7.42亿元。推进金融知识普及宣传工作常态化，先后举办"金融消费者权益日""防范和打击非法集资集中宣传月"等系列活动，通过网点、户外、媒体等多方位宣传，增强金融消费者选择正确金融消费理财方式的能力和防范非法金融行为意识。合理调整网点布局，全年撤销低效网点2家，迁址优化2家。

（刘　爽）

**【中国建设银行股份有限公司廊坊分行】** 2019年，中国建设银行股份有限公司廊坊分行对接廊坊市"三篇大文章"，改善营商环境，主动服务"三深化、三提升"，服务百姓民生，持续加强风险管控，有力支持本地经济社会发展。截至2019年年末，一般存款时点新增27.34亿元，余额688.07亿元；对公贷款新增8.96亿元，各项贷款余额881.36亿元；实现拨备前利润23.19亿元；实现中间业务收入5.39亿元。获评2019年度廊坊市2019年度创建全国（省级）文明城市工作先进单位。

2019年，中国建设银行股份有限公司廊坊分行围绕廊坊市"三篇大文章"，支持京津冀协同发展和新机场临空经济区建设，加强对重点项目支持力度。为北京大兴国际机场北线高速公路廊坊段项目申报信用额度34亿元并获批复，为此项目发放贷款3.75亿元；中国建设银行股份有限公司廊坊分行首笔PPP项目西南环线工程贷款成功落地，年初中国建设银行股份有限公司廊坊分行为其申报信用额度6.38亿元并获批，现投放贷款3.9亿元。与廊坊市临空产业园区就征迁农民养老保障综合服务方案及综合服务方案达成初步合作意向，并与河北临空经济产业发展智库综合体项目与航企生活保障基地项目达成初步合作意向。

2019年，中国建设银行股份有限公司廊坊分行在金融科技方面，将重点放在教育、卫生类、公检法司客户的"银医（校）通"、校园e码通系统、"智慧政法"等。与廊坊市中级人民法院签署战略合作协议；北华航天工业学院党群平台团青版上线，实现1.1万名学生在线缴交团费；与廊坊公交集团联合推出"廊坊行APP"，省建行就推广"廊坊行"项目与厦门搜谷公司签订合作协议。在普惠金融方面，与市税务局、市工商业联合会（总商会）、市农业农村局签订合作协议，联合制定方案，实现批量获客。设立抵押登记便民服务点等加快业务办理速度。截至12月底，"8+1"口径新增13.53亿元，计划完成率

103%。“2+1”口径贷款余额33.22亿元、新增13.27亿元。在住房租赁方面，2019年完成全部区县住房租赁监管系统上线，并全部打开网签备案合同房源核验接口。截至12月底新增签约合同备案数24237笔，新增房源核验数70020笔；成功签约2家长租公司，成为省内第一家与长租公司合作的二级分行；2019年全力配合住建局，完成房屋网签备案全国联网和公租房系统贯标两项工作，截至年底导入房源18367套保障家庭15007户。在ETC方面，截至12月31日，中国建设银行股份有限公司廊坊分行当年OBU累计绑定125870个。

2019年7月16日，大城支行开业，完成廊坊县域网点全覆盖。同时完成全辖51个网点国标认证推广工作，通过自评及现场评估提升网点整体标准化程度。发挥“劳动者港湾”作用，分别在春节期间、“3•5”学雷锋日等开展各类活动。11月22日，与廊坊市总工会举办“户外劳动者服务站点•劳动者港湾”合作共建揭牌仪式。是年，中国建设银行股份有限公司廊坊分行获2018年度廊坊市金融系统“最美金融消保人”集体一等奖。全年有6家单位获廊坊市市级文明单位称号，并成功承办全省省级文明单位交流观摩活动。

（曹　跃）

**【中国银行股份有限公司廊坊分行】** 中国银行股份有限公司廊坊分行隶属于中国银行股份有限公司，成立于1986年，位于廊坊市广阳区解放道142号。下辖机构网点29个，有员工830人。2019年，计费收入9.1亿元，同比增长9763万元，同比增幅12%。其中，净利息收入7.4亿元，同比增长7703万元，同比增幅11.6%；非息净收入1.7亿元，同比增长2093万元，同比增幅14%；拨备前利润6.53亿元，同比增长6749万元，同比增幅11.5%；净利润4.68亿元，同比增长2.29亿元，净利润增幅96.3%；实现EVA收入3.49亿元，同比增长2.38亿元，同比增幅215.2%。人民币贷款余额258.8亿元，较年初新增32.5亿元，市场占比14.6%，同比增幅37.26%；全口径人民币存款（含同业）余额288.4亿元，较年初增长33.9亿元，余额占比14.53%，市场份额占比提高1.02个百分点，新增占比33.5%；不良贷款余额1.33亿元，较年初下降3494万元，不良率0.51%，较年初下降0.23个百分点。

2019年，中国银行股份有限公司廊坊分行与廊坊市政府签订《战略合作协议》；全方位探索1+N批量拓客模式、“线上融资系统”模式和政府职能部门全链条合作模式，进行场景建设、经营转型、网点建设等实践研究；首家网点建设5.0版试点行投入运营；完成尼日利亚AKK项目营销落地；首次中选财政局社保基金定期存款服务项目；首次信用总量额度切分项下轻资本收入业务；首笔民营企业非标理财资产项目。运营管理落实省行“人人有责”内控管理体系建设，围绕“减负基层”主线，实施“极致管理”，遏制“屡查屡犯”问题，工作质量、效率和风险防控水平稳步提升。法律合规持续督导内控六项规定动作落实；全力做好消保工作和人行反洗钱检查后续工作。安全保卫综合考核居全省第一位，推进“三个专项治理”，专项工作落实营业网点钥匙存管；网点柜员操作区电气线路改造和安保工作外包服务，确保安全问题不过夜，小问题不积压。文优服务创新形成“行”文化，1家机构“五星级”网点创建工作完毕；创新投诉处理“首问负责制”，搭建起快速的多层级响应通道；开展“苦练功、出精兵”为主题的业务技能练兵活动，三项重点考核均达到100%。舆情管理未发生声誉风险，在国家级（总行级）新闻媒体发表文章14篇，综合考核满分。保密管理未发生保密违规行为和泄密问题，自查率及合格率均达100%。

（巩志刚）

**【廊坊银行股份有限公司】** 廊坊银行股份有限公司（以下简称廊坊银行）是2000年12月29日挂牌成立的股份制商业银行，位于廊坊市广阳区爱民东道83号新世界中心办公楼大厦C区17号楼5-14层、22层。2019年，廊坊银行以打造“精耕京津冀创新发展的价值银行”为愿景，先后获人行征信中心“2018年度个人征信系统数据质量工作优秀机构”、中国银联“无卡业务合作优秀单位”、中国金融认证中心(CFCA)“最佳手机银行安全奖”、《投资时报》2019金禧奖“最佳区域服务银行”、“最佳社会责任企业”等奖项，廊坊银行党委书记、董事长邵丽萍获“2019银行业领军人物”称号。廊坊银行设立分支机构89家，其中石家庄区域19家、廊坊区域59家、天津区域11家，有员工2220人。是年，廊坊银行总资产2069.81亿元，在河北城商行中排名居第三位；贷款余额963.05亿元，存款余额1507.76亿元，实现净利润15.01亿元。贷款余额较年初增加233.6亿元，同比增幅32.02%，占总资产比重为46.53%。零售负债业务储蓄存款余额增加308.6亿元，同比增幅65.72%，达到778.18亿元，在一般性存款中占比达到51.61%，较年初提高13.59个百分点。

2019年，廊坊银行持续推进全面风险管理，建立八大风险归口管理和三道防线联动管理机制，厘清职责明确责任；开展信用风险、操作风险、市场风险等关键风险重检，识别风险和问题。完善信贷政策体系，将对公及零售条线业务营销指引纳入风险政策体系，初步形成“π”字形信贷政策体系。提升大数据风控水平，通过大数据挖掘分析、风险识别模型建设、预警监

2019年，廊坊银行承办河北省城市商业银行合作组织第十四届圆桌会议

测，打造适应业务特点的自主风控能力，实现大数据自动审批功能。建立授信档案管理中心，统一全行信贷档案管理。加强声誉风险管理，有效控制和化解舆情，未给全行经营带来实质性冲击。

年内，廊坊银行以全力支持“三大攻坚战”为导向，配合国家战略及政府工作，践行地方法人银行社会责任。廊坊银行成为首家支持廊坊区域空港建设的银行；通过企业债务重组，支持产业升级等，协助政府供给侧“去产能”工作；通过搭建大数据风控系统，推出“旺农贷”等线上线下联动创新产品，提升支持三农、小微企业能力，助力精准脱贫，小微企业贷款余额376.1亿元，服务小微企业贷款客户23015户；年内，全行缴纳税款9.85亿元（含个税）；实行人才本地化策略，加大本地招聘力度，支持本地就业；通过主动承担居民健康卡项目，与多个基金会等合作举行图书捐献、开展爱心送考，共建警务亭等方式以实际行动践行社会责任。

（胡　蓉）

**【河北银行股份有限公司廊坊分行】**　河北银行股份有限公司廊坊分行（以下简称河北银行廊坊分行）隶属于河北银行股份有限公司，2010年10月入驻廊坊市，位于廊坊市广阳道55号。2019年，下辖营业网点18个，有员工371人。截至2019年年底，资产总额241.43亿元，存款余额153.48亿元，贷款余额242.62亿元，存贷比158%。是年，河北银行廊坊分行被中国人民银行廊坊市中心支行、中国银行保险监督管理委员会廊坊监管分局评为廊坊市金融系统“最美金融消保人”；被河北省保险中介行业协会评为“2019年度保险兼业代理先进单位”；在国家外汇管理局廊坊市中心支局组织的2019年廊坊市外汇指定银行外汇业务知识竞赛中获笔试团体第一名。

是年，河北银行廊坊分行累计投放公司类信贷资金42.14亿元，美元贷款0.52亿元，资金重点投向京津冀协同发展重大战略和北京大兴国际机场临空经济区建设、基础设施建设及园区建设等领域。截至2019年年底，对公贷款余额56.15亿元，较年初增加12.41亿元。河北银行廊坊分行累计为棚改项目、高速建设项目等廊坊地区基础设施建设投放贷款211.14亿元。累计为廊坊民生领域提供资金支持19.2亿元；为当地民营企业提供资金支持23.67亿元；为高端装备制造企业及科技型企业提供授信支持6.33亿元。河北银行廊坊分行支持“北三县（市）”与北京城市副中心一体化项目7.5亿元，办理银行承兑汇票业务6.33亿元。为承接首都产业转移园区建设项目提供授信支持17.67亿元。

2019年，河北银行廊坊分行推广绿色信贷，支持科技型中小企业，严控“两高一剩行业”，促进转型升级。截至2019年年底，小微贷款余额20.07亿元。小微贷款户数1300户，较年初增加327户，增长率34%，户均贷款余额152万元。年内，累计为1089户小微企业提供授信支持14.8亿元。11月，与霸州市政府签订科技型中小企业贷款风险补偿战略合作协议，引入政府担保和风险补偿，执行利率优惠，加大对科技型中小企业精准支持。构建村村通便民网点，年内建成村村通网点18个，实现村民在家门口办理存取款业务。先后为廊坊市5家医院办理pos刷卡0费率业务，覆盖廊坊市区及大城县、文安县、霸州市等地区。截至2019年年底，个人类贷款余额182.87亿元，较年初增加8.2亿元。全年河北银行廊坊分行累计办理汽车分期业务4336笔，金额4.04亿元，年底余额4.77亿元。

（邓恩娟）

**【沧州银行股份有限公司廊坊分行】**　沧州银行股份有限公司廊坊分行隶属于沧州银行股份有限公司，成立于2011年1月，位于廊坊市广阳区银河北路133号。2019年，沧州银行股份有限公司廊坊分行有营业网点10个，从业人员252人。截至年底，各项存款余额132.64亿元，各项贷款余额97.65亿元，全年利润1.7亿元。是年，沧州银行股份有限公司廊坊分行营业部通过省银协“千佳网点”复查工作，其服务管理及书香文化得到检查组一致好评。沧州银行大城支行获中国银行业协会四星级营业网点称号。沧州银行加大投入，对三河支行、固安支行服务设施进行五星级网点升级改造。

2019 年，沧州银行股份有限公司廊坊分行紧跟推动地方经济发展步伐，加大开展银企对接。截至 2019 年年底，沧州银行廊坊分行累计服务有资金需求客户 1730 余户，提供信贷支持 2035 笔，累计发放贷款 82.84 亿元，在个人消费、企业运营等方面为廊坊地区经济发展提供信贷支持。

（吕　桐）

2019 年 7 月 18 日，省联社廊坊审计中心兰成民主任到永清云裳小镇调研

**【中国光大银行股份有限公司廊坊分行】** 中国光大银行股份有限公司廊坊分行隶属于中国光大银行股份有限公司，位于廊坊市广阳道 29 号。下辖营业网点 8 个，共有员工 144 人。2019 年，光大银行廊坊分行授信余额（不含信用卡）196.48 亿元，较年初减少 6.82 亿元。账面资产总额 212.72 亿元，较年初增加 8.64 亿元。负债总计 202.61 亿元，较年初增加 7.42 亿元。一般性存款余额 74.04 亿元，较年初减少 6.64 亿元。各项贷款余额 211.7亿元，较年初增加 11.36 亿元。

2019 年，光大银行廊坊分行以高新技术、食品医药、养老等行业为重点，利用现有产品组合扩大表内外融资，授信总额 10.75 亿元。支持固安园区、永清园区、香河园区、大厂园区等企业授信，助力地方经济建设。开展普惠金融服务，创新小微产品，新增普惠小微贷款 3.28 亿元。创新结算手段，向燃气公司、热力公司等服务型企业推广扫码支付，为 4 家公司 10 万余名住户提供收费服务。支持涉农企业，为汇福粮油、福成集团等国家级龙头企业，提供融资服务，帮助企业走出去。是年，光大银行廊坊分行推出 “阳光理财”系列产品，包括阳光理财 A 计划、T 计划、盈系列、定活宝、光银现金 A、七彩阳光系列等多种本外币理财系列产品，具备不同风险收益配比、不同期限结构、不同币种、不同投资方向多元化特点，同时根据客户需求定制专属产品，为客户提供资产配置建议，满足客户各种投资理财、资产保值增值需求。年内，光大银行廊坊分行阳光理财产品销售额 200.13 亿元。

（范桂源）

**【兴业银行股份有限公司廊坊分行】** 兴业银行股份有限公司廊坊分行隶属于兴业银行股份有限公司，成立于 2011 年 7 月，位于廊坊市新华路 76 号，下辖营业网点 9 家。2019 年，兴业银行廊坊分行各项存款余额 153.66 亿元，比年初增加 2.29 亿元；各项贷款余额 163.21 亿元；全年实现利润 2.1 亿元；全年累计缴纳各项税款合计 0.53 亿元。

2019 年，兴业银行廊坊分行推进服务实体经济、防控金融风险、深化金融改革三项任务，持续提高服务实体经济效率和水平，各项业务经营保持平稳健康发展态势。支持省市重点项目建设，将战略新兴产业、产业园区、交通基础设施、城镇基础设施、能源环保等领域列为重点支持领域，按照国家政策导向和发改委重点工程清单，及时跟进项目信息，加大项目服务力度，有力支持全市重大项目及工程建设。全力支持民营企业、小微企业融资，为重点民营企业，增加授信支持，拓宽融资渠道，简化小微企业送审流程，提高申报和审批效率。

（王思慧）

**【河北省农村信用社联合社廊坊审计中心】** 河北省农村信用社联合社廊坊审计中心（以下简称省联社廊坊审计中心）隶属于河北省农村信用社联合社，成立于 2005 年 12 月，2016 年 9 月改为区域审计中心，位于廊坊市新华路 211 号。下辖县级行社 9 家（农商银行 7 家、农信联社 2 家），营业网点 281 家，从业人员 3384 人。2019 年，全市农信社各项存款余额 1288.2 亿元，较年初增加 127.43 亿元；各项贷款余额 954.75 亿元，较年初增加 99.46 亿元。不良贷款占比 3.12%。拨备前利润达 25.29 亿元，实现中间业务收入 7646.76 万元。

2019 年，省联社廊坊审计中心以“稳存、增贷、服务、控险、创新”为发力点，做好“调整、提升、强化”三篇大文章，保持全市农信社平稳发展态势。以“改革促效益”为目标，加快组建先进农商银行步伐。推广新型小贷中心经营模式，加强对民营小微企业支持力度，加大涉农贷款投放力度。“监审联动”持续规范业务及财务操作流程和审计工作广度与深度。以真抓实劲，常抓韧劲，引导各县级行社点面结合开展存款营销活动。综合运用“司法、市场、行政、征信”组合拳，多元化处置不良资产，提升清收效果。主动顺应发展趋势，实现产品推介和业务办理无缝对接，推行“阳光信贷”工程。引导各行社线上业务与线下业务相结合。持续做好纠正“四风”与作风纪律明察暗访工作，完善事后监督系统，加强案件防控工作，严格落实“四项制度”。是年，省联社廊坊审计中心在报刊、电视栏目、网络媒体等平台展现廊坊农信，并在县级以上媒体累计发表稿件706篇。

（刘树青　梁圣强）

**【张家口银行股份有限公司廊坊分行】**　张家口银行股份有限公司廊坊分行隶属于张家口银行股份有限公司，成立于2013年6月28日，位于廊坊市广阳区银河北路90号。2019年，下辖机构22家（其中综合性支行15家、小微支行3家、社区支行4家），从业人员290余人，存款余额125.47亿元，贷款余额55.06亿元，总资产137.43亿元。

2019年，张家口银行廊坊分行立足“服务社区居民、服务中小企业、服务县域经济”的市场定位，集中力量向大零售转型，以客户为中心，通过科技赋能创新运营模式，增强核心竞争力。按照“上量、提质、增效”总体要求，围绕银政、银教、银医、银联、银站做深度思考，主动营销、批量营销、联动营销，做好渠道建设。年内，张家口银行廊坊分行通过一城三区九县网点全覆盖，将普惠金融服务送至廊坊百姓身边。推出普惠金融服务点、聚合支付、联名信用卡等业务，打造应用场景，增加客户黏性，持续擦亮家银品牌。实行差异化信贷政策，优化资产质量、调整信贷结构，将金融活水引入实体经济，助力小微和民营企业发展。

（杜　晨）

**【交通银行股份有限公司廊坊分行】**　交通银行股份有限公司廊坊分行隶属于交通银行股份有限公司，成立于2011年12月，位于廊坊市广阳区和平路170号。下辖3个市区网点，从业人员90人。2019年，人民币各项存款余额42.61亿元，其中人民币对公存款32.71亿元，人民币储蓄存款9.9亿元。人民币各项贷款余额39.74亿元，其中人民币对公贷款18.75亿元，人民币个人贷款余额20.99亿元。

2019年，交通银行股份有限公司廊坊分行重点贵金属产品鼠年金钞销售完成率居全省第一位。全年新增信用卡活户绩效考核居全省第三位。成功向交银国际推介新奥文化“只有红楼梦”戏剧幻城项目，实现资金留存与投行收入双跨越。托管业务综合评价居全省第一位，获托管业务突出贡献奖，受到全省通报表彰。成功实施基层营业网点厅堂一体化服务模式转型改革，网点业务拓展和项目攻坚能力、客户服务能力增强。参与人民银行金融消费者权益保护机构评估系统结构测试，并获廊坊市最美金融消保人先进集体二等奖称号。

（辛　璐）

**【上海浦东发展银行股份有限公司廊坊分行】**　上海浦东发展银行股份有限公司廊坊分行隶属于上海浦东发展银行股份有限公司，成立于2014年8月28日，位于廊坊市广阳道43号。下属三河燕郊支行1家县域支行，全行有员工53人。2019年，各项存款余额16.65亿元，其中公司存款余额4.84亿元，个人存款余额11.81亿元。各项贷款余额97.22亿元，较年初增加34.53亿元，同比增幅55.08%，其中公司贷款余额4.14亿元，个人贷款余额93.08亿元。

2019年，浦发银行廊坊分行依托公银业务优势，结合廊坊区域经济特点，提出“让廊坊走进上海，让上海了解廊坊”的工作思路，全力支持地方经济建设，协助廊坊政府部门赴上海市招商，支持廊坊地区拟在科创板上市企业赴上海证券交易所考察。落实国家重大举措部署，举办中国（河北）自由贸易试验区金融浦发专场对接会，为自贸区建设提供金融服务支持。践行服务小微企业社会责任，全年发放小微企业贷款11亿元。

（刘　帅）

**【中国邮政储蓄银行股份有限公司廊坊市分行】**　中国邮政储蓄银行股份有限公司廊坊市分行隶属于中国邮政储蓄银行股份有限公司，成立于2008年5月，位于廊坊市广阳道1号。2012年7月，中国邮政储蓄银行有限责任公司廊坊市分行更名为中国邮政储蓄银行股份有限公司廊坊市分行。下辖县（市）支行12个，营业网点75个，其中邮储银行自营网点21个，邮政代理网点54个，从业人员605人。2019年，中国邮政储蓄银行股份有限公司廊坊市分行各项存款余额185.82亿元，同比增长11.4%；各项贷款余额251.15亿元，同比增长8.52%，不良贷款率0.96%。

2019年，中国邮政储蓄银行股份有限公司廊坊市分行按照“建队伍 提能力，强联动 拓市场，调结构 促转型，控风险 保质量，拉长补短稳增长”工作基调，转变发展观念，调整发展结构，讲实干、做实事、求实效，各项业务取得高质量发展。

（孙薇薇）

## 保险业

**【概况】**　2019年，廊坊市有保险公司市级机构52家，下设支公司124家，营业部1家，营销服务部181家。其中，财险公司25家，人身险公司27家。保险从业人员39258人。辖内有保险中介机构93

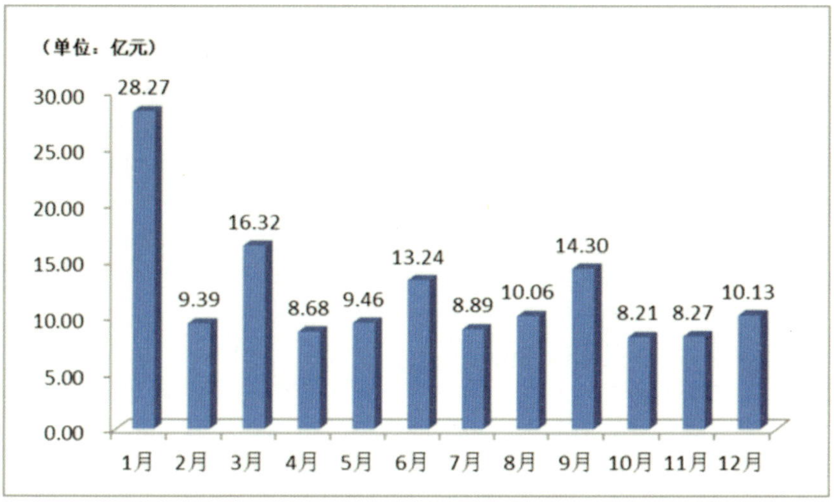


图 28　2019 年廊坊市 1—12 月保费收入对比图

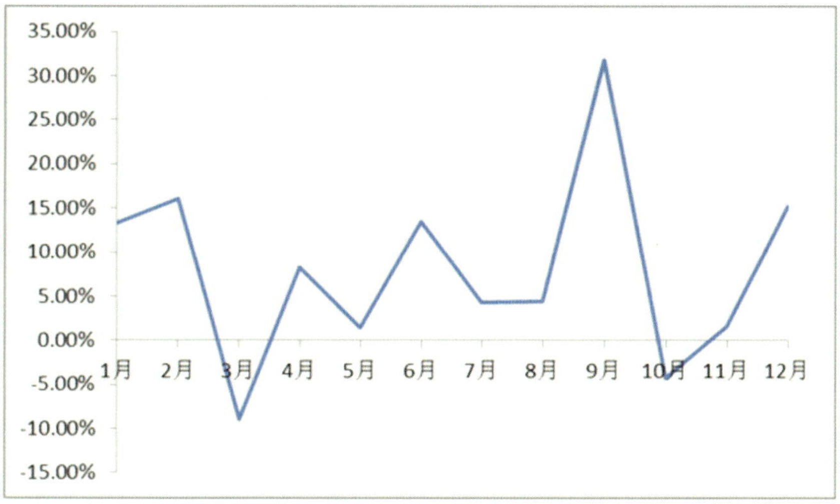


图 29　2019 年廊坊市 1—12 月保费收入同比增速对比图

家，其中保险专业代理机构 86 家（6 家法人机构），保险经纪机构 6 家，保险公估机构 1 家（法人）。

2019 年，廊坊市保险业市场运行稳中向好，回归保障、回归本源成为市场自觉共识，结构调整效果明显，业务结构不断优化，业务品质提升。财险业务中车险业务占比不断下降，车险“一险独大”局面有所改善。人身险业务中保障功能更强的健康险业务快速增长，保险保障功能更加突出。是年，廊坊市保险业实现原保险保费收入 145.23 亿元，同比增长 8%；其中财险业务保费收入 41.47 亿元，同比增长 4.2%；人身险业务原保险保费收入 103.77 亿元，同比增长 9.6%。提供各类风险保障金额 5.4 万亿元。

**【保险监管】** 2019 年，廊坊保险业监管坚持守住系统性区域性风险底线，以改革创新为内生动力，引领保险业把握协同发展机遇，坚持治乱固本，推进保险业高质量发展。机构改革后，廊坊银保监分局党委迅速承接保险监管工作，于 2019 年 7 月正式成立保险机构监管科，对保险监管工作坚持主监管员制，确保工作互相补位，科学履职，奠定保险监管组织基础；指导编制《保险业监管常用法律法规汇编》《廊坊市保险业机构概况手册》，全面梳理保险监管法律法规和辖内保险机构概况，奠定保险监管理论基础。加强车险市场乱象治理，组织签订《带头执行“报行合一”承诺书》，安排部署降费、控速、合规三方面重点工作；组织开展现场检查，发挥银保联动作用，通过 EAST 系统延伸现场检查链条，对发现违规问题及时采取相应监管措施。防范人身险市场风险，建立人身险市场运行监测机制，每月监测全市人身险市场主要指标变化情况，按季研究分析全市人身险市场运营情况，提高风险敏锐度。

（王瑞阳）

**【中国人寿保险股份有限公司廊坊分公司】** 中国人寿保险股份有限公司廊坊分公司隶属于中国人寿保险股份有限公司，下设县区支公司 11 个，营销服务部 71 个，内部管理人员 378 人，销售队伍 11364 人。2019 年，中国人寿廊坊分公司总保费 29.15 亿元，同比增长 1.68%，其中长险首年期交保费 5.58 亿元，短期险保费 1.86 亿元。中国人寿廊坊分公司总资产 129.74 亿元，总保费市场份额 28.03%，居廊坊市寿险市场第一位。是年，办理赔付案件 34768 件，赔付金额 2.17 亿元，同比增长 42.05%，1 日内结案率 92.05%，平均理赔时效 1.16 天，推行 3000 元以内小额赔案和医疗费用万元以下理赔“秒到”服务，以及智能理赔“足不出户”服务，加强快速有效理赔，履行保险服务职能和社会责任。开展特殊人群保障服务，全年老年御险服务 8.2 万人、学生平安险服务 30.73 万人，提供保险保障 186.45 亿元。中国人寿保险股份有限公司廊坊分公司拓展补充养老保险服务领域，缓解政府社保压力，2019 年廊坊国寿管理企业年金基金规模累计 6.16 亿元，同比增长 12%，全年实现管理基金新增规模 6600 万元，同比增长 20%。中国人寿保险股份有限公司廊坊分公司 2019 年新招募大中专毕业生和下岗人员 8000 人进入保险行业，上缴税金 2220.33 万元，同比增长 19.82%。

（远桂君）

**【中国人民财产保险股份有限公司廊坊市分公司】** 中国人民财产保险股份有限公司廊坊市分公司（以下简称人保财险廊坊市分公司）隶属于中国人民财产保险股份有限公司河北省分公司，成立于1982年，位于廊坊市新华路139号。2019年，人保财险廊坊市分公司设有分支机构18个，员工774人，全辖主要经营机动车辆保险、大病保险、企业财产保险、货物运输保险、家庭财产保险、火灾公众责任保险、人身意外保险、政策性农业保险等800多个险种。年内，保费收入15.5亿元，累计为全市企业、家庭、学校及车辆、农作物等承担2.25万亿元各类风险保障，上缴、代缴税金1.65亿元，全年处理赔案8.31万件，支付赔款7.47亿元，保障辖区企业经济发展，创造经济效益和社会效益。是年，人保财险廊坊市分公司为廊坊市1390家企业、35.51万辆机动车、63.16万户家庭提供全方位风险保障和快捷事故赔付，保障重点项目建设和经济社会发展。

2019年，人保财险廊坊市分公司开办29个农险险种，其中财政补贴型险种18个，商业性险种11个，覆盖全市主要农作物和畜禽主要品种。年内，人保财险廊坊市分公司全力扩大到小麦、玉米、棉花等主要农作物承保面，推进蔬菜大棚设施保险、大棚蔬菜种植保险以及森林保险，全年为6.41万户家庭提供7966.85万元赔款。年内，廊坊市分公司大病保险为全市343.19万人提供保险保障，累计赔付案件47016笔，补偿金额1.19亿元，减轻大病患者高额医疗负担，降低群众因病致贫返贫概率。年内，人保财险廊坊市分公司为客户提供各类增值服务40余项。

（邱明昌）

**【中国太平洋人寿保险股份有限公司廊坊中心支公司】** 中国太平洋人寿保险股份有限公司廊坊中心支公司隶属于中国太平洋人寿保险股份有限公司河北分公司，成立于2002年4月，位于廊坊市广阳区新源道1号泰莱大厦。公司下设支公司8家和营销服务部2家，职工124人。公司主要承保人民币和外币各种人身保险业务（人寿保险、健康保险、意外伤害保险）、办理各种法定人身保险业务、与国内外保险公司及有关机构建立代理关系和业务往来关系、代理国外保险机构办理对损失的鉴定和理赔业务及其委托的其他有关事宜等。2019年，太保寿险廊坊中支保费收入6.4亿元。其中，人寿险保费收入58123万元；意外险保费收入3147万元；健康险保费收入3120万元。赔案支出14170万元。

2019年，中国太平洋人寿推广的“乐享百万（H2019）”年销售量超过500万件，累计超过1235万件，“乐享百万”的件数月平台在50万件左右，月均举绩率超过30%。8月，推出“安享百万”，重疾不设免赔额，保险期间为15年，写入条款，“安享百万”重症监护室津贴额度1000元/天，年度限额30天，增加ECMO津贴，津贴额度1000元/天，年度限额30天。乐享老客户可支持转保到“安享百万”，不设等待期，最高投保年龄至65岁，最高续保年龄至85岁，保障年龄至100岁。

（刘潇阳）

**【中国太平洋财产保险股份有限公司廊坊中心支公司】** 中国太平洋财产保险股份有限公司廊坊中心支公司（以下简称太保财险廊坊中支）隶属于中国太平洋财产保险股份有限公司河北分公司，成立于1993年，位于廊坊市广阳区和平路109号。下设市直属部门13个，辖基层支公司9个，职工132人，营销人员840余人，“三农”服务站23个，农村保险协保员120人。主要经营机动车辆险、防贫保险、财产险、货运险、责任信用险、意外健康险、工程险、农业保险等险种。2019年，太保财险廊坊中心支公司保费收入29289万元，同比增长21.17%，承担风险保障金额1800亿元，同比增长34.43%；上缴、代缴税金4975万元，同比增长92.75%；处理赔案17111件，支付赔款11327万元。

2019年，太保财险廊坊中支发展防贫保险、农业保险、企财险、家财险、责任保险、健康保险、出口信用保险等险种，为实体经济稳定运行提供风险保障。搭建基层服务网络，在9个区（县）建立23个三农服务站。理赔数据实现全国共享，实施全国快赔、通赔机制。

（马建元）

**【中国平安人寿保险股份有限公司廊坊中心支公司】** 中国平安人寿保险股份有限公司廊坊中心支公司（以下简称“平安人寿廊坊中支”）隶属于中国平安人寿保险股份有限公司，成立于1997年3月，位于廊坊市广阳区广阳道162号。2019年，有员工250人，外勤人力7859人。内勤员工中大学本科以上学历199人，占比79%，平均年龄32岁。公司内设前线、共同资源、后援3个系列，有销售企划部、培训部、各营业区等21个部门。公司下辖15家营销服务部，4个支公司，网络遍布全市。公司主要承保人民币和外币各种人身保险业务，包括各类人寿保险、健康保险（不包括“团体长期健康保险”）、意外伤害保险等保险业务；办理各种法定人身保险业务，代理国内外保险机构检验、理赔及其委托的其他相关事宜，证券投资基金销售业务。是年，公司保费收入259358万元，累计理赔件数28288件，同比增长22.4%，平均每天赔付78件。医疗险理赔26700件，占比94.4%；意外事故发生率占比60%，普通疾病发生率占比34.9%。全年理赔总额1.98亿元，同比增长32%，平均每天赔付金额54万元。

2019年，平安人寿廊坊中支为提升客户体验，推出高端客户体检VIP特色服务，为累计保额500万的高端客户提供服务。理赔服务方面公司继续推出闪赔服务，闪赔即从申请理赔到通知、给付结案时间小于等于30分钟的案件。全年闪赔件数13183件，赔付金额2263万元，平均用时9.9分钟。享受到理赔服务的平安客户，选择继续加保，累计加保件数17684件。

（王　倩）

**【中国平安财产保险股份有限公司廊坊中心支公司】**　中国平安财产保险股份有限公司廊坊中心支公司是平安集团控股子公司中国平安财产保险股份有限公司下属分支公司（三级机构），成立于1995年，2002年升格为中心支公司，公司位于廊坊市广阳区裕华路御泉湾小区底商，下设县域机构11家，职工228人。主要经营机动车辆险、企业（家庭）财产损失险、短期健康保险、意外伤害保险、建筑工程保险、货物运输保险等险种。2019年，公司保费收入8.44亿元，同比下降11.1%。其中，车险保费累计收入7.91亿元，同比增长3.18%。为全市381家贷款企业客户提供81.9亿元财产保障。理赔案43508个，同比增长15.2%，理赔款4.61亿元，同比增长32.4%。实现上缴及代收代缴税款1.13亿元，同比增长2.72%。

2019年，中国平安财产保险股份有限公司廊坊中心支公司为全市347家饭店、商超、学校食堂、企业等食品生产流通企业提供3.5亿元食品安全责任险保障，保障百姓饭桌安全。助力京津冀污染治理，为14家企业提供920万元环责险保障。

（杨茜云）

**【中华联合财产保险股份有限公司廊坊中心支公司】**　中华联合财产保险股份有限公司廊坊中心支公司隶属于中华联合财产保险股份有限公司河北分公司，成立于2004年12月，位于廊坊市广阳区光明东道79号门市104-107室。2019年，中华联合财产保险股份有限公司廊坊中心支公司设有8个机关职能部门，下辖11家支公司和2家营销服务部，签约员工183人，县域机构覆盖面100%。公司业务经营范围涵盖非寿险业务各个领域，包括机动车辆保险、企业财产保险、家庭财产保险、工程保险、船舶保险、货物运输保险、责任保险、信用保证保险、农业保险以及短期健康保险和意外伤害保险等。

2019年，中华联合财产保险股份有限公司廊坊中心支公司保费收入2.13亿元，同比增长16.94%，承担各类风险保障金额3387亿元，上缴、代缴税金 2130.15万元。全年受理理赔案件17728笔，赔款金额9865.57万元，其中农业保险赔款总额2312.89万元，受益农户5万余户次。

（贾国华）

**【新华人寿保险股份有限公司廊坊中心支公司】**　新华人寿保险股份有限公司廊坊中心支公司隶属于新华人寿保险股份有限公司，成立于2003年11月，位于廊坊市广阳区爱民东道浙商广场A座3层、4层，下辖大城支公司1家，营销服务部7家，有员工1668人，其中内勤员工80人。主要经营个人意外伤害保险、个人定期死亡保险、个人两全寿险、个人终身寿险、个人健康保险、团体意外伤害保险、团体定期寿险、团体终身保险、经中国保监会批准的其他人身保险业务等。2019年，公司总保费收入4.37亿元，市场份额4.21%。新契约保费8030万元，短险保费1133万元。全年受理理赔案件8535件，理赔金额3372.41万元。处理监管投诉案件16件，撤诉7件，处理诉讼案件2件。

2019年，公司秉持“一体两翼+科技赋能”新战略，围绕“稳定队伍、发展业务、防控风险”三大任务，以实现“二次腾飞”为目标，创新开展客服中心7×24小时“95567”服务云平台、柜面快速业务通道、VIP服务通道、增设自助服务终端等特色服务，为客户提供智慧一站式、覆盖保单全生命周期的60余项保全、理赔服务。

（赵　磊　姚东远）

**【泰康人寿保险有限责任公司河北廊坊中心支公司】**　泰康人寿保险有限责任公司河北廊坊中心支公司隶属于泰康人寿保险有限责任公司，成立于2002年8月，位于廊坊市广阳区爱民东道80号浙商广场。下设2个支公司、7家营销服务部。2019年，劳动合同制员工66人，劳务派遣员工3人。主要经营个人意外伤害保险、个人定期死亡保险、个人两全寿险、个人终身寿险、个人年金保险、个人短期健康保险、个人长期健康保险、团体意外伤害保险、团体定期寿险、团体终身保险、团体年金保险、团体短期健康保险、经中国保监会批准的其他人身保险业务。是年，公司保险业务收入4.6亿元，同比持平，理赔金额5802.7万元。泰康人寿推出健保通直付式理赔服务，实现公司核心业务系统与医院IT系统无缝对接，客户出院即理赔，缩短理赔时效。与文安县中医院、河北省燕达医院、香河县中医院签订服务协议。年内，泰康人寿廊坊中心支公司通过健保通理赔结案109件。全年泰康人寿廊坊中支未发生监管行政处罚及重大案件。

（钱　娜）

**【太平人寿保险有限公司廊坊中心支公司】**　太平人寿保险有限公司廊坊中心支公司隶属于太平人寿保险有限公司，成立于2004年11月，位于廊坊市广阳区广阳道20号。下设县域机构5家，有员工57人。主要经营个人意外伤害保险、个人定期死亡保险、个人两全寿险、个人终身寿险、个人年金保险、个人短期健康保险、个人长期健康保险、团体意外伤害保险、团体定期寿险、团体终身保险、团体年金保险、团体短期健康保险及经银保监会批准的其他业务。2019年，公司保费收入3.4556亿元，同比增长5%；赔付支出4664.89万元，同比下降35%。

（崔月明）

## 证券业

**【财达证券股份有限公司廊坊新华路证券营业部】** 财达证券股份有限公司廊坊新华路证券营业部隶属于财达证券股份有限公司，成立于1994年10月，位于廊坊市新华路新华广场底商。2019年，营业收入1737.05万元，其中净利润928.97万元；累计开户38433户，其中新增171户。廊坊新华路证券营业部代理沪深证券交易所A股、B股、沪港通、深港通、证券投资基金（包含ETF、LOF）、债券质押式报价回购业务、约定购回式证券交易业务、股票质押式回购交易业务、国债逆回购、新三板业务、融资融券、科创板等业务。为客户提供券商资产管理产品、信托产品及开放式基金等各类风险等级理财产品。客户可通过网上交易、电话委托、手机炒股等交易方式办理理财业务。开通非现场柜台后台业务，包含手机开户和网上开户。与工商银行、建设银行、农业银行、中国银行、光大银行、兴业银行、招商银行、华夏银行、中信银行、交通银行、浦发银行、民生银行建立三方存管，保障客户资金安全，交易转账便捷。

（任俊梅）

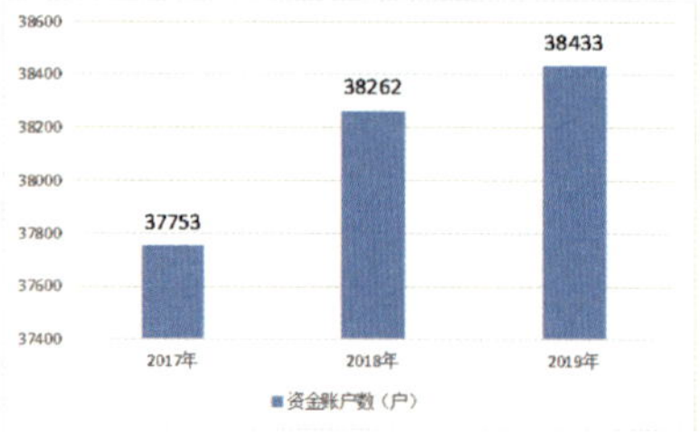


图30　财达证券股份有限公司廊坊新华路证券营业部2017—2019年资金账户数对比图

图31　财达证券股份有限公司廊坊新华路证券营业部2017—2019年净利润对比图

**【广发证券股份有限公司廊坊新开路营业部】** 广发证券股份有限公司廊坊新开路证券营业部隶属于广发证券股份有限公司，经中国证监会批准，于2008年5月9日正式开业，位于河北省廊坊市广阳区新开路220号吉祥小区东北角。公司内设机构业务部、财富管理部、衍生品客户服务部等6个部门，有员工40余人。公司主要经营范围：证券经纪，证券投资咨询，与证券交易、证券投资活动有关的财富顾问，融资融券，证券投资基金代销，代销金融产品，股票期权，债券质押式回购交易业务，股票质押式回购业务，新三板业务等。2019年，通过融资融券等股权融资方式帮助廊坊市上市公司完成融资任务，融资金额4亿元。年内，营业部新开资金账户21990户，同比增长21.22%，资金账户累计100678户；营业收入1738.65万元，比2018年增加331.23万元，同比增长23.53%。

（邹　超）

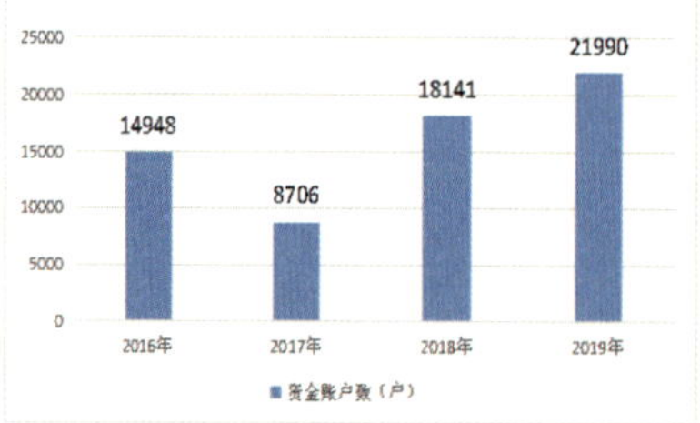


图32　广发证券股份有限公司廊坊新开路证券营业部2016—2019年资金账户数对比图

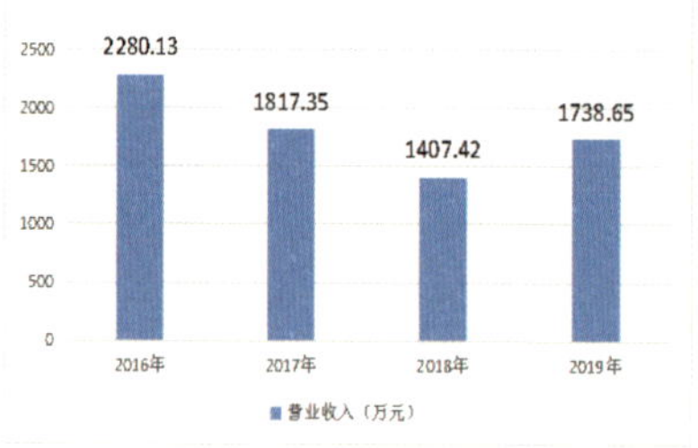


图33　广发证券股份有限公司廊坊新开路证券营业部2016—2019年营业收入对比图

**【中国银河证券股份有限公司廊坊银河北路证券营业部】** 中国银河证券股份有限公司廊坊银河北路证券营业部隶属于中国银河证券股份有限公司河北分公司，于2009年7月26日由原中国银河证券股份有限公司石家庄红旗大街证券营业部廊坊服务部（服务部2002年8月18日开业）升级而成。公司位于廊坊市广阳区银河北路106号，下辖运行管理部、理财服务部、市场营销部3个职能部门，有员工16名。主要经营范围是：证券经纪；证券投资咨询；证券投资基金代销；与证券交易、证券投资活动有关的财务顾问；代销金融产品；证券承销与保荐（仅限项目承揽、项目信息传递与推荐、客户管理维护等辅助工作）；为期货公司提供中间介绍业务；销售贵金属制品。2019年，营业部营业收入14293764.06元，新开资金账户3684户，累计开立资金账户33689户。

（关　颖）

**【西部证券股份有限公司廊坊金光道证券营业部】** 西部证券股份有限公司廊坊金光道证券营业部隶属于西部证券股份有限公司。成立于2011年3月，注册资本500万元，于2014年9月从广阳道迁至金光道。营业部位于廊坊市广阳区万达广场第A2幢1单元1层39号。经营范围：证券经纪、证券投资咨询、与证券交易证券经营活动有关的财务顾问、证券承销与保荐、证券资产管理、融资融券、证券投资基金代销、代销金融产品。2019 年，营业部客户资产 177243 万元，其中资管产品户托管市值约 166731 万元，其他资产约 10512 万元，其他资产同比下降 23.64%；开立资金账户 64 户，资金账户累计 2057 户；营业收入 141 万元，同比增长 62.4%；销售金融产品 72 万元。

（陈美超）

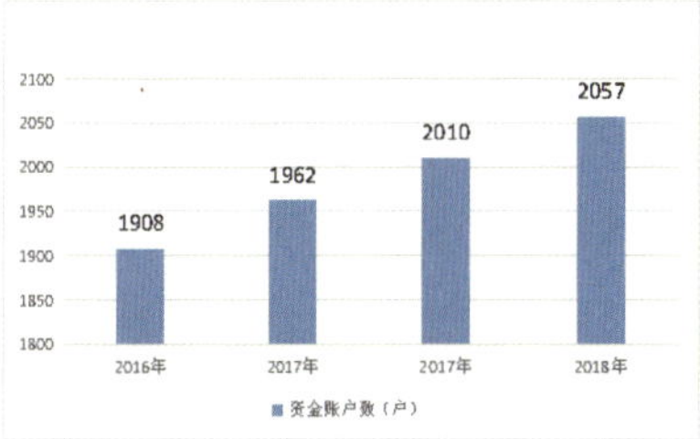


图 34　西部证券股份有限公司廊坊金光道证券营业部 2016—2019 年资金账户数对比图

图 35　西部证券股份有限公司廊坊金光道证券营业部 2016—2019 年营业收入对比图

**【西藏东方财富证券股份有限公司廊坊爱民东道证券营业部】**　西藏东方财富证券股份有限公司廊坊爱民东道证券营业部隶属于东方财富证券股份有限公司。2011 年 5 月 20 日进驻廊坊市。2015 年 12 月 8 日，西藏同信证券股份有限公司被东方财富信息股份有限公司全资收购，营业部更名为西藏东方财富证券股份有限公司廊坊光明西道证券营业部。位于廊坊市广阳区浙商广场 1-2-1803、1805，营业部名称变更为西藏东方财富证券股份有限公司廊坊爱民东道证券营业部。经营范围：证券经纪；证券投资基金代销；证券投资咨询；代销金融产品；融资融券。2019 年，营业部新开资金账户 465 户，资金账户累计 8060 户；营业收入 339.48 万元，同比增长 120%；指定与托管证券市值 2.61 亿元，同比增长 18% 。

（任鹏颖）

2019 年 5 月 15 日，第一创业证券参加“5·15”全国投资者保护宣传日活动

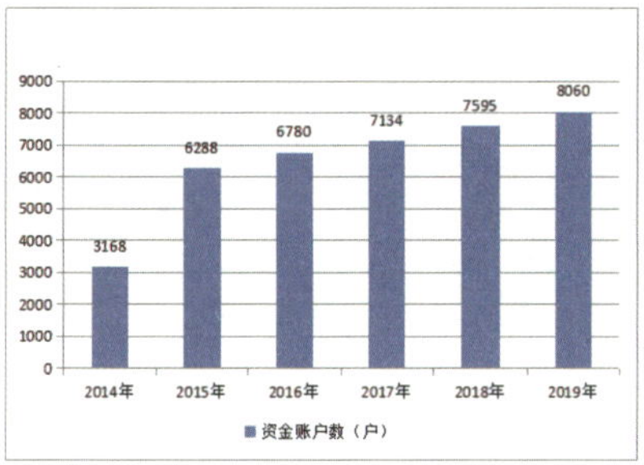


图 36　西藏东方财富证券廊坊爱民东道证券营业部 2014—2019 年资金账户数对比图

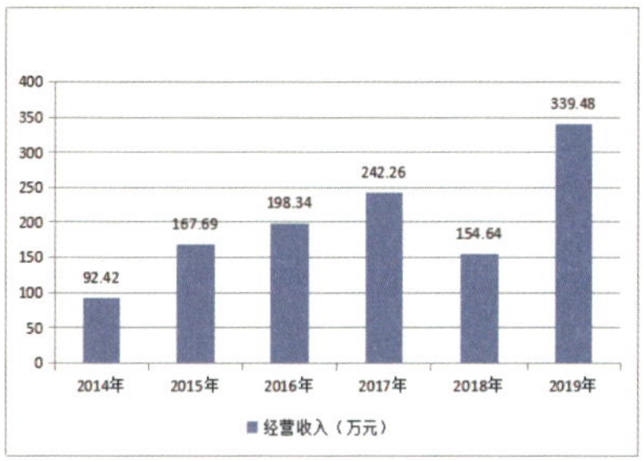


图 37　西藏东方财富证券廊坊爱民东道证券营业部 2014—2019 年营业收入对比图

**【华龙证券廊坊和平路证券营业部】**　华龙证券股份有限公司廊坊和平路证券营业部隶属于华龙证券股份有限公司，成立于 2013 年 9 月 9 日。营业部位于廊坊市广阳区和平路尚都公馆 4-1-102、4-1-202。经营范围：证券经纪，证券投资咨询，与证券交易、证券投资活动有关的财务顾问，证券承销与保荐，证券资产管理，融资融券，代销金融产品，证券投资基金代销，为期货公司提供中间介绍业务。2019 年，营业部新开资金账户 334 户，销户 25 户，资金账户累计 9014 户，营业收入 94.72 万元，同比增长 14.96%。

（董凯华）

**【第一创业证券股份有限公司河北分公司】**　第一创业证券股份有限公司（以下简称“第一创业证券”“公司”）前身是佛山证券公司（1993 年 4 月成立）。公司注册资本 35.024 亿元，法定代表人刘学民，总部设在深圳市。2016 年 5 月 11 日，公司首次公开发行股票并在深圳证券交易所上市交易，证券简称“第一创业”，证券代码“002797”。截至 2019 年年底，公司在河北省廊坊市设有 3 家分支机构，分别是第一创业证券股份有限公司河北分公司（以下简称“河北分公司”）、廊坊艺术大道证券营业部及廊坊建设北路证券营业部。河北分公司坐落在河北省廊坊市广阳区艺术大道孔雀汇景轩底商，紧邻艺术大道，距北京市50千米、雄安新区90千米、北京大兴国际机场20千米、京沪高速10千米。分公司经营范围：证券经纪；证券投资咨询；与证券交易、证券投资活动有关的财务顾问；融资融券；证券投资基金代销；代销金融产品；证券资产管理。河北分公司下辖廊坊艺术大道营业部是廊坊地区成立最早、业务最齐全的证券服务机构之一，营业部成立近20年，一直以服务当地企业、满足投资者差异化投融资需求为己任，遵循“以客户为中心”服务理念，按照“不仅让客户满意，而且让客户感动”服务标准，为客户提供高质量服务。河北分公司下辖廊坊建设北路营业部成立于2014年，以股票投融资、金融理财产品销售、高净值客户资产配置为核心业务，以满足客户资产配置及差异化需求为目标，经过近5年发展，托管资产及客户规模均实现大幅增长。

2019年，河北分公司及下辖营业部有员工近60人（不含经纪人），服务客户数近5万户，客户托管资产近200亿元。河北分公司及辖区营业部全年取得营业收入2882.28万元，实现净利润948.74万元，全年缴纳各项税款累计525.06万元。河北分公司及辖区各营业部结合监管机构工作安排，通过多种形式开展投资者教育工作，加强宣传教育日常化，确保日常工作稳定有序开展。为增强员工凝聚力和向心力，河北分公司及辖区各营业部先后举办“知乐汇”系列活动、春节联欢会、员工生日会、员工拓展培训等文体活动。

（于晓洋）

# 教 育

## 综 述

**【概况】** 2019年，廊坊市有全日制学校（含幼儿园）2010所，比上年减少31所；全日制学校毕业生222795人，招生数255681人，在校学生总数964471人。全市报名参加统一中考考生47502人，比上年增加7103人。全市报名参加普通高校招生统一考试31449人，比上年增加4234人。全年组织国家级、省级和各类社会考试6次，涉及考生211714人次。是年，全市教育系统以“办好人民满意的教育”为宗旨，推进教育提质工程，教育事业持续健康发展，各项工作取得新突破。

**【教师队伍建设】** 2019年，全市共补充教师4658名，其中在编教师322名，合同制教师4336名，完成年初目标任务。以文安县为试点，推进教师“县管校聘”改革并取得阶段成果。开展师德师风全员培训，组织全体教师深入学习《新时代教师职业行为十项准则》和《违反职业道德行为处理办法》。组织师德巡回报告活动10场，表彰师德标兵106名。开展在职教师有偿补课专项整治，明察暗访360人次、督导中小学校986所、摸排校外培训机构1100余处、发放调查问卷和《明白纸》70余万份。全市共收到有偿补课举报线索72件，查实14件，依法依规处理16人，追责11人。加强名师队伍建设，组织骨干教师赴北京、上海等地名校跟岗研修，启动为期三年的名师培养方案，累计创建市级名师工作室37个，实现各个学段主要学科全覆盖。

**【义务教育均衡发展】** 各县（市、区）全部通过国家义务教育发展基本均衡县评估认定，全市1106所中小学校全部实现标准化。义务教育大班额比例降至9.08%，超大班额比例降至2.12%，接近基本消除超大班额的工作目标。三河、香河、永清、霸州、文安、大城6个县（市）完成基本消除大班额任务。

**【办好学前教育】** 鼓励社会力量举办幼儿园，将发展民办园纳入县域教育事业整体发展规划。推进普惠性民办园创建工作，全市认定普惠性民办园40所。联合有关部门制发《关于利用企业腾退土地发展民办教育的若干意见》，破解工业商业用地举办民办学校的政策约束，为民办教育发展拓展用地空间。建立完善民办幼儿园和校外培训机构整治管理长效机制，对重点区域实行“挂牌督办”制度。联合七部门开展民办幼儿园和培训机构整治攻坚行动。实行黑白名单公告制度，坚决消除无证园和无证培训机构。

**【教育脱贫工作】** 出台廊坊户籍建档立卡家庭经济困难学生资助全覆盖政策，为1008名建档立卡家庭经济困难学生全部落实教育扶贫资助政策，完成率100%，廊坊市没有一名学生因家庭经济困难失学。严格落实控辍保学“七长”［县长、教育局长、乡（镇）长、村长、校长、家长、师长］责任制，贫困家庭子女九年义务教育巩固率达到100%。启动实施营养改善计划，自2019年秋季学期开始，投入1.33亿元专项资金为农村小学生免费提供一盒学生饮用牛奶和一个鸡蛋。全市862所学校、35万农村小学生受益。

**【京津冀三区市教育联盟】** 2019年2月，北京市教育委员会与廊坊市人民政府共同签订《关于北三县地区教育发展合作协议》，两地确定在基础教育、职业教育、教师教学水平和学生素养培养等多领域全方位合作。全国首个“区块链+大数据+教育”项目和教育数据监测平台项目顺利验收。推进“大北廊”（北京市大兴区、天津市北辰区、河北省廊坊市）、“通武廊”（北京市通州区、天津市武清区、河北省廊坊市）教育协同发展，北京师范大学廊坊经济技术开发区学校和中国人民大学附中大厂学校等合作办学项目进入推进阶段。是年，廊坊市与京、津学校开展各类交流互访、科技文艺展演、比赛竞技活动50余次，惠及学生20余万名。

（陈旭浩）

## 基础教育

**【概况】** 2019年，全市有普通小学765所，在校生513187人，专任教师28332人，每名专任教师覆盖在校生18人。普通中学195所，在校生260917人，专任教师19107人，每名专任教师覆盖在校生14人。特殊教育学校10所，教职工338人，在校生1217人。年内，组织幼儿园优秀游戏活动案例征集评比活动，征集优秀案例49篇，获一等奖案例13篇、获二等奖案例19篇、获三等奖案例10篇、优秀案例10篇。开展廊坊市第七届中小学班主任基本功大赛活动，评出一等奖11人，二等奖22人，三等奖36人，单项奖16人。组织习近平新时代中国特色社会主义思想“进教材、进课堂、进头脑”优质课评选活动，市级评选201篇，精选小学组、初中组、高中组各10篇报送河北省教育厅，廊坊市获得一等奖2名、二等奖4名、三等奖2名、优秀奖3名。

**【推进素质教育】** 2019年，廊坊市组织开展廊坊市中小学“经典阅读2019”读书活动。各县（市、区）评选上报原创课本剧92篇、教师原创绘本96篇、学生原创绘本57篇、阅读指导课118节、最美校园书屋21个。市教育局评出优秀原创课本剧44篇、教师原创绘本43篇、学生原创绘本27篇、阅读指导课50节、最美校园书屋1个。向河北省教育厅推荐上报优秀作品48件。经省级评选，获一等奖1个，二等奖1个，三等奖1个，优秀作品奖24个。组织参加京津冀未来工程师大赛并参加第14届全国青少年“未来工程师”博览活动。廊坊市1所中学3所小学的75名学生和42名指导教师分22组参加所有项目的比赛。廊坊市参赛选手荣获一等奖9个，二等奖6个，三等奖6个。是年，廊坊市第六中学学生温世越在全国第二十六届爱国主义读书活动演讲比赛中获省初中组一等奖，并代表河北省参加全国比赛。固安英才中学代表河北省参加全国中小学国防知识竞赛获一等奖。

**【市城区中小学、幼儿园建设】** 2019年，廊坊市在启动实施新改扩建项目的同时，继续推进2017—2018年续建项目。全年新改扩建中小学、幼儿园项目34个，其中市主城区4个，县（市、区）30个。截至年底，完工项目18个，在建项目12个，4个项目进入办理前期手续阶段，共增加学位2400个。续建中小学、幼儿园项目43个，其中市主城区13个，县（市、区）30个。至年底，完工项目27个、在建项目13个，3个项目进入办理前期手续阶段，共增加学位1.8万个。廊坊一中新建工程投入使用，高一、高二年级师生完成搬迁。城镇小区配套幼儿园项目中，2019—2020年全市纳入城镇小区配套幼儿园治理监测系统的幼儿园总数为77所，其中完成移交22所。

（陈旭浩）

**【廊坊市第一中学】** 廊坊市第一中学创办于1951年，是廊坊市教育局所属全额事业单位。1977年被河北省人民政府确定为首批办好的重点中学；1995年学校上划廊坊市管辖；2001年被省教育厅命名为河北省示范性普通高中。2019年，学校有75个教学班，在校生4223人，教职工364人。高考成绩：一本上线716人，上线率68.2%；本科以上上线972人，上线率95.8%。9月，学校整体搬迁至新校区，新校址位于永兴路288号，占地300亩（20公顷），建筑面积约10.9万平方米，建有教学楼、宿舍楼、食堂、体育馆、艺术中心、图书馆等12个建筑。办学规模30轨，教学班90个，可容纳学生4950名，学校实行全封闭、全寄宿管理模式。

2019年，学校加强“一个目标、两个统领、三个保障、四个体系、五大行动”办学的办学体系建设，制定严查严管、基础基本、到底到位、深钻深研的办学方略，提出“两个提升，两个转变”，办学体系更加完备。建立“我的课堂、我负责”的教师责任落实机制和年级查、值班查的各种检查考评机制。推行运用网络全批全阅，推出预习、巩固、改错、自选四类作业，实施精品作业等“四精”展览活动。加强学生生活、学习、行为习惯培养，梳理生活习惯6条、学习习惯6条、行为习惯3条，共计15条，明确标准，建立日查日评日点机制，规范教育教学秩序。推动无障碍学习，巩固高三问题辅导卡做法，促进学生勤学好问好品质的形成。推进讲评课“一讲三练再测”模式，开展讲评课观摩、竞赛活动。聚焦阶段性学习过关，实施周周测、周周过。高一高二每实行周末测验，高三每天一科测验，督促学生主动学习，以期人人进步、人人成才。

2019年，学校引进清华大学学习项目，邀请清华大学专家到学校引领教师、培养学生；实施北京四中、人大附中等名校名师带动，把学科专家引进课堂；实施科研带动，把各类教研专家引进学科组、备课组，提升教师教学水平。加强教育科研，成立教科研室，招聘6名兼职教研员，开展系列教研活动，开展各类听评课活动、备课组活动和交流活动，通过课题研究、专家引领，活跃课堂，提升素质，提振精气神实现队伍素质和课堂质量的双进步、双丰收。

是年，廊坊市第一中学心理健康教育中心成立，配备兼职教师4名，专聘廊坊师范学院专家指导，开展心理健康教育和心理咨询活动，推动生涯教育引导，在学生成才道路上发挥指路导航的作用和定心定盘的作用。加强社会主义核心价值观教育。编写社会主义核心价值观导论的校本教材，由中国文史出版社出版发行，开设价值观课程，使价值观教育进教材、进课堂、进头脑，保证立德树人根本任务和社会主义办学方向的落实。

（刘　喆）

**【廊坊市第二中学】** 廊坊市第二中学创建于1971年，是廊坊市教育局直属的完全中学，是河北省教育厅命名的全省六所艺术高中之一。学校位于廊坊市银河北路58号，占地面积约50亩（3.33公顷），建筑面积17624平方米。有教学实验楼9000平方米，学生宿舍楼1700平方米；建有多媒体教室40个、专业画室7个、专业琴房10个、舞蹈教室2个、多功能文艺演播厅（阶梯教室）1个及多功能综合艺术排练厅、展厅等，藏书5万余册。2019年，学校有教职工248人，其中艺术专职教师28人。在校生1500多人。有37个教学班，其中高中艺术特长班13个，涉及美术、声乐、舞蹈、器乐、表演、播音主持、书法、篮球、足球、田径等专业，面向全市自主招生。在校艺术专业生500余人。高考成绩：二本以上上线213人，上线率66.6%，艺术类考生264人，上线194人，上线率73.5%。是年，学校获廊坊市委、市政府授予的“文明校园”称号。

2019年，市教育局批准二中高中部迁往廊坊一中现址，二中确立“迁址、转型、创一流”战略目标。学校党总支成立廊坊二中高中部迁址工作指挥部，下设办公室和11个工作组。4月17日，迁址指挥部领导和各工作组负责人到一中旧址现场办公，开展新校区总体设计规划，参照艺术高中建设标准和发展现状，聘请专业团队对廊坊一中现址按照艺术高中办学基本条件实施整体设计与装修改造。8月25日，廊坊市第二中学高一新生（360余人）在新校址（廊坊一中现址）举办开学仪式，实现廊坊二中高中部的部分搬迁。

2019年，学校与河北省内外艺术类高中名校加强合作交流，建立互访跟岗学习机制，学习借鉴先进经验。再次到浙江杭州东城中学学习教改经验，继续全面推行“四备三思”（每一堂课都要经历个人备课、集体备课、个案修改、先听后上四次备课；上课过程中，在先听后上、集体备课、课例研究之后要进行三次反思）“先听后讲”的课堂教学模式改革，教学质量大幅提高。

2019年，学校举办“书法绘画戏曲进校园”、成人礼仪式、河北省第九届艺术教育年会暨廊坊二中第八届校园文化艺术节各项活动，提升学校的艺术品位和知名度。组织开展全校师生进行摄影、书画作品征集，出版《崇德尚艺》摄影作品集和《崇德尚艺》书画集。组织各类社团活动，其中文学社社刊《梧桐树》第四期社刊印发，2位社员的文章在《中学生导报》发表、1位社员文章在《中学生新作文》发表；15位社员获第二届“双创杯”全国中小学写作展示奖、1位社员获河北省第二十八届“雏凤杯”中小学作文竞赛三等奖、1位社员在第四届“未来作家杯”大赛中获优秀奖并得“全国百佳小作家”称号、21位社员在第三届“德育杯”全国中小学作文比赛中获奖，学校获优秀组织奖。举办校园足球班级联赛，组建师生足球队、师生篮球队、学生田径队等，推进学校体育工作发展。以“活动”为载体，举办趣味运动会，跳绳、踢毽比赛、师生书画摄影作品展、迎新年师生庆祝活动、清明祭英烈系列活动、教师节文艺会演、戏曲进校园等一系列活动，促进学生体、卫、艺及心理素质健康发展。

2019年，学校提高安全防范意识，落实“一岗双责”制度，做好校门、寝室、食堂等特殊部位的安全护卫、保障工作，确保安全无事故。班级安全和部门安全工作分解到人，专干管理，重点做好学生防震防灾、食品卫生、道路交通、防火、防电、防溺水、防踩踏等安全知识教育。组织开展好意外紧急避险，自救自护演练活动；开展收缴管制刀具收缴行动。加强学校食品安全监管，防止外卖进校园，提升学校卫生应急能力。

（刘俊英）

**【廊坊市第七中学】** 廊坊市第七中学始建于1990年，是廊坊市教育局直属的一所完全中学。学校位于廊坊市建设北路171号，占地150亩（10公顷），建筑面积4.2万平方米。2019年，有教职工248人，其中省级名师3人，市级名师8人；省级骨干教师5人，市级骨干教师19人；正高级教师3人，高级教师75人，一级教师119人。有51个教学班，其中初中部15个，高中部36个，在校学生2058人。高考成绩：本科上线326人，本科上线率62.3%，专科上线率99%。学校连续20年无重大校园安全事故，学生刑事犯罪率为零。12月，学校被廊坊市委、市政府命名为“廊坊市文明校园”。

2019年，学校坚持课内外、校内外教育结合，改革课程和教学方法，减轻学生的课业负担。邀请山西省特级教师吕羡平到学校开展高考与高效课堂讲座；聘请易学教育专家张论资参与学校教育教学管理，实行衡水教学管理模式。先后组织教师50人次，赴上海、青岛、武汉、西安、忻州、衡水、石家庄、邯郸等地培训考察、参观学习，探索高考改革的新路。合理安排专业教师任课，根据国家课程方案开足8个领域全部课程，制定细化到年级课程表和学分学年分配表等方式方法，制定符合学生特点和合理的课程修习计划，实现教学模式和教学管理的转型。组织高三教师参加国家和省高考备考会，制定讲、练、考立体的复习模式，开展高三高考专题讲座，高考成绩显著提高。

2019年，学校开展“读宣讲、传闻唱”励志教育活动，教育学生树立正确的人生观、价值观，养成良好的精神风貌和生活习惯；举办2019年第二届成人礼，激励青年学生勇于承担责任，树立报效祖国的远大理想；开展国旗下讲话、红歌会、经典诵读、军训、歌咏比赛、纪念五四运动100周年活动、“网上祭英烈”主题教育活动、“青少年维权岗服务月”活动及“学校雷锋精神·弘扬传统文化”“缅怀先烈·放飞梦想”“廊博开学季——文化进校园”等系列活动，以廊坊博物馆和廊坊文化公园作为爱国主义教育基地，组织学生参加社会实践，对广大青少年进行爱国主义教育、集体主义教育、国防教育、社会主义教育、公德教育、理想教育，培养学生良好的行为习惯和高尚情操。10月，学校获市教育局、市精神文明委颁发的廊坊市师生2019

中华经典诵读活动优秀组织奖、廊坊市师生2019年规范汉字书写活动优秀组织奖。

年内，学校响应创建文明城市活动。开展新生军训和入学教育，组织学生深入社区，发放创城宣传品，开展青年志愿服务活动；加强文明创建活动阵地建设，增设更换校园橱窗、各类展板，制作社会主义核心价值观和文明校园六个好“明白卡”，设计制作校徽；组织开展学生思想道德建设调查测评模拟问卷；组织文明创建活动档案资料整理工作；加强校园环境清理建设工作，净化美化校园；配合全市创城工作，组织开展“戏曲、书法、绘画进校园”活动。是年，学校被市精神文明委评为廊坊市2019年度创建国家文明城市工作先进单位。

2019年，学校有16名健美操特长生分别被山东师范大学、西北师范大学、首都师范大学、西南交通大学、西南财经大学、山西医科大学、广西大学、河北工程大学等院校录取。7月，在浙江省衢州江山市举行的全国健美操锦标赛中，廊坊市第七中学代表队获成年精英组五人操第六名，成年组精英组女子单人操第九名，三人操第七名，5人获“运动健将”称号，4人获“一级运动员”称号。10月，在山东泰安举办的全国健美操冠军赛中，廊坊市第七中学代表队获成年组三人操全国第七名，年龄二组五人操第十一名。8人获“国家一级运动员”称号，5人获“国家二级运动员”称号。11月，在第九届河北省青少年健康活力大赛的各项比赛中，获特等奖4人、第一名7人、第二名4人、第三名5人，廊坊市第七中学获得体育道德风尚奖、最佳组织奖。

（李文惠）

**【廊坊市第八高级中学】** 廊坊市第八高级中学又名河北廊坊外国语学校，建校于1998年，省级示范性高中。学校位于西昌路103号，占地130亩（8.67公顷）、建筑面积4.5万平方米。2019年，学校有教职工208人，其中高级教师80人，中级教师97人，初级教师13人，未定级7人，工勤11人。有教学班37个，在校生1700人。高考成绩：本一纯文化上线27人，本科上线283人，上线率84.3%。艺术体育特长生本科双上线170人，上线率75%。韩语班毕业生23人，分别被韩国成均馆大学、高丽大学、中央大学、庆熙大学、梨花女子大学、建国大学、崇实大学、首尔市立大学录取。

2019年，学校加强对外交流合作。多次与澳大利亚托马斯卡学院沟通并达成合作意向，经市教育局批准，引进澳洲VCE（澳大利亚维多利亚省的证书教育）课程，计划于2020年9月开设第一届VCE课程实验班。4月，学校选派17名师生赴新加坡英华中学开展为期6天的交流活动；10月，选派23名师生赴韩国大学交流。是年，先后接待澳大利亚墨尔本教育考察团、美国阿巴拉契亚州立大学考察团、美国艾奥瓦州教育考察团及俄罗斯国立赫尔岑师范大学考察团到学校交流访问。

2019年，学校参加市教育局组织的市中学生足球比赛，男、女足球队分别获男子第五名、女子第二名。参加廊坊市中学生田径运动会，取得男子组第三名、团体总分第五名成绩，实现历史性突破。

2019年，学校投入120万元建设校园安全监控系统，实现校园监控无死角。投入158万元，更换学生公寓床800套，衣柜120个，教学办公楼楼道吊顶，更换校园宣传橱窗17个，安装学生公寓护网370个，垃圾站配套项目开工，装修心理咨询室100平方米。

（刘　志）

**【中国石油天然气管道局中学】** 中国石油天然气管道局中学创建于1975年，包括高中部、初中部、国际部和3所附属小学。学校位于廊坊市建国道350号，总占地面积120亩（8公顷），建筑面积8万平方米。2019年，学校有教职工404人，其中特级教师3人，正高级教师2人，副高级教师121人。教学班143个，在校生7500人。中考成绩：550分以上学生比率达到16.9%，居市区同类学校第一位，学生付芯蕊以622分取得廊坊市中考总分第二名。高考成绩：统招生一本上线率达到69.8%，本科上线率达到98.44%。学生胡卓昭以669分成绩夺得廊坊市区理科状元。中加国际高中：毕业生47人，共收到来自美国、加拿大、澳大利亚、新西兰等地，多所知名大学录取通知书210份，获奖学金数额合计230余万元。年内，学校获“廊坊市先进基层党组织”“廊坊市文明校园”“廊坊市学校法治工作先进单位”及廊坊市“一师一优课，一课一名师”先进集体等称号；附属小学德育校本教材开发获廊坊市教学成果一等奖。

2019年，学校培训教师2000多人次，其中省级培训500多人次、国家级培训100多人次。校长孙英杰出访菲律宾、马来西亚，与菲律宾光启学校和马来西亚博特拉大学就孔子课堂合作建设、师生交流互访进行会谈，并现场督导孔子课堂各项工作落实情况。持续推进京津冀学校教育协同发展，举行“通武廊”基础教育共同体（小学）教学研讨会，京津冀三地12位教师同课异构，实现资源共享。成立市级名师工作室2个、校级名师工作室6个。6人获“一师一优课 一课一名师”省级优质课。高红梅、时银柱等5名教师被评为市级骨干教师，陈功利被评为河北省师德标兵，3人被评为市级师德标兵。教师张思远以总分第一名的成绩获河北省第七届班主任素养大赛一等奖和教育故事演讲单项奖，是廊坊市唯一一名一等奖获得者。

10 月 24 日，管道局中学举办名师工作室启动暨授牌仪式

是年，管道局中学及 3 所附属小学开设各类社团组织、兴趣小组 100 余个，学生获市级以上奖励千余人次。其中，获得 2019 年世界奥数比赛银奖、国际钢琴公开赛银奖、第六届全国中小学生书法绘画大赛金奖、全国少儿书画摄影大赛金奖、十九届华人少年作文比赛一等奖，获河北省青少年科技创新大赛金奖、河北省青少年游泳锦标赛达标赛第一名、河北省第十一届青少年机器人竞赛活动二等奖，参加“大午杯”京津冀国际象棋棋士赛获得团体第一名，附小足球队蝉联廊坊市“市长杯”青少年足球比赛四届冠军，学生魏士杰被评为河北省第二批新时代好少年。

（于 静）

## 职业与成人教育

**【概况】** 2019 年，廊坊市推进职业教育发展，优化调整专业设置和人才培养方向，深化产教融合、校企合作，依托廊坊职教集团，组织职业院校应用技能大赛、教学能力大赛等活动，廊坊市 17 个教学团队在国家和省级大赛中获奖。北京财贸职业学院廊坊校区挂牌成立，将与廊坊燕京职业技术学院联合办学，构建两地职业教育共同体。举办“2019 年廊坊市提升职业院校办学水平研讨会”和“职业教育活动周”活动，开展产教融合、校企合作成果展示和推介活动，促成职业院校与企业共享改革成果。

**【廊坊市职业教育活动周】** 5 月 6 日至 12 日，2019 年度“廊坊市职业教育活动周暨固安县职业中学校园开放日”活动在固安县职业中学举行。活动由廊坊市教育局主办，固安县教育和体育局协办，固安县职业中学承办。活动主题为“职教情，职中梦，我的梦”，旨在通过校园开放日的形式，让社会了解职业教育、体验职业教育、共享职业教育成果，为职业院校和企业开展产教对话、校企合作创造机会、提供便利。廊坊市教育局、固安县政府、固安县教体局相关负责人及固安县职业中学部分学生、家长共千余人参加此次活动。活动期间，固安县职业中学学生展示雕塑、计算机、绘画等多项技能，并以文艺会演的形式向家长及参观人员汇报学习成果，共组织接待学生、家长和待业青年 4000 余人次，发放宣传材料 3 万余份。

（陈旭浩）

**【廊坊市高级技工学校】** 廊坊市高级技工学校始建于 1978 年，隶属廊坊市人力资源和社会保障局管辖，学校位于廊坊市爱民西道 83 号，占地面积 3.83 万平方米，建筑面积 3.99 万平方米。2019 年，在校教职工 238 人，其中专职教师 131 人。在校生 2231 人，全年招录学生 820 人，毕业 720 人。年内，学校被市委、市政府评为市级文明校园，被市文明办评为市级文明单位，被市委、市直工委评为先进基层党组织和创建星级机关四星单位，被市教育局评为安全工作先进单位。在各类比赛、评选中，师生在各级各类大赛中共获得奖项 18 项，其中国家级奖项 2 项，省级奖项 13 项，市级奖项 3 项。14 篇论文在省级以上期刊发表，7 项教学研究课题获省、市立项。教师韩芳在 2019 年度全国中职学校班级管理创新比赛活动中获“创新奖”，并评为“市级先进德育工作者”。邵建凯被评为廊坊市有突出贡献的中青年优秀人才，吴江波被评为廊坊市优秀高技能人才。校团委被团市委评为五四红旗团委，1 个班级评为“市级先进班集体”，1 个班级被评为市级优秀团支部，2 个学生社团评为市级优秀社团。3 名学生申报技工院校国家奖学金，4 名学生获得市级表彰。

学校具有学制教育、学历教育、短期技能培训 3 种资质。学生毕（结）业后按修业层次可获得初、中、高级技工、技师，中专、大专毕业证书及相应职业资格证书。学校结合区域人才需求方向，建有机械工程系、电气工程系、计算机科学系和服装餐饮系，常设专业 20 个，按专业配有相应实习、实训馆室及先进设备设施。建成数控技术、维修电工、服装 3 个省级重点专业，数控加工技术、机电一体化、电工电子和服装 4 个市级示范专业。2019 年，学生在技能比赛中获省级奖励 6 项。

2019 年，学校与德国联邦手工

业总会职教中心所就中德合作办学项目签约。12月，在中德职业教育产教融合联盟中方理事会第一次全体会议上，学校当选为副理事长单位，并获职业教育国际合作与产教融合优秀案例奖。年内第一届中德机电一体化示范班开班，招生29人。是年，学校承接全市经济师、医师等考试6500余人次。落实省人力资源和社会保障局厅《关于全面推行企业新型学徒制的实施意见》精神，先后与市人社局、香河县人社局、大城县人社局、富士康廊坊厂区、香河凯华齿轮等8家单位就企业技能岗位新招录人员培训、转岗人员技能提升培训、企业新型学徒制等内容开展实质性合作。

（孙秀菊）

**【廊坊市食品工程学校】** 廊坊市食品工程学校始建于1982年，是集普通中专教育和成人大专教育、短期技术培训为一体的省重点食品类中专学校，可对在校生、社会青年、企业职工岗前培训和职业技能鉴定，并颁发中、高级职业技术等级证书。学校位于枣林路3号，校区占地35亩（2.33公顷），建筑面积19408平方米。2019年，学校教职工128人。其中，副高级职称50人，讲师50人，助讲2人；专兼职教师103人，其中专任教师66人，学历达标率达100%，专任教师中具有研究生学历10人，占专任教师总数的15%，学校专业课教师“双师型”师资比例为48%。在校生375人。毕业生就业率98%。

学校开设食品生物工艺、药品食品检验、计算机应用（程序设计）、会计等专业，其中食品生物工艺专业被定为市级示范专业。学校与河北科技大学、廊坊职业技术学院等高校联合办学，开设“3＋3”、专升本等办学形式。学校采用封闭式教学管理，所有在校学生全部住校，坚持出入证制度，实行校领导带班、科长值班、保卫处和学生处轮班的三级值班制度。保证在校学生的安全及校园安全，避免外界不良因素对学校的影响，学生学业期满，成绩合格者颁发由省市二级教育行政部门核准的中等院校毕业证书和技能证书。

学校在教学上坚持理论与实践并重，实训实践课开设率达50%。学校建有多媒体教室34个、食品专业实验室8个、计算机房2个、计算机专业教室1个，有计算机200台、藏书2.28万册。建有校园网及卫星接收系统和节目制作中心，满足现代化教育教学。2019年，学校加强校园数字化建设，采购10台千兆网24口交换机和1台数码照相机，改版升级校园官网；完成校徽的设计，结束学校没有正式校徽的历史。

2019年，学校加强师资队伍建设，提高整体教师教学水平。组织103名教师参加继续教育网上学习及考核系列工作；选派教师赵志敏参加河北省职教创新杯优质课比赛，获三等奖；以省、市培训为契机，培养专业教师骨干，选派教师高燕参加河北省师资培训系统管理员培训；申报2019年度省培项目专业培训需求2人次，选派教师张鹏参加中等职业教师省级专项培训；学校职业技能鉴定所选派王利华、田永全、张艳霞3名教师参加廊坊市人力资源与社会保障局组织的西式面点师考评员培训；推荐教师刘晓涛参加“廊坊市师德标兵评选”活动；教师张立勇被评为市级优秀班主任；副校长夏宇、主任赵晓艳代表学校参加2019年度“廊坊市职业教育集团”年会；组织河北省职教科研“十三五”规划课题申报工作，教师高奎颖申报的课题材料按要求上报，教师刘晓涛参编的“十二五”职业教育国家规划立项教材《微生物基础及应用》出版，教师田永全参编的《酿造工艺》教材在编写中。开展学生职业技能鉴定，学校职业技能鉴定所实施西式面点师中级工鉴定43人次，38人获得职业资格证书，通过率88.4%。

2019年，学校培训部完善函授教学的网络管理，完成网络平台的学生注册、学习、考试成绩登统、缴费等工作和7人论文答辩；2019级考生现场信息采集完毕，共采集人数212人；完成2017届学生人的信息采集，以及17人的毕业证办理、组档、发放工作。年内在招生工作中加大对外宣传力度，录取新生50人。是年，学校2个函授站接受廊坊市教育局检查评估，获得专家好评。

（薛敏婷）

**【廊坊市电子信息工程学校】** 廊坊市电子信息工程学校始建于1991年，是廊坊市政府主办、市属国家级重点中等职业学校，是全市首所国家中等职业教育改革发展示范校，与廊坊市职业技术教育中心实行一所学校两块牌子，统一管理。学校位于廊坊市新华路195号，占地面积6.83万平方米，建筑面积7.24万平方米。2019年，学校有教职工199人，其中正高级职称2人，副高级职称78人，中级职称81人，全国优秀教师1人，省级优秀教师、教学名师、教学能手、骨干教师、电子信息行业技术能手等16人，省级优秀教学团队3个。在校生2826人，招生927人，就业896人，顶岗实习安置率98%。首届高职单招班录取率97.5%。年内被团省委授予“宣传工作先进集体”称号。被市委、市政府授予“2019年度文明校园”称号。

学校开设电子、商贸、计算机、旅游、汽修、学前教育等6大类13个中专专业方向，其中企业冠名班2个（“新奥班”“京东方班”）；“3+2”大专专业5个（电子商务、计算机应用、电气技术应用、旅游服务与管理、学前教育）。被教育部确定为Web前端开发和汽车运用与维修2个专业的全国首批“1+X”证书试点院校。2019年，学校与北京中科浩电科技有限公司“无人机

2019 年 12 月，廊坊市电子信息工程学校与北京中科浩电科技有限公司无人机 / 供应链、优制工场合作项目落成

/ 供应链实训室、优制工场”项目落成，集教学、实训、生产、科研于一体的校企联合体全面运行；与廊坊市童程茗立幼教集团签署“童程教育专项奖学金”项目协议，该项目是继新奥奖学金后，第二个由企业出资设立的专项奖学金。

2019 年，学校 2016 级计算机应用高考班 6 名学生分别被天津中德应用技术大学等本科院校录取，其余 73 名学生全部被天津职业大学等专科院校录取。年内，在河北省中等职业学校学生技能大赛和职业礼仪大赛上，获团体二等奖 5 个、团体三等奖 3 个，个人一等奖 4 个、个人二等奖 17 个、个人三等奖 19 个；在“通武廊”职教联盟学生竞赛上，获团体一、二、三等奖各 1 个，个人一等奖 1 个、个人二等奖 6 个、个人三等奖 8 个。4 名学生获国家奖学金。60 名团员青年参加“5•18”经洽会志愿服务。9 名教师获省级优秀指导教师称号。19 名教师组成的 5 个教学团队在河北省职业院校技能大赛教学能力比赛上获一等奖 1 个、二等奖 2 个、三等奖 2 个。在河北省第四届中等职业学校班主任基本功大赛上获个人二等奖 2 个、个人三等奖 1 个。

（张志超）

**【廊坊市体育运动学校】** 廊坊市体育运动学校创建于 1956 年，时称天津地区业余体校，后因故停办；1975 年，恢复建立业余体校，更名为廊坊地区重点少年业余体育学校；1994 年，经河北省人民政府批准，改建为廊坊市体育运动学校；2016 年 8 月 8 日挂牌廊坊市体育中学；2017 年被河北省体育局评估认定为“河北省高水平体育后备人才基地”。廊坊市体育运动学校是廊坊市唯一一所体育运动中等专业学校。学校位于北凤道 318 号，占地 100 亩（6.67 公顷），建筑面积 3 万平方米。2019 年，学校有教职工 125 人，其中专任教师 47 人，专任教练员 46 人，高级职称 22 人，中级职称 48 人。设有 3 个学段（小学五、六年级，初中，中专）、8 个年级、14 个教学班。在校生 538 人，其中注册中专生 299 人，初中小学部业余训练生 330 人。业余训练招生 99 人，中专招生 116 人。

学校设中小学部、中专部。其中，学校开设田径、游泳、篮球、排球、乒乓球、射击、举重、柔道、摔跤、跆拳道、武术套路、武术散打、自行车、拳击、赛艇、皮划艇 16 个大项。自行车、赛艇、摔跤和跆拳道等传统优势项目多次获省运会、锦标赛团体冠军。中专部开设运动训练专业，毕业生主要面向基层运动队、中小学和体育运动机构，从事体育运动的教学、训练、竞赛和管理辅助工作。中专毕业生作为体育特长生参加全国体育单招考试，全年 38 人被哈尔滨体育学院、河北体育学院、广州体院、山东体院、河北师范大学、湖北师范大学、沈阳体院、广西师范大学、安徽合肥师范大学、武汉体院等高校单招考试录取到专、本科学习。

2019 年，市体校派出 22 支队伍参加河北省青少年锦标赛预决赛。有 1200 人次参加 17 个项目 27 场次预赛，获金牌 64 枚，银牌 63 枚，铜牌 77 枚，总分 3786 分。3 支队伍获体育道德风尚奖，获得金牌的运动员中 45% 的运动员获参加河北省第十六届运动会资格。

2019 年 8 月，市体校派出 6 名教练员带领场地自行车、男子排球 U18、女子排球 U17、跆拳道、拳击 5 个项目 38 名运动员参加全国第二届青少年运动会决赛。场地自行车获银牌 1 枚、铜牌 1 枚、获第五名 3 个、第六名 2 个、第七名 1 个、第八名 1 个；男子排球 U18 队伍获第四名；女子排球 U17 队伍获第八名；拳击和跆拳道项目各获 1 个第五名；男子排球 U18 队伍获“体育道德风尚奖”。

2019 年，学校派出 8 名教练员参加全国教练员培训班及观摩比赛，派出 18 名教练员参加省体育局组织的教练员培训班及观摩比赛。年内选调运动员 4 次，共调入 219 人，向省专业队和八一队输送集训运动员 56 名，留在省队集训运动员 29 人，通过参加比赛，达到运动健将 1 人，达到一级运动员 23 人，达到二级运动员 42 人。

（司　红）

## 高等教育

**【概况】** 2019 年，廊坊市域内有高等学校 13 所。其中，市属高等学校4所，分别为廊坊职业技术学院、廊坊卫生职业学院、廊坊广播电视大学、廊坊燕京职业技术学院；驻廊高校9所（含部属4所、省属3所、独立学院2所），分别为中国人民警察大学、华北科技学院、防灾科技学院、廊坊师范学院、北华航天工业学院、燕京理工学院、北京中医药大学东方学院、河北石油职业技术学院、河北东方学院。

（陈旭浩）

**【北华航天工业学院】** 北华航天工业学院始建于1978年，是河北省人民政府与国家国防科技工业局、中国航天科技集团公司、中国航天科工集团公司共建高校。学校位于廊坊市广阳区爱民东道133号，分东、西2个校区，占地面积53.34公顷，总建筑面积36万平方米。2019年，学校有教职工近1000人，其中高级职称教师300余人，博士、硕士学位教师700余人，具有行业背景或“双师型”教师占20%以上。学院有双聘院士1人，院士工作站联系院士8人。现有获得国务院特殊津贴、全国模范教师、省中青年突贡专家、省教学名师、省模范教师、省优秀教师、省青年拔尖人才等省级以上称号的教师50余人次，获得航天科技人才培训基金会SHATF奖教金的教师77人次。聘请航天院所企业专家和社会知名学者130余人担任学校兼职教授，参与学校人才培养和科技开发。

2019年，学校有全日制本专科在校生12154人，硕士研究生在校生176人。年内，学校本科普通招生计划3560人，其中普通本科3440人（其中工程教育实验班同承德石油高等专科学校联合培养，首届招生240人），专接本120人，实际报到3430人。硕士研究生招生30人。本专科毕业生2847人，总就业率95.54%。毕业生在京津冀地区就业人数达到1562人，占直接就业总数的73.96%。硕士研究生毕业生60人，就业率92%。

学校设有研究生教学部、机电工程学院、电子与控制工程学院、经济管理系、建筑工程系、计算机与遥感信息技术学院、会计系、外语系、材料工程学院、文法系、马克思主义学院、基础科学部、体育部、工程技术训练中心、继续教育学院15个教学单位。年内，新增导航工程、功能材料2个本科招生专业，经济学等3个专业通过学士学位授予权审核。2019年，本科招生专业42个，工程硕士招生领域2个。其中河北省一批招生专业37个，二本招生专业2个，提前批招生专业3个。是年，学校通过国务院学位委员会硕士学位授予单位建设核查，首次招收“航空宇航科学与技术”一级学科学术型硕士研究生，填补该学科河北省硕士学位授权点空白。完成工程硕士专业学位授权领域对应调整，由工程硕士专业学位授权点对应调整为电子信息硕士专业学位授权点。新增机械硕士专业学位授权点。校企协同共建的研究生培养实践基地被评为河北省首批省级示范基地。

2019年，新增航天遥感信息应用技术国家地方联合工程研究中心，国家级平台达到2个。跨气水介质飞行器联合实验室获批河北省重点实验室。新增装配检测机器人工程研究中心，获批4个省级科技创新平台。全年度立项科研项目361项，其中纵向240项（国家级2项，省级38项），横向121项。科技总经费4500万元，其中校外科技总经费到位3900余万元，获省级科技成果奖励3项（河北省科技进步二等奖2项，三等奖1项）。获授权专利58项，其中发明专利11项，软件著作权22项，实用新型18项，外观设计专利7项；发表学术论文269篇，其中SCI检索论文33篇，EI检索论文11篇，CSSCI检索论文8篇，中文核心期刊论文50篇；出版专著24部。

年内，学校承办廊坊市科技活动周启动式，举办廊坊科普报告进校园活动，承办人工智能应用创新高端论坛、第五届农业遥感应用技术高峰论坛、中国遥感应用协会京津冀县域遥感应用专业委员会2019年年会、2019绿色智慧城市和物联网发展高峰论坛、遥感应用学学术系列讲座等一系列大型学术交流活动。邀请校外专家、学者到校讲学和学术交流78场。集中打造以航天博物馆、华航校史馆、钱学森生平事迹展为主的“两馆一展”航天特色文化育人阵地，航天博物馆获批河北省科普教育基地。

2019年，学校获省级教学成果

2019年3月9日，廊坊发展研究院成立大会在北华航天工业学院举行

奖5项，其中一等奖1项、二等奖2项、三等奖2项。获批省级教学改革与研究项目10项。 学生在各类学科竞赛中获奖1179项，其中国家级奖励171项，省级奖项235项。在河北省第二十届大学生运动会比赛中夺得金牌1块、银牌4块、铜牌1块，获得团体第五名。“华航创业大学”入选全省首批创业大学。学校与英国德蒙福特、俄罗斯莫斯科工业大学等高校签署合作意向书，首次接收美国圣马丁大学交换生4名来校交流学习。全年派出师生员工赴国（境）外访学、培训、考察50余人次。

2019年，学校人文、社会科学项目共计149项，其中，基础研究课题40项，应用研究课题99项，试验发展课题10项。教师张艳丽的《创新生态系统视角下知识管理、社会资本互动对企业创新能力提升的影响机制研究》及教师郑克卿的《从邓小平到习近平：中国特色社会主义理论体系的形成与发展研究》获得教育部项目立项。

（张巍筠）

**【河北工业大学廊坊分校】** 河北工业大学是一所以工为主、多学科协调发展的国家“世界一流学科建设高校”、国家“211工程”重点建设高校，由教育部与河北省人民政府、天津市人民政府共建，设置有北辰校区、丁字沽校区和廊坊校区三大校区。河北工业大学廊坊分校（以下简称为廊坊分校）建立于1992年5月，坐落于河北省廊坊市新华路199号，分东、西2个校区。校园占地面积20万平方米，建筑面积6.7万平方米。2019年，廊坊分校有教职工214人，其中专任教师105人（高级职称41人，博士学位8人，硕士学位75人）；教职工中高级职称59人，博士学位教师9人，硕士学位教师112人。全日制普通本科在校生4120人。2019届毕业生1284人，其中专接本毕业生一次就业率97.42%，京津冀就业占90.37%，学生考研率5.15%。城市学院毕业生一次就业率58.40%，其中京津冀就业占54.69%，学生考研率2.65%。

学校设计算机电子系、经济管理系、基础课部3个教学单位，本科在校生专业16个，其中专接本5个，分别是工程管理、计算机科学与技术、软件工程、电子信息工程和英语；本科二批（原本科三批）11个，分别是电子信息工程、计算机科学与技术、软件工程、通信工程、网络工程、物联网工程、工程管理、工业工程、工商管理、公共事业管理和国际经济与贸易。2019年招生专业9个，本科二批（原本科三批），共招收本科生981人。

是年，软件工程专业获河北工业大学推荐进入省级一流本科专业建设序列；“项目驱动的应用型本科校企合作人才培养模式实践与研究”获省级教改立项；制定完成“校企共建软件工程专业特色人才培养方案及实施方案”；河北工业大学MBA廊坊教学中心2019级195班开班授课。新建物联网工程专业通过省学位委员会审核评估，获学士学位授权专业。

2019年，廊坊分校与爱尔兰沃特福德理工大学合作开展“电子信息工程专业本科教育项目”，经过反复沟通、修改，项目申报材料准备完毕，并提交总校。德国MTU集团考察团到廊坊分校考察调研；河北工业大学、廊坊市教育局、法国SUPINFO国际大学（原巴黎高等计算机学院）签署战略合作协议，在廊坊分校建立SUPINFO国际大学亚洲总部；廊坊分校与芬兰拉赫蒂应用科学大学签署战略合作协议。是年，“廊坊市国际教育交流中心”落户廊坊分校；廊坊分校与山东美能达健身器材有限公司签订产学研合作协议，并成立河北工业大学廊坊分校健身器材有氧电控研发中心。

2019年，廊坊分校依托于创业基地“i创工坊”开展大学生创业项目。“i创工坊”获批“省级众创空间”。众创空间学生代表队《双极板纸张测试显示装置》项目在“2019全国大学生电子设计竞赛”中获得省级二等奖，在教育部高等学校大学计算机课程教学指导委员会和中国人工智能学会联合主办的2019年第二十一届中国机器人及人工智能大赛中获1项二等奖和2项三等奖。双创团队在常规竞赛领域获“青春创客”大学生创新创业大赛（省赛）河北赛区三等奖、入围第七届河北省创新创业大赛（省赛）、全国高校人工智能创新大赛（国赛）AI医疗组三等奖、廊坊市青春创客训练营多项奖励。截至年底，共有36个校地、校内创新创业合作团队入驻廊坊分校众创空间。

2019年，申报省部级以上科研纵向项目6项（国家社科基金3项、国家社科基金思政专项1项、教育部人文社会科学研究项目1项、省科技厅科学研究项目1项）。申报省部级以上奖励1项。立项项目6项均为厅局级。核心期刊论文发表2篇，软件著作权4项。

（徐 瑾）

**【廊坊师范学院】** 廊坊师范学院始建于1946年，时称安次县简易师范学校，1964年更名为廊坊师范专科学校。2000年3月经教育部批准由原廊坊师范专科学校、廊坊教育学院、廊坊师范学校合并组成廊坊师范学院。2004年12月，经省政府批准与河北职业技术学院合并。学院位于廊坊市爱民西道100号，分校本部和西校区2个校区，占地1171480平方米，建筑面积447686平方米，固定资产5.63亿元，馆藏文献144.6万册。2019年，有教职员工1447人，其中专任教师1010人，副高级以上职称教师519人。全日制在校生19818人，毕业生5403人；2019年招收本、专科生4890人。

学校设有教学单位16个、党

政部门14个和教辅单位7个，开设汉语言文学、历史学、土木工程、通信工程、人力资源管理、应用化学、数学与应用数学、日语、音乐表演、体育教育、雕塑等62个本科专业，开设旅游管理、文秘、通信技术、保险、工业设计等40个专科专业，其中，8个一本招生专业。年内，学校推进师范专业认证，汉语言文学专业作为河北省第一批师范专业认证专业，通过教育部评估中心进校考查，英语、学前教育专业参加河北省第二批认证，生物科学、历史学专业获批第三批认证资格。严格论证“并、转、停”专科专业39个，调整本专科招生人数比例。2019年，学校获批省级一流专业建设点9个，省级教改项目10项，省级一流课程3门，推荐国家级一流课程2门；获省级教学成果二等奖2项，三等奖3项。

2019年，学校出台《廊坊师范学院学科建设管理办法（试行）》，健全学科工作部署、推进、总结工作制度；修订出台《廊坊师范学院重点学科管理办法》，有计划、分层次地开展学科带头人、后备学科带头人和青年学术骨干的调研培养工作，加强可持续发展的学科梯队建设。全力推进硕士研究生联合培养，与沈阳化工大学签订《沈阳化工大学与廊坊师范学院联合培养硕士研究生协议书》，实现硕士研究生联合培养工作的零的突破。加大硕士研究生兼职导师队伍建设力度，推荐23名优秀教师参加沈阳化工大学兼职硕士研究生导师遴选。

年内，学校新增国家级项目8项；参与科技部项目1项，合同金额35万元，实现廊坊师范学院与科技部协作项目的突破；新增省部级项目26项，其中省自然基金项目8项。到位科研经费605.6万元，是2018年的1.6倍。专利及成果转化取得新进展，签订横向科研合同16项，合同金额198万元，同比增长73%；获得授权专利7项，完成专利转让1项。学术期刊影响力提高，学校3种期刊在河北省教育厅综合审读中结果为优秀；《廊坊师范学院学报（社会科学版）》被评为“全国高校社科优秀期刊”和河北省高校学报研究会2015—2018年“优秀期刊”。引进高层次人才，启动“百名博士引进计划”，印发《2019年高层次人才引进工作实施方案》，开通人才引进绿色通道，2019年下半年考核博士近200人，上报省主管部门备案80余人，引进博士66人，全校博士总量较2018年年底增长54%。全年获批省级教学团队一个，省级教学名师1人。组织推荐省市各类人才选拔，1人获河北省“社科优秀青年专家”称号，4人获2019年廊坊市第一批“青年拔尖人才”称号，2人获廊坊市“突出贡献中青年优秀人才”称号。推动文明校园建设，突出校园文化引领，全年校史馆接待参观者2000余人次。

2019年，学校加强创新创业教育与就业指导，源创空间获廊坊市50万元资金支持，6个学生创业团队完成企业注册；河北省“挑战杯”大学生课外学术科技作品竞赛首次获得省级特等奖；全国大学生创新创业训练计划获得国家级立项10项，省级立项25项；“互联网+”全国大学生创新创业大赛获得省赛铜奖2项；完成麦可思第三方就业质量报告，建立毕业生跟踪调查反馈制度，以产出导向持续改进学生为中心的人才培养体制。增强国际交流与合作，与其他高校联合设立孔子学院1所；航空电子维修专业实现招生，设立欧洲航空安全局飞机维修执业资格河北省唯一考点并开展相关执业资格培训业务；获批外国专家公寓建设项目，1000万元奖补资金拨付到位。加快实验中心和数字化校园平台建设，增强实践教学和信息化应用能力。全面提升图书馆服务水平、继续教育工作质量和档案管理水平。

2019年，学校学生在首届全国师范生微课大赛中获一等奖，获2019年“陈设中国·晶麒麟奖”多项国家级大奖，在河北省“新声”语艺节中获首个“新声大奖”，学生的设计作品被选用为“嫦娥四号”卫星任务徽章。

（李　丹）

**【廊坊卫生职业学院】** 廊坊卫生职业学院创建于1961年，前身是天津杨柳青卫校，1969年6月搬迁至廊坊，称天津地区卫生学校；1989年4月更名为廊坊市卫生学校；2011年，经省政府批准、教育部备案，升格为普通医学高等专科学校。学校位于廊坊市经济开发区东方大学城四光路，学院占地393.68亩（26.25公顷），建筑面积13.38万平方米。2019年，学院有教职工362人，其中专任教师244人，正高级职称33人，副高级职称116人，“双师型”专业课教师91人，国家级教学名师1人，省级教学模范教师1人，省级优秀教师1人，省级师德标兵1人，廊坊市有突出贡献的中年优秀人才3人。2019年，招收新生2478人。2019届高职毕业生2095人，截至11月就业人数1888人，就业率90.12%。其中，三年制高职大专毕业生1808人，就业1617人，就业率89.44%；五年制高职大专毕业生287人，就业271人，就业率94.43%。中专505名毕业生就业457人，就业率90.5%。截至2019年年底，在校生7866人。

学院下辖19个中层处级单位，其中党政机构6个，教辅机构5个，附属医院1所（下设新开路社区卫生服务中心和驻廊坊市看守所分院）；设有护理系、康复治疗系、药学系、医学技术系、临床与预防医学系5个系，医学基础和公共基础2个教学部。2019年，学院招生专业为护理、助产、临床医学、口腔医学、中医学、药学、医学检验技术、医学影像技术、医学美容技术、康复治疗技术等10个专业。

学院高度重视实践教学，建有护理、药学、医学基础、影像、口腔、营养、美容、康复、临床、检验等10个校内实训基地，以及18所校外临床教学医院和近60所实习基地。年内，新增纸质图书1.58万册，至年底，有馆藏纸制图书40.3万册，电子图书9.7万册，教学用计算机2042台，网络多媒体教室146间。

2019年，学院共立项省、市级课题12项，其中河北省教育科学研究“十三五”规划2019年度课题2项，2018年度廊坊市科学技术研究与发展计划自筹经费项目1项、2019年度廊坊市哲学社会科学课题5项、2019年度廊坊市思想政治工作研究课题1项、2019年度廊坊市科学技术研究与发展计划自筹经费项目1项、廊坊市教育科学“十三五”规划2019年度课题2项。至年底，市社科课题结题5项，思想政治工作研究课题结题1项。

2019年，学院登统教职工发表学术论文55篇，其中核心论文6篇，国家级论文30篇，省级论文19篇。获得学术荣誉9项，其中河北省中医药学会科学技术奖二等奖2项，河北省中医药学会科学技术奖三等奖1项，2018年度廊坊市思想政治工作优秀研究成果二等奖1项，2018年度河北省高校党建研究课题一等奖2项、二等奖1项、三等奖2项。

3月，学院在河北省职业院校学生职业礼仪比赛中获精神文明奖；在2019年廊坊市防范和打击非法集资进校园知识竞赛中获优秀组织奖；4月，学院获2019年“诗歌相伴、青春前行”廊坊市第二届大学生英文朗读大赛最佳组织奖；6月，获由廊坊市委宣传部颁发的廊坊市庆祝新中国成立70周年“爱我中华、强我国防”大学生国防教育主题演讲大赛优秀组织奖；7月，学院护理系在河北省教育厅组织的省级；7月，护理系教师党支部、医学基础部党组织被市直工委评为中共廊坊市委市直机关工作委员会先进党组织；10月，获得廊坊市高校大学生艾滋病防控宣传知识竞赛团体三等奖；12月被廊坊市委、市政府评为2019年度廊坊市文明校园；12月，被廊坊市委、市政府评为2019年度市级以上文明单位；12月，学院团委被共青团河北省委评为共青团河北省第十五次代表大会以来宣传思想文化工作先进单位。

（赵　硕　邓光辉）

**【廊坊职业技术学院】** 廊坊职业技术学院是一所市属公立全日制普通高等职业院校，是教育部第三批现代学徒制试点单位、团中央KAB创业俱乐部会员单位、河北省优质高职院校建设单位、河北省内部质量保证体系建设诊断与改进工作试点建设院校、河北省现代服务业职教集团理事长单位、廊坊市职教集团理事长单位，是“一带一路”暨金砖国家技能发展国际联盟会员和“一带一路”暨金砖国家技能发展与技术创新大赛优秀竞赛基地。学院始建于1957年，2003年经河北省人民政府批准，由廊坊市农业学校、廊坊市财贸学校、廊坊市工业学校等3校建立。学院分3个校区办学，占地面积508亩（33.87公顷），总建筑面积21万平方米，图书馆藏书52.4万册，建有各类实验实训室127个及6000平方米的省级众创空间。2019年，学院有教职工768人，其中专任教师418人。有副高级以上职称教师200人、“双师型”教师268人、河北省技术能手16人。在校生1万余人。学院连续6年保持“省级文明单位”称号，并获“省职业教育先进集体”“省文明校园”等30余项荣誉。

学院设置职能部门10个、教学单位13个、教辅机构3个。开设高职专业38个，其中畜牧兽医专业被确定为省级骨干专业，计算机网络技术专业群成功跻身省级高水平专业群。开设院级精品课程69门、其中省级精品课程2门，精品在线开放课程19门，院级及以上精品课程数目达到90门。年内，学院加快推进1+X证书试点工作，至年底建设Web前端开发、汽车运用与维修、BIM、智能财税等证书试点4个。是年，学院构建对接职业标准和职业岗位的课程体系，形成对接区域经济发展需要的现代农业、现代制造业、现代信息产业、现代服务行业四大主导产业，构建起资源共享、优势互补、特色鲜明的具有廊职特色的专业群体系。

2019年5月18日，在2019年中国·廊坊国际经济贸易洽谈会中德职业教育合作洽谈会上，廊坊职业技术学院与德国国际合作协会（GIZ）签署农业专业合作备忘录

2019年11月，学院通过河北省内部质量保证体系建设诊断与改进工作试点复核。

2019年，学院签订横向课题17项，立项省级课题5项、市级课题25项、院级课题立项15项，申请专利2项。获河北省第九届职业教育教学成果奖三等奖1项。在省科技厅“现代农业创新工程”中，有“农业关键共性技术攻关专项”等10个课题被列入省科技技术攻关专项。开展职业技能鉴定920人次，成人学历教育1208人，直接完成国家项目培训任务1326人，累计完成各类培训任务3.8万人次；完成省级高技能人才培训基地建设。

2019年，学院先后与美国、加拿大、英国、韩国等7个国家的8所高职院校开展交流活动。在2019年中国·廊坊国际经济贸易洽谈会中，接待中德职业教育合作洽谈会的中外知名职业院校和国际合作机构代表80多人组成的考察团，并在中德职业教育合作洽谈会上，与德国国际合作协会（GIZ）签署农业专业合作备忘录。

2019年，学院有26名学生在全国职业院校技能大赛获奖7项，省内获奖63项；有12名教师在全国职业院校教学能力比赛获奖4项，省内获奖65项。学生创业项目在河北省“互联网+”创新创业大赛等赛事中获得二等奖5项、铜奖13项、优胜奖1项。“筑梦匠坊”（众创空间）被廊坊市科技局认定为“2019年第一批廊坊市众创空间”，被河北省科技厅纳入河北省级众创空间管理序列。学院作为河北省唯一代表，获全国第二届中华职业教育创新创业大赛铜奖。

（柳金英）

**【廊坊市广播电视大学】** 廊坊市广播电视大学始建于1979年，是经河北省人民政府批准，具有成人高等学历教育招生资格的公立成人高等学校，是一所以现代信息技术为主要手段，运用多种媒体进行现代远程开放办学，集成人学历教育、社区教育、继续教育为一体的多层次、多规格、多功能新型高等教育院校。学校位于廊坊市爱民西道101号，下辖9所县（市）电大分校。市本级校区占地44.47亩（2.96公顷），建筑面积3.6万平方米。固定资产2600万元，各类教学仪器设备500多台（件），建有课程录播室、云教室、多媒体电教室、计算机教室、千兆计算机校园网和“廊坊市终身学习在线”教学平台等教育服务设施。图书馆面积400平方米，藏书和电子图书5.5万余册。学校开设理、工、农、医、文、法、经济、管理、教育9个学科80多个专业。

2019年年底，在校教职工123人，其中副高级以上职称50人，中级职称45人。全市电大系统开放教育本、专科招生2422人，其中市校招生376人；在籍学生6063人，其中市校951人；毕业生1712人，其中市校177人。网络教育招生1051人，其中市校907人；在籍学生2861人，其中市校1995人；毕业生1060人，其中市校724人。

社区教育。坚持以校本部为基地，通过建设社区体验室，开展体验课，把校本部建成项目孵化器，实现向周边社区辐射和延伸的社区教育发展理念。本部校区建设书画体验室、儿童心理体验室、钢琴体验室、瑜伽和舞蹈教室并开课面授。年内，在校本部和金桥社区实验基地开设国画、书法、空灵鼓等社区教育课程12门，总课时340学时，受惠人群1200余人；在广阳区爱民东道办事处逸锦家苑社区，建设“以老年社区教育促进居家养老发展为主题”的社区教育实验基地；与安次区妇联达成合作意向，制定《“妈妈素质提升工程”项目方案》；制作《2019年廊坊市社区教育宣传片》，宣传学校的社区教育工作。购置经典国学、心理维护、妈妈学堂、老年教育等书籍600册，整理“新手妈妈”系列课程资源439门。

教学及教师队伍建设。2019年，学校开放教育安排面授课程15门，400多名学生参加面授辅导学习。开设网上辅导课程32门，一般辅导课程22门，导学课26门，外聘教师辅导课25门。利用廊坊终身学习在线上传教学资源1088条，建设在线形成性考核作业119科238次。在教学过程中注重开展督导和检查。每个学期分4次重点针对开放教育课程网上教学进行教学检查，并及时反馈问题督导教师改进教学工作。全年派出15人参加国家开放大学、河北省教师信息技术培训，并认真组织二次培训向全校教师推广；组织部分管理干部和教师到复旦大学进行综合素质和社区教育业务培训。全年学校开展以“栉风沐雨四十华年，薪火相传电大精神”为主题的师德师风建设系列活动，包括新老教师座谈会、讲座、报告会、演讲、朗诵比赛等；组织开展开学典礼、毕业典礼和一系列红色教育实践活动。组织教师参加河北省电大组织的第五届微课大赛、网上教学优秀教师评选、面授导学优秀教师评选，参加国开大学及河北省电大组织的小教、学前专业学生优秀教学案例大赛。

科研工作。2019年，学校以转型发展为中心，以校本研究为立足点，开展2019年度校级课题立项工作和2017年度、2018年度校级课题结题鉴定工作。2019年度，共有省教育规划课题2项、省电大科学研究基金项目2项、市社科联课题1项、校级课题4项结题；市教育规划课题1项、校级课题2项立项。年内，学校组织开展“廊坊市广播电视大学系统第三届教育教学科研成果奖”评奖活动，6项科研成果获奖；编印《廊坊市广播电视大学社区教育研究成果集（二）》和《廊坊市广播电视大学校级科研课题成果集（2017—2018年度）》；制定《廊坊市广播电视大学科研诚信建设管理办法（试行）》《廊坊市广播电视大学“求知讲堂”管理办法》，邀请市教育局教研室专家为市县校级教师做《如何开展课题研究》专题培训；开展《求知讲堂》4期，促进文化交流和共享；开展全校科研成果考核认定工作，对学校教师申报的8项课题成果、1部学术著作、13篇论文成果认定。

教务工作。2019年，学校根据省电大安排制定开放教育教学计划本科38个，专科49个，成人业余14个共计101个专业规则和成人大专教学计划，直属开放教育学籍课程注册6000多条，审核毕业手续1712人。2019年全市开放教育考试共组织469354科次，全国网院统考3次共6000多科次，省电大成人单招入学考试1次，共4398科次，12所网络教育高校考试28次，共计9400多科次。

成绩荣誉。2019年，学校获“2018年开放教育教学先进单位”、“奥鹏远程教育公共服务体系先进单位”、2018中国农业大学现代远程教育“招生先进单位”、河北广播电视大学招生创意视频大赛三等奖、河北广播电视大学招生工作案例大赛三等奖、“河北电大小学教育、学前教育学生优秀案例教学组织奖”、“2018—2019年度河北广播电视大学教务管理先进单位”、“2019年度网络教育先进集体”、河北电大系统“第五届微课比赛组织奖”、“2017—2018年度全省电大系统财务工作先进集体”等多项荣誉。

（庞春超）

# 文 化

## 综 述

**【概况】** 2019年，廊坊市坚持“一一三五”总体工作思路（以习近平新时代中国特色社会主义思想为引领；以高质量发展为目标；打造三大特色主题旅游区；建设五大文化产业发展基地），开展“不忘初心、牢记使命”主题教育，文旅融合、公共服务、产业发展、非遗传承、宣传推介、市场监管等多项工作取得新突破，各项年度目标任务全面完成。

2019年，廊坊市督导推进国家公共文化服务示范区后续建设，市非遗馆建设进度加快，市、县两级出台基本公共文化服务标准，扶持一批基层综合性文化服务中心建设提升。全年完成1565场“七进”（进企业、进农村、进机关、进校园、进社区、进网站、进军营）文化演出，组织10场“月来月有戏”精品演出，承办第十三届全国美术作品展实验艺术展，举办“幸福廊坊”文化艺术节、庆祝中华人民共和国成立70周年建市30周年廊坊市美术作品展、廊坊新年交响音乐会、“我和我的祖国”第七届合唱艺术节暨“彩色周末”群众广场文化活动和“武耀梨园”——纪念廊坊文化名人武生宗师李兰亭系列活动，评选出“廊坊十大文旅惠民团队”。组织申报第六批市级非遗名录项目和第五批市级非遗代表性传承人，举办“通武廊”文化旅游创意产品展暨第七届廊坊特色文化博览会，评选出“十大优秀非遗项目、十大优秀非遗传承人”，廊坊市16个项目入选第七批省级非物质文化遗产名录，廊坊非遗精品亮相廊坊市庆祝新中国成立70周年成就展和钓鱼台国宾馆。持续推进国家文化消费试点城市创建，搭建廊坊市文化消费云平台、廊坊市文化消费展会平台，年度文化消费惠民约4万人次。推进文化市场综合执法改革，组织开展执法人员业务技能培训班，加强监督指导县级文化市场综合执法工作。

（李 慧）

## 文化产业

**【概况】** 2019年，廊坊市文化企业数量3000余家，主要类别为古典红木类、核雕类、文化传媒类、影视动漫类、乐器生产类、工艺美术（非遗产业）类；国家级文化产业示范基地1家；省级文化产业示范基地13家，省级文化产业示范园区2家；市级文化产业示范基地34家，市级文化创意产业孵化基地15家，市级文化体验小镇10个。

2019年，廊坊市文旅入库项目169个，累计完成投资521.16亿元。大厂全域旅游厕所、千亩樱桃园，永清恒美国际花都等一批新项目相继开工，大厂戏剧小镇项目加速谋划推进，中信国安运河生态文化旅游项目、新奥“梦廊坊”国际康乐旅游港等一批重点项目持续推进。协助省文旅厅完成“京津冀文化旅游项目合作对接恳谈会”承办工作任务，并以此为载体，推动招商工作，永清林栖谷康养休闲一条街、大厂东杨辛庄乡村休闲体验区等6个项目纳入省文旅厅招商手册，廊坊国际影视旅游文化产业园、霸州“中亭河·京南水乡”文化旅游项目在恳谈会上签约。协调帮助涉旅企业融资，固安千川竞秀农业产业化综合开发项目作为优选融资项目被廊坊市文化广电和旅游局推荐到文旅部，并纳入国家金融机构资本投放范围。是年，北京市通州区、天津市武清区、河北省廊坊市三地签署《“通武廊”文化和旅游合作联盟框架协议》。

**【廊坊十大文旅惠民团队评选活动】** 2019年6月至8月，市文化广电和旅游局开展2019年度廊坊十大文旅惠民团队评选工作。大厂评剧歌舞团演艺有限责任公司、永清县老槐树演艺有限公司、廊坊市广场舞协会、廊坊市天曲民乐团、廊坊市老年艺术团、廊坊市龙凤演艺有限公司、廊坊市第什里文化传媒有限公司、文安县燕声梆子剧团、三河市评剧歌舞团演艺有限责任公司、大城县良香梆子剧团（排名不分先后），评选为2019年度廊坊十大文旅惠民团队。

**【第二届文化创意和旅游商品创意设计大赛】** 2019年，廊坊市第二届文化创意和旅游商品创意设计大赛在廊坊市举行。此届大赛由市文化广电和旅游局主办，各县（市、区）文化广电和旅游局承办。旨在贯彻落实中共廊坊市委、市政府有关发展文旅产业决策部署，推出一批富有廊坊特色的文创和旅游商品，引领消费需求，推动廊坊市文化和旅游产业转型升级和高质量发展。大赛依托“京津乐道、绿色廊坊”形象品牌，围绕廊坊印象、景区和城市主题、文化文物非遗、乡村民俗旅游、重要题材设计、生活创意、旅游融合类、专项命题等8个主题，进行作品征集和遴选工作。此次大赛于2019年5月底启动，历时3个月，有1500余件文创作品参赛。最终100件作品入围决赛，涵盖錾刻工艺、漆器工艺、手工柳编、景泰蓝、刺绣团扇、雕刻、彩绘、烫画、镶嵌等诸多作品。大厂县《四海同心》获金奖；广阳区《柳编文创家具设计》、廊坊开发区《二十四节气香精装版》获银奖；大厂县《景泰蓝毛笔架》、文安县《雍正十二妃》、三河市《吉祥富贵茶具套装》获铜奖；大城县《如意葫芦》、三河市《四文四景—茶中君子》、固安县《柳编垃圾篓》、香河县《香河潮童系列》、广阳区《国士吕端系列产品》获最具廊坊特色奖，安次区《Graphic Game》、广阳区《麟凤霞布艺文创设计》、永清县《新中装》和《面塑系列作品》、霸州市《百福图》获最佳创意设计奖；文安县《靳家熏鱼》和《文龙墨汁礼盒》、开发区《茶山杯》、三河市《特曲浓香型白酒》、开发区《智能健康镜》获最具商业价值奖。

廊坊市参展第十二届海峡两岸（厦门）文化产业博览会

**【“通武廊”旅游商品文化产品展销会及“通武廊”旅游摄影展】** 2019年10月8日至9日，第四届廊坊市文化旅游产业发展大会在固安县举行。其间举办“通武廊”旅游商品文化产品展销会及“通武廊”旅游摄影展，展销50多种文旅商品及120幅摄影作品，丰富文旅大会整体活动内容，创新文旅大会活动形式，增加文旅大会影响力。

**【2019中国—东盟博览会文化展】** 2019年7月5日至8日，2019中国—东盟博览会文化展于广西南宁国际会展中心举行。廊坊市有20余类产品近500件商品参展。其中，廊坊市博物馆获文化精品奖、纸辉家（廊坊）包装科技有限公司获最佳展示奖，河北乐聪、廊坊市天工巧匠、廊坊缑氏家具、大厂良盛达花丝镶嵌、三河燕潮酩酒业、香河景泰蓝珐琅制品获最佳创意奖，廊坊市文广旅局获最佳组织奖。

**【第十二届海峡两岸（厦门）文化产业博览会】** 2019年11月1日至4日，第十二届海峡两岸文化产业博览交易会于福建厦门国际会展中心举行。廊坊市有20余类产品近400件商品参展。现场交易额12万元，签约额150万元，意向签约额600万元。廊坊市文广旅局获最佳展览展示银奖。

**【大厂戏剧小镇】** 大厂戏剧小镇选址大厂县城南部，规划面积3平方千米，设戏剧文旅、生态颐养、亲子农旅3个功能片区。核心区1.24平方千米，核心项目为国家京剧院文旅融合产业化基地，规划有国家京剧院国际交流中心、戏剧博物馆、大师工坊、新媒体中心、中国戏剧双创中心、编剧艺术中心，全国青年戏剧孵化中心和中国戏剧产学研示范基地。大厂戏剧小镇预计投资130亿元，稳定期年均游客量预计150万~200万人，景区年均经营收入6亿元，年均税收0.6亿元，有效带动当地6581个就业岗位。

**【“只有红楼梦”戏剧幻城】** “只有红楼梦”戏剧幻城项目位于廊坊市祥云道以北、和平路以西、新开路以东。项目总投资60亿元，占地484亩（32.27公顷），总建筑面积约41万平方米，包括：戏剧幻城核心剧场区、水云间商业街、红楼梦主题酒店，东西两侧游客中心。由导演王潮歌担任总构想、总编剧、总导演，新奥文化产业园运营有限公司投资建设、运营的“只有红楼梦”戏剧幻城，是廊坊国际康乐旅游港核心项目之一，其中核心剧场区包含5个大剧场、7个小剧场及近100组园林。此项目以中国古典文学名著《红楼梦》为蓝本，打破建筑、园林、戏剧等边界，以个体体验为核心，通过一系列创新表达，营造出如梦如幻艺术氛围，是中国传统文化创造性转化和创新性表达有益实践。

**【文旅产业发展】** 2019年，廊坊市出台《关于进一步加快全市文化旅游产业融合高质量发展的实施意见》。廊坊市在“供给侧改革+文化消费激励”双管齐下整体模式设计基础上，形成“1+N”“平台+活动”线上线下一体化文化消费模式。截至2019年年底，廊坊文化消费云平台用户人数228456人，同比

“只有红楼梦”戏剧幻城效果图

增长182303人。平台入驻店铺增加至1920家。平台年度文化消费惠民月4万人次。“龙珐琅”景泰蓝获2019河北省文化和旅游产业优质产品品牌称号。

（阎　娜）

## 非物质文化遗产

**【概况】** 2019年，市文广旅局组织八卦掌等8个非遗项目参加第二十三届中国（廊坊）农产品交易会特色文化演出，在廊坊国际展览馆举办“通武廊”文化旅游创意产品展暨第七届廊坊特色文化博览会，组织八卦掌、京东大鼓、黄漕飞叉、后屯音乐会等10余个非遗项目在端午节、文化和自然遗产日、七夕节、中秋节、农民丰收节、国庆节、重阳节等期间开展展演展示活动。组织秸秆扎刻、第什里风筝、面塑、纸雕4个非遗项目在廊坊市第八小学和第十三小学开展非遗进校园活动。组织景泰蓝制作技艺等25个非遗项目参加2019年廊坊市文旅大会非遗展，组织布艺等4个非遗项目赴天津市参加第五届京津冀非遗联展，组织雕漆等非遗项目赴石家庄市参加第十二届河北省民俗文化节。成立廊坊市非遗保护工作专家委员会，组织廊坊市首届十大“优秀非遗项目”和“优秀代表性传承人”评选工作，配合省非遗保护中心完成河北省非遗旅游地图编制工作，印发《关于进一步加强非遗保护传承发展工作的实施意见》。

截至2019年，廊坊市成功申报入选国家级非物质文化遗产保护名录22项、省级名录115项，市级名录317项。现有国家级代表性传承人9名、省级代表性传承人59名、市级代表性传承人156名。廊坊市形成国家、省、市、县四级非物质文化遗产保护名录体系和代表性传承人体系。

（蔺　琳）

## 文化市场管理

**【概况】** 2019年，市文广旅局制定并印发《2019年廊坊市中小学校周边文化市场专项整治行动方案》《关于进一步加强文化市场监管工作的通知》等文件，安排部署全市文化市场监管工作，切实解决文化旅游市场存在突出问题，保障未成年人合法权益。全年未发生重大安全事故。2019年，全市有文化市场经营场所505家，其中互联网上网服务营业场所346家，文艺表演团体60家，演出场所8家，艺术品经营机构1家，歌舞娱乐场所110家，游艺娱乐场所12家，从业人员3246人，营业收入23189.9万元。

**【文化市场集中整治】** 2019年，市文广旅局严查网吧接纳未成年人、歌舞娱乐场所违禁内容、产品和服

**2019年廊坊市入选河北省第七批非物质文化遗产项目一览表**

表41

| 序号 | 项目类别 | 项目名称 | 项目属地 |
|---|---|---|---|
| 1 | 传统舞蹈 | 高跷 | 霸州市 |
| 2 | 传统美术 | 错金银 | 大城县 |
| 3 | | 红木雕刻 | 大城县 |
| 4 | 传统技艺 | 文安熬鱼烹饪技艺 | 文安县 |
| 5 | | 迎春酒酿制技艺 | 安次区 |
| 6 | | 传统制香技艺 | 安次区 |
| 7 | | 传统古建筑营造技艺 | 永清县 |
| 8 | | 传统风车制作技艺 | 固安县 |
| 9 | | 古琴斫制技艺 | 固安县 |
| 10 | | 珐琅制作技艺（铸胎掐丝珐琅） | 大厂县 |
| 11 | | 古籍修复技艺 | 三河市 |
| 12 | | 汉服传统制作技艺 | 永清县 |
| 13 | | 金漆彩绘髹饰技艺 | 广阳区 |
| 14 | | 苏钟制作技艺 | 固安县 |
| 15 | | 红木家具制作技艺 | 霸州市 |
| 16 | 传统医药 | 李桑园李氏正骨 | 广阳区 |

务、违规接纳未成年人和超时经营以及游艺娱乐场所在国家法定节假日外接纳未成年人等违法、违规行为。严厉查处无证照非法演出团体和不经审批擅自举办演出活动，特别是无涉外演出资质擅自举办涉外演出活动，加强对农村庙会、集市等演出市场监管，杜绝淫秽色情、低俗媚俗表演。此次行动出动巡查人员600余人次，检查经营单位480余家次，无违法违规经营行为。

**【非法集资风险排查整治活动】** 2019年，市文广旅局根据廊坊市打击和处置非法集资工作领导小组办公室通知要求，制定并印发《廊坊市文化广电和旅游系统非法集资风险排查整治活动实施方案》，4月23日至6月30日，在全市文化广电和旅游系统组织开展非法集资风险排查整治活动，未发现非法集资行为。

雕漆技艺（剔红莲鱼盘）

**【市场整治行动】** 2019年，按照省文化和旅游厅《关于开展2019年全省文化和旅游市场整治行动的通知》（冀文旅综执字〔2019〕1号）要求，制定并印发市文广旅局《关于开展2019年全市文化广电和旅游市场整治行动的通知》，聚焦文化广电和旅游市场存在问题，切实规范市场秩序，优化服务，为庆祝新中国成立70周年营造良好市场环境。全市文广旅系统出动执法人员4000人次，检查经营单位2000家次，行政处罚3家，警告46家次，停业整顿6家，消除安全隐患162处。

**【“双随机、一公开”联合抽查行动】** 2019年，市文广旅局制定《2019年度全市“双随机、一公开”监管工作实施方案》和《2019年度随机抽查工作计划》。按照市“双随机一公开”联合抽查工作领导小组《廊坊市服务类企业开展跨部门联合抽查工作的实施方案》要求，6月11日至13日参加由廊坊市市场监管局组织“双随机一公开”联合抽查行动，实地检查天都旅行社、金龙假日旅行社、摩卡网吧等3家场所，未发现违法、违规经营行为。年内，市、县两级组织双随机抽查行动38次，检查企业110家次。

**【“证照分离”改革】** 2019年，市文广旅局印发《关于全面推开“证照分离”改革的通知》，转变政府职能，深化简政放权，创新监管方式，营造法治化、国际化、便利化营商环境，结合工作实际对涉及文化广电和旅游系统“中外合资经营、中外合作经营演出经纪机构审批”等7项事项工作全面推开“证照分离”改革，建立健全事中事后监管措施。相关监管措施均在市政府门户网站公开，并指导各县（市、区）加强行业监管。

（张晓莉）

## 文化交流

**【概况】** 2019年，市文广旅局指导协办第十三届全国美术作品展实验艺术展，举办“幸福廊坊”文化艺术节、庆祝建国70周年建市30周年廊坊市美术作品展、廊坊新年交响音乐会、“我和我的祖国”第七届合唱艺术节暨“彩色周末”群众广场文化活动和“耀武梨园”——纪念廊坊文化名人武生宗师李兰亭系列活动，评选出“廊坊十大文旅惠民团队”。邀请京津冀媒体开展“美丽中国行·乐道廊坊”文旅采风行，签署《“通武廊”文化和旅游合作联盟框架协议》，组织参加国家级博览会、交易会和国际交流推介活动，讲好廊坊故事，展现廊坊形象，实现文化“走出去”旅游“引进来”。年内，市文广旅局组织各县、区文广旅局及旅游企业分别参加“第二十四届中国北方旅游交易会”“2019亚洲文化旅游展”“2019北京国际旅游博览会”“2019北京国际健康旅游博览会”“2019中国国际旅游交易会”“2019中国旅游产业博览会”“第四届中国吉林国际冰雪产业博览会”等活动。市文广旅局组织中信国安第一城国际会议展览有限公司、新绎七修酒店、来康酒店、固安楠兮旅游发展有限公司等4家企业特装参加在北京雁栖湖国际会展中心举行的第十二届中国会议产业大会。市文广旅局借助“5•18”经贸洽谈会契机，召开中韩文化交流会，与韩国庆尚北道文化观光体育局、韩中文化体育交流会交流洽谈，并签署友好合作意向书。

**【文化宣传交流】** 2019年4月20日至29日，市文广旅局赴坦桑尼亚、毛里求斯、马来西亚等国家开展交流推介活动。在省文化和旅游厅组织境外旅游推广活动中，宣传推介廊坊市文化旅游品牌体系和优质旅游资源，传播廊坊市特色历史文化，介绍廊坊市文化旅游开发重点项目并访问坦桑尼亚、毛里求斯、马来西亚3个国家的中国文化中心，对接交流合作项目；参加第15届毛里求斯中华文化美食节，举办纪念中马建交45周年暨2019“河北文化旅游年”开幕活动等，吸引坦桑尼亚、毛里求斯、马来西亚等国游客到廊坊市旅游观光。

**【第七届廊坊特色文化博览会】** 2019年6月14日至17日，“通武廊”文化旅游创意产品展暨第七届廊坊特色文化博览会在廊坊国际会展中心举办。此届博览会由北京市通州区文化和旅游局、天津市武清区文化和旅游局、廊坊市文化广电和旅游局主办，旨在推动京津冀文化旅游协同发展、融合发展，推动“通武廊”三地文化旅游合作交流、共建共享。此次活动主要包括“通武廊”文化旅游创意产品展、“梦回经典”非遗精品展、“别开生面”非遗体验展、“美轮美奂”非遗项目展演、“佳肴美馔”非遗美食展、“通武廊”大运河风光摄影展六大版块，邀请来自“通武廊”等京津冀三地80多个优秀非遗项目、14家优秀文旅创意产品企业参展。

2019年，市文广旅局与韩国庆尚北道文化观光体育局签署友好合作意向书

组织参加第二十四届中国北方旅游交易会

**【参加各类型区域文化交流】** 2019年，市文广旅局借助“京津冀公共文化服务示范走廊”发展联盟和“通武廊”三地文化旅游领域协同发展联席会等平台，同京津冀各区（市）文化部门开展一系列文艺演出、展览展示、会议交流等区域文化联动。年内，先后主办“通武廊”文化旅游创意产品展暨第七届廊坊特色文化博览会、“通武廊”大运河风光摄影展、“和声廊坊”第五届京津冀合唱音乐会、“通武廊”旅游商品文化产品展销会、“通武廊”旅游摄影展、2019“通武廊”精品旅游线路启动仪式、2019“通武廊”春季旅游摄影展暨北运河休闲旅游驿站开园仪式、“通武廊旅游服务形象大使”活动启动仪式等活动。参加“通武廊”三地文化和旅游领域协同发展联席会第二次会议、2019年京津冀文化和旅游协同发展工作会议、2019“通武廊”（武清）文化和旅游产业发展大会、石景山区“文旅融合——公共文化服务新动能”交流研讨、通州区“携手京津冀，筑梦新时代”2019京津冀文化交流等各类型区域交流活动。

**【庆祝中华人民共和国成立70周年成就展非遗展】** 2019年7月19日，以“守初心、勇担当，争做京津冀协同发展排头兵的廊坊”为主题新闻发布会及成就展示在石家庄河北会堂举行。中共廊坊市委书记冯韶慧等领导出席活动，省委宣传部常务副部长宋文新、副部长郜世泽等一同参观成就展示。市文广旅局征集非遗项目11项、作品35件，择优选取16件展品亮相非遗展区，13张图片上榜“生态宜居、魅力廊坊”等版块，选派4名非遗项目传承人参与现场演示互动，受到中共廊坊市委书记冯韶慧等领导高度赞誉，赢得新华社、中央广播电视总台、《河北日报》、河北广播电视台、长城新媒体集团、廊坊广播电视台等新闻媒体记者重点关注。

4月23日，“月来月有戏”精品演出年，天津歌舞剧院芭蕾舞团在廊坊壹佰剧院演出经典芭蕾舞剧《天鹅湖》

**【廊坊文化旅游走进钓鱼台国宾馆】** 2019年12月19日，市文广旅局在北京钓鱼台国宾馆组织举办廊坊非遗精品展及春节主题旅游精品推介活动。此次非遗精品展集中展示秸秆扎刻、景泰蓝制作技艺、花丝镶嵌制作技艺等9个廊坊市国家、省级非遗项目的15件作品，同时邀请非遗项目传承人在现场进行技艺展示。以“春节哪里去休闲，廊坊红火过大年”为主题的廊坊春节期间旅游精品推介活动，推出“寻年味，品年俗”“赏花灯，猜灯谜”“赶庙会，乐新春”“泡温泉，享健康”4个版块18项春节特色活动，同时设计“温泉康养游”“温泉亲子游”2条春节假期休闲精品线路，精心准备多套“文旅大餐”。法国巴黎大区投资促进局、美国凯雷投资集团、法国空中客车公司、美国波士顿咨询公司、澳大利亚麦格理乐歌集团，以及南航、东航、国航、首都机场集团、华润集团、平安集团、新奥集团、中国宏泰发展等80余家知名企业负责人参观展览。

**【“月来月有戏”精品演出年】** 2019年，举办演出10场，邀请廊坊市龙凤演艺有限公司承办庆元宵传统评剧《卷席筒》，沧州吴桥瑞峰文化传媒有限公司承办“炫彩时空”杂技魔术专场演出，天津歌舞剧院芭蕾舞团演出经典芭蕾舞剧《天鹅湖》，三河市评剧歌舞团演艺有限责任公司承办“劳动礼赞”大型综艺晚会，廊坊市壹佰剧院管理服务有限公司承办百姓戏曲大舞台·京剧专场演唱会，廊坊市东方风韵文化传媒有限公司承办大型原创少儿情景歌舞剧《红色记忆·星火传承》专场演出，市朗诵协会、市百纳文化传媒有限公司承办安次区文化馆协办“初心颂”——庆祝中国共产党成立98周年诗歌朗诵会，廊坊市龙凤演艺有限公司承办河北梆子传统剧目《双错遗恨》，河南豫剧院一团演出豫剧常派经典名剧《花木兰》，河北交响乐团演出大型交响组歌《充满希望的河北》。

**【“携手京津冀 共绘新时代”写生】** 2019年3月26日至28日，由北京市通州区文化委员会、天津市武清区文化和旅游局、廊坊市文化广电和旅游局共同主办的京津冀文化交流季“携手京津冀 共绘新时代”写生活动在北京市、天津市、河北省廊坊市三地巡回开展，邀请京津冀地区知名艺术家以及三地70余位艺术爱好者共同参与。此次活动以北京市通州区西海子公园、天津市武清区北运河郊野公园、河北省霸州胜芳古镇为创作地点，通过画笔描绘出三地深厚文化底蕴，展现时代变迁，勾勒出三地新时代风貌。活动期间，有15位写生爱好者获京津冀文化交流季“艺术新星”称号。

**【纪念廊坊文化名人武生宗师李兰亭系列活动】** 2019年5月10日至12日，由河北省戏剧家协会指导，廊坊市文化广电和旅游局主办、廊坊市艺术研究所等单位承办“武耀梨园”——纪念廊坊文化名人武生宗师李兰亭系列活动在廊坊市举行。活动邀请著名京剧表演艺术家、河北省文联主席裴艳玲以及来自中国戏曲学院、北京京剧院、天津市艺术研究所、河北省艺术研究所等单位30余位李派传人和研究者、戏剧理论家。与会专家学者通过观看李兰亭戏曲艺术传承演唱会、参观河北舞美科技博物馆和永清“李兰亭纪念馆”、召开李兰亭武生艺术研讨会，共话李兰亭传奇人生，共同探讨李兰亭成长为一代大师卓越历程。

**【庆祝中华人民共和国成立70周年、建市30周年廊坊市美术作品展】** 2019年6月29日，由廊坊市文化广电和旅游局、廊坊市文联共同主办庆祝建国七十周年河北省美术作品展（廊坊）展区暨“翰墨熔气象 丹青绘廊坊”——庆祝中华人民共和国成立70周年、建市30周年廊坊市美术作品展在廊坊市壹佰美术馆开幕。此次展览以习近平新时代中国特色社会主义思想和中共十九大精神为指导，149幅参展作品描述中华人民共和国成立以来党和国家取得辉煌成就，也从不同角度、以不同形式展示廊坊市自然、人文、历史底蕴。经专家评审，有79件优秀作品代表廊坊市参加河北省庆祝建国70周年美术作品展，其中3件作品入选第十三届全国美展，另有2件廊坊籍画家作品入选。

（刘　欣　蔺　琳　吕弘瑾）

## 文　物

**【概况】** 2019年，廊坊市有博物馆、文物收藏单位15家，文物藏品2552件（套），其中三级以上珍贵文物163件（套）。登记文物单位1044处，公布县级以上文物保护单位254处。其中，世界文化遗产2处：大运河，燕南长城；全国重点文物保护单位3处：边关地道遗址、大辛阁石塔、大运河香河段；省级文物保护单位15处；市级文物保护单位12处；县级文物保护单位222处。县级以上文物保护单位中包括古遗址85处，古墓葬40处，古建筑22处，石窟寺及石刻37处，近现代重要史迹及代表性建筑20处。

**【永定河廊坊段遗产保护】** 2019年，廊坊市文物保护研究所为做好永定河廊坊段遗产保护、环境整治及利用工作，组织专业人员航拍并记录永定河（廊坊段）主河道，支流、故道共7条河道，80个节点；调查永定河沿岸固安县、永清县、安次区、广阳区等85处文物保护单位。年内，《永定河（廊坊段）文化遗产调研报告》编制完毕。

**【撰写《廊坊古代漕运（初稿）》】** 2019年，《廊坊古代漕运（初稿）》撰写完毕，调查和研究廊坊市境内各个历史时期的运河，通过梳理历史文献和地方史志，调查研究廊坊市境内各时期运河的历史沿革、漕运制度，河道走向、河道治理，相关历史文化遗存、沿岸风土人情等，复原廊坊运河历史形象，宣传廊坊市境内运河文化遗产。

**【文物考古发掘】** 2019年7月至8月，廊坊市文物保护研究所配合大城县和平公园项目建设，考古发掘公园占地范围内44座唐宋元时期墓葬。出土陶器、瓷器、铁器、石质墓志等共计60余件，铜钱150余枚。根据墓葬形制及出土器物特征分析，墓葬年代应包括唐、宋、元时期。

（蔺　琳）

## 公共文化

**【概况】** 2019年，廊坊市有博物馆7个：廊坊博物馆、霸州市博物馆、中国自行车博物馆、李少春纪念馆、三河市博物馆、固安县文博馆、香河县文博馆；公共图书馆11个：廊坊市图书馆、广阳区图书馆、安次区图书馆、大厂县图书馆、香河县图书馆、三河市图书馆、固安县图书馆、永清县图书馆、霸州市图书馆、文安县图书馆、大城县图书馆；群艺馆（文化馆）11个：廊坊市群众艺术馆、广阳区群众艺术馆、安次区文化馆、三河市文化馆、大厂县文化馆、香河县文化馆、固安县文化馆、永清县文化馆、霸州市文化馆、文安县文化馆、大城县文化馆。

**【图书馆】** 2019年，廊坊市图书馆先后被中国图书馆学会授予“全民阅读示范基地”称号，被河北省图书馆学会授予“全民阅读活动先进单位”称号；被省、市社科联授予“社科普及示范基地”称号；被市文明办授予2019年度文明单位称号；“小图书馆员”项目被廊坊市文明办授予“最佳志愿服务项目”称号；在“祖国 祖国我爱你”2019年燕赵少年读书系列活动中获“优秀组织奖”。市图书馆免费为全市80多个镇级图书馆分馆提供管理系统软件的接口，为全市公共文化重点任务改革提供有力保障。新建直属分馆仁德书院分馆和军分区分馆，将图书馆服务延伸到乡村及部队，直属分馆25个。市、县两级图书馆总分馆建设在数量和质量上处于全省领先水平。市图书馆全年采购入藏47814册图书，994种现刊，150种报纸，3TB数字资源；服务读者78万人次；借还图书48.1万册次；新办读者证6995个，累计有效读者证72669个；网站访问读者9万人次，以“书香廊坊”读书会为平台，举办阅读推广活动227场，参与读者78310人次，廊坊主要公共媒体给予报道50余次。

2019年，市图书馆完成“廊坊文化沙龙”22集公开课拍摄以及5000条政府公开信息采集加工。市图书馆开通盲人数字阅读机借还服务，馆藏留存350台，向10个县（市、区）调拨300台。市图书馆与北京市通州区、天津市武清区图书馆开展联盟举办“通武廊之魅力运河”知识竞赛，参与读者1800多人次，推荐《明清文学视野中的北运河及其文化》讲座在天津市武清区举办；与北京市的石景山区、延庆区，天津市的河西区、西青区，河北省张家口市图书馆共同举办京津冀青少年藏书票、明信片、书签设计大赛，参赛产品200余件；参与大运河沿岸图书馆联盟建设，举办由绍兴图书馆推荐的《阳明心学的文化价值》讲座，举办“阳明的故事”图片展。

**【廊坊市群众艺术馆】** 2019年，廊坊市群艺馆承办“彩色周末”广场文化活动，主题是《庆祝中华人民共和国成立70周年“我和我的祖国”廊坊市第七届合唱艺术节暨“彩色周末”文化活动》，此次活动从8月初至9月底组织8场各类特色文化活动；“和声廊坊”第五届京津冀合唱音乐会；“携手通武廊 畅游北运河”广场舞展演，邀请北京市通州区和天津市武清区多支广场舞队伍参加活动。年内，市群艺馆依托馆办团队、文化志愿者、非遗志愿者多次组织各类文化惠民慰问演出10余场。

2019年，市群艺馆代表廊坊市赴京津冀等多地参加各类文化交流演出。7月，选送舞蹈《我和我的祖国》参加河北省广场舞展演。8月，市群艺馆星月舞蹈队参加天津市第七届新广场舞大赛，并获最佳表演奖。9月，市群艺馆乐乐乐合唱团参加由中国合唱协会、中共三门峡市委、三门峡人民政府联合主办的“中流砥柱”第六届中国（三门峡）黄河大合唱艺术节。组织廊坊市美术书法优秀作品，参加“砥砺奋进七十载 携手共绘新时代”通州区、武清区、廊坊市优秀美术作品展和“京津冀优秀群众美术书法作品展”。10月，选送作品舞蹈《我为祖国献石油》、评书《烈火英雄》、京东大鼓《越说心里越觉得甜》赴石家庄市，参加“我和我的祖国”“到人民中去”河北省群众文艺展演。12月，市群艺馆乐乐乐合唱团，应中国合唱协会邀请，在北京音乐厅参加“献给祖国的歌”新年合唱音乐会。是月，应邀赴沧州市参加“我们的中国梦”——文化进万家活动·京津冀“文化能人”文艺节目展演。

2019年3月至12月，市群艺馆举办20场“守艺廊坊”非遗大讲堂活动。活动采取传承人讲课、现场演示、互动体验等形式，展现手工艺人精湛技艺。全年配合省群艺馆、省非遗中心完成各项工作任务，整理各县非遗项目情况和市群艺馆非遗项目。截至2019年年底，廊坊市有国家级非遗项目22项、省级非遗项目115项、市级非遗项目317项，非遗整理保护申报工作在全省名列第二位。

2019年，结合庆祝中华人民共和国成立70周年、建党98周年、建市30周年等庆祝节点市群艺馆组织6场书画作品展，“迎新春中国画提名展暨廊坊市老画家艺术研究会成立”从不同角度热情歌颂改革开放四十周年成果；廊坊市创建国家森林城市书法绘画摄影作品展；“感时花鸟人物”明绍华国画写生画展；全国第29次助残日活动“自强脱贫助残共享典型案例摄影巡回展”；河北湖南毛体书法巡展，荟萃159幅（件）书法名家优秀作品；“墨舞新枝迎国庆，一书一画见真情”王续博、刘双睿书画作品展。

**【廊坊博物馆】** 廊坊博物馆位于市文化公园内，是廊坊市重要公共文化机构，承担全市文物收藏、研究、展示、教育职能。内设4个固定展厅和2个临时展厅，推出“廊坊的足迹”历史文物陈列和“义和团运动在廊坊”2个专题陈列。“廊坊的足迹”历史文物陈列展览由沟河印迹、方国遗风、燕南沃土、幽野风韵、边关烟云、京畿重地等6部分组成，主要介绍从7000多年前新石器时代到明、清时期廊坊历史发展轨迹，展厅布局以时代发展为脉络，将廊坊各时期精美文物贯穿其中。“义和团运动在廊坊”专题陈列展览由“义和团运动在廊坊”和“廊坊大捷”景观厅等2部分组成，展览利用声、光、电和多媒体等手段，再现义和团运动历史场景。廊坊博物馆2019年免费开放天数为316天，接待参观团队300余个，双休日为观众提供免费讲解近220场次，参观人数近38万人次。在2019年河北文化和旅游发布中，廊坊博物馆获选河北省内“十大不得不访的精品博物馆”称号，被中共廊坊市直属机关工作委员会评为“五星级窗口单位”，被廊坊市文明办授予“2019年度文明单位”称号。

2019年，廊坊博物馆以“新中国成立70周年”为主题，推出展览11个，其中与民族文化宫博物馆联合推出庆祝中华人民共和国成立70周年“各族人民心向党——建国初期全国少数民族敬献中央人民政府礼品展”、原创展览“时代的印迹——庆祝建国70周年照片展”和与保山市博物馆推出“中国抗日战争中印缅战场滇缅抗战纪实展”。年内，3个原创展览“流金溢彩 国粹新颜——当代景泰蓝精品艺术展”“廊坊博物馆藏剪纸艺术展”“北方特色木版年画展”相继在浙江省、北京市、云南省、天津市、新疆维吾尔自治区、广东省等6个省10个城市展出9次。馆内开展“我们的节日”主题活动12次，在国际博物馆日与河北东方学院合作开展包括“指尖旋舞——泥塑·陶艺”、拓片制作等系列宣传教育活动；在“文化和自然遗产日”为市民推出“守艺·廊坊——非物质文化遗产图片展”；在春、秋季开学之际推出2项文化活动进校园，拓片制作和纹样绘制，分别走进廊坊市第六小学和廊坊市第八小学。全年参与活动的未成年人6000人次。

**【文化站】** 2019年1月，检查验收基层综合性文化服务中心达标建设情况。4月2日印发《关于进一步做好乡镇（街道）综合文化站专项治理工作的紧急通知》，持续开展乡镇综合文化站专项治理。4月17日、9月26日，先后组织召开全市现代公共文化服务体系建设暨非遗保护传承工作会议、文化和旅游公共服务领域重点改革任务和专项工作推进会议，再次部署各地文化和旅游公共服务领域“4+2”重点改革任务，做好公共文化服务体系建设情况调研、统计报表工作。

（李 慧）

## 廊坊日报社

**【概况】** 廊坊日报社负责《廊坊日报》、《廊坊都市报》、廊坊传媒网的办报、编辑、印刷、发行等工作。2019 年，有在职干部职工 420 人（其中在编人员 157 人，聘用人员 263 人），离退休干部职工 238 人。内设 22 个部（室、科），印刷厂 1 个。是年，廊坊日报社推进媒体深度融合发展实践，加快经营转型升级，加强新闻采编、新闻宣传等工作，坚持党的领导和正确政治方向，改进民生新闻报道，提高报纸影响力、公信力。廊坊日报社围绕宣传习近平新时代中国特色社会主义思想，贯彻落实市委六届七次、八次全会精神和推进经济社会高质量发展，完成全国和省、市“两会”、廊坊建市 30 周年、“5•18”经洽会、庆祝新中国成立 70 周年廊坊专场新闻发布会、庆祝新中国成立 70 周年等 40 余项重点宣传报道任务，在中省主流媒体讲好廊坊故事，唱响廊坊好声音。受到中共廊坊市委书记冯韶慧等市主要领导肯定。

2019 年，廊坊日报社在 2018 年度河北省新闻奖及中国城市党报新闻奖、中国地市报新闻竞赛中有 50 件作品获奖。全年在中央级和省级平面主流媒体及重点网络媒体发稿 1664 篇。其中，在《人民日报》、新华社、《光明日报》、《河北日报》等中央级、省级主流平面媒体刊发宣传廊坊稿件 246 篇，人民网、新华网、中国新闻网等重点网站发稿 1418 篇，在市属新闻单位中发稿得分名列前茅。是年，廊坊日报社获市级以上集体荣誉 14 项。

2019 年，“廊坊日报社多媒体存储管理系统项目”基本建设完毕，“《廊坊日报》新闻图片库”构想得到实现；“廊坊日报社机房改造项目”完工，全力提升“中央厨房”功能；“现代多功能演播室”投入使用，设备技术更加先进，为媒体融合发展打造核心竞争力；在全面推进移动转播车等项目，必将打通媒体间、采编间瓶颈期，助推报社媒体融合工作迈上新台阶。形成“以中央厨房为枢纽、以纸媒传播为基础、以网络传播和系列新媒体传播为两翼”8 个大类 27 个媒体发布终端，具备从平面到立体、从 PC 到云端，从固定到移动，从室内到户外，多方位、全时段、广覆盖立体传播格局，有 200 余万户用户。

**【《廊坊日报》】** 2019 年，《廊坊日报》50% 以上内容用来宣传党和国家政策，中共廊坊市委、市政府的决策部署，重大活动等，围绕党和国家重大决策部署、重大热点问题和重大活动，策划、组织、实施、创新主题宣传报道，发挥主流媒体核心作用。重点宣传习近平新时代中国特色社会主义思想，围绕全面贯彻落实市委六届七次、八次全会精神和推进经济社会高质量发展，全国和省、市“两会”、廊坊建市 30 周年、“5•18”经洽会、庆祝新中国成立 70 周年等 40 余项重点宣传报道任务完毕，开设“新时代新作为新篇章、十九大精神在廊坊”“大力推进‘三深化、三提升’活动、开创廊坊高质量发展新局面”“脱贫攻坚——廊坊在行动”等专栏，在头版等重要版面开设“不忘初心、牢记使命”栏头，高质量推进宣传报道工作。做大做强主题报道；推出“新时代新作为新篇章、十九大精神在廊坊”“廊坊市高质量发展 2019 年中回眸重大系列报道”“热烈庆祝中国共产党成立 98 周年”等近 50 个系列报道。4 月 29 日，廊坊日报社推出《青春城市、廊坊力量——庆祝廊坊建市 30 周年特刊》；10 月 1 日、2 日，《廊坊日报》推出“壮丽 70 年·奋斗新时代——庆祝新中国成立 70 周年国庆特刊”。《廊坊日报》重视原创、注重精品前，实现新闻精品数量新突破。《不忘初心坚守本源 牢记使命行稳致远——市委理论学习中心组“不忘初心、牢记使命”主题教育集中学习综述》《打造“金钥匙” 增创新活力——从“5•18”经洽会透视高质量发展新动能》等原创稿件受到读者好评。《廊坊日报》重点刊发中央重要会议和习近平总书记重要活动，头版稿件占头条、报眼比例近 40%。《廊坊日报》坚持每周出版一期“理论与实践”版，结合中央和省、市重大决策部署，开设“五位一体、四个全面”“学人观点”“实践中来”“直言微评”“城事评谈”等专栏，全年刊发理论稿件 200 余篇。4 月 20 日，《廊坊日报》头版刊发追忆优秀党员干部刘琦重头稿件，中共廊坊市委书记冯韶慧作出长篇批示，市委、市政府作出在全市广泛开展向刘琦学习的决定。是年，廊坊日报社在中央和省级平面主流媒体及重点网络媒体发稿 1664 篇，其中平面媒体发稿 246 篇，网络媒体发稿 1418 篇。在市属新闻单位中，廊坊日报社在中央省级以上媒体发稿得分排名位居前列。在 2018 年度河北新闻奖、中国城市党报新闻奖、赵超构新闻奖、中国地市报新闻竞赛等省级以上新闻奖评选中，获一等奖 8 件、二等奖 17 件、三等奖 25 件。

**【《廊坊都市报》】** 2019 年，《廊坊都市报》微信公众号发布原创文章 1681 篇，阅读量 1429523 人次，点赞 6476 次，原创比例 39%，粉丝 36560 人，日均发稿数量 5 条。1 月 9 日，《廊坊都市报》官方微博正式开通，并成为与读者、网友沟通新平台、此地粉丝活跃的“大本营”。年内，以新中国成立 70 周年和“不忘初心 牢记使命”主题教育为主线，以市“两会”、“5•18”经洽会“双创周”、建市 30 周年、创建文明城市等为节点，加强策划，推出一系列精品报道。推出航拍廊坊系列摄影版，《市区路网建设跑出“加速度”答好“民生卷”》《航拍廊坊》等版面。10 月，推出国庆专题报道，从“共和国同龄人”“见证变迁”“结婚照征集”“摄影版”四个部分反映新中国成立以来廊坊发展变迁。在“身边的初心使命”专栏中，聚焦基层党员，寻找身边典型，先后刊发《城管网格长郭鹏：坚守为人民管好城市的初心》《王海涛：社区党建“双建”模式守护居民幸福》等稿件20余篇。为纪念新中国成立70周年，深化“不忘初心、牢记使命”主题教育报道，与中共廊坊市委党史研究室共同推出《红色寻踪 廊坊记忆》系列报道，全方位、多角度呈现廊坊红色故事。市“两会”期间，推出《读政府工作报告 看民生“红包” 我们的获得感、幸福感、安全感从这里而来》，让更多市民了解并参与到“两会”中来。围绕“建市30周年”，推出述评《三十正芳华 奋进新时代——写在廊坊市建市30周年》，并配发以市民议事为主《30年，见证热土的幸福变迁》。围绕创建文明城市，开辟“创建文明城市建设美丽廊坊”专栏，推出《志愿服务汇聚廊坊磅礴正能量》等一系列反映创城成果的报道，做到有规模、有重点、有质量。着眼于产业新动向，4月3日头版头条报道《我市体育产业集群六大特色 让体育经济“动”起来》，得到中共廊坊市委书记冯韶慧肯定。2月15日，记者李新苓采写《他把警魂“铸”在路上 ——追记我市因公牺牲交警郭文江 》在《廊坊都市报》首发之后，《河北日报》《燕赵都市报》《河北法制报》先后刊发。《文安母亲刘大京19年陪脑瘫女儿学走路》2019年4月20日在此报首发，之后引发各级媒体广泛关注，刘大京获评河北“今日最网红”人物。开展新春走基层活动，推出《三河市公安局交警大队段甲岭中队副中队长张建华：从警25年，15个春节在岗度过》《守着公厕吃饺子》等一线新闻。年内，继续打造《廊下听语》《时光记忆·廊坊底片》《书榜》《“码”上阅读》等固定栏目。

（李亚北）

## 广播电视

**【概况】** 2019年，廊坊广播电视台以深化媒体融合和全媒体运营改革为重点，探索并践行“节目立台+短音视频、品牌驱动+新媒品牌、受众为本+用户和粉丝、效率第一+新赢利模式”“16字+”融媒发展理念，着力践行创新改革、深度融合、产业转型发展路径。新闻综合频道、公共频道、导视频道等3个电视频道和新闻交通频率、戏曲频率、长书频率等3个广播频率全年播出104207.5个小时。廊坊广播电视台在坚持做好日常宣传报道基础上，聚焦庆祝新中国成立70周年和廊坊建市30周年、“不忘初心、牢记使命”主题教育、京津冀协同发展、“5•18”经洽会等主题、第二十三届中国（廊坊）农产品交易会等重要会议活动，策划制定20余项宣传报道方案并落地见效。开设《壮丽70年•奋斗新时代》《不忘初心、牢记使命》《京津冀协同发展五年间》等70多个主题专栏。通过开展移动直播、延长播出时长、增加播出次数、研发新媒体产品、坚持移动优先和全媒体推送等方法进行宣传。全年在中央、省主要新闻媒体发稿1296篇。其中，中央电视台70篇，中央人民广播电台19篇，新华社89篇，河北广播电视台1108篇。年内，广播电视作品在第三十五届河北新闻奖评选中，广播系列报道《用心解决“小”问题 赢得群众“大”满意》；电视消息《我市出台十项新举措打造“四最”行政审批服务》获一等奖；广播消息《大厂苇子庄村：自筹自建污水处理厂改善水环境》等3个作品获二等奖；电视系列报道《治山记》等4部作品获三等奖。

**【电视】** 2019年，廊坊广播电视台以品牌节目立台， 电视节目全面改版升级，全面刷新受众收听收视体验。《廊坊新闻》《联播廊坊》加强时政主题宣传节目定位，打造百姓与政府沟通交流重要平台。在2019年春节假期，全媒体策划《夜幕下的廊坊》《我的春节心愿》《异乡人看廊坊》《春运故事》等8个“走基层”特色专栏，50余篇重头报道，《廊坊新闻》栏目组获全省“新春走基层”增强“四力”先进集体。以《廊坊零距离》《廊坊生活帮》《百姓热线》为主的民生栏目，坚持“三贴近”原则，创新主题事件民生报道视角，围绕脱贫攻坚、依法治国、精神文明建设、社会主义核心价值观等中心工作，开辟《脱贫攻坚——巾帼在行动》《百姓学法》《创建文明城市大家谈》《助你文明》《雷锋在身边》《廊坊最网红》等专栏。针对节假日及特殊节点，通过设立《信息服务台》《知识小课堂》《群众寄语》等栏目，加强生活服务信息宣传，群众文化生活引导，提供多种实用的民生信息服务。培育《直通政务》节目版块，打造政务宣传新平台。《智慧女性盛世花开》是廊坊广播电视台首档女性专题节目。《乐游天下》《天天美食》《蝶变美家》《最生活》等节目，为人民群众提供生活消费服务。针对少年儿童收视群体，开办少年儿童朗诵节目《经典童声》，成为全市少年儿童挖掘潜能展示自我的权威平台。

**【广播】** 2019年，廊坊广播电视台广播各频率在稳定节目体系基础上，围绕加强伴随功能与听众黏性，推进节目与版块调整改版。年内，形成以25档自办节目为主体，线性节目与引进节目为调剂补充广播节目体系。新闻频率紧盯政务需求和受众需求办节目，早高峰开办《昨夜今晨》新闻版块，以口头播报形式，及时快速报道廊坊市夜间发生的各类新闻信息，满足人民群众对夜间突发新闻事件知晓度；在市卫计委支持下开办《健康廊坊》，成为廊坊广播电视台宣传卫生健康政策、普及卫生健康知识新阵地；《快乐正当年》成为中老年朋友日常生活热议话题；《九点夜动听》以直播形式，丰富廊坊市夜间城市文化。廊坊广播电视台新闻交通广播频率在中国报刊创新发展联盟、中国广播电视艺术协会、中国融媒创新发展年会组委会主办的2019年中国融媒创新发展年会上，获“最具创新传播力城市广播5强”“最具创新传播力广播节目”“最具品牌影响力大型活动”“广播微信公众号10强”等奖项。音乐频率用机动灵活版块设置提升整体节目品质，《音乐朗读者》通过内容众筹、招募朗读嘉宾，成为听众自我展示平台；《约会车友趴》实现音乐、旅游与汽车完美融合。长书频率新开办《午安音乐》《我的朋友圈》《心灵停泊湾》等三档直播节目。年内，廊坊广播电视台推出两集革命历史广播剧《印记》，重点讲述廊坊市大城籍开国将军孙毅、霸州籍抗战英烈魏大光革命事迹。革命历史广播剧《印记》是2019年廊坊广播电视台庆祝新中国成立70周年献礼作品。

**【媒体深度融合】** 2019年，廊坊广播电视台实施全媒体运营模式改革，把握融媒体核心竞争力，升级融媒体中央厨房建设，重塑策、采、编、播生产流程，创新生产融媒体爆款产品，增强融媒体核心竞争力。扩容升级融媒体“中央厨房”，借助东方盛行和清博大数据团队，实现全媒体内容汇聚、编前策划指挥调度、多平台多渠道内容分发、突发事件应急调度、市县媒体融合、活动直播应用、舆情监测处置应用、大数据支撑指导内容服务、新媒体播出检测及政务宣传推广十大融媒应用场景及功能，形成以融媒体“中央厨房”为主、全台资源渠道协同联动融媒传播架构。整合广播、电视、报刊、网站、“两微一端”、短音视频账号等35个传播端口，全媒体宣传矩阵得到优化，形成移动优先、梯次发布、立体宣传传播优势。网络广播电视台四期全部工程及官方网站“网上廊坊”IPV6双线化改造完毕，使用户访问体验提升。建成精品音视频工作室，实现多功能音视频制作平台、广播可视化直播间与高端录音棚三位一体。利用信息技术推出广播电视节目“微信在线收听收看”，实现广播电视节目既可同步收看，也可点播回放。启动“Hi 廊坊”APP优化升级工作，在人民日报公众号“人民号”版块开设“廊坊号”，廊坊地区信息实现“借船出海”，开辟网上外宣新通道。坚持移动优先融媒体宣传规律，主要领导亲自调度、靠前指挥，继续推进广电优质内容资源向网络视听阵地拓展。官方微信公众号重点依托《广电头条》《广电关注》，率先发布推送当天时政要闻，增加报道数量、提升推送时效，在全市形成主题宣传广电新媒体最先发布的宣传强势。按照融媒体中心为主、频率频道合力推进原则，以短视频定量化生产为抓手，提升新媒体传播能力，引领带动融媒体影响力。全台自6月启动短视频创作，用原创性内容吸引用户关注，短视频生产能力提升至每日30条。廊坊广播电视台研发生产5G直播、精品短视频、H5动漫、MG动画等多款新媒体报道产品。5G直播：运用“5G+4K”超高清移动直播宣传“5•18”经洽会，主持人亲身体验无人机、模拟飞行器、5G技术应用，在会展中心与丝路中心高科技展区2个场景互动切换，1小时直播时段内点击量突破10万次。精品短视频：《交警安检高科技设备上线，就是高级！！！》《惊险！醉驾司机耍“聪明”拒检查！拖行交警！》等短视频作品播放量分别达到464万次、163万次。H5动漫：《新春大拜年！廊坊广播电视台给您送福包》《恭祝大家新年行大运》等动漫作品除夕当天点击量突破3万次，转发评论量5000多次；“庆祝新中国成立70周年”动漫作品，展现70年来新中国取得辉煌成就，点击量2万余次；“盛世华诞 与国同庆”动漫作品，点击量突破1万次。MG动画：将网络安全小常识、上网常见问题以及如何防范等内容用动画形式、卡通形象展现，点击量10万余次，网友留言600余条。

**【产业发展】** 2019年，廊坊广播电视台站位新时代和媒体发展新阶段，适应现代媒体运营发展规律，实施产业融合发展战略，以产业项目为传统频率频道赋能，开启“广告＋产业”经营模式，建立多元化、多点支撑集团化发展模式。县域融媒体中心建设和技术推广项目、旅游产业项目、少儿产业项目、精品影音工作室项目、大型全域政务活动项目、智慧廊坊项目、电商项目、婚庆项目、音乐工作室项目等集团产业项目，全部与频率、频道、融媒体中心融合，频道已经成为产业经营责任主体，为各产业项目赋予专业能量。发挥集团首席战略官的咨询指导优势，3次邀请周伟老师来廊坊广播电视台就产业运营开展战略性咨询和系统化授课，明确政商结合式宣传、打造IP化活动、公益化营销、以产品运营产业、代运营服务等具有方向性、前瞻性发展策略。开展优势技术输出与代运营服务，将广电先进技术与权威专业信息服务进行经济变现。为廊坊市消防支队代理运营“廊坊消防”微信公众号，通过专业宣传策划与产品，提升廊坊消防宣传报道水平；为市直工委设计建设“廊坊机关党建”微信公众号，并提供运营服务，用现代技术助力市直工委在党建宣传、组织管理、党员教育与服务工作中实现一体化移动管理。将少儿产业按照朝阳产业的产业定位，利用专业主持人资源，开展小主持教育培训；利用“暑期文艺会演”“少儿春晚”2个品牌节目，以培训机构、学校团体等单位为目标客户，提供演艺策划、录制、播出等专业化综合性演艺服务。准确把握旅游市场发展，策划并丰富塞罕坝、西柏坡、北京香山等旅游产品，发展红色教育培训等类型化团队定制游。利用广播节目《我们结婚吧》举办“情定黄金部队”“相约中建集团”“走进富士康”等9场大型交友联谊活动，并拓展产品和服务招商。发挥广电宣传和策划优势，与杭州边线科技有限公司合作运营电子商务，在广播节目中灵活植入“秒杀”“欢乐购”“狂欢节”等环节，带动电商产品销售。

**【推出《廊坊问政》节目】** 2019年，廊坊广播电视台在市纠风办、市委宣传部指导下，按照“公众参与、反映民生、现场问政、社会监督”理念，推出廊坊市首档电视问政监督节目《廊坊问政》。节目分别围绕“创建文明城市”“优化营商环境”两个专题，录制播出两期。节目现场12个部门负责人现场回复解答并就下一步工作开展及整改举措做出承诺，问政观察员专业点评，各界代表现场举牌评价，受到全市广泛关注。为推动问政内容落地见效，廊坊市广播电视台《廊坊零距离》同步推出《问政追踪》专栏，动态追踪曝光问题整改解决进度，扩大节目影响力。《廊坊问政》节目作为廊坊市舆论监督创新性举措，收到群众热烈反响。市区停车难、老旧小区改造等人民群众身边“老大难”问题经过节目曝光，相关部门迅速行动，研究推进工作举措，在市区主次干道停车位能划尽划，市区内新添多处停车场，在《廊坊问政》节目推动下，相关部门加强管理老旧小区。此问政节目为促进相关职能部门工作作风转变，提升人民群众满意度和幸福感发挥重要作用。

**【2019年廊坊市春节电视文艺晚会】** 2019年，廊坊广播电视台策划举办“迎春筑梦新时代，豪迈奋进新征程”2019年廊坊春节电视文艺晚会在瑞泽国际信息港录制完毕。2019年春晚从整体架构、灯光舞美、节目内容等各方面都实现新突破。此届春晚坚持本土化，全部演职人员来自廊坊市。廊坊师范学院音乐学院歌舞团、大厂评剧歌舞团、市公安局金盾合唱团、市青少年艺术团等基层演艺团体参加演出，21个节目涵盖歌曲、舞蹈、小品、戏曲、武术、诗朗诵等。2月3日（腊月二十九）在廊坊广播电视台新闻频道晚黄金档首播。春节期间通过廊坊广播电视台3个频道、环京津新闻网、网上廊坊等平台播出。

**【大型公益活动“新春送福”】** 2019年，廊坊广播电视台举办第九届“新春送福”大型公益活动，于1月20日在康城·瑞府售楼处举行启动仪式。廊坊广播电视台主动承担媒体社会责任，发挥媒体资源优势和社会影响力，通过近2个月宣传招募，得到52家爱心团体和商家响应，募集各类生活物资价值近20万元，组织150多台送福车辆，送福范围从市区、开发区、安次区扩大到三河市、香河县、固安县、永清县等地。主动与市残联、市妇联、市民政部门沟通对接，精准确定低保户、五保户、空巢老人等急需帮扶对象350余户，将募集到的米、面、油、牛奶、棉被、日用品、家用电器等物资，由18路送福小分队利用3天时间分发到位，保证贫困家庭温暖过春节。送福活动首次采用“廊坊新闻频道”微信公众号全程直播，《廊坊零距离》开设专栏予以专题报道，出镜记者全程跟踪报道。

**【“一杯姜茶 温暖中国”活动】** 2019年，廊坊广播电视台响应蚂蚁力量儿童义工团倡议，与全国百座城市共同启动“一杯姜茶 温暖中国”大型公益活动。以主流权威媒体权威公信力和广泛宣传渠道，面向社会公开招募爱心商家和志愿者，募集到价值6万元爱心物资，200余名青少年以家庭为单位的700余名爱心志愿者报名参加。1月1日凌晨5点，廊坊广播电视台工作人员带领200组爱心志愿者分10路，奔赴市区10个主要交通路口，为严寒中辛勤劳作的环卫工人送上一杯热姜茶、一顿热早餐和一个温暖礼包。活动进行时，通过组委会宣传平台与全国兄弟城市互动交流，及时上传活动中的图片、视频，向全国展示“廊坊温度”。是日，《廊坊新闻》《廊坊生活帮》及新媒体平台等全程跟踪报道。

**【世界地球日主题活动】** 2019年，廊坊广播电视台为引导大家树立“绿水青山就是金山银山”生态环保理念，激发市民特别是青少年形成亲近自然、了解自然、保护自然生态意识，廊坊广播电视台于4月22日（世界地球日）在时代广场倡议发起“让爱有声，保护地球——世界地球日彩绘垃圾桶”公益活动，取得良好社会效益。此次活动通过广播、电视、网站、微信、微博等平台预热宣传，广泛征集活动参与者。廊坊爱心公社等5家爱心团体以提供彩绘画笔颜料、提供活动创意等各种形式赞助支持活动，来自全市几十所小学60名少年儿童及200名家长共同到场，亲手描绘心中最美家园，吸引现场上千名市民围观。围绕保护地球主题多方征求意见建议，确定践行“环保教育从娃娃抓起”理念，组织少年儿童以地球家园为主题彩绘垃圾桶活动形式。特别邀请环保领域专业人士，体验式讲解垃圾回收与分类常识，介绍最新垃圾分类处理科技，引导人民群众从日常生活做起，保护环境、关爱地球。活动最后发起保护地球群众签名活动，增强广大市民主动参与地球保护的使命性、责任感。活动全程通过“网上廊坊”直播系统实时移动直播，1000多名群众通过网络终端感受活动现场氛围。4月22日《廊坊零距离》将此次活动作为廊坊市世界地球日主题活动予以重点报道。廊坊广播电视台微博、微信最先推送相关动态消息。

**【庆祝廊坊建市三十周年】** 2019年，为庆祝廊坊建市三十周年，廊坊广播电视台设新闻专栏，挖掘梳理30年发展历程。开设《廊坊三十年》专栏，走进统建楼、三角地等老片区，探访“老廊坊”，回忆感家乡变化。开设《廊坊面孔》《我的奋斗故事》专栏，采访建市30年来各行各业涌现出的先进典型，从典型人物奋斗事迹反映全市经济社会大发展。征集老照片，反映廊坊今昔变化。依托《廊坊零距离》《生活家周刊》及网微端平台，面向全市征集老照片、图文档案，并邀请照片主人公、拍摄者或收藏者讲述照片背后“廊坊故事”，反映建市30年来老百姓衣食住行等方方面面发生的变化。航拍短视频，全新视角展示美丽廊坊。策划拍摄《航拍廊坊》系列短视频，第一季运用无人机航拍丝路中心、会展中心、大数据中心等地标建筑，以独特空中视角展示美丽廊坊，在抖音平台完播量突破8万次。

**【入驻人民日报公众号“人民号”版块】** 2019年，廊坊广播电视台与人民日报（新媒体）中文客户端达成合作协议，依托 “Hi 廊坊”APP丰富的内容资源，在人民日报公众号“人民号”版块开设“廊坊号”。“Hi 廊坊”APP同时开设“廊坊号”版块，与人民日报客户端中的“廊坊号”内容数据打通、资源共享，实现当地宣传效果最大化。“Hi 廊坊”APP是廊坊广播电视台自主开发的融媒宣传平台，具备新闻客户端功能、民生及政务服务功能以及社交商圈功能。在全媒体形式交融互通基础上，依托廊坊广播电视台音视频原创能力，整合全市各媒体以及自媒体中有效、有益、有价值的海量新闻素材，聚焦本土、精细加工、及时发布、精准推送，是对内传播中共廊坊市委、市政府声音的融媒体舆论新阵地，对外宣传推介廊坊新时代新面貌的明亮窗口。

2019年，廊坊春节电视文艺晚会在润泽国际信息港录制

**【原创革命历史广播剧《印记》】** 2019年，廊坊广播电视台围绕廊坊大城籍开国将军孙毅、霸州籍抗战英烈魏大光革命事迹，创作团队赴主人公家乡走访调研，查阅革命历史档案，以第一手素材为基础起草剧作脚本，党史革命史专家参与修订审查，提升剧本政治性、思想性和艺术性。此剧包括两集，第一集《开国将军孙毅》，第二集《抗战英烈魏大光》，每集时长50分钟。剧作选取鲜活生动事迹，重点展现主人公在廊坊的革命斗争生涯。《开国将军孙毅》通过“利用中外采访揭露国民党入侵解放区阴谋”“组织领导胜芳保卫战”“巧还农民西瓜”“拒绝为外甥找好活”等情节，再现孙毅将军有勇有谋、坚毅果敢、带兵有方、坚持原则的革命本色。《抗战英烈魏大光》通过“借枪拉队伍抗日”“刺杀汉奸高凌霨”“带队伍投奔共产党”“偷袭日寇指挥部”“参加齐会战斗”等情节，还原魏大光烈士忠诚于党、视死如归、作战勇敢等革命品格。作为廊坊广播电视台庆祝新中国成立70周年献礼节目，国庆期间，此剧在廊坊广播电台长书频率黄金时段重点播出。年内，廊坊广播电视台向中央广播电视总台央广节目平台推介此剧，预计通过更高宣传平台，扩大此剧影响力，宣传推介廊坊革命斗争史。

（许海玲）

## 廊坊市档案馆

**【概况】** 2019年，廊坊市档案馆内设2室4科，2室即办公室、党建办公室；4科即接收征集科、保管利用科、编研科、技术科。正科级领导职数6名，副科级领导职数4名。1个下属自收自支事业单位（档案咨询服务中心），馆编制25人，实有21人；下属事业单位编制3人，实有1人。2018年12月25日，中共廊坊市委、廊坊市人民政府印发《廊坊市机构改革实施方案》（廊字〔2018〕43号），决定将市政府办公室（市档案局）的档案行政管理职责划入市委办公室，将市档案馆调整为市委直属事业单位。档案行政管理职责由市委主管，承担全市档案工作统筹规划、组织协调、负责全市档案接收征集、馆藏档案保管和开发利用等职能。

2019年，廊坊市档案馆按照《档案管理移交工作方案》具体内容，指导和规范市国税局、市防范办、步行街管委会等机构改革中撤并单位的档案，确保符合进馆要求。全年接收档案249卷9075件，馆藏档案累计192个全宗，108591卷34253件，馆藏资料15290册；通过改进服务方式，为利用者提供快捷高效服务，全年接待档案利用者464多人次，提供档案1190卷次、122件次、档案资料700册、解答咨询116人次，为工作查考、编史修志、科学研究、广大群众自身利益提供有效档案证明；依法向社会开放满30年馆藏档案139个全宗2128卷，在廊坊档案信息网等媒体上公告和公开发布；累计开放馆藏档案47378卷；启动3年档案数字化扫描工程，全年扫描馆藏档案120多万幅，累计332万幅；集中采集全市除大厂县、广阳区以外8个县（市、区）国家重点档案文件级目录6674条，申报2020年国家重点档案保护与开发项目目录3907条。

**【“不忘初心、牢记使命”主题教育】** 2019年，廊坊市档案馆组织理论中心组学习16次，开展专题学习研讨3场次，开展专题读书班2场次，组织收看《榜样》2场44人次，组织召开党员主题教育活动并赴红色教育基地接受教育22人次，举办“不忘初心、牢记使命”主题朗诵会，赴反腐倡廉基地接受警示教育22人次，并组织观看警示教育片《叩问初心》3场60多人次，为基层党员印制发放学习“口袋书”22套；处级领导干部确定调研课题4个，赴一线实地调研8次、在机关单位开展调研8次、采取“请进门”方式开展调研3次，发放征求意见建议100余份，征求意见建议5条，发现各类问题4个，提出对策措施4条，立行立改解决问题4个，形成4篇高质量调研报告；处级以上领导干部讲专题党课6场次，参加人员百余人次。

**【馆际交流合作】** 2019年，廊坊市档案馆主动对接通州区、武清县档案馆推进档案工作交流合作，并与福州市、北京海淀区档案馆签订《民生档案跨馆利用服务工作协议》，建立长期合作机制，实现“信息多跑路，群众省跑腿”，开创河北省跨地区及省际区域开展档案服务先河。8月27日，通州区、武清县、廊坊市三地档案工作者40余人，在香河第一城召开主题为北运河文化座谈会，共同挖掘北运河历史档案。

**【档案文化建设与宣传】** 2019年，廊坊市档案馆以微信公众号为宣传推广档案法规、政策和工作平台，发挥廊坊特色，让官方公众号——“廊坊档案”成为廊坊档案传播阵地，编发226期。以专题形式梳理编撰继续办好《档案廊坊》，开启历史记忆，讲好廊坊故事，印发15期《北运河的记忆——北运河的历史与文化》，受到中共廊坊市委书记冯韶慧批示肯定。组织各县（市、区）档案系统利用馆藏以及面向社会各界征集到声像、档案、照片、资料等，拍摄“砥砺奋进，筑梦兰台”庆祝改革开放40年宣传片，用档案语言讲活档案历史，共同展示回顾廊坊发展历程。为纪念建市30年，献礼祖国70华诞，编印《廊坊·记忆》宣传册，打造具有廊坊特色档案文化阵地。开展第十二个“6·9”国际档案日活动。通过张贴宣传海报、摆放宣传展板、发放宣传资料1000余份、现场接受咨询150余人次，宣传档案法律法规、增强民众档案意识。

**【南水北调工程档案验收】** 2019年，廊坊市档案馆按照《重大建设项目档案验收办法》《南水北调工程征地移民档案管理办法》等有关规定，派人现场指导南水北调工程档案，于3月上旬验收南水北调干线工程征迁安置档案，确保工期按时完成。

（王　琳　王学峥）

# 科　学

## 综　述

**【概况】** 2019年，廊坊市落实国家和省委、省政府关于科技创新的新部署、新要求，围绕加快建设“经济强市、美丽廊坊”发展目标，集中力量优环境、强主体、建平台、聚人才、促转化，为提升企业创新能力、培育壮大主导产业、优化提升传统产业提供有力科技支撑，助推经济高质量发展。

2019年，廊坊市在全面落实“1+4+N”系列创新政策体系基础上，相继出台《关于深化科技改革创新推动高质量发展的实施意见》《关于加强科研诚信建设的实施方案》《廊坊市推动科技服务业高质量发展实施方案（2019—2022年）》等7项科技创新政策，完善科技创新创业的政策支撑体系。提升园区发展能级及承载能力，起草印发《关于深化开发区改革开放的实施意见》《全市省级以上开发区综合承载能力升级专项行动工作方案》《高新技术产业开发区综合发展水平考核指标体系》，为加速高新区高质量发展，发挥高新区的示范带动作用提供支撑。是年，廊坊市市本级兑现科技创新政策补助资金1.7亿元。廊坊市科技管理部门先后获全国2018年度生产力促进奖（服务贡献）、2018年度全省科技管理工作目标绩效考评优秀、2019河北省创新方法大赛优秀组织奖等多项国家、省、市级荣誉。

2019年，廊坊市按照《廊坊市社会科学普及办法》《廊坊市社会科学普及基地管理办法（试行）》，加强社科普及基地建设。发挥省、市社科普及基地作用，增强社科普及基地的社会教育功能。

（郭丽虹　耿明明）

**2019年廊坊市获河北省科学技术奖励一览表**

表42

| 序号 | 项目名称 | 完成单位 | 完成人 | 获奖种类和等级 |
|---|---|---|---|---|
| 1 | 航天飞行器捷联惯导柔性测试技术与装备研发及其应用 | 北华航天工业学院 | 陈　刚　胡　辉　李万军　白　旭　杨　朝　王　鑫　李泓锦 | 科技进步奖二等奖 |
| 2 | 机械化建造装配式大型矩形断面地下工程综合技术 | 中铁隧道集团二处有限公司、中铁工程装备集团有限公司 | 高　毅　豆小天　李　洋　曹伟明　王晋波　赵李勇　宝青峰 | 科技进步奖二等奖 |
| 3 | 煤矿冲击地压预测防控技术与装备及应用 | 华北科技学院、北京科技大学、北京安科兴业科技股份有限公司 | 刘金海　朱斯陶　姜福兴　朱权洁　欧阳振华　杨　涛　曲效成 | 科技进步奖二等奖 |
| 4 | 矿井自燃灾害诱发机理及防控技术研究与应用 | 华北科技学院、华北理工大学、首都经济贸易大学 | 程根银　司俊鸿　张九零　齐黎明　陈绍杰　程志恒　谢中朋 | 科技进步奖二等奖 |
| 5 | 高压水射流冲孔增透治理瓦斯关键技术 | 北华航天工业学院、华北理工大学、开滦（集团）有限责任公司、冀中能源峰峰集团有限公司 | 郭立稳　张嘉勇　周凤增　蔡　毅　付京斌　武建国　巩学敏 | 科技进步奖二等奖 |
| 6 | 北斗信息处理与移动互联终端研发及应用 | 北华航天工业学院、廊坊中航星北斗电子科技有限公司 | 王喜斌　王俊红　李宗睿　姚晓琼　李津宇 | 科技进步奖三等奖 |
| 7 | 工程钢筋加工自动化成型技术和设备研发与产业化 | 中国建筑科学研究院有限公司建筑机械化研究分院、廊坊凯博建设机械科技有限公司 | 王振丰　刘子金　赵红学　侯爱山　汶　浩 | 科技进步奖三等奖 |
| 8 | 膨胀阻燃与纳米复合关键技术在矿井火灾防控材料中的应用 | 华北科技学院 | 高　明　陈学习　孙彩云　孙英娟　晁春艳 | 科技进步奖三等奖 |
| 9 | 全液压履带式自行栈桥 | 中铁隧道集团二处有限公司 | 刘兴波　哈建波　吴相斌　刘　伟　任　勇 | 科技进步奖三等奖 |
| 10 | 青藏高原大型陆相盆地天然气成藏新认识及勘探突破 | 中国石油天然气股份有限公司勘探开发研究院廊坊分院、中国石油天然气股份有限公司青海油田分公司勘探事业部、中国石油大学（北京） | 田继先　曾　旭　杨少勇　刘成林　杨桂茹 | 科技进步奖三等奖 |

## 科学技术

**【概况】** 2019年，廊坊市新增高新技术企业212家，总数721家；新增科技型中小企业1241家，总数7911家；新增市级企业研发机构36家、省级33家，全市市级以上企业研发机构总数614家，位居全省前列；新增院士工作站6家，总数40家；新增入院院士7人，总数超过70人。是年，廊坊市360家企业通过国家级科技型中小企业评价，数量居全省第三位。

2019年，全年技术合同登记总额137亿元，技术合同交易额增长率48%，居河北省第一位；全市取得科技成果94项，获河北省科学技术奖励10项。

**【创新创业平台】** 2019年，廊坊市新增市级孵化器7家，建设市级以上孵化器47家，其中国家级5家、省级14家；新增市级众创空间8家，建设市级以上众创空间59家，其中国家级9家、省级17家。新备案“星创天地”10家，全市星创天地总数92家，其中国家级10家，省级63家。年内，廊坊市科技局组织2019年市级企业技术研发中心、重点实验室、产业技术研究院申报，通过现场考察、专家评审，认定市级研发平台36家；组织45家企业申报省级研发平台，其中33家纳入省级平台建设序列。是年，全市市级以上重点实验室、产业技术研究院、企业研发机构总量增长12.7%。

**2019年廊坊市认定市级科技企业孵化器一览表**

表43

| 序号 | 孵化器名称 | 运营公司名称 | 区域 |
|---|---|---|---|
| 1 | 霸州都市食品产业园孵化器 | 华夏幸福（霸州）产业投资有限公司 | 霸州市 |
| 2 | 慧谷·梦工厂 | 廊坊市宏泰科技成果孵化服务有限公司 | 安次区 |
| 3 | 固安创新科技企业孵化器 | 华夏幸福（固安）产业港投资有限公司 | 固安县 |
| 4 | 铭泰慧谷孵化器 | 铭泰慧谷（三河）孵化器有限公司 | 三河市 |
| 5 | 三河市兴业智谷科技园 | 三河市兴业智谷科技园有限公司 | 三河市 |
| 6 | 大厂科创研学孵化器 | 大厂回族自治县鼎鸿投资开发有限公司 | 大厂县 |
| 7 | 驰越智谷孵化器 | 三河驰越科技有限公司 | 三河市 |

**2019年廊坊市认定市级众创空间一览表**

表44

| 序号 | 众创空间名称 | 运营公司名称 | 区域 |
|---|---|---|---|
| 1 | 筑梦匠坊 | 廊坊职业技术学院 | 廊坊开发区 |
| 2 | 微众生态圈 | 微众（廊坊）文化传媒有限公司 | 广阳区 |
| 3 | 文安县青年众创空间 | 文安县青创孵化器有限公司 | 文安县 |
| 4 | 香河美家尽有众创空间 | 香河美家尽有创客空间有限公司 | 香河县 |
| 5 | 永清县筑梦众创空间 | 永清县筑梦空间网络科技有限公司 | 永清县 |
| 6 | 五蕴众创空间 | 河北慈心环保科技有限公司 | 永清县 |
| 7 | 文安县荔枝众创空间 | 文安县腾信孵化器有限公司 | 文安县 |
| 8 | 文安县金丝雀众创空间 | 河北金丝雀创业孵化器有限公司 | 文安县 |

廊坊科技企业孵化器有限公司孵化器大楼

**【协同创新】** 2019年，廊坊市科技局通过与北京市通州区、天津市武清区科技部门共同组织“通武廊”协同创新工作联席会、“通武廊”科技创新成果对接会，与中科院过程所联合主办“院地科技合作暨廊坊科技招商对接会”等系列活动，达成多项合作意向，加速京津科技成果向廊坊市转移转化。组织农业科技园区与中国农大、中国农科院等首都院所精准对接，签订长期科技合作协议，新转化农业科技成果72项，总数达到306项；新建“肉品加工科技协同创新平台”等4个京廊农业科技协同创新平台和成果转化基地，总数达到17个。

**【科技成果转化】** 2019年，廊坊市加大科技成果转化力度，重点支持固安鼎材科技、新奥石墨烯技术、有研光电新材料等市级重大科技成果转化项目7项，支持河北达利高品质豆制品产业化、固安君德

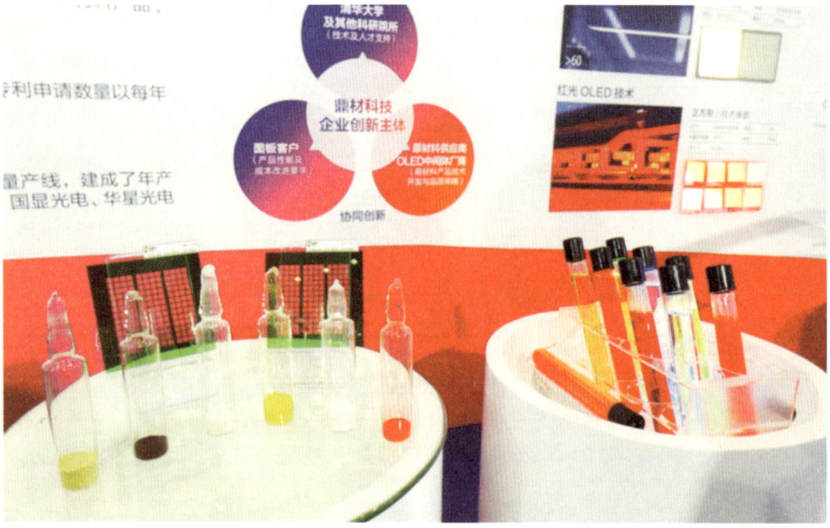


固安鼎材科技有限公司“OLED 发光材料和彩色光刻胶材料技术”展示

同创胍基乙酸制粒技术等京南科技成果转移转化项目 8 项，中国地质科学院物化探所“地球化学大数据在绿色产业发展中的应用示范”、有研光电“空间电源系统用 4 英寸低位错锗单晶产业化开发”等 3 个项目列入省重大科技成果转化专项，获得支持资金 1000 万元。是年，廊坊市与京津合作共建协同创新基地 27 个、产业技术创新联盟 48 个，技术合同认定登记机构 3 家；廊坊市引进和转化京津科技成果项目 360 个，全市技术合同登记总额 137 亿元。

**【县域科技创新】** 2019 年，廊坊市成立县域科技创新对口帮扶小组，指导各县（市、区）科技工作。2019 年全省县域科技创新能力监测评价结果显示，廊坊市县域科技创新能力跃升显著。三河市、安次区、固安县为 A 类；广阳区、大厂回族自治县、永清县、大城县为 B 类；香河县、霸州市、文安县为 C 类。安次区由 B 类跃升至 A 类；大城县由 C 类跃升至 B 类，A、B、C 三类结构由 2018 年的 2 ∶ 4 ∶ 4 升至 2019 年的 3 ∶ 4 ∶ 3。廊坊 B 类及以上县 7 个，占全市比重为 70%，占比全省最高。

**【科技政策宣讲】** 2019 年，廊坊市举办“众创讲坛”“科技强国、科普惠民”科技活动周等活动，举办“2018—2019 年国家发布的最新税收政策”“2019 年国家及河北省项目申报新政解读”“大学生创新创业竞赛指导”“大学生知识产权申报指导”等座谈会、培训会及沙龙活动，涵盖政策解读、财政税收、项目申报、企业管理等众多内容，全年举办众创讲坛活动 40 场次，全市近 1600 家单位 4200 余人次参加培训。编印发放《廊坊市科技创新政策摘编》等宣传资料，在网站、微信公众号等网络新媒体上宣传科技创新政策，把各项科技创新政策宣传到位、落到实处。

**【廊坊市科技创新大会】** 2 月 11 日，廊坊市召开科技创新大会，学习贯彻习近平总书记关于科技创新的重要论述精神，落实中央和省关于科技创新的各项决策部署，对深化科技改革创新、实施创新驱动发展战略、建设以科技创新为核心的创新型城市进行再动员再部署再落实。中共廊坊市委书记冯韶慧出席会议并讲话，中共廊坊市委副书记、市长陈平主持会议。会上，安次区、北华航天工业学院、燕郊高新区、云谷（固安）科技有限公司作了典型发言。会议以电视电话会议形式召开，市直有关单位主要负责人，市域内重点院校、科研院所主要负责人，市科技局全体机关干部在主会场参加会议。各县（市、区）、廊坊开发区设分会场。

**【“通武廊”协同创新工作联席会】** 3 月 28 日，“通武廊”协同创新工作联席会首次在廊坊市召开，会议总结三地协同创新的主要工作进展，研究讨论工作中存在的问题和下一步工作重点。会议议定，强化三地科技协同发展体制机制建设，健全科技项目建设动态分享机制，丰富三地科技政策汇编、科技专家库、科技项目库，加速科技资源共享共用；将更多技术研发平台纳入《通武廊区域创新平台共享共用目录》，加速共享共用目录内研发平台与三地企业的对接，扩大其影响力和使用范围，提升其实用性。

**【科技活动周】** 5 月 19 日，“2019 年廊坊市科技活动周启动式”在北华航天工业学院举行，活动周由廊坊市科学技术局、中共廊坊市委宣传部、廊坊市科学技术协会共同主办，主题是“科技强国，科普惠民”。廊坊市科学技术局、中共廊坊市委宣传部、廊坊市科学技术协会、北华航天工业学院领导出席启动式，并为市级科普基地代表及北华航天工业学院校企合作创新团队代表授牌。科技管理部门、科普基地代表、孵化器、众创空间代表、北华航天工业学院优秀创新团队代表等 300 余人参与活动。启动式上，中国载人航天工程官方网站原主编、航天科普专家张智慧以“担当强国梦，太空竞风流”为主题进行载人航天科普知识讲座。活动周期间，10 个县（市、区）和高校院所等全域参与，开展科普宣传、政策宣讲、创新创业大赛等重点活动 76 项，参与人数超过 2 万人，创历史新高。

**【科技培训】** 6 月 17 日，廊坊市科学技术局在京津冀大数据创新应用中心举办 2019 年度河北省双创服务能力提升（廊坊专场）培训会。

培训会由省科技厅主办，市科技局和省科技企业孵化协会具体承办。旨在提升廊坊市孵化器和众创空间从业人员的业务水平与服务能力，加快形成一支高水平、高素质、专业化、职业化创业孵化人才队伍，推动廊坊市双创平台快速健康发展。各县（市、区）科技管理部门、廊坊开发区和6家省级以上高新区有关负责人员、市域内92家孵化器和众创空间等约200人参加培训。培训期间，省科技企业孵化协会秘书长李靖和邯郸高新技术创业服务中心副主任杜剑锋分别以《科技企业孵化器增值服务探索与实践》和《国家级孵化器、国家备案众创空间的申报及评价》为题为大家授课。

6月18至19日，廊坊市科学技术局分别在天都大酒店和燕郊高新区举办高新技术企业专题培训，各县（市、区）、省级以上高新区科技管理部门主要负责人，300余家企业的技术总监和财务总监，以及高企后备培育服务机构专职服务人员近600人参加培训。河北省科学技术厅高新处相关负责人出席培训会，会上通报全省高新技术企业培育认定工作情况，并对廊坊市高新技术企业培育认定工作给予肯定。河北师范大学、河北科技大学、河北省高企协会的3位技术、财务、网络专家分别就高新技术企业认定政策、申报材料要求、研发费用归集、高新技术认定管理工作网的使用等进行精准讲解。会上发放廊坊市科技局编印的新版《廊坊市科技创新政策摘编》500册。

11月7日，廊坊市举办孵化平台管理人员能力提升培训暨政策“进百家入千企”发布会。活动由廊坊市科学技术局主办，廊坊市科技企业孵化协会、北华航天工业学院承办。市直有关部门、各县（市、区）和省级以上高新区科技管理部门、廊坊开发区经发局、域内科技企业孵化器和众创空间管理者代表130多人参加培训活动。活动期间，相关部门介绍廊坊市支持科技创新、民营经济发展、就业扶持、减税降费、金融支持实体经济发展等方面政策，并现场发放政策汇编（摘编）、服务指南、明白纸等资料共计6类8000余册。河北省孵化协会秘书长李靖、车库咖啡创始人金子森、36氪氪空间副总裁董博等3位专家分别围绕科技企业孵化器（众创空间）服务体系搭建基础、专业孵化器（众创空间）的建设与运营、新型创客空间盈利模式等内容进行专题授课，并就当前孵化器（众创空间）建设运营中的难点问题与参训人员开展互动交流。

**【院地科技合作暨廊坊科技招商对接会】** 11月26日，院地科技合作暨廊坊科技招商对接会在中国科学院过程工程研究所廊坊基地召开。活动由中国科学院过程工程所与廊坊市科学技术局、中科廊坊过程工程研究院联合主办，旨在加强研究所与廊坊市企业的科技合作，推动科技成果转化，助力廊坊市传统产业转型升级及战略新兴产业加速发展。中科院过程所、中国地质科学院地球物理地球化学勘察研究所、北华航天工业学院10余位科研骨干和廊坊市各县（市、区）、廊坊开发区、省级以上高新区科技管理部门及20余家企业参加对接会。对接会上，中科院过程所、中国地质科学院地球物理地球化学勘察研究所、北华航天工业学院重点推介包括“绿煤基甲基丙烯酸甲酯（MMA）清洁工艺”“地球化学大数据在绿色产业发展中的应用示范”“航天飞行器捷联惯导柔性测试技术与装备研发”等10余项具有产业化前景的高技术项目成果，华夏幸福（固安）产业港投资有限公司、廊坊宏泰科技成果孵化器、廊坊科技企业孵化器负责人介绍孵化器运营及项目承接有关情况。廊坊市科学技术局印发一批符合廊坊市产业发展定位的尖端共性技术成果和技术需求目录。通过对接，参会高校院所与廊坊市各级科技管理部门建立联络机制，中科院过程所将组织专家赴各县有技术需求的企业看展实地指导，为企业提供技术支持和帮助。

**【廊坊京南国家科技成果转移转化示范区校企对接会】** 12月19日，廊坊京南国家科技成果转移转化示范区校企对接会成功举办。活动由廊坊市科学技术局主办，北华航天工业学院承办，永清县、固安县、霸州市科技管理部门、京南示范区3个园区管委会负责人、企业相关负责人及北华航天工业学院院（系、部）负责人、创新团队负责人和部分教师代表共计70余人参加对接会。活动期间，有16家企业技术及管理负责人与北华航天工业学院机电学院、电控学院、材料学院、计算机学院、经管学院、双创中心等相关院系开展一对一精准对接，并参观E创空间、协同创新中心、航天博物馆和省级重点实验室。经过实地考察及洽谈，14家企业与北华航天工业学院达成初步合作意向。校企对接会开启校地企合作的新模式，为进一步做好科技成果转移转化提供宝贵经验。

**【廊坊市科技项目获河北省创新创业大赛亚军】** 12月25日，由河北省科学技术厅联合河北省财政厅、河北省教育厅、河北省网信办、河北省工商联共同举办的河北省第七届创新创业大赛总决赛暨颁奖典礼在河北省广播电视台举行，许勤省长出席并作重要讲话。廊坊市科美意环保机械有限公司的参赛项目“超高压水船体除漆除锈机器人系统”获总决赛亚军，奖金90万元。该届大赛中，廊坊市参赛项目187个，获奖项目32个，其中一等奖4项，二等奖9项，三等奖19项，涉及大数据应用、先进制造、新能源、新材料、电子信息、生物医药等多个战略性新兴产业领域。

（郭丽虹）

## 气象测报

**【概况】** 2019年，廊坊市气象局组织召开气象防灾减灾工作会议2次，下发《关于做好大风寒潮天气过程灾害防御工作的紧急通知》等气象灾害防御通知15次；修订印发《2019年度廊坊市生态文明建设气象保障服务发展实施方案》，继续与政府PM2.5专家小组和市环保局开展合作，与市环保局联合向市政府应急办提供重污染天气预警和启动应急响应建议18次，应急短信平台发送预警信息和交警提示信息26条次，受众7.8万余人次；共同制作发布《环境气象周报》46期，《环境评估报告》12期，《重污染天气预警信息报告》15期，《会商纪要》30期；“廊坊气象”官方微博发布天气预报信息2300余条，微信公众账号更新发布天气预报信息423条，气象服务信息月平均阅读量超过1.8万次。

**【气象灾害防御】** 2019年，廊坊市继续落实《廊坊市气象事业发展“十三五”规划》中气象防灾减灾项目，加强信息共享和联合会商，全力防汛备汛，确保人民群众生命财产安全。廊坊市下发《2019年廊坊市气象防灾减灾绩效管理工作方案》文件，继续健全完善廊坊市重要气象灾害防御机制。年内，廊坊市气象局加强气象灾害风险防范能力建设，重点开展气象灾害重大风险隐患排查，开展雷电、低温冻害和气象灾害防御能力等普查，制定廊坊市全境气象防灾减灾地图，实现廊坊气象灾害防御指挥平台本地化应用；继续加强气象灾害防御组织责任体系建设，制定完善重要气象信息报告程序办法，落实气象灾害防御联席会议和气象灾害防御专家咨询制度，加强气象灾害防御中心专业队伍建设，实现全市基层气象信息员队伍同应急管理部门队伍的融入式建设对接；推进廊坊气象灾害防御标准化建设，市气象局联合市应急管理局开展全国综合减灾示范社区和气象防灾减灾示范村的创建工作。

**【气象服务】** 2019年，廊坊市气象局修订印发《廊坊市气象局2019年决策气象服务周年方案》。做好春运、春节、全国“两会”、春耕春播、“5•18”经洽会、“中超联赛”、中高考、秋收秋种、“9•26”农交会等重大节假日和社会活动的气象服务保障工作。年内，廊坊市气象局继续推进河北省设施农业气象服务中心建设，《廊坊市设施农业周年服务方案》《河北省设施农业气象服务中心三周年建设方案》编制完毕，组建由市气象、农业、林业、高校和科研院所等部门人员组成的河北省设施农业气象专家团队，开展直通式气象服务与实验基地建设，实现全市特色作物的全生育期监测服务，及时知足发布农业气象灾害预警以及评估专题；整理全市冬小麦、春玉米、夏玉米等大田作物及温室大棚黄瓜、西红柿等设施作物气象服务技术指标，并编印《廊坊市农业气象服务指标手册》。是年，廊坊市气象局针对夏季臭氧对廊坊市环境影响得气象条件开展相关预报技术研究，所撰写的题为《2013—2018年夏季臭氧影响气象条件分析》专题决策气象服务材料，得到市政府领导书面批示表扬。

**【天气预报业务技术】** 2019年，廊坊市气象局继续完善集约化预报业务流程，提高预报预测准确率和预报精细化水平。重新调查、测量廊坊市辖区内全部9个（常规）国家气象观测站的气象探测环境情况，完成全部台站气象探测环境情况评估报告。组织开展廊坊市级、县级气象部门突发事件预警信息发布业务安全运行自查工作。制定出台《廊坊市基层灾害性天气预警服务规范实施细则》《廊坊市气象信息员管理办法》《关于建立强降水天气“叫应”服务机制的通知》等预报业务技术工作规范性文件。抽调年轻骨干科研人员组建“廊坊市气象局强对流预报预警”“廊坊市设施农业气象服务”2个业务科研创新团队，推进科研课题申报，开展学术论文撰写发表等气象科研工作。年内，廊坊市气象局成功申报河北省科技厅自筹科研课题1项、中国气象局“河南重点实验室”科研课题项目1项，中国气象局干旱气象研究所基金科研项目1项。发表科研技术论文22篇，其中在国内外核心期刊刊发科研论文7篇。是年，廊坊市气象台综合预报技巧全省排名第一位、天气预报准确率全省排名第二位。

**【首个地市级财务核销网上审批APP上线运行】** 8月，全国气象部门首个地市级财务核销网上审批App（以下简称“App”）在廊坊市气象局正式上线运行。“App”由单项经费报销、差旅费报销、劳务费报销、公车运行维护费报销、会议费报销、培训费报销、专项借款处理等七个功能模块构成，其推广应用有助于减轻基层财务人员工作量，减少业务办理等候和处理时间，提高工作效率。

**【廊坊城市美景首次亮相联播天气预报】** 9月28日19:35，廊坊市艺术公园航拍美景在CCTV-1新闻联播后天气预报节目中亮相。年内，廊坊市加强城市形象的宣传展示力度，经过多次洽谈磋商，廊坊市政府同华风气象传媒集团有限责任公司达成播出意向，自9月28日起在CCTV-1新闻联播后天气预报节目的省会预报板块中持续播放廊坊市城市景观图片，展示廊坊市生态文明建设成就和良好形象，持续提升对外知名度和影响力。

（马启河）

## 防震减灾

**【概况】** 2019年，廊坊市落实防震减灾重大决策部署，加强地震监测预报工作，监测台站运行率达到

90% 以上。开展《中国地震动参数区划图》执行情况检查，检查、抽查工程建设项目 88 个。开展重点行业、部位地震安全风险隐患排查，推进《廊坊市中心城区抗震防灾专项规划》编制。廊坊市应急管理局编印《地震应急预案（暂行）》，推进地震应急演练，加强应急避难场所建设。年内，妥善处置 2 月 3 日永清 2.8 级地震。

**【地震监测预报】** 2019 年，廊坊市应急管理局执行日常周月会商和异常落实报告制度，组织会商 66 次，紧急会商 2 次，针对永清 2.8 级地震后及时提出震后趋势判定意见。加强地震监测台站管理，维修香河五百户、霸州、大厂等台站的仪器故障，修缮万庄强震台，规范化改造地震宏观观测骨干点 32 个。完成国家地震烈度速报和预警工程（河北子项目）大厂、大城基本台的选址、实地勘测、背景噪声测试等工作。协助中国地震局地球物理所实施国家重点课题《城市群地区宽频带地震台阵观测技术及超密集台阵观测系统研发》，完成 21 个流动台站勘选、建台、调试运行等工作。

**【地震灾害防御】** 2019 年，廊坊市加强抗震设防要求监管，对全市 3 家审图机构、7 家设计机构和 4 家勘察机构，88 个工程建设项目进行《中国地震动参数区划图》执行情况检查。做好震害防御公共服务，为《临空经济区综合防灾专项规划》等 8 个规划提供地震地质资料数据和审查意见，完成 12 个项目选址方案和 24 个工程建设项目抗震设防咨询服务。《廊坊市中心城区抗震防灾专项规划（2018—2035 年）》《三河市防震减灾规划》通过专家验收。启动“北三县（市）”与北京市通州区协同发展、北京大兴国际机场临空经济区（廊坊片区）综合防灾专项规划编制和实施意见起草工作。开展中心城区震害预测和地震灾害隐患排查，在老城区及城乡接合处未改造的老旧棚户区中划分出抗震安全隐患区域 120 片，总建筑面积约 1585 万平方米，为老旧小区和危房改造提供科学依据。加强对避难场所的监督检查，对照文明城市创建标准，对测评实地点位薄弱环节实施整改提升。

**【地震应急救援】** 2019 年，廊坊市印发《地震应急预案（暂行）》，调整地震应急救援各工作组成员和职责。汇总整理地震断裂带、地质灾害及救援队伍、危化企业等相关情况，编制市应急管理局地震地质灾害应急救援清单。开展应急演练，5 月 7 日至 8 日，市消防救援支队分类型先后拉动 1 支重型搜救队、2 支轻型搜救队、1 支战勤保障分队和 1 支通信保障分队，共计 136 人，开展全市地震救援力量拉动测试演练。妥善处置 2 月 3 日永清 2.8 级地震，第一时间向市委、市政府报送震情简报和趋势意见，开展灾情排查，确认人员伤亡和财产损失情况。

**【地震科普宣传】** 2019 年，廊坊市应急管理局与廊坊日报社等单位合作开展以“防灾减灾”为主题的文化作品征集活动，征集稿件 230 件，开辟 4 版专栏选登优秀作品；结合中小学校素质教育、安全课堂，在廊坊市第三小学等学校开展地震流动科普馆巡展，5000 多名学生参观体验；廊坊市防震减灾志愿者艺术团分别在富智康公司等地开展巡演，编演对口快板《防灾减灾很重要》、单口相声《地震风云》等防灾减灾题材节目 10 多个；与远野农村数字电影院线有限公司合作，在农村、社区放映《我要去远方》《惊天动地》等防灾减灾题材电影 200 多场；与廊坊电视台合作，在公共频道播放平安中国防灾宣传系列公益活动主题歌曲、音乐电视片、公益广告片、科普宣传短片等 420 余次。

（杜继晗）

## 社会科学

**【概况】** 2019 年，廊坊市组织理论社科专家围绕廊坊经济社会发展的重点问题、干部群众关心的热点问题开展课题研究。全市申报市级课题 200 余项，确立研究课题 93 项。其中，张纬东主持完成的《关于推进我市康养产业发展对策研究》、高树民主持的《关于推进我市康养产业发展对策研究》等 4 项研究成果受到中共廊坊市委书记冯韶慧的肯定性批示。廊坊市社会科学界联合会（简称市社科联）在全部研究成果中选取 20 余项优秀研究成果汇编成册，印制《2019 年度社会科学新型智库建设优秀成果集萃》和《2019 年度廊坊市哲学社会科学研究课题优秀成果选编》，供有关部

9 月，市社科联组织“新中国成立 70 周年的光辉历程和经验启示”专题讲座

门和社会各界参考借鉴。截至年底，市社科联管理团体会员5个：市金融学会、市广播电视学会、市监察学会、市钱币学会、市硬笔书法协会，上述学会协会团体全部通过年检。全市团体会员较2018年减少4个：市珠心算协会、市会计学会、市财政学会、演讲与口才协会。

**【社科普及月活动】** 9月13日，廊坊市2019年社科普及月活动启动。社科普及月期间，市社科联组织开展多项活动：主办“壮丽70载 歌咏新时代”诗歌朗诵会，各学会协会、社科普及基地代表，市社科联机关干部和市图书馆党员干部，社科工作者和市民代表等参会；主办“新中国成立70周年的光辉历程和经验启示”专题讲座，邀请首都师范大学马克思主义学院教授、博士生导师、马克思主义中国化教研室主任祝志男授课，讲座系统梳理党和国家发展的成功经验与历史启示；主办社会主义核心价值观和宪法知识宣传普及进社区进乡村活动，分别在廊坊市管家务乡和馨境界社区举行；在文苑社区开展“温馨和谐九月风，健康生活在心中”民生面对面宣传普及活动，宣传人员为社区居民发放宣传材料，普及社会主义核心价值观、宪法以及消费维权的知识，并以话剧小品的形式开展宣传；主办阳明心学的文化价值讲座，邀请知名培训师朱越民为120余名在校大学生讲述文化自信背景下解读阳明心学、中华文明儒家文化对世界的贡献、心学缘起与阳明心学核心要义、王阳明生平事迹与绍兴行迹、阳明心学的当代价值、物质文明极大丰富下的精神归思、事上磨炼，吾心光明的道德修炼等内容。

**【社科普及宣传】** 2019年，市社科联开展“杂志科普”宣传活动，编印出刊《廊坊社会科学》4期，发表文章200余篇，刊发图片200余张。开展“基地科普”，按照《廊坊市社会科学普及办法》《廊坊市社会科学普及基地管理办法（试行）》，加强社科普及基地建设。发挥省、市社科普及基地作用，增强社科普及基地的社会教育功能。组织指导市社科普及基地开展社科普及活动，向公众宣传普及社科知识，提升社科普及活动的影响力和覆盖面，举办省级社科普及基地——市图书馆举办文化沙龙、“书香廊坊”读书会活动。年内，市社科联围绕社科普及基地工作开展情况，赴社科普及基地调研，为社科普及基地赠送社科普及资料、书籍《初心和使命（图解版）》《习近平关于“不忘初心、牢记使命”论述摘编》《中国发展面对面》《廊坊市社会科学工作集锦（2018年度）》《守初心 勇担当——争做京津冀协同发展排头兵》等近千册。

**【社科理论培训】** 3月，市社科联以学习全国“两会”精神为主要内容，组织召开全市社科理论研究工作会，培训全市社科理论工作者100余名。8月，组织社科理论专家40余人赴京参观“伟大历程、辉煌成就——庆祝中华人民共和国成立70周年大型成就展”。

（耿明明）

# 卫生　体育

## 综　述

**【概况】**　2019年，廊坊市提出卫生健康“1+5+6+N”工作思路，即围绕一条主线，构建“汇集全业务、服务全人群、关注全生命周期”的“互联网+”精准照护；强化医改政策、人才队伍、业务体系、信息技术、市场运营五大支撑，确保“健康廊坊·健康家庭”建设公平可及、系统连续；做实基本医疗、基本公卫、健康宣教、中医中药、应急救援、医养结合六项保障，依托乡镇（社区）基层卫生健康机构，通过家庭医生签约服务，打造“六位一体”健康家庭。实施N个健康服务项目包［健康扶贫“提质增效”行动项目包、“五大中心”暨医联体（医共体）建设项目包、中医药健康服务暨医养结合项目包、妇幼健康服务暨“通武兴廊”电子健康卡应用项目包、生育关怀行动项目包、免疫规划暨精神卫生服务能力提升项目包、“家庭急救员”培训暨“公共场所心脏除颤急救点”建设项目包、全民保健与健康管理项目包、综合监督“八项集中检查”项目包、全民健康信息化“一云四端”应用项目包、“健康家庭”宣传教育与促进项目包］，确保更加精准、更加注重实效，让百姓真正享受到指向“家庭”的健康福利。

**【医药卫生体制改革】**　落实国家和省关于医改工作的决策部署，建立财政投入保障机制和评价管理机制。按5%比例完成“以奖代补”补偿。取消药品加成后，香河县、固安县根据改革实际，将财政补偿比例从6∶3∶1分别调整为3∶6∶1和4∶5∶1，加大财政保障力度，促进县级公立医院平稳良性运行。全市卫生健康事业投入48.4亿元，占一般预算支出的8%。全市财政对公立医院改革投入预算72497万元，市本级公立医院财政投入预算19172万元；落实奖补资金1500万元，根据廊坊市公立医院综合改革绩效考核的结果，分配到各公立医院；城乡居民基本医保人均财政补助标准为520元，比上年增加30元，市本级配套城乡居民医疗保险资金9320万元，全市拨付补助资金205798万元。将“健康廊坊·健康家庭”建设、县级公立医院综合改革示范县创建、分级诊疗制度建设、基层卫生服务能力提升、推进医生签约服务等重点医改工作列入《政府工作报告》，实行年初建账、按月报账、年终要账。7月，市委督查室、市政府督查室牵头组织，分组督查各县（市、区）分级诊疗和乡村一体化管理试点工作落实情况。9月，市医改办对香河、大厂、固安、霸州、三河等县（市）开展专项调研督导，现场调度现代医院管理制度试点、示范县创建活动、公立医院综合改革工作进程。

**【全民健康促进】**　2019年，廊坊市举办健康大讲堂28期，电视台全程录制并在《廊坊公共频道》实行“日播放”，定期更新。开办《养生新概念》栏目，每周日晚八点至九点现场直播各医疗单位主任医师专家访谈，与网民互动解答疾病防治知识，全年举办直播节目47期。开展健康教育进社区，在社区、公共场所、农村村委会等地设健康教育宣教专栏，全年更新社区宣教教育展牌120余块内容4次。开展身心保健技能实训项目，针对不同人群举办不同项目培训，全年举办实训班30余期。向建档立卡贫困户普及健康知识，提供健康生活指导，防止贫困户进一步因病致贫、因病返贫；制发《全民健康保健基础知识手册》，为全市2295个建档立卡贫困户制作“健康扶贫·健康生活包”，内含健康宣传资料及健康相关用品共计24种。截至年底，全市发放健康教育材料及宣传品91.76万份，更新健康教育专栏6490块，开展公众健康咨询2.25万人次，举办健康知识讲座4188次，参与人数14.79万人次。组织实施脑卒中高危人群筛查与干预试点项目，完成40岁以上2000人的脑卒中高危人群筛查，共检查出高同型半胱氨酸者799人，占筛查人数的49.26%。开展关爱新生命——儿童营养改善公益项目，为建档立卡贫困户0~36个月岁婴幼儿按需资助配方奶粉；对符合条件的贫困家庭0~36个月岁婴幼儿按每月2桶资助婴幼儿配方奶粉；对低收入家庭的0~36个月岁儿童，按照不高于市场价格50%的公益价格提供配方奶粉，降低养育成本，减轻家庭负担。截至年底，全市9个县（市、区）分别建立县、乡、村三级微信工作群，并通过该平台开展科学喂养、育儿及健康科普知识的宣传，累计为辖区婴幼儿贫困及低收入家庭发放公益奶粉9474罐。其中，全额资助家庭419户，发放奶粉5374罐，为贫困家庭节省资金1601452元；差额资助家庭1719户家庭，发放奶粉4100罐，为贫困家庭节省资金815900元，切实解决贫困及低收入家庭实际困难。同时利用微信工作群传播科学喂养知识，共推送育儿知识总计15500多条，为贫困户赠送免费奶粮，助推扶贫攻坚行动，丰富贫困家庭家长们的育儿知识。

**【实施体育健身惠民工程】** 年内，总投资1780万元实施体育惠民工程。投资200万元为100个村（街）配备高标准健身器材；投资260万元为120个小区更换新的健身设施；投资210万元新建笼式足球场6个；投资270万元新建全民健身示范基地9个；投资770万元打造市区3个“精品体育健身公园”；投资70万元组织培训滑雪、广播体操社会体育指导员350人。通过广泛实施体育惠民工程，为增强市民身体素质提供保障和服务。

（郭有泉）

## 医疗卫生

**【概况】** 2019年，廊坊市有序实施分级诊疗项目包，全市基本形成在城市主要组建医联体、在县域主要组建医共体、跨区域组建专科联盟的网格化医联体建设框架。截至10月底，全市共组建城市医联体8个，县域医共体18个，专科联盟5个。城市紧密型医联体建设中，15家社区卫生服务机构与二级以上医院建立人、财、物共管的紧密型医联体。完善预约诊疗制度。全市有18家机构在“健康廊坊”APP上线，并可在该APP预约挂号。三级医院优先向医联体内基层医疗卫生机构预留预约诊疗号源。对于预约患者和预约转诊患者实行优先就诊、优先检查、优先住院，引导基层首诊、双向转诊。开展健康扶贫，助力脱贫攻坚，实施农村贫困人口大病专项救治工作。大病救治新增耐多药结核病、脑卒中、慢性阻塞性肺气肿、艾滋病机会感染等4个病种，大病救治病种累计达到25个，增加廊坊市第三人民医院为市级大病救治定点医院。开展专项整治行动，规范医疗服务行为。行政处罚医疗机构74家，罚款69.6895万元，暂停医师执业1人，暂停护士执业2人；自查自纠发现存在虚假住院、串换药品、耗材、诊疗项目行为医疗机构2家，涉及金额51.06万元；通过通报警告、扣除绩效等方式共惩戒241人次。在市卫生健康委官网公布投诉举报途径，畅通投诉举报渠道，接受社会公众监督。

**【卫生应急】** 2019年，廊坊市针对专业人群开展“家庭急救员师资”培训2次，培训基层医务工作者121名，其中通过考试97人，考试合格率80.2%。针对公众开展急救志愿者正规化培训，310人成为家庭急救员（急救志愿者）。推进卫生急救体系建设，提高院前急救能力。截至2019年，市城区批准建设网络医院12家，急救站20家，其中建成急救站18家，其余2家进入筹建阶段。廊坊市在线运行20辆救护车，廊坊市城区院前医疗急救网络队伍达到200余人。截至2019年年底，廊坊市累计接警电话总数465699次，呼救电话总数110499次，平均日接警197次，平均每日派车47次，平均摘机时间2秒，平均受理时间1分37秒，平均派车时间1分34秒，处理突发事件1010起，完成政府保障任务176起。

**【卫生防疫】** 2019年，廊坊市为50万家庭提供覆盖全人群全生命周期的预防接种服务。免疫规划疫苗保持95%以上高接种率水平，全市接种第一二类疫苗32种1666573人次，创建星级示范预防接种门诊15个。预防接种信息化系统与廊坊全民健康区域信息云平台正式接轨，与居民电子健康卡、妇幼、医疗等系统实现数据交换与共享，把预防接种数据纳入个人健康档案管理。开展预防接种信息系统使用居民电子健康卡启动仪式，全面推广电子健康卡。全市信息化管理预防接种儿童135.14万人。

慢性病防控与管理。继续将死因监测、心脑血管事件报告定为“一把手”工程，全年上报死亡病例24843例，粗死亡率5.27‰。心脑血管事件报告18186例，发病率为386.51/10万。规范实施心血管病高危人群筛查与干预管理及糖尿病并发症调查项目，完成2019年度2000名的心血管病高危人群筛查和2400名高危人群的长期随访工作，完成500余人的糖尿病并发症调查项目工作。做好大气污染对人群健康影响研究公关项目，摸排近1.5万死亡病例，并对发现漏报病例开展调查核实，共录入死亡病例6658例。

职业卫生。开展职业病危害项目申报复核。截至年底，全市有毒有害作业人员工人健康监护合计84284人次，其中岗前13004人次，在岗66464人次，离岗4816人次。做好职业健康专家库建设工作，共向省卫生健康委推荐职业病防治工程技术专家24人、职业病体检诊断专家11人、职业病鉴定专家16人。

艾滋病防控。截至10月31日，全市新发现报告艾滋病病例144例，全市累计报告1537例，死亡358例，现存活1179例，新发病例以性传播为主要传播途径。全市艾滋病筛查检测50.5万人，暗娼人群干预覆盖率90.8%；男同性恋人群干预覆盖率44.8%；性病就诊者干预覆盖率100%；外来务工人员干预覆盖率94.6%。年内，完成全市43个艾滋病实验室质量考评工作，合格率100%。

结核病防控。1—10月，全市筛查肺结核可疑症状者3797人，登记治疗管理活动性肺结核患者809例，发现耐多药患者14例。以“3•24”世界结核病日为契机，组织志愿者深入社区、企业、校园开展结核病核心知识传播活动。加强学校结核病防控。5月5—6日，开展全市学校结核病疫情处置应急演练，保证快速、规范、高效的指导学校结核病防控工作；6月21日，举办市级结核病诊疗技能大赛；7月10日，参加省级结核病诊疗技能竞赛，获影像组个人一等奖。

地方病防治。调整廊坊市地方病防治工作领导小组，健全工作机制。全市100%县区实验室具备独立开展地方病各项检测工作能力。做好碘缺乏病和水源性高碘综合防控，全市持续保持碘缺乏病消除状态，确保居民碘营养状态总体保持适宜水平。新增7个饮水性氟中毒监测县，进一步有效控制饮水性氟中毒危害。

**【卫生监督】** 2019年，廊坊开展监督执法专项行动，启动实施医疗卫生监督、传染病卫生监督、公共卫生监督和妇幼计生服务监督4个项目包，涵盖打击非法行医整顿医疗市场、打击无证行医集中取缔、学校周边非法行医、民营医疗机构依法执业、消毒产品销售、公共场所卫生、现场制售饮用水卫生、学校传染病防控、开展口腔类放射诊疗机构等15个专项行动。全年受理投诉举报案件152起，查处率100％，反馈率100％；监督检查各类从业单位13230户次，监督覆盖率76.08％；市本级监督检查从业单位1072户次，监督覆盖率70.52%。全市立案查处996起，结案947起，较上年同比增长56%，罚款金额261.42万元，较上年同比增长17.5%。市本级办结案件137件，其中一般程序立案95件，结案110件（含2017年结转15件），简易程序27件。罚没款共计65.16万元，其中罚款48万元，没收违法所得15.86万元，加处罚款1.3万元，万元以上大案要案15起。

开展“八项监督集中行动”项目包。年内，廊坊市针对公共卫生、医疗卫生、传染病防治和职业卫生等重点区域、重点部位、关键环节，组织开展口腔诊疗机构集中行动、放射诊疗机构防护安全集中行动、婚前医学检查机构集中行动、生活饮用水集中行动、中小学校重点传染病综合防控集中行动、医疗机构抗菌药物临床应用集中行动、打击救护车非法营运集中行动、生活美容场所集中行动共计“八项集中行动”。全年监督检查各类从业单位19834户次，其中医疗卫生专业6150户，传染病专业7972户，学校卫生专业920户，生活饮用水专业399户，职业与放射卫生专业316户，妇幼计生专业115户；全市办结案件603件，罚没款金额252.3万元，全市万元以上大案要案25件；受理投诉举报案件239起，查处率100％，反馈率100％。

2019年，廊坊市完成1607个单位的抽检任务（其中关闭118个、无法监督56个），完成率90.23%，完结率100%；处罚案件93件，案件查处率5.78%；处罚金额17.14万元，没收违法所得8.6万元，罚没金额总数27.77万元。

扫黑除恶专项斗争。2019年，廊坊市印发《卫生健康系统“八开展、八跟进”专项行动方案》《问题整改“回头看”工作方案》《推进扫黑除恶专项斗争深入开展的通知》《层层压实扫黑除恶专项斗争政治责任专题谈话实施方案》等各类文件，明确工作重点，规定责任倒查，问责制度。围绕职业医闹、信访投诉、非正常伤亡诊疗急救、涉毒涉黄人员诊疗、承租承包、招标采购、“黑救护”、行政执法等8个重点领域开展排查整治，全年开展涉黑涉恶线索排查1108次，未发现涉嫌涉黑涉恶线索。

**【医政管理】** 2019年，廊坊市实施医疗机构集中校验，对158家医疗机构实施现场校验，通过校验的医疗机构115家，限期整改一个月医疗机构22家，暂缓校验医疗机构3家。另有18家医疗机构处于长期停业、迁建或未开诊状态，根据相关规定作出相应处理。加强医院感染控制管理。组织开展2019年廊坊地区第五届医院感染质量管理与控制培训暨医院感染管理岗位培训，共培训300余人。组织开展廊坊市医院感染管理质控工作，推进年活动和医疗机构感染防控排查整顿工作，自查整改医疗机构338家。将院感工作核查情况与集中校验相结合，现场检查全市二级以上医疗机构158家。

药品耗材集中采购。截至2019年10月，全市二级综合医疗机构基本药物采购金额占总采购金额的40%，二级中医、专科、妇幼机构占比33%，三级综合医疗机构采购占比为32%，三级中医医院占比为27%。10家城市社区卫生服务机构和二级以上医院组成的紧密型医联体内实现用药目录衔接，统一采购、配送、回款。廊坊市共有短缺药品网络直报监测点130个，通过电话或平台向市卫生健康委上报短缺药品共20条。年内，结合药品集中采购现有渠道，经市级采取与企业沟通协商或寻找替代药品后，上报至省级短缺药品共计14条9个品规。

血液供应保障。全年采集全血45694人次，17.03吨，同比增长4.63%。采集血小板12188人次，21613治疗量，同比增长18.38%。临床用血177856.3单位，同比增长8.2%。血液安全质量明显提升，整体报废率连续3年下降，达到1.34%；献血者满意度连续3年提升，达到98.4%，医疗机构用血满意度98.1%，完成全年质量目标。廊坊市先后获“全国最美献血点”“全国优秀献血班组”“河北省先进志愿服务组织”“廊坊市最佳志愿服务组织”“市直五星级窗口单位”等多项省市级称号。

**【中医中药】** 2019年，廊坊市完善中医药体系，创建中医药强县。至年底，香河县、固安县顺利通过河北省中医药管理局中医药强县验收。提升医院综合水平，筹备二甲评审工作。年内，抽调专家成立专门队伍现场督导各县（市）9家中医医院二甲评审准备情况，香河县中医院、大城县中医院、固安县中医院、霸州市中医院被国家卫生健康委、国家中医药管理局列为“全面提升县级医院综合能力单位”，力争到2020年达到“三级中医医院”服务能力要求。推进国医堂建设和中医药健康服务管理项目。全市完成国医堂建设单位89家，依托中医药健康乡村建设项目和开展中医药适宜技术培训，壮大国医堂单位中医药人才队伍，全力推进基层中医药服务能力提升。

“8•10”工程拓展和升级。京城名医馆廊坊分号成功签约。开展共建北京市鼓楼中医医院廊坊医院、设立首家“京城名医馆”分号、打造跨区域中医专科联盟等多领域合作，助力“健康廊坊、健康家庭”建设，为市民提供高端的中医药服务。完成110名学员进京学习中医药适宜技术培训任务，选拔精英人才20名。根据廊坊实际情况，保留其中部分适宜技法，实施京廊中医药适宜技术精英人才培养项目，为全市家医团队开展服务注入中医药特色元素并提供中医药技术支撑。

中医药健康乡村团队基层服务。2019年，全市13支中医药健康乡村团队多次与北京合作团队开展交流活动，参加春、夏、秋、冬四季的集中培训，各专家团队负责人带领团队先后200余次深入社区、乡村进行服务，共派出正高专家42人次，副高专家160人次，主治医师631人次，医师412人次，护士348人次，邀请北京专家来廊指导8人次，赴京参与活动12人次；开办中医养生讲座136场次，受教居民5906人次，为居民义诊服务13240人次；接受基地转诊547人次，转回基地诊疗163人次，重点疾病筛查2842人次，居民健康摸底12326人次，接收基地人才进修19人次；惠民费用68.4万元，项目资金支出55万元，信息发稿87篇。

**【妇女儿童卫生保健】** 2019年，廊坊市推进构建廊坊市儿科医联体。3月1日，市妇幼平台医院新生儿病区试运行，首儿所常驻专家6名，设有新生儿病床20张。4月1日，市妇幼平台医院与万福医院建立产儿合作机制。构建区域转运中心，市妇幼平台医院新购置2台救护车，其中1辆救护车具备新生儿转运能力。河北中石油中心医院、京东中美医院规划成为廊坊市区域新生儿和儿童危重症救治转运中心。6月22日，组织新生儿窒息复苏培训班；7月6日，组织开展首儿所专家来廊义诊，并对医联体成员单位进行现场指导、组织培训等工作。推进妇产科跨区域医联体建设。在原有危重症孕产妇新生儿救治网络基础上，推动建立以通州妇幼、天津中心妇产科医院（妇产）为塔尖，以市妇产医院为平台，以各级医疗机构产科共同参与的妇产专科联盟服务体系。通州妇幼、天津中心妇产科医院专家常年坐诊、会诊、业务查房、和协作医院实行同质化管理，并对下派专家对助产机构人员培训。6月27—28日，市卫生健康委组织举办母婴保健助产技术人员培训班，邀请到北京通州区妇幼保健院专家，培训市直助产技术和计划生育技术服务人员370人；11月17日，组织举办母婴安全能力提升行动培训班，培训产科主任和技术骨干200余人。妇儿医联体建设让百姓在家门口就能享受到京津优质医疗资源，确保母婴安全。是年，廊坊市孕产妇死亡率控制在2.18/10万左右；婴儿死亡率和5岁以下儿童死亡率分别为1.96‰和2.70‰。

出生缺陷综合防治项目。开展叶酸发放项目，全年新增叶酸服用51222人，完成全年进度的102.65%。推进婚前检查工作，全年婚检8622对。推进孕前优生健康检查项目，全年服务11814对，目标人群覆盖率96.84%。在免费唐氏筛查基础上，将免费无创基因筛查和耳聋基因筛查列入惠民工程，全年唐氏筛查37346人；孕妇产前无创基因免费筛查8667人，筛查率84.7%；孕妇无创耳聋基因筛查2484人，检出夫妇一致携带者2例，为残疾家庭和社会减轻负担。推进持续遗传代谢病筛查，截至11月，筛查新生儿59386名，筛查率98.3%；确诊阳性患儿78人。启动新生儿先天性心脏病筛查，筛查新生儿16546名，做到早发现、早诊断、早治疗。儿童（2月龄以上儿童）先心病筛查项目纳入廊坊市区内财政投入范围，实行免费筛查，全年筛查33406人，其中异常1925人。年内，省儿童医院定期派专家对先心病筛查阳性儿童进行复筛，复筛后确诊病例给予手术治疗，并规定在省儿童医院实施手术治疗的儿童，由基金会对符合条件的家庭给予一定资助，形成筛查、手术、救助一条龙服务，减轻患儿家庭经济负担。新生儿听力筛查由助产机构实施初筛，县区级妇幼保健机构复筛，廊坊市妇幼保健中心对需要听力障碍诊断的进行确诊。全市听力筛查人数52899人，筛查率95.6%。其中异常5642人，确诊双耳听障20人，单耳10人，共计30人。

加强儿童医疗服务体系建设，推进儿童白血病救治管理。截至2019年，廊坊市儿童血液病定点医院和恶性肿瘤诊疗协作组医院收治儿童血液病和恶性肿瘤患儿共52人，其中再生障碍性贫血33人，噬血细胞综合征1人，淋巴瘤18人，其中廊坊患儿23人，外省市患儿29人。经过救治，除16名再生障碍性贫血患儿和1名淋巴瘤患儿在定点医院接受治疗外，其余35名儿童血液病和恶性肿瘤患儿均好转出院。

**【卫生计生教育培训】** 截至2019年年底，全市培养（含在培）的各级各类全科医生1212人，实现廊坊市2020年“城乡每万名居民拥有2~3名合格的全科医生”的目标。增加助理全科医生培训基地的招生名额，新建设1000平方米的技能训练中心投入使用。开展全科医生转岗培训。申请市财政资金100万元，依托省级全科医学岗位培训中心为全科医学理论培训基地、市级住院医师规范化培训基地和助理全科医生培训基地为临床培训基地、花园楼社区卫生服务中心为基层实践基地，完成127名医疗卫生机构临床执业（助理）医师的全面培训，城乡基层医生的基本医疗和公共卫生服务能力得到双提升。2019年度，批准省级继续医学教育项目52项，市级继续医学教育项目103项，培训24221人次。整合卫生健康系统培训。申请市财政资金50万元，整合卫生健康系统培训项目48项，培训各类管理人员及专业技术人员7000人左右。创新开展适宜技术推广。争取市财政资金15万元，遴选制作廊坊市卫生适宜技术项目11项（6项西医项目，5项中医项目），作为省卫生适宜技术项目的补充。完成省、市卫生计生适宜技术进基层工作，培训县、乡、村、社区医疗技术人员2013人次。

**2019年廊坊市各县（区）村卫生室统计表**

表45

| 项目 | 总计 | 村办 | 乡镇卫生院设点 | 私人办 |
|---|---|---|---|---|
| 机构数（个） | 4110 | 2281 | 67 | 1417 |
| 执业（助理）医师（人） | 1513 | 812 | 0 | 575 |
| 注册护士（人） | 106 | 53 | 0 | 52 |
| 乡村医生和卫生员（人） | 3552 | 2124 | 41 | 1187 |
| 乡村医生（人） | 3537 | 2117 | 40 | 1183 |
| 卫生员（人） | 15 | 7 | 1 | 4 |
| 总收入（万元） | 22375.2 | 12878.7 | 272.5 | 7680.8 |
| #上级补助收入 | 5652.9 | 3643.2 | 41.9 | 1692.4 |
| 医疗及药品收入 | 13004.9 | 7326.8 | 126.1 | 4688.6 |
| 总支出（万元） | 14283.1 | 8433.4 | 121.8 | 4569.5 |
| #人员支出 | 5287.6 | 3217.8 | 64.6 | 1527.2 |
| 药品支出 | 7603.8 | 4459.0 | 48.8 | 2449.7 |
| 诊疗人次数 | 10202285 | 5713742 | 117803 | 3483036 |
| #出诊人次数 | 905731 | 593559 | 7000 | 240029 |

**【医疗卫生对口支援】** 2019年，廊坊市深化城乡医院对口支援工作，调整三级医院对口帮扶10家县级医院的对口支援关系和派驻人员，签署对口帮扶协议。结合分级诊疗制度建设情况和县级医院实际情况实施分类帮扶的原则，统筹安排城乡医院对口支援工作，重新调整全市26家二级医院支援90家乡镇卫生院的支援关系。组织做好第二轮春雨工程人员选派工作，选派20名医务人员对口帮扶张家口20家乡镇卫生院，派驻人员严格按照省时间节点到岗。全力配合做好对口帮扶雄安新区乡镇卫生院工作，协调廊坊市8家县级医院对口帮扶雄安新区10家乡镇卫生院，支持受援机构填补空白、规范运行和提升能力。根据全面提升县级医院综合服务能力第二阶段要求，指导三河市医院、文安县医院、固安县人民医院及相关支援医院做好相关工作，加快提升县域综合服务能力。市卫生健康委要求对列入全国第二阶段全面提升县级医院能力水平县级医院全部按照1类支援方式由三级医院派驻高年资人员定点帮扶的做法，被全省通报表扬。

**【医院信息化建设】** 2019年，廊坊市开展区域健康信息云平台和面向“一云四端”（一云是医疗卫生云平台；四端是管理端、业务端、个人端、家庭端）不同对象的20余项应用建设。依托广电网络建成覆盖市、县、乡、村信息专网，联通省平台和廊坊市34家二级以上医疗卫生机构。推进各级医疗卫生机构与市级平台互联互通，廊坊市人民医院、廊坊市中医医院、中国石油天然气集团公司中心医院等34家二级以上医疗机构与市平台联通；大厂县人民医院、三河市医院等26家机构实现数据上传；固安县人民医院、廊坊市第四医院等13家机构保持1个月内持续数据上传。加大居民健康卡用卡环境改造。推广妇幼保健、计划免疫等公共卫生领域的业务用卡，提升居民健康卡的用户体验和应用效率，构建便捷、连续、可查、互信、共享的服务流程。至年底，廊坊市人民医院、中国石油天然气集团公司中心医院和廊坊市妇幼系统电子健康卡受理环境改造完毕，廊坊市妇幼系统正式推广应用电子健康卡，居民可持卡进行挂号、检验、取药、收费等就诊操作。计划免疫系统进入改造阶段。

**【平安医院建设】** 截至2019年12月，廊坊市医调委接待医患双方咨询205件次，受理医疗纠纷37件，成功调解30件。其中，签订赔偿协议的23件，零赔付3件，非协议和解4件，未完成调解7件，调解成功率100%，协议履行率100%。调解成功的纠纷患方诉求赔偿金额715万元，实际调解赔偿金额301万元。会同市司法局组织召开市城区公立医疗机构医疗纠纷调解工作座谈会，总结近2年市城区公立医疗机构医疗纠纷调解工作情况，详细分析医疗纠纷规律特点，为规范解决医疗纠纷提供基础。联合市公安局、市司法局在廊坊市人民医院举行廊坊市公安民警、司法行政干警紧急医疗救治定点医院揭牌仪式。以活动为契机，发挥各部门职能作用，严厉打击涉医违法犯罪、“职业医闹”、“医托”、“号贩子”和维护医院及周边治安防控、交通管理等方面密切协作，促进警医合作迈上新台阶。推动医疗责任保险扩点扩面，完成市城区10家公立医疗机构2019年保费调整测算和缴纳工作，推动廊坊爱德堡医院、廊坊万福医院等部分民营医疗机构纳入医疗责任险。

**【“京津廊”医疗对接合作】** 2019年，京城名医馆廊坊分号成功签约。10月25日，在京津冀协同发展项目对接推介会上，廊坊市安次区医院与北京市鼓楼中医医院正式签约，开展共建北京市鼓楼中医医院廊坊医院、设立首家“京城名医馆”分号、打造跨区域中医专科联盟等多领域合作，助力“健康廊坊、健康家庭”建设，为广大市民提供高端的中医药服务。

**【健康扶贫】** 2019年，廊坊市提升基层卫生服务能力，落实多渠道补偿机制。各县（市、区）累计投资5.4亿余元，新建、改建、扩建基层卫生机构62所，购置各类设备2000余台（件），改造提升卫生室500多所。三河市每年投入245万元、香河县每年投入249万元、大厂县每年投入61万元、广阳区每年投入22万元、固安县每年投入167万元、霸州市2019年投入24万元、永清纳入2020预算，保障集体产权村卫生室的正常运转。全市补助基层卫生机构经常性收支差额2.3亿元，补助基本公共卫生服务项目资金2.5亿元，补助原“赤脚医生”养老经费6980人3039万元，乡镇卫生院基本药物补助1894万元，村卫生室药品零差率补助1841万元，市本级和永清、固安、大厂、广阳、安次专项补助家庭医生签约服务费用820万元。乡村一体化管理。确定大厂县、香河县、文安县为试点县，推行乡村一体化管理，其他县（市、区）结合实际，选择3个试点推行，共建立省级试点50个、市级试点10个。香河县、文安县、大厂县、固安县全面实施一体化管理，全市实际完成69个单位试点，其中乡镇卫生院52个，在全省排名第二位，给予通报表彰。

**【爱国卫生】** 2019年，廊坊市开展环境卫生整治活动。发动各专业职能部门及机关单位、干部职工和广大市民在市城区、县城区、乡镇和重点村街开展大规模的环境卫生集中治理，城区重点治理城乡接合部、城中村、背街小巷、集贸市场、建筑工地、沟渠、车站等重点地区和场所的环境卫生死角，清理主要街道店外店及占道经营；结合人居环境整治工作，重点治理村镇入口、房前屋后、庭院内外以及公路、沟渠沿线，解决垃圾围院、围村等问题。清除积存垃圾。指导各县（市、区）推进垃圾焚烧发电厂建设，构建以垃圾焚烧发电为主、垃圾填埋为辅的生活垃圾处理体系。全市清理农村生活垃圾251万立方米。提升村容村貌。全市所有村街完成主街道硬化任务，完成绿化3.4万亩（0.23万公顷），新装更换维修路灯2.65万盏，建设美丽庭院29.3万个。农村生活污水治理。全市完成495个村庄污水治理，1858个村庄污水管控任务。医疗卫生机构厕所提升行动。制定《廊坊市医疗卫生机构厕所整洁专项行动实施方案》，全市医疗卫生机构原有的34座旱厕，改造完成20座。

（郭有泉）

## 医疗机构选介

**【概况】** 截至2019年年末，全市有各类医疗卫生机构6175个，其中医院190个（三级医院7个，二级医院50个，一级医院110个，未定级23个）；专业公共卫生机构36个（疾控中心11个，卫生监督机构12个，妇幼保健机构10个，采供血机构1个）；社区卫生服务机构66个；乡镇卫生院90个；诊所（卫生所、医务室）1495个；村卫生室4110个。全市卫生人员44608人，其中卫生技术人员34431人。卫生技术人员中，执业（助理）医师16171人，注册护士12279人，药师（士）1332人，技师（士）1789人，其他卫生技术人员2860人。全市拥有医疗卫生机构床位25682张，其中医院床位总数20252张。全市医疗卫生机构完成诊疗3173.58万人次，住院手术14.04万台次，出院病人59.77万人次。

（郭有泉）

**【廊坊市人民医院】** 廊坊市人民医院（以下简称市医院）始建于1946年，位于廊坊市新华路37号。2019年，市医院实现总收入10.5亿元，其中医疗收入9.6亿元，同比增加6000万元，增长6.67%；门诊量110万人次，门诊次均费用315元；住院日均费用1754.86元，日均药费511.26元，床费使用率89.7%；各类手术11836台次，其中三、四级手术占比66.3%，提高7.02%。

2019年，市医院以“胸痛中心、卒中中心、创伤中心”建设为基础，增加手术病历信息化质控，优化、扩展质控指标，树立质量意识，提升医疗质量与安全管理。修订完善《临床技术操作规范》《临床诊疗指南》，推动学科建设，呼吸与危重症医学科PCCM国家学科认证成功。通过2019年省住院医师规范化培训基地综合评估检查。1月，胸痛中心挂牌成立，成为廊坊市首家通过国家评审验收的胸痛中心。3月22日，加入中国创伤救治联盟，为廊坊市严重创伤患者开

## 2019年廊坊市医疗机构、床位、人员统计表

表46

| 机构分类 | 机构个数（个） | 实有床位数（张） | 在岗职工（人） | | | | | | | | | |
|---|---|---|---|---|---|---|---|---|---|---|---|---|
| | | | 合计 | 卫生技术人员 | | | | | | 其他技术人员 | 管理人员 | 工勤技能人员 |
| | | | | 小计 | 执业（助理）医师 | 注册护士 | 药师（士） | 技师（士） | 其他 | | | |
| 总　计 | 6175 | 25682 | 44608 | 34431 | 16171 | 12279 | 1332 | 1789 | 2860 | 2236 | 1678 | 2711 |
| 医院 | 190 | 20252 | 26299 | 21545 | 8577 | 9414 | 932 | 1306 | 1316 | 1392 | 1268 | 2094 |
| 社区卫生服务中心（站） | 66 | 442 | 1061 | 865 | 429 | 299 | 48 | 41 | 48 | 73 | 72 | 51 |
| 卫生院 | 90 | 4394 | 3363 | 2847 | 1781 | 398 | 116 | 138 | 414 | 267 | 52 | 197 |
| 村卫生室 | 4110 | 0 | 5171 | 1619 | 1513 | 106 | 0 | 0 | 0 | 0 | 0 | 0 |
| 门诊部 | 179 | 0 | 2099 | 1832 | 987 | 640 | 50 | 85 | 70 | 80 | 121 | 66 |
| 诊所．卫生所．医务室 | 1495 | 0 | 3241 | 3102 | 2017 | 720 | 119 | 3 | 243 | 92 | 20 | 27 |
| 疾病预防控制中心 | 11 | 0 | 840 | 634 | 182 | 97 | 8 | 87 | 260 | 107 | 34 | 65 |
| 健康教育所（站、中心） | 1 | 0 | 6 | 3 | 0 | 0 | 0 | 0 | 3 | 0 | 2 | 1 |
| 妇幼保健院（所、站） | 10 | 594 | 1793 | 1518 | 656 | 537 | 56 | 102 | 167 | 107 | 42 | 126 |
| 采供血机构 | 1 | 0 | 161 | 99 | 11 | 54 | 0 | 26 | 8 | 28 | 6 | 28 |
| 卫生监督所（中心） | 12 | 0 | 414 | 320 | 0 | 0 | 0 | 0 | 320 | 21 | 33 | 40 |
| 计划生育技术服务机构 | 1 | 0 | 9 | 6 | 3 | 2 | 0 | 0 | 1 | 1 | 2 | 0 |
| 医学科学研究机构 | 1 | 0 | 19 | 9 | 8 | 0 | 0 | 0 | 1 | 5 | 2 | 3 |
| 统计信息中心 | 1 | 0 | 7 | 1 | 0 | 0 | 0 | 1 | 0 | 5 | 1 | 0 |
| 其他 | 7 | 0 | 125 | 31 | 7 | 12 | 3 | 0 | 9 | 58 | 23 | 13 |

辟生命“绿色通道”。

2019年，市医院完成医保电子凭证和HIS系统的对接，实现电子健康卡的建卡、识别等功能，增加预约就诊渠道和社保卡支付功能，新增门诊专家二维码扫描预约挂号模块，拓展缴费窗口微信、支付宝、扫码枪等缴费形式，医保用户可在自助机上进行挂号、缴费，实现社保报销。推动医院OA管理系统更新升级，HIS系统进行接口开发、读卡受理环境改造、联调测试、程序部署，完成卡受理环境改造工作。推进落实办公业务信息自动化、无纸化。完成DRGs［（疾病）诊断相关分类］系统的程序部署、数据对照等工作，DRGs程序正式上线使用。上线新版单病种管理系统，在临床科室安装试用。完成创伤中心程序配置、智能急救系统安装以及院内绿色通道流程改造，为创伤中心的平稳运行提供技术保障。

2019年，市医院派出136名护理管理人员外出培训学习，建立重

症护理专业联盟及急诊护理专业联盟，与医院医联体各相关单位加强互联互通，开展座谈会、培训会、现场指导与参观学习等交流活动，接收基层护理人员122人到医院培训。组织召开“5·12”国际护士节庆祝大会和形式多样的文艺活动及系列竞赛活动，增强护士执业自豪感。是年，市医院获个人奖40余项，中医科主任陈玉被中华全国总工会授予“全国五一劳动奖章”称号，心内一科主任薛增明被廊坊市委宣传部授予第三届“最美廊坊人”提名奖。医院被中华护理学会授予“2019年度最佳团队奖”称号，被河北省妇女联合会授予“巾帼文明岗”；在“河北省护理学会糖尿病专业知识竞赛”获团体三等奖，获全国前十强团队。

是年，市医院推进公立医院综合改革，建立现代医院管理制度，完善医院治理机制和内部科学管理体制，落实公立医院薪酬制度改革试点工作，医院公益性明显强化。完成政府指令性保健任务48人次，派出39名医护人员完成“春雨工程”及对口支援等扶贫工作。在原有6家医联体单位的基础上，新增7家医成员单位和3家专科联盟单位加入廊坊市人民医院医联体。

（刘　巍）

**【廊坊市中医医院】** 廊坊市中医医院（以下简称市中医院）始建于1988年，是以研治血液病和老年病为主的综合性三级甲等中医医院，内设廊坊市血液病研究所。医院位于廊坊市广阳区银河北路108号，建筑面积3.2万平方米，开放床位519张，有职工770人。下设血液科等临床科室35个，医技科室11个，其中国家级重点专科2个。2019年，医院门诊量21.6万人次，同比增长12.4%；出院人次10452人次，首次突破万人次关口，同比增长27.2%，病床使用率91.33%，年周转次数20.8次，三日确认率、甲级病历率、危重病人抢救成功率、中医药参与率均达到90%；全年总收入3.95亿元，业务收入3.43亿元，较上年增加7856万元，同比增长29.7%。中医药优势发挥显著，各科室均开展非药物疗法和中医治疗手段，全年中草药收入2487万元，使用率同比增长33.5%。全年无重大医疗事故和安全生产事故。

年内，市中医院将2019年确定为“医院内涵建设年”，提出全面促进医院高质量发展的任务目标。全院干部职工扎实工作，持续深化医院内涵建设，改进和加强医院内部管理，健全完善各项规章制度，初步实现医院财务预算绩效管理制度，实现医院各项决策部署规范化、科学化管理，实现门诊专业化出诊。加强人才梯队建设，邀请知名专家到医院讲座3次，针对性培训医院中层干部，中层干部整体素质进一步提升；全年派送28人到京津冀医院进修深造，200人次分别参加各类不同层次的院外短期培训和学术交流。

2019年，市中医院组织新技术、新项目准入论证会5次，开展新技术、新项目共计13项，包括外周介入开展的肠梗阻导管植入、晚期结肠癌支架植入、腔静脉滤器植入，以及外科和骨科的腹腔镜、椎间孔镜应用，碎石科的泌尿系结石腔镜下钬激光、超声、气压弹道碎石取石术，CT&MR室的CT引导下置管引流术，妇产科的子宫内膜消融术，心内科的状动脉介入诊疗技术等等。新技术开展填补医院空白，完善医院服务功能，为医院创造良好经济效益，其中放射科全年辅助各科室开展介入治疗392人次，科室收入395.4万元，同比增长27%，同时带动各科室的发展，医院知名度和市场竞争力明显提高。

年内，市中医院专题召开重点药品监控及辅助用药专项治理动员大会，制定下发《重点监控药品和辅助用药专项整治实施方案》《重点监控药品及辅助用药专项整治处罚细则》等文件，对重点药品及辅助用药使用不合理的予以处罚。通过管控，医院重点监控药品及辅助用药临床使用日趋合理。落实分级诊疗制度，推进医联体建设，在原有10个成员单位基础上，新增廊坊红十字万平中医院、彦清骨伤科中医院、花园楼社会卫生服务中心等3个成员单位。全年在医联体内开展学术活动12次，培训成员单位医务人员300人次，免费接收进修人员5人次。落实三级公立医院绩效考核文件精神，对各项考核指标层层分解，落实责任，及时完成数据上报和加强数据质控工作，上报完成率100%。落实“京廊8•10”工程，建立对接京津长期机制，主要对接医联体建设、专科协同发展、名老中医学术经验传承和健康乡村领军团队等12个项目。利用北京优质医疗资源，邀请北京专家20人次到医院开展查房、出诊、会诊、讲座，外派业务骨干30人次到北京市参加跟师学习与进修，医院综合实力与诊疗水平得到提高，人员队伍得到锻炼和优化。

（刘思洋）

**【河北中石油中心医院】** 河北中石油中心医院（以下简称中心医院）始建于1974年，2017年中国石油天然气集团公司中心医院启动社会化改革工作，于2019年4月正式更名为河北中石油中心医院。医院位于廊坊市新开路51号，占地面积87亩（5.8公顷），建筑面积11.62万平方米。2019年，医院有员工1837人，其中专业技术人员1583人，硕士以上学历242人，高级以上职称220人。固定资产总原值2.84亿元，净值2.50亿元。开放床位990张。全年完成门诊、急诊量112万人次，同比增长1.32%；社区卫生服务6.48万人次，同比下降17.64%；健康体检5.8万人次，同比增长15.69%；住院诊疗超4万人次，同比增长17.69%，手术量2.65万例次，同比增长31.26%，三级以上手术占67.1%。实现收入12亿元，药占比控制在30%左右，平均住院日下降到9.12天。是年，中心医院深化内部运行机制，推进“学科发展、人才发展、精细化管理和优质服务”四大战略，以医疗质量为核心，以改善服务为重点，提升运营能力，规范医院管理，实现社会化改革后的平稳过渡。

2019年，中心医院确定心血管内科、呼吸内科、医学影像科、骨科、肝胆外科、肿瘤科等6个科室为省级重点学科培育学科。推进亚专科建设，成立全科医学科，完成胸外一科、胸外二科、神经内一科、神经内二科的分科建设。年内，机构、伦理及13个临床专业全部通过国家级验收，取得开展药物临床试验的资质。通过抗菌药物科学化管理（AMS）—多学科诊疗（MDT）工作模式，规范抗菌药物临床应用，有效遏制细菌耐药，保证用药安全。开展左束支区域起搏手术、全三维无射线下室上性心动过速射频消融治疗术、人工肝治疗技术、儿童支气管镜肺泡灌洗术、烟雾病颞浅动脉－大脑中动脉吻合术、左右心声学造影、肌骨超声、盆底超声、磁共振心肌灌注成像技术、天灸拔毒移毒泡灸疗法等新技术项目。“廊坊市新生儿危重症救治中心”在中心医院挂牌成立。医院被中国妇幼保健协会认定为“母婴友好医院”。

2019年，中心医院开设智慧门诊，实施远程诊疗和健康管理1309人。修订中石油集团公司《员工健康体检规范》，开展健康管理相关科研，《中国石油员工多发慢病防控效果研究》获中国石油天然气集团公司科技进步三等奖。职业卫生技术服务中心通过资质认定复审，实验室通过国家级实验室间对比评价。编制完成管道局2019年职业健康工作要点，并报质量安全环保部发布。职业健康检查1706人，完成率72%；职业病危害场所检测115个，完成率49%。组织开展《中华人民共和国职业病防治法》宣传周活动。开展“五个一”宣传，赴通信公司开展《中华人民共和国职业病防治法》宣讲，对一公司马香线112机组、机械公司进行监督检查。参与管道局质量安全环保部对设计院的HSE量化审核。根据《管道局外部分包商HSE培训》要求，负责编制《职业病危害监测及防护》培训课程，并培训6期，培训人数共计近500人。提升社区卫生服务能力，深化“总医院带社区”运行模式，实现医院与社区信息的互联互通，完成医嘱、检验、检查一体化。在社区开展中医适宜技术、康复理疗、浮针治疗等特色服务，继续提供便民挂号、采血、电话咨询、上门送药、为卧床患者更换胃管尿管等服务项目。职业卫生技术服务中心业务不断拓展。2019年，获批河北省医学适用技术跟踪项目1项，继续医学教育项目1项。持续开展中石油集团海外员工健康评估工作，升级评估标准，建立健全海外员工健康档案，全年完成评估3.2万人次，无因病亡人事件发生。推进国际急救培训基地建设，10名医生拥有美国心脏协会（AHA）高级生命支持（ACLS）培训导师资格，13名医师拥有基础生命支持（BLS）培训导师资格，医院持有心血管急救培训及签发国际认可的AHA证书资质。为高年级医师进行心血管急救ACLS培训，完成ACLS课程10场，培训人总数60人。与中油尼日尔公司签订医疗保障服务合同，开发新的合作方向、合作模式。组织第一届中国石油与俄气公司员工健康国际论坛，与俄气公司共同组织阿穆尔天然气处理厂跨国联合应急演练，完成水陆空联合医疗转运。建立“石油人心理”微信公众号，开展线上一对一心理咨询服务。在承担原有检测任务与评价项目的基础上，联合医院美国心脏协会急救培训中心与西南管道公司、西部管道公司、东南亚管道公司签订急救培训服务合同，累计培训57场，培训总人数达500余人。组织管道局海外员工传染病防治培训班共21期，培训出国人员1633人。

2019年，中心医院招聘新员工121人，其中硕士研究生28人，博士研究生1人。增加学科带头人及骨干外出学习的机会，全年参加各类学术会议137人次，参加培训213人次，国内大型医院进修47人次，3名医师赴德国进修学习，进修医师与国内外相关领域专家建立长久的学术联系，在专业研究方面获得较好的启发，为新业务、新技术开展提供有效支持。组织进修医师学习成果汇报会，推荐2名医师参加北大中青年骨干研修班报名考试。至年底，医院在职攻读博士学位3人，在职攻读硕士学位10人。是年，新招录住院医师规培学员62名。规培社会人学员、单位委派学员72人，本院学员106人。派出百余名高年资主治以上带教教师参加规培带教及管理培训，全部获资质证书。2014级本科生毕业102名，至年底，连续14年向社会输送医学人才1905名。

2019年，中心医院立项河北医学科学研究课题计划项目3项，廊坊市科技计划自筹经费项目24项，河北省适用跟踪项目1项。2019年在研项目84项，其中国家级子课题1项，省科技厅项目1项，省医学科学研究重点课题计划11项，市级科研项目66项。开展合作研究1项，在研多中心合作研究13项。全年在专业期刊发表学术论文86篇，其中SCI论文4篇，CSCD论文3篇，中文核心期刊6篇，中国科技核心期刊46篇，核心期刊论著51篇，重点学科发表论文69篇，获得国家实用新型专利1项，科技竞争能力较前明显提升。在河北省卫生健康委员会组织的2018年度河北医学科技奖评选中，中心医院参评的科研成果获奖励22项，其中一等奖2项，二等奖6项，三等奖14项，实现医院科技成果奖励新突破。

2019年，中心医院主办省级继续医学教育项目41项，市级继续教育项目5项，院内继续医学教育项目暨各类学术专题讲座65场。邀请意大利、德国、美国著名专家到医院开展学术研讨。借助省市级学会平台，开展学术交流。全年组织推荐参加医学会委员共306名，河北省医学会委员187名，廊坊市医学会委员114名，在各级医学会担任学术任职774人次，省级学术任职438人次，担任常委以上职务99人次。组织廊坊市医学会骨科分会、口腔学分会、医院管理学分会、围产医学分会、胸外科学分会、胸腔镜学分会、泌尿外科学分会、腹腔镜学分会、临床药学分会等9个专业分会换届委员推荐工作。担任2个国家二级学会、2个省级学会、26个市级学会的主任委员单位。

2019年，中心医院继续鼓励科室开展QC（质量控制）小组活动，实现全员参与质量管理。4月，在第二届全国医院质量管理工应用最佳实践成果大赛上，医院推荐的4个QC成果全部获奖。

是年，中心医院完成宝石花医疗集团绩效系统对接，宝石花物流系统、控费系统上线。搭建医院互联网平台，更新医院更名后微信、支付宝账号，完成相关程序与数据的迁移工作。门诊开通微信、支付宝、银行码等多种支付方式。病区安装自助机，提供扫码聚合支付、门诊报到、按症状挂号、住院押金自助办理等服务，为患者就医缴费提供方便。信息化建设规划（二期）通过董事会审议，进入计划实施阶段，逐步实现管理科学化、数字化、智能化。

（韩宇洲）

## 体　育

**【概况】**　2019年，廊坊市有县级以上民政部门注册的各类体育社会组织109个，乡镇（街道）级体育组织88个；基层群众健身站点1600个；体育人口总数195万人，占总人口48.8%，有社会体育指导员6500人；老年人体育组织49个，覆盖率95%。全市各类体育社团96个，其中人民群众体育协会12个、体育单项体育协会（篮球协会、足球协会等）84个。体育彩票投注站点760个，从业人员1400余人。彩票总销量137595万元，其中乐透型79475万元，即开销量47864万元，竞猜型10256万元，筹集公益金12486万元。是年，廊坊市体育局被省文明委授予2019年度“省级文明单位”。

**【体育制度改革】**　2019年，廊坊市体育局落实市政府《关于推进廊坊市足球改革发展的实施意见》，推进足球项目改革，普及足球运动，扶持经费向足球发展倾斜；按照《廊坊市冬季运动项目发展规划（2015—2022年）》和市政府《关于加强冰雪运动发展的实施意见》要求，发展冰雪运动，重点打造一批冰雪特色项目和产业；督导落实体育社团与行政脱钩工作，清理领导干部协会兼职，推进体育协会实体化改革，新成立一批体育项目协会，市级体育社团达到34个，社会体育项目管理进一步规范化；加强体育竞赛制度改革督导，推动办赛机制逐步向政府购买社会服务过渡，在华夏主场足球大赛、市级各项年度竞赛、“市长杯”足球赛等赛会上，尝试拉动市场化办赛模式；推进公共体育场馆运营改革，做好公共体育场馆设施免费低收费开放管理，启动市体育场管理新模式，引进华夏主场足球落户廊坊，筹建冰雪项目场馆，为体育惠民提供更好的服务；稳步推进全市体育系统各级机关机构改革，按照市委、市政府“两办”《关于市体育局职能配置、内设机构和人员编制规定》（廊办字〔2019〕24号），市体育局完成机关机构改革，定编27人，内设7个科室。各县（市、区）在机构改革中完成教育和体育工作部门合并，强化政府体育工作部门的职能。

**【群众体育】**　2019年，廊坊市全面落实《廊坊市全民健身实施计划（2016—2020年）》，开展以推进体育惠民为主题的群众性体育健身活动。举办社会体育指导员、教练员、裁判员培训班10期，培训1000余人。举办第一届冰雪运动会、第一届智力运动会、第四届市直机关运动会和迎新春元旦长跑、新年登高、自行车骑行、全民健身日（月）系列活动、全民健康跑、全民健步走、广场舞、健身气功展示、门球、篮球等大型群众性体育活动13项次，举办冰雪赛事和活动22项次。全市经常参加体育健身活动人口达到160万人，占总人口33.3%。推进美丽乡村农民健身和居民社区健身及市区精品游园健身工程等体育惠民工程建设，建设城市社区体育健身工程和农民体育健身工程22个，高标准建成9个全民健身示范基地，完成市、县、乡、村四级健身设施全覆盖的任务目标。指导固安县完成全民健身公共服务示范县验收工作。

**【竞技体育】**　2019年，廊坊市建立各级体育教练员培养和激励机制，解决教练数量缺乏和执教水平不高问题，系统培养青少年教练队伍，加强优秀体育人才引进工作。发挥市场运作机制，广泛动员社会力量建立各级体育运动队、俱乐部，建立有特色的青少年培养基地。组织青少年运动员冬训和夏训，组队参加全国第二届青年运动会4项比赛，获金牌4枚铜牌5枚；参加省级青少年18项年度比赛，获金牌86枚、银牌65枚、铜牌的94枚。落实《关于推进廊坊市足球改革发展的实施意见》和《关于加强冰雪运动发展的实施意见》，发展校园足球，推进冰雪项目进校园。举办“市长杯”青少年足球赛，参加河北省“省长杯”青少年足球赛和冀超、冀甲联赛。组队参加河北省阳光体育大会冰雪项目活动。

举办全市青少年武术锦标赛，承办全国中国式摔跤冠军赛和全省青少年排球锦标赛。举办全市首届冰雪运动会和5项青少年年度比赛，积极备战省十六运会和省首届冬运会。组织冰雪项目教练员、裁判员、社会体育指导员培训8期321人次，派出200人参加全省冰雪项目裁判员培训班。备战河北省首届冰雪运动会，制订备战及参赛工作方案，成立由中共廊坊市委副书记李龙为团长，市政府副市长张春燕为副团长的参赛代表团，组队参加省冰运会5项比赛，取得奖牌6枚，其中金牌3枚。

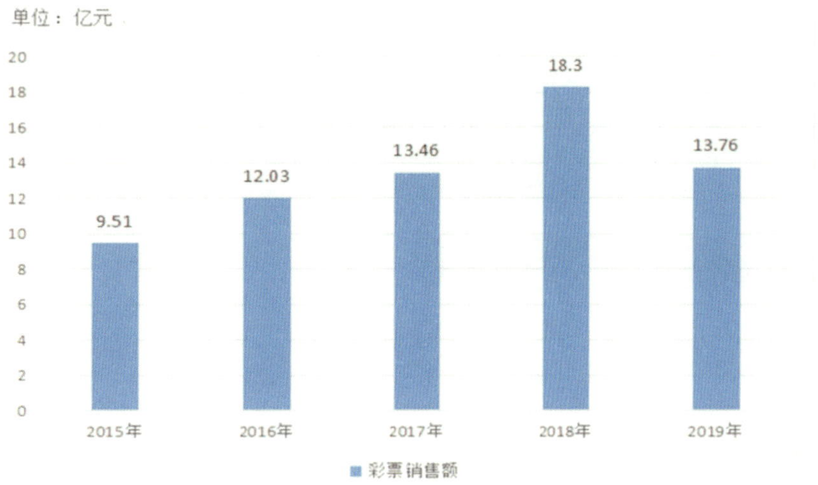


图38　2015—2019年廊坊市体育彩票销售情况对比图

**【体育产业】**　2019年，廊坊市落实国务院、省政府、市政府积极推动体育产业发展文件精神，开展全市体育产业发展状况和体育场地现状调查，筹建廊坊市体育产业协会。完成2019赛季中超华夏幸福足球主场全部15场比赛。举办第十九届国际名鸽展示会。推动体彩销售工作，出台廊坊市体彩公益金使用管理办法，体彩营销总额列全省第二位。做好体育基本建设，继续推进市滑冰馆建设。做好公共体育场馆设施免费、低收费开放管理工作，为体育惠民提供更好的服务。

**【廊坊市首届冰雪运动会】**　廊坊市首届冰雪运动会（以下简称冰运会）于2019年11月9日开幕，12月1日闭幕式，赛期23天。共设3个大项35个小项，其中青少年组20个项目，社会组15个项目，参赛规模2000余人。经过激烈比拼，最终文安县、安次区、香河县、霸州市、固安县和三河市获青少年组团体总分前六名；文安县、开发区、香河县、大城县、三河市获得社会组优胜奖；广阳区、霸州市、固安县、安次区、永清县、大厂县获社会组优秀奖。冰运会期间，市、县两级共有56.7万人直接或间接参加青少年组、社会组、大中专院校组三个组别的321项比赛和冰雪系列活动。冰运会后继续举办贯穿2019—2020雪季的冰雪嘉年华系列活动。

（阎玉江）

# 社会生活

## 综　述

**【概况】**　2019年，廊坊市围绕高质量高发展，统筹作好稳增长、调结构、促改革、惠民生等各项工作，经济持续健康发展，民生保障水平不断提高，居民收入和消费支出保持平稳增长态势。全市居民人均可支配收入32603元，同比增长9.5%。按常住地分，城镇居民人均可支配收入43912元，同比增长8.6%；农村居民人均可支配收入18467元，同比增长9.5%。农村居民人均可支配收入增速快于城镇0.9个百分点，城乡居民收入水平倍差呈逐年小幅下降趋势，城乡居民收入比由上年2.40下降至2.38，城乡居民收入相对差距逐步变小。全市居民工资性收入稳定增长，增速7.5%，居民收入增长贡献率49%，居民理财意识增强和社保体系逐步完善，居民经营净收入同比增长11.9%、财产净收入同比增长13.3%、转移净收入同比增长13.8%。

2019年，廊坊市居民人均生活消费支出22029元，同比增长8.2%。按常住地分，城镇居民人均生活消费支出27937元，同比增长7.2%；农村居民人均生活消费支出14293元，同比增长8.4%。居民生活消费水平持续提高，实现与可支配收入同步增长。其中，食品烟酒支出同比增长8.8%，衣着支出同比增长5.6%，居住支出同比增长6.0%，生活用品及服务支出同比增长8.5%，交通和通信支出同比增长7.5%，教育、文化和娱乐支出同比增长14.8%，医疗保健支出同比增长8.1%，其他用品及服务支出同比增长5.7%，八大类生活消费支出实现全面增长。

**2019年廊坊市城乡居民收支总量与增速统计表**

表47

| 项目名称 | 总量（元） | | | 增速　(%) | | |
|---|---|---|---|---|---|---|
| | 全体居民 | 城镇居民 | 农村居民 | 全体居民 | 城镇居民 | 农村居民 |
| 人均可支配收入 | 32603 | 43912 | 18467 | 9.5 | 8.6 | 9.5 |
| 人均生活消费支出 | 22029 | 27937 | 14293 | 8.2 | 7.2 | 8.4 |

2019年，居民消费逐渐向发展享受型、服务型支出转移，消费结构持续优化。在八大类居民生活消费支出中，食品烟酒、衣着、居住、交通通信四项支出占居民生活消费支出的比重达到69.9%,“吃穿住行”依旧是居民生活消费支出主要组成部分，占比相比上年下降0.6个百分点；服务性消费潜力逐步释放，年内全体居民人均服务性消费支出同比增长4.9%。

（阴玉梅　刘伯谦）

## 人口和计划生育

**【概况】**　2019年，廊坊市人口生育水平保持稳定。据2018考核年度（2018年10月1日至2019年9月30日）全员人口数据库统计，出生人口41417人，其中一孩出生15465人，二孩出生22618人，多孩出生3334人。符合政策生育率为94.84%，已婚育龄妇女为814340人。

**【计生奖励扶助政策】**　2019年，全市有计生奖励特扶对象1807名、奖扶对象35310名，其中新增奖扶对象2365名、特扶对象227名；退出奖扶对象855名、特扶对象31名。至年底，上述人员的资格确认、信息录入和资金发放工作全部完毕。年内，完成2241名机关事业单位和改制破产企业独生子女父母退（离）休3000元一次性奖励资格确认和资金发放工作；为全市1190名农村独生子女高考考生进行高考加分资格确认。

**【出生人口性别比综合治理】**　2019年，廊坊市加大打击“两非”（非医学需要的胎儿性别鉴定、非医学需要的选择性别的人工终止妊娠）力度，制定出台《关于进一步加强中期以上终止妊娠手术管理的暂行规定》，对14周以上终止妊娠手术明确规定须持相关单位出具的证明，到定点医疗机构施术。各医疗单位开展终止妊娠手术前必须查验受术者身份和审批证明。通过实施终止妊娠手术管理制度，全面构筑起防止选择性别生育的牢固屏障。开展“圆梦女孩志愿行动”主题活动，利用全媒体平台广泛招募“圆梦女孩”志愿者，扩大活动影响力，使全社会关心、关注女孩尤其是贫困女孩的成长、成才。是年，全市救助贫困计生家庭女孩173名，救助资金31万元。其中市本级救助68名，救助资金13.6万元；远山行救助15名，救助资金 3万元；各县（市、区）共救助93名，救助资金14.4万元。

（郭有泉）

## 医疗卫生保障

**【概况】** 2018年年底，按照机构改革工作部署，廊坊市将市人力资源和社会保障局的城镇职工和城乡居民基本医疗保险、生育保险职责，市发展和改革委员会（市物价局）的药品和医疗服务价格管理职责，市民政局的医疗救助职责等整合，组建成立廊坊市医疗保障局（以下简称市医疗保障局）。2019年，廊坊市医疗保障系统实行“边组建、边运行、边发展”工作要求，加强医保管理服务，完善政策体系，全力推动医疗保障各项政策措施落实，持续深化医疗保障综合改革，发挥医保基金“战略购买者”作用，建立健全医疗保障运行新机制，全市医疗保障工作取得显著成效。

**【打击欺诈骗保】** 2019年，市医疗保障局组织开展“拉网式”排查、交叉互查、专项治理、专项整治、飞行检查等一系列打击欺诈骗保的“亮剑”行动。全市查处定点医药机构659家，暂停定点医药机构165家，解除医保服务协议13家，对485家定点机构下达整改通知书，处理约谈相关人员30名，受理查处国家、省举报线索案件14件，承办省交办飞检任务3次，查处市级举报线索案件10件，开展市级飞检3批次6家医院，媒体点名公开典型案例43件，向卫健、市场、公安等部门移交违规线索9条，扣缴和拒付医保违规资金1.57亿元，打击欺诈骗保工作取得显著成果。

**【落实国家组织药品集中招标和使用试点】** 2019年7月1日，廊坊市跟进落实国家组织药品集中采购和使用试点正式启动，成立廊坊市药品集中采购和使用工作领导小组，制定《廊坊市跟进落实国家组织药品集中采购和使用试点工作实施方案》，明确廊坊市跟进落实国家组织药品集中招标和使用试点工作的目标任务、总体思路和基本原则；明确集中采购范围为阿托伐他汀、氯吡格雷等25个国家和省组织药品集中采购和使用试点中选药品；明确采购方式为按照省统一安排，集中采购跟进采用国家组织药品集中采购和使用试点中选结果，以全市公立医疗机构2018年度药品总用量的60%估算中选药品的采购基础量，实行带量采购、量价挂钩、以量换价；明确采购方法，制定保障措施。

**【异地就医直接结算】** 天津市3家医院自2019年7月1日起1年内，北京市15家医院自2019年8月28日起3年内，廊坊市参保人员在办理上述异地直接定点医院转诊转院备案时，取消定点医疗机构转诊转院证明。参保人员在参保地经办机构或“廊坊医保”公众号办理异地就医备案，以实现异地直接结算。参保人员在上述18家医院出院直接结算时，起付线和报销比例与统筹区内同级医疗机构一致。18家定点医院分别为：北京15家，首都医科大学附属儿童医院、中国人民解放军总医院第七医学中心、北京大学第一医院、首都医科大学附属北京同仁医院、中日友好医院、北京大学第三医院、北京大学人民医院、首都医科大学附属北京安贞医院、北京医学科学院阜外医院、北京肿瘤医院、北京医学科学院北京协和医院、中国人民解放军总医院、中国医学科学院肿瘤医院、中国人民解放军空军特色医学中心、北京积水潭医院；天津3家，天津泰达国际心血管病医院、天津市肿瘤医院、中国医学科学院血液病医院。

**【廊坊市被确定为国家医疗保障电子凭证试点城市】** 医疗保障电子凭证是全国医保线上业务唯一身份凭证。11月24日，全国医保电子凭证首发仪式在济南举行。廊坊市代表河北省作为全国七个试点省份的试点城市，与国家同步实现上线运行，在试点机构廊坊市人民医院、廊坊健生堂总店开通使用医疗保障电子凭证。廊坊市医疗保险参保人可以通过国家医保APP、支付宝、微信公众号三种形式，申领个人医保电子凭证，在医院和药店展示二维码可进行医保报销结算。

**【城乡参保居民高血压糖尿病门诊用药纳入报销范围】** 2019年，廊坊市针对参加廊坊市城乡居民医保、患有轻症高血压和糖尿病（以下简称“两病”）但尚未达到门诊特殊疾病评定标准、需要长期采取药物治疗的人员实行“三定”（定医院，定医师，定药品）用药保障原则。参保居民可到参保地一级或二级定点公立医疗机构进行“两病”申请认定，由医院指定具有执业资格医师资进行认定，“两病”患者需选定参保地一家一级或二级定点公立医疗机构作为就诊医院（原则上选择认定医院作为就诊医院）。患有“两病”的参保居民，可持本人社会保障卡、住院病历复印件（病历中明确有高血压、糖尿病诊断），到参保地定点医疗机构进行申报，直接认定；没有住院病历的参保居民，持本人社会保障卡，到参保地医疗机构申报，由医疗机构按照规定的诊断标准和流程进行认定。经医疗机构认定符合“两病”标准的，由医疗机构工作人员录入医保系统，享受“两病”门诊保障待遇。“两病”患者用药范围为国家和省集中采购中选药品品种，首批纳入报销范围的共有19种药品。在非选定医院就诊和“两病”药品目录外的费用不予报销。“两病”用药报销不设起付线，报销比例为50%，基本医疗保险年度最高支付限额，高血压为225元／人，糖尿病为375元／人。同时患有“两病”的患者，分别享受相应待遇，限额不累加。“两病”人员门诊用药实行长处方制度，处方药量最长为3个月，超量开药和重复开药费用不予报销。

**【公立医疗机构全面取消耗材加成调整医疗服务价格】** 2019年，市医疗保障局联合市卫健委、市财政局制定《廊坊市县级公立医院取消耗材加成调整医疗服务价格改革方案》，取消耗材加成共涉及廊坊市25家县级公立医疗机构，确定医疗服务项目调整范围，共涉及介入、手术、中医骨伤、治疗4类1736项体现医务人员技术和劳务价值的医疗服务项目价格，整体补偿比例达到94.35%。廊坊市人民医院、廊坊市中医医院、廊坊市第三人民医院和廊坊市妇幼保健中心按照河北省医疗保障局、河北省卫生健康委、河北省财政厅《关于取消公立医疗机构医用耗材加成调整医疗服务价格的通知》，同步取消医用耗材加成调整医疗服务价格，其中执行省级收费标准2家，执行市级收费标准2家。

**【执行河北省基本医疗保险和生育保险药品目录（2019年版）】** 2019年，根据河北省医疗保障局、河北省人力资源和社会保障厅印发的《河北省基本医疗保险、工伤保险和生育保险药品目录（2019年版）》要求，市医疗保障局对照、调整、维护医保信息系统药品目录库，并组织工作人员统一培训。确定城镇职工基本医疗保险乙类药品（不含国家目录准入谈判药品）报销比例为85%，国家目录谈判准入药品中，抗肿瘤西药报销比例为75%，其余药品报销比例为85%；全市城乡居民基本医疗保险乙类药品（不含国家目录准入谈判药品）先行自付比例及国家目录谈判准入药品中抗肿瘤西药个人先行自付比例按省统一标准执行，分别为5%和20%，国家目录谈判准入药品中除抗肿瘤西药外的其余药品个人先行自付比例为20%。

**【启动实施新生育保险制度】** 年内，根据省医疗保障局、省财政厅等四部门印发的《关于全面推进生育保险和职工基本医疗保险合并实施的实施意见》（冀医保发〔2019〕12号）要求，廊坊市出台《廊坊市生育保险和城镇职工基本医疗保险合并实施细则》，新生育保险制度按照参保单位性质，确定0.4%、1%两档缴费率，其中党政机关和财政全额拨款事业单位缴费率为0.4%，其他单位缴费率为1%。新生育保险制度对职工生育和计划生育医疗费用实行定额补贴，对党政机关和财政全额拨款事业单位以外的职工产假和节育假期间发放生育津贴。

**【调整城镇职工医疗保险政策】** 2019年，廊坊市城镇职工基本医疗保险统筹基金年度最高支付限额由原来12万元提高到35万元，大病保险基金年度最高支付限额由原来60万元提高到65万元。参保人住院前3天在同一家定点医疗机构进行的符合基本医疗保险规定的、与住院疾病相关的诊断性检查费用，纳入住院费用报销范围。在征收生育保险费的同时，同步降低用人单位基本医疗保险缴费比例1个百分点。

（曹子健）

## 社会保障

**【概况】** 2019年，廊坊市企业职工养老保险参保人数88.34万人，机关事业养老保险参保人数19.09万人，城乡居民养老保险参保人数219.39万人；工伤保险参保人数83.41万人；失业保险参保人数36.71万人。城乡居民养老保险参保率99%。

**【社会保险费率下降】** 2019年，廊坊市人民政府印发《廊坊市降低社会保险费率工作推进方案》，提出若干条措施，调整社会保险费率。降低养老保险单位缴费比例，2019年5月1日起，廊坊市企业和机关事业单位基本养老保险单位缴费比例均直接降至16%。继续阶段性降低失业、工伤保险费率，廊坊市阶段性降低失业、工伤保险费率现有政策继续执行到2020年4月30日。调整社保缴费基数政策，使用全省全口径城镇单位就业人员平均工资核定个人缴费基数上下限，合理降低部分参保人员和企业的社保缴费基数，个体工商户和灵活就业人员可在全口径城镇单位就业人员平均工资的60%至300%之间选择适当的缴费基数。

**【退休人员基本养老金调整】** 2019年1月1日起，廊坊市为2018年12月31日前按规定办理退休手续并按月领取基本养老金的企业和机关事业单位退休人员提高基本养老金水平。涉及全市14.73万人，人均月增148.51元。此次调整是2005年以来廊坊市企业退休人员第15次连续调整，是自2014年10月1日机关事业单位养老保险制度改革以来第三次按照基本养老金调整办法调整待遇，是企业和机关事业单位退休人员第四次同步调整待遇。退休人员基本养老金调整方案严格按照公平与效率相结合的原则，采取定额调整、挂钩调整、适当倾斜相结合的办法，兼顾企业和机关事业单位退休人员的特点，合理确定调整办法和具体标准，并适当对高龄退休人员、艰苦边远地区企业退休人员等群体予以倾斜照顾。是年，廊坊市按照河北省确定的基本养老金过渡计发办法核算廊坊市退休人员养老待遇，确保退休人员待遇不降低。加快推进养老保险省级统筹，2020年年底前实现企业职工基本养老保险基金省级统收统支；落实养老保险基金中央调剂制度，做好中央调剂比例调整工作，加大省级基金调剂力度，均衡各县（市、区）养老保险基金负担，确保企业离退休人员基本养老金按时足额发放。

**【建筑业参加工伤保险专项行动】** 廊坊市“同舟计划”二期——建筑业参加工伤保险专项行动于2018

年启动，将铁路、公路、水运、水利、能源、机场工程建设等项目纳入工伤保险项目参保范围。截至2019年年底，廊坊市参加工伤保险建筑项目462个，实征工伤保险费3951万元，项目数保持全省前列，新开工项目实现100%参保。

**【社会保险扶贫和城乡居民基本养老保险政策集中宣传】** 5月，市人社局在全市启动“社会保险扶贫和城乡居民基本养老保险政策集中宣传月”活动。5月8日，市人社局联合广阳区、安次区、廊坊开发区人社部门举办大型现场宣传会。活动期间，全市各级人社部门在广场、街道、社区等公共场所成立流动宣传站，深入村街（社区）进行实地一对一服务，采取集中宣讲、现场咨询、政策解读、发放宣传品等多种方式，宣讲贫困人口、重度残疾人等困难群体参加城乡居民养老保险政策，解读城乡居民基本养老保险待遇确定和基础养老金正常调整机制，加强对养老保险代缴、基础养老金标准、缴费档次提高、政府补贴调整、参保缴费流程等问题的宣传引导，共发放城乡居民基本养老保险政策问答宣传资料3000余册。

**【社会保障卡发放】** 2019年，廊坊市社会保险参保人员411.2人，制卡427.9万张，超额39.5%完成全年目标任务。按照“一网、一门、一次、一邮寄”社保卡办理模式，在全省率先推出社保卡在线申领、制卡进度查询、问题在线解答、邮寄在线申请、居民社保卡在线激活软件，在线办理社保卡近百万张，在线申请邮寄17.9万人次，累计在线解答问题10.6万条。新生儿在线参保和社保卡申领实现一站式办理。制卡周期从2012年的1年压缩至目前的15个工作日。在中国银行手机APP、支付宝等6个渠道开通电子社保卡签发服务。新增退休人员退休金、失业人员补贴、全市5个县区（固安、永清、广阳、安次、大厂）城乡居民养老资金通过社保卡发放，部分地区低保、高龄、供电补贴、民办教师补贴等20项资金通过社保卡发放。实现社保卡挂号、诊间结算、就医购药、异地就医联网结算。

**【社会保险基金风险防控提升年】** 2019年，廊坊市开展“社会保险基金风险防控提升年”活动。成立社会保险基金风险防控提升年活动暨审计反馈问题整改工作领导小组，制定《市人社系统“社会保险基金风险防控提升年”活动实施方案》，出台《关于建立社保、医保基金安全责任制的通知》《关于进一步防范化解社保基金风险隐患的若干举措》等制度文件。6月，在全市范围对企业职工基本养老保险、机关事业单位养老保险、工伤保险和失业保险经办机构开展社会保险基金安全评估工作，对各险种2018年度收支余情况、存在的主要问题、风险点分析以及工作建议汇总上报并整改。规范业务经办流程，组织全市社会保险经办机构全面梳理社会保险公共服务事项、规范编制办事指南。组织开展社保基金管理风险专项检查，查找管理漏洞和制度根源，同步规范制度机制建设，巩固整改成果。开展打击社会保险领域欺诈骗保行为宣传活动，印制《关于敦促涉嫌存在社会保险领域欺诈骗保行为单位和人员主动交代问题的通告》《关于惩处社会保险领域诈骗类违法犯罪行为有关法律规定的通告》2000余份，发放惩处社会保险领域诈骗类违法犯罪行为有关法律规定宣传册2万份。

（邢　为）

## 劳动就业

**【概况】** 2019年，廊坊落实和完善就业优先政策，加强就业创业服务，稳住重点群体就业，全市就业情况保持总体稳定。全市新增城镇就业6.8万人，下岗失业人员再就业7405人，就业困难人员再就业2865人，农村劳动力转移就业新增3.05万人，分别完成省下达计划119%、123%、135%和109%，城镇登记失业率控制在2%以内，保持全省最低，零就业家庭保持动态清零。全市筹集就业专项资金1.45亿元，支出1.35亿元，其中培训补贴1580万元；保险补贴5956万元；岗位补贴3031万元，困难家庭高校毕业生一次性求职补贴327万元。扶持创业带动就业，年内发放创业担保贷款6925.5万元，累计带动（吸纳）2147人实现就业。

**【“三深化三提升”活动】** 2019年，廊坊市人社局实施就业促进工程、职业技能培训工程，开展创业就业孵化基地提升专项工作，通过优化出台政策措施、打造支撑平台、构建良好生态，推进“三深化三提升”（深化“双创双服”活动、提升高质量发展水平，深化23项民心工程、提升保障改善民生水平，深化纠正“四风”和作风纪律专项整治、提升工作效能和营商环境）活动各项任务落到实处。廊坊市11家基地入驻企业464家，带动就业人数2819人，大厂县创业创新孵化基地、文安县金丝雀孵化基地获评“级示范创业就业孵化基地”省称号，华航E创空间获首批“河北省创业大学”称号。职业技能培训覆盖各级各类人员2.68万人次，是省下达计划126%。11月28日至29日，河北省“三深化三提升”创业就业成果展示交流活动在廊坊市举办，廊坊市10个项目参展，其中三河创客天下“协作机器人”、大厂县云之云境智能床垫、大城县烙画葫芦等项目受到省领导关注与肯定。

**【举办专场招聘活动】** 2月20日至3月30日，廊坊市举办2019年“春风行动”专场招聘活动。活动由市人社局、市扶贫办、市总工会、市妇联联合主办。以“促进转移就业，助力脱贫攻坚”为主题，通过精准掌握需求、挖掘就业岗位、开展招聘活动、聚集就业扶贫、开展技能培训、引导返乡创业、加强权益维护、加强宣传引导等措施，帮助全市劳动力特别是建档立卡农村贫困劳动力实现就业。 活动期间全市累计发放“春风卡”及各类宣传材料6.6万份，召开大型专场招聘洽谈会20场，组织1300余家用工单位招聘，提供就业岗位5万余个，求职人数达5.3万人，其中农民工1.4万人，达成就业意向1.6万余人，其中农民工0.6万人。

3月，北京市通州区、天津市武清区、河北省廊坊市三地人社部门在通州区联合举办2019年“通武廊”大型人才招聘会。招聘会组织北京聚龙科技、天津唯品会、河北顺丰速运廊坊分公司、大厂县夏垫佳美体育用品有限公司等98家京津冀名优企业参会，提供就业岗位2609个，涉及企业管理、技术研发、文化教育、仓储物流、生产制造等行业。招聘会吸引近3000人到场洽谈，980余人与用人单位达成初步就业意向。会场特设政策宣传咨询服务区，由三地人社部门为用人单位和求职个人提供就业创业、技能培训、社会保障、劳动维权等方面咨询服务，发放各类宣传材料8000余份。招聘会上，廊坊市13家企业现场接待求职者800余人，与132人达成初步就业意向。

4月15日至21日，廊坊市人社局联合市教育局、市总工会、市工商联，在全市开展以“就业政策惠民企，就业服务促发展”为主题的“民营企业招聘周”活动。活动期间，全市举办专场招聘会12场，累计进场参会民营企业310家，提供就业岗位8500个，入场求职1.1万人，达成就业意向3000余人。

7月，廊坊市举办北京大兴国际机场东航廊坊专场招聘双选会，中国东方航空集团携东航北京分公司、中国联合航空有限公司、东航北京指挥部等旗下9家公司联合参会，共计50余种岗位面向全社会公开招聘，涉及特种设备、飞机工程、地面服务、机关职能等多个岗位类别。招聘双选会共接待意向者近4000人次，“廊坊市人力资源市场”网站当日浏览量达3.5万人。

**【失业保险稳岗返还】** 7月，廊坊市启动实施失业保险稳岗返还政策。稳岗返还适用政策及返还标准为，对连续缴纳失业保险费1年以上且无欠缴，并采取有效措施不裁员、少裁员的参保企业，返还其上年度实际缴纳失业保险费的50%。对面临暂时性生产经营困难且恢复有望、坚持不裁员或少裁员的参保企业，返还失业保险费标准按照6个月的统筹地区月人均失业保险金和参保职工人数确定。申请稳岗返还资金的企业，其生产经营活动应符合国家、省及所在地产业结构调整和环保政策；上年度未裁员或裁员率不超过全省城镇登记失业率控制目标4.5%。申请经营困难且恢复有望企业稳岗返还的，还需符合足额缴纳失业保险费且无历史欠缴，并提供与企业工会协商制定的稳定就业岗位措施等。是年，市人社局为1610家符合条件的企业发放稳岗资金5167万元，惠及职工15万人。

**【“北三县（市）”与北京通州区交流合作】** 2月20日，廊坊市人社局联合北京市人社局、通州区人社局及“北三县（市）”人社部门召开廊坊“北三县（市）”与通州区人力资源和社会保障公共服务协同发展问题座谈会，推进“北三县（市）”与通州区人力资源和社会保障公共服务协同发展合作，围绕统一社会保险政策、开展技能培训、深化人才合作、劳动人事争议协同处理等方面协作开展沟通。

9月，廊坊市“北三县（市）”与北京通州区公共就业服务协同发展专题交流座谈会在通州区举办，北京市人社局、河北省人社厅、北京市通州区、廊坊市以及廊坊市“北三县（市）”人社部门主管领导及相关负责人30余人参会。与会人员实地参观中国北京人力资源服务产业园区通州园，听取关于园区建设、服务工作的介绍并作交流发言，探讨公共就业服务工作协同发展事项。会上，通州区人社局与廊坊“北三县（市）”分别签署公共就业服务机构协作（合作）协议书。河北省廊坊市“北三县（市）”与北京市通州区四地在岗位信息共享、联合招聘、人员交流、技术合作、资质互认、职业培训等方面加强合作交流，统一公共就业服务标准和规范，以点带面，促进各项人社业务实现协同发展。

9月17日，廊坊“北三县（市）”与北京市通州区劳动人事争议处理工作座谈会在大厂县举办。北京市通州区及三河市、大厂县、香河县人社部门主管调解仲裁领导、仲裁机构负责人参会。座谈会围绕廊坊“北三县（市）”与通州区“四统一”（统一规划、统一政策、统一标准、统一管控）重大战略决策对劳动人事争议协同处理领域的影响，就劳动人事争议规划对接、疑难复杂案例研讨和劳动人事争议案件协同协调机制展开交流座谈。

**【保障农民工工资支付】** 11月，河北省通报2018年度保障农民工工资支付工作考核结果，通过全面考察、综合评议，廊坊市获最高等次A级，是全省4个获得A级地市（石家庄市、秦皇岛市、沧州市、廊坊市）之一。考核结果抄送省委组织部，作为对各市政府领导班子和有关领导干部进行综合考核评价的参考。廊坊市继2017年保障农民工工资支付工作考核获得A级之后，第二次取得A级等次。

**【工资集体协商“百日行动”】** 4月，市人社局、市总工会、市政府国资委和市工商联等4家单位联合在全市范围内开展2019年工资集体协商“百日行动”，引导各类企业、行业、区域启动集体协商和工资集体协商要约程序，促进已建立工会组织的企业普遍要约。至年末，已建立工会组织的规模（限额）以上企业工资专项集体合同签订率达到90%以上。推进行业（区域）性集体协商，扩大覆盖面，行业（区域）集体合同覆盖职工数达到20万人以上。以职工群众关注的劳动报酬、保险福利、休息休假、职业培训等作为协商重点，增强协商的针对性和实效性，促进集体合同提质增效，确保集体协商建制企业的职工对集体协商的参与率达到80%以上，知晓率达到90%以上，职工满意度和企业认可度稳步提高。

**【廊坊市最低工资标准上调】** 11月1日起，廊坊市执行河北省新的最低工资标准。照此标准，廊坊市各县（市、区）月最低工资标准分1900元、1790元和1680元三档，分别增长15.15%、12.58%和13.51%，小时最低标准为19元、18元和17元。其中，广阳区、安次区、廊坊经济技术开发区、三河市和霸州市执行第一档次，香河县和大厂回族自治县执行第二档次，永清县、固安县、文安县和大城县执行第三档次。

**【“通武廊”三地劳动关系争议案件联合审理】** 7月2日，“通武廊”三地仲裁员在武清区劳动人事争议仲裁委员会召开合议庭，公开审理3起确认劳动关系的争议案件。在首席仲裁员主持下，双方当事人遵守法定程序，依次陈述仲裁请求及依据的事实、理由。合议庭细致询问双方提交证据，并做案情梳理，明确当事人诉求，统一案件焦点，提出仲裁主张和答辩意见，当庭依法完成庭审。合议庭审理的3起案件中涉及劳动者实际工作地均在武清区，用人单位注册地均为通州区，业务范围覆盖廊坊市。三地仲裁员就案件审理的争议焦点、裁决方向、举证责任等专业问题进行深入探讨，确定案件裁决的方向。

**【启用京津冀劳动合同参考文本】** 3月，廊坊市人社局转发由北京市、天津市、河北省人社部门印发的《关于启用京津冀劳动合同参考文本的通知》，在全市范围内正式启用《京津冀劳动合同参考文本》。《京津冀劳动合同参考文本》包含签约人基本情况，合同期限，工作内容和工作地点，工作时间和休息休假，劳动报酬，社会保险和福利待遇，劳动保护、劳动条件和职业危害防护，劳动合同的解除、终止，违约责任及违约金，双方补充约定事项，劳动争议处理等内容。签约须知明确规定，用人单位不得招用未满16周岁的未成年人，用人单位有未及时足额支付劳动报酬或未依法为劳动者缴纳社会保险等违反劳动保障法律、法规或者规章的行为，劳动者可以依法向相关部门举报投诉，并可依法解除合同。用人单位与劳动者经协商一致签订的劳动合同具有法律效力，用人单位与劳动者应当按照合同约定全面履行各自义务。《京津冀劳动合同参考文本》推动各类用人单位与职工依法订立和履行劳动合同，促进京津冀劳动关系工作协同，为构建和谐劳动关系提供有力保障。

**【启动仲裁法律文书邮政特快专递业务】** 2019年4月，廊坊市人社局在全省率先启动仲裁法律文书邮政特快专递业务。按照省人社厅工作要求，仲裁调解书、仲裁裁决书等劳动争议仲裁文书都可通过邮政快递公司直接送达，费用将从仲裁专项经费列支；邮政快递公司将对全市劳动争议仲裁文书送达实行预约上门服务，承诺在一次投递成功的情况下，市内、市辖县、省内均次日完成送达，省外2~3日完成送达，邮件将确保送达到当事人手中，并将当事人收到签字联直接回交寄件人。启动仲裁法律文书邮政特快专递业务，将有效解决仲裁部门“送达难”问题，提高工作效率，方便办事群众，提升劳动争议仲裁工作效能。

（邢　为）

## 住房保障

**【概况】** 2019年，廊坊市棚户区改造工程新开工项目7个，共4853套，完成省开工任务100%。基本建成棚户区改造项目7个，共1745套，完成省基本建成任务的102.6%。是年，省政府下达廊坊市发放城镇住房保障家庭租赁补贴任务2000户，实际发放2295户，任务完成率114.8%。

（张　宇）

## 廊坊市住房公积金管理

**【概况】** 廊坊市住房公积金管理中心（以下简称“中心”）主要负责全市住房公积金归集、管理、使用和会计核算。“中心”设6个科室，11个管理部（其中，对廊坊开发区管理部业务监督指导，开发区管理部人员由开发区管委会管理，管理费用由廊坊开发区财政负担）。2019年，“中心”建制单位6165家，实缴职工50.63万人，缴存住房公积金45.12亿元。截至2019年年底，廊坊市住房公积金缴存总额330.6亿元，缴存余额135.09亿元，同比分别增长15.81%、10.11%。全年提取住房公积金32.72亿元，提取占年内缴存额的72.5%。廊坊市住房公积金提取总额195.51亿元，同比增长20.1%。全年发放个人住房贷款4031笔20.49亿元。全市累计发放个人住房贷款47712笔149.50亿元，贷款余额93.63亿元，同比分别增长9.23 %、15.88%、15.77%。个人住房贷款率69.31%。全年住房公积金业务收入4.41亿

### 2019 年廊坊市棚户区改造新开工项目进展一览表

表 48

| 序号 | 县（市、区） | 项目名称 | 项目类别 | 已开工套数 | | | | | |
|---|---|---|---|---|---|---|---|---|---|
| | | | | 合计 | 实物安置房开工套数 | 货币化安置套（户）数 | | | |
| | | | | | | 合计 | 直接货币补偿 | 政府购买商品住房安置 | 政府组织棚改居民购买商品住房安置 |
| 1 | 广阳区 | 尖塔 | 城市棚户区 | 1816 | 1816 | 0 | 0 | 0 | 0 |
| 2 | 广阳区 | 南甸 | 城市棚户区 | 468 | 468 | 0 | 0 | 0 | 0 |
| 3 | 广阳区 | 李庄 | 城市棚户区 | 620 | 620 | 0 | 0 | 0 | 0 |
| 4 | 广阳区 | 许各庄 | 城市棚户区 | 282 | 282 | 0 | 0 | 0 | 0 |
| 5 | 广阳区 | 商业中心区 | — | — | — | — | — | — | — |
| 二期 | 城市棚户区 | 462 | 462 | 0 | 0 | 0 | 0 | | |
| 6 | 广阳区 | 苗场 | 城市棚户区 | 67 | 67 | 0 | 0 | 0 | 0 |
| 7 | 安次区 | 中孟各庄 | 城市棚户区 | 1138 | 1138 | 0 | 0 | 0 | 0 |
| 合计 | | | | 4853 | 4853 | 0 | 0 | 0 | 0 |

### 2019 年廊坊市棚改基本建成项目一览表

表 49

| 序号 | 县（市、区） | 项目名称 | 项目类别 | 基本建成套数 |
|---|---|---|---|---|
| 1 | 文安县 | 兴文小区 | 城市棚户区 | 65 |
| 2 | 文安县 | 鑫悦豪庭 | 城市棚户区 | 75 |
| 3 | 固安县 | 东方润龙东区 | 城市棚户区 | 68 |
| 4 | 固安县 | 和惠苑 | 城市棚户区 | 69 |
| 5 | 安次区 | 北小营一期 | 城市棚户区 | 460 |
| 6 | 安次区 | 北小营二期 | 城市棚户区 | 400 |
| 7 | 开发区 | 化辛小区三期 | 城市棚户区 | 608 |
| 合计 | | | | 1745 |

元，业务支出 2.19 亿元，实现增值收益 2.22 亿元。廊坊市住房公积金管理中心各项数据均不包含中国石油天然气管道局管道住房公积金管理中心数据。

**【帮企纾困】** 2019 年，协调市税务局，及时掌握亏损企业信息，到企业调查研究，依规做好阶段性降低住房公积金缴存比例工作，减轻企业负担，推动降低企业营商成本。自规范和阶段性适当降低住房公积金缴存比例政策出台后，累计为 762 个单位办理降低缴存比例手续，为单位减轻年负担 1.17 亿元，为减少单位支出、缓解企业经营困难、促进实体经济增长发挥作用。

**【提升资金管理效能】** 2019 年，精简归并银行账户工作居全省前列，每个受托银行只保留 1 个账户，实现统一资金池管理。分析提取资金和贷款资金需求、归集缴存增量、职工还贷增量等因素，降低备付金占住房公积金存款比率。科学运营沉淀资金，协调受托银行上浮存款利率，年度科学及时转存定期 38 笔 9.7 亿元。

**【完善业务管理基础】** 2019 年，利用合作银行信息资源，主动对重复账户、睡眠账户逐一通知，跟踪落实。打破缴存地域限制，职工可到就近管理部办理。完善单位基础数据 5246 个，完善职工基础数据 33.85 万人。清理身份证信息非有效账户 7.88 万户，清理重复账户 5.12 万户，清理长期封存账户 6.25 万户。解决“封存账户过多、一人多户、一人多缴、信息不全、信息错误”等问题。年内，历史数据清理工作受到省住建厅通报表彰。

**【“放管服”改革】** 2019 年，主城区公积金贷款人员进驻市行政审批局政务服务中心，与不动产、税务、受托银行等相关部门集中办公，采用集中受理模式，贷款群众只进“一扇门”。优化贷款审批流程，建立住房公积金贷款预审预签机制，审批时限由 10 日压缩至 7 日内完成，放款时限由 5 日压缩至 3 日内完成。2019 年 10 月、11 月经政府采购依规分别启动文安县管理部、大城县管理部服务营业用房装修工作。

**【数据平台接入和综合服务平台建设】** 2019 年，“中心”做好住房公积金数据平台接入工作，经住建部批复同意接入申请，于 5

月9日接入住建部数据平台，系统运行平稳，实现日终自动采集上报。推行互联网+政务服务，建设启用综合服务平台，月均访问量超过50万人次，12月20日通过省住建厅验收。利用网站、手机APP、短信、“12329”热线、网厅、微信公众号、自助查询机、微博等渠道，拓宽业务办理途径，提高“离柜率”，让数据多跑路，职工少跑腿。

**【提升服务效能】** 2019年，“中心”全部提取业务实现“最多跑一次”，取消身份证明类复印件，提取审批即时办结，提取资金实现“秒到账”。实现公积金查询和购买自住住房提取、偿还贷款提取（包括偿还公积金贷款和偿还商业贷款）、租房提取、退休提取4项提取网上全流程办理。

（姚　姚）

## 民政事务

**【概况】** 2019年，廊坊民政工作围绕“三个聚焦”和“三基”职责，在脱贫攻坚工作上取得明显成绩；在低保救助、特困供养标准上实现连年提升，在养老服务、区划管理上实现率先发展；在民政自身建设、社会组织管理和社区服务等方面实现新突破，全市民政工作水平得到提升。是年，廊坊市民政局获全省脱贫攻坚先进集体、市级文明单位等称号。廊坊市福利院等4家单位在第十四次省民政会议上获全省民政系统先进集体称号，廊坊市福利院院长张宝旺获评为全国民政系统先进个人，市民政局臧秋成等6人获评河北省先进工作者。脱贫攻坚任务完毕，廊坊市有建档立卡户1937户4841人，其中2018年度脱贫1353户3810人；2019年度脱贫584户1031人，超额完成省定1000人目标任务。制定出台《关于建立健全脱贫防贫长效机制的实施意见》。通过开展脱贫人口“回头看”、设立防贫保险等方式，防贫保险投入2209.04万元，262户455人得到救助。加大对受援县帮扶力度，全年为5个县（市、区）拨付对口帮扶资金1.84亿元。社区居家养老工程完工，廊坊市民政局负责23项重点民心工程中的社区居家养老服务工程，截至9月底，廊坊市7家居家养老服务中心新改扩建工程、1家特困人员供养机构改扩建工程全部完工，14家养老机构通过省民政厅星级评定。慈善事业稳步发展，廊坊市民政局重新修订《廊坊市慈善总会章程》《廊坊市慈善总会资金管理办法》，扩大大学生助学救助范围；修订《廊坊市贫困大学生助学办法》，全年救助贫困学生503人次，发放救助金134.8万元。提升养老服务管理水平，廊坊市民政局与北京市通州区达成合作意向，由通州区出资统一培训廊坊市“北三县（市）”养老护理员；与天津静海、河北沧州合作，成功举办“静沧廊”养老服务论坛；先后开展养老院消防安全风险防范整治等5类专项行动。提升社会组织管理水平，廊坊市先后出台《促进社会组织高质量发展的若干措施》和《廊坊市社区社会组织备案管理制度》；纳入脱钩范围的83家市属行业协会商会全部完成脱钩工作。开展行业协会涉企收费情况专项检查，廊坊市143家行业性协会商会，未发现违规收费情况；查处5家涉嫌非法社会组织。开展行政区划管理工作，廊坊市民政局完成三河市燕顺路、康城2个街道办事处评估及增设工作；完成广阳区北旺乡，安次区北史家务、杨税务乡等3个乡改镇筹备工作，并通过河北省民政厅验收；全市建制镇72个，镇占比80%，居全省排名第一位；为市城区9个区块900余条道路命名。发展社会福利事业，全年为37441名重度残疾人、26522名困难残疾人发放保障资金1.26亿元。

**【社会救助】** 2019年，廊坊市社会救助工作主要包括城乡最低生活保障、农村五保供养和临时救助3项。截至12月底，全市有城乡低保对象28594户46620人。其中，城镇低保对象2417户3741人，占全市城镇人口的0.18%，累计发放城镇低保金2103.6万元，月人均补助470元；农村低保对象26177户42879人，占全市农村人口1.56%，累计发放农村低保金2亿元，月人均补助471元。城乡低保标准和补差标准全省领先。

低保标准持续保持全省首位。2019年，廊坊市印发《廊坊市人民政府关于调整城乡居民最低生活保障和特困人员供养标准的通知》（〔2019〕5号），将城乡低保保障标准由每人每月600元统一提高到每人每月685元。同步提高城乡特困对象基本生活补助标准，由每人每年不低于11520元统一提高到每人每年不低于13152元。新标准自2019年7月1日执行，并规定有条件县（市、区）可根据本地实际提高低保标准。截至2019年年底，三河市、大厂县、香河县、固安县和廊坊开发区5个县（市、区）城乡低保标准每人每月900元，全市平均标准每人每月783元。

超额完成农村低保扩面提率目标。2019年初，河北省民政厅对廊坊市下达农村低保保障率达到1.5%任务目标。廊坊市制定出台《关于推进城乡特殊困难群体社会救助兜底保障工作的实施方案》（廊民

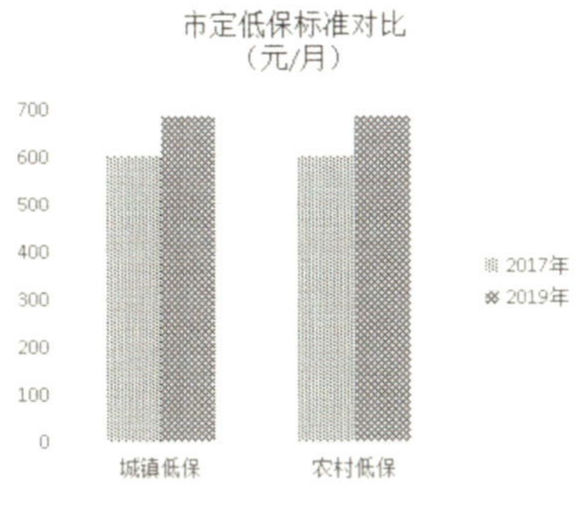


图39　2019年廊坊市低保标准与2017年低保标准对比图

〔2019〕63号）、《廊坊市民政局关于全面完善政策和措施全力提升社会救助兜底保障工作整体能力和水平的通知》（廊民〔2019〕80号）、《廊坊市民政局关于全面做好社救防贫工作充分发挥社救精准防贫首道防线作用的通知》（廊民发〔2019〕25号）等一系列文件，在全省率先实行统筹综合会诊识别，梯度衔接分层救助的救助方法，并率先建立建档立卡外低保对象渐退期制度等工作制度，确保符合条件困难群众及时纳入救助范围。先后组织召开4次专题会议，2轮专项督导检查，下发专题通报2次，督促指导各县（市、区）扩面提率工作。截至2019年年底，廊坊市有农村低保对象42879人，农村低保保障率由1.17%提高到1.56%，超额完成省定1.5%目标任务，廊坊市低保特困市定标准、全市平均标准、县级最高标准等三项标准居全省第一位。

特困人员供养。2019年，全市有特困供养对象8992人，其中城市特困供养对象42人，集中供养8人，分散供养34人；农村特困供养对象8950人，集中供养1787人，分散供养7163人；支出特困人员供养资金1.31亿元，特困供养水平在全省排名位居前列。全市特困人员中生活完全不能自理对象648人，半自理对象769人。其中，集中供养生活完全不能自理对象318人，半自理对象369人。生活完全不能自理或半自理对象集中供养率48.5%。

临时救助。2019年，廊坊市开展临时救助927人次，累计支出救助金额160万元，人均救助金额1721元。

兜底扶贫工作。2019年，廊坊市组织开展三个回头看，发挥社会救助兜底扶贫作用。回头看政策落实情况，查找是否存在政策落实不全面，不到位等问题，提高政策落实精度，确保政策落实无死角。回头看纳入贫困户情况，查找补差标准是否落实到位，提高救助精度，确保救助数额无偏差。回头看未纳入贫困户情况，查找是否存在漏保漏养问题，提高识别认定精度，确保应兜尽兜无遗漏。截至2019年年底，全市建档立卡贫困人口中，兜底保障1649户3600人，户占比84.96%，人占比74.2%，比年初分别提高7.46%和8.1%。

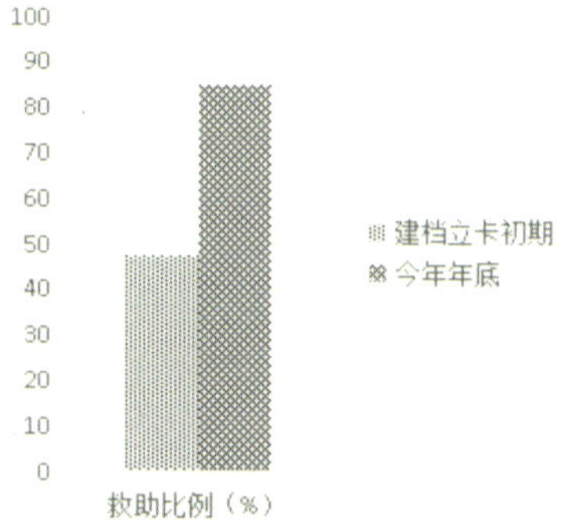


图40 2019年廊坊市兜底扶贫救助比例与建档立卡初期比例对比图

**【社会福利事业】** 2019年，廊坊市民政局规范农村留守儿童委托监护书签订工作，全市留守儿童全部签订委托监护责任书。1例儿童监护权撤销工作完毕，成为全国第二例，全省第一例通过法律手段来维护儿童权益案例，在9月23日召开的全省儿童福利工作会议上，廊坊市作典型发言。

2019年，慈善总会修订《廊坊市慈善总会章程》《廊坊市慈善总会资金管理办法》，自2019年4月，慈善办向各社会组织发出诚招会员邀请函，收集会员35名（分别代表单位和个人），按理事会产生比例，选择11人（分别代表单位和个人）对慈善工作有过相当贡献爱心人士为理事，并成立监事会。按照省民政厅办公室《关于规范城市社区旧物捐赠箱设置行为的通知》（冀民办〔2019〕6号），规范非法捐赠箱，下发《廊坊市民政局关于规范城市社区旧物捐赠箱设置行为的通知》（廊民传〔2019〕21号），清理规范捐赠箱980个。做好贫困高中生救助工作。督促、督导各县（市、区）筹措资金，严格审核被救助学生条件，解决政策问题，保证发放质量。截至2019年10月，救助学生354人，发放救助金566400元。修订《廊坊市贫困大学生助学办法》（廊民〔2018〕95号）。适当扩大社会救助范围，除普通高等学校招生外，将国家批准的部分高校自主招生、全国特殊学校残疾生统招，纳入被救助范围。大学生助学资金来源，增加省福彩助学金。首次救助金由省福彩助学金、市财政福彩公益金、社会捐赠三类资金组合分担。首次救助申报、公示，本科生与专科生分步进行，以保证学生及时拿到救助金。全年救助贫困大学生首次救助70人，发放救助金62.4万元。完成2018年度慈善大病救助工作，确定救助对象16人，发放救助资金389510.82元，于2019年1月完成。适应机构调整，廊坊市民政局2019年度停止慈善大病救助工作。按照中共廊坊市委、市政府《关于坚决打赢精准扶贫精准脱贫攻坚战的实施方案》中对教育精准扶贫要求和《廊坊市慈善总会关于民营企业爱心人士捐赠扶贫助学资金的管理办法》，救助四类人员：未在公办和普惠性私立幼儿园就读的建档立卡家庭经济困难适龄幼儿；在省外普通高校或省内独立学院就读，具有全日制学历教育正式注册学籍的廊坊市建档立卡家庭经济困难学生；建档立卡家庭经济困难学生中初中毕业升入高中或中职学校，高中毕业升入大专以上院校，本科毕业生升入研究生的学生；因临时变故经济严重困难家庭的学生，按《廊坊市慈善总会关于民营企业爱心人士捐赠扶贫助学资金管理办法》，经助学资金管理联席会议批准救助的家庭经济困难学生。发放救助金858200万元，帮助191人次。5月22日，配合省慈善总会组织廊坊市先心病儿童筛查工作。筛查27例，为符合手术条件2人手术，患者差旅费每人2000元发放完毕。先后开展杉杉助学、王刚助学、李连顺助学、白内障患者救助工作、翟雪峰爱心团体资助建档立卡学龄前儿童资助活动、龙河小学捐赠工作，支出资金超过百万元。

**【社会团体组织管理】** 2019年，廊坊市拥有依法注册的社会组织1660家（社会团体546家、民办非企业单位1114家）。其中市本级437家：社团204家、民办非企业单位233家。严把年检关，廊坊市民政局印发年检通知，明确规定社会组织年检对象、时间和流程、检查标准和工作要求等，并将相关通知和要求在《廊坊日报》公告并发送至公共邮箱，供各社会组织查阅。严把重大事项报备关，设置重大事项预警机制，安排专人负责社会组织换届工作。2019年，市本级完成换届组织13家，申请延期换届5家，筹备换届2家，下达整改通知书2家。严把查处关，采取分步清理方式，把成立后不组织活动、不参与年检、名存实亡的组织逐步清理。协助省民政厅核查非法社会组织“中国光碳联盟”开展活动情况，全年撤销社会组织39个。廊坊市民政局印发《廊坊市社区社会组织备案管理制度》。全市完成备案社区社会组织7122个，其中城市社区社会组织659个，农村社区社会组织6463个。出台市本级行业协会、商会负责人任职资格审查实行本人承诺制度。深化社会组织管理制度改革，提高工作效率，方便办事群众，出台市本级行业协会、商会负责人任职资格审查实行本人承诺制度。全年先后审查办理21家社会组织负责人任职审查。中共廊坊市委、市政府两办名义印发《关于促进全市社会组织高质量发展的若干措施》（以下简称《若干措施》），提出加强党的建设、加强综合监管、加大扶持培育力度、搭建服务平台和完善保障机制等5个方面21条创新务实措施。廊坊市印发《廊坊市品牌社会组织创建工作的通知》，明确创建指标。是年，在全市范围内开展品牌社会组织创建工作，市本级选取20家本行业组织进行打造。召开专题会议动员部署廊坊市社会组织参与脱贫攻坚工作，印发《廊坊市民政局关于广泛引导和动员社会组织参与脱贫攻坚工作的通知》，转发民政部《关于进一步做好引导和动员本省（区）社会组织参与脱贫攻坚工作的通知》。2019年度廊坊市参与脱贫攻坚组织68个，参与脱贫攻坚活动115次，开展扶贫项目36个，制定扶贫计划35个，投入资金253.945万元，投入人员30.2827万人，受益贫困人口27.4636万人。根据《社会组织评估管理办法》规定，廊坊市印发《关于开展2019年度社会组织评估工作的通知》，调整廊坊市社会组织评估委员会和评估复核委员会名单。京东中美医院、廊坊市慈善总会、廊坊市高新技术产业协会三家社会组织评定为AAA级社会组织。廊坊市民政局印发《关于严格社会团体涉企收费行为的通知》，联合发改委印发《关于在全市开展行业协会商会涉企收费专项治理行动的通知》，结合年检工作每家组织填写《涉企收费情况自查报告》进行自查。全市性社会团体204家，其中行业性协会商会（学会）143家，未发现乱收费、乱摊派、违规收费情况。廊坊市直登、脱钩社会组织有114家，由廊坊市民政局负责其党的组织和工作“两个全覆盖”。有37家建立独立党支部，36家建立联合党支部，41家派驻党建指导员。印发《2019年党建工作要点》，完成市属60家社会组织支部书记培训。按照省发改委转发国家发改委《关于全面推开行业协会商会与行政机关脱钩改革的实施意见》通知（冀发改产业1233号）文件精神，廊坊市有行业协会商会92个，全年完成脱钩83个。

**2019年廊坊市遗体火化情况统计表**

表50

| 名称 | 死亡人口数（人） | 火化尸体数（具） | 火化率（%） |
|---|---|---|---|
| 香河县 | 2593 | 2593 | 100 |
| 大厂县 | 713 | 701 | 98.31 |
| 三河市 | 4372 | 3106 | 71.04 |
| 市　区 | 5282 | 2301 | 43.56 |
| 文安县 | 3367 | 967 | 28.71 |
| 霸州市 | 4315 | 1000 | 23.17 |
| 固安县 | 3315 | 730 | 22.02 |
| 永清县 | 2376 | 425 | 17.88 |
| 大城县 | 3312 | 299 | 9 |
| 合　计 | 26339 | 12122 | 40.89 |

**【农村基层民主政治建设】** 2019年，廊坊市优化村级自治组织队伍结构，执行《中华人民共和国村民委员会组织法》《河北省实施〈中华人民共和国村民委员会组织法〉办法》以及《河北省村民委员会选举办法》，严格依法依规选举，严格把握候选人资格条件，引导群众正确行使民主权利。6月，市民政局、市委组织部、市委政法委、市文明办、市司法局、市农业农村局、市妇联七部门联合印发《关于修订村规民约和居民公约工作的实施方案》，开展村规民约和居民公约修订完善工作。截至年底，全市村街基本完成村规民约制定修订。有序推进村级协商议事示范点创建活动。

## 2019年廊坊市建档立卡脱贫户情况表

表51

| 序号 | 县（市、区） | 脱贫户数（户） | 脱贫人数（人） | 因病致贫 | | | 因残致贫 | | | 因学致贫 | | | 缺劳动力致贫 | | | 其他原因致贫 | | |
|---|---|---|---|---|---|---|---|---|---|---|---|---|---|---|---|---|---|---|
| | | | | 户数（户） | 户占比（%） | 人数（人） | 户数（户） | 户占比（%） | 人数（人） | 户数（户） | 户占比（%） | 人数（人） | 户数（户） | 户占比（%） | 人数（人） | 户数（户） | 户占比（%） | 人数（人） |
| 1 | 三河市 | 471 | 1336 | 265 | 56.26 | 773 | 70 | 14.86 | 165 | 56 | 11.89 | 221 | 55 | 11.68 | 109 | 25 | 5.31 | 68 |
| 2 | 大厂县 | 102 | 201 | 68 | 66.67 | 124 | 20 | 19.61 | 45 | 8 | 7.84 | 19 | 6 | 5.88 | 13 | 0 | 0.00 | 0 |
| 3 | 香河县 | 56 | 119 | 15 | 26.79 | 26 | 22 | 39.29 | 59 | 3 | 5.36 | 10 | 16 | 28.57 | 24 | 0 | 0.00 | 0 |
| 4 | 广阳区 | 36 | 83 | 26 | 72.22 | 63 | 5 | 13.89 | 8 | 2 | 5.56 | 7 | 3 | 8.33 | 5 | 0 | 0.00 | 0 |
| 5 | 安次区 | 220 | 472 | 111 | 50.45 | 245 | 88 | 40.00 | 189 | 1 | 0.45 | 2 | 15 | 6.82 | 26 | 5 | 2.27 | 10 |
| 6 | 永清县 | 138 | 332 | 71 | 51.45 | 180 | 33 | 23.91 | 80 | 3 | 2.17 | 13 | 23 | 16.67 | 44 | 8 | 5.80 | 15 |
| 7 | 固安县 | 207 | 522 | 84 | 40.58 | 238 | 84 | 40.58 | 209 | 4 | 1.93 | 13 | 31 | 14.98 | 55 | 4 | 1.93 | 7 |
| 8 | 霸州市 | 139 | 285 | 67 | 48.20 | 176 | 47 | 33.81 | 81 | 1 | 0.72 | 2 | 24 | 17.27 | 26 | 0 | 0.00 | 0 |
| 9 | 文安县 | 193 | 467 | 87 | 45.08 | 259 | 61 | 31.61 | 141 | 3 | 1.55 | 8 | 41 | 21.24 | 56 | 1 | 0.52 | 3 |
| 10 | 大城县 | 372 | 1012 | 167 | 44.89 | 489 | 156 | 41.94 | 392 | 13 | 3.49 | 39 | 29 | 7.80 | 73 | 7 | 1.88 | 19 |
| 11 | 汇总 | 1934 | 4829 | 961 | 49.69 | 2573 | 586 | 30.30 | 1369 | 94 | 4.86 | 334 | 243 | 12.56 | 431 | 50 | 2.59 | 122 |

## 2019年廊坊市建档立卡脱贫人口情况表

表52

| 序号 | 县（市、区） | 建档立卡脱贫数据 | | 其中 | | | |
|---|---|---|---|---|---|---|---|
| | | | | 2018年脱贫 | | 2019年脱贫 | |
| | | 总户数（户） | 总人数（人） | 户数（户） | 人数（人） | 户数（户） | 人数（人） |
| 1 | 三河市 | 471 | 1336 | 376 | 1180 | 95 | 156 |
| 2 | 大厂县 | 102 | 201 | 90 | 177 | 12 | 24 |
| 3 | 香河县 | 56 | 119 | 39 | 87 | 17 | 32 |
| 4 | 广阳区 | 36 | 83 | 15 | 47 | 21 | 36 |
| 5 | 安次区 | 220 | 472 | 196 | 432 | 24 | 40 |
| 6 | 永清县 | 138 | 332 | 103 | 278 | 35 | 54 |
| 7 | 固安县 | 207 | 522 | 150 | 438 | 57 | 84 |
| 8 | 霸州市 | 139 | 285 | 53 | 161 | 86 | 124 |
| 9 | 文安县 | 193 | 467 | 90 | 258 | 103 | 209 |
| 10 | 大城县 | 372 | 1012 | 239 | 743 | 133 | 269 |
| 11 | 汇总 | 1934 | 4829 | 1351 | 3801 | 583 | 1028 |

**【城乡社区建设】** 2019年，廊坊市有18个街道办事处337个城市社区。其中，市辖区有街道办事处10个、社区124个。80%以上社区工作用房达到300平方米，市辖区各社区工作用房面积平均达到370平方米以上。全市有社区工作人员2233人。所有社区均成立社区居委会和党支部，逐步完善楼门长队伍，并开展社区网格化建设。统筹文明城市创建，推进社区党组织、居委会、业主委员会、居民代表、物业服务企业、社区综合服务站“六位一体”民主协商机制建设，开展社区协商议事活动，全市社区中议事活动开展率达到85%。总结推广逸锦家苑社区、吉兴社区、康宁街社区、金桥小区、金星道社区等试点社区经验。全市各级发展社区服务类社会组织和志愿服务组织约1.4万个。

**【婚姻登记】** 2019年，廊坊市把婚姻登记建设纳入“民政窗口”单位建设，严格贯彻执行婚姻政策法规、规范性文件和登记程序，按上级要求取消婚姻登记证收费，开展免费复印、照相等业务。组织婚姻登记员业务培训考核，2019年度培训考核合格41人，全员持证上岗。县级婚登处均开设颁证服务、婚姻家庭辅导。广阳区、安次区、三河市与卫健委合作，在婚登处设立婚前检查登记业务。在全市13个婚姻登记处设立监督举报电话，市民政局将婚姻登记工作纳入年度民政工作考核通报重点内容。是年，廊坊市严格按照《中华人民共和国婚姻法》《婚姻登记条例》，依法行政、规范管理，全年办理结婚登记33857对，离婚23436对，补办结婚证14419对，补发离婚证1696件，办理涉外结婚登记108对、离婚14对、补证4对。

**【殡葬管理】** 2019年，廊坊市有殡仪馆9个，经营性公墓9个。廊坊市在建新殡仪馆1个，廊坊市新殡仪馆位于安次区码头镇京台高速北侧，第三南通道东侧，总占地面积53363.01平方米，总投资21993.2万元。

**【扶贫开发】** 2019年，廊坊市建档立卡贫困户脱贫退出583户1028人，加上2018年脱贫退出的1351户3801人，全市建档立卡户1934户4829人全部脱贫，在全省范围内率先消除绝对贫困。“两不愁三保障”突出问题得到解决，开展覆盖所有农户“两不愁三保障”突出问题大排查，逐户逐人核验义务教育、基本医疗、住房安全和饮水安全等是否达标。脱贫防贫长效机制不断健全，出台《关于建立健全脱贫防贫长效机制的实施意见》，通过开展脱贫人口“回头看”、“两类人群”排查监测，以及设立防贫保险、实施教育救助、加强医疗防贫、低保扩面提率等举措，巩固扩大脱贫成果，有效防止致贫返贫。统筹推进脱贫攻坚各类问题整改落实，2018年国家脱贫攻坚成效考核、专项巡视，2019年国家脱贫攻坚督查、全省脱贫攻坚成效考核及督查巡视审计反馈各方面问题全部整改到位。开展对口帮扶工作；不断加大对受援县帮扶力度，督导三河市、大厂县、香河县、固安县、廊坊开发区立足自身优势，结合受援县实际情况，重点围绕资金支持、人才支援、产业对接、创业就业、民生事业等内容，助力打好打赢脱贫攻坚战。年内，拨付对口帮扶资金1.84亿元。

2019年，廊坊市落实基本医疗保险、大病保险和医疗救助“三重保障”，实现“先诊疗后付费”“一站式”报销结算和家庭医生签约履约服务全覆盖。全市建档立卡人口住院合规医疗费用报销比例95.81%；门诊特殊疾病购药费用政策范围内报销比例92.97%。廊坊市实现建档立卡家庭经济困难学生资助全覆盖；2018—2019学年廊坊市建档立卡家庭经济困难学生1058人，2019—2020学年1008人全部享受相应学段资助政策。2018年10月，廊坊市834户建档立卡户住房安全问题全部解决。2019年，协调市住建局，以住房安全问题是否解决为标准开展“回头看”，逐一核验住房安全性。经具备CMA资质第三方检测单位鉴定，廊坊市建档立卡贫困户饮水全部达标，全市农村集中供水村街达到100%，并全部实现管道入户，供水保障率95%以上，水质、水量均达到《河北省扶贫攻坚农村饮水安全评价细则》规定要求。

2019年，廊坊市建成产业扶贫项目47个，培育新型农业经营主体47个，遴选聘任产业发展指导员598名，资产收益“保底+分红”1934户，土地流转808户，特色种植业451户，特色养殖业449户，特色林果业8户，特色旅游业84户，家庭手工业30户，其他帮扶275户，产业扶贫项目实现建档立卡户100%全覆盖。全市符合“16~65周岁、有劳动能力和就业愿望”贫困劳动力1419人全部实现就业。全年累计发放扶贫小额信贷114.35万元，惠及建档立卡户100户。重点组织实施科技成果转化推广行动、科技特派员创新创业行动等六大行动，引导优质科技资源向扶贫产业集聚。做好低保制度与扶贫开发政策有效衔接，全市建档立卡人口中兜底扶贫1649户3600人，户占比85.26%。开展贫困残疾人家庭无障碍改造、重度残疾人托养照护服务等“十项帮扶行动”，为贫困残疾人提供各类帮扶2200余人次。

（孙素胜）

## 救 灾

**【概况】** 2019年，廊坊市应急管理局全面履行救灾职能，夯实灾情管理基础，提升物资保障能力，做好灾害救助工作。制定《廊坊市自然灾害灾情信息报送管理制度》，建立覆盖市、县、乡、村四级灾害信息员队伍，总计3634人，其中市级3人，县级28人，乡镇（街道）233人，村（社区）3370人。建立灾害信息员分级培训机制，督促指导各县级应急管理部门组织开展乡镇（街道）、村（社区）级灾害信息员培训，培训人员164名。注册“国家自然灾害灾情管理系统”，完成每年2次的灾害信息员信息核对更新工作，实现市、县、乡、村四级灾害信息员动态管理与信息共享。全市市、县、乡、村四级灾害信息员全部下载安装手机报灾APP，通过手机APP报告灾情。建立灾情会商机制，对重大灾情组织召开由应急管理、气象、水利、农业农村、住建、自然资源等部门和单位及专家组成的会商会议，及时上报并通报灾情信息。建立专家查灾核灾机制，组建全市救灾专家库，提升全市专业查灾核灾水平，全市有专家55名，其中综合11人，农业10人，住建8人，气象8人，水利2人，消防13人，地震3人，基本满足廊坊市救灾工作需求。

**【灾害救助】** 2019年，廊坊市落实《应急管理部、财政部关于组织开展全国冬春救助工作切实保障受灾困难群众冬春期间基本生活的通知》精神，安排做好受灾群众基本生活救助工作。对2019年遭受自然灾害严重的文安县受灾群众开展评估核定，安排自然灾害救助专项资金43万元，为生活困难受灾人员提供基本生活救助。年内，印发《廊坊市应急管理局关于积极推进农村住房保险工作的通知》，永清、安次、大城、文安4个县（区）被省应急管理厅、省财政厅列入2020年农房保险试点。参加农村住房保险近88万户，每户每年保额3万元，为农村住房提供灾害风险保障金额163.2亿元，全市农村住房保险基本实现全覆盖。根据《河北省农村住房保险试点补助资金管理办法》，申请市财政局拨付固安县农房保险补贴资金18万元。

**【物资保障】** 2019年，廊坊市有救灾物资储备库2个。其中，市级1个，库房面积1800平方米，储备1000人生活救助物资；县级（香河县）1个，库房面积792平方米，储备约400人生活救助物资。年内，针对廊坊市救灾物资储备库不足实际，廊坊市应急管理局推动市、县救灾物资储备库建设，并积极申列国家发改委2020年度中央预算内投资支持地方救灾物资储备库建设项目投资计划，争取廊坊市救灾物资储备库建设项目（市本级1个、县级2个）支持。制定《廊坊市应急管理局救灾物资调拨管理制度》，规范救灾物资调拨管理，提高廊坊市自然灾害应急救助能力。转发《河北省救灾物资品种目录和标准》，要求各县级应急管理部门做好救灾和物资采购储备工作，以满足本地救灾工作需要。

**【备灾】** 2019年，廊坊市做好主汛期救灾各项准备工作，印发《廊坊市应急管理局关于认真做好主汛期救灾工作的通知》，强化各级应急管理部门与气象、水利、农业农村、住建等相关涉灾部门的会商研判，针对灾情启动应急响应，分析灾害性天气可能带来的影响和危害，灾害发生后，第一时间收集、汇总、上报灾情信息。

（杜继晗）

## 民族宗教事务

**【概况】** 2019年，廊坊市民族宗教局坚持“有声有色搞好民族团结进步工作，推进民族地区经济社会发展，引导宗教与社会主义社会相适应，稳妥高效处理涉民族宗教因素矛盾纠纷”工作思路，开创全市民族宗教工作新局面。在全国民族团结进步表彰大会上，市民宗局获“全国民族团结进步模范集体”称号，廊坊开发区南营村党支部书记马希军、大厂回族自治县邵府镇镇长杨海莲分别获“全国民族团结进步模范个人”称号。大厂回族自治县大厂镇小厂村被国家民委命名为第七批全国民族团结进步示范区，大厂回族自治县大厂镇小厂村、香河县五百户镇香椿营被国家民委命名为“中国少数民族特色村寨”。廊坊市民族宗教局承办“2019澜湄合作成员国民族事务官员研修班”和京津冀民族工作协同发展座谈会，受到国家民委、省民委表扬，组队代表河北省参加全国少数民族传统体育运动会民族式摔跤比赛，实现金牌“零”突破。

**【全面深化民族团结进步】** 2019年，以中共廊坊市委、市政府“两办”名义印发《关于全面深入持久开展民族团结进步创建工作铸牢中华民族共同体意识实施方案》，制定《廊坊市民族宗教事务局关于2019年度加强民族事务治理体系和治理能力现代化，推进民族团结进步创建活动的意见》；结合机构改革，以市政府名义印发《关于廊坊市民族事务委员会委员单位名单、职责的通知》，为31个民委委员单位重新明确工作职责任务。加强协调联络，督导市民委各成员单位结合业务实际，开展对少数民族县、乡、村帮扶工作；为贯彻落实好《民族区域自治法》，市人大常委会出台《关于支持大厂回族自治县进一步加强和改进立法工作的指导意见》，全力支持大厂县用足用好立法权；大厂县制定《大厂回族自治县全域旅游条例》，助力打造北京城市副中心“后花园”建设。创新丰富创建工作形式内容；确定广阳区金星道社区、安次区兴安街社区和大厂回族自治县荣昌苑社区为民族团结进步示范社区创建试点，通过典型示范推动城市民族工作上档升级。举办第四届“民族团结进步杯”乒乓球团体赛，来自全市12支代表队参加角逐。与市文学艺术界联合会共同举办以“民族团结一家亲、同心共筑中国梦”为主题庆祝新中国成立70周年少数民族书画摄影作品展，55幅书画作品参加展出。组队代表河北省参加第11届全国少数民族传统体育运动会民族式摔跤项目比赛，并获1金、7银、3铜好成绩，结束河北省此项目连续三届无金牌历史。在全省首届民族健身操（普及版）大赛上，廊坊市代表队分别获规定套路和自选套路2个二等奖，并获“最佳表演奖”和“道德风尚奖”，廊坊市民族宗教局获“优秀组织奖”。会同市体育局组队参加 “邯郸银行·民族团结杯”全省业余乒乓球比赛，取得个人第三名好成绩；会同市委统战部和民主党派赴永清县北钊回族村开展义诊，组织文艺工作者赴霸州市后两间回族村开展文化下基层慰问演出。民族团结进步宣传月期间，各县（市、区）相继开展乒乓球赛、民族广场舞大赛、民族政策法规知识竞赛、庆祝中华人民共和国成立70周年民族团结进步成就图片展和书法作品展、赴民族村“送科技、送健康、送文化”、民族法律法规政策讲座和宣传咨询等形式多样的“六进”活动近100场，发放各类宣传资料近5万份，参与人员近2万人。全力支持民族县乡村发展；廊坊市民族宗教事务局争取中央财政资金212万元、省级资金174万元、市级资金150万元，实施民族乡村道路硬化、村庄绿化、街道亮化和改水改电、安装体育健身器材等基础设施项目29个。及时召开全市民品贷款贴息工作政策培训会，为7家列入国家民品民贸定点生产企业授牌，讲解新的优惠政策，安排2019年贴息申请工作。据初步统计，2018年民族特需商品定点生产企业共落实贷款贴息118.2万元。多次到大厂县协调指导，2次赴省民委汇报沟通，协助大厂县做好2020年省政府现场办公政策、项目、资金支持和筹备工作。推进少数民族特色村镇创建工作；在抓好现有9个民族村创建工作提档升级基础上，通过努力争取，霸州市煎茶铺镇后两间村、永清县韩村镇北钊村和文安县大围河乡大围河村等3个民族村进入省级少数民族特色村寨创建试点村，全市创建村12个，其中5个被国家民委命名为“中国少数民族特色村寨”。持续加强清真食品监管工作；2019年召开2次全市清真食品执法人员和监督管理现场培训会议，局法律顾问就清真食品管理现状、清真食品管理范围、专业培训违反清真食品管理的处罚程序等，现场解答有关问题，100余名执法人员和义务监督员相互交流经验做法。廊坊市和大厂县的经验做法分别在全省民族工作执法人员培训班上作典型发言。廊坊市民族宗教局先后承办广西壮族自治区民宗委在中央民族干部学院学习培训的近200名学员分4批赴大厂回族自治县参观学习、2019澜湄合作成员国民族事务官员研修班20多名学员到大厂县交流考察、全省少数民族参观团100余人赴大厂县考察调研以及京津冀民族工作协同发展座谈会在大厂回族自治县召开。

**【全面提升宗教事务依法管理水平】** 2019年，廊坊市民族宗教局联合市委统战部多次专题调度，8次开展明察暗访，发现问题及时反馈给各县（市、区）并限期整改，重点、难点问题一对一、点对点进行交办，并持续跟踪进展。截至年底，列入台账120项重点问题115项整改完毕，其余5项在推进之中。重点规范和完善国旗、宪法及宗教政策法律法规、社会主义核心价值观、中华优秀传统文化进宗教活动场所。全市累计购置《中华人民共和国宪法》《宗教事务条例》和十九大精神读本、中华优秀文化书籍等1万余册，制作标准化宣传栏2000余块，印制各种宣传资料5000余份，悬挂国旗实现全覆盖，100多个宗教活动场所在国庆节举行升国旗、唱国歌仪式。安全检查全市50余处重点宗教场所，消除安全隐患200余处，为4处宗教活动场所拨付维修资金15万元。印发《关于在全市开展安全教育反邪教宣传教育和反宗教极端思想教育的通知》，举办4期培训班，召开2次全市性宗教团体联席会，组织4次季度上站集中学习、2次外出参观考察，进行党的宗教政策理论、《宗教事务条例》、十九届四中全会精神及相关法律法规、上级有关宗教工作部署培训教育，参训人员500余人次。市佛协换届工作完毕，启动市基督教“两会”筹备成立工作。为近百名宗教活动场所主要教职人员进行半年、年终考核并发放生活补助40余万元，利用传统节日和重大宗教节日等走访慰问40多名宗教界代表人士和生活困难教职人员，表彰奖励在宗教领域突出问题整改和国庆70周年工作中做出突出贡献的21名宗教界人士。

**【维护民族宗教领域团结】** 2019年，走访慰问全市59名少数民族老党员、老干部、老模范和困难群众及12名困难教职人员。与北京市大兴区民宗办召开协同发展座谈会，签署民族宗教领域“2+9”合作框架协议，共同当好首都政治“护城河”排头兵。

**【加强机关建设】** 2019年，廊坊市民族宗教局及时跟进学习中共中央总书记习近平在全国民族团结进步表彰大会和国庆70周年庆祝大会上讲话精神以及中共十九届四中全会决定，赴梁启超旧居、周恩来邓颖超纪念馆、平津战役纪念馆和廊坊市法治宣教中心参观学习。坚持聚焦问题，通过发函、设置意见箱、召开座谈会、谈心谈话、到基层调研征求意见建议45条。配合市人大民侨外委开展宗教工作及《宗教事务条例》贯彻落实情况调研。严格落实领导干部学法制度，制定年度学法计划，学习《中华人民共和国民族区域自治法》《宗教事务条例》等法律法规6次。全面推行行政执法三项制度，结合机构改革，先后修订完善廊坊市民宗局《重大行政执法决定法制审核清单》《行政执法服务指南》《行政执法事项清单》等11个清单和制度规定，在市政府政务信息公开平台主动公开信息52条，其中行政执法19条。结合推进民族宗教工作，先后开展监督检查13次，干部职工依法行政意识和水平得到提高。机构改革后，机关新增7个行政编制、4个事业编制，为解决干部队伍人员老化问题奠定基础。

（侯明明）

# 县（市、区）

## 安次区

**【概况】** 廊坊市安次区位于北纬39°08′28″～39°37′30″之间，东经116°23′52″～116°53′41″。辖4个镇：落垡镇、码头镇、葛渔城镇、东沽港镇。4个乡：北史家务乡、杨税务乡、仇庄乡、调河头乡；3个街道：银河南路街道、光明西道街道、永华道街道；2个省级园区：河北廊坊高新技术产业开发区、河北廊坊龙河高新技术产业开发区。辖区288个行政村和38个社区居委会。辖区总面积578.40平方千米。公安户籍总人口37.93万人。城镇人口14.49万人。2019年，安次区地区生产总值230.2亿元，同比增长6.7%，其中第一产业增加值11.6亿元，同比下降0.3%，第二产业增加值63亿元，同比下降4.3%，第三产业增加值155.6亿元，同比增长13.4%。规模以上工业增加值同比下降17.1%。民营经济增加值158.9亿元，同比增长6.5%。财政收入45.3亿元，同比增长14.8%，财政支出87.5亿元，同比增长54.6%。全社会固定资产投资同比增长10.3%。社会消费品零售总额73.5亿元，同比增长7.9%。城镇居民可支配人均收入40769元，同比增长8.9%。

**【农业】** 2019年，全区农作物总播种面积31640.7亩（2109.38公顷），总产量329145.7吨。粮食总播种面积 25363.2亩（1690.88公顷），总产量120870.7吨，同比增长6.4%，棉花总产量100.6吨，同比减少68.0%。肉类总产量9448.06吨，蛋类总产量11998.34吨，奶类总产量7561.32吨，蔬菜食用菌总产量205348.78吨。是年，猪存栏35195头，牛存栏4501头，羊存栏37407只，活家禽存栏1656325只。各类规模养殖场（小区）161个，其中鸡规模养殖场73个、生猪规模养殖场63个、牛规模养殖场10个、鸭规模养殖场7个、羊规模养殖场7个，鹅规模养殖场1个。安次区瓜菜占地面积8.1万亩（5400公顷），播种面积13.4万亩（8933.33公顷），瓜菜总产量54.54万吨，总产值超过9亿元。其中设施瓜菜占地4.9万亩（3266.67公顷），播种面积10.1万亩(6733.33公顷)，瓜菜总产量43.34万吨，总产值8亿元。全区果树占地面积12.4万亩(8266.67公顷)，以种植桃树、梨树、葡萄等为主。安次区建成金都蜜瓜、精品蔬菜、茂雄特菜、落垡芹菜等4大瓜菜基地，重点打造“金都蜜瓜”“昊宇蔬菜”“茂雄特菜”“臻味浓”4大蔬菜品牌。打造甜瓜、肉鸡、桃产业三大特色农产品优势区。全区有瓜菜绿色产品7个，地理标志认证产品1个，“安次甜瓜”获农业部地理标志认证，甜瓜种植面积3万亩（2000公顷），20个品种，年产甜瓜9.1万吨，安次甜瓜享誉京津及东北地区。打造省、市级乡村旅游示范村6个，全省首批特色小镇2个，推出旅游精品线路2条，宋王务村获评“河北省乡村旅游重点村”，兆丰农业成功申报休闲农业示范点。全区有市级以上龙头企业41家，其中省级以上7家，国家级龙头企业1家。是年，区政府投入资金370万元建设“农产品检测中心”，建立1个县级农产品质量安全监管机构，9个乡镇农产品质量安全监管服务中心，9个村级农产品质量安全检测站。建立2个农产品质量安全风险监测站。

**【科技】** 2019年，安次区推进“三深化、三提升”活动，促进工业企业上新项目、大项目，加快工业企业项目升级改造。苏宁智慧电商产业园、博源汽车智能制造等17个项目签约，实施建设亿元以上项目85个，总投资685亿元，其中省市重点项目12个，韵达北方基地等15个项目启动建设，青岛啤酒、富鑫不锈钢基地等项目竣工投产，全区净增企业2535户，完成年度任务的253.5%，同比增长26.89%，万人拥有市场主体数825户。组织企业申报省、市级技改项目，东易日盛等6家企业列入省级千项技改项目计划。廊坊市科技企业孵化器、宏泰科技成果孵化器获评国家级孵化器，数量并列居全市第一位。全市有泉恩管业、高瓷新材料2家企业获评“河北省首批标准化示范企业”，均为安次辖区企业。全年净增科技型中小企业199家、高新技术企业28家，新增省级研发中心5家，市级研发中心2家，实现技术交易额8.68亿元，创新主体数量、技术交易额均居全市前列。在全省县域科技创新能力监测评价中，冲进A类跃居全省第七位。新增规模以上工业企业11家，同比增长22%。百万元以上纳税大户增加31户，同比增长15.05%。

**【生态环境建设】** 2019年，安次区加强散煤、扬尘、尾气等管控。35蒸吨以上燃煤锅炉和燃气锅炉改造治理任务完毕，改造各类锅炉173台，清理取缔“散乱污”企业82家，涉气企业精准减排帮扶工作完毕。通过安装PM10在线监测设备，工业企业实现分表计电。全年空气质量综合指数5.18，同比下降5.82%，两项指标分别居全市第一位；PM2.5浓度47微克/立方米，同比下降11.32%；优良天数243天，占比66.8%。严格落实河长制，实施新老龙河水环境综合治理，龙河段施工完工，建设表流湿地4万平方米。龙河国考断面水质稳定保持在地表水五类标准以上。丰收渠改造提升、胜利支渠清淤如期竣工，引调客水资源4000万立方米，形成渠渠有水生态景观；45个村街污水处理设施建设完工，有效破解农村生活污水处理难题。全年营造林4.18万亩（2786.67公顷），占年任务135%。126家企业用地调查信息采集完毕，制定《废铅蓄电池污染专项整治工作方案》，与6家企业签订土壤污染防治责任书。推进农业生态修复治理工作，5000亩（333.33公顷）净土工程示范区建设完工。

**【脱贫攻坚】** 2019年，安次区以“两不愁三保障”为标准，开展政策落实“回头看”和农村常住人口大排查，继续推进产业、健康、教育等专项攻坚行动，实施农村危房改造60户，发放扶贫小额贷款50余万元，77名贫困学生安心学业。率先启动防贫保险，实行贫困预警监测，拨付大病救助资金近400万元，用于贫困户、困难户医疗、教育救助，构建防返贫防新贫长效机制。坚持“一户一策”保脱贫，压实结对帮扶责任，全区220户建档立卡贫困户全部脱贫。

**【社会保障】** 2019年，安次区开展“春风行动”“民营企业招聘周”“高校毕业生就业服务月”“就业援助月”等专项公共就业活动，全区城镇新增就业岗位6972个，实现下岗再就业515人，转移农村劳动力2054人，城镇登记失业率降至1.97%。扩大社会保险覆盖面，加强基金征缴，社保体系建设。机关事业养老保险：全区有参保单位178个，在职参保职工6965人，离退休人员3772人。是年，基金总收入29052.71万元（其中财政补贴9200万元），基本养老金支出25010.02万元（其中养老保险待遇支出24925.23万元），累计基金结余14334.40万元。企业养老保险：全区有参保单位1260个；参保缴费职工32816人，基本养老保险费收入36581.7万元，基金支出25468万元，为7211名离退休人员及时足额准确发放养老金。城乡居民养老保险：全区参保人数18.57万人，参保率99%，当年扩面任务18.49万人，完成扩面任务的100.43%。工伤保险：有参保单位1477家，参保人数46630人，征缴保险费2287万元，享受工伤待遇人数229人，扩面2000人，累计基金结余787万元，完成征缴任务目标的190%，项目参保50家，征收183万元。失业保险：全区有参保单位624家，参保人数2.41万人，基金收入1108.23万元，基金支出692.96万元，累计基金结余735.27万元。城乡居民医疗保险：参保险人数28.4061万人，基金收入19316.15万元，基金支出19548.85万元。职工医疗保险：基金收入19657.9万元，基金支出11689.21万元。

2019年，安次区有城市低保对象211户284人，月发低保金14.2万元；农村低保对象2329户3997人，月发低保金175.03万元。全年城乡低保金发放24490户次41848人次，1614.21万元。全年特困供养对象10647户11044人次，发放供养金1190.7万元。

**【教体卫生】** 2019年，全区投资1.95亿元，完成37项校园建设工程，廊坊市第十七中学、廊坊市第二十八小学、安次区第三幼儿园等3所新建校园投用。5所小区配建幼儿园移交完毕，3所民办幼儿园执行普惠园收费标准。新增教师编制120个，625名购买服务教师投入一线岗位，缓解大班额和幼儿园高收费问题。实施农村小学营养餐计划，16670名学生受益。中高考各项指标均居全市同类校前列，廊坊市第四中学、廊坊市第十中学等重点高中上线率稳居全市前三位。以安次区医院为核心，形成上联北京三甲医院、管道局医院、市医院，下接乡镇卫生院、社区卫生服务中心医联体网络，打通双向转诊通道。安次区医院全年接诊、体检、住院17万人次。为28万群众建立健康档案，完成家庭医生签约15.8万人，贫困户家庭医生签约率100%，安次区率先通过“河北省健康促进区”验收。

**【文化旅游】** 2019年，安次区提档升级村级文化服务中心33个。开展迎新春百姓大舞台文艺展演、首届亲子艺术节等文化活动，组织“七进”演出100场，放映公益电影3400场，图书馆、文化馆坚持免费开放，定期开展艺术培训、文化讲座等活动，“两馆”运营新模式在全省推广。传承保护非物质文化遗产，第什里风筝、黄漕飞叉等项目被列入全市“十大优秀非遗项目”。打造3A级景区2个，省、市级乡村旅游示范村6个，市级工（农）业旅游示范点13个，全省首批特色小镇2个，推出旅游精品线路2条。举办安次区首届文化旅游产业发展大会，推动文化和旅游产业实现大融合。

**【社会和谐稳定】** 2019年，安次区加强投资类公司、小额信贷公司、典当商行等重点领域排查，及时处置非法集资案件8起，“黄金佳”资金清退84%。全面推进“扫黑除恶”专项斗争，破获涉黑恶案件53起，抓获犯罪嫌疑人94人，打掉黑恶犯罪团伙18个，扫黑除恶工作及群众安全感满意度调查均居全市前列。开展安全隐患排查，排查企业7002家次，整改隐患6281处，罚款562.9万元。152家工贸企业“双控机制”建设完工，全年未发生工贸领域安全生产责任事故。全面推进“双随机、一公开”监管，搭建农产品质量追溯点13个，守住食品安全关键节点。率先开展校外托管机构整治行动，关停取缔“黑午托”8家，规范提升449家，校外托管经营秩序明显好转。集中精准打击恐爆枪、盗抢骗、黄赌毒、食药环、邪教“法轮功”等突出犯罪；多元化纠纷解决机制逐步完善，61个村街获评“无诉讼村街”。

（张　冲）

## 广阳区

**【概况】** 广阳区位于北纬39°27′15″～39°37′30″，东经116°23′52″～116°48′18″。2019年，广阳区辖3个镇：南尖塔镇、万庄镇、九州镇；1个乡：北旺乡；5个城区街道：银河北路街道、爱民东道街道、新开路街道、解放道街道、新源道街道；1个乡级办事处：白家务办事处；1个开发区：河北广阳经济开发区。设149个行政村和83个社区居委会（包括5个步行街居委会）。户籍人口430675人。农村居民人均可支配收入17643元。社会消费品零售总额204.8亿元，同比增长9.4%。固定资产投资同比增长8.2%。规模以上工业增加值同比增长-2.6%。农、林、牧、渔业总产值13.4亿元，同比下降2%。粮食总产量4.1万吨，蔬菜总产量13.8万吨。全部建设项目64个，其中亿元以上项目58个，十亿元以上项目13个。全区社会消费品零售总额204.8亿元，同比增长9.4%。按销售地区分，城镇市场零售额149.5亿元；乡村市场零售额55.3亿元。限额以上单位消费品零售额139.3亿元，同比增长11.9%。全区城镇居民人均可支配收入44122元，同比增长8.7%；农村居民人均可支配收入17643元，同比增长9.2%。年内，广阳区办理人大代表建议30件、政协提案82件，办复率100%。加强党风廉政建设，履行“一岗双责”。推进政府信息与政务公开，办理市长热线、网民留言反映问题3756件。完成机构改革任务，广阳区政府工作部门优化整合为22个，人员职能全部转隶划转到位。实施25个审计项目，其中机场项目通过国家审计署的审计。

**【经济建设】** 2019年，广阳区前三季度全区服务业增加值同比增长10.9%，经济增长贡献率89.9%；三次产业结构预计由2018年的2.3∶25.9∶71.8优化调整为2∶25.8∶72.2。万庄区域启动规划北航创新产业聚集区，东航物流、东航物业正式落户，与北京科智时代、智恒机器人等12家企业签订发展意向协议。广阳经济开发区区域控制性详规获批，累计47个项目签约入园，全年实现财政收入1.1亿元。农村集体产权制度改革基本完成省级试验任务。中俄地区基金直升机产业集群、世茂国际广场等6个项目在“5•18”经洽会上签约，数量居全市第二位，内资总投资24.5亿元，外资总投资12.3亿美元。全年实施59个亿元以上项目，总投资266亿元；省重点金润轨道机车项目稳定投产；13个市级重点项目，数量居全市第二位，建邦新材料、邦祝金属件项目竣工，吉宏包装二期、海湾环保科技二期项目处于建设阶段，9个前期谋划项目按计划推进。全年为企事业单位争取科创资金2012万元；31家企业获评高新技术企业，130家企业被列为科技型中小企业，新增省、市两级众创空间各1家，万人发明专利拥有量4.93件；全区技术合同交易额总量31.3亿元，同比增长30.4%；广阳区在河北省168个县级行政区科技创新能力评价中排名第二十三位。2019年1—11月，累计新增减税降费8.91亿元。组织政银企对接13次，参与企业200余家。企业帮扶中28名处级干部分包36家重点企业，反映集中的13件难题全部解决。“放管服”改革持续推进，为25项高频次审批事项编制套餐式服务指南；重大项目24小时不打烊审批管家服务开始实行；使用“河北政务服务网”“云窗办照”APP等网络平台，行政审批事项网上可办率92.4%；企业开办时间缩减至1.5个工作日；扩建1800平方米政务服务大厅。全区民营经济单位22305家，营业收入601.7亿元，同比增长6%，上缴税金40.1亿元。

**【北京大兴国际机场建设】** 2019年，广阳区完成北京大兴国际机场噪声影响区治理和5.5千米广阳段防洪工程；清理机场围界26千米沿线、1400亩（93.33公顷）范围内建筑垃圾120余万立方米；清理机场周边128户、26640平方米违章建筑用时7天，实现“零强拆”“零信访”。推进临空经济区综合保税区和起步区搬迁工作，6个村街767户3929人15天签约率超过98%，兴隆场村200户村民3个半小时全部签约。清表平整临空经济区土地近1000亩（66.67公顷）用时10天，南航华北培训基地等首批6个重点项目按时开工。机场北线高速路由征收扫尾，高速公路主体全面完工。完成20.6千米城际铁路联络线征收任务，涉及永久占地1616亩（107.73公顷）、临时占地571.6亩（38.17公顷），占廊坊市任务总量四分之三。加快机场回迁安置区建设。全面办结一期工程“一会三函”（“一会”指召开会议集体审议决策，“三函”指建设项目前期工作函、设计方案审查意见函、施工意见登记函）手续，4个标段111栋安置房进入主体施工，31栋主体封顶，80栋达到5层以上；参照“一会三函”模式启动二期工程规划建设。

**【生态环境保护】** 2019年，广阳区完善重污染天气应急企业名单，减排量和停限产措施精确到生产线；建成分表计电管控平台，并与137家企业联网；完成35蒸吨以上锅炉有色烟羽治理和超低排放改造，为全部涉VOCs企业安装污染治理设施；在万庄镇和九州镇示范推广赤松茸种植，消耗秸秆1500余亩（100余公顷）；年度减排二氧化硫816.368吨、氮氧化物175.0936吨，空气质量综合指数和PM2.5浓度稳定下降，优良天数同比增加14天。落实“河长制”，区（乡）河长巡查域内4条河流、13条干渠1000余次，“清四乱”（乱占、乱采、乱堆、乱建）整改任务完毕。投资6074万元，整治龙河、九干渠流域，清淤26.5万立方米，沿线设置1478套小型庭院式污水处理系统，构建16万平方米表流湿地，龙河总体水质达到地表水V类标准。整治“大棚房”3处，全域“大棚房”实现清零；全年累计拆除、整改各类违建3592亩（239.47公顷）。重点行业企业土壤污染状况调查工作完毕；全区规模养殖场废弃物处理设施建设配套率100%。创建森林城市，完成营造林1.15万亩（766.67公顷），林地面积19.1万亩（1.27万公顷），实际森林覆盖率近40%。

**【教育文化体育】** 2019年，广阳区教育局争取上级资金2亿元，新建廊坊市第十六中学工程进入装修阶段，扩建廊坊市十三小学工程完工，万庄镇红华小学、九州镇顺民屯小学薄改工程竣工并投入使用，新建校舍50122平方米；4所小区配建幼儿园投入使用；招录520名合同制教师，“大班额”问题得到缓解。投资1.2亿元，采购更新教育装备，改造全区学校网络基础设施。全年“推门听课”超过6000节，常态组织“校园开放日”。是年，广阳区图书馆新增3.3万册图书；全区基层综合文化中心建设率99%（不含征迁村街）；举办第四届民俗文化艺术节、青少年文化艺术节、社区文化艺术节等各类文化演出活动160余场。公共体育设施村街覆盖率80%，社区和公园覆盖率85%，群众性全民健身队伍有100多支，特色体育项目学校发展至6所。

**【医疗卫生】** 2019年，广阳区人民医院与解放军总医院第四医学中心合作建立消化内科；广阳区妇幼保健院与北京首儿李桥儿童医院合作建立妇儿保健康复中心；北京安贞、中日友好等京津重点医院专家定期到广阳区人民医院会诊。家庭医生有效签约10.5万人。万庄卫生院改扩建工程完工。广阳区在国家基本公共卫生服务项目年度绩效评价中获评“优秀”等次。

**【民生保障】** 2019年，广阳区定兵115人，其中大学学历21人。退役军人“两站一中心”机构更名和职能调整完毕；建成区、乡、村视频信息一体化平台；为2168名优抚对象发放抚恤金和生活补助金1854万元。广阳区推进扶贫脱贫攻坚行动，全区36户83名建档立卡贫困人口全部脱贫；投资200万元为全区3%农村人口购买精准防贫保险，困难群众返贫致贫风险降低。年内，广阳区组织北京大兴国际机场及临空经济区专场招聘会，为搬迁群众提供1930个就业岗位；全区累计新增6883个就业岗位，城镇登记失业率控制在1.74%；农村低保覆盖率由年初2.43%提高至2.6%，低保标准由年初的600元提高至685元；基本医疗保险参保人数27.4万人，基金收入4.1亿元。签订定点医药机构225家。

**【社会治安管理】** 2019年，广阳区推进扫黑除恶专项行动，先后破获涉黑恶类刑事案件41起，抓获黑恶犯罪嫌疑人106人，打掉涉黑组织1个、涉恶犯罪集团1个、涉恶团伙3个。广阳区投资2654万元支持“五大智慧工程”（智慧边界工程、智慧路防工程、智慧视频监控工程、智慧平安社区工程、智慧警务站工程）建设，建成1个智慧平安社区试点；为23所城区中小学、幼儿园配齐77名专职保安。年内，广阳区开展事故隐患大排查大整治行动，执法检查生产经营单位13219家次，整改问题隐患2991处；52388宅“气代煤”改造工程保持零事故运行，新奥燃气1万立方米LNG储气站投入使用；妥善应对“5•17”“5•26”等多轮强降雨过程，平安度汛；安全生产全年“零事故”。

**【市场监管】** 2019年，广阳区开展“市场安全监管攻坚月”，实施“山寨食品”、“五毛食品”、餐饮用具、校园食堂等专项整治行动，检查食品生产经营单位5792户，规范经营行为2760户，发现问题隐患921处，立案调查312起。集中交易市场食品安全整治率超过70%，药品零售企业检查实现全覆盖。85%以上的学校、幼儿园食堂安全等级超过“良好”水平，创建1家省级校园食品安全标准食堂。获评“省级农产品质量安全示范县”。

**【区管建筑市场监管】** 2019年，广阳区检查建设单位违法发包行为，施工、监理等企业转包、违法分包行为，查处未取得施工许可擅自施工项目，稽查覆盖率达到100%。不定期巡查辖区在建工程30次；监督开评招投标项目18项，办理直接发包手续9个。做好建设工程消防设计审查、消防验收、消防验收备案及抽查工作。受理建设工程消防验收3件，完成3件；设计审查1件，完成1件；消防验收备案及抽查5件，抽中1件。

**【住房保障】** 2019年，广阳区复核2018年市区新增公共住房申请表（共863份）797份，上报廊坊市公共住房管理中心。排查整改，确保农村住房安全保障全覆盖。指导各乡镇组织人员入户动员，宣传申请条件、时间、补助标准和危改要求等内容。解答群众疑惑，解决群众反映的问题。下发危房等级鉴定初步判定的统一标准，要求各乡镇上报初步摸排结果，摸底核查全区建档立卡贫困户、低保户、农村分散供养特困人员、贫困残疾人家庭等四类重点对象及其他农房的危房存量，确保农村住房全覆盖。坚持“每村必到、每户必查”核查原则，登记核查危房户情况，采取新增一户鉴定一户的方式，形成“一户一档”鉴定档案。共核查“四类重点对象”509户（去除退出户、死亡户、涉及拆迁的农户），其中C、D级危房25户，无房户63户，共计88户列入2019年住房安全保障任务，全部采取其他方式解决住房安全问题，其中62户投亲、3户入住养老院、9户由村街提供安全住房、2户租房居住、12户自行修缮房屋，现88户居住房屋均为安全房屋；核查“四类重点对象”以外农房23607户，无农户居住危房情况。

**【安全生产】** 2019年，广阳区发现各类安全隐患问题103处，下发停工整改通知书18份、限期整改通知书6份、工程质量整改通知书14份，安全隐患均整改完毕。对涉及违法违规的施工行为加大行政处罚力度，行政处罚13项，累计处罚金额43.6万元。在北京大兴国际机场（廊坊区域）回迁安置区一区项目现场承办全市建筑施工质量安全扬尘防治观摩会。监督在建工程25个标段，总建筑面积197.16万平方米，截至年底，无质量安全及人身安全事故发生。

（姜　寒）

## 三河市

**【概　况】** 三河市位于北纬39°48′37″～40°05′04″，东经116°45′05″～117°15′10″之间。2019年，三河市辖3个区：燕郊高新技术产业开发区、河北三河经济开发区、河北三河国家农业科技园区。10个镇：泃阳镇、燕郊镇、高楼镇、齐心庄镇、李旗庄镇、黄土庄镇、段甲岭镇、杨庄镇、皇庄镇、新集镇，辖行政村（街）395个。4个街道办事处：鼎盛东大街街道办事处、泃阳西大街街道办事处、行宫东大街街道办事处、迎宾北路街道办事处，辖社区居委会86个。户籍人口74.7366万人，其中城镇人口42.0965万人，乡村人口32.6401万人。总人口中，女性38.3609万人，男性36.3757万人，男女性别比为94.8（以女性为100）。年内，出生人口9191人、出生率12.43‰；死亡人口2012人、死亡率2.72‰，人口自然增长率9.71‰。除汉族外，有40余个少数民族。市域总面积634平方千米。PM2.5年均浓度为41微克/立方米，在廊坊市排名居第一位。全市地区生产总值504.8亿元，按可比价格计算比上年增长7.7%，增速比上年加快1.5个百分点。其中，第一产业增加值18.5亿元，增长2.8%；第二产业增加值135亿元，增长12.1%；第三产业增加值351.3亿元，增长6.2%。三次产业结构占比为3.7∶26.7∶69.6。民营经济增加值341.2506亿元，同比增长7.3%。粮食作物播种面积2.1478万公顷，比上年增加4公顷；总产量13万吨，比上年增加0.6万吨。其中，夏收作物产量4.1万吨，比上年减少0.1万吨；秋收作物产量8.9万吨，比上年增加0.7万吨。棉花播种面积5.9公顷，总产量5.3吨，比上年增加2.5吨。油料播种面积13.3公顷，总产量46吨，比上年增加37.5吨。蔬菜及食用菌播种面积6229公顷，总产量34.6万吨，比上年增加1.8万吨。财政收入90亿元，同比下降8.1%。其中，一般公共预算收入61.3亿元，同比增长2%。一般公共预算支出97.2亿元，同比增长5.4%。固定资产投资（不含农户）比上年增长10.1%，增速比上年加快8个百分点。城乡居民社会消费品零售额214.4亿元，比上年增长9.6%。按销售地区分，城镇市场零售额115.6亿元，增长11%。乡村市场零售额98.7亿元，增长7.9%。全市职工年平均工资（含劳务派遣）为8.138万元。城镇居民人均可支配收入4.7911万元，同比增收3671元。农村居民人均可支配收入2.09万元，同比增收1778元。城乡收入比由上年2.31缩小为2.29。年末城乡居民本外币各项存款1039.7亿元，同比增长1.5%。其中，住户存款647.9亿元，同比增长12.3%；各项贷款1736亿元，同比增长2.8%。全年进出口总额14.5416亿美元，比上年下降19.6%。其中，进口总额13.3854亿美元，比上年下降17.3%；出口总额1.1562亿美元，比上年下降38.9%。全年实际利用外资1.1285亿美元，比上年增长9.5%。年内，三河市获评全国“七五”普法中期先进县、河北省“四好农村路”示范县、河北省农产品质量安全县、河北省洁净城市、河北省首届冰雪运动会最佳赛区奖，文明城市创建测评复检位列全省第二名，科技创新能力连续2年位列河北省A类档次。“龙珐琅”商标获“河北省文化产业优质产品品牌”称号，填补三河市非物质文化遗产和文旅商品领域的空白。燕郊高新区获批第二批省级“双创”示范基地，获评“高新技术企业发展先进开发区”；农业科技园区成功通过科技部考核评估，并获评2019年廊坊市唯一“河北省现代农业园区”。在中国社科院发布《中国县域经济发展报告（2019）》中，三河市位列全国县域经济竞争力百强县（市）第57位，投资潜力位列第88位。

**【财政暖企措施】** 2019年，三河市安排资金3亿多元，落实《扶持重点企业振兴特色产业发展实施办法》等17项惠企政策，受益企业1289家。其中，支持企业环保设施改造利用资金1.1亿元，奖励纳税贡献10强及新增规模以上、外贸、上市等企业利用资金5565万元，完成出口、软件开发等企业税款退库5510万元，发放科技创新、工业技改等专项奖补资金3371万元，为中小微企业增量贷款贴息1465万元。落实减税降费政策，全年为企业减税降费10.2亿元，受益纳税企业1.5万户次；降低企业养老保险缴费6400万元，惠及纳税企业2557户。

**【增强金融支撑】** 2019年，三河市举办政银企系列洽谈对接会。落实《金融贡献奖励办法》，激励各金融机构加大贷款投放。全年贷款余额1736亿元，其中新增贷款46.5亿元，增长11.3%，新增贷款90%用于实体经济。全市存贷比再创新高，达到167%，高出全省平均水平90个百分点。

**【工业投资和效益提高】** 2019年，三河市实施工业项目87个，其中技改项目65个。工业投资增长24.7%，特别是工业技改投资增速高达56.5%，创近5年最高增幅。规模以上工业增加值增长7.8%、营业收入利润率增长4.9%，分别提高2.7个百分点和0.4个百分点。

**【市场活力提升】** 2019年，三河市新增各类市场主体1.6万户，其中新设立企业6616户，增长42.4%。新登记外贸企业39户，新增规模以上工业企业22家、规模以上服务业企业21家、限上贸易业企业19家，四类企业新增数量均创5年来新高。新增上市企业3家，连续3年位居廊坊首位。

**【科技创新增量列前】** 2019年，三河市新认定高新技术企业26家、科技型中小企业228家，增量和总量均居廊坊首位。新认定科技小巨人7家，居全省县级前列。新建院士工作站2个，新增河北省级、廊坊市级研发中心10家、孵化器6家。高新技术产业增加值增长14.4%，高于廊坊市17.5个百分点，占规模以上工业增加值的39.3%，增长3.6个百分点。燕郊高新区获批第二批省级“双创”示范基地，获评为“高新技术企业发展先进开发区”。农业科技园区成功通过科技部考核评估，并获评2019年廊坊市唯一“河北省现代农业园区”。

**【重大交通对接项目】** 2019年，京唐城际铁路三河段拆迁工作率先完工，全面开工建设。优化调整后的轨道交通平谷线获国家发改委正式批复，在办理前期手续。编制完成《通州区与北三县协同发展综合交通专项规划》并通过论证。

**【产业承接】** 2019年，三河市承接7个省重点项目并完成投资11.3亿元，投资完成率110%。依托兴远高科、谊安医疗等14个产业园，承接北京转移科技型中小企业175家，累计引入企业576家。在“2•26”北京市与廊坊“北三县（市）”项目推介洽谈会和第22届北京国际科博会上，中电科远燕郊科技产业基地、京投轨道交通科创青年营等19个项目正式签约，引进京津资金76.8亿元。大型京企加快引入，“京标服务进三河”成为现实。北京环卫集团全面接管三河市城乡环卫工作，城区道路机械化清扫率90%、清扫保洁时间延长至18小时。由北建工建设全省最先进建筑垃圾资源化处置中心正式运营，资源利用率95%以上。加快推进与北京热力、北控水务集团有限公司合作。

**【水污染治理】** 2019年，三河市新建4座污水处理厂全部实现京B标准排放，燕郊西5万吨污水处理厂提标改造工程如期竣工。泃河错桥闸生态砾石床实现达标稳定运行。投资5550万元尹家沟截污纳管、清淤疏浚工程全面竣工。全面落实河长制，清理河渠“四乱”（乱占、乱采、乱堆、乱建）106处近50万平方米，河渠环境明显改善。国控泃河东大桥断面、市控尹家沟福喜路桥断面首次达到地表V类水标准，通过考核。

**【大气污染治理】** 2019年，三河市严格落实各项管控措施，应对重污染天气预警。PM2.5年浓度为41微克/立方米，低于北京1微克/立方米，在廊坊市排名第一名。全年优良天数243天，比上年增加2天，兑现“让全市人民享有更多蓝天白云”承诺。

**【垃圾处理】** 2019年5月，三河市引进社会资本，总投资14亿元，采用PPP模式，建设日处理能力为2000吨生活垃圾焚烧发电厂1座。配套项目飞灰填埋区竣工并移交市城市管理综合执法局。焚烧区完成锅炉基础交安及主厂房基础。规模化生物天然气试点项目实现试运行。餐厨垃圾处理中心、粪便无害化处理厂等垃圾处理终端在加快建设。

**【造林绿化】** 2019年，三河市造林2133.33公顷，同比增长26.4%，占廊坊市目标任务的130.5%。经济林新增666.67公顷，占全年新造林面积的31.6%。营林管护7533.33公顷，森林覆盖率30.2%，受到河北省验收组肯定。

**【教育强市】** 2019年，三河市投资1.03亿元，汇福实验学校、圣屯小学等6所学校改扩建工程完工，第三实验小学、港中旅学校开工建设，全年新增义务教育阶段学位2.3万个。选聘具有研究生学历的高中教师86名，招聘1265名聘用制教师。“大班额”问题比例由32.7%下降至1.6%，提前一年完成5%以内控制目标，廊坊市消除“大班额”工作现场会在三河市召开。依法有序关停域内158所无证园。市职教中心与北京工业大学等8所院校开展合作共建，市职教中心成功跻身

"国家级中等职业教育改革发展示范学校"行列。

**【民生保障】** 2019年，三河市471户1337名建档立卡贫困户全部实现稳定退出，提前一年完成目标任务。落实帮扶资金4412万元，完成对张家口市阳原县对口帮扶任务。新增就业岗位6577个，安置失业人员和就业困难对象1074人，转移农村劳动力1500人。城镇失业率1.78%，低于廊坊市下达的4.5%目标要求。扩大低保范围，低保率由原来1.13%提高到1.66%。落实残疾人两项补贴资金1764万元。实施农村危房改造507户，622户保障住房得到落实。退役士兵社保续接工作完毕。市医院、市中医医院分别与北京潞河医院、中医医院签订合作协议，京津18家医院成为三河市医保异地直接结算定点医院。成立71个家庭医生团队，为高血压、糖尿病、结核病等11.4万名重点人群提供专项服务。投入1991万元，落实免费肾透析政策，惠及肾病患者4.8万人次。

**【交通便捷】** 2019年，三河市与通州徐尹路对接的燕潮大桥实现通车。与蓟州相通的第二座跨泃河大桥建成，密涿高速南连接线与蓟州仓桑公路成功对接，在三河南部打通一条横贯东西、方便快捷交通动脉。燕郊西出口立体交通改造工程和蒋平公路、迁大公路实现全面开工建设。新投入新能源公交车150辆，新开通公交线路7条，全市城乡公交线路覆盖10个镇、312个行政村。

**【城市公用事业】** 2019年，三河市投资2700万元，完成热源厂、换热站、调度中心仪表及自控设备维修改造等10项工程，提升供热能力和水平。投资1770万元，实施富士小区一次管网敷设、运行15年以上17千米老旧外网改造等4项工程，提升供热质量。

（张文华）

## 大厂回族自治县

**【概况】** 大厂回族自治县位于北纬39°49′17″～39°58′56″，东经116°48′20″～117°03′55″。辖5个镇：大厂镇、夏垫镇、祁各庄镇、邵府镇、陈府镇；1个街道办事处：北辰街道办事处；2个园区：河北大厂高新技术产业开发区、大厂现代农业科技示范园。全县总面积176平方千米，有105个行政村和10个社区居委会。2019年，大厂回族自治县户籍人口133991人，人口自然增长率5.85‰，回族27372人，城镇人口65983人；全县地区生产总值164.80亿元，同比增长8.7%。其中，第一产业增加值4.77亿元，同比增长11.9%；第二产业增加值24.28亿元，同比下降3.8%；第三产业增加值135.75亿元，同比增长11.7%。三次产业比为2.9∶14.7∶82.4。财政收入48.64亿元，同比增长7.4%，财政支出39.78亿元，同比增长15.6%；社会消费品零售额26.10亿元，同比增长8.5%；城镇居民人均可支配收入45044元，同比增长8.6%；农村居民人均可支配收入18418元，同比增长9.5%。年末城乡居民储蓄存款余额127.98亿元，同比增长15.8%。年内，小厂村被国家民委命名为中国少数民族特色村寨；农业园区顺利通过科技部验收；被中宣部确定为全国（第二批）新时代文明实践中心建设试点县；在实现河北省双拥模范城（县）"三连冠"基础上，与通州空军搜救四旅签署创建全国双拥模范县意向书；全国文明县城全省测评位列第二名；被省医改办授予"县级公立医院综合改革示范县"称号；农村承包地确权登记颁证通过省级验收；省级慢性病综合防控示范区成功创建；大气污染治理保持全市领先；首都环线高速梁家务互通连接线（大厂段）、迎宾大道东通建成通车；中国人民大学附属中学大厂学校开工建设；成功举办首届大厂回族自治县文化旅游产业发展大会。

**【基础设施】** 2019年，大厂回族自治县城区污水处理厂改造升级中城北污水处理厂7000吨临时设备安装完毕；实施背街小巷道路改造提升工程；幸福路、和平路翻修及污水管网改造工程完工；完成10个村污水治理，实现44个村生活污水有效管控，农村厕所改造11577座完工。

**【商贸流通】** 2019年，大厂回族自治县社会消费品零售总额26.1亿元，同比增长8.5%。其中城镇消费品零售额11.7亿元，同比增长13.1%；农村消费品零售额14.4亿元，同比增长5%。

**【招商引资】** 2019年，大厂回族自治县新签约项目52个，计划总投资5.7亿元。其中，影视文创产业项目17个，计划总投资0.56亿元；高端制造产业项目17个，计划总投资3.4亿元；总部商务产业项目17个；高端农业项目1个，总投资1.2亿元。"2•26"北京市与廊坊"北三县（市）"项目洽谈会各项工作完毕，签约中国人民大学出版传媒融合创新中心、国家京剧院文旅融合产业化基地等19个项目，总投资88.85亿元。

**【农业】** 2019年，大厂回族自治县与中国农科院、中国热带农业科学院沟通对接，引进先进技术、繁育新品种。热代万果园投入运营，大厂智慧农场项目加紧推进，品牌农业加快发展，蔬菜标准化生产面积17600亩（1173.33公顷），沁心农业、鲜丰农业、聚沅绿色农业分别注册"京沁心""华鲜菜蔬""金丰聚沅"等"三品一标"（无公害农产品、绿色食品、有机农产品，农产品地理标志）蔬菜品牌，农产品抽检合格率 100%。

**【工业】** 2019 年，大厂回族自治县工业增加值 23.11 亿元，同比增长 3.6%，其中规模以上工业增加值同比增长 4.8%；开展“百企转型”“一企一策”行动，为企业争取专项资金支持，帮助企业解决转型升级面临的问题。大厂县政府出资 0.1 亿元，鼓励企业通过科技创新、技术改造等方式增强产品市场竞争力。重点支持景隆重工、力准机械等企业扩大生产、提高技术含量、延伸产业链条、打造知名品牌，支持时硕微芯、力姆泰克等项目加大技术改造投资力度。技改项目和投资逐年增加，指标增幅在廊坊市领先。

**【科学技术】** 2019 年，大厂回族自治县实施科技型中小企业增长计划，科技型中小企业净增 86 家，占全年目标值的 108%；高新技术企业新认定 16 家，占全年目标值 160%。景隆重工获批省级企业技术创新中心；组织企业申报科技项目 54 个，争取上级扶持资金 0.17 亿元。时硕微芯、科美意获河北省第七届创新创业大赛行业一等奖，并入围第八届中国创新创业大赛全国行业总决赛；极创意想创新团队获河北省第七届创新创业大赛二等奖。

**【文化】** 2019 年，大厂回族自治县实施“百、千”文化惠民工程（百场演出、千人培训），举办“乡村振兴·文化乐民”第二届百姓才艺大赛，借助“中国景泰蓝之乡”品牌效应，举办景泰蓝创新设计大赛。启动大厂镇、夏垫镇、祁各庄镇、邵府镇、陈府镇 5 个镇级综合文化站、30 个基层综合文化服务中心新建或改造提升工程。中央人民广播电台中国交通广播 3 次走进大厂，开展《畅游京津冀》栏目直播，分别以生态大厂、第一届大厂县文化旅游产业发展大会、“非遗景泰蓝”为专题进行直播活动。举办“三农之歌”“劳动者之歌”“新农村之歌”“园丁颂”等 10 场彩色周末文化惠民演出活动。

**【教育】** 2019 年，大厂回族自治县有各级各类公办校园 36 所，其中普通高中 1 所、职教中心 1 所，初高中兼有完全中学 1 所，中小学兼有九年一贯制学校 1 所，初中 1 所，小学 11 所，教学点 9 所（教学点接收辐射范围内 3 ～ 5 岁幼儿和一二年级学生），独立幼儿园 7 所，教师进修学校 1 所，学区成人学校 3 所。教育事业以“办优质教育、办大教育、办开放式教育、做大教育产业支撑”为目标，对接北京教育资源，组织中小学校长和骨干教师参加通州区跟岗培训；完成职教中心新建搬迁，寄宿制学校加快推进，招聘中小学教师 160 名；推进普及高中教育，实现 12 年免费教育；推行义务教育农村小学生营养改善计划，惠及全县 9600 名农村小学生。

**【卫生】** 2019 年，大厂回族自治县有医疗卫生机构 11 所。其中，县级医疗卫生机构 5 所（大厂回族自治县人民医院、大厂回族自治县中医医院、大厂回族自治县疾病预防控制中心和卫生监督所、大厂回族自治县妇幼保健和计划生育服务中心、大厂回族自治县卫生学校），乡镇卫生院 5 所（大厂镇卫生院、夏垫中心卫生院、祁各庄中心卫生院、陈府镇卫生院、邵府镇卫生院），综合社区卫生服务站 1 所（王必屯社区卫生服务站）。推进医药卫生体制改革，实施镇卫生院改造、急救中心新建、医疗信息化等工程，推行公立医院编制备案制、绩效薪酬分配、医共体建设等制度，被河北省医改办授予“县级公立医院综合改革示范县”。与北京儿童医院等 15 家北京市医疗机构、天津市肿瘤医院等 3 家医疗机构开通异地就医联网结报，与北京安贞医院、东直门医院等科室对接帮扶。

**【精神文明建设】** 2019 年，大厂回族自治县发挥道德养成馆道德宣传主阵地作用，组织开展各层面参观学习活动；开展 2018 至 2019 年度“身边好人”评选活动，向河北省、廊坊市推荐大厂县思想道德建设先进典型；文明单位、文明社区、文明村镇、文明校园创建活动常态化；开展以及“我们的节日”、“扣好人生第一粒扣子”、学雷锋志愿服务先进典型宣传推选等活动，未成年人思想道德建设；组织大厂县 16 个单位在各镇、街道新时代全民实践中心开展宣讲、党的建设、道德、文化、法律、科普等培训活动，举办 160 场，受益群众 1.12 万人次。年内，王德芹当选“当代新人·河北好人”，何强、牛迎春等 10 人当选“时代新人·廊坊好人”；赵德平、关松发 2 户家庭获省级“文明家庭”，李卫红、崔志东、王军、李淑丽等 9 户家庭获市级“文明家庭”；郭满、胡悦获“廊坊市最美志愿者”；护卫天使女子中队护学行动获“廊坊市最佳志愿服务项目”；职业技术教育中心扶贫志愿服务队获“最佳志愿服务组织”；永安北路社区、荣昌苑社区获评“廊坊市最美志愿服务社区，大厂县 45 个单位（村镇、社区）获评“2019 年度廊坊市文明单位”。

**【生态环境】** 2019 年，大厂回族自治县新造林 3100 亩（206.67 公顷），精准提升 1500 亩（100 公顷）；开展大气污染防治“零点行动”，实施饭店油烟治理，落实扬尘管控，全县 7 家工业企业安装视频监控和 PM10 在线监测设备，推进燃煤、燃气锅炉改造提升和散煤清零，累计清理散煤 2099 吨，20 台燃煤锅炉改造任务完毕；开展水污染防治，全面落实河长制，实施鲍丘河、尹家沟污染治理。实施全域污水集中处理 PPP 项目，完成县城 7000 吨一级 A 标准临时污水处理设施建设；开展土壤污染防治，启动《大厂回族自治县土壤污染防治与保护规划（2019—2035年）》项目编制工作；工业企业危险废物隐患排查工作全覆盖。

**【就业和社会保障】** 2019年，大厂回族自治县社会保障不断加强。完善城乡居民养老保险制度，实施全民参保计划，开展城乡居民和企业职工养老保险、城乡低保保障、特困人员救助、未成年人救助和孤儿保障等工作；深化智慧社保便民行动，城乡居民、机关事业单位和企业退休人员认证率100%。养老服务水平不断提升，中心敬老院获评省级三星敬老院，社区养老服务实现零突破。在廊坊市率先成立退役军人关爱基金会，退役士兵保险接续工作居河北省第一位。加强就业服务平台建设，通过京津冀人才交流招聘会、“通武廊”招聘会等招聘活动，与通州区就业服务信息共享、互联互通。城镇新增就业人员6401人，安置下岗失业人员再就业612人，转移农村劳动力1272人，就业困难人员实现就业284人，城镇登记失业率0.52%。实施“创业孵化基地规范提升工程”，入驻孵化企业60家，被河北省人社厅授予“省级示范创业就业孵化基地”。职教中心获评省级“高技能人才培训基地”。

（刘　俊）

## 香河县

**【概况】** 香河县位于北纬39°37′～39°51′，东经116°51′～117°12′，地处华北平原北部燕山南麓，位居河北省中部偏东，廊坊市东北部。东与天津市宝坻区毗连，南隔青龙湾河与天津市武清区相望，西与北京市通州区为邻，北与三河市、大厂回族自治县（以下简称大厂县）接壤。全境呈枫叶形，东西最长25.5千米，南北最宽23.5千米，县界总长160.86千米，总面积448平方千米。县人民政府驻地淑阳镇，位于县境中部略偏西北方向，北运河东部，潮白河西部。京哈高速公路（G1）横贯县域东西，设置香河北、香河东出口。首都地区环线高速公路（G95）穿过县域西北部蒋辛屯镇岭子、苍头、梁家务村，设置香河西出口。国道京津公路（G103）、唐通公路（G509）、通武线（G230）及省道平香线（S274）公路贯穿全境。香河县辖9个镇：淑阳镇、安平镇、五百户镇、刘宋镇、安头屯镇、渠口镇、蒋辛屯镇、钱旺镇、钳屯镇；1个省级园区：河北香河经济开发区（一区三园：智能制造产业园、新兴产业园、环保产业园）；23个社区居民委员会：新开、新绣、安抚、段庄、永泰、康宁、绣水、五一、新华、永兴、迎宾、城西、珠光、城北、永清、永胜、嘉园、兴济、汇文、民安、新城、正阳、安泰；有300个行政村。1月24日，按照《香河县机构改革实施方案》（香发〔2019〕2号）精神，撤销新开街道办事处、新华街道办事处，按原区划并入淑阳镇，撤销县家具城管理委员会，将其职责并入淑阳镇。3月6日，成立新开街社区工作办公室、新华街社区工作办公室、平安街社区工作办公室。

2019年，香河县户籍人口376350人，地区生产总值224.8亿元，同比增长5.1%。其中，第一产业增加值19.5亿元，同比增长2.4%；第二产业增加值53.4亿元，同比增长4.1%；第三产业增加值151.9亿元，同比增长5.8%；三次产业比重为8.7：23.7：67.6。财政收入64.2亿元，其中一般公共预算收入38.4亿元，比上年增长4.4%，公共财政支出63.1亿元。规模以上工业增加值增长6%；规模高新技术产业增加值增长30.2%；规模以上工业企业实现利润5亿元，同比增长-16.5%；规模以上工业营业收入利润率6.6%。固定资产投资同比增长5%。全县金融机构各项存款余额483.7亿元，比年初增加12.2亿元；住户存款余额338.3亿元，比年初增加35.4亿元；金融机构人民币各项贷款余额622.9亿元，比年初增加16.7亿元，其中中长期贷款448.8亿元，比年初减少5.2亿元。社会消费品零售总额101.7亿元，社会消费品零售总额增长9.2%。城镇居民人均可支配收入46685元，农村居民人均可支配收入19738元，城乡居民人均可支配收入分别增长8.4%和9.4%。香河县再次获评全国综合实力、投资潜力、科技创新、绿色发展和新型城镇化质量“5个百强县”并实现位次提升。

**【农业】** 2019年，香河县粮食播种面积12573公顷（18.86万亩），总产量7.32万吨。其中，小麦4965公顷（7.45万亩），总产297万吨；玉米7559公顷（11.34万亩），总产5.19万吨；油料播种面积7.67公顷（115亩），产量27.9吨。全县完成造林1473.33公顷（22100亩），占任务的100.5%；营林完成526.67公顷（0.79万亩），占任务的131.7%。全部超额完成全年任务。全县森林覆盖率34%，林木绿化率提高到44.2%。全县花卉面积433.33公顷（6500亩），其中常绿观赏苗木320公顷（4800亩），草地面积17.33公顷（260亩），盆花30万盆，观赏苗木50万株。是年，全县发生森林病虫害累计约3456公顷（23.97万亩），其中美国白蛾11180公顷（16.77万亩）、春尺蠖2666.67公顷（4万亩）、蛀干害虫666.67公顷（1万亩）、杨扇舟蛾666.67公顷（1万亩）、病害发生800公顷（1.2万亩），成灾面积0公顷（0万亩），成灾率0‰。截至年底，全县猪饲养量12.7万头；牛饲养量2.29万头；羊饲养量13.79万只；禽饲养量510.72万只；其中，肉鸭饲养量102.75万只，肉产量1.80万吨，蛋产量2.36万吨，奶产量1.08万吨。年内，监督检疫肉鸭 398.4 万只，其中产地肉鸭 44.8 万只、县外肉鸭 353.6 万只，肉鸡 35.4 万只，监督场方无害化处理不合格动物 23252 只，屠宰检疫率 100%、无害化处理率 100%。鱼塘养殖面积 989.9 亩（65.99 公顷），主要饲养鲤鱼、鲢鱼、草鱼、鲫鱼和虾等品种，存塘量 139.3 吨。是年，全县农机总动力 221454 千瓦，拥有拖拉机 3001 台，旋耕机 1315 台，播种机 1757 台，大型收获机械 458 台，青饲料收获机 22 台。

**【工业】** 2019 年，香河县有工业经济单位 4762 家，营业收入 273.44 亿元，同比增长 3.25%；实现利润 18.4 亿元，同比增长 1.31%；累计纳税 15.65 亿元，同比增长 28.5%。规模以上工业企业 79 家，累计实现总产值 89.04 亿元，同比增长 7.43%，规模以上工业企业增加值同比增速 6.0%，排名居廊坊市第四位。家具制造、金属制品、汽车配件、印刷包装等 4 个行业形成规模主导产业。年内，香河县家具产业集群获选为河北省级重点支持县域特色产业集群。

**【商贸流通】** 2019 年，香河县社会消费品零售总额 101.7 亿元，同比增加 9.2%；其中，限额以上企业消费品零售额 9.5 亿元，同比增加 6.7%。全县进出口总值 8.22 亿元，同比增长 -1.7%。其中，出口总值 7.7 亿元，同比上升 0.4%；进口总值 5500 万元，同比下降 24.2%。

**【招商引资】** 2019 年 2 月 26 日，北京市通州区与廊坊市“北三县（市）”举行项目推介洽谈会，香河县有 15 个项目成功签约，项目总投资 128.1 亿元。其中，大爱医院、西维尔机器人流体控制系统等 11 个项目年内开工建设。4 月 13 日，香河县组织召开京津冀协同发展招商恳谈会，140 余家北京大型企业参会，北控置业、杭州天涯若比邻等企业与香河县达成合作意向。利星行、百慕航材、三态环境等 3 个项目在 10 月 25 日北京科博会上签约，总投资 6.6 亿元。

**【工程项目】** 2019 年，香河县聚焦京津、面向全国，开展专题招商、会展招商和产业链招商，“2•26”项目推介洽谈会上有 15 个项目签约，总投资位居全市第一位。举办“4•13”招商恳谈会，与北控置业、杭州天涯若比邻等多家企业达成合作意向。全年新实施建设亿元以上项目 54 个，省、市重点项目和集中开工项目均实现开工率、投资完成率 2 个“百分百”，韵达电商产业基地当年签约、当年开工、当年投产、当年纳税。机器人小镇、健康小镇入围全省特色小镇创建类名单。西维尔、瑞达康等一批高新技术企业投产达效。香河经济开发区获评全省战略性新兴产业示范基地、高新技术产业发展先进园区。新桥影视特效基地三期工程主体完工，129 家文化企业相继落户，现代服务业蓬勃发展，第三产业增加值占 GDP 比重超过 50%。与省工业设计创新中心合作，制定家具产业振兴规划，明确“面向北京、搞好服务、提升业态、培树品牌”发展思路，鼓励家具城二次创业、转型升级。机器人科技企业孵化器项目、廊坊市“北三县（市）”技术人才培养基地项目成功争列省科技计划项目。推进“三深化三提升”活动，严格落实培育壮大实体经济扶持政策，实行县领导包联重点企业项目，组织开展政银企对接、涉企“五项服务”等系列活动，累计为 20 余名优秀人才解决落户问题，为 19 家企业提供担保贷款 1.36 亿元，解决 100 余个涉企难题。持续推进行政审批制度改革，企业开办时限压缩 40%，全县企业总数首次破万，净增 2166 家，净增率居全市第一位。

**【科学技术】** 2019 年，香河县为 185 家企业发放科技小巨人、高新技术企业各类奖励资金累计 1768 万元。机器人科技企业孵化器项目、廊坊市“北三县（市）”技术人才培养基地项目成功争列省科技计划项目。全面加强气象现代化建设，开展气象服务“三农”示范县建设，提升服务能力和服务水平。年内，香河县新增科技型中小企业 94 家、高新技术企业 24 家、市级企业技术研发中心 4 家、市级众创空间 1 家、6 家企业成为省千家领军型企业。

**【教育】** 2019 年，香河县教育事业实现新发展。学前教育、义务教育、普通高中教育、职业教育、成人教育、民办教育、特殊教育稳定有序发展。学前三年入园率 98%；小学入学率 100%，巩固率 100%；初中入学率 100%，巩固率 98.5%；高中阶段毛入学率 93.5%。全年获国家级奖励 4 项，省级奖励 11 项，市级奖励 38 项，县级奖励 26 项。香河县教育和体育局（以下简称“县教体局”）获“第十九届华人少年作文比赛优秀组织奖”“廊坊市诗教先进单位”“廊坊市首届冰雪运动会轮滑比赛团体第二名”“廊坊市模范职工之家”“香河县实绩突出领导班子”等荣誉。河北省香河县第一中学被评为“河北省十佳科技创新学校”，香河县第二中学被评为“全国青少年人工智能活动特色单位”“北京 2020 年冬奥会和残奥会奥林匹克教育示范学校”，香河县第四中学被评为“河北省绿色学校”。新华网、《廊坊日报》、《新香河》及“香河融媒发布”“香河头条”公众号等媒体多次报道香河教育和体育工作。

全县有各级各类学校 234 所，其中小学 68 所，初中 11 所，高中 2 所，职业技术教育中心、教师进修学校、特殊教育学校、广播电视学校、青少年活动中心、成人教育总校各 1 所，乡镇成人学校 9 所，国办幼儿园 4 所，注册民办教育机构 134 所（其中，幼儿园 68 所，短期培训机构60所，民办学校6所）。在校生（含幼儿）76025人。全县各级各类学校有教职工6900人（含劳务派遣689人），其中县直幼儿园272人、小学2952人（含附设幼儿班教师375人）、初中1210人、普通高中785人、职业高中119人、成人中等专业教育44人、特殊教育学校13人、民办教育机构1505人。

**【文化和旅游】** 2019年，香河县构建县、镇、村三级公共文化服务体系，促进全县文化事业发展与繁荣。持续推进文化惠民，香河县276个村街的基层文化服务中心建设完工，开展"七进"文化惠民演出；组织拍摄《我和我的祖国》万人快闪被人民号、央视等媒体报道，并被"学习强国"平台发布；香河县获"河北省诗词之县"称号；县融媒体中心获国家互联网新闻信息服务许可证，为全省首批、全市首家；《香河年鉴（2018）》获第六届全国地方志优秀成果县级综合年鉴一等奖。全域旅游总体规划形成初步成果，智慧旅游系统在全市率先建成，水岸潮白田园综合体获评为省优新业态项目，获评国家AAA级景区；首届香河县文化和旅游产业发展大会成功举办，并获全市"最佳组织奖"，香河县的水岸潮白田园综合体获最佳示范项目，大运河文化节获最佳文旅活动，香河县《运河印记》获最佳宣传片，情景剧《家在运河》获最佳文旅展演，"运河驿站·荷香香河"品牌影响力持续提升；推进运河文化带建设，制定《北运河廊坊段旅游通航规划》，5千米滨河步道修建完工，运河生态文化工程稳步实施，全国首个"大运河文化云名片"上线运行，开展京津冀中幡文化交流大赛等活动，运河文化资源有效挖掘利用。第三届廊坊市乡村旅游创客大赛，香河县获"优秀组织奖"，香河县《水岸潮白田园综合体》获银叶奖，《国家级中幡艺术团》获铜叶奖；第三届廊坊市最美民宿大赛，香河县获"最佳组织奖"，李家大院民宿获一等奖，别处酣客名宿获优秀奖；2019河北省文创和旅游商品创意设计大赛暨廊坊市第二届文化创意和旅游商品创意设计大赛，香河县获"最佳组织奖"，香河县原创作品"香河潮童"非遗系列文创产品获最具廊坊特色奖和2019年最佳文创旅游商品称号，同时获首届北运河杯"通武廊"文创产品大赛创意设计主题铜奖；精选特色旅游商品、文创展品、非遗展品等6件展品参加省文化和旅游厅"2019河北文创精品展"；香河县五行通臂拳获廊坊市首届"十大优秀非遗项目"称号，安头屯中幡获"廊坊市2019十大优秀创客项目"称号；金银细工银花丝摆件"双龙莲叶瓶"和"凤戏牡丹满园春"分别获2019"百花杯"中国工艺美术精品奖金奖、优秀奖。

**【卫生健康】** 2019年，香河县做好农村卫生健康工作，重视妇幼保健及疾病防疫，着力提高人民健康水平和人口素质；深化医药卫生体制改革，完善县域医共体建设，精准开展健康扶贫，落实赤脚医生待遇政策；严厉打击非法行医，规范医疗事业管理。是年，全县推进医疗、医保、医院、医价"四医联动"改革，不断完善基层公共医疗服务体系。钳屯、安头屯2所卫生院主体施工完工，114所集体产权村卫生室修缮完工，聘任293名村医进驻，县级医院与镇卫生院全部组建医共体；香河县被确定为"全国紧密型医共体建设试点县""全省深化县级公立医院综合改革示范县""全省推进镇卫生院与村卫生室一体化管理试点县"，廊坊市基本公共卫生绩效评价，香河县综合成绩名列全市第一位；香河县人民医院获评为"省级现代医院管理制度建设样板"，管理模式在全国推广。

2019年，香河县有医疗机构424所。其中，县级医院4所：香河县人民医院、香河县中医医院、香河县气管炎哮喘医院、香河县妇幼保健院；乡镇卫生院15所：刘宋中心卫生院、安平中心卫生院、渠口中心卫生院、钱旺镇卫生院、淑阳镇卫生院、钳屯镇卫生院、蒋辛屯镇卫生院、五百户镇卫生院、安头屯镇卫生院、东鲁口医院、石虎医院、香城医院、李庄医院、金辛庄医院、梁家务医院；村卫生室293所，其中乡村卫生服务一体化管理的村卫生室190所。是年，香河县人民医院投资3900余万元，先后购置3.0T 磁共振机、西门子胃肠机、大孔径放疗定位机等155台件，建设9225平方米肾病透析中心和药库、9054平方米的综合住院楼，扩建300平方米肿瘤科病房，全面投入使用。香河县卫生健康系统工作人员757人，其中本科183人，大专349人，中专177人，其他学历47人；正、副主任医师60人、主治主管医师246人、医师级133人、医士级111人；干部516人，固定工46人，合同制人员195人；行政人员91人，工勤人员88人，医疗工作人员483人，防保人员95人；县卫生健康局机关57人，县级医院324人，县妇幼保健院69人，乡镇卫生院228人，县疾控中心37人，县卫健综合监督执法队29人，县药品配送中心7人，县卫生学校6人。香河县有乡村医生296人；其中，乡医主治医师47人，乡医师147人、乡医士100人。

**【就业和社会保障】** 2019年，香河县推进人事制度改革，完善派遣人员用工管理，加强人才队伍建设。加强对用人单位劳动用工管理，加大劳动监察执法力度，加强劳动关系调解仲裁，维护劳动者和用人单位双方合法权益，维护社会稳定。是年，城镇新增就业岗位6873人，年度市下达任务目标6000人，完成率114.55%。城镇登记失业率1.14%，年度任务目标值控制在4.5%以内。

下岗失业人员再就业574人，完成全年任务550人的104.36%。农村劳动力向非农转移3091人，完成全年任务3000人的103%。就业困难人员实现再就业402人，完成全年任务190人的211.57%。年内，失业动态监测企业25家，监测人数4500人；就业动态监测企业8家，检测人数1525人。全县企业职工参保人员累计34516人，参保率95%以上，新增参保1850人，完成全年新增任务目标的124%；征缴养老保险费2.5亿元，完成全年征缴任务目标的100%。离退休人员6086人，支付离退休人员养老金1.79亿元，离退休金发放率100%。年内，机关事业单位养老保险，在职参保11268人，收缴养老保险费2.32亿元，机关事业征缴率100%；离退休人员4786人，支付离退休人员统筹内养老金2.7亿元，离退休费社会化发放率100%。年内，城乡居民养老保险，参保总人数204287人，参保率99.9%，符合养老保险领取条件62332人，累计发放养老保险金1.15亿元，发放率和领取率均达到100%。年内，有429家企业参加失业保险，参保员工1.6万人，征缴保费1001.14万元，为88人发放失业金52.463万元，为88人发放医疗补助13.91万元，为25人发放技能补贴3.93万元，为54家企业发放“稳岗返还”资金168.3万元。年内，875家企业参加工伤保险，在职参保45537人（其中建筑业项目参保8441人）。新增参保2375人，完成全年新增参保1000人任务的237.5%；收缴工伤保险费1872万元，完成全年征缴工伤保险费1200万元任务的156%；收到事故伤害备案373起，发放工伤保险待遇310人，支付工伤保险费用1192万元。

**【精神文明建设】** 2019年，香河县开展机关、学校、企事业单位、村街、社区群众性精神文明建设活动，香河县把“文明校园”创建工作作为提升未成年人思想道德水平和创建省级文明县城的重要抓手。是年，全县中小学有3800名学生参加学雷锋志愿服务组织，10余所学校4600余名学生到盘山烈士陵园祭扫，5400余名师生参加读书、诵读、书法等活动。年内，全县评出省、市、县级三好学生314名，优秀学生干部80名，先进班集体57个。以爱国主义教育为主旋律，引导未成年人树立革命传统意识。组织青少年观看革命题材影片，坚持开展“国旗下的讲话”活动，开展读好书、写观后感、出主题板报等活动，对青少年进行爱国主义教育。以品德教育为主题曲，举办“小手拉大手”主题活动，组织未成年人投身文明城市创建活动，开展多样化精神文明教育实践活动。提升未成年人思想道德建设水平。依托3月5日学雷锋纪念日、清明节、端午节、“七一”、国庆节等重大节日，开展“弘扬雷锋精神，争当雷锋传人”、志愿服务、“清明祭英烈 传承民族魂”主题教育实践活动。组织开展“迎端午、赛龙舟”“童心向党”“向国旗敬礼”“国旗下讲话”、主题班队会等800余次系列活动。组织开展“扣好人生第一粒扣子”主题活动“新时代好少年”评选推荐活动。以“师德师风提升年”为抓手，加强师德师风建设。年内，先后有32人分别获“全国优秀教师”“河北省师德标兵”“廊坊市优秀乡村教师”“廊坊市优秀教育工作者”“廊坊市骨干教师”“廊坊市师德标兵”等称号。香河县第五中学张春海、渠口镇王刘圈小学李晓红获“河北省优秀乡村教师”称号。推进社会主义核心价值观涵育基地建设工作。组织县直各单位、志愿者协会、企业、文明单位、社会各界爱心人士开展公益性志愿服务活动110余次，参与活动总人数2500余人。其中，开展“周末文明行动”20余次，慰问贫困家庭10余次，赴孤儿院看望孤儿10余次，赴敬老院看望军属、老党员、孤寡老人14次，开展文明交通活动20余次，义务清扫街道5次，为捐助失学儿童组织义卖4次，向贫困地区捐赠衣物12次，无偿献血1次，组织大型捐赠活动1次。是年，香河县以“塑造城市形象、提高市民素质、推动经济发展、促进社会和谐”“建设美丽幸福新香河”为主线，开展省级文明县城创建工作。

**【生态环境建设】** 2019年，香河县严格落实抑尘、清煤、控车等大气污染防治措施，燃气锅炉氮氧化物治理、重点行业企业门禁视频联网等工作按时完成，“煤替代”工程安全运行，空气质量持续提升。全年综合指数5.23，同比下降3.86%；PM2.5浓度44微克/立方米，同比下降13.73%；优良天数246天，达标率67.40%。全面落实“河长制”，累计开展巡河2万余次，处理解决问题420余处。推进河渠“清四乱”（乱占、乱采、乱堆、乱建）专项行动，“一河一策”问题整改到位，拆除违建、围网养殖83处，清理垃圾6.1万立方米，北运河、潮白河、青龙湾减河等主要河流达到地表水V类标准。开展化肥农药使用“零增长”行动，64家养殖场粪污处理设施全部建成，规模养殖场废弃物资源化利用率75%。推进运河文化带建设，5千米滨河步道修建完工，运河生态文化工程稳步实施，密涿高速廊道绿化、瑞盛千亩景观林等精品景观建成开放，香河县通过省级园林县城复查。

**【政务服务】** 2019年，香河县政府机构改革工作完成，实现机构融合、队伍融合、工作融合、思想融合。制定出台《推进基础设施工程建设项目审批提速试行办法》《产业重点项目模拟审批暂行办法》，推行“互联网+政务”服务，实行一般事项“不见面”、复杂事项“一次办”，全年办理各类服务审批事项40余万件，群众满意度99.9%。开展“1+5”专项治理，累计拆除违法用地、违法建设、违章建筑46万平方米。为1030名在职教师一次性解决工龄接续和养老保险补缴问题。

**【社会事业】** 2019年，香河县有26项教育重点工程竣工投用，新购置2000余万元教学装备；香河县第一中学大学一本上线人数突破千人大关，大学本科上线率97.6%。钳屯、安头屯2所卫生院主体施工完工，114所集体产权村卫生室修缮完工，聘任293名村医进驻，香河县获“全国紧密型医共体建设试点县”“全省深化县级公立医院综合改革示范县”“全省推进镇卫生院与村卫生室一体化管理试点县”称号；县人民医院获“省级现代医院管理制度建设样板”，管理模式在全国推广。建档立卡贫困人口全部实现脱贫，临贫易贫重点人群防贫保险落实到位；民政事业服务中心综合楼新建、敬老院改造等工程建设完工，城乡低保标准由每人每月600元提高到每人每月900元，特困人员供养标准由每人每月960元提高到每人每月1440元，设立关爱退役军人基金会，退役士兵社会保险接续如期完成。全年城镇新增就业人员7300余人，就业再就业工作保持全市前列；县城乡居民社保中心获评全国人社系统优质服务窗口先进集体。县、镇、村三级综治中心建设成果巩固拓展，智慧治理信息管理平台全面启动。严格落实安全生产责任制，深化大排查大整治攻坚行动。推进扫黑除恶专项斗争，全年破获涉恶案件55起。完成全国“两会”、“一带一路”高峰论坛、中华人民共和国成立70周年大庆等重大安保任务，国防动员、档案等工作取得新成绩。

**【交通运输】** 2019年，香河县加强国省干道和县、乡、村道路建设，做好道路养护。11月7日，在全国推动“四好农村路”高质量发展现场会上，香河县被交通运输部、农业农村部和国务院扶贫办授予“四好农村路”全国示范县。11月28日，河北省推动“四好农村路”高质量发展现场会在香河召开。截至年底，等级公路通车总里程1024.003千米，公路网密度2.30千米/平方千米。机动车拥有量100388辆，其中大中型汽车1142辆，小型汽车97537量，摩托车1709辆。香河县境内有高速公路2条，全长23.955千米。其中，京哈高速公路（编号G1）香河境内长21.303千米，设有香河北出口和香河东出口；首都地区环线高速公路（编号G95）香河境内长2.652千米，设有香河西出口。香河境内有国道3条，全长54.016千米。其中，国道103线（编号G103）香河境内长3.870千米；通武线（编号G230）香河境内长23.415千米；唐通线（编号G509）香河境内长26.731千米。香河境内有省道平香线（编号S274），香河境内长5.128千米。香河县有农村公路597条，总里程940.904千米。其中，县道4条，总里程56.762千米（香北线22.11千米，倪李线17.632千米，香务线10.302千米，蒋渠线6.718千米）；乡道14条，总里程107.024千米；村道579条，总里程777.118千米。香河县有长途客运站1个，2019年通过省级二级客运站验收，有始发营运班线10条。香河慧安公共交通运输有限公司负责县内公交运营，与县内7条北京公交线路实现零距离换乘。有出租汽车公司6家，货物运输企业（含1家危险货物运输企业）5家，物流企业6家，汽车维修企业53家，机动车驾驶员培训学校2所。香河县开通县域公交线路11条，线路总长272千米，运营新能源公交车100辆，日发班次599个，年运送旅客516.7万人次。实行全程2元统一票价，支持现金、微信、支付宝、NFC、IC卡等支付方式，并对学生、残疾人、65周岁以上老人等特殊群体实行优惠或免费。在公交线路途经道路设立仿古铜不锈钢站亭98座、不锈钢站牌346座，在渠口镇、刘宋镇设立2个租赁公交分站。

**【香河家具城】** 2019年，香河家具城有展厅32座，总面积300万平方米，成为享誉东北亚、中国北方最大、全国第二的家具批发市场。先后获“全国十大著名家具城”“中国产业集群品牌50强”“全国质量服务双十佳信誉单位”“重质守信3•15满意单位”“中国北方家具商贸之都”等称号。国内外入驻企业7000余家，经营商品种类上万种，名优品牌1500余个，形成产、供、销一条龙的市场格局，产品销往全国，并远销俄罗斯、加拿大、韩国、蒙古、中东、非洲以及东南亚部分国家和地区，日客流量最高时达4万人次。4月，香河家具城被中国家具协会评为“2018—2019年度中国家具行业信息工作先进单位”；9月，香河家具城被中国家具协会评为“中国家具行业突出贡献单位”；12月，香河家具城被河北省家具协会评为“建国70周年河北省家具行业品质服务示范单位”，获“2019年度廊坊市文明单位”称号。

（王树春）

## 永清县

**【概 况】** 永清县位于北纬39°07′30″～39°28′40″，东经116°22′03″～116°43′05″之间。辖5个镇：永清镇、韩村镇、别古庄镇、后奕镇、里澜城镇，5个乡：曹家务乡、三圣口乡、刘街乡、龙虎庄乡、管家务回族乡，2个区：北京亦庄•永清高新技术产业开发区、河北永清经济开发区和1个城区街道。全县有386个行政村、15个社区居委会，总面积774平方千米，耕地面积40922公顷。2019年，全县户籍人口41.39万人，其中城镇户籍人口19.09万人，人口自然增长率3.19‰。地区生产总值204.51亿元，同比增长6.8%。其中，第一产业增加值63.1亿元，同比增长3.5%；第二产业增加值42.66亿元，与上年持平；第三产业增加值98.75亿元，同比增长11.9%。规模以上工业增加值23.1亿元，同比增长4.5%。粮食产量16.14万吨，同比增长8.8%。棉花产量592吨，同比下降5.7%。财政收入30.31亿元，同比增长1.7%；一般公共预算支出41.09亿元，同比下降2.2%。全社会固定资产投资96.21亿元，同比增长6.2%。全社会消费品零售额59.2亿元，同比增长8.1%。在岗职工平均工资93006元，同比增长0.8%。农村居民人均可支配收入17312元，同比增长9.7%。城镇居民人均可支配收入38597元，同比增长9%。年末住户存款余额176.16亿元，同比增长14.81%。

**【农业】** 2019年，永清县农林牧渔业总产值91.49亿元，同比增长3.6%。其中，农业产值71.6亿元，同比增长4.1%；林业产值0.53亿元，同比下降22%；牧业产值17.75亿元，同比增长2%；渔业产值0.08亿元，同比下降4.6%；农林牧渔服务业总产值1.52亿元，同比增长7.6%。粮食播种面积29740公顷，同比增长3.5%；粮食总产量16.14万吨，同比增长8.8%。棉花播种面积740公顷，同比下降9.9%；棉花总产量592吨，同比下降5.7%。油料作物播种面积3293公顷，同比下降3.9%；油料总产量8647吨，同比下降3.6%。蔬菜种植面积24440公顷，同比增长0.8%；蔬菜总产量184.31万吨，同比增长2.1%。其中，设施蔬菜播种面积9140公顷，同比下降13%；产量68.61万吨，同比下降4.6%。截至年末果园面积10927公顷，园林水果产量20.61万吨。肉类总产量4.09万吨，同比下降9.3%。禽蛋总产量1.08万吨，同比增长2.2%。牛奶总产量2.26万吨，同比下降2.8%。水产品产量531吨，同比下降0.9%。新增省级现代农业园区、精品园区3家，市级以上园区13家。新苑阳光获批国家蔬菜全产业链综合标准化示范区项目。先后获批河北省农业特色产业发展先进县、河北省农产品质量安全县等称号。

**【工业】** 2019年，永清县工业增加值同比增长2.9%。其中，规模以上工业增加值增长4.5%；规模以下工业增加值增长0.1%。在规模以上工业增加值中，股份制企业下降1.7%，外商及港澳台企业增长49.7%，其他企业增长133.4%；轻工业增长27.6%，重工业增长1.3%。规模以上工业高新技术产业增加值同比增长20.5%，占规模以上工业增加值的36.0%。年末列统规模以上工业企业77家，工业总产值101.27亿元，同比增长5.3%；产销率98.6%，比上年下降1.4个百分点。实现利润41420.6万元，同比下降5.8%。其中，股份制企业实现利润30136.9万元，同比下降12.7%；外商及港澳台商实现利润11199.6万元，同比增长23.7%；其他企业实现利润81.4万元，同比下降78.6%。上缴税金26809.6万元，同比下降6.5%。其中，股份制企业上缴税金19615.4万元，同比下降11.3%；外商及港澳台商上缴税金6891.2万元，同比增长9.6%；其他企业上缴税金303万元，同比增长15.3%。

**【商贸流通】** 2019年，永清县扩大内需，促进消费，协调争取专项资金，推动商贸流通企业扩规模、提档次、调结构，扶持培育限额以上商贸流通企业。全年净增限额以上商贸企业12家，企业总数41家。全社会消费品零售总额实现59.2亿元，同比增长8.1%。其中，限额以上企业（单位）消费品零售额5亿元，同比增长10.9%，占全社会消费品零售总额的8.4%；限额以下企业（单位）消费品零售额54.2亿元，同比增长7.8%，占全社会消费品零售总额的91.6%。按经营地统计，城镇社会消费品零售额21.4亿元，同比增长9.3%，占全社会消费品零售总额的36.1%；乡村社会消费品零售额37.8亿元，同比增长7.4%，占全社会消费品零售总额的63.9%。在限额以上批发和零售企业商品零售额中，增幅较大的有：家具类增长50.6%，文化办公用品类增长75.2%，通信器材类增长338.6%。下降较多的商品有：汽车类下降21.6%，饮酒类下降24.3%，金银珠宝类下降49.8%。全年进出口总值5.39亿元，同比增长3.3%；其中，出口总值4.85亿元，同比增长2.2%。

**【招商引资】** 2019年，以上海市、深圳市、天津市等发达城市为重点，开展招商考察活动，邀请上海金汇通用航空、深圳人工智能协会、郑州沃特节能科技等公司和团组赴永清县就相关项目考察洽谈，围绕大通行领域和电子信息产业，接洽包括直升机研发制造、航空救援、航空小镇等领域在内的项目合作。年内，外出招商200多人次，举办大型招商会5次，接待来永清县考察团组近30家。全年永清县签约亿元以上项目5个，其中“5•18”经洽会签约项目3个（内资项目2个、外资项目1个），“9•8”投洽会签约项目1个，武汉招商会签约项目1个。签约项目涉及家居、农业、医疗康养、环保科技、智能制造等行业。

**【工程项目】** 2019年，永清县获批市重点项目5个，总投资41亿元。除河北视窗药用玻璃项目因企业内部原因不再投资建设外，其他4个项目均在清理地上物，办理前期手续。2次集中开工项目13个，总投资56.5亿元，开工建设项目7个，未开工项目6个。其中，圆通华北区总部项目、河北华兴玻璃二、三期项目等5个项目在办理规划、施工手续。永清云裳小镇、定向运动小镇、盛世福地生态小镇、国际智能家居博览小镇成功争列河北特色小镇名单，数量位居全市第1位。已谋划申报2020年地方政府专项债券项目5个、资金2.74亿元。在推进项目前期工作，全力争取资金获批。天津市至北京大兴国际机场高铁项目由市级打捆申报，分配永清额度2亿元；申请北京大兴国际机场临空专项债券资金53亿元，用于土地流转、拆迁补偿等支出。在准备“一案两书”，争取债券资金尽快落实。

**【科学技术】** 2019年，贯彻落实鼓励科技创新政策，获省、市级政策奖励资金1000余万元，落实县级科技奖励资金400万元。成功申报科技型中小企业105家，全县科技型中小企业总数630家。认定高新技术企业25家（新认定22家，重新认定3家），全县高新技术企业总数42家。集中新认定省级技术创新中心3家，全县省级技术创新中心4家；新认定市级研发中心3家，全县市级以上研发中心46家。新认定省级院士工作站1家，全县院士工作站3家。1家市级众创空间成功升级为省级众创空间，新认定市级众创空间2家，全县市级以上众创空间5家。新增省级星创天地3家，全县省级以上星创天地19家。新增市级产业技术创新联盟1家，全县市级产业技术创新战略联盟9家。全年获批各级各类项目9个，争取项目资金185万元。制定《永清县科技研发创新平台建设专项工作实施方案》《永清县科技企业孵化载体提升专项工作实施方案》《永清县培育高新技术和科技型中小企业活动实施方案》三个专项活动实施方案，明确重点目标任务与工作举措。筛选20家重点企业给予帮扶，建立“精准帮扶微信工作群”及帮扶台账，全年为企业开展服务近30次。以农业科技园区、星创天地为基地，以科技特派员为抓手开展精准扶贫，建设4个科技特派员工作站，开展技术指导15次。采取课堂培训与现场讲解相结合方式开展农业科技知识培训，全县100余名农业技术带头人参加培训，为全县农村贫困人口全部脱贫提供科技支撑。

**【教育体育】** 2019年，永清县有各级各类学校126所，其中小学103所、初中17所、高中2所、中等职业学校1所、特教学校1所、教师进修学校1所、电大1所。有幼儿园97所。全县公办学校有教职工3696人。其中，小学教职工1937人、初中教职工1018人、普通高中教职工442人、中等职业学校教职工161人、特教学校教职工31人、教师进修学校教职工41人、电大教职工22人、县直幼儿园教职工44人。全县有在校生53086人。其中，小学36492人、初中11363人、普通高中3867人、中等职业学校1250人、特教学校114人。有在园幼儿9170人。中、小学巩固率分别为98.5%、100%，高中适龄人口毛入学率91.5%，均超过省颁标准。投资2850万元，新建高标准塑胶操场33个，11月底前全部竣工并投入使用。投资3986万元，推进26所学校改扩建工程。投资202万元进行两类学校（农村小规模学校和农村寄宿制学校）装备建设，两类学校的信息化一期工程完工，为6所学校购置班班通、计算机、图书及仪器，基本满足小规模学校信息化教学的硬件需求。全面落实国家资助政策，为1100名各级各类学生（幼儿）发放救助资金98万元。落实省市部署，按时在全县启动实施农村中小学生营养餐计划，使全县29072名农村小学生免费享受课间营养餐供给。落实好冰雪运动“一核四带动”工作部署，成功组织全县首届冰雪运动会，筹备全县冰雪嘉年华活动，实现冰雪运动会进校园的全覆盖，并在全县推动建设室外浇建冰雪场地4个，规划建设室内600平方米滑冰场1个。全年举办棋类比赛、乒乓球比赛、永清县第二届马拉松（四分之一）赛、第三届“县长杯”青少年足球比赛、羽毛球比赛、2019中国·永清乒乓百团大战国际邀请赛等20余项体育赛事。

**【文化旅游】** 2019年，永清县获“中国核雕之乡”称号。开展“国”字头文旅活动4次，先后组织举办2019中国·永清核雕艺术节暨第三届核雕技艺大赛、第四届“科德杯”全国大学生无人机航拍大赛、第六届（中国·永清）国际京剧票友邀请赛和2019年京津冀国际定向巡回赛。30多项文体旅活动，活跃群众业余生活。新建村街综合性文化服务中心40个，组织开展文化下乡活动。40个综合文化服务中心广场建设完工，AA级旅游厕所1座、A级旅游厕所5座建设任务完工。文化馆免费开放工作，包括舞蹈、葫芦丝、美术、二胡、书法、电子琴、合唱等七门免费培训课程。组织开展“我与红楼”美术作品展、2019年第五届少儿书画展、永清县2019年文化和自然遗产日展演活动、书法进校园活动、北五道口音乐盛会、白雁口金叉盛会、核雕、秸秆扎刻、古建筑模型、花灯、铁树银花等10余项活动，传承优秀传统文化。图书馆实施免费开放的同时，先后组织开展“大手拉小手书香伴我成长”阅读推广活动、“庆祝建国70周年”少儿书画展活动、“全民阅读日”等系列活动，引导和培养群众读书兴趣和阅读能力。“文化三下乡”活动，公益电影下乡放映4632场，庆祝建党98周年系列巡演、庆祝中华人民共和国成立70周年——我和我的祖国系列演出、李兰亭纪念馆《我和我的祖国》主题演出等“七进”（进企业、进农村、进机关、进校园、进社区、进网站、进军营）演出100场。

**【卫生计生】** 2019年，全县卫生计生系统有医疗机构22个，其中县直局属单位6个、乡镇卫生院10所、一级医院6所。7月，撤销宏益社区卫生服务中心。全县有村卫生室496个，村卫生室覆盖率100%；民营医院3个，诊所47个，门诊部5个。全县病床总数1111张，卫生技术人员1043人，其中副高级以上职称78人，中级职称286人，初级职称656人；医疗机构总建筑面积108917平方米，万元以上医疗设备777台（件），总资产31504.5万元。继续落实“先诊疗、后付费”和“一站式”结算。18所健康扶贫定点医院均落实先诊疗后付费政策。加强与京津合作，县医院与北京陆军总医院建立合作关系，与尚医传承中医医生集团合作，合作举办大型中医义诊活动。深化县中医院与西苑医院合作关系。启动县医院与三圣口乡卫生院医共体建设，县中医医院与养马庄医院医共体、县妇幼保健计划生育服务中心与永清镇卫生院医共体正式挂牌运营。7月1日，全县基本公共卫生支付方式改革信息系统全部上线运行。做实做好家庭医生签约服务，签约率36.2%。加强卫生系统综合监督执法，全年开展监督检查190家次。继续全面落实两孩政策，实行一孩、二孩生育登记服务制度，人口生育水平保持稳定。2019自然年度（2019年1月1日至2019年12月31日），全县出生人口3323人，人口出生率8.26‰，人口自然增长率4.84‰，出生人口性别比116。

**【就业和社会保障】** 2019年，永清县城镇新增就业4666人，下岗失业人员实现再就业975人，就业困难人员实现再就业280人；就业补助资金支出1323.56万元，其中公益性岗位人员岗位补贴462.5万元，惠及386人；社保补贴280.63万元，惠及596人；发放职业技能培训补贴486.92万元，惠及2870人；发放创业培训补贴42.41万元，惠及589人；发放职业技能鉴定补贴51.1万元，惠及1746人；发放贷款78笔，金额1138万元。组织并实施对全县的城乡劳动力创业培训和技能培训工作，培训3566人，其中就业培训2283人，技能培训1283人。全县有822个单位32166人参加城镇职工基本医疗保险。其中，企业605户12604人缴费，事业单位68户2560人缴费，机关单位137户11346人缴费，其他单位12个5656人参保。30.94万人参加城乡居民基本医疗保险。城乡居民医疗保险基金收入22829万元，支付住院及门诊报销费用23649.35万元。机关、事业养老保险参保单位182家，职工9143人。城乡居民基本养老保险参保人数21.71万人。失业保险参保单位387家，职工11056人。工伤保险参保单位928家，职工34767人。52户216名新增被征地农民纳入基本养老保险。棚户区拆迁改造382户，改造农村危房29户。发放城乡低保、临时救助等资金1.58亿元，实现应保尽保、应助尽助。

**【社会治安】** 2019年，永清县开展扫黑除恶专项斗争，全年破获涉恶类案件55起，抓获犯罪嫌疑人76人，刑拘69人，逮捕53人，起诉79人，打掉涉恶团伙2个，扣押涉案财产171.89万元组织开展利剑斩污、亮剑2019、利刃2019、云剑、打击“黄赌毒”等一系列专项行动，成功侦破刘凡钰贩卖毒品案等一批重特大案件。至年底，破获刑事案件506起，抓获犯罪嫌疑人516人，打掉团伙33个，查处治安案件986起，处理人员1109人，全县刑事警情下降33.7%。巡特警工作，年内完成全国“两会”、“5•18”经贸洽谈会、暑期安保、国庆70周年大庆、十九届四中全会等安保和警卫任务。出动警车5000余辆次，盘查人员3万余人次，盘查车辆1.8万余辆。全年受理各类警情426件，立案侦查16起，破获案件8起，抓获犯罪嫌疑人12人，逮捕3人，起诉5人，挽回经济损失3858余万元。接收核查云端线索99条。开展交通秩序整治工作，查处交通违法行为14.5万余起，拦截劝返货车5.3万余辆，淘汰不达标车辆2112台，交通事故起数、经济损失、死亡人数比上年分别下降16.9%、6.1%、17.6%。

（刘淑珍）

## 固安县

**【概　况】** 固安县坐落于北纬39°08′～39°30′，东经116°07′～116°27′，辖9个乡镇：固安镇、牛驼镇、宫村镇、马庄镇、柳泉镇、东湾乡、渠沟乡、彭村乡、礼让店乡；1个省级园区：河北京南•固安高新技术产业开发区，设419个行政村和27个社区居委会。2019年，全县总面积697平方千米，耕地面积65万亩（4.33万公顷）。全县户籍总人口527370人。全年人口出生率10.91‰；死亡率3.10‰；净增人口5257人，自然增长率7.82‰。全县有蒙古族、回族、朝鲜族等40个少数民族。全县地区生产总值313.4亿元，按可比价格计算，同比增长9.2%。其中，第一产业增加值44.1亿元，同比增长1.3%；第二产业增加值59.5亿元，同比下降6.4%；第三产业增加值209.8亿元，同比增长16.7%。三次产业结构比为14.1∶19∶66.9。人均地区生产总值58006元，同比增长4.02%。全年财政收入96.2亿元，同比增长11.5%，其中一般公共预算收入49.9亿元，同比增长9.3%；一般公共预算支出81.4亿元，同比增长10.2%。全县金融机构各项存款余额502.8亿元，比年初增加62.2亿元，同比增长14.1%，其中住户存款余额297.5亿元，比年初增加3.7亿元，同比增长14.1%。各项贷款余额491.6亿元，比年初增加46.3亿元，同比增长10.4%，其中短期贷款13.1亿元，比年初增加2.1亿元，同比增长19.3%；中长期贷款364.4亿元，比年初增加31.1亿元，同比增长9.3%。城镇居民人均可支配收入40274元，同比增长9.3%；农村居民人均可支配收入17712元，同比增长9.6%。全年社会消费品零售总额63.1亿元，同比增长7.7%。其中，限额以上消费品零售额24.9亿元，占社会消费品零售总额的39.5%，同比增长4.6%。全年实际利用外资4321万美元。外贸出口总值21219万美元。固安县PM2.5年均浓度同比下降9.1%，空气质量综合指数同比下降7%，空气优良天数218天。固安县入选《人民日报》发布的2019年度"全国投资潜力百强县市"和"全国绿色发展百强县市"。

**【农业】** 2019年，固安县农、林、牧、渔业总产值65.2亿元，同比增长3.02%，其中农业产值57亿元，同比增长2.43%；林业产值0.68亿元，同比下降8.55%；牧业产值5.03亿元，同比增长13.49%。在农、林、牧、渔业中以农业为主，农业产值占到农业总产值的87.4%。全年粮食播种面积60.4万亩（4.03万公顷），总产量21.9万吨。其中，优质小麦面积25.0万亩（1.37万公顷），总产量10.1万吨。蔬菜面积34.5万亩（2.3万公顷），总产量139.4万吨。

截至2019年年底，畜牧业产值5.02亿元，同比增长13.5%，占农业总产值7.72%，较上年下降1.72个百分点。主要畜牧产品产量，其中肉类总产量11821.3吨，同比下降18.34%；禽蛋类总产量8099吨，同比增长9.78%；奶类总产量7253吨，同比下降2.07%。年内，农业产业化经营率50.58%。获批国家和省星级休闲农业园各9家，新增卡尔叔叔幸福农场、长林农庄、枫林庄园等一批三产融合型产业项目，高标准通过国家农业科技园区验收。

**【工业与建筑业】** 2019年，全部工业实现工业增加值53.8亿元，比上年增长4.5%。规模以上（年销售收入2000万元以上）工业企业经济实力不断壮大，至2019年年底，累计完成工业总产值136.6亿元，同比增长10.7%，工业增加值同比增长7.5%。规模以上工业实现主营业务收入136.5亿元，同比增长9.1%；完成利润总额8.4亿元，同比增长23.2%；累计实现利税10.8亿元，同比增长9.8%。全年规模以上工业完成销售产值136.6亿元，工业产品销售率100%。建筑业实现增加值5.76亿元，同比下降52.9%。截至2019年年底，全县资质以上建筑企业16家，完成产值7.53亿元，房屋建筑施工面积41.55万平方米。

**【商贸流通】** 2019年，固安县社会消费品零售总额63.1亿元，同比增长7.7%。其中，限额以上消费品零售额24.9亿元，占社会消费品零售总额的39.5%，同比增长4.6%。 全年实际利用外资4321万美元。外贸出口总值21219万美元。

**【产业升级】** 2019年，固安县三次产业结构比达到13 ∶ 19 ∶ 68。加快新旧动能转换，实施"腾笼换鸟"，瑛明电子信息产业港项目封顶，智联网云交换中心项目顺利推进。谋划启动科创谷建设，与北斗启明、赛业科技达成合作意向。农业生产质量提升，现代农业和文旅产业健康发展，获批国家和省星级休闲农业园各9家，新增卡尔叔叔幸福农场、长林农庄、枫林庄园等一批三产融合型产业项目，高标准通过国家农业科技园区验收。现代服务业迅猛发展，实现增加值147.6亿元，同比增长15%。

**【营商环境】** 2019年，固安县开展"服务企业年"活动，把服务企业作为检验"双创双服"活动成效重要标准，建立县委书记、县长服务企业办公会、早餐会、重点项目调度会等10余项会议制度，解决企业实际问题850件。加大优化审批流程，"最多跑一次"事项445项，工程建设项目审批时限由220个工作日压减至58个工作日，在全市率先实现三级政务全覆盖，群众满意率99%。多举措防控金融风险，加强资金支撑，成立博士后创业股权投资基金，发放各项企业奖补资金0.8亿元，助企融资151亿元。京南·固安高新区全年累计投入19.7亿元用于基础设施建设，企业服务中心建成投入使用，园区承载能力全面提升。

**【项目建设】** 2019年，固安县开展"项目建设年"活动，航天一院2765项目开工，康比特项目建成投产，维信诺第6代AMOLED面板生产线实现为小米品牌批量供货重大突破，电子信息产业集群被省工信厅列为河北省特色产业集群。全年累计签约亿元以上产业类项目8项，总投资48.3亿元。实施建设亿元以上产业类项目26项，总投资451.8亿元，争列省重点项目4项，市重点项目11项。

**【科技创新】** 2019年，固安县入围全省县域科技创新能力A类县。中技所固安科创服务中心正式挂牌，入驻服务机构13家。全年新增高新技术企业27家，总数83家；新增科技型中小企业98家，总数644家；获批省级创新创业服务机构2家，总计38家；获批省、市重大成果转化项目2项。

**【城乡建管】** 2019年，固安县开展"管理提升年"活动，推进城乡"两违"拆除暨人居环境整治集中行动，拆除违法占地1100余亩（73.33公顷）、违法建筑40余万平方米。全力推进国家文明城市创建工作，持续开展"走听查改"，清理店外经营3200余处，规范流动摊点1.1万余处，清除各类小广告9.8万余

2019 年固安县主要农产品产量与上年对比表

表 53　　单位：吨

| 品名 | 2019 年 | 2018 年 | 比上年 ±% |
|---|---|---|---|
| 粮食 | 219255 | 214389 | 2.3 |
| 油料 | 3677 | 4068 | -9.6 |
| 蔬菜 | 1393539 | 1389924 | 0.3 |
| 瓜类 | 65403 | 87862 | -25.6 |
| 园林水果 | 77333 | 82995 | -6.8 |

处。建成数字化城乡管理监督指挥中心，累计立案 14.2 万件，办结率 97.6%。

**【生态环境】** 2019 年，固安县燃气、燃煤锅炉改造刚性任务完毕，全面推进“清煤、抑尘、控车、减排、禁烧”五大攻坚战役，合理划定城区机动车管控区域，科学应对重污染天气。落实“分表计电”监管措施，完成企业排污绩效分级。排查整治企业 570 余家，“散乱污”治理水平全面提升。PM2.5 年均浓度同比下降 9.1%，空气质量综合指数同比下降 7%，空气优良天数 218 天。严格落实“水十条”“土十条”，推进“河长制”贯彻实施，入河排污口均安装实时监测设备，非法入河排污口全部封堵；加大开展河湖“清四乱”，清理引清东干渠违章建筑 363 处、河道垃圾 5 万立方米。加大涉水企业监管，25 家涉水企业全部达标排放；新建污水处理厂 2 座、集中式污水处理设施 8 座，城区污水日处理能力 12 万吨，污水综合处理率 100%。完善各项土壤防控目标和措施，全县 112 家涉危废物企业全部纳入信息平台管理。廊涿高速和虹江河景观提升工程完工，新增造林 2.8 万亩（0.17 万公顷），森林覆盖率 35%。建成区绿地率 37.3%，绿化覆盖率 42.5%，人均公园绿地面积 17.4 平方米，绿化水平居全市第一位，获“2019 年度全国绿化模范单位”称号。继续加大环境卫生投入，垃圾焚烧发电厂和新垃圾填埋场建设有序推进，建成垃圾中转站 18 座、下沉式垃圾池 1210 个，配备垃圾运输车 195 台，垃圾处理实现“日产日清”。持续开展农村垃圾综合治理和城区环卫提升工程，城区道路机械化清扫率 85%，全县生活垃圾无害化处理率 100%。

**【民生事业】** 2019 年，固安县投入教育经费 16 亿元，实施第一小学、第二中学等 14 所中小学和 12 所幼儿园新改扩建工程，新增学位 2500 个、校舍 4.67 万平方米。城区小学课后服务和校车服务实现全覆盖，农村小学免费营养餐全面实施，惠及学生近 3 万名。建成 55 处城乡体育健身设施，启用 23 个大型健身广场及 100 余个健身场地，实现村街健身设施全覆盖，县、乡、村三级全民健身设施网络和城市社区 15 分钟健身圈全面建成。全年投入医疗经费 5.8 亿元，实施县医院、中医院原址改造提升和设备升级，推进县医院迁址新建、疾控中心和妇幼保健中心项目建设。加快医疗改革，建立固安县医疗集团管理委员会，成立县级总医院。与 9 所北京三甲医院签订医疗服务合作协议，县、乡两级医院全部实现电子健康卡就医，获“河北省深化医药卫生体制改革工作先进县”称号。城乡居民低保标准由 720 元提高到 900 元，特困供养标准由 1152 元提高到 1440 元，居省、市先进水平。城镇新增就业 7215 人，登记失业率 1.83%，低于上级下达目标 2.67 个百分点。以乡镇敬老院撤并整合为抓手，全面改进特困人员供养管理，民政事业服务中心新改建工程稳步推进。建档立卡贫困户 208 户 525 人完成脱贫，提前一年完成减贫任务，通过省扶贫工作考核；脱贫人口全部实现“两不愁、三保障”，人均收入 14063 元，远超省人均 3600 元脱贫标准。固安县以承办廊坊市旅游发展大会为契机，丰富“旅游+”产品体系，推出京雄温泉谷、卡尔叔叔幸福农场、枫林庄园、兴安湖生态运动公园等大批优质旅游项目，高标准打造“2019 固安国际光影节”，举办第四届梨花文化节等多项旅游创意活动，累计接待游客 120 余万人次，创收 1.7 亿元。开展“文化惠民”下乡演出 54 场，举办各类文化活动 100 余场。

（高士伟）

## 霸州市

**【概 况】** 霸州市位于北纬 38°59′～39°15′，东经 116°15′～116°55′，辖 9 个镇：霸州镇、胜芳镇、信安镇、堂二里镇、南孟镇、煎茶铺镇、扬芬港镇、康仙庄镇、王庄子镇；3 个乡：岔河集乡、东杨庄乡、东段乡；1 个办事处：裕华街道办事处；1 个省级开发区：霸州经济开发区。设 363 个行政村街和 19 个社区居委会。2019 年，全市总面积 800.27 平方千米；人口 658439 人；全市地区生产总值 401.2 亿元，同比增长 4%。其中，第一产业增加值 11.6 亿元，同比下降 15.3%；第二产业增加值 205.2 亿元，同比增长 2.1%；第三产业增加值 184.4 亿元，同比增长 7.9%。三次产业比重由上年 3.4 ∶ 46.5 ∶ 50.1 调整为 2.9 ∶ 51.1 ∶ 46。民营经济增加值 282.8 亿元，同比增长 0.4%；财政收入 45.9 亿元，同比下降 7.1%；一般公共预算支出 62.1 亿元。社会消费品零售总额 162.1 亿元，同比增长 9.1%；固定资产投资 227.5 亿元，同比增长 8.2%，比上年同期回落 1.1 个百分点；在岗职工从业人员平均工资 87517 元；农村居民人均可支配收入 18844 元，同比增长 8.9%；城镇居民人均可支配收入 46579 元，同比增长 8.5%；年末各项存款余额 719 亿元，比年初增加 91.3 亿元。

**【京津冀协同发展】** 2019 年，霸州经济开发区城市建设用地规模由 12 平方千米拓展到 19.5 平方千米，承接非首都功能疏解项目和服务雄安新区能力不断加强。京雄城际铁路霸州段全面开工建设。京德高速和荣乌高速新线霸州段，土地组卷上报和先行占地征地补偿工作完毕。天津市至北京大兴国际机场联络线、雄安至北京大兴国际机场 R1 快线前期工作稳步推进。打造“田园牧歌”“陌樱园”“荷香林韵”“古韵叠翠”等多节点生态旅游景观带。省委、省政府主要领导莅临霸州市调研指导造林绿化工作。

**【产业结构】** 2019 年，霸州市深化“1+4”（建设京津雄区域节点城市，打造科技成果转移转化先行区、传统产业转型升级引领区、临空经济发展协作区、城乡统筹示范区）功能定位，加快构建“4+3+1”（“4”即以新型显示、智能制造、智慧家居、现代都市食品产业为主的战略性新兴产业；“3”即以科技服务、智慧物流、文化休闲为主的现代服务业；“1”即以都市休闲农业为主的现代农业）现代产业体系，《霸州市现代服务业产业发展规划（2018—2035 年）》《胜芳区域产业转型升级发展规划》编制完毕。全年第三产业纳税 22.9 亿元，同比增长 3.3%，占全部税收比重 59.7%。

**【项目建设】** 2019 年，霸州市以项目建设攻坚战为统揽，建立六大工作机制，项目质量和效益明显提高。全年谋划运作亿元以上项目 162 个，总投资 2078.6 亿元，实施建设、谋划储备、新开工亿元以上项目数量全部完成目标任务（目标任务 150 个）。争列省重点项目 5 个，总投资 150 亿元，廊坊市重点产业项目 15 个，总投资 373.2 亿元，开工率、投资完成率排名均居廊坊市前列。

**【园区实力】** 2019 年，河北霸州经济开发区省际合作食品产业园被认定为省际合作重点产业园。食品产业海底捞、小仙炖正式投产，稻香村即将运营，益海嘉里主体完工，加州原野二期在施工中。省政府主要领导专题调研霸州市都市休闲食品产业集群，并给予高度肯定。培育发展新动能、打造食品产业园区典型经验，先后被《人民日报》、中国新闻网等主流媒体宣传报道。电子信息产业蓬勃发展，云谷科技 6 条生产线投产运行。

**【开放水平】** 2019 年，霸州市实施精准招商，引进投资 175 亿元香港世茂集团霸州世茂高铁小镇、投资 18 亿元维龙软通智慧安平产业华北中心产业园、投资 10.5 亿元凯雷汽车零配件智慧供应链华北总部等项目。组织 90 家企业参加马来西亚国际家具展等国际展会，组织 27 家企业参加中国国际进口博览会。

**【营商环境】** 2019 年，霸州市开展“三深化三提升”活动，全市新设立市场主体 10640 户；筛选 12 个特色定制家具项目总投资 40.7 亿元、18 个都市休闲食品产业项目总投资 98.9 亿元、4 个新一代信息技术产业项目总投资 339.3 亿元，列入全市重点支撑项目。建立防范化解信贷风险“1+6”（“1”就是设立一项基金，即霸州市企业金融债务纾困基金。“6”就是建立六大机制：建立政策引导机制、建立银企对接机制、建立实时监测机制、建立共同进退机制、建立“红名单”保护机制、建立打击逃废债机制）工作机制，设立政府纾困基金，全年累计滚动发放资金 15.83 亿元，惠及企业 42 家，有效缓解企业融资难题，得到省委、省政府领导肯定性批示，《霸州市金融债务纾困基金管理暂行办法》列入全省“双创双服”政策创新案例。

**【科技创新】** 2019 年，霸州市培育壮大创新主体，新增科技型中小企业 210 家，总数 935 家。组织申报高新技术企业 32 家。四友卓越科技有限公司获批省级院士工作站，鑫磊农业科技有限公司获批省级农业科技园区。年内，新增省级孵化器 1 家、技术创新中心 2 家，市级孵化器 1 家、研发中心 4 家。

**【品牌建设】** 2019 年，霸州市实施品牌质量提升战略，“争荣及图”获批中国驰名商标，驰名商标总量增至 8 件。家具产业拥有自主品牌 653 个。成功举办第 21 届、22 届中国（胜芳）特色家具国际博览会，中国金属玻璃家具产业基地升级为中国特色定制家具产业基地。霸州市获批国家级外贸转型升级示范基地（家具），获省“质量提升工程示范县”称号。河北电视台连续 3 期播发霸州市转型升级典型经验。

**【生态环境】** 2019 年，霸州市推进“蓝天”工程。全力打好治企、抑尘、清煤、控车、禁燃组合拳，285 台 932.6 蒸吨燃气锅炉低氮改造工程完工，完成重点行业企业 VOCs 深度治理 35 家，取缔“散乱污”企业 89 家。开展生态环境执法大练兵和“万名环保干部进万企”集中帮扶行动，累计帮扶企业 1520 家，整改问题 5649 个。是年，全市 PM2.5 平均浓度为 54 微克，同比下降 8.47%；空气质量综合指数为 6.1，同比下降 0.65%，实现“双下降”。推进“碧水”工程。全面压实河长制，市、乡、村三级河长巡河 8593 次，通过“河长云”平台发现问题85个，全部整改完毕。老大清河王圪垯断面和石沟干渠石沟扬水站断面水质主要指标达到地表水Ⅴ类水体标准。清理全市23条重点河渠违建。消纳江水857.61万立方米。城市集中式饮用水水源水质达到Ⅲ类标准。启动污水处理设施及配套管网工程全覆盖项目。推进“净土”工程。制定《霸州市净土保卫战三年行动实施方案》，115家重点企业土壤污染状况数据采集工作完毕。全年营造林4273.33公顷，全市森林覆盖率和城市绿化覆盖率分别提高至31%和42.2%。自然资源和规划局获“全国生态建设突出贡献先进集体”称号。

**【城市建设】** 2019年，霸州市西市区市中心绿化提升改造、北环路绿化、益津路便道维修提升等18项市政工程全部完工，牤牛河历史文化公园正式对外开放，并通过省三星级公园验收。东市区胜堂路改造、河北大街改造等17项基础工程完工。霸州市顺利通过省“洁净城市”复核工作。组织开展主城区违规户外广告拆除、划定停车位等专项行动，推进“5+1”（违法违规用地、建设、采矿、采砂、破坏生态环境及违建别墅问题）专项整治行动。集中开展拆除违法建设行动，累计拆违40.1万平方米。清理违法用地，整改图斑731个，面积103.3公顷。《霸州市乡村振兴战略规划》编制完毕。列入省级农业产业化重点项目2个。新增廊坊市级农业产业化重点龙头企业3家，市级以上企业总数15家。总投资2529万元高标准农田建设项目全部竣工。推进农村集体产权制度改革，全市所有村街完成清产核资，核实集体土地面积7.85万公顷。成员界定、股权量化、成立组织、登记颁证等各项任务完毕。深化农村人居环境整治，清理积存垃圾5000余吨；市区400吨垃圾转运站及10座乡镇垃圾运转站投入使用，城乡环卫一体化取得实效。新增纳入城镇排污管网村庄31个。1.9万户改厕完工，道路硬化14.1万平方米，亮化提升村街154个，设置标识村街94个，建设美丽庭院4.51万户、精品庭院7800户。

**【社会民生】** 2019年，霸州市聚焦“两不愁三保障”（两不愁即不愁吃、不愁穿；三保障即义务教育有保障、基本医疗有保障、住房安全有保障），有87个贫困户125人实现脱贫。开展冬季清洁取暖工作，全面落实气源保障，农村居民生活用气实现全覆盖，市区建成区集中供热普及率86%。全年分配各类保障房470套，完成危房改造79户，改造老旧小区建筑面积4.86万平方米。胜西220千伏、扬芬港—杨官屯220千伏送电工程完工。投资6.2亿元垃圾焚烧发电厂并网运行，全省生活垃圾焚烧发电设施建设调度会在霸州市召开。城镇新增就业6246人，转移农村劳动力4102人，城镇登记失业率控制在1.8%以内。城乡低保纳入1695人，城乡居民最低生活保障标准提高到每人每月685元。为1.8万余名退役军人发放《优抚证》工作完毕，为1785名重点优抚对象发放抚恤补助1960.79万元。谋划实施23所中小学幼儿园新改扩建工程。义务教育大班额比例降至5.1%。128所农村小学6万余名小学生营养餐落实到位。霸州市第八中学获“全国教育系统先进单位”。廊坊四院二病区、霸州市第二医院迁建、霸州市第三医院迁建以及3所乡镇卫生院新建工程稳步推进。廊坊四院获“中国县市级医院品牌急诊医学科前20强”。失独家庭帮扶、亲情关爱、人体生物监测等医疗服务体系建设工作获国家和省级表彰。成功举办首届文化旅游产业发展大会。参与央视《影像方志》拍摄，对外展示和宣传霸州历史文化。全年组织各类文艺活动551场，参与群众30余万人次。音乐作品《下雪了》荣获第十二届河北省精神文明建设“五个一工程奖”，小说《犄角马》、大鼓书《淀神祠颂》入选廊坊市2019—2020年文艺精品创作选题社会治理强力推进。深化安全生产大排查大整治攻坚行动，全市工矿商贸领域未发生安全生产事故。开展食品药品集中整治，检查各类食品、药品销售经营点4000余户次。年内，打掉涉黑涉恶团伙17个、破获团伙案件100起，立案查处涉黑涉恶腐败和“保护伞”78人。

（贾国玲）

## 文安县

**【概　况】** 文安县位于北纬38°43′～38°52′，东经116°12′～116°45′。东西长44.25千米，南北宽31.25千米。辖13个乡镇：文安镇、赵各庄镇、大留镇镇、左各庄镇、大柳河镇、滩里镇、德归镇、新镇镇、苏桥镇、史各庄镇、兴隆宫镇、孙氏镇、大围河回族满族乡；5个农场：新桥农场、李庄农场、黄甫农场、界围农场、小务农场；7个管区：董村管区、龙街管区、黄甫管区、辛庄管区、刘磨管区、高头管区、急流口管区；4个园区：文安工业园区、新桥工业园区、文安经济开发区、文安工业新区，1个街道：城区街道，有383个行政村和6个社区居委会，辖区面积1037平方千米，耕地面积57289公顷。2018年，文安县总人口558806人，自然增长率5.24‰。地区生产总值188.8亿元，同比增长7.1%。其中，第一产业实现增加值12.9亿元，同比增长5%；第二产业实现增加值95.9亿元，同比增长2%；第三产业实现增加值80亿元，同比增长14.3%。三次产业结构比为6.85∶50.78∶42.38。民营经济增加值117.4亿元，同比增长7.7%；粮食总产量29.5万吨，同比下降

4%；棉花总产量120.75吨，同比下降36.94%。财政收入22.17亿元，同比增长9.5%；财政支出39.83亿元，同比增长4.3%；社会消费品零售总额85亿元，同比增长8.3%；职工年平均工资66550元，同比增长8.2%；农民人均可支配收入18249元，同比增长9.1%；城镇居民人均可支配收入41528元，同比增长9.1%；年末城乡居民存款余额36.75亿元，同比下降6.7%。

**【生态环境】** 2019年，文安县继续实施全域、精准、科学治理大气污染。全年日常巡查执法出动8000余人次，组织涉气企业集中执法集中行动1万余次，发现各类环境违法违规问题780个，立案查处370起，罚款815万元，移交公安机关20起。打好“水、气、土”三大保卫战。低碳锅炉改造任务和企业深度治理工作完毕，“拉网式”、过筛式排查整治“散乱污”企业，全面加强重污染天气应急管控，利用高架源远红外视频监控系统和视频监控等技术手段，加强执法；十马干渠水体达标治理工程主体项目和设备安装建设完工，全县819个有水坑塘治理完毕，乡镇饮用水源地划分工作完毕；配合省物勘院完成全县29家重点行业企业信息采集，采样调查企业地块清单的确认及作业流程规范工作完毕，建立疑似污染地块名单，并录入《全国污染地块土壤环境信息系统》，组织开展农用机井污染隐患专项行动，排查115家涉危重点单位环境污染隐患。

大气环境质量：2019年，文安县PM2.5为52微克，同比上升4.55%；空气综合指数为5.69，同比上升4.6%；全市排名第七位。优良天数206天，优良占比56.4%，重污染天气24天。水环境质量：2019年1—12月主要指标均值COD38.2毫克/升，氨氮1.04毫克/升，总磷0.113毫克/升，大清河水质达到地表水V类标准。土壤环境质量：12月底完成疑似污染地块名单建立，并录入《全国污染地块土壤环境信息管理系统》。

**【工程项目】** 2019年，文安新钢130万吨炼铁产能、192万吨炼钢产能有序退出，依法取缔70家“散乱污”企业，62家企业入园进区。全年，实施亿元以上项目45项，总投资305亿元，其中新开工项目12项，总投资65亿元，完成投资14亿元；天环现代商贸智慧物流广场等36个在建项目进展顺利，文安北部科技新区商管中心投用，帕弗尔电气设备等9个项目竣工投产。申报高新技术企业32家、认定科技型中小企业209家、市级“专精特新”企业11家、工业技改项目12家；青年众创空间、荔枝众创空间、金丝雀创业孵化基地分别获省、市级众创空间，京华塑业有限公司、文龙文教制品有限公司获批市级研发中心；市级以上农业龙头企业38家，位居全市第三名；文安县获评全省民营经济发展先进县。

**【农村工作】** 2019年，文安县推进春季农业生产、“大棚房”问题清理整治、非洲猪瘟防控、农业龙头企业、农村人居环境整治、农村集体产权改革等工作均在全市领先；农村集体产权改革在11月1日完成国家级验收评估考核；获批“全国平安农机示范县”；全年争取项目34个，投入资金4965万元。

**【社会民生】** 2019年，文安县民生支出18.2亿元，同比增长7.8%。完成年度脱贫任务，全县建档立卡贫困户193户473人实现脱贫，通过省级验收。城镇新增就业6116人，城镇登记失业率1.82%。新增农村低保人口1858人，完成农村危房改造130户。落实退役军人政策，发放抚恤补助金2523万元。高考本科上线率71.8%，本一及双一流大学录取470人；社会各界捐资支持教育，奖励资助40所教育单位和303名师生。启动实施学校建设项目24个，新建成投用中小学14所、体育场4个。县医院、中医院分别与天津武警后勤附属医院、国家心血管病中心等建立医联体，实现资源共享，医疗服务水平提升。成功举办首届文化旅游产业发展大会，开展“史各庄渔耕文化美食节”、第三届马拉松等文体活动15场，举办送文化下乡等演出活动150场。

**【交通运输】** 2019年，文安县境内新增国道G336线（天津—神木），文安段全程45.782千米，由原S334保静线全线升级而成，其中与G106重复3.705千米，并注销原S334保静线相关数据。新增国道G105线（北京—澳门），文安段全长18.6千米，由原省道S272文安段改建升级而成，并注销原省道S272相关数据。是年，县域内有3条国道（G106、G105、G336），3条高速连接线（文安、柳河、龙街），5条县道（大吕线、采留线、台王线、兴祖线、王宫线），乡村道路865条。货运运输企业25家，其中危货运输企业7家，货运车辆2502辆（普货载货汽车2192辆，牵引车505辆，挂车793辆，包括危险货运车辆155辆、挂车155辆），普货货运企业18家，货运场站31家，货运从业人员7500人。全县机动车维修企业27家。驾驶员培训学校7所。客运企业4家，客运班线68条，客运班车282部。（省际客运班线12条，在运客车14部；市际班线11条，在运客车18部；县际客运班线15条，在运客车26部；县内班线25条，在运客车224部）。

**【科学技术】** 2019年，文安县制定《关于深化科技改革创新推动高质量发展的实施意见》。组织企业参加市局组织的高新技术企业培训，邀请专家对重点企业“一对一”辅导20余次，全年筛选上报32家高新技术企业，29家通过专家评审。实行一企一策、梯度培育、差异扶持办法，推进全省科技型中小企业成长计划，推动全县科技型中小企业数量和质量双提升。年内，新增认定科技型中小企业认定 135 家。

2019 年，文安县帮助廊坊中德汽车座椅制造有限公司、文安县通达塑料机械有限公司申报省级技术创新中心；成功帮助精华塑业有限公司、文安县文龙文教制品有限公司批复市级研发中心。在众创空间和孵化器建设上，帮助文安县青年众创空间成功批复省级众创空间；帮助文安县青年众创空间、文安县荔枝众创空间、文安县金丝雀众创空间成功批复市级众创空间。在农业科技方面，成功批复廊坊砚楼木业有限公司等 6 家企业申报的省级农业科技小巨人、申报星创天地 12 家。落实廊坊市科技创新系列政策，及时兑现科技创新各种奖励，兑现科技创新各种奖励资金 1672 万元。推荐廊坊盛安线缆有限公司与北京科技大学合作；廊坊双花热处理厂与天津工业大学技术合作；河北厚丰有机硅股份有限公司、京华塑业有限公司对接河北工业大学，廊坊劲华锅炉有限公司对接西安交大、北华航天工业学院。全县技术合同认定登记 32 项，合同成交额 6.7 亿元，超额完成廊坊市规定 5 亿元目标任务。其中，包括产学研合同项目（技术开发、服务项目）10 项。

（刘洪江）

## 大城县

**【概 况】** 大城县位于北纬 38°28′～38°52′，东经 116°21′～116°46′。辖 10 个镇：平舒镇、旺村镇、大尚屯镇、南赵扶镇、权村镇、里坦镇、留各庄镇、广安镇、臧屯镇、北魏镇；1 个经济开发区：河北大城经济开发区；全县 394 个行政村和 12 个社区居委会。总面积 903.7 平方千米，耕地面积 55754 公顷。2019 年，全县人口 538823 人。其中，城镇人口 205915 人，乡村人口 332908 人；出生人口 6709 人，死亡人口 1888 人；人口自然增长率 8.9‰；地区生产总值 170.57 亿元，同比增长 6.5%。其中，第一产业增加值 18 亿元，同比减少 0.2%；第二产业增加值 71.27 亿元，同比增长 7.5%；第三产业增加值 81.3 亿元，同比增长 6.9%；全县规模以上工业总产值同比增长 11.6%；规模以上工业增加值同比增长 7.7%；粮食产量 25.76 万吨；油料产量 5858 吨；棉花总产量 1648 吨；财政收入 18.11 亿元，同比增长 7.7%；财政支出 36.01 亿元，同比增长 10.9%；全社会固定资产投资同比增长 9.3%；社会消费品零售总额 88.2 亿元，同比增长 8.8%；在岗职工平均工资 63027 元（含劳务派遣），同比增长 3.8%；农村居民人均可支配收入 16887 元，同比增长 9.8%；城镇居民人均可支配收入 41100 元，同比增长 8.8%；年末城乡居民存款余额 353.5 亿元，比年初增加 47.55 亿元。年内，大城县聘请中国环境科学院编制《大城县玻璃棉、岩棉行业环境整治提升方案》。华美绝热保温材料重点实验室、盛森磨具产业技术研究院获批省级研发平台。举办首届文化旅游发展大会，中国红木城晋升为 AAAA 级旅游景区，并获“河北省旅游休闲购物街区”称号。大城县获评全国第四批率先基本实现主要农作物生产全程机械化示范县。实施廊泊路街角公园、城区绿化补植等多项绿化工程，县城基础设施日益完善，城区秩序明显规范。大城县顺利通过省级洁净城市、卫生县城和文明县城复审，城市软实力不断提升。错金银錾刻技艺和红木雕刻技艺获批列入河北省第七批非物质文化遗产项目保护名录。

**【农业】** 2019 年，大城县农业总产值 295596 万元，同比减少 1.0%；粮食产量 257587 吨，油料产量 5858 吨，棉花总产量 1648 吨，干鲜果总产量 31023 吨，蔬菜及食用菌产量 274915 吨，同比增长 4.1%。截至年末拥有农业机械化总动力 483800 千瓦；大中型拖拉机 2278 台，比上年增加 55 台；联合收获机 728 台，机动脱粒机 187 台，节水灌溉机械 23 套，农用水泵 17950 台；化肥施用量（折纯）16532 吨，机电井 1295 眼。

**【商贸流通】** 2019 年，大城县实现社会消费品零售总额 882048 万元，同比增长 8.8%。从销售单位所在地看，城镇市场发展快于乡村市场，城镇零售额 327832 万元，同比增长 10.9%；乡村零售额 554216 万元，同比增长 7.6%，城镇高于乡村 3.3 个百分点。全县亿元以上商品交易市场 2 个，商品成交额 6.4 亿元。

**【科学技术】** 2019 年，大城县财政出资 1000 多万元，奖励纳税大户和科技创新企业，激发企业创新发展活力。新增高新技术企业 16 家、省级企业技术中心 2 家、省级星创天地 1 家、市级研发中心 1 家。县域科技创新能力评价由全省 C 类跃升为 B 类。授权发明专利 4 件，累计 51 件。“大城小磨香油”获批国家地理标志性证明商标。

**【文化卫生】** 2019 年，大城县镇（区）文化分馆、图书分馆全部挂牌成立，新建文体广场 16 处，错金银錾刻技艺和宫廷红木雕刻技艺获批省级非遗保护项目，全县省级民间工艺大师 76 人，连续举办惠民大舞台文化演出、“静沧廊”书画展等各类文化活动 70 余场次。截至年末，全县有文化站 10 个，群众业余演出团 31 个，图书馆藏书 3.8 万册，电视覆盖率 100%。改造乡镇卫生院 8 所，基层就医条件有效改善。全县拥有职工总数 2897 人，卫生技术人员 2223 人，执业医师 752 人，执业助理医师 575 人，注册护士 590 人，实有床位 2111 张，基本保证人民群众就医需要。

**【教育体育】** 2019年，大城县教育体育事业蓬勃发展，校舍改造完工40所，改扩建幼儿园7所，标准化建设乡村小规模学校16所，第四小学改扩建工程竣工，图书档案馆、大城县第二中学高中教学楼等8项重点工程加快推进。新招聘教师240名。落实农村义务教育学生营养改善计划，4万多名农村小学生吃上放心牛奶和鸡蛋。截至年末，全县普通中学在校生30070人，同比增长8.7%，小学在校生60112人，同比增长4.3%，学龄儿童入学率100%。年内，大城县举办首届冰雪运动会等体育活动。

**【工业和工程项目】** 2019年，大城县工业生产小幅增长。全县规模以上工业总产值同比增长11.6%；规模以上工业增加值同比增长7.7%。规模以上工业利税总额同比减少9.6%，利润总额同比减少6.1%。项目工作稳步推进。全年大城县实施亿元以上项目32个，总投资109.8亿元；争列市重点项目3个，投资35.6亿元。国电投风力发电、中开电器、崔氏电缆等项目加快建设。引进中国节能环保集团，启动投资5.7亿元的生活垃圾焚烧发电项目。

**【就业和社会保障】** 2019年，大城县优化就业服务，加强创业扶持，做好高校毕业生、就业困难人员等重点群体就业，实施就业促进工程。全县城镇新增就业6002人、农村劳动力转移就业3246人、失业人员再就业513人、就业困难人员实现就业192人，分别完成全年目标任务的100.03%、101.44%、102.60%、101.05%。城镇登记失业率1.91%，控制在全年目标4%以内。城乡低保实现“应保尽保”，累计发放低保金4639万元。城乡居民社会养老保险新增参保3697人，参保人数30.25万人，征缴保费4546万元；企业职工养老保险新增参保2626人，参保人数31506人，征缴保费15295.24万元；机关事业养老保险参保人数18468人，征缴保费20946.34万元，征收职业年金4910.34万元；工伤保险新增参保3046人，参保人数45294人，征缴保费2688.62万元；失业保险新增参保903人，参保人数1.11万人，征缴保费401.81万元。

（吕文杰）

# 开发区建设

## 综　述

**【概况】** 2019年，廊坊市省级以上开发区14个，其中经济开发区8个，分别是廊坊经济技术开发区、河北三河经济开发区、河北香河经济开发区、河北广阳经济开发区、河北永清经济开发区、河北霸州经济开发区、河北文安经济开发区、河北大城经济开发区；高新技术产业开发区6个，分别为河北廊坊高新技术产业开发区、北京亦庄·永清高新技术产业开发区、河北燕郊高新技术产业开发区、河北大厂高新技术产业开发区、河北廊坊龙河高新技术产业开发区、河北京南·固安高新技术产业开发区。开发区核准规划面积366.5平方千米，占全市的5.7%；建成区为177.94平方千米，占全市的2.77%。其中，廊坊经济技术开发区和河北燕郊高新技术产业开发区为国家级经济开发区，其余为省级开发区。

2019年，廊坊市加大开展开发区综合承载能力提升专项行动，夯实“九通一平”（供水、排水、供电、道路、供气、供热、通信、宽带网络、有线电视和土地平整）和教育、医疗等基础设施建设，打造升级版投资环境。其中，廊坊经济技术开发区与华为、科大讯飞等企业合作建设“数字园区智慧新城”，受到省主管领导批示肯定。加快高端高新产业集聚步伐，围绕新一代信息技术、高端装备制造、生物医药健康、临空经济“3+1”主导产业定位，组织重点开发区赴西安市等地开展产业链招商，努力延展主导产业链条。打造特色经济版块，推动建设适宜特定国别（地区）高端要素聚集的特色产业园，加快形成特色鲜明、附加值高、产业链条延展的优势产业集群。其中，河北廊坊龙河高新技术产业开发区的台湾高新技术产业园、河北霸州经济开发区的省际合作食品产业园分别被认定为全省首批国际和省际合作重点产业园。加强开发区发展水平考核评价，廊坊经济技术开发区、河北霸州经济技术开发区在全省2018年度综合发展水平考核中，分别位居全省综合考评第二位、第十位。运用省级开发区建设专项资金，向廊坊经济技术开发区、河北京南·固安高新技术产业开发区、河北香河经济开发区、河北廊坊龙河高新技术产业开发区、河北霸州经济开发区等先进开发区和重点合作产业园下达奖励资金2700万元，激励开发区创先争优、提升能级。1—11月，全市省级以上开发区税收收入6990.12亿元，同比增长18.55%，总量居全省第四位；税收收入365.19亿元，居全省第三位；实际利用外资6.7亿美元，居全省第六位。

（苗　洁）

## 廊坊经济技术开发区

**【概况】** 廊坊经济技术开发区（以下简称“开发区”）位于廊坊市区东北部，于1992年6月26日开始建设，2009年7月升级为国家级开发区，辖区面积69.4平方千米，规划面积38平方千米。2019年，辖区总人口近16万人，下辖云鹏道办事处、耀华道办事处2个街道办事处；20个行政村，其中拆迁10个，分别为大长亭村、楼庄村、梨园村、化营村、西柏村、辛庄村、韩胜营村、下庄头村、堤口村、麻营村，未拆迁10个，分别为小长亭村、南营村、大官地村、上庄头村、桐柏村、乃自房村、堤上营村、后王各庄村、小马房村、小哲垡村。廊坊开发区是河北省第2家获批的国家级经济技术开发区。是年，开发区集聚全球33个国家和地区4100余家注册市场主体、占地项目1000余家。其中，规模以上工业企业127家，外资企业164家，高新技术企业84家，世界500强企业25家。销售收入亿元企业115家，十亿级企业13家，百亿级企业2家。

2019年，全区地区生产总值548亿元，同比增长8%；一般公共预算收入30.16亿元，同比增长13.9%；限上消费品零售额112亿元，同比增长110.5%；实际利用外资3.78亿美元；固定资产投资增长14.4%；规上工业增加值增长3.3%；进出口总值102亿元。2019年获河北省“双创”示范基地及“2019智慧开发区建设优秀案例”“2019年度最佳城市创新规划奖”“2019中国领军智慧城区”等荣誉，在2019年国家级经开区综合发展水平评价中位列39名，比上年晋升14名。

**【“四大集群产业”】** 2019年，开发区基本形成电子信息、高端装备制造、新材料和新能源、大文化和大健康“四大集群产业”。电子信息产业集群：华为云数据中心、京东云计算中心、润泽国际信息港、中国联通华北（廊坊）基地、京东集团的京东跨境电商保税区北方中心、绿色智慧供应链技术示范基地亚洲一号项目，世界500强万纬冷链物流和享誉全国的著名物流品牌宝湾、唯度等项目、人保北方信息中心等重点项目。高端装备制造产业集群：生产高端筑路机械的世界500强维特根、生产汽车制动器的世界500强卢卡斯、生产发动机气门的世界500强辉门、欧洲最大的筑路设备制造商玛连尼—法亚和行业领军企业精雕数控机床、富士达电梯等。新材料和新能源产业集群：河钢集团产业创新发展基地、已经量产石墨烯材料的新奥集团、国内唯一全球三家之一的通信石英主材制造商久智光电子、全球最大的水平砷化镓单晶制造商有研光电（北京有色金属研究总院设立的股份公司）等。大文化和大健康产业集群：丝绸之路国际文化交流中心、“只有红楼梦”戏剧幻城等“文化经济”，廊坊国际展览中心、润泽大数据展示中心等“会展经济”，新奥集团、荣盛集团、中石油管道创新中心等“总部经济”，好丽友食品、百花蜂蜜、伊利、露露等食品行业。

京津冀大数据创新应用中心

**【项目签约】** 2019年1月24日，举行廊坊开发区“企业云”平台启动仪式。现场华为公司与廊坊开发区企业“云平台”合作签约，新奥集团，诺维汽车内饰件（中国）有限公司，廊坊精雕数控机床制造有限公司等企业签署合作协议。2月2日，举行中国医学科学院肿瘤医院廊坊院区签约活动，中国医学科学院肿瘤医院廊坊院区正式落户。3月17日，全市项目集中开工活动在开发区设主会场，华为廊坊云数据中心项目、“只有红楼梦”戏剧幻城，联东U谷·廊坊科技企业园（A区）等11个项目集中开工。4月23日，廊坊开发区在北京举办北京招商推介暨项目签约活动，签约8个项目，投资总额25亿元人民币。5月15日，廊坊开发区举行5G实验网开通运行暨战略合作签约仪式。6月18日，海关总署委托石家庄海关牵头，会同省相关部门组成联合验收工作组验收廊坊综合保税区。7月18日，召开廊坊开发区深圳招商推介暨项目签约活动，7个高端优质项目签约。9月9日，全市第二次重点项目集中开工活动主会场设开发区，润泽国际信息港数据中心A区、梅花生物普鲁兰多糖胶囊、新奥微型燃气轮机、伊内风电液压系统等10个项目，参加集中开工，总投资53.5亿元。9月24日，举行与深圳华大基因科技有限公司战略合作协议签署仪式，在基因研究、基因测序、公共医疗服务、人才培养、产业化发展等方面建立长期的战略合作关系。12月28日，签署投资协议。

**【城区建设】** 2019年，开发区开展“基础设施提升年”，经八路、官东路、五号路、三号路实现贯通，金源道等8条主干道和11条小街巷改造完工。与北京环卫集团全面合作，构建“一体化、全覆盖”“大环卫”模式。严格推进“1+5+2+1”专项行动，整改违法违规用地、违法违规建设69宗300多亩（20公顷），处置批而未供土地1673亩（111.53公顷）、闲置土地859.56亩（57.304公顷）。保障城际铁路联络线用地，交付用地290亩（19.33公顷）。智慧园区加快建设，国家电子政务外网公共数据中心通过竣工验收，河北省首个5G实验网在开发区开通运行，智慧城市运营管理中心投入使用，“天网工程”和“智慧护城河工程”巩固提升。

**【生态环境治理】** 2019年，开发区依法整治散乱污企业20家，45台583蒸吨燃气锅炉低氮改造完毕；落实禁止环保领域“一刀切”，77家涉气企业列入正面清单，占总涉气企业数52.74%；全年PM2.5年均浓度48微克/立方米，同比下降4%；综合指数5.4，同比下降4.76%。凤河、南营干渠生态湿地系统完工，九干渠清淤改造、截污纳管工程完工，大皮营引渠开发区段清理整治工程完工，南营排干渠入凤河处、凤河入天津界处2个自动监测站投运。2018年度土壤污染防治评估自查完成，21家重点行业企业地块各监测因子均达标。

| | |
|---|---|
| 工委书记 | 王金忠（任至12月） |
| | 王一平（12月任） |
| 副 书 记 | 王一平（任至12月） |
| | 王　宁（任至8月） |
| | 杨宝骞 |
| 管委会主任 | 王一平 |
| 副 主 任 | 高　波（任至5月） |
| | 孙绍虎 |
| | 王保良 |
| | 肖树华 |

（蔡宗凯）

## 河北廊坊龙河高新技术产业开发区

**【概况】** 河北廊坊龙河高新技术产业开发区成立于2006年，规划面积27.65平方千米。2014年3月25日，经河北省政府批复同意扩区，扩区后规划面积37.5平方千米。2016年8月15日，按照《河北省人民政府关于廊坊市开发区优化整合方案的批复》要求，将廊坊龙河高新技术产业开发区与河北廊坊龙港经济开发区合并，实行“一区两园”，并更名为河北廊坊龙河高新技术产业开发区管理委员会，办公地点位于廊坊市安次区瑞雪道中国宏泰发展大厦，园区下辖9个村街：西孟各庄村、中孟各庄村、高孟各庄村、连庄子村、黄道务村、普照营村、亭子头村、董常甫村、王常甫村，常住人口1.7万人，外来人口6万人。2019年，龙河高新区主营业务收入190.23亿元，同比增长31.84%；工业总产值144.56亿元，同比增长29.5%；税收总额20.51亿元，同比增长12.45%；实际利用外资37054万美元，同比增长237.56%；固定资产投资55.53亿元，同比增长10.77%。是年，河北廊坊龙河高新技术产业开发区先后获评“省级军民结合产业示范园区”“2019年度中国产业园区金项目10强”，河北廊坊龙河高新技术产业开发区“台湾高新技术产业园”认定为省级国际合作重点产业园。河北廊坊龙河高新技术产业开发区获廊坊市首批“双创”示范基地称号。河北廊坊龙河高新技术产业开发区红星社区获国家级“双零社区”试点单位称号；河北廊坊龙河高新技术产业开发区管委会获“2019年度廊坊市文明单位”称号；河北廊坊龙河高新技术产业开发区被河北省商务厅授予“冀台合作重点产业园”称号；河北廊坊龙河高新技术产业开发区被区妇联授予“三八红旗集团”称号。

**【招商引资】** 2019年，河北廊坊龙河高新技术产业开发区依托在北京市、上海市、深圳市、中国香港以及德国、匈牙利、日本等国家和地区建立招商办事机构，从传统招商引资向挑商选资、平台招商、圈层招商和资本招商等新模式转变，力求精准对接龙头企业，实现项目招商落地。深度参与博鳌亚洲论坛年会、中国进口博览会等重大活动，承办“5•18”经济贸易洽谈会主题论坛，与商务部投资促进局、中科院科学技术转移中心、北京理工大学等国家级机构和学院建立长期战略合作，整合引进项目资源。是年，河北廊坊龙河高新技术产业开发区引进万数、北京鑫展翔等13个项目，总投资82.1亿元。签约落地总投资6.8亿美元、占地190亩（12.67公顷）万数智能科技与云联服务项目，平均每亩投资折合人民币2505万元，此项目落地提升龙河高新区利用外资、固定资产投资、税收等重要经济指标。

**【加大城市建设投资】** 河北廊坊龙河高新技术产业开发区稳步推进重点基础和配套设施建设；2019年，投入资金4.2亿元的37项基础设施建设完工。龙泽路、龙腾、富远等5条（段）道路建设完工，新增通车里程2561延米；新建桥梁2座；新增道路、公园、苗圃绿化12.8万平方米；建成龙河公园北区；为配合辖区项目入驻，敷设供水、热力、电力、燃气等各类专业管线6500余米。投资10.7亿元会议中心酒店项目的总平图、交评报告、定位图等手续审批完毕。华联购物中心内部装修即将完工，龙河一小2019年秋季全面竣工并投入使用，2座雨水泵站完工并投入使用，总投资2.3亿元中央公园北园于“5•18”前夕如期开放。

**【项目建设】** 2019年，成功申报市重点项目2个，总投资16亿元；省重点项目1个，总投资5.4亿元；2019年3月、9月龙河高新区2次作为集中开工主会场举办《安次区2019年重点项目集中开工现场会》，全年累计7个项目开工，总投资70.31亿元，其中总投资6.8亿美元的廊坊万国云鑫数据科技有限公司智能数据分析应用平台云计算数据中心项目，实现当年签约当年建设当年投产龙河新速度。中核项目在进行设备及管道安装，预计2020年8月投产；龙河高新区以“三深化三提升”活动为引领，制定《龙河高新区2019年“三深化三提升”活动实施方案》，分解、分类实施“双创双服”“民心工程”“纠正四风”等重点工作。

**【创新创业】** 2019年，河北廊坊龙河高新技术产业开发区以科技发展为引擎，通过“强链、补链、延链”，做大做强主导产业，激发创新创业新活力。年内，新增高新技术企业16家，高新技术产业增加值占工业增加值56.23%。截至2019年年底，园区有孵化器5家，众创空间4家，新增研发中心4家，成功申报科技型中小企业47家。协助廊坊中建机械有限公司成功申报省级技术中心；龙河高新区成功申报为“市级双创示范基地”；申报“冀台合作重点产业园”为省级国际合作重点产业园，并获省级开发区发展专项资金500万元；组织“国家科技企业孵化器”申报工作，廊坊科技企业孵化器有限公司、宏泰科技成果孵化服务有限公司获批国家级孵化器。2019年8月，慧谷梦工厂获“廊坊市级科技企业孵化器”称号，科技成果转化基地获批“廊坊市创新创业示范基地”称号，廊坊科技企业孵化器有限公司获“河北省电子商务示范基地”称号。

**【生态环境治理】** 2019年，河北廊坊龙河高新技术产业开发区树立“绿水青山就是金山银山”理念，严格落实“党政同责、一岗双责”，采取最严厉措施推进控污减排，严厉打击违法违规企业，着力实施散烧煤清洁化代替、工地扬尘治理等专项整治。辖区内5个未拆迁村街3024户“煤改气”工作完毕、封堵灶台41处，清理散煤8.47吨、蜂窝煤1110块，劈柴3.5吨，回收炉具22个，累计清理在册“散乱污”企业57家，其中搬离取缔54家、整改3家；深度开展VOCs企业错峰生产及橙色预警停产工作，辖区内46家企业均按照一厂一策预案方案做到停限产；加强网格员、村街干部监管责任，加大秸秆清理力度。加大开展农村人居环境整治村容村貌提升“攻坚月”活动，着力解决农村环境“脏乱差”问题，完成改厕任务280户，清理垃圾13800余立方米，治理纳污坑塘2处，拆除私搭乱建140余处。

**【改善民生】** 2019年，河北廊坊龙河高新技术产业开发区为辖区内346名退役军人、现役军人家属、烈属悬挂光荣牌。是年，新增被征地农民符合领取养老保险金条件的76名，城乡居民合作医疗和城乡居民医疗保险进入核算征缴阶段。成立安全检查小组，安全检查辖区内学校、幼儿园16次，不符合安全生产标准幼儿园下发关停整改通知，整改40余处安全隐患问题。11月5日，河北廊坊龙河高新技术产业开发区联合安次区国土、公安、综合执法、法院、消防、卫健等8个部门开展集中拆违行动，集中拆除龙河高新区董常甫村农机站1614平方米违法违规占地，彻底解决历史遗留问题。

**【安全生产大排查】** 2019年，河北廊坊龙河高新技术产业开发区严格落实安全责任，以食品安全、消防安全等领域为重点，开展安全生产大排查活动。与辖区内46家重点企业签订《2019年度龙河高新区安全生产监督目标管理承诺书》，开展安全生产、消防联合检查攻坚行动，检查辖区内企业205家次，发现问题60处，并督促整改完毕。全面排查辖区内179家饭店、小餐饮、超市、食杂店营业执照、健康证、油烟净化设备等问题，排查出的问题责令立即整改到位。龙河高新区围绕“一年打击遏制，两年深挖根治，三年长效长治”工作要求，把握好园区扫黑除恶专项斗争重点任务和主攻方向，根据园区实际情况，密切关注村街换届选举后所遗留问题。是年，省委第六督导组交办案件18件、市级以上交办信访积案6件全部办结；网上信访77件，结案66件；信访案件及时受理率和按期办结率均为100%。

| | |
|---|---|
| 工委书记 | 张　平 |
| 工委副书记 | 郝亚明 |
| | 张旭东 |
| 管委会主任 | 薛振泽 |
| 管委会副主任 | 郝亚明 |
| | 陈敬涛 |
| | 侯国富 |

（林巧卓）

## 河北廊坊高新技术产业开发区

**【概况】** 河北廊坊高新技术产业开发区，位于安次区中部，规划总面积72.96平方千米，其中起步区面积10平方千米。园区始建于2010年9月，以高端装备制造、新材料、新一代信息技术、现代服务业为主导产业发展方向。2016年8月15日，按照《河北省人民政府关于廊坊市开发区优化整合方案的批复》要求，与河北安次经济开发区合并，实行“一区两园”。截至2019年年底，入园企业58家，全年新增签约项目12个。园区地区生产总值307970万元，固定资产投资386706万元，实际利用外资9153万元，工业产值210306万元，工业销售收入207935万元，出口总额1733万元，全年财政收入55883万元。

**【基础设施建设】** 2019年，河北廊坊高新技术产业开发区全力推动规划修编报批，争取尽快破解规划制约园区发展问题。创业中心楼前渠道连接工程、龙德道中水管线工程、5号泵站工程、康得北侧支路提升泵站主体工程建设完工。晨兴道（凤翔路—明德路段）新建工程专业管线和部分路面结构层完工。5处节点景观绿化工程、康得西门景观绿化工程完工，新增绿化面积500亩(33.33公顷)。加快晨兴道(凤林路—凤广路段）、春和路（龙襄道—中干渠北段）、青杨树道（春和路—凤翼路段）工程前期手续办理，待资金到位后尽快启动实施。

**【招商引资】** 2019年，河北廊坊高新技术产业开发区在《中国企业报》整版刊发推介材料，在人民大会堂成功组织推介活动。中南高科·廊坊高新智慧科技谷、云联数据智能产业中心、盈东国际数据港、石墨烯烯谷中心等51个项目达成投资意向，苏宁廊坊智慧电商产业园、国家电网电商物资采购结算中心、年产100套大型环保装置3个项目在“5·18”廊坊经洽会上签约，总投资41亿元（其中外资21937.84万美元）。全年签约项目12个，总投资118亿元。

**【项目建设】** 2019年，河北廊坊高新技术产业开发区组织朗盈、北斗神舟、中食净化、易智衡嘉等4个项目参加市、区重点项目集中开工活动；盈东大数据、上海益司等2个项目实现新生重组；全年实施亿元以上项目24个。联东U谷、亿果机械、汉诺实隐形眼镜等项目加快建设，在统投资项目18个，截至年底竣工试生产项目7个。

**【科技创新】** 2019年，河北廊坊高新技术产业开发区加快创新创业平台建设，在原数字微波产业园基础上谋划建设“碳纤维产业园”，责成项目单位加快标准厂房建设进度，同步引进碳纤维下游应用企业，打造碳纤维新材料产业集群。云谷孵化器，入孵企业36家，毕业企业8家，一批优质科技创新资源和项目同步落地。对中安信等重点企业兑现奖励扶持政策，协助挂牌运营河北省碳纤维产业技术研究院，继续推动申报国家级实验室。全年新增省级科技型中小企业11家。

**【推进“三深化三提升”活动】** 2019年，河北廊坊高新技术产业开发区全面落实领导干部包联长效机制和代办员制度，推动投产项目稳产扩产，在统规上工业企业、服务业企业分别达到 4 家，指导泉恩管材、北斗神舟等企业申报政策资金支持项目。应对中安信、康得复材债务危机，成立重点企业纾困工作领导小组和 2 个工作专班，争取市、区两级重点企业纾困资金各 1000 万元；组织企业参加银行“债转股”宣讲会。围绕支持中安信纾困，协调供电、供气单位保障能源供应，派驻执法人员全天候重点监管。

**【服务保障】** 2019 年，河北廊坊高新技术产业开发区围绕苏宁电商、英大电商、石墨烯、中驰车福、青云孵化器等项目土地手续办理和拆迁征占，建立专项督查清单，推动土地供应。全年筹集资金 1 亿余元，落实占补平衡指标 586 亩(39.07 公顷)，保证项目用地挂牌出让工作顺利进行。妥善处置中安信公司经营控制权纠纷和农民工讨薪事件，康得复材离职员工追讨赔偿金集体上访事件，有效防止近 100 余人大规模冲突。推进扫黑除恶专项斗争，有效促进“平安园区”建设。针对道路交通安全问题，在第三南通道增设必要安全设施，有效消除重大安全隐患。开展消防演习 1 次，通过检查发现一般隐患 558 项，全部整改到位，全年未发生安全生产责任事故。

工委书记 贾永清
副书记 薛振泽
郭海峰
管委会主任 郭海峰
副主任 韩国友
王玉龙

（宋 杰）

## 河北广阳经济开发区

**【概况】** 河北广阳经济开发区始建于 1999 年 10 月，是经河北省委、省政府批准兴建的首批省级农业园区之一。开发区管委会位于廊坊市广阳区北旺乡宏业路 66 号。2019 年，河北广阳经济开发区地区生产总值 5.99 亿元，同比增速 41.79%；固定资产投资 4965.59 万元；主营业务收入 35.25 亿元；规上主营业务收入 5.13 亿元；财政收入 10884.7 万元。

**【招商引资】** 2019 年，河北广阳经济开发区在“5•18”经洽会期间，签约 4 个项目，其中外资项目 2 个［远洋华北温控供应链总部项目和新宜（廊坊）电子商务产业园项目］，内资项目 2 个（北京中智蓝瑞助力机械臂及自动化设备研发生产项目和北京北岩清科在线监测系统及设备研发与生产项目）。年内，河北广阳经济开发区推进项目 9 个。其中，中、俄地区基金直升机产业集群项目初步选址完毕；复星国药温控枢纽项目，企业处于注册、项目立项等手续阶段；远洋集团投资建设的汽车供应链项目 10 月底签署正式入区协议；中国医药健康华北运转中心项目选址完毕，处于编制可研报告阶段；维龙—华北中欧航空及汽车零部件物流园项目选址完毕；中科联合电子信息产业发展中心项目，项目选址和项目公司注册完毕；岭郅廊坊现代智慧物流园项目，由上海岭郅企业咨询有限公司(外资)投资建设，初步项目选址完毕；乐聪工业设计企业港项目，由河北乐聪工业设计有限公司投资建设，项目选址和项目公司注册完毕。

**【重点项目建设】** 2019 年，河北广阳经济开发区推进省、市、区重点项目建设，开辟“绿色通道”，及时解决企业发展过程中遇到的困难和问题，协调解决金润电气股份有限公司高压电入户、北方云鹏公司自来水接引等相关事宜。继续推进京东首都电子商务综合配套产业基地及结算中心项目。河北广阳经济开发区与京东集团多次协商土地拍卖事宜，7 月 18 日项目用地招拍成功。海湾科技项目一期、金润公司、北京建工二期等项目完工等待验收；邦祝机械项目主体建设完工，在进行外部收尾工程建设；海湾二期项目、吉宏包装二期等项目处于建设阶段，公实检测项目土地招拍成功，具备开工建设条件。2019 年 3 月和 9 月，分别举行 2 次广阳区重点项目集中开工活动。

**【安全生产】** 2019 年，河北广阳经济开发区推进园区安全生产“双控”机制建设，形成生产经营单位“风险自查、隐患自改、责任自负”的工作模式。通过廊坊市中油嘉昱有限公司、沃森实业有限公司 2 家企业的典型示范，推进各行业领域的“双控”机制建设工作。年内，5 家企业完成“双控”机制建设。年内，安排 161 人次，检查工业企业 15 家，发现隐患 121 处，全部整改到位。

**【环境保护】** 2019 年，河北广阳经济开发区建立健全河渠管理体制机制，5 月，首次启用河长巡河 APP 巡河规划区内九干渠和十干渠。年内，6 次组织开展河渠清理专项行动，全面定期清理河渠垃圾、河渠水质等，渠内水质基本达到京标 2 类水质，按照要求频次定期组织巡河，全年巡查 16 次。

工委书记 周春生（任至 11 月）
副书记 贾春立（任至 6 月）
张国兰（任至 10 月）
王 鹏（6 月任）
管委会主任 徐静华（任至 11 月）
副主任 贾春立（任至 6 月）
胡学峰
南云洲
王 鹏（6 月任）

（姜 寒）

## 燕郊高新技术产业开发区

**【概况】** 燕郊高新技术产业开发区（以下简称燕郊高新区）位于燕

郊镇行宫东大街1号。1984年，燕郊镇被河北省人民政府批准为对外开放镇，并实行以镇代区。1992年8月，经河北省人民政府批准（冀政〔1992〕68号），析镇建省级经济技术开发区。1993年4月，开发区与燕郊镇分治，区域面积20平方千米。1999年12月，经省政府批准（冀政函〔1999〕73号）为省级高新技术产业园区。2003年3月，燕郊高新技术产业园区与燕郊镇一体化。2006年3月，燕郊高新技术产业园区与高楼镇一体化。2010年11月，经国务院批准（国函〔2010〕133号），升级为国家高新技术产业开发区。2019年，全区主营业务收入1138.44亿元，同比增长20%；固定资产投资168.78亿元，同比增长9%；一般公共预算收入47.44亿元，财政收入67.71亿元；实际利用外资1.1256亿美元，同比增长9%，占全市99.7%；高新技术产业增加值占工业增加值比重53%，研发投入占GDP比重2.20%；规模以上工业产值增速13%，工业技改投资增速28%；技术交易登记额12.95亿元；新增市级以上创新平台13个；新增规模以上工业企业13家。燕郊高新区获批第二批省级“双创”示范基地，获评河北省“高新技术企业发展先进开发区”，并获奖励200万元。

北京建工二期

**【协同发展】** 2019年，燕郊高新区开展协同发展规划调研，协助做好《北京市通州区与河北省三河、大厂、香河三县市协同发展规划》编制工作。配合有关部门做好“北三县”产业专项规划、三河市产业规划和三河市三大特色产业规划编制工作。燕潮大桥与徐尹路对接正式通车，轨道交通平谷线线位规划调整获国家发改委批复同意，京唐城际铁路全面开工建设，102国道燕郊西出口综合改建工程开工。引入北京环卫集团服务燕郊，城市环境卫生水平显著提高。北控水务集团有限公司为2座新建污水处理厂提供技术咨询服务，保证处理出水水质稳定达标。推进泰达燃气接驳北京燃气，让群众在更多领域享受“京标”服务。京投轨道交通科创青年营项目通过规划审批，中冶轨道交通总部及3个研发中心取得首批项目建设用地。在“北京市与廊坊北三县项目推进洽谈会”上签约的光环燕郊云计算基地项目开工建设。北京中小企业信用担保有限公司与三河热刺激光设备制造有限公司合作项目3000万元贷款全部到位。有研新材料与新技术创新基地项目取得建设工程规划许可证。在“北京科博会”签约的云智慧智能运维研发中心项目，正式入驻燕郊现代产业园。中电科远燕郊科技产业基地项目规划设计方案通过专家论证。蜂网京津冀智慧供应链集群和总部基地、北京首信融合云计算数据中心等一批项目在洽谈。

**【项目建设】** 2019年，燕郊高新区重点面向在京世界500强、央企、国企和知名民企，有效承接符合燕郊发展高端项目。先进稀土材料产业公共技术服务平台、三河发电厂密闭式煤仓改造、燕达金色年华健康养护中心二期等6个项目竣工。在建项目17个，总投资242.4亿元；拟开工项目17个，总投资337亿元；在谈项目8个，总投资160.8亿元；重点推进项目16个，总投资494.7亿元。研究制定《工业项目产业升级改造实施办法》，确定宏远彩钢、裕泰纺织、科远彩印3家工业企业作为升级改造试点。落实三河市《关于促进城镇低效国有建设用地再开发的试点办法》，以电厂片区宏达轧钢、燕东彩涂板、长城重机和雷捷市场4个项目为试点，转型升级发展现代服务业。

**【科技创新】** 2019年，燕郊高新区制定《燕郊高新区加快争先进位推动高质量发展三年行动方案》。新认定高新技术企业26家、科技型中小企业238家、科技小巨人企业5家，总数分别达到101家、1033家和53家。创业中心获评“河北省小型微型企业创业创新示范基地”；兴远高科孵化器升级为国家级孵化器，鼎盛科技孵化器升级为省级孵化器；创客天下人才服务港升级为省级创客空间。中隧集团二处、国科稀土新建2家院士工作站；世维通公司与中科院半导体所合作，建立“光电子技术联合实验室”。

组织企业申报各级各类创新项目，获批扶持资金830万元，获批河北省科学技术进步奖5项，占廊坊市所获奖项9项一半以上。

【政务环境】 2019年，燕郊高新区开展“放管服”（简政放权，降低准入门槛；创新监管，促进公平竞争；高效服务，营造便利环境）改革和“双创双服”（创新创业、服务发展、服务民生）、“百名干部服务百家企业”的“四个一”活动，建立“一对一”服务体系，建立“亲”“清”新型政商关系。年内，完成固定资产投资项目备案32个，固定资产投资项目核准34个，完成外资项目设立及备案46项，审核外资企业101家。开展“扶微助强”特色化服务，为碳垣科技、稳控科技等20多家企业搭桥银企对接；促成华迅科技、新威网络、环波软件与中国农业银行、建设银行达成合作意向。燕郊高新区市政管理局、综合行政执法局获2019年度河北新闻网网民留言办理工作先进单位。

【基础设施建设】 2019年，燕郊高新区南横三路、水厂南路、孤山南路工程竣工；康城大街（港中旅段）、化大北路、科技大街、迎宾路改造等工程在施工，4条下穿京哈线铁路地道桥拓宽改造、迎夏路、神威北大街、燕高北路等道路工程在办理前期手续；燕顺路区域给水管道扩容改造工程在施工；海绵城市合流制管网溢流污染控制一期工程铺设雨水管线16.5千米，北部城镇污水处理厂幸福渠截污工程铺设中水管道11.5千米，污水管道9千米；北污水处理厂、西污水处理厂扩容提标工程新建厂区投入运行，出水水质达到京B标准，西污水处理厂老厂区提标改造工程在试运行；燕郊北220千伏变电站在施工；老旧供热管网及阀门改造、枣林回迁楼热力站、新源供热一厂4台燃气锅炉低氮改造、电厂西出口供热主管道扩容改造、行宫大街供热主管道更新等工程竣工投运。

| | |
|---|---|
| 工委书记 | 韩占山（任至4月） |
| 副书记 | 梁宝杰 |
| | 李维宁（任至1月） |
| 管委会主任 | 刘连杰（兼） |
| 副主任 | 梁宝杰 |
| | 魏瑞喜 |
| | 魏向辉 |
| | 李红卫 |

（张文华）

## 河北三河国家农业科技园区

【概况】 河北三河国家农业科技园区（以下简称三河农业科技园区）位于三河市城区西部8千米处。1999年4月，经河北省科学技术委员会批准（冀科农字〔1999〕002号文件）成立三河市农业高新技术园区，为省级农业高新技术园区。2001年9月，科技部批准（国科发农社字〔2001〕322号文件）三河农业科技园区为国家农业科技园区（试点）。2007年至2009年，通过国家级农业科技园区挂牌验收。2010年1月，科技部正式批准园区为国家级农业科技园区。2011年6月，更名为河北三河国家农业科技园区；8月，三河农业科技园区被农业部认定为首批国家农业产业化示范基地。2013年，三河农业科技园区被中国农学会园区分会评为“园区分会2012—2013年度先进单位”。2016年11月，被廊坊市人民政府办公室认定为市级现代农业园区。2019年，被河北省人民政府办公室认定为省级现代农业园区（花卉）。年内，固定资产投资目标任务3.2亿元，实际完成8.994亿元，达到目标任务的281.06%。

【创建工作】 2019年4—6月，科技部统一组织对全国各省、市、区1～5批国家农业科技园区开展综合考核评估工作。三河农业科技园区成功通过科技部综合评估。参与河北省现代农业示范区建设，成功申列河北现代示范农业园区，成为2019年廊坊市唯一申列成功单位。

【辐射示范】 2019年，三河农业科技园区将示范区、辐射区范围拓展至全市。在对各镇农业发展状况和基础调研和全面了解的基础上，聘请专业化团队对全市农业产业布局、功能定位、要素集聚等各方面整体谋划，推动全市农业种植结构调整，改变传统种植模式，发展观光农业、休闲农业、体验农业。

【激活内生动力】 2019年，三河农业科技园区着力发展内生动力，鼓励支持现有企业加大投入、壮大自身整体实力。天龙规模化生物天然气项目谋划总投资6.28亿元、年产生物质燃气1800万立方米的二期工程，于2019年1月列入河北省重点前期项目。华夏畜牧有限公司与河北“认养一头牛”乳业有限公司合作，全面升级改造南厂区，发展3500头澳大利亚“娟珊奶牛”养殖。年内，山清种植有限公司投资600万元，新增新型日光温室项目。金源禽业有限公司投资1500万元，改造3栋鸡房，生产无害化鸡粪有机肥。三河市职业技术教育中心总投资500万元，实施协同创新教育服务平台项目，建成后将成为集农作物实训、展示、推广新窗口。

【科技支撑】 2019年，盈盛生物能源科技有限公司引进国际最先进技术，生产生物天然气。11月，盈盛生物能源科技有限公司“廊坊市高效微生物菌剂研发中心”项目被认定为廊坊市级研发平台。12月，与中国农业大学签订战略合作协议，在盈盛生物能源科技有限公司设立“三河循环农业科技研究院”。金源禽业有限公司与中国农业大学和天津农学院合作，生产高营养功能性鸡蛋，2019年3月投放市场，5月获国家发明专利，注册“寿南山”商标，获全国品牌蛋企业评选活动2019年最具成长潜力品牌蛋企业第一名。河北亿尔赛公司与天津科技大学合作生产高科技食用益生菌保健产品，在向国家食品药品监督管理局申报“国家特药食品”认证。华夏畜牧有限公司南厂区改造工程竣工后，将全部采用机器人操作，从而成为国内智能化程度最高的恒温养牛场。

**【三产共融】** 2019年4月，三河农业科技园区举办“首届春花节”活动，接待游客1500余人。搜狐网、《河北日报》等多家媒体报道，并被转载至“学习强国”APP作为学习教材。春节期间，燕赵园林有限公司在燕郊植物园举办“梅花展”，接待游客3.8万人次，北京时间、凤凰新闻等多家主流媒体给予全方位宣传报道。5月，走进北京世园会，分别在北京展区和河北展区展出标本菊、大花月季等300余株花卉作品。凯卉春花卉种植有限公司日产玫瑰鲜切花1.5万只，占北京市场1/3以上。

**【基础设施完善】** 2019年，三河农业科技园区先后投资300余万元，修建冯庄子灌渠北堤路，进行高标准绿化、美化。投资200万元，新增3台500千伏安变压器，解决企业用电难问题。维修破损大棚，在花卉区安装木质围栏，在园区中心路及其他主要路口、路段设置安装限速限高装置。投资5100万元，改扩建园区中心路；工程建成后，将成为园区“主框架”和“风景带”。

**【大气污染防治】** 2019年，三河农业科技园区专项治理餐饮油烟排放集中区域，各企业餐厅安装高效油烟净化设备，取缔露天烧烤。检查整治所有施工现场，闲置土堆、渣土全部苫盖。出动100余人、大小机械车辆20多台班，清运、填埋垃圾300余立方米，全面治理园区域内环境。

**【“双违”拆除整治】** 2019年，三河农业科技园区专项整治“双违”建筑特别是“大棚房”，拆除区内张宝丰、大贺有机农业专业合作社违章建筑。拆除违建1910平方米，并全部复耕、复绿到位。针对永芳园林有限公司、绿之邦有限公司存在的经营性设施问题，燕赵园林公司、鲜洁农产品公司、刀耕火种公司土地手续不规范问题，督促企业全部整改到位。

工委书记　李咏起
管委会主任　李咏起
副主任　刘连启

（张文华）

## 河北三河经济开发区

**【概况】** 2019年，河北三河经济开发区党工委、管委会根据中共三河市委、市人民政府的授权，对河北三河经济开发区行使管理、监督、协调、服务等职能。整合后的河北三河经济开发区位于三河市李七侯大街96号。规划总面积19.19平方千米，其中泃阳园区6.69平方千米，福山园区12.5平方千米，新兴产业园区规划面积省政府未批复。2019年，有入区企业158家，营业收入111.6亿元，同比增长17.45%；税收收入5.95亿元，同比增长11.68%；固定资产投资30.36亿元，同比增长10.23%；外贸出口额2178万美元，同比减少7.56%；实际利用外资额29万美元，同比增长190%。

**【招商引资】** 2019年，河北三河经济开发区引进亿元以上项目13个：廊坊莱尼线束系统有限公司年产35万套奔驰V 213及V 206线束项目，总投资4.63亿元；铭泰慧谷（三河）孵化器有限公司科技型中小企业孵化基地项目，总投资3.72亿元；河北健悦智能设备制造有限公司年产1000台（套）智能物流机器人项目，总投资3.05亿元；三河市精益机械制造有限公司年产2.5万件重型柴油货车驱动桥总成项目，总投资1.51亿元；三河市爱华机械设备有限公司年产2万台（套）智能环保机器人项目，总投资1.66亿元；三河市祥达科技有限公司年产5万台（套）智能高压输配电控制设备项目，总投资3.14亿元；三河市香丰设备制造有限公司自走式农田智能管家机器人研发生产项目，总投资2.02亿元；三河领晟房地产开发有限责任公司领晟时代商务中心项目，总投资2.65亿元；三河雅力信息技术有限公司云计算中心项目，总投资1.6亿元；三河同飞制冷股份有限公司年产6万套精密智能温度控制设备项目，总投资4.1亿元；三河宏祥环保科技有限公司年产2800台汽车充电桩项目，总投资2.32亿元；三河市铭泰机械制造有限公司年产2200台（套）大气污染治理系统二期项目，总投资1.42亿元；三河市泰达永兴科技发展有限公司年产16万套通信导航设备项目，总投资3.03亿元。10亿元以上项目3个：河北鼎盛新城实业有限公司3D打印产业基地Ⅱ期项目，总投资17.26亿元；北京市永兴世纪建筑有限公司医疗器械项目，总投资12亿元；三河市奥特丰电商产业园有限公司电商产业园项目，总投资12.5亿元。

**【项目建设】** 2019年，河北三河经济开发区竣工项目3个：廊坊莱尼线束系统有限公司奔驰MFA2线束项目，总投资3.4亿元；三河市雅力信息技术有限公司云计算中心项目，总投资1.6亿元；通用磨坊食品（三河）有限公司二期扩建项目，总投资1098万美元（7551万元人民币）。在建项目4个：廊坊莱尼线束系统有限公司奔驰V 213

及Ⅴ206线束项目，总投资4.63亿元；三河市田中机械制造有限公司田中产业园项目，总投资3.74亿元，4栋标准厂房和综合楼主体完工；三河市铭泰机械制造有限公司年产2200台（套）大气污染治理系统二期项目，总投资1.4亿元，主体建筑完工；河北鼎盛新城实业有限公司3D打印产业基地Ⅰ期项目，总投资6亿元，桩基工程完工。

**【生态文明建设】** 2019年，河北三河经济开发区落实建筑工地6个百分百要求，督促建设单位采用"湿法"作业。做好重污染天气应急响应，采取抽调精干工作人员和外聘工作人员相结合方式，24小时驻厂监督管理。累计出动驻厂监督人员738人次，确保应急管控措施落实到位。开展成品油专项治理，重点检查区内企业、施工工地特种作业车用油情况，打击流动黑加油车在区域交接地带违法活动。累计出动车辆240辆次，人员490人次。推进燃气锅炉低氮改造，11家企业12台燃气锅炉改造完工。

**【要素保障】** 2019年，河北三河经济开发区征收铭泰慧谷科技型中小企业孵化基地项目及周边边角地4.76公顷；办理组卷报批手续项目2宗5.84公顷，其中铭泰慧谷科技型中小企业孵化基地项目3.93公顷、汽车产业园项目1.91公顷；出让土地3宗23.54公顷，其中3D打印产业园项目西区15.17公顷、青年公寓项目2.58公顷、同飞制冷项目5.8公顷；补办用地手续3宗5.67公顷，其中硫化机项目2公顷、探伤仪项目2.33公顷、水上游乐设施项目1.33公顷。

**【创新能力】** 2019年，河北三河经济开发区新增科技型中小企业11家，累计49家；新增高新技术企业4家，累计9家；新增廊坊市级孵化器1家；建有省级工程技术研究中心1家；廊坊市级技术研发中心14家；廊坊市级众创空间3家。

**【服务企业】** 2019年，河北三河经济开发区组织召开2次入区企业优惠政策宣传培训会，对企业向上争取相关发展资金的申报条件、申报资料要求和申报程序作讲解。协助廊坊莱尼、长城橡胶等重点企业申报国家级和河北省级企业技术中心、工程技术研究开发中心，国家级和河北省级技术创新、技术改造项目。协助铭泰产业园、精工园和汽车产业园等"区中园"申报"双创双服"示范基地，增强其创新创业载体的辅导、孵化和服务功能，培育充满活力和竞争力的创新创业主体，为实现高质量发展提供新动能。

工委书记　韩占山(任至4月)
副书记　雷大庆
　　　　王志民
管委会主任　刘连杰（兼）
副主任　雷大庆

（张文华）

## 河北大厂高新技术产业开发区

**【概况】** 河北大厂高新技术产业开发区坐落于大厂县西部，于2016年8月经河北省人民政府（冀政字〔2016〕36号）批准成立，由原潮白河经济开发区、大厂工业园区、大厂高新技术产业开发区3个省级园区整合而成，列入河北省高新技术产业开发区序列管理。2019年，开发区规划面积27.96平方千米，总人口11万人。全区实现主营业务收入339.9亿元，同比增长25.7%；工业总产值102.1亿元，同比增长13.93%；规模以上工业企业完成工业总产值88.5亿元，同比增长9.77%；税收34.63亿元，同比增长6.82%；进出口总额6695万美元，同比增长6%；地区生产总值100.5亿元，同比增长11.52%；累计完成固定资产投资103.3亿元，同比增长14.91%；实际利用外资2007万美元，同比增长26.23%。

**【企业项目选介】** 中航试金石检测科技有限公司：中航试金石检测科技有限公司总投资10亿元，占地55.33亩（3.69公顷），2018年投产，是一家主要服务于航空航天领域，同时面向社会的专业化检测机构。提供服务包括金属疲劳/断裂性能，金属、非金属及复合材料短时力学性能试验，持久性能测试，环境试验，机械加工等。服务对象涵盖航空、航天、汽车、船舶、轨道交通、矿产等行业及领域。公司拥有力学检测类设备310台，机械加工类设备100台，公司建立完善的实验室管理体系及质量管理体系，通过中国合格评定国家认可委员会CNAS国家实验室认可，国防科技工业实验室认可委员会DILAC国防实验室认可，通过GJB9001B和GB/T19001质量管理体系认证。

廊坊京磁精密材料有限公司：廊坊京磁精密材料有限公司总投资7.3亿元，占地104亩（6.93公顷），2013年投产，主要从事高性能烧结钕铁硼稀土永磁材料研发、制造与营销为一体民营高科技企业。建立四大支柱产品：新能源汽车电机用磁体、风力发电设备用磁体、工业电机用磁体、消费电子用磁体都属于高端钕铁硼磁体。京磁集团凭借中国稀土优势、成本优势及科研实力，取得日本Neomax集团专利销售许可使用权，是国内仅有的8家拥有覆盖全球专利许可钕铁硼磁体企业之一，产品主要以出口为主，产品进入欧美主流市场。

西亚斯（大厂）食品有限公司：西亚斯（大厂）食品有限公司总投资0.55亿元，占地20亩（1.33公顷），2014年正式投产，7条生产线投入生产，主要生产各种调味酱、沙拉酱、沙拉汁、冷冻即食沙拉、冷冻炒饭、冷冻年糕及冷藏披萨面团，公司配有研发团队，不断研发适合消费者口味及需求产品。西亚斯与必胜客、米斯特、速度披萨、权金城、RICH FOOD、芝士排骨、莫等待、广州承毅、沈阳悦荟等多家餐饮企业及经销商合作。

工委书记　谷正海（兼）
副书记　何培启（任至1月）
　　　　李建军（1月任）
　　　　赵春生
管委会主任　刘宝旺（兼）
常务副主任　何培启（任至1月）
副主任　李建军（1月任）
　　　　杨学华（4月任）
　　　　葛福辉
　　　　王春生（任至4月）
　　　　刘海霞（任至4月）
　　　　陈朝晖（4月任）

（孙迎雪）

中航试金石检测科技有限公司

## 河北香河经济开发区

**【概况】** 河北香河经济开发区实行一区三园管理。智能制造产业园以机器人制造为主；环保产业园以节能环保产业为主；新兴产业园以商贸物流、总部经济、电子商务和文创产业为主。2019年，香河经济开发区获评为全省战略性新兴产业示范基地、高新技术产业发展先进园区。机器人小镇、健康小镇入围全省特色小镇创建类名单，机器人小镇、美家尽有众创空间分别获批市级“双创”示范基地和众创空间。“香河机器人科技企业孵化器建设项目”“‘北三县（市）’技术转移人才培养基地项目”通过省科技计划项目评审并成功立项；韵达电商产业基地实现当年签约、当年开工、当年投产、当年纳税；西维尔、瑞达康等一批高新技术企业投产达效；新桥影视特效基地三期工程主体完工，129家文化企业相继落户，现代服务业蓬勃发展，第三产业增加值占GDP比重超过50%。

**【智能制造产业园】** 智能制造产业园区规划面积21.6平方千米，开发用地面积12.7平方千米，园区内有企业178家，其中三资企业42家（包括区内注册区外经营企业）。2019年，工业总产值9.9亿元，固定资产投资13.7亿元，财政收入3.75亿元，实际利用外资925万美元，工业企业实现税收7100万元。

2019年，园区基础设施建设完善路网工程、给排水工程，铺设污水管网、燃气管道，实施电力迁改，开展环境提升供水、排水、供电、供暖、通信、燃气等各种基础设施均投入使用，实现“九通一平”（“九通”为通市政道路、雨水、污水、自来水、天然气、电力、电信、热力及有线电视管线，“一平”为土地自然地貌平整）。

2019年产业类招商项目20家，签约亿元以上重点项目12个，其中北京力诺天晟智能传感器、北京良工精机高端五轴数控机床研发生产、河北爱绿生物工程等一批项目落户园区。截至年底，有126家机器人相关企业签约入园。年内，智能制造产业园获高新技术企业发展先进园区、河北省战略性新兴产业示范基地、河北省园林式单位、最具成长力十强特色小镇等荣誉。年内，召开2次银企对接工作会，为10家企业办理贷款5000万元；有12家企业被认定为高新技术企业，25家企业被认定为河北省科技型中小企业；举办28场产业政策宣讲、人才招聘、主题论坛，满足企业需求。解决人才引进后顾之忧，为21名优秀人才安置落户。

香河机器人小镇。2019年，香河产业新城（机器人小镇）紧抓京津冀协同发展战略机遇，以机器人产业为主导，以园区为载体，以项目为抓手，推动产业与北京副中心互补、融合。截至年底，有安川都林、美国ATI、汇天威等136家企业签约入驻，累计签约投资额120亿元。年内，获2018年度中国机器人十大产业园区、2019年最具成长力特色十强小镇、2018年度河北省智能制造示范园区、香河机器人科技企业孵化器建设项目、高新技术企业发展先进开发区、河北省园林式单位、河北省战略性新兴产业示范基地、河北省重点出口聚集区、2019年河北省优秀双创载体产业服务奖、廊坊市双创示范基地等荣誉。香河机器人小镇为25家入驻企业认定通过河北省科技型中小企业，为12家企业申请认定高新技术企业，其中河北飞图机器人有限公司、香河博阳达信机械设备有限公司、河北万维克林精密设备有限公司、香河畅通自动化设备科技有限公司、佳龙远大装配式建筑有限公司通过认定。智慧城市运营中心、展厅、园区免费Wi-Fi全覆盖，修建足球场、篮球场、网球场、慢跑道等休闲健身场所。2月26日，北京市与河北省廊坊市“北三县（市）”

廊坊京磁精密材料有限公司

西亚斯（大厂）食品有限公司

项目推介洽谈会在大厂回族自治县举行，西维尔、力诺天晟等5家企业成功签约入驻香河机器人小镇。3月17日，香河县重点项目集中开工现场会，香河机器人小镇3个高端装备制造产业参会，总投资7.8亿元。4月，香河机器人小镇机器人公寓项目交付使用。11月4日，香河经济开发区招商项目集中签约暨机器人大厦开工仪式举行，北京良工精机、华奥兴达、卡雷佩克等7个高端高新项目落户香河机器人小镇。

**【环保产业园】** 香河环保产业园下辖15个行政村：小店子、前彭家务、后彭家务、王庄子、南刘庄子、黄院、前景亭、中景亭、后景亭、孙庄子、铁佛堂、石辛庄、庞营、东延寺、李辛庄。行政区面积19.2平方千米，规划面积41.9平方千米。辖区总人口12876人，起步区面积17.87平方千米，建成区面积8.8平方千米。2019年，财政收入10992万元，一般公共预算收入5561万元，实现工业总产值173984万元，固定资产投资147376万元。先后被中共廊坊市委、市人民政府授予“廊坊市文明单位”，被河北省人民政府评为“2019年度河北省投资领域统计工作先进单位”；被廊坊市人民政府评为“2018年度廊坊市建设领域统计工作先进集体”“廊坊市2018年度造林绿化亮点工程”。

2019年，累计完成园区基础设施建设投资1.93亿元。其中，中粮可口可乐华北饲料生产基地供水管道工程投资1000万元，年内建设完工并投入使用；环保园区总部服务中心1号楼办公楼投资3880万元，年内建设完工；园区现有规模以上企业8家，包括河北富都华创家具制造有限公司、喜临门北方家具有限公司、晟朗（香河）电力电子有限公司、中粮可口可乐华北饮料有限公司、河北双叶家具有限公司、高氏印务有限公司、香河汇文节能科技有限公司、香河县御娇龙家具有限公司。年内，引进中发豪辰智创产业示范中心、腾云（香河）数字经济产业、工业设计科技创新谷、香河医疗供应链管理中心和香河三态环境处理中心等10个投资亿元以上项目。其中，投资50亿元以上项目1个，央企、行业龙头企业项目2个，省、市重点项目3个。

**【新兴产业园】** 新兴产业园辖17个村街：百家湾、前建各庄、后建各庄、王庄子、北四百户、小尹庄、挠子庄、祈羊店、姬庄、匠庄、小朱庄、前骆驼港、后骆驼港、双营、打户、大荒庄、程辛庄。2019年，财政收入3.2亿元，公共财政预算收入1.09亿元，固定资产投资1.01亿元。路网工程：平香线工程的箱涵5个，雨水管道9204米完工，道路工程：16米宽机动车道6720米，4米宽非机动车道6800米；2.5米宽便道4125米完工。桥梁工程：潮白河大桥274根钻孔灌注桩，26个承台，20个桥墩，24个肋板，18个盖梁完工。其他工程：3D打印产业园中心一期工程竣工；西区雨水提升泵站竣工；纬三路道路及桥梁工程竣工。在建项目2个：韵达电商（华北）产业中心项目、3D打印产业中心项目。签约项目5个：广蓉跨境贸易产业中心项目、浙云新经济产业中心项目、文化产业创新示范区项目、中国冷链物流项目、香河奢侈品物流项目。在谈项目12个：香河东湖数字小镇项目、利星行产业展示展览研发培训中心项目、剑邦科技IPO项目、和润粮油商贸暨农产品冷链综合园区项目、北京市商品车共同配送基地项目、北京建工集团装配式建材生产基地项目、上海数据港大数据中心项目、北京互联大数据中心项目、中国化工出版社项目、新能源新材料科技产业园项目、中国家具产业互联网总部基地项目、无人系统试验测试中心项目。

工委书记　李桂强（兼）
管委会主任　王文强
（兼，任至11月）
副主任　张金武
冯　勇（任至1月）
曹国藩（任至1月）
刘全顺（9月任）
（王树春）

## 北京亦庄·永清高新技术产业开发区

**【概况】** 北京亦庄·永清高新技术产业开发区（以下简称高新区）地处京津冀核心位置，廊沧高速与京台高速在区内丁字交叉。规划面积90平方千米，其中起步区30平方千米。辖刘其营、西麻、东麻、北麻、东新民庄、西新民庄、胡家庄、西碱厂、东碱厂、张迁务、贾家务、双营、大麻子庄、小麻子庄、李黄庄、韩庄、菜园等17个行政村，总人口14785人。2019年，高新区有科技型中小企业80家，服装城投产中小企业约110家。主营业务收入163.21亿元，工业产值143.37亿元，高新技术产业产值9.35亿元，固定资产投资53.3亿元。

**【创新发展】** 2019年，高新区实行点对点精准招商政策，重点在谈储备项目3个：九州通北方医药电子商务基地项目、香港虹图智能制造及智慧电商综合服务产业园项目、浙商二期智能楼宇工厂项目，预计投资79.78亿元。成功签约中南高科·廊坊（永清）创智云谷产业园项目，项目（一期）总投资15.4亿元。建立向北京经济技术开发区月汇报制度，共同成立高新区企业协会、产业研究院永清分院、北京亦庄企业协会永清分会、“存实创新智库”、北京亦庄企业协会永清工作站；与北京中关村天河科技成果转移转化促进中心、国科大创新创业学院、杭州颐高集团、深圳摩天之星等企业达成创新平台建设协议。年内，新增省级众创空间1家，省级企业技术创新中心1家，高新技术企业3家，科技型中小企业12家。制定《高新区重点项目工作推进方案》和《高新区精准服务工作实施方案》（《高新区产业项目管理办法》），成立重点项目工作领导小组，设立精准服务工作专班，以“领导小组专题会+专班会”模式定期对接企业，着力破解企业发展建设难题。

**【基础设施建设】** 2019年，高新区南纬四路、南纬五路、南纬六路、北纬七路等道路及排水工程完工，总计2080米。启动经四路、新建污水处理厂等工程项目设计、选址等前期工作。10.67公顷的征地任务完毕，协助入园企业办理备案、注册等手续，为开工项目提供临时水电、设施维护、工程抢修等服务。

**【社会事务】** 2019年，高新区新民居建设进展顺利，新新天地一期、二期、三期、新新家园一期建设完工并搬迁入住。加强人居环境整治，清除残垣断壁165处，拆除私搭乱建132处，清理卫生户数1258户，建设美丽庭院324个，精品庭院35个，清理沟渠坑塘污水1320米。扶贫脱贫工作通过省考核验收。建立领导包联企业制度和网格化管理制度，聘请第三方对域内服装企业排查发现2441项安全隐患。打好环境污染防治攻坚战，成立大气污染治理协调联动管控领导小组，建立督导检查制度，加大检查力度，关停“散乱污”企业19家，督促13家企业整改完毕，38个环境治理反馈问题整改完毕。落实领导干部接访机制，累计化解群众来访27起，网上信访案件53起，接待涉访群众140人次，接待讨薪农民工300余人次，累计协调发放农民工工资2700余万元。

**【项目选介】** 中南高科永清创智云谷项目一期：项目总投资估算为15.4亿元，资金来源全部为企业自筹。项目规划占地13.33公顷，总建筑面积约25万平方米。以新一代信息技术、人工智能、智能制造为主导产业，打造集生产制造、研发设计、中试成果转化和产业加速器于一体的产业综合体；建设内容包括多层厂房、定制厂房、研发中试楼、生产企业总部、配套设施。项目建成后能容纳300家企业，年税收约2.5亿元以上，解决7500人左右就业，亩均税收50万元以上。此项目于2019年11月7日正式签约，并同步开展项目一期入驻企业预招商工作。

工委书记　贾永清（兼）
副书记　邢华金
（兼，任至11月）
周　浩（6月任）
李　辉（兼）
管委会主任　贾永清（兼）
常务副主任　周　浩（6月任）
副主任　任占刚
（尹建朋　王海鑫）

## 河北永清经济开发区

【概况】 河北永清经济开发区（以下简称经开区）位于永清县城东部，经开区管委会驻地东壮村。设6个内设机构：党政办公室、经济发展局、国土规划建设局、环境与安全监督管理局、财政金融局、社会发展局。设2个事业单位：社会服务中心和企业服务中心。辖17个行政村：王佃庄、台子庄、大良村、小良村、东壮、小董家务、尚庄子、曹庄、大仲和、小仲和、东八里庄、刘家务、郭家务、东桑园、小堤、南胡其营、谭其营。

2019年，经开区总人口12939人，地区生产总值80.87亿元，同比增长7%；财政收入2.77亿元，同比增长13.49%；工业产值102.11亿元，同比增长4.71%；工业增加值20.422亿元，同比增长4.62%；主营业务收入126.3亿元，同比增长11.04%；固定资产投资22.161亿元，同比增长0.28%，实际利用外资2796万美元，同比增长36.46%；实际引进内资32.66亿元，同比增长34.4%。截至年底，入区企业146家，其中规模以上企业27家。

【项目建设】 2019年，经开区签约亿元以上项目5个：红星美凯龙家具集团股份有限公司投资68亿元建设的永清国际家居村项目、中南高科有限公司投资25亿元建设的中南高科·廊坊（永清）创智云谷产业园项目（落地高新区）、上海科梦投资集团有限公司投资20亿美元建设的京津冀国际医学中心项目、河北华兴玻璃有限公司投资4亿元建设的增上30万吨轻量瓶罐生产线项目、廊坊翰峰航空装备有限公司投资1亿元建设的年产400套航空航天飞行器工艺装备及精密零部件研发生产项目。京津冀国际医学中心、永清国际家居村、圆通华北管理区及金融区域总部、天维讯达（永清）无线电等重点项目稳步推进。益田高科技成果孵化基地8万平方米主体工程完工，天地壹号生产研发基地二期进场施工，华兴玻璃新增生产线项目施工手续办理中。

【科技创新】 2019年，经开区有高新技术企业16家，年内通过评审8家；获批省级研发中心资格3家（南玻、德基、嘉宝莉）、市级研发中心资格15家；全区企业拥有专利269项，其中拥有自主产权232项；获批“市级专精特新中小企业”3家（视窗、嘉宝莉、霍尔茨）。河北南玻玻璃有限公司与北京工业大学、中国建材检验认证集团秦皇岛有限公司共建产学研基地，制定《平板玻璃企业单位产品碳排放限额》《玻璃制造能耗测试技术规程》《平板玻璃企业碳排放计量检测技术规程》《平板玻璃制造能耗评价技术要求》等4项国家标准。南玻成为雄安新区、北京大兴国际机场建筑用玻璃指定供应商。成功与国际奢侈品品牌路易威登（LV）、爱马仕、施华洛世奇签约合作，自日本开始在全球每个国家建立的“首店经济”的“首店”使用的所有超白玻璃原片，指定由河北南玻供应。廊坊德基机械科技有限公司获“全球工程机械制造商100强”“中国工程机械专业化制造商50强”称号。

【项目选介】 圆通北方一号科技智创园项目：项目总投资35亿元，资金来源全部由企业自筹。项目占地36.67公顷，总建筑面积39万平方米。主要建设有：华北运营总部、物联网科技创新基地、电商零售、智慧物流与仓储（含转运中心以及连廊建设）、航空枢纽、保税物流中心、职工之家等。项目建成后，预计年营业收入45亿元，就业人数5000人，利润5亿元。截至2019年年底，完成地面、月台混凝土浇筑5000平方米，涂料1万平方米，配电房砌墙，消防水池开挖，连廊底板浇筑，消防管道安装，钢平台安装。

工委书记 邢华金（兼，任至11月）
副书记 张新华
穆丙元
管委会主任 张兵（兼）
副主任 张新华
刘建河
姚春林
王培生

（郭森）

## 河北京南·固安高新技术产业开发区

【概况】 河北京南·固安高新技术产业开发区成立于2016年12月30日，辖固安工业区、固安温泉旅游产业园、固安新兴产业示范区、固安大清河产业园区等4个产业园区。全年主营业务收入903亿元，同比增长20.3%；规模以上工业总产值423亿元，同比增长26%；固定资产投资203亿元，同比增长11.3%；全部财政收入73.5亿元，同比增长10%；进出口总额2.5亿美元，同比增长22%。全年累计签约亿元以上产业类项目42个，总投资47亿元，合同引资47亿元；新开工项目29个，总投资43.6亿元；新投产项目18个，总投资28.9亿元。

【固安工业区】 固安工业区创建于2002年，位于县城北部，辖区面积24平方千米，所辖范围东至礼士路东，南至引清干渠，西至东徐村，北至永定河大堤。固安工业区管委会设职能部门13个，辖26个行政村：柏村、官庄、东庄、西庄、兴旺庄、北横街、北五里、西玉、前西湖、东辛村、西礼村、刘园、大孙郭、辛立村、丁百户、北关、西湖庵、挠耳营、后西湖、辛营、梁庄、小孙郭、北孝城、南孝城、张家场、东相，11个社区居委会：新昌街社区居委会、永康北路社区居委会、孔雀城西社区居委会、孔雀城东社区居委会、孔雀湖社区居委会、北五里社区居委会、北横街社区居委会、幸福港湾社区居委会、幸福广场社区居委会、永丰社区居委会、学院社区居委会，总人口7.5万人（含流动人口）。

2019年，固安工业区主营业务收入211.9亿元，同比增长20.4%；工业总产值179.8亿元，同比增长18.4%；财政收入25.2亿元，同比增长6.3%；社会固定资产投资119.5亿元，同比增长14.6%。全年签约项目21个，总投资17.4亿元；新投产项目9个，总投资28.91亿元；续建项目9个，总投资33.2亿元，其中亿元以上项目9个。国际创业中心入住企业5家，众创空间入住26家，环保产业港入住17家，有11家企业投产达效。累计投产项目258个，总投资335.41亿元。

**【固安温泉旅游产业园】** 固安温泉旅游产业园位于固安县南部，北起牛驼镇，南至固安与霸州交界处，西至固马公路与马庄镇交界处，东至固安、永清交界处，辖区面积50平方千米，辖22个行政村：王明庄、南赵各庄、杨各庄、纪家营、独流一排、独流二排、独流三排、独流四排、井田营、尚各庄、南流邵、王龙、林城铺、林城、郭村、南王起营、南宋村、岳家务、柳南、柳北、南陈村、辛庄户，人口3.4万人。

2019年，全区财政收入1.24亿元，同比增长23.1%；工业总产值209921万元，工业增加值44410万元，营业收入337210万元，增加值93891万元。新奥来康文创农业景区项目、来康医院项目、金海依云酒店项目、长林农庄项目建成投入运营，并于10月承办乡村振兴省观摩会、市旅发大会，展示温泉园区建设成果，受到省、市、县领导肯定。

**【固安新兴产业示范区】** 固安新兴产业示范区（原固安高新技术产业开发区）位于县城西北部，东至固安工业区、大广高速公路，南至固涿路、朱各庄村，西至固安县界，北至永定河，规划总面积57.5平方千米，辖32个行政村：中公由、南马、北公由、北赵一、东马、北相、东位村、北马、袁各庄、西北、马公庄、门村、北赵三、菜园、东坨、西坨、东齐、西杨、大岗头、东北、东杨、西齐、东米、门村营、西米、西位、北赵二、西相、东徐一、东徐二、西徐、南赵，2个社区居委会：剑桥郡社区居委会、人才家园社区居委会，人口2.6万人。

2019年，全区工业总产值49.12亿元，同比增长17.83%，完成全年任务的112%；工业增加值13.67亿元，同比增长12.33%，完成全年任务的113.5%；固定资产投资52亿元，完成全年任务的123%；财政收入37.82亿元，同比增长226.88%，完成全年任务的378.2%。年内，新签约项目25个，总投资29.8亿元。其中，入驻产业港项目20个（卫导13个，肽谷5个，清华2个），协议面积24236.41平方米；二次开发利用项目5个，1个占地项目57亩（3.8公顷），4个租赁厂房项目，协议面积7180平方米；全年新开工项目20个，总投资10.38亿元。其中，17个租赁厂房项目，3个占地项目；为提升园区项目总体水平，解约清退不符合园区发展要求项目7个，腾出厂房8298.19平方米。

**【固安大清河产业园区】** 固安大清河产业园区位于县城西部，总体规划面积56.6平方千米，其中起步区面积5.31平方千米。2019年，固安大清河产业园区签约项目2个，总投资2.03亿元；在谈项目31个；建设用地指标批复1150.446亩（76.6964公顷）；招拍挂取得用地608.42亩（40.56公顷）；财政收入3.53亿元，上缴税收3095万元；市重点项目4家；市重点前期项目1家。年内，大清河产业园区统筹推进廊涿高速东湾连接线拓宽及绿化工程、大清河园道路建设工程、天然气调压站和LNG储气站建设、固东路拓宽工程、规划环评工作等。

| | |
|---|---|
| 工委书记 | 王　海（兼任） |
| 副 书 记 | 于洪武 |
| | 刘光远 |
| 管委会主任 | 孙丽娜（兼任） |
| 副 主 任 | 于洪武 |

（高士伟）

## 河北霸州经济开发区

**【概况】** 2016年8月16日，经省委、省政府批准，整合霸州经济技术开发区、胜芳金属玻璃家具产业园区、津港经济开发区等3个省级开发区，成立霸州经济开发区。实行“一区三园”管理，分别是高新技术产业园、胜芳产业园、津霸产业园。2018年经廊坊市人民政府批准，成立霸州现代科技商务产业基地，由霸州经济开发区委托管理，规划面积20平方千米。

2019年，河北霸州经济开发区主营业务收入1132.63亿元；工业总产值1096.32亿元；税收收入36.12亿元；地区生产总值314.33亿元；外贸出口额39897万美元；固定资产投资192.62亿元；实际利用外资3648万美元。

| | |
|---|---|
| 工委书记 | 房　欣（兼任） |
| 管委会主任 | 刘志亮 |
| | （兼任，任至8月） |

**【园区选介】** 河北霸州高新技术产业园（以下简称高新区）最初成立于1992年，1996年省政府批准规划面积6.1平方千米。2009年经省政府批准扩区，扩区面积7.33平方千米。2013年6月，霸州市委、市政府调整高新区行政区划，调整后区划面积增至47平方千米，包括叶庄村、赵家务一村、赵家务二

村、赵家务三村、李庄村、南岸村、堤角村、武庄村、辛庄村、西陶家务村、东陶家务村、任水村、郭家务村、大柏林庄村、临津南村、临津北村、西高庄村、东高庄村、西郑各庄村、东郑各庄村、姚庄村、秦楼村、杜庄村、南燕家务村，人口28366人；孔雀城、枫溪郡等10个社区，人口4110人。

2019年初，霸州经济开发区在全省开发优化营商环境论坛上，作典型发言；全年接待牡丹江、绥芬河、迁安市、遵化市等改革考察活动25场。提升园区服务效能，完善行政审服务大厅职能，新增审批窗口2个，服务窗口5个，窗口增加至13个；精简审批流程，压缩办结时限50%，精简审批流程20项，部分事项推行容缺办理机制；推动执法检查制度规范化，合理减少执法检查频次，让执法工作在阳光下运行，杜绝吃拿卡要行为，切实减轻企业负担；对已经上报符合国家产业扶持政策科技创新、循环经济和节能减排项目盯紧、盯牢，争取早日列入国家扶持范围；落实重点项目分包责任制，制定《关于开展重点企业、项目“一对一”帮扶活动实施方案》，成立“一对一”帮扶小组，建立帮扶工作台账，帮助企业解决项目用工、前期手续、开工建设、生产经营过程中存在的困难和问题。全年收到企业各类诉求603项，办结率100%。提升园区综合承载力。食品产业港二期工程建设完工，为入驻企业提供一站式服务；许庄电力增容工程完工，保证食品产业园电力需求；打通燕山路、迎宾西道2条断头路工程；打通11个村街33条路约5.6万平方米互连互通和主次干道。

项目建设取得新突破。2019年，高新区洽谈项目320个，达成合作意向123个。全年运作项目83个，其中在建项目15个，计划开工项目37个，谋划项目31个。列入省重点项目4个，列入市重点项目5个。高端食品小仙炖燕窝、牛式运昌食品、海底捞等项目正式投产运营，稻香村试运行生产，海底捞新增自助火锅，在9月份全省重点项目拉练工作会议上，得到副省长袁桐利肯定和好评。《人民日报》、《河北日报》、河北新闻联播、凤凰网、新浪网、网易等主流媒体分别专题报道霸州开发区食品产业。全年接待产业考察活动95场1000余人次。9月26日，河北省商务厅在保定组织省重点开发区现场观摩会。在会上，河北霸州经济开发区被省商务厅授牌命名为“河北省省际合作重点产业园”，省政府奖励资金500万元。

综治维稳。2019年稳控各类利益群体11个，重点群体全年稳定未发生集体和恶性事件。综治网格系统全面建成，组成81人平安志愿者队伍，24个法律服务站，覆盖村街24个，人口3.2万人，住房1.1万户。加大综治科技防范监控平台建设力度，实现开发区综治中心与村街综治中心全对接，全区24个村街重要道路、节点实现监控全覆盖，24小时防范无死角。

安全生产。企业生产方面：组织完善辖区企业建档，进行动态管理，在全方位排查基础上，重点排查辖区内9家规模以上企业、3家加油站及相关55家企业，检查1721家次，查找隐患157处，全部整改完毕。工程建设方面：2019年度有在建工程33项，新办理工程质量监督手续6项；参加隐蔽验收98次，未发生重大工程质量事故，竣工工程15项，竣工验收合格率100%。检查房地产、工业项目17家，检查出各类安全隐患98处，下达限期整改通知书31份，停工整改1份，整改率100%。

乡村建设。2019年，开发区全面推进农村人居环境整治工作，开展村庄清洁、村街美化亮化硬化、美丽庭院等行动。累计完成厕所改造875户；清理村街杂物700多处，各类垃圾1万余立方米；村街道路硬化171762平方米；粉刷宣传文化墙700余块，5000余平方米；安装路灯3179盏，主要街道、文化广场、学校、村民中心等公共场所全覆盖；创建美丽庭院1750个，精品庭院365个；安装村街、街巷、住户标识牌9997块。年内，先后投入资金151万元，为赵家务完小改建6间教室、修建200米塑胶跑道高标操场；投入资金9.9万元，为西高小学硬化院区；投入资金23万元为全区小学重新装修营养早餐配套用房。全区各校新增教师用备课电脑36台，学生用电脑115台，图书1.25万册。在11月霸州市教育表彰大会上，霸州市第十九中学获“教学质量先进单位”奖牌。保证食品药品安全。组织农村食品药品安全员培训4次。做好非洲猪瘟防控工作，在大广高速霸州出口设立临时动物检查站，筑好防控第一道防线。联合畜牧兽医站，进村入户摸清存栏生猪状况，严查泔水猪。是年，检查生猪2550头，未发现异常情况。

2019年1月3日，全省开发区优化营商环境论坛在清河市召开，河北霸州经济开发区作为5家典型经济技术开发区之一，在论坛上作典型发言。3月22日，省长许勤赴开发区调研，对霸州经济开发区产业发展给予高度评价。

工委副书记　郝洪岩
　　　　　　牛铁旺（5月任）
管委会副主任　郝洪岩
　　　　　　韩　楷
　　　　　　（任至1月）

（陈　凯）

河北霸州经济开发区胜芳产业园（以下简单称“胜芳产业园”）前身是胜芳协作区，始建于2005年10月。2010年9月，经廊坊市编委批准成立霸州市金属玻璃家具产业园区工作委员会和管理委员会。2011年5月被省政府正式批准为省级工业聚集区。2014年3月按照《河北省人民政府办公厅关于印发全省部分省级经济开发区和省级工业聚集区规范整合方案的通知》要求，更名为河北霸州胜芳经济开发区。2017年4月，同原霸州开发区、津霸开发区整合为新的霸州开发区，实行“一区三园”管理模式。胜芳产业园北至霸扬公路，南至中亭河，西至胜芳镇东环路，东至小庙干渠。远景规划面积31.21平方千米，省政府批准近期规划面积为18.15平方千米。

项目建设。2019年，胜芳产业园有3个项目列入市重点项目，廊坊菲廷斯环保科技有限公司年处理2.5万吨危险废物项目土地规划手续全部完毕；廊坊格雅智能家居股份有限公司互联网+智能家具产业基地建设项目厂区路面基础、围墙等建设完工；河北冀鼎兴泊车设备科技有限公司年产5万套机械式智能立体车库项目在办理前期手续，和村街协调征地。

招商活动。2019年，胜芳产业园主动对标“雄安新区”千年大计，开展“走出去”招商，抓住承接京津产业转移和雄安新区建立等机遇开展招商引资工作，围绕产业升级、装备制造、战略新兴产业，开展区域招商（京津区域、长三角区域、珠三角区域）和展会招商带领格雅、新禾、宏江、三强、纽莱克等企业参加“5•18”经贸对接会及上海进博会，推进金属制造业转型升级。霸州市三强金属制品有限公司与中冶东方上海设计院合作，建设的市三钢科技有限公司钢材产品深加工项目，于5月28日正式投产。河北兆建金属制品有限公司年产100万吨彩涂板项目。年内，酸连轧车间、镀锌车间、调漆车间正式投产。

家具制造业。由霸州市星光家具有限公司承建，投资1150万元，占地2000平方米的省级家具工业设计中心项目投入使用。2019年，园区协调支持霸州市友邦家具有限公司、霸州市宏江家具有限公司、霸州市三强家具有限公司等企业申报中小型科技企业、专利设计、工业研发设计中心等政策资金扶持，其中霸州市友邦家具有限公司获评为“科技小巨人企业”，并给予20万元扶持资金，霸州市宏江家具有限公司、霸州市三强家具有限公司分别获4万元扶持资金。是年，胜芳产业园先后获“中国特色定制家具产业基地”和“河北省霸州市国家外贸转型升级基地（家具）”2个国家级称号，区内企业宏江家具获“省级特色定制家具产业集群龙头企业”称号，三强家具获“省级走出去示范企业”称号。

工委副书记　王立华
管委会副主任　于金峰

（崔　姚）

## 河北文安经济开发区

**【概况】** 2016年8月，根据《河北省人民政府关于廊坊市开发区优化整合方案的批复》（冀政字〔2016〕36号），将原河北文安经济开发区、原河北文安工业园区、原河北文安新桥经济开发区合并，成立新的河北文安经济开发区，实行“一区三园”管理（“一区”：文安经济开发区；“三园”：河北文安现代家居制造产业园，河北文安新桥环保科技产业园，河北文安智能装备产业园）。辖区总面积56.19平方千米，批准规划面积23.63平方千米，建成面积9.81平方千米，辖18个村街。全年完成财政收入3.5亿元，新签约项目11个。

**【招商引资】** 2019年，河北文安经济开发区新签约项目：投资10亿元陕建智能制造项目，投资6亿元众创空间智能制造装备产业港项目，投资1.5亿元瑞鸿电控电气自动化设备生产基地项目，投资10亿元富春网营物联项目，投资1.5亿元博翰居年产100万平方米装配式预制墙板项目、中德国际智能制造产业园项目。

**【基础设施建设】** 2019年，河北文安经济开发区投资1.14亿元实施十二项基础设施建设工程，其中腾飞大街，纬四路西段主路及供水连接线、门户区电力工程，三号路北侧便道工程，一号路、三号路挖补维修工程，三号路拓宽后绿化工程全部完工。

**【项目建设】** 2019年，河北文安经济开发区新开工亿元以上项目6个：远鹏电气智能电网设备生产、研发、设计基地项目，文安县泽龙众创空间项目，中航雅阁国际酒店项目，文安县博翰居新型预制隔墙板项目，泰华远大装配式建筑生产项目，廊坊海旭瑞达年产3.3万吨液氧2.5万吨液氮0.2万吨液氩项目。在建项目19个，年内完成投资额18.9亿元，其中百强家居年产120万套智能环保家具项目、帕佛尔年产1000台（套）电气设备项目均投产达效。争列市重点项目4个：月星生活广场项目、远鹏能源年产2.3万台智能电网设备项目、泰华远大装配式建筑项目、荣盛建业年产20万立方米PC构建项目，全部按计划时间节点推进实施。

**【农村人居环境整治】** 2019年，河北文安经济开发区持续开展农村人居环境整治行动，辖区村街开展厕所革命、坑塘治理、村庄清洁、绿化美化亮化、垃圾污水处理、美丽庭院创建等工作。是年，为智能装备产业园12个村街投入108万余元，清理坑塘沟渠、乱堆乱放、残垣断壁等各类垃圾14176立方米，拆除私搭乱建60处；新建小菜园、小果园64个，完成村庄绿化面积272亩（18.13公顷）。投资16.79万元的11个村文化墙、公益广告、村规民约及道德模范等各类牌匾制作工作完毕；投资50余万元更新迎宾大道沿线灯杆道旗260幅、制作公益广告2100余平方米、围挡

8615 平方米。新桥环保科技产业园投资 100 多万元治理坑塘 12 个，清理房前屋后、主要街道柴草、积存垃圾 2600 余立方米；整改规模养殖粪污处理设施 3 处；农户厕所改造 162 座；拆除违建、私搭乱建、残垣断壁 25 处；小游园、小果园、小菜园等 85 处改建完工；建设小广场 2 处；粉刷墙壁 3100 平方米、新植景观树 585 株、安装太阳能路灯 50 杆；新增公益广告 120 幅；创建美丽庭院 450 个、精品庭院 133 个。

**【安全生产】** 2019 年，河北文安经济开发区秉承“安全第一、预防为主、综合治理”十二字方针，狠抓隐患排查、专项整治工作。安监站每周对辖区内企业车间、建筑工地开展安全生产排查，每季度聘请专家集中开展安全生产排查活动，为企业存在的安全隐患提出整改意见，安监站督促企业按时间节点落实整改；重要节假日期间聘请行业专家，成立专业排查组，开展安全检查，要求各企业成立整改工作小组，发现隐患问题立即整改。

**【精准扶贫】** 2019 年，河北文安经济开发区推进精准扶贫工作，建立帮扶责任人日常走访、定期评比等常态化机制，年内智能装备产业园建档立卡 8 户 21 人实现脱贫，开发区实现脱贫“清零”，未出现新增贫困和返贫现象。

工委书记　李永强
主　　任　张子瑞
副 主 任　张东亮

（陈　玮）

## 河北大城经济开发区

**【概况】** 河北大城经济开发区（以下简称经开区）总部位于大城县北 15 千米，辖区总面积 12.45 平方千米。辖 9 个行政村街：祖寺、三轴北、前孝彩、郭底、后孝彩、阜草、东阜、付庄、黄得务。经开区内设机构 6 个：党政综合办公室（挂财政局牌子）、招商投资促进局、规划建设局、现代制造业工业园管理办公室、气雾剂产业园管理办公室、新能源车产业园管理办公室；事业单位 2 个：行政审批服务中心、资产运营管理中心。派驻机构 3 个：经济开发区纪检组、监察室，土地分局，公安分局。工作人员 72 人。其中，科级以上干部 30 人。2019 年，辖区总人口 1.75 万人，入园企业 34 家，生产总值 44.46 亿元，财政收入 4.99 亿元，工业产值 120.13 亿元，工业增加值 29.63 亿元，规模以上工业总产值 47.86 亿元，营业收入 127.05 亿元，出口总额 1288 万美元，固定资产投资额 23.03 亿元，年末常用耕地面积 3 万亩（2000 公顷），农民人均纯收入 6500 元。

**【招商】** 2019 年，重新修编制作招商宣传片，收集重点招商推介项目和招商产业目录，明晰重点招商领域，方便客商了解大城对外投资环境，提升大城经开区对外形象。重点接待廊坊温州考察团、香港世茂集团考察团、中国建筑第八工程局有限公司、中交一公局集团有限公司等，召开招商引资工作调度会、项目协调会，安排专人跟进服务，加快项目落地速度。8 月 22 日至 24 日，考察浙江丽水万洋众创城开发有限公司产业园项目；9 月 5 日，举办大城（厦门）投资洽谈会；11 月 4 日，参加上海进博会；12 月 4 日，组织园区企业赴重庆参加临空经济招商培训会及招商发布会，邀请客商来大城经开区考察投资。是年，经开区接待客商 120 余人次，组织外出招商 18 次。

**【项目】** 2019 年，签约项目 3 个：中交装配式建筑科技有限公司廊坊分公司年产 20 万方预制装配式构件项目、廊坊双飞碟簧有限公司生产销售碟型弹簧项目、廊坊津锡农业机械股份有限公司年产 1 万台旋耕机项目，总投资 3.90 亿元。结转上年签约在建项目 5 个：康通投资河北有限公司钢结构生产项目、廊坊崔氏电缆材料股份有限公司热塑性低烟无卤阻燃聚烯烃电缆料项目、中开电气有限公司高低压配电柜项目、廊坊乾耀科技有限公司年产 2000 套环保设备项目、大城县旭昇燃气有限公司汽车加气（CNG）/加油、充电站项目，总投资 6.13 亿元。结转上年签约待建项目 4 个：河北晨达牧业有限公司生鸡屠宰加工项目、河北佳仑专用汽车有限责任公司河北佳仑专用汽车项目、廊坊绿潮环保科技有限公司年产 200 万平方米装配式轻质混凝土墙板项目、廊坊紫轩阁红木家具有限公司综合商业楼项目，总投资 10.61 亿元。8 月，经开区重点项目集中开工 4 个：中开电气有限公司电气设备生产项目总投资 2.1 亿元，占地 44 亩（2.93 公顷）；康通投资河北有限公司年加工 50 万吨钢结构项目总投资 2.57 亿元，占地 100 亩（6.67 公顷）；廊坊乾耀科技有限公司年产 2000 套环保设备项目总投资 1.09 亿元，占地 35.89 亩（2.39 公顷）；廊坊崔氏电缆材料股份年产 6 万吨特种电缆材料项目总投资 2.09 亿元，占地 39.6 亩（2.64 公顷）。

**【基础设施建设】** 2019 年 6 月，宽 55 米、长 1080 米的深圳大街西延工程完工并通车；10 月，中源路、深圳大街两侧 3 千米供热、蒸汽管网铺设完工，实施中源路两侧绿化改造工程。8 月，阜草桥两侧护坡各 50 米的硬化工程，经河北大城经济开发区管委会、河北金梁建设工程有限公司、沧州市兴达工程建设监理有限公司三方验收通过。是月，阜草干渠地埋式污水处理设备安装工作，经河北大城经济开发区管委会、中郎德水务环境科技有限公司、沧州市兴达工程建设监理有限公司三方验收通过；10 月 24 日，由中朗德水务环境科技有限公司对阜草干渠地埋式污水处理设备实施运营后期维护。

**【绝热节能材料产业园】** 2019年3月21日，省政府主要领导赴大城县调研，对绝热节能材料产业园建设工作作出重要指示，同意支持大城经开区以扩大规划范围或托管方式，将大城县绝热节能材料产业园纳入省级经济开发区管理，按程序报批。6月，经开区启动园区规划环评编制；7月10日，通过招标确定环评编制单位为廊坊市泓澈环保技术服务有限公司。

| | |
|---|---|
| 工委书记 | 侯贵松（任至5月） |
| | 齐德旺（5月任） |
| 副书记 | 蔡景发 |
| | 魏　博（任至1月） |
| 管委会主任 | 齐德旺（任至5月） |
| | 庞大鹏（5月任） |
| 副主任 | 蔡景发 |
| | 于景建 |
| | 张鹤松 |
| | 孙炳章（任至4月） |
| | 张建伟（4月任） |

（吕文杰）

# 中央、省直属驻廊坊单位

## 中国石油管道局工程有限公司

**【概况】** 中国石油管道局工程有限公司（以下简称公司，英文缩写CPP），位于河北省廊坊市广阳道87号，成立于1973年，隶属于中国石油天然气集团有限公司，是中国油气储运工程建设领域的专业化公司。拥有从科研、咨询、融资、勘察、设计、采办、施工、防腐、机械制造到投产运营、维修维护、技术保障的完整产业链。2019年，公司有机关部室12个，直属机构6个，二级单位33个，员工23849人。年内，公司市场领域扩大，与西南管道、长庆油田、泰国管网公司等重点客户保持沟通，与昆仑能源、新奥集团等9家单位签订战略合作协议。中标塞浦路斯LNG终端、印尼拉维单点及海洋管道、赞比亚智能检测项目，首次进入欧洲、印度尼西亚、赞比亚市场。中标海外最大规模前期设计项目——尼日尔—贝宁原油外输管道初步设计。中标阿联酋天然气管网分析咨询项目，首次进入阿联酋高端咨询市场。“融投建管”模式实现新突破，中标湖南衡阳—炎陵天然气支线一标段。承担重点工程129个，管道建设2247千米，储罐安装95万立方米，盾构穿越5007米，定向钻穿越166千米，在役管道检测10409千米，封堵117次，抢修68次。中俄东线北段、沙特重油等33个项目建成投产，青岛董家口油库、孟加拉单点系泊等96个项目有序推进。云南石化年1300万吨炼油项目获国家优质工程金奖，中俄原油二线等4个项目获国家优质工程奖。优化组织机构，二、三级机构减少194个，整合设立矿区服务分公司、管道局党委巡察办公室、廊坊审计中心，注销法人单位4家。“三供一业”分离移交有序推进，5个基地分离移交协议、资产无偿划转协议签订完毕。与宝石花物业签署物业管理承接协议，实行市场化物业服务。推进质量安全工作，138个施工机组的HSE标准化建设通过验收，合格率100%。将每年6月10日定为管道局质量安全警示教育日。

全年开展科研课题138项，获集团公司科学技术奖5项，取得专利106项，申请软件著作权35项，省部级工法认定21项，科技成果推广36项。对海定向钻回拖系统，助力孟加拉单点系泊6条对海定向钻一次回拖成功。川气东送武汉管道迁改工程中，D1016开孔封堵设备不停输封堵工艺首次应用在大口径、高压力、高钢级管道上。

**【习近平和普京见证中俄东线天然气管道投产通气仪式】** 2019年12月2日，中俄东线天然气管道工程北段投产成功，国家主席习近平和俄罗斯总统普京通过视频连线对管道投产通气表示热烈祝贺。习近平指出，东线天然气管道是中俄能源合作的标志性项目，也是双方深度融通、合作共赢的典范。广大工程建设者，高水平、高质量完成建设任务，向世界展示中俄合作成果。双方要打造平安管道、绿色管道、发展管道、友谊管道，全力保证管道建设和投运安全可靠，促进管道沿线地区经济社会可持续发展。中、俄东线天然气管道工程北段包括1条干线3条支线，全长1067千米。工程于2015年6月29日开工，2019年10月16日全线贯通。中国石油管道局工程有限公司承担其中一、二、五、十标段总计320千米施工任务，包括全部山区段、81%林带、40%沼泽段，以及过境段，综合工作量超过50%。工程一年可以引进50亿立方米天然气，输量逐年增加，最终达到380亿立方米/年。

**【刷新国内定向钻穿越纪录】** 2019年4月28日，中国石油管道局工程有限公司承建的中俄东线嫩江南岸大堤定向钻穿越工程，穿越长度805米，刷新国内最大管径、最大壁厚管道定向钻最长距离穿越纪录。工程于2019年3月22日开钻，4月27日开始回拖，用时36天。

（杨　勇）

## 中国石油天然气股份有限公司管道分公司

**【概况】** 中国石油天然气股份有限公司管道分公司（中石油管道有限责任公司北方分公司、中国石油天然气股份有限公司管道销售分公司，以下简称中国石油管道公司）位于廊坊市广阳区新开路408号。公司是隶属于中国石油天然气集团有限公司的地区公司（正厅局级），主营业务为原油、天然气、成品油的管道运输，管道运输的原油销售、仓储，油气管道运输技术服务、科技研发、维修抢修、管道压缩机组维检修等。2019年，公司累计缴纳各类税费13.15亿元，其中向廊坊市缴纳税费4.62亿元。管输原油、天然气创历史新高，经营业绩持续向好，实现利润22.96亿元。12月2日，在中共中央总书记习近平和俄罗斯总统普京共同见证下，中俄东线黑河—长岭段正式投产通气，

2019年12月2日，中俄东线天然气管道投产通气仪式，黑河分会场投产仪式

全年新增管道2546千米，管道总里程创历史新高。

**【输油气业务】** 2019年，中国石油管道公司管理运营油气管道20957千米。其中，原油管道9179千米，主要包括东北和华北地区的漠河—大庆（一线、二线）、大庆—铁岭—大连、铁岭—抚顺、丹东—朝鲜、大连新港—大连石化、铁岭—锦西石化、日照—东明、天津—华北石化等管道，以及西北地区的惠安堡—中宁—银川、石空—兰州、定边—呼和浩特等管道。成品油管道6261千米，主要包括东北和华北地区的吉林—长春、抚顺—锦州—郑州、大港—济南—枣庄、宝鸡—郑州—长沙等管道，以及西北地区的呼和浩特—包头—鄂尔多斯管道。天然气管道5392千米，主要包括山东地区的沧州—淄博、泰安—青岛—威海、安平—枣庄、菏泽—泰安、青岛—日照等管道以及东北地区的黑河—长岭、大连—沈阳、秦皇岛—沈阳、长岭—长春—吉化、长春—沈阳、大连支线等管道。水管道125千米。公司年输送原油能力10600万吨，年输送成品油能力2480万吨，年输送天然气能力712亿立方米。有输油气站场189座。其中，原油站场61座，天然气站场89座，成品油站场38座，水站场1座。

**【科技创新】** 2019年，中国石油管道公司承担国家、中石油课题研究37项，获中石油科技进步奖二等奖1项、三等奖1项，申报专利稳居国内管道企业首位，公司油气储运重点实验室获中石油“集团公司优秀重点实验室”称号。国家重点研发项目“油气长输管道及储运设施检验评价与安全保障技术”取得新突破，成功研制国内首台储罐底板检测机器人等关键装备，高钢级管道失效机理及失效控制技术研究取得进展。中石油重大专项“油气管道关键设备国产化”全部研究任务完毕，形成五大系列43项创新技术，研制五大类关键设备110台样机，应用750余台。稠油掺混输送技术、成品油管道低温输送技术应用于多条管道，实现增输增效。主导制定《管道完整性管理规范》等3项国际标准，成功推动9项中国标准转化为塔吉克斯坦行业标准。加强信息化建设和网络安全防控，中石油首个工控系统网络安全动态感知平台上线运行，成功经受公安部“护网2019”攻防演习考验。

**【安全管理】** 2019年，中国石油管道公司实行安全升级管理，制定工作方案，投入专项资金1.97亿元，58项措施落地见效，安全环保总体受控。加强安全环保专业委员会职能，研究落实370项风险管控措施。落实“一岗一清单”要求，出台《安全生产问责与奖励规定》，安全环保职责更加清晰明确。加强体系建设和审核，体系文件完成换版，整改体系审核问题3209项。严格落实“三个不允许”（施工方案未审批、领导和监管人员未到现场、未纳入远程监控的特殊作业不允许开工）要求，安全组织特殊作业2655次。隐患排查治理，整改隐患2103项。举办4期承包商HSE培训，开展承包商专项检查，取消18家HSE业绩不达标承包商准入资格。

（杜雅丽）

## 中国地质科学院勘探技术研究所

**【概况】** 中国地质科学院勘探技术研究所（以下简称勘探技术所）位于河北省廊坊市广阳区金光道77号。2019年，勘探技术所设8个综合管理部门、7个技术业务部门和1个其他部门；勘探技术所有职工383人，在职182人，离退休201人；在职人员中，正高级职称30人、副高级职称30人、中级职称50人、初级职称11人、博士研究生15人、硕士研究生38人、本科75人、大学专科21人。全年安全生产费用累计99.65万元，无安全生产事故和泄密事件。是年，松科二井工程系列成果参与“庆祝中华人民共和国成立70周年大型成就展”“2019年全国大众创业万众创新活动周主题展示”“庆祝新中国成立70周年科技成就科普展”。钻探机具防护与延寿关键技术及工程应用获国土资源科学技术二等奖；长江中下游成矿带多尺度深部探测：新发现与新认识获国土

2019年，天津东丽湖CGSD-01井抽水试验现场

资源科学技术一等奖。在中国地质调查局科技创新目标责任考核中获"优秀"等次，科技成果转化获"先进单位"称号，获中国地质调查局"先进单位"称号。

**【技术创新与科研成果】** 2019年，勘探技术所创新研发超高精度长距离探测磁中靶系统（测距延长30%、对接精度≤0.1米）和"方位伽马"测井技术与仪器，探索出水合物软弱地层高强度造斜技术；开拓研发国产化深海井口吸力锚并实验成功，使中国成为拥有完全自主知识产权的深海井口吸力锚技术装备国家。西秦岭共和—略阳地区5幅1∶5万填图工作完毕。获批"中国地质调查局定向钻井技术创新中心""河北省大口径岩土钻掘技术创新中心""2018年河北省数字化车间"。

**【学术交流】** 2019年，勘探技术所承办中国地质学会探矿工程专业委员会"第二十届全国探矿工程（岩土钻掘工程）学术交流年会"，350多名代表参加会议；主办"非常规能源（新能源）钻井技术高级研修班"（雄安新区）；《地质岩心钻探护壁堵漏技术规程》和《陆域天然气水合物钻探技术规程》两项标准通过地质勘查分技术委员会审查。

（王京舟）

## 中国地质科学院地球物理地球化学勘查研究所

**【概况】** 中国地质科学院地球物理地球化学勘查研究所（以下简称物化探所，英文简称IGGE）始建于1957年，位于廊坊市金光道84号。是国土资源部中国地质调查局直属事业单位，属国家社会公益类科研机构，是国家科技创新体系的组成部分。主要开展勘查地球物理、勘查地球化学基础理论与应用研究及相关调查评价工作，为国家地质调查提供勘查地球物理、勘查地球化学理论支撑和技术服务。2019年，物化探所院区占地150亩（10公顷），建筑面积9.4万平方米。现有职工378人，其中科技人员290人，具有高级职称157人。承担（参加）各类项目118项。发表各类学术论文97篇，其中SCI和EI检索论文28篇，出版专著1部，获批专利和软件著作权14项。

**【"化学地球"国际大科学计划】** 2019年，物化探所编制完成全球地球化学基准技术方案，并通过联合国教科文组织全球尺度地球化学国际研究中心专家委员会评议，作为暂行标准使用；新增"一带一路"沿线及南美等国全球地球化学基准网370万平方千米，全球陆地覆盖率27%；绘制全球3700万平方千米27种元素地球化学图谱，发布第二轮"全国地球化学基准观测数据"，中国76种元素地球化学基准图1套、老挝69个元素地球化学图1套编制完毕；开展特提斯成矿带稀土资源、蒙古国锂等关键资源、中蒙边界盆地铀矿及稀土矿地球化学调查工作，圈定地球化学异常5处，发现稀土含量高达0.5%矿化地质体；在全国按不同层级和景观条件布设200个地球化学观测点。

**【土地质量地球化学调查】** 2019年，物化探所梳理总结近年乌蒙山区调查研究成果，优选出优质富硒等特色土地资源107.3万亩（7.15万公顷），编制形成"耕地集中分布区特色土地资源开发利用与耕地保护规划建议报告"并移交乌蒙山区19县，为当地政府利用富硒土地资源发展特色农业产业提供重要抓手；全国土地质量地球化学调查报告（初稿）编制完毕，为全国尤其是长江经济带双评价工作提供有效支撑服务；圈定北京通州区和廊坊"北三县（市）"绿色优质土地1550平方千米，编制专题报告提交地方政府，有效服务北京城市副中心、廊坊"北三县（市）"协同发展；《支撑服务富硒土地高效利用地质调查总体工作方案》编制完毕；编制《天然富硒土地划定与标识》作为中国地质调查局标正式发布实施；探索提出数量、质量、生态"三位一体"土地资源综合调查与监测体系；掌握琼中县域内土壤中元素含量的垂向变化趋势、养分特性及环境质量状况，初步确认绿橙富硒，为特色农产品开发、品牌打造，助力琼中持久脱贫奠定地质基础。

**【推进雄安新区地质调查】** 2019年，物化探所查明雄县地区土壤重金属、养分等元素指标地球化学空间分布特征，构建新区土壤环境质量地球化学监测网络，评价土壤环境质量总体状况，开展新区“一主五辅”土壤环境质量地球化学等级评价，为新区生态环境保护提供地学支撑。建立雄安深部三维地质结构模型，划分6个主要Ⅳ级构造单元，基本查明新区构造格架和断裂展布；基本查明目标区域地壳内热源并圈定热源位置及规模，构建地热地质模型，优选地热有利区，对地热钻孔部署位置提出合理建议并被采纳。

**【支撑油气、页岩气、地热清洁能源、干热岩攻坚战】** 2019年，物化探所应用自主研发全区多源电磁探测和综合地球物理调查，推断皖亳参1井和皖为页1井预选井位页岩层、岩体及断裂展布并获钻探验证，四川盆地南缘综合地球物理调查完毕，建立二维电性和地质结构模型，划分基底断裂，预测油气、页岩气成藏有利区4处。初步构建松辽盆地下伏晚古生代残留盆地构造格架模型，查明石炭—二叠系基底形态、空间展布。初步查明冀中坳陷北部地热远景区深部地质结构和地热成藏条件，提交2个验证钻孔孔位建议并获钻探验证。攻克干热岩超高温测温技术，初步建立干热岩测井方法体系，形成干热岩测井评价解释方法，完善存储式干热岩超高温测温仪器和技术；编制共和盆地干热岩测井方案，GR1、GR2井温测井解释工作和GH-01井井温测井技术示范及综合测井现场解释与评价工作完毕，准确获得井底温度和基底地温梯度。

**【物化探技术】** 2019年，物化探所创新大深度金元素垂向迁移理论和纳米尺度、分子水平元素长距离迁移机理，建立金、铜、铀三种类型矿床立体地球化学探测模型，研制和完善纳米微粒分离装置和纳米晶体模拟生长装置；研发一套完全自主知识产权的大磁矩固定翼时间域航空电磁仪样机，关键技术指标达到国际同类型系统领先水平；编制并提交地面物探和化探探测、观测和监测技术体系建设方案，协同编制“对地球系统的探测、观测和监测技术体系建设方案”并通过论证；创新建立海岸带调查技术体系并在广西北海滩浅海区、浙江三门湾海岸带调查中推广应用，查明滩浅海区基岩顶界面、古沙坝和活动断裂分布；攻关高极化地区瞬变电磁勘查技术，初步形成约束条件下空—地—井立体探测方法体系；系统开展多站远参考法大地电磁测深技术试验研究，突破京津冀强人文干扰环境下获取高质量大地电磁数据的技术瓶颈；总结出一套横向高分辨率浅层面波探测技术，在不降低勘探深度前提下，有效提高空间分辨率和精度；复研制27个标准物质，通过国家标准物质管理办公室组织的专家评审，新研制63个标准物质，通过其组织的专家预审。

**【科技成果转化】** 2019年，物化探所推广自主研发地下电磁波系统、原子荧光光谱仪、瞬变电磁等仪器设备21台套及感应式磁传感器30台套、地球化学勘查数据一体化处理软件系统等180套。新增发布全国绿色富硒土地资源分布、中国花岗岩类元素丰度等6个数据（库）集；更新全国土地质量地球化学调查与监测数据库等4个在线服务数据库；发布乌蒙山特困区土壤养分地球化学综合等级图等372个信息服务产品；基于地质云物理节点设备搭建分布式计算集群，实现分布式计算环境下“大地电磁三维反演”；初步建成地质大数据分中心，构建“化学地球”大数据系统、“全国土地质量地球化学调查数据库”和“全国土地质量数据库”等综合数据汇聚平台。

（乔汉青）

## 中国建筑科学研究院有限公司建筑机械化研究分院

**【概况】** 中国建筑科学研究院有限公司建筑机械化研究分院（以下简称建筑机械化研究院）位于廊坊市金光道61号，始建于1956年，隶属于国务院国有资产监督管理委员会，是国内从事建设机械、电梯和机械化施工新技术应用研究和新产品开发的专业研究机构，有研究开发机构6个、国家级实验室1个、杂志社以及产品质量监督检验机构2个。2019年，“工程钢筋加工自动化成型技术和设备研发与产业化”成果获河北省科技进步三等奖。“超高建筑用施工平台关键技术研发与产业化”成果获华夏建设科学技术进步三等奖。“多功能数控钢筋加工中心的研究与开发”获建研院科技进步奖一等奖；“预制构件节点套筒灌浆技术及设备”获建研院科技进步奖二等奖；“GWC1500型钢筋网成型机焊接控制器的开发”获建研院青年科技成果一等奖；“一种施工升降机组合式驱动系统”等2项专利获建研院优秀专利奖。

**【科技创新成果】** 2019年，建筑机械化研究院继续承担国家重点研发计划“预制混凝土构件工业化生产关键技术及装备”项目组织实施与研发工作，从构件生产工艺关键环节研究突破技术瓶颈，融合信息化工业化技术，形成预制混凝土构件生产关键技术与装备，在公共安全、绿色建筑与建筑工业领域继续承担“超高层建筑施工电梯的高效安全保障技术研究”“建筑工程成型钢筋智能化加工与配送关键技术及装备”“自动扶梯制造与服役过程风险防控关键技术研究”等国家重点研发计划课题、子课题10项，

2019 年世界电梯大会和廊坊国际电梯展览会开幕式

研发出新技术、新装置 20 余项。

2019 年，建筑机械化研究院新立项课题 4 项，完成验收课题 5 项；“单轨双笼高速施工电梯”成果通过河北省科技成果转化服务中心组织成果评价，达到国际领先水平。申请“一种钢筋网片弯折设备”等 7 项专利，其中发明专利 5 项；“一种施工升降机组合式驱动系统”等 12 项专利获授权，其中发明专利 7 项；发表“基于 BIM 的装配式混凝土构件钢筋加工管理系统”等专业文章 22 篇。完成《塔式起重机》（GB/T 50631—2019）、《建筑施工机械与设备 钢筋加工机械 安全要求》（GB/T 38176—2019）、《多吊笼有旋转导轨的人货两用施工升降机》（T/CCMA 0069—2019）等 3 项国家和团体标准的制定和发布；新立项《预制混凝土墙板精调机》《对焊封闭箍筋全自动生产线》《钢筋网片双向成排弯曲成型机》《封闭箍筋式钢筋骨架成型机》等 4 项企业标准。

2019 年，建筑机械化研究院成立建筑行业生产力促进中心机械装备分中心；与行业协会共同发起主办世界电梯大会、国际电梯展览会；组织召开电梯企业高质量发展论坛、2019 金砖国家技能发展与技术创新大赛——首届电梯工程技术大赛等行业新技术发展交流活动。

（王春琢）

## 河北省区域地质调查院

**【概况】** 河北省区域地质调查院（以下简称区调院）成立于 1957 年，前身是地质部河北省办事处承德地质队，1992 年组建为河北省区域地质矿产调查研究所，2017 年更名为河北省区域地质调查院，位于廊坊市广阳区曙光道 32 号，隶属于河北省地质矿产勘查开发局。2019 年，区调院有在职职工 366 人，设有办公室、党办室等职能科室 14 个，具有区域地质调查、固体矿产勘查、地质测绘、地质实验测试（岩矿鉴定、岩矿测试、选冶试验）、地质灾害危险性评估五项甲级资质；实验室计量认证证书、实验室 CNAS 证书；地球物理勘查、地球化学勘查乙级资质；地质灾害勘查、地质灾害设计丙级；地基与基础工程二级资质。从事区域地质调查，矿产地质调查，物化探、测绘、岩矿测试鉴定等工作。是年，区调院被中共廊坊市直机关创建星级机关星级窗口领导小组授予“五星级机关”称号；在市级机关作风公开评议公共服务类评选中获优秀评价；获廊坊市市直工委授予的“先进基层党组织”称号。

**【重要科研成果】** 2019 年，区调院承担的“河北省万全、苏家桥、左卫、张家口 1 ∶ 5 万区域地质调查”项目，在区调拓展应用方面取得成果突出，为服务京津冀协同发展和 2022 年北京冬季奥运会建设提供基础地质支撑，在河北省资源厅矿产资源储量评审中心组织的野外验收中获优秀评价，在同期评审的 7 个项目中排名第一位；区调院与其他地质单位合作实施的“内蒙古自治区克什克腾旗热水汤铜多金属矿普查”“共和—略阳地区区域地质调查”等 7 个项目，完成年度目标任务，获合作单位一致认可；“内蒙古 1 ∶ 5 万黑红山、额勒根乌兰乌拉、园包山幅区域地质矿产调查”“河北 1 ∶ 5 万大厂等 3 幅第四系覆盖区填图项目”等 9 个区调、科研项目成果汇交完毕，设计评审优良率、野外验收优秀率、成果报告优良率 100%。区调院在做好国内基础地质工作同时，响应国家“一带一路”战略，助力沿线国家地质事业发展，与中信建设公司合作开展“安哥拉国家地质计划（PLANAGEO）——安哥拉西北部 1 ∶ 25 万填图”项目，截至年底 4 个野外实物工作量以及 50%、100% 进度地质图编制及进度报告编写工作完毕；区调院实验室开辟海外市场，与沙特、厄瓜多尔、几内亚、埃塞俄比亚等国家地矿项目部达成初步合作意向，为上述国家地质技术人员提供专业培训。在环境地质和测绘领域，区调院凭借技术优势，与 10 家县级国土源管理部门建立合作关系，为当地建设项目提供地质灾害危险性评估技术服务，并完成县区多个土地、矿山复垦项目及矿山地质环境恢复治理设计、灾害地质详查工作；区调院测绘中心承担宽城满族蒙古族自治县、围场满族自治县和大厂回族自治县等 6 个县第三次全国国土调查工作也全面展开，项目总体进度和成果质量达到全省优秀水平。

（吴 琳）

## 河北省地质测绘院

**【概况】** 河北省地质测绘院（以下简称地质测绘院）位于廊坊市曙光道30号，隶属于河北省地质矿产勘查开发局，属公益一类事业单位。河北省地质测绘院主要为国家建设提供地质测绘服务，承担地形测量，地质矿产勘界，地质制图，地质测绘仪器研究开发，地质资料收集分析，房产测绘，地质灾害治理工程施工，地质灾害危险性评估，水文地质、工程地质、环境地质调查，固体矿产、液体矿产勘查，勘查工程施工，地质钻探服务。2019年，地质测绘院有职工289人，其中正高级工程师11人，副高级工程师32人，中级职称75人，注册测绘师15人，离退休职工225人。内设机构：办公室、宣传信息中心、纪委、人事科、财务科、资产管理科、审计科、总工办、工会、综合管理科、离退休管理科、安全科、行政后勤科、党委办公室、群团办公室、清欠办等16个职能部门。13个技术服务部门分别是权籍测绘分院、规划测绘分院、科技创新中心、地理信息分院、工程测绘分院，遥感航测分院、雄安分院、制图分院、生态环境分院、勘查工程分院、岩矿实验测试分析中心、印刷厂、国土空间规划研究中心。甲级资质有测绘资质、地理信息系统工程资质、摄影测量与遥感资质、工程测量资质、地图编制资质、不动产测绘资质、液体矿产勘查资质、地球物理勘查资质、地质实验测试资质、固体矿产勘查、水文地质、工程地质、环境地质调查资质、地质灾害危险性评估资质、勘查资质。乙级资质有土地规划资质、大地测量资质、海洋测绘资质、互联网地图服务资质、地质灾害治理工程资质。

7月，地质测绘院在北京大兴国际机场航站楼前进行新机场工程供地勘测

2002年通过ISO 9001：2000质量管理体系认证。

2019年，地质测绘院实施机构调整。8月6日成立地质测绘院国土空间规划研究中心及科技创新中心；9月16日撤销地质测绘院原高咨中心，成立综合研究室；成立清欠办、雄安分院及宣传信息中心；9月25日撤销地质测绘院原测绘工程三处、房产测绘处、低空摄影处、地理信息中心，将“测绘工程一处”变更为“权籍测绘分院”，“测绘工程二处”变更为“规划测绘分院”，“测绘工程四处”变更为“地理信息分院”，“测绘工程五处”变更为“工程测绘分院”，“航测遥感处”变更为“航测遥感分院”，“地质工程处”变更为“勘查工程分院”，“环境工程处”变更为“生态环境分院”。9月底调整完毕。

**【荣誉奖项】** 2019年，河北省广宗县北塘疃乡、冯家寨乡等59个行政村农村集体建设用地、宅基地使用权确权登记发证及房屋权属调查项目获河北省测绘学会优秀地理信息工程一等奖；大城县农村集体建设用地使用权及农村宅基地使用权确权登记发证项目获河北省测绘学会优秀地理信息工程二等奖；沧县农村土地承包经营权确权登记颁证项目（二标段）获优秀地理信息工程二等奖；廊坊市安次区农村土地承包经营权确权登记颁证项目获优秀地理信息工程三等奖；廊坊市永清县房地一体村镇地籍调查项目（一标段）项目获河北省测绘学会科学技术二等奖；武警学院地下管线测绘工程项目获河北省测绘学会科学技术三等奖；廊坊市广阳区农村土地承包经营权确权登记颁证项目获河北省测绘学会科学技术三等奖。

**【重点项目及活动】** 2019年6月—8月，地质测绘院首次参与雄安新区规划建设，雄安新区《白洋淀水域普查项目》工作完毕，利用3S技术对344平方千米白洋淀水域进行土地利用现状调查；8月16日，中标第三次全国国土调查成果国家级外业核查项目，此项目是地质测绘院第一次中标国家级测绘地理信息项目。10月11日，地质测绘院配合廊坊市政府部门起草《地下管线数据建库规范》《地下管线探测技术规程》《城市三维数据入库规范》；10月24日，组织承办河北省遥感应用协会2019年年会；11月2日，协办由北华航天工业学院承办的“第五届中国农业遥感应用技术高峰论坛”。11月19日，地质测绘院坐标系转换软件、巡查系统软件、空三成图软件、图斑椭球面积计算软件等4项成果获国家版权局计算机软件著作权登记证书；11月25日，地质测绘院通过河北省质量认证有限公司管理体系外审，取得环境管理体系、职业健康安全管理体系认证证书；12月3日，成立河北省地质测绘院青年志愿者服务队，建立实现40岁以下单位在职在编人员全覆盖的系统性志愿服务管理系统；12月25日，地质测绘院被中共廊坊市委、廊坊市人民政府推荐认定为2019年度廊坊市文明单位（一档）。

（刘　芳　蔺凯宁）

## 河北省地球物理勘查院

**【概况】** 河北省地球物理勘查院（以下简称物勘院）位于廊坊市广阳区廊万路4号，成立于1958年，是河北省地质矿产勘查开发局直属事业单位。具有多种地质矿产勘查资质：地球物理勘查甲级，地球化学勘查甲级，固体矿产勘查甲级，液体矿产勘查甲级，水文地质、工程地质、环境地质调查甲级，岩土工程勘察甲级，地质灾害设计甲级，地质灾害勘查甲级，地质灾害评估甲级，地质灾害施工甲级，地质钻探乙级，区域地质调查乙级，测绘甲级，地质实验测试甲级，桩基施工二级。全院下设重力勘查所、测绘勘查所、实验室、化探勘查所、矿产地质调查所、地质环境所、地热研究所等15个二级单位。2019年，物勘院有职工378人。其中，专业技术人员261人（正高级工程师14人，副高级工程师82人，工程师87人，助理工程师64人，技术员14人）。

**【地矿成果】** 2019年，物勘院在保持基础物化探和深部找矿方面技术优势同时，服务领域也更加宽广，转型发展和技术创新能力增强，承担厅局项目6个、北京市项目1个。其中，河北省东洲家子张家营子1：5万地球化学测量项目：完成野外扫面工作面积776平方千米，查明区内地球化学特征，圈定多金属、三稀等综合异常15处，为基础地质研究和找矿靶区优选提供基础资料；此项目野外和样品分析验收均获优秀级。河北省承德县轿顶山矿区外围铅锌多金属矿普查（续作）项目：野外验收获优秀级，验证钻孔内见矿20层，总厚324.13米，预测资源量总量达到中型规模。河北省张北县海子洼石墨矿预查项目：通过激电测量工作，圈定3处明显且具有一定规模的异常；在JD-1异常上施工两个钻验证孔均见到厚度较大、品位较高石墨矿体，预测资源总量790.45万吨，达到大型规模。安哥拉地球化学调查项目：第一批人员于2019年10月初赴安哥拉进行前期准备和踏勘后，项目组开始全面野外生产工作，打造物勘院海外项目精品工程。2019年11月承担廊坊临空经济区地质调查项目，完成野外调查工作，取得的初步调查成果获专家组认可。

**【科技创新】** 2019年，物勘院浅层地温能研究中心完成霸州深孔循环取热系统应用研究项目、石家庄石新彩色印刷有限公司办公楼地源热泵改造项目、北京市山区浅层地温能供暖模式研究项目、新奥小试中心地源热泵监测系统建设项目、临空经济区工程地质勘查（浅层地热能资源开发利用评价）。物勘院地热所还联合省地矿局第七地质大队、第九地质大队、第四水文工程地质大队、国土资源勘查中心等单位在全河北省范围内共同完成一系列农村小型地源热泵系统建设研究项目。

**【质量管理】** 2019年，物勘院建立“规范化、标准化、程序化”质量管理制度，履行院三级质量管理体系7份、野外质量检查5次、项目报告内审9次，及时整改发现的问题。从项目立项、设计、施工到验收质量全过程监控，未发生项目质量事故。

（张雅迪）

## 国家统计局廊坊调查队

**【概况】** 国家统计局廊坊调查队位于广阳区金光道41号，属国家统计局派出机构，受国家统计局河北调查总队直接管理。是独立行使统计调查、统计报告、统计监督职能的参照公务员法管理正处级事业单位。2019年，国家统计局廊坊调查队按照河北调查总队安排部署，在市辖区范围内实行市、县合并，将所辖安次调查队纳入廊坊调查队。主要职责是完成国家统计局布置的各项统计调查任务，接受地方政府交办的有关调查任务，协助地方统计局完成重大国情国力普查。组织指导地方调查队的业务，负责查处统计调查中发生的统计违法行为。协助管理所在行政区域内的国家统计局县级调查队（三河、香河、霸州、文安）。是年，国家统计局廊坊调查队按照河北调查总队《关于调整国家统计局廊坊调查队职能配置内设机构和人员编制规定的通知》要求，重新划分为7个职能科室，分别为住户调查科、生产价格调查科、消费价格调查科、办公室、劳动力调查科、农业农村调查科、综合科。廊坊市精神文明建设委员会授予廊坊调查队“廊坊市2018年度创建全国、省级文明城市工作先进单位”称号。

**【统计调查】** 2019年，国家统计局廊坊调查队按照国家统计局和河北调查总队工作部署，持续推进住户调查规范化建设，全市1050户调查样本电子记账率100%；每月户均记账97.9笔，全年样本替换率1.33%。劳动力调查工作坚持直接入户、每月陪访督导，数据质量得到保证。工业生产者价格调查联网直报实现100%上报率和零差错查询。居民消费价格调查严格按照定人、定点、定时采价原则，CPI数据测算完毕。农业调查按照国家统计局《关于印发粮食畜牧业统计调查数据归口管理方案的通知》（国统字〔2019〕103号）及国家统计局河北调查总队、河北省统计局《关于印发河北省粮食畜牧业统计调查数据归口管理实施方案的通知》（冀调字〔2019〕37号）要求，启动粮食畜牧业数据归口管理工作。与市统计局联合下发文件《全市粮食畜牧业统计调查数据归口管理工作培训班》，相关工作文件和历史数据交接完毕。规范数据采集流程，严格控制数据质量，采购经理联网直报、小微企业和个体户跟踪调查、农民工监测调查、农民工市民化动态监测调查、党风廉政建设调查，新型职业农民专项调查和文明城市测评等工作完毕。

**【依法治统】** 2019年，国家统计局廊坊调查队依托“9•20”全国统计开放日、“12•4”全国法制宣传日、“12•8”统计法颁布纪念日等重要时点，集中开展统计法治宣传活动。5月20日，开展统计执法检查培训，由国家统计局统计执法监督局领导对统计执法检查规范、检查程序、方式技巧、注意事项等进行培训。10月10日，举办廊坊调查队系统统计法律法规知识培训班，学习中央《关于深化统计管理体制改革提高统计数据真实性的意见》《中华人民共和国统计违纪违法责任人处分处理建议办法》和《防范和惩治统计造假、弄虚作假督查工作规定》等3个文件，并组织测试，实现市、县调查队学习全覆盖。

（王　源）

# 人物

## 中共廊坊市第六届委员会新任副书记、常委简历

**赵　革**　汉族，1970年4月出生，黑龙江海伦人，1988年6月入党，1992年8月参加工作，黑龙江大学哲学系行政管理专业毕业，大学学历，经济学硕士学位。1988年9月至1992年8月在黑龙江大学哲学系行政管理专业学习；1992年8月至1996年3月任黑龙江省社会科学院党委宣传部科员，党委办科员、综合科副科长；1996年3月至2000年8月任黑龙江省政府办公厅督办检查室副主任科员、主任科员；2000年8月至2002年12月任黑龙江省政府办公厅综合处副处级干部；2002年12月至2004年2月任黑龙江省政府办公厅综合处正处级干部（其间：2003年10月至2004年2月挂职任宾县县委副书记；2000年12月至2003年1月在黑龙江大学经济学院政治经济学专业学习，获经济学硕士学位）；2004年2月至2007年4月任黑龙江省宾县县委副书记（正处级）；2007年4月至2009年3月任黑龙江省宾县县委副书记，宾西经济技术开发区管委会常务副主任（主持工作）；2009年3月至2011年3月黑龙江省宾县县委副书记、县长，宾西经济技术开发区管委会主任；2011年3月至2011年7月任黑龙江省宾县县委副书记、县长，宾西经济技术开发区管委会主任（哈尔滨市正局级）；2011年7月至2015年4月任黑龙江省宾县县委书记，宾西经济技术开发区党工委书记（哈尔滨市正局级）（其间：2013年3月至2014年1月在中央党校第十三期中青年干部培训班学习）；2015年4月至2015年6月待安排；2015年6月至2015年8月任黑龙江省哈尔滨市政府党组成员；2015年8月至2017年10月任黑龙江省哈尔滨市政府秘书长、党组成员；2017年10月至2018年2月任黑龙江省哈尔滨市政府副市长、秘书长、党组成员；2018年2月至2019年6月任黑龙江省哈尔滨市政府副市长、党组成员；2019年6月至2019年12月任黑龙江省哈尔滨市委常委、秘书长，市政府党组成员；2019年12月至2020年1月任廊坊市委副书记，市政府代市长、党组书记；2020年1月任廊坊市委副书记，市政府市长、党组书记，十二届全国人大代表。

**陈少军**　汉族，1964年10月出生，新乐人，1988年8月入党，1984年8月参加工作，中央党校在职大学学历。1982年9月至1984年8月在河北省公安学校公安专业学习；1984年8月至1987年12月任省公安厅政治部干部；1987年12月至1992年5月任省公安厅政治部科员（其间：1985年9月至1988年7月在河北师范学院夜大中文秘书专业学习）；1992年5月至1996年11月任省公安厅政治部秘书科副科长；1996年11月至1997年7月任省公安厅政治部组织处调研科科长；1997年7月至1998年9月任省公安厅政治部综合处主任科员；1998年9月至2000年7月任省公安厅政治部综合处调研科科长；2000年7月至2004年6月任省公安厅政治部教育训练处副处长（其间：2002年7月至2004年3月在唐山市公安局挂职任副局长；1999年7月至2001年1月在河北师范大学历史文化学院研究生课程进修班学习）；2004年6月至2010年11月任省委政法委办公室主任（其间：2004年8月至2006年12月在中央党校函授学院法律专业学习）；2010年11月至2015年4月任省委政法委副巡视员；2015年4月至2015年5月任邢台市副市长候选人，市公安局局长、党委书记；2015年5月至2015年10月任邢台市副市长，市委政法委副书记，市公安局局长、党委书记；2015年10月至2016年12月任邢台市副市长，市委政法委副书记，市公安局局长、党委书记，武警邢台市支队第一政治委员；2016年12月至2017年12月任邢台市副市长，市委政法委副书记，市公安局局长、党委书记，武警邢台市支队第一政治委员，市公安局督察长；2017年12月至2019年8月任邢台市副市长，市委政法委副书记，市公安局局长、党委书记，市公安局督察长；2019年8月至2019年9月任廊坊市委常委；2019年9月任廊坊市委常委、政法委书记。

**王亚军**　汉族，1966年8月出生，张家口人，1989年6月入党，1989年7月参加工作，河北师范大学汉语言文学专业毕业，大学学历。1985年9月至1989年7月在河北师范大学中文系汉语言文学专业学习；1989年7月至1991年4月任张家口市第一中学教师；1991年4

月至1993年8月任张家口市委组织部干部四科干事；1993年8月至1996年4月任张家口市委组织部知工科科员；1996年4月至1996年7月任张家口市委组织部干训知工科科员；1996年7月至1997年1月任张家口市委组织部知工科科员；1997年1月至1998年5月任张家口市委组织部知工科副科长；1998年5月至1999年7月任张家口市委组织部党员管理科副科长；1999年7月至2001年9月任张家口市委正科级组织员（基层组织科）；2001年9月至2002年6月任张家口市委组织部办公室机要秘书、正科级组织员；2002年6月至2003年11月任张家口市委组织部干部四科科长；2003年11月至2004年12月任张家口市委组织部办公室主任；2004年12月至2005年6月任张家口市委副处级组织员兼市委组织部办公室主任；2005年6月至2008年12月任张家口市委副处级组织员；2008年12月至2011年8月任张家口市宣化区委常委，常务副区长；2011年8月至2012年1月任张家口市桥西区委副书记，代区长；2012年1月至2013年4月任张家口市桥西区委副书记，区长；2013年4月至2017年2月任张家口市桥西区委书记；2017年2月至2017年4月任张家口市桥西区委书记，市政府党组成员，副市长候选人；2017年4月至2017年6月任张家口市副市长，桥西区委书记；2017年6月至2019年11月任张家口市委常委、政法委书记；2019年11月任廊坊市委常委、组织部部长。

**詹晓阳** 汉族，1967年3月出生，唐山市人，1991年6月入党，1992年7月参加工作，省委党校在职研究生学历。1986年9月至1988年9月在唐山市警察学校学习；1988年9月至1992年7月在中国刑事警察学院刑事侦察技术专业学习；1992年7月至1994年7月任唐山市人民警察学校教员；1994年7月至1996年7月任唐山市委政法委办公室科员；1996年7月至1998年1月任唐山市委政法委案件协调处副处长；1998年1月至2000年12月任唐山市委政法委案件协调处处长；2000年12月至2001年6月任玉田县县长助理（副处级）；2001年6月至2006年6月任玉田县副县长（其间：2002年9月至2005年7月在省委党校在职研究生班经济管理专业学习）；2006年6月至2011年8月任玉田县委常委，副县长（分工政府常务工作）；2011年8月至2012年1月任迁西县委副书记，代县长；2012年1月至2014年6月任迁西县委副书记，县长；2014年6月至2014年7月任遵化市委副书记，代市长；2014年7月至2016年10月任遵化市委副书记，市长；2016年10月至2019年4月任唐山市路南区委书记；2019年4月至2019年8月任廊坊市委常委、政法委书记；2019年8月任廊坊市委常委、三河市委书记。

**白文建** 汉族，1966年6月出生，灵寿县人，1986年1月入党，1983年10月参加工作，炮兵指挥学院作战指挥学专业毕业，在职大学学历。2019年5月任廊坊市委常委，廊坊军分区司令员。

## 第七届廊坊市人民政府新任副市长简历

**张海川** 汉族，1966年9月出生，霸州市人，1989年5月入党，1985年7月参加工作，省委党校在职研究生学历。1982年9月至1985年7月在廊坊师范学习；1985年7月至1987年2月任霸县堂二里中学教师（其间：1986年7月至1989年6月在廊坊师范学院政教专业学习）；1987年2月至1991年1月任霸县一中教师（其间：1989年7月至1992年7月在河北大学哲学专业函授学习）；1991年1月至1995年11月任霸州市一中教导处副主任；1995年11月至1999年1月任霸州市干部考核办公室副主任；1999年1月至2000年3月任霸州市煎茶铺镇党委正科级副书记；2000年3月至2003年1月任霸州市东段乡党委书记、乡长（其间：2000年9月至2002年12月在省委党校在职研究生班经济管理专业学习）；2003年1月至2007年5月任廊坊市安次区副区长；2007年5月至2009年3月任廊坊市安次区委常委、政法委书记；2009年3月至2011年6月任廊坊市安次区委常委、常务副区长；2011年6月至2011年8月任廊坊市安次区委常委、常务副区长，廊坊新兴产业示范区党工委副书记、管委会常务副主任（正处级）；2011年8月至2012年8月任廊坊新兴产业示范区党工委副书记、管委会常务副主任（正处级）；2012年8月至2015年1月任廊坊新兴产业示范区党工委副书记、管委会常务副主任（正处级）兼安次区副区长；2015年1月至2015年11月任廊坊新兴产业示范区党工委副书记、管委会主任兼安次区副区长；2015年11月至2017年2月任廊坊新兴产业示范区党工委副书记、管委会主任（正处级）；2017年2月至2018年12月任廊坊市建设局局长、党组书记；2018年12月至2019年12月任廊坊市住房和城乡建设局党组书记；2019年12月任廊坊市副市长、北京大兴国际机场临空经济区（廊坊）（中国〈河北〉自由贸易试验区大兴机场片区（廊坊））党工委书记兼管委会主任。

## "全国五一劳动奖章"获得者简介

**陈 玉** 女，主任中医师（教授），廊坊市人民医院知名专家，中医科主任。首届廊坊市名医，九三学社成员。1999年毕业于河北医科大学，从事临床工作27年，在中医领域有较高影响力。

1992年到廊坊市人民医院中医科工作起，陈玉医生治愈的患者无数，她以振兴中医为己任，积累丰富的临床经验，影响力覆盖京津冀各地。陈玉技术精湛，擅长常见病、多发病等多种顽疾及疑难重症的中医治疗，尤其对各种慢性炎症、脾胃疾患、心神疾患、小儿病等的中医治疗有独特经验，深受广大患者的信赖。陈玉积极参与当地中医防疫工作，是廊坊市人感染H7N9禽流感医疗救治专家组中医专业组组长。她身残志坚，顽强进取，常年坚持承担着巨大的门诊工作量，甚至"一号难求"。多年来先后被评为河北省全省医药卫生系统"白求恩式医药卫生工作者"、廊坊市卫生系统先进个人、廊坊市职工劳动模范、廊坊市"三八"红旗手、廊坊市首届十大影响力公关人物、廊坊市十大优秀女性等荣誉。

2019年4月，陈玉获"全国五一劳动奖章"。

# 附 录

## 调研文章选载

### 关于全市就业促进工作开展情况的调研报告

为全面了解《中华人民共和国就业促进法》《河北省实施〈中华人民共和国就业促进法〉办法》（以下简称“一法一办法”）和就业优先战略及积极就业政策在廊坊市的贯彻实施情况，根据2019年市人大常委会工作要点安排，在陈洪波副主任的带领下，市七届人大社会建设委员会组织有关人员于8月中旬至9月上旬，采取听取汇报、召开座谈、实地查看、查阅资料等方式，围绕调研重点，深入基层、深入群众、深入实际，充分听取各方面的意见和建议，对廊坊市就业促进工作开展情况有了初步的了解。

**一、基本情况及主要成效**

近年来，市政府把就业促进工作作为重大的政治任务，作为保障改善民生、维护社会稳定的有效举措，不断推动相关法律法规的落实，努力抢抓京津冀协同发展机遇、加快产业转型升级等各项工作，深化结合、统筹推进、创新思路办法、狠抓工作落实，确保实现更加充分就业和更高质量就业。2017年以来，一、二、三产业就业人员比例达到29.5：39.3：31.2，二、三产业就业人员比例逐年提高；累计新增城镇就业18.9万人，下岗失业人员实现再就业2.13万人，就业困难人员实现再就业0.85万人，农村劳动力向非农产业转移88614人次；城镇登记失业率始终控制在2%以内，连续13年保持全省最低；城镇单位就业人员平均工资达到85563元；全市共筹集就业专项资金4.33亿元，支出3.92亿元，惠及7余万人次；市县两级设立创业扶持资金5711.8 万元；累计发放创业担保贷款1.22亿元，带动吸纳3430人就业；城乡基本养老、城乡基本医疗、工伤、失业参保人数分别达321万人、415万人、65.97万人、31.9万人，实现了经济发展与就业创业协调推进；共举办招聘会816场，提供岗位29万个，17.3万人达成就业意向。2018年，组织开展政策形势宣传进校园、就业创业指导进校园等活动40余场，帮助建档立卡贫困劳动力掌握初级职业技能，培训覆盖率达到100%。目前共有技工院校6所，民办职业培训学校106所，实现了企业用工与人才就业的互促共赢。

（一）强化工作机制和责任体系建设。市政府始终把扩大就业作为重大民生工程来抓，将城镇新增就业和登记失业率两项指标纳入工作重点，把创业就业孵化基地建设、职业技能培训工作列为重点工程，成立了由分管领导任组长、相关部门参加的就业工作领导小组，搭建起政府统筹、部门协同、层层落实的组织体系。市政府还相继出台《关于进一步做好新形势下就业创业工作的实施意见》等系列文件，相关部门也制定了30余项政策措施，扶持对象覆盖城乡各类就业群体。

（二）加大创新带动就业力度。充分发挥廊坊市创新资源多、平台高、活力强的优势，在以创新带动创业、促进就业上做文章、求突破。大力推广文安经验，组织就业创业成果推介会、创新创业经验分享会等，用活动掀起全民创业新热潮。2018年以来，以开展“双创双服”活动为契机，深入实施创业就业孵化基地培育提升专项行动，全市建设完成17家创业就业孵化基地，吸引企业689家，带动就业4989人；建成国家级博士后成果转化基地1家、国家级高技能人才培训基地1个、省级高技能人才培训基地4个、省级技能大师工作室8个，这些平台载体为带动就业提供了有力支撑。

（三）扎实推动公共就业服务体系建设。市政府以推进公共就业服务体系建设为抓手，不断完善创业服务功能，公共就业服务均等化、信息化、规范化水平逐步提高。依托服务大厅、劳动保障事务所、劳动保障事务协管员，打造“半小时公共就业社保服务圈”，为劳动者和用人单位提供全天候、无缝隙、广覆盖的公共服务。着眼服务保障京津冀协同发展重大国家战略，与通州区、武清区签署《高技能领域人才战略合作协议》《人力资源服务协同发展合作框架协议》等合作协议，成功举办通武廊人才联合招聘会；组织开展大兴国际机场专场招聘会等，接待意向者4000余人次，为全市劳动者创造更多就业机会。同时，积极应对经贸摩擦和产业结构调整影响，加强就业形势监测和研判，完善应对举措，确保大局稳定。2018年以来，有序完成164家重点企业34期就业监测，涉及职工2.5万人；完成380家重点企业20期失业监测，涉及职工9.4万人。

（四）精准帮扶重点群体就业。聚焦重点就业帮扶群体，因人施策、多措并举，积极促进就业创业。2017年以来累计提供5716个就业见习岗位，招募205名“三支一扶”志愿者；坚持城乡统筹，建立城乡劳动者平等就业制度，先后与省内外20余个县建立劳务协作关系，举办32场劳务对接活动，累计输入劳动力0.8万人次；针对廊坊市贫困人口的特点，制定了10余项政策文件，完成了符合“16~65周岁、有劳动能力和就业愿望”的1428名贫困劳动力全部就业任务；围绕钢铁去产能职工安置工作，研究出台了相关文件，通过鼓励转岗就业和扶持创业等多种方式，圆满完成1.66万名去产能职工安置任务，做到全员安置无上访。同时，将“4050”人员、“零就业家庭”成员、残疾人员等8类人员全部纳入就业困难人员政策扶持范围，安排2000名就业困难人员在公益性岗位就业。

## 二、存在的问题

从调研情况看，虽然廊坊市就业促进工作情况较好，但也存在着一些问题，表现在：

（一）就业压力仍然很大。廊坊市每年需要在城镇就业的新成长劳动力不断增加，加上城镇登记失业人员、当年就业转失业人员和新转移农业富余劳动力等，同时受经济下行、去产能、中美经贸摩擦等因素的影响，出现吸纳就业能力有所降低、传统行业释放出大量劳动力、下岗失业人员市场竞争能力较弱等问题，造成全市就业总量压力依然很大。

（二）结构性矛盾依然明显。随着新旧动能转换和结构优化调整，人才结构失衡问题日益突出，“招工难”和“就业难”现象并存。一方面，高技能人才短缺和普通技工难招。劳动力供给与需求错位失衡，高层次研发人才、高技能工人和创新型复合型人才短缺，部分一线技术岗位招工难。虽然企业在薪酬待遇、食宿安排等方面制定激励措施，但受区位、环境等因素影响，仍然面临着“引进难”“留人难”问题。另一方面，“就业难”问题突出。因经济下行和减产减员，需要转岗安置和再就业人员增多，新兴产业就业技术门槛高、用工需求量小，大龄、技能偏低的劳动者获取就业机会的难度增大。

（三）重点群体就业有待加强。廊坊市促进重点群体就业工作总体稳定，但稳中有忧。高校毕业生普遍存在首次就业期望值偏高，不愿意到小企业、一线、基层工作；部分毕业生非国家机关、事业单位不去，出现“慢就业”、“缓就业”现象，加大了就业压力。新生代农民工对就业岗位、福利待遇、劳动环境和发展预期的要求提高，就业稳定性差。残疾人职业技能偏低，就业岗位受限，侵犯就业权益的现象还没有完全杜绝。

（四）职业教育和培训难以满足就业需要。调研中发现职业教育和培训还不能满足产业发展和群众需求，特别是农村还缺乏优质资源。教育培训内容还没有和岗位需求、群众需求真正无缝衔接，方式创新不够，投入不大，群众特别是农村劳动力接受程度还不高，社会认同度也不够高。

（五）依法促进就业的氛围还不够浓厚。对“一法一办法”的学习、掌握存在欠缺，普法学习宣传还没有实现常态化、广覆盖。有的地方由于财政紧张，本级就业专项资金配套较少，政策衔接不够紧密，政策落地不完全同步，信息沟通不畅通，合力作用和整体效果还不明显。一些用人单位存在就业隐性歧视、侵害劳动者权益、新业态中就业管理服务还存在漏洞，劳动者权益保障问题日益突显。从业者依法维权的意识还不够强。

## 三、几点建议

根据调研情况，针对上述问题，提出以下建议：

（一）强化政府统筹责任。市政府要把稳定和扩大就业放在更加突出的位置，统筹推进就业促进法律法规的实施，发挥好领导小组的作用，加大政策和资金供给、落实力度，建立健全产业、财政、金融、科技等政策与就业政策的联动机制，形成工作合力。同时还应继续加强劳动力资源和就业失业状况统计分析，做到积极预防、有效调节、精准施策。

（二）以经济高质量发展稳就业。解决就业问题根本要靠发展。要坚持产业与就业协同，促进产业转移、项目建设与岗位对接，形成有利于就业增长的经济发展模式，不断扩大就业容量。紧紧抓住廊坊市的发展“新优势”，进一步优化营商环境，吸引更多大项目、大工程落户廊坊，发挥重大项目带动就业作用，加大对新业态扶持力度，畅通融资渠道，加强创业孵化载体建设，发挥好创业带动就业倍增效应。

（三）扎实做好重点群体的就业。高校毕业生、农民工、退役军人、下岗转岗职工作为就业促进工程的主体群体，通过政府的帮扶，推动实现更高质量和更充分的就业。实施高校毕业生就业创业促进计划、青年见习计划，促进大学生能力素质与社会及企业需求相匹配；探索项目化劳务输出模式，实现新型职业农民劳动力就地就近就业；切实提高退役军人安置质量，保障他们在享受普惠型政策基础上再给予优先优待；强化对下岗转岗职工再就业的培训，提高再就业能力。

（四）加强职业教育培训。劳动力素质全面提升，是解决就业结构性矛盾的治本之策。创新办学机制和培训方式，建立健全专业设置与产业需求对接等一系列制度，对接学前教育、现代服务业等重点急需领域，积极构建“招生—培养—就业”联动机制，加大项目式、定向式、订单式培训，推进应用型高校建设和高职扩招工作，不断扩大培训规模，优化培训项目设置和授课方式，提升培训的实效性。

（五）营造良好就业环境。通过各种媒体和平台，采取多种形式，加大对法律法规的宣传力度，做好解读培训工作，营造全市知法、懂法、尊法的良好环境。各级人大常委会要履行法定职责，加大对法律法规实施情况进行有效的监督，确保城镇新增就业人数累计达到29万人，实现2020年城镇登记失业率控制在4%以内的目标。

（廊坊市七届人大社会建设委员会）

## 关于全市医养结合工作开展情况的调研报告

按照市人大常委会2019年工作安排，7月—8月，在市人大常委会副主任邵二玲带领下，组织部分市人大常委会委员、教科文卫委员会委员、市人大代表成立调研组，对全市医养结合工作开展情况进行了专题调研。调研组在听取了全市医养结合工作开展情况汇报的基础上，深入到部分县（市、区），对医养结合工作的组织领导、政策支持、机制建设、资金投入、医养模式、服务水平、社会参与等情况进行了调研。实地考察了部分医养结合机构，同当地人大常委会、政府及相关部门负责同志、医养结合机构负责人进行了广泛座谈。

### 一、基本情况与估价

廊坊市总人口483万人，60周岁以上老年人口达到87万人，占总人口的18.5%。全市现有医养结合机构56家，床位约为8000余张。2016年，廊坊市被确定为省级医养结合工作试点，三河燕达金色年华健康养护中心、德亨仁厚医养产业管理集团、廊坊市福源老年公寓先后被命名为省级医养结合试点单位。截至2018年年底，全市91%的医疗机构为老年人开通了绿色通道；100%的养老机构能够为养老人群提供医疗服务；65周岁及以上老年人健康管理率66.37%。

调研组认为：近年来，廊坊市积极探索医养结合模式，充分发挥毗邻京津的独特区位优势，鼓励社会资本投资健康养老产业，推动了医养结合工作的快速发展。目前已初步形成了以居家为基础、社区为依托、机构为支撑，政府与企业共建，公办与民营互补，覆盖城乡的医养结合服务体系，实现了“既能满足廊坊域内老年人养老需求，又能缓解京津及周边地区养老压力”的预期效果。

（一）加强领导，提供政策支撑。一是各级政府成立了由主管领导任组长，相关部门主要负责同志为成员的专项工作领导小组，定期召开联席会议，着力解决工作中存在的困难和问题。二是市政府相继出台了《关于推进医疗卫生与养老服务相结合的实施意见》《关于加快推进养老服务体系建设的意见》《关于加快发展养老服务业的实施意见》等一系列扶持政策，为医养结合工作提供了政策支撑。三是各相关部门充分发挥职能作用，加强联系、密切配合、制定规划、建立机制，统筹推进基本养老、基本公共卫生和基本医疗保险的互联互通。四是加强京津对接，打通制约廊坊市医养结合发展的瓶颈。三河市依托燕达医院，首开“医保京津冀异地结算”，率先实现了与北京医保的互联互通；北京市依照“养老扶持政策跟着户籍老人走”的理念，为在燕达金色年华养老中心、五福托老院等机构养老的北京籍居民，给予床位运营补贴。

（二）试点先行，探索创新模式。一是居家医养结合模式。以家庭为中心，以专业化服务为依靠，为居住在家的老年人提供医疗养老服务，以解决日常生活困难。如京东中美医院以医院为依托，社区为支点，家庭为基础，互联网为支撑，智能监测为链接，通过“家庭医生上门服务”和“互联网+医养模式”，搭建“五位一体”的智慧居家医养结合模式。二是社区医养结合模式。以社区卫生服务中心和乡镇卫生院为依托，以家庭医生签约为主体，开展了建立健康档案、健康评估、健康教育、家庭护理、中医医药“治未病”等服务。如广阳区先后建成了奥韵社区、金星道社区、万庄石油矿区、群星里社区等卫生服务中心开展家庭医生签约式服务，把老年慢性病患者作为重点签约对象，优先覆盖、优先签约、优先服务。三是机构医养结合模式。以养老机构为主导，为老年人提供饮食起居、清洁卫生、生活护理、健康管理和文体娱乐活动等综合性服务。如三河燕达健康城是集医疗、教学、科研、养老为一体的医疗健康和老年养护基地，主要立足河北，面向京津，为京津老年人开展特定养老服务，是国内首家超大规模的医养结合机构。

（三）多措并举，提升服务水平。一是加强人员培训。市民政局与市卫生职业学院、市人社局建立了定向培养机制，分期分批对全市各医养结合机构的管理人员和初、中级养老护理员，进行免费的业务、管理和技能培训。二是强化信息化建设。依托“互联网+医疗健康”服务，在“家庭端”和医疗机构间架起一座双向沟通桥梁。市卫健委卫生信息平台与市民政局“12349”养老呼叫服务系统共同为医养结合工作提供了开放、共享、智能的发展平台。以国家基本公共卫生服务项目为依托，建立老年人健康档案、开展老年人免费健康体检、进行老年人健康状况评估、加强老年人慢性病管理。三是提高医疗服务能力。全市绝大部分医疗机构为老年人看病就医实行优先照顾，开通绿色通道，设立挂号、就诊、化验、检查、取药“五优先”窗口。积极推动二级以上医疗机构开设老年病科，为老年人提供综合干预和个性化治疗方案。在床位数量200张以上的养老机构设立等级医疗机构，其他养老机构设立了医务室。四是探索中医+养老服务模式。今年，廊坊市确立了广阳区花园楼社区服务中心和北旺乡卫生院为中医药医养结合试点。同时，以市中医医院、香河中医院和文安县中医院为依托，分别与辖区内社区卫生服务中心和乡镇卫生院组成“1+1”老年健康联盟，为老年人提供优质、高效、便捷的医疗服务。

## 二、存在问题

（一）思想认识有待提高。有的单位对医养结合工作的重要性、必要性和紧迫性缺乏清醒的认识，没有把医养结合工作作为一项重要民生工作来抓。致使扶持政策缺失，保障措施不完善，工作机制不健全，协调配合不到位，监督管理滞后，履职意识不强，能拖就拖、能绕就绕、能应付就应付的现象依然存在。

（二）机构建设有待加强。现有大部分医养结合机构虽然能够提供医疗服务，但是机构不足，服务水平不高，提供服务项目单一的现象普遍存在。特别是老年医疗护理专业人才十分匮乏，不但数量少，而且普遍年龄偏高，文化程度较低，人员流动性大，提供的服务事项和服务质量不能满足老年人养老和医疗需要。

（三）政策机制有待完善。目前廊坊市的医养结合工作缺乏有力的政策支持。政府的协调引导作用发挥不够，发展建设资金不足、财政补贴不到位、护理人才匮乏、资源整合欠缺，监督管理形同虚设，金融等部门支持乏力，医保支付标准尚未出台，社会参与的积极性不高，医养结合模式与廊坊市的经济社会发展不匹配。

（四）医养资源有待融合。养老机构由民政部门管理，医疗事业由卫健部门主管，分而治之的格局造成医疗和养老资源相互阻隔，难以做到互惠互利、优势互补。由于受政策、规划、资金、医保等因素的影响，社区卫生服务中心和基层医疗机构转型为医养融合的服务体，实现医中有养、养中有医困难重重。

## 三、几点建议

（一）提高认识，完善政策措施。随着经济社会的发展，我国逐步进入老年社会，做好医养结合工作势在必行。各级政府要坚持以人民为中心，以满足人民群众需求为目的，充分认识做好医养结合工作的重要性、必要性和紧迫性，把医养结合作为重大的民生工程和重点工作抓紧、抓好、抓出成效。要发挥政府的主导作用，强化协调联动，充分发挥各部门的职能作用，对医养结合养老机构实施卫生准入、民政扶持、医保定点、绿色审批、土地优供、税收优惠、资金支持等扶持政策。由卫健部门核准医养结合养老机构的医疗资质，由民政部门确认非营利性，由医保部门纳入医保。相关部门加强合作，制定相应的配套政策，建立统一完善的养老和医疗服务标准，规范医疗护理行为，保障老年人养老和医疗需求。

（二）加强领导，探索发展模式。各级政府要站在推动经济社会发展，维护社会稳定的高度，加强对医养结合工作的领导，将医养结合事业纳入国民经济和社会发展计划。一是加强学习研究。医养结合是一种新的养老模式，是一种新型产业，各级各部门要强化制度建设、管理模式、服务规范等方面的学习研究。要根据城镇化建设的不断推进和城乡居民的养老需求，借鉴先进地区的工作经验，拓宽工作思路，积极探索符合廊坊市经济社会发展实际的工作模式。二是加强机制建设。成立由发改、卫健、民政、财政、医保、人社等部门组成医养融合服务工作组。制定发展规划，出台行业标准、设施标准、管理标准、收费标准，规范管理和服务行为，着力建设和完善打基础、管根本、立长远的长效机制，使老百姓看得起病、养得起老。三是加强监督管理。根据资金投入、设备配置、服务水平，制定合理的收费标准，形成差异化的医养结合服务层次，让有不同需求的老年人都能享受到优质服务。

（三）明确方向，促进医养融合。各级政府要增强做好医养结合工作的责任感和使命感，按照“政府主导、政策扶持、市场运作、产业化经营”的发展思路，统筹养老机构和医疗机构发展设置规划，探索建立基本医疗保险支持政策，科学界定服务对象和服务需求，整合和利用现有养老和医疗卫生资源，发挥基层卫生服务机构在健康管理、家庭病床、老年病治疗等方面的作用。鼓励养老机构与医疗机构开展双向转诊、远程医疗、协议委托等多种合作；部分一、二级医院和专科医院转型为老年人康复院、护理院，提升养老机构医疗服务能力和水平。鼓励大型和综合型医疗机构依托现有的医疗资源，兴办养老服务机构；支持有条件的养老机构设立医疗机构，提供专业化医疗服务，尽快实现医中有养、养中有医目标。

（四）创新举措，提升服务能力。面对廊坊市医疗卫生和养老服务基础薄弱，资源不足的现状，各级政府要开通绿色审批通道，积极推进现有养老单位设立医疗服务机构，社区卫生服务中心和基层医疗机构的转型，使现有的医养资源达到有效整合。要加大财政资金的投入力度，充分发挥政府的引导作用，吸纳社会资本投入医养结合事业，提高社会的参与率。要制定人才培养计划，充分发挥职业教育院校培养人才的主渠道和主阵地作用，尽快培养一批思想端正、品德高尚、业务精湛、服务优良的护理人员队伍，解决现有人员不足和素质偏低问题。要搭建智能化信息服务平台，整合医疗、养老信息资源，建立老年人健康电子档案，实行动态管理，达到医疗服务的全覆盖。要强化评估工作，确定服务对象和补贴标准，规范服务行为，努力提升服务能力和水平。要研究制定医保纳入、土地供应、税收优惠等政策措施，打破部门阻隔和行业发展瓶颈，强力推进医养结合事业发展，使广大群众共享改革开放成果。

（廊坊市七届人大教育科学文化卫生委员会）

## 关于加快推进廊坊市康养产业发展调研和协商议政情况的报告

康养是健康与养老的总称。随着人口老龄化的加剧以及“健康中国2030”战略的推动，涵盖养老、养生、医疗、文化、体育、旅游等诸多业态的康养产业开始蓬勃发展。2018年10月，省政府办公厅印发《关于大力推进康养产业发展的意见》，推进康养产业发展成为全省重点经济工作任务。为贯彻落实国家、省有关康养产业战略规划，破解在京津冀协同发展中廊坊市大部分地区面临的规划管控、产业限控难题，探索一条产业发展新思路，市政协将“加快推进我市康养产业发展”列为七届十一次常委会议协商议题进行协商议政、建言献策。6月13日至14日，市政协副主席高树民率部分市政协常委、委员，先后赴三河市、香河县和固安县等市（县）进行了实地调研，并组织市发改委、市民政局、市卫健委等6个部门召开座谈会，围绕廊坊市康养产业发展情况进行了座谈交流。6月28日，市政协七届十一次常委会议进行了专题协商议政。市政府副市长张秉舜和市发改委、市民政局、市卫健委、市人社局、市医保局、市文旅局等6个部门负责同志参加会议，市发改委通报了全市康养产业发展情况。会议共征集常委书面发言37篇，刘中立、张晓明、王玉柱、董玮、王建国、侯海东等6位委员分别从不同角度进行了口头发言。会议还组织了分组讨论，委员和市直有关部门负责同志进行了深度互动交流。市政府副市长张秉舜高度评价了委员们的履职成果，并表示在今后工作中，积极采纳委员们所提的意见建议，推动廊坊市养老体系建设和康养产业发展。现将调研和协商议政情况报告如下。

### 一、基本情况

目前，全市60岁以上户籍老年人口数已达87万人，约占总人口的18%，早已超过10%即进入老龄化社会的界定，老龄化趋势不断加深，老年人口医疗养护压力不断加大。2014年，廊坊市被国家发改委、民政部确定为全国养老服务综合改革试点城市。经过近几年政府与社会各界的共同努力，初步形成了以居家为基础、社区为依托、机构为支撑、政府与社会共建、公办与民营互补、覆盖城乡的养老服务体系。

政府供养方面，为认真贯彻落实习近平总书记关于提升养老院服务质量的系列重要指示精神，廊坊市不断加大资金投入力度，着力加强养老院基础设施建设。目前，全市有特困人员供养机构39家，床位4512张，五保集中供养率保持全国领先。结合养老院服务质量开展星级评定，激发养老院优化服务环境，提升服务水平，为入住老人提供宜居、宜养、宜乐的舒适环境。

居家养老方面，按照“政府引导、政策扶持、市场运作、产业化经营”的发展思路，采取公办民营、合作共建等方式，着力开展居家养老服务。目前，全市共有社区居家养老服务中心（站）161个，社区老年人日间照料中心18家、农村互助幸福院1919个。根据社区老年人医疗需求，积极引入医疗机构参与养老服务中心建设，目前，已建成医养结合型社区居家养老服务中心（服务站）6家。

机构养老方面，建立健全政府奖补、福彩支持、税费减免等扶持政策，积极引导和鼓励社会资本参与养老服务机构建设。全市共有民办养老机构20家，床位数13075张，涌现出金色年华健康养护中心、大爱书院养老中心和来康郡养老产业基地等一批特色高端养老机构。大力发展医养护融合型养老机构，在床位数量200张以上的养老机构设立等级医疗机构，其他设立医务室。目前，已建成燕达国际健康城、五福托老院、福源老年公寓等8家医养结合型养老机构，数量达到民办养老机构的40%。

### 二、发展康养产业的必要性及优势

（一）发展康养产业是“稳增长”的需要。依据《“健康中国2030”规划纲要》，到2020年健康服务业总规模将超过8万亿元，到2030年达到16万亿元。在廊坊市经济下行压力明显加大，在规划、土地、环保以及房地产等各项管控政策下，康养产业巨大的发展空间，强大的产业拉动力、带动力和辐射力，必将成为新常态下廊坊市产业发展和实现经济增长的重要引擎。

（二）发展康养产业是“促就业”的需要。按照国际惯例，每3位老人需要配置1名康养护理人员。目前，廊坊市养老总床位已达3万余张，直接提供将近1万人的就业岗位。居家养老正处于快速发展阶段，需要大量医生、护工、保洁员、康复师、厨师等服务人员，将提供大量就业岗位。同时，康养产业和区域一、二、三产业关联紧密，能够带动相关产业协同发展，进而促进劳动就业，提升全市就业率。

（三）发展康养产业是“惠民生”的需要。养老是重大的政治问题，也是基本的民生问题。伴随着人口老龄化步伐的加快，传统家庭养老功能的削弱，养老服务需求越来越大，给廊坊市民生发展带来严峻挑战，特别是养老不再局限于满足衣食住行的基本需求，老年人在生活照料、健康养生以及精神慰藉等方面产生了更高更强烈的需求，发展康养产业势在必行。

（四）发展康养产业是“协同发展”的需要。随着社会老龄化的加速和京津冀协同发展的深入推进，京津为缓解养老服务供给压力，亟须向外疏解养老功能。2016年初，京津冀民政部门签署《京津冀养老工作协同发展合作协议（2016年—2020年）》。随后，三地政府发布多项政策，打通医养、支付、补贴等阻碍，以疏解北京老龄人口为核心，加快推进京津冀分工明确的养老一体化进程。主动承接京津养老服务功能，是廊坊市落实京津冀协同发展战略要求的需要，也是廊坊市借力京津，加快康养产业发展的需要。

（五）廊坊具有发展康养产业的优势。区位优势。北京养老服务需求缺口巨大，且不再新建大型养老机构，跨区域养老已成必然趋势。廊坊与北京地缘相接、人缘相亲、地域一体、文化一脉，具有优势互补、协同发展的良好条件，是北京养老产业转移的首选之地。政策优势。省政府《关于大力推进康养产业发展的意见》中，明确要求廊坊市发挥区位优势，积极疏解京津健康养老功能。廊坊市也先后出台了《关于加快推进养老服务体系建设的意见》《关于加快发展养老服务业的实施意见》等规范文件，在放宽准入条件、土地供应、税费优惠减免、人才培养和就业扶持、医保运营补贴互联互通等方面采取一系列措施，不断激发康养产业市场活力。产业基础优势。近年来，廊坊市在探索居家养老、医养结合养老、康养基地运营、医保异地结算、康养人才培养等方面积累了大量经验，并培育出了燕达国际健康城、来康郡养老基地等一批知名品牌。另外，在京津冀医疗资源互联互通方面不断突破，在康养旅游方面不断推陈出新，这些都为全市发展康养产业奠定了良好基础。

## 三、存在的不足

经过近几年政府与社会各界的共同努力，全市已初步形成了以居家为基础、社区为依托、机构为支撑、政府与社会共建、公办与民营互补、覆盖城乡的养老服务体系，但全市养老服务体系建设与市民需求仍有差距，服务内容还不够丰富，服务水平还不够高，养老服务队伍建设相对薄弱，养老产业仍处于初级阶段，与医疗、护理、康复、家政等相关产业结合上还有欠缺，产业带动效应还不明显。

（一）产业扶持力度有待加强。康养产业是一个新兴产业，虽然国家、省、市相继出台一系列鼓励扶持政策，但由于这些政策涉及发改、规划、国土、财政、税务、民政、医疗等多个部门，在实际工作中，没有形成有效的协调推进机制，导致一些政策落实不到位，产业扶持政策效果不佳。例如，在土地供需紧张的现实情况下，很难落实给民办养老机构用地实行划拨或者优先供地。

（二）产业规模小，服务内容不丰富。全市康养产业尚处于自发成长和起步阶段，虽然几个大型康养项目处于国内前沿，但基本面向京津高净值老年群体。为廊坊市老年群体提供服务的康养机构，项目数量少，供需严重不足，且服务内容单一，大多数还是停留在以医、食、住为主的服务照顾上，不能满足中高收入群体多方位、多层次、个性化的服务需求。特别是农村地区，各方面更加没有保障。

（三）民间投资乏力，市场化程度不高。尽管康养产业前景看好，但由于产业投资大、见效慢，民间资金投入没有积极性。同时，营利性养老机构由于性质问题，无法享受到相关优惠政策，还与公办医院、公办养老机构处于不平等竞争地位，也导致社会资本不愿建设营利性养老机构。民间投资不足，也使得政府财政压力巨大。

（四）康养产业人才紧缺。养老机构专业化人才紧缺直接制约了廊坊市康养产业的发展。一方面，全市多数养老机构缺乏专业管理人才，只用传统的管理模式和粗放的管理方法来实施管理，管理经验不足，导致整体服务水平不高。另一方面，护理人员总量少，多为城市下岗职工、进城务工人员，年龄普遍偏大，文化水平不高，且没有经过有关部门的专业培训，缺乏专业护理知识及技能，严重制约了养老机构的发展和服务水平的提高。

## 四、几点建议

要推动全社会形成重视、关注、支持养老问题解决的思想共识，各级党委、政府应进一步充分认识养老是重大的政治问题，也是基本的民生问题，事关党的宗旨、政府公信、百姓福祉，涉及千家万户的和谐安宁，群众普遍关注。解决好养老问题也是实现“不忘初心、牢记使命”主题教育具体目标之一“为民服务解难题”的重要内容，真正把解决养老问题的责任扛在肩上，切实把这项工作做好。

（一）统筹规划，加大产业引导与扶持力度。康养产业涉及范围广、涉及部门多，需要统筹规划，加强引导，完善配套政策与措施，为产业发展提供保障与支撑。一是明确产业定位。坚持养老服务事业与养老服务产业协同发展的工作思路，以政府为主导，以市场需求为导向，以产业融合为依托，培育具有廊坊特色和优势的“银发经济”，将康养产业打造为廊坊市重要支柱产业。要立足廊坊，以满足廊坊市不同消费群体养老服务需求为宗旨，完善多层次养老服务体系；要面向京津，满足京津老年人口高端养老需求，打造北京异地养老首选地和京津冀养老产业聚集地；要推进产业融合发展，把康养产业培育成廊坊市经济发展新的增长点，引领全市经济发展实现新突破。二是坚持规划先行。按照统筹考虑、超前规划的原则，在科学分析京津廊老年人口发展趋势及服务需求的基础上，制定全市康养产业发展的专项规划，将康养产业发展规划与城市总体规划、土地利用规划、产业发展规划等有机结合，科学合理制定阶段性推进计划。把好审批关和监督关，坚决防止以康养产业之名占地圈地，变相搞房地产开发。三是强化政策扶持。制定出台促进全市康养产业各个领域发展的具体实施办法，明确各部门各单位在产业规划、用地审批、产权登记、运营补贴奖励、人力资源配置等方面的职责，使各项扶持措施更加具有可操作性。四是强化人才支撑。高薪引进康养产业高端规划、策划、营销专家，从整体上提高康养产业核心竞争力。依托廊坊卫生职业学院、廊坊职业技术学院等大中专院校，增设老年服务与管理专业，重点培育医疗护士、养老护理员、营养师、康复治疗师、健身教练等技能型人才。建立康养产业从业人员继续教育制度，积极开展专业人才教育培训，对参加相关职业培训和职业技能鉴定的符合条件的人员给予补贴。五是探索实施长期护理保险制度。借鉴国外经验，研究制定长期护理保险制度，为慢性病居家老年人及长期失能人员提供基本生活照料和护理服务等制度保障。

（二）固本强基，夯实康养产业发展基础。坚持养老服务事业与养老服务产业协同发展的工作思路，明确养老服务民生定位，强化政府托底保障职责。一是提高敬老院服务水平。充分发挥敬老院“民生托底”作用，加大政府投入力度，稳步有序增加集中养老床位，适度放宽供养条件，有序增加供养对象。不断加大敬老院基础设施建设，积极改善供养人员的生活环境。加快敬老院与乡镇（社区）卫生院服务结合，提升敬老院医疗卫生服务和健康管理水平。二是完善居家养老服务基础设施。建立居家养老服务工作经费增长机制，增加财政预算、福利彩票公益金对居家养老服务的投入；鼓励社会资金、慈善捐赠支持社区居家养老基础设施和服务体系建设。加强居家养老服务能力建设，新建居住小区要按照标准建设养老服务设施，已建成居住小区也要通过多种方式完善相关设施。三是推进“虚拟养老院”建设。以“12349”便民助老公益服务平台为依托，加快虚拟养老院建设，建立老年人口数据库，吸纳更多服务企业入驻，提高资源搜集、整合、调度和配置能力，满足居家老人在安全看护、健康管理、生活照料、休闲娱乐、亲情关爱等方面的养老需求。要引入专业从事养老服务的机构、企业和社会组织承接养老服务功能，不断优化服务流程，增加养老服务专业人才配备，提升快速反应和精准服务能力。要拓展细化服务类别及收费标准，满足不同收入、不同层次老年人的需求。四是深入推进医养融合发展。鼓励社区卫生服务中心、部分一、二级医院转型为老年病医院、康复医院、护理院，为老年人提供优质便捷的医疗卫生服务。加快推进社区养老康护服务中心建设，增加护理、医疗、临终关怀服务项目，为社区高龄、失智、失能老人提供全护理或陪护，进一步提高这类老年人的生活质量。

（三）多措并举，不断推进康养产业发展。发挥政府主导和市场机制相互作用，积极整合资源，充分调动市场参与，提高康养产业整体水平。一是加快经济型养老机构建设。立足廊坊市养老服务市场需求，采取民办公助、补助贴息、政府和社会资本合作（PPP）等多种方式，建设普惠型养老机构；全面放开市场准入，鼓励民营资本兴办经济型养老机构，满足全市不同收入群体、高中低不同服务档次养老需求。通过细化服务供给，为老人提供兜底保障、经济型消费、高品质享受等多层次服务。二是稳步推进中高端养老机构发展。借助京津养老服务市场需求，吸纳社会资本和京津优质医疗资源共建康养产业基地，服务京津廊中高收入老年群体。积极与国内外知名康养企业进行招商对接，争取国际品牌康养项目落户廊坊，提升廊坊整体康养产业水平。着力打造带动力强的养老服务龙头企业和富有创新活力的中小企业，努力形成具有产业链条长、覆盖领域广、经济社会效益显著的产业集群和知名品牌。三是稳妥推进“公办民营”运营模式。整合“公办”和“民营”各自优势，采取委托管理形式，将敬老院经营权、管理权、服务权交由企业或者社会组织等，进行社会化、市场化运营，确保国有资产不流失、养老用途不改变、服务水平明显提高。在优先接收有入住需求的特困供养人员基础上，闲置床位向社会开放，确保政府资源继续履行公益职能，并盘活存量，将剩余资源应用到社会养老服务中。四是全面培育居家养老服务市场。推进居家养老服务市场化、产业化发展，以助餐、护理、照料等服务项目为切入点，采取政府扶持、社会参与、企业运作的方式，引入、培育和发展一批多层次具有一定规模和品牌影响力的居家养老服务企业，为老年人提供配餐送餐、家政服务、日间照料、日常娱乐、理疗按摩、卫生康健等多项服务。

（四）多元发展，打造“康养+”产业链。结合全市产业特点，推动医疗、社保、体育、文化、旅游、家政、信息等康养相关产业发展，重点打造四个“康养+”，形成资源共享、短板互补、循序渐进的产业发展格局。一是“康养+医疗”。在不断提升医疗服务能力满足公共卫生需求的基础上，鼓励各级各类医院开展健康管理、健康咨询、康复调理、营养干预等泛医疗业务。鼓励社会办医，支持社会资本举办上规模、上档次的康养专科医院和专业体检中心。二是“康养+农业”。依托全市农业资源，推进健康养生项目与种植养殖基地、农耕文化、民俗风情相结合，挖掘田园风光、农耕民俗体验、乡村民宿等多种乡村休闲业态，打造高品位、上档次的康养农业项目。三是“康养+旅游”。以康养为主线，加快在现有旅游资源中注入运动健身、养生怡情、休闲保健、疗养康体、娱乐美食等元素，延长旅游链条，提升旅游附加值。探索乡村旅游与康养产业融合发展新路径，利用农村闲置空间和生态资源，发展城郊型康养旅游产业，促进农村劳动力就业，使之成为农村居民增收的重要支撑。四是“康养+大数据”。利用廊坊市大数据产业优势，打造“智慧康养公共服务平台”，推进智慧医疗、智慧康养、智慧旅游、智慧文体等公共服务领域专项建设，利用信息技术提供更为丰富的养老服务产品，满足不同群体需求。

（中共政协廊坊市委员会党组）

## 关于推进廊坊市乡村旅游产业发展调研和协商议政情况的报告

按照年度工作安排，市政协把推进廊坊市乡村旅游产业发展作为重点调研课题之一，由张纬东副主席牵头，市政协文化文史和学习委员会组织部分市政协委员成立调研组，通过实地调研、座谈交流以及广泛搜集各地成功经验，形成关于推进廊坊市乡村旅游产业发展的调研报告。10月14日，市政协七届十二次常委会议进行了专题协商议政。市委常委、常务副市长贾永清和市文广旅局、市发改委、市财政局、市自然资源和规划局、市农业农村局、市水利局6个相关部门负责同志参加会议，市文广旅局通报了全市乡村旅游产业发展情况。会议共征集书面发言28篇，张俊生、董玮、王玉柱、郭淑凤4位委员进行了口头发言。会议还组织了分组讨论，委员和市直相关部门负责同志沟通情况、互动交流，就廊坊市发展乡村旅游产业进行了深入研讨。贾永清副市长高度肯定了委员们的履职成果，表示在今后谋划和推进乡村旅游工作中，认真吸纳所提出的意见建议。常委会结束后，又根据议政情况对调研报告进行了充实完善，现将调研和协商议政情况报告如下。

### 一、基本情况

近年来，市委、市政府把乡村旅游产业作为全市旅游业基本发展方向和实施乡村振兴战略的重要抓手，明确将廊坊打造成京津冀休闲目的地目标定位，“京津乐道、绿色廊坊”的知名度和影响力不断扩大，全市乡村旅游产业呈现蓬勃发展的态势。2018年全市共接待游客3940.7万人次，实现旅游收入453.6亿元，其中乡村旅游的贡献率占绝大部分。特别是今年以来，各县（市、区）旅发大会相继召开，全市发展乡村旅游产业的浓厚氛围已经形成。

（一）乡村旅游产业基础不断优化。主要表现在：区位优势更加突出。随着京津冀协同发展战略的深入推进，北京城市副中心、大兴国际机场以及雄安新区三项国家项目及其配套工程相继进入正式运行和全面建设阶段，使廊坊区位优势凸显，得“近水楼台”之利，全市路网密度和等级成为全国最发达的地区之一，便捷的交通条件，环绕京津、紧邻雄安的独特区位，为全市乡村旅游产业发展奠定了坚实基础；消费需求快速增长。随着自驾游的兴起，休闲旅游、近郊旅游和乡村旅游成为消费热点，来廊体验乡村生活成为越来越多的京津居民短途休闲游的选项之一。依托京津两大城市的消费人群，2019年春节假期以及第二届第什里民俗文化节廊坊都吸引了近20万游客；旅游资源更加丰富。随着乡村振兴战略的实施，廊坊可挖掘、可开发的乡村旅游资源不断涌现，经过长期打造培育，运河风情体验、永定河田园观光、洼淀生活休闲三大旅游区和影视文创、乡村休闲、温泉养生、骑行竞技四大品牌已初具雏形，旅游资源从数量到品质明显提升。

（二）乡村旅游产业发展动能不断增强。一是乡村旅游规划体系日趋完善。相继完成了《廊坊市乡村旅游发展专项规划》、10个县（市、区）乡村旅游发展规划和16个省、市级乡村旅游示范村的旅游规划，初步构建了乡村旅游规划体系，为加快乡村旅游发展提供了基本遵循和指导。二是产业融合发展效果显著。按照“旅游+”发展模式，盘活乡村优质资源，加快推进乡村旅游与科技、文化、教育、体育等产业融合发展，培育和打造乡村旅游新业态。依托特色产业，推出了大厂影视小镇、安次第什里风筝小镇等一批特色小镇；依托美丽乡村建设，培育了大厂威武屯村、香河庆功台村、永清土楼胜利村等一批旅游村庄；依托农业园区建设，相继建成了香河东方千年古葡萄庄园、广阳金丰农科园、永清新苑阳光产业园、固安农博园等一批休闲农业项目；依托生态资源，打造了永清林栖谷森林度假区、文安鲁能生态园等一批高品质的乡村旅游景区。三是旅游项目建设方兴未艾。通过全力推进，旅游项目建设进度不断加快。大厂戏剧小镇、安次环球壹佰IP公园等一批大体量项目已进入实际运作阶段。“梦廊坊”文化产业园、中信国安第一城运河生态文化项目等一批在建的重点项目进展顺利。目前，全市文旅入库旅游项目159个，累计完成投资415.19亿元。2019年上半年实际完成投资15.51亿元，为乡村旅游发展提供了强大动能。

（三）乡村旅游产业规模不断扩大。一是从业队伍日渐壮大。2016年以来，廊坊市连续举办了三届乡村旅游创客大赛，吸引参赛项目1133个，培育乡村旅游创客接近2500人。推出了京南御绣、老树客栈、京锐景泰蓝体验中心等一批优质项目，创建了“创客汇”、大厂乡村旅游联盟、安次乡村旅游创客基地、香河创客之家、文安创客联盟等一批创客组织和基地，扩大了乡村旅游产业从业人员队伍。二是民宿产业发展异军突起。通过积极扶持和有效引导，廊坊市民宿产业从无到有，快速发展，目前全市在建和运营的民宿单体项目已达200余个，山野居、香居小筑、林栖谷洋家乐等一批精品民宿赢得了旅游消费者的口碑。三是乡村旅游内涵不断丰富。通过加快资源整合，集聚产业要素，打造精品节庆赛事，满足不同需求的消费人群。“京津冀中华大庙会、中国（廊坊）第什里风筝节、永清桃花节、林栖谷定向越野赛、香河荷花节、霸州胜芳灯会”等一大批精品节庆赛事享誉京津冀，有力地带动了乡村旅游产业的发展。

## 二、存在问题

廊坊市乡村旅游产业尽管发展势头良好，但毕竟尚处于起步阶段和市场培育期，一些制约产业发展的突出问题亟待解决。

（一）特色不明显，市场吸引力不强。表现形式传统、业态结构单一、生产要素不全，同质化现象严重，产品供给大多以吃农家饭、田园采摘和生态观光为主，理念和形式上缺乏创新。

（二）产业规模小，带动能力弱。从业企业实力较弱，产业要素分散，点小面散，发展方式粗放，产业结构简单，完整的产业链条和规模效应尚未形成，特别是在吸附农村富余劳动力，使农民增加稳定、持续的增收渠道方面效果还不明显。

（三）基础设施和配套服务滞后。旅游环境欠账多。一些农村脏、乱、差的现象仍然普遍存在，尚未完全达到宜居宜游的条件和水平；公共设施滞后。乡村道路、客服中心、停车场、旅游厕所、农副土特产品商店和旅游标识标牌等旅游公共服务设施不健全、标准不高；服务质量不高。全市农家乐、民宿、休闲农庄、生态农场等各种业态缺乏完整的服务质量标准体系，从业人员整体素质偏低，乡村旅游管理不规范、服务不到位的现象较为普遍。

（四）政策保障不足，发展环境尚需优化。对于乡村旅游产业这一新型业态，配套政策不完备，在土地使用、行业准入、服务标准、安全保障等具体操作上界线模糊，摸着石头过河的现象普遍存在。部分乡村旅游景区景点，由于土地或规划手续把握不准，一些旅游服务设施被拆除，不但企业自身遭受巨大损失，也影响到了乡村旅游的发展。

## 三、几点建议

毋庸讳言，由于自然资源方面存在的短板，廊坊市发展乡村旅游的基础和条件与京津和周边地区相比存在较大差距。在这种情况下，发展乡村旅游产业的出路只有扬长避短、错位发展，以廊坊市在京津冀协同发展中的功能定位为指导，以打造环境为重点，引入全域旅游观念，用好优势，丰富内涵，从“点（特色景点）、线（精品线路）、面（整体环境）”三个方面发力，努力打造具有自身特色的乡村旅游品牌，把乡村旅游产业培育成带动当地经济发展，促进农民增收的主导产业。

（一）跳出旅游办旅游，为乡村旅游产业发展营造良好环境。乡村旅游产业发展光靠旅游部门不行，全市上下要从调结构、转方式的高度统筹谋划乡村旅游产业发展，做到齐抓共管、协调联动，共同做优乡村旅游产业发展的大环境。

1. 加强顶层设计，形成发展乡村旅游产业的合力。市县两级要严格按照已制定的乡村旅游产业规划加快推进，各级党委、政府要从提高农民收入的高度完善工作机制，建立发展乡村旅游产业的联席会议制度，党委、政府牵头，各相关部门定期通报情况，共同研究解决乡村旅游产业发展中存在的问题。

2. 夯实发展基础，营造适合乡村旅游产业发展的外部环境。立足发展全域旅游，做好全市乡村路网、林网、河流水系的综合整治，通过土地流转和农业结构调整，实行规模化、景观化种植，打造风景秀丽的田园风光，形成新型田园综合体，在创造经济价值的同时创造旅游环境价值。

以庭院改造为重点改善村容村貌。扎实推进农村宅基地和农民住宅产权制度改革，探索农村宅基地有偿流转机制，破解空心村难题，提高村街的规划管理水平，营造各具特色、欣欣向荣的新农村风貌。

3. 突破瓶颈，解决影响农村整体环境的“老大难”问题。一是做好农村生活垃圾清理。对村庄多年积存的垃圾及各种影响村容村貌堆放物不留死角地进行清理，并建立农村垃圾清运的长效机制。大力推广浙江桐庐环境整治经验，由线带面，整体推进，确保农村环境达到发展乡村旅游产业的要求。二是推进农村厕所革命。利用成熟技术，改农村旱厕为水冲式厕所，完善相关设施，彻底改善农村的生活和卫生条件。三是完善上下水设施。上下水的问题，特别是下水的问题长期得不到解决是制约农村卫生条件和农民生活质量的关键因素，也是发展乡村旅游产业的一大障碍，要下决心彻底解决，使农村生活条件发生革命性变化。四是抓好农村废弃物的治理。加大对畜禽养殖废弃物、秸秆、塑料薄膜等农业生产衍生物的综合治理，制定规范，进行肥料化、能源化、无害化利用和处理。

（二）立足助农增收，建立科学合理的产业发展链条。发展乡村旅游产业的根本是带动经济发展，实现助农增收，农民的参与程度是产业发展成功与否的关键。要借鉴成功经验，探索龙头企业以资金和先进理念带动，农户以劳务和生产要素参与的形式形成经济共同体，完善产业链条，让农民在各个环节参与进来，真正从乡村旅游产业发展中得到实惠。

一是保护农民权益，依法依规用地。发展乡村旅游产业绕不开土地问题，由于关系农民利益和国家政策法规，因此，土地问题是最敏感，也是最核心的问题。相关企业要吃透政策，不碰红线，在法律规定的框架内做好土地流转、建筑物的土地使用等方面工作，切实保护农民利益。相关部门要做到政策的宣传普及，提醒和警示在先，避免“大棚房”之类的问题出现。二是做好农民的技能培训。在乡村旅游产业发展中政府相关部门和旅游企业要有计划地组织好农民的技能培训，使农村的富余劳动力掌握从事旅游产业的技能和本领，根据个体情况，从旅游服务到特色种植、特色养殖、特色手工艺加工、民俗表演等多个方面参与乡村旅游，选择就业途径，做到在家门口就业。三是探索成立专业合作社等形式提高农民的组织化程度，使之与旅游企业结成利益共同体。同时，有条件的地方，可以通过盘活农民闲置民宅发展民宿，农民可以租金和资产入股的方式在乡村旅游产业中受益。

（三）打造自身特色，实现乡村旅游产品有效供给。坚持从旅游供给侧出发，加快乡村旅游产业与“一、二、三”产业的融合发展，着力在广度上拓展、在深度上延伸，通过解放思想，更新观念，丰富内涵，打破传统旅游资源的“瓶颈”制约，明确廊坊市与周边区域特别是京津地区竞合关系，打造具有自身特色的乡村旅游产品。

一是做好跨界融合，拓展乡村旅游产业发展空间。加强产业融合，做好乡村旅游与休闲农业、会展农业、观光农业、科技农业和创意农业等现代农业新业态的融合，培育乡村旅游核心产品；完善平台融合，拓宽旅游产业发展思路。推进乡村旅游产业与工业平台、产业平台、特色小镇等平台融合，充分利用廊坊市大厂景泰蓝生产、广阳南汉仿古家具制作、大城南赵扶红木小镇、永清别古庄核雕小镇等已经形成的知名度和吸引力，使之成为乡村旅游的有机组成部分，互为补充，彼此借力，实现共同发展；促进功能融合，做到乡村旅游产业与康养产业协同发展。充分利用发展乡村旅游的环境和设施，打好季节差，为京津市民提供中短期康养服务，根据不同阶层需求，拓展休闲度假、温泉养生、养老服务等业务范围，把乡村旅游的文章做大。

二是突出地域特色，充分利用当地历史文化资源。乡村旅游产业要办出特色就要打文化牌，一方面要依托廊坊市丰富的非物质文化遗产资源，搞好特色旅游产品开发，丰富民俗体验创意，积极培育旅游购物、民俗节庆、休闲体验三大特色旅游产品，打造在京津冀具有影响力的乡村旅游品牌，实现错位发展、精准供给。另一方面，要深度挖掘各地历史文化资源，把廊坊市独特的京畿文化、运河文化、宋辽文化、洼淀文化底蕴展示出来，推出一批有特色的历史文化村落，增加乡村旅游的知识性、趣味性和吸引力。

三是打造核心节点，推出精品线路。发展全域旅游概念下的乡村旅游产业，整体环境是必要条件，核心节点和精品线路才是吸引游客近悦远来的充分条件。要集中打造，充分发挥市、县两级旅发大会平台机制作用，按照“办一届大会，成就一片产业”的要求，重点打造一批乡村旅游新业态、新亮点；要统一整合，通过积点成线，相邻地域打破行政区划界限，在吃住游购各方面互为补充，整合为不同的精品线路，改变过去多为一走一过，留不住人的弊端；要无中生有，充分发挥区位优势，积极申办国家和省级园博会、绿博会等重大项目，借力推动廊坊市乡村旅游产业发展；要高端起步，在精品线路中，以国内一流标准的要求完善景区、景点的公厕、指示牌、游客服务中心等基础设施，加强导游和志愿服务人员的培训，使各个环节做到标准化、规范化、专业化。

四是开发特色旅游商品，满足游客的消费需求。购物消费是旅游的一个重要环节，也是发展乡村旅游产业应该着重研究的一个方面。要在旅游商品的地域特色上做文章，采取政府引导，专业人士参与，企业进行市场化运营等多方合作的形式，推出能够激发消费者购买欲望、满足不同层次人群消费需求的旅游商品和旅游纪念品，拓展乡村旅游产业的市场链条和商业附加值。

（四）加强宣传推介，扩大廊坊市乡村旅游的知名度和影响力。在融媒体时代，发展乡村旅游产业离不开强有力的宣传推介，要一手苦练内功，一手抓好宣传推广，做到两手抓，两手硬。

1. 办好市县两级旅发大会，为乡村旅游造势。以召开旅发大会为契机，借势做好高层论坛，文创和旅游商品创意设计大赛，旅游景点和旅游线路推介等各项配套活动，加大主流媒体的宣传力度，营造乡村旅游产业发展的氛围。

2. 充分利用好新媒体、自媒体手段，研究新生代旅游消费群体的消费心理，打造一批“网红”景点。加强智慧旅游建设，整合提升廊坊旅游网、廊坊旅游微信、景区公众号等旅游信息资源，加快智慧景区、智慧旅游企业建设，积极构建智慧旅游管理、智慧旅游营销、智慧旅游服务等一体化平台。

3. 编制廊坊乡村旅游指南，把精品景点、线路旅游攻略录入各大搜索系统，为游客出行提供便利。

（五）完善保障机制，助力乡村旅游产业健康发展。一是完善政策保障。在涉及乡村旅游企业的市场准入、工商注册、土地使用、税费减免等方面给予重点扶持。二是完善资金保障。市县两级在年度财政预算中要统筹安排发展乡村旅游产业有关的专项资金和配套资金。金融部门对乡村旅游企业的资金需求要大力支持，简化手续、降低门槛，为企业发展提供资金支撑。三是完善技术保障。旅游部门要加强对乡村旅游产业发展的统筹谋划和业务指导，组织好相关企业的业务培训，制定廊坊市乡村旅游产业发展的行业规范及各项配套制度，充分利用廊坊市的后发优势，少走弯路，做到高起点谋划、高标准实施，确保廊坊市乡村旅游产业健康发展。

（中共政协廊坊市委员会党组）

## 2019 年廊坊市分县（市、区）地区生产总值完成统计表

表 54

| 指　　标 | 全　市 | 安次区 | 广阳区 | 三河市 | 大厂县 | 香河县 | 固安县 | 永清县 | 霸州市 | 文安县 | 大城县 |
|---|---|---|---|---|---|---|---|---|---|---|---|
| 一、地区生产总值（现价） | 31960154 | 2302253 | 4962778 | 5048086 | 1648040 | 2248152 | 3134073 | 2045058 | 4011543 | 1887961 | 1705666 |
| 农业（万元） | 1623315 | 87306 | 53389 | 105050 | 10352 | 163221 | 410108 | 529036 | 69810 | 77501 | 117452 |
| 林业（万元） | 59466 | 6672 | 1268 | 5839 | 695 | 3570 | 4865 | 3312 | 9718 | 11388 | 12025 |
| 畜牧业（万元） | 420604 | 21861 | 24424 | 69511 | 36148 | 26705 | 26422 | 98324 | 29617 | 34453 | 50131 |
| 渔业（万元） | 20775 | 657 | 238 | 4475 | 545 | 1382 | 167 | 347 | 6679 | 5897 | 388 |
| 农林牧渔服务业（万元） | 48825 | 7756 | 2846 | 5239 | 680 | 3375 | 10867 | 6769 | 4000 | 3251 | 3959 |
| 工业（万元） | 7726525 | 506742 | 471169 | 862477 | 231105 | 339436 | 537700 | 289687 | 1856696 | 861669 | 547137 |
| 建筑业（万元） | 2814246 | 133929 | 1131427 | 488832 | 12008 | 195172 | 57595 | 137477 | 197077 | 97631 | 165968 |
| 批发和零售业（万元） | 2350756 | 160664 | 620001 | 293987 | 35009 | 160359 | 113227 | 114920 | 373338 | 104652 | 132325 |
| 交通运输、仓储和邮政业（万元） | 1099605 | 53516 | 157246 | 107394 | 16135 | 64194 | 53975 | 66435 | 195733 | 73060 | 210088 |
| 住宿和餐饮业（万元） | 344294 | 27093 | 50164 | 69510 | 14352 | 21771 | 35222 | 21701 | 49498 | 21529 | 14084 |
| 信息传输、软件和信息技服务业(万元) | 1238877 | 10595 | 321643 | 61079 | 3083 | 10404 | 6492 | 2703 | 16915 | 5745 | 9694 |
| 金融业（万元） | 2989381 | 341395 | 552651 | 641364 | 134067 | 253156 | 225140 | 136944 | 277527 | 128521 | 111363 |
| 房地产业（万元） | 5014535 | 406337 | 460903 | 1112120 | 772433 | 519029 | 820385 | 317099 | 201906 | 120445 | 97238 |
| 租赁和商务服务业（万元） | 1279467 | 35300 | 328193 | 189966 | 222765 | 47812 | 424784 | 34240 | 107809 | 6279 | 26095 |
| 科学研究和技术服务业（万元） | 474452 | 45498 | 127291 | 109998 | 11765 | 52291 | 13426 | 6507 | 64281 | 5318 | 8505 |
| 水利、环境和公共设施管理业(万元) | 207230 | 109490 | 7126 | 11966 | 2642 | 1930 | 1539 | 5395 | 12695 | 49762 | 2831 |
| 居民服务、修理和其他服务业(万元) | 650681 | 63608 | 135283 | 149420 | 43842 | 66926 | 90041 | 62177 | 108005 | 36394 | 40690 |
| 教育（万元） | 1041120 | 132672 | 61680 | 200008 | 26743 | 112672 | 91411 | 76025 | 110160 | 60971 | 63374 |
| 卫生和社会工作（万元） | 680648 | 15167 | 125144 | 331448 | 9467 | 45878 | 23820 | 16259 | 56606 | 30071 | 20979 |
| 文化、体育和娱乐业（万元） | 206218 | 12362 | 24420 | 36829 | 9325 | 16373 | 49873 | 11008 | 27364 | 7913 | 6035 |
| 公共管理、社会保障和社会组织(万元) | 1669136 | 123633 | 306272 | 191574 | 54879 | 142496 | 137014 | 108693 | 236109 | 145511 | 65305 |
| 第一产业（万元） | 2124160 | 116496 | 79319 | 184875 | 47740 | 194878 | 441562 | 631019 | 115824 | 129239 | 179996 |
| 第二产业（万元） | 10519911 | 629643 | 1601537 | 1349735 | 242844 | 534111 | 594557 | 426586 | 2051745 | 958640 | 712730 |

续表 54

| 指标 | 全市 | 安次区 | 广阳区 | 三河市 | 大厂县 | 香河县 | 固安县 | 永清县 | 霸州市 | 文安县 | 大城县 |
|---|---|---|---|---|---|---|---|---|---|---|---|
| 第三产业（万元） | 19316083 | 1556114 | 3281922 | 3513476 | 1357456 | 1519163 | 2097954 | 987453 | 1843974 | 800082 | 812940 |
| 人均地区生产总值（元） | 65511 | 56249 | 101178 | 65868 | 119250 | 59475 | 58006 | 54960 | 60763 | 36037 | 33372 |
| 二、地区生产总值发展速度（%） | 106.7 | 106.7 | 107.1 | 107.7 | 108.7 | 105.1 | 109.2 | 106.8 | 104.0 | 107.1 | 106.5 |
| 农业（%） | 101.0 | 102.2 | 93.2 | 112.5 | 63.3 | 102.6 | 100.5 | 104.0 | 77.6 | 107.8 | 101.0 |
| 林业（%） | 88.8 | 72.4 | 22.4 | 277.2 | 30.7 | 92.1 | 103.7 | 72.3 | 84.6 | 100.4 | 109.9 |
| 畜牧业（%） | 103.8 | 98.6 | 124.9 | 87.3 | 154.0 | 102.4 | 115.9 | 102.0 | 106.8 | 107.3 | 94.9 |
| 渔业（%） | 90.3 | 99.5 | 92.4 | 92.8 | 106.2 | 96.6 | 94.7 | 95.2 | 101.4 | 75.7 | 95.2 |
| 农林牧渔服务业（%） | 101.9 | 101.4 | 104.1 | 101.9 | 98.2 | 103.7 | 101.0 | 107.6 | 98.1 | 103.2 | 100.6 |
| 工业（%） | 100.5 | 87.9 | 98.2 | 105.3 | 103.6 | 102.8 | 104.5 | 102.9 | 101.5 | 101.5 | 103.7 |
| 建筑业（%） | 104.1 | 162.7 | 98.4 | 129.2 | 34.5 | 106.7 | 47.1 | 92.2 | 108.6 | 106.0 | 126.2 |
| 批发和零售业（%） | 114.7 | 113.3 | 108.4 | 113.0 | 155.1 | 118.1 | 115.0 | 123.2 | 111.3 | 123.1 | 106.4 |
| 交通运输、仓储和邮政业（%） | 135.7 | 136.4 | 179.2 | 103.7 | 142.9 | 110.9 | 129.3 | 142.6 | 128.4 | 129.1 | 113.0 |
| 住宿和餐饮业（%） | 106.7 | 107.3 | 106.2 | 106.6 | 105.4 | 106.3 | 106.0 | 106.9 | 106.8 | 106.9 | 106.4 |
| 信息传输、软件和信息技服务业（%） | 126.6 | 173.1 | 116.1 | 120.4 | 108.0 | 202.3 | 103.4 | 132.6 | 104.0 | 348.9 | 101.5 |
| 金融业（%） | 104.6 | 103.9 | 103.9 | 99.9 | 103.8 | 100.2 | 108.7 | 111.1 | 107.1 | 109.8 | 115.4 |
| 房地产业（%） | 100.7 | 104.7 | 100.3 | 106.7 | 106.4 | 83.6 | 102.2 | 95.9 | 87.1 | 122.6 | 98.3 |
| 租赁和商务服务业（%） | 102.3 | 118.5 | 118.9 | 142.5 | 118.4 | 232.2 | 120.1 | 156.0 | 119.5 | 95.8 | 87.8 |
| 科学研究和技术服务业（%） | 115.3 | 191.1 | 104.2 | 93.6 | 113.9 | 105.3 | 111.2 | 108.0 | 104.5 | 133.5 | 107.9 |
| 水利、环境和公共设施管理业（%） | 119.6 | 90.6 | 104.8 | 88.4 | 103.5 | 98.1 | 116.2 | 99.0 | 75.4 | 94.3 | 103.2 |
| 居民服务、修理和其他服务业（%） | 109.0 | 128.9 | 174.9 | 118.2 | 227.8 | 166.3 | 231.6 | 145.6 | 118.2 | 111.8 | 112.6 |
| 教育（%） | 116.7 | 131.3 | 101.7 | 88.5 | 98.2 | 124.0 | 116.6 | 98.3 | 100.6 | 103.7 | 99.7 |
| 卫生和社会工作（%） | 115.6 | 110.1 | 110.5 | 114.4 | 119.5 | 109.4 | 117.9 | 115.6 | 106.0 | 137.3 | 113.2 |
| 文化、体育和娱乐业（%） | 99.5 | 108.8 | 102.9 | 98.1 | 101.0 | 131.0 | 116.4 | 125.5 | 104.2 | 101.4 | 97.1 |
| 公共管理、社会保障和社会组织（%） | 117.3 | 146.5 | 108.8 | 97.1 | 109.5 | 123.0 | 105.6 | 106.4 | 105.2 | 107.8 | 102.7 |
| 第一产业（%） | 101.1 | 99.7 | 95.8 | 102.8 | 111.9 | 102.4 | 101.3 | 103.5 | 84.7 | 105.0 | 99.8 |
| 第二产业（%） | 101.4 | 95.7 | 98.3 | 112.1 | 96.2 | 104.1 | 93.6 | 100.0 | 102.1 | 102.0 | 107.5 |
| 第三产业（%） | 110.6 | 113.4 | 112.1 | 106.2 | 111.7 | 105.8 | 116.7 | 111.9 | 107.9 | 114.3 | 106.9 |
| 人均地区生产总值（%） | 104.7 | 105.4 | 103.7 | 104.1 | 106.0 | 104.4 | 104.0 | 105.9 | 103.1 | 107.1 | 106.1 |

## 2019年廊坊市主要农产品统计表

表55

| 农作物名称 | 播种面积（公顷） | 同比增幅（%） | 单产（千克/公顷） | 同比增幅（%） | 总产量（吨） | 同比增幅（%） |
|---|---|---|---|---|---|---|
| 一、谷物 | 260694 | -4.5 | 5391 | 4.5 | 1405392 | -0.2 |
| 1. 夏收谷物 | 57060 | -7.8 | 5766 | 3.6 | 329002 | -4.5 |
| #冬小麦 | 56960 | -7.8 | 5766 | 3.6 | 328445 | -4.5 |
| 2. 秋收谷物 | 203635 | -3.5 | 5286 | 4.9 | 1076390 | 1.2 |
| #玉米 | 202031 | -3.4 | 5298 | 5.0 | 1070285 | 1.4 |
| 谷子 | 543 | 18.9 | 2551 | 6.9 | 1386 | 27.0 |
| 高粱 | 927 | -22.2 | 4046 | -12.7 | 3749 | -32.1 |
| 二、豆类 | 12305 | 7.0 | 2498 | -1.0 | 30743 | 5.9 |
| 大豆 | 10938 | 7.1 | 2480 | -1.4 | 27120 | 5.6 |
| 三、薯类 | 6979 | 20.6 | 29650 | -8.6 | 206931 | 10.2 |
| 二、油料 | 10334 | -3.9 | 2818 | 4.1 | 29119 | 持平 |
| 1. 花生 | 8498 | -0.9 | 2835 | 3.3 | 24093 | 2.3 |
| 2. 芝麻 | 143 | -40.4 | 887 | 4.1 | 127 | -37.9 |
| 3. 葵花籽 | 1652 | -14.0 | 2906 | 5.1 | 4799 | -9.6 |
| 三、棉花 | 3129 | -12.9 | 1043 | 2.9 | 3264 | -10.4 |
| 四、生麻 | — | — | — | — | — | — |
| 五、烟叶 | — | — | — | — | — | — |
| 六、中草药材 | 419 | -1.3 | 3137 | -2.1 | 1315 | -3.4 |
| 七、蔬菜及食用菌 | 80189 | -3.6 | 62639 | 3.0 | 5022939 | -0.7 |
| 其中：食用菌 | — | — | — | — | 4687 | -38.1 |
| 八、瓜果类 | 9544 | -2.5 | 55210 | -1.0 | 526902 | -3.5 |
| 九、其他农作物播种面积（含花卉种植面积） | 2952 | -4.9 | — | — | — | — |
| 附：粮食作物 | 279979 | -3.5 | 5277 | 3.9 | 1477521 | 0.2 |
| 夏收粮食作物 | 57760 | -7.7 | 5733 | 3.5 | 331144 | -4.5 |
| 秋收粮食作物 | 222219 | -2.3 | 5159 | 4.1 | 1146377 | -1.7 |

# 2019 年廊坊市纳税 100 强企业一览表

表 56 单位：万元

| 排名 | 纳税人名称 | 法定代表人 | 2019 年税收 |
|---|---|---|---|
| 1 | 大厂华夏幸福基业房地产开发有限公司 | 孟　惊 | 123017 |
| 2 | 固安九通新盛园区建设发展有限公司 | 胡学文 | 122664 |
| 3 | 固安京御幸福房地产开发有限公司 | 孟　惊 | 117010 |
| 4 | 华为技术服务有限公司 | 胡厚崑 | 85267 |
| 5 | 河北省烟草公司廊坊市公司 | 马宝平 | 81697 |
| 6 | 北京顺鑫农业股份有限公司牛栏山酒厂香河生产基地 | 孙兴忠 | 72820 |
| 7 | 好丽友食品有限公司 | 李揆洪 | 70790 |
| 8 | 华夏幸福基业控股股份公司 | 王文学 | 66954 |
| 9 | 诚越房地产开发有限公司 | 陈淑英 | 66553 |
| 10 | 廊坊京御房地产开发有限公司 | 孟　惊 | 50351 |
| 11 | 廊坊市宏泰产业市镇投资有限公司 | 王金舫 | 45423 |
| 12 | 中国石油天然气股份有限公司管道分公司 | 姜昌亮 | 41091 |
| 13 | 廊坊银行股份有限公司 | 李德华 | 35906 |
| 14 | 香河第一城酒业有限公司 | 孙兴忠 | 34143 |
| 15 | 富力（香河）房地产开发有限公司 | 杨培军 | 33847 |
| 16 | 廊坊东领房地产开发有限公司 | 赵建涛 | 32877 |
| 17 | 港中旅房地产开发有限公司 | 傅卓洋 | 32647 |
| 18 | 华夏幸福基业股份有限公司 | 王文学 | 32272 |
| 19 | 永定河房地产开发有限公司 | 孟　惊 | 32119 |
| 20 | 大厂京御幸福房地产开发有限公司 | 胡学文 | 31723 |
| 21 | 中国工商银行股份有限公司廊坊分行 | 郭会科 | 29512 |
| 22 | 荣盛房地产发展股份有限公司廊坊开发区分公司 | 耿建富 | 28173 |
| 23 | 廊坊莱尼线束系统有限公司 | 许小江 | 27679 |
| 24 | 富智康精密电子（廊坊）有限公司 | 张培德 | 27095 |
| 25 | 大厂回族自治县中基首业房地产开发有限公司 | 刁　露 | 26221 |
| 26 | 河北福成房地产开发有限公司 | 李福成 | 25533 |
| 27 | 永清县瑞轩房地产开发有限公司 | 赵鸿靖 | 25437 |
| 28 | 河北华夏幸福足球俱乐部有限公司 | 刘　丹 | 24149 |
| 29 | 廊坊市京御幸福房地产开发有限公司 | 孟　惊 | 23238 |
| 30 | 廊坊金远房地产开发有限公司 | 赵汉祥 | 22729 |
| 31 | 廊坊泰土房地产开发有限公司 | 胡学文 | 22237 |

续表 56

| 排名 | 纳税人名称 | 法定代表人 | 2019 年税收 |
|---|---|---|---|
| 32 | 中国建设银行股份有限公司廊坊分行 | 王　泉 | 21870 |
| 33 | 三河市兴达房地产开发有限公司 | 姜宝立 | 20230 |
| 34 | 三河市盛跃房地产开发有限公司 | 杨会明 | 20002 |
| 35 | 廊坊华夏幸福创新产业服务有限公司 | 赵　威 | 19413 |
| 36 | 华润雪花啤酒（河北）有限公司 | 侯孝海 | 19218 |
| 37 | 国网冀北电力有限公司廊坊供电公司 | 刘晓辉 | 19214 |
| 38 | 固安华夏幸福基业房地产开发有限公司 | 胡学文 | 18980 |
| 39 | 廊坊市幸福基业房地产开发有限公司 | 孟　惊 | 18907 |
| 40 | 华升富士达电梯有限公司 | 刘贤福 | 18221 |
| 41 | 固安县金海房地产开发有限公司 | 裴志国 | 17882 |
| 42 | 廊坊立邦涂料有限公司 | 钟中林 | 17348 |
| 43 | 京汉（廊坊）房地产开发有限公司 | 曹　进 | 16931 |
| 44 | 廊坊新奥房地产开发有限公司 | 吴　杰 | 16553 |
| 45 | 香河鼎泰园区建设发展有限公司 | 胡学文 | 16274 |
| 46 | 中国银行股份有限公司廊坊分行 | 韩晓雷 | 16077 |
| 47 | 廊坊开发区荣盛房地产开发有限公司 | 耿建富 | 15941 |
| 48 | 荣盛房地产发展股份有限公司廊坊分公司 | 耿建富 | 15845 |
| 49 | 维特根（中国）机械有限公司 | ULRICH JOSEF REICHERT | 15333 |
| 50 | 廊坊市锦域房地产开发有限公司 | 赵　威 | 15167 |
| 51 | 三河市佰嘉房地产开发有限公司 | 郑慧红 | 14438 |
| 52 | 三河发电有限责任公司 | 许山成 | 14292 |
| 53 | 霸州市温泉孔雀城房地产开发有限公司 | 胡学文 | 14252 |
| 54 | 大厂回族自治县誉昌房地产开发有限公司 | 赵鸿靖 | 14250 |
| 55 | 廊坊市洸远金属制品有限公司 | 蔡洸远 | 13996 |
| 56 | 河北联福房地产开发有限公司 | 李福成 | 13715 |
| 57 | 香河县胜强房地产开发有限公司 | 刘　丹 | 13321 |
| 58 | 廊坊银行股份有限公司营业部 | 牛纳新 | 13286 |
| 59 | 霸州孔雀城房地产开发有限公司 | 孟　惊 | 12616 |
| 60 | 大厂回族自治县鼎鸿投资开发有限公司 | 胡学文 | 12476 |
| 61 | 中国农业银行股份有限公司廊坊分行 | 吴春风 | 12393 |
| 62 | 廊坊翔达房地产开发有限公司 | 王　磊 | 12364 |
| 63 | 河北达利食品有限公司 | 许世辉 | 12095 |
| 64 | 廊坊华安汽车装备有限公司 | 张秀敏 | 12058 |
| 65 | 文安鼎泰园区建设发展有限公司 | 胡学文 | 11768 |

续表 56

| 排名 | 纳税人名称 | 法定代表人 | 2019 年税收 |
|---|---|---|---|
| 66 | 廊坊开发区嘉轩房地产开发有限公司 | 李卫锋 | 11563 |
| 67 | 香河中商房地产开发有限公司 | 王婧暄 | 11550 |
| 68 | 香河县自然资源和规划局 | 张锦山 | 11537 |
| 69 | 廊坊市云天楼房地产开发有限公司 | 孟　惊 | 11468 |
| 70 | 河北香河农村商业银行股份有限公司 | 王宝生 | 11305 |
| 71 | 大厂回族自治县中基太业房地产开发有限公司 | 孙　岩 | 11291 |
| 72 | 廊坊市城郊农村信用合作联社 | 王建军 | 11116 |
| 73 | 三河市燕新开发建设投资有限公司 | 温志霞 | 10594 |
| 74 | 河北三河农村商业银行股份有限公司 | 牛新元 | 10482 |
| 75 | 新地能源工程技术有限公司 | 金永生 | 10473 |
| 76 | 波森尾气系统（廊坊）有限公司 | ROLF DIETER GEISEL | 10440 |
| 77 | 廊坊市康城房地产开发有限公司 | 杨　琴 | 10389 |
| 78 | 固安孔雀海房地产开发有限公司 | 胡学文 | 10338 |
| 79 | 廊坊市孔雀湖房地产开发有限公司 | 胡学文 | 10311 |
| 80 | 大厂京御房地产开发有限公司 | 孟　惊 | 10076 |
| 81 | 河北万特房地产开发有限公司 | 赵志国 | 9806 |
| 82 | 固安孔雀洲房地产开发有限公司 | 胡学文 | 9729 |
| 83 | 福成投资集团有限公司 | 李福成 | 9658 |
| 84 | 廊坊市星龙房地产开发有限公司 | 张发世 | 9473 |
| 85 | 廊坊市中投置地房地产开发有限公司 | 李广田 | 9361 |
| 86 | 廊坊瑞盛投资股份有限公司 | 王玉良 | 9264 |
| 87 | 卢卡斯伟利达廊重制动器有限公司 | 刘文永 | 9182 |
| 88 | 河北霸州农村商业银行股份有限公司 | 马建群 | 9158 |
| 89 | 开新城市开发建设有限公司 | 王　铁 | 8997 |
| 90 | 河北福泰房地产开发有限公司 | 胡东江 | 8840 |
| 91 | 大厂回族自治县世昌能源设备有限公司 | 赵　威 | 8835 |
| 92 | 廊坊市百年房地产开发有限公司广阳分公司 | 蔡　林 | 8713 |
| 93 | 香河县华宇房地产开发有限公司潮白新村西区项目部 | 岳景国 | 8593 |
| 94 | 香河县城镇房地产综合开发有限公司 | 王尚新 | 8503 |
| 95 | 索菲亚家居（廊坊）有限公司 | 江　浩 | 8498 |
| 96 | 骏豪凯星（香河）房地产开发有限公司 | 张书峰 | 8482 |
| 97 | 新奥财务有限责任公司 | 蒋承宏 | 8463 |
| 98 | 霸州市盛达房地产开发有限公司 | 李　辉 | 8404 |
| 99 | 廊坊市启辉房地产开发有限公司 | 马　涛 | 8270 |
| 100 | 三河市胜川房地产开发有限公司 | 艾金龙 | 8186 |

# 廊坊市城区图

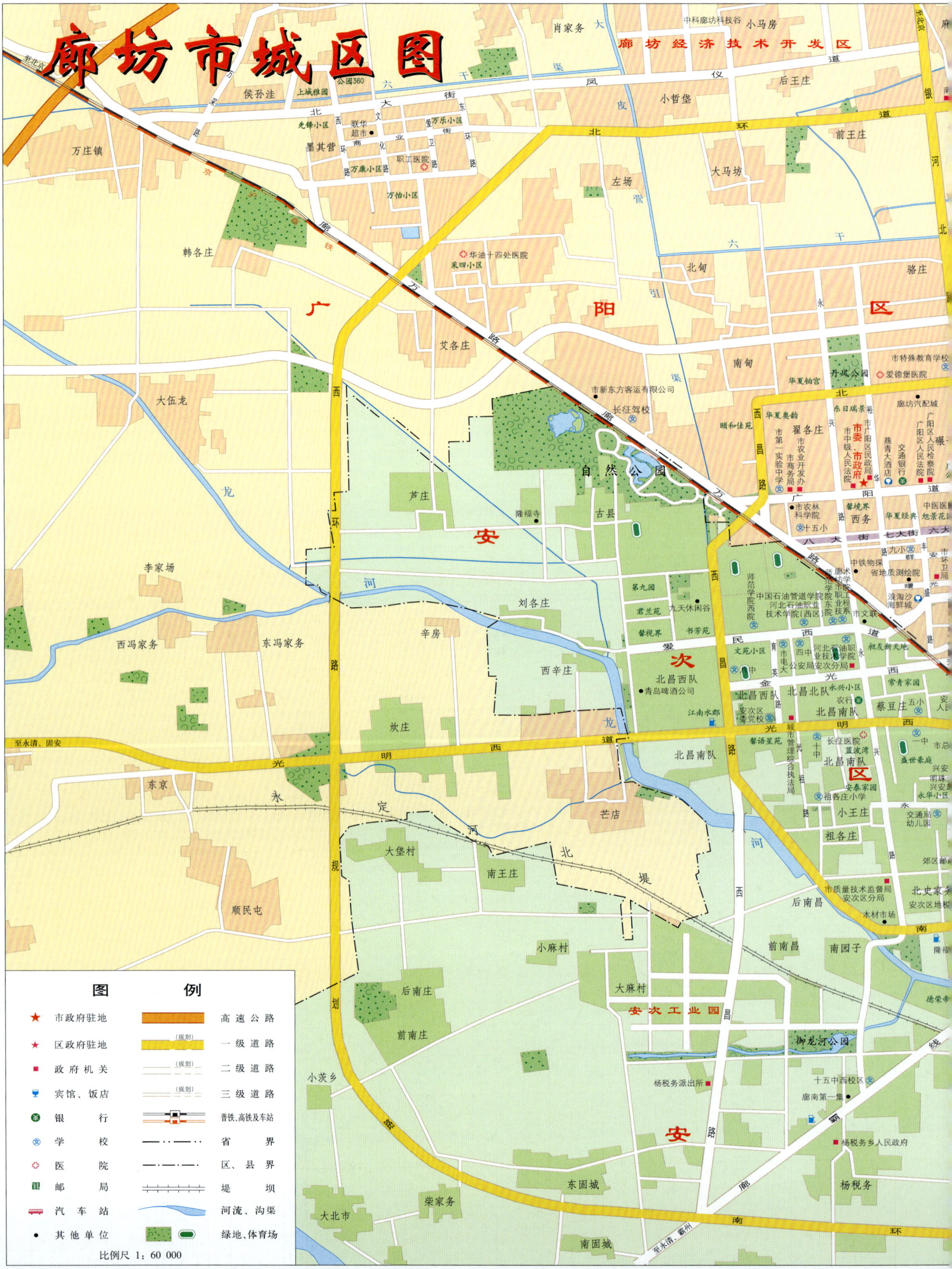
廊坊经济技术开发区
广阳区
安次区
安次工业园
肖家务
小马房
中科廊坊科技谷
后王庄
小哲垡
前王庄
侯孙洼
上城雅园
公园360
先锋小区
联华超市
爱乐小区
万乐小区
墨其营
职工医院
万康小区
万怡小区
万庄镇
韩各庄
左场
大马坊
华油十四处医院
采四小区
北旬
骆庄
艾各庄
南甸
市特殊教育学校
爱德堡医院
华夏铂宫
丹凤公园
廊坊汽配城
市新东方客运有限公司
长征驾校
华夏奥韵
东日瑞景
翟各庄
颐和佳苑
市委、市政府
广阳区人民政府
市第一实验中学
市农业开发办
市商务局
市中级人民法院
燕青大酒店
交通银行
广阳区人民法院
广阳区人民检察院
大伍龙
芦庄
隆福寺
自然公园
古县
市农林科学院
馨境界
西务
华夏经典
中医医院
旭景花园
十五小
九小
中铁物探
省地质测绘院
李家场
刘各庄
第九园
君兰苑
九天休闲谷
馨视界
书芳苑
师范学院西院
中国石油管道学院东院
河北石油职业技术学院(西区)
市文联
渤海沙海鲜城
西冯家务
东冯家务
辛房
西辛庄
北昌西队
青岛啤酒公司
文苑小区
市电大
四中
河北石油职业技术学院
公安局安次分局
朝友新天地
常青家园
北昌西队
安次区委党校
北昌北队
永兴小区
农行
北昌南队
蔡豆庄
江南水郡
至永清、固安
炊庄
光明西道
东京
北昌南队
馨语星苑
长征医院
蓝波湾
十中
城市管理综合执法局
北昌南队
盛世豪庭
一中
安泰家园
祖各庄小学
小王庄
交通局幼儿园
祖各庄
郊区
芒店
永定河
大垡村
南王庄
北堤
顺民屯
后南昌
市质量技术监督局安次区分局
木材市场
北史家务
小麻村
前南昌
南园子
大麻村
后南庄
前南庄
御龙河公园
小茨乡
杨税务派出所
十五中西校区
廊南第一集
杨税务乡人民政府
东固城
杨税务
柴家务
大北市
南固城
至永清、霸州
西环路
光明西道
爱民西道
金光道
西昌路
北环道
南环
廊霸线
龙河
京廊铁路
银河北路
新开路
永兴路
凤仪道
北大街
广阳道
八大街
七大街
六大街
图例
市政府驻地
区政府驻地
政府机关
宾馆、饭店
银行
学校
医院
邮局
汽车站
其他单位
高速公路
一级道路
二级道路
三级道路
(规划)
普铁、高铁及车站
省界
区、县界
堤坝
河流、沟渠
绿地、体育场
比例尺 1:60 000

北京市大兴区
天津市武清区
清华科技园
廊坊经济技术开发区
广阳区
广阳产业聚集区
龙河高新技术产业区
新奥国际高尔夫球场
会展中心
华日国际展览中心
文化艺术中心
全民健身中心
体育馆
广阳区政府
广阳区区委
廊坊北站
廊坊站
开发区医院
开发区汽车站
北京八方达通州分公司廊坊公共汽车站
广阳产业聚集区管理委员会
富士康精密电子(廊坊)有限公司
龙河污水处理厂
龙河消防队
中建机械公司
龙河南桥
北环道
南环道
东环路
安次路
光明东道
广阳道
新开路
爱民东道
和平路
京哈高速公路
京沪铁路
京沪高铁
京津塘高速公路
至天津
至霸州、天津
至霸州、文安
桐柏村
西柏村
大屯
娄庄
梨园
小长亭
大长亭
韩营
薛营
东户屯
西户屯
西官地
李桑园
郭桑园
陈桑园
桑园辛庄
王寨村
李庄
许各庄
相士屯
彭庄
大枣林庄
小枣林庄
潘庄
万庄
小海子
大官地村
北旺村
西村
吴堤
大南旺
小南旺
西刘庄
常庄
安标堡
南官庄
普照营
西永丰
东永丰
肖辛庄
亭子头
黄道务
连庄子
高孟各庄
中孟各庄
西孟各庄
董常甫
王常甫
东辛庄
中所村
南营
聂辛庄
大王古庄镇
大营
聂营
陈各庄
距城堡
丁辛庄
化营
帽华村
辛庄
新奥工业园
华日家具
北旺中学
十五中东校区
二十三中

冀S(2020)051号

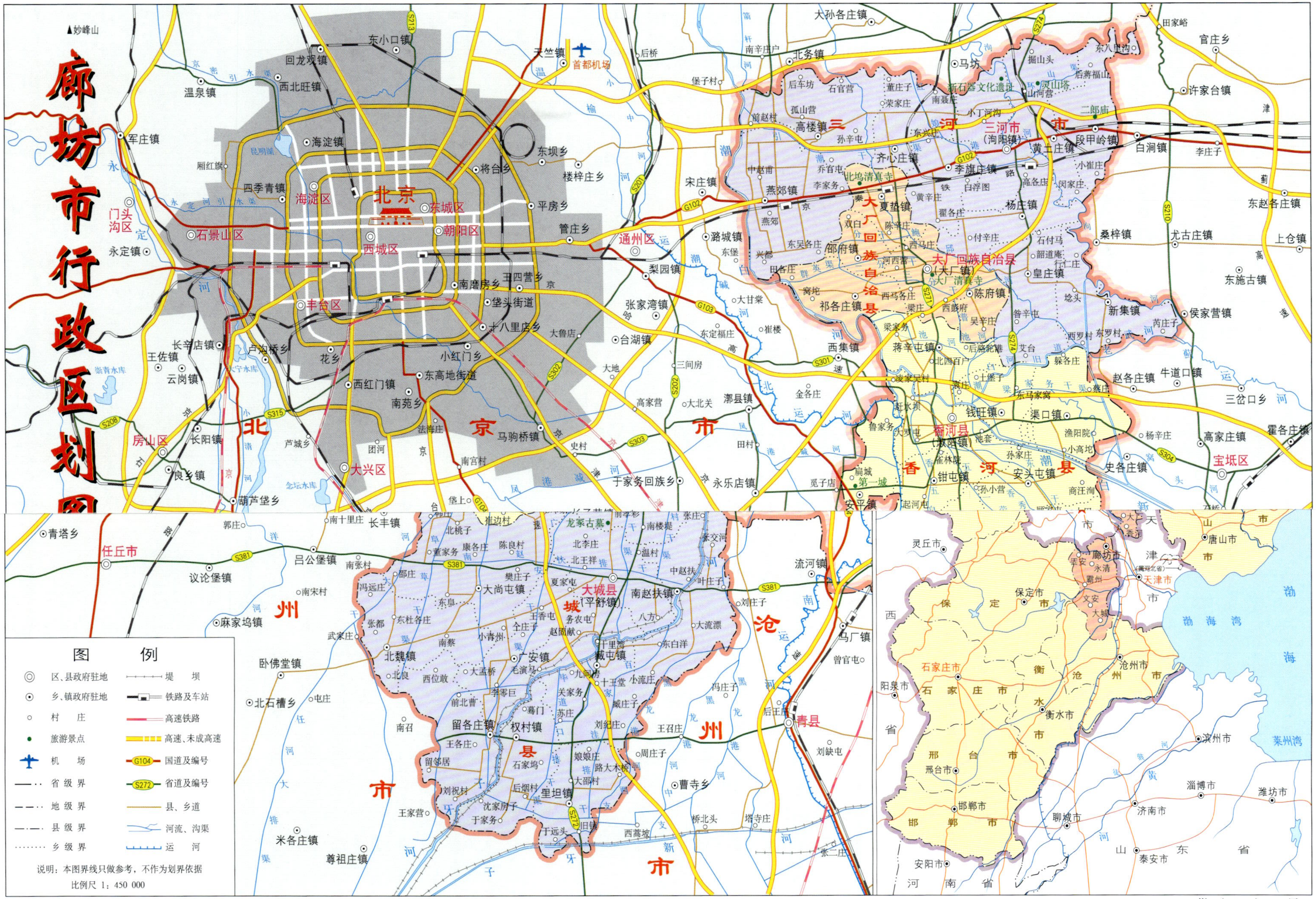
廊坊市行政区划图
图例
区、县政府驻地
乡、镇政府驻地
村庄
旅游景点
机场
省级界
地级界
县级界
乡级界
堤坝
铁路及车站
高速铁路
高速、未成高速
G104 国道及编号
S272 省道及编号
县、乡道
河流、沟渠
运河
说明：本图界线只做参考，不作为划界依据
比例尺 1：450 000
北京
东城区
西城区
朝阳区
海淀区
丰台区
石景山区
门头沟区
房山区
大兴区
通州区
三河市
大厂回族自治县
香河县
大城县
任丘市
青县
宝坻区
天津市
廊坊市
保定市
石家庄市
衡水市
沧州市
邢台市
邯郸市
渤海湾
莱州湾

冀S(2020)051号